长春年鉴

2007

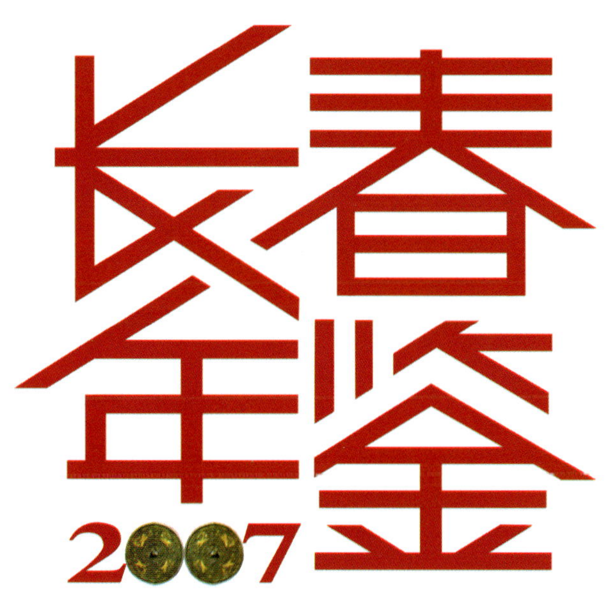

长春市人民政府　主办
长春市地方志编纂委员会 编
吉林人民出版社

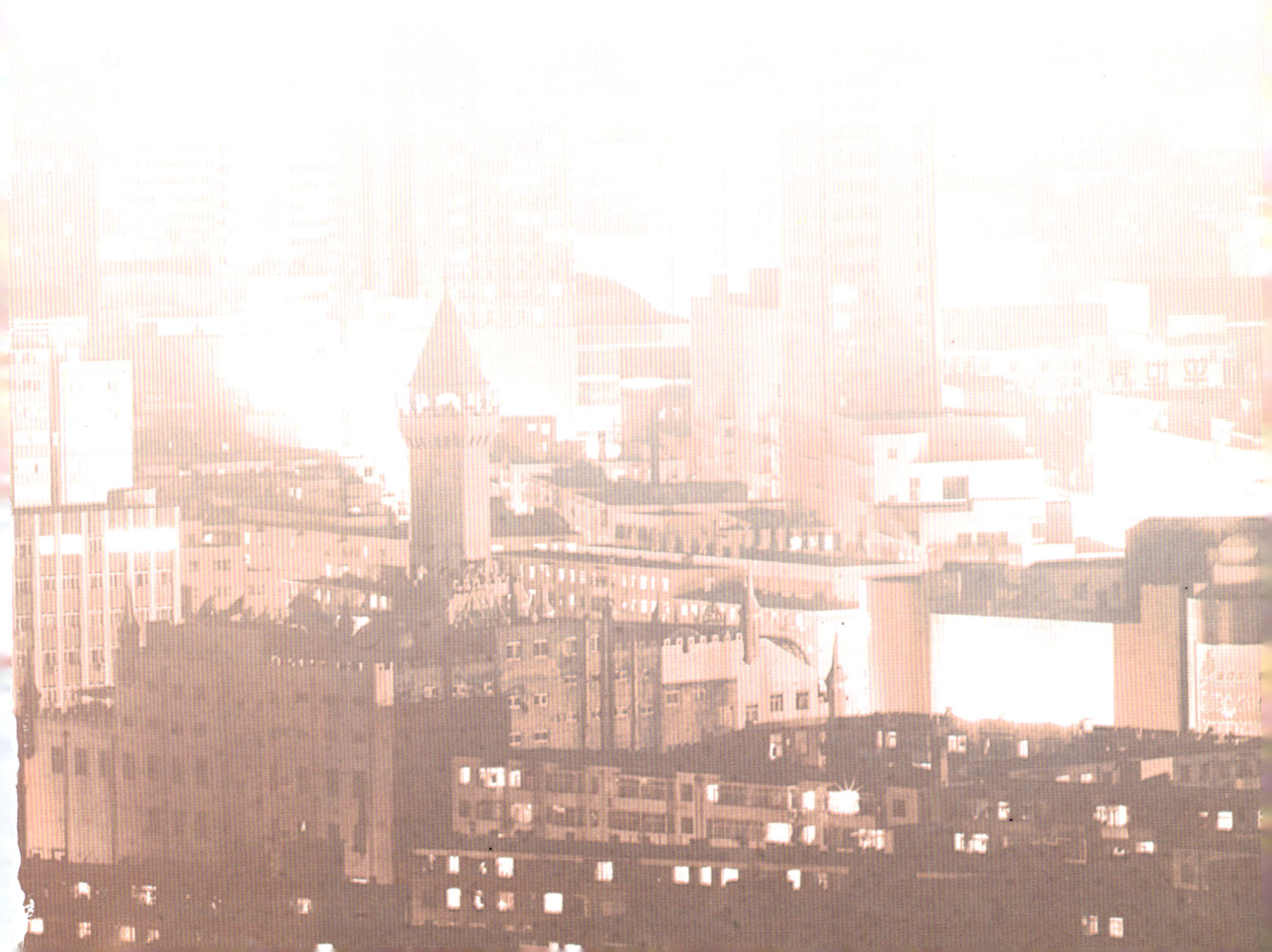

长春年鉴(2007) *CHANGCHUNALMANAC*

编　　者: 长春市地方志编纂委员会
长春年鉴编纂委员会

责任编辑:杨九屹　　　**封面设计:祁贵鹏**

吉林人民出版社出版 发行(中国·长春市人民大街4646号　邮政编码:130021)

电　话:0431-85649710

印　刷:长春方圆印业有限公司

开　本:880mm×1230mm　1/16

印　张:39.625　　**字数:**1100**千字**

标准书号:ISBN 978-7-206-05280-4

版　次:2007**年**10**月第**1**版**　　**印　次:**2007**年**10**月第**1**次印刷**

印　数:1-1 000**册**　　**定　价:**200.00**元**

长春年鉴编纂委员会

长春年鉴编辑部

鉴载春秋树丰碑
浓墨重彩谱新篇

中共长春市委副书记　市长　崔　杰

时光飞逝，转瞬20年。由长春市政府主办、长春市地方志编委会承编的《长春年鉴》迎来了20周年华诞。借此机会，我向所有参与《长春年鉴》编撰工作的同志们表示亲切的问候！向所有关心支持《长春年鉴》不断创新发展的同志们表示衷心的感谢！

在浩瀚的历史长河中，20年只是短短一瞬，但对于《长春年鉴》编撰工作来说是不同寻常的20年，是辛勤耕耘的20年，是硕果累累的20年。20年来，《长春年鉴》始终坚持高举邓小平理论伟大旗帜，认真贯彻三个代表重要思想，紧紧围绕经济建设这个中心，坚持“资政、教化、存史”的办刊思想，走出了一条精品之路。20卷厚重的《长春年鉴》，全面、系统、翔实地记录了长春经济社会发展进步的轨迹，见证了长春市改革开放20年所走过的辉煌历程，镌刻了一代又一代建设者的奋斗足迹。《长春年鉴》以其特有的权威性、资料性、现实性，为各级领导科学决策提供了可靠的依据；为部门间增进了解、加强协作提供了丰富的信息；为企业了解政府决策，适应市场转换机制提供了最新情报；为社会各界研究市情和解决实际问题提供了借鉴和指南。为推动长春改革开放和社会主义精神文明建设的繁荣发展作出了重要贡献。

当前，长春市正处于大开放、大投入、大发展、大变化的黄金发展期，处于全面推进老工业基地振兴的关键阶段。立足长春市情，把握时代特征，理性分析所面临的形势，科学谋划未来工作，实现经济社会更好更快发展，是我们必须承担的重大历史使命。 以史为鉴，知往鉴来。《长春年鉴》可以“缩一年为一瞬，集万卷为一册”，是昨天的实录、今天的镜子、明天的见证，这些历史经验的借鉴和运用，有利于我们在一个更大的历史背景下看待当前工作，站在更高的历史层面谋划未来发展，新形势下，《长春年鉴》将发挥越来越重要的作用。

值此《长春年鉴》创刊20周年之际，衷心希望《长春年鉴》树立新思路，采取新举措，实现新发展，百尺竿头，更进一步。我们相信，在市委市政府的领导下，在社会各方面的大力支持下，经过市地方志全体同志的不懈努力，《长春年鉴》一定会谱写出新的篇章！

2007年10月

辛勤耕耘20载 资政育人写华章

中共长春市委常委、副市长　郑文艺

2007年是《长春年鉴》创刊20周年,《长春年鉴》做为长春市人民政府主持编纂的一部以年度为期限连续出版的大型综合性地方年鉴,是汇集长春市情的大型信息性、权威性、资料性的工具书。《长春年鉴》从1988年创刊起,累计出版20卷,2 000多万字,多次在全国年鉴出版界获奖。《长春年鉴》为推动长春市的经济发展、为国内外广大读者全面、系统、翔实地了解、研究、认识长春,发挥了不可替代的独特作用。

20年来,在中共长春市委,市政府的正确领导下,《长春年鉴》始终坚持以马列主义、毛泽东思想、邓小平理论和“三个代表”重要思想为指导,坚持严谨科学的编纂态度、实事求是、秉笔直书、鉴载春秋,在体现地方特色和年度特色基础上,围绕长春市委、市政府的中心工作,以其特有的权威性,资料性,现实性反映长春改革开放和物质文明、政治文明及精神文明建设方面取得的伟大成就,为各级领导科学决策提供了最可靠的依据;为各部门提供了及时而又权威的信息;为企业了解政府决策,适应市场经济,提供最新情报;为社会各界研究市情,提供了历史和现实的资料;同时,也为人民群众解决实际问题,提供了权威的政策借鉴和生活指南。正因为如此,

《长春年鉴》才得到了领导的肯定，受到社会各界的好评，并多次在全国年鉴评比中获奖。

《长春年鉴》做为长春市文化建设的系统工程，是承上启下，继往开来，服务当代，有益后世的千秋大业，具有资政、教化、存史的作用，《长春年鉴》作为综合性地方年鉴，要保持创新，不断地提升年鉴品牌。要继续解放思想，与时俱进，在年鉴的整体框架构成及内容方面不断进行调整，在保持总体框架连续性的基础上，深入研究和认识长春市的城市定位，独特的历史文化积累和经济社会发展特点，使《长春年鉴》的个性更加突显出来。

值此《长春年鉴》创刊20周年之际，向20年来一直关心、支持《长春年鉴》的各部门及辛勤工作，甘于奉献的年鉴工作者表示崇高的敬意，同时，希望《长春年鉴》再接再厉、扎实工作、与时俱进、开拓创新，为把《长春年鉴》打造成文化精品，为繁荣年鉴事业做出新贡献。

2007年10月

年鉴是建设和谐长春、文明长春重要的信息载体

中共长春市委副书记、市长崔杰题

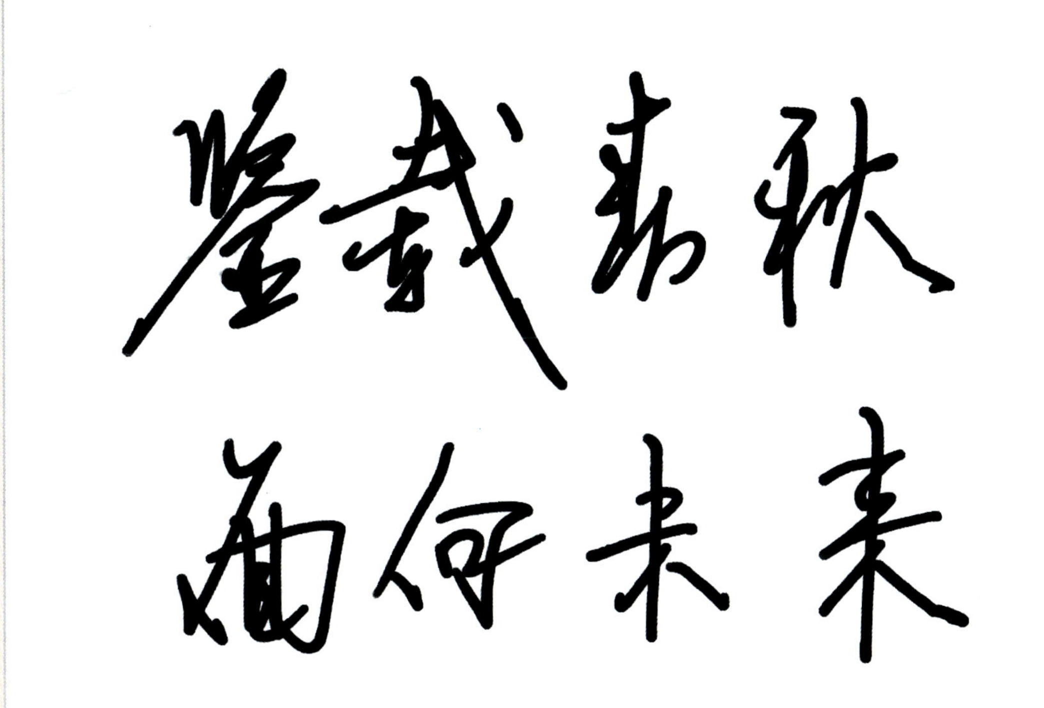

中共长春市委常委、副市长郑文芝题

祝贺长春年鉴

（排名不分先后）

中国版协年鉴工作委员会
中国年鉴社
中国地方志指导小组年鉴处
《吉林年鉴》编辑部
香港经济年鉴
武汉年鉴社
哈尔滨年鉴社
《大连年鉴》编辑部
《沈阳年鉴》编辑部
《厦门年鉴》编辑部
中国人物年鉴社
广州年鉴社
天津年鉴社
广西年鉴社
新疆年鉴社
太原年鉴社
安徽年鉴社
上海经济年鉴社
黑龙江年鉴社
江苏年鉴社
浙江年鉴杂志社
贵州年鉴社
海口年鉴社
兵团年鉴社
河北年鉴社
海南年鉴社
《青岛年鉴》编辑部
《西安年鉴》编辑部
《珠海年鉴》编辑部
《郑州年鉴》编辑部
《扬州年鉴》编辑部
《南宁年鉴》编辑部
《南京年鉴》编辑部
《广东年鉴》编辑部
《镇江年鉴》编辑部
《辽宁年鉴》编辑部

《涿州年鉴》编辑部
《鞍山年鉴》编辑部
《长沙年鉴》编辑部
《嘉定年鉴》编辑部
《泰安年鉴》编辑部
《广西社会科学界年鉴》编辑部
《武进年鉴》编辑部
《山西年鉴》编辑部
《济南年鉴》编辑部
《杭州年鉴》编辑部
《昆明年鉴》编辑部
《湖州年鉴》编辑部
《云南年鉴》编辑部
《福州年鉴》编辑部
《乌鲁木齐年鉴》编辑部
《河南年鉴》编辑部
《塔里木年鉴》编辑部
《洛阳年鉴》编辑部
《中国建筑年鉴》编辑部
《柳州年鉴》编辑部
《攀枝花年鉴》编辑部
《贵阳年鉴》编辑部
《深圳年鉴》编辑部
《绵阳年鉴》编辑部
《中国出版年鉴》编辑部
《中国质量监督检验检疫年鉴》编辑部
《中国城市年鉴》编辑部
《中国药学年鉴》编辑部
《上海文化年鉴》编辑部
《中国铁道年鉴》编辑部
《上海年鉴》编辑部
《中华人民共和国年鉴》编辑部
《江西年鉴》编辑部
《中国内科年鉴》编辑部
《温州年鉴》编辑部
《中国环境年鉴》编辑部

创刊二十周年

《中国广播电视年鉴》编辑部
《靖江年鉴》编辑部
《泰兴年鉴》编辑部
《无锡年鉴》编辑部
《银川年鉴》编辑部
《呼和浩特年鉴》编辑部
《咸阳年鉴》编辑部
《年鉴信息与研究》杂志社
《开封年鉴》编辑部
《番禺年鉴》编辑部
《荆州年鉴》编辑部
《桂林年鉴》编辑部
《萧山年鉴》编辑部
《贵阳年鉴》编辑部
《乳山年鉴》编辑部
《上海浦东年鉴》编辑部
《盘锦年鉴》编辑部
《山东年鉴》编辑部
《昆明年鉴》编辑部
《河北教育年鉴》编辑部
《抚顺年鉴》编辑部
《上海科技年鉴》编辑部
《苏州年鉴》编辑部
《上海静安年鉴》编辑部
《宝钢年鉴》编辑部
《兴城年鉴》编辑部
《江苏水利年鉴》编辑部
《东莞年鉴》编辑部
鞍山市史志办公室
淮安市地方志办公室
上海市奉贤区委史志办公室
内蒙古乌拉特中旗地方志办公室
南海年鉴社
上海市闸北区地方志办公室
海宁市史志办公室
嘉兴市档案局地方志处
中国轻工业年鉴社
盐城市党史办公室年鉴处
上海市南汇区地方志办公室
成都年鉴社
克拉玛依市委史志办公室
丹阳市史志办公室
长江年鉴社
北京市地方志办公室
绍兴县史志办公室
马鞍山市地方志办公室
呼和浩特市党史地方志办公室
福建年鉴社
濮阳地方史志办公室
上海市宝山区地方志办公室
中国年鉴网
金华市史志办公室
重庆市地方志办公室
威海市地方史志办公室
中国儒学年鉴编辑委员会
四川省交通厅史志总编室
枣庄市地方史志办公室
上海市杨浦区史志办公室
上海市徐汇区年鉴办公室
松原市地方史志办公室
黄河年鉴社
白城市地方史志办公室
福建晋江市史志办公室
云南楚雄州地方志办公室
宜兴市史志办公室
宝鸡市地方志办公室
中铁十一局集团年鉴
渭南市地方志办公室
四川自贡市地方志办公室
西宁市地方志办公室

祝贺长春年鉴

(排名不分先后)

中共长春市委办公厅
长春市人民政府办公厅
长春市人民代表大会常务委员会办公厅
中国人民政治协商会议长春市委员会办公厅
中国共产党长春市纪律检查委员会办公厅
中共长春市委组织部
中共长春市委宣传部
中共长春市委统战部
中共长春市委政法委
中共长春市委老干部局
中共长春市委党史研究室
中共长春市委党校
中共长春市直属机关工作委员会
中共长春市委政策研究室
长春市机构编制委员会
长春日报社
长春出版社
长春市新闻出版局
长春市档案局
长春市法制工作办公室
长春市老龄工作委员会
长春市发展和改革委员会
长春市经济委员会
长春市科学技术局
长春市商务局
长春市贸易促进会
长春市城乡建设委员会
长春市城市管理行政执法局
长春市统计局
长春市安全生产监督管理局
长春市食品药品监督管理局
长春市交通局
长春市环境保护局
长春市气象局
长春市房地产管理局
长春市规划局
长春市国土资源局
长春市农业委员会
长春市水利局
长春市林业局
长春市粮食局
长春市财政局
长春市国有资产监督管理委员会
长春市工商行政管理局
长春市审计局
长春市国家税务局
长春市地方税务局
长春市文化局
长春市教育局
长春市卫生局
长春市人口和计划生育委员会
长春市体育局
长春市广播电视局
长春市人事局
长春市劳动和社会保障局
长春市社会保险局
长春市民族事务委员会(宗教事务局)
长春市民政局
长春市公安局
长春市司法局
长春市国家安全局
长春市信访局
长春市质量技术监督局
长春市人防办公室
长春市地震局
长春市外事(侨务)办公室
长春市信息产业局
长春市园林绿化局

创刊二十周年

长春市牧业管理局
长春市旅游局
长春市接待办公室
长春市人民政府政策研究室
长春市市直机关事务管理局
长春市供销合作社联合社
长春高新技术产业开发区管理委员会
长春经济技术开发区管理委员会
长春净月经济开发区管理委员会
长春汽车产业开发区管理委员会
长春长江路经济开发区管理委员会
长春市朝阳区人民政府
长春市南关区人民政府
长春市宽城区人民政府
长春市二道区人民政府
长春市绿园区人民政府
长春市双阳区人民政府
农安县人民政府
榆树市人民政府
德惠市人民政府
九台市人民政府
长春市工业国有资产经营有限公司
长春市商业国有资产经营公司
中国国民党革命委员会长春市委员会
中国民主同盟长春市委员会
中国民主建国会长春市委员会
中国民主促进会长春市委员会
中国农工民主党长春市委员会
九三学社长春市委员会
长春市总工会
中国共产主义青年团长春市委员会
长春市青年联合会
长春市工商业联合会
长春市社会科学界联合会(社科院)
长春市文学艺术界联合会
长春市科学技术协会
长春市归国华侨联合会
长春市台湾同胞联谊会
长春市红十字会
长春市残疾人联合会
长春警备区
中国人民武装警察部队长春市支队
长春市公安消防支队
长春市公安局交通警察支队
长春市中级人民法院
长春市人民检察院
中国人民银行长春中心支行
中国工商银行吉林省分行营业部
中国农业银行吉林省分行营业部
长春市商业银行
人民财产保险股份有限公司长春市分公司
长春海关
长春市烟草专卖局
长春供电公司
长春市邮政局
吉林省通信公司长春市分公司
长春电影制片厂
长春市文物保护研究所
长春市群众艺术馆
长春市朝鲜族群众艺术馆
中国第一汽车集团公司
长春轨道客车股份有限公司
沈阳铁路局
吉林省民航局
中国南方航空公司

在中国新闻出版总署、中国版协年鉴研究会组织的第三届全国年鉴编纂出版质量评比中，《长春年鉴》(2004)荣获中国年鉴奖、综合质量一等奖。

2004年，在中国地方志指导小组组织的首届中国地方志年鉴编纂质量评比中，《长春年鉴》(2004)荣获特等奖。

奖状

《长春年鉴(2004)》

荣获首届中国地方志年鉴奖特等奖。

特颁此证，以资鼓励。

中国地方志指导小组办公室 中国地方志协会

二〇〇四年十二月二十七日

获奖证书

《长春年鉴》在第三届全国年鉴编纂出版质量评奖中，成绩优异，荣获中国年鉴奖。

特颁此证

中国出版工作者协会

二〇〇四年十二月

長春
年鑒
CHANGCHUN
YEARBOOK
1988

長春
年鑒
YEARBOOK

長春
年鑒
1990

長春
年鑒

長春
年鑒

长春年鉴
1993

长春年鉴
CHANGCHUNYEARBOOK
1994

长春年鉴
CHANGCHUNYEARBOOK
1995

长春年鉴
CHANG CHUAN YEARBOOK
1997
吉林人民出版社

长春年鉴
CHANG CHUN YEARBOOK
1998

长春年鉴
1999

长春年鉴
CHANG CHUN YEARBOOK
2000

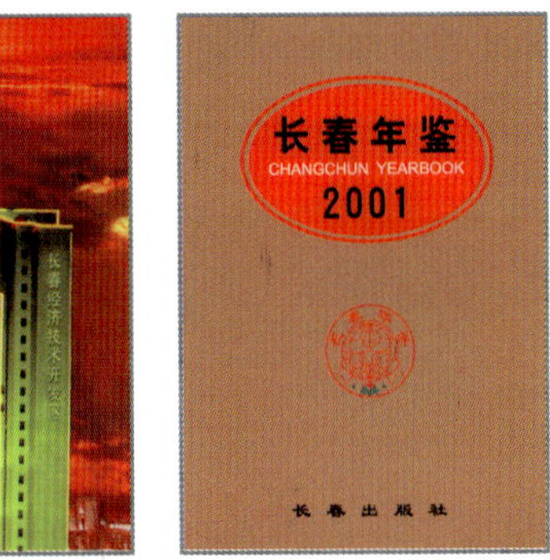
长春年鉴
CHANGCHUN YEARBOOK
2001
长春出版社

长春年鉴
CHANGCHUN YEARBOOK
2002
长春出版社

2003
长春年鉴
CHANGCHUN ALMANAC

2004
长春年鉴
CHANGCHUN ALMANAC

CHANGCHUN ALMANAC
长春
2005
年鉴

2006
长春年鉴

长春
年鉴
2007

5月22日中共中央政治局常委、全国政协主席贾庆林视察一汽

8月10日中共中央政治局常委、国家副主席曾庆红视察一汽解放公司卡车厂

1 3月20日，中共中央政治局常委，中央纪律检查委员会书记吴官正来一汽视察

2 9月18日，中共中央政治局常委李长春在南湖宾馆观看一汽自主研发的轿车、卡车新产品

1 9月2日，第二届中国吉林·东北亚投资贸易博览会在长春国际会展中心开幕，国务院副总理吴仪在汽车展台观看最新上市的自主研发品牌轿车

2 7月7日，全国人大常委会副委员长、全国妇联主席顾秀莲来一汽视察

1 吉林大学南校区

2 伊通河畔

3 伊通河风景中的小区

4 南湖公园

5 长春夜景

1 长春一角

2 长春大桥

3 亚泰大街与吉林大街交会处

4 重庆路夜景

1 21世纪广场

2 世界风景园

3 吉林大学医学基础楼

4 雕塑公园夜景

1　东方广场全景

2　赛得广场

3　绿荫环抱的南岭体育场

4　劳动公园

5　音乐喷泉

1 林中城
2 文化广场
3 威尼斯花园
4 长影世纪城

1 新民广场

2 动植物园

3 南湖景色

4 卫星广场

1 西安花园小区

2 富苑华城

3 天嘉公园

4 天富家园小区

5 天富家园小区

1 钻石礼都小区
2 天富小区
3 富祥小区
4 天嘉公园小区

1

2

3

4

1 第十二届世界冬季城市市长会议全体成员合影

2 祝业精市长在法国与蒙特勒依市市长合影

3 祝业精市长率团访问白俄罗斯接受记者采访

4 祝业精市长在德国与沃尔夫斯堡市市长签署两市建立友好城市协议

5 祝业精市长在法国与蒙特勒依市市长签署《2005年至2006年两市友好交往协议》

1

2

3

4

5

1 省委常委、市委书记王儒林会见法国麦依思公司总经理

2 省委常委、市委书记王儒林率团访问澳大利亚

3 刘实副市长会见法国驻华使馆客人

4 长春冰雪旅游节经贸洽谈会签字仪式

5 李福春副市长与新加坡吉宝集团洽谈

1 2006年，长春市荣获全国实施畅通工程模范(一等)管理城市第三名。9月29日，长春市政府专门召开深入开展畅通工程动员暨有功集体和个人表彰大会，并为交警支队荣记集体二等功

2 2006年4月，交警支队与市委宣传部联合在全市开展"双无双文明"竞赛活动，祝业精市长参加了启动仪式并做动员讲话

3 2006年2月17日，崔杰副市长、高学章副市长、在市政府秘书长阎玉华、副秘书长张忠耀及市公安局领导陪同下，在文化广场亲切慰问负责解放大路交通管理的朝阳区大队女子中队的全体女交警

4 2006年6月10日是安全咨询日。市公安局副局长兼交警支队长王卫东对前来咨询的群众耐心进行解答

5 改造后的交通指挥监控大厅

1 长春市交警支队对全市中小学班车统一颜色、统一标志、统一编号、统一管理

2 市交警支队对全市主干道路标线进行了更新和完善

3 维修改造信号灯

4 市交警支队对全市主干道路的交通标志、标线进行更新和完善，提高道路语言水平

5 女交警冒雪指挥交通

1

3

2

4

5

1 第八届中国长春电影节万达影院电影展映活动开幕现场

2 第八届中国长春电影节开幕式庆典

3 第八届中国长春电影节欢迎酒会

4 第八届中国长春电影节颁奖典礼

5 第八届中国长春电影节俄罗斯青年电影导演影片展映首映式

6 第八届中国长春电影节法国电影展映式

1 在第八届中国长春电影节上获得最佳女主角奖的赵薇发表获奖感言

2 在第八届中国长春电影节上获得最佳男主角奖的郭富城发表获奖感言

3 著名导演唐季礼上台领奖

4 第八届中国长春电影节开幕式

5 第八届中国长春电影节欢送酒会

6 第八届中国长春电影节群众文化活动

1 第四届长春文化艺术周开幕式

2 中国戏剧家协会梅花奖艺术团·长春行

3 “城市热读”系列讲座现场

4 第四届长春文化艺术周广场演出

5 第六届亚冬会闭幕式文艺演出

6 第四届长春文化艺术周广场演出——民族专场

7 第四届长春文化艺术周广场演出——少儿专场

8 国学大讲堂讲座

1 大型原生态歌舞集《云南映象》

2 长春评剧院演出传统评剧《鹰格泪》

3 上海芭蕾舞团在长春举办芭蕾精品晚会

4 第六届亚冬会闭幕式文艺演出

5 亚冬会系列文化演出

6 话剧《小巷总理》

7 俄罗斯太平洋舰队歌舞团歌舞晚会——与观众互动

1

2

3

4

5

6

7

集团公司第十二次党代会

中国第一汽车集团公司(简称第一汽车)拥有全资子公司30家，控股子公司18家，其中包括一汽解放汽车有限公司、富奥汽车零部件有限公司等全资子公司和一汽轿车股份有限公司、天津一汽夏利汽车股份有限公司、一汽四环汽车股份有限公司等上市公司及一汽—大众汽车有限公司、天津一汽丰田汽车有限公司等中外合资企业。在东北、华北和胶东、西南形成布局合理的三大生产基地，以及在国内汽车行业具有产品开发和工艺材料开发领先水平的一汽技术中心。生产中、重、轻、轿、客、微多品种宽系列的整车、主机和零部件。资产总额1 098.5亿元。

2006年，第一汽车着力增强竞争实力，积极实施企业结构，产品结构，投资结构的战略调整，全年销售汽车116.6万辆，同比增长19.5%，其中轿车87.3万辆，同比增长27%；销售收入1 486亿元，同比增长25.6%；实现利税163.7亿元，同比增长38.3%，在纪念第一辆国产解放汽车在一汽诞生的第50个年头，取得了“十一五”开端之年良好的经营业绩。

2006年，一汽列“世界最大500家公司”第470位；“中国制造企业500强”第一位。2006年公司品牌价值达到424.21亿元。

一汽集团赞助第六届亚冬会

一汽巴勒特锻造(长春)有限公司挂牌

总经理竺延风与老领导耿昭杰在奔腾轿车前合影

中国第一汽车集团公司

CHINA FAW GROUP CORPORATION

集团公司第四次科技大会

集团公司十九届五次职代会对话会

2007年，第一汽车要突破乘用车百万辆销售规模，为在“十一五”期间实现年销售汽车200万辆，其中自主品牌产品100万辆，加快建设“规模百万化、管理数字化、经营国际化”的新一汽，夯实自立于世界重要汽车制造商行列的坚实基础。

红旗HQ3轿车下线仪式

解放J6H新型重卡展示

速腾轿车投放市场

奔腾轿车“极限静压”测试

威志轿车下线仪式

夏利轿车试乘

城乡居民收入（元）

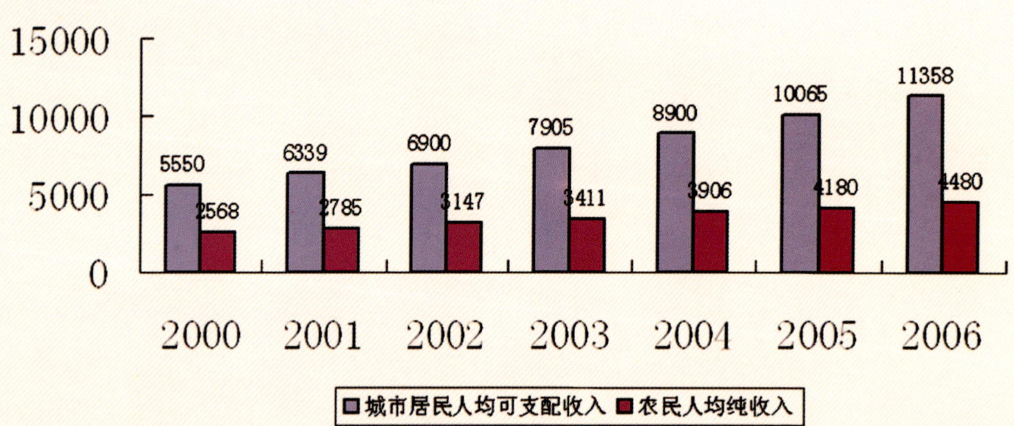

对外贸易进出口总额（亿美元）

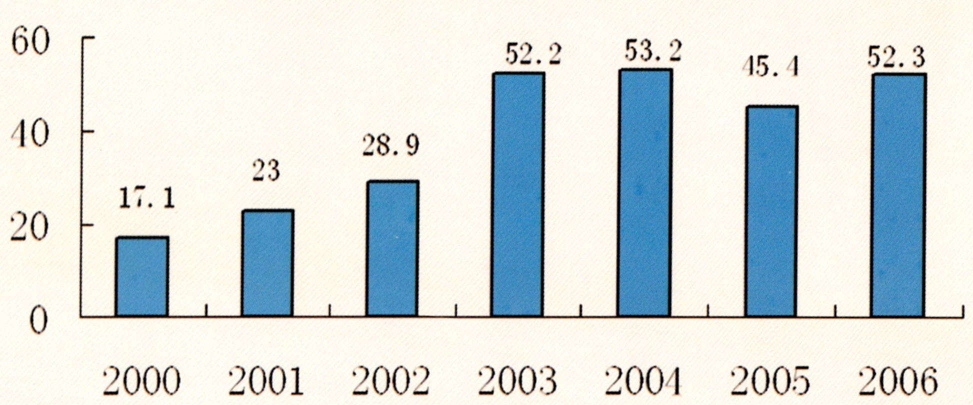

社会消费品零售总额（亿元）

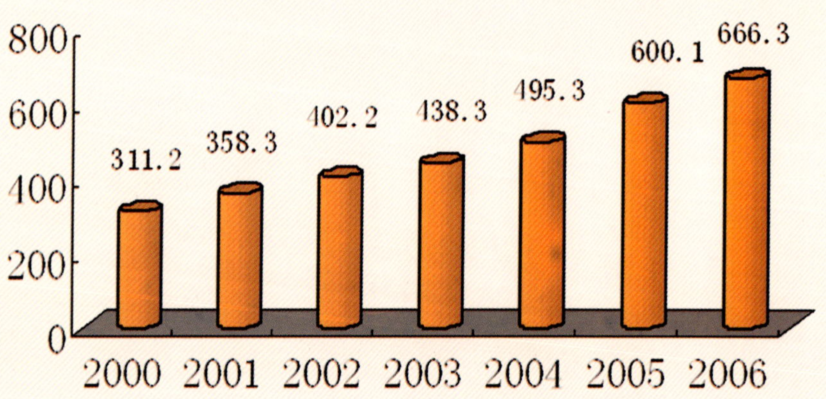

固定资产投资总额及增速

亿元 %
1000 800 600 400 200 0
50.0 40.0 30.0 20.0 10.0 0.0 -10.0
固定资产总额
增速
235.2 285.0 320.5 389.6 460.0 650.4 950.4
21.0 21.2 12.4 21.6 18.0 41.4 46.1
2000 2001 2002 2003 2004 2005 2006

地区生产总值（亿元、当年价）

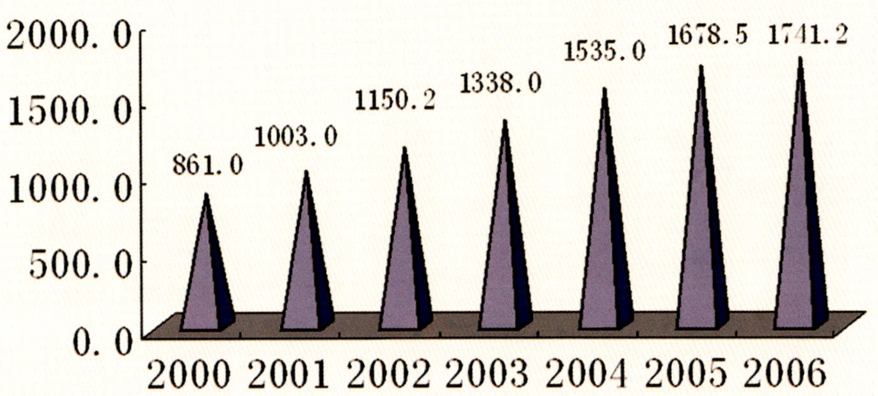

规模以上工业总产值（亿元）

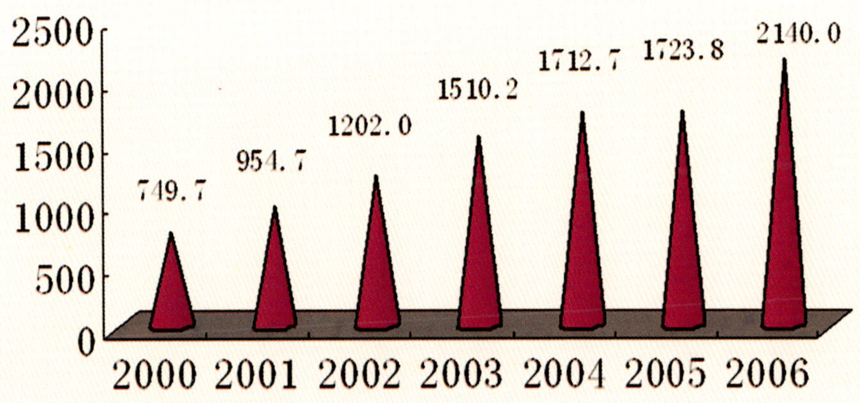

2006年十五个副省级城市GDP情况及增速

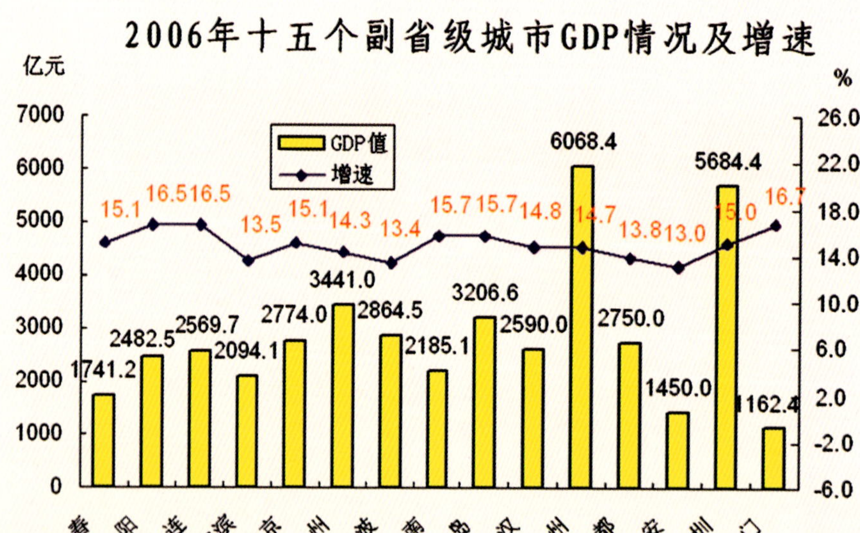

一般预算全口径财政收入（亿元）

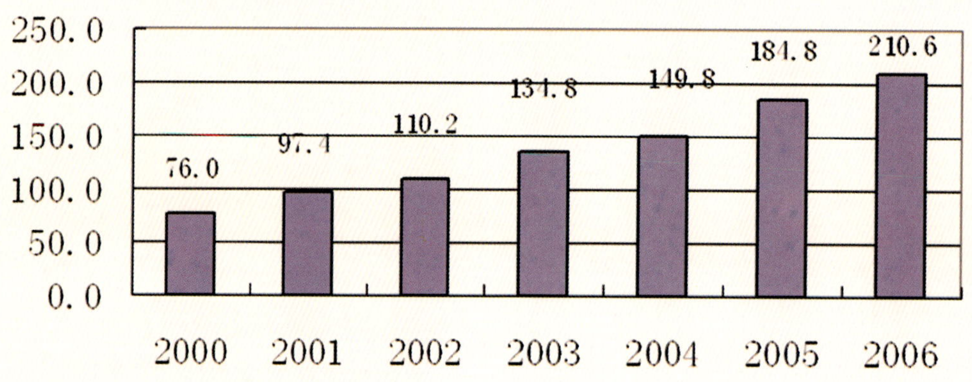

地方财政留用收入及支出（亿元）

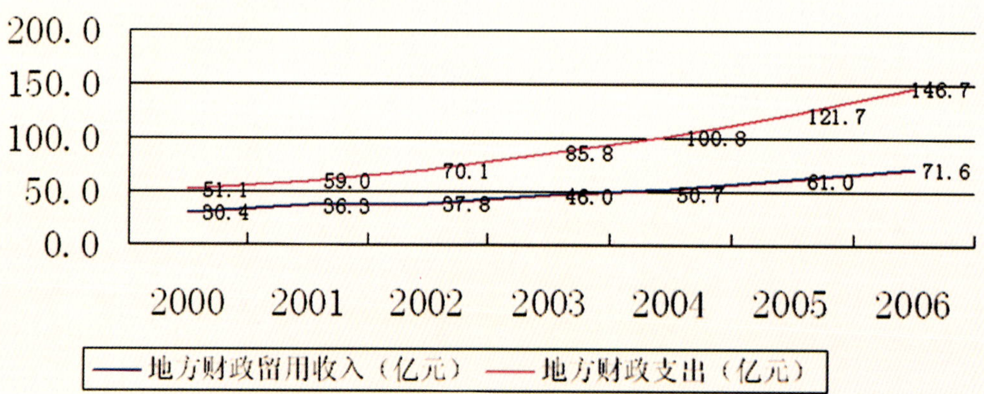

金融机构存贷款

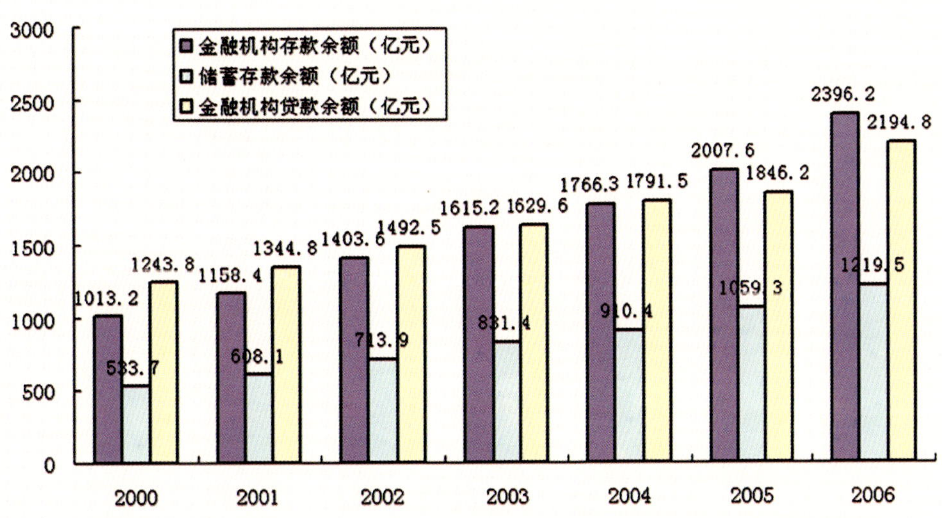

居民消费价格总指数

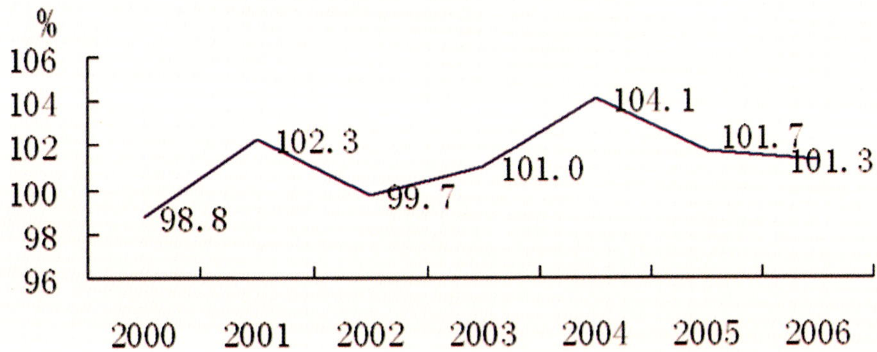

全市总人口

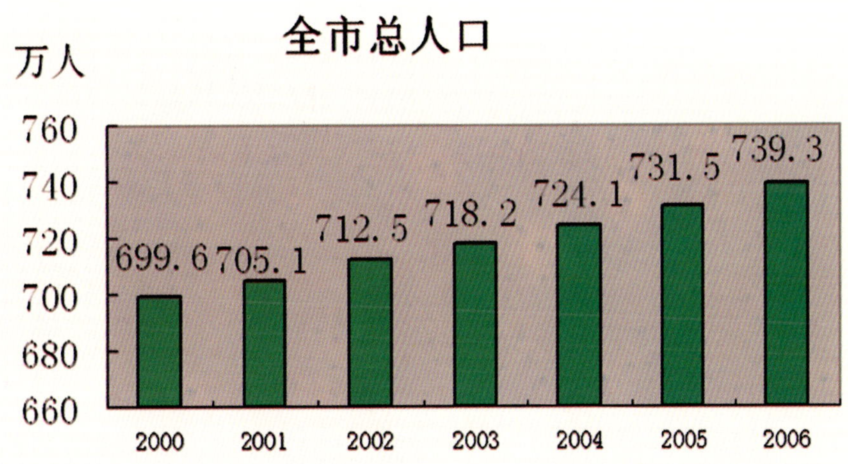

编　辑　说　明

《长春年鉴》是由长春市人民政府主持编纂出版的系统反映长春市情况的大型综合性资料年刊，每年编辑出版一册，旨在连续记述长春市改革开放、经济建设和社会发展的历史进程，为各级领导了解市情、实施科学决策，为各行各业、各有关部门、单位查询资料信息、推动事业发展，为国内外广大读者全面、系统、翔实地了解、研究、认识长春市提供服务。

《长春年鉴》采用分类编辑法，主体内容分类目、分目和条目3个层次。《长春年鉴》(2007)在内容和体例上基本与2006版年鉴保持了相对的连续性和稳定性，全书设特载、专辑、长春大事记、长春概貌、党政机关、人民团体、地方军事、政法、城建环保、开发区、对外经济贸易、农业、工业、民营经济、交通、信息产业、综合经济管理、财政税务审计、商业、旅游业、会展经济、金融保险、教育、科学、文化、卫生体育、社会生活、县（市）区概览、人物、领导干部名单等30个类目。书前设全书英文目录，书后附主题词索引。

《长春年鉴》(2007)所载稿件内容由长春市各县（市）、区，市直各部门和单位，中央、省驻长有关单位及驻长部队撰（供）稿，并经各有关单位领导审核；主要统计数据由长春市统计局有关人员审核认定。

《长春年鉴》(2007)在编纂过程中得到全市各有关单位和吉林人民出版社的热情支持，在此深表感谢。全书文字虽经多次审核、校对，仍难免有差错和疏漏之处，敬请读者批评指正。

长春年鉴编辑部

2007年9月

目　录

·精神文明建设·

党政机关

·中国共产党长春市委员会·

·长春市人民代表大会常务委员会·

·长春市人民政府·

·中国人民政治协商会议长春市委员会·

·市纪委　市监察局·

·国土资源管理·

·园林绿化·

开发区

·长春高新技术产业开发区·

·长春经济技术开发区·

·长春净月经济开发区·

·长春汽车产业开发区·

工　业

·交通设备制造业·

·工业国资公司·

·烟草业·

·供　电·

民营经济

·乡镇企业·

交　通

·铁　路·

·公路运输·

·民用航空·

信息产业

·邮　政·

·通　信·

综合经济管理

·发展计划管理·

·统　计·

·国有资产管理·

·工商行政管理·

· 农业银行 ·

· 商业银行 ·

· 财产保险 ·

· 农村信用社 ·

教　育

· 高等教育 ·

· 基础教育 ·

· 技工教育 ·

· 职业与成人教育 ·

· 德育教育 ·

·教育科研·

·教育行政·

科 学

·科学技术·

·防震减灾·

·科学技术协会·

·社会科学·

文 化

·文化艺术·

卫生　体育

·卫　生·

·体　育·

社会生活

·城乡人民生活·

·婚姻家庭·

·计划生育·

·民族工作·

·宗教工作·

·民政工作·

·劳动和社会保障工作·

·朝阳区·

·南关区·

·宽城区·

·二道区·

·绿园区·

·双阳区·

人　物

领导干部名单

主题索引

CHANGCHUN ALMANAC
TABLE OF CONTENTS

SPECIAL REPORTS

FEATURES

CHRONICLE FOR IMPORTANT EVENTS

A GENERAL SURVEY OF CHANGCHUN

POLITICAL PARTIES

SOCIAL ORGANIZATION

MILITARY AFFAIRS

POLITICS AND LAW

URBAN CONSTRUCTION AND ENVIRONMENTAL PROTECTION

DEVELOPING AREAS CONSTRUCTION

FOREIGN ECONOMIC RELATIONS AND TRADE

AGRICULTURE

INDUSTRY

CIVIL MANAGEMENT ECONOMY

TRAFFIC

INFORMATION INDUSTRY

COMPREHENSIVE ECONOMIC ADMINISTRATION

FINANCE, TAX AND AUDITING

COMMERCE

TOURISM

THE ECONOMY OF EXHIBITION

BANKING & INSURANCE

EDUCATION

SCIENCE

CULTURE

SPORTS & HYGIENE

SOCIAL LIFE

A GENERAL SITUATION OF DISTRICTS AND COUNTIES

FIGURES

LEADERS´NAME LIST

INDEX

特　载

特　　载

振奋精神　乘势而上
全力推进经济社会更快更好发展

——在中共长春市委十届九次全会上的报告

王儒林

（2006 年 7 月 14 日）

同志们：

这次全会的主要任务是：报告 2006 年上半年工作，研究部署下半年重点工作；审议确定关于召开中国共产党长春市第十一次代表大会的相关事项。动员全市广大党员、干部和人民群众，认清形势、鼓足士气、振奋精神、乘势而上，全力推进经济社会更快更好发展。

一、关于 2006 年上半年工作的报告

年初以来，在省委、省政府的正确领导下，全市各级党组织认真贯彻落实党的十六大、十六届五中全会和省委八届八次全会精神，按照市委十届七次、八次全会的总体部署，牢固树立和落实科学发展观，团结带领广大党员、干部和人民群众，坚持加快发展不动摇，国民经济实现快速增长，政治文明建设、精神文明建设和党的建设都取得了丰硕成果。截至 6 月末，全市地区生产总值实现 853 亿元，同比增长 13.3%，增幅比去年同期提高 6.7 个百分点。规模以上工业总产值完成 1032.5 亿元，增长 19.9%。规模以上工业企业利税总额实现 76 亿元，增长 35%，实现利润总额 26 亿元，增长 55%，工业经济效益综合指数达 175。一般预算全口径财政收入累计完成 99.9 亿元，同比增长 21.3%，地区留用收入完成 32.5 亿元。城市居民人均可支配收入达到 5469 元，增长 10.7%。

1. 固定资产投资快速增长，拉动作用进一步呈现。半年来，我们坚持把扩大投资作为拉动经济增长的重要途径，积极吸引资金聚集我市。全市固定资产投资完成 319.3 亿元，增长 51.7%。投资结构进一步优化，在建项目数量增加，规模扩大。目前全市开工项目 1071 个，比去年同期多 356 个，总投资在亿元以上的项目 185 个，占总项目的 17.3%。年初确定的 100 个重点项目开工 50 个，完成投资 37.9 亿元。

2. 产业发展不断加快，经济结构进一步优化。着力发展两大支柱产业、三大主导产业和五大重点产业，多元化发展战略成效明显，经济结构进一步优化。举全市之力支持一汽，组建汽车产业开发区，全力推进汽车工业发展，汽车产业呈现恢复性增长的良好态势。汽车产业累计完成工业总产值 719.3 亿元，增长 21.8%，拉动全市工业增长 15 个百分点。农副食品加工业成为工业经济增长亮点，累计完成产值 150.2 亿元，增长 27%，拉动全市工业增长 3.7 个百分点。玉米工业园区建设进展顺利，20 万吨化工醇生产线建设 9 月份将

竣工投产。狠抓物流园区、配送中心、批发市场等项目建设，物流业营业收入达218亿元，增长21%。建材工业累计完成产值33.2亿元，增长36.1%。能源工业累计完成产值30.3亿元，增长17.7%。旅游会展业等第三产业和基地建设均有进一步发展。民营经济蓬勃发展，实现增加值328亿元，增长18.4%。

3.“三大板块”竞相发展，整体经济实力进一步增强。各县(市)以项目建设促进工业化、以龙头企业带动农业产业化，大力开展招商引资，县域经济实现突破性发展。四县(市)合计完成生产总值187.4亿元，增长16.8%。社会主义新农村建设积极推进，全市新农村建设规划编制完成，省里确定我市试点镇6个、试点村17个。各城区发挥各自的比较优势，大力发展园区经济、楼宇经济、总部经济，加速发展第三产业，经济总量在差异化竞争中实现较快增长，六城区合计完成生产总值201.7亿元，增长20.2%。全市各级开发区狠抓科技含量高、带动作用强、辐射范围大、发展后劲足的大项目建设，创新招商引资方式，破解融资瓶颈等问题，市直四大开发区完成生产总值499.53亿元，增长20.74%。

4.铁北改造全面启动，北部城区要素资源进一步集聚。为优化我市生产力布局，促进区域经济协调发展，改善铁北地区人民群众生活环境，改变城市整体形象，市委、市政府在充分调研和征求各方意见的基础上，作出了“改造大铁北，建设北部新城”的战略决策。目前，铁北改造总体规划正在抓紧编制，“五路大军”奋战铁北，一批改造重点工程开工建设。截至目前，安排在铁北地区的65个重点项目，已开工建设31项。

5.城建重点工程进展顺利，城市总体功能进一步提升。城市基础设施建设聚焦全市重点工作，围绕一汽、开发区二次创业、南部新城和改造大铁北建设，不断创新融资方式，实施了人民广场周边路、亚泰大街、卫星路、工农大路、东风西街、102国道绕行线等一大批道路新建、改建工程，完成了天嘉公园、吉顺明沟等一大批环境改造工程，城建重点工程累计完成投资15亿元。伊通河城区段防洪和绿化带工程建设超常规运作，取得突破性进展，现已达到全线蓄水要求。轻轨净月线完成桥梁、隧道、铁轨等土建工程，达到试运行条件，年末实现轻轨二期线路贯通目标并可试运营。铁北工业区30.5平方公里的道路和管线工程全面铺开，累计完成投资8亿多元，是工业集中区固定资产投资最好的一年。实施了巷道改造、园林绿化、裸露地面整治、公厕改造、燃气供水管网改造和背街小巷亮化等一批“民心工程”。棚户区改造进展顺利，今年计划改造的54块、240万平方米棚户区，已拆除79.8万平方米，拆迁居民1.4万户，有28块棚户区正在实施拆迁。

6.全方位推进改革开放，市场化进程进一步加快。国企改革整体进入收尾阶段，国企改革验收工作有序进行。长拖集团、银龙集团、长铃集团、旭阳集团等一批老大难企业的改组改制整体推进。厂办大集体改革试点总体方案已经形成，并与省里和国家有关部门进行有效衔接。县乡机构、农村义务教育体制、农村医疗卫生体制、土地制度、户籍制度、农村合作金融组织等改革稳步推进。预算管理制度改革不断深化。各项配套改革有序进行。对外开放水平进一步提高，外资外贸形势喜人。截至6月末，全市共引进外资项目75个，增长50%，实际利用外资7.1亿美元，增长16.4%，实际利用内资152.5亿元，增长33.8%。

7.积极构建和谐长春，社会主义精神文明建设和民主法制建设进一步加强。依法行政工作深入开展，国务院《全面推进依法行政实施纲要》在我市得到认真贯彻落实。全面推进文明城市、文明村镇和文明行业创建活动，积极开展以“八荣八耻”为主要内容的宣传教育和主题实践活动。不断加快信用城市建设，社会信用体系基本框架进一步建立和完善。努力缩小城乡义务教育差距，大力发展职业教育。积极推进农村合作医疗，农民就医看病难问题得到初步解决。2007亚冬会组织工作扎实推进，场地、场馆设施进入功能完善阶段，市场开发、对外宣传、志愿者选拔和服务活动进展顺利。加强社会治安综合治理，依法严厉打击各类犯罪活动，全市共立刑事案件8699起，破案2624起，破案率提高8.9%，命案破案率达84.9%。积极预防和妥善处置各类群体性事件，努力从源头上化解不安定因素，共处置群体性上访事件282起。切实解决人民群众最关心的就业、子女就学、医疗、保险、征地拆迁等问题。严格执行《长春市安全生产条例》，加强对重点行业和重点领域的安全生产管理，人民群众的生命和财产安全得到保障。

8. 全面加强党的建设，党组织的凝聚力和战斗力进一步提高。善始善终地搞好第三批先进性教育，圆满完成了为期一年半的保持共产党员先进性教育活动的各项任务。组织广大党员干部认真学习贯彻党章，开展向谭竹青同志学习主题实践活动，全市广大党员党的观念和党员意识进一步增强。放宽选人视野，拓宽用人渠道，不断优化领导班子结构和提高领导干部素质，各级班子整体功能得到增强。选派41名干部到发达地区、各县(市)区、市直经济综合部门、市信访局和民营企业挂职，促进了干部队伍能力的加速转型和素质的优化升级。努力创新基层党建工作，扩大党的工作覆盖面，基层党组织的创造力、凝聚力和战斗力得到进一步增强。坚持从源头上治理和预防腐败，努力推进"三位一体"反腐倡廉整体工作格局建设，半年共查处违纪违法案件516起，给予党纪政纪处分493人，党风政风进一步好转。

在充分肯定成绩的同时，也要清醒地看到经济社会发展和工作中存在的主要矛盾和问题。一是在经济发展方面，还存在结构性矛盾突出、工业经济运行不稳定、县域工业发展滞后等问题；二是在群众生产生活方面，还有回迁难、补偿不到位、下岗职工生活困难等不少群众关心的热点、难点问题没有得到很好解决；三是在城乡建设和管理方面，发展还不够平衡，特别是农村基础设施和社会事业投入不足，城乡差距仍然较大；四是在党的建设方面，一些党员干部的思想、工作作风还存在较大差距，等等。这些问题，必须引起我们的高度重视，在下半年乃至今后的工作中切实加以解决。

二、全力做好下半年各项重点工作

今年是"十一五"开局之年，虽然上半年整体发展势头不错，但下半年的工作任务仍然十分艰巨。下半年还面临县(市)区换届，工作量大。在这种情况下，全市上下必须统一思想，统一认识，再接再厉，再鼓干劲，进一步克服制约经济社会更快更好发展的不利因素和各种困难，努力完成全年各项工作任务。

(一)要全力推进经济快速健康发展

要围绕全年经济建设重点任务，进一步加快改革开放，增强自主创新能力，推进经济结构调整和经济增长方式转变，提高经济增长的质量和效益，实现更快更好发展。一是继续加大产业结构调整力度，全力抓好工业经济运行。加快工业发展是促进我市经济持续较快增长的关键。要坚持把做大做强工业和产业结构调整更加紧密结合起来，全面提高产业竞争力和工业经济持续增长能力，推动生产要素向重点产业、优势企业集中，确保实现全年工业增加值同比增长15%以上的目标。要突出抓好支柱产业和骨干企业，重点支持一汽、大成等企业加快发展，全面推进汽车产业开发区和玉米工业园区建设。尤其是要高度重视解决好玉米化工原料的供应问题，千方百计增加产量，建立可靠的原料基地，提高玉米加工企业进入的门槛，该关门的项目必须关门，绝不能搞低水平重复建设。要积极培育能源、建材等新经济增长点。在保持较快增长速度的同时，争取创造较好的经济效益，全面提高经济运行质量。积极开拓国内外市场，拓展消费领域，向市场要效益。抓好技术改造，不断增强自主创新能力，向科技成果转化和技术进步要效益。要加强工业经济运行和生产要素的组织、协调和服务，维护企业正常生产秩序，保证工业经济平稳运行。要重视支持改制企业发展，促进企业做大做强。要继续加大对旅游会展业等第三产业的重视和支持力度，进一步优化产业结构，促进国民经济更加健康协调发展。二是继续加大投资力度，全力抓好重点项目建设。扩大投资是事关我市更快更好发展的根本性、长远性问题。完成全年950亿元投资计划，任务十分艰巨，必须进一步突出工作重点，加快工作节奏，提高工作质量，实现投资快速增长。要加快项目建设进度，狠抓前期，进一步提高项目成熟度，促进资金尽快落实到位。要抓住改造大铁北、建设净月生态城的新机遇，抓好项目储备、培育，积极谋划和组织实施一批事关全局的重大项目，在项目总量和规模上实现新突破。要抓住下半年节庆会展契机，认真包装、推介一批项目，最大限度地吸引外资和域外资金，不断提高利用外资的规模和水平。要进一步落实责任，强化开发区、县(市)区主体地位，确保年度项目投资任务的顺利完成。三是继续推进社会主义新农村建设，全力加快农村经济建设步伐。按照中央和省的要求，精心搞好新农村建设的总体规划，启动新农村建设试点工作。要推进现代农业建设，加快农业科技进步，加强农业设施建设，切实转变农业增长方式。要稳定提高粮食综合生产能力，加大农业和农村经济结构调整力度，大力发展农产品加工业、畜牧业和特产业。要加快县域经济集中区建设，尽快形成产业规模。要稳定农民种粮基础性收入，加快农村富余劳动力转移，千方百计增加农民收入。要加大对农村基础设施和社会事业建设投入，组织实施乡村建设改造规划，不断改善农村生产生活条件。四是继续加大城市建设力度，全力抓好城建重点工程。要按照年初提出的“抓大事、抓实事、抓细节、抓长远”的要求，千方百计筹措资金，加强组织调度，保工期、建精品，努力实现人居环境和城市承载服务功能的全面提升。要全力加快重点工程建设，积极推进长双烟铁路工程建设，高质量实施好伊通河治理改造，全面完成轻轨净月线续建工程。要适应我市新园、新区、新城集中涌现的新形势，进一步抓好规划、土地等基础性工作，充分发挥好引导、控制和服务功能。要切实加大城市管理与环境整治力度，进一步搞好城市绿化美化亮化硬化，营造良好的城市环境。

（二）要努力抓好净月生态城建设

建设净月生态城是我们这次全会要讨论研究的一项重要内容。一是要深刻认识建设净月生态城的重大战略意义。净月地区地处大黑山脉城区段核心位置，生态资源极为丰富。区域内拥有100平方公里的人工森林，62平方公里的水域面积，形成了森林绕城，潭湖邻城，林水穿城，四季景色特点鲜明，国内外大城市少有的独特生态环境区。历届市委、市政府对净月生态资源的保护和利用高度重视，做了大量卓有成效的工作，为我们进一步建设和发展奠定了坚实的基础。我们适时提出和加快净月生态城建设，是落实科学发展观的战略举措，是全面启动南部新城建设的迫切要求，是加快长春生态市建设步伐的关键所在，是实现我市自然、社会和经济可持续发展的必然选择。建设净月生态城有利于保护和放大生态资源效应，有利于人与自然和谐相处，有利于优化市民居住条件，有利于吸引人才集聚科技资源，有利于培育环境友好型新的经济增长点，有利于全面提升城市综合竞争力，打造一张独具长春特色的城市名片。搞好净月生态城建设事关全局，影响深远，具有重大战略意义。二是要正确把握建设净月生态城的基本思路和总体目标。要以科学发展观为指导，坚持以人为本，生态优先，立足当前，面向百年，努力把净月生态城建设成为长春市的生态核心区、吉林省内高端产业集聚区，国内生态城市建设示范区，国际一流的生态环境优美区。要把净月生态城作为全市生态系统的核心点，以此为基础，形成以点带线、以线带面空间上连续的“城市森林”系统。要以净月100平方公里人工森林为依托，加快扩展步伐，尽快连接新立城水库、石头口门水库和莲花山等地，完善大黑山脉沿线森林格局，并结合城市防护林网，形成城市外围生态屏障。要通过河流、道路、绿带等将森林引入市区，营造“森林绕城、绿树映城、林水穿城”，具有长春特色的城市生态环境。把长春建设成为生态环境优越，生态社会和谐，生态文化深厚，生态经济发达的生态型现代化国际性城市。三是要科学谋划净月生态城建设的空间布局和功能定位。净月生态城建设可划分为三大区域：即森林生态区，主要任务是保护森林资源，扩大森林面积，优化森林结构，提高森林质量，美化森林景观；水源涵养区，主要任务是保护水源，扩大水面，植树造林，塑造景观；城市建设区，主要任务是搞好生态型居住区、科教区、文化区、休闲区、商业区、洁净工业区等园区建设。通过保护生态资源，扩大生态空间，优化生态结构，提高生态质量，充分发挥净月生态城的生态功能作用；通过坚持以生态为体，文化为魂，休闲为用，打造具有长春特点的休闲娱乐区，充分发挥净月生态城的休闲功能作用；通过集约发展高洁、高端、高效等“三高”产业，打造知识型、创新型、带动型的高端产业集群，充分发挥净月生态城的产业功能作用。四是要切实加强领导，狠抓工作落实。高标准建设净月生态城，是一项具有系统性、复杂性、艰巨性、长期性的战略任务，是一项造福人民的世纪工程。要切实加强领导，建立科学的运行机制，进一步加快规划和建设步伐。市委决定成立以市委书记、市长和相关市领导为组长的净月生态城建设领导小组，市直有关部门、相关开发区和县（市）区主要领导同志为成员，领导小组下设办公室，统筹调度协调，具体抓好生态城建设的各项工作。要坚持统筹规划，突出重点，分步实施，近期要在坚持高起点、高水平的前提下，抓紧开展“净月生态城总体规划”编制工作，制定和出台市委、市政府关于净月生态城建设的总体意见、政策措施和具体规划。特别是“十一五”规划建设的退耕还林、基础设施建设等重点工程要加快启动和实施。前不久，在我们的积极努力下，国家开发银行已承诺给净月生态城建设200亿元信用贷款额度，我们一定要用好政策性贷款，加快项目建设步伐。市级各大领导班子、市直部门、县（市）区和开发区都要尽职尽责，共同努力，在全市上下形成以重点带全局的生态市建设新局面。

（三）要大力推进创建国家卫生城工作

国家卫生城市是衡量一个城市综合卫生水平的重要标志，是国家授予城市环境卫生方面的最高荣誉。创建国家卫生城市，对于加快长春现代化建设步伐，提高城市管理综合水平，树立城市良好形象，实现经济社会协调发展和构建和谐长春，具有重大意义。我市正式向国家提出创建申请以来，经过历届党委、政府的不懈努力和全市人民的积极参与，目前创卫的硬件建设及申报条件已经初步具备。全市上下要积极行动起来，坚持从基础和基层抓起，从关键环节和具体细节着手，采取积极有效措施，打好创建攻坚战，确保今年通过“省级卫生城市”考核，力争2007年进入国家卫生城市行列。一是要进一步明确任务和目标管理责任。要认真对照修订后的《国家卫生城市标准》及考评办法，细化包括10个大项、65个子项、1000多个考核点的创卫目标，巩固成果，狠抓不足，有针对性地逐项逐条地加以落实。要坚持把创卫工作作为今年市委、市政府工作的督察重点内容，同年终重点项目考评挂钩，实行创卫“一票否决”制。二是要迅速开展专项整治工作。要坚持统筹兼顾，突出重点，围绕城中村、农贸市场、背街小巷、“五小单位”、居民小区、城乡结合部等重点部位存在的突出问题，积极开展专项治理，集中力量打好市容环境卫生整治，“三线两岸”整治，烟草广告整治和建筑工地整治等专项整治战役，尽快改变城市环境面貌。三是要充分发挥城区、开发区、街道和社区的主体作用。要强化城区和开发区的主体地位、街道和社区的主力军作用、全体市民的主人翁意识，以创建先进卫生城区、街道、社区为载体，广泛深入地组织好基层的创建活动，充分发挥示范和带动作用，使创卫成为广大基层干部和群众的统一行动。四是要加强组织领导。要进一步充实创卫领导机构力量，强化创建办事机构建设，认真实施五大班子包保责任制，建立起强有力的组织领导推进机制，使创卫活动从上至下，层层有人抓，层层有人管，切实抓出成效。要充分发挥新闻媒体的宣传和监督作用，调动广大群众的参与热情，特别是敢于曝光工作推进不力的地方，营造声势，创造环境，使创卫真正成为省会城市人民的自觉行动。

（四）要全力加快创新型城市建设步伐

自主创新是推动经济社会更快更好发展的强力支撑和持久动力。必须把增强自主创新能力作为加快长春发展的主导战略和第一动力，深入贯彻国家和省科学技术大会精神，全力加快创新型城市建设步伐。一是要把提高自主创新能力作为建设创新型城市的核心内容。要切实提高企业的自主创新主体地位，使企业真正成为研发投入的主体、技术创新活动的主体、创新成果的应用主体，不断增强企业的核心竞争力。要切实以产品创新为核心，着眼于加快新型工业化、农业产业化、服务业现代化进程，不断提高全市产业技术水平和市场竞争力。要进一步改革科技管理体制，创新公共服务和市场环境，全面增强创新的动力和活力。要强化人才培养、引进、使用，切实构筑科技人才集聚高地。二是要集中力量尽快实现科技成果转化突破性进展。科技优势是长春的突出优势，科技成果转化不充分是长春的突出问题。必须在科技成果转化上下功夫，实现科技成果产业化。要进一步壮大在长科研院所、高校创新资源优势，充分发挥在自主创新中的源头作用。要发挥我市科技原创能力比较强、增长速度比较快的优势，抓紧形成拳头，发展自主品牌，在核心竞争力上实现突破。要坚持统筹规划、合理布局、突出特色、支持重点的原则，突出发展生物医药、光电子、玉米化工等主导产业和优势产业，加快形成有长春特色的高科技产业集群。要以实施“双百工程”（长春市科技成果转化百亿增值工程和科技风险投资促进百户企业快速发展工程）为载体，抓紧培育一批拥有核心技术的高新技术企业，提升产业竞争力，培育新的增长点。三是要加大创新投入和政策扶持力度。要充分发挥政府投入的导向作用，不断加大财政性科技资金投入额度，科学使用，健全机制，使财政投入成为自主创新资源整合的润滑剂，成为企业、高校、院所提高自主创新能力的推进器。要加强政策引导，系统研究并抓紧制订涉及科技投入、企业自主创新激励、产学研结合、高新技术产业扶持、创新基地和平台建设、人才激励和环境营造等方面的政策，为建设创新型城市提供政策保障。

（五）要进一步实现和维护好群众利益

今年，我市改革任务重，涉及改善群众生产生活的重点工作和重点任务比较多，促进发展和维护稳定的压力很大。我们必须坚持以人为本，切实从广大群众的实际利益出发，关心群众生产、生活，让群众更多、更好地享受到改革发展的成果。一是要进一步加快各项利民工程建设。切实抓好铁北改造、棚户区拆迁、伊通河治理和巷道改造等工程建设，尽快让群众的生活条件和环境得到较大改善。特别是在棚户区拆迁改造中，要坚决维护拆迁房屋当事人的合法权益，加快廉租住房建设，确保无能力购房回迁的特困群众都能够得到妥善安置。二是要着力解决群众关心的热点难点问题。高度重视就业工作，切实做好企业改制后职工就业问题，维护广大职工的利益。认真解决上学难、上学贵，看病难、看病贵，征地拆迁补偿和农民工权利保障等问题。巩固扩大完善城镇社会保障体系试点工作成果，实施事业单位养老保险制度改革和被征地农民养老保险制度试点，稳步推进厂办大集体改革试点工作。对群众来信来访反映的问题，要高度重视，认真解决。三是要切实保障困难群众的生活。进一步强化城市扶困和农村扶贫，切实抓好农村“五保户”、贫困户和城市“低保户”、特困户等困难群众的救助、救济工作，按时发放下岗、失业职工基本生活保障费和离退休人员养老金。对那些特别困难的职工和农户、军烈属、复转军人、英模、劳模、老党员等，要格外关注，切实保证所有困难群众有饭吃、有衣穿、有房住。目前，长春已经进入主汛期，要切实做好防汛抗洪的各项准备，确保城乡广大群众生命财产安全。

（六）要不断加强精神文明和民主法制建设

要着眼经济社会更快更好发展的大局和构建和谐长春的整体目标，大力发展社会事业，突出思想道德建设，积极推进民主政治进程，为经济发展创造良好的政治环境、社会环境、文化环境。一是要深入开展社会主义荣辱观教育，进一步提高广大市民文明素质和城乡文明程度。要以推进社会主义荣辱观教育为主要任务，继续深入实施《公民道德建设实施纲要》，不断创新活动载体和活动形式，努力培育良好的社会风尚。要继续加大群众性精神文明创建工作力度，深入开展文明机关、文明行业、文明乡镇和文明家庭创建活动，进一步创造贴近实际、贴近群众、贴近生活的文化载体。要深入开展双拥工作，发挥优势，创新载体，营造氛围，力争实现“双拥模范城”创建六连冠。要努力打造城市文化特色，彰显城市文化底蕴，为创建“全国文明城市”奠定坚实的基础。二是要进一步加大工作力度，全面推进各项社会事业健康发展。要深入实施科教兴市战略，大力推进教育均衡发展，重点做好城乡结合部的薄弱校改造工作，进一步深化中小学办学体制改革，大力发展职业教育，努力办人民满意教育。要全力推进文化体制改革，进一步整合文化资源，规范和繁荣文化市场，推动文化产业发展。要切实加强医疗卫生工作，强化社区卫生服务建设，完善农村合作医疗试点，从严整治医疗市场。要围绕迎接亚冬会，认真做好亚冬会的场馆建设和各项筹备工作，真正办成一届最成功、最具魅力的亚冬会。三是要积极推进民主法制建设，全力维护社会稳定。要坚持和完善人民代表大会制度，坚持和完善共产党领导的多党合作和政治协商制度，进一步为社会各阶层特别是广大群众创造更多的发表意见、参与决策的机会，动员一切力量投身到我市的改革、发展、振兴大业中来。要进一步完善社会治安综合治理工作机制，以创建平安社区、平安村为载体，积极探索治安防范工作社会化、科技化、法制化的途径，增强全社会的治安防控能力。要进一步强化食品、药品、饮食卫生、危险化学品和交通安全监管，防止重特大事故发生。

（七）要进一步加强党的先进性建设

实现年初确定的各项目标任务，关键在于加强和改善党的领导，永远保持党的先进性。要在总结和巩固先进性教育活动成果的基础上，进一步加强党的先进性建设，推进全市党建工作上层次、上水平。一是要进一步加强理论学习。要深入学习邓小平理论和“三个代表”重要思想，切实提高广大领导干部贯彻科学发展观的能力、驾驭全局的能力、处理利益关系的能力、务实创新的能力。要增强干部教育培训工作的针对性，不断提高教育培训质量。大力提倡领导干部自学和年轻干部参加学历教育，更新知识结构，增长才干，努力提高新形势下领导经济工作的能力。二是要进一步加强组织建设。要把领导班子建设作为先进性建设的重要环节来抓，结合县(市)区、乡(镇)领导班子换届，选准配强一把手，坚持民主集中制，不断增强各级领导班子整体合力。要大胆选拔、培养、使用年轻干部，不拘一格用人才。要按照围绕中心、服务大局，拓宽领域、强化功能的要求和分类指导、整体推进的思路，不断创新基层组织建设与管理模式，积极探索规范管理和发挥党组织与党员作用的新途径。要坚持和完善村务、政务、厂务公开制度和重大决策听证、票决制，扎实有效地推进基层民主政治建设。三是要进一步加强党风廉政建设。继续坚持和发展"三位一体"反腐倡廉整体工作格局，持续加大抓源治本的工作力度。要进一步加强反腐倡廉教育，引导各级领导干部坚定理想信念，树立正确的权力观和政绩观。要进一步加强对权力运行的制约和监督，重点防范权力失控、决策失误、行为失范现象发生。要进一步加强党内制度建设，真正用制度管权、用制度管事、用制度管人。要进一步加大软环境建设和纠风专项治理力度，重点查处与民争利、吃拿卡要、办事不公、以权谋私问题，查处药品购销、医疗服务等领域的商业贿赂行为，纠正弄虚作假、虚报浮夸、奢侈浪费行为，规范行政和执法行为。要加快推进信用体系建设，确保年内初步建立起以政府信用、企业信用、个人信用为主体的征信、评价、查询和管理系统。四是要进一步推进工作落实。要按照我市"三位一体"的重点工作目标责任制要求，不断加大督促、检查和考核力度，保证全年各项重点工作顺利推进。各责任单位和责任人要进一步增强责任意识，把主要精力放到抓发展、抓落实上。年末，市委将召开会议对目标责任制落实情况进行全面总结，严格兑现奖惩。

(八)要认真抓好县(市)区换届工作

下半年，县(市)区换届工作进入关键阶段，9月份将全部落位。这项工作直接关系到全市领导班子和干部队伍建设水平，关系到全局工作的连续性和稳定性，关系到全市经济社会的长远发展。换届过程中，一是要认真执行中央和省、市委关于县(市)区换届的相关政策。要坚决贯彻落实中央和省、市委就换届工作中的各项问题所作的硬性规定，绝不能有任何违背，出现任何偏差。要严格按照《干部任用条例》选人用人，严格落实干部选任标准，真正把政治上靠得住、工作上有本事、作风上过得硬、人民群众信得过的干部选拔到县(市)区领导岗位上来，努力形成一支适应发展振兴需要的高素质县(市)区领导干部队伍。同时，要立足于提高县(市)区党政班子的综合素质和领导水平，进一步优化班子的知识结构、专业结构和年龄结构，使班子分工合理、专业配套、优势互补，进一步增强整体功能。二是要认真做好县(市)区党代表选举和党代会报告起草工作。各县(市)区要在市委的统一领导和市委组织部的具体指导下，规范有序地做好党代表选举工作。特别是要结合县情、区情实际，立足实现未来的更快更好发展，认真研究谋划，努力形成一个高质量的党代会报告，明确新一届党委的奋斗目标、主要任务和保障措施。三是要努力营造良好换届环境。要坚持正确用人导向，严格按照"任人唯贤、德才兼备"、"群众公认、注重实绩"的原则和标准选人用人，全面客观地评价干部，公道正派地使用干部。要严肃组织人事纪律，坚决防止和克服换届工作中的不正之风。凡是"跑官要官"、"买官卖官"和拉票贿选的，发现一起，从严查处一起。要充分尊重和听取广大人民群众的意见和建议，依靠民主促进换届工作顺利进行。要切实做好宣传引导工作，把各级干部对换届工作的关注，更好地引导到加快发展上来。

三、关于筹备第十一次党代会的几点意见

按照中央和省委的统一部署，我市将在明年初召开第十一次党代会。这是在全面建设小康社会、加快推进长春老工业基地振兴的历史时期召开的一次具有历史意义的重要会议，既要全面总结第十次党代会以来的工作，研究、谋划和部署我市今后五年工作的指导思想、目标任务和重大措施，又要完成地方党委的换届选举，可以说是全市人民政治生活和我市党建工作中的一件大事。全市各级党组织和广大党员干部，要自觉地把思想统一到中央和省委的要求上来，统一到更快更好发展上来，要加强领导，精心组织，认真筹备，努力把市第十一次党代会开成一个承前启后、团结民主、务实鼓劲的大会。

一是要精心做好市第十一次党代会报告的起草工作。党代会报告是党代会的核心内容。报告的起草，要坚持群众路线，充分发扬民主，集中全

市各级党组织和广大党员的智慧，使报告充分体现党心民心。要深入开展调查研究，以事实作基础，以数字为依据，认真研究事关全市经济社会发展全局的重大问题。报告要充分体现科学发展观的要求，突出更快更好发展这个主题，与振兴长春老工业基地的总体目标相一致，与“十一五”规划相衔接，与市委十届七次、八次全会确定的发展思路和一系列重大决策相吻合，与全市各族人民群众愿望相符合，又要与时俱进，有所创新，成为指导我市今后五年工作的行动纲领。

二是要规范有序地做好党代会代表选举工作。要严把思想政治素质关，全面考察和衡量候选党员干部的能力、作风和道德品行，特别是看他们在关键时刻和涉及个人切身利益时的具体表现和在群众中的口碑。要严把比例关，明确代表条件、代表名额和结构比例，认真做好代表的资格审查，保证代表结构合理、分布科学。要严把程序关，严格按照党代会代表选举工作的程序和规定，充分发扬党内民主，积极动员和组织各级党组织特别是广大基层党组织和党员，广泛参与代表的推荐、选举工作，做到步骤清楚、运作规范，确保出席我市第十一次党代会代表选举工作合理规范。

三是要妥善处理好筹备召开党代会与保持正常工作秩序的关系。各级领导干部要把思想统一到中央对于换届工作的要求上，正确对待进退留转，自觉服从组织安排，始终保持良好的精神状态，真正做到思想不散。直接参与党代会筹备和换届工作的有关部门和同志，要认真、高效、负责地做好换届相关工作，特别是做好换届期间的干部监督、工作督查和纪检监察工作，真正做到秩序不乱。各级各部门要牢牢抓住发展振兴这个主题，巩固和发展当前经济平稳较快发展的良好态势，引导广大党员干部把精力集中到谋发展、促振兴上，切实保持各项工作的连续性，真正做到工作不断。力争换届和发展两不误、两促进，确保“十一五”开局之年的任务圆满完成，以优异成绩迎接市第十一次党代会的召开。

同志们，长春正处于振兴老工业基地的关键时期。让我们紧密团结在以胡锦涛同志为总书记的党中央周围，高举邓小平理论和“三个代表”重要思想伟大旗帜，全面贯彻落实科学发展观，在省委、省政府的领导下，以更加饱满的精神状态、更加扎实的工作作风、更加富有创造性的举措，为实现“十一五”时期更快更好发展而努力奋斗！

政府工作报告

——在长春市第十二届人民代表大会第五次会议上

市长　祝业精

2007年2月12日

各位代表：

我代表市人民政府向大会作工作报告，请予审议，并请列席会议的同志提出意见。

一、2006年工作简要回顾

2006年，是全面贯彻落实科学发展观，深入实施振兴老工业基地战略，改革开放和现代化建设取得显著成效的一年。一年来，在市委的正确领导下，在市人大、政协的监督和支持下，我们紧紧依靠全市人民，知难而进，开拓创新，较好地完成了市十二届人大四次会议确定的各项目标，实现了"十一五"时期的良好开局。实现地区生产总值1 934.1亿元，比2005年增长14.5%；实现全口径财政收入210.6亿元，增长14%；完成固定资产投资950.1亿元，增长46.1%；实现城镇居民人均可支配收入11 358元，增长12.8%。上述4项主要指标，提前完成本届政府工作目标，标志着长春市向富民强市、全面建设小康社会的目标又迈出重要一步。

——社会主义新农村建设顺利起步。农业生产喜获丰收，粮食产量达到81.35亿公斤。园艺特产之乡发展到20个，无公害和绿色食品基地发展到175万亩，各类优质原料基地发展到530万亩。新建标准化牧业小区100个，养殖大户发展到近3万户，规模饲养的比重达到50%以上。实现农民人均纯收入4 480元，增长7.2%。基本实现村村通油（水泥）路，农安县、德惠市玉米工业园引水工程，新农村试点的村容镇貌综合整治等一批重点项目全面启动。"三北"防护林建设扎实推进，完成植树造林7 800公顷。波罗湖湿地建设步伐加快，生态环境进一步改善。县域经济快速增长，四县（市）和双阳区生产总值、财政收入增幅均高于全市平均水平。

——工业经济运行质量明显提高。规模以上工业实现产值2 125亿元，增长20.3%；实现利润68.4亿元，增长55.7%。工业经济效益综合指数达到175，提高19个百分点。高新技术产业产值突破1 000亿元，增长22.7%。汽车工业迅速回升，实现产值1 475.7亿元，增长21.9%。农产品加工业不断壮大，实现产值294.7亿元，增长24.9%，占全市工业的比重达到13.9%，成为名副其实的支柱产业。光电信息、生物医药、能源、建筑和材料制造等主导产业、重点产业稳步增长，优势正在逐步显现。

——现代服务业竞相发展。铁北等物流产业园区稳步发展，物流企业快速壮大，现代物流业营业收入增长22%。旅游和会展业快速发展，被评为"中国最佳旅游城市"试点观察员城市，长影世纪城被评为国家4A级景区，伪满皇宫顺利通过全国首批5A级景区专家初评，汽车文化公园开工建设，成功举办了东博会、农博会、汽配会、冰雪节、电影节、雕塑展、中日韩商务论坛、中日经济合作会议等20个重点展会，旅游和会展业收入分别增长23.2%和21.5%。动漫产业基地初具规模，文化产业迅速发展。房屋交易突破500万平方米，交易额突破百亿元，二手房市场不断完善。浦发银行长春分行正式挂牌运营。市商业银行完成综合治理，资本充足率达到10.29%，不良贷款率降低到1.04%。年末各类金融机构存款余额2 396.2亿元、贷款余额2 194.8亿元，分别增长17.8%和17.3%。

——投资力度进一步加大。固定资产投资净增300亿元，增速在15个副省级城市中位居第一位，前移2位。开工建设项目1 994个，其中，超亿元255个，新开工1 594个。非国有投资592亿元，净增220亿元，占全部投资的66.5%，投资自主增长机制初步形成。整合挖潜存量土地，积极争取项目建设用地，基本保证了项目建设需求。土地投资强度增长25%，土地利用集约化程度明显提高。

——各项改革取得突破性进展。国企改革基本结束。列入省市国企改革攻坚计划的254户国有企业，除6户因资产或法律原因外，其余全部完成改革操作程序，建立起新型产权制度，生机与活力明显增强。县(市)、区事业单位人事制度改革全面启动，市属事业单位公开招聘制度全面建立。供暖制度改革实现重大突破，热费补贴由“暗补”变为“明补”。乡镇机构改革、县乡财政管理体制改革和农村义务教育管理体制改革进入收尾阶段。投融资体制改革步伐加快，启动实施项目代建制和重大项目竣工验收、稽查制度，政府投资项目管理进一步规范。人口与计划生育综合改革取得显著成效，文化、医疗卫生体制改革也取得不同程度进展。

——对外开放取得突出成绩。新批外商投资企业149家，引进投资超千万美元的外资项目33个、超8 000万元的内资项目133个，引进英荷壳牌、美国AB、上海宝钢等一批知名企业，新增世界500强企业投资项目4个。实际利用外资14.1亿美元，引进内资253.8亿元。进出口总额完成52.3亿美元，增长15.1%。汽车及零部件等出口大幅增长，工业制成品出口完成7.5亿元，增长15%，占全部出口的比重达到74%，提高27个百分点。新开通和开发3条国际航线、8条国际中转航线。开发区经济全面提速。生产总值增长26.4%，实际利用外资增长20%，实际利用内资增长35.3%，固定资产投资增长98%，占全市的比重分别达到52.5%、90%、79%和55.5%。引进超千万美元的外资项目19个、超8 000万元的内资项目103个，分别占总数的57.6%和79.2%。县域工业集中区引进超千万元的项目274个。

——城市建设取得显著成效。市行政中心南迁，南部新城建设拉开序幕。“523台”搬迁，宽城行政中心开工建设，改造大铁北顺利起步。综合科技文化中心前期工作就绪，净月生态城建设快速启动。高新开发区、经济开发区继续保持旺盛的生机与活力，汽车产业开发区以及空港开发区、玉米工业园区开局良好。各城区、开发区以竞相发展的态势，拉开了双中心、多组团的城市发展空间格局。伊通河排污治理工程基本完工，生态工程建设进展顺利，完成三段蓄水。轻轨二期正式通车运营，长双烟铁路完成工程总量的70%，102国道绕行线等重点项目建设顺利推进，长吉快速铁路、哈大铁路客运专线项目完成前期准备。8路5桥2出口工程竣工，新建道路99条，大中修道路142条，基本完成主次干道改造，道路完好率达到98%。房地产开发施工1 214万平方米，增长81.3%。超额完成省下达的棚户区改造任务，拆除棚户区房屋290万平方米，超计划21%。实施货币和房屋安置43 334户，安置历年超期回迁居民1 596户。改造居民巷道1 986条，安装街路照明灯具11 128套，三环路以内巷道硬铺装率和亮化率分别达到95%和94%。改造排水管线122公里、供水管线50公里、燃气管线65公里。加大市容环卫投入，更新环卫车辆333辆，水冲公厕达到623座。绿化街路31条，新建大块绿地117块，改造续建4个公园，裕华园开工建设，天嘉公园建成并荣获中国人居环境范例奖，建成区新增绿地300公顷。拆除烟囱327根，治理不合格锅炉501台(套)，烟尘排放达标率达到90%，城区优良级天数达到345天，优良率达到94.5%，空气质量进一步提高。城市管理行政执法工作取得明显成效。创建国家卫生城市工作不断深入，顺利通过省级卫生城市验收，具备了申请国家卫生城市的基本条件。

——各项社会事业健康发展。积极促进义务教育均衡发展，改造聋哑学校等5所城乡结合部薄弱学校和朝鲜族中学，改造农村中小学危倒校舍11万平方米，农村中小学现代远程教育普及率达到100%。积极推进素质教育，中考推荐生比例提高20个百分点，高考高分段比例提高5个百分点。职业教育迅速发展，毕业生一次性就业率达到95%。城乡实训中心建设初见成效，培训城乡劳动者72.5万人次。科技创新步伐加快，45项光电产业自主创新技术成果实施产业化，76个项目列入省工业企业技术创新工程计划，专利申请量达到2 700件，增长15%，技术市场交易额增长30%，承担的国家和省一批重大科技项目成果显著，中俄科技园开工建设。名牌战略扎实推进，皓月、鼎鹿商标荣获中国驰名商标。全面实施人才强市战略，引进各类急需人才1.2万人。公共卫生体系基本建立，农村和城市社区卫生快速发展。北方肝胆医院、儿童医院、妇产医院扩建改造工程竣工，实现了三年改造市属医疗单位的目标。实施食品放心工程卓有成效，在全国31个省会以上城市综合评价检查中位居第四名。人口与计划生育工作不断加强，人口自然增长率低于全省平均水平。和谐文化建设扎实推进，成功开展了“第四届长春文化艺术周”和“2006精品艺术系列演出”活动，演出市场进一步活跃。竞技体育工作取得新成绩。夺取第十五届省运会金牌总数、团体总分等5个第一，成功举办国际滑联短道速滑世界杯赛、瓦萨国际越野滑雪赛等国际大型体育赛事，亚泰足球获中超联赛第四名，华信女足成功冲超。科技拥军工作取得显著成效，预备役炮兵师信息化建设成为全军先进典型。妇女儿童、广播电视、新闻出版、民族宗教、侨务、老龄、残联、气象、人防、震灾、援藏、档案和修志等工作也都取得了新成绩。

——举办第六届亚冬会获得圆满成功。亚奥理事会45个成员国和地区全部参会，首次实现亚洲奥林匹克大家庭在冬季运动史上的大团圆。赛会场馆设施先进，各项服务细致周到，竞赛组织规范有序，比赛氛围文明活跃，文化活动异彩纷呈，宣传报道热烈精彩，是亚洲规模最大、最具魅力的冰雪体育盛会。“冰雪亚运、魅力长春”唱响世界，进一步弘扬了奥林匹克精神，提升了长春对外的整体形象和知名度，增强了全市人民的凝聚力和向心力。整个筹备工作所创造的精神和经验，必将成为全市发展各项事业的强大动力和宝贵财富。

——社会保障工作扎实推进。开发就业岗位9.7万个，实现就业再就业8.7万人，安置“4050”人员2万人，安置残疾人就业2 500人。通过公益性岗位开发，为有就业能力和愿望的“零就业”家庭提供了就业岗位。城镇登记失业率控制在4%以内。启动了新征地农民养老保险试点、城区居民住院医疗保险试点以及榆树市、农安县新型农村合作医疗试点。全市养老保险参保118.1万人，纳入城镇医疗保障111万人，纳入农村医疗保障182万人，全市失业保险参保66.3万人，工伤保险参保62万人，各项保险基金征缴率达到95%，按时足额发放率达到100%。为32万离退休人员发放养老金26亿元，为29万人次发放失业金6 000万元。基本解决改制企业离退休职工养老、医疗保险以及采暖费补贴问题，退休人员社会化管理率达到98.2%。覆盖城乡的社会救助体系基本建立。全市投入救助资金1.9亿元，救助城市低保20余万人。城市低保家庭全部纳入住院保险范围，6 315户住房困难家庭享受廉租住房政策，6 500户特困家庭享受采暖救助政策，2万余名城乡贫困学生得到教育资助。提前一年完成敬老院三年改造工程，129所农村社会福利中心投入使用，8 208名集中供养的五保老人生活质量明显改善。加强社会治安综合治理，深入开展严打斗争，刑事案件立案下降9.6%，破案率提高9.7%，命案破案率达到92.5%。公安后勤保障工作不断提升，新建消防指挥中心和75个派出所。科技强警工作不断加强，提高了打击刑事犯罪和处置突发事件的能力，人民群众安全感进一步增强。进一步落实消防三级管理责任制，加大重大火险整改力度，实现连续4年无重大火灾。深入实施畅通工程，在全国846个参评城市中位居第三名。各类伤亡事故和死亡人数控制在省下达指标以内，安全生产形势稳定。

——民主法制和政府自身建设不断加强。自觉接受人大及其常委会的法律监督、工作监督和政协的民主监督，认真办理人大议案、建议和政协提案，办复率达到100%。提请市人大常委会审议通过地方性法规4件，制定政府规章及规范性文件23件。扎实推进依法治市，被评为全国法制宣传教育先进城市。全面履行政府职能，服务型政府建设不断加快。政务中心服务功能进一步强化，依法行政深入推进，电子政务不断发展。深入开展“清费减负”等多项活动，加快构建“信用长春”，发展环境明显改善。廉政建设和反腐败斗争不断深入，严肃查处各类违法违纪案件，政风行风建设进一步加强。认真办好市长公开电话。进一步落实各级领导干部接待群众来信来访责任制，解决了一大批重大、疑难信访案件，维护了人民群众的合法权益，社会保持和谐稳定。

这些成绩的取得，是全面贯彻落实党中央、国务院和省委、省政府各项方针政策的结果，是市委正确领导的结果，是人大代表、政协委员监督与支持的结果，是全市人民团结奋斗和社会各界朋友鼎力相助的结果。在此，我谨代表市人民政府，向辛勤工作在各行各业的全体市民，向给予政府工作积极支持的人大代表和政协委员，向各民主党派、工商联和各界人士，向驻长部队和武警官兵，向所有关心和支持长春改革发展稳定的同志们、朋友们，表示衷心的感谢！

过去的一年，我们坚持用科学发展观统领各项工作，着重抓了五个关键环节。一是始终用发展的办法解决前进中的问题，无论遇到什么困难，都坚持加快发展不动摇。二是坚持统筹兼顾，协调推进城乡发展、经济社会发展、人与自然和谐发展，努力使各方面发展相互促进。三是牢固树立以人为本、执政为民的理念，真心实意为群众多办实事、多办好事，努力使改革开放成果惠及千家万户。四是正确处理改革发展稳定的关系，把改革力度、发展速度与社会可承受程度统一起来，在发展中保持社会和谐稳定。五是坚持立足当前与着眼长远相结合，切实解决事关长春长远发展的深层次矛盾和关键问题。

在充分肯定所取得成绩的同时，我们也清醒地认识到，当前全市经济社会发展仍面临不少困难和问题。农业基础设施比较薄弱，农村市场发育滞后，农民持续增收的难度加大；经济结构有待进一步优化，转变经济增长方式、提高经济增长质量的任务还相当繁重；产学研结合不够紧密，科技创新和企业自主研发能力较弱；就业再就业任务还很艰巨，部分群众生活困难，社会保障体系还有待进一步完善；土地征用、房屋拆迁等方面还存在一些不容忽视的问题；部分公务员的素质和能力不适应新形势、新任务需要，行政效率和服务水平不高，发展软环境还有待进一步改善，等等。对于这些问题，我们将高度重视，并采取有效措施，认真加以解决。

二、2007年主要任务

2007年，是保持经济社会发展良好态势，全面完成本届政府任期目标，为长远发展打好基础的关键一年。当前，世界经济正处于新一轮增长期，全国进入消费升级、结构优化新阶段，“南资北移”势头强劲，省委、省政府支持长春在全省率先发展的力度越来越大。实施振兴老工业基地战略以来，长春市体制机制创新取得实质性突破，投资拉动效应持续显现，经济增长动力明显增强，具备了进一步加快发展的良好基础和有利条件。只要我们紧紧抓住机遇，强化发展措施，加大工作力度，就一定能够克服前进道路上的各种困难，推动经济社会更好更快发展。

2007年政府工作的总体思路是：全面贯彻落实党的十六届四中、五中、六中全会和省委八届十次全会以及市第十一次党代会精神，以邓小平理论和“三个代表”重要思想为指导，以科学发展观为统领，以构建和谐社会为目标，以解决人民群众最关心、最直接、最现实的利益问题为重点，创新发展模式，加快发展速度，提高发展质量，深化改革开放，加大投资力度，加强资源节约和环境保护，增强自主创新能力和产业竞争力，大力发展社会事业，建设和谐文化，完善社会管理，增强社会活力，着力解决民生问题，保持社会和谐稳定，努力实现经济社会更好更快发展。

全市经济社会发展的主要预期目标是：地区生产总值增长13%以上，全口径财政收入增长10%左右，固定资产投资增长37%左右，城市居民人均可支配收入增长12%左右，农民人均纯收入增长7%左右，城镇登记失业率控制在4%以内，单位GDP能耗降低7%左右。

（一）扎实推进社会主义新农村建设，促进城乡协调发展。坚持以发展农村经济、促进农民持续增收为核心，继续推进农业和农村经济结构战略性调整，加快现代农业建设，大力发展优质粮食生产，集中连片建设优质农产品原料基地，优化种植业结构。突出发展农产品加工业，积极发展精品畜牧业、园艺特产业、绿色食品和劳务经济。建设10大优良畜禽基地，新建标准化牧业小区100个，力争劳务输出100万人次。编制新农村建设总体规划，完成新农村10个试点镇、31个试点村的村容镇貌综合整治。不断完善农村金融服务体系，建立财政支农资金稳定增长机制，扩大公共财政的农村覆盖面，加强农村基础设施建设。加快实施广播电视村村通、乡镇综合文化馆、农村电影放映、农民书屋等工程，完善农村文化基础建设。搞好村镇周边和庭院绿化美化，推进农防林更新改造和近郊生态林等重点工程建设，植树造林5 000公顷。改善农村氟病区饮水条件，解决农安县、榆树市10万人饮水安全问题。新改建乡村公路500公里。

（二）加快结构调整，促进工业经济持续快速增长。坚持把工作的着力点放在工业及技术改造上，放在调整结构、转变增长方式、实现可持续发展上。按照走新型工业化道路要求，搭建产业发展平台，加速构建产业集群。加快建设光电产业、生物产业基地，高新技术产品、汽车零部件、医药国家级出口基地，中俄、中德合作基地。培育壮大汽车、玉米、轨道客车产业园区。实施名牌战略，争创国家名牌产品和驰名商标。加快新产品开发，提升产品市场竞争力。继续举全市之力支持一汽加快发展，扶持大成、德大、皓月、富奥、西门子VDO等重点企业做大做强，加快培育一批主业突出、竞争力强的中小企业，规模以上工业企业突破1 000户。加强工业经济运行监控和服务，搞好资金、电力、燃气保障，支持重点企业、重点产品增加生产，提高效益。规模以上工业产值增长16%左右。

（三）努力扩大消费，加快发展现代服务业。改造长春铁路货运口岸，加快建设重点物流园区，引进和培育物流骨干企业，物流业营业收入增长20%以上。抓好旅游重点项目建设，加大旅游促销力度，争创“中国最佳绿色旅游城市”，旅游业收入增长20%以上。大力发展会展业，办好冰雪节、汽车节、汽博会、东博会等重点展会，举办各类会展活动125项以上。集中建设长江路、重庆路、桂林路、红旗街、东盛路等重点商业街区，继续推广连锁经营、物流配送等现代流通方式。引导住宅类房地产优化供给结构，扩大中低档商品房建设，搞好居民回迁房建设，大力激活二手房市场，促进房地产市场健康发展。加快发展地方金融机构，推进社会信用体系建设，做大做强融资担保机构。继续扩大汽车、旅游、信息、健身等消费，促进消费结构升级。积极发展农村新型流通组织，不断开拓农村消费市场。整顿和规范市场秩序，改善消费环境，保护消费者利益。社会消费品零售总额增长12%左右，第三产业增加值增长13%左右。

（四）深入开展“项目建设年”活动，突出抓好重点项目建设。发挥企业投资主体作用，加大政府推动力度，充分挖掘各方面潜力，广泛吸引社会资本，集中全社会力量抓投入、上项目，促进投资主体多元化、资金来源社会化，努力实现民间投资、外企投资、政府投资的新突破。完成固定资产投资1 300亿元，净增350亿元左右。围绕“十一五”规划，谋划启动一批关系全局、带动作用强、发展后劲足的大项目，突出抓好主导产业、城市建设、农业水利、公益事业等骨干和重点项目。积极推进SUV和皮卡20万辆汽车、100万吨化工醇、100万张皮革深加工、PLED有机电致发光屏、奇健生物制药、国家生物产业基地实验动物中心、九台华能电厂、壳牌油母页岩、亚泰水泥熟料等一批市场前景好、技术含量高、经济效益显著的骨干项目。延伸项目集中审批“绿色通道”，强化重大项目推进服务，构筑更具吸引力的投资环境。节约利用土地，盘活土地存量资源，确保重点项目需求。

（五）继续深化改革、扩大开放，进一步增强经济社会发展的动力和活力。巩固国企改革成果，积极稳妥处理各种遗留问题，支持改制企业加快发展。完善国有资产监督管理体制，加大监管力度，确保国有资产保值增值。力争完成厂办大集体改革试点。积极推进文化体制改革。进一步深化事业单位人事制度改革，扩大面向社会公开招聘范围，促进从身份管理向岗位管理转变。全面实施民营经济腾飞计划，推动民营经济大发展。以发展中小型企业为重点，实施创业孵化基地工程。搭建银企对接平台，着力解决中小企业融资难问题。大力发展和扶持个体工商户。进一步完善支持民营经济发展的配套政策，降低门槛、减轻负担、鼓励创业、发展企业，努力营造有利于全民创业的浓厚氛围和优良环境。

改善招商基础，健全招商体系，拓展招商领域，突出招商重点，创新招商方式，积极引进境内外资金、先进技术、先进管理和高端人才，大力发展以优势产业的重大项目为龙头的产业集群，努力实现招商规模和质量的新突破，实际利用内、外资均增长20%以上。巩固日本、韩国和香港地区等周边传统市场，深度开发美、德、英、法、意等欧美市场，积极开发东南亚和台湾地区市场，进出口总额完成56亿美元以上。不断优化出口产品结构，工业制成品出口比重达到80%以上，增长20%以上。积极鼓励企业“走出去”，充分利用国际国内两种资源、两个市场。

加快开发区建设。加强和完善基础设施配套建设，提高项目建设的承载能力。深化体制机制创新,优化投资环境,发挥政策优势,形成集聚效应,不断增强对外开放的先导和辐射带动作用。高新、经开、净月、汽车四个开发区完成固定资产投资609亿元以上,其中工业投资占60%以上;生产总值和一般预算全口径财政收入均增长20%以上。加快建设五棵树、合隆、米沙子、奢岭、卡伦等县域工业集中区。

(六)加强创新型城市建设,不断增强可持续发展能力。积极实施《长春市中长期科技发展规划纲要》。加强政府引导,加大政府科技投入,加快推进以企业为主体的自主创新体系建设,不断提高自主创新能力,促进高新技术成果的开发、转化和产业化,高新技术产业产值增长20%左右。围绕重点领域、关键技术,适时启动12个重大技术专项,增强原始创新、集成创新和引进消化吸收再创新能力。实施"科技成果转化百亿增值工程"和"科技创业风险投资促进百户企业快速发展工程",为科技成果转化和科技企业发展提供全方位政策支持。加强知识产权创造和保护。强化科技成果转化平台建设,逐步培育建设一批国家级企业技术中心和科技企业孵化器。

进一步强化环境综合治理和自然生态保护。以解决制约经济社会发展和危害群众健康安全的环境问题为重点,加快建设资源节约型、环境友好型社会。深入落实环保目标责任制,强化环保政绩考核及违法违纪责任追究。依靠科技进步,发展循环经济,推广清洁生产,加大执法力度,倡导生态文明,努力改变先污染后治理的状况。加强集中式饮用水源安全保护和重点流域污染防控,取缔一级保护区内排污企业,关闭二级保护区直接排污口。深入开展"整治违法排污企业保障群众健康环保专项行动",着力整治扰民环境污染,依法淘汰落后工艺和落后产品,努力改善生态环境质量,维护环境健康安全,切实增强可持续发展能力。

(七)加强城市建设与管理,全力创建国家卫生城市。坚持统筹兼顾、循序渐进原则,协调推进南部新城、净月生态城建设和铁北改造,加快推进城市综合换乘中心、铁路西客站项目建设前期准备,力争开工建设长吉城际铁路、哈大铁路客运专线、长松高速公路、轻轨4号线。实施102国道绕行线、长乐公路出入口等10路4桥2出口建设、改造工程。改造供水管网20公里,发展燃气用户2万户,新增集中供热面积200万平方米。

对照《国家卫生城市标准》,加大创建工作力度,逐项整改达标,力争通过国家考核验收。继续改造棚户区,拆除房屋265万平方米以上,居民安置回迁率达到80%以上。房地产开发施工800万平方米、竣工270万平方米以上。继续整治裸露地面,实施居民巷道、街路亮化、排水明沟改造。新增绿化街路25条,新建大块绿地142块。基本完成裕华园改造。加强城市管理综合行政执法,进一步落实"门前三包"责任制,深入搞好市容环境综合整治,查处扰民污染。加大城区物业治理力度,提高物业管理水平。继续建设三间村粪便无害化处理厂、蘑菇屯垃圾无害化处理场、南部污水处理厂,通过北郊污水处理厂升级改造等措施,污水二级处理率达到70%以上。

(八)大力发展社会事业,促进社会和谐发展。深入开展群众性精神文明创建活动,在全社会树立以"八荣八耻"为主要内容的社会主义荣辱观,形成知荣辱、讲正气、促和谐的良好风尚。坚持教育优先发展,促进教育公平。继续加大对教育事业的投入。巩固义务教育成果,继续实施薄弱校改造工程,在铁北建设一所省级示范高中。全力支持农村教育,逐步缩小城乡教育发展差距,促进义务教育均衡发展。全部免除农村义务教育阶段学生学杂费,对贫困家庭学生免费提供教科书并补助寄宿生生活费,着力解决城市低收入家庭和农民工子女义务教育阶段上学困难问题,确保每个孩子都有接受义务教育的机会。大力发展职业教育,加快产业技能人才培训中心和县(市)职教中心建设,强化农村实用技术培训,完成各类培训80万人次。建立一批标准化、示范性"农民夜校"和社区活动阵地。鼓励、支持、规范、引导民办教育健康发展。全力支持高校加快发展。实施人才强市战略,大力开发人才资源,切实强化高层次和紧缺人才队伍建设,引进高层次及各类急需紧缺人才1万人左右。全面落实《全民科学素质行动计划纲要》,努力提高市民科学素质。

强化政府公共卫生责任,完善城乡医疗卫生服务体系,建立医疗保障体系。加快城市社区卫生事业发展,强化医疗行业监管和医疗卫生服务,推进医药分业改革试点,提高医疗服务质量,减轻患者就医负担。进一步扩大城区住院医疗保险范围。启动德惠市、双阳区和城区新型农村合作医疗试点，实现农村人口医疗保障制度全覆盖。继续推进食品放心工程建设，加强药品监管和农村医药“三网”建设，整顿规范药品生产和流通秩序，保障群众饮食用药安全。稳定人口低生育水平，提高出生人口素质。

加快发展文化事业，加强公益性文化设施建设，逐步完善公共文化服务体系，不断满足人民群众需求。大力发展文化产业，鼓励非公有资本依法进入文化产业。抓好重大文化产业项目，确保综合文化科技中心按期开工建设。加快体育产业化进程，办好越野滑雪世界杯赛、亚洲冰球联赛、全国篮球甲级联赛等国际国内体育赛事，促进体育事业健康发展。繁荣文学艺术、社会科学、广播影视、新闻出版事业。

（九）不断完善城乡就业和社会保障体系，切实解决涉及群众切身利益的问题。坚持以人为本，关注民生，努力构建和谐社会。大力发展劳动密集型产业、服务业，多渠道、多方式增加就业岗位。加强政府对就业工作的指导和服务，全面落实促进就业再就业的各项政策，按照国家城乡统筹就业试点部署，进一步构建制度健全、功能完善、规范高效、服务社会、覆盖城乡的就业服务体系。新增就业岗位10万个，安置下岗失业人员7万人，其中“4050”人员1万人。建立“零就业”家庭动态援助机制，切实解决“零就业”家庭就业问题。培训下岗失业人员2.7万人，培训后就业率达到65%以上。健全劳动保障监察体制和劳动争议调处机制，维护劳动者特别是农民工的合法权益。

立足于全体社会成员普遍受惠，多渠道筹集社会保障基金，适度增加财政的社会保障投入。进一步调整社会保险参保结构，扩大失地农民养老保险、城区居民住院医疗保险覆盖面。积极探索建立农村养老保险制度，启动机关事业单位养老保险改革试点，推进非公经济组织和个体户参保，逐步将符合条件的城镇各类从业人员纳入社会保险范围，全市养老保险参保130万人以上，失业保险参保76万人以上，城镇医疗保险参保120万人以上，全市工伤保险参保65万人以上，生育保险参保28万人以上。加快信息和服务网络建设，全面提高退休人员社会化管理服务水平。继续实施扶残助业工程，适时提高城市最低保障标准。不断完善城乡低保、农村五保户供养、特困户救助、灾民救助等制度，加强法律援助，逐步建立社会保险、社会救助、社会福利、慈善事业相互衔接的社会保障体系。继续开展以科技拥军为特色的“双拥”工作，争创国家双拥模范城。广泛开展创建和谐社区活动。深入创建“平安长春”。严厉打击各种刑事犯罪，强化社会治安综合治理，搭建社区、农村、厂区警务平台，整合、建设安全防控网络体系，开展打击黄赌毒斗争，不断增强人民群众安全感。进一步加强信访工作，及时化解各类矛盾。切实加强生产安全、交通安全和消防安全管理，预防重特大事故发生。注重城市公共安全，完善应急管理体制机制，有效应对各种风险。加强国家安全工作，严密防范、坚决打击各种敌对势力的渗透和破坏活动。

（十）加强民主法制建设，努力建设服务型政府。深入贯彻《各级人民代表大会常务委员会监督法》，认真执行人大及其常委会决议，完善工作报告制度，自觉接受人大的法律监督、工作监督。及时向市政协通报重要工作，更好地尊重和发挥人民政协政治协商、民主监督、参政议政职能。大力推进民主政治，扩大基层民主，保证人民群众当家作主、依法行使民主权利。健全社会组织，完善居（村）民自治，依法组织好社区居委会、村委会换届选举。全面落实“五.五”普法规划。

进一步优化经济发展软环境，加快社会信用体系建设。强化政府社会管理和公共服务职能，创新服务体制，改进服务方式，提高服务质量，逐步形成惠及全民的基本公共服务体系。继续贯彻《依法行政实施纲要》，推进法治政府建设，加快推行行政执法责任制。加大政务公开力度，进一步提高政务中心行政审批即办件的比重。深化信息公开，提高行政运行透明度。完善政府新闻发布制度，满足社会公众对政府信息的需求。加快发展电子政务，提高行政运行效率和服务公众能力。加强和改进审计工作。认真落实党风廉政建设责任制，严格履行“一岗双责”制。深入治理商业贿赂，严格执行建设工程招投标、土地招拍挂、政府采购和产权交易制度，推行项目代建制。大力改进政风，继续开展民主评议政行风和“百名处长”活动，严肃查处干扰和破坏发展软环境的重大案件。认真贯彻《公务员法》，着力提高促进和服务发展的能力，努力建设一支政治坚定、业务精通、清正廉洁、作风优良的公务员队伍。

各位代表，回首过去的一年，我们用辛勤的劳动和汗水，换来了丰硕的果实；展望新的一年，我们面临着新的机遇和挑战。让我们紧密团结在以胡锦涛同志为总书记的党中央周围，在市委的领导下，团结和带领全市各族人民，齐心协力，开拓进取，扎实工作，为实现更好更快发展和全面建设小康社会的宏伟目标而努力奋斗！

长春市国民经济和社会发展第十一个五年规划纲要

(2006年1月19日长春市第十二届人民代表大会第四次会议批准)

2006年至2010年,是我市振兴老工业基地,建设和谐社会的关键五年。把握时代特征,立足市情,科学编制并组织实施《长春市国民经济和社会发展第十一个五年规划纲要》,对于加快推进我市工业化、城市化、现代化进程,实现经济社会全面协调可持续发展,具有重大意义。

一、发展基础和环境

(一)发展基础

"十五"期间,全市人民在市委、市政府的正确领导下,以邓小平理论和"三个代表"重要思想为指导,认真贯彻党和国家的方针政策,坚持以加快发展为第一要务,坚持改革开放,努力克服经济社会生活中出现的各种困难,开拓创新、团结奋进,较好地完成了"十五"确定的目标任务,国民经济和社会发展取得重大成就。

综合经济实力明显增强。2005年,全市地区生产总值预计实现1 675亿元,完成"十五"计划的112%,比"九五"末期接近翻一番,年均增长12.5%;人均地区生产总值达到2 805美元。全口径财政收入实现184.8亿元,完成"十五"计划的142%,是"九五"末期的2.4倍,年均增长16.5%;社会消费品零售总额实现600亿元,是"九五"末期的1.9倍,年均增长14%;全社会固定资产投资五年累计完成2 105亿元,完成"十五"计划的120%,是"九五"时期的2.6倍,年均增长22.5%。

结构调整取得实质性进展。三次产业占生产总值比重由2000年的14.3:43.2:42.5,调整到2005年的10.7:46.8:42.5。农业结构不断优化,畜牧业占农业总产值的比重达到54.2%。主导产业作用突出,汽车、食品、光电信息、生物与医药四大主导产业完成产值1 490亿元,占规模以上工业总产值的87%。非公有制经济占地区生产总值的比重由2000年的50%提高到60.2%。

经济体制改革取得明显成效。全市共有558户国有企业完成了各种形式的改革。盘活有效资产223.8亿元,安置职工22.9万人。社会保障体系进一步完善,养老、失业、医疗保险参保人数分别达到105.4万人、75.8万人和93.1万人。农村税费改革基本完成,投融资体制、小城镇综合试点等各项改革有序推进。

对外开放水平不断提高。2005年,外贸进出口总额达到44亿美元,完成"十五"计划的126%,是"九五"末期的2.6倍,五年平均增长20.8%。实际利用外资五年累计39.6亿美元,完成"十五"计划的113%,是"九五"时期的3.2倍。与30个国家和50个城市建立了经济合作关系,外商在长投资企业达到3 366户。外派劳务5年累计6.7万人次。开发区实现地区生产总值860亿元,占全市生产总值的比重达到51.3%。

城乡基础设施日益完善。集中力量建设了龙嘉国际机场、轻轨一期、引松二期、伊通河治理、绕城高速公路、石头口门水库增容、城市供热改造等100多项重点工程。全市公路通车里程达到14 900公里,发电机组容量101.6万千瓦,发电能力57亿千瓦时,日供水能力115.6万立方米,燃气年供应量2.5亿立方米,城市综合气化率95.9%。供热面积7 700万平方米,热化率75%。

各项社会事业全面进步。科技创新步伐加快,一批有优势的高新技术产业初具规模,自主知识产权拥有量大幅增加,高新技术产业产值年均增长25%。教育资源配置进一步优化,农村教育、职业教育得到加强,办学条件显著改善,农村高中段教育入学率达到70%。文化、体育、卫生、广播电视、新闻出版等各项事业不断进步，市图书馆扩建、伪皇宫改造、长影世纪城、亚冬会体育场馆等一大批项目相继建成。汽博会、农博会、冰雪节、电影节等大型会展旅游活动，进一步增强了城市的吸引力。

生态环境建设继续推进。“蓝天”、“碧水”、“绿化”、“安静”工程稳步实施，净月潭退耕还林等生态环境建设工程加快推进。建城区绿化覆盖率达到41.5%，人均公共绿地面积由“九五”末期的7平方米增加到8平方米。城市污水处理率达到12%，生活垃圾无害化处理率达到83.5%。工业固体废旧物综合利用率达到97%。全年空气质量基本达到国家二级标准。

人民生活明显改善。城市居民年人均可支配收入和农村居民年人均纯收入分别达到10 000元和4 180元。五年累计开发就业岗位40万个，城镇新增就业人数30万人，转移农村剩余劳动力90万人次。城镇居民人均住房建筑面积达到25平方米，农村居民砖木结构住宅比重达到80%。城市居民万人拥有私人小汽车624辆，百户拥有电脑40台。城市和农村恩格尔系数分别降至36%和46%。人口自然增长率控制在2.11‰，平均预期寿命75.9岁。

总体上看，经过5年的奋斗，长春经济实力明显提升，城乡面貌得到很大改观，工业化基础日益雄厚，现代文明程度不断提高，人民群众得到更多实惠，这些都为“十一五”发展奠定了良好的基础。

（二）发展环境

“十一五”时期，我市总体上处于工业化中期，是重化工业加快发展和城市化加速推进的关键阶段。全市人均GDP超过3 000美元并向5 000美元迈进，经济进入加快发展的黄金时期，面临着难得的历史机遇。经济全球化趋势深入发展，生产要素流动加快，发达国家制造业和部分服务业向发展中国家转移的趋势明显，有利于老工业城市承接国际产业转移、吸引外资和先进技术；我国正处于经济周期的上升阶段，产业结构的调整、消费结构的升级和城市化、市场化进程的加快，将为经济增长创造巨大的空间；国家继续支持东北老工业基地振兴，发达地区到东北投资的势头强劲，有利于我们集聚各种生产要素加快发展；省里积极支持长春在全省率先发展，长春作为全省政治、经济、文化、科技与信息中心的地位和作用会更加突出。

在看到有利条件的同时，更要正视存在的问题和困难。“十一五”时期，是我市各种矛盾的凸显期，经济和社会发展面临很大的压力和挑战。世界政治经济发展的不确定因素较多，国际贸易保护主义抬头，特别是随着我国加入世贸组织过渡期的结束，我市的汽车、农业等产业将会受到国际竞争的更大影响；地区和城市之间的竞争日益激烈，先进地区和发达城市聚集辐射能力不断增强，欠发达城市的竞争压力越来越大；体制、机制改革必然会带来利益的调整，社会各阶层利益协调难度加大，社会进入矛盾多发期；“三农”问题的困扰短期内难以解除，长期积累的结构性问题开始显现，特别是产业结构和产品结构进入调整期；部分资源供给偏紧，水、煤、气等生产要素短缺问题比较严重，这些都将成为我市未来发展的重要制约因素。

从发展趋势看，“十一五”期间我市处于机遇和挑战并存的关键发展期，我们已经具备化解不利因素加快发展的基础与条件。只要谋划得当，措施得力，务实苦干，就能够克服困难，在迎接挑战中实现既“快”又“好”的发展，在发展中逐步解决问题，消化矛盾。

二、发展思路和任务目标

（一）发展思路

“十一五”期间，我市国民经济和社会发展的总体思路是：以邓小平理论和“三个代表”重要思想为指导，以科学发展观统领经济和社会发展全局，继续深入实施依法治市、科教兴市、开放带动、县域突破和可持续发展五大战略，加快建设现代制造业、区域性物流和科教文化三大中心，进一步壮大“两大支柱产业”，大力发展“三大主导产业”，积极培育“五大重点产业”，做大做强开发区、城区和县域三大经济板块，增强经济实力、提高经济抗波动能力和城市综合竞争力。到2010年，基本完成长春老工业基地振兴的历史使命，加快推进社会主义新农村建设，逐步把长春建设成为产业特色比较鲜明、经济结构比较合理、服务功能比较完善、现代化程度比较高的区域性中心城市。

(二)指导原则

“十一五”期间,做好经济和社会发展的各项工作,重点把握好以下指导原则:

必须坚持更快更好地发展。切实转变经济增长方式,在扩大经济总量的基础上,努力提高经济增长质量和效益,走经济发展、人民富裕、生态良好、社会和谐的全面协调可持续发展道路。

必须坚持调整优化经济结构。以产业结构调整为重点,积极主动地推进所有制结构、区域结构和城乡结构调整,提高国民经济的整体素质和竞争力。

必须坚持提高自主创新能力。依靠科技进步和劳动力素质的提高,全面提升原始创新能力、集成创新能力和引进消化吸收再创新能力,促进经济增长由依靠物质要素投入带动,向主要依靠科技进步带动转变。

必须坚持加快推进工业化进程。突出工业主导地位,用信息化推动工业化,注重发展先进制造业,改造提升传统工业,大力发展高新技术产业,充分发挥工业对农业、服务业的带动作用。

必须坚持深化各项改革。完善现代企业制度和产权制度,创新政府管理制度,建立比较完善的市场经济运行机制,更大程度地发挥市场在资源配置的基础性作用。

必须坚持全方位对外开放。注重与国际经济融合,广泛利用国内外两种资源和两个市场,逐步把长春发展成为广泛参与国际经济循环、经济外向度较高的开放型城市。

必须坚持以人为本。把扩大就业、提高城乡人民收入水平和生活质量以及维护人民群众的根本利益,作为发展的出发点和落脚点,想问题、办事情、定政策始终着眼于大多数群众,尽心竭力为群众谋利益。

(三)战略任务

重点发展十大产业。进一步壮大汽车、农产品加工两个支柱产业,大力发展光电信息、生物医药、现代物流三个主导产业,加快培育能源、建筑和材料、旅游会展、文化、金融五个重点产业,形成以先进制造业为主导,二、三产业协调并进的多元化产业体系,增强城市经济的竞争能力与抗波动能力。

加快建设九大基地。集约各种生产要素,加快建设国家汽车及零部件出口、国家农产品加工与出口、国家光电子产业、国家生物产业、国家药品出口、国家高技术产品出口、国家轨道车辆研发生产、国家鹿业生产加工、国内外著名的君子兰花卉产业等九大基地,扩大规模,提高集聚能力,增强辐射带动作用。

全力打造六大特色名城。立足现有基础,突出特色优势,全力打造长春国际汽车城、绿色食品城、科教文化城、电影城、森林城、雕塑城,形成鲜明的城市特色,提升城市文化品位,扩大城市的对外影响力。

做大做强三大经济板块。创造条件,优化环境,加快产业和要素集聚,积极推进开发区、城区和县域经济快速发展,形成三大板块优势互补、良性互动的区域协调发展机制。

扎实推进社会主义新农村建设。坚持“多予少取放活”方针,进一步加大农村农业投入力度,开发提升新产业、规划建设新村镇、培养造就新农民、建立完善新体制、培育发展新组织,切实提高农村经济实力,努力构建有序、和谐、文明的新农村。

显著增强城市综合服务功能。加快城市基础设施建设步伐,提高城市的综合承载能力和公共服务水平,形成规模适度、布局合理的城镇体系和比较完善的社会化服务体系,提高城市的现代化水平。

继续改善城乡生态环境。加大生态建设投入,保护生态环境,合理开发生态资源,提高城乡环境质量,努力建设人与自然和谐共生、适宜居住和创业的北方最佳生态园林城市。

不断提高城乡居民生活水平。进一步营造全民创业氛围,拓宽就业渠道,大幅度增加收入,完善社会保障体系,初步形成城乡居民收入水平和生活质量持续提高的长效机制。

积极推进和谐社会建设。提高市民素质,加强道德建设,丰富文化生活,发展社会事业,提高依法治市水平,积极构建民主法治、健康安全、公平正义、诚信友善的文明都市。

(四)发展目标

经济发展目标。到2010年,全市地区生产总值预计年均增长13%左右(按2000年价格计算),经济总量力争比2005年翻一番,人均地区生产总值达到5 000美元;财政收入按可比口径与GDP保持同步增长;全社会固定资产投资年均增长20%以上;社会消费品零售总额年均增长12%以上;全市进出口总额年均增长16%;利用外资年均增长20%以上。

社会进步目标。2010年,全市适龄人口人均受教育年限达到12年,城区普及高中段教育,县(市)高中段入学率达到80%;各类人才总量达到95万人;万人拥有执业医师和执业助理医师27人;人口平均预期寿命达到77岁;人口自然增长率控制在2‰以内;城镇累计新增就业岗位40万个,农村转移劳动力人数每年新增5万人,城镇登记失业率控制在5%以内。

人民生活目标。到2010年城市居民人均可支配收入年均增长9%左右,农村居民人均纯收入年均增长7%左右;城市和农村恩格尔系数分别下降到33%和43%;农村贫困人口年均下降20%左右;城镇医疗保险人口参保率达到90%,新型农村合作医疗人口覆盖率达到90%;居民消费价格总水平年均上升幅度控制在2%左右。城市人均住房建筑面积达到30平方米。

城乡建设目标。到2010年,建成1小时都市经济圈快速交通体系,全市公路通车总里程达到18 200公里,城市轨道交通运营长度达到40公里;城镇化水平达到50%左右;城市综合气化率达到98%;城市热化率达到80%;30%的行政村达到社会主义新农村要求。

资源环境目标。到2010年,城市建成区绿化覆盖率达到42%以上;能源及主要矿产开发保护体系初步形成;万元地区生产总值能耗降低30%以上;城市生活垃圾无害化处理率达到100%;城市污水处理率达到70%以上;城市空气质量总体保持国家二级标准,一级标准天数逐年增加。

三、产业发展

以市场为导向,以提高经济效益为中心,加快实施"二三五"产业发展战略,继续调优第一产业,做大做强第二产业,加快发展第三产业,开发和培育特色名牌产品,推进产业结构优化升级,提高产业竞争力。到2010年,三次产业增加值年均分别增长5%、15%和13%以上。

(一)进一步壮大两大支柱产业

1. 汽车产业

巩固汽车产业优势,支持一汽集团提高自主创新能力,扩大产业规模,完善产品体系;加快汽车产业开发区建设,培育汽车零部件企业集群;创造条件,积极发展与一汽差异化的各种类型整车。到2010年,汽车工业产值达到3 000亿元,其中,一汽集团产值2 000亿元,汽车零部件产值700亿元,与一汽差异化各种类型整车产值300亿元,建成全国最大的汽车生产、研发和出口基地,打造长春国际汽车城。

汽车整车。重点发展轿车,加快开发经济型轿车,提高自主品牌轿车比重。扩大卡车生产规模,引进与开发具有世界先进水平的大吨位重型车和系列中型车。鼓励发展工程自卸车、厢式运输车、食品保鲜车、无污染垃圾车等专用车和特种车。

汽车零部件。重点发展汽车电子、内饰及附件、转向及传动、发动机及附件等七大领域。到2010年,属地零部件生产为一汽配套率占50%以上,并逐步实现向国内外市场供货,建成能够参与国际竞争的汽车零部件生产和出口基地。

汽车研发和服务。增强自主开发与设计能力,加快引进技术的消化吸收,建设具有国际水平的汽车研发中心。提高车身开发技术,形成汽车底盘匹配能力,加快新型和代用燃料汽车发动机、汽车电子产品开发和产业化。围绕汽车及零部件销售、采购、仓储和配送,建设汽车物流园区。围绕汽车售后服务,建设汽车贸易服务园区。

其他行走机械。支持长客股份公司技术改造,推进国际间合作,以发展高速、高档铁路客车和城轨客车为重点,加大轨道车辆研发力度,扩大生产规模,提高零部件配件属地化产能,建设国家轨道车辆研发与生产基地。到2010年,轨道车辆产值超过100亿元。重视发展低速货车、拖拉机、摩托车等机械制造业;扶持有条件的国有企业发展高水平的光机电一体化设备,增加产品门类,形成新的装备制造业和行走机械企业集群。

2. 农产品加工业

依托丰富的农产品资源,实施系列开发、名牌带动战略,全力推进玉米、肉鸡、肉牛、生猪、肉鹅、鹿产品、大豆、稻米、蔬菜和乳制品十大加工体系建设,把农产品加工业培育成为我市第二大支柱产业,建成国内最大的农产品加工基地,打造绿色食品城。到2010年,农产品加工业产值达到1 200亿元。

玉米精深加工。加快建设长春玉米工业区,重点发展化工醇、赖氨酸、有机醇、淀粉糖、聚乳酸、聚脂等深加工系列产品,带动纺织、日用化工、工程塑料等下游产品开发。到2010年,形成500万吨玉米加工及200万吨化工醇生产能力,力争实现产值600亿元。

畜牧产品深加工。提高肉鸡、肉牛、生猪、肉鹅、鹿产品加工能力,提升产品的技术含量和附加值,建设畜产品出口加工基地。重点开发梅花鹿产业园区、集中养殖区和科研园区,建设国家鹿产品生产加工基地。到2010年,牧产品加工业产值达到350亿元。

粮食、蔬菜饮品加工。重点开发精制米、小食品、大豆营养制品、小包装鲜净菜和果品、奶制品、优质酒类、系列饮料等加工产品,由粗加工向精深加工、由单一产品向系列产品方向发展。到2010年,粮食、蔬菜饮品加工产值达到150亿元。

君子兰花卉。依托"中国君子兰之乡"知名品牌,推广组培技术,实施工厂化生产,建设以宽城、绿园、二道君子兰产业园为重点的种植基地,建设集花卉培育种植、展览展销、旅游观光、出口创汇为一体的君子兰花卉产业基地。到2010年,君子兰种植面积达到100公顷,产值达到100亿元。

(二)大力发展三大主导产业

1. 光电信息产业

以光电子技术为依托,重点开发光显示和汽车电子两大产业链条,突出发展光电子器件与材料、光电仪器仪表与设备和软件三大重点领域,培育龙头企业,推进终端产品开发,建设集研究开发、生产制造、贸易物流、综合服务为一体的国家级光电信息产业基地。到2010年,光电信息产业产值达到500亿元。

光显示。重点发展以LCD、LED、PLED为主的光显示系列产品及控制模型和相关系列产品,形成产业链,在技术上保持全国领先地位。建设覆盖全国的光显示工程技术中心、测试中心,形成集聚效应。

汽车电子。重点发展汽车控制单元电子系列产品、汽车传感系列产品、汽车车载通讯系列产品、汽车驾驶控制电子系列产品,积极参与国家汽车电子计算机平台工程建设,提高为汽车配套份额。

光电子器件与材料。重点发展激光器、光电编码器、光栅光电传感器等系列产品以及光学玻璃、稀土材料、发光材料等光学材料,提高市场占有率。

光学仪器仪表及设备。重点发展频谱分析仪、生化仪、电子产品精密加工、医疗精密仪器等产品,扩大生产规模,提高产品质量,逐步替代进口。

软件技术和产品。重点发展生物特征识别、信息安全认证软件,教育、工业、农业等多领域的应用软件,开发嵌入式软件平台,密切软件与其他产业的联系,形成互为推动、互为依托格局。

2. 生物医药产业

依托生物技术、人才和资源优势,重点发展生物制药、现代中药、医药中间体和化学药,扩大生物技术在农业、牧业、林业、环保等领域的应用,建设国家生物产业基地和药品出口基地。到2010年生物产业产值达到200亿元以上。

疫苗。实现产品的升级换代,从全菌苗、裂解苗向基因工程苗、从单价苗向多价苗、从注射接种苗向口服接种苗、从预防性疫苗向治疗性疫苗发展。

基因工程类药。扩大重组人生长激素、重组人α干扰素系列等产品生产,加大重组蛋白类药物凝胶剂、干扰素等系列产品新剂型的深度开发和推广应用,提高产业化水平。

生物中药。利用生物技术开发中药资源,重点开发人参、鹿茸等生物中药产品,提高中药市场竞争力。

医药中间体。以玉米为原料,依托大成集团,采用生物技术精深加工,生产医药级赖氨酸、谷氨酸、改性淀粉等系列产品。

化学药。推进生物技术在化学药品制造领域的广泛应用,扩大化学药物生产规模,提高化药市场占有率。

3. 现代物流业

以建设北方区域性物流中心为目标,依托区位、交通、信息等优势,积极推进现代物流业发展。搞好物流基础设施,重点建设汽车、玉米、陆港和空港等4大物流园区;依托重要商品集散地和公路交通枢纽,建设生活资料、生产资料等8个物流配送中心。改造完善机场、铁路、公路等物流通道,建设物流信息服务平台,形成现代化的物流网络体系。采用先进的物流管理技术和组织方式,系统整合现有物流组织和资源,培育一大批大型物流企业。鼓励现有仓储、运输、电信、邮政、商业等领域的重点企业,积极发展第三方物流。到2010年,现代物流业营业收入达到900亿元。

(三)积极培育五大重点产业

1. 能源产业

以满足能源需求为目标,加快本地能源开发建设,积极引进外地一次能源,大力开发新能源和可再生能源,优化能源结构,逐步建立以能源引进为主、本地能源开发为辅的能源保障体系。推进九台煤炭的勘探和开采,扩建热电一厂、热电二厂,加快建设热电三厂、九台电厂等重点项目。广开能源引进渠道,积极推进俄罗斯天然气、大庆天然气和吉林油田天然气引进工程,推动农安油页岩、吉长间地热资源的开发利用,逐步缓解能源短缺问题。积极发展洁净能源、新能源和可再生能源。到2010年,能源产业产值达125亿元,属地煤炭开采量力争达到700万吨。

2. 建筑和材料制造业

建筑业。以促进经济增长和改善人民生活为目标,进一步完善建筑与房地产市场体系,合理调整住宅开发结构。引导促进住房消费,大力发展与市民承受能力相适应的普通商品住房,适当发展中高档商品房。重点进行出城口旧房改造、铁北地区商业与房地产开发、南部新城高档住宅和商务区建设。到2010年,房地产平均每年施工面积600万平方米左右,累计投资700亿元以上,基本完成旧城改造。

材料制造业。推进新材料的轻量化、功能化、复合化和产业化。加快开发特种工程塑料、特种金属材料、生态环保材料、汽车用先进材料和纳米材料等,提高产品科技含量和附加值,建设国家重要的新材料研发与生产基地。进一步扩大水泥、陶瓷等传统材料生产能力,扩大市场份额,建设东北最大的水泥生产基地。到2010年,水泥生产能力达到1 000万吨,材料制造业产值达到200亿元。

3. 旅游会展业

旅游业。重点发展汽车工业、冰雪运动、电影文化、娱乐保健、伪满历史遗迹、雕塑艺术等六大支柱旅游产品;积极开发农业观光、科普、东北民俗、净月潭森林氧吧、波罗湖湿地、专题公园、辽金文化和沿江自然风光等八大特色旅游产品;建设净月、双阳现代休闲度假、九台西部等民俗文化、城市中心综合三大旅游产品集群。“十一五”期间,力争创建3处4A级景区,每年建成一处3A级景区景点。雕塑旅游、影视旅游成为国际品牌,汽车旅游、会展旅游和冰雪旅游成为国内知名品牌。到2010年,旅游业收入达到270亿元以上,旅游外汇收入达到7 000万美元以上,力争进入“中国最佳旅游城市”行列。

会展业。重点培育汽车、农业及食品、生物与医药、光电、教育、影视、冰雪、雕塑、体育、民博等10大系列会展品牌,把东北亚博览会逐步发展成为中国北方第一展会。到2010年,年均举办全国性、国际性会展25项以上,重要展会60个以上,带动相关产业收入150亿元。

4. 文化产业

充分挖掘文化资源优势,完善文化产业政策,培育各类文化市场主体,构建以大型文化企业集团为主,中小文化企业联动发展的文化产业体系,不断提高经济效益和社会效益。重点发展广播影视、新闻出版、文艺演出、休闲娱乐、创意文化五大行业,建立汽车、影视和创意三大文化产业园区,全面推进文化印刷集中区、有线电视网络改造、数字电视、文化大厦、汽车技能培训中心、印务中心、机械加工培训中心、赛车场八大重点项目。突出地方特色,营造文化氛围,扩大文化交流和对外影响,加快建设长春科教文化城、长春电影城、长春雕塑城。到2010年,文化产业收入超过70亿元。

5. 金融业

适应经济发展需要,促进金融资源集中,大力发展各种金融机构,逐步完善适应加快发展需要的现代金融服务体系。支持金融机构的整合重组,积极发展股份制银行。加快引进中外合资、独资金融机构,“十一五”期间争取引进外资金融机构2家~3家。积极培育各类机构投资者,加快发展各种基金,努力吸引国内外投资银行和证券公司来长设立分支机构,促进证券、咨询、评估、投资等金融中介服务业的发展。大力发展保险业,规范发展信托、租赁、基金、财务、担保等非银行服务业。加强地方金融体系建设,推进市商业银行重组和市农联社改革。到2010年,全市各类金融机构发展到100户,全部金融机构本外币存贷款余额年均增长14%和10%,保费收入达到70亿元。

四、城市发展

坚持城乡统筹规划、联动发展,走集中城市化发展道路,调整优化城镇空间布局,加强基础设施建设,优化发展中心城市,加快发展次中心城市和重点城镇,努力构建长春大都市经济圈,提高城市承载力、吸引力和竞争力。

(一)城市空间布局调整

1. 优化发展中心城市

以长春市建成区为主中心,南部新城核心区为副中心,双阳、富锋、兴隆、机场等为外围组团,东北—西南为主要工业发展方向,东南—西北为主要生态建设方向,形成"主副中心、分散组团、轴向发展"的城区发展格局。到2010年,长春市城市建成区面积达350平方公里左右,市区人口控制在360万人左右。

重点建设的区域。以人民广场为核心,城市二环路以内的核心区域为城市的中心区,集中布局金融保险、文化教育、信息通讯等现代服务业,改造提升商贸流通、餐饮等传统服务业,增强中心城区综合服务功能;以市政府南移为契机,规划建设南部新城区,形成城市的副中心,集中布局现代化、生态型的高新技术产业和行政、文化、旅游、会展、房地产等现代服务业;在城市中心区外围,根据各城区的区位优势、承载能力和发展潜力,以汽车开发区、空港经济区、玉米工业园区、西客站建设、宽城区政府北迁以及世纪广场和东方广场等周边开发为契机,规划建设几个有特色、高品位的区域性中心。

鼓励开发的区域。城市的西南—东北方向是工业发展主轴,实施重点开发。西南部依托高新区与汽车区,重点发展高新技术产业与汽车产业,构建具有一定国际影响的特色工业区和新城区;东北部依托经济开发区、空港经济区、东湖开发区,集中布局现代制造业和现代服务业,重点发展玉米加工业、出口加工业和现代物流业,建设成为能够参与国际竞争与合作的外向型经济区域。

控制开发的区域。城市的西北—东南方向是城市生态建设主轴,实行控制开发。城市西北部限制一般工业和大规模的人口集聚,注意保护生态环境,发展都市农业;城市东南部作为生态保护、生态建设重点区域,限制发展一般性制造业项目。万宝、米沙子方向,是城市未来工业发展预留地,必须科学控制,防止低水平盲目开发。

2. 加快建设次中心城市和重点城镇

按照循序渐进、节约土地、集约发展、合理布局的原则,加快推进我市城镇化步伐。加大道路、给排水、环境整治等重点工程建设,完善基础设施,引导产业、人口和其他要素向县(市)中心城市和重点城镇集聚。"十一五"时期,重点建设榆树、农安、德惠、九台等4个次中心城市,以及卡伦、合隆、五棵树、米沙子、伏龙泉、哈拉海等12个重点城镇。到2010年,4个次中心城市城区人口超过25万人,各重点镇区内人口达到3万人以上。

3. 努力构筑大长春经济圈

建设和改造市域内部分国道、省道和县道,以长春为中心,以高等级公路连通长春与周边的农安、德惠、榆树、九台、公主岭、长岭等县(市)区,在100公里半径范围内构建一小时经济圈交通网,并逐步实现统一市场准入、统一交通管理、统一信息平台,带动长春经济圈快速发展,培育城市集群和产业集群。加大同吉林省中部城市群合作的力度,加快建设长吉经济带。扩大东北四个副省级城市的交流与合作,共同建设东北物流走廊和东北经济隆起带,带动区域经济发展。

(二)城市基础设施建设

坚持适度超前原则,规划建设道路交通、水、电、热、气等一批基础设施重点工程,提高承载能力,增强服务功能,改善城市面貌。

1. 综合交通体系。构建以中心城区为核心,以公路、铁路运输为主导,以航空运输为辅助的中心成网、外围成环、四周放射的现代化立体交通体系,建设长春交通枢纽中心。

城市路网建设。以完善城区道路网、建设城市快速路、改造城市出口为重点,新建和改造150条城区主次干道及支路。启动城市快速道路系统一期工程,对二环路、三环路及纵横方向主干路网的瓶颈路段、路口进行拓宽改造,重点建设解放大路-亚泰大街、吉林大路-东盛大街及东三环路等交通节点的立交桥或高架桥,优化路网结构,提高通行能力,逐步实现二环路、三环路重要道路网节点立交化。新建和改造102线国道安龙泉出入口、北亚泰大街、长农公路、长白公路和一汽等5个城市出入口。重点发展大容量城市公共交通，完善与新建轨道交通工程，适时开展城市地铁前期工作。

铁路、航空和航运网建设。配合国家规划建设哈大铁路客运专线，新建铁路西客站，建设长吉高速铁路、长白铁路复线和长双烟地方铁路。改造长春铁路编组站和东站集装箱场站。完善龙嘉国际机场功能，增加航线，建设机场物流区。疏浚松花江航道。

2. 城市供水。积极配合省里抓紧实施以长春为重点的中部城市群引水工程，新建第五水厂，规划筹建第六水厂，新建东南部和南部水质净化工程，完成地下455公里供水管网更新改造。改造二次供水设施。2010年市区日供水能力达到145.6万立方米。

3. 城市供热、供电、供气。中心城区以热电联产和区域锅炉集中供热为主，实现单户计量和网络服务入户；其他组团和城镇以区域锅炉房集中供热为主。加快电厂、城区电站和输配电网建设力度，2010年全市年供电能力达到139亿千瓦时。规划建设引气工程，完成地下400公里煤气管网的改造，2010年全市日供燃气能力力争达到150万立方米以上。

4. 棚户区改造。建立政府组织、以区为主、市区联动机制，在保证棚户区居民利益、保护有文化价值特色街区的前提下，坚持因地制宜、科学规划、配套建设、梯次开发原则，采取市场化运作方式，有计划、有组织积极推进棚户区改造。确保三年内完成市区108块、713万平方米棚户区改造任务。

5. 城市信息化建设。加强信息基础设施建设，重点建设宽带城域网、宽带接入网和城域宽带网交换平台，逐步实现城区光纤到社区、到家庭，农村到村部。加快信息化政务建设，完善长春信息港、政府专网、部门纵向网和基础数据库，逐年提高网上审批和网上发布的水平。推进电子商务建设，建设综合性电子交易以及汽车、农产品专业电子商务系统，促进信息处理、物流管理、配送服务的数字化和网络化。到2010年，城市信息化达到国内先进水平。

（三）城市管理

完善城市管理体制。继续实行一级规划、两级建设、三级管理体制，进一步简政放权，下放园林、绿化、环卫、市政等事权。强化街道城市管理职能，推进城市管理向社区延伸，建立统一领导、分级负责、区街为主、条块结合、责权明确、运行有序的城市管理体制。加快推进园林、绿化、市政等单位改制步伐，实现建管分开，建立统一管理、多家经营、有序竞争的运行机制。

强化城市综合管理。充分发挥社区综合服务功能，完善社区服务设施，普及社区物业管理，建设管理有序、服务完善、文明祥和的新型社区；进一步规范建筑市场秩序，加强工程质量监督和工程安全管理，力争杜绝三级以上重大伤亡事故；实施交通畅通工程，规划预留空间，加快建设停车场。推进交通管理信息化进程，完善交通指挥、调度、监管系统，提高动态管理水平；健全城市管理法规体系，实现城市管理有法可依、有章可循。提高执法队伍素质，实现为市民执法、让市民满意。

五、开发区经济

发挥各开发区在区位、环境、体制、人才和产业方面优势，按照“技术创新、产业集聚、集约发展、辐射带动”的思路，把开发区建设成为综合性产业区和现代化新城区。到2010年，经济技术开发区、高新技术产业开发区和汽车产业开发区GDP年均增长25%以上，固定资产投资年均增长35%以上，财政收入年均增长20%以上；净月经济开发区GDP年均增长20%以上，固定资产投资年均增长25%以上，财政收入年均增长20%以上；长江路经济开发区GDP年均增长25%以上，固定资产投资年均增长40%以上，财政收入年均增长20%以上。

（一）发展特色产业集群

坚持新型工业化方向，积极引进、开发大项目，重点发展资金密集型和技术密集型产业，逐步形成汽车及零部件、玉米深加工、光电信息、生物与医药、装备制造、畜产品加工、材料加工等产业集群。在现有产业的基础上，各开发区要根据各自的功能定位，进一步做大做强特色优势产业。高新技术产业开发区，重点发展高新技术产业，着力培植自主创新企业；经济技术开发区，重点发展玉米加工业、现代物流业和出口加工业；汽车产业开发区，重点发展汽车及零部件制造与服务业；净月经济开发区,重点发展旅游等现代服务业和洁净工业;长江路经济开发区,重点发展新型商贸、物流业等现代服务业。其他省级开发区,以农产品加工业和其他资源加工业为主,承接大城市扩散产业。

(二)创新招商引资方式

承接发达国家和地区产业转移,集中规划欧盟、韩国、日本、俄罗斯等国家和台湾、香港地区、苏州等专业招商园区,引进境内外优势企业向专业园区集聚。合理调整开发区土地利用规划,进一步挖掘、清理和盘活土地资源,提高单位面积投入产出水平,采取土地置换、土地入股等方式,引进战略投资者。积极探索"飞地经济"和"飞地工业"发展模式,推动开发区向外延伸触角。创新开发机制,制定和完善投资项目评价体系,确保大项目、好项目进区落户。"十一五"期间,开发区实际利用外资年均增长30%。

(三)培育新的龙头企业

发挥比较优势,积极与国内外知名企业和跨国公司合资合作,培育一批主业突出、实力雄厚、竞争力强的大型企业集团。重点建设光电信息、生物医药、新材料、现代物流四大领域的龙头企业,带动相关行业集聚发展。"十一五"期间,高新技术产业开发区、经济技术开发区、汽车产业开发区每年分别建成3个投资10亿元以上的大项目;其他省级开发区,每年建成2个投资5亿元以上的重点项目,以重点项目带动重点企业,以重点企业带动重点产业发展。

(四)营造一流发展环境

探索多样化投资运营模式,引导和鼓励社会力量参与基础设施建设。完善服务功能,提升服务水平,营造生态良好、和谐 安定、便民利企的生产生活环境。继续实行特区特管、特事特办的开发区管理体制,进一步向开发区简政放权。促进开发区内部管理企业化,外部管理社会化,大力精简机构和人员,实行全员聘任制,提高服务效率。建立和完善符合国际标准的市场环境,构建市场活力足、制造成本低、分工合作细的产业服务体系。推广"土地换保险"等方式,多渠道筹措资金,落实对失地农民的安置和补偿。

六、城区经济

发挥城区优势,整合和优化配置生产要素,推进城区经济在省市区域内率先发展。到2010年,城区GDP年均增长20%以上,固定资产投资总额年均增长30%以上,财政收入年均增长20%以上。

(一)优化城区产业结构

按照"提升老城功能,加快新区开发"的思路,整合各种资源,大力发展集群经济、品牌经济和都市经济,提速提质提效,促进城区三次产业协调发展。

城区工业加快调整转型。搬迁、改造和提升传统工业,不适宜在三环以内发展的工业企业实施"退二进三"、"退城进郊"、"退老区进园区"。城市上风向、上水头严禁建设影响环境的工业项目。城市中心区大力发展以工业小区、工业楼宇为载体的都市型工业。创新城区工业形态,发展生产型服务业,创意型、研发型企业。

改造提升城区服务业。适应消费需求变化,优化服务业网点布局,重点调整服务业内部结构。改造提升商贸流通、餐饮等传统服务业,加快发展物流、旅游会展、房地产、文化教育、信息咨询等现代服务业,重视发展经济效益好、就业容量大、便民利民的社区服务业,促进城区服务业提速提效。

引导城郊农业转型增效。大力发展都市农业、设施农业、生态农业和观光农业,重点建设永久性菜田、生态农业园、苗木花卉基地等项工程。到2010年,把城郊初步建成现代化、生态型、高效益的都市农业示范区。

(二)突出城区产业特色

依据城市总体功能定位,大力发展特色鲜明、各有侧重、协调共进的优势产业,形成特色企业、特色产品、特色街路、特色文化和特色景观,进一步完善城区综合服务功能。

朝阳区,老城区培育以商区、商圈为重点的商贸繁华区和精品区,新城区依托高新技术产业开发区和汽车产业开发区,重点发展为汽车配套的加工业、洁净工业和高新技术产业;南关区,依托老城区和南部新城建设,重点发展服务业、都市工业;宽城区和二道区,以经开区北上为契机,结合老工业区改造,引导区内各种生产要素向东北方向集聚,重点发展现代制造业和仓储物流业;绿园区,依托毗邻汽车产业开发区优势,重点发展为汽车配套的加工业和服务业;双阳区,依托资源优势，重点发展都市农业、环保型建材业、鹿产品加工业和生态旅游业。

（三）实现城区集约发展

坚持政府高度垄断土地一级市场，严格控制土地供应总量，合理配置土地资源，推进产业集约经营，提高城区土地利用效益。

积极培育集约型工业园区。围绕支柱产业和主导产业延伸链条，推进分工协作，实行专业化、集约化生产。鼓励和扶持每个城区结合各自产业特点规划建设一个以轻工产品为主的产业园区，培育一批百亿元产值规模的特色轻工产业群。

重点建设精品街区。尊重历史沿革，适应消费需求，挖掘商业潜力和文化内涵，引名企、建名店、育名品，不断扩大规模，培育构筑特色商街。“十一五”期间，每个城区至少建设4个特色商圈。

大力发展楼宇经济。中心城区以商务楼宇为载体，吸引国内外大公司和大企业集团的总部、研发中心、营销中心、采购中心入驻，实现人流、物流、资金流、信息流的集聚，提升产业经营层次，营造现代化大都市氛围。

七、县域经济

继续实施县域突破战略，按照“生产发展、生活宽裕、乡风文明、村容整洁、管理民主”的要求，扎实稳步推进社会主义新农村建设。突出工业拉动、城乡互动和科技促动，以农村工业化带动农业产业化、农村城镇化，实现县域综合实力显著增强、县级财力大幅增长、农民收入持续增加、农村面貌明显改观。

（一）推进农村工业化

坚持工业化思维，坚持工业反哺农业、城市支持农村的方针，实施项目拉动，推进农业产业化经营，大力发展农产品加工业，实现农业主导向工业主导转变。

培育龙头企业。充分利用土地和劳动力成本优势，强化对外开放，开发建设一批大项目，培育壮大龙头企业群体。“十一五”期间，每个县（市）新建2个~3个转化能力大、带动功能强、竞争力具有明显优势的大型企业。

建设工业园区。依托县城和重点镇优势，合理规划工业布局，集中摆放工业项目，推进区域工业集群发展。重点在合隆、米沙子、卡伦、五棵树等省级经济开发区内，集中力量建设好工业园区。“十一五”期间，力争使各工业园区产值达到100亿元左右。

（二）加快发展现代农业

坚持以市场为导向，转变农业生产方式，加快农业由数量型向质量型、由粗放型向集约型转变，提高农业综合生产能力，加快推进农业现代化。

推进农业规模化种养。完善土地流转制度，通过转包、转让、租赁、入股、联营等多种形式，支持土地承包经营权或使用权向种养能手和专业大户集中。鼓励发展私人农场，实现规模化、专业化生产。2010年，建成专用玉米、优质大豆和绿色水稻三大优质粮基地，扩大出口菜、“三辣”、薯类、瓜果、花卉苗木、无公害蔬菜、黑白芸豆和晒烟等十大特产基地规模。继续实施“粮转牧”工程，大力发展现代畜牧业，鼓励发展牧业小区和家庭牧场，提高养殖业在农业中的比重。到2010年，牧业小区和家庭牧场发展到500个，畜牧业产值占农业总产值的比重每年提高0.5个百分点。

推进农业标准化生产。科学使用化肥、农药和农膜，推广测土配方、平衡施肥、缓释氮肥、生物防治病虫害等新技术，发展节约型农业。建立和完善农产品和畜产品质量标准、检测检验、质量认证三大体系，发挥市级农产品质量检测中心作用，搞好农产品产地环境监测，大力发展无公害农产品和绿色食品生产。加快基地认定和产品认证步伐，促进农业生产的标准化、优质化和安全化。到2010年，力争我市农产品全部实现无害化，全市绿色食品品牌达到40个，成为全国农业标准化示范区。

推进农业市场化经营。构筑新型农村流通体系，积极开拓农村市场，重点培育壮大波泥河花卉苗木、莱园子西红柿、布海果菜、五棵树黄牛、弓棚生猪、柴岗“三辣”等批发市场，构建区域性农产品集散地。推进农业服务组织创新和机制创新，鼓励和引导农民发展各类中介组织、专业合作社和行业协会，壮大经纪人队伍，提高农业的组织化程度。

（三）努力促进农民增收

挖掘农业增收潜力。扩大养殖、园艺等劳动密集型产品和绿色食品生产，发展休闲观光农业。开拓农产品市场，鼓励优势农产品出口，发展创汇型农业。延长农业产业链条,发展农产品加工、保鲜和储运。推进产业化龙头企业股权制改造,健全企业与农户利益共享、风险共担机制。

增加非农产业收入。积极发展非农产业,推动乡镇企业结构调整,创新发展模式,引导乡镇企业向有条件的小城镇和县城集中。大力发展劳务经济,构建市、县(市)、乡三级劳务信息服务网络,规范发展劳务中介组织,开展职业技能、诚信经营、法制观念培训,全面实施乡镇“千人培训工程”,提高农村劳动力素质,提高劳务输出组织化程度。

增加对农业的投入。全面落实促进农民增收的政策措施,扩大公共财政覆盖农村的范围,改善财政支农投资管理方式,提高资金使用效率,建立稳定的农业投入增长机制,加大财政转移支付力度。坚持开发式扶贫,开辟增收途径,建立农村贫困人口救助制度。加强农业生产资料市场管理,稳定农业生产资料价格,落实农业支持保护政策。积极引导社会资金投向农业和农村。

(四)明显改观农村面貌

坚持统筹规划、分步实施,加大农村基础设施建设力度,努力创建整洁、舒适、文明、和谐的农村居民生产、生活环境。

加强农村基础设施建设。提高县乡公路等级,实现村村通油(水泥)路,启动屯屯通油路工程。“十一五”期间,每年安排村屯公路建设里程500公里。重点治理第二松花江和伊通河,推进饮马河与沐石河两大灌区节水改造、涝区治理和旱作节水农业等水利工程。继续加强农村电网改造,完善供电基础设施。

改善农民生活环境。整合农村零散村屯,完善配套设施,推进中心村和特色村建设。引导农民科学合理建设住宅,加快生态住房建设。积极预防治理农村水源污染和土壤污染,加强养殖场污染治理。推进农村生活垃圾和污水处理,搞好绿化美化,改善卫生环境和村容村貌。实施农村饮水安全工程,2010年前解决饮水困难和严重缺水地区饮水安全问题。

大力发展农村公共服务。加大对农村教育、卫生、文化等公共服务行业的投入。巩固农村义务教育,大力发展农村职业教育。实施农村教师培训计划,积极发展农村中小学远程教育。合理调整农村中小学布局。加强农村公共卫生和基本医疗服务体系建设,改善农村医疗卫生设施,完善县(市)、乡、村医疗机构,加强人畜共患疾病的防治。扩大有线电视和通讯光缆的覆盖范围,实现广大农户能够收看有线电视,村村通电话,乡乡能上网。加强农村乡镇文化站建设,活跃农村文体活动。

树立农村文明新风尚。加强村级自治组织建设,引导农民主动参与乡村建设和管理。继续开展“文明村镇”、“文明户”等活动,积极倡导健康、文明、科学的生活方式,创造村民和谐相处、精神文化生活丰富多彩的良好环境。

八、和谐长春

以促进人的全面发展为核心,大力发展政治文明和精神文明,创造生活舒适、民主法治、公平正义、充满活力、安定有序的和谐社会氛围。

(一)建设“文明长春”

全面发展科技、教育、文化、卫生、体育等社会事业,不断提高群众思想道德素质、科学文化素质和健康体能素质。以文明城市创建带动卫生城、环保城、双拥城、园林城、旅游城建设,整体提高城市文明水平。

建设科技创新型城市。把提高自主创新能力摆在突出位置,按照“自主创新、重点跨越、支撑发展、引领未来”的要求,充分发挥政府主导、市场调节、企业主体作用,形成科技创新的整体合力。着力推进支柱产业、主导产业的科技创新,在汽车、玉米、光电信息、生物、新材料、铁路客车等领域,实施科技发展计划,加强应用研究和技术开发,建设工程研究中心、重点试验室和企业技术中心。鼓励和引导企业与科研院所、高等院校联合建立技术研发机构,努力形成以企业为主体、市场为导向、产学研相结合的技术创新体系。加快推进科技成果产业化,引导和支持各类科研院所和大专院校创办产业园区和产业化基地,鼓励发展民营科技企业,支持企业加大自主知识产权和自有品牌开发。发展和完善技术产权交易、风险投资、知识产权、科技信息等中介服务机构,建设创新服务体系,推动科技创新和科技成果转化。进一步扩大国际科技交流与合作,积极做好知识产权保护工作。加大科技投入,增强政府投入调动全社会科技资源配置的能力,形成多元化、多渠道的科技投入体系。到2010年，建成市级以上企业技术中心200个，其中国家级和省级企业技术中心100个。

坚持优先发展教育。重点发展农村教育，建立健全农村义务教育投入保障机制，加快推进农村中小学校舍改造，改善农村办学条件。逐步完善贫困家庭学生资助体系，对农村贫困家庭学生提供免费课本和寄宿生活费补助，对所有农村学生免收杂费。均衡发展城区教育，严格规范各类学校招生和收费制度，改善薄弱校教学设施，加强教师队伍建设，全面提高教育质量，促进教育稳步均衡发展。大力发展职业教育，建设汽车、农产品加工、光电信息、生物与医药、现代服务业和装备制造等6大职业技能人才培养、培训基地，年培养、培训实用型技能人才5万人。全面推进素质教育，加强未成年人思想道德建设，重视培养学生的创新精神和实践能力。继续支持高等教育发展，支持重点学科建设。深化教育体制改革，鼓励和支持民办教育发展，实现公办教育和民办教育公平竞争和相互补充；适应素质教育要求，改革招生考试制度，健全评价制度，扩大学校教育的开放性。

提高市民健康水平。加强公共卫生体系建设，完善疾病预防控制、医疗救治、卫生执法监督三大体系和应急处理机制，有效应对重大突发公共卫生事件。加强疾病预防控制工作，重点控制结核病、艾滋病、流行性出血热等重大传染病，同步加强慢性非传染性疾病、地方病、职业病的防治。大力发展农村卫生事业，重点加强县级综合医院、中医院建设，恢复和强化乡镇卫生院功能，健全乡村卫生组织，完善三级预防保健网络，推进农村新型合作医疗和医疗救助制度。允许和鼓励发展民办医院，重点发展各级、各类专科特色医院，大力发展社区卫生服务。提高医疗机构救治质量，加强医疗费用控制，解决看病难、看病贵问题。继续加强对食品、药品生产和流通领域的规范与管理。促进中医事业继承与发展。坚持计划生育基本国策，稳定人口低生育水平，提高出生人口素质。落实人口目标管理责任制，建立和完善“依法管理、村民自治、优质服务、政策推动、综合治理”的工作机制，建立健全三级计生新技术服务体系。积极推行优生优育，统筹解决好人口数量、素质、结构和分布等问题。加强人口老龄化研究，探索新形势下养老模式，积极推进老年事业的健康发展。

丰富市民精神生活。规划建设科技文化中心、美术馆、博物馆、奥林匹克中心、全民健身场所等大型公共设施，鼓励现有文化体育场馆设施全面向市民开放。改进对公共文化单位的扶持方式，推进营利性文化事业单位改制为企业。积极开发和繁荣文化市场，发展演出中介组织，规范市场经营行为，清除文化垃圾，活跃城市文化氛围，营造扶持健康文化、抵制腐朽文化的社会环境。倡导和加强企业文化建设。深入开展全民健身活动，鼓励发展各类体育俱乐部，大力发展社区体育，2010年，全市体育人口达到50%以上。大力发展竞技体育，重点发展冰雪项目，并保持在全国的前列位置。加快体育竞赛承办市场化步伐，圆满完成2007年亚冬会承办任务。

（二）建设“平安长春”

针对重点部位和薄弱环节，进一步健全和完善治安防范的长效机制，营造稳定、安全、和谐的社会环境，确保人民群众的生命和财产安全。

营造良好的治安环境。深入开展打黑除恶活动，严厉打击危害社会治安的各种刑事犯罪和社会丑恶现象，对具有黑社会性质案件保持高压态势。大力整顿和规范市场经济秩序，积极防范和严厉打击各类破坏经济秩序的犯罪活动，努力促进公平交易。提升警力装备水平，提高技术防范手段，降低发案率，提高破案率和结案率。

营造稳定的民主法治环境。加强地方立法工作，完善地方性法规、规章和制度建设，推进政府工作的法治化，依法行政、从严治政。扩大社会各界的知情权和参与度，扩大基层民主，完善公开办事制度，保证人民群众依法行使民主权利。畅通群众参与民主政治、社会管理的渠道。加强群众来信来访接待，加大矛盾纠纷排查调处力度，积极处理群众呼声高的热点、难点问题。

营造安全的生产生活环境。建立完善各类突发事件的应急机制和统一的指挥系统。加强公共安全宣传教育，加大安全防范体系建设投入，做好气象、地震、疫情等公共安全监测预报工作；加强对煤矿、交通和危险化学品等行业以及医院、学校、商场等人员密集场所的安全整治；强化消防监督管理，加强冬春季节和重大节日期间的防火，开展对重点隐患场所的专项治理，严格落实隐患排查、整改责任制,全面提高安全防范与应急处置能力。切实加强安全生产监管工作,有效防止发生重大事故,减少人员伤亡和财产损失。

(三)建设"信用长春"

改善以信用建设为重点的经济发展软环境,严肃查处影响和破坏软环境的行为,塑造信用主体,建立失信惩戒机制。到2010年,初步建立起社会信用体系基本框架和运行机制。

建设诚信主体。建立统一的政府公共信用平台,推进政务信息公开化,继续完善市长公开电话办理机制,建设效能、透明、法治和服务政府。提高企业信用等级,构建企业信用平台,建立新型银企关系。推进公民信用体系的研究与试点,建立跨行业、覆盖全市、信息共享的个人信用信息网络。

健全运行机制。建立科学的政策制订机制、公共权力运行机制、健全的责任机制,完善行政程序法规制度。加快信用征集和信息披露立法进程,建立信用监督和失信惩戒制度。强化诚信教育,形成适应市场经济要求的道德规范和信用准则。

发展信用服务。培育以信用调查、信用评估、信用咨询为主体的各类信用中介服务机构。重点组建咨询、策划类公司,发展人才、金融、科技、物流等市场中介组织。建立以行业协会为主体的同业信用自律系统和以信用中介机构为主体的市场信用服务系统,实现信用信息的专业化、标准化和市场化。

九、就业和社会保障

切实把扩大就业摆在经济社会发展更加突出的位置,进一步贯彻落实"劳动者自主择业、市场调节就业和政府促进就业"的方针,统筹城乡就业和社会保障,着力提高人民生活质量和水平,探索建立市场经济条件下促进就业、健全保障和提高收入的长效机制。

(一)千方百计扩大就业

拓宽就业渠道。坚持在发展中解决就业问题,促进经济增长与扩大就业的良性互动。注重发展具有比较优势的劳动密集型产业、就业容量大的服务业、中小企业和非公有制企业,增加就业岗位。积极鼓励城市新增劳动力到农村承包荒山、荒地,从事种植业和养殖业。打破妨碍农村劳动力流动的制度性障碍,引导农村剩余劳动力向城镇和非农领域转移,鼓励农民参与农产品生产、加工、开发、销售服务环节的经营活动。完善国有企业裁员机制,通过主辅分离、辅业改制等措施分流和安置富余人员。鼓励下岗失业人员通过全日制、临时性、季节性、弹性工作等灵活多样形式实现就业。加大社区工作力度,拓宽保洁、保绿、保安和餐饮服务、家电维修、家政服务等多种就业渠道,重点帮助"4050"困难群体实现就业。到2010年力争使95%的困难群众就业问题得到妥善解决。

落实公共就业扶持政策。继续落实好国家促进再就业的各项优惠政策,努力改善创业和就业环境。实行税费减免、财政补贴和小额担保贷款等相关扶持政策,鼓励自谋职业和自主创业,鼓励企业吸纳下岗失业人员,提高灵活就业人员的稳定性。完善公益性岗位开发储备制度,政府投资开发的公益性岗位优先安排就业困难对象。加快完善和实施与灵活就业相适应的劳动关系、工资支付和社会保险等政策,为灵活就业人员提供帮助和服务。统筹做好下岗失业人员再就业与城镇新成长劳动者的就业工作,认真落实高校毕业生和复员转业退役军人就业的有关政策。改善农民进城就业环境,完善农民进城务工和跨地区就业合法权益保障的政策措施。

完善就业服务体系。完善公共就业服务制度,发展和规范各种专业性职业中介机构和劳务派遣、职业咨询指导、就业信息服务等社会化服务组织,鼓励社会各类职业中介机构为城乡劳动者提供诚信、有效的就业服务。加强劳动力市场信息系统建设,实现各级公共就业服务机构的信息联网,提高劳动力市场供求匹配效率。加强街道(乡镇)社区劳动保障工作平台建设,充分发挥其在促进就业再就业和退休人员社会化管理服务方面的基础作用。广泛发动全社会教育培训资源,为城乡劳动者开展多层次、多形式的职业培训,积极推行创业培训,提高劳动者就业能力和创业能力。

(二)完善社会保障体系

完善城镇社会保险制度。逐步将机关和事业单位人员、混合所有制、非公有制经济从业人员、灵活就业人员和个体劳动者全部纳入城镇社会保险范围,实现参保结构多元化。巩固"完善城镇社会保障体系试点"成果,保证个人账户实账运行,实现现收现付向部分积累转换,确保养老金按时足额发放。鼓励个人参与储蓄性保险和商业保险,形成基本养老保险、单位补充养老保险和个人积累养老保险相互支撑的社会保险体系。逐步推进退休人员社会化管理,依托社区为退休人员提供全面优质的服务。稳步扩大城镇职工基本医疗、工伤和生育保险覆盖面,建立多层次的医疗保障体系。建立失业预警机制,按政策规定为失业人员提供失业保障,解决失业人员基本生活,为实现再就业创造条件。

加强社保资金筹措与管理。依法加强社会保险费扩面征缴,增强基金支撑保障能力。拓展筹资渠道,建立稳定的多元化资金筹措机制。调整财政支出结构,逐步增加社会保障支出。提高社保资金监督管理水平,加强社保资金征缴、清欠和稽核力度,建立保值增值机制。

完善社会救助体系。关注城镇低保户、残疾人等弱势群体,健全家庭收入调查制度,完善城市居民最低生活保障制度。创造条件,建立并实施农村最低生活保障制度。积极推动社会互助,建立完善社会捐赠制度,大力发展慈善事业。

(三)提高居民生活质量

提高城乡居民收入水平。坚持按劳分配为主体,多种分配形式并存,实行各种生产要素按贡献参与分配的政策。积极推行年薪制、工资市场调节制等收入分配激励机制,扩大中等收入阶层比重。综合运用税收调节、增加公共支出、加大转移支付等措施,合理调整收入分配格局,适当向低收入阶层倾斜,提高低收入者的收入水平。努力开辟农民增收的新领域、新渠道,取消农民不合理负担,切实增加农民收入。

改善城乡居民消费环境。适应消费需求变化,引导居民转变消费方式,促进个人消费由自我积累型向信用支持型转变。加快培育住宅、汽车、信息等消费热点,拓展文化、旅游、保健、体育、社区服务等消费领域。倡导绿色消费,促进消费的可持续发展。鼓励发展家庭轿车,扩大计算机普及率。改善城乡居民居住条件,进一步完善住房保障体系,扩大经济适用住房、廉租住房受益面,妥善解决中低收入者家庭住房问题。积极发展消费信贷,建立健全个人资信评估体系和担保、抵押制度,发展分期付款和租赁服务等消费形式。

十、资源环境

落实节约资源和保护环境基本国策,推动资源节约,加强生态建设和环境保护,改善城乡环境质量,创建人与自然和谐共生、适宜居住创业的生态城市和资源节约型、环境友好型城市。

(一)生态环境建设

建设国家森林城市。以森林围城、绿带绕城、林水穿城为目标,建成区内重点实施伊通河绿化等工程,改造新建城市公园和郊野公园;城区外围建设环城绿化带、西部防风御沙林,基本恢复以高大乔木为主的绿化风貌。城区绿地面积5年累计新增4 000公顷,全市森林覆盖率达到42%。

规划和建设生态保护区。充分利用自然资源优势,在石头口门水库、新立城水库、双阳、山河、石门山、土顶、土们岭、卢家、光明以及农安西部湿地建设10个生态保护区,逐步实施小流域综合整治和保护。

改善农村生态环境。平原地区重点整治河道,丘陵地区实施退耕还林还草。推进农村工业向小城镇集聚,集中治理污染源。建设县城森林公园和湿地公园,搞好村屯绿化。

(二)环境治理保护

大气污染综合防治。三环路以内全部取消7MW以下燃用散煤的锅炉房,市中心区全部实行集中供热。防治机动车尾气污染。推广使用清洁能源,重点治理电厂等排污大户。

污水综合治理。实施北郊污水二期工程和西郊污水处理厂中水回用工程。鼓励大型工业企业和新建住宅小区自建污水处理和新型节水设施。大力实施伊通河生态工程,高标准规划建设和综合整治,积极推进串湖治理,全面恢复水体自净能力。工业废水实现达标排放。

环境噪声综合治理。建设噪声达标区,治理或搬迁超标企业,加强建筑噪声和娱乐场所噪声管理。修建防噪建筑和防噪屏,促进道路交通噪声治理。取缔居民密集区噪声污染源。

矿山生态环境恢复治理。建立矿山生态环境恢复示范区,发展矿山生态环境保护产业。土地复垦治理率达到60%,矿山废渣治理率达到60%,地面塌陷治理率达到70%。

固体废物综合治理。加强工业危险废物管理,综合利用和处置工业废渣。推进城市生活垃圾资源化、产业化,实施生活垃圾综合处理电站二期及新建东部蘑菇屯垃圾填埋场工程,扩建西部裴家垃圾处理场。

(三)建设节约型城市

坚持开发节约并重、节约优先原则,大力推行节约型增长方式,建立节约型生产、消费模式,切实提高资源利用效率。

节约土地。改造治理低产田和退化草场,恢复、保护湿地,防止水土流失。继续实行最严格的耕地保护制度,保持全市耕地总量动态平衡。优化配置和集约利用城镇建设用地。发展节地型公共建筑和住宅,减少农村居民点占地规模。

节约用水。结合小流域治理,增加水资源补给量。扩大湖泊和湿地面积。杜绝重污染项目上马,在缺水地区严格控制建设高耗水项目。大力发展节水农业、节水工业和节水服务业。推进再生水利用、收集雨水回用和污水资源化处理。加强地下水资源管理,坚决控制超采、滥采地下水。

节约能源。科学开发能源,实现资源综合开发利用。淘汰高耗能工艺和设备。大力发展农村户用沼气工程,开发利用水能、风能和太阳能等可再生能源。

节约材料。加强重点行业原材料消耗管理,推广使用小型、轻型和再生材料。提倡简约实用的建筑装修。推行木材节约代用,禁止各类产品无实用性的过度包装。

(四)发展循环型经济

建立循环经济体系。坚持"减量化、再利用、资源化"原则,以资源的高效利用和循环利用为核心,形成有利于节约资源、保护环境的生产和消费方式。在重点行业、领域和产业园区开展循环经济试点,通过企业整体改造,推广循环经济发展模式。

转变经济增长方式。全面推行清洁生产,用高新技术改造能耗高、污染重的传统产业,大力发展节能、降耗、减污产业。加快推进工业废水、废气、固体废弃物的无害化、减量化、资源化处理,注重废物回收与综合利用。

大力发展生态农业。开展秸秆综合利用,增施生物有机肥,开发健康、营养、优质的特色农产品。推广秸秆过腹还田、粪便制沼等链条式生产模式。推行区域化、规模化、生态化饲养。

十一、重大项目

坚持以投资拉动为主要动力,把项目建设作为经济提速的突破口,加大工作力度,拓宽投资渠道,规划建设一批重大项目,确保"十一五"规划的顺利实施。

(一)构建5大项目支撑体系

结合长春产业发展和城市建设,构建主导产业、基础设施、社会事业、生态环境和县域经济五大项目支撑体系。规划建设900个3 000万元以上项目,总投资5 000亿元左右。其中,"十一五"期间预计完成投资4 000亿元左右。

主导产业项目支撑体系。规划十大产业10类480个项目,规划总投资2 600亿元,"十一五"期间完成投资2 200亿元。

基础设施项目支撑体系。规划城市道路交通、水、电、气、热等4类180个项目,规划总投资1 500亿元,"十一五"期间完成投资1 100亿元。

社会事业项目支撑体系。规划科教、文化、卫生、体育、广电、旅游会展、社会保障等7类90个项目,规划总投资200亿元,"十一五"期间完成投资150亿元。

生态环境项目支撑体系。规划植树造林、生态环境治理、资源节约利用、垃圾处理等4类20个项目,规划总投资100亿元,"十一五"期间完成投资50亿元。

县域经济支撑体系。规划工业、农业、畜牧业、资源利用等4类130个项目,规划总投资600亿元,"十一五"期间完成投资500亿元。

在项目建设中,政府投资、政府参与、政府支持的重大骨干项目200个,总投资3 000亿元,这批骨干项目建成后,将带动相关行业快速发展,带动相关区域开发建设,缓解发展的制约瓶颈,为实现更快更好地发展提供支撑。

(二)推进20项重点工程建设

汽车产业园区工程。在城区西南部规划控制面积120平方公里,重点建设整车、汽车配套、研发中心、汽车贸易服务等园区,力争到2010年形成120万辆整车生产能力。

百亿元轨道车辆工程。加快长客股份公司技术改造升级步伐,重点开发高速、高档铁路客车和城轨客车，规划建设国家轨道车辆研发生产基地，到2010年达到百亿元以上产值。

千万吨玉米生化工程。依托大成集团，在兴隆山镇规划建设占地面积43平方公里的玉米工业园区，力争到2010年玉米加工能力达到500万吨。

畜产品深加工工程。规划建设肉鸡、肉牛、生猪、肉鹅、鹿产品系列加工项目，到2010年，肉鸡加工能力达到2.5亿只，肉牛加工能力达到60万头，生猪加工能力达到800万头，肉鹅加工能力达到2 000万只。

国家光电子产业基地建设工程。依托两个国家级开发区，规划建设北方彩晶4.5代线TFT－LCD生产线、PLED生产线等40个项目。

国家生物产业基地建设工程。依托两个国家级开发区，规划建设8个公共技术服务平台、10个主体工程和45个产业化项目。

物流园区工程。规划建设三大物流信息平台、四大物流园区、八大物流配送中心，力争到2010年，建成功能完善的现代物流服务体系。

城市能源工程。扩建热电一厂、二厂，新建热电三厂，改造供热管网，开发九台煤炭资源，力争到2010年，新增装机容量117.5万千瓦，新增供热面积3 000万平方米，煤炭产量700万吨。

千万吨水泥生产工程。依托资源优势，加快亚泰水泥四期项目建设，力争2010年达到年产水泥1 000万吨，建设东北最大的水泥生产基地。

棚户区改造工程。统筹规划，采取市场化运作方式，积极推进108块棚户区改造工程，拆迁改造面积713万平方米，确保3年内全部完成棚户区改造，改善居民住房条件。

特色工业园区工程。规划建设用地，优化发展环境，加大招商引资力度，加速以轻工产品制造为主的产业集聚，力争到2010年，每个县（市）区建成1个产值100亿元的特色工业园区。

交通枢纽中心工程。完善长春站客运中心功能，开工建设西客站和龙泉货运中心，配套建设公路货运站，构建公路、铁路、航空紧密配合、互相衔接的现代都市交通枢纽。

铁路建设工程。完成94公里长双烟铁路建设工程，配合国家建设哈大客运专线，启动长吉城际高速铁路前期工作，力争到2010年，客货运输能力明显提高。

城市供水工程。配合省规划启动吉林省中部城市群供水工程，建设第五净水厂，改造城市二次供水设施，积极推进供水主干线和四县（市）输水管网建设，力争到2010年，年增加引水量6.6亿立方米，日供水能力达到145.6万立方米。

综合文化科技中心工程。在净月开发区长影世纪城南侧，规划建设美术馆、科技馆、博物馆、歌剧院、海洋馆、健身中心、影视放映中心及文化市场等，总建筑面积40万平方米。

空港经济区工程。围绕龙嘉国际机场，重点规划启动高新技术、物流、生态休闲、商住服务等外向型功能区的建设，力争到2010年初具规模。

伊通河生态工程。规划建设伊通河防洪、截污、蓄水及景点等生态工程，力争到2010年，从源头上解决伊通河水体污染，恢复水体景观，提高城市生态环境质量。

西部造林工程。重点实施三北防护林、城区西部与西北部防风御沙林、环城绿化带拓宽等工程，到2010年，全市累计完成植树造林面积2.5万公顷。

新增九千公顷永久性菜田建设工程。在城市西北部规划建设保护地蔬菜2 250公顷，露地蔬菜6 815公顷，力争到2010年，城区菜田面积稳定在1.5万公顷，年生产绿色无公害蔬菜9亿公斤。

污水和垃圾处理与再利用工程。改造、新建北郊污水处理厂二期、南部污水处理厂、东南部污水处理厂、西郊再生水利用、生活垃圾卫生填埋等工程，力争到2010年，新增二级污水处理能力40万吨/日，再生水利用能力25万吨/日，生活垃圾处理能力达到3 300吨/日。

十二、保障措施

（一）加快推进重点领域改革

国有企业改革。以股份制、混合所有制为基本方向，加快国有经济布局和结构战略性调整步伐，完善国有资本有进有退、合理流动的机制和国有资产监管体系，建立归属清晰、权责明确、保护严格、流转顺畅的现代产权制度。到2010年，大部分企业通过合资、改制、改组、改造焕发生机和活力，成为充满活力的新型经济组织。

事业单位改革。积极推进事业单位分类改革，行政执行类事业单位实行政事分开，重新界定职能,精简压缩编制;社会公益类事业单位调整布局结构,优化资源配置,确保公益任务完成;开发经营类事业单位逐步转为企业。推进事业单位投资主体多元化,积极鼓励和支持社会力量参与或直接创办事业单位。逐步建立公益目标明确、投入机制合理、监管制度完善、治理结构规范、微观运行高效的事业单位管理体制和运行机制。

农村综合配套改革。巩固农村税费改革成果,基本完成农村县乡机构、农村义务教育体制和县乡财政管理体制改革。建立防止农民负担反弹的长效机制。完善农村医疗卫生体制、土地制度、户籍制度、农村合作金融组织等改革。2010年,初步建立较为完善的农业生产、农村社会事业、社会保障、就业和信息等服务体系。

积极稳步推进投融资体制、科技体制、劳动就业体制、分配体制、价格体制等方面改革,完善市场经济体制,增强发展活力。

(二)实施全方位对外开放

鼓励引进与合作。继续实行引资目标责任制,建立市区间、县区间联手招商、利益共享机制。完善招商引资政策,加强与世界500强等大型跨国公司合资合作。创新招商方式,积极探索利用收购、兼并、BOT、特许经营、风险投资、投资基金和证券投资等多种利用外资形式。依法放开外资企业市场准入、经营领域、经营范围、合资股权比例,鼓励和吸引外商来长投资创业。构建长春与长江三角洲、珠江三角洲、环渤海经济区及东北地区的分工协作体系,推动生产要素跨区域流动和优化配置。

扩大对外贸易。支持企业向集团化、国际化方向发展,逐步建立起多元化的外经贸主体格局。加强汽车及零部件、农产品加工和高新技术出口基地建设,培育出口骨干企业和优势产品,提高机电产品、高新技术产品和拥有自主知识产权的产品出口比重。加强与邻近城市协作,构筑从空中、海上和陆路连接亚欧大陆、澳洲、美洲等国家的通道。完善支持企业"走出去"的财税、金融、保险、外汇等相关政策,鼓励有实力的企业到境外投资建厂,带动劳务、原料和产品输出。

大力发展民营经济。除国家明确限制的行业外,其他领域全部向民间资本开放,加快形成公平竞争的市场准入环境。鼓励具有相应资质的民营企业通过竞标参与各项基础设施和公共事业建设。引导和支持机关干部领办、科技人员创办民营企业。设立引导资金,鼓励民企壮大规模,扶持有实力的中小企业上市融资。

(三)建立多元化投融资体系

完善金融资本市场体系。推进金融创新,优化信贷结构,增加信贷投入,发挥金融对经济的促进作用。认真做好上市公司后备资源的培育工作,加快推进具备条件的企业上市融资。发挥上市公司配股、增发新股的连续筹资功能,鼓励和引导上市公司投资潜力项目和产品。鼓励和支持企业发行债券和可转换债券。大力发展社会保险和商业保险,不断开辟保险资金投资的新领域。

拓宽直接融资渠道。大力吸引国内外投资者特别是跨国公司的直接投资。积极争取和用好国际金融组织和外国政府的各种贷款。争取国外金融机构在长设立分支机构或办事处。健全中小企业担保体系,增强中小企业项目融资能力。积极发展产业投资基金,鼓励创业投资,引导、鼓励民间资本向支柱产业、环保产业、能源产业和基础设施领域加大投入。

提高政府资金的使用效率。收缩政府投资战线,突出支持重点,严格控制一般性项目的政府投资。充分发挥政府资金的杠杆作用,合理引导和调动社会资金。按照国家的产业政策和投资方向,搞好项目的包装、设计与申报,积极争取国家重点建设资金或专项资金支持。

(四)深入实施人才强市战略

加快人才培养和开发。树立"人才资源是第一资源"的观念,建立以能力和业绩为导向的科学化、社会化人才评价机制,健全和完善党政人才、企业经营管理人才、专业技术人才、高技能人才和农村实用人才培养、选拔、任用机制。鼓励劳动、资本、技术和管理等生产要素参与分配,形成人才报酬与业绩、贡献紧密挂钩的分配激励机制。

用活用好现有人才。支持高等院校和科研院所人才参与重大项目科技攻关。扶持国有企业各类人才以知识、技术、成果、专利、管理等要素投资创业或为企业提供服务。制定优惠政策,引导大中专毕业生和市直机关、企事业单位人才到县(市)区进行阶段性或长期工作。

强化引才引智。突出抓好高层次人才和紧缺人才队伍建设,进一步扩大人才专项基金规模,培养、引进各类高层次和紧缺人才。吸引海外留学人员来长领办、创办高新技术企业。建立少数特殊人才、突出贡献者的高收入保障机制。

建立人才服务体系。建立政府、用人单位、社会多元投入机制，进一步完善人才市场服务功能，规范人才市场管理，进一步营造尊重人才、尊重创造，有利于人才脱颖而出、人尽其才的良好社会氛围。

（五）加快建设服务型政府

改进政府管理方式。规范行政审批程序和行为，强化政府社会管理和公共服务职能，加强和改善宏观管理，实现由管理型向服务型转变。完善制度建设，整合行政资源，优化政府管理结构和方式，努力形成“行为规范、运转协调、公正透明、廉洁高效”的管理体制。

提高公共服务水平。贯彻落实《公务员法》，健全和完善培训机制，整体提升公务员队伍素质。加强和改善对公共信息和公共物品的管理应用，提高政策、信息、财政等公共资源利用率。实施阳光政务工程，提高政府行为的透明度和群众的参与度。积极推进电子政务建设，提高行政效率。完善社情民意反馈制度，建立政务公开回应体系。

健全服务监督机制。建立完善重大问题集体决策制度和决策责任制。落实行政执法责任制，推行政府问责制，完善行政赔偿制度。重点实施一次性告知制度、首办负责制度、限时办结制度和服务承诺制度。强化民主评议政行风制度，建立有效的综合评价体系和投诉处理机制。

（六）加强规划的组织实施

明确规划实施的主体。总体规划由市政府规划主管部门牵头会同有关部门组织实施。围绕总体规划的延伸和细化，组织编制专项规划，科学制订年度计划，将总体规划任务目标分解落实到专项规划和年度计划中，保持规划实施的连续性，并通过年度计划促进总体规划的分步实施。

明确规划监督主体。总体规划纲要由市人民代表大会监督实施，专项规划由规划主管部门监督实施。依据规划中提出的发展目标、重点任务和重点建设项目，在市级领导干部、主管部门、相关部门中落实目标责任制。

建立和完善规划评估修订机制。建立规划中期评估制度。总体规划由市政府组织评估，重点专项规划和行业（部门）规划由规划主管部门组织评估，并根据形势变化和规划实施进度，进行必要的修订，报请人大常委会审议批准后实施。

专辑

专　　辑

振兴长春老工业基地

2006年,是"十一五"规划的开局之年,也是振兴长春老工业基地收获颇丰的一年。一年来,全市人民在市委、市政府的正确领导下,贯彻落实科学发展观,全面实施老工业基地振兴战略,完善国企改革,加大项目建设力度,加快产业基地建设,推进大铁北改造,实现了全市经济和社会又好又快的发展。

完成国企改革收尾工作　2006年,我市列入省、市国企改革攻坚目标任务的254户企业,除虹桥电器外,其余253户都完成了改革方案的审批。其中,127户已经完成了全部国企改革程序,47户已批复破产,72户已彻底了解决职工问题,正在进行资产处置。另有8户企业因资产关系极度复杂或存量资产被法院查封执行中,需先理顺产权关系或解决法律问题,再最终确定资产处置方式。到2006年底,共理顺在职职工劳动关系90 107人,涉及退休人员55 334人,离休人员1 316人。全年共盘活资产113.5亿元,筹措改革资金5.21亿元,统筹支付改革成本7.5亿元。全年重点开展了三方面工作。一是加快资产处置。针对企业产权关系复杂,法律纠纷困扰的实际,首先从理清产权关系开始,组织各资产经营公司与债权人和法院协商,理清资产债务链,使资产能够依法进行处置。其次,对经分割划转的资产,能合并的及时进行合并处理;需拆分处理的,对相关企业同时进行资产处置。同时,积极与金融债权人磋商,降低偿付比例,使一些企业具备资产处置条件。二是落实职工权益。以理顺职工劳动关系为核心重点,偿付职工债权和预留退休人员相关费用。有净资产的企业,优先用净资产偿付职工债权和预留退休人员费用;净资产不足的企业,用非企业法人财产(土地使用权或公企房)予以补充;补充后仍有不足的,用全市企业改革资金给予足额补贴,基本保证了职工队伍稳定。突出保障弱势群体的权益,凡使用现金补贴的企业,补贴额度优先用于退休人员费用的预留,将补贴资金直接拨付到医保中心,防止企业将补贴资金挪作他用。三是推进企业重组。各资产经营公司积极指导职工自愿重组和恢复生产,对职工有自发重组愿望的企业,在同等条件下可优先购买原企业资产。保护企业存量资源的生产能力,最大限度地安置原企业职工在改革后企业上岗就业。在存量资产向重组企业转让过程中,支持重组的企业用职工应得债权抵顶收购价款、职工用应得债权转为重组企业股权,减轻了改革中政府应支付成本的现金流压力,同时落实了职工权益。将工业、商贸、建设三个资产经营公司的全部企业都纳入了改革范围,改革后不再存有国有独资企业,为资产经营公司的消亡创造了条件。

加大项目建设力度　2006年,继续坚持"投资拉动,项目领跑",多方筹资,强化管理,较好地完成了固定资产投资和项目建设任务。全年共完成固定资产投资950.4亿元,同比增长46.1%。其中,城镇固定资产投资715.7亿元,同比增长43.3%;房地产开发投资174.5亿元,同比增长63.4%;农村固定资产投资60.6亿元,同比增长51.4%。

1.加强项目建设的组织和落实。年初收集3 000万元以上项目近700个,按照投资方向、项目规模和重要性确定了100个重点项目,分行业将责任落实到22个单位,按月进行调度,及时发现和解决项目建设中出现的问题。同时,按照国家发改委、国土资源部、银监会等五部委和省、市政府的要求,组织全市项目清理工作,对省要求清理的60个项目,边清理,边整改。通过清理,共补办各类审批手续89件,责令停建5个项目,规范了项目的建设程序、完善了项目审批手续。

2. 多渠道筹措建设资金。一是积极争取国债和专项资金。2006年共争取国债资金、省预算内资金及各专项资金6.1亿元,争取丹麦政府贷款1 250万美元,争取亚行贷款1 000万美元。二是用足用好开行软贷款。会同各县(市)区、开发区,按照开发银行软贷款投向和核准规则,全市共组织收集、筛选、汇总项目400多个,向开行推荐项目92个,软贷款额度130亿元。截止到年末,已确定项目50个,占用软贷款额度98.5亿元,累计到位资金54亿元。三是做好企业债券争取工作。会同项目单位及其主管部门,选择重点项目,落实条件,积极争取企业债券的发行。借鉴上海、武汉、杭州等城市发行企业债券的经验,研究提出了一汽周边道路等3个项目企业债券发行方案,并得到国家的批准。目前,城开集团3个基础设施项目企业债券资金8亿元已经到位。四是大力开展招商引资。全年新设立外商投资企业149户,引进投资超千万美元的外资项目33个,超亿元的内资项目111个。英荷壳牌公司、美国AB公司、英国翠峰集团和美国通用电气公司落户长春,在长投资的世界500强企业累计达到44户。全年实际利用外资14.1亿美元,增长20.2%。引进内资253.8亿元,增长23.8%。

3. 积极推进政府投资项目代建制。根据国家投资体制改革的要求,借鉴深圳、南京、武汉、青岛等城市政府投资项目管理经验,研究提出了我市推行代建制的方案。市委、市政府先后下发了《长春市人民政府办公厅关于长春市政府投资项目实施集中代建管理的通知》、《关于同意成立长春市政府投资建设项目管理中心的通知》、《关于下达2006年第一批政府投资代建项目名单的通知》等文件,并起草了《长春市政府投资代建项目管理暂行办法》,规范了代建项目范围,理顺了管理程序,明确了项目使用单位、代建单位和各职能部门的责任、权利和义务。代建中心已经市编委会批准并正式成立,相关业务工作正在酝酿当中。

4. 全力推进重点项目建设。全年共开工建设项目1994个,其中投资超亿元的项目255个。汽车产业园区落地大项目60个,其中,一汽四环发动机、一汽光洋转向机等44个项目已开工建设,大众10万辆迈腾轿车项目进入试生产。骏升大中型拖拉机、中兴SUV和皮卡、一汽轻型低速货车项目已经投入生产,长客向澳大利亚出口不锈钢双层动车组车项项目已经签约。大成玉米工业园区基础设施建设全面启动,20万吨化工醇项目竣工投产,正业、皓月、中粮、吉粮等农产品加工项目建成或部分建成投入生产。亚冬会场馆工程全部竣工并投入使用;轻轨二期工程投入运营;102国道绕行线、伊通河生态工程、长双烟铁路等一批重点工程完成年度计划任务,并正在加紧建设当中。5. 开发区、工业集中区建设步伐加快。2006年,成立了农安工业集中区、双阳文化印刷产业、德惠米沙子、九台营城子、绿园西新5个省级开发区及工业集中区。我市省级以上开发区和工业集中区达到了20个,每个县(市)至少有一个省级开发区,形成了国家级、省级开发区梯次发展的局面。全市20个开发区和工业集中区完成基础设施投资72亿元,完成道路、下水"二通一平"以上标准的基础设施覆盖面积近50平方公里,完成103条道路,总长162公里。

加快产业基地建设 围绕重点产业和优势资源,集约各种生产要素,推进产业集群发展,增强了基地的辐射带动作用。

1. 汽车产业基地。围绕汽车产业开发区起步区17平方公里,实施了51项基础设施工程,其中道路工程14项,总长38.8公里,供热、燃气、通讯等配套设施管网覆盖5平方公里,全年投资总额21.7亿元。全年新入区企业共256户,落实重点项目60个,计划投资总额178.6亿元。其中引进世界500强项目3个,超亿元项目32个,超10亿元项目4个。恒力汽车工业园项目、中国北方汽车贸易城项目已全面启动。2006年,长春市被授予"国家汽车及零部件出口基地",基地建设总体框架和机构设置的调研论证已经完成。配合一汽实施"深度国产化"和"缩小配套半径"战略,富奥汽车零部件集团改制方案已获得一汽集团批准,进入实施阶段。一汽集团中、重卡装配线、驾驶室技改、转向器传动轴技改等项目建成投产;锦湖轮胎、一汽巴勒特锻造基地项目、热电三厂及供热管道项目正在建设中或开展前期工作。2006年,汽车产业实现产值1 475.7亿元,同比增长21.9%。

2. 农产品加工基地。玉米工业园区基础设施建设全面启动,本着"做大源头、做强骨干、做长链条、做精产品”的思路，依托大成集团，正在加快建设年加工225万吨玉米，生产100万吨化工醇和100万吨差别化聚脂等项目。大成20万吨化工醇项目竣工投产，累计完成投资7.8亿元；100万吨化工醇项目已开工建设，完成投资1.77亿元，正在进行厂区内土地平整及道路修建。皓月肉牛产业综合加工项目正在开工建设，6个子项目有3个基本建成投产，累计完成投资14.38亿元。金锣肉制品加工生产线项目竣工投产，总投资10.8亿元。正业集团猪系列产品深加工项目竣工投产，总投资3.3亿元。长春天裕100万吨/年玉米深加工项目一期工程试车成功，总投资6.4亿元。中粮生化榆树分公司聚乳酸及淀粉项目，完成部分土建工程，正在进行部分设备安装，完成投资5.15亿元。2006年，农产品加工业实现产值294.7亿元，同比增长24.9%。

3. 光电子产业基地。在环宇显示、华信、西门子等龙头企业的带动下，长春市光电子产业已经初步形成了以光电子显示器件及其上下游产品为主体，以光电子材料与器件、光电仪器仪表、国防光电子为重点的产业发展格局。长春国家光电子产业基地发展股份有限公司的综合技术服务平台项目已经通过可研和环评，1.5亿元的软贷款前期程序已经完成，准备向开行申报。长春国家光电子产业基地核心区驻地网等项目已进入最后审批阶段。向国家发改委申报光电信息产业项目26个，其中16个项目已通过国家发改委组织的专家答辩。与德国光电协会共同举办研讨会，开辟同欧盟光电子产业合作领域。香港新进科技集团贴片生产线项目、韩国法拉电子公司特种锂电池及电容器项目全面启动。2006年光电子产业完成产值66.6亿元，增长29.6%，产品销售增幅达50%以上，全行业利润大幅增长，整体效益开始好转，实现扭亏为盈。

4. 生物医药产业基地。本着“突出优势，特色发展”的思路，坚持产学研相结合，加快推进生物医药产业化，不断提升产业技术装备水平，目前已在高新区生物园和经开区医药园形成了两个医药企业集群，集聚效应逐渐显现。一是基地的各项重点工程已全部开工。长生科技公司的流感疫苗工程进入安装调试阶段。公共平台项目建设进展顺利，辐照灭菌装置公共平台土地已经落实，项目设计、环评均已完成，正准备土建施工。实验动物中心已上报国家发改委，进行了多次专题汇报。生物酶工程技术公共平台已经竣工。基因工程药物中试中心、疫苗研发工程中心、干细胞工程中心、中药制剂工程研究中心、药物筛选中心等平台项目已经列入基地发展规划，并有部分已在建设中。二是生物产业项目建设进展顺利。生物制品所甲肝疫苗、干扰素等品种相继投产；长春金赛药业有限责任公司重组人生长激素注射液高技术产业结构调整项目进展顺利。长春海伯尔生物技术有限责任公司年产1000万支重组人干扰素α-2b注射液产业化项目已进入试生产阶段。三是产业对外合作有所突破。向美国、俄罗斯、日本、新加坡、香港等20多个国家和地区出口氨基酸、疫苗、生物制品、血液制品、生化药品等近20多个品种。全年医药出口额累计达3.36亿元。2006年，生物医药产业实现产值87.6亿元，同比增长33.3%。

推进大铁北改造 铁北地区是长春市的老工业企业集聚区和仓储物流集中区，曾经为长春发展做出了重大贡献。自“十五”开始，铁北地区经济和社会发展速度放缓。国有企业活力不足，基础设施建设滞后，与南部地区形成了较大反差。为了改变这一局面，2006年初，市委、市政府做出了“改造大铁北、建设北部新城”的战略决策，组织相关部门制定了《长春市委、市政府关于改造大铁北、建设北部新城的实施意见》，起草了铁北改造规划，落实了铁北改造的具体措施，使铁北改造取得了初步成果。

1. 园区建设成效显著。一是基础设施建设进展快。31平方公里的基础设施建设工程按照“七通一平”或“九通一平”的标准全面铺开，累计完成投资13.4亿元。二是有效解决了土地、资金等重点问题。铁北地区全年共得到转用地指标265公顷；筹集建设资金15亿元。三是项目建设抓的实。年内铁北区域内各类园区引进产业项目138个，总投资86亿元，落位87个。年初确定的65个重点项目，已开工58个，完成投资113亿元。

2. 产业发展重点突出。各相关城区和开发区按照各自功能定位，注重发挥比较优势，围绕域内主导产业引项目、建项目，促进产业集聚，初步形成了错位发展、主业突出的产业格局。绿园加工制造业发展迅速，在目前引进的67个项目中，工业项目所占比重达到75%；二道区以生产资料为主的市场体系日趋完善;宽城以轻工为主的加工业和以商贸为主的服务业初具规模;经开区以玉米工业为主的产业集群势头较好。

3. 棚户区改造进展迅速。铁北地区棚户区改造任务繁重。通过各方面共同努力,取得了较大的进展。全年争取棚户区改造资金63亿元,共拆除棚户区面积133.9万平方米,占全市总拆除面积的54%。居民回迁安置工作落实较好,铁北地区回迁率超过90%。棚户区改造也带动了铁北地区房地产开发强劲增长,山东鲁能、香港德辉、吴太集团等著名企业进入铁北房地产业。

4. 环境改造全面展开。铁北地区紧紧围绕生态新城建设,重点实施了一批环境综合治理工程,促进了生态环境的优化。一是治水。宽城区“北湖”建设工程、伊通河北段改造工程、二道区东新开河治理工程、绿园区串湖、珍珠湖改造工程,明渠改造和雁鸣湖湿地建设全面铺开。二是治污。北郊39万吨污水厂改造项目,二期、三期土建工程完成桩基础施工,热电灰厂和金钱堡垃圾厂改造工程,正在进行前期论证。三是增绿。绿园区铁北区域新增绿地4.1公顷,生态风景林一期工程全面结束,天嘉公园正式开园;二道区铁北区域新增绿地2块,绿化街路7条;宽城区完成了近17公顷的中心公园设计方案,项目用地通过审批,建设资金已经落实,2007年将正式启动工程建设。

5. 城市建设步伐加快。一是资金投入大。年内全市在铁北地区的城建工程有12路1桥2出口,总投资5.5亿元。长新路(桥)、基隆路、一匡街(凯旋路－北亚泰大街)和铁北二路、北亚泰大街出口、台北大街等工程已竣工通车;北人民大街、亚泰大街北延长线工程、长农公路出口改造工程、凯旋路客运站建设工程、国道102线改造工程已开始全面建设。各城区也自筹资金修建部分道路。二是社会事业和配套设施项目积极推进。宽城区523电台迁建一期工程完成,办公楼基本完成了主体封闭工程;中心公园项目用地通过审批,建设资金得到落实;铁北地区重点高中、综合医院、体育场馆项目前期工作基本就绪。与此同时,铁北地区的热、水、气、通讯等配套设施建设也同步进行。这些工程投入使用后,将有效地提高铁北地区路网承载能力和城市服务水平,提升铁北地区整体形象。

(王啸峰)

弘扬谭竹青精神　共铸和谐长春

——全市开展向谭竹青学习活动

2005年12月3日，被群众称为“小巷总理”的长春市二道区东站十委社区党委书记、主任谭竹青同志因病去世。谭竹青同志是一名优秀的老社区干部，是基层党员干部的光辉典范。她以对党无比忠诚、对人民高度负责的精神，几十年如一日，用毕生的精力和心血践行党的宗旨，履行对人民的承诺，在平凡的岗位上创造了不平凡的业绩。她曾先后获得全国优秀党务工作者、全国劳动模范、全国“三八”红旗手等160多项荣誉称号。谭竹青同志去世后，长春市社会各界纷纷以不同形式表达对她的追思缅怀之情，一个学习谭竹青、弘扬谭竹青精神的热潮在全市迅速掀起。

一、深刻认识谭竹青精神，精心部署学习活动

谭竹青同志是长春市社区战线的老典型，谭竹青精神是一笔宝贵的财富，让她的精神发扬光大是各级党组织义不容辞的责任。

谭竹青同志辞世后，市委高度重视，积极组织开展学习活动。2005年12月18日，市委召开常委会，做出了《中共长春市委关于开展向谭竹青同志学习活动的决定》，对在全市开展向谭竹青同志学习活动做出总体部署，号召全市各级党组织和党员干部采取多种形式，广泛开展向谭竹青同志学习活动，迅速掀起向谭竹青同志学习的热潮，并要求广大党员干部以谭竹青同志为榜样，为推进长春老工业基地的振兴和全面建设小康社会而努力奋斗。按照市委总体部署，市委组织部、市委宣传部、市民政局以及中共二道区委联合制定了《关于开展向谭竹青同志学习活动的实施方案》，就组织开展向谭竹青同志学习活动作出具体安排。省委、省政府也做出了《关于开展向优秀共产党员标兵、社区工作者楷模谭竹青同志学习活动的决定》，省委先进性教育活动领导小组下发了《关于在先进性教育活动中深入开展向谭竹青同志学习活动的通知》。谭竹青同志的先进事迹得到了中央领导、有关部门领导的高度重视。民政部部长李学举同志专门向中央呈报了《关于学习谭竹青同志的报告》，曾庆红、贺国强、刘云山等领导同志做出了重要批示：谭竹青的事迹体现了党的先进性。建设和谐社会、巩固党的执政基础需要谭竹青这样的社区工作者。并责成中央有关部门抓好谭竹青同志的学习宣传活动。省、市向中央先进性教育办公室作了专题汇报，中组部副部长欧阳淞在听取汇报后明确表示要把谭竹青作为全国的重大典型，要像宣传郑培民、任长霞、牛玉儒、吴仁宝那样来谋划好，要组成中央新闻采访团深入总结宣传谭竹青同志的先进事迹，并在人民大会堂举办谭竹青同志先进事迹报告会。2006年1月26日，市委专门召开常委扩大会，学习中央领导关于向谭竹青同志学习的重要批示，研究如何进一步深入开展向谭竹青同志学习活动。省委常委、市委书记王儒林同志亲自安排部署学习活动。指出，全市各级领导干部要高度重视起来，尤其是从市委常委做起，及时地贯彻落实中央领导、中央先进性教育活动办公室和省委、省政府的要求，在前段学习宣传的基础上，推动全市上下进一步深入开展向谭竹青同志学习活动。要进一步搞好思想动员和宣传发动，深入推进各项学习宣传活动。要从不同领域、行业、单位实际出发，采取灵活多样的形式，组织开展好学习活动。要组织党员干部深入学习中央领导同志的批示、省市委的决定以及有关领导的讲话精神，精心安排好谭竹青同志先进性事迹报告、电视专题片、事迹展的有关深化、制作和收听收看参观等一系列具体工作。要通过召开座谈会、研讨会、演讲

会、报告会等多种丰富有效的形式和载体，进一步掀起向谭竹青同志学习的热潮，形成更加浓厚的学习氛围。各级宣传部门和新闻单位既要把谭竹青同志的先进事迹报道好，同时也要把全市的学习活动报道好。要进一步细化和落实好学习宣传方案，明确具体任务和责任。要把学习谭竹青同志活动作为全市党建工作、思想政治工作、宣传工作贯穿全年的重点任务，深入细致地谋划。市委先进性教育办公室要尽快协调各部门搞好分工，明确任务，落实责任。要强化组织领导。学习谭竹青同志活动由市委统一领导，市委先进性教育办公室具体负责，成立长春市学习宣传谭竹青同志先进事迹领导小组，组长由书记、市长亲自担任，成员单位由市委先进性教育办公室、市委办公厅、市委组织部、市委宣传部、市民政局等有关部门组成。为了保证学习活动工作扎实有效全面铺开，各县（市）区、开发区、市直部门都成立了领导和工作机构。在推进学习活动过程中，市委多次召开领导小组会、协调会、调度会，及时掌握活动动态，协调解决活动中遇到的困难和问题。市委先进性教育办公室组织编发“向谭竹青同志学习活动”简报专刊19期，加强了对学习活动的指导和引导。各级党组织的高度重视，确保了学习宣传谭竹青先进事迹活动的深入开展。

二、大力传播谭竹青精神，精心组织开展学习活动

宣传文艺新闻工作者以弘扬谭竹青精神为己任，让谭竹青精神走进千家万户。在市委宣传部的统一调度下，市直各新闻单位紧紧围绕“向谭竹青同志学习，争做谭竹青式的好党员、好干部”这一主题，组织开展了全方位、多角度的宣传报道。谭竹青同志辞世后，及时报道了国家和省、市领导对谭竹青同志的高度评价和对家属的慰问以及社会各界的反响、自发的悼念活动，推出了《她为居民谋幸福》等长篇通讯，对谭竹青同志的先进事迹进行了集中宣传。市委下发学习决定后，各媒体制订了报道计划、开办了专题专栏，精心组织系列报道和重点文章，运用消息、特写、现场报道等多种形式，深入报道市委对学习活动的安排部署、各地各部门的学习活动和干部群众的良好反响，积极推动学习活动的开展。报纸在一版显要位置、广播电视在黄金时段统一开设了“向谭竹青同志学习”专栏。经济台、交通之声、信息港也充分发挥自身灵活多变的特点，积极参与宣传报道。春节一过，中央先进性教育办公室牵头组织人民日报、中央电视台、新华网、人民网等20家左右中央新闻媒体到长春采访谭竹青同志的先进事迹。一年来，市直主要媒体共播发有关谭竹青事迹新闻310多篇（条）。文化团体也通过艺术形式对谭竹青先进事迹进行了大力宣传，话剧院和市艺术研究所联合创作了多场次大型话剧，长影拍摄了电影，市群众艺术馆和市朝鲜族群众艺术馆联合制作了“学习谭竹青精神、构建和谐社会”专题文艺演出，东北风二人转艺术团组创了“纪念谭竹青专场文艺演出”，和平大戏院编排了二人转《小巷总理》，市文化科技研究所创作了京剧唱段《永为人民绣前程》。市邮政局开发制作了“社区工作者楷模——谭竹青”个性化邮票。民政干部唐天正作词、剧作家赵贵君谱曲创作了歌曲《歌唱谭竹青》，制作成伴奏带在全市各社区传唱。广大新闻和文化工作者的倾情创作，在全市营造了良好的活动氛围。

报告团成员用亲身经历再现谭竹青精神，谭竹青精神飘向大江南北。为广泛学习宣传谭竹青同志的先进事迹，市委组织了谭竹青同志先进事迹报告团，起草了《谭竹青同志先进事迹报告会工作方案》，确定了报告团成员名单，并对报告稿进行反复修改和完善。2006年1月18日与省委先进性教育办公室、省委组织部、省委宣传部、省民政厅、长春市委联合举办了首场谭竹青同志先进事迹报告会。2月初开始，带领报告团成员深入各城区、系统、各开发区以及省内其他市州做巡回报告。2006年3月28日，中共中央组织部、中共中央宣传部、中央先进性教育活动领导小组、全国妇女联合会、国家民政部、中共吉林省委联合在北京人民大会堂举办“谭竹青同志先进事迹报告会”。由长春市二道区区委办主任史延文、二道区东站十委社区副主任王玉莲、东站街道十委社区居民于淑霞、东站十委社区敬老院院长袁淑清、长春市108中学教师李妍共5名同志组成的报告团成员为首都部分干部群众做了精彩的报告。曾庆红等中央领导接见了报告团成员，省委副书记唐宪强，市委常委、组织部长郑文芝陪同报告团成员到北京参加首场报告。首场报告会后，报告团

成员相继到西安市、武汉市、上海市做巡回报告。先后作报告40余场,数万人现场直接听取了事迹报告。

组织社会各界人士研讨谭竹青精神,让谭竹青精神发扬光大。2006年1月9日,民政部在二道区东站十委召开了“学习谭竹青 建设和谐社区”座谈会,来自全国各地的20余名社区居委会主任参加了座谈会。会上,民政部基层政权和社区建设司司长詹成付传达了中央领导同志的重要批示,对谭竹青的事迹给予高度肯定。各地代表们观看了谭竹青事迹图片展和录像片,学习交流了谭竹青的无私奉献精神,部分优秀社区干部也畅谈了体会,他们一致认为,谭竹青同志是践行“三个代表”重要思想的典范。为深入挖掘和提炼谭竹青精神,市委宣传部组织召开谭竹青精神研讨会,邀请省社科院院长邴正、吉林大学教授彭向刚等7位专家学者围绕如何从构建和谐长春、加强未成年人思想道德建设、提高党的执政能力、做好群众工作等角度来理解、认识和学习谭竹青精神进行了深入的理论探讨。

各界干部群众追忆谭竹青走过的足迹,办好展室再现谭竹青平凡伟大的一生。为了深入开展向谭竹青同志学习活动,弘扬谭竹青精神,按照市委常委会精神,市委、市政府联合举办谭竹青同志事迹展,作为学习宣传谭竹青同志先进事迹的重要基地。事迹展由市委组织部、市委宣传部、市民政局和二道区委承办,二道区东站街道党工委和东站街道十委社区党委协办,地点设在谭竹青同志生前所在的二道区东站街道十委社区办公楼二楼。经过近半个月时间的紧张筹备,2006年1月9日谭竹青同志事迹展正式开展。展览共分“不畏艰难、实干兴业,情注社区、惠及居民,调解纠纷、构建和谐,巩固阵地、倾心育人,健全机制、民主管理,筑牢堡垒、永葆先进,淡泊名利、甘于奉献,深情怀念、精神长存”八个部分,展区面积200多平方米,共展出图片232张,实物294件。自2006年1月9日开展以来,已有7万多省内外党员群众参观了展览。

此外,市委宣传部搜集、整理了反映谭竹青同志先进事迹的52个小故事,编印成《谭竹青故事汇编》,为干部群众开展学习提供了生动的教材。市委组织部制作了电视专题片《“小巷总理”谭竹青》,在省、市电视台和文化广场大屏幕进行播放,并刻录了2 000多张光盘,下发到全市基层党组织,供党员群众学习。市档案局发挥职能优势,搜集和征集谭竹青事迹和学习活动档案资料方面音像、文字资料160余件,在市档案馆设立了谭竹青人物档案。

三、深度内化谭竹青伟大精神,把学习活动转化为实践成果

把学习谭竹青活动与先进性教育活动相结合,将学习谭竹青先进事迹和精神体现到巩固扩大先进性教育成果、建立长效机制的各项工作之中。谭竹青同志被中央先进性教育领导小组列为全国重大典型,组织新闻采访团进行集中采访和宣传报道。当时正值长春市先进性教育活动进行到第三批,全市各级先进性教育活动办公室和党委有关部门,纷纷以谭竹青精神为动力,认真抓好整改提高、巩固和扩大整改成果、建立长效机制等各项工作,确保了先进性教育活动取得实效。

把学习谭竹青活动与贯彻科学发展观相结合,提高党员干部落实科学发展观的能力,促进全市经济社会又好又快地发展。市发改委、市经委等经济管理部门以学习谭竹青活动为契机,自加压力,突出抓好重大项目建设、经济运行情况监测分析和相关政策调控,保证全市经济健康发展。各开发区发挥项目集中的优势,以大项目带动大投入,以大投入培育大产业,以大产业推动大发展。各城区逐步探索发展商贸、餐饮等服务业和绿色加工业。各县(市)以工业化思维谋划农业产业化发展,注重粮食产品转化和种植、养殖业科技含量的提高,组织农民增收致富。三大板块相映生辉,固定资产投资一线走红,经济运行质量明显提高,全市财政收入和居民可支配收入稳定上升。

把学习谭竹青活动与构建社会主义和谐社会相结合,增强干部群众建设和谐社会的意识,加快推进和谐长春建设。各城区和民政系统普遍开展了“建设和谐社区,争做谭竹青式社区工作者”、“学习谭竹青,做建设和谐社区带头人”等主题实践活动,全市涌现出路亚兰、吴亚琴、刘雅琴等一大批谭竹青式的社区工作者。市政法系统围绕立警为公、执法为民的工作目标,加强基层党组织建设和政法队伍建设,全力打造平安长春。市城建、

环卫系统，以创建全国卫生城为统领，大力加强街路改造、市容管理，城市管理水平不断提高。市劳动保障部门组织开展"春风行动2006"活动，印发"农民进城就业春风卡"5万余份、宣传资料16万余份，把政策、信息、岗位，直接送到农民手里。

把学习谭竹青活动与开创一流工作业绩相结合，鼓励大家立足本岗做贡献，推动长春各项事业的发展。市教育系统以谭竹青为榜样，开展"帮民、育生"等主题实践活动，努力办好人民满意教育。体育战线学习谭竹青，见行动，在第六届亚冬会上取得优异成绩，"冰雪亚运、魅力长春"唱响世界。

一年多来，数不清的报告会、座谈会、研讨会，数不清的心灵震撼，数不清激动的泪水，数不清在谭竹青精神感召下所取得的工作成果。在开展学习宣传谭竹青同志先进事迹一周年之际，谭竹青生前所在东站十委社区组织开展了谭奶奶故事会等"十个一"系列纪念活动，二道区举办了"纪念谭竹青逝世一周年暨基层基础工作'创、做'活动事迹报告会"，市委组织部、市委宣传部和市民政局联合举办了"心海里澎湃着她的叮咛"主题报告会……从社区居民到机关干部，从青少年学生到耄耋老翁，大家以不同的方式表达着对谭竹青同志的怀念，并在她的精神感召下加倍努力。我们不难理解，是长春这一方热土培育了谭竹青这个典型；我们也有理由坚信，谭竹青同志先进事迹进一步提升了长春的城市知名度，谭竹青精神必将作为春城的重要文化品质，成为鼓舞长春人创造美好未来的巨大精神动力！

（刘文龙）

实施畅通工程 促进经济发展

——畅通工程给长春带来的巨大变化

公安部、建设部自2000年实施畅通工程以来,长春市交通管理发生了翻天覆地的变化,道路交通基础设施建设得到长足发展,城市交通管理水平得到大幅度提升,交通参与者的素质逐步提高,极大地促进了长春市的经济发展和精神文明建设。几年来,长春市畅通工程一年一个新跨越,每年都上新台阶。2000年,长春市畅通工程为三等管理水平;2001年,晋升为全国优秀(二等)管理水平第11位;2002年,又晋升到优秀(二等)管理水平的第3位;2003年,长春市畅通工程再次实现大的飞跃,模范管理水平,列全国第5位;2004年,晋升为模范管理水平第4位;2006年8月2日公安部、建设部公布了2005年全国实施"畅通工程"城市考核评价结果,长春市在继续保持一等管理水平城市的同时,再次实现了位次的前移,名列全国参评的846个城市的第3名,实现了历史性的飞跃。9月29日,市政府专门召开畅通工程表彰大会,对在畅通工程工作中做出突出贡献的单位进行表彰,交警支队被荣记集体二等功。

畅通工程在长春市的成功实践,惠及了全市680万群众,给广大市民的生活、工作、出行创造了更加安全顺畅的交通环境,促进了全市的经济发展,在构建社会主义和谐社会中发挥了重要作用。市委、市政府高度重视、大力支持畅通工程建设。几年来,虽然市委、市政府的主要领导先后变动,但长春市实施畅通工程的既定决策没改,本着经济发展、交通先行的原则,组织领导体系更加完善,基础设施建设投资力度进一步加大,交通安全社会化管理机制已初步建立,降事故、保安全、保畅通的工作成果更加明显。特别是在机动车保有量以平均每年14.02%的速度迅猛递增的情况下(2000年长春市机动车保有量23.8585万辆,2006年增至61.1374万辆,不含农机车),市区道路交通始终保持畅通、有序。

一、实施畅通工程,使城市交通管理形成了政府领导、交警组织、全民参与的社会化管理机制

关于对畅通工程的认识问题,两届市领导都有过形象的比喻。原市委副书记、市长李述把畅通工程比喻为城市管理的龙头工程,涉及千家万户,牵一发动全身;现任市委副书记、市长祝业精把畅通工程比喻为建设小康社会的基础工程,是加强城市交通管理的重要手段,也是构建和谐社会的重要组成部分。市政府加强对畅通工程的具体指导,调整充实组织领导机构,明确职责分工。为加强对畅通工程的组织领导工作,每年市政府都出台《长春市城市道路交通畅通工程实施方案》。明确提出了"巩固成果站排头,创新发展争一流"的总体目标,并从9个方面进一步明确了公安、建委、工商、交通、环保等各职能部门的工作任务,层层分解,逐一细化。还进一步调整和完善了各级政府畅通工程组织领导机构。市长祝业精亲任长春市畅通工程领导小组组长,明确要求各区、县(市)畅通工程领导小组也要由主要领导挂帅,为畅通工程健康发展提供了强有力的组织保障。为鼓舞士气,使长春市深化畅通工程的攻坚战取得预期的效果,省、市领导经常深入一线,加强具体指导。几年来,省、市五大班子的主要负责同志先后近百次视察检查畅通工程工作。省委书记王云坤,市人大主任李述等省、市领导深入基层,亲切慰问路面执勤交警,并充分肯定长春市畅通工程取得的成绩。市委书记王儒林在全市局级以上干部大会上,对长春市实施畅通工程所取得的成果给予了高度评价和充分肯定,并要求全市

各级党政机关向交警学习,学习他们勇于"站排头、争一流"的工作精神。市委副书记、市长祝业精同志多次带领相关部门负责同志,深入支队调查研究,并着重对长春市深化畅通工程,预防道路交通事故等工作提出了明确要求。

二、畅通工程推动了城市交通基础设施建设,使道路交通服务水平不断提高

自2000年实施畅通工程开始,长春市就从城市规划入手,认真研究城市交通问题,聘请专家反复论证,提高决策的准确性和科学性。长春市政府充分发挥科研院所密集、交通管理专家集中的优势,从吉林大学、城科院、市规划设计院聘请了一批全国知名的道路工程和交通管理专家,组成了市政府畅通工程专家顾问团,进行全方位的指导。同时,在市交警部门组织的大规模市民交通出行调查的基础上,市建委、公安和规划等部门,对《城市建设总体规划》、《城市交通规划》和《城市交通管理规划》进行了系统的调整和修订。针对城市交通发展中的重点难点问题,由市畅通工程领导小组办公室牵头,组织公安交警、规划局、建委等有关部门,开展了交通流量调查,进行了专题研究。综合专家们的建议,市政府果断决策,以提高市区路网承载能力为目的,以城区主干道路为突破口,实施了建国以来长春市规模最大的道路改造。经过几年的时间彻底解决城区路网布局不合理,主干道路通行能力差等问题。

2000年实施畅通工程以来,市政府逐年加大交通基础设施建设资金的投入,对全市主、次干道、巷道进行了翻修改造。在城市人口逐年递增的情况下,人均道路面积由2000年7.2平方米/人,提升至7.72平方米/人;路网密度由7.34,上升至8.25;道路面积率由12.3,上升至13.9。

在每年的城市道路改造中,规划、城建、交警等部门都坐在一起,认真进行调研论证。人民大街、长春大街、解放大路、民康路、吉林大路等道路断面、路型设计,就是在积极采纳交警部门的建议后修建的。2000年进行南北两段分期改建后,新的人民大街向南延伸至高速公路口,全程由6.5公里增加至11公里。机动车道由原来的双向4车道增加为双向8车道;通过连接部分绿化隔离带,封闭小路口15个,减少了交通冲突点,提高了道路通行能力和车速。根据非机动车、行人和乘车人的交通行为特点和道路自然状况,路权变更为由路中心线向两侧依次为机动车道、公交车专用道、人行步道、非机动车道。在道路断面设计、路权分配上开辟了全国道路建设的先河,道路交通的安全性、舒适性、方便性得以提高,以人为本的交通理念得以充分体现。长春大街是长春市中心点——人民广场向东放射的一条主干道,全长3.15公里,道路两侧是高密度商业区,交通流量大、节点多。长春市交警支队牢牢把握市政府决定对其进行翻建改造这一有利契机,决心把长春大街建成交通管理示范街,使之成为全省乃至全国第一条智能化无警街。将原来的三板块道路变为二板块道路,设置了中心绿化隔离带,更新交通信号灯5处,安装倒计时显示器10个,电视监控摄像镜头6个,交通诱导屏2面,交通标志96面,形成了全天候监控覆盖,对机动车交通违法行为的非现场处罚率达到100%。市政府还对市区部分街路的老旧照明设施进行了改造,更换了大型广场和主要街路的照明灯具,改善了夜间通行条件,在装点亮化城市的同时,大大提高了交通安全性。此外,市政府还制定了优先发展公共交通的策略,建立了公共交通财政补贴和补偿机制,万人拥有公共交通车辆由2000年的17.1标台/万人,提高至22.8标台/万人;公共交通分担率由23.11,上升至34.5。现在,长春市街路面貌焕然一新,路网结构更趋合理,道路通行能力显著提高。

三、实施畅通工程,加大资金投入,实施了交通管理设施建设的跨越式发展

实施畅通工程以来,市政府逐年加大对城市交通管理设施建设的资金投入,由原来的每年不足300万元,增加至现在每年近5 000万元。自2000年至2006年,市政府累计投入交通管理设施建设资金达到2.4 582亿元,使交通管理设施建设水平得以大幅度提升。交通信号灯控制路口由1999年的101处,增加至2006年330处;安装人行横道灯路口由12处,增加至315处;倒计时显示器由25个,增加至160个;电子警察由27个,增加至226个;电视监控由58个,增加至78个;交通诱导屏由3个,增加至17个;路口灯控率由

2000 年的 71.1%，上升至 2006 年的 100%；路口人行横道灯控率由 41.98%，上升至 95.5%；路口违章自动监测设备设置率由 59.17%，增加至 92.1%；路段违章自动监测设备设置率由 31.2%，增加至 61.7%；标线施划率由 2000 年 85.6%，上升至 100%；路口渠化率由 71%，上升至 2006 年的 100%；主干道标志设置由 8.55 块/公里，增加至 17.5 块/公里。

在交通标志、标线安装和施划工作中，充分体现了科学化和人性化的特点。对于空间较大的交叉路口，增加施划了导流岛，规范了机动车和非机动车的行车轨迹。在条件允许的路口、路段，安装和施划了允许车辆掉头的标志标线。在交通流量集中的主干道，安装了集高空监视、路口感应于一体的监控设备，给机动车行程时间以精确的提示。在一些行人密集的区域，安装了触摸式的人行过街信号灯，热熔型交通标线施划面积逐年递增，超强级反光膜的交通标志也得到了广泛应用，全市交通管理设施的整体面貌发生了明显变化，交通管理设施的数量、质量大幅度提升。

2005 年，市政府投入 850 万元资金，对交通指挥中心监控大厅进行全面升级改造。长春市交警支队更新了 122 接警系统，新建了 32 块 DLP 大屏幕系统及两侧 24 块电视墙、硬盘数字录像系统、长春智能交通管理平台。改造后的监控大厅使动态监控、卫星定位、地理信息、事故报警等系统的功能形成最佳整合。对市区主要街路、路口交通流量，机动巡逻车辆位置，交通事故先期预警等，形成全天候的管理监控覆盖，可以为交通广大参与者及时提供多种交通信息。

四、“勤务跟着流量走，岗位随着问题设”的科学勤务模式基本建立，对交通违法行为的高压严管态势已经形成

合理安排勤务，形成对市区道路的全方位管理覆盖。市交警部门在交通压力逐年加大的情况下，坚持“勤务跟着流量走，岗位随着问题设”的原则，科学合理安排交通勤务，设置了 10 种勤务模式，即形象岗勤务、区域流动岗、巡逻车勤务、摩托车勤务、公路勤务、机关勤务、女子助学岗、夜间管理勤务、特种勤务、监控摄录勤务。市交警部门机关民警每天早晚高峰全员上路执勤。对部分交通流量大、易发生堵塞的路口，承包到各处室，进行全天候管理。每天保证有1 000名以上警力在路面管理和疏导交通。市交警部门 6 年多来，连续不断的开展交通安全秩序整顿活动，把酒后驾车、机动车闯红灯、逆向行驶、强行超车、驾乘两轮摩托车不戴安全头盔等违法行为作为整顿重点，加大管理和处罚力度。通过有针对性地组织早晚勤、夜勤，切实提高路面见警率。利用现代化的管理设备，强化路面管控，对路面巡逻发现和设备监控摄录的交通违法行为，严格按照《道路交通安全法》的规定做出处罚，对交通违法行为的严管高压态势已经形成。使主干道机动车遵章率由 2000 年的 96%，上升至 2006 年的 99.8%；主干道非机动车遵章率由 92%，上升至 99.5%；主干道行人遵章率由 88%，上升至 98.9%。实施畅通工程以来，全市主干道平均车速由 31.3 公里/小时，提高至 35.8 公里/小时；主次干道平均行车延误由 42.49 秒/公里，减少至 18.9 秒/公里。实施畅通工程不仅反映在交通安全畅通上，还体现在燃油消耗的节约，尾气排放污染的减少，车辆机械损耗的减少，为全市创造巨大的经济效益。

科学调整交通流量，均衡全市路网压力。实施畅通工程以来，全市每年都要进行大规模的道路改造。道路改造期间，交通供需矛盾加剧，部分街路超负荷运转，一度出现交通秩序滑坡和局部拥堵现象，交通管理面临前所未有的压力。市交警部门成立专门工作组进行调查研究，按照市政府既要保证工程进度和质量，又要确保道路改造期间道路畅通的总体要求，主动配合城市建设部门拟定道路施工规划和进度，宏观调整路网压力，合理分配交通流量。交通民警进驻到城建部门和施工现场，与城建职工不分昼夜地摸爬滚打，奋战在道路施工一线。

以解放大路为示范，打响行人、非机动车管理攻坚战役。2006 年长春市交警支队决定以解放大路为试点，向行人、非机动车管理这一老大难问题发起冲击，力争为全国非机动车和行人的交通管理工作积累经验，树立样板。市交警支队投入大量资金用于解放大路的硬件建设，增设了提示机动车驾驶人注意行人过街标志、禁止行人穿越马路和引导行人使用人行横道标志、保护行人过街的安全岛、防撞筒，施划了人行横道线、设置了人行过街信号灯，从交通管理设施上给交通参与

者以人文关怀,有力地促进了行人、骑车人交通法规意识的提升。在管理上,市交警支队采取新办法,一把手亲自抓,支队班子成员各自分工,承包路段,每天至少2小时以上与民警一道在解放大路上纠正行人交通违法行为,在路面上进行宣传教育和管理。支队通过反复调研,排查交通违法多发点,对全线勤务进行科学规划和部署,做到了管理上的全覆盖。民警们还挨门逐户走访宣传,给临街单位发宣传单,组织临街中小学少年交警队上街执勤,参于社会实践。同时设置非机动车、行人管理处罚站,对违章者及时进行教育,悉心讲解交通违法事实、危害、处罚依据等。还组织省、市新闻记者跟踪采访。针对行人、非机动车交通违法行为的特点,交警支队大胆改革,形成了车巡管理和民警在道路中心线上进行步行巡逻管理的新模式,在解放大路上形成严管氛围。交警支队以此为示范,在全市范围内开展了行人、非机动车管理攻坚战,收到显著成效。

五、实施畅通工程,建立健全部门联动的预防交通事故工作机制,使交通事故四项指标逐年下降,进一步稳定了全市道路交通安全形势

提高城市交通管理水平,最根本的目的是压事故、保安全、保畅通。实施畅通工程以来,市交警支队认真分析了全市交通安全形势,紧紧依靠市政府的坚强领导,在全市建立了政府统一领导,各职能部门协调配合的预防交通事故工作机制,有力地稳定了交通安全形势,交通事故四项指标呈逐年下降态势。6年来交通事故死亡人数累计减少470人。2006年,交通事故死亡人数在连续几年下降的情况下,比2005年同期减少61人,这是几年来不多见的,事故预防工作得到了省公安厅交警总队和公安部交管局的充分肯定。事故次数和经济损失减少也同比下降37.01%和30.45%。

市政府宏观把握,落实领导责任,明确部门工作任务,为做好交通事故预防工作打下了坚实基础。每年,市政府都要召开由各委、办、局和各县(市)区政府相关负责人参加的全市预防道路交通事故工作会议,通报全市交通事故情况,认真分析查找事故成因。由分管副市长亲自对此项工作进行动员部署,要求各级政府和部门,要站在践行"三个代表"重要思想,保护国家和人民生命财产,维护社会稳定的政治高度,坚决贯彻国务院和省政府的工作部署,把预防道路交通事故工作作为一项长期的战略任务来抓,进一步落实预防交通事故工作责任,切实采取有效措施千方百计地遏制重特大交通事故的发生,全力维护长春市交通安全形势的稳定。要求各县(市)区政府要确定一名领导主抓道路交通事故预防工作,建立组织健全、各职能部门齐抓共管的预防道路交通事故工作机制,明确相关部门任务分工。每年市政府与各县(市)区政府相关部门负责人签订《交通安全包保责任状》,明确了各县(市)区因疏于管理和预防措施不力发生死亡5人以上重特大交通事故的,分管领导要向市政府做出书面检查,连续发生重特大交通事故的,要实行交通安全一票否决权,并追究相关领导责任。

相关职能部门密切配合,协同作战,强化具体工作措施,形成了预防道路交通事故工作的强大合力。实施畅通工程以来,在市政府的统一领导下,相关职能部门强化了预防道路交通事故工作的具体措施。公安机关交警部门和交通部门联手开展了对超限超载治理的专项行动,在全市进出城口设立了8个固定式超限超载检查站和2个流动式超限超载检查点,全天24小时进行监控管理。交警部门还与交通部门紧密配合,从提高驾驶员培训质量入手,开展了对驾驶员培训学校的清理整顿工作,加强了规范化管理,严格审核,对硬件条件差、教学质量不高的驾校,取消了培训资格。按照交警部门的建议,交通部门加强了公路上交通事故多发和易发点段的安全设施建设,增设了交通安全警示标志,对破损和坍塌路段进行了及时修补。农机和交警部门积极配合,加强了对农用机动车辆违法上路营运和违法载人的管理。

立足本职,充分发挥了预防道路交通事故的主力军作用。实施畅通工程以来,市交警支队把预防事故作为深化畅通工程的重要工作,强化了具体措施。通过对交通事故统计和成因分析,进一步掌握事故案发特点和规律,从确定的交通违法和事故大户单位入手,对重点单位进行指导,帮助建立完善的单位内部交通安全管理机制,督促交通事故预防工作。特别是在春运期间,严把春运车辆检验和驾驶员审验关,从强化客运站点管

理入手，抓住客运车辆行车安全这个关键，不断完善《交通安全信息反馈卡》措施，扩大了行车安全的监督管理覆盖面。对交通违法记满12分的驾驶员进行严格的违法教育培训和复试。通过科学配置警力，对全市交通事故多发路段加派警力进行管理，对交通事故黑点进行责任承包，把预防交通事故的责任落实到人头。为加强对公路交通秩序的管控，四县（市）公安交通管理部门加强了对102国道、302国道和101省道的联勤工作，严格落实联勤联管制度，做到了“白天见警车，夜间见警灯”，消除了管理盲点和盲区。

六、充分调动社会力量，广伸宣传触角，进一步提高了广大市民的交通法制意识

自2000年起围绕畅通工程的深入开展，长春市政府高度重视，积极采取有效的工作措施，以宣传普及《道路交通安全法》为主线，以创建平安畅通县区为载体，以“五进”活动为手段，大力强化广大交通参与者的交通法制教育，使交通安全宣传进社区、进农村、进学校、进企业、进家庭，并使交通安全宣传工作延伸到长途客运、公交车和军警车辆的管理工作中。六年来，在交通安全宣传活动中，使全市专职驾驶员受教育率达到百分之九十五，使非机动车和行人交通违法率逐年下降。

紧紧依靠各级政府的领导，积极争取相关部门的大力支持，初步形成了齐抓共管综合施策的交通普法工作格局。长春市实施畅通工程以来，始终把提高广大交通参与者的交通安全意识和文明交通素质作为根本，采取多种形式广泛开展宣传教育活动。几年来，市委宣传部、市精神文明办和公安交警部门联合，相继组织开展了以全市规模的“百万市民无违章，文明交通在长春”和无交通违法、无交通事故、文明走路、文明乘车为内容的“双无双文明”等系列竞赛活动；与书法家协会、摄影家协会联合举办了畅通工程书画摄影大赛；与教育部门联合组织开展了以“和谐乐章、生命之歌”为主题的长春市首届大学生演讲比赛；出台了《加强中小学校车管理规定》，对校车做到了颜色、标志、人员和管理的“四统一”；培养和树立了二道东站十委社区、朝阳湖东社区、红塔集团长春卷烟厂、解放大路树勋小学、长春公交集团等一批交通安全先进典型单位。与市委宣传部及长春电视台、长春人民广播电台、长春报业集团联手，打造了《长春交通之声》、《交通警示》和《大交通专版》等品牌栏目。以交通安全为鲜明特色，宣传交通法规，曝光典型交通事故案例，发布交通信息，弘扬先进典型，受到了广大市民的普遍欢迎。2006年5月，市委、市政府以办公厅名义联合发文，在全市开展“双无双文明”竞赛活动，以文件的形式将交通安全宣传工作纳入政府工作日程。祝业精市长亲自参加了启动仪式并做动员讲话，活动在全体市民中引起强烈反响，对增强广大交通参与者的交通法制意识，提高文明素质，加快全市精神文明建设步伐起到了积极推动作用。10月份，在全国开展预防重特大道路交通事故攻坚战中，交警部门把交通安全宣传做到飞机上、做到千里铁道线上、做到农民炕头上，收到了很好的效果，得到了公安部领导的充分肯定。刘金国副部长对此做出重要批示：“交管局的负责同志要深入研究，深度调研，长春市的做法可在全国推广。”

采取形式多样的宣传活动，不断加大宣传力度，为交通宣传教育营造浓厚的宣传氛围。为扎实开展交通安全宣传教育，市交警部门充分利用“交通之声”广播电台、长春电视台“交通警视”栏目、《长春日报》大交通版及省市相关媒体，对交通安全教育进社区、进农村、进企业、进学校、进家庭活动进行跟踪报导。并组织大规模的社会面宣传活动，如：《道路交通安全法》宣传周活动，组织普法宣讲团深入社区、企业、学校、村屯和军营举办专题讲座136场，受教育人数达50万人。通过以上工作，大力开展宣传国家五部委提出的“保护生命，安全出行”交通安全宣传教育工程活动，使交通安全教育有了新的起色。2006年，交警部门共在媒体上发稿1 804篇，其中国家级15篇。比如，为畜力车安装反光标牌的新闻，在中央电视台播出后，引起很好的反响。

注重发挥典型的示范带动作用，强化和完善交通安全宣传管理措施，有力推动“五进”活动的不断深入。在交通安全宣传教育活动中，注意培养和发现先进典型，及时总结推广好的经验，有计划有步骤地将“五进”活动逐步引向深入，取得阶段性成果。在学校方面，2003年在百所学校开展“文明交通从小做起”示范校创建活动，编印了《中小学生交通安全知识读本》，录制1万张学生

交通安全警示录光盘。2004年会同长春市教育局对学校普遍开展了“交通安全伴我成长”主题的宣传月活动,利用写作文、诗歌、书法、绘画、手抄报等形式在学生中开展了交通安全教育活动。采取一警包一校的方式,向城区所辖的589所中小学派驻了交通安全辅导员,定期到学校给学生讲授交通安全课,并在130所临街中小学设立护学岗。交警部门的做法受到公安部的采纳并在全国范围内广泛推广。在社区活动中,实行了警务进社区,全市114名宣传民警进入到230个社区,建立了警务工作室,开展了交通业务咨询服务和安全教育工作。在全市推广了湖东社区、东站十委等53个先进社区。通过开展文艺汇演、秧歌大赛、图片展览、诗歌演唱、发放宣传材料等丰富多彩的活动,使交通安全普法教育深入社区、深入家庭、深入民心。在进企业中,总结长春公交集团巴士公司和红塔集团长春卷烟厂的典型经验,侧重抓了“事故大户”企业的整改工作。采取有针对性措施,抽调专门警力,积极协调客运、货运和城市公交主管部门,督促落实交通安全责任制,以警企共管的形式对公交车辆实行现场处罚和非现场处罚相结合的方法从严管理,并取得一定成效。

畅通工程在长春市六年多的成功实践表明,科学组织现代化城市交通,实现畅通安全的目标,离不开符合实际的有效载体,离不开各有关部门的相互支持与协调配合,离不开广大人民群众的积极参与,尤其离不开党委、政府的坚强领导。

实现畅通工程整体升位,就要紧紧依靠党委、政府坚强有力的领导。畅通工程旨在提高大中城市整体交通管理水平,涉及社会诸多方面,关系人民群众切身利益,是一项长期而复杂的社会系统工程,靠公安交通管理和城建部门很难解决问题。长春市之所以有长足的发展和进步,主要得益于各级党委、政府强有力的领导。几年来,市委、市政府的主要领导同志,就深化畅通工程多次到公安交通管理部门调查研究,亲自协调解决在基础设施建设中遇到的资金等问题。分管领导在畅通工程攻坚和爬坡阶段,深入基层,坐镇指挥,实行面对面的指导,使奋战在管理一线的同志们为之振奋,信心倍增。可以说,没有各级党委政府的高度重视,就没有长春市畅通工程今天的可喜成果。

实现畅通工程整体升位,就要以科学发展观为指导,不断更新思想观念和管理理念。促进社会政治经济协调发展,构建和谐交通环境,是科学发展观的本质要求。畅通工程作为创造城市和谐顺畅交通的重要载体,也要求管理者与被管理者构建更加和谐的关系。几年来,各级公安交通管理部门从转变思想观念入手,不断更新管理理念,正确处理管理与服务、执法与服务等关系,推出30条便民利民措施,努力为国有大中型企业和民营经济服务。在交通管理基础设施建设上,坚持以人为本,更多体现服务群众和人性化管理特征,受到了社会各界的广泛好评。

实现畅通工程整体升位,就要扬长避短,走符合长春实际的特色之路。长春市作为一个经济欠发达的内陆城市,区位和经济发展水平与一些大中城市相比并不占优势。在实施畅通工程过程中,市交警支队注意扬长避短,把有限的资金用在刀刃上,积极借鉴国内外先进经验,在科技管理上狠下功夫,走出了长春市特色的道路。在道路改造,提高通行能力方面,长春大街的无警智能化街路,新发广场物体导流设施的应用,高空监控设施的运用,在国内都是为数极少或首开先例的,公安部领导称之具有示范引领作用,前瞻性的特点十分明显。

实现畅通工程整体升位,就要依靠部门间的通力协作发挥整体作战优势。长春市畅通工程的成功实践,很重要的原因在于党委、政府领导下的各职能部门协调配合,这种工作机制不但适合对社会治安的综合治理,同样也适合于畅通工程。这种机制,可以增强权威性和指导性,也可以使部门间的协调配合更加紧密。这在城市的科学规划,道路基础设施建设,解决各种综合性的交通问题都得到了验证。在以后的工作中,这一原则只能进一步加强,不能有一丝一毫的削弱。

实现畅通工程整体升位,就要坚持重点问题反复抓、抓反复,树立长期管理和长期作战的思想。城市交通特别是参与者的交通违法问题,与人们的思想道德修养和交通习惯密切相连,在某种程度上,是社会问题的综合反映。对一些严重的交通违法问题,不可能毕其功于一役,也不可能一蹴而就,要采取教育、行政、管理等多种手段,反复抓、抓反复。为此,要教育干警树立长期作战、长期管理的思想,进一步振奋精神,发扬公安机关连续作战、不怕疲劳的优良传统和作风,履行好党和人民赋予我们的职责。

实现畅通工程整体升位，就要坚持走相信群众和依靠群众的群众路线。一切相信群众，一切为了群众，这是新时期公安工作的一项重要原则，也是公安交通管理工作的出发点和落脚点。长春市几年来的畅通工程实践表明，各项交通管理工作，无论是全市规模的交通宣传竞赛，还是交通安全进企业、进社区、进学校、进农村、进家庭的“五进”宣传活动，一刻也没有离开人民群众的支持，一刻也没有离开人民群众的参与。应该说，交通管理如果没有群众的参与，就将成为无源之水、无本之木。只有群众以主人翁的姿态参与交通管理，自我教育，才能形成广泛的群众和社会基础，城市交通管理才能提升层次和水平。

实现畅通工程整体升位，就要虚心学习外地先进经验，认真落实吸收专家组意见。几年来，市委、市政府注重畅通工程工作的经验积累，每年政府畅通工程报告都是经职能部门起草，专家组论证基础上实现的。市政府聘请了一批全国知名的道路工程和交通管理专家进行全方位的指导，并坚持“请进来、走出去”的方式，对其他城市的先进管理理念和成功经验进行深入调研。长春市市长、市畅通工程领导小组组长祝业精曾带领相关部门负责同志，专程到大连、南京等畅通工程先进管理水平城市学习考察，2006 年初市政府又派出考察团赴马来西亚、新加坡，对两地的道路交通管理情况进行了考察，并结合长春市实际，对实施畅通工程形成了更新、更深刻的共识。

实现畅通工程整体升位，就要有一支能够攻坚克难，敢打硬仗的队伍。广大交通民警努力拼搏，忘我工作，几年来有 4 名民警牺牲在工作岗位上，20 余名民警因公负伤，涌现了安龙泉交警中队、朝阳大队女子中队等先进集体，多次获得国家和省、市各级奖励，省委书记王云坤为畅通工程欣然题词。同时，在道路改造中，交通建设者和管理者精心组织，科学安排，抢最佳工期，昼夜奋战，每年都较好地完成了预期的工作目标，在工作中锻炼出了一支不怕疲劳，连续作战，敢打硬仗的队伍，为长春市城市建设和交通管理积累了宝贵的精神财富。

回顾 2000 年至 2006 年畅通工程的实践证明长春市城市交通管理取得了丰硕成果，为搞好以后的工作奠定了坚实基础。只要在交通管理实践中坚持以“三个代表”重要思想为指导，以深化畅通工程为主线，不断加强交通管理现代化建设，就能不断地为振兴东北老工业基地，全面建设和谐社会，创造更加良好的交通环境。公安交通管理事业也会有更加辉煌的明天。

（潘 东）

长春大事记

长春大事记

1月

2日

长春市政府与中国神力集团在长春国际会展中心举行长春玉米工业园区“南北合作产业园”项目签约仪式，中国神力集团董事长郑胜涛与市委常委、副市长崔杰分别在协议书上签字。

2日~2月12日

2006中国长春冰雪旅游节暨净月潭瓦萨国际越野滑雪节开幕。本次冰雪节的主题为“冰雪旅游——长春与世界的桥梁”。冰雪节期间，举办了40余项系列活动，共接待国内外游客510万人次，实现旅游业总收入44.5亿元；共有8个项目签约，合同利用资金127.6亿元人民币。

2日

2006中国长春冰雪旅游节暨净月潭瓦萨国际越野滑雪节经贸洽谈会举行，长春净月潭旅游经济开发区管委会主任管树森与新加坡永城投资有限公司、深圳国际星月国际控股有限公司等8家国内外客商签约，签约项目总金额达127.6亿元人民币。

5日

长春市委、市政府召开长春市优秀人才表彰大会。会上，表彰了刘星元等40名在长春市经济建设和社会事业发展中做出突出贡献的年轻同志，授予他们“长春市第六批优秀青年大学毕业生”称号；为王化民等16名2005年在企业工作享受市政府生活补贴的研究生发放了补贴。同时，国务院已批准孔维等8人享受2006年国务院特殊津贴。

7日

吉林大学第一医院脊柱外科正式挂牌，这是吉林省第一个独立的脊柱外科。

8日

中国首家人兽共患病研究所在吉林大学农学部成立。

8日~10日

中国长春首届“中华名果”博览会在长春召开。博览会历时3天，共展出各类果品300余种，成交量10余万吨，交易额近6亿元，协议金额突破10亿元。

9日

长春市见义勇为工作办公室和市见义勇为评审委员会成立。

9日~12日

长春市政协十届四次会议开幕。会期4天，政协委员们协商讨论了《政府工作报告（协商稿）》、《长春市国民经济和社会发展第十一个五年规划纲要（草案）》等报告。会议同意范新早同志因工作需要辞去政协长春市第十届委员会副主席职务，崔玮德同志因工作需要辞去政协长春市第十届委员会秘书长职务。会议以无记名投票方式选举崔玮德为政协长春市第十届委员会副主席，选举石坚为政协长春市第十届委员会秘书长，增补王立文等11人为政协长春市第十届委员会常务委员。

12日

全国速滑冠军赛在哈尔滨冰上基地开幕。首日进行的男女短距离项目中，长春市选手卢卓包揽了男子短距离500米和1 000米两项冠军。

14日

长春市城市建设开发管理办公室宣布，2003年至2005年，长春市共有6块棚户区改造工程竣工，竣工面积达62万平方米，改善了部分居民的居住环境。

15日~18日

第十二届世界冬季城市市长会议在长春香格里拉大饭店举行，来自14个国家的30个城市的代表参加了会议。本届会议主题是“在冬季里发展”。与会市长们一致通过了《长春宣言》、《第十二届世界冬季城市市长会议决议》。

16日

长春市委、市政府召开全市棚户区改造动员大会。长春市棚户区改造的总体目标和任务是，从2006年起，利用3年时间，集中改造108块棚户区、改造房屋面积713万平方米，使棚户区居民的居住条件和环境得到明显改善。

18日

长春市市长祝业精与韩国太白市市长洪淳日签署协议，两市正式缔结为友好交流城市。

18日

长春市市长祝业精与格陵兰努克市市长安吉利娜签署协议，两市正式缔结为友好合作城市。

19日~23日

长春市第十二届人民代表大会第四次会议在长春会堂开幕。会议表决通过了长春市第十二届人民代表大会第四次会议关于政府工作报告的决议、关于长春市国民经济和社会发展第十一个五年规划纲要的决议、关于长春市2005年国民经济和社会发展计划执行情况和2006年国民经济和社会发展计划的决议、关于长春市2005年预算执行情况和2006年预算的决议、关于长春市人民代表大会常务委员会工作报告的决议、关于长春市中级人民法院工作报告的决议、关于长春市人民检察院工作报告的决议。会议通过了总监票人、副总监票人、监票人名单，补选范新早、闫成立、李发锁为长春市第十届人民代表大会常务委员会副主任，补选李发锁为长春市第十二届人民代表大会常务委员会秘书长，补选许国栋、周贺、闻弘为长春市第十二届人民代表大会常务委员会委员。

21日

长春市君子兰协会成立。

2月

7日~11日

第四届中国长春君子兰节在长春市雅居鱼鸟花卉经销中心开幕。这次展会突出了"振兴长春君子兰产业化"的主题。展会设有200个展位，来自北京、天津、沈阳等11个城市的参展商组团参展，人数达12万人次。通过经贸洽谈，实现贸易成交额350万元。"水晶花王"等10盆君子兰入选"十大花魁"。

9日

长春市国企改革情况通报会明确2006年国企改革的任务：年内145户国企要全部完成资产处置、职工债权偿付、退休人员托管、企业改革验收任务，国企改革要画一个圆满的句号。

13日

长春一汽启明信息技术股份有限公司自主研发的汽车废气再循环技术和可变喷嘴涡轮增压器技术，与大连客车厂等单位进行整车匹配和道路试验。这项填补国内空白、国际领先的国家专利技术，可有效降低汽车油耗，减少汽车尾气对环境的污染。

13日

在都灵冬奥会上，长春籍选手李佳军在短道速滑男子1 500米决赛中获得铜牌。

14日

在全国范围内大力宣传谭竹青同志的先进事迹，中央先进性教育活动办公室和中宣部组织的中央新闻单位采访团抵达长春，深入采访谭竹青同志先进事迹。

15日

长春市社会保险局公布了2006年长春市城镇个体工商户业主、自由职业者和灵活就业人员等养老保险个人参保者的缴费基数。缴费基数分为三档：一档为786元，二档为1 048元，三档为1 310元。

16日

《长春市城市房地产交易管理条例》发布，自2006年4月1日起施行。

16日

《长春市饲料和饲料添加剂管理条例》公布，自2006年3月1日起施行。

16日

长春市文联、长春作家协会在长春宾馆举办了首届长春文学奖颁奖大会。首届长春文学奖共评出成就奖获奖作家4名，另有1部作品获金奖，4部作品获银奖，7部作品获铜奖。

24日

长春市第十二届人大常委会举行第二十五次会议。会议听取和审议了市政府《关于市十二届人大四次会议议案办理方案的报告》；表决通过了《长春市人大常委会2006年工作要点》；表决通过了《长春市人民代表大会常务委员会2006年评议政府部门工作的方案》；表决通过了《关于实施〈长春市人民代表大会常务委员会讨论决定重大事项的规定〉的若干意见》；决定了人事任免事项，决定任命高学章为长春市副市长，通过了市十二届人大常委会关于接受安莉辞去长春市副市长职务请求的决定。

24日

长春市召开首届名记者名编辑评选表彰暨新闻战线学习谭竹青精神大会。丁宁、冯占文、刘立志、李光明、李亮、张丹、杨德星、钟芳、高嘉翼、贾瑛等10位新闻工作者获得这一荣誉称号。

26日

飞向太空——中国载人航天(长春)展在长春国际会展中心拉开帷幕。中国首位航天员杨利伟，市领导李树国、殷丽依等为航天展开展剪彩。

28日

吉大二院成功完成了长春市首例心脏移植手术。

3月

1日

吉林省国企改革考核验收小组，对长春市2005年列入全省改革目标的138户工业国有企业改制成果进行考核验收。

1日

长春市纪念"三八"国际劳动妇女节96周年暨影视听音乐会在东方大剧院召开。会上，南关区自强街道北安社区党总支书记、社区主任卞德兰等10名同志荣获长春市第五届"巾帼十杰"荣誉称号。长春公交集团东盛汽车公司三队驾驶员王雪尧等10名同志被授予长春市"三八"红旗手标兵的荣誉称号。

10日

长春市政府召开全市棚户区改造拆迁工作动员大会，出台了《长春市棚户区改造项目住宅房屋拆迁补偿安置暂行规定》。全年将拆除棚户区240万平方米。

13日

吉林省第十五届运动会速度滑冰比赛结束。长春市代表团共获得金牌36枚。

15日

长春市物业纠纷仲裁工作站成立。

16日

国家开发银行吉林省分行与长春水务集团正式签订金融合作协议，国家开发银行吉林省分行将提供25亿元贷款，用于长春市供排水等基础设施建设。

16日

长春市巾帼建功竞赛活动表彰大会在市委会堂召开。会上授予长春公交集团13路车队等500个岗位"巾帼文明示范岗"，黄锐等54名同志"巾帼岗位明星"，吉林德大有限公司等10个单位"巾帼建功先进单位"，金小欧等10名同志"巾帼建功先进工作者"荣誉称号。

17日

长春市副市长李福春和一汽集团公司副总经理安德武一同揭开标有"长春汽车产业开发区教育局"字样的标牌。随着长春汽车产业开发区教育局正式成立，原属一汽集团的18所中小学正式划归汽车产业开发区管理。

18日

由一汽运输有限公司和一汽储运有限公司整合组建的长春陆捷物流有限公司成立。标志着一汽百万辆级大物流启航。

20日

由中国第一汽车集团和印度巴勒特锻造有限公司合资组建的一汽巴勒特锻造(长春)有限公司在长春挂牌成立。长春市市长祝业精、副市长李福春及印度驻中国大使馆参赞罗国栋参加挂牌仪式。该项目是印度企业目前在中国的最大投资项目。

20日

国家科技部启动的"科技型中小企业成长路线图"计划中，长春高新技术开发区成为国内首批实施该计划的12个试点开发区之一。

17日~21日

中共中央政治局常委、中央纪委书记吴官正先后到延边自治州、吉林市、长春市等地考察工作。检查中央纪委第六次全会精神贯彻落实情况。

22日

长春市乡镇机构改革全面完成。这次改革中，共撤并乡镇47个，精简机构435个。

24日

长春市市长祝业精主持召开市政府第四十九次常务会议，审议并原则通过了《长春市突发公共事件总体应急预案》、《长春市城镇居民住院医疗保险实施办法(试行)》。

28日

谭竹青先进事迹报告会在北京人民大会堂举行。报告会前，中共中央政治局常委、国家副主席曾庆红会见了谭竹青先进事迹报告团成员。民政部追授谭竹青"社区工作者楷模"荣誉称号。

29日

长春国家生物产业基地暨长春国家医药出口基地揭牌仪式在市委礼堂举行，标志着长春生物医药产业发展已纳入国家总体发展规划。

31日

长春市正式实施更新后的市区基准地价。更新后的出让金均价水平与上一轮地价相比，商业用地地价上涨25%，居住用地地价上涨19%，工业用地地价下降3%。

31日

长春市中级人民法院对原长春天利(集团)股份有限公司董事长罗连国、市商业银行科技城储蓄所原主任吴海峰金融凭证诈骗一案作出一审判决。罗连国、吴海峰一审被判处死刑。

4月

5日

吉林粮食集团开发建设的

100万吨玉米深加工项目暨30万吨化工醇项目在榆树市五棵树经济开发区开工建设。项目一期投资4.99亿元,计划11月份建成完工,年底前投产。

10日

长春市委、市政府召开长春市暨宽城区“改造大铁北、建设北部新城”动员大会。会议确定了改造建设的目标任务:力争一年打基础,三年见成效,五年基本完成改造任务。

15日

香江集团与长春胶合板厂签订合作意向书,香江集团将参与胶合板厂改制,并利用胶合板厂现有土地开发香江集团东北亚采购中心一期C地区建设项目。

15日~20日、25日~30日

分两期举办的第九十九届春季广交会上,长春市共实现出口成交总额17 281.07万美元,比2005年同期增长10.7%。

19日

长春市委、市政府在市委会堂召开全市优秀中国特色社会主义事业建设者表彰大会,104名建设者受到表彰。

19日

长春市市长祝业精主持召开了市政府第五十次常务会议。会议讨论了《长春玉米工业园控制性详细规划》。会议还审议并原则通过了《长春市新征地农民基本养老保险试行办法》。

22日

朝阳区40个重点建设大项目开工仪式在长春朝阳经济开发区阿文美驰一汽四环底盘厂项目工地上举行。项目总投资额达52亿元。市委常委、副市长崔杰及有关部门负责人,向重点建设项目单位的代表颁发了“重点建设(引资)项目”的牌匾。

23日

长春市中心医院分院——吉林硅谷医院正式开业,该院作为“长春市心血管、肿瘤疾病慈善医疗基地”和“长春市社区卫生服务中心”也同时揭牌。

25日

长春市北郊污水处理厂升级改造工程正式开工。工程总投资5.9亿元,2007年8月竣工后将实现污水二级处理,其中10万吨可处理成中水。

26日

长春市第十二届人大常委会举行第二十六次会议。会议审议表决了《关于调整长春市第十二届人民代表大会常务委员会代表资格审查委员会主任委员、委员的议案》;审议通过了长春市朝阳区人大常委会《关于罢免樊军长春市第十二届人大代表职务的报告》;听取表决了市人大常委会代表资格审查委员会关于补选市十二届人大代表的代表资格的审查报告。

27日

国际展览业协会(UFI)正式批准长春市贸促会的UFI贸易展览类正式会员身份,同时批准了由长春市贸促会承办的“中国长春国际汽车博览会”通过UFI认证。长春车展是继上海车展后在国内第二个取得UFI认证的汽车类展会。

29日

吉林省暨长春市庆祝“五一”国际劳动节大会在省宾馆礼堂召开。长春市共有6名个人获得全国“五一”劳动奖章,一汽集团公司专用车有限公司装配车间分装班获得全国“五一”劳动奖状。长春市张威等17人获得吉林省“五一”劳动奖章,常彦江等110人和长春市双顶山矿业股份有限公司等21个集体受到市总工会的表彰,获得长春市“五一”劳动奖章和奖状。

5月

8日

长春市城区居民住院医疗保险试点暨朝阳区贫困人口医疗救助启动仪式在朝阳区政府举行。长春市成为全国首个启动“医保覆盖到全体城区居民”的省会城市。

9日~14日

由长春市委副书记、市长祝业精带队的长春市党政经贸代表团对珠江三角洲地区开展经贸交流活动。长春市有关县(市)区、开发区和企业与广东、福建、香港等地的企业签订了35个合同,投资总额达367亿元,其中埠外投资达365亿元。

9日

在日前国资委指定的58个有资格从事企业国有产权交易活动的产权交易机构中,吉林长春产权交易中心成为吉林省唯一一个跻身“国家队”的产权交易机构。

10日

长春市伊通河南段综合整治建设暨伊通河南段东侧地块房地产开发建设项目签字仪式在深圳市威尼斯酒店举行,项目总投资为40亿元,伊通河南段北起南三环路、南至绕城高速公路,河道自然长度为4.79公里。长春市市长祝业精、南益集团董事、总经理林树哲参加了签字仪式。

11 日

长春市政府与深圳市政府在深圳举行了关于两市开展科技合作的协议签字仪式。两市将就企业、高等院校、科研院所和高新技术开发区开展多种形式的科技合作。

16 日

长春职业技术学院汽车学院与德国奥迪公司签署合作办学协议,长春职业技术学院汽车学院奥迪培训中心正式成立。

16 日

长春市新型农村合作医疗市级定点医疗机构授牌仪式在市卫生局举行。13 家市直医疗机构被确定为长春市首批市级新型农村合作医疗定点医疗机构。

16 日

长春市信息产业局与印度 QAI 公司在香格里拉大饭店签订《长春市信息产业局与印度 QAI 公司软件领域合作协议》,双方将合力开展软件企业认证,推动长春市软件企业快速发展。

18 日

锦湖轮胎(长春)有限公司 315 万条高性能子午线轮胎项目在长春高新技术产业开发区动工兴建。该项目由韩国锦湖轮胎株式会社出资,总投资额达 1.55 866 亿美元,注册资金 5 205.9万美元,是迄今为止吉林省引进的最大的韩资项目,填补了吉林省高质量轿车轮胎生产的空白。

18 日

西门子威迪欧长春试验中心正式落成并投入使用。这是该公司在全球的第七个试验中心,中心的落成标志着长春市拥有了世界上最先进的汽车测试中心。

18 日

市教育局与长春东方联合实业集团联合兴办的长春东方教育集团成立,通过对长春二实验中学进行股份制改造,创办全国首家股份制改革高级中学。

19 日

长春市委、市政府在长春会堂举行全市第四批有突出贡献专家、优秀人才和人才工作先进单位命名表彰大会,对评选出的 150 名全市第四批有突出贡献专家、100 名优秀人才和 50 个人才工作先进单位进行集中命名和表彰。

19 日

全国最大鲜玉米食品项目——总投资 5.5 亿元的吉林天景食品有限公司 30 万吨鲜玉米食品项目在九台市九郊街道开工建设。

22 日

2006(长春)中日经济合作会议在南湖宾馆开幕。这次会议由东北三省及内蒙古自治区政府和日中东北开发协会共同主办。主要为搭建有效平台和载体,促进经贸交流与合作。日中东北开发协会会长千速晃、日本驻沈阳总领事馆总领事阿部孝哉、商务部亚洲司副司长宋耀明、国务院振兴东北办司长武士国及省、市领导参加了开幕式。

19 日 ~23 日

中共中央政治局常委、全国政协主席贾庆林在省委书记王云坤、省长王珉、省政协主席王国发等陪同下,就建设社会主义新农村、提高自主创新能力等问题在吉林省进行调研,并在调研时强调,要凝聚力量,促进发展,加快振兴吉林的步伐。

24 日

2006 年春季全国高教仪器设备展示会暨第七届中国长春国际教育展览会在长春国际会展中心开展。1 000 多家教学设备生产、销售厂家和 500 多所学校前来洽谈、订购和参观。

25 日

长春市妇联创办的“长春市星星泉未成年人安全自护教育基地”二期启动暨剪彩仪式在市妇女儿童活动中心广场举行。该基地同时还被市教育局命名为“长春市中小学生安全教育基地”,并成为全国首家中小学生安全教育基地。

28 日

吉林省“十一五”五大重点工程之一——长春科技文化综合中心项目在净月潭旅游经济开发区启动。该项目计划投资 40 亿元,建设周期为 3 年。建成后将成为集科技、文化、艺术展示交流中心、动漫制作等重要的文化产业集中发展区。

29 日

总投资 3 亿美元的长春恒力汽车工业园开工仪式在长春经济技术开发区东方广场工业区举行。由香港天宝集团投资建设的恒力汽车工业园,是以生产专用汽车、卡车底盘为主导产业的综合性工业园区。

29 日

以副市长李龙熙为团长的长春市经贸考察团抵达俄罗斯,开始对新西伯利亚进行为期 4 天的经贸考察及洽谈活动。

30 日

长春市第二届“十大优秀检察官”评选活动落下帷幕,丁树达、刘亚莉、陈钢、许永光、徐邦兆、张丽华、周德库、吴晓杰、张彦娥、刘英等10位检察官获此殊荣。

31日

长春市市长祝业精主持召开市政府第五十一次常务会议,会议讨论并原则通过了《长春市贯彻落实全面推进依法行政实施纲要的意见》、《关于全市民族工作情况的报告》、《长春市节约能源管理条例(草案)》、《长春市城市房屋安全管理条例(草案)》、《长春市整体城市设计规划》、《长春市招商引资中介奖励办法》和其他有关事宜。

6月

1日

长春至俄罗斯伊尔库茨克国际航线开通。

2日

由长春市佳辰环保设备有限公司承担的"利用糠醛废水生产环保型融雪剂醋酸钙镁的研究"项目通过了省科技厅组织的专家鉴定。该项目属国内首创,达到了国际领先水平。

3日

长春市市长祝业精为团长的长春市友好经贸代表团出发,开始对白俄罗斯明斯克市、法国蒙特勒依市、德国沃尔夫斯堡市进行为期10天的友好访问和经贸交流。

5日

长春——明斯克经贸交流会在明斯克举行。中国驻白俄罗斯大使吴虹滨、白俄罗斯共和国外交部副部长维克多勒、明斯克市市长巴甫洛夫和长春市市长祝业精出席了交流会。双方签署了《长春市与明斯克友好合作计划书》。

7日

中国中小企业长春网正式开通,为长春市中小企业提供了一条重要的信息服务渠道。

9日

长春至伊尔库茨克及海参崴国际航线首航成功。

10日

长春市合心君子兰基地奠基开工。总投资1亿元,占地30公顷。

12日

长春市市长祝业精和德国沃尔夫斯堡市市长沃尔夫·斯内雷克在沃尔夫斯堡市市政厅正式签署友好城市协议。

14日

省委常委、市委书记王儒林在长春宾馆会见了中国保利集团董事长单亦和一行。保利集团客人此次来长,是为与长春净月潭旅游经济开发区就合作建设保利剧院等项目进行深入洽谈。

14日

净月潭旅游经济开发区召开新闻说明会,由长春中信鸿泰置业有限公司投资建设的中国·长春君子兰国际化产业中心项目启动。该中心计划投资6亿元,用5年时间建成。

16日

经教育部批准,长春中医学院更名为长春中医药大学,并正式揭牌。该大学是吉林省目前唯一独立设置的医药科大学。

16日~20日

2006长春房地产暨相关产业产品展示交易会开幕。本次展会主题为打造诚信地产,共建和谐长春。5天时间,房屋及相关产品交易总额达9.21亿元,房屋累计成交3 966套。

16日

中国全聚德(集团)股份有限公司和长春吉昌集团有限公司共同投资组建"长春全聚德餐饮管理有限责任公司"项目签约仪式在香格里拉大饭店举行。签约双方将投资2 200万元把百年中华老字号"全聚德"引进长春。

18日

中国北方最大的汽贸市场——中国北方汽车贸易城项目签约仪式在长春宾馆举行。根据协议,江苏高力集团将投资30亿元,对长春汽车贸易城进行升级改造,打造全国最大的汽车汽配展销中心、贸易中心、物流中心、检测中心和汽车文化传播中心。

20日

长春市人大常委会原副主任、离休干部池精武同志逝世。

23日

四环路北段开工典礼仪式在长春市宽城区奋进乡新华村北部102国道西侧举行。四环路北段西起302国道,东至102国道,跨越京哈和长白铁路以及规划中的长春北湖生态区,道路全长12.57公里,工程总投资11.4亿元。

26日

长春市市长祝业精在中日友好会馆会见了日本千岁市议会长藤本敬一一行,并授予藤本敬一"长春市荣誉市民"称号。

28日

皓月品牌被国家认定为中国驰名商标。

30日~7月3日

第三届中国(长春)国际汽车零配件展洽会在长春国际会展中心开展。本届汽配会由长春市人民政府主办,以零配件——汽车发展的原动力为主题。历时4天的展会总成交额达6 425万元,参观人数11 365人次。

7月

2日

第七届“长春十大杰出青年”颁奖典礼在长春电视台演播大厅举行。许永光、苏立满、王磊、刘滨、钟士军、于畅、吴立格、孙洪波、马东阁、杨国志等10人获得长春十大杰出青年称号。

5日

第六届亚冬会组委会在长春宾馆召开执委会会议,国家体育总局领导刘鹏、于再清等及省、长春、吉林两市领导出席会议。与会人员就亚冬会开、闭幕式以及火炬传递等方面内容进行了审议和研究,并确定了亚冬会相关重要活动安排及日程。

6日

中国银行总行将长春市确定为国内40个重点发展城市之一,并为长春市土地收储中心核定了30亿元的授信总量,用于支持长春市棚户区改造和南部新城建设项目。

7日

改制后的长春市政建设(集团)有限公司举行揭牌仪式。改制前的市政建设公司为国有独资企业,通过改制组建的新公司,变革单一投资主体为多元化投资主体,建成多元化经营的新型企业。

7日

长春空港开发区成立。该区规划面积79平方公里,设4个功能区。其区域范围为西起东环城路、长吉铁路、宽城区奋进乡隆西村,北至宽城区兴华村、三家村南边界,东至九台市卡伦镇六家子村边界,南至吉林大路、四通路、长吉高速公路边界。

8日

长春西部一座以自然山水植物景观为主的主题休闲式公园——天嘉公园开门迎客。

8日

长春市30个2006年城建首批重点工程项目举行竣工典礼。这30个项目包括卫星路、工农大路、长新桥等24条道路(桥梁)的新建和大中修工程;天嘉公园、吉顺明沟等6项环境建设工程;420条巷道建设改造工程;20万平方米的裸露地面整治工程;长庆街、西康路等25万平方米的道路维修工程及亮化工程。

7日

全国人大常委会副委员长、全国妇联主席顾秀莲到长春高新技术产业开发区考察,她在考察时强调,长春市要提升自主创新能力,促进科技成果转化。

13日

由国家旅游局和吉林省政府共同主办的2006中国长白山国际旅游节暨中俄经贸文化旅游月活动在长春拉开帷幕。活动主要为打造长白山旅游品牌,推动吉林省旅游业发展。

14日

一汽—大众汽车有限公司迎来建厂十五周年,同时,第一百万辆捷达轿车正式下线。

14日

长春市委十届九次全体会议召开,会议听取了市委书记王儒林代表市委常委会所作的工作报告,审议通过了《关于召开中国共产党长春市第十一次代表大会的决议》,研究部署下半年重点工作。

16日

广泽公司年产30万吨乳品加工项目在长春高新技术产业开发区农牧食品产业园破土动工。

17日

长春市市长祝业精在长春宾馆会见了以国际手搏联合会主席袁祖谋为团长的法国蒙特勒依市体育代表团一行,他们将参加在长春市举办的首届现代手搏国际研讨会。

18日

国家广播电影电视总局无线局局长李智宣布:广电总局523台新台落成并正式开播。523台新址位于长春市宽城区奋进乡耿家店,占地面积32.7公顷,总投资1.1亿元。设施主要包括发射塔、发射机房、武警营房、职工公寓及其他配套设施。

18日

长春市矿山应急救援中心挂牌成立。主要担负全市矿山企业的应急救援和事故抢险任务。

19日

2006首届中国影视旅游产业高峰论坛在浙江横店举行。长影世纪城入选中国“十大影视城”。

23日

第八届中国长春国际雕塑作品邀请展暨程允贤、程兵雕塑作品长春展在长春世界雕塑公园艺术馆中央大厅拉开帷幕。这次展会主题为“友谊·和平·春天”。在随后的40多天内,来自安道尔、安哥拉等45个国家的雕塑艺术家,将在雕塑公园现场制作,为长春奉献艺术精品。

23日

第二届中国国际会展文化节暨2006中国会展年会在长春举行。本届会展文化节的主题是“创新与会展文化”。来自海内外36个城市会展界的500余位代表参加了文化节。

23日

长春市当选2005中国最佳会展城市。

27日

《长春市城市市容和环境卫生责任制暂行办法》公布施行。

28日

中华医学会消化病学分会首届全国肝胆疾病大会在长春宾馆举行。这是吉林省第一次承办中华医学会大型临床学术会议。国内外知名专家32人作了专题报告。

31日

长春市委、市政府召开全市科学技术大会。会上,正式下发了《关于增强自主创新能力,建设创新型城市的决定》,系统提出了建设创新型城市的目标。市政府决定,授予徐周文、王德辉、褚腊林3人2006年度长春市科学技术特殊贡献奖,奖金各50万元。

8月

2日

在全国实施畅通工程的846个参评城市中,长春排名第三。

3日

长春市文学艺术界联合会第六次代表大会召开。大会审议通过了上届委员会工作报告;修改通过了新的文联章程,选举产生了长春市文联新一届委员会和主席团,殷丽侬当选新一届市文联主席。

3日

“亚洲投资联盟—加强欧洲和中国光电产业的联系”项目第一次研讨会在长春市举行,该项目旨在搭建中国与德国、法国乃至欧盟各国在光电子领域的沟通平台。这是长春市首次代表中国在光电子信息领域与欧盟进行合作。

7日

长春国际会展中心G馆建成,将于第二届中国吉林·东北亚博览会期间投入使用。至此,长春国际会展中心总建筑面积已达到8万平方米。

8日

长春公交集团进行改制重组。从国有独资企业改制成为国有控股多方投资的新型经济体。

10日

美国美诺医疗集团有限公司(香港)董事局主席兼首席执行官、美诺医疗集团控股有限公司(香港)董事长栗亚受聘为“长春市政府经济顾问”。

12日

一汽厂区内最大的棚户区——一汽13、14B街区改造项目正式奠基开工。拉开了汽车产业开发区现代化城区建设序幕。

12日

中国生物工程学会2006年学术年会暨全国生物反应器学术研讨会在长春闭幕。大会总结交流了近年来生物反应器研究领域在基础和应用方面的研究进展与成果。杨胜利、孔祥復、曾溢滔等20位院士及国内外近200位专家学者参加了会议。

11日

生物反应器与药物开发教育部工程研究中心在吉林农业大学揭牌。

10日~13日

中共中央政治局常委、国家副主席曾庆红在吉林省委书记王云坤、省长王珉等陪同下,到长春、辽源、松原市的企业、农村、社区及采煤沉陷区和吉林油田考察调研。并在调研时强调,要在振兴东北老工业基地过程中,实现科学发展、和谐发展、全面发展。

14日

中国长春现代农业博览园、中信城奠基暨长春净月农业科技园区揭牌仪式在长春净月潭旅游经济开发区举行。

15日~21日

第六届中国长春国际农业·食品博览(交易)会暨全国乡镇企业振兴东北老工业基地农产品加工贸易博览会在长春国际会展中心开幕。本届农博会参加观众150万人次,签约项目106个,签约金额162亿元。

17日

长春市等八个城市被商务部和国家发改委授予国家汽车及零部件出口基地称号。

18日

目前国内唯一一款自主品牌中高级车“奔腾”批量投产暨上市仪式在长春一汽轿车生产基地举行。

23日~25日

第八届中国长春电影节开幕。本届电影节历时3天,参赛参展影片187部。影片《太行山上》获最佳华语故事片奖。最佳男、女主角分别由郭富城和赵薇获得。

27 日

长春市桃源路棚户区改造项目拆迁进入实施阶段。8 500多户居民开始告别棚户区。

31 日

长春市第十二届人大常委会第二十八次会议结束。第三次全体会议表决通过了《长春市节约能源条例》、《长春市城市房屋安全管理条例》、《长春市人大常委会关于长春市 2006 年国民经济和社会发展计划上半年执行情况的审议意见》、《长春市人大常委会关于批准长春市 2005 年决算的决议》。

9月

1 日

长春市城区居民可通过社区办理城区居民住院医疗保险。城区居民住院医疗保险打破了参保年龄限制,只要符合相关条件,就可以以单位、家庭为单位进行参保。

1 日

第十一届东北亚地区地方政府首脑会议在长春市召开,吉林省省长王珉、日本鸟取县知事片山善博、韩国江原道知事、蒙古中央省议长吉·巴图扎日格勒、俄罗斯滨海边疆区行政长官达里金等参加了会议,并分别作了主题发言。会议各方就如何进一步加强各领域合作等共同关心的问题交换了意见,并提出要进一步推动区域国际合作,谋求东北亚区域经济一体化。

1 日

“2006 吉台(长春)经贸洽谈会”在中日友好会馆开幕。台湾新党主席郁慕明、国台办常务副主任郑立中及 200 多位来自台湾工商界的朋友和大陆各地台商协会人员参加了会议。会议以“交流合作、创新共赢”为主题,通过产业推介、项目洽谈等方式,进一步加强吉林和台湾的经贸交流与合作。

2 日~6 日

第二届东北亚博览会在长春国际会展中心举行。吉林省省长王珉主持会议。中共中央政治局委员、国务院副总理吴仪宣布大会开幕。商务部部长薄熙来、国务院振兴东北地区等老工业基地领导小组办公室主任张国宝、省委书记王云坤分别致词。来自 51 个国家和地区的 4 万多客商云集长春,共同寻求在东北亚地区的投资与合作。本届博览会实现对外贸易额 3.84 亿美元,吉林省签订投资项目 257 个,总投资额 674 亿元。

2 日

第二届东北亚经济合作论坛在长春国际会展中心开幕。论坛以打造经济合作平台、构建繁荣和谐的东北亚为主题。开幕式由商务部部长薄熙来主持,中共中央政治局委员、国务院副总理吴仪作主旨演讲。

3 日

第八届中国长春国际雕塑作品邀请展开展,来自世界 45 个国家的 50 位雕塑家创作的 49 件雕塑作品与春城市民见面。

3 日

长春高新技术产业开发区举行有机发光显示屏、数字影音处理芯片项目发布会。代表了当今世界最先进水平的最新一代平板显示产品 PLED 在高新区投入生产。

4 日

第二届中国吉林·东北亚投资贸易博览会投资项目签约仪式在会展中心大饭店举行。会上 30 个大项目签约,总投资达 308 亿元,其中长春市有 4 个大项目,投资总额为 70 亿元。

4 日

省委常委、市委书记王儒林和市长祝业精在长春宾馆会见了以香港贸易发展局总裁林天福为团长的香港汽车零部件商贸合作团一行。并授予林天福先生“长春市荣誉市民”称号。

4 日

长春体育中心环境改造工程竣工。是继文化广场后,长春市第二个集多功能于一体的休闲娱乐中心。

6 日

长春市全面取消农村畜禽防疫费,每年可减轻农民负担 1 438.85万元。

6 日

亚冬会圣火采集仪式在长白山北坡文峰举行。

7 日

省暨长春市庆祝教师节大会在省宾馆礼堂举行。会议表彰了吉林省师德标兵和师德先进个人。会上授予李元昌等 20 名教师“吉林省教育系统师德标兵”称号,授予李德胜等 400 名教师“吉林省教育系统师德先进个人”称号,授予刘丽洁等 200 名教师“长春市师德先进个人”称号。

9 日

长春市净月潭森林高尔夫球会开业,同时,该球会的长春市首座国际标准 18 洞高尔夫球场投入运营。

10 日

吉林省暨东北师范大学自然博物馆竣工。

11 日

吉林省人才开发基金会在长春市成立,并募集到首批人才开发基金 1 374 万元。

13 日

长春汽车产业开发区长春一汽四环发动机工业园项目奠基开工。成为国内最大的四缸两用燃料发动机生产基地。

16 日

吉林大学举办建校六十周年庆典。党和国家领导人吴邦国、王刚、唐家璇等发来贺信,希望该校为建成高水平大学而努力奋斗。

16 日 ~24 日

第十一届长春书市在长春五环体育馆东侧广场开幕。9 天的时间,共接待读者 80 万人次,累计销售各种出版物达 130 万册(盘),销售总码洋达1 200 万余元。

18 日

长春市委、市政府在长春伪满皇宫博物院召开纪念“九一八”事变 75 周年大会并举行东北沦陷史陈列馆落成开展仪式。以警示人们牢记历史,勿忘国耻。

18 日

长春市公安局站前治安分局警务中心成立。

20 日

长春中俄科技园在长春高新技术产业开发区正式开园。

23 日

中国北方汽贸城开工建设。该项目总投资 30 亿元,建筑面积 130 万平方米。打造全国最大汽配专业流通服务平台。

25 日

吉林省“十一五”规划支柱产业重点工程——长春华正食品工业园一期工程投产。成为总占地面积 25 万平方米,总投资 6 亿元的大型食品工业园。

26 日

长春市消防指挥中心落成并全面投入使用。

26 日

长春市家庭暴力验伤中心揭牌,该中心将为遭受家庭暴力的妇女提供及时的法律支持。

28 日

长春国家汽车及零部件出口基地揭牌仪式在长春香格里拉大饭店举行。省长王珉、市委书记王儒林共同为长春国家汽车及零部件出口基地揭牌。

28 日

长春长铃集团与河北中兴汽车制造有限公司二期项目合资合同签字仪式在长春中日友好会馆举行。这一项目将形成年产 20 万辆整车生产能力。

28 日

纪念孔子诞辰 2 557 周年“海峡两岸同祭孔”仿古祭孔大典在长春文庙举行。有关专家、学者及各界群众共 2 557 人参加了典礼。

10 月

10 日

市政府召开全市城区供热工作会议。会议出台了《长春市人民政府关于职工采暖费补贴有关事项的通知》。这意味着,从本采暖期开始,将彻底废除福利用热制度,每位职工,不论住房情况如何,均应享受一份采暖补贴并以货币补贴的形式发放。

11 日

《长春市节约能源条例》公布,自 2006 年 11 月 1 日起施行。

4 日

中组部副部长、人事部部长张柏林视察了长春人才市场。

18 日

长春市人民政府新办公大楼正式启用,新办公楼位于人民大街 10 111 号,总占地面积 15 万平方米,共 7 层。市政府南迁标志着长春市南部新城建设正式拉开序幕,当天,3 000 多名公务员在政府南门前的广场举行升旗宣誓仪式。

19 日

第六届亚洲冬季运动会火炬传递点火仪式在北京中华世纪坛举行。国务委员陈至立用 2006 年 9 月 6 日在长白山天池采集的第六届亚冬会的火种点燃火炬。第六届亚洲冬季运动会火炬传递活动由此拉开序幕。亚冬会组委会常务副主席、长春市市长祝业精从亚冬会组委会主席、国家体育总局局长刘鹏手中接过亚冬会火炬传给中国冰雪运动员叶乔波。

19 日

第五届中、日、韩商务论坛在长春市举行,围绕振兴东北老工业基地及中、日、韩产业合作举办了钢铁、汽车等分论坛。

21 日

长春理工大学举行国防科学技术学院成立大会。

22 日

2006 ~ 2007 国际滑联短道速滑世界杯赛长春站结束,中国选手王濛在女子 500 米、1 000 米决赛中获得两枚金牌。

28 日

第六届亚冬会“我们和世界一起奔跑”电子火炬传递活动启动仪式在市政府办公楼举行,市领导祝业精、安莉出席启动仪式。

29 日

第六届亚冬会团长会议在香格里拉大饭店举行，亚冬会组委会与各参赛国家和地区奥委会及亚奥理事会就举办本届赛会的相关问题进行了沟通和确认。

11 月

1 日

省长王珉带领省政府有关部门负责同志在长春对棚户区改造项目和长春经济技术开发区空港开发区进行调研。并在调研时强调，要以棚户区改造为契机改变城市面貌，以大企业为龙头带动开发区发展。

2 日

振兴长春老工业基地“闽南长春行”投资合作洽谈会在中日友好会馆举行。以全国政协常委、香港中华厂商联合会会长、香港香江国际集团董事长杨孙西和新加坡易联控股有限公司董事局主席吴锦江为代表的来自新加坡、香港、澳门、台湾的20多位国际国内知名闽商，以及全国各地的近200位福建籍企业家参加了洽谈会。在随后举行的项目签约仪式上，共有6个项目现场签约，项目总投资额达116亿余元。

3 日

吉林德大有限公司获得了国家质检总局授予的全国首批出口食品农产品（熟制鸡肉）免验资格。从而成为全国首批、吉林省唯一获得出口免验资格的企业。

4 日

长春市人民政府第19号令发布《长春市人民防空工程维护使用管理规定》，2006年12月12日起施行。

6 日

长春市杂技团表演的《球上技巧》，赢得第七届武汉国际杂技艺术节的黄鹤奖铜奖。

7 日

在2006年度科技部公布的国家星火计划中，长春市首次直接申报的15个项目全部列入其中。

8 日

长春“的哥”李彦利获第三届昆仑润滑油奖全国十大见义勇为好司机荣誉称号。

11 日

全球展览业协会（UFI）第七十三届年会首次在中国北京举办。长春市第一次参加了会议。此前，长春国际汽车博览会、长春贸促会通过了UFI认证。

13 日

长春市首家青少年青春期保健中心在市生殖健康中心医院成立。

16 日

中国吉林森林工业集团有限责任公司正式揭牌成立，标志着中国第一家国有控股大型森工企业的诞生。

17 日

第六届亚冬会最后一项建设工程——主火炬塔主体完工。标志着第六届亚冬会的准备工作进入冲刺阶段。

17 日

长春市政府与市总工会联席会议召开第三次会议，通过了《关于解决农民工问题的实施方案》。按照方案规定，农民工可参与企业决策、可办理各种保险、可根据有关规定到城里落户等。

18 日

18日零时，长春市所有固定电话和小灵通号码由7位升至8位，升位方式为原号码前加8。

18 日

2006第九届北京国际汽车展览会在中国国际展览中心拉开帷幕。一汽集团携29款精品汽车、3种新型发动机及多种新技术产品到北京参展。

24 日

市长祝业精主持召开市政府第五十五次常务会议，会议审议并原则通过了《长春市人民政府关于加强文化遗产保护工作的意见》、《长春市会展业管理办法（草案）》、《长春市伊通河综合治理改造规划》、《长春市经济技术开发区撤制村集体资产处置试点工作方案》、《关于省应急工作会议精神及我市贯彻落实意见的汇报》、《关于全面加强应急管理工作的实施意见》、《长春市城市防空袭预案》等有关文件。

20 日

科技部发布了2006年度首批国家创新基金项目公告。长春市的ATM出钞模组等31个项目获得创新基金支持，获得无偿资助1 495万元。

20 日

长春市政府与瑞典诺迪维北京管理顾问有限公司签订了2008年至2010年中国长春净月潭瓦萨国际滑雪节合作协议。

23 日

2006年长春市粮食产量达到81亿公斤，成为历史上第三个突破80亿公斤的高产年。

24 日

长春市召开全民科学素质

工作领导小组第一次会议，研究部署了落实《全民科学素质行动计划纲要》的行动方案。确定未成年人、农民、城市劳动人口、领导干部和公务员四类人为提高科学素质的重点人群。

26 日

“欧亚之夜”第六届亚冬会会歌发布晚会在长春电视台举行，由吉林省著名青年音乐人、吉林电视台影视频道导演大平作词作曲的《亚洲之星》成为亚冬会会歌。

28 日

长春电视台在长春广电中心门前举行高清电视转播车启用仪式。这是东北地区第一辆高清电视转播车。该车将在亚冬会上正式亮相。

12 月

1 日

长春市新建的医疗废物处理中心正式启用。该中心采用回转窑焚烧技术，日处理医疗废物 20 吨。

6 日 ~7 日

在 2006 亚洲制造业论坛上，长春市获得“2006 中国制造业十大最具竞争力城市”称号。

14 日

在国家工商总局商标局公布的中国驰名商标名单中，吉林亚泰股份有限公司的“鼎鹿”商标榜上有名。

14 日

日本直富商事株式会社董事长木下雅裕被授予“长春市荣誉市民”称号，他为长春市废旧物资回收利用项目和第六届亚冬会的筹备做了大量工作。

15 日

长春市第九次归侨侨眷代表大会在长春宾馆举行。会议听取和审议了第八届委员会工作报告，选举产生了以黄文华为主席的新一届委员会。

15 日

长春市文化遗产保护工作会议召开，会议决定，用 2 年到 3 年时间将文物建筑维修一遍。

15 日

全市城区工作座谈会举行。会上提出 2007 年长春市城区发展的五件大事：发展特色服务业、推进工业集中区建设、加快旧城改造步伐、利用“创卫”载体提升城市管理水平、全面提升社会管理和公共服务水平。

18 日

长春市台胞台属第六次代表大会在长春宾馆召开，会议听取和审议了第五届理事会工作报告，选举产生以孔令智为会长的新一届理事会。

18 日

副省长、代理省长韩长赋对长春市亚冬会筹备工作进行视察。韩长赋指出，办好亚冬会是长春市当前的首要大事，要举全省之力办好亚冬会。

18 日

国内首列 70% 低地板的轻轨车在长春轨道客车股份有限公司下线。

19 日

在“省级卫生城市”命名暨 2006 年“创卫”工作总结表彰大会上，长春市被命名为“省级卫生城市”，市长祝业精被授予“省级卫生城市市长”。

19 日

吉林省军区与长春市政府共建裕华园签字仪式在长春宾馆举行。市长祝业精与吉林省军区司令员岳惠来在协议书上签字，标志着今后军地双方将共同建设裕华园。

26 日

长春轻轨净月线试营运。

27 日

长春市第十二届人大常委会第三十次会议结束，会议审议通过了《长春市城市公共汽电车客运管理条例》、《长春市企业负担监督管理条例》。

30 日

市商业联合会第十四次会员代表大会在中日友好会馆举行，会议听取和审议了第十三届执行委员会工作报告，选举产生了以宋勇为会长的新一届执行委员会。

（常　颖）

长春概貌

长春概貌

自然概况

【位置面积】 长春市位于北半球中纬地带，欧亚大陆东岸的中国东北大平原腹地，居北纬43°05′~45°15′；东经124°18′~127°05′。幅员20 604平方公里。现辖四县（市）六区：榆树市、农安县、德惠市、九台市、朝阳区、南关区、宽城区、二道区、绿园区、双阳区。西北与松原市毗邻，西南和四平市相连，东南与吉林市相依，东北同黑龙江省接壤。城市面积4 789平方公里。市区建成区面积286.06平方公里。

【地质地貌】 长春市属天山——兴安地槽褶皱区吉黑褶皱系松辽拗陷的东部边缘，城区下部分布着深厚的白垩系泉头组，为一套红色较粗粒碎屑岩（页岩、泥岩、细砂岩和砂页岩互层），均为不透水层或含水性极微层，地层深厚（500米尚未穿透），岩层致密，倾角很小（5°~10°）。此外，第四世纪沉积相当普遍，洪积层上部为黄土状物质，下部为红色黏土或砂砾层。新构造运动以来，地体微升，地表受流水切割，沟谷发育，形成微波状台地平原。二级阶地黄土状亚黏土厚15米~25米，抗压强度20吨~25吨/平方米，是较佳的天然地基。一级阶地（二道区）亚黏土层地基抗压强度8吨~11吨/平方米，但地表下2米~4米深处有一淤泥层，不适于天然地基，下部是砂、砂砾层，抗压强度25吨~35吨/平方米，距地表6米~11米以下是基岩，对大型、特大型建筑基础置于基岩上最为有利。

长春市的地貌特点，是远依山，近傍水，以台地平原为主。主要地貌类型为：(1)低山丘陵。分布于市区东南部，属大黑山脉的一部分，略呈东北西南走向，海拔大部分在250米~350米之间，相对高度为50米~100米；东部的大顶子山海拔407米，组成的岩石有花岗岩、安山岩、极岩等变质岩系，其中以花岗岩分布面积最广，久经侵蚀，已成浑圆状；山地丘陵面积在市区内所占面积比重甚微，山地丘陵中有森林，低丘之间有些冲积平原和盆地，为农业区；伊通河出大黑山北麓，从南向北穿过市区东部，在狭口处有修筑水库的良好条件。(2)台地平原。城区台地面积约占总面积的70%，并高出伊通河一级阶地10米~20米，地表微波起伏，土质主要由黄土状土构成，海拔在200米~230米之间，最高压245米；浅谷谷坡漫长，市区有近80%的地面坡在10度以下。(3)冲积平原。主要由伊通河冲积作用形成，在河流两岸形成了比较宽阔的带状平原，面积近30%，地势低平，海拔多在200米左右；沿河两岸的低洼部分，汛期常被洪水淹没，属河漫滩部分，组成物质多为粗砂或细砂，河漫滩两侧为宽窄不等的高漫滩或一级阶地，宽度一般在4公里~5公里间；一级阶地高出河床3米左右，其组成物质上部是亚砂土、亚黏土，下部是砂砾层，冲积物厚10米左右；二级阶地面积较小，河床两侧可提供建筑用砂；平原上的河迹洼地，因多为淤泥质黏土或亚黏土，并夹灰色砂质透镜体，大多排水不畅，土体抗压性较差，但在大部分台地平原上的沟谷系统则成为城市自然排水通道。

【水文气候】 长春市的地表水属第二松花江水系，松花江、饮马河、伊通河的中下游，还有沐石河、双阳河、雾开河、新开河及卡岔河等流经境内，有波罗泡子、敖宝吐泡子、元宝泡子等主要泡子湖泊7处；市区的地表水，较大的河流为第二松花江的支流，也是饮马河的支流——伊通河及其支流——新开河等。由于市区的下部基岩为中生代白垩系红色岩系，岩层致密，为一不透水层或含水性极微，因而无深层地下水源，故地下水贫乏。

长春市的气候介于东部山地湿润与西部平原半干旱区之间的过渡带，属温带大陆性半湿润季风气候类型。东部和南部虽距海洋不远，但由于长白山地的阻挡，削弱了夏季风的作用；

西部和北部为地势平坦的松辽平原,西伯利亚极地大陆气团畅通无阻,故气候总的特点是冬季严寒漫长,春季干旱多风,夏季温暖短促,秋季晴朗温差大。

冬季,受强蒙古高压系统影响,冷气流经常自北及西北侵入,盛行偏西风,气候寒冷、干燥。天气变化主要取决于高空西风带中的低槽过境:低槽移近时,常有较盛的偏南风入境,形成多云、多雪的阴湿天气;低槽过后,高压脊的前部侵入,致使风向转为西北风,气温骤降,并有时出现雪暴天气,然后高压系统全部占据,天气晴朗、干燥、风力微弱。这种更替,一次大约三四天,形成冬季"三寒四温"的天气特征。平均气温零下12℃,最低气温出现在农安县,为零下37.2℃。

春季,地表温度增高,蒙古高压系统势力减弱,这时低压系统自贝加尔湖区侵入,形成东北低压并经常过境,低压前部常出现强大的西南气流,后部有猛烈的西北气流,大风天气多,最大风速可达30米/秒,且低压系统后部引起北方寒流冷气南下,形成寒潮天气。

夏季,东南风盛行,有从小笠原群岛吹来的东南风,也有渤海补充的湿气,自南而来的夏季风极锋锋线位置也移到本地,并有温带气旋过境。平均气温21.9℃,最高气温出现在德惠市,为32.1℃;全年最大日降水量出现在九台市,为98.8毫米。

秋季,贝加尔湖低压系统虽有入侵,但发展的机会不如春季显著,高压在本区停滞的机会较多,因而在秋季可形成持续数日的晴朗而温暖的天气,温差较大,风速也较春季小。

【自然资源】 长春市地域辽阔,土地资源较丰富,共有土地面积20 604平方公里,其中耕地135.04万公顷。土质主要是黑土、草甸土、黑钙土等,分别占耕地面积的34.5%、29.06%、15.28%。土质肥沃,一般黑土层厚达0.6米~1.0米。全市共有林地26.5万公顷,森林的组成以东亚阔叶林成分为主,华北系成分、长白区系成分也有渗入,如黑松、樟子松、云杉、冷杉、长白落叶松、侧柏、桧柏、胡桃楸、水曲柳、黄波罗、花曲柳、山杨、黑桦等。野生植物资源群落中,有森林植物、草甸植物、草原植物等,具有经济价值的野生植物300余种:可供药用的有五味子、大活、党参、苍术等150多种;可做工副业原料的有胡枝子、芦苇、蒙古栎等50多种;可供食用的有蕨菜、黄花菜、山楂、山葡萄等30多种;可做饲料的有碱草、草木樨、小叶樟等50多种。野生动物资源有豹猫、红狐、鸿雁、林蛙、中华鳖、虎斑文蛇、背角无齿蚌等5类34种。

长春市的矿产资源,除已探明的煤、油质岩矿、水泥石灰岩矿、水泥黏土矿、珍珠岩砂、膨润土、萤石、铸型用砂矿、铜、银、铁以外,石油、天然气也有一定储量。

(王国志)

人口　民族

【总人口及分布情况】 截至2006年末,长春市共有2 236 543户,7 392 561人。其中:男性人口3 743 788人,占人口总数的50.6%;女性人口3 648 773人,占人口总数的49.4%。市区(南关区、宽城区、朝阳区、二道区、绿园区、双阳区)人口为3 487 724人,占全市总人口数的47.2%;县(市)(农安县、九台市、榆树市、德惠市)人口为3 904 837人,占全市总人口数的52.8%。总人口数比上年增加77 602人,增长率为10.5‰,增长率比上年上升0.4‰。长春市人口占吉林省总人口数的27.1%。

2006年长春人口增长及分布情况表　　单位:人

区、县(市)别	2005年末总人口	2006年末总人口	增加人口	增长率‰
全　市	7 314 959	7 392 561	77 602	10.5
市辖区	3 372 215	3 487 724	115 509	33.1
南　关	624 315	635 656	11 341	17.8
宽　城	566 521	636 504	69 983	109.9
朝　阳	750 471	757 623	7 152	9.4

续表

区、县(市)别	2005年末总人口	2006年末总人口	增加人口	增长率‰
二　道	471 101	487 002	15 901	32.7
绿　园	580 393	587 706	7 313	12.4
双　阳	379 414	383 233	3 819	10.0
农　安	1 124 924	1 070 112	-54 812	-51.2
九　台	754 332	756 669	2 337	3.1
榆　树	1 256 330	1 266 246	9 916	7.8
德　惠	807 158	811 810	4 652	5.7

【人口自然变动】 2006年，全市出生71 912人，出生率为9.78‰，比上年上升0.07‰。市区出生28 237人，出生率为8.23‰，比上年上升0.13‰。平均每天出生197人；全年死亡32 829人，死亡率为4.46‰，比上年下降2.83‰。市区死亡16 910人，死亡率为4.93‰，比上年下降2.1‰。平均每天死亡90人。全市自然增长39 083人，增长率为5.31‰，比上年上升2.89‰，市区自然增长11 327人，增长率为3.30‰，比上年上升2.23‰。

2006年长春市人口自然变动情况表

单位：人

区、县(市)别	出生人口		死亡人口		自然增长人口	
	人数	出生率‰	人数	死亡率‰	人数	增长率‰
全　市	71 912	9.78	32 829	4.46	39 083	5.31
市辖区	28 237	8.23	16 910	4.93	11 327	3.30
南　关	4 228	6.71	3 391	5.38	837	1.33
宽　城	5 707	9.49	3 469	5.77	2 238	3.72
朝　阳	4 939	6.55	3 258	4.32	1 681	2.23
二　道	4 457	9.30	2 335	4.87	2 122	4.43
绿　园	4 562	7.81	2 840	4.86	1 722	2.95
双　阳	4 345	11.39	1 617	4.24	2 728	7.15
农　安	12 003	10.94	4 573	4.17	7 430	6.77
九　台	7 826	10.36	2 834	3.75	4 992	6.61
榆　树	14 823	11.75	5 361	4.25	9 462	7.50
德　惠	9 023	11.15	3 151	3.89	5 872	7.25

【人口机械变动】 2006年，全市迁入人口129 371人，迁入率为17.50‰；迁出人口100 289人，迁出率为13.57‰；机械增长人口29 082人，增长率为3.93‰。其中：县(市)的农安县、九台市、榆树市、德惠市均出现迁出人口高于迁入人口，呈现负增长情况。

2006年长春市人口机械变动情况表

单位：人

区、县(市)别	迁入人口		迁出人口		机械增长人口	
	人　数	迁入率‰	人　数	迁出率‰	人　数	增长率‰
全　市	129 371	17.50	100 289	13.57	29 082	3.93
市辖区	92 319	26.47	54 510	15.63	37 809	10.84
南　关	25 447	40.03	14 465	22.76	10 982	17.28

续表

区、县(市)别	迁入人口		迁出人口		机械增长人口	
	人数	迁入率‰	人数	迁出率‰	人数	增长率‰
宽城	8 334	13.09	4 112	6.46	4 222	6.63
朝阳	31 131	41.09	22 641	29.88	8 490	11.21
二道	11 949	24.54	4 847	9.95	7 102	14.58
绿园	11 439	19.46	6 686	11.38	4 753	8.09
双阳	4 019	10.49	1 759	4.59	2 260	5.90
农安	11 298	10.56	13 586	12.70	-2 288	-2.14
九台	5 600	7.40	8 295	10.96	-2 695	-3.56
榆树	13 328	10.53	15 646	12.36	-2 318	-1.83
德惠	6 826	8.41	8 252	10.16	-1 426	-1.76

【人口结构】 2006年,在性别比例上,以女性人口为100,全市性别比例102.6,比上年下降0.1%。在农业人口与非农业人口的构成上,全市共有非农业人口3 256 520人,占总人口的44.1%,比上年上升0.2%;有农业人口4 136 041人,占总人口的55.9%,比上年下降0.2%。县(市)非农业人口九台市较高为24.3%,榆树市略低为15.1%,总体与上年比持平。

2006年长春市人口结构情况表

单位:人

区、县(市)别	总人口数	性别		性别比例(女性人口为100)	农业人口与非农业人口		
		男性人口	女性人口		农业人口	非农业人口	非农业人口比重%
全市	7 392 561	3 743 788	3 648 773	102.6	4 136 041	3 256 520	44.1
市辖区	3 487 724	1 747 641	1 740 083	100.4	979 191	2 508 533	71.9
南关	635 656	310 852	324 804	95.7	102 485	533 171	83.9
宽城	636 504	318 876	317 628	100.4	249 316	387 188	60.8
朝阳	757 623	386 153	371 470	104.0	79 611	678 012	89.5
二道	487 002	239 712	247 290	96.9	160 006	326 996	67.1
绿园	587 706	296 455	291 251	101.8	106 678	481 028	81.8
双阳	383 233	195 593	187 640	104.2	281 095	102 138	26.7
农安	1 070 112	548 349	521 763	105.1	844 061	226 051	21.1
九台	756 669	387 093	369 576	104.7	572 534	184 135	24.3
榆树	1 266 246	646 955	619 291	104.5	1 074 686	191 560	15.1
德惠	811 810	413 750	398 060	103.9	665 569	146 241	18.0

【民族】 全市有46个少数民族,人口25.2万人,占全市总人口的3.52%。其中,城市少数民族人口13.8万人,占全市少数民族人口的54.7%,农村少数民族人口11.4万人,占全市少数民族人口的45.3%。满族、回族、朝鲜族、蒙古族、锡伯族5个世居少数民族人口24.8万人,占全市少数民族人口的98.4%。其中,满族14.3万人,占57.6%;朝鲜族4.96万人,占19.9%;回族4.37万人,占17.6%;蒙古族1.1万人,占4.5%;锡伯族685人,占0.4%.全市有四个民族乡:双阳区双营子回族乡、九台市胡家回族乡、九台市莽卡满族乡、榆树市延和朝鲜族乡,有43个少数聚居村,258个少数民族聚居社,全市有少数民族干部5 837人,占全市

干部总数的2.75%。有少数民族社团8个,市级朝鲜族群众艺术馆1所,乡级少数民族文化站4所;民族中、小学26所;民族医院1所,民族乡医院4所,少数民族民族聚居村合作医疗点43个。

行政区划

【行政建置】 截至2006年底,长春市共辖朝阳、南关、宽城、绿园、二道、双阳6个区(含长春经济技术产业开发区、长春净月潭旅游经济开发区、长春高新技术产业开发区、长春汽车产业开发区4个开发区);九台市、榆树市、德惠市、农安县由省直辖。共辖61个街道,31个乡,67个镇;共有1 687个村,351个社区。

【行政区划】 2006年全市对部分乡镇、街道行政区划进行了调整,成立鸿城街道办事处、明珠街道办事处(长府发[2006]14号)(南关区),成立东风街道办事处(汽开代管)(长府批复[2006]14号)(绿园区);撤销富锋镇设立富锋街道办事处(吉民行批[2006]5号)(朝阳区)。经调整,长春市辖街道由2005年的57个,增加4个;镇减少1个。合理地调整了城市布局。

【行政区域界线勘定】 2006年加强了行政区域界线管理工作。对长春市179块界桩进行维护,对部分界桩进行了补设、修复、测量。长春市共有市级界线3条,全长1063公里,其中长春市与吉林市385.54公里,长春市与四平市294.40公里,长春市与松原市383.26公里。其中长吉全线设计46个界桩号,界桩50块;长松全线设计78个界桩号,界桩92块;长四全线设计35个界桩号,界桩43块。

【地名管理】 根据民政部、交通部、国家工商总局、国家质监局《关于在全国城市设置标准地名标志的通知》(民发[2000]67号)要求,用5年时间完成了在全市设置标准地名标志(即:街、路、巷、楼、门牌)。

长春市区(市)、县、街道、镇(乡)区划一览表

朝阳区 (街道9镇2乡1)	湖西街道 重庆街道 红旗街道 清和街道 永昌街道 南湖街道 桂林街道 南站街道 富锋街道 永春镇 乐山镇 双德乡(高新代管)
宽城区 (街道9镇5乡1)	新发街道 南广街道 东广街道 站前街道 柳影街道 群英街道 凯旋街道 团山街道 兴业街道 兰家镇 兴隆山镇(经开代管) 奋进乡 合隆镇(农安代管) 米沙子镇(德惠代管) 万宝镇(德惠代管)
南关区 (街道14镇3乡1)	新春街道 长通街道 南岭街道 永吉街道 曙光街道 全安街道 民康街道 自强街道 桃源街道 永兴街道(净月代管) 净月街道(净月代管) 临河街道(经开区代管) 鸿城街道 明珠街道 玉潭镇(净月代管) 新立城镇(净月代管) 新湖镇(净月代管) 幸福乡
二道区 (街道7镇6乡1)	八里堡街道 远达街道 东站街道 东盛街道 吉林街道 荣光街道 东方广场街道(经开代管) 英俊镇 泉眼镇 劝农山镇 四家乡 卡伦湖镇(九台代管) 龙嘉镇(九台代管) 东湖镇(九台代管)
绿园区 (街道7镇3)	铁西街道 普阳街道 青年路街道 春城街道 正阳街道 锦程街道(汽开代管) 东风街道(汽开代管) 合心镇 西新镇 城西镇
双阳区 (街道4镇3乡1)	平湖街道 云山街道 奢岭街道 山河街道 太平镇 鹿乡镇 齐家镇 双营子回族乡
榆树市 (街道4镇15乡9)	正阳街道 培英街道 华昌街道 城郊街道 八号镇 大坡镇 弓棚镇 刘家镇 五棵树镇 闵家镇 秀水镇 保寿镇 黑林镇 新立镇 土桥镇 大岭镇 新庄镇 向阳镇 泗河镇 育民乡 红星乡 太安乡 先锋乡 青山乡 延河朝鲜族乡 恩育乡 城发乡 环城乡

续表

九台市 （街道3镇10乡2）	九台街道　九郊街道　营城街道　上河湾镇　其塔木镇　土们岭镇　沐石河镇　西营城镇　城子街镇　苇子沟镇　兴隆镇　纪家镇　波泥河镇　胡家回族乡　莽卡满族乡
德惠市 （街道4镇10乡4）	胜利街道　建设街道　惠发街道　夏家店街道　郭家镇　天台镇　大房身镇　菜园子镇　松花江镇　布海镇　大青嘴镇　朱城子镇　达家沟镇　岔路口镇　朝阳乡　五台乡　同太乡　边岗乡
农安县 （镇10乡11）	农安镇　伏龙泉镇　高家店镇　哈拉海镇　开安镇　烧锅镇　靠山镇　华家镇　巴吉垒镇　三盛玉镇　杨树林乡　万顺乡　龙王乡　三岗乡　黄鱼圈乡　永安乡　前岗乡　青山口乡　新农乡　小城子乡　万金塔乡

2006年长春市行政区划统计表　　单位：个

	县(市)、区	街道	镇	乡	村	社区
长春市	朝阳区	9	2	1	30	67
	宽城区	9	5	1	30	51
	南关区	14	3	1	36	54
	二道区	7	6	1	47	53
	绿园区	7	3		29	48
	双阳区	4	3	1	133	14
	榆树市	4	15	9	388	12
	九台市	3	10	2	310	10
	德惠市	4	10	4	308	10
	农安县		10	11	376	4

县级市	县	自治县	市辖区	合计
3	1		6	10

街道	镇	乡	社区	村		
61	67	31	351	1 687		

（社区：经济开发区10个；高新开发区3个；净月开发区15个）

（马　威）

气象环境

【气候概况】　2006年长春市总的天气、气候特点是：气温略高，降水略少，日照略少。全市年平均气温为5.5℃，比常年高0.4℃；年平均降水量为543.4毫米，比常年少3.5%。全年农作物生长季水、热匹配较为同步，积温多于常年，虽然6月份出现了多雨寡照天气，影响了作物正常生长，但9月气温偏高、日照充足，初霜偏晚，对大田农作物的后期成熟和籽粒增重非常有利。总之，年度气象条件基本满足了农作物生长发育需求，属于正常偏丰年景。2006年长春市主要出现了局地暴雨洪涝、冰雹、短时雷雨大风、扬沙、阶段性低温、寒潮等气象灾害。但影响时间短、范围小，没有造成严重的经济损失。

1. 气温　年平均气温主要特征。2006年全市气温略高，年平均气温为5.5℃，比常年高0.4℃。其中榆树、九台和长春市区偏高,分别为5.4℃、6.0℃和6.6℃,比常年高0.7℃、0.8℃、0.9℃;双阳略高为5.7℃,比常年高0.2℃;德惠略低为4.8℃,农安偏低为4.7℃,分别比常年低0.1℃和0.6℃。年内极端最高气温为32.5℃,6月2日出现在双阳;极端最低气温为-37.2℃,1月17日出现在农安。

气温季节变化特征。一年中,春、夏季气温稍高,秋季偏高,冬季明显偏高。春季(3~5月)气温略高,全市平均气温为6.7℃,比常年同期高0.1℃。季内气温阶段性变化较明显。3月15日~24日出现阶段性高温,平均气温为2.6℃,居1959年有资料以来同期高温的第1位;4月12日~27日出现了阶段性低温,平均气温为4.9℃,居1959年有资料以来同期低温的第3位。4月中、下旬出现的低温,造成大田作物春播推迟。

夏季(6月~8月)气温略高,全市平均气温为21.8℃,比常年同期高0.1℃。初夏气温比常年略低,仲夏气温与常年基本持平,但7月下旬出现了阶段性低温,部分水稻区出现障碍型冷害,并导致稻瘟病,夏季末气温偏高。

秋季(9月~10月)气温偏高,全市平均气温为12.0℃,比常年同期高1.3℃。刚进入秋季时,出现了明显的低温段,9月1日~10日平均气温为14.5℃,居1959年有资料以来同期低温的第1位;从9月11日开始气温大幅回升,高温天气一直持续到10月8日,时间接近1个月,期间平均气温为16.1℃,比常年同期高3.5℃,居1959年有资料以来同期高温的第1位;季末冷暖变化幅度较大。

冬季(11月~2007年2月)气温明显偏高,全市平均气温为-7.7℃,比常年同期高3.8℃,出现了明显的"暖冬"现象。初冬时气温比常年稍高,11月平均气温比常年同期高0.8℃。12月月平均气温比常年明显偏高,但冷暖交替很频繁,出现了2次阶段性高温。第1次是12月11日~15日,期间平均气温为零下5.8℃,比常年同期高7.2℃,居1959年有资料以来同期高温的第1位;第2次是12月19日~26日,期间平均气温为零下6.8℃,比常年同期高7.3℃,居1959年有资料以来同期高温的第1位。到了2007年1月和2月,气温特高,而且高温持续时间较长。从2007年1月1日~2月28日,除了1月12日和2月1日2天日平均气温低于常年同期外,其他时间的日平均气温均高于常年,1月和2月月平均气温均居1959年有资料以来历史同期高温的第1位。"暖冬"现象异常突出。

2006年长春市各季平均气温(℃)

气温	春季(3月~5月)	夏季(6月~8月)	秋季(9月~10月)	冬季(11月~次年2月)
2006年值	6.7	21.8	12.0	-7.7
历年值	6.6	21.7	10.7	-11.5
距平值	0.1	0.1	1.3	3.8

2. 降水　降水量时空分布特征。2006年全市降水量略少,且时空分布不均,多局地暴雨。长春市年平均降水量为543.4毫米,比常年少19.5毫米。其中农安、榆树偏少,为405.5毫米和423.4毫米,比常年分别少102.2毫米和150.8毫米;双阳599.3毫米为稍少,比常年少30.3毫米;德惠、长春、九台稍多,为549.1毫米、636.0毫米、637.6毫米,分别比常年多38.1毫米、65.6毫米、66.4毫米。降水时间分布也不均匀,全年有7个月(1、4、6、8、9、10、11)降水略多于常年同期,其中6月降水偏多,降水日数为21天,月平均降水量比常年多48.6%;全年有5个月(2、3、5、7、12)降水少于常年同期,其中12月只有一次弱降水天气过程,降水量仅为0.3毫米。年内局地暴雨出现次数较多,主要集中在8月份。降水季节分布特征。一年中,春季降水偏少,冬季略少,夏、秋季接近常年。

春季,全市平均降水量为51.8毫米,比常年同期少35%。其中3月、5月偏少,4月稍多。全市没有出现区域性透雨(日降水量≥10 毫米的降水)，部分地区干旱明显。

夏季，全市平均降水量为385.6 毫米，与常年同期基本持平。降水集中在初夏，降水时段长，降水量大；仲夏出现明显少雨段，降水稍少；夏末降水稍多，降水强度大，多暴雨天气。

秋季，全市平均降水量为83.2 毫米，与常年同期基本持平。

冬季，全市平均降水量为21.5 毫米，比常年同期少7.3%。降水时间分布特点为两头稍多中间偏少。

2006 年长春市各季平均降水量(毫米)

降水量	春　季 (3 月～5 月)	夏　季 (6 月～8 月)	秋　季 (9 月～10 月)	冬　季 (11 月～次年 2 月)
2006 年值	51.8	385.6	83.2	21.5
常年值	79.4	380.0	80.2	23.2
距平百分率	-35%	1.5%	3.7%	-7.3%

3. 日照　2006 年全市平均日照时数为2 418.5小时，比常年同期少 158 小时。在农作物生长季(5 月～9 月)全市平均日照时数为1 120.4小时，比常年同期少72.6 小时，尤其是 6 月全市寡照天气偏多，月平均日照时数仅为192.1 小时，比常年同期少54.9 小时，对农作物生长产生了不利影响，但 8 月日照增多和后期气温略高，弥补了前期不良气象条件给农作物生长带来的不足。

4. 霜　2006 年全市终霜结束稍早，比常年同期早 2 天～7 天。其中长春市区、榆树结束时间为4 月 26 日～27 日，双阳、九台、农安为 5 月 2 日，德惠为 5 月6 日。初霜偏晚，比常年同期晚10 天～17 天。其中长春市区出现在 10 月 12 日，其他各县(市区)出现在 10 月 8 日。全市无霜期平均为 160 天，比常年多13 天～19 天。其中长春市区、榆树超过 160 天，其他县(市)为153 天～158 天。由于终霜结束早，初霜开始偏晚，无霜期长，延长了作物生长发育期，保障了作物正常成熟。

【主要天气气候及影响】 1. 全市农作物生长期雨热匹配较好，作物正常成熟。2006 年农作物生长期(5 月～9 月)，全市平均气温为 19.6℃，比常年同期高0.5℃；降水量为 460.6 毫米，比常年同期少4.2%，雨热匹配较好。春播期间 4 月低温多雨，致使春播推迟。但播种后气温持续偏高，加快了种子出土发芽，出苗期接近常年，苗情也好于常年；作物营养生长和生殖生长期间，总体上是高温少雨和有效降水交替出现，雨热匹配状况基本满足大田农作物的需求；收获期积温基本够用，且初霜明显偏晚，大田作物在霜前都能正常成熟。

2. 春季大风和沙尘天气。2006 年春季长春市大风日数较历年同期少。其中，德惠 9 天，双阳 9 天，农安 6 天，榆树 3 天，九台 1 天。双阳 3 月 9 日～10 日出现大风沙尘暴，3 月 17 日、25 日出现2 次扬沙天气；长春市区 3 月 9 日～10 日、3 月 27 日出现浮尘天气。大风和沙尘天气加重空气污染程度，造成空气能见度降低，使土壤失墒快，对交通、人们出行及农田保墒有不利影响。

3. 阶段性低温及冷害。4 月中、下旬由于冷空气活动频繁，气温低，降水日数多。此时正值大田作物播种期，持续低温多雨使各项农事活动无法正常进行，致使大田播种期推迟一周左右。6 月持续出现低温多雨寡照天气，使作物光合作用强度降低，影响作物生长发育和干物质的积累。7 月 22 日～26 日，长春市出现阶段性低温。期间平均气温为 18.1℃，比常年同期23.3℃低 5.2℃，居 1959 年以来历史同期低温的第 1 位。低温对正值孕穗期的水稻影响较大，部分水稻产区达到障碍型冷害指标(日平均气温≤17℃)，不同程度出现稻瘟病。后期由于全力抢救，对产量影响不大。

4. 7 月 13 日飑线大风。受飑线影响，7 月 13 日 20 时到 22 时长春市区出现了短时雷雨大风天气，大风和强降水主要集中在市区的西部和北部，即合心、奋进、长春火车站、兴隆山一线，最大降水为兴隆山 29.6 毫米，瞬间最大风力达到了 11 级(28.6米/秒)，市区其他地段风力也达到 9 级左右。阵风持续时间3分钟左右。

据政府有关部门不完全统计,受雷雨大风影响,长春市区10公里电路遭到不同程度的损坏;有30多个路灯杆被刮倒;有500棵行道树被刮倒、刮断;长春市区扶贫大市场和5栋楼楼顶被大风掀掉,有近1 000户居民房屋不同程度受损;有近30台机动车辆被砸;有近100处广告、牌匾被破坏,直接经济损失约1 400万元。

13日晚18时25分至20时50分,农安县农安镇、三岗乡、开安镇、杨树林乡4个乡镇的10个行政村先后遭受不同程度的大风、冰雹灾害,受灾户2 514户,受灾人口8 809人,受灾面积4 763.46公顷,直接经济损失约3 382万元,万顺乡一名妇女被刮倒的大树砸死。

5. 局地冰雹。从6月开始,长春市冰雹灾害频发。6月4日、9日、15日、17日、20日和21日,先后多次出现冰雹天气过程。长春市气象局组织部分乡镇实施了人工防雹作业,作业区内有效避免或减轻了冰雹灾害损失。由于长春市防雹作业规模尚小,基础相对薄弱,受保护土地有一定局限。到7月中旬,长春市粮豆作物因雹灾受灾面积约2.2万公顷左右,占粮豆作物总面积的2%,对粮食产量有一定影响。

6. 暴雨洪涝。盛夏7月21日至8月31日长春市强降水天气过程频繁,降水量偏多而且集中,造成长春市区和九台部分地方地表水位严重饱和,低洼地块出现了内涝,加之石头口门水库加大放流,沿江、沿河地段庄稼被淹,对农业生产造成不利影响。其中8月12日~13日,长春南部和四平东部地区突降暴雨,致使伊通河水位急剧上涨,洪水最高以918立方米/秒的流量流经朝阳区乐山镇和净月开发区新湖镇,进入新立城水库。洪水流经的2个乡镇部分村遭受了严重的洪涝灾害。当日长春市区日降水量高达102.4毫米。经初步统计,这次暴雨造成直接经济损失6 131余万元。

7. 秋季气温偏高,初霜晚,有利于大田作物正常成熟。秋季,从9月11日开始,气温持续偏高。初霜(10月8日)比常年偏晚平均15天。由于秋季气温高,初霜偏晚,延长了大田作物的发育期,弥补了作物在出苗期、孕穗期由于阶段性低温而造成发育期推迟的损失,使作物得以在霜来临前正常成熟 。

8. 春、秋季寒潮天气。2006年春、秋两季长春市分别出现1次和4次大范围的寒潮降温天气。其中秋季的寒潮天气伴随着降水和明显降温,造成路面结冰,影响正常的交通运输,给人们生产、生活和身体健康带来不利影响。

9. 冬季烟雾。12月,长春市烟雾天气现象频繁出现,全月共出现7次烟雾天气过程。由于烟雾天气日数多,能见度和空气清洁度较差,对交通和呼吸道等疾病均有不利影响。

10. 明显“暖冬”。冬季全市气温异常偏暖。从12月一直到2007年2月,持续3个月高温天气。期间长春市平均气温为-9.1℃,比常年同期高4.9℃,居1959年有资料以来历史同期高温的第1位。且各月月平均气温均比常年同期偏高,其中12月、2007年1月、2月月平均气温分别为-10.6℃、-11.3℃,-5.6℃,比常年同期分别高2.5℃、5.3℃、7.3℃,分别居历史同期高温的第4位、第1位。

2006年“暖冬”对长春市的农业及其他方面有一定影响。冬季气温高,使病菌和虫卵越冬存活率高,加大了2007年春夏农业病虫害大面积发生的可能性,同时也不利于冬春畜禽传染性疾病的防治。但“暖冬”有利于减少冬季城市、农村生活供暖的能源消耗,同时也减轻了因供暖造成的空气污染。

(丛向春)

【环境质量】 空气质量保持良好水平。烟尘控制区覆盖率达到100%,烟尘排放达标率在90%以上,工业污染源二氧化硫排放达标率100%。全年城区空气综合污染指数(API)为75;空气环境质量优良级天数340天,占总天数的93.2%;优级天数23天,占6.3%;良级天数317天,占86.8%;轻微污染20天,占5.5%;轻度污染3天,占0.8%;中度污染1天,占0.3%;中度重污染1天,占0.3%。空气中可吸入颗粒物年均值(PM10)99微克/立方米;二氧化硫年均值27微克/立方米;二氧化氮年均值38微克/立方米。《2006全国城市环境管理与综合整治年度报告》显示,长春市空气综合污染指数(API)≤100的天数列全国副省级城市第3位,省会城市第6位,东北三省省会城市第1位。

水环境质量有所改善。全市在线监控废水排放量占废水排放总量的50%，工业废水排放达标率达到98.6%，城区地表水体按功能区达标，城市集中式饮用水源地水质达标率保持100%。

噪声污染得到有效控制。城区道路交通噪声平均值为68分贝，区域环境噪声平均值为56.3分贝。噪声达标区面积142.9平方公里，覆盖率74.2%，达到了全国文明城市A类标准。

（王占龙）

国民经济和社会发展简述

【综合】 2006年，全市人民在市委、市政府的领导下，认真贯彻和落实国家和省一系列重大决策部署，认真实施"十一五"规划，以科学发展观指导全市经济和社会发展工作，围绕全年经济建设重点任务，进一步加快改革开放，增强自主创新能力，着力调整经济结构和转变增长方式，提高经济增长的质量和效益，促进经济社会事业和谐发展，城乡人民生活水平进一步提高，较好地实现了"十一五"时期开局之年的各项工作任务和目标。初步核算，全年实现地区生产总值1 741.2亿元，按不变价格计算，比上年增长15.1%。其中，第一产业增加值162亿元，比上年下降2.2%；第二产业增加值851.8亿元，增长20.8%；第三产业增加值727.4亿元，增长13%。三次产业比重分别为9.3%：48.9%：41.8%。人均生产总值达到23 677元（按户籍年平均人口数计算），比上年增长13.9%。

全年居民消费价格总指数为101.3%，比上年上升1.3%，其中，除食品、娱乐教育文化用品及服务和居住价格有不同程度上涨外，其他消费品价格均有所下降。

2006年，加速推进国企改革，不断探索国资监管新途径，促进资产合理流动，整合存量资源。2006年底，全市列入国企改革攻坚目标的254户企业全部完成了方案审批，其中210户企业完成了全部国企改革程序。加上目标外企业，实施改革的企业已达345户。2006年共理顺职工劳动关系9万人，安置离退休人员5.8万人，盘活资产113.5亿元。

【农业】 全年完成农林牧渔业总产值289亿元，比上年增长5.9%。其中：种植业产值142.2亿元，增长8.7%，占农林牧渔业总产值比重为49.2%；林业产值1.7亿元，下降19.3%；牧业产值142.3亿元，增长3.6%，占农林牧渔业总产值比重为49.2%；渔业产值1.5亿元，增长1.7%；农林牧渔服务业产值1.3亿元，增长7.9%。

全年粮食总产量达到813.7万吨，比上年增加15.3万吨。2006年，全市肉类总产量达到163.6万吨，比上年减少2.3%。禽蛋产量37.3万吨，比上年减少4.1%。三元杂交猪、牛比重分别达到80%、67%，鸡良种覆盖率达到98%。

全年粮食作物播种面积100.7万公顷，比上年增长0.4%。经济作物播种面积增长10.6%，优质专用玉米、大豆、水稻播种面积达94.8万公顷，占粮食作物播种面积的94.2%。全市菜田面积发展到8.5万公顷，保护地面积1.5万公顷。无公害蔬菜工程建设进一步加速，全市已认定无公害蔬菜和绿色农产品基地100个，无公害蔬菜和绿色农产品监控面积达到175万亩，全市种植无公害蔬菜和绿色食品蔬菜4.7万公顷，比上年增加0.7万公顷，提供无公害蔬菜和绿色食品蔬菜14.1亿公斤。

农业产业化龙头项目建设进展顺利。全市新建续建投资规模亿元以上农产品加工业重点项目24个，总投资28.8亿元。

积极稳妥地推进乡镇机构、县乡财政管理体制和农村义务教育管理体制三项改革，全市共撤并乡镇50个，精简乡镇行政编制1 299个，撤并农村中小学244所，落实国家政策性补贴资金8.8亿元，农民人均获得补贴216元。在新农村建设方面，确定了省、市、县三级10个试点镇、31个试点村，全市投入新农村建设的资金总额达33.5亿元，其中新农村试点村镇基础设施和社会事业建设资金投入8.5亿元。

【工业和建筑业】 2006年，紧紧抓住国家实施振兴东北老工业基地政策的有利时机，不断推进工业化进程，工业经济整体素质和市场竞争能力进一步增强。工业生产运行继续保持平稳态势。全年完成全口径工业增加值684亿元，规模以上工业完成总产值2 140亿元，比上年增长23.8%。

工业经济结构进一步优化，

汽车工业、农副食品加工业、光电信息、生物医药、能源、建筑和材料制造等主导产业、重点产业成为支撑全市经济发展的重要力量。汽车工业累计完成产值1 484.3亿元，增长21.9%，占规模以上工业总产值比重达到69.4%；农副食品加工业完成产值308.4亿元，增长24.9%，占规模以上工业总产值比重达到14.4%；生物及医药工业完成产值35.3亿元，增长33.3%，占规模以上工业总产值比重为1.6%；光电子信息工业完成产值24.2亿元，增长29.6%，占规模以上工业总产值比重为1.1%；建材工业完成产值81.8亿元，增长40.8%，占规模以上工业总产值比重为3.8%；能源工业完成产值70.8亿元，增长10.7%，占规模以上工业总产值比重为3.3%。40户重点工业企业完成工业总产值1 636.7亿元，占规模以上工业总产值的比重达到76.5%。新产品开发能力不断增强。全年完成新产品产值1 120.5亿元，比上年增长40.5%，新产品产值率达到52.3%。

重点工业产品产量大幅度增长。在全市30种重点工业产品中有21种上升，增幅较大的有：水泥1 268.5万吨，增长95.7%；内燃机3 147.4万千瓦，增长39.4%；自动化仪表1 285台，增长34.6%；发电量117.5亿千瓦时，增长31.3%；啤酒32.1万吨，增长22.9%；汽车63.3万辆，增长20.2%；食用植物油9.4万吨，增长19.8%；铁路客车1121辆，增长15%；配混合饲料123万吨，增长14.7%；无酒精饮料26.6万吨，增长12.9%；淀粉142.3万吨，增长12.1%；原煤296.3万吨，增长12%。

2006年，工业企业克服能源供应紧张、原材料涨价等因素影响，工业经济效益稳步增长。工业经济效益综合指数达到185%，增长36.4个百分点；实现主营业务收入1 936.7亿元，比上年增长19.2%；利税总额172.1亿元，增长28.5%；盈亏相抵后实现利润总额71.9亿元，增长60.9%。

全年建筑业完成增加值167.8亿元，比上年增长7.5%。资质以上建筑业完成总产值344亿元，比上年增长22.2%。

【固定资产投资】 全年完成固定资产投资总额950.4亿元，比上年增长46.1%。其中，城镇固定资产投资715.7亿元，比上年增长43.3%；房地产开发投资174.2亿元，比上年增长63.4%；农村固定资产投资60.6亿元，比上年增长51.4%。全年城镇投资项目建成投产率为78.5%，城镇和房地产开发投资中新增固定资产604.6亿元，固定资产交付使用率为67.9%，比上年上升19.1个百分点。房屋建筑面积竣工率为43.2%。

从各产业完成投资情况看，第一产业投资增长最快，比上年增长121.4%，第三产业比上年增长52.4%，第二产业投资增长37.8%；从投资主体看，国有经济投资296.7亿元，比上年增长25.7%；非国有经济投资593.2亿元，比上年增长60.3%，占全社会固定资产投资的比重由上年的61%上升到66.7%。

全年商品房施工面积1 365.5万平方米。商品房竣工面积331.9万平方米。商品房销售面积408.3万平方米，商品房销售额104.4亿元。商品房空置面积266万平方米。

【国内贸易】 全年实现社会消费品零售总额666.3亿元，比上年增长11%。分行业看，批发零售贸易业零售额591.1亿元，比上年增长11.2%。其中：限额以上批发贸易业零售额230.4亿元，比上年增长12.4%，限额以下及个体零售额360.7亿元，比上年增长10.5%。住宿和餐饮业零售额75亿元，比上年增长9.9%。住宿业中星级（限额以上）企业零售额16.2亿元，比上年下降4.1%，星级（限额以下）企业及个体户零售额58.8亿元，比上年增长14.5%。

全年新建各类市场27处，其中，城区8处，县（市）19处。各类商品交易市场已发展到333处。其中，城区市场195处，县（市）市场138处；生活资料市场258处，生产资料市场75处。36个年成交额在亿元以上的商品市场全年实现交易额168亿元。

【对外经济】 全年实现进出口总额52.3亿美元，比上年增长15.1%。其中，进口41.4亿美元，比上年增长26.4%；出口10.9亿美元，比上年下降14.1%。在出口中，国有企业出口5.3亿美元，比上年下降38%；外商投资企业出口3.5亿美元，比上年增长20.7%；一般贸易出口8.9亿美元，比上年下降17.7%。外贸依存度为23.7%，比上年下降0.6个百分点。

全年新批外资项目(企业)149个,其中投资总额超千万美元项目33个。全年实际利用外资14.1亿美元,比上年增长20.2%。其中,直接利用外资5亿美元,比上年增长23.2%。

对外承包工程与劳务合作继续展开。全年完成营业额1.9亿美元,外派劳务人员1.4万人次。

【旅游业和会展业】 全年来长旅游人数达到1 381万人次。其中,接待入境游客15.1万人次,比上年增长37%;接待国内旅游者1 366.7万人次,增长12.2%。旅游总收入148.2亿元,增长23.2%。全年旅游外汇收入6 665万美元,增长30%。

全年共举办会展活动176项,其中,展览67项,会议30项,节庆活动10项,重要赛事26项,大型演出18项。实现会展业直接收入8.75亿元,带动相关产业收入78.7亿元,分别比上年增长21.5%和21%。

【交通邮电业】 全年公路货物周转量37.1亿吨公里,比上年增长3.9%;旅客周转量为27.3亿人公里,比上年增长5%;全年营运收入21.3亿元,比上年增长3.7%。民航完成货邮吞吐量2.6万吨,比上年增长32.3%;完成旅客吞吐量222.7万人次,比上年增长27.2%;全年营运收入11 176.7万元,比上年增长28.3%。

2006年完成邮电业务总量46.6亿元,比上年增长12.6%。其中:邮政业务总量4.2亿元,比上年增长35.5%;电信业务总量42.4亿元,比上年增长10.6%。全年特快专递完成185.1万件,比上年增长2.9%。全市市话年末达到115.3万户,比上年减少36.6%;农话年末达到47.3万户,比上年减少3.8%;小灵通电话用户67.6万户。移动电话年末达到562.9万户,比上年增长28%。到2006年末,互联网用户已经达到98.2万户,其中宽带用户30.8万户。

【财政金融和保险业】 全市一般预算全口径财政收入210.6亿元,增长14%。全市地方留用收入71.6亿元,增长17.3%;地方财政支出146.7亿元,增长20.6%。财政收入占GDP的比重为12.1%,与上年基本持平。

截至2006年末,全市拥有银行18家,保险公司16家,证券公司2家。

年末金融机构本外币各项存款余额2 396.2亿元,比年初增长17.8%。其中,企事业单位存款余额696.5亿元,比年初增长21.4%;储蓄存款余额1 219.5亿元,比年初增长13%。全市金融机构本外币各项贷款余额2 194.8亿元,比年初增长17.3%。其中,短期贷款余额868.1亿元,比年初增长6.4%;中长期贷款余额1 258.7亿元,比年初增长33.1%。金融机构现金累计收入5 657.7亿元,比上年增长10%;现金累计支出5 569.3亿元,比上年增长9.9%;现金净回笼88.5亿元,比上年增长19.1%。

全市拥有股票交易机构2个,股票交易网点33个。上市企业16个。开设股民帐户75万户。全市有价证券成交总额1 539.5亿元,比上年增长170.9%。其中,股票交易成交额1 507.1亿元,比上年增长179.1%;国债成交额8.5亿元,比上年下降63%;基金成交额23.9亿元,比上年增长3.3倍。

全市拥有保险公司16家。全年保费收入35.1亿元,比上年增长13.7%。其中,财产险保费收入8.8亿元,比上年增长31.8%;人身险保费收入26.3亿元,比上年增长8.6%。全年赔付总金额9亿元,比上年增长65.8%。其中,财产险赔付金额4.5亿元,比上年增长21.5%;人身险赔付金额4.5亿元,比上年增长159.7%。

【城建公用事业】 2006年,继续加大对基础设施的建设投入,进行了南部新兴工业区基础设施工程、一汽及周边城区基础设施工程、铁北老工业区改造工程、粪便无害化处理工程、道路改造工程、街路亮化工程、巷道及道路维护工程以及环境治理工程等建设项目,极大提高了城市基础设施水平。全年完成道路新建和扩建长度182公里。到2006年末,全市道路总面积达3 086万平方米,道路长度达1 550公里,人均道路面积12.3平方米(不含村镇公路长度461公里、面积639万平方米)。

2006年,全市水厂日综合生产能力达104.4万立方米,规划区使用自来水人数达225.8万人。全市人工煤气和天然气供气总量分别达到14 003和21 649万立方米;液化石油气供气总量达6.5万吨。市区使用煤气、天然气、石油液化气户数达111.7万户。城区集中供热面积达到7 717.7万平方米。全市拥有营运公共电、汽车3 792辆,运营线路网长度2 791公里;拥有轨道运营车辆54辆,运营线路网长度31公里。

到2006年末,全市园林绿地面积达8 459公顷,公共绿地面积达2 875公顷,建成区绿化覆盖面积达9 617公顷,建成区绿化覆盖率达到41.48%。

【科技和技术监督】 2006年,全市列入市级以上各类科技发展计划694项。其中,国家级计划项目96项,省级计划项目247项,市级计划项目351项。全年专利授权量由2005年的2 409件增加到2 680件,增长11.2%。全年通过鉴定、验收和认定的科技成果143项,获得市以上科技进步奖励成果189项。其中,获国家级奖励3项,省级奖励157项。

2006年末,在全市各级各类科技人员中,"两院"院士26人,享受政府特贴人员累计达到551人。其中,国务院特贴人员237人,长春市人民政府特贴人员314人。全市独立科学研究与技术开发机构95个。其中,自然科学和技术领域研究与开发机构60个,社会科学与人文领域研究与开发机构16个,科技信息与文献领域机构6个。全市技术开发、咨询、转让等服务机构发展到2 878户,技术成果交易额达13.3亿元。市科技管理部门共投入科技经费4 221万元。

2006年,全市新认定高新技术企业729户,高新技术产业实现产值1 010亿元,比上年增长23.9%。产值超亿元的高新技术企业已发展到77家。

质量技术监督工作对经济和社会发展的促进作用不断提升。全市有产品质量检验机构98个,法定计量技术机构6个。全年共定期监督检验产品2 255批次,其中,定期监督检验小麦粉、食用油等产品1 302批次,监督抽查化肥、建材等产品191批次,受理委托检验8 766批次。国家和省的监督抽查产品质量平均合格率分别达到78.3%和76.3%。

【教育】 截至2006年,末全市普通全日制高等院校28所,共招收本、专科学生9.2万人,年底在校生30.8万人。全市各类成人高等学校10所,共招收本、专科学生3.97万人,年底在校生10.4万人。年末中等职业技术学校64所(不含技工学校),招收学生2.7万人,年底在校生6.5万人。普通中学374所,在校生43万人,其中,初中297所,在校生28万人;小学1 665所,年底在校生46.1万人,小学适龄儿童入学率达99.94%。特殊教育学校10所,在校生0.14万人。全市幼儿园782所,在园儿童11.6万人。

【文化卫生和体育】 2006年,全市共有文化(文物)事业机构202家,其中,艺术表演团体9家,艺术表演场馆19家,公共图书馆12家,艺术馆、文化馆12家,文化站112家,文化艺术科技、科研机构2家,文物保护单位1家,其他文化产业17家,文物保护管理机构4家,博物馆2家,文化市场管理机构12家。公共图书馆总藏量174万册,其中少儿图书馆藏量31万册。全市共有国家综合档案馆11个,馆藏档案117.95万卷,开放档案17.54万卷。

全市有各类文化经营场所2 467家,其中,互联网上网服务营业场所934家(连锁58家);文化娱乐场所420家;演出场所43家;音像制品经营场所1 057家;保龄球馆(室)6家;古玩书画店7家。市区(含开发区)文化经营场所1 544家,其中,互联网上网服务营业场所657家(连锁58家);文化娱乐场所126家;演出场所27家(市直5家);音像制品经营场所721家;保龄球馆(室)6家;古玩书画店7家。长春电影制片厂全年共生产故事片16部,译制片6部,科教片6部,数字电影4部。

2006年,全市有广播电台5座,节目9套,中波发射台和转播台2座,广播人口覆盖率为100%;电视台5座,节目9套,电视人口覆盖率为100%。

2006年末,全市卫生医疗机构发展到1 832个,其中,医院、卫生院320所,拥有医疗、疗养床位2.6万张,比上年增长8.3%。卫生技术人员为3.5万人,比上年上升6.1%。农村设村卫生室2 094个。每千人拥有执业医师和执业助理医师3.25人。大力推进社区卫生服务,已经建立1个社区卫生服务医疗培训指导中心,5个社区卫生服务指导中心,24个社区卫生服务中心,121个社区卫生服务站。

2006年底,全市行政区域内共有体育场馆40个,80%的社区都拥有健身场地和健身设施。全年成功承办了国际滑联短道速滑世界杯赛、自由式滑雪空中技巧世界杯赛、国际雪联越野滑雪短距离世界杯赛、远东杯沃尔沃国际瓦萨越野滑雪赛等国际大型体育赛事8项次;短道速滑、自行车、自由式滑雪、举重、射击射箭、田径、篮球、足球、网球等全国比赛20余项次;其他各级各类体育赛事150余项次。竞技体育取得可喜成绩。全年,长春及长春籍运动员参加本年度国际、国内系列比赛29项次,获得世界冠军3个、亚军10个、季军8个;获得全国冠军47个、亚军52个、季军38个;在第十五届省运会中,长春市共获金牌460枚,占金牌总数的45%。

一年来,开展各类群体活动500余项次,参与人次达1 000余万。成功举办了全国男篮甲A联赛和中国男子足球超级联赛,获得良好的社会效益和经济效益。全年共销售体育彩票4.65亿元,同比增长62%。

【环境保护】 环境质量总体状况良好,工业污染防治能力不断增强。2006年,全市工业废水排放达标率和工业固体废物综合治理率分别达到97.16%和99.04%,重点工业污染源实现全面达标排放。到2006年末,全市烟尘控制区面积208.4平方公里,环境噪声达标区面积143平方公里,区域环境噪声平均值控制在56.4分贝,道路交通噪声平均值控制在68分贝,噪声达标区覆盖率达74.2%以上,达到全国文明城市A类标准。

全市开展生态示范区建设试点面积1.9万平方公里,达到了幅员的92.4%,生态示范区省级建成率达到50%,国家级建成率达到33%。

2006年,城区空气质量保持良好水平。城区空气污染指数(API)为75;空气环境质量优良级天数340天,占总天数的93.2%,其中,优级天数23天,占6.3%;良级天数317天,占86.8%;空气首要污染物总悬浮颗粒物(PM10)年日均值每立方米99微克,与上年相同;二氧化硫年日均值每立方米27微克,比上年上升1微克;二氧化氮年日均值每立方米38微克,比上年上升3微克;饮用水源水质达标率100%;城市地表水质达标率80.6%(按新标准计算)。

【人口与就业】 2006年末,全市户籍总人口为739.3万人。其中,市区人口348.8万人,四县(市)人口390.5万人。全市人口出生率为9.77‰,死亡率为4.46‰,自然增长率为5.31‰。

全市从业人员总数已达326.4万人。其中,第一产业从业人员132.1万人,占全市从业人员总数的40.5%,第二产业从业人员78.8万人,占全市从业人员总数的24.1%,第三产业从业人员115.5万人,占全市从业人员总数的35.4%。其中,年末城镇单位从业人员95.6万人,从事个体劳动的有22.5万人。在岗职工年平均货币工资19 955元,比上年增长12.5%。

【人民生活】 城市居民人均可支配收入达11 358元,比上年增长12.8%,人均消费性支出8 881元,比上年增长6.9%。农村居民人均纯收入4 480元,比上年增长7.2%。城乡居民消费结构发生较大变化,生活质量不断提高。城市恩格尔系数为35%,农村恩格尔系数为42.1%。城市居民每百户拥有彩电136.3台,电冰箱及冰柜111台,洗衣机103.3台,拥有家用电脑和移动电话46.3台和171部。农村居民每百户拥有彩电92台,电冰箱17台,移动电话75部,摩托车42辆。城市人均住房建筑面积由2005年的24.62平方米增加到25.56平方米,农村人均住房面积达到22.3平方米。

社会保险保障功能得到进一步完善,社会保险保障覆盖面稳步扩大。2006年底,全市参加基本养老保险职工人数达118.1万人,同比增长8.2%,其中,在职职工85.8万人,同比增长7.5%。年末参加失业保险人数66.3万人,同比增长4.3%。全年征缴养老保险基金35.1亿元,增长34%;失业保险征缴基金2.8亿元,增长34%。为32.4万名离退休人员和5万名失业人员发放养老金、失业保险金31.5亿元。企业退休人员社会化管理率达98.4%。参加基本医疗保险达到112万人,其中,城区居民参加住院医疗保险11.6万人,工伤和生育保险参保人数达到61.6万人和26.6万人。2006年全市开发各类用工岗位9.7万个,城镇新增就业8.7万人,安置下岗失业人员实现再就业7.3万人,指导和帮助4 008户“零就业家庭”和“4050”人员等就业困难对象实现再就业2万人,培训下岗失业人员和在岗职工7.2万人。城镇登记失业率为3.91%。全年实现劳务输出95.5万人。2006年，城市共有10.3万户、21.9万人得到最低生活保障，全年共发放保障金1.7亿元；农村共有14万人得到最低生活保障，全年累计发放资金2 988万元。

2006年末，全市共有养老服务机构231家，总床位数9 134张。其中，国家办养老机构6家，社会力量投资兴办的养老机构225家。农村敬老院129所。全年销售社会福利彩票5亿元，筹集社会福利资金1.75亿元。全年募集善款2 459.2万元，总支出慈善募捐款1 932.2万元，受助群众7.7万人次。

备注：

1. 各项统计数据为年度快报数或初步统计数。

2. 行业数据系有关部门（行业）提供。

3. 长春市生产总值、各产业增加值绝对数按现价计算，增长速度按可比价格计算。

（市统计局）

精神文明建设

【概况】 2006年市精神文明建设，深入贯彻党的十六届五中全会和市十届七次、八次全会精神，全面落实全市重点工作目标责任制，深入推进全国文明城市创建工作、社会主义新农村建设以及未成年人思想建设工作，积极开展以“八荣八耻”为主要内容的社会主义荣辱观教育，市民的文明素质和城市文明程度得到了全面提高，新农村建设成效显著，“三位一体”的未成年人思想道德建设体系不断加强，为振兴长春老工业基地、构建和谐长春营造了良好的社会环境。

【创建全国文明城市】 年初以来，市委、市政府就把创建全国文明城市工作，作为今年全市的重点工作之一，进一步明确了2008年进入全国文明城市的奋斗目标。市文明办结合几年来的创建工作实际，在认真总结2005年文明城市测评工作的基础上，继续按照“一城带五城，六城联创”的工作思路，制定了《长春市2006年创建全国文明城市工作方案》，并以（长发［2006］3号）市委文件的形式下发，对全市的创建工作进行部署。同时，按照《市委、市政府关于对改革等七项重点工作实行目标责任制的意见》（长发［2005］20号）的文件精神，文明办结合自身工作的实际，经过认真研究，反复确认，把在2005年中央文明委来长春市测评中存在差距的项目，作为2006年的重点工作任务，将创建全国文明城市这一重点工作细化分解成25项目标，分别落实给“创城”所涉及到的5个城区、16个相关责任部门，还分别与这些城区、部门签订了责任状，做到了目标明确，责任清楚。在文明办内部，还规定了创建工作的完成时限，将责任落实到处室，为确保创建文明城市工作的各项责任目标如期完成奠定了基础。

市政协也积极参与全市的文明城市创建工作，于第三季度开展了民主评议“文明长春”建设工作。他们从思想道德建设入手，从城市的文明与管理入手，通过对城市环境、秩序、服务、教育等方面的评议，发现、研究和解决市民素质和城市管理中存在的问题，更好地调动全市人民广泛参与城市物质文明、政治文明和精神文明建设的积极性，进而推动了“创建全国文明城市”目标的实现。市文明办在这次政协民主评议工作中，积极主动，密切配合，及时准确地提供了民主评议所需要的相关材料和创建信息，协助政协搞好“文明长春”建设工作的各项调研，把几年来全市创建全国文明城市工作的真实情况提供给了评议组，保证了评议工作有的放

省市文明办联合检查文明单位

矢、顺利完成。同时,自觉地接受政协的民主评议,发现不足,改进方法,推进工作。还协调“创建全国文明城市”工作的各责任部门,对照年初签订的创建全国文明城市工作目标责任分解表,认真检查各项工作任务的完成情况,同时对政协的评议工作积极配合,提供支持和帮助,保证评议工作顺利完成,取得实效。

市文明办分担的7项重点工作任务已经按照年初的计划全部完成,即:制定《2006年长春市创建全国文明城市工作方案》工作;《长春精神文明网》网站开通工作;把未成年人思想道德建设纳入了经济社会发展总体规划,健全领导体制、工作机制工作;对窗口服务部门加大管理监督力度,督促检查银行储蓄所1米线、投诉台设置,对个别公交车的司乘人员不能做到让座宣传、及时报站名、乘客不文明乘车等现象进行监督管理和舆论宣传;“窗口”行业、执法部门创建文明行业活动的覆盖率100%;加强《长春市市民守则》宣传教育和监督管理力度,提高市民素质,规范市民行为;制订公民道德建设长远规划和近期计划。

【社会主义荣辱观教育】 按照中央关于深入学习实践社会主义荣辱观,大力加强思想道德建设的意见,市委宣传部、市文明办紧密结合经济社会发展实际和广大干部群众的思想实际,在认真调研的基础上,起草了《中共长春市委关于在全市深入开展社会主义荣辱观宣传教育的实施意见》,并以(长发[2006]7号)市委文件的形式下发,对全市学习、宣传、贯彻社会主义荣辱观活动进行了全面部署。

加大宣传力度,努力营造学习、宣传、贯彻社会主义荣辱观的良好氛围。主要采取新闻宣传和社会宣传两种方式,不断加大宣传力度,营造浓厚氛围,进一步提高市民学习“八荣八耻”树立正确社会主义荣辱观的自觉性。在新闻宣传方面,市直各类新闻媒体都开设了专题、专版、专栏,采取跟踪报道的形式加强宣传。长春日报、长春电视台、长春电台先后开辟了“社会公德”专栏,对市民进行公德教育。特别是在胡锦涛总书记关于社会主义荣辱观的论述发表后,要求新闻单位要把握好宣传教育的总体要求,明确目标和任务,切实抓好宣传教育。同时,积极协调市直新闻媒体开辟专题、专栏、专版,通过新闻报道、言论、专家点评、群众讨论和公益广告等多种形式,大力宣传社会主义荣辱观的基本内容和精神实质,宣传各县(市)区、各部门、各单位围绕树立社会主义荣辱观、加强思想道德建设的新举措、新进展、新成效,总结各单位和部门涌现出来的先进典型和经验。同时,以专栏的形式,揭露、批评有悖于社会主义荣辱观的言行和现象,积极营造树立社会主义荣辱观的浓厚舆论氛围。长春日报、长春人民广播电台、长春电视台、长春晚报通过开辟《人人争做现代人,知荣明耻树新风》、《践行荣辱观,争作新公民》、《知荣知耻,树立新风》、《知荣耻,树新风》专栏、专题,引导市民践行社会主义荣辱观。6月7日,市精神文明办在开通的“长春精神文明网”上专门设立了创建文明城市的栏目,进一步加大了文明城市创建的宣传力度。市文明办《长春文明简报》也配合全市的荣辱观的宣传教育,编印了37期简报,《长春文明》季刊也增设了“知荣明耻”栏目,加强对全市宣传贯彻“八荣八耻”活动的宣传。

在社会宣传方面,紧紧围绕“创文明城市、做文明市民”这一主题,大力营造创建的氛围。组织各城区广泛开展文明礼仪普及年宣传活动,推广文明礼仪用语;组织五个城区在人民广场周边开展了“文明祭祀”集中宣传活动,出动了“宣传彩车”,进行了秧歌表演,发放各种宣传单近10万张;与移动通信公司合作,开展以“八荣八耻”为内容的短信征集活动,倡导市民文明使用手机;与市社科联联合在长春市图书馆开展了“城市热读·文明大讲堂”系列讲座,共举办了三期,吸引了大批市民听讲。同时以科普进社区的形式,开展了科普宣传周活动,组织全市社会科学界专家学者对市民关注的创建文明城市等社会热点问题进行解难答疑;运用公益广告牌、宣传画、宣传单、宣传标语等形式,广泛开展“八荣八耻”的社会宣传。市文明办与省文明办在全市150个社区制作了150多幅大型公益广告,同时,在长春市的主要街路、标志性建筑物以及机场、车站、公园等,也制作了大型公益广告。新闻出版部门组织编写了《社会主义荣辱观教育学生读本》向长春市所有中小学生发放。全市的街道社区、机关、企业、学校、商场、公园、广场、车站、窗口单位的板报、墙报、宣传栏、电子宣传屏等都突出了文明城市创建和社会主义荣辱观宣传教育的内容，提高了“创城”的知晓率和参与度。

做到四个结合，努力把学习、宣传、贯彻社会主义荣辱观工作落到实处。一是把贯彻落实“八荣八耻”教育活动与文明城市创建结合起来，在努力提高市民的文明素质和思想道德素质，提升城市的文明程度上下功夫。全市各行各业结合各自实际，开展了丰富多彩的主题实践活动。市直机关党工委组织开展了“知荣辱、树新风”公务员演讲大赛。市教育局在学校开展了“倡文明、知荣辱、促成长”、“识荣辱、知使命、做主人”等主题教育活动，市总工会在全市企事业单位职工中开展了以“知荣辱、树新风、促和谐”为主题的道德实践活动，市公交集团还把“八荣八耻”荣辱观的具体内容做成宣传牌、宣传单，悬挂、粘贴在车箱的显著位置，随时提醒乘务人员和乘客要知荣明耻。

在社区把开展荣辱观教育与邻里互助活动相结合，各城区相继开展了“邻居节”活动。从社区居民的内在要求出发，先后开展了以“满足居民需求、缔结邻里亲情”为主题的“邻里互助需求日”活动、以倡导文明礼仪为主题的社区邻里趣味运动会活动、百家宴会活动、邻里互助乒乓球友谊赛活动、“知荣辱、树新风”邻里联谊会活动、“左邻右舍大联欢”活动、“巧妇之星大比拼”等活动，极大地丰富了“邻居节”的内容，增加了吸引力，受到了市民群众的普遍欢迎，收到了良好的社会效益，为构建和谐社会打下了坚实的基础。

深化“破除封建陋习，树立文明新风”主题教育活动。由文明办牵头，在全市范围内开展了清理整顿殡葬用品市场专项战役。针对殡葬用品市场存在的生产加工、销售纸扎封建迷信丧葬用品、无证经营、超范围经营、占道经营、市民沿街抛撒纸钱、当街烧纸钱、冥币等诸多问题，提出了“搞好规划，力争迁出；明确职责，加强整治；建章建制，依法管理；广泛教育，移风易俗”等清理整顿的四点建议。并代市委、市政府制定了清理整顿的工作方案，下发相关单位和部门，对清理整顿工作进行了全面的部署。在清理整顿过程中，会同民政、工商、行政执法、公安等部门分别对四道街、龙峰殡仪馆和市殡仪馆周边的殡葬用品市场及各城区、开发区内的无照经营、超范围经营的业户进行了整改或取缔；对唢呐吹丧、鸣放哀乐、牟利性哭丧、乱设封建迷信广告牌匾等行为进行了严厉打击。清明节期间，全市还开展了“禁烧”集中行动，各区都划分了责任区域，明确了责任人，采取区包街道、街道包社区和驻街单位分片监管的包保制度，对重点区域、重点部位、重点目标进行重点看守。仅4月3日至5日，全市出动各类执法人员、区机关、街道、社区干部、志愿者8 000余人次，制止烧纸活动30余起，教育劝阻80余人次。同时，清理整顿殡葬用品市场工作也取得了阶段性成果。共清理整顿殡葬用品经营业户、零散商贩、食杂店892户，其中，取缔无证业户、零散商贩445户，清理占道经营业户257家，收缴纸牛马、纸别墅等封建迷信丧葬用品46车，对13名违法者进行了处罚。经过清理整顿，西四道街沿街的殡葬用品商店内已不见纸制的元宝、彩电、别墅、汽车等迷信用品；市殡仪馆附近占道经营殡葬用品的商贩已不见踪影；龙峰殡仪馆门前29家无证经营殡葬用品的商户消失了，墓园里用鲜花祭祀亲人的市民增多了，文明祭祀方式逐渐被市民接受。

把贯彻落实“八荣八耻”教

“交通文明之星”评选颁奖文艺晚会

育活动与农村文明村镇创建活动结合起来，有力地推动了社会主义新农村建设。积极开展“乡风文明进万家，环境整洁美乡村”主题创建活动。在全市乡镇、村组建“农民文明教育学校”、富民书屋、文体活动中心等方便农民学习、培训、开展文体活动的场所；深入贯彻《长春市农民道德行为准则》，组织各县市区、乡镇制定《村规民约》、《居民文明公约》和各类道德规范，引导人们懂礼貌、礼节；大力开展道德公评公议活动，采取自评、互评、总评方式，在每村评出文明农户、信用户，宣传、表彰群众身边高尚道德家庭的人和事，让村民学有榜样，赶有目标，自觉提高道德修养；针对农村封建迷信、愚昧落后的思想推广榆树市秀水镇大于村经验，组建村民议事点、道德评价会、移风易俗理事会，充分发挥社会舆论力量来推进、监督农村道德风尚、文明新风的形成。

把贯彻落实“八荣八耻”教育活动与迎接亚冬会结合起来，为亚冬会的成功举办营造了良好的城市环境。为迎接亚冬会，彰显长春文化城的风采，体现长春市深厚的人文底蕴，市文明办和东亚经贸新闻报社联合举办了“迎接亚冬会，消灭身边错别字”城市文明大行动活动。活动方式是在东亚经贸新闻设立24小时挑错热线，由市民举报错别字及不文明用语，每天公布结果，并对每位挑出错别字及不文明用语的市民给予物质奖励，记者每天跟踪市民反映情况，推出连续报道。同时，在活动结束时，评选前三名挑错别字及挑不文明用语最多者当选“城市清洁大使”。活动中，市民参与热情很高，据统计，长春市区仅“家具”写成“家俱”的错字就有100多处，成为春城街面上出现频率最高的错字。市民们还挑出了英文、韩文的错误以及城市不文明用语。活动的开展，进一步提升了城市的文明程度，为亚冬会营造了良好的城市环境。

把贯彻落实“八荣八耻”教育活动与群众性创建活动结合起来。为丰富群众性创建活动内容，提高群众的吸引力和参与率。市文明办与新文化报社联合举办的“八荣八耻”赛歌会。报名市民达926位。其中不仅有在校学生、幼儿园小朋友、社区居民、乐队以及部队官兵，甚至还有四平市的热心读者。《“八荣八耻”牢记心间》、《“八荣八耻”永不忘》、《“八荣八耻”颂》……一首首歌曲唱出了社会主义荣辱观的深刻内涵，唱出了长春人争做文明市民，为创建文明城市、构建和谐长春做出积极贡献的决心。形式新颖、内容精彩的赛歌会，吸引了市民的目光，很多市民都围拢在舞台周围，倾听这优美的旋律，接受心灵的洗礼。

市文明办与吉林电视台都市频道《守望都市》栏目、《新文化报》、长春信息港等媒体联合在全市范围内组织开展了“知荣辱树新风——我身边好市民”评选活动。市民对市文明办组织的这次评选活动更是给予了极大的关注，不仅社区居民踊跃参加，外来务工人员也积极参与进来，参与活动的人数愈万人，评委会共收到选票381 708张。经过评委会认真细致的评审，最终在48名候选人中评选出了31名“知荣辱树新风——我身边好市民”。8月中旬，在省市相关媒体上公布了评选结果。31位知荣明辱，文明向上的长春市好市民在市民群众及评委的一致认可下，新鲜出炉。

“帮困扶贫”一直是全社会所提倡的，也是群众性精神文明创建活动的重要内容。在为因患视网膜瘤而双目几乎接近失明的小欣月治疗过程中，全市有2 000多市民伸出了援助之手，这件事在全省乃至全国产生强烈反响。在救助贫困学生活动中，绿园小学的文明示范生李娜用自己积攒的近6万元压岁钱无偿捐助白瑞欣同学，并表示帮助她直到读完大学为止。中央电视台的十多个栏目也进行了宣传报道。一股“知荣辱、讲正气、树新风、促和谐”的良好社会风气正在全市形成。

【群众性精神文明创建活动】 坚持了以人为本、重在建设的理念，以提高市民的文明素质和思想道德素质为核心，开展了丰富多彩的主题实践活动，并把2006年定为文明礼仪普及年。通过开展“文明走路、文明乘车、文明如厕、文明游园，做文明市民”活动，从解决具体实际问题入手来吸引市民广泛参与，有效地推进了市民的文明素质和城市的文明程度的提高。

开展了文明礼仪知识普及暨市民道德素质提升年活动。把2006年定为文明礼仪知识普及暨市民道德素质提升年，制订了活动实施方案，进行了部署落实。3月中旬活动正式启动。在活动开展过程中，注重了对活动的宣传。通过墙报、板报、标语、印发宣传资料等方式，多角度、多渠道进行社会宣传，并发挥志愿者、市民巡视员以及大中小学生的作用，扩大宣传覆盖面。在加强社会宣传的同时，还发挥新闻宣传的作用，在各新闻媒体设立了“文明礼仪知识普及年”专栏，及时宣传报道活动的进展情况、活动中涌现的典型，吸引广大市民积极参与到活动中来，共同营造人人关心、人人参与的社会氛围。并通过组织各种群众喜闻乐见的活动，在社会掀起人人学礼仪、讲礼仪、用礼仪的高潮。在宣传普及文明礼仪知识的同时，对市民的不文明行为进行规劝，特别是对相关的窗口单位进行监督和评议。朝阳区医院通过“问候用语征集”、“礼仪展示”、“健康礼仪形象大使评选”等活动，狠抓职工的礼仪教育和培训，对医生、护士日常行为实行健康礼仪定位，推广使用文明用语，做到来有迎声，走有送声，在全院形成了人人讲文明、讲礼仪、讲秩序的良好氛围。各单位、各部门开展各项活动30余次，其中，召开专题座谈会、举办文明礼仪知识讲座13次，成立义务宣传队、监督队9支，受到文明礼仪知识宣传和教育的市民达到20万人次。

开展了“双无双文明”竞赛活动。为全面提高市民素质，深化市民的文明交通意识，市文明办和市交警支队开展了以“无交通违法、无交通事故，文明走路、文明乘车”为主要内容的“双无双文明”竞赛活动启动。本次“双无双文明”竞赛主要开展以下两项活动：在10万驾驶人员中开展“无交通违法，无交通事故”的双无竞赛活动。即通过对驾驶人员的管理和交通安全教育，提高驾驶人员遵守交通安全法、文明行车、安全驾驶的意识和自我约束力。不超速、不抢行，驾车时不接打移动电话，不随意掉头，不乱停放车辆等等。在百万市民中开展“文明走路，文明乘车”的双文明竞赛活动，通过竞赛普及交通安全知识，进一步规范市民交通行为。各城区在辖区内还设定了2条文明交通示范街路、10个文明乘车示范站点，统一组织市民巡视员和志愿者在各主要交叉路口及公交车站点值勤。竞赛结束时评出“双无”驾驶人100名、“双文明”交通参与者1 000名、“文明示范街路”5条、“文明公交站点”10个。经过4个月来的运行，活动取得了明显成效。解放大路成为全市的样板街路，杜绝了违章和交通事故的发生。在这里行驶的公交车的乘客也能够自觉的文明走路和文明乘车，市民的文明素质和城市的文明程度都得到了显著提高。由第六届亚冬会组委会、长春市委宣传部、长春市精神文明办、长春市交通警察支队联合举办的《冰雪亚冬会，文明扮春城，“交通文明之星”评选活动》将“双无双文明”活动进一步引向了深入。活动从8月中旬开始，至9月中旬结束，由交通民警、亚冬会志愿者、驻长新闻单位记者共同组成“寻找交通文明之星”小组，奔赴长春市的大街小巷，发现、记录我们身边的各种交通文明行为，对当选的“交通文明之星”和“交通文明好市民”将有机会在亚冬会举办期间，直接参与亚冬会的多项公益宣传活动。9月中旬，本次活动圆满结束，王振范等10位市民获得了由长春市政府授予的“交通文明之星”和“交通文明好市民”荣誉称号。

全面开展了“学雷锋精神、做文明市民、创文明城市、建和谐长春”活动。市文明办于3月份在全市组织开展了“学雷锋精神、做文明市民、创文明城市、建和谐长春”活动月，在全社会弘扬和培育雷锋精神，广泛动员社会各界和市民群众积极参与创

评选“交通文明之星”活动

文明城市、做文明市民、建和谐长春活动,促进了全市公民道德素质和社会文明程度的不断提高。此间,学雷锋志愿者们除了参加修鞋、理发、配钥匙、修理自行车、清扫垃圾等一系列义务服务活动外,还组织志愿者及市、区两级市民巡视员,集中开展了“巡视道德、走进文明”活动,引导广大市民自我参与、自我教育、自我监督,做文明市民、建文明城市。还和亚冬会志愿者工作部、团市委、市志愿者协会共同组织开展了“万名志愿者走近亚冬会——大型公益宣传活动”。万名志愿者走上街头,以宣传亚冬盛会,提供志愿服务为主要方式,深入社区、农村、学校、企业开展生活照料、医疗保健、义务家教、家电维修、法律援助、捐资捐物等服务活动,用实际行动为群众办实事、解难事,从而掀起了奉献亚冬会、奉献社会的高潮。参加志愿服务统一行动的志愿者超过万人。

积极做好军警民共建工作。5月份市文明办与长春警备区、市双拥办及吉林省长宣文化发展有限责任公司共同策划了“共建和谐社会,爱心献给最可爱的人”配套性服务大型展示、慰问演出活动。长春和平大戏院、香港君子玉珠宝有限公司、久日婚纱摄影、天创专业音响、吉林省天工装饰设计工作室、吉林省先驱艺术发展有限公司等民营企业联合赞助,组织了一台丰富多彩的文艺节目到部队进行慰问演出。

组织开展“公民道德宣传日”活动。9月20日是全国第四个“公民道德宣传日”,市文明办充分利用这一机会,从9月19日开始到9月底,在全市范围内组织开展了以“创文明城市,做文明市民”为主题的系列实践活动。本次系列活动包括:结合创建国家卫生城活动,将9月19日作为“义务奉献日”,在长春市开展“创建文明卫生城大清洁”活动;通过“双无双文明”竞赛活动,推动长春市“畅通工程”的健康发展,为市民群众营造良好的交通环境;结合年底长春市“文明风景旅游区”评选工作,重点开展“文明出行、文明旅游”活动,加强对出国人员的文明礼仪培训,在各旅游景点加强对国内游客的文明礼仪教育等。另外,还开展了“乡风文明进万家,环境整洁美乡村”活动,组织广大农民,集中治理村屯环境卫生,治理“脏、乱、差”现象,从而促进了农村生产、生活环境的彻底转变。9月19日,在长春市的主要街路,长春市各区和有关部门都通过板报、宣传栏、宣传标语、宣传画和文化活动等形式,大力宣传几年来公民道德所取得的成绩,并号召全体市民做文明市民,为创建文明城市工作贡献自己的力量。

【农村精神文明建设】 深入开展农村“一推双带”活动。为确保“一推双带”活动落到实处,按照省市委“推动农村富余劳动力转移,带动农民素质提高,带动农民增收致富”工作的要求和部署,在强化协调、营造氛围、加大培训、拓宽渠道、维权服务、打造品牌、培育典型上狠下功夫,取得了明显的成效。一是抓培训。现有县(市)区级培训机构33个,乡镇培训机构160个,已培训农民2万人次。培训内容上,按照《长春市2004—2007年农村富余劳动力培训、转移规划》,重点开展了职业技能培训、政策法律法规知识培训、公民道德知识培训、市场经济知识培训。二是抓带动。充分发挥“能人”的辐射带动作用和示范效应,突出抓了“引凤回巢”工作。全市有18 054人回乡投资万元以上。同时,全市发挥了“致富协会”作用,全市农村已有“农民文明致富协会”577个。4月,省文明办要宣传一批能人带动先进典型的按照要求,经过推荐选送了8个比较过硬的农村致富带头人典型。三是抓品牌。经过几年的努力,全市各县(市)区根据自身的特点树立了自己的劳务品牌。如榆树的保安、保姆、技工、豆腐和德惠市郭家镇的建筑工人、松花江镇的花卉女工等多个劳务输出品牌在外地打响。长春市与北京的保安公司签订了长期的用工合同,已连续四年为北京输送保安人员2 300多名。

积极组织开展“结对共建文明村”活动。围绕“乡风文明进万家,环境整洁美乡村”这一主题,紧密结合农村发展实际,组织百个城市文明单位、优秀民营企业与行政村结对,广泛开展“十联、十帮”即:经济发展联促,帮助提供信息、科技、资金、物资;思想道德联抓,帮助农民更新观念;乡风文明联倡,帮助革除陈规陋习;富余劳动力转移联推,帮助民工就业;扶贫帮困联助,帮助脱贫致富;文明创建联动,帮助建设文明生态村;文化活动联办,帮助改善文体设施和培养文化骨干;村容环境联治,帮助提升生活质量;社会治安联管,帮助教育普法;党建工作联做,帮助民主管理为主要内容的“结对共建文明村”。目前,组织各共建单位正在对接。继续以102、103、302国道、榆黑省道和铁路沿线村、乡(镇)所在地村为主,开展“乡风文明进万家,环境整洁美乡村”主题创建活动。深入开展“文明长廊”创建活动,全面整治镇容村貌,认真组织实施“三清三改三包”(清污沟、清垃圾、清路障,改水、改厕、改路,包卫生、包绿化、包秩序)工程,努力做到人畜分离,沟渠畅通,道路平坦硬化,庭院美化绿化,建成一批示范型文明生态村。

【未成年人思想道德建设】 市文明办把未成年人思想道德建设工作作为精神文明建设的重要内容,认真研究新形势下未成年人思想道德建设工作出现的新情况和新问题,探索和构建学校、家庭、社区“三位一体”的未成年人思想道德建设工作体系,在建立长效机制上想办法,在创新载体上做文章,在真抓实干上下功夫,努力营造未成年人健康成长的社会环境,取得了明显成效。一是抓机制,强化监督检查。年初制定下发了《2006年未成年人思想道德建设工作实施方案》。充分发挥了学校在未成年人教育中的“三主”作用,努力构建学校、家庭、社会“三位一体”的教育网络和工作机制。二是抓重点,在务求实效上下功夫。加强了“问题少年”和“问题家庭”的思想道德建设工作。开展了“伸出关爱援助之手,不让一个孩子掉队”主题实践教育活动,通过采取针对“问题家庭”未成年人开办家长学校、组建家庭教育讲师团、建立档案、开展帮教和扶贫助学活动、推行“代理家长制”、创建“未成年人零犯罪社区”、“无辍学乡(镇)”、成立“预防未成年人犯罪教育基地”等一系列有效措施,达到了预防和减少未成年人犯罪目的。宽城区、二道区相继开展了未成年人阳光教育系列活动。其中,宽城区与省少管所开展了“共建阳光教育基地"活动。区直机关45个部门、文明单位代表、社区组成“三帮一”对子,对全区服刑的17名未成年人进行帮教,通过定期通信、座谈汇报、生活关爱等形式从物质和精神上给予帮教,并承诺刑满后积极帮助就业,从而使这些未成年人安心改造增添了信心。省少管所为宽城区中、小学提供法制教育资源,组织改造好的服刑人员为学生和家长现身说法,开展遵纪守法警示教育。他们还和宽城区内中小学校开展座谈、联谊、文体、竞赛及相互参观等活动,使参加活动的未成年人受到教育,提高素质。市文明办还联合市文化稽查支队在全市范围内特别是校园周边深入开展了网吧治理整顿,为未成年人健康成长营造了良好的社会环境。针对目前手机使用不文明现象,结合社会主义荣辱观教育,与长春日报社、中国移动长春分公司、吉林大学管理学院团委等联合开展了“树立荣辱观 文明打手机”主题系列宣传教育活动,完成了手机使用中不文明行为的调研报告,在全市手机用户中开展了“知荣辱,讲文明,手机短信彩信大赛”活动,净化了文明使用手机的环境,提高了手机用户的素质。三是精心准备,完成了省文明办对贯彻落实中发[2004]8号文件情况所进行的督察,起草了《长春市关于贯彻落实中央8号文件精神的情况汇报》、《自查报告》,开展了全市网吧现状的调研。全市还接受了中央督察组对全市贯彻落实2004中央8号文件精神的工作检查,全市的未成年人思想道德建设和大学生思想政治教育工作得到了督察组的一致认可和好评。

(陶树海)

2007 长 春 年 鉴

CHANGCHUN ALMANAC

党政机关

党 政 机 关

中国共产党长春市委员会

【概况】 2006年，在省委、省政府的正确领导下，市委团结和带领全市人民，牢固树立和落实科学发展观，全力推进经济社会更好更快发展，实现了“十一五”良好开局。

国民经济快速健康发展，各项主要经济指标全面或超额完成。2006年全市地区生产总值实现1 741.2亿元，同比增长15.1%；全口径财政收入210.6亿元，同比增长14%；规模以上工业总产值实现2 140亿元，同比增长23.8%；完成固定资产投资950.4亿元，同比增长46.1%。社会消费品零售总额达到666.3亿元，同比增长11%；进出口总额达到52.3亿美元，同比增长15.1%，全市综合实力进一步壮大。

两大支柱、三大主导、五大重点产业增势强劲，产业结构进一步优化。汽车工业产值增长22%，提升31.8个百分点。汽车产业开发区整合、集聚、拉动、服务作用趋势明显。农产品加工业快速发展，占规模以上工业产值比重达到13.3%，已成为名副其实的支柱产业。玉米工业园区建设进一步提速，产业集聚效应进一步放大。光电信息、生物医药、现代物流等主导产业和能源、建筑和材料制造、旅游会展、文化、金融等重点产业持续稳定增长，正在成为支撑全市经济发展的重要力量。高新技术产业产值突破1 000亿元，增长22.7%。全市“一业特强、两业支撑、多业并举”的产业发展格局初步形成，经济发展的稳定性、协调性、可持续性明显增强。

固定资产投资高速增长，项目建设取得重大突破。一年来，全市牢牢坚持“工业先行、投资拉动、项目领跑”，全社会固定资产投资大幅增加，增速创历年最高水平。全年实施城镇固定资产投资项目1 833个，增加859个。其中，新开工项目1 445个，增加683个；超亿元项目266个。全年新增投资300亿元，投资增速在15个副省级城市中居第2位。

“三大板块”竞相发展，错位竞争、协调推进的区域经济新格局进一步形成。农业生产喜获大丰收，全年粮食总产量达到813.7万吨。新农村建设顺利起步，新农村试点村容镇貌综合整治等一批重点项目全面启动。县域重点突破战略深入实施，各县经济加速发展，四县(市)生产总值达477.9亿元，增长15.4%，超过全市平均水平。各城区坚持率先加快发展，经济总量在差异化竞争中实现较快增长，六城区合计完成生产总值438.6亿元，增长17.9%。各级开发区增势强劲，发展迅猛，全市开发区完成生产总值731.7亿元，增长25.6%。

“改造大铁北、建设北部新城”、建设南部新城和净月生态城等重大战略全面启动，城市增长极作用进一步显现。市委、市政府立足区域经济社会协调和城市百年发展，着眼改变南北“二元世界”，作出了“改造大铁北，建设北部新城”和建设净月生态城的战略决策。“五路大军”奋战铁北，一批改造重点工程开工建设。年初安排在铁北区域的65个重点项目，已开工建设58项，实际完成投资130亿元。南部新城建设加快推进，行政中心南迁，综合拉动效应进一步显现。净月生态城建设加速推进，全年退耕还林5平方公里，总投资2.7亿元，相当于过去10年投入的总和。新区新城建设已经成为拉动城市快速发展的重要力量。

改革开放进一步深入，经济发展活力显著增强。国企改革攻坚任务基本完成，绝大多数企业改革后发展势头良好，发展速度明显加快。厂办大集体改革试点工作有序进行。国有粮食购销企业产权制度改革全面推进。事业单位改革成效明显，股权分置改革有序推进，供暖制度改革基本完成。文化经营体制、医疗卫生体制等一些重点领域的改革也取得阶段性成效。市对外开放水平进一步提高，外资外贸等国内外招商形势喜人。引进英荷壳牌、美国AB等一批知名企业，新增世界500强企业投资项目4个。东博会、农博会、等招商引资活动效果显著，全年实际利用外资14.1亿美元，增长20.2%。引进内资253.8亿元，增长23.8%。

城市建设取得重大突破，城市面貌和人居环境明显改善。坚持加快城市建设与解决民生问题并重，全年拆除棚户区290万平方米，货币及房屋安置拆迁居民43 334户，安置超期回迁居民1 596户，超额完成省下达的年内改造任务。轻轨二期通车运营，伊通河综合治理、西部串湖综合治理、102国道绕行线、长双烟铁路等重点项目建设顺利推进，长吉快速铁路、哈大铁路客运专线完成项目建设前期准备。全年新改建道路99条，大中修道路142条，基本完成了历时三年的主次干道改造。改造居民巷道1 986条，安装街路照明灯具11 128套，基本完成居民巷道改造和亮化。城乡居民生产生活环境进一步优化。

城乡居民收入稳步增长，社会事业和社会保障体系建设稳步推进。城镇居民人均可支配收入达到11 358元，增长12.8%；农民人均纯收入比上年净增300元。科技、教育、文化、卫生、体育等各项社会事业快速健康发展，市属医疗单位进一步改造升级，民族学校、特殊学校和薄弱学校的改造力度不断加大。实现就业再就业8.7万人，安置“4050”人员2万人。社会保障工作体系进一步完善，全市养老、失业、医疗保险参保人数分别达到116万人、66.5万人、111万人。全市投入救助资金1.9亿元，救助城市低保20余万人。覆盖城乡的社会救助体系基本建立。

民主法制和精神文明建设进一步加强，和谐稳定的良好势头进一步巩固。依法行政深入推进，服务型政府建设不断加快。人大、政协、统战部门立足优势，发挥作用，促发展保稳定创和谐，各项工作成效显著。继续加强社会治安综合治理，深入开展严打斗争，人民群众安全感进一步增强。坚持唱响主旋律，打好主动仗，思想道德建设、宣传思想工作和先进文化建设积极推进，精神文明创建活动成果丰硕，为和谐长春建设提供了有力支持和保障。畅通工程在全国846个参评城市中位居第3名。顺利通过省级卫生城市验收，具备了申请国家卫生城市的基本条件。

市县（市）乡三级换届有序进行，党的执政能力和先进性建设不断加强。市和县（市）区的换届人事调整基本结束，领导班子结构进一步优化，整体功能进一步增强。全市干部思想状态平稳，各级新的领导班子团结和谐，工作开展快、干劲足，领导干部配备改革运行良好，廉政意识明显增强。涌现出一批党员干部模范典型。配合中央有关部门，宣传总结树立了全国重大典型谭竹青。全市保持共产党员先进性教育活动圆满结束。党员干部特别是领导干部的先进性和执政能力进一步提高。

【中共长春市委十届九次全体会议】 会议于2006年7月14日举行。会议听取和审议了中共吉林省委常委、长春市委书记王儒林同志代表市委常委会所作的题为《振奋精神　乘势而上　全力推进经济社会更快更好发展》的工作报告。会议的主要任务是：报告2006年上半年工作，研究部署下半年重点工作；审议确定关于召开中国共产党长春市第十一次代表大会的相关事项。动员全市广大党员、干部和人民群众，认清形势、鼓足士气、振奋精神、乘势而上，全力推进经济社会更快更好发展。

会议指出，2006年是“十一五”开局之年，虽然上半年整体发展势头不错，但下半年的工作任务仍然十分艰巨。下半年还面临县（市）区换届，工作量大。在这种情况下，全市上下必须统一思想，统一认识，再接再厉，再鼓干劲，进一步克服制约经济社会更快更好发展的不利因素和各种困难，努力完成全年各项工作任务。要全力推进经济快速健康发展；要努力抓好净月生态城建设；要大力推进创建国家卫生城工作；要全力加快创新型城市建设步伐；要进一步实现和维护好群众利益；要不断加强精神文明和民主法制建设；要进一步加强党的先进性建设；要认真抓好县（市）区换届工作。

会议要求，全市各级党组织和广大党员干部，要自觉地把思想统一到中央和省委的要求上来，统一到更快更好发展上来，要加强领导，精心组织，认真筹备，努力把市第十一次党代会开成一个承前启后、团结民主、务实鼓劲的大会。要精心做好市第十一次党代会报告的起草工作；要规范有序地做好党代会代表选举工作；要妥善处理好筹备召开党代会与保持正常工作秩序的关系。

（秦 雪 李卫国）

【信息工作】 2006年，市委办公厅认真贯彻落实全省信息工作会议精神，紧紧围绕市委中心工作，不断加大信息工作力度，在上报中办、省委信息以及为本级和基层党委提供信息服务方面都取得了明显成果。全年共向中办报送信息1 720条，比2005年同期增长10%。据中办信息采用情况通报，累计得分104分，在15个副省级城市中名列第6位，在29个省会城市中名列第6位，比去年上升3位，在209个地级以上城市中名列第8位，比去年上升13位。有2条信息得到中央领导的批示。全年共向省委报送信息2 210条，同比去年增长13%。据省委信息采用情况通报，长春市向省委报送的信息，累计得2262分，蝉联全省第一，比位居第二的白山市高638分。其中，有73条被《吉林信息》采用，比去年增长11%；有92条被《吉林重要信息专报》采用，比去年增长92%；有28条被《吉林调研专报》采用，是2005年的1.5倍多。

为本级领导提供信息服务。年初以来，注意从领导的讲话、调研和批示中，抓住领导的兴奋点和需求点，通过《今日要情》、《专报领导》、《长春信息》和《决策参考》4个载体，及时有效地为领导提供更多更好的信息服务。2006年，《今日要情》在原有基础上，增加了各地上报中办的内容，共出刊243期1 900余条要情，市领导批示8条，领导采纳率达到50%以上；报送《专报领导》信息228期，比去年增长15%，领导批示率达到95%以上；《长春信息》普刊出刊71期840余条，与去年持平；长春信息《决策参考》出刊36期360余条，比去年增长57%。

（刘 庶）

【保密工作】 2006年，市保密工作，认真贯彻全国全省保密工作会议和市委十届八次全会精神，紧紧围绕全市的中心工作，充分发挥“保安全、保发展”的作用，较好地完成了2006年的各项工作任务。

召开市委保密委员会成员会议和委员会议。对全年工作进行研究部署。一是3月7日市委保密委员会召开，会议听取了市委保密办2005年工作汇报，传达了全国、全省保密局长会议精神和王刚同志在中央保密委员会上的讲话，讨论通过了市委保密委员会2006年工作要点。市委常委、秘书长、市委保密委员会主任姜治莹同志对做好2006年的保密工作提出了明确要求。二是召开全市各县（市）区暨保密工作协作组组长单位保密工作会议。3月17日召开了保密工作会议，会议传达了上级保密工作会议精神，对落实今年的保密工作进行了具体部署。三是7月10日召开全市涉外国家安全和保密工作会议。会议通报了近年来全市隐蔽战线斗争和保密工作情况，提出了贯彻中央和省委关于涉外国家安全和保密工作的实施意见。会后，以市委市政府办公厅名义下发了《关于切实做好我市涉外国家安全和保密工作的实施意见》，对做好全市今后一个时期涉外国家安全和保密工作提出具体要求。四是通过保密工作协作组这一载体，贯彻落实各项工作任务。全市18个保密工作协作组（182个单位）在组长单位的组织下，实现保密工作上情下达，横向沟通，交流经验，取长补短，促进工作的目的。

拓宽保密宣传教育渠道，不断增强涉密人员和全社会的保密法制观念。一是建立长春市保密法制宣传教育网站，发挥信息网络的宣传传播作用。于7月6日开通了长春市保密法制宣传教育网站。网站共储存了40多万字信息和图片，每半月进行更新一次，现在网站每天的点击率平均达到160次以上。二是加强对保密干部和涉密人员的培训工作，不断提高他们的保密业务素质和管理国家秘密载体的能力。市保密局于8月21日至25日举办了两期涉密人员培训班。全市各单位212名涉密人员接受了保密形势和基础知识、保密法律法规、通信和办公自动化保密管理等内容的教育和培训。围绕市委、市政府的中心、重点工作，强化保密行政管理职能，发挥保障服务作用

做好高、中考的保密管理工作。主要任务是对市区和县（市）6个存放高考试卷的场所，按照国家对存入试卷的保密要求进行监督检查，对达到标准的场所发放《许可证》。6月2日至3日通过两天的检查，这些场所全部达到标准。中考的保密管理属于机密级国家秘密，为做好中考的保密工作，专门派一名处长参与出题的全部保密管理工作，对出题的地点、人员、环境

等内容进行全方位的保密检查，召开参与出题、印刷、服务等所有人员参加的保密工作会议，与出题人员签定保密工作责任状，对出题地点采取了技术措施，进行了技术屏蔽。保障了中考顺利进行。

召开市政府办公楼搬迁单位涉密载体保密管理会议。为加强市政府办公楼机关搬迁过程中公文和涉密载体的保密管理，防止在搬迁过程中出现因管理不善造成泄密事件，市保密局分别于3月22日和9月12日，召开了搬迁单位加强涉密载体保密管理会议，对搬迁单位涉密载体保密管理提出了六条要求，并分两次与25个搬迁单位分管保密工作的办公室主任或秘书处长签定了《保密工作责任状》，使两次搬迁工作顺利完成。

召开军工科研生产单位保密工作经验交流会，做好军工科研生产单位保密资质认证工作。市保密局于3月31日召开了军工科研生产单位保密工作经验交流会，长春工业大学等12家军工科研生产单位参加了会议。会上，长春航空液压控制有限公司等四个单位分别从涉密重点部门和涉密人员管理、保密机构建设和实施、涉密计算机及信息系统的确定和管理等几个侧面介绍了经验。为吉林大学、长春工业大学通过二级保密资质认证工作，为这两所学校参与国防军工项目的研究工作拿到了《许可证》。

做好全市事业单位公开招聘工作人员考试命题的保密工作。4月15日，全市47个事业单位向社会公开、集中招聘200名工作人员，为了做好命题的保密工作，正确选择出题场所，和对出题、印刷人员进行保密教育，签定保密工作责任状等技术防范措施，有效的保障了公开招聘工作的顺利进行。

积极参与亚冬会的保密工作。第六届亚洲冬季运动会将于2007年1月28日在长春市举行，为做好亚冬会期间保密工作，发挥保障服务作用，联合下发了《关于做好亚冬会期间保密工作的通知》（长保发[2006]6号），从10月份中旬开始，两次对亚冬会组委会办公场所进行保密检查，并三次对1 200名亚冬会工作和服务人员进行保密教育培训工作，提高了亚冬会组委会机关保密工作整体防范水平。

积极参与人大、政协会议期间的保密管理工作。1月，在两会召开期间，专门派遣一名处级干部驻会，参与人大、政协会议期间的保密管理工作。会前制订会议期间的保密制度，对各代表团保密管理工作提出要求，采取保密技术措施加强会议期间的安全防范工作，保证了两会期间不发生泄密问题。

对涉密载体的管理和销毁情况进行了三次集中检查。一次是3月22日至23日，利用两天时间对17个以收购废纸为主的废品收购站（点）进行了保密检查，发现了一定数量的涉及国家秘密、商业秘密、工作秘密内容的文件资料，涉密文件绝大多数是《内参选编》，也有红头文件。由于没有编号，从中反映出仍存在一些机关单位将文件资料当废纸出卖的现象。另两次是应省保密局的要求，组织市公安局、工商局、新闻出版局与省、市保密局一起，于6月3日和7月29日对部分旧书市场进行了保密检查，收缴了标密军事书籍、军事内部资料等。全部上缴省保密局处理，堵塞了一些泄密事件的发生。

保密工作与上级领导的要求和客观形势的需要还存在不小的差距。主要是全市保密工作开展还不平衡，一些单位和部门保密管理薄弱，存在一定的泄密隐患；保密工作依法行政的力度不够，有法不依的问题依然存在；保密监督指导和宣传教育还不到位，突出反应在领导干部层面；计算机信息系统保密管理工作还不够完善，工作难度依然较大等等，这些都有待于在今后的工作中通过努力逐步加以克服和解决。

（孙德生）

【组织工作】 2006年，全市各级党委组织部门，紧紧围绕加强党的执政能力建设这条主线，认真落实科学发展观的要求，解放思想，与时俱进，开拓进取，较好地完成了各项组织工作任务，领导班子整体功能不断增强，干部队伍思想政治素质和能力建设进一步加强，人才工作取得新的成效，干部制度改革稳步推进，干部监督工作力度加大，党的基层组织建设水平有新的提高，组织部门自身建设有新的进展，为长春老工业基地振兴和全面建设小康社会提供了坚强有力的组织保证。

保持共产党员先进性教育活动取得成果。坚持把先进性教育活动作为重中之重，充分发挥职能作用，扎实组织开展农村

组织千名党员宣誓活动

和承担先进性教育活动具体组织任务的党政机关的先进性教育活动，同时认真做好第一、二批先进性教育活动巩固扩大成果工作，善始善终完成了先进性教育活动各项任务，实现了预期目标。坚持把解决问题、总结经验、探索规律结合起来，坚持边学边改、边整边改，解决群众最关心、最直接、最现实的问题。召开理论研讨会，编辑出版论文集，形成了一批党建工作的理论成果。着力构建保持共产党员先进性长效机制，从实践起步，总结经验，建章立制，出台了《关于建立健全保持共产党员先进性长效机制的意见》、《关于推进社会主义新农村建设，进一步加强农村基层党组织建设的意见》、《关于进一步加强和改进机关党的建设工作的意见》等一批制度性文件，取得制度成果。同时，总结选树全国重大典型人物谭竹青，作出学习她先进事迹的决定，深入发掘先进事迹，组织谭竹青先进性事迹展，组成谭竹青事迹巡回报告团，拍摄电视专题片，配合中央多家媒体联合采访谭竹青事迹，在人民大会堂举办专场事迹报告会，曾庆红、贺国强等中央领导同志亲切接见报告团全体成员，并对深入学习谭竹青事迹作出了重要指示。全市各级党组织采取多种形式，深入开展学习活动，掀起了一个学习典型、争做先进的高潮。广泛开展“联帮促”、“牢记宗旨、服务群众”、“创业先锋”等主题实践活动，广大党员素质明显提高，党群干群关系进一步改善，基层组织建设切实加强，促进了各项工作，真正使先进性教育活动成为群众“满意工程”。认真落实中央四个长效机制文件，及时把工作重点转到做好保持共产党员先进性的经常性工作上来，形成了不断推进党的先进性建设的良好态势。中央督导组和省委对长春市先进性教育活动给予了高度评价。

县(市)区、乡镇领导班子换届完成。认真学习把握中央和省委精神，超前准备，注重调查研究，摸清底数，有针对性地制订政策措施，下发有关文件，把握关键环节，分阶段召开会议，部署换届工作。严格按照中央和省委的程序、步骤，组织实施换届工作。全面落实体现科学发展观要求的领导班子和领导干部综合考核评价办法，抽调人员组成考察组，认真培训考察人员，由部领导带队，认真组织考察。坚持扩大民主的取向，扩大民主推荐、民意测评和谈话人员范围，增加会议谈话与个别谈话交叉印证、家访等环节，增强考察实效。严格执行换届人事工作纪律，对换届期间有反映的人和事，及时进行调查处理，营造了风清气正的换届环境。落实中央要求，推进领导班子配备改革，减少副书记职数，扩大党政班子交叉任职，按要求配备年轻干部、女干部、少数民族干部和非中共党员干部，县(市)区领导班子结构进一步优化，整体功能进一步增强。强化后备干部培养锻炼，着力提高年轻干部的能力素质，为县(市)区领导班子换届提供了人才支持和干部储备。加强对乡镇领导班子换届工作的指导，乡镇领导班子换届任务圆满完成。对市直机关班子开展重点考核，三年考核一遍任务全面完成，掌握了班子建设情况。配合省委做好市委班子换届考核工作，认真组织实施，成功召开市第十一次党代表大会。

人才工作和人才队伍建设。加强对人才工作的领导，人才工作组织领导体系、指导协调体系、综合服务体系初步形成。强化机制制度建设，组织部门牵头抓总作用充分发挥，“八大工作板块”格局进一步拓展和深化，社会力量参与人才工作积极性提升，工作合力增强。以人才项目建设为抓手，不断创新工作载体，全年验收结项19个，13个项目被评为省优质人才项目，受到省委表彰，占全省受表彰项目的1/5。人才队伍建设成效明显，以高层次和紧缺人才为重点，带动人才队伍协调发展。市场配置人才资源的基础性作用日益明显，依托各类人才市场，为老工业基地振兴集聚大批人才。大力开展优秀人才表彰，精心组织第四批有突出贡献专家评选活动，全市有150名有突出贡献专家、100名优秀人才和50个人才工作先进单位受到市委表彰。召开市管专家市情通报及人才工作者表彰大会，举办人才项目成果大型图片展，有效激励了人才和人才工作者的工作热情。强化人才工作宣传，探索实施工作宣传、新闻宣传、网络宣传、社会宣传“四位一体”的宣传模式，营造了“四个尊重”的浓厚氛围，扩大了人才工作的影响。

大规模培训干部工作。深入贯彻《干部教育条例》，突出能力建设这条主线，干部教育培训工作力度明显加大，全年举办各类培训班360期，培训干部26 400人，培训各类专业技术人员8万多人次。突出领导能力训练，构建10个类别300个专题的党校培训课程体系，引入了案例式、启发式、研讨式、拓展训练等现代培训方法，举办振兴长春老工业基地、企业创新管理、建设社会主义新农村、民营经济等专题研讨班，领导干部解决实际问题能力进一步增强。适应干部个性化、差别化和自主学习需要，进一步完善干部网络学校，有效搭建干部自学平台。加大后备干部培养锻炼力度，在清华大学培训后备干部24人，大力选派后备干部到县（市）区、市直综合部门、信访工作一线和民营企业挂职锻炼，培训干部50人。

干部监督工作。落实中央和省委关于干部监督工作的各项要求，组织召开全市干部监督工作座谈会，进一步明确新形势下干部监督工作任务。结合县（市）区领导班子换届，加大干部监督工作力度，采取有效措施，防范干部选拔任用工作中可能出现的问题，加强有反映干部的审核工作。制定了《县（市）区、市直部门党委（党组）决策重大事项议事规则》，进一步规范了领导班子和领导干部的用权行为。认真落实领导干部谈话制度，领导干部日常谈话、任职谈话、信访谈话、考核谈话、诫勉谈话等形式更加完善。加强与审计部门的联系，突出防范性审计，有重点地对领导干部进行经济责任审计，并强化了审计结果的运用。

干部人事制度改革。以贯彻落实中央五个法规文件为契机，下发学习通知，开展集中学习活动，各级领导班子和领导干部运用干部人事制度法规文件的主动性和自觉性进一步增强。全面总结干部人事制度改革工作，对全市改革情况进行统计分析，完成市本级和基层单位经验的总结。在县（市）区和乡镇换届中，全面执行各项改革措施，扩大民主、完善考核、推进交流要求得到全面落实，民主推荐、民主测评、公开选拔、竞争上岗、交流、辞职、任用监督等措施进一步完善。不断加大改革探索力度，开展任期制试点，研究制定《党政领导干部职务任期操作办法》；结合全市“十一五”规划目标，形成《“十一五”期间干部人事制度改革实施意见》。深入贯彻实施《公务员法》，调查摸清底数，配合有关部门出台相关政策，完成全市党委、人大、政协、法院、检察院、群团组织等六类公务员登记工作。坚持典型引路，认真总结二道区“五位一体”

省委书记王云坤参观谭竹青事迹展

隆重纪念建党 85 周年

考核、公推竞岗等干部人事制度改革经验，并进行了重点宣传和推广。

基层组织和党员队伍建设。坚持“分类指导、整体推进”的工作思路，扎实推进基层党组织和党员队伍建设工作。在农村，不断深化“三创两建”活动，突出乡村两级班子建设，积极创新乡镇领导班子工作模式，适应中央“两免三补”政策实施，重新定位基层党组织工作职能，明确县乡（镇）村三级领导责任，农村党员干部“带富裕、带文明”，服务新农村建设的能力进一步增强，全市乡镇干部帮助群众创办项目1 745个，有 838 名干部引领和带动全民创业，新经济组织不断发展，全市农村基层党组织和党员干部带领群众共建立新经济组织2 395个，带动了202 403个农户增收致富。有1 158名村党组织书记创办和领办致富项目，占村党组织书记总数的68.5%。在城市基层，以服务群众为重点，进一步完善街道社区党建工作领导体制，市区 50 个街道中有 42 个实行了“大党工委”领导体制，强化了街道社区党组织对区域性党建的协调指导职能，实现了街道与驻街单位的关系从松散型向紧密型的转变。适应企业改制和机构设置的变化，及时理顺党组织设置和隶属关系，调整 67 个单位的党组织隶属关系，新批建党组织 20 个，撤销党组织 4 个，增补党（工）委委员 16 名，党组织更名 4 个。切实加强非公经济领域党的建设，探索“社会化招聘、契约化管理、专业化培训、职业化运作”工作模式，朝阳区的非公企业工会主席社会化、职业化和非公企业党组织跨企业设置、党组织书记专职化试点工作取得成功经验。加强机关党的建设，认真巩固和扩大先进性教育活动成果工作，建立健全长效机制，促进了各项工作。切实加强学校、科研院所和事业单位党的建设，围绕改善经济发展软环境，注重党员干部素质提高，突出职业道德教育和服务意识，重点加强了窗口单位和服务行业的行风建设，提高了办事效率和服务群众水平。在党员队伍建设上，围绕扩大党的阶级基础和群众基础，扎实做好党员发展、教育管理工作。制定下发《2006 年全市发展党员工作的意见》，重点探索了发展党员群众推荐制，提高了发展党员质量。全年党的积极分子达到156 000名、发展党员13 500名，分别比 2005 一年增长 8.3% 和 1%。市本级实现了党员组织关系管理信息化。建立健全党员服务体系，全市建立党员服务中心 11 个、党员服务站 56 个、“党员之家”331 个、党员服务点 644 个。认真开展农村党员干部现代远程教育试点工作，依托农村中小学，建成终端接收站点1 369个，在 100 个无校村全部新建站点，覆盖全市所有乡镇和 86% 的行政村。成功召开了纪念建党 85 周年暨先进性教育活动总结表彰大会，集中表彰宣传党内先进典型，切实提升工作水平。

组织部门自身建设。以先进性教育活动为契机，全方位抓好自身建设，坚持“高认识、高标准、高质量”，规定动作落实到位，自选动作体现特色，收到了预期效果，组工干部的党性观念进一步增强、公道正派形象进一步树立。举办全市组工干部业务培训班，召开组织部长座谈会，深入研讨组织工作创新思路，有效地推动了全系统干部能力素质和业务水平的提高。调研信息工作取得突出成绩，老干部工作、干部档案管理、组工调研、组工信息宣传、信访工作有新进展。长春党建网站、远程电视会议系统、“党建园地”电视栏目、中组部专网门户网站、长春

组织城市经济竞争力课题研究

组工网等运行良好，服务功能进一步增强，全系统办公自动化建设水平显著提高，为组织工作整体推进创造了条件、提供了保证。

（杨小兵）

【宣传思想工作】 2006 年，全市宣传思想工作坚持以“三个代表”重要思想为指导，按照贯彻落实科学发展观、构建社会主义和谐社会和振兴长春老工业基地的要求，认真谋划，开拓创新，狠抓落实，保持了昂扬向上、健康发展的宣传态势，为实现“十一五”良好开局，实现经济社会又好又快发展提供了强有力的理论支撑、舆论支撑、精神支撑和文化支撑。

理论武装工作在促进党员干部真学、真懂、真信、真用上取得新进展。(1)坚持以县(处)级以上领导干部为重点，进一步加强和改进了党委(党组)理论中心组学习。市委理论中心组围绕学习宣传贯彻科学发展观、构建社会主义和谐社会等 4 个专题，全年共进行 4 次集中学习研讨；(2)全市广大党员干部围绕“十一五”规划、建设社会主义新农村、学习谭竹青精神等 7 个专题，广泛开展了学习，提高了用科学理论武装头脑、谋划工作的能力；(3)积极探索、总结基层干部理论学习的新模式、新做法、新经验，完成了《长春市基层理论学习的实践与思考》总结报告，引起了上级部门和基层党委的广泛关注；(4)以“长春高校专家、学者报告团”为依托，深入开展了“送理论进校园”活动，推动全市高校大学生的政治理论学习，促进马克思主义理论创新最新成果进课堂、进教材、进头脑；(5)坚持“三贴近”和“三深入”，不断深化“送理论下基层”活动，采用现场答疑、多媒体展示、宣讲等群众喜闻乐见的形式和便于参与的载体，进行理论宣讲和政策解读，推动理论宣传教育深入基层、深入实际，走近群众、走进生活，充分发挥了理论宣传的“解扣”、“解压”的作用；(6)总结宣传推广了九台市“四解(解读理论、解除困惑、解放思想、解决问题)服务一线行”、朝阳区“理论超市”、榆树市“百姓说事点”、二道区“理论讲坛”、德惠市“进百村讲百课”、市图书馆“城市热读”等一批载体新颖、特点鲜明的基层理论学习典型，较好地发挥了典型的示范带动作用；(7)围绕树立和落实科学发展观、构建社会主义和谐社会、建设社会主义新农村等问题，开展鲜活理论观点和典型事例征集活动，共征集到1 100多条富有探索精神的理论观点和鲜活的典型事例，起到了很好的宣传效果；(8)加强理论宣讲队伍建设，建立一支以党员领导干部、专家学者、基层理论工作者、社区终身教育基地专兼职教师等为主体的宣讲队伍，把宣传触角延伸到社会各个层面。(9)联系市“十一五”时期重点工作和重大问题，结合广大干部群众关心的思想理论问题，研究确定了《地方党委政府发展价值观的科学探析》等 10 个重点课题，进行专题研究，推出了一批具有较高理论价值和现实意义的研究成果，为市委、市政府科学决策服务，为全市经济社会更好更快发展提供了理论支撑。(10)加强对全市哲学社会科学研究工作的指导，认真规划人才建设项目，集中力量做好社科规划课题研究，通过理论研究带动社科人才建设；(11)以“贯彻落实科学发展观”为主题，举办全市理论骨干、社科人才培训班，制定人才培养制度，促进了理论人才培养的制度化、规范化。

舆论工作为改革发展稳定营造了良好氛围。坚持把做大做强做优正面宣传作为提高舆论引导能力的核心,拓宽宣传领域、拓展宣传深度、提高宣传质量,积极有效地引导了社会舆论。(1)配合全市重点工作目标责任制的实施,突出抓好经济宣传。组织市直新闻媒体围绕贯彻落实市委十届七次、八次、九次全会精神,以推动长春又好又快发展为主题,宣传全市实施“双轮驱动”、做强“三大板块”、发展“十大产业”、推动八项重点工作的新进展和新成果,宣传各地各部门推进经济结构调整、招商引资、项目建设、城乡区域经济协调发展等方面的新做法和新经验。在全面宣传的基础上,着重突出了对文化产业的宣传,通过组织开展文化产业集中采访活动,推出系列报道,重点宣传了文化产业发展成就;结合“2006质量宣传月”,集中宣传了皓月集团、大成集团等一批实施品牌战略,加速自主创新的企业典型;围绕市委、市政府的中心工作、重点工作,集中开展了成就宣传,营造了齐心协力抓落实的良好氛围。2006年市直各媒体共刊播经济类稿件25 000篇(条)以上,在服务中心、服务大局上发挥了积极作用。(2)通过召开新闻通气会、组织集中采访、开展系列报道等多种形式,大力宣传棚户区改造、伊通河治理、铁北大开发、巷道改造,廉租房建设,农村敬老院建设、贫困户低保等各项工作的进展情况。(3)宣传创建“双拥模范城”和“畅通工程”取得的丰硕成果,宣传市委市政府认真解决群众诉求问题、全面改善群众生活环境的有力举措,展示了市委市政府爱民、亲民、为民、惠民的良好形象,进一步推动了和谐长春建设。(4)积极开展保持共产党员先进性教育活动、纪念建党85周年和红军长征胜利70周年、学习宣传贯彻十六届六中全会精神、建设和谐长春等重大主题活动的宣传,开展落实科学发展观、社会主义荣辱观教育、建设社会主义新农村的宣传以及地方党委换届工作和县乡两级人大换届选举工作的宣传等等,(5)有计划地组织了冰雪节、君子兰节、教育展、房交会、汽配展、第二届“中国吉林东北亚投资贸易博览会”、第六届农博会,第八届长春电影节等各种展会活动,特别是第六届亚冬会的宣传报道工作,为更好更快发展营造了良好的舆论氛围。(6)紧紧围绕热点、难点问题和突发事件,加强调控,及时调度,严格监管,准确把握了医疗改革、中高考政策以及公务员工资改革等热点、难点、敏感话题的报道尺度,稳妥地处理了经济开发区电力火灾等突发事件的公开报道,避免了渲染、炒作和负面影响,很好地把握了舆论导向。(7)组织召开长春市新闻宣传工作会议,颁布下发《关于进一步加强新闻舆论管理的若干意见》,进一步建立健全了新闻舆论管理制度,完善了与驻长中省直媒体的协调沟通机制和突发事件报道的快速反应机制。(8)全面推行新闻阅评工作,认真执行新闻宣传口径落实制度,全市新闻舆论宏观调控体系得到进一步强化,舆论引导能力和水平进一步提高。

在思想政治教育上,重点抓了形势政策教育和学习谭竹青同志先进事迹活动。运用多种宣传途径和有效载体,开展了以“回顾‘十五’辉煌成就、展望‘十一五’美好前景”为主题的形势政策宣传教育活动,组建了以领导干部、专家学者和基层宣传干部为骨干的形势报告员队伍,举办了国防教育和国家安全形势等多方位、多层次的形势报告会,并开办“城市热读”讲座,组织开展了《构建和谐社会,塑造健全人格》、《振兴东北老工业基地呼唤现代人》等形势政策教育讲座,编写了《振兴老工业基地宣传提纲》等形势政策教育系列学习宣传材料。配合保持共产党员先进性教育活动总结推出了谭竹青这个典型,编写了《谭竹青故事汇编》。谭竹青同志的先进事迹受到中央领导同志和中央先进性教育活动办公室领导同志的充分肯定,并作出学习谭竹青同志先进事迹的重要批示。为深入挖掘和提炼谭竹青精神,组织专家学者召开谭竹青精神研讨会,组织了谭竹青同志先进事迹报告团,深入各城区、系统、各开发区以及省内其他市州作巡回报告,共举办巡回报告23场,有1万多名党员干部和社区工作者从中受到鼓舞和教育。在市委宣传部召开的机关干部大会上,宣传部部长殷丽依同志就深入开展向谭竹青同志学习活动做了讲话,要求在宣传部门和整个宣传文化系统掀起学习热潮。为搞好新闻宣传,制定下发了《关于做好向谭竹青同志学习活动新闻宣传工作的安排意见》,组织长春日报、长春人民广播电台和长春电视台等市直新闻媒体统一开设了《向谭竹青同志学习》专栏、专题,进行高密度、大篇幅的宣传。各文艺团体以“二人转”、小品、歌舞等艺术形式宣传谭竹青，演绎“小巷总理”感人故事，深受群众的欢迎，全市性的学习活动蔚然成风。3月28日，中共中央组织部、中共中央宣传部、中央先进性教育活动领导小组、全国妇女联合会、国家民政部、中共吉林省委联合在北京人民大会堂举办“谭竹青同志先进事迹报告会”。会前，中央政治局常委曾庆红等中央领导接见了长春市报告团成员。首场报告会后，报告团成员相继到西安市、武汉市、上海市做巡回报告。所到之处受到当地广大干部群众的热烈欢迎，在全国范围内形成了学习谭竹青同志的热潮。

对外宣传工作得到了加强和改进。精心组织了全国“两会”和2006年世界冬季城市市长会议、特别是迎接第六届亚冬会的对外宣传工作。通过互联网新闻宣传、邀请海内外主流媒体记者来长采访、利用重点国家和地区的重点媒体开展集中宣传等方式，形成了推介长春的强势舆论。坚持把大力发展君子兰产业与打造城市品牌形象结合起来。积极开展君子兰城市名片的宣传推广工作，突出对外宣传新亮点。利用长春市赴俄开展经贸文化交流的有利时机开展对外宣传。配合招商引资活动，在明斯克、蒙特勒依举行长春推介日活动，取得了较好的宣传效果。利用凤凰卫视等境外媒体加大宣传长春力度，进一步拓宽了对外宣传渠道。与国务院发展研究中心联合开展了“长春城市经济竞争力”课题研究和城市形象推介活动。通过这一活动为长春市招商引资工作提供了重要支撑和依据，创造良好的外部舆论环境，进一步提升了长春城市形象、扩大长春的知名度和影响力。

思想道德建设和精神文明建设得到深化和拓展。强化“以人为本”的工作理念，深入推进荣辱观教育，并按照全市重点工作目标责任制的要求，以提高广大干部群众的思想道德素质和社会文明程度为目标，深入推进社会主义荣辱观主题教育活动，推动形成了知荣辱、讲正气、树新风、促和谐的文明风尚，推动了“文明长春”建设进程。按照《中共长春市委关于在全市深入开展社会主义荣辱观宣传教育的实施意见》，各地、各部门、各单位广泛开展以树立“八荣八耻”社会主义荣辱观为主题的群众性学习活动，通过组织座谈会、研讨会、学习交流等多种学习形式，以及社会主义荣辱观进社区、进企业、进学校、进军营、进乡村“五进”活动等多种宣传形式对“八荣八耻”进行详细解读和宣讲，帮助广大干部群众全面掌握社会主义荣辱观的基本要求、深刻内涵和精神实质，深刻领会倡导社会主义荣辱观的重要意义，使践行社会主义荣辱观成为广大干部群众的自觉行动。结合贯彻落实《长春市公民道德建设规划》，把树立社会主义荣辱观作为未成年人和大学生思想道德建设的基本内容，重点加强对未成年人和大学生的教育引导。以中央电视台“动画城主题园”来长巡展活动为契机，举办了长春市青少年“知荣明耻，健康成长”系列教育活动，通过组织征文大赛、书画大赛等系列主题教育活动，引导青少年树立正确的荣辱观，争做符合时代要求的接班人。编辑出版《八荣八耻学生读本》，组织全市中小学广泛开展“识荣辱、知使命、做主人”主题教育活动，总结宣传推广“道德银行”、“文化小屋”、“道德教育工作站”、“回报雷锋工作室”等开展社会主义荣辱观教育工作的先进典型，引导学生从我做起，从小事做起，从现在做起，把“八荣八耻”落实到行动中，体现在各方面。在高校

组织编排话剧小巷总理，唱响主旋律

组团参加在深圳举行的文化产业博览会

系统，组织开展社会主义荣辱观进教材、进课堂、进头脑、进社团、进公寓、进网络的“六进”活动，结合“高校文明杯”竞赛、“十佳班级”、“十佳大学生”评选等活动，强化思想政治教育，培养大学生树立正确的是非观、价值观、道德观，引导他们做当荣之事、拒为辱之行。社会主义荣辱观教育有效地提高了学生的思想道德素质。使“八荣八耻”深入人心，融入生活，渗透到全社会，扬荣弃耻、文明向上蔚然成风。配合市政协民主评议“文明长春”建设工作，针对当前城市建设管理的薄弱环节，以社会主义荣辱观宣传教育活动为契机，重点加强城市社区建设和社会主义新农村建设，丰富和拓展了社会主义荣辱观宣传教育的内涵，提高了社会主义荣辱观宣传教育活动的吸引力和推动力。在年度省级精神文明建设工作评比中，长春市涌现出先进集体 246 个（对）、先进个人 4 人。

舆情信息和调研工作水平进一步提高。注重围绕宣传思想战线的特色工作突出亮点，加强对社会各阶层的思想动态的分析，实现了信息调研质量和数量的“双增长”。全年累计上报信息 600 条，其中，中宣部采用 20 条，省委宣传部采用 48 条，市委办公厅采用 60 条，省委办公厅采用 10 条，向中央办公厅报送 35 条，被中国精神文明网及部分媒体采用近 30 条。其中《朝阳区构建“理论超市”，打造理论学习新途径》、《给群众一个敞开心怀交流和表达的话语空间——长春市创新开展宣传思想工作的经验和启示》、《长春高校创新开展“两课”教育》和《雷锋小学以“红领巾道德银行”为载体开展荣辱观教育》等信息，得到了中央和省市委的充分肯定，并陆续被中宣部以及省市采用。调研工作更加注重围绕中心、服务大局，在调研成果的质量上有了进一步提高。坚持把调研工作同全局工作结合起来，同宣传思想战线重点工作结合起来，同宣传思想工作亟待解决的实际问题结合起来，认真研究新情况、解决新问题，组织开展了一系列重大课题的调研，调研成果质量有了进一步提高。《长春市文化产业发展状况调查报告》在全市调研成果评比中获得一等奖（在全省评比中获得三等奖），《长春市网络舆情状况及加强监管的对策建议》获三等奖，多篇调研文章获得优秀奖，市委宣传部还获得了组织奖。统筹安排全市宣传思想战线重点课题的调查研究，涌现出了一批针对性和可操作性很强的调研成果。

宣传思想文化战线干部队伍素质有了明显提高。着眼新形势对宣传思想工作提出的新要求，以提高素质、改进作风为重点，进一步加强宣传文化系统领导班子和干部队伍建设。市委宣传部各职能处室按照全年计划共举办了高校辅导员培训班、全市德育工作者培训班、社会主义新农村专题培训班、理论骨干培训班和政工职称培训班，共培训近千人，宣传思想战线干部队伍的素质有了新提高。

（崔　健）

【政策研究】　2006 年，长春市委、市政府政策研究工作全年共完成研究课题 21 项，形成专题调研报告 11 篇；提出工作建议 125 条；参与研究制订政策性规定、决定、意见 13 项；起草会议文稿 10 篇；协调调度全市重点调研课题 5 个；编辑、发行内部刊物《决策研究》6 期、《决策参考》5 期，涉及《工作研究》、《产业经济》、《开发区建设》、《宏观分析预测》、《外地动态》、《改革之窗》、《专家论坛》、《新农村建设》、《招商引资》、《理论探讨》、《优秀课题选登》、《会展经济》、《建设和谐长春》等15个栏目，61篇文章。编辑上报市委、市政府办公厅政务信息222篇，其中调研信息77篇。在222篇中，市委办110篇，政府办112篇。编辑上报省委政研室工作信息76篇。刊发各类调研文稿35篇。

2005年度优秀调研成果颁奖典礼

重点课题的调查研究。组织开展城区经济发展问题的研究，对长春市实施铁北大开发战略进行深入的调研论证，形成铁北区域发展定位和发展思路，形成了《关于开发大铁北有关问题的分析报告》和全市开发大铁北动员大会相关会议材料；完成了《关于五城区2005年二、三产业项目建设情况的调研报告》,《朝阳、南关两区有关情况的分析》，合隆等六乡镇区划调整后规划、土地管理等方面的研究。对净月经济开发区净月生态城规划项目进行研究，制定了长春市《关于净月生态城的战略构想》和《关于加快净月生态城建设的决定》。开展了全面构建长春区域创新体系的研究，形成了《关于“十一五”时期增强自主创新能力的报告》、《关于上海、成都、沈阳等八城市自主创新能力的考察报告》、《长春市人民政府关于提高自主创新能力的若干政策》及说明等相关材料。还进行了长春市文化产业发展情况和农村文化建设情况等方面的相关调研，形成了调研报告。对净月开发区发展高端产业进行了全面研究，完成了《发达国家医疗体系改革的经验及启示》课题、《长春净月医疗城规划》、《关于对我市创意产业问题的研究》。积极组织全市商业网点布局的研究论证，形成了《关于长春市商业网点建设管理的调研报告》。开展了15个副省级城市城区经济的比较分析研究、关于构建和谐社区的研究、关于城乡结合部城市化问题的研究等重点课题的研究。

提高服务决策的能力。一是紧紧围绕全市经济社会发展的重大问题，思考在先，谋划在前，积极为领导决策当好参谋、做好服务。结合市十一次党代会，开展了全市开放带动战略、全市自主创新相关政策、调整出口产品结构、会展业发展等一些重点问题的研究。通过这些重要调研成果的转化和放大，使政研服务决策的参谋助手职能得以充分发挥，在市领导和各部门中的地位得到了整体提升。二是围绕全市经济社会发展中的难点问题，开展调查研究。针对不同时期制约全市经济社会发展的难点问题，深入调研、提出对策。对下放经济社会管理权限、进一步发挥中心城市带动作用问题，开发区撤制村集体资产处置问题，构建全市多层次资本市场问题，组建市大产权交易中心问题，全市物业管理问题，金融业对经济发展制约问题等难点进行了研究，提出了很多方向性的意见和具有较强的可操作性方案。三是围绕公众关注的热点问题，开展调查研究。注重从社会和公众广泛关注的热点问题入手，选准调研的主攻方向。对上台村建设“华西村式”社会主义新农村、城郊乡镇自理口粮户及失地农民社会保障、农民夜校及农民教育培训等问题进行了深入研究，提出了许多切实可行的对策建议。

加强协调与指导。充分调动各县(市)区、各部门的工作积极性，紧紧依靠各单位、各部门，有效地推动全市调查研究工作的全面开展，形成大调研的工作机制和良好局面。一是抓好调研课题的征集。在广泛征求市有关领导和市直各部门、各县(市)区、开发区意见的基础上，研究确定重点研究课题，并对课题研究进展情况进行经常性的调度和协调指导。2006年达到334篇，同时，研究课题的质量也有了很大提高。市直各部门和各县(市)区、开发区对调研工作的重视程度和工作热情超过以往任何一个时期。二是加强与相关部门的协作。在调研工作中，着力克服关起门来搞调研的做法，注重发挥各单位、各部门在调研中的基础性作用，市委市政府政研室与市直有关部门和各县(市)区、开发区调研部门保持经常性的联系，建立密切的合作关系，随时沟通情况，研究探讨问题，形成很多课题都是市委市政府政研室与各县(市)区、各部门联手完成的。同时，市里加强了与省决策咨询中心、东北师大经济学院、吉林农大等机构的协作关系，联合进行课题研究，不仅使研究问题更加深入、更加贴近实际，而且还带动了全市调研工作整体推进，在全市上下形成了重调查、搞研究的浓厚氛围。三是抓好调研课题的评选表彰。针对2005年度全市开展大调研、优秀调研成果较多的实际，打破以往召开表彰会的传统模式，采取颁奖典礼与文艺演出相结合的形式，将总结表彰活动推向一个新高度，深深地烙在广大调研工作者心中。本次活动从课题费中拿出近30万元，对《关于全市重点工作目标责任制的研究》等133个优秀调研成果及市委宣传部等6个获得调研工作组织奖的单位进行表彰奖励。王儒林书记、祝业精市长及省市相关领导参加了典礼并颁奖。长春电视台等多家媒体进行了专题报道有力地促进了全市调研工作的全面开展，推动研究成果的转化。

(赵乃玉)

【统战工作】 2006年，市委统战部紧紧围绕实施“十一五”规划，发挥优势，体现特色，争取人心，凝聚力量，积极为长春振兴发展服务，各项工作都有所进展。

加大经济统战工作力度，服务长春经济。(1)发挥统一战线海内外联系广泛的优势，为全市招商引资牵线搭桥。以“服务振兴长春，加强经济统战，推动招商引资”活动为载体，鼓励全市各级统战部门和统战成员主动加强与海外侨胞、港澳台同胞及外埠重点企业的联系，宣传推介项目，汇聚客商资源，创造合作机会。一年来，通过指导督促、交流经验，跟踪服务，全力推进预定目标的完成。经过努力，全市统战系统引进项目135个，其中超亿元大项目10个，到位资金37.5亿元人民币，超额完成全年招商引资到位资金25亿元人民币的既定目标。(2)做好香江集团总投资20亿元建设东北亚国际采购中心、台湾蓝天集团建设长春百脑汇科技资讯广场、新加坡国际品牌工商业园区等大项目的跟踪服务，加强联系，解决问题，排忧解难。荣获了全省统战系统“服务振兴吉林，加强经济统战”活动先进单位称号。(3)开展经贸洽谈活动，扩大长春对外影响。会同有关部门承办了2006吉台(长春)经贸洽谈会、“闽商长春行”投资合作洽谈会，共邀请包括台湾新党主席郁慕明、全国政协常委、香港香江国际集团董事长、香港中华厂商联合会会长杨孙西等在内的450余位台湾、新加坡、香港知名人士、客商及福建籍企业家，与会客商通过参观长春市容、考察各开发区，增进了对长春的了解，推进了长台两地、长春与国内发达省份之间的民间交流与经贸合作，进一步扩大了招商引资成果。仅“闽商长春行”投资合作洽谈会，签约项目7个，总金额达132.5亿元。促成台湾华玺联合股份有限公司与

8月7日台湾国民党副主席江丙坤一行20人来长春观光考察

省修正药业集团就人参产品的开发达成合作协议。(4)加强非公有制经济人士思想政治工作，引导非公有制企业奉献社会。按照《全国工商联关于组织、引导和支持民营企业参与社会主义新农村建设的意见》，引导非公有制经济人士贯彻落实科学发展观，承担社会责任，抓住发展机遇，通过采取产业带村、项目兴村、村企合作等方式参与社会主义新农村建设，做大做强民营企业，服务贡献社会。(5)召开了市光彩事业促进会二届三次理事会，授予10位民营企业家“光彩之星”称号。会同市委宣传部、市劳动和社会保障局等部门举办了第三次“千户民企安置万人就业”招聘会，在市人才市场及10个县（市）、区设立了11个会场。当天有1 076户民营企业为求职者提供了16 543个就业岗位，达成意向协议11 320人，促进了就业与再就业工作。

协助民主党派、工商联和统战团体做好换届工作。按照中央和省、市委的要求，本着“统筹考虑，分步实施”的原则，制订了《关于做好我市民主党派换届工作的意见》、《关于工商联（民间商会）2006年换届工作的意见》（长办发[2006]18号）等指导性文件，提出了换届工作的指导思想、相关政策和总体要求。举办了民主党派骨干成员培训班，对47名新提名的副主委（会长）以上人选进行了考核考察，尤其在领导班子人选上，坚持民主集中制，做到了规范程序、严格把关，真正把政治素质好，有较强参政议政和组织领导能力，有较大社会影响和较好群众基础的新一代党外代表人物选拔到民主党派、工商联领导班子中来。同时本着“团结稳定、积极稳妥”的原则，有针对性地做好党派成员的思想政治工作，提高认识，增进共识，保证了换届工作的圆满完成。在做好换届工作的同时，按照长发[2005]16号文件精神，继续推进政治协商、民主监督和参政议政的规范化、制度化建设。召开了统战部长和各民主党派主委季谈会，就全市中心工作和统战工作的重点问题进行协商通报。组织各民主党派、工商联围绕市委、市政府中心工作，从各自的优势出发，选准题目，开展调研议政工作，完成调研课题30个，较好地履行了参政党职能。举办了全市统战系统庆祝中国共产党建党85周年纪念活动文艺演出，抒发统一战线各界人士“共产党好、祖国好、社会主义好、改革开放好”的心声，展示了我市统战系统良好的精神风貌。贯彻全国、全省培养选拔党外干部工作座谈会精神，完善培养机制，加大选拔力度。与市委组织部密切配合，在市检法两院和市政府有关部门配备了4名党外干部，县（市）、区检法两院配备了13名党外干部，党外干部实职安排工作又有了新的进展。举办了全市部分现职党外领导干部国庆茶话会，共叙合作共事的新感受。建立了500人的“党外人才库”，为2007年各级人大、政协换届做好人才储备。

深化“三个千人”网络活动。以“千人交友”、“千人联谊”和“千人牵手”为主要内容的“三个千人”网络活动是结合统战工作实际开展的为全市中心工作凝心聚力活动。一年来，坚持运用这一载体，发挥统一战线人才智力、联系广泛、协调关系的独特优势，为经济建设和社会稳定服务。“五一”劳动节前，以市委、市政府名义，召开了优秀中国特色社会主义事业建设者表彰大会，设立了参政议政、创业先锋、科技贡献、教书育人、民族团结进步、爱国爱教、爱乡报国、招商引资8个奖项。在全市各级党委推

9月29日市委统战部举办“市党外领导干部国庆茶话会”

荐和严格考核的基础上，对近5年来在本职岗位建功立业的104名各界人士进行表彰，并授予“优秀建设者”称号。市委《当代长春》出专刊进行宣传，进一步激发了统一战线成员谋发展、搞建设的积极性和创造性。

做好民族宗教工作，维护社会稳定。坚持以“促发展、保稳定”为重点，加强了民族宗教界代表人士队伍建设。通过走访谈心，了解掌握民族宗教界代表人士的思想动态和政治立场，做好代表人士的物色选拔工作，保证宗教领导权牢牢掌握在爱国爱教人士手中。为配合这项工作的进行，在全市宗教界开展了“五坚持”评比活动，即坚持思想政治学习好、坚持独立自主自办原则好、坚持民族团结社会稳定好、坚持引导信教群众参与振兴长春实践好、坚持奉献回报社会好。各级爱国宗教组织结合本宗教团体的实际，制订方案，采取措施，在宗教界取得了较好的影响。及时处理解决了宗教界突发性事端。按照市委、市政府主要领导的批示，参与处理了佛教南园子土地问题、基督教二道区小河沿教会与净月开发区土地纠纷、道教申请建立活动场所调研等专项工作，防止了矛盾的进一步激化。继续指导各县（市）、区在政府批准的合法宗教活动场所建立爱国宗教组织工作，发挥联系信教群众的桥梁纽带作用。指导市基督教“两会”与韩国基督教团体开展正面宗教文化交流，宣传介绍了中国基督教信仰自由、教会发展、宗教政策等方面情况，增强了抵制境外宗教渗透的主动性。

做好海外统战和对台工作，对外联系逐步扩大。发挥各级海外联谊会和长春市留学人员联谊会的组织优势，通过走出去、请进来，加强海外联谊，扩大海外宣传，做好海外侨团领袖工作，引导海外华人华侨为本市引资引智服务。指导市侨联在加拿大、美国等地设立了侨联海外咨询服务中心，为当地侨胞服务，也为本市加强海外联系，促进招商引资引智工作搭建平台；结交了一批新朋友，增进了与老朋友的联系和沟通。在市海外留学人员中，开展了“我为建设社会主义新农村献一策活动”，组织部分归国留学人员到双阳区，结合专业实际，对当地新农村建设的总体规划和设想提出建议。全年共接待海外来访团组12个，100余人；组织出访团组4个，27人次。在《东亚经贸新闻》开辟了“侨资企业系列宣传”专栏，宣传介绍了侨资企业在长春经营发展情况。加强对台交流交往，做好争取台湾民心工作。认真贯彻党的对台方针政策，通过积极促进长台两地的经贸交流，加深两岸人民的深厚情感。指导台商协会做好台资企业的管理和服务。受理台商投诉案件30余件。继续支持台商协会捐助在长大学生活动。协助有关部门做好台湾曹仲植基金会向长春市捐赠500辆轮椅工作。在对台宣传方面，接待了台湾中天电视台等多家媒体12位记者，通过台湾岛内媒体宣传了长春。出台了《长春市涉台突发事件应急预案》，为解决处理可能发生的涉台方面事件提供了依据。

（王庆军）

【老干部工作】 截至2006年底，长春市共有离休干部8 037人。其中，红军时期6人，抗战时期410人；解放战争时期7 621人；享受地厅级以上待遇的383人，享受县（处）级待遇的4 275人，一般干部3 379人；分布在机关的1 589人，事业单位的2 973人，企业单位的3 475人。全市现有专兼职老干部工作人员1 752人。所属事业单位有长春市企业离休干部管理服务中心、长春市直属机关老干部管理服务中心、长春老年大学、长春市老干部活动中心、长春市关心下一代工作委员会。

坚持行之有效的制度，推进老干部政治待遇的进一步落实。一是坚持老干部政治理论学习制度。按照中央和省市委的部署，采取多种形式，组织老干部学习党的十六届五中、六中全会精神，《江泽民文选》，党章和社会主义荣辱观。举办了为期三天的全市老干部党支部书记理论培训班，80多名老干部党支部书记和理论骨干参加了培训。推动了全市老干部学习活动的深入开展。二是坚持情况通报、参观考察制度。为了让老干部更好地了解全市经济社会发展形势，坚持经常情况通报制度，请市领导向部分离退休干部通报了全市经济形势和2006年工作任务。春节前夕，省委常委、市委书记王儒林代表市委、市政府向老同志介绍了全市形势，并给老同志拜年。组织参观考察不仅是落实老干部的政治待遇，也是推动老干部学习的一种有效方式。全年组织原市级老领导和副厅级以上离休干部参观考察了榆树市弓棚子镇十三号村、第六届中国长春农业博览会、长春大成实业集团和龙嘉国际机场。这些活动的开展既开阔了老干部的视野，也为老干部学习增添了内容。三是坚持走访慰问制度。2006年，走访慰问了安置在北京、广东等省市的26名离休干部，每人送去慰问金1 000元，把市委、市政府的关怀送到了老干部的心坎上。在红军长征胜利70周年之际，市委常委、组织部长郑文艺与省委老干部局副局长李洪民对本市的6位老红军和22位红军遗孀进行了慰问，省市分别给每位老红军、红军遗孀送去了慰问金和慰问信。此外，还组织副局级以上退休干部到北戴河进行了健康休养。各县市区和市直各部门按照市里的要求，认真做好这方面的工作，促进了老干部的政治待遇进一步落实。

认真学习贯彻中组发[2006]12号文件精神，老干部党支部建设得到加强。2006年5月，中组部下发的《关于进一步加强和改进离退休干部党支部建设工作的意见》(中组发[2006]12号)，为了抓好12号文件精神的贯彻落实，积极开展了三项工作。一是认真抓好12号文件的学习宣传活动。通过《长春老干部工作简报》转发了12号文件，并专门对学习贯彻12号文件进行了部署，要求各基层老干部党支部认真组织党员开展学习讨论活动，重点理解把握12号文件提出的新规定、新要求和基本精神，各支部对照12号文件找差距，进一步明确了今后的努力方向。二是有针对性地开展老干部党支部建设情况调查研究。利用2个月的时间，深入10个县(市)区和20余个市直部门开展老干部党支部建设情况调查研究，通过听取工作汇报、召开老干部座谈会、深入老党员家中走访、发放问卷调查表，较好地了解掌握了全市老干部党员参加支部活动、组织关系变化、缴纳党费、对支部建设的希望和要求、支部建设中存在的问题等情况。为下一步改进老干部党支部建设提供了依据。三是以典型引路推动老干部党建工作的开展。为了更好地贯彻落实12号文件精神，专门召开了老干部党建联系点工作座谈会。7个老干部党支部在会上交流了他们开展党建工作的体会、方法，研究探讨了在新的形势下，如何结合老干部“双高期”(高龄期、高发病期)特点，进一步开展好支部活动等问题。对于加强新时期老干部党建工作起到了积极推动作用。同时，还积极抓好集中管理的老干部党组织的重新组建工作，把接收的市属企业的890名老干部党员，建立了38个党支部，90个党小组，各县市区也把集中管理的老干部党员纳入党组织管理，确保了集中管理的老干部党员组织有归属，活动有人管。目前，全市共有老干部党员6 002名，建立老干部党委11个，党总支5个，党支部328个，党小组563个。

加快推进企业离休干部集中管理服务工作，老干部的生活待遇得到了更好落实。按照年初制定的工作目标和全省企业离休干部集中管理工作座谈会的要求，狠抓这项工作的落实。一是积极争取市委、市政府的重视支持，及时解决了接收过程中因政策问题形成的滞后现象，推进了接收工作。二是积极开展企业拖欠老干部各项费用的审核工作，逐户深入企业和老干部家中开展宣传动员工作，提前做好接收的各项准备工作。三是召开县(市)区企业离休干部集中管理专题会议，明确接收工作时限，开展督促检查，并与他们共同研究解决存在的问题。目前，市直企业离休干部已经完成了163户、1 193人的接收工作，其余的企业离休干部也在做政策调整，加紧接收。县市区中，朝阳、南关、宽城、二道、绿园五个城区已经全部实现了集中管理；农安、榆树、双阳三个县(市)区正在加紧接收；德惠、九台两个市也提出了集中管理方案，正在积极推进中。

在抓好企业离休干部集中管理服务工作的同时，对离休干部待遇落实中存在的其他问题，也想方设法协调解决。一是采取发放副厅级老干部用车补贴的办法(每人每月120元)，解决了集中管理的110多名副厅级老干部配车待遇落实问题。二是在市委、市政府的关怀重视下，优先为市直机关和市老干部管理服务中心管理的818名离退休干部，发放了住房补贴。三是及时提出合理化建议，使本市在出台供暖费改革政策时，较好地体现了离休干部生活待遇从优政策。四是提高了离休干部医药费统筹标准，县处级以下离休干部由8 800元提高到11 000元，副厅级以上离休干部由17 000元提高到18 000元。五是提高了因瘫痪等原因生活长期完全不能自理离休干部的护理费标准。据统计，2006年市财政

全国老干部工作先进集体奖状

用于解决困难企业离休干部“四费”、110元生活补贴、供暖费、副厅级离休干部25元工资差及用车补贴、生活困难补贴、提高医药费标准等费用的资金就达到了2 800万元。

积极组织引导老干部学习、活动和发挥作用，老年大学、老干部活动中心和关心下一代工作水平得到新提高。一是以校庆为契机，进一步提高办学水平。2006年7月，是长春老年大学建校20周年。以此为契机，大力宣传长春老年教育取得的丰硕成果，召开了庆祝大会，省委常委、市委书记王儒林到会祝贺并点击开通了校园网，编印了纪念册、校庆文集、书画作品集，举办了第二届长春老年大学艺术节，以校庆为新的起点，老年大学不断推进民主化、规范化管理，成立了老年学员委员会，完善了《工作规则》等教育、教学、管理制度。大力开展教育教学研究工作，编印了电子琴、保健按摩两本教材，开展了市科委立项的《长春老年教育需求及对策研究》的课题研究，办学水平得到了新的提高。二是以老干部活动为载体，推动精神文明建设。2006年，市老干部活动中心采取多种形式，先后组织开展了全市离退休干部春节联欢会，庆祝建党85周年暨红军长征胜利70周年老干部书画展，迎“国庆”第二届老干部艺术周演出，全市离退休干部第二届门球赛等全市大型活动。此外，还组织老干部协会开展活动50余次。丰富了老干部的精神文化生活，促进了精神文明建设。三是召开表彰大会，推动关心下一代工作的健康发展。2006年，是市关工委成立15周年，市委常委会听取了工作汇报，并以市委、市政府的名义召开了表彰大会，会上表彰了90个关心下一代工作先进集体、347名先进个人。关工委以“关爱助成长、立志报国要自强”为主题，大力开展教育活动，使近百万名青少年受到教育。按照中关工委的要求，还积极发动“五老”组建“关爱工作团”。目前，已经成立法制报告团352个，成立帮教小组2 568个，帮教失足青少年2 744人。

（于长胜）

【信访工作】 2006年，全市各级信访工作紧密围绕中心工作，深入宣传贯彻《信访条例》，努力畅通信访渠道，建立完善信访工作机制，切实维护群众合法权益，认真化解各类矛盾，主动为群众排忧解难，密切党委、政府与群众联系，维护社会安定和谐。

全年，三级信访部门接待受理群众来信来访15 662件次，其中，来信3 980件次，单访7 731件次，集体访3 951批次、119 817人次。群众到市集体访1 321批次、46 174人次；到省集体访299批次、11 645人次，到省单人访2 186件次，进京集体访32批次、784人次，进京单人访542件次、1 472人次。市本级受理群众集体访问题685件，年终办结率达到89%；排查出重大上访隐患785件次，年终化解率达到86%；受理上级交办要结果信访事项361件次，到期办结率100%。

以全市信访工作会议精神为指导，不断加大领导工作力度。强化了领导和组织机构工作力度。在强化处理信访突出问题及群体性事件联席会议制度的基础上，由市级领导担任专项工作小组组长，根据需要及时成立个案工作组，具体承办重大信访事项。各县(市)区和市直部门(单位)也都建立了解决重点、难点信访问题的组织机构。

强化了信访工作责任制。继续与10个县(市)区和72个市直重点部门(单位)及中直驻长单位签订信访工作目标责任状,建立了全市性的信访工作目标责任制管理体系,加强隐患问题排查化解率、越级访控制率、交办案件办结率等重点指标控制,对重大上访案件实行领导包案、限期解决,做到信访工作触角到社区、到村屯、到每个基层单位。

强化了制度和工作程序。认真落实属地管理和主管部门的责任,建立健全了各级领导阅信接访、工作绩效考核、信访责任追究等制度;全面规范了依法接待处理信访事项的工作程序,规范了市政府信访事项复查、复核工作办法,健全完善了信访调研、督查督办、检查指导、宣传培训、信息传递等方面的基础建设。

加大解决问题工作力度。以历史积案、越级集体访、进京隐患为重点,逐人逐件分解责任,分类交办,组织信访调研、检查督办,督促指导涉事单位加快办理进度,帮助落实解决控制措施,协调有关部门研究制订重大疑难问题解决办法,千方百计促进群众息诉罢访。

强化了综合整治措施。充分发挥相关部门的职能作用,普遍建立健全基层矛盾纠纷排查调处中心,巩固综治、司法、信访、调解"四位一体"联合接访、联合排查、联合调处工作机制,加大对群众热点问题思想动态的关注,扩大预警信息来源渠道,提高化解矛盾的能力和针对性。

落实《信访条例》。按照国家和省的有关部署,广泛开展《信访条例》实施一周年纪念活动,通过大学习、大宣传、大落实《信访条例》,提高信访工作的整体水平。1. 加强领导,周密部署。继续深入学习《信访条例》等系列法律法规,切实按照《信访条例》的要求依法行政,建立公开透明、行为规范、运转协调、廉洁高效的行政管理新体制,把信访工作融入到日常行政工作之中,解决在初始阶段。2. 深入学习,分级培训。市信访局要求干部牢固树立"群众利益无小事"理念,依法依规认真接待处理好每一件来信来访事项。各级各部门各基层单位,结合各自信访工作实际,普遍宣传教育,专题培训干部,组织理论研讨,编发宣传材料,为《信访条例》的贯彻落实做了全面的准备,奠定了坚实的基础。3. 转变作风,加强监督。各单位认真检查总结《信访条例》的实施情况,重点解决思想观念、工作作风、服务态度方面存在的不足,重点查找贯彻效果、配套制度,改进和监督措施方面存在的问题,建立起切实可行的长效机制,加快信访工作的法制化、规范化、制度化进程。

2006年市信访工作出现明显变化。一是为信访渠道进一步畅通准备了条件。向市民公布了各级信访机构的办公地址、电话、邮箱,方便信访人就地反映问题。二是信访工作职能进一步理顺。明确了各级主管行政部门是信访工作的主体,行政主管部门的意见是法定意见,规范了行政机关受理、办理信访事项的工作程序和基本要求。强调各级信访机构在接待协调、督促检查、业务指导等方面的工作职责,赋予了信访部门完善政策、改进工作、行政处分等三项建议权。三是信访业务基础建设加强。强化了依法信访工作的原则,突出"双向规范"和"双向追究",进一步完善了依法治访的工作程序,从制度上保护了群众依法信访权利,保证了办理群众信访事项的效率和质量。

加强基层信访基础工作建设。认真制订方案,全面部署。市及县(市)区按要求分别制订了工作方案。为保证方案落实的覆盖面和活动效果,增加19个考核单位,并列入《责任状》考核内容。市主要领导在全市信访工作会议上就"基层信访工作落实年活动"进行整体部署,提出明确要求。各县(市)区也都把这项工作纳入重要日程来抓紧。

认真查找不足,明确工作方向。经过认真调研,查找到基层信访工作机构力量相对薄弱,不能适应新《条例》提出的工作任务;信访机构办公经费不足,不能适应处置非正常上访劝返工作要求;信访工作目标责任制落实不平衡,存在"上热""下凉","重接待""轻跟踪","重排查""轻化解"等问题;个别基层领导对待群众上访工作方法简单,思想政治工作不到位,信访工作局面难控制;责任制考核与领导政绩的考核衔接不到位,责任追究难兑现等五个方面不足,增强了活动年目标措施的针对性。

认真分解任务,确保工作实效。把落实年活动的主要任务分解为领导接待来访、领导包保案件、解决突出问题、发挥协调职能、组织信访调研、坚持排查调处、实行要情专报、健全应急机制、完善调处机构、履行"三项建议”等10个方面，提出指标要求、解决时限和考核办法，便于操作和监督。同时，解决了信访热点难点问题多，主管部门措施不得力；无主管单位大量增加，信访部门难以协调落实等问题。

组织信访调研，健全基层网络。市信访局、市信访督察专员办公室对县（市）区及市直重点部门机构设置和人员状况进行调研，对明显不适应的向所在地党委、政府提出建议，力争使信访干部的配备与承担的任务相适应。检查各单位信访接待室、候等厅设置情况，对不符合省定标准的提出意见和建议。对乡镇、街道建立人民内部矛盾调处中心情况，对村屯、社区聘请人民调解员、信访信息员情况进行检查，督促指导相关单位落实省建设平安吉林的基本要求。对基层信访基础建设工作进行检查指导，建立健全相关制度和职责。

（赵岩松）

【档案工作】 2006年长春市档案工作以“信息化带动、社会化服务、规范化建设、制度化管理、人性化关怀”的工作发展思路为统领，以创建3A馆为主线，围绕中心，强化公共服务职能，实现了全市档案工作“十一五”期间的良好开局。

综合档案馆功能建设实现新突破。2006年，长春市全面贯彻省档案局“四个基地”（档案存储基地、加工基地、交流基地、教育基地）建设要求，把11个综合档案馆“四个基地”建设列为“十一五”开局之年的第一项重点工作，加快步伐，强力推进。其中长春市档案馆以397.90分的全省最高分，获得了3A级档案馆的荣誉称号。

档案信息化建设取得新进展。一是加大档案网上开放力度。截至2006年底已累计在互联网上开放档案目录118万条，全文8万件，公开政府信息和现行文件3千余份。二是加快档案数字化步伐。完成了8万件档案的鉴定和40万条的录入工作及20万页的数字化处理任务。局域网上累计运行档案目录数据260万条，全文数据库15万件。三是网站建设取得明显进步。市政府投资60万元，建设长春档案信息资源网二期工程。全市两级档案局（馆）均建立了网站或独立网页，发挥了宣传窗口和平台作用。四是长春市档案局（馆）被国务院信息化办公室和国家档案局确定为全国传统载体档案数字化试点单位，是国家确定的档案信息资源开发利用16个试点单位中唯一的市级综合档案馆。五是课题《档案数字化方案研究》，获2006年度国家档案局优秀科技成果二等奖，这是继2005年之后长春市第二个获国家级二等奖的科研项目。课题《档案网站公开馆藏政府档案信息资源的实证研究》列入市科技计划。科研成果《档案数字化与利用服务的综合研究》报告，在首届中国信息界学术大会上，获中国信息化百篇优秀论文奖，这是全国档案专业唯一获奖的论文。《数字档案馆建设创新》获中国档案学会第五次档案学优秀成果论文类三等奖。

档案服务职能进一步强化。2006年3月，市长祝业精在全国两会期间以《做好公共服务是档案馆务实发展的必由之路》为题接受了中国档案报记者的专访。一年来，全市档案工作按照市领导的要求，进一步强化了公共服务职能。一是发挥档案工作在构建和谐社会进程中的独特作用。找准服务的切入点，始终把为公众服务、为政府分忧放在工作首位，有效发挥接待利用大厅和长春档案信息网站两个窗口的作用，使馆藏的档案信息、政府公开信息和已公开现行文件最大限度地满足社会各界和人民群众的需要。2006年，长春市档案馆共接待查阅、查询档案5 539人次（其中通过互联网查询1 965人次），利用档案资料15 051卷册，其中2 517名下岗职工在利用馆藏档案办理社会养老保险中受益，较好地发挥了职能作用，维护了公民、法人的合法利益，为政府赢得了荣誉，在政府公共服务体系中形成了独特的档案品牌。二是主动为中心工作和重点工作服务的能力增强。（1）积极为长春龙嘉国际机场、第六届亚冬会、长春农业博览会提供档案服务，并建立快速反应机制，开辟了用数字化方法解决档案原件不能借出馆外与立档单位大量反复查用档案矛盾的新路。（2）在学习谭竹青同志活动中，市档案局与市先进性教育办公室联合印发了《关于做好学习谭竹青同志活动文件材料收集归档工作的通知》，并在媒体播发了《关于征集谭竹青同志档案资料的公告》，在长春档案信息资源网上开辟《“小巷总理”——谭竹青》专栏。（3）在市政府整体搬迁过程中，市档案局建议市政府办公厅印发《关于向长春市档案馆移交档案的紧急通知》，提前接收了随政府搬迁单位的档案进馆，既保证了这部分档案的安全又为政府顺利搬迁做出了贡献。(4)结合新农村建设开展“一网三站”和农业产业化龙头企业档案工作情况调查研究，明确了全市农业农村档案工作基本思路，指导各县(市)区做好农村档案工作。(5)会同市国资委对企业改制过程中形成的材料进行了梳理，联合印发了《关于长春市改革企业档案归档移交工作相关事项的通知》。(6)市政府办公厅专门印发了长春市档案局与市社会保险局共同制定的《长春市社会保险档案管理规范》，市政府要求切实加强对社保档案管理的领导，明确专人负责，严格按照有关要求规范整理、完整移交社保档案。三是档案编研工作取得突破。编印了两期《档案史料摘编》和创办了《档案咨政参考》简报。

档案工作整体水平稳步提高。一是进一步丰富馆藏。全年共接收档案、资料82 100卷(件)。再次组团赴日本征集有关长春的档案史料31件册，1 258页。二是加强档案行政执法责任制建设。就档案行政执法责任制建设等项工作对7个县市区的20个单位进行了调研和检查。对档案行政执法的法律依据进行梳理，重新明确了32项执法依据。经市编委批准成立了长春市档案行政审批办公室，进一步规范和加强了档案行政审批工作。长春市档案局(馆)被市委、市政府评为“2001～2005年全市普法依法治理先进单位”。三是加强档案安全保护工作。组织了应急预案演练，配置了内网安全管理系统，档案保护条件得到一定程度的改善。

坚持以人为本，加强档案干部队伍建设。市档案局(馆)研究馆员李学广同志被市委、市政府命名为“长春市第四批有突出贡献专家”，这是长春市档案专业人才首次获得此项殊荣。组织了254人的岗位资格培训，185人的继续教育培训。组织开展档案学术研讨活动，共征集论文42篇，并进行了评奖和表彰。建立了全市档案信息化人才库，已有142人登记入库。

(刁艳梅)

【市委党校】 2006年市委党校开办党员领导干部培训班10期，培训学员845名；开办国家公务员培训班18期，培训学员2 101名，全年累计培训各级各类学员2 900余名。一年来，在拓展培训规模的同时，紧紧抓住教学这一中心环节，加大教学改革力度，积极采取有效办法，教学质量得到了明显的提高。

教学工作。科学布局，调整教学内容。在学员领导干部培训内容上，以突出能力培训为目标，以解决现实问题为重点，以知识学习为补充的原则，教学内容调整为：一是把马克思主义中国化的最新理论成果作为培训的中心内容。二是紧密结合实际，把发展长春建设长春的有关问题确定为教学课题。三是提高领导能力和管理能力的培训。四是把党性锻炼作为一项不可缺少的内容。为此，共设计了6个教学模块，每个模块根据内容设计若干专题，教学内容调整量达到50%以上。国家公务员培训紧紧围绕提高公务员素质和完善教管内容，提高执政能力进行，形成了包括“公仆意识”、“现代管理”、“依法行政”、“市情研究”为主要内容的教学新布局，构成了新的教学体系，所设四个专题全部是第一次开设。改进方法，提高教学质量。为更好地突出能力培训目标，提高培训效果，经过统一认识、认真准备，积极运用推广现代教学方法，一是采用了专题研讨教学法。做到了三个结合，既研讨与所学的相关理论内容相结合；研讨与学员工作部门的实际相结合；研讨与领导的思想、工作实际相结合，提高了教学效果。二是采用了案例分析教学法。通过组织学员对案例分析、研讨和交流，这样不仅使学员掌握了理论知识和技能，又提高了分析问题、解决问题的能力，还有利于调动“教”与“学”两方面的积极性，实现教师的理论优势与学员的实际优势的互补，达到教学相长的目的。三是采用情景模拟法。按照课程内容，通过设定的环境条件，形成相应的事件情景，学员扮演某个角色，通过角色演练，使学员开阔了思路，积累了实践经验，从而锻炼和提高了工作能力。

科研工作。科研工作突出为教学服务，以市情研究为内容，以课题申报为载体，以制度管理为保障，努力促进教学科研一体化。一是继续抓课题申报。全年组织申报各级各类课题32项，其中，申报国家级课题7项；省级课题8项；中央党校课题3项；国家行政学院课题4项；市级课题4项；省委党校系统课题3项。二是确立重点资助课题。为了促进教学科研一体化，鼓励对重大现实问题的研究，服务教学。三是组织推荐优秀科研成果参加学术交流，党校两篇论文分别入选国家行政学院举办的全国“促进社会稳定，构建和谐社会战略研究”理论研讨会，第二届“中欧政府管理高层论坛——社会治理创新”学术研讨会。四是召开了全市党校系统研讨会，集中对“落实长春‘十一五’发展规划，构建和谐长春”，进行研讨交流。五是科研奖励制度。加大了优秀科研成果的奖励力度，取消了专业技术人员科研工作量管理办法，终止两年一度科研评奖，鼓励多出精品。全校全年公开发表论文36篇，其中在核心期刊上发表5篇；出版著作1部；完善各类课题5项。

（唐竹林）

【党史工作】 2006年，中共长春市委党史研究室在编人员16人（行政人员7人、专业技术人员8人、工勤1人）。全市两级党史部门和党史工作者，在党史研究、资料征编、党史资政、宣传教育及自身建设等方面都取得了很大的成绩，在全国党史工作会议上，被授予全国党史系统先进集体的光荣称号，有2位同志获得党史工作20年荣誉证书。

党史征集研究工作。一是全面启动了《中国共产党长春历史》第2卷的编纂工作，室领导班子召开两次班子会、五次编写组成员会议，传达落实中央关于编纂工作的指导意见，细化编纂提纲，研究编纂过程中遇到的问题，检查督促编纂进度和质量。使编纂工作得到顺利推进，计划2007年年底前形成初稿。二是完成了《中共长春党史人物传》第14卷的征集编写工作。加大了征集和编纂力度，坚持不懈开展工作，按照“边征集、边修改”的原则，完成了第14卷的编纂工作，审定后，将于2007年年底前正式出版发行。三是结合建党85周年，与市党史学会一起广泛开展论文征集活动，共征集论文80余篇，经过筛选审定，选择60余篇编辑成论文集《光荣属于伟大的党》，于2006年7月1日由长春出版社出版。四是完成了《中国共产党长春执政实录》资料征集工作。根据新时期党史工作的需要，借鉴省和其他市、州的做法，决定从2006年开始编写《中国共产党长春执政实录》。在各县（市）区党史办和各部门的积极配合下，已从本届领导班子开始资料征集工作。五是加强对县（市）区地方党史研究编纂工作的指导。年初，室里下发了《关于全面启动和进一步做好县（市）级党史正本编写工作的通知》，明确了指导思想和编写原则，规定了县（市）区党史研究的重点任务，提出了具体工作要求。从而保证了县（市）区党史研究的顺利开展，并取得了较好的成果。《中国共产党农安历史》（第1卷）已出版发行，《中国共产党双阳历史》（第1卷）已经形成初稿，中国共产党在长春市绿园区（郊区）活动大事记已经送审，并将于2007年2月出版发行。

党史宣传教育工作。一是开展了建党85周年纪念活动。七一前夕，组织召开了“纪念中国共产党成立85周年理论研讨会”。市直有关部门和市、县、区党史部门的同志以及大专院校、党校的专家教授，从不同侧面、不同角度回顾和颂扬了党的历史功绩，阐述了新时期加强党的建设、提高党的执政水平、构建和谐社会的重大意义。二是开展纪念长征胜利70周年活动。2006年是红军长征胜利70周年，为纪念这一伟大壮举，继承和发扬长征精神，举办了“纪念红军长征胜利70周年图片展”，

长春党组织建立80周年座谈会

7月份在市委二楼大厅展出，之后又在10个县（市）区巡回展出，受到广大干部和青少年的欢迎。这次图片展通过珍贵的历史照片再现了红军长征的全过程，使广大党员干部和中小学生重温了红军长征的历史，缅怀了革命先烈的丰功伟绩，这对全市人民继承和发扬红军长征精神，为长春老工业基地的振兴而奋斗，起到了重要的激励教育作用。三是组织开展了纪念长春地方党组织建立80周年活动。1926年9月，中共长春支部正式建立，至今已有80年的奋斗历程。为了纪念中共长春地方组织领导长春人民解放长春、建设长春的丰功伟绩，组织开展了一系列纪念活动：9月28日召开了纪念中共长春地方组织建立80周年座谈会，邀请多年从事党史研究的专家、教授，老领导和市委党校、大专院校的党史党建工作者以及基层党史部门的同志参加座谈会，共同回顾、缅怀长春党组织80年的风雨历程，激励全市各级党组织在新的历史时期带领全市人民为建设繁荣富强美好和谐的新长春而努力奋斗；撰写了民主革命时期34位党史人物传记，并于9月中旬至10月底，在《长春日报》上开辟专栏，连续登载，在长春人民广播电台开设长春党史丰碑专题节目，对广大党员干部和全市人民进行地方党史的宣传教育；编辑纪念中共长春地方组织建立80周年的画册《永恒的丰碑》。

纪念中国共产党成立85周年理论研讨会

与此同时，各县（市）区党史办，以“六进一建”（进企业，进农村，进机关，进社区，进学校，进军营，建立党史教育基地）活动为载体，从实际出发，进一步开展宣传教育，如南关、朝阳、绿园区通过图片展、演讲比赛、知识竞赛和文艺汇演等方式进一步做好党史宣传教育进社区、进机关活动。朝阳区党史办还在党员积极分子培训班上做专题讲座，双阳区在《光华纵览》报纸上分期刊登双阳党史人物小传，宽城区组织了知识竞赛和图片展，德惠市党史办通过向德惠实验小学，驻德武警中队捐赠党史书籍实现了党史教育进学校，进军营活动。使党史宣传教育更加贴近群众，服务现实。

党史资政研究。2006年，市党史研究室与市党史学会合作，在编辑的建党85周年论文集中，开设“和谐篇”和“经济篇”栏目，积极参与资政研究；同时又共同创办了供市级领导参阅的《资政参考》，为资政研究进一步搭建了平台。各县（市）区党史办也在资政研究方面进行了积极的探索。榆树市党史办，将党史工作充分融入社会生活，变被动为主动，及时搜集整理榆树市境内发生的大事、要事，及时反馈给领导，为领导客观地总结当前工作，科学安排今后工作提供依据；绿园区党史办认真组织机关各部门撰写理论和资政文章，《关于加强党的执政能力建设的思考》、《关于绿园区区划后经济工作研究》等10余篇论文均被编入论文集并获奖。党史刊物。完成了6期《春潮》和12期《长春大事记》的编辑出版工作。

（陈　磊）

【机关党的工作】　2006年，市直机关党的工作以党的执政能力和先进性建设为着力点，较好地发挥了机关各级党组织的战斗堡垒作用和广大党员的先锋模范作用。

思想理论工作。机关理论教育注重在统一思想、指导实践、推动工作上下功夫。采取派人参加各部门理论中心组学习、举办理论骨干培训班、评审局处两级领导干部论文、组织法律知识考试、总结典型经验、编发情况简报、建立学习档案、开展征文活动等措施，强化了理论武装工作。在市直机关广泛开展了争做"谭竹青式好公仆"系列活动，通过召开座谈会、举行报告会、组织演讲会、观看专题片、参观事迹展等多种途径，把学习活动不断引向深入。组织了"市直机关计算机网络技能知识竞赛"，举办了"爱我中华，爱我母语"普通话演讲比赛，开展了"征集创新理论观点"等活动，提高了机关党员干部的思想理论和政治素质。深入开展了社会主义荣辱观教育和创建国家文明城市活动，机关党工委被评为全市创建全国文明城先进单位。

党的组织和队伍建设。围绕中心、服务大局作为机关党建工作的出发点，通过总结典型经验、开展党建工作服务中心实例评比、督查基层党组织服务中心、发挥作用情况等方式，强化服务中心理念。围绕提高党务干部素质，加强了对专职副书记的任用考核，举办了机关党务干部培训班，完善了机关党建工作协作组例会交流制度，组织党务干部学习考察，开阔视野。开展了纪念建党85周年系列活动，组织了主题演讲、新党员宣誓、"创先争优"评比表彰等活动。通过开展专题调研、完善相关制度、指导换届选举、规范党员发展、落实党员领导干部参加双重组织生活报告及公示制度等措施，加强了基层组织建设。精心组织了市直机关出席市第十一次党代会代表的酝酿选举和党的十七大及省第九次党代会代表的酝酿推荐工作。

党风廉政建设。机关纪检工作认真贯彻标本兼治、预防为主方针，开展了以学习贯彻党章、学习谭竹青先进事迹为主要内容的"双学"活动和以警示教育为重点的党风廉政教育。通过举办报告会、召开现场会、撰写体会文章、观看警示教育片、参观警示教育基地、参加"红船杯"知识竞答及征文活动、开展依法依纪办案知识测试等形式，增强了教育效果。为落实全市"三位一体"反腐败格局重点任务，召开了市直机关廉政工作会议，分解了工作任务，加强了对任务落实的组织协调。从营造良好软环境入手，对机关工作作风、服务质量和落实"四个禁止"、软环境建设"十条规定"等情况进行了集中检查。全年受理群众来信、来电、来访116人次，查处党员违纪案件12件，处理违纪党员4人。

目标责任制工作。为有效发挥机关工作目标责任制对各部门完成中心任务和重点工作的激励推进作用，针对2006年全市重点目标责任制与机关工作目标责任制双轨运行的实际，从利于工作出发，融合几年来的考核经验和各部门提出的合理化建议，及时调整了市直机关各部门工作目标任务和年度考核内容，将各部门承担的全市重点工作目标与部门年度主要工作目标有机结合，并对目标任务进行了审核，使其更具科学性。改进了各考核职能部门的考核方式，对各部门完成市委、市政府中心工作情况不定期地进行了跟踪检查、督导和年度考核，通过完善机制、统一标准、规范考核、进一步加大在全市范围内区分不同层次对市直各部门进行民主评议的力度等措施，使考核结果更加客观公正，更具激励性。

群团和统战工作。机关工、青、妇和统战组织积极发挥党联系群众的桥梁和纽带作用，通过开展"职工之家"创建活动、"送温暖"活动、"巾帼建功"活动、"关爱机关女性"系列活动、"创先争优"活动等，调动和发挥了机关各个层面干部职工的积极性、主动性、创造性。通过开展丰富多彩的文体活动和知识竞赛、系列讲座等，活跃了机关文化生活。通过开展帮扶城市贫困户、包保在乡老兵、资助农村薄弱校和"代理妈妈"活动，密切了党群、干群关系。通过对机关基层工会、妇委会、团组织进行必要调整，为做好群众工作奠定了组织基础。

（陈　刚）

长春市人民代表大会常务委员会

【概况】 2006年，市人大常委会坚持以邓小平理论和"三个代表"重要思想为指导，以科学发展观为统领，认真贯彻党的十六届五中、六中全会精神和市委十届八次、九次全会的部署，紧紧围绕全市工作大局，在实现经济社会更快更好发展，促进长春和谐发展，加强民主法制建设，推进"依法治市"，发挥代表作用等方面做了大量工作，圆满完成了市十二届人大四次会议确定的各项任务，为促进经济社会全面协调可持续发展，构建社会主义和谐社会发挥了应有的作用。

地方立法工作。市人大常委会认真履行《宪法》和法律赋

人大常委会主要成员视察建工集团

予的职责，积极开展地方立法工作。一年来，共审议制定地方性法规5部，参与国家及吉林省14件法律法规（草案）的征求意见工作。加强了规章备案审查工作，常委会对市政府报送的1件规章进行了审查，保证了政府规章的合法、有效、统一。为保证立法工作任务的顺利完成，常委会加强了法规综合协调和征求意见工作，坚持做到提前介入法规起草工作，并通过新闻媒体和因特网，向全社会发出征求法规（草案）修改意见的公告，广泛听取人大代表、立法顾问、市民和专家学者的意见。常委会按照先调研、后立项的原则，制订了《长春市人大常委会2007年立法工作计划》。常委会加强了同省人大常委会、市政府有关部门的立法协调工作。在坚持统一审议的基本原则、突出审议重点的基础上，改进了统一审议工作，制订了《关于改进法制委员会统一审议法规案办法的意见》，规范了立法工作基本程序，制定了《长春市人大常委会立法工作基本流程》，保证了立法工作的持续规范发展。

监督工作。一年来，常委会将监督工作作为常委会工作的重点，积极支持和督促有关国家机关依法行使职权，切实维护了广大人民群众的切身利益。开展了对《中华人民共和国检察官法》、《中华人民共和国环境影响评价法》的执法检查。跟踪检查了《食品卫生法》、《水污染防治法》等法律法规的贯彻执行情况，推动了法律法规的贯彻实施。常委会会议听取并审议了市政府有关工作情况的报告，并开展了多项视察工作。

代表工作。一年来，常委会把做好代表工作作为坚持和完善人民代表大会制度的重要内容，切实保证代表依法履行职责，充分发挥人大代表在构建和谐社会中的作用，促进了代表工作的开展。常委会及有关专委会注重加强对代表闭会期间活动的指导，加强了代表的学习培训。通过举办代表学习班和开展异地视察等活动，进一步提高代表的履职能力。加强了对各代表联系组和代表小组的工作指导，全市34个市人大代表小组认真开展活动，提出大量有针对性的建议和意见，促进了政府工作的开展。为保证市人大代表依法开展视察活动，常委会还制定了《长春市人民代表大会代表持证视察办法》。常委会加强了对换届选举工作的指导。常委会对换届选举工作中出现的新情况和新问题进行了系统调研，形成了《关于换届选举调研情况的报告》，并制订了《中共长春市人大常委会党组关于做好全市县（市）区、乡（镇）人民代表大会换届选举工作的意见》，编发了《换届选举工作简报》，促进了两级人大换届选举工作的顺利进行。召开了全市政情通报会，及时向代表们通报了长春市上半年全市经济社会发展情况。坚持市人大代表列席常委会会议制度，全年共有76位市人大代表列席了常委会会议，为代表更好履职创造了便利条件。常委会积极为代表履行职务搭建平台，继续办好《代表建议快报》，一年来，共出刊《代表建议快报》36期，及时向“一府两院”领导同志传递有关工作建议，推动了“一府两院”相关工作的开展。

常委会自身建设。一年来，常委会坚持以邓小平理论和“三个代表”重要思想为指导，全面落实科学发展观，常委会组成人员和人大机关干部认真学习十六届六中全会精神、《江泽民文选》和《监督法》，切实把思想和行动统一到六中全会精神上来，紧密结合人大工作实际，充分认识地方国家权力机关在构建社会主义和谐社会中担负的重要职责，认清新形势，明确新任务，把握新要求，切实增强责任感和使命感。常委会狠抓思想作风建设，不断改进工作。坚持求真务实的工作作风，深入实际，调查研究，增强了工作的针对性和实效性。为了增加常委会工作的透明度，使工作更具计划性和可操作性。常委会把年度地方立法、执法检查、听取审议专题工作报告计划分门别类地进行了细化分解，改进了工作程序，明确了工作责任，加大了督办工作力度，提高了工作效率。常委会会议通过了《关于实施〈长春市人民代表大会常务委员会讨论决定重大事项的规定〉的意见》，进一步规范和细化了审议重大项目的具体操作程序。积极组织公民有序地参与人大工作，共有65位公民旁听了常委会会议。常委会进一步密切了与国内兄弟城市人大常委会以及各县(市)、区人大常委会之间的工作交流和联系，促进了工作的开展。

【制定地方性法规】 2006年，常委会全年共审议制定法规2项。(1)2006年10月11日长春市人民代表大会常务委员会发布第47号公告。《长春市节约能源条例》经吉林省第十届人民代表大会常务委员会第二十九次会议批准，自2006年11月1日起施行。(2)2006年12月12日长春市人民代表大会常务委员会发布第48号公告。《长春市波罗湖湿地保护若干规定》经吉林省第十届人民代表大会常务委员会第三十次会议批准，自2007年1月1日起施行。

【法律监督】 2006年，市人大常委会围绕法律法规的实施情况进行了监督。3月，长春市人大常委会执法检查组对《中华人民共和国环境影响评价法》的贯彻实施情况进行了检查。重点检查了专项规划和建设项目的环境影响评价工作、各级政府及其有关部门对违反环评法的重大案件的查处等情况。要求市政府要进一步提高认识，强化发展与环境综合决策，加强对违规违纪的责任追究，健全管理机制，积极推进规划环评。

4月，常委会会议听取和审议了市政府关于贯彻实施《中华人民共和国道路交通安全法》情况的报告，提出了审议意见，要求市政府进一步加大宣传力度，严格执法，创造良好的交通秩序，同时要加强基础设施建设，改善交通管理的环境和条件。

7月，常委会执法检查组对长春市两级检察机关贯彻实施《中华人民共和国检察官法》的情况进行了检查，重点对检察机关依法履行职责、公正司法、围绕中心为全市经济建设服务和检察官队伍建设情况进行了检查。要求检察机关要大力学习宣传《检察官法》；进一步加大法律监督工作的力度；大力提高检察干警队伍的整体素质；坚持严格依法办案；努力解决工作中遇到的困难和问题。

8月，常委会会议听取并审议了市政府《关于贯彻执行<中华人民共和国职业教育法>情况》的报告，要求市政府要切实解决职业教育发展中面临的困难和问题，增加投入，创新机制，严格制度，形成多元化办学格局，以就业为导向，深化职业教育教学领域改革，努力提高职业教育质量。

为了保持监督工作的连续性，常委会还对上一年度检查的《水污染防治法》、《食品卫生法》等法律审议意见的落实情况进行了跟踪检查，进一步推动了法律法规的贯彻实施，增强了监督工作的实效性。

2006年，常委会继续加强个案监督工作，通过执法检查和

人大常委会成员视察亚冬会场馆建设

受理人民群众的控告、申诉、检举，加强对公、检、法机关办案情况进行监督，对重点案件进行了跟踪督办。其中上级交办的15件，已办结10件，本级交办的10件，已办结5件。通过对案件进行监督，促进了司法公正，维护了当事人的合法权益，维护了社会的稳定。

【工作监督】 2006年，常委会认真履行《宪法》和法律赋予的各项职权，紧紧围绕全市中心工作，扎实有效地开展了各项监督工作。

常委会会议审议了市政府关于2006年国民经济和社会发展计划及预算上半年执行情况的报告、关于2005年市本级预算执行和其他财政收支情况的审计工作报告，审查并批准了2005年财政决算。

常委会对长春市净月生态城建设十分关注。10月，常委会会议听取了《市政府关于净月潭风景名胜区生态环境保护情况的报告》，作出了《关于加强净月潭风景名胜区生态环境保护的决议》。要求市政府要加强净月潭风景名胜区生态环境保护，必须依法坚持“科学规划、统一管理、严格保护、永续利用”的原则，严格规划控制和管理，严格建设项目审批，严格生态环境资源保护。要正确处理加快发展和生态环境保护、眼前利益与长远利益、局部利益和全局利益的关系，努力把净月潭风景名胜区建成长春市生态核心区、国家生态示范区、国际一流的生态环境优美区。

常委会高度重视民族问题，把关心少数民族群众生活，倾听少数民族群众呼声，下大气力解决少数民族群众特别是贫困群众生产生活中遇到的困难作为一件大事来抓。6月，常委会会议审议了市政府《关于长春市少数民族工作情况的报告》，并提出审议意见。常委会从少数民族群众最关心、最直接、最现实的教育和生活用水水源建设入手，督促政府为少数民族群众解决急需的实际问题，促进了民族关系的和谐发展。

【长春市第十二届人民代表大会第四次会议】 长春市第十二届人民代表大会第四次会议于2006年1月19日至23日召开。大会听取和审议了长春市人民政府工作报告；听取和审议了关于长春市国民经济和社会发展第十一个五年规划纲要（草案）的说明，审查和批准了长春市国民经济和社会发展第十一个五年规划纲要；审查和批准了长春市2005年国民经济和社会发展计划执行情况的报告与2006年国民经济和社会发展计划；审查了长春市2005年预算执行情况的报告和2006年预算草案，批准了长春市2005年本级预算执行情况的报告和2006年预算草案，批准了长春市2005年本级预算执行情况的报告和2006年本级预算；听取和审议了长春市人民代表大会常务委员会工作报告、长春市中级人民法院工作报告、长春市人民检察院工作报告。会议通过了接受杨国勤、吴大勇、柳有祥辞去长春市第十二届人民代表大会常务委员会副主任的决定，通过了接受闫成立辞去长春市第十二届人民代表大会常务委员会秘书长的决定；会议决定许国栋为长春市人民代表大会城乡建设环境保护委员会主任委员；会议选举范新早、闫成立、李发锁为长春市第十二届人民代表大会常务委员会副主任；选举李发锁为长春市第十二届人民代表大会常务委员会秘书长，选举闻弘、周贺、许国栋为长春市第十二届人民代表大会常务委员会委员。大会期间，代表提出议案39件，其中

市十二届人民代表大会第四次会议

3件被确立为大会议案，交由市政府办理，并向市人大常委会报告办理结果。其余36件议案被作为代表建议，交由有关机关和组织办理。467名代表出席了本次会议。

【长春市第十二届人民代表大会常务委员会】 1. 长春市第十二届人民代表大会常务委员会第二十四次会议。2006年2月13日市十二届人大常委会举行第二十四次会议。会议共有8项议题：(1)听取和审议市人大常委会工作报告(审议稿)。(2)听取《关于召开长春市第十二届人民代表大会第四次会议的意见》。(3)宣读有关人员的辞呈。(4)听取和审议市人大常委会代表资格审查委员会关于补选的市十二届人大代表的代表资格的审查报告。(5)提出市十二届人大四次会议主席团和秘书长名单(草案)(6)决定市十二届人大四次会议列席人员名单。(7)提出市十二届人大四次会议常务主席名单(草案)，副秘书长名单(草案)，大会日程(草案)。(8)人事任免事项。

经常委会会议审议表决，通过了《市人大常委会工作报告(审议稿)》、《长春市第十二届人民代表大会常务委员会关于接受傅忠同志辞去长春市第十二届人民代表大会常务委员会委员职务的决定》、《长春市第十二届人民代表大会常务委员会关于接受孟宪新同志辞去长春市第十二届人民代表大会常务委员会委员、内务司法委员会委员职务的决定》、《长春市第十二届人民代表大会常务委员会关于接受刘庆海同志辞去长春市第十二届人民代表大会常务委员会城乡建设环境保护委员会主任委员职务的决定》、长春市第十二届人民代表大会常务委员会代表资格审查委员会关于对补选的市十二届人大代表的代表资格审查结果的报告、市十二届人大四次会议主席团和秘书长名单(草案)、长春市第十二届人民代表大会第四次会议决定列席人员名单、市十二届人大四次会议常务主席名单(草案)、副秘书长名单(草案)和大会日程(草案)，通过了人事任免事项。

2. 第十二届人民代表大会常务委员会第二十五次会议。2006年2月24日市第十二届人大常委会举行第二十五次会议。会议共有5项议题：(1)听取和审议市政府《关于市十二届人大四次会议议案办理方案的报告》。(2)听取、审议和表决《长春市人大常委会2006年工作要点(草案)》。(3)听取、审议和表决《长春市人民代表大会常务委员会2006年评议政府部门工作的方案(草案)》。(4)听取、审议和表决《关于贯彻〈长春市人民代表大会常务委员会讨论决定重大事项的规定〉的若干意见(草案)》。(5)人事任免事项。

经常委会会议审议表决，通过了《关于市十二届人大四次会议议案办理方案的报告》、《长春市人大常委会2006年工作要点》、《长春市人民代表大会常务委员会2006年评议政府部门工作的方案(修改稿)》、《长春市第十二届人民代表大会常务委员会关于实施〈长春市人民代表大会常务委员会讨论决定重大事项的规定〉的若干意见》，会议还通过了人事任免事项。

3. 第十二届人民代表大会常务委员会第二十六次会议。2006年4月26日至27日市十二届人大常委会举行第二十六次会议。会议共有10项议题：(1)听取和审议市政府关于贯彻实施《中华人民共和国道路交通安全法》情况的报告。(2)评议市安全生产监督管理局安全生产监督管理工作。(3)审议表决《关于调整长春市第十二届人民代表大会常务委员会代表资格审查委员会主任委员、委员的议案》。(4)审议表决长春市朝阳区人大常委会《关于罢免樊军长春市第十二届人大代表职务的报告》。(5)听取和表决市人大常委会代表资格审查委员会关于补选的市十二届人大代表的代表资格的审查报告。(6)审议表决《关于罢免马玉伦、樊军省十届人大代表职务的议案》。(7)补选吉林省第十届人民代表大会代表。(8)审议万载斌同志《关于对市人大常委会述职评议意见整改措施落实情况的报告(书面)》。(9)人事任免事项。(10)有关代表事项。

经常委会会议审议表决，通过了《关于调整长春市第十二届人民代表大会常务委员会代表资格审查委员会部分组成人员的决定》、《关于罢免樊军长春市第十二届人大代表职务的报告》、长春市第十二届人民代表大会常务委员会代表资格审查委员会关于对补选的市十二届人大代表的代表资格审查结果的报告、《关于罢免马玉伦、樊军省十届人大代表职务的议案》，通过了人事任免事项。会议批准对市人大代表夏中勋采取刑事强制措施,会议还对市安全生产监督管理局安全生产监督管理工作进行了满意度测评。

4. 第十二届人民代表大会常务委员会第二十七次会议。2006年6月27日至29日市十二届人大常委会举行第二十七次会议。会议共有6项议题:(1)审议《长春市节约能源条例(草案)》。(2)审议《长春市城市房屋安全管理条例(草案)》。(3)听取、审议和表决长春市人大常委会执法检查组关于检查《中华人民共和国食品卫生法》实施情况的报告。(4)听取、审议和表决长春市人大常委会执法检查组关于检查《中华人民共和国环境影响评价法》实施情况的报告(5)听取和审议市政府《关于少数民族工作情况的报告》。(6)人事任免事项。

经常委会会议审议表决,通过了长春市人大常委会执法检查组关于检查《中华人民共和国食品卫生法》实施情况的报告、长春市人大常委会执法检查组关于检查《中华人民共和国环境影响评价法》实施情况的报告,会议还通过了人事任免事项。

5. 第十二届人民代表大会常务委员会第二十八次会议。2006年8月28日至31日市第十二届人大常委会举行第二十八次会议。会议共有12项议题:(1)审议《长春市城市公共汽电车客运管理条例(草案)》。(2)审议《长春市波罗湖湿地保护若干规定(草案)》。(3)审议表决《长春市节约能源条例(草案)》。(4)审议表决《长春市城市房屋安全管理条例(草案)》。(5)审议长春市人大常委会执法检查组关于检查《中华人民共和国检察官法》实施情况的报告。(6)审议市政府关于2006年国民经济和社会发展计划上半年执行情况及下半年主要工作安排的报告。(7)审议市政府关于2005年财政决算的报告和2006年预算上半年执行情况及下半年主要工作安排的报告。(8)审查批准2005年财政决算。(9)审议市政府关于2005年度市本级预算执行和其他财政收支情况的审计工作报告。(10)审议市政府关于贯彻实施《中华人民共和国职业教育法》情况的报告。(11)审议市政府关于全市"四五"普法依法治市基本情况的报告和对《关于加强法制宣传教育推进依法治市的决议(草案)》的说明。(12)人事任免事项。

经常委会会议审议表决,通过了《长春市节约能源条例(草案表决稿)》、《长春市城市房屋安全管理条例(草案表决稿)》、长春市人大常委会执法检查组关于检查《中华人民共和国检察官法》实施情况的报告、《长春市人民代表大会常务委员会关于长春市2006年国民经济和社会发展计划上半年执行情况报告的审议意见》、《长春市人民代表大会常务委员会关于批准长春市2005年决算的决议》、《关于加强法制宣传教育推进依法治市的决议(草案)》,会议还通过了人事任免事项。

6. 第十二届人民代表大会常务委员会第二十九次会议。2006年10月26日至27日市十二届人大常委会举行第二十九次会议。会议共有7项议题:(1)审议《长春市企业负担监督管理条例(草案)》。(2)审议表决《长春市波罗湖湿地保护若干规定(草案)》。(3)审议表决《长春市人大常委会2007年立法计划(草案)》。(4)听取市政府《关于净月潭风景名胜区生态环境保护情况的报告》,表决《长春市人民代表大会常务委员会关于加强净月潭风景名胜区生态环境保护的决议(草案)》。(5)评议市卫生局城市社区卫生服务工作。(6)审议表决《长春市人民代表大会代表持证视察办法(草案)》。(7)人事任免事项。

经常委会会议审议表决,通过了《长春市波罗湖湿地保护若干规定(草案表决稿)》、《长春市人大常委会2007年立法计划》、《长春市人民代表大会常务委员会关于加强净月潭风景名胜区生态环境保护的决议》、《长春市人民代表大会代表持证视察办法(草案表决稿)》,会议对市卫生局城市社区卫生服务工作进行了满意度测评,通过了人事任免事项。

7. 第十二届人民代表大会常务委员会第三十次会议。2006年12月25日至27日市第十二届人大常委会举行第三十次会议。会议共有11项议题:(1)审议表决《长春市城市公共汽电车客运管理条例(草案)》。(2)审议表决《长春市企业负担监督管理条例(草案)》。(3)听取和审议市政府关于市十二届人大四次会议议案办理情况的报告。(4)听取关于召开市十二届人大五次会议的意见;审议表决关于召开市十二届人大五次会议的决定(草案)。(5)听取和审议市人大常委会工作报告(审议稿)。(6)审议表决关于表彰先进代表小组、优秀人大代表的决定(草案)。(7)审议关于市十二届人大四次会议代表建议、批评和意见办理情况的报告(书面)。(8)审议《长春市人大常委会2006年地方立法计划执行情况的报告(书面)》。(9)审议市政府《关于我市城区水体污染应采取统筹规划、综合整治的议案》办理情况的报告(书面)。(10)补选吉林省第十届人民代表大会代表。(11)人事任免事项。

经常委会会议审议表决,通过了《长春市城市公共汽电车客运管理条例(草案表决稿)》、《长春市企业负担监督管理条例(草案表决稿)》、《长春市人民代表大会常务委员会关于召开长春市第十二届人民代表大会第五次会议的决定》、《市人大常委会工作报告(审议稿)》、《长春市人大常委会关于表彰先进代表小组、优秀人大代表的决定》,会议还通过了人事任免事项。

【视察工作】 2006年,常委会围绕全市中心工作,有目的、有计划地开展了一系列视察。常委会结合法律的贯彻执行情况,开展了对《中华人民共和国水污染防治法》贯彻执行情况的视察;针对加快解决"三农"问题,开展了对大成玉米工业园区建设情况的视察。常委会还围绕全市重点工程建设情况、第六届亚冬会场馆建设情况、监狱劳教工作等开展了系列视察活动,促进了政府相关工作的开展。

【调研工作】 2006年,常委会深入实际开展调研工作,将调查研究工作贯穿于常委会的各项工作之中。在开展立法和监督工作之前,都要进行深入细致的调查研究,增强了工作的针对性和实效性。一年来,常委会围绕农村经济社会基本现状和社会主义新农村建设情况、牧业产业化龙头企业发展情况、全市重点工业项目和换届选举等工作开展了专题调研,为常委会依法行使各项职权提供了依据。

【代表议案和建议】 2006年,常委会努力提高代表议案和建议办理工作质量。常委会会议听取并审议了市政府关于市十二届人大四次会议议案办理方案和办理情况的报告。有关专门委员会对代表议案的办理情况进行了监督检查。市十二届人大四次会议期间,市人大代表对各方面工作提出建议、批评和意见共267件。常委会确定10件内容关系全局、人民群众反映强烈的代表建议作为重点督办建议,由有关专门委员会督促办理。常委会还对议案办理情况进行了视察,进一步促进了各项议案的落实。常委会开展了优秀议案、建议的评选活动。评选出3件优秀议案,26件优秀建议,并对优秀议案、优秀建议的领衔代表进行了表彰和物质奖励。

【全市政情通报会】 2006年7月25日市人大常委会召开全市政情通报会。通报会前,常委会征求了部分市人大代表的意见和建议,确定了通报会的内容。会上,副市长崔杰代表市政府向代表通报了2006年上半年全市经济社会发展情况和下半年重点工作。市人大常委会、市中级人民法院和市人民检察院以书面形式分别对上半年工作情况作了通报。通过听取政情通报,保证了人大代表及时、全面地了解市人民政府、市中级人民法院、市人民检察院上半年工作进展情况、面临的形势和任务,促进了代表知情、知政,更好地履行代表职责。

【评议工作】 2006年,市人大

人大常委会政情通报会

常委会抓住“看病难、看病贵”、“安全生产”等人大代表和人民群众关注的热点问题开展评议工作。常委会从社区卫生服务为群众提供廉价、便捷的医疗保健服务入手，对市政府开展社区卫生服务工作进行了评议；结合国家安全生产法和长春市安全生产条例和市政府依法开展安全生产综合监督管理的专项工作情况进行了评议，并对被评议单位进行了满意度测评。通过评议，增强了相关单位的责任意识和进取意识，直接促进和推动了这些部门的工作。

【任免工作】 常委会坚持党管干部原则与依法任免有机统一的原则，依法行使人事任免权。一年来，共任免国家工作人员108人，其中，任职81人，免职20人，接受辞职6人，撤职1人，保障了各国家机关工作的顺利进行。

【信访工作】 2006年，常委会高度重视人民群众来信来访工作，把办理人民群众来信来访、倾听群众呼声作为加强监督、维护和谐和稳定的大事来抓。通过接访和处理信访，教育和引导信访人员以理性、合法的形式表达自己的诉求，妥善处理各种利益关系。坚持实行常委会领导干部接待群众制度、信访工作责任制、“一府两院”的信访交办制度、公检法三机关人员信访接待日制度和市人大代表接访制度。及时通报情况，分析动态，定期反馈，严格督查。把群众利益诉求纳入制度化、规范化、法制化的轨道。一年来，共接待和受理群众来信来访5 470件次，完成全国人大常委和省人大常委会交办的需要报告办理结果的信访件171件，促进了依法行政，公正司法，化解了社会矛盾，帮助群众解决了许多实际困难和问题，维护了社会和谐和稳定。

（贾冬梅）

长春市人民政府

【概况】 2006年是长春市改革开放和现代化建设取得显著成效的一年。实现地区生产总值1 934.1亿元，比2005年增长14.5%；实现全口径财政收入210.6亿元，增长14%；完成固定资产投资950.1亿元，增长46.1%；实现城镇居民人均可支配收入11 358元，增长12.8%。上述4项主要指标，提前完成本届政府工作目标，标志着长春市向富民强市、全面建设小康社会的目标又迈出重要一步。

农业生产喜获丰收，粮食产量达到813.7万吨。无公害和绿色食品基地发展到175万亩。新建标准化牧业小区100个，养殖大户发展到近3万户，规模饲养的比重达到50%以上。实现农民人均纯收入4 480元，增长7.2%。

工业经济运行质量明显提高。规模以上工业实现产值2 125亿元，增长20.3%；实现利润68.4亿元，增长55.7%。工业经济效益综合指数达到175%，提高19个百分点。高新技术产业产值突破1 000亿元，增长22.7%。汽车工业迅速回升，实现产值1 475.7亿元，增长21.9%。农产品加工业不断壮大，实现产值294.7亿元，增长24.9%，占全市工业的比重达到13.9%，成为名副其实的支柱产业。

投资力度进一步加大。固定资产投资净增300亿元，增速在15个副省级城市中位居第1位，前移2位。开工建设项目1 994个，其中，超亿元255个，新开工1 594个。非国有投资592亿元，净增220亿元，占全部投资的66.5%，投资自主增长机制初步形成。整合挖潜存量土地，积极争取项目建设用地，基本保证了项目建设需求。土地投资强度增长25%，土地利用集约化程度明显提高。

对外开放取得突出成绩。新批外商投资企业149家，引进投资超千万美元的外资项目33个、超8 000万元的内资项目133个，引进英荷壳牌、美国AB等一批知名企业，新增世界500强企业投资项目4个。实际利用外资14.1亿美元，引进内资253.8亿元。进出口总额完成52.3亿美元，增长15.1%。汽车及零部件等出口大幅增长，工业制成品出口完成7.5亿元，增长15%，占全部出口的比重达到74%，提高27个百分点。新开通和开发3条国际航线、8条国际中转航线。开发区经济全面提速。生产总值增长26.4%，实际利用外资增长20%，实际利用内资增长35.3%，固定资产投资增长98%，占全市的比重分别达到52.5%、90%、79%和55.5%。引进超千万美元的外资项目19个、超8 000万元的内资项目103个，分别占总数的57.6%和79.2%。县域工业集中区引进超千万元的项目274个。

城市建设取得显著成效。市行政中心南迁，南部新城建设拉开序幕。宽城行政中心开工建设，改造大铁北顺利起步。综合科技文化中心前期工作就绪，净月生态城建设快速启动。高新开发区、经济开发区继续保持旺盛的生机与活力，汽车产业开发区以及空港开发区、玉米工业园区开局良好。各城区、开发区以竞相发展的态势，拉开了双中心、多组团的城市发展空间格局。伊通河排污治理工程基本完工，生态工程建设进展顺利，完成三段蓄水。轻轨二期正式通车运营，长双烟铁路完成工程总量的70%，102国道绕行线等重点项目建设顺利推进，长吉快速铁路、哈大铁路客运专线项目完成前期准备。8路5桥2出口工程竣工，新建道路99条，大中修道路142条，基本完成主次干道改造，道路完好率达到98%。房地产开发施工1 214万平方米，增长81.3%。超额完成省下达的棚户区改造任务，拆除棚户区房屋290万平方米，超计划21%。实施货币和房屋安置43 334户，安置历年超期回迁居民1 596户。改造居民巷道1 986条，安装街路照明灯具11 128套，三环路以内巷道硬铺装率和亮化率分别达到95%和94%。改造排水管线122公里、供水管线50公里、燃气管线65公里。加大市容环卫投入，更新环卫车辆333辆，水冲公厕达到623座。绿化街路31条，新建大块绿地117块，改造续建4个公园，裕华园开工建设，天嘉公园建成并荣获中国人居环境范例奖，建成区新增绿地300公顷。拆除烟囱327根，治理不合格锅炉501台(套)，烟尘排放达标率达到90%，城区优良级天数达到345天，优良率达到94.5%，空气质量进一步提高。城市管理行政执法工作取得明显成效。创建国家卫生城市工作不断深入，顺利通过省级卫生城市验收，具备了申请国家卫生城市的基本条件。

举办第六届亚冬会获得圆满成功。亚奥理事会45个成员国和地区全部参会，首次实现亚洲奥林匹克大家庭在冬季运动史上的大团圆。赛会场馆设施先进，各项服务细致周到，竞赛组织规范有序，比赛氛围文明活跃，文化活动异彩纷呈，宣传报道热烈精彩，是亚洲规模最大、最具魅力的冰雪体育盛会。“冰雪亚运、魅力长春”唱响世界，进一步弘扬了奥林匹克精神，提升了长春对外的整体形象和知名度，增强了全市人民的凝聚力和向心力。整个筹备工作所创造的精神和经验，必将成为全市发展各项事业的强大动力和宝贵财富。

社会保障工作扎实推进。开发就业岗位9.7万个，实现就业再就业8.7万人，安置“4050”人员2万人，安置残疾人就业2 500人。通过公益性岗位开发，为有就业能力和愿望的“零就业”家庭提供了就业岗位。城镇登记失业率控制在4%以内。启动了新征地农民养老保险试点、城区居民住院医疗保险试点以及榆树市、农安县新型农村合作医疗试点。全市养老保险参保118.1万人，纳入城镇医疗保障111万人，纳入农村医疗保障182万人，全市失业保险参保66.3万人，工伤保险参保62万人，各项保险基金征缴率达到95%，按时足额发放率达到100%。为32万离退休人员发放养老金26亿元，为29万人次发放失业金6 000万元。基本解决改制企业离退休职工养老、医疗保险以及采暖费补贴问题，退休人员社会化管理率达到98.2%。覆盖城乡的社会救助体系基本建立。全市投入救助资金1.9亿元，救助城市低保20余万人。城市低保家庭全部纳入住院保险范围，6 315户住房困难家庭享受廉租住房政策，6 500户特困家庭享受采暖救助政策，2万余名城乡贫困学生得到教育资助。

民主法制和政府自身建设不断加强。自觉接受人大及其常委会的法律监督、工作监督和政协的民主监督，认真办理人大议案、建议和政协提案，办复率达到100%。提请市人大常委会审议通过地方性法规4件，制定政府规章及规范性文件23件。扎实推进依法治市，被评为全国法制宣传教育先进城市。全面履行政府职能，服务型政府建设不断加快。政务中心服务功能进一步强化，依法行政深入推进，电子政务不断发展。深入开展“清费减负”等多项活动，加快构建“信用长春”，发展环境明显改善。廉政建设和反腐败斗争不断深入，严肃查处各类违法违纪案件，政风行风建设进一步加强。认真办好市长公开电话。进一步落实各级领导干部接待群众来信来访责任制，解决了一大批重大、疑难信访案件，维护了人民群众的合法权益，社会保持和谐稳定。

（寇纯福　张海治　孙迎伟）

【政府常务会议】 2006年，市政府共召开10次常务会议，讨论并决策主要议题。(1)2月16日，第48次常务会议原则通过《长春市人民政府关于市十二届人大四次会议议案办理方案的报告》(讨论稿)、《长春市南部中心城区规划方案(草案)》、听取《〈长春市人民政府委托中国·神力集团建设南北合作产业园协议书〉说明的汇报》(讨论稿)、《关于进一步加强因公出国(境)管理工作的通知》(讨论稿)、《关于长春市与韩国江原道太白市建立友好交流城市的意见》(讨论稿)、《关于长春市与格陵兰努克市建立友好合作城市的意见》(讨论稿)；(2)3月24日，第49次常务会议原则通过《长春市突发公共事件总体应急预案》(讨论稿)、《长春市政府2006年规章制定计划》(讨论稿)、《长春市城镇居民住院医疗保险实施办法(试行)》(讨论稿)、《关于聘任李长华同志为市政府经济顾问的请示》(讨论稿)、《长春市城区(不含双阳区)2005年冬季退役士兵分配计划》(讨论稿)；(3)4月19日，第50次常务会议原则通过《长春市一季度经济运行情况》(讨论稿)、《一季度全市重点工作目标责任制落实情况》(讨论稿)、《贯彻落实〈安全生产法〉依法开展安全生产监督管理工作情况报告》(讨论稿)、《长春市新征地农民基本养老保险试行办法》(讨论稿)、《玉米工业园控制性详细规划》(讨论稿)、《关于贯彻实施〈中华人民共和国道路交通安全法〉情况的报告》(讨论稿)；(4)5月31日，第51次常务会议原则通过《长春市贯彻落实全面推进依法行政实施纲要的意见》(讨论稿)、《关于全市民族工作情况的报告》(讨论稿)、《长春市节约能源管理条例(草案)》、《长春市城市房屋安全管理条例(草案)》、《长春市整体城市设计规划》(讨论稿)、《长春市招商引资中介奖励办法》(讨论稿)、《关于政府投资项目实行代建制情况汇报》、《关于授予藤本敬一为长春市荣誉市民称号的请示》(讨论稿)；(5)7月21日，第52次常务会议原则通过《长春市人民政府关于提高自主创新能力的若干政策》(讨论稿)、《长春市中长期科学和技术发展规划纲要(2006—2020)》(讨论稿)、《中共长春市委 长春市人民政府〈关于增强自主创新能力建设创新型城市的决定〉》(讨论稿)、《2006年度长春市科学技术特殊贡献奖、特等奖人选》(讨论稿)、《关于第六次全国法制宣传教育工作会议精神及我市实施"四五"普法规划情况和"五五"普法工作安排意见的汇报》(讨论稿)、《关于我市开展社区矫正试点工作的汇报》(讨论稿)、《长春市"十一五"消防发展规划》(讨论稿)、《关于实施职工热费"暗补变明补"有关问题的汇报》(讨论稿)、《关于清理城市设施配套费减免有关文件的汇报》(讨论稿)、《长春市市容和环境卫生责任制施行办法(草案)》、《关于授予范安德、林天福、杨国强先生为"长春市荣誉市民"和栗亚先生为"长春市政府经济顾问"称号的报告》(讨论稿)；(6)8月10日，第53次常务会议原则通过《长春市人民政府关于贯彻实施〈中华人民共和国职业教育法〉情况的报告》(讨论稿)、《长春市人民政府关于大力发展职业教育的决定》(讨论稿)、《长春市公共汽电车客运管理条例(草案)》、《长春市人民政府关于2006年国民经济和社会发展计划上半年执行情况及下半年主要工作安排的报告》(讨论稿)、《长春市人民政府关于2005年市财政决算和2006年预算上半年执行情况的报告》(讨论稿)、《关于调整卫星路南侧公共绿地的汇报》(讨论稿)、《长春市人民政府关于2005年度市本级预算执行和其他财政收支情况的审计工作报告》(讨论稿)；(7)10月12日，第54次常务会议原则通过《长春市贯彻实施〈中华人民共和国公务员法〉工作方案》(讨论稿)、《长春市人民政府关于净月潭风景名胜区生态保护情况的报告》(讨论稿)、《关于全市城市社区卫生工作情况的报告》(讨论稿)、《长春市人民政府关于进一步加强城市社区卫生服务的实施意见》(讨论稿)、《长春市人民防空工程维护使用管理规定(草案)》、《长春市企业负担监督管理条例(草案)》；(8)11月24日，第55次常务会议原则通过《长春市会展业管理办法(草案)》、《长春市人民政府关于加强文化遗产保护工作的意见》(讨论稿)、《长春市伊通河综合治理改造规划》(讨论稿)、《长春经济技术开发区撤制村集体资产处置试点工作方案》(讨论稿)、《关于省应急工作会议精神及我市贯彻落实意见的汇报》(讨论稿)、《关于全面加强应急管理工作的实施意见》(讨论稿)、《关于授予蓝玛斯女士、木下雅裕、高友远、黄进益、吴锦江先生为“长春市荣誉市民”称号的请示》、《关于长春市城市防空袭预案》(讨论稿);(9)12月8日,第56次常务会议原则通过《政府工作报告》(讨论稿)、《长春市人民政府关于十二届人大四次会议议案办理情况的报告》(讨论稿);(10)12月30日,第57次常务会议原则通过《长春市近期建设规划(2006~2010)》(讨论稿)、《南部中心城区核心城市设计》(讨论稿)、《长春市养老服务机构管理办法(草案)》、《关于推行行政执法责任制工作情况汇报》(讨论稿)、《长春市2006年~2010年农民教育培训工作规划纲要》(讨论稿)、《关于长春市2006年国民经济和社会发展计划执行情况与2007年国民经济和社会发展计划草案的报告》(讨论稿)、《关于长春市2006年预算执行情况和2007年预算草案的报告》(讨论稿)。

(赫　军)

【接待服务】 2006年共接待来长视察、考察、参观学习的团组571批,5 421人次。其中,党和国家领导人8位,随行112人;省(部)级领导92位;司局级领导277位;接待了广州、银川、中山、杭州、洛阳等城市的党政代表团和人大常委会、政协考察团等大型团组57个。全力以赴,精心安排,圆满地完成了“第十二届世界冬季城市市长会议”、“长春汽车产业开发区发展建设规划国际咨询专家评审组”、“中央新闻单位谭竹青同志先进事迹采访团”、“2006(长春)中日经济合作会议”、“闽商长春行”等大型重要活动的接待工作。完成了国家体育总局刘鹏局长、于再清、段世杰、肖天副局长以及亚奥理事会执委、亚奥理事会主席魏纪中、副主席霍震霆、总干事侯赛因．穆萨拉姆、医学委员会主席黑田善雄等特殊团组的接待任务。给予了特殊的重视和礼遇。达到了预期的效果和目的。圆满地完成了“2006年中国长春净月潭冰雪旅游节”、“第八届中国长春电影节”、“第八届国际雕塑展”、“第六届中国长春国际农业博览会”、“吉林省第二届东北亚经济贸易博览会”等14项全市会展活动组委会交给的重要接待任务。发挥了组织、指导、协调作用。

(聂福荣)

【信息工作】 2006年,长春市政府政务信息工作围绕全市中心工作,紧紧贴近领导需求,不断拓宽信息渠道,始终坚持以质量为前提,以服务为宗旨,努力提高信息的针对性、前瞻性、实效性和深刻性,为领导决策提供了良好的信息服务。全年共向国务院办公厅(以下简称“国办”)、吉林省政府办公厅(以下简称“省办”)国务院振兴东北办公室(以下简称“振兴办”)报送信息3016条。其中,动态信息2530条;综合信息410条;调研信息75条。在国办13个省(市)29个信息直报点中排名比较靠前,取得了历年来的最好成绩;被省办采用119条。全省九个地市州排名第二。共编发各类信息刊物100余期。其中,决策参考类信息45期;供市领导阅示的专报信息76期。《政务信息工作通报》12期。全年采编各类信息共计3716条,约150万字。长春市政府办公厅被省办评为2006年度全省政府系统信息上报优秀单位;信息处2名同志被评为全省政府系统信息上报工作优秀信息员。

加大了信息报送、信息调研工作力度。按照国务院、省政府对2006年信息工作的要求,信息处全体同志在努力提高信息质量的同时,报送了大量的政务及经济类信息,根据每一时期政府的中心工作及时性,加强信息的收集及调研。在春耕生产季节,编写了“长春市备耕生产工作现状、存在的困难和问题”;在“五一”黄金周时,编写了“透过“五一”黄金周看长春的交通存的问题”;根据长春市消防安全形势编写了“长春市消防安全工作存在的问题”;围绕长春市农村税费改革编写了“长春市农村税费改革有关问题的调查”;围绕振兴东北老工业基地改造编写了“长春市老工业基地改造工作采取的措施、存在的问题和对策”。同时被振兴东北办采用的还有“长春双阳鹿业低谷徘徊”、“长春市工业增加值综合能耗下降”等。

开发专题信息,利用好专业网站,抓住领导需求搞好信息服务。为更好地为本级领导服好务,获取有价值、有分量的信息,我们在与国务院发展研究中心网站进行链接的基础上,还充分利用省政府的共享信息,并围绕宏观经济、区域经济、行业经济等方面为领导选编了多篇信息,刊发在《决策参考》上,如《东北组织结构创新的制约因素与政策建议》、《我国汽车产业发展趋势与政策选择》、《我国粮食供求形势与"十一五"发展趋势分析》、《江苏五大对策破解经济难题》。

进一步拓宽了信息采集渠道。一是与市委信息处在建立工作联系的基础上，继续开展调研及综合信息互换，实现党政重要信息的共享。二是加大一汽的信息报送力度，并实行信息采用情况反馈制度，定期将一汽信息采用情况及各级领导对一汽的信息需求进行反馈，实现信息的互通与交流。三是与国务院办公厅信息处保持经常性的沟通，开展上报工作的事先请示与联系，提高了上报信息的对接率和采用率。四是与兄弟省市进行信息交流。五是围绕老工业基地改造、政务信息公开、电子政务等全市工作重点组织编写了相关信息，为领导借鉴、决策提供了参考。六是围绕城市建设、经济发展摘编了相关信息，如"长春市棚户区改造工程进展情况报告"、"关于长春市村镇规划管理工作存在问题和对策建议"等，这些信息得到有关领导的重视，得到了各级领导的批示。

修订了《政府系统信息工作网络》。各县市区、委办局人员进行了动态调整，网络单位及信息员队伍发生变化。为保证信息渠道的畅通，年初对所有网络单位进行了调度，修订完善了信息工作网络，建立了快速、灵敏的信息传递机制，确保信息的时效性。

突出长春特色开展好信息上报工作。高新技术产业、汽车零部件产业、农产品深加工、生物与医药、旅游业和会展业等是长春市的主导产业，也是国务院和省政府领导关注的热点。在上报这类信息时，一是主动了解上级政府的信息需求，开展好信息服务。二是突出长春市特色和优势通过上报信息宣传长春。如编发了"一汽大众创单月销售新纪录"、"长春高新区经济发展三项指标评价进入全国前三名"、"长春市将完善农产品加工业重点扶持十大'航母'"等信息。

及时反映改革开放中出现的困难和问题，寻求上级政府的支持和帮助，并使有关问题尽快得以解决、纠正。如"我市农业结构调整的基本情况及遇到的突出问题"、"我市减轻农民负担工作存在的问题"、"长春市民反映部分失地农民凸现'四个难题'亟待解决"、"我市老工业基地改造工作采取的措施、存在的问题和对策"、"长春市今冬供热面临严重困难"等。

对全市政府系统政务信息工作人员进行了培训。为适应各级领导对信息工作要求不断提高的形势，提高信息人员工作素质，在5月末组织全市84个信息网络单位的136名同志参加了为期3天由市政府召开的《全市政务信息工作会议》。会议较成功达到了预期效果。

（李　振）

【督查工作】 2006年，市政府督查工作紧紧围绕全市中心工作，以市长关注和市民关心的热点、难点问题为重点，以确保市政府各项工作的全面完成为目标，扎实有效地完成了各项督查工作任务。

年初，对《政府工作报告》提出的各项工作任务进行分解，贯彻落实。确定责任部门、工作标准、完成时限。全年对贯彻落实情况进行分阶段跟踪督查，及时掌握工作进度，并对工作进展情况进行汇总报告，形成4万字专项报告。按照市直机关工作目标责任制领导小组《实施方案》的要求，对市政府50个部门完成行政业务工作情况进行了半年督查，年终考核。确定棚户区改造、创建国家卫生城、亚冬会、劳动社会保障和再就业、落实环保目标责任书、清理"双拖欠"等11项工作为2006年度督查工作的重点，加强与有关部门积极配合，保证了各项重点工作的顺利完成。

全年共形成督查通报、督查专报30期。完成市政府领导批办的各项临时性督查工作。通过对防治禽流感、流行性出血热、麻疹，殡葬改革、采暖费收取改革，传染病院、天池饭店搬迁等工作的专项督查，取得了良好效果。完成国办、省政府交办的有关督查事项。"两节"期间，接待并配合中办促社会稳定专项督查组，对全市社会安全、弱势群体权益，社会保障、救助和农民直补等项工作进行了督查。参与了督查落实"全省经济工作会议"、"中共省八届八次全会"会议精神和"扩权强县、下放权力"，招商引资、固定资产投资、民营经济、软环境建设、建设社会主义新农村等专项督查工作。

（杨继革）

【机关事务管理】 围绕中心、服务大局，机关事务保障功能明显增强。2006年，完成了10件市委、市政府交办的大事。一是统筹协调建设了近7万平方米的市政府新办公大楼，组织实施了市领导及29个委办局的两次搬迁，圆满完成了公务员升旗暨宣誓仪式保障任务，协同政府办公厅进行了新楼应急事故演练。二是协助江苏来长投资企业东方集团处理好信息港、市人防地下车库延迟搬迁问题，顺利完成市政府旧办公楼交接，协助东方集团办理好教育用地、旧楼装修、费用减免等后续问题。三是优质高效地完成了亚冬会、东北亚博览会、农博会等大型节庆、会展活动的接待工作及公务用车征集工作，亚冬会的圆满成功，得到了国内外宾客的好评。四是在市领导的支持下，深入调研，制订方案，对市直机关70辆新公务用车及37台“二手车”进行了科学合理的调配，改善了机关公务用车整体状况。五是完成市直机关办公用房普查工作，初步摸清了家底。六是全面完成净月职工住宅小区地下车库、绿化等收尾工程，为职工办理了产权登记及公积金贷款手续。七是认真研究，指导长春宾馆转企改制试点工作。八是服从市政府决定，将有着57年历史的市政府第一幼儿园选址改建，保证过渡期职工队伍的稳定。九是服从市政府旧楼置换需要，将政府机关印刷厂搬迁，重新选址安排70多人的就业问题。管理局通过服务大局，展现了机关事务管理工作的价值。

（王永安）

【政府法制工作】 2006年的政府法制工作是贯彻落实国务院《纲要》，建设法治政府，推行行政执法责任制，推进政府管理创新，政府法制工作在新形势、新任务下，按照年初总体工作部署，围绕全市中心工作，较好地推进和完成了各项工作任务。

落实《全面推进依法行政实施纲要》。一是按照《纲要》要求，在充分调研的基础上，借鉴有关城市的经验，起草了《长春市人民政府关于贯彻落实全面推进依法行政实施纲要的意见》。在对外广泛征求意见、召开专家论证会、报市政府常务会议讨论后，于5月份以市政府文件下发（长府发［2006］19号）。二是经过筹备，召开了全市依法行政会议。会议进一步贯彻落实国务院《纲要》，总结近两年工作，对2006年及今后一个时期全市依法行政工作作出规划部署。会上，以市政府名义，对20个单位和36名法制工作者进行了表彰。三是按部署推进依法行政工作。在全面落实全市依法行政《意见》、分解29项依法行政具体任务的基础上，突出了建立依法行政报告制度、推进行政执法责任制、抓好《纲要》的学习培训等重点工作。年初，首次以政府名义向省政府和市人大常委会报告了长春市的依法行政情况。四是认真开展依法行政考评工作。按照《纲要》和省政府的要求，长春市政府把依法行政考评作为一项重要工作加以落实。11月底，下发了考评通知及其考评细则，并分成五个组，对各县（市）区、各部门的依法行政情况进行考评。同时对行政执法情况进行检查。考评结束后，市政府下发了考评通报。

推行行政执法责任制。按照国务院办公厅《关于推行行政执法责任制的若干意见》，2006年，市政府把推行执法责任制工作纳入到政府法制工作的重中之重。在学习借鉴的基础上，市政府成立了以祝市长为组长的领导小组，制发了《长春市推进行政执法责任制实施方案》，并专门召开会议对工作进行了部署。会后，全面展开了全市推行行政执法责任制工作，编制了推行行政执法责任制政策专集（《依法行政读本（四）》），加强对工作的指导。经过半年来的工作，通过对行政执法主体依据、执法依据、具体行政行为依据的审核，共取消9家单位的行政执法主体资格，取消过期或者不适当的行政执法依据86件；确认具有行政执法权的市级行政执法主体84个，其中行政机关45个，法律法规授权组织39个；执行现行有效的法律、法规和规章（不包括规范政府共同行为的执法依据）共计1 237件，其中法律177部，行政法规271部，地方性法规155部，部委规章539部，省市政府规章95部；全市行政执法事项5 873项，其中，行政许可372项，行政征收135项，行政强制180项，行政处罚4 661项，行政裁决11项，行政给付4项，行政确认103项，备案登记等其他行政执法行为407项。

开展立法工作。2006年的立法工作，紧紧围绕全市改革和发展、经济建设及社会关注的焦点热点问题展开的。

加强了立法项目的调研论证工作，在拟定年度立法计划中，反复与部门研究，在办务会议上集体研究讨论，确定了年度立法计划。对每个立法项目的起草，除在本市深入调查研究，有的还到外地学习考察。二是加强了与人大常委会及政府有关部门在立法工作中的协调沟通，密切了工作和合作关系，并能够按立法程序开展立法工作。三是按计划推进和完成了立法任务。完成地方性法规4件，分别为《长春市城市公共汽电车客运管理条例》（草案）、《长春市城市房屋安全管理条例》（草案）、《长春市节约能源条例》（草案）、《长春市企业负担监督管理条例》。完成政府规章3件，分别为《长春市展览业管理办法》、《长春市城市市容和环境卫生责任制暂行办法》、《长春市人民防空工程维护使用管理规定》。此外，还完成了《关于清理整顿殡葬用品市场的通告》等24件通告的审核出台工作。完成省法制办、市人大常委会征求意见函36件。

行政执法的监督指导。一是加强了行政执法检查和专项检查。按照省政府办公厅2006年执法检查通知要求，市政府办公厅年初下发了《关于开展2006年全市行政执法检查的通知》和《行政执法专项检查的通知》，重点检查执法责任制、执法案卷评查制、细化行政处罚自由裁量权、下放经济管理权限等情况。按要求，各县（市）区和部门进行了自查，市法制办进行了抽查。在此基础上，分别对工商局、公安局、药监局、质监局、建委、卫生局6个部门进行了专项检查，抽查了200多个基层单位，查阅卷宗2 000多份，对近500名执法一线人员进行了考试，对检查中发现的问题及时进行了意见反馈和内部通报。

进一步规范执法行为。建立了行政执法人员资格管理制度，完善了各部门及行政执法人员的档案。结合行政执法责任制工作，研制了《长春市行政执法责任制信息》光盘，试行电子化管理。依照《吉林省行政处罚监督办法》，市法制办配合市财政局，对各行政执法单位换发罚没票据的主体资格进行审查和认定，现认定26家。加强了对行政执法部门行政执法证件、行政执法监督检查证件的发放及使用的监督管理，完成行政执法证年检5 000余人。开展了细化行政处罚自由裁量权工作，首先在工商局搞了试点，建立了相关制度和程序。加强重大行政处罚决定的备案审查工作，制订了重大行政处罚案件备案工作新程序，各部门向市法制办报送备案411份。进一步推行案卷评查制度，从检查及各部门上报的100多卷案卷中，选出18卷参加省案卷评比活动，绿园区、市公安局等单位取得了优异成绩。认真受理当事人对行政执法具体行为的投诉和控告，市法制办会同有关部门，查处或督促有关执法单位纠正多起违法行政行为；接待上访群众30人次。

加强了规范性文件的监督工作。按《吉林省规章规范性文件监督管理办法》，进一步规范了市政府各部门的抽象行政行为，建立了规范性文件备案制度、检查制度、定期清理制度、社会公众提请审查制度，完善了规范性文件的制订程序和备案审查制度。年初下发了《关于对规范性文件进行检查的通知》，首先要求部门自查，9月份进行了集中检查。2006年，全市共备案规范性文件117件。同时，市政府拟下发的规范性文件，凡遇有涉法问题的及时批转市法制办提出意见，如《市政府关于解决农民工问题实施方案》等11件规范文件批给法制办进行了前置审查。市法制办还对安监局、财政局等部门主动提出审查的规范性文件，进行了备前审查。长春市已被省政府推荐为国家规范性文件试点城市之一。

行政复议工作。市政府进一步加强和改进复议工作，认真履行行政复议职能。为加强行政复议工作的主动性，市行政复议办公室连续几年坚持将复议工作的“关口”前移的思路，积极深入到各县（市）区、各部门指导工作，把可能出现的行政复议问题解决在事前，更好地维护了相对人的合法权益。从2006年受理的行政复议案件看，虽然数量上与2005年相近，但独立性、疑难性增大，特别是在棚户区改造、土地权属争议方面，面临着许多新情况、新问题。2006年，市本级共受理行政复议案件40件，结案22件，其中，维持12件，撤销、被申请人自撤或自行变更8件，申请人自撤2件；代政府参加行政应诉2件。共接待群众咨询400多人次，对县（市）区、各部门指导30余人次，咨询指导范围主要涉及规划、拆迁、房屋所有权证、劳动教养、土地权属争议等方面。

规范行政审批。这项工作纳入到全市重点工作目标责任制中，主要任务是以政务大厅审批服务“窗口”为对象，在进一步建立完善行政许可相关配套制度、规范办理行政许可程序、期限的基础上，重点推行行政审批权相对集中改革，强化行政审批的集中办理、联合办理。在各有关部门的密切合作下，这项工作取得了实效。如积极试行行政审批全程无偿代办制；成立行政审批机构，实施各审批执法主体部门内部审批权力相对集中；创新年检方式，优化年检程序，探索“集中年检、联合年检”；进一步完善了基本建设项目“一次性”收费管理办法。关于行政审批权相对集中改革工作，长春市专门成立了政务公开办、监察局、编办、法制办四家为主的工作班子，在学习考察外地经验的基础上，提出并落实了工作方案，同时对各部门审批权相对集中改革的准备和进展情况进行了检查。2006 年，拟成立行政审批办公室的部门有 25 个，其中，13 个部门拟组建独立的审批办，12 个部门提出审批办挂靠在相关处室或在政务中心设立综合窗口。

法制队伍建设。几年来，市政府对这项工作常抓不懈。在出台的长春市落实依法行政实施纲要《意见》中，明确了成立长春市依法行政领导小组，市长为组长，实行依法行政首长负责制。市政府进一步加强法制部门人员力量的配备，继 2005 年市法制办增加依法行政指导处后，带编分配 3 名军转干部，法制办人员编制由 26 人增加到 29 人。各县(市)区、各部门的法制机构也进一步得到加强和理顺，榆树市、九台市单独设立法制机构，其他县(市)区在政府办设有专门科室，对外都加挂了法制办牌子，市政府各部门中已有 32 个部门设立了专门机构。全市共有专兼职政府法制工作人员近 300 人。为提高队伍素质，继续抓好法制工作人员和行政执法人员的培训工作，在市委党校举办 4 期《全面推进依法行政实施纲要》培训班，组织榆树市、双阳区举办了培训班。全市共培训法制工作人员和行政执法人员约 3 600 人。市政府十分重视并发挥法制部门的参谋助手和法律顾问作用，政府常务会议和有关事项，都要求法制部门的同志参加。一年来，市法制办围绕着全省统一部署的放权工作、在全市深化改革发展进程中如何解决好社会弱势群体问题上、在推进政府机关职能转变等方面，加强调研、沟通、协调，并提出意见和建议；全年参与软环境建设、文明城市建设等全市中心工作十多项；承办市政府批转、交办件 35 件。

县(市)区政府法制工作。各县(市)区政府越来越重视依法行政工作，一年来，取得了新的进步，突出表现在：法制机构在提格和加强，榆树市法制局人员编制增到 20 名，增加了政务大厅管理职能，建制为一级；双阳区正式设立了法制办。办公环境和经费有较大改善，政府对法制工作办公经费给予了优先支持，复议人员的补助都得到落实。依法行政工作纳入到重要位置，榆树市、双阳区等召开了专门工作会议，多数县(市)区的依法行政工作在年度目标责任制考核中占一定的分值。规范性文件审核备案、行政复议应诉及裁决、行政执法监督检查成为主要职责工作；贯彻落实行政许可法和《纲要》成为主要任务。法制机构开展工作的范围在扩大，承担或参与了规范政务大厅、放权扩权、行政审批、法律咨询等工作，为政府中心工作和科学决策更好地发挥了参谋助手和法制顾问的作用。

(王凤翔)

【人事工作】 2006 年，市人事部门，以科学发展观为统领，坚持党管人才原则，努力抓好公务员、专业技术人才、农村实用人才队伍建设，深化人事制度改革，健全人才市场体系，加强人

全市人事制度改革调度工作会议

事干部队伍自身建设,各项工作取得了新的成绩。

实施公务员法,推进公务员队伍建设。扎实推进《公务员法》贯彻落实工作。成立了全市实施《公务员法》工作领导小组,明确了工作思路,积极开展学习培训、调研摸底、模拟登记等工作,做到公务员队伍的编制和人员现状清楚、存在的问题及原因清楚、解决问题的办法和依据清楚。基本掌握了13个原参照、依照《国家公务员暂行条例》管理单位,以及下一步拟参照《公务员法》管理单位的基本情况。按照"突出重点、先易后难、自上而下、分步实施"的原则,研究制订了长春市实施公务员法工作方案,正式启动了全市的《公务员法》实施工作。对市级机关71个部门、13 000多名公务员(含部分垂直部门)的档案进行了逐一审核,完成了市直机关公务员登记工作。认真指导各县(市)、区及街道、乡镇公务员登记工作。登记过程中,正确处理了公务员登记与稳定的关系、与工资套改的关系、与编制管理的关系、与遗留问题处理的关系,确保了全市公务员队伍的稳定和机关的正常运行。

努力建立公务员激励机制。以《公务员法》的学习为主要内容,完成了《公务员法》的全员轮训工作。全年共举办更新知识集中培训班16期,培训近2 000人;举办新提拔副处长任职培训,培训近百人;指导政法、工商系统培训公务员10 740人。市直机关副处长和调研员以下非领导职务公务员12 580人进行了年终统一考试。指导各县(市)、区的公务员培训工作,选派32人参加国家、省有关部门组织的5期对口培训。

进一步规范考核奖励工作。发放公务员行为规范平时量化考核工作日记1.5万本。完成了2005年度市直机关公务员年度考核审核备案工作,审批机关事业单位年度考核优秀人员奖金100多万元。制定下发《关于申报2006年度行政奖励计划及规范行政奖励程序有关问题的通知》,进一步规范全市奖励秩序。对4家单位进行表彰。全年共向省推荐先进个人68名,先进集体52个。积极开展人民满意的公务员推荐工作,向省政府推荐先进集体3个、先进个人8人。

不断完善公务员制度。对照《公务员法》,清理全市现行公务员管理规章制度,提出了废、改、立的意见,加强了对公务员调、转任的管理。加强职位职务管理,对市公安局非领导职务设置工作进行了理顺调整。全市晋升非领导职务1 100多人。

加强专业技术人才队伍建设。大力加强专业技术人才的能力培养。努力拓宽培养渠道,培训各类高层次人才400多人。成功争取中科院"东北之春人才培养计划",获得经费资助10万元,培训市汽车电子专业科技骨干36人。获省人事厅资助经费5万元,举办了"畜牧兽医专业高层次人才培训班",培训45人。组织6名业务骨干参加了全国"专业技术人员管理工作骨干培训班"。积极推进继续教育社会化、市场化进程,制订了继续教育公共科目和专业科目大纲,指导继续教育基地、企事业单位开展继续教育,培训专业技术人才和事业单位职员8万多人次。

积极开展专家选拔、管理和服务工作。组织开展了"新世纪百千万人才工程国家级人选"、享受国务院特殊津贴人员、吉林省有突出贡献的中青年专业技术人才等选拔推荐工作。向市人才办推荐的13名长春市优秀专业技术人才和7名优秀留学回国人员受到表彰。组织开展了选拔第七批享受市政府特殊津贴人员工作,选拔了享受市政府特殊津贴人员49人。召开了全市优秀人才表彰会议,对8名2004年度享受国务院特殊津贴人员、40名第六批优秀青年大学毕业生进行了表彰奖励。组织30名高级专家赴云南休假考察。开展"长春市优秀青年大学毕业生"调查工作,全面了解六批共259名优秀青年大学毕业生的情况。

加强留学人员服务和博士后科研工作站建设。开展了留学人员科技项目择优资助申报工作,3个科技项目共获得国家人事部16万元经费资助。举办了海外高层次留学人才招聘活动,积极吸引汽车、医药、电子、计算机等专业的海外高层次留学人才。开展了企业博士后科研工作站申报工作,通过长春海外学人创业园向省人事厅申报了3家企业。组织有人才、项目需求的单位参加了第九届中国广州留学人员科技交流会。

深化专业技术人才职称制度改革。召开了全市职称工作会议,制订了《关于加强事业单位专业技术职务聘任管理的通知》,积极开展专业技术资格评审工作。稳步开展中小学教师

长春市农村人才资源开发工作会议

系列专业技术职务“评聘结合”改革,制订了《长春市中小学教师系列专业技术职务“评聘结合”改革方案》。

营造农村实用人才发展环境,完善人才队伍建设。加强对农村人才资源开发的协调指导。调整了市农村人才资源开发领导机构成员,召开了县(市)、区农村人才开发工作调度会,跟踪掌握农村人才开发工作的进度。召开了全市首次农村人才资源开发工作会议,实施了农村拔尖人才联系制度,建立起市级农村拔尖人才档案。建立“帮扶联系对子”,开展了农村拔尖人才的“点对点”服务。对全市农村基层人才队伍建设情况进行了专题调研,完成了乡镇人才情况调查统计和上报工作。

大力开展农村实用人才培训表彰工作。制定了农村人才培训工作目标责任制,协调全市涉农部门,依托国家、省、市各类农民培训工程,开展农村实用人才大规模培训,组织市域内农村实用人才互往交流学习,培训农村实用人才49.7万人次。组织20名乡土拔尖人才赴国务院发展中心无锡基地进行培训。选拔4名乡土拔尖人才赴国外考察学习,选送29名优秀农村人才到吉林农业大学参加学历教育。加强农村实用人才培训基地建设,把双阳、绿园两个区级农民培训基地纳入市级培训基地。

加强农村实用人才服务工作。全面启动农村“人才服务110”工作,在全市112个乡镇和所辖行政村建立了农村“人才服务110”服务网络,开展了农村“人才服务110”评比工作,表彰了4个先进集体和22名先进个人。开展农村实用人才调查工作,完成了市、县两级农村实用人才的调查登记,为800多名农村实用人才发放了《农村实用人才证书》。积极开展农民技术职称评审工作,为45名农村优秀人才评定了高级技术职称。建立完善农村实用人才库,90%以上的县(市)、区建立了农村人才库。

集聚各类人才来长春建功立业。毕业生就业工作实现了“零门槛”。全面落实《关于认真做好大中专毕业生、毕业研究生就业工作的意见》,加强对大中专毕业生就业工作的指导。新建13个大中专毕业生就业实习基地,组织开展了高校毕业生到农村基层从事支教、支农、支医和扶贫的“三支一扶”工作,选拔优秀应届毕业生充实到农村乡镇和城市街道等基层单位,协调各县(市)、区乡镇街道接收了19名见习毕业生,协调各县(市)、区接收了14名锻炼培养的优秀高校毕业生。完成了2003年选拔的35名优秀高校毕业生到乡镇基层培养锻炼期满后的考核工作。与市委组织部联合下发了《办理留学生就业手续工作的通知》,为引进海外留学人员提供了政策支持。开展了毕业生就业咨询、服务月和专场招聘会,实现了用人单位与毕业生的快速对接,毕业生就业率达到76%以上。

认真落实人才引进政策,积极为各类人才搭建创业平台。为企业急需的高层次人才办理了人才居住证,为进入企业工作的24名硕士研究生发放生活补贴28.8万元。对市域内高新技术产业发展项目等重点企业的人员状况、人才需求情况进行了跟踪服务,为8家企业对接成功93人。在长春市有7家企业9名人才获得吉林省第三批人才开发资金资助99万元。协调高校增设长春产业发展相关专业,把市域内毕业生就业率排名及企业毕业生需求信息提供给了驻长高校。组织人才招聘团赴天津参加“环渤海地区人才智力交流洽谈会”，成功对接28人。开展了招聘海外人才需求调查，组织3家企业随同省人才招聘团赴美招聘。组织160多家项目企业参加了省内13所高校的毕业生就业洽谈会，5 000多人与企业达成意向协议。全年引进各类人才12 000人。

积极做好人事争议仲裁工作，切实维护用人单位和人才的合法权益。健全人事争议仲裁机构，配备专兼职人事争议仲裁员300名，各县（市）、区都成立了人事争议仲裁科，建立了仲裁员联系制度和联系网络，公开审理了人事争议仲裁案件。组织人事争议仲裁员参加了全国、全省人事争议仲裁员培训班。全年处理人事争议25件，调解办结24件。

深化事业单位人事制度改革，开展了市属事业单位面向社会公开招聘工作。深入贯彻落实国家人事部6号令精神，以解决人员入口问题为核心，市属事业单位建立了面向社会公开招聘制度，坚持公开、平等、竞争、择优的原则，采取分层次、分类别，考试与考核相结合的方式，选拔优秀人才进入事业单位。全年组织了两次面向社会公开招聘工作，市直各事业单位共面向社会公开招聘450人，其中，上半年集中招聘142人，下半年集中招聘120人，教育部门单独招聘136人，考核招聘52人。公开招聘的450人中，研究生69人、占15.3%，本科生333人、占74%，专科生44人、占9.8%，中专生4人、占0.9%。

完善事业单位人事制度改革相关政策，全面实施了各县（市）、区事业单位人事制度改革工作。完善了市属事业单位的聘后管理工作，95%以上市属事业单位进行了聘用合同续签。全面启动县（市）、区事业单位人事制度改革，市里组织召开了县（市）、区事业单位人事制度改革工作调度会和改革工作汇报会，要求各县（市）、区在2006年底前基本完成改革任务。

积极推进事业单位分配制度改革。在严格加强工资总额管理的前提下，给予事业单位更加充分的自主权，鼓励和促进事业单位搞活内部收入分配。对事业单位绩效工资、特殊人才收入分配激励约束机制和专业技术人员兼职兼薪等问题进行研究。重点抓好对县（市）、区事业单位分配制度改革的指导工作，在每个县（市）、区抓了不同类型的事业单位进行试点。

为人才的合理流动搭建平台。充分发挥长春人才市场的主体作用。加强有形市场、网上市场、媒体市场和国际市场等四大市场建设，创新人才社会化服务方式，拓展了人才服务领域。成功举办了“千户民企安置万人就业”人才招聘大会、改造大铁北建设北部新城人才招聘会和高校毕业生就业服务周等大型公益性人才招聘活动。全年共举办各类人才招聘会192次，接待用人单位28 945家次、求职人员65万人次。举办了“2006中国长春企业走进非洲发展论坛”，开展了赴日本、新加坡、澳大利亚、塞浦路斯等国的留学和劳务项目。举办了“服务人才、服务社会广场宣传活动”。市人才市场取得了良好的社会效益。

大力加强人才市场的信息网络建设。与48个省（市）人才网站实行友情链接，推出了长春人才市场网络视频平台，创建了“长春人才移动网”，举办了5次网上人才招聘大会，网上日点击率达3万多人次。创建了高校校园人才广场和大学生实习基地，与长春晚报社合办的聚才招聘专版全年出刊110期，成为人才交流的新平台。成立了“毕呈人才推荐站”，创新开展了人才诚信证明服务。为13家企业提

市属事业单位公开招聘现场会

市优秀人才表彰大会

供人才派遣1 100人。建立了长春人才猎头网和高级人才信息库，与北京、上海等城市建立了人才猎头合作关系，接待洽谈企业52家。

大力扶持发展民营人才中介服务机构。为10家符合申办条件的民营人才中介机构核发了许可证，将全市民营人才中介机构扩大到23家。开展了人才中介机构专项检查清理工作，对违反有关规定的中介予以取缔。

较好地完成军转安置和解困任务，维护了社会稳定的大局。2006年全市实际接收安置转业干部619人，其中，计划安置转业干部430人，自主择业转业干部189人。下发《关于做好2006年军队转业干部随军随迁家属安置工作的意见》，明确了安置政策和工作任务。完成了全年接收安置的军转干部适应性培训工作。组织参加了全省军转干部国家公务员资格考试，完成了录取工作。全年共安置96名随军家属到市的机关、事业单位及经济效益相对较好的国有企业。完成自主择业转业干部退役金核算与发放工作，完成了医疗保险和冬季采暖费的报销工作。建立了以生活补贴、养老保险、医疗保险、冬季采暖费补贴为主要内容的解困工作长效机制，市企业军转干部工作进入了相对的平稳期。

不断加强工资计划和福利工作。配合《公务员法》实施，在对机关、事业单位各类人员现行工资情况进行统计、摸底、测算和模拟测试的基础上，开展了机关事业单位工资收入分配制度改革工作，全面兑现了改革工资。完成了企业分离办社会地方接收人员的接收工作，接收28个单位6 455名在职人员和2 906名离退休人员，重新核定了工资。完成了2006年度市直机关、事业单位591家、4.62亿元工资总额的核定审批工作，审批临时佣工工资总额2 995万元。完成了对市直机关、全额拨款事业单位全口径2006年度福利费的预、测算和收缴工作。开展了市直机关公务员第二轮6 200人的健康体检工作，组织200名优秀公务员和事业单位优秀工作人员开展了异地疗养活动。

进一步加强人事科研和宣传工作。完成了《构建长春市人才预警系统的对策研究》、《关于我市科技人才队伍建设的意见》、《构筑长春人才市场体系的战略与对策研究》、《事业单位面向社会公开招聘》等国家、省、市重点科研课题。完成了2005年度全市人事系统科研调研论文的收集评选工作，40篇理论文章和调研报告获国家、省、市级奖励。在《人民日报》、《中国人事报》大力宣传长春市事业单位公开招聘工作，全年在国家、省、市各级新闻媒体上刊发宣传稿件500多篇，向各级党委、政府报送信息400多篇。编辑《长春人事信息》及快讯17期，《机构改革信息》12期，《培训工作简报》3期。

扎实有效地开展退休干部管理服务工作。认真落实退休人员退休金、生活补贴、节日补贴、采暖费、医疗保险等相关政策。努力做好退休人员住房货币补贴工作，发放退休干部住房货币补贴款189.5万元。完善退休干部党支部建设，组织116名退休干部开展了树立社会主义荣辱观活动，组织113名退休干部开展了“欢度老年月桓仁两日游”活动。召开“县(市)区退休干部管理工作经验交流会”，提高了退休干部管理服务水平。

人事人才信息统计和研究工作取得新的进展。加强人才统计分析，汇总上报了《2005年机关、事业单位工作人员工资情况统计表》、《2005年公有控股经济企业经济管理人才、专业技术人才资源统计表》。开展了人事信息管理系统数据采集工作，总入库243 848人。成立了人事人才工作专家咨询组，王通讯、张德信、薄贵利等一批全国知名专家、学者被聘为专家咨询组成员。举办了人才工作者培训班，邀请王通讯等人才专家进行了专题讲座。完成了《专业技术人才队伍建设与发展问题研究》课题，出版了《人事人才信息研究论文集》。人才研究所被中国人事科学院批准为“全国人事人才公共行政研究机构合作网成员单位”。

综合服务水平明显提高。组织安排各类会议，及时督办与反馈重大议题，编印《督查与反馈》12 期。高质量地做好人大建议和政协提案回复工作，对接到的 7 项人大代表建议和 10 项政协委员提案进行了认真回复，做到回复率 100%、满意率100%。认真做好信访工作，全年共收到群众来信 70 多件，通过市长公开电话承办群众上访 29 件，接待群众单访 300 多批次，反馈率与办结率达到 95%以上。开展人事信访接待周活动，建立健全人事信访预案机制和人事信访工作例会制度，全年没有越级上访事件的发生。认真抓好政务公开工作，加强长春市人事局网站建设，开通农村人才网站。

（朱　萌）

【编制工作】 2006 年全市机构编制工作紧紧围绕全市中心工作，深化行政管理体制改革，促进政府职能转变，积极稳妥地推进事业单位改革，切实加强机构编制管理监督，努力为实现长春经济社会更好更快发展提供体制机制保证。

继续深化行政管理体制改革工作。(1)规范党政机构设置和领导职数核定。对全市党政群机关及处级以上事业单位的机构、编制和领导职数等情况进行梳理，按要求提出了整改措施。对省确定的市公安局指挥部等 17 家违规局级机构进行调整，对省确定的市政府驻北京办事处等 14 家可按机构编制管理程序报省编办审批的机构及时履行了报批手续；对市能源办等 12 家违规高配干部的机构也做了消化。对全市党政群机关和省批准的行政事业机构局(县)级领导职数进行重新核定。经过调整，行政领导职数精简了 18 名，党务纪检职数 5 名。省批准的副局级以上事业单位领导职数也按规定进行了精简。(2)积极稳妥地推进行政审批权相对集中改革。按照省政府相对集中行政审批权改革部署要求，确定在 23 个部门和单位先期开展相对集中行政审批权改革工作。梳理归并审批职能，明确了机构设置形式和领导职数配备标准，批准 18 个部门和单位设立了行政审批办公室。通过改革，相对弱化了审批在部门工作中的权重，使之将更多的行政资源和精力投入到调查研究、政策制定和指导监督检查方向上来，促进了政府职能转变。(3)继续探索行政管理体制改革。完善政府社会管理和公共服务职能，调整加强了政府应急机构，理顺了应急领导体制，进一步加强了卫生应急机构建设。有效发挥机构编制保障作用，加强了重点产业发展管理服务机构、目标管理机构建设；提出了深化市水务、交通、文化、城市管理、公用事业管理、林业和园林绿化管理体制改革及党政农口机构调整的具体方案. 调整了市、区两级市容环卫管理职能和相关机构设置。调整绿化办机构设置，由原设在市林业局划转到市园林绿化局，统筹城乡绿化管理工作，理顺管理体制，实现了绿化工作重心向城市的转移。调整了党政农口机构设置，将市委农办并入市农委。

优化职能配置，调整机构设置，继续推进司法改革。(1)为进一步提高市中级法院审判工作质效，使审判管理工作更加规范化，在撤销技术处的基础上成立了审判管理办公室，并将法院立案庭、研究室、监察室和原技术处承担的有关职能划入审判管理办公室。强化反渎职侵权工作力度，将市检察院渎职侵权检察处更名为反渎职侵权局；适应汽车产业开发区发展要求，将长春第一汽车制造厂厂区人民检察院更名为长春汽车产业开发区人民检察院；适应国家公证事业社会化要求，将长春市公证处更名为吉林省长春市国安公证处。为市中级法院和经济开发区法院下达了招录法官和聘任书记员增加的 16 名专项编制，缓解了市中级法院和基层法院人员编制紧张的压力。(2)根据国家司法改革精神，对市中级人民法院派出分院即经济开发区法院、汽车开发区法院进行了机构调整加强，重新设置了内部机构，核定了中层领导职数和工勤事业编制，调整加强了派出法院的机构编制力量。(3)参照国家关于监狱体制改革的有关精神，结合司法局净月监狱等4单位的实际情况，在监狱、劳教所现有专项编制内核定了10%的辅助管理人员岗位编制数额。有效地缓解了监狱劳教所专业技术人员和工勤人员岗位人员匮乏的压力，适应了监狱、劳教所的长远发展需求。

落实《公务员法》，做好公务员登记工作中的行政编制和领导职数确认。按照中编办、省编办的部署，在全市开展了对公务员登记涉及的四种情况人员的统计摸底和调研工作，保证了全市公务员登记工作的顺利进行。

积极推进事业单位改革。(1)按照"统筹规划、突出重点、完善政策、分类推进、分步实施、确保稳定"的改革思路，积极推进长春苗圃、长春市粮油批发市场管理处等条件成熟的单位实施事转企。围绕长春宾馆转企改制试点工作协调有关部门认真研究改革配套政策，制订改革方案，保证改制工作稳步实施。(2)对具有特定中介职能的事业单位进行清理和规范。初步确定了17个部门所属的20个事业单位具有中介服务职能。(3)积极做好各类事业单位改革的基础性准备工作。对全市359家事业单位进行了重新梳理和模拟分类，在密切关注国家和省事业单位改革工作动态同时，广泛收集其他城市特别是副省级城市在事业单位改革方面的好的经验和做法，加强了对事业单位改革的研究工作，为全面推进改革做好相关准备。

进一步规范事业单位登记管理工作。坚持动态监管与静态监管相结合，在认真抓好事业单位运行情况的年度审验工作，严格审查事业单位的年度报告书、资产负债表和登记事项变化情况的同时，深入到50余家重点事业法人单位对登记事项进行了抽查，对存在的问题及时提出了整改要求，使登记监管工作更加着实。

进一步强化机构编制监督检查工作。(1)加强制度建设，完善工作机制。制订下发了《关于加强全市机构编制检查监督工作的意见》和《关于进一步加强机构编制纪律的通知》。加大了对违规违纪案件的查处力度，全年共受理和查处办结群众举报案件10起。(2)开展了多项专项监督检查工作。在全市机关、事业单位开展了在编不在岗人员的清理工作，共清理出在编不在岗人员19名，县(市)、区共清理出各类在编不在岗人员563名。开展了对全市10个县(市)、区和4个开发区乡镇机构编制管理的检查和对普通中小学教职工编制分解核定情况的督查工作。

(市编办)

【外事工作】 2006年全市外事工作重点围绕第十二届世界冬季城市市长会议、第六届亚冬会、"俄罗斯年"、"长春日"等重大外事活动，强化措施，狠抓落实，开展了积极的筹办工作，同时通过有效组织市领导率团出访和接待国外重要团组来访，进一步巩固了长春市对外友好交往的基础，开展了一系列积极的对外招商引资工作，开创了对外友好交流与合作的新局面。

成功举办第十二届世界冬季城市市长会议。(1)第十二届世界冬季城市市长会议，是长春有史以来举办的层次最高的国际会议。为把本届会议办好，作为主要承办单位，市外办立足本职、创新工作，从2005年开始与相关部门一道对会议进行了一年的精心组织。2006年1月15日至18日，第十二届世界冬季城市市长会议在长春召开，历时4天。按照国际惯例，本届会议采取市长会、博览会和论坛三会合一的方式举办。共有来自世界14个国家的30个冬季城市的300多位代表参加了会议。会议各项议程进展很顺利，围绕"在冬季里发展"这一主题，与会各城市的市长进行了卓有成效的交流，并通过了第十二届世界冬季城市市长会议《宣言》。与市长会议同期举办的还有世界冬季城市论坛和世界冬季城市产品博览会。(2)世界冬季城市论坛，从1月15日至17日历时3天。共有来自14个国家城市的30多名专家学者和政府官员参加了论坛，与会代表围绕会议主题，从"城市战略——规划形象设计"等十个方面进行了研讨和交流。(3)世界冬季城市产品博览会于1月15日至24日在欧亚卖场举行，历时10天。展会分为长春形象特装展区、国际展区、国内产品和新春年货展区，共设有标准展位400个，其中国际展位50个。博览会汇集了世界冬季城市的各类产品，10天来共吸引50万余人次的市民和国内外来宾参观，实现了经济效益和社会效益的双丰收。

第十二届世界冬季城市市长会议的成功举办，进一步扩大了长春的国际知名度，增进了长春同世界各国的了解和友谊，加强了合作。会议期间,长春市分别与韩国太白市和格陵兰的努克市结成了友好合作城市,并与日本仙台市签署了2006年度友好交往计划书。此次会议也使长春积累了举办高层次国际性活动的经验,会议的各项筹备工作得到日本札幌会议秘书处及国内外来宾的一致好评。

积极开展亚冬会筹备工作。自2002年10月长春市成功取得2007年第六届亚冬会主办权后,市外办就全面介入了亚冬会的筹备工作。2006年2月,随着亚冬会筹备工作进入实质性操作,亚冬会组委会国际联络部整体迁移至市外办,主要负责对外联络、邀请、协调、报批、注册、接待等工作,起着重要的桥梁纽带作用,整个市外办做到全员上岗。经过精心组织,国际联络部各项工作进展顺利。

邀请工作。共邀请到45个国家和地区参赛参会,其中参赛26个,参会19个,远远超过上届举办城市日本青森市的邀请数量,实现了全亚洲所有国家和地区在亚冬会上的大团聚。邀请人员的层次也得到大幅提高,经过努力,伊拉克副总统、科威特NOC主席艾哈迈德·法赫德亲王、约旦奥委会主席Feisal Al Hussei亲王、文莱王子Haji Sufri和卡塔尔王储均书面确定届时将率团来长参赛参会。

对外联络协调工作。为保证亚冬会各项组织工作与国际接轨,国际联络部的一项重要职责就是负责联络亚奥理事会及各国和地区奥委会,组织亚组委团组出国考察、交流、参会,为成功举办亚冬会积累经验。先后多次组织组委会工作团组成功出访日本、韩国、意大利、卡塔尔、科威特、蒙古、老挝、吉尔吉斯坦、马尔代夫等国家,参观考察了部分国家或地区的体育场馆和设施及举办大型国际性活动的操作规程,出席了亚奥理事会举办的各种工作会议和论坛,并组织专人就长春亚冬会的筹备工作进行了多次陈述。协调联络亚奥理事总干事等官员及出访地政府和奥委会与工作团组进行了卓有成效的交流,就亚冬会筹备工作等相关事宜,进行了富有建设性的讨论并达成一致。和相关部门密切配合出色完成了亚奥理事会考察团组来长考察的接待任务。

信息网络工作。市外语网站承担第六届亚冬会组委会英语网站改版的策划、栏目设计、信息采集、编辑、翻译、审校、发布等日常维护工作。截至2006年12月末,亚冬会组委会英语网站完成上网总文字量14万余字,同时,在已有的英、日、韩、俄及中文外事网上增添了亚冬会专栏,并通过网上进行邀请,对第六届长春亚冬会的内外宣传起到了重要作用。除积极为亚冬会服务外,各语种网站还相继开辟了新栏目,共发布各类信息4 900余条,290余万字。

精心筹备团长会议。共邀请接待了26个国家和地区奥委会的50位代表、亚奥理事会的6位官员,国际冰球联合会副主席以及20多个国家体育总局和国家冬管中心的官员。参与组织了组委会与OCA预备会、团长会议开幕式、陈述会议、对接洽谈会等活动。特别是5次陈述会议,其中4次由外办派员进行陈述,取得圆满成功,获得国家体育总局和组委会领导以及与会人员高度评价。此外,还完成了亚冬会团长手册、赛会指南、技术手册等的审校和电子版的核校工作,共20余万字。牵头完成了《亚冬会实用英语》的改版工作,起草了第六届亚冬会贵宾邀请和礼宾计划等材料,组织实施了选拔赴多哈亚运会青年营小使者工作。配合人事部开展了高级志愿者的选拔工作。

做好因公出国审批管理和接待工作。全年共办理因公出国(境)团组408批,2 100人次;其中审批团组407个,1 308人次,颁发护照787本,办理签证177批,811人次,办理因私劳务团组签证179批,1 216人次;办理外国人来华邀请审批207批,286人次。加大市级领导出访报批和送签工作力度,共办理市级领导出访团组38批次,有效保证了对外交往与合作顺利开展。接待方面,全面参与了冰雪节、瓦萨国际滑雪节、农博会、冬博会、电影节等的接待工作,共接待国外、港澳地区及海外华侨华人来访团组549个,5 436人次。

加强全市因公出访管理工作,2006年市政府下发了《关于进一步加强因公出国(境)管理工作的通知》(长办发[2006]5号)。坚持审批原则,进一步提高经费使用效率,共缓派及拒派出国团组20批62人次,调整了18个团组的出访时间和人员,节约外事经费200多万元。进一步加强了与美国驻沈阳总领馆等外国驻华使领馆的沟通,保证了因公出国渠道畅通。开展了代办领事认证工作,有效保障公民在国外的合法权利。

深入开展对外友好工作。(1)新建友城工作进展顺利。经与国家友协积极沟通,3月15日,国家友协正式批准长春市与德国下萨克森州沃尔夫斯堡市缔结为友好城市关系。6月,组织以祝业精市长为团长的政府代表团出访欧洲,期间祝业精市长在德国与沃尔夫斯堡市市长正式签订了《建立友好城市协议书》。(2)成功组织"让市民走进友城仙台"活动。8月,经市政府同意,精心选派市政协委员、青联委员、侨联委员、企业家及市民共52人,自费访问了友城日本仙台等城市。这是长春市首次组织市民团出访外国友城。此次活动受到了日本仙台市各界的高度重视,仙台市市长、副市长、议长等高级官员会见了代表团,并由日方举办了盛大的欢迎宴会,在仙台市国际交流协会等的大力配合下,两市市民还进行了亲切友好联谊活动。这次活动正值仙台市"七夕节"期间,是对台湾省台南市"台独"企图利用"七夕节"等渠道与仙台市交好的有力回击,进一步巩固和加强了长春市与仙台市的传统友好关系,起到了官方交往难以起到的作用,并对今后开展民间对外友好活动具有重要的指导意义。(3)举办了2006年度"飘雪的冬季共同的家园"活动。自2001年以来此项活动已成功举办了五届,主要邀请在长的外国专家、学者以及留学生表演节目,与中国演员同台献艺,通过活动加深彼此间的了解和友谊。这一活动已经成为长春市开展对外友好交流的品牌项目,并通过吉林卫视面向全国播出,同时以节目交流的形式传送到北美,收到较好反响。(4)积极筹划"俄罗斯年"活动。对长春市举办"俄罗斯年"活动进行了全面策划,建议成立了"俄罗斯年"活动领导小组,制订了活动方案,明确了活动内容。根据方案,积极落实有关活动。组织长春市代表团参加了友好城市俄罗斯乌兰乌德市"市庆日"活动,协助市政府在新西伯利亚成功举办了"中俄经贸对接会",成功邀请俄罗斯莫斯科芭蕾舞剧院演出团来长演出,相继举办了"俄罗斯购物月"和"俄罗斯电影首映"活动,邀请并接待了乌兰乌德市代表团参加第二届东北亚投资贸易博览会,在莫斯科成功举办了"长春市情推介会暨企业对接会"等活动。(5)通过雕塑展加强文化交流。共邀请确认了44个国家和地区的45位雕塑家来长参加第八届雕塑展,其中包括11个和中国未建交国家的雕塑家。截至本届雕塑展,市外办已经连续负责八届雕塑展外国雕塑家的邀请工作,共邀请到来自世界172个国家和地区的雕塑家来长参展。(6)加强城市间的友好往来。以世界冬季城市市长会议和市领导出访等外事活动为平台,进一步巩固和加强了与瑞典莫拉市、塞尔维亚诺维萨德市、斯洛伐克日利纳市等友城的传统友好关系,达成了一系列交流合作项目,同时促使长春市与格陵兰的努克市签订了友好合作城市协议书,并通过积极沟通与意大利的列蒂市达成了友好合作意向。作为对外友好交流工作的重要内容,协调市政府授予4位外国友好人士为长春市荣誉市民,1位为经济顾问。(7)争取友好援助工作进展顺利。经过细致的沟通和协调,争取到德国使馆7.2万元人民币,用于农安县脱贫致富项目。协助有关部门争取到日本政府无偿援助款63.5万元人民币,用于双阳区中学改建项目。此外2005年申请的用于二道区小学教学楼改建的日本无偿援助项目资金已经到位,约合人民币64万元。

精心组织重要外事活动。成功组织市政府代表团出访欧洲。6月上中旬,组织以祝业精市长为团长的长春市代表团出访欧洲,先后访问了白俄罗斯明斯克市、法国蒙特勒依市和德国沃尔夫斯堡市。祝业精市长先后会见了明斯克市、蒙特勒依市和沃尔夫斯堡市市长,并拜会了白俄罗斯副总理,双方高层之间进行了亲切友好的交流。祝业精市长还与德国沃尔夫斯堡市长签署了《建立友好城市协议书》。联络安排代表团相继考察了三个城市部分工商企业,如大众公司、西门子公司、阿尔斯通公司等著名企业,受到企业高层的接见。访问期间,协助代表团在明斯克和蒙特勒依市分别举办了"长春日"活动,以及"明斯克·长春经贸交流会"和"蒙特勒依——长春法中经贸交流会"。协助代表团与俄法两国企业通过交流会共签订意向性协议和合同12个。在搭建经贸合作平台的同时,还开展了"长春文化艺术展会"、"走近长春"文化之夜和"长春图片展"等系列文化活动,吸引了两市近千名各界群众。由于准备充分,"长春日"活动在明斯克和蒙特勒依产生巨大反响,受到了当地政府和群众的极大关注。其中,白俄罗斯国家电视台和明斯克市电视台对活动进行了连续4天的跟踪报道,并对祝业精市长进行了3次专访。本次祝业精市长率团出访欧洲,在政务活动、经贸活动以及文化活动方面均取得圆满成功,高层间的交往更是促进了彼此间的友谊与合作,对长春市以后的对外交往将起重要作用。此外,9月还组织刘实副市长率领长春市经贸代表团成功出访了俄罗斯和乌克兰,分别在莫斯科和基辅举办了"长春市情推介会暨企业对接会",受到了当地政界和工商界高层人士的关注。两次对接会共吸引俄罗斯和乌克兰80余名政界、商界及华商参加,在当地产生热烈反响。

加强与东南亚地区的交流与合作。2006年2月和4月,分别组织崔杰常务副市长和王学战副市长率团先后出访了印尼、缅甸和马来西亚、新加坡。代表团先后拜会了当地政府、著名商会、企业和华人社团。受到政界和工商界高层人士的接待。两次出访使长春市全面了解了东南亚主要国家的地理、经济和华人、华商现状,有重点地接触、结交了一批华人华商,全面推介了长春市的招商引资工作。同时,通过与吉隆坡市政厅、新加坡陆路交通管理局等政府机构的交流,学习先进的城市管理经验,促进了相关领域的合作。

全面加强与日韩的交流合作。全面参与、精心筹办了中日经济会议和中日韩商务论坛。中日经济会议于5月在长春市召开,会议期间协调安排祝业精市长和刘实副市长分别会见了日本岩手县、宫城县知事代表团和东经联会长等。中日韩商务论坛于10月在长春市举办,期间外办出色地完成了接待、领导会见和会议翻译等工作。此外,还分别组织以市政协张绪明主席和崔杰常务副市长为团长的代表团出访日本和韩国,考察了日本丰田汽车公司、韩国现代汽车公司等知名企业和协会。接待了日本仙台市青年会议所代表团、日本千岁市民会议代表团和韩国PDG公司代表团等。通过一系列对日韩的外事活动,进一步加强了长春市与日韩在经济、文化等领域的交流与合作。

成功组团参加香港国际汽车零部件展览会。4月上旬,配合市商务局,组织省、市汽车办等相关部门以及部分行业企业,在李福春副市长的率领下,赴港参加此次展览会。展会期间,除协助代表团参加展洽等会务活动外,于4月8日在亚洲国际博览馆9号馆内,协助代表团举办了"中国·长春汽车及零部件项目推介会"。香港贸易发展局业务总监周启良和香港汽车零部件协会会长陈仁锭等知名人士出席会议并致辞,香港商报和香港大公报都对此次会议做了整版跟踪报道。

积极促成新加坡和香港企业与长春市实现合作。上半年,邀请新加坡吉宝置业集团有限公司和新加坡易联控股有限公司代表来长,崔杰常务副市长和李福春副市长先后会见了企业代表,市经开区管委会和经开区股份有限公司与两家企业进行了商务洽谈并达成合作意向,共同开发63万平方米房地产项目。此项目一经签署,成为当年引进外资进行老城区改造工作中的最大亮点。经积极协调和安排,香港新进科技集团投资1亿元人民币的"香港长春科技产业园"项目正式落户净月开发区,并已于7月份破土动工。

(朱东莱)

【侨务工作】 2006年长春市侨务工作以整合利用侨务资源为重点,以拓展侨务工作领域为目标,紧密联系全市侨情实际,加大侨资服务经济社会力度,创新工作机制,强化工作措施,圆满完成了全年工作任务,在侨务捐赠和海外华文教育等工作方面取得了新突破。

有效利用侨务资源,推动侨务工作取得实质性成果。一是通过国侨办和吉林省政府在东博会期间举办"第四届吉林省海外华侨华人专业人士项目恳谈会",积极邀请到26位海外华侨华人专业人士和7位海外华商参会,征集海外项目80个,并组织全市140户企业参与了项目洽谈对接,共签订两项合同,涉及金额1.1亿元人民币,并达成1项技术转让协议。二是利用国务院侨办渠道,争取到香港蓝雀集团捐赠20万元人民币,用于榆树市红星乡郝家村小学改建校舍的项目。同时,通过省侨办的推荐,争取到香港应善良基金会为双阳区鹿乡镇石灰中心小学改建校舍项目。该项目已经列入到2007年香港应善良基金会向吉林省捐赠学校和医院项目的计划之中。

精心开展海外华文教育工作。借助国务院侨办2006年在北京举办的大型海外华裔青少年夏令营活动之机,为推动海外华文教育工作,市侨办首次举办了以弘扬中华文化,加强海外二、三代华裔青少年联谊工作为主题的“海外华裔青少年寻根之旅-长春行夏令营”活动。依托吉林省第二实验中学,以长春籍和吉林大学海外校友会华侨华人社团为主,邀请13名来自北美地区的海外华裔青少年来长参加相关活动。通过组织海外华裔青少年与中国同学共同学习书法、绘画、功夫和做一天中国农民等活动,寓教于乐,使华裔青少年加深了对中华传统文化的了解和认同,也使同学们相互建立起友谊。这次夏令营活动在长春籍北美华侨华人社团中产生了良好的影响,也为今后拓展华文教育工作领域积累了丰富经验。

深化社区侨务工作。自2005年省侨办把长春市列为全省社区侨务试点城市以来,先在朝阳区、绿园区的6个社区进行试点,把侨务工作逐步地推入社区,取得了一定的成效。在试点的基础上,2006年在南关、宽城、二道等社区开展了侨务工作进社区的工作,并把侨务扶贫,侨情普查,侨务联谊等工作推进社区。通过总结和推广试点社区侨务工作经验,带动其他社区开展工作,取得了良好的效果。2006年国务院侨办和省侨办召开的全国和全省社区侨务工作经验交流会和座谈会上,朝阳区政府侨办作为典型在全国社区侨务工作经验交流会介绍了经验,同时被国务院侨办命名为全国社区侨务工作先进单位;一汽集团、绿园区银融社区的社区侨务工作者被评为全国社区侨务工作先进个人,在全省社区侨务工作座谈会上受到了表彰。

进一步完善侨务立法工作。2003年市十二届人大把长春市实施《中华人民共和国归侨侨眷权益保护法》条例列入长春市五年立法项目规划之中,经过调研、起草和修改等前期筹备工作,2005年基本完成草案文本的起草工作。2006年对草案文本深入征求了意见,协调相关部门进一步完善立法程序,针对重点条目进行了重点修改工作。两次向市人大常委会民侨外委、法制工作委员会以及市法制办汇报起草工作情况,得到了上述部门的肯定。根据市人大常委会地方立法要求,4月底会同市人大常委会民侨外委重点赴广东、福建和浙江等省的市人大常委会和侨务部门进行调研,8月书面沟通和协调了与条款相关的18个市政府部门对条例的修改意见,基本完成了侨务立法的基础性工作,条例草案文本已经向市法制办等单位进行了申报。

深入开展侨务扶贫工作。针对全市国有企业改制重组,部分归侨侨眷职工暂时出现生活困难的具体情况,2006年进一步加大了侨务扶贫工作力度。首先,对散居贫困归侨侨眷的生活状况进行了调查。确定了侨务扶贫工作的重点,把重点扶持农村散居贫困归侨侨眷和建立城镇归侨侨眷下岗职工再就业职业技能培训服务体系作为2006年侨务扶贫工作的重点。其次,扩大了侨务扶贫的覆盖面,把以往没有纳入到侨务扶贫范围内的国有大企业和大专院校中有特殊困难的侨务工作对象涵盖进来。第三,提高侨务扶贫款的补助标准,把元旦、春节一次困难补助标准由300元提高到500元。同时,对日常生活中有特殊困难的归侨、侨眷家庭及时给予资助。第四,积极争取省侨办对市侨务扶贫工作的支持,通过省侨办开展的侨务三项扶贫活动,加大侨务扶贫专项配套资金。上述做法,逐步的完善了侨务扶贫工作机制,取得了明显的效果。2006年共扶持贫困归侨、侨眷60户;资助归侨侨眷贫困学生40多名;统一组织归侨侨眷下岗职工进行职业技能培训48名;改造归侨危房2户;争取到省侨办增加拨付长春市侨务专项扶贫资金2万元,全年共用侨务扶贫资金近8万元,同比增加40%。此外,对2005年接受资助,参加职业技能培训的38名下岗归侨、侨眷职工的就业问题进行了跟踪落实,通过各级侨务部门和社区推荐以及自谋职业等方式,已经有18人解决了就业问题。2006年在全省下拨的三项扶贫指数中,省侨办又给长春市增加10个侨界助学名额和20名下岗归侨侨眷职工再就业培训指标。

认真做好侨务信访和接待工作。完成2006年中、高考“三侨考生”身份认定。共认定22名高考考生和7名中考考生,并在网上进行了公示,没有接到举报反馈信息。全年共受理侨务信访案件82件(次),其中重要案件3件,包括人大代表建议1件,政协委员提案1件,海外华商投资经济纠纷案1件。结案率达到80%,满意率达到90%以上。制定了涉侨突发事件应急预案,为处理涉侨突发事件提供了保障。全年共接待海外华侨华人经贸、科技、教育、友好团组53个,130人次。

（朱东莱）

【地方志工作】 2006年地方志编委会较好地完成了全年各项工作目标任务。

2006年,年鉴工作下发了长志字[2006]1号文件、2号文件和2006年《长春年鉴》编纂大纲。完成了同全国100多个省、自治区、直辖市、省辖市年鉴的交换工作。召开了各县(市)、区、开发区三个专题会议,就有关年鉴撰稿、随文图片等有关技术方面的问题进行了专门指导,对撰写稿件提出了具体要求和时间限制,在撰写稿件方面制订了撰写细则。全年编辑部按岗位责任目标的要求,完成了初审、复审、终审、校对、印刷等五项工作流程。在流程中注意掌握进度,掌握内容的变化,严格把好年鉴的质量关。《长春年鉴》在彩页上有新突破,增加了数字长春。在长春概貌中增加了环境质量,在资料信息量上增加了优秀议案、友好城市一览表和荣誉市民一览表,并重新设置了民营经济、会展经济、外商投资经济等栏目。扩大了《长春年鉴》的信息含量,年鉴文字量达到110多万字。《长春年鉴(2006版)》10月正式由吉林人民出版社出版。

继续推进全市第二轮修志工作，协调、组织和集中力量完成第一轮修志的收尾工作。4月20日，省地方志领导到市地方志编委会调研，传达了中国地方志领导指导小组，关于尽快结束第一轮修志任务的会议精神，并针对全市尚有26部志书没有完成第一轮修志工作的实际，提出了要尽快完成第一轮修志任务的要求，根据中指组和省地方志领导提出的要求，委领导班子经过认真研究决定，坚持两条战线作战，既要保证第二轮修志工作不受影响，又要集中力量组织、协调力保第一轮收尾工作按计划进行。第一轮志书收尾工作初见成果。在主管市长的重视和支持下，市财政在财政非常紧张的情况，批拨了第一轮修志收尾工作印刷费78万元，有力地推动了全市第一轮志书的收尾工作。全年共审读了第一轮志书中《水产志》、《建筑业志》的排印稿，整理了第一轮志书中的《科技志》稿，出版了《汽贸区志》、《二道区志》、《审计志》、《乡企志》、《航空志》、《劳动志》、《工商志》、《司法志》8部志书。2006年，在第二轮修志工作中：（1）审读市志七卷本的稿件79章，总计约120万字，并将意见反馈给编写单位和作者，超额完成了审读市志七卷本60章稿件的任务；（2）审读了《榆树市志》；(3)研究制定了《市志人物入志标准》、《市志人物表(三份)》、《关于长春市高教志编纂工作的通知》、《高教志篇目》、《关于教科文卷记述范围的通知》等业务文件,以解决全市修志工作中的业务问题,推进全市修志工作。

积极做好读志用志和资料管理工作。按照全国读志用志工作会议精神,从资料工作要为社会服务,为现实服务,为经济建设和发展服务的会议精神,资料处接待80多人次,查阅200多本志书,在读志用志方面起到了参考利用价值。

（乔丽颖）

中国人民政治协商会议长春市委员会

【概况】 2006年,市政协认真坚持科学发展、和谐发展和创新发展的精神,牢牢把握团结和民主两大主题,切实履行政治协商、民主监督、参政议政职能。为

民主评议“文明长春”活动

中共长春市委召开政协工作会议

贯彻落实《中共中央关于加强人民政协工作的意见》，协助市委制订了《中共长春市委关于加强人民政协政治协商工作的意见》。为推动“文明长春”建设，从公共秩序、城市环境、社会服务、法律规章制度和宣传教育等方面进行民主评议。为促进经济社会协调发展，围绕汽车产业开发区建设、农业产业化区域合作、培育生物产业和会展经济、对外经济、君子兰产业、旅游产业发展等方面开展了专题调研和视察活动，同时还围绕新农村建设、建立健全职业教育体系召开了专题研讨会。为搞好全市法制建设，完成了对《长春市节约能源管理条例》等4部地方性法规的立法协商。为扩大与国内外的交流合作，组织民营企业委员和外埠工商人士，赴香港参加中小企业国际市场推广日和创新科技博览活动，成功组织了市政协友好经贸代表团、新闻传媒代表团等对美国、俄罗斯、日本等7个国家的访问。为做好提案和反映社情民意工作，对十届四次会议全部提案逐件研究讨论，并分层分类评审，组织了十届一次会议以来三年的提案办理和落实情况跟踪调查，同时进一步规范了社情民意的报送、反馈工作程序等，开展了系列积极有效的工作。

【市政协常委会议】 (1)市政协十届十六次常委会议于2006年1月11日召开。会议分两个阶段进行。第一阶段，会议听取了各讨论组对《政府工作报告(协商稿)》及其他报告讨论情况的汇报；审议并通过拟增补市政协十届委员会委员的建议；审议并通过了市政协副秘书长、港澳台侨和外事委员会副主任的建议名单；审议并原则上通过了关于接受范新早辞去市政协副主席职务、委员身份和崔玮德同志辞去市政协秘书长的提议；协商提出并原则上通过了政协长春市第十届委员会副主席、秘书长、增补常委候选人名单；协商提出了市政协十届四次会议选举办法(草案)，市政协十届四次会议总监票人、副总监票人、监票人建议名单，并将以上事项印发各讨论组进行讨论；审议并原则上通过了市政协十届四次会议决议(草案)，并印发各讨论组进行讨论。第二阶段，会议听取了各讨论组对十届十六次常委会第一阶段协商提出的建议名单、选举办法(草案)以及会议决议(草案)讨论情况的汇报，并对以上事项进行了表决通过，决定提请市政协十届四次会议第四次全体会议审议通过。将十届四次会议决议(草案)提交十届四次会议闭幕会审议通过；最后，会议听取了崔玮德秘书长作的市政协十届四次会议情况综述。(2)市政协十届十七次常委会议于2006年8月28日召开。会议听取提案委对十届一次会议以来的提案和办理工作跟踪调查情况的汇报；民主党派和政协委员围绕如何履行职能、做好选题、搞好调查研究、撰写高质量提案进行发言；市委办公厅、市政府办公厅关于近几年来提案办理工作进行发言；市委宣传部、市劳动和社会保障局从不同角度介绍提案面复、办理、落实的工作经验。全国政协提案局副局长张怡、省政协提案委主任孙乃民讲话。最后，市政协副主席崔玮德围绕如何提高提案质量和水平作了讲话。(3)市政协十届十八次常委会议于2006年10月11日召开。会上，5位委员和专家代表调研组对文明长春建设过程中的深层次问题及其成因进行了剖析、论证，并对当前和未来文明长春建设的工作重点、功能定位、发展方向提出了对策性建议。常委、市民代表围绕中心议题作了自由发言。

市政协副主席崔玮德就文明长春建设的有关情况作了总结讲话。最后,市委常委、宣传部部长殷丽依,副市长李龙熙作了讲话。(4)市政协十届十九次常委会议于2006年12月27日召开。会上,各位常委审议通过了关于召开政协长春市第十届委员会第五次会议方案(草案)、议程(草案)、日程(草案),大会工作机构及各组负责人名单(草案),秘书长、副秘书长建议名单,各次大会主持人建议名单,会议分组及召集人建议名单,市政协十届委员会常务委员会工作报告(征求意见稿),市政协十届委员会常务委员会关于十届四次会议以来提案工作情况的报告(征求意见稿)。会上,宣读了市政协十届四次会议以来优秀提案和提案承办先进单位表彰决定和2006年度优秀委员活动小组表彰决定。会议听取了王学战副市长作的市政府关于民主评议物业管理建议案办理情况的报告。会议还听取了各专门委员会2006年度工作情况汇报。最后,张绪明主席就如何开好市政协十届五次会议作了讲话,对全体常委提出了新要求。

【学习贯彻中共中央《意见》精神】 市政协深入学习贯彻落实《中共中央关于加强人民政协工作的意见》(中发[2006]5号,以下简称《意见》)精神,通过多种形式层层推进政协委员、政协机关干部和政协各参加单位、各县(市)区政协的学习贯彻活动,全面把握《意见》的基本精神。积极协助市委推动全市各级领导干部的学习,广泛宣传《意见》的重要意义,营造有利于人民政协事业发展的良好氛围。中共长春市委采纳政协党组的建议,召开了政协工作会议,对深入贯彻落实《意见》进行全面部署,并制定了《中共长春市委关于加强人民政协政治协商工作的意见》,对政治协商的原则和主要内容、形式、程序作了更加全面、系统的规定,同时对全市各级党委加强对人民政协的领导提出了明确要求,为进一步开创全市政协工作新局面创造了有利条件。

【积极推动"文明长春"建设】 市政协为配合"全国文明城市"、"国家卫生城市"的争创工作,将"文明长春"建设确定为民主评议的主题,这项工作得到市委、市政府的高度重视,并将其纳入"创城工作"的重要组成部分。市政协各调研组和市委、市政府有关部门,与各民主党派、有关团体和新闻媒体通力合作,召开了专题评议会和市政协常委会,从公共秩序、城市环境、社会服务、法律规章制度和宣传教育等方面提出了大量有价值的建议。市委要求各责任部门对评议中反映的问题和提出的建议认真研究,把解决问题纳入重要工作日程,逐条、逐件抓好落实,及时反馈整改情况,为创建文明城市起到了营造氛围、促进工作的重要作用。在搞好民主评议的同时,按照市委的统一部署,认真参与创建国家卫生城市包保工作,深入到绿园区和汽车产业开发区的社区、农贸市场、建筑工地、城乡结合部、主次街路、棚户区检查督促,为"创城工作"有序进行发挥了积极的作用。

【为加快产业基地建设建言献策】 市政协紧紧抓住产业结构优化升级这个实施"十一五"规划的关键问题,围绕汽车产业开发区建设、农业产业化区域合作、培育生物产业、会展经济、对外经济、君子兰产业和旅游产业发展,开展7项专题调研、视察、研讨工作,形成了一些新思路、新观点和一批有见地的意见建议。相继提出了汽车产业开发区建设要创新发展模式,注重提升品质;玉米深加工要预见未来玉米供求关系变化,控制加工项目无序扩建和新建;君子兰产业要调整结构,扩大商品兰比重,培育市场;扩大对外经济要把东北亚作为区域战略重点,积极参与区域合作;会展经济要加快推进市场化和国际化,探索和构建新的运作模式等建议,受到市委、市政府的重视和表彰,有的成果还引起全国和地方媒体的关注。

【努力促进经济社会协调发展】

助力新农村建设。市政协召开了新农村建设研讨会,从实施工业带动、提高农民素质、加强农村文化建设和基础设施建设、保护农村生态环境、加快土地流转等多个角度献计献策。委员们先后视察了农产品加工业和农村医疗、教育等发展情况,深入研究新农村建设中的新问题、新矛盾;巩固和扩大了盐碱地改良科技示范区规模;配合国家林业局考察农安县波罗湖湿地、洼中高湿地建设恢复情况,积极申报国家自然保护区项目;发动政协委员和机关干部在市政协支农点开展了"送书、送课、送温暖"活动,建立了东北师大实习基地和学生扶贫基金，扎实做好支持“三农”工作。

关注教育和医疗卫生事业。市政协通过对18所职业技术学校及部分企业的深入调查，组织召开了建立健全职业教育体系专题研讨会，就学习借鉴国外职业教育经验、打造长春特色汽车职业教育名校、立法建制推进职业教育、发展民办职业教育等有关问题进行了研究，配合来我省调研的全国政协职业教育调研组，向全国政协领导和国务院有关部门重点推荐了九台市发展农村职业教育的经验。为促进民营医院健康发展，组织专项视察，深入了解民营医院发展中的困难和问题，鼓励和帮助民营医院为完善全市医疗卫生服务体系，提高人民健康水平发挥更大作用。促进文化事业和文化产业发展。市政协剪纸艺术中心支持、帮助培育起了一批剪纸名人和名牌产品，为解决农业人口和下岗职工就业问题做出了贡献。为了进一步开拓剪纸艺术市场，邀请省、市有关专家、民间艺术家和剪纸艺人召开了专题研讨会，共同交流市场开拓的体会，探讨市场营销和品牌塑造策略。经市政协和其他有关方面多年关注得到全面恢复和妥善保护的长春文庙，成功参与了孔子诞辰2557周年海峡两岸联合祭孔活动，成为长春市又一个知名文化品牌。组织委员和专家对全市历史建筑、历史街区等文化遗产进行全面深入调查，有针对性地提出了将27处历史建筑和5个历史街区补充到全市第一批公布的城市紫线保护范围等一系列重要建议，推动了历史文化遗产保护工作。编辑出版了《见证伪满皇宫》、《东北沦陷区文学史话》两部文史资料，高质量地完成了与全国政协协作的《长春第一汽车制造厂》史料征集工作。首次成功举办了“溥仪研究国际学术讨论会”，在史学界和国内外相关领域产生较大反响。市政协书画院举办了北京·长春书画迎新春联谊笔会暨书画展销会、祭孔书画笔会，参与了周昔非书法进京展览等多项活动，为提升长春书画界的凝聚力和知名度发挥了积极作用。

围绕加强民主法制建设开展协商监督。根据年度立法计划，高质量完成了对《长春市节约能源管理条例》、《长春市城市房屋安全管理条例》、《长春市城市公共汽电车客运管理条例》和《长春市企业负担监督管理条例》4部地方性法规的立法协商。通过组织对平安长春建设、保安市场及保安队伍建设、市中级人民法院和市司法局工作的视察、调研，为改善法治环境履行职能。担任司法机关和政府部门特约监督员的政协委员认真行使权力，为促进党风、政风和行风建设做出了贡献。其中在市中级法院担任人民陪审员的55名政协委员中，有30人次参与开庭审理各类案件87起，69人次参加了23场听证会，对提高办案水平、维护司法公正发挥了积极作用。各专门委员会还就发展循环经济、净月生态城规划、树立社会主义荣辱观、社会保障工作、下岗职工创业和企业改制、城建重点工程等，组织了调研、视察和协商、座谈活动。在发展循环经济调研中，组织委员和专家着眼于改变传统的经济增长方式，实现经济社会快速和可持续发展，取得了一批调研成果，为下一步搞好专题协商打下了基础。

【积极扩大对外交往】 充分利用港澳委员和其他联系渠道，积极推动长春市与港澳台地区工商界的联系，促进经贸合作。为扩大与国内外的交流、合作，市政协领导多次会见来长春市进行投资合作洽谈活动的港澳和国外华商、外商团组。市政协还派代表赴香港出席了港区省级政协委员联谊会成立大会；组织民营企业委员和外埠工商人士，赴香港参加中小企业国际市场推广日和创新科技博览活动，达成了一批合作意向。成功组织了市政协友好经贸代表团、新闻传媒代表团等对美国、俄罗斯、日本等7个国家的访问，促进了与这些国家多个城市政府、议会、工商企业和民间团体的交流，取得了增进了解、加深友谊、扩大共识、促进合作的良好效果。以市政协领导为团长，有政协委员和50多位市民代表参加的访问团，对日本仙台市进行了友好访问，增进了中日两国人民的友好情谊。

【做好提案和反映社情民意工作】 十届四次会议以来共征集提案361件，立案329件，现已全部办复。提案工作坚持探索创新，开展了提案预审和“三年提案回头看”工作。提案预审是对提案审查工作的一次创新，通过对十届四次会议全部提案逐件研究讨论，分层分类评审，使提案审查更专业、更细致、更深入，把好了质量关。为进一步抓

市政协委员视察市重点工程

好提案的落实和反馈，组织了对政协十届一次会议以来三年的提案办理和落实情况跟踪调查，对提案办理落实过程中存在的问题有了更全面、准确的认识，对处理好提案数量和质量的关系等重要问题进行了深入研究，明确了进一步提升提案工作水平的方向、目标和具体措施。与市委、市政府相关部门共同研究，进一步规范了社情民意的报送、反馈工作程序，畅通了信息渠道。全年征集社情民意200多条，编发《社情民意专报》34期，向全国政协、省政协和市委、市政府报送了一批有价值的信息，被市委评为信息工作标兵单位。其中关于完善全市招商引资制度的建议、加快医药产业发展、加强出租车行业市场管理、规范美容行业管理等重要信息，受到省、市领导的高度重视。

【切实抓好政协自身建设】 突出民主党派的作用。认真坚持民主党派、工商联驻会负责人列席政协主席会议等各项工作联系制度，及时通报工作、沟通情况，整合力量、分工协作，合作共事机制进一步完善。民主党派、工商联在政协全体会议、常委会议及民主评议、提案、反映社情民意等工作中发挥了重要作用。市政协党组积极协助市委做好各民主党派和工商联换届工作、党外干部培养选拔和实职安排工作，强化了多党合作的组织保障。积极开展界别特色活动。依托工会、科协、共青团、妇联、社科联和外埠工商人士联谊总会等团体、界别委员活动小组，提高了界别活动的组织化程度。开展了工会组织建设视察；港、台和海外华商投资企业、外埠企业视察；优秀中学生赴港澳学习考察，以及招商引资、咨询服务、扶贫帮困和慈善救助等一系列具有界别特色的活动，充分发挥界别的纽带和辐射作用，畅通各界别的民主渠道，拓展了政协工作的领域和活动方式。港澳界委员和外埠企业家积极参与全市棚户区改造工程，成功引进了香港德辉集团和山东鲁能集团，与二道区政府正式签订了104万平方米棚户区改造项目，总投资超过40亿元人民币。

切实发挥委员主体作用。通过组织棚户区改造、全市经济社会发展情况、科技发展情况、园林绿化、信访工作、平安长春建设政情通报会等形式，拓宽知情明政的途径。加大为委员订阅报刊资料和学习培训投入，提高参政议政能力。加强对界别活动和委员小组活动的组织指导，拓宽委员广泛参与政协工作的渠道。改进工作方法，开展走访、联谊活动，落实委员政治待遇，调动和保护委员积极性，增强政协组织的凝聚力，为委员发挥主体作用创造了有利条件。努力提高机关服务保障能力。通过组织学习研讨、工作交流、专题讲座等，大力倡导学习的风气，扎实推进“学习型”机关建设。深入开展社会主义荣辱观教育活动，促进了党风和思想道德建设，弘扬了敬业奉献精神。加强干部培训、挂职锻炼和交流工作，增强开拓创新意识，提高工作能力和服务质量。密切与新闻媒体的联系，搞好组织策划，办好议政杂志和《政协论坛》，积极营造良好的舆论氛围。加强对县（市）、区政协工作的指导，帮助做好换届工作，扩大协作配合的广度和深度，相互促进，共同发展。

（胡永辉）

市纪委　市监察局

【概况】 中共长春市纪律检查委员会、长春市监察局（以下简称市纪委监察局）截至2006年底在职人员103人，内设14个厅(室)，另设机关党委；下属党风党纪电化教育中心和市经济发展软环境建设投诉举报中心2个事业单位。2006年，市纪委监察局认真贯彻落实中央纪委六次全会和省纪委七次全会精神，以反腐倡廉战略方针为指导，认真履行党章赋予的职能，深入构建“三位一体”反腐倡廉整体工作格局，党风廉政建设和反腐败工作深入推进，一些重点工作取得了突破性进展。

【市纪委第九次全体会议】 2月23日，市纪委召开第九次全体会议。会议总结了2005年全市党风廉政建设和反腐倡廉工作，对2006年工作作出部署。会议审议并通过了市委副书记、市纪委书记刘元俊代表市纪委常委会所作的《全面履行党章赋予的职责 不断开创构建“三位一体”反腐倡廉整体工作格局新局面》的工作报告。

【市政府系统第四次廉政工作会议】 3月17日，市政府召开政府系统第四次廉政工作会议。会议贯彻落实国务院第四次廉政工作会议、中央纪委六次全会、省纪委七次全会、省政府系统第四次廉政工作会议和市纪委九次全会精神，总结了2005年全市政府系统廉政建设和反腐败工作，对2006年政府系统反腐倡廉任务工作作出部署。市长祝业精作重要讲话，市监察局等五个部门在会上发言。市委副书记、市纪委书记刘元俊，各位副市长以及各县(市)、区政府主要领导、市政府各部门负责同志参加会议。

【反腐倡廉教育和干部廉洁自律】 进一步构建和完善“大宣教”工作格局，抓教育、抓监督的合力进一步增强。开展学习党章活动。把学习、宣传、贯彻、落实党章和充分履行党章赋予的职能，作为反腐倡廉的重点工作来抓，以“学党章、知荣辱、树新风”为主题，广泛深入地开展了学习贯彻党章活动。市纪委下发了《关于在全市深入开展学习贯彻党章活动的通知》，发放党章学习辅导资料5 000余册。各级理论中心组普遍进行了专题学习，许多单位的“一把手”亲自作学习辅导。广泛开展了学习党章知识竞赛、理论征文、送党规党法下基层等活动，有效地强化了广大党员干部的党员意识和党章观念，进一步巩固了保持共产党员先进性教育成果。开展向谭竹青同志学习活动。市纪委与二道区委联合编写印发了《谭竹青的故事》1万册，大力宣传和弘扬谭竹青同志廉政勤政的先进事迹。加强社会主义荣辱观教育、警示教育。下发辅导资料1 200余册，组织8 000余名党员干部到净月监狱警示教育基地接受教育。开展廉政文化“六进”工作。总结推广了朝阳、绿园、南关等区的经验，廉政文化“六进”工作取得了新的进展。结合纪念建党85周年，6月份，市纪委会同各城区委在文化广场举办了5场“廉政之夏”歌曲演唱会，唱响了廉政歌曲。市纪委还制作了廉政格言警句屏保系统，安装在全市所有党政机关和国有企事业单位的电脑保护屏上，使工作人员每天都能受到廉政教育。每逢节假日，向各级党员干部发送廉政短信，做到警钟长鸣，预防“节日病”。对各级领导干部廉洁自律情况进行监督检查。各级纪委同下级党政领导谈话357人次，任前廉政谈话202人次，诫勉谈话41人次，述职述廉3 088人次，重大事项报告117人次。8月22日，市委召开了县(市)、区领导班子换届人事调整集体谈话会议，省委常委、市委书记王儒林在讲话中，分析了当前反腐败斗争的严

纪委第九次全体会议

峻形势，对新任职的县（市）、区党政领导干部如何加强党风廉政建设、提高拒腐防变能力，提出了严格要求。

【源头治腐和软环境建设】2006年，市纪委紧紧围绕经济更快更好发展和构建和谐社会，坚持以改革统揽预防腐败、服务发展各项工作。深化行政审批制度改革。按照“流水线式”行政审批平台建设要求，重点抓了行政审批权相对集中改革，首批24个部门的审批权相对集中改革进入实际操作阶段。一是把政府各部门的所有行政许可、行政审批和行政事业性收费项目，原则上都纳入政务中心管理；二是改变部门内部审批权分散设置和分别审批的办法，采取“一门受理、并联审批、统一收费、限时办结”的行政审批模式，进一步解决事权不统一和“前店后厂”的问题。在试行行政审批重大项目全程协调代办制后，从相关部门抽调工作人员，协调代办向国家申报批准立项的振兴老工业基地项目、投资额在1 000万美元以上的招商引资项目的审批工作。加快电子政务建设，正式启动了网上基本建设项目一次性收费工作。全市行政许可已由933项减少到365项，削减了61%。调整和优化了政务中心窗口设置，37个部门和单位进驻政务中心，299项业务实行了集中审批、联合办理，所有窗口都落实了一次性告知承诺制和首问负责制、首办责任制、首席负责人制。缩短了107个项目的办理时限，提前办结率达到91.7%以上，基本建设项目全面实行了“一次性收费”。

深化政府采购制度改革。为加强内部制衡监督，建立了“三段式”操作流程，将整个采购过程分为预算编制、计划执行、资金支付三个阶段，对纳入采购预算和计划的项目，由采购办确定采购方式和时间，并将采购项目下达到代理机构，为确保采购过程公正透明，建立了现代化的采购大厅和4600人的专家库。完成采购额3 424.30万元，节约资金129.51万元，综合节支率为3.64%。这方面的改革得到了中纪委和财政部的肯定，省政府也专门召开现场会，推广了长春市的经验。深化干部人事制度改革。结合贯彻落实人事部《关于事业单位公开招聘人员暂行规定》，在全省乃至全国率先普遍实行了市属事业单位公开招聘制度。上半年和下半年分别进行了两次市属事业单位公开招聘，全市共有99家事业单位，拿出238个岗位、369个名额面向社会公开招聘，共有4 046人报名，录用和报名比平均为1:17，最高的达到1:44，有271人通过公开招聘录用上岗。

在工程建设领域实行政府投资建设项目代建制。针对投资主体长期缺位、超投资、建筑市场混乱和违反工程建设招投标规程的问题，借鉴国内一些城市的做法，着手代建制的改革和创新。由市政府组建建设管理单位，负责使用政府财政资金的固定资产投资建设项目的组织实施、建设管理和协调监督，完成了可行性论证和方案的制订，正着手相关机构的组建工作。建设社会信用体系。把社会信用体系建设作为软环境建设的高级形态、反腐倡廉的重要举措来抓，成立了长春市信用监督管理办公室，配备了6名工作人员，明确了8项工作职责，起草了《中共长春市委、长春市人民政府关于加快全市社会信用体系建设的决定（草案）》、《长春市社会信用体系建设实施纲要（草案）》、《长春市2006年～2007年社会信用体系建设两年行动计划（草案）》，同时，还形成了《关于开展社会诚信宣传教

“廉政之夏”演唱会

育和培训工作方案》、《长春信用网建设方案》、《关于企业信用信息征集、披露管理(试行)办法》等相关文件。围绕“一库一网一中心”建设为重点的各项前期准备工作全面就绪,有些工作已开始实施。

【纠风专项治理】 围绕解决损害群众利益的突出问题,继续加大治理力度。治理教育乱收费。公立学校普遍实行了“一费制”,对教育收费问题开展了专项检查。全市有93 711名贫困生享受了“两免一补”政策,并实行了“一表一册”登记,录入微机管理。纠正医药购销和医疗服务中的不正之风。从7月1日起,在市属医疗单位和二级以下医疗单位,进行了医药分业制度改革试点。市属医院实行药品目录托管,对门诊用量大,价格在30元以下的部分普药和常用药共370个品种,列入托管药品目录,从具有大型仓储物流配送能力、具有广泛的药品零售销售渠道、信誉好的医药经营企业中,通过公开招标确定托管企业。成立专门的监管机构,加强质量、价格和目录管理,并逐步将医院药房全部托管,实行药品供应社会化。对二级以下医院,采取院店联办药房的模式,药品直接由医药公司配送。经过近半年的试运行,药品综合差价率由原来的22%降到12%,药品让利率达10%,医院平均处方值由原来50元降至25元左右。在积极探索平价医院、平价药房建设的同时,公立医院普遍实行了用药清单双复核等六项措施,对收红包、乱收费、乱检查等问题进行了专项治理,查处行风问题42个。加强村级药店建设,已建成859个,80%以上的行政村实现了药品统一配送。继续整顿规范药品生产流通和生产资料市场秩序。全市查处制售假劣药品等各类违法违规案件139件。加强民主评议政行风工作,对2005年民主评议软环境和政行风结果进行了全面反馈,评出11个优秀部门、10个较差站办所,对“百名处长”评议中评出的7名较差处长分别进行了组织处理和诫勉谈话,对4名参评处长进行了提醒谈话。继续在长春电视台办好“政风行风热线”栏目。深入开展清费减负工作。进一步加大力度,向社会公布了《长春市行政事业性收费项目和标准》,有力地推进了清费治乱减负工作的制度化、规范化。在连续三批清费减负1.34亿元的基础上,重点加强了对教育和涉农收费的监督检查力度,加大了物业和涉企收费的清理和规范力度,立案查处3起乱收费案件。为进一步减轻农民负担,市委、市政府下决心取消了直接向农民收取的畜禽防疫费,近1 000万元的畜禽防疫费已实现了市和县(市)、区财政转移支付。

【行政监察】 围绕党委、政府的中心工作,围绕落实科学发展观和构建和谐社会,围绕解决侵害群众的突出问题,加强廉政、执法和效能监察。在深入开展住房公积金管理使用情况、开发行软贷款情况、重大责任事故追究情况、棚户区改造和建筑工程招投标情况监督检查的同时,全市执法监察立项74项,确定跟踪督办重大项目16个,通过执法监察挽回经济损失183.3万元。继续纠正房屋拆迁中侵害居民利益问题,有1 596户(含10户工企)居民超期回迁的问题得到解决。纠正拖欠和克扣农民工工资问题,建立了农民工工资预留专户制度和清欠绿色通道,建筑领域遗留的拖欠农民工工资问题基本得到解决。配合环保部门认真解决企业违法排污问题,排查各类企业2 000余家,对重点排污企业进行了挂牌督办。严肃查处不作为和乱作为以及违反软环境建设“十条高压线”案件,全市共受理“涉软”投诉举报1 101件,办结1 060件,立案查处14件。投诉量与2005年同比下降48.3%。

【查办案件】 坚持把惩治作为加大防治力度的重要环节来抓,使查办案件工作保持了较为平稳发展的态势。全市新立案件824件,涉及873人。新立案件中,涉及县处级以上干部33件33人(含局级干部3人),乡科级干部55件63人,万元以上案件156件。全市共结案814件(含2005年遗留10件),对849人进行了党政纪处理。其中,给予党纪处分705人,政纪处分173人,给予双重处分29人,移送司法机关10人。通过办案,为国家挽回经济损失1 768.56万元。为进一步稳定案件数量,提高案件质量,市纪委制定了《关于依纪依法严格办案的实施意见》等文件,对案件实行了目标管理和综合考评。进一步加强了信访举报工作。全市共受理信访举报3 125件(次),为查办案件提供了一批重要线索。充分发挥信访稳定、信访维权、信访监督作用,较好地解决了一些历史遗留的信访老户和集体访、越级访问题，59户上访老户问题已得到全部解决。进一步改进案件审理工作，2006年在县(市)、区普遍实行了"乡案县审"，在市直机关普遍实行了"市案统审"，提高了案件质量。

【专项治理商业贿赂】 按照中央和省里的部署，把治理商业贿赂工作作为反腐倡廉的一件大事来抓。5月12日，召开全市治理商业贿赂专项工作会议。会议贯彻落实中共中央、国务院和省委、省政府关于开展治理商业贿赂专项工作精神，对全市治理商业贿赂专项工作作出具体安排部署。按照工作方案和市委、市政府的部署，各级各部门都成立了领导小组和办公室，形成了分级管理、条块结合、职责明晰的工作网络和一把手负总责、一级抓一级的领导体制。坚持自查自纠、查处案件和建立长效机制同步推进，加强了治理商业贿赂的宣传教育工作。全市共制作宣传条幅35个，发放宣传单12 000份，举办各种培训班67个，撰写各类学习体会文章1 413篇。加强了自查自纠工作，各部门召开自查自纠动员大会150多场(次)，下发各类自查自纠登记表19 047份，发出倡议书7643份，写承诺书11 115份，仅市卫生系统就主动上缴回扣款54万多元。加强了案件查处工作，在媒体公布了投诉举报电话及网站，在各单位设立了举报箱，全市受理商业贿赂信访举报256件，立案查处179件，查结72件，收缴违纪款719.87万元，通报12起近年来查办的典型商业贿赂案件。加强了长效机制建设，通过改革行政审批制度，减少权力的"寻租"机会，通过完善政府招投标和土地招拍挂制度，减少商业贿赂的滋生条件。同时，各单位通过聘请专家讲课、召开生活会和座谈会、进行"远离商业贿赂"签名等活动，构筑了预防商业贿赂的思想道德防线。

【落实党风廉政建设】 制定下发了《2006年度长春市构建"三位一体"反腐倡廉整体工作格局具体实施意见》和重点任务分解落实表。市政府召开了第四次廉政工作会议，对政府系统的廉政建设做出了全面的部署。为确保工作的落实，市委、市政府成立了3个体系工作领导小组、组成了15个协调组，确定了32个责任部门，承担重点工作任务的落实。一些重大改革措施的出台，一些重要和复杂案件的查办，一些重要教育活动的开展，都是在市委、市政府主要领导直接参与和推动下完成的。各级班子成员按照"一岗双责"的要求，亲自参与、组织、督促各协调组和责任部门的工作。市纪委加强组织协调和监督检查，坚持对工作实行月调度、季汇报，认真研究解决工作中的突出问题。加强落实党风廉政建设责任制责任考核，对3名党员领导干部进行了责任追究。

【纪检监察系统自身建设】 开展全市纪检监察系统"做党的忠诚卫士、当群众的贴心人"主题实践活动。市纪委在组织参与全市先进性教育活动的同时，认真抓好纪检监察系统的保持共产党员先进性教育活动，把开展主题实践活动与保持共产党员先进性教育结合起来，与学习党章、学习谭竹青同志活动结合起来，与荣辱观教育结合起来，与推进干部转型、提高素质结合起来，组织参观了谭竹青同志先进事迹展，到棚户区和弱势群体中进行换位体察，开展了扶贫帮困等活动。加强业务培训。8月22日，市纪委针对各县(市)、区纪委书记普遍进行轮岗交流、新任职纪委书记刚刚到任的实际情况，召开了新任职纪委书记座谈会，市纪委副书记王振华作了系统辅导，新任职的纪委书记分别发言谈体会。提高调查研究能力和水平。为提高工作的理性程度，切实加强对党风廉政建设系统性、前瞻性理论研究和思考，从委局班子成员到各室(厅)，都落实了建立一个工作联系点、承担一个重点课题调研、总结一个方面典型经验的任务。制定了《关于加强委局机关干部职工队伍纪律作风建设的规定》，对委局机关干部做到了严格要求和严格管理。

在每五年开展一次的全国纪检监察先进集体评比表彰中，长春市纪委、监察局于2006年被评为全国纪检监察先进集体。

(滕加鹏)

民主党派

【中国国民党革命委员会长春市委员会】 截至2006年底，中国国民党革命委员会长春市委员会(以下简称市民革)共有基层组织43个，其中，总支委员会7个、支部委员会35个、小组1个。党员总数780名，其中，具

宛祝平当选市民革十届委员会主任委员

有中高级职称的687名，占党员总数的88%。各级人大代表和政协委员94名。

市民革第十次代表大会于11月17日至19日召开，95名代表听取并审议了宛祝平同志代表市民革第九届委员会所作的题为《团结奋斗、开拓进取，努力开创新时期民革工作新局面》的报告。报告回顾了2001年12月以来民革长春市第九届委员会在参政议政、祖国统一、社会服务和自身建设方面所取得的成绩，指出了存在的差距和不足，并对第十届委员会的工作提出了建议。会议选举产生了新一届委员会，宛祝平为主任委员，副主任委员有徐秀强、郑立文、高仁立、杜剑和鹿云5人，秘书长臧菊珍。会议还选举产生了长春市出席民革吉林省第十届代表大会的代表。

参政议政。市民革紧紧围绕实施十一五规划、建设社会主义新农村和构建和谐长春等重大战略任务建言献策。市民革主要领导积极参加市委、市政府组织的民主协商会、政情通报会等重要会议，就全市大政方针和重要问题发表意见、提出建议。主委宛祝平在政协全委会上提出了《关于建立和完善长春市农民社会保障体系的建议》，主要建议被政府采纳，有关媒体予以报道；组织农业专家开展专题调研，为民主党派专题议政会完成了《关于大力发展我市农业产业化龙头企业的建议》。一年来市民革进一步完善参政议政工作机制，充分发挥参政议政骨干党员的作用，围绕汽车产业的可持续发展、大力发展居家养老事业、建立产业互动机制、构建和谐城市、积极发展农业产业化龙头企业和建设社会主义新农村等重大课题开展调查研究，提出许多高质量的意见和建议。在市"两会"期间市民革党员中的人大代表、政协委员就提交议案、提案、建议等47件，均得到有关部门答复、确认和采纳。此外，市民革在深入调研的基础上还完成了《关于建立和完善长春市农民社会保障体系的建议》、《对推进社会主义新农村建设的几点建议》、《关于建立适合我市农业发展的财政支农机制的建议》和《构建社会科学和软科学服务体系促进长春市社会主义新农村建设》等多份调研课题。作为市政协十届四次全会党派提案，《关于加强长春市中小企业融资担保体系的建议》，分别就长春市农村社会保障和拓宽中小企业融资渠道方面提出建议，得到相关部门的高度重视和积极回应，被评为优秀提案。在2006年市人大十二届四次会议上，市民革副主委徐秀强等在市人大十二届三次会议上提出的《关于大力发展我市旅游产业的建议》(一号议案)和《关于开办少儿专业电视频道的建议》等被评为优秀议案和建议，受到表彰。四次全会上徐秀强领衔提出的《关于设立中国长春汽车节的议案》又被市人大十二届四次全会列为一号议案，市政府采纳了议案的内容，市长祝业精在北京举办了新闻发布会，宣布将每年的7月15日(一汽建厂纪念日)定为"中国长春汽车节"，2007年将举办"首届中国长春汽车节"庆典活动。"中国长春汽车节"的设立，将有利于提升长春汽车城的知名度，成为打造长春国际汽车城的有效载体，为建设"规模百万化、管理数字化、经营国际化"的新一汽，进而促进吉林经济起到积极的带动作用。市民革还参与了市政协评议文明长春建设活动，并承担了其中的一个子课题。一年来，市民革收集各类社情民意信息130余件，向有关部门反映社情民意44件。市民革党员中的7位各级特邀(约)监察员、检察员、审

民革中央常务副主席周铁农在听取市民革宣传建设工作汇报

计员和教育督导员不辱使命，认真履行职责，积极参与有关执法检查活动。2006年市民革分别被民革中央授予“全国参政议政工作先进集体”称号，杨宁国被评为先进个人。

祖国统一和海外联谊工作。市民革台胞、台属及有海外关系党员已达205名，约占党员总数的1/3。一年来，他们以高度的责任感和使命感，通过书信、电话、互访等方式，加强与台湾亲人的联系，加大对祖国和平统一政策的宣传力度，真实介绍祖国大陆在新时期新阶段发生的翻天覆地变化，增强广大台胞的民族认同感和归属感，围绕“做好台湾人民工作”这一核心，自觉参与祖国统一和海外联谊工作。市民革组织党员认真学习了胡锦涛同志新形势下发展两岸关系的四点意见精神、《反分裂国家法》和中共中央一系列对台工作方针政策，不断增强促进祖国统一工作的自觉性；把握两岸形势，扩大两岸交流，市民革祖国统一工作委员会组委周励（吉林大学教授）的家族在台湾文化界具有较高的威望，她与台湾前“立法院长”梁肃戎先生一直保持书信往来，并与一些台湾著名作家、学者、报界人士建立了良好关系，她撰写的有关台湾著名作家司马桑敦（她父亲）的文章在台湾《传记文学》上发表，受全球最大的中文报社《联合报》董事会的邀请，赴台拜会了王必成、程露茜、柏杨等著名的文化界人士，其间她还到梁肃戎家拜祭了梁先生的灵位，为市民革祖国统一扩大交流，做出贡献。加强海外联谊，积极开展经济统战工作，全年接待新加坡及海外工商界人士4批51人次，促成了新加坡吉宝集团在长春市投资兴建新加坡工贸商城。利用每年一度的“台湾同胞中秋茶话会”的机会动员党员积极开展对台工作，继续开展“发一封信、接待一个台胞、引入一个项目”的三个“一”活动。在2006年民革吉林省委开展的“中秋赋诗”活动中，市民革党员创作诗词30余首，表达了企盼祖国统一的心声。

社会服务工作。市民革于2002年发起成立的“民革北方城市旅游宣传协作网”已成为民革社会服务工作的重要载体。一年来，市民革作为“协作网”秘书长城市继续参与、协调“协作网”活动，并主持日常工作。8月2日至9日在牡丹江市举办了第一次旅游宣传推介活动，全国政协副主席、民革中央常务副主席周铁农出席了开幕式并作了讲话；11月16日至22日在桂林市举办了本年度“协作网”第二次推介活动，民革中央何丕杰副秘书长及桂林市党政主要领导出席了开幕式。两次推介活动先后有4 000余名当地各族各界群众参加，在活动中市民革展出摄影作品76件，发放光盘、旅游宣传资料1 000余份，宣传效果良好。一年来市民革各基层组织开展了各具特色的“扶贫济困”活动。如市委会组织了医疗专家组赴九台莽卡满族乡开展义诊活动；东北师大总支继续开展“探亲工程”、助学、就医等系列活动，并将活动列入支部的活动计划；民革长春医学高等专科学校支部全体党员为困难学生捐助衣物和资金，帮助他们解决生活困难；高原、费日晨等同志在市妇联组织的“代理妈妈”活动中帮助扶持了6位贫困学生；吉大南岭校区支部继续资助两名贫困大学生；董丛文为美化乡村环境捐助了2 000余棵绿化树；继续在双阳区太平镇开展科技下乡、技术指导等“智力支农”活动，重点资助了当地教育卫生事业，促进了当地社会主义新农村建设。市民革党员全年引资额5.7亿元，市民革党员阮启来引进了香港德辉集团从事棚户区改造工程；祁伟引资创办"美国工业加工园区"；侯宏亨引进新加坡吉宝置业等公司，将在市经济技术开发区建立"新加坡工贸园区"。市民革分别被中共吉林省委和市委统战部评为"服务振兴吉林，加强经济统战"及"招商引资工作先进集体"称号。

（崔发明）

【中国民主同盟长春市委员会】

截至2006年底，中国民主同盟长春市委员会（以下简称市民盟）共有基层组织103个，其中，盟委16个，总支5个，直属支部15个，盟员总数1 841人，其中，具有高级职称的827人，占盟员总数的58%；具有中级职称的654人，占盟员总数的33.5%；担任各级人大代表21人，各级政协委员72人。

2006年市民盟坚持"开拓型思维，开放式参政"的工作思路，在实践中不断锤炼政治把握能力，提高参政能力，较好地履行了参政党地方组织的职能，在积极建言献策，参政议政上再创佳绩。在市政协十届四次全会上，市民盟提交了《关于加快发展长春市城郊经济的建议》、《关于长春市城市规模未来发展的建议》、《关于以就业为导向促进长春高教改革与发展的几点建议》、《关于推行社区养老模式的建议》、《关于加快我市医药产业发展的几点建议》等八份提案，并以市民盟名义作了《制定和完善我市绿色蔬菜生产政策的几点建议》的大会发言。年内还完成了《长春市农业产业化发展规划的研究》、《促进我市民营经济发展新思路探讨》、《提高长春自主创新能力的战略思考》等三份中共长春市委调研课题。

市民盟注重强化自身建设，努力增强民盟组织的活力，自身建设效应显现。在不断完善已有的各项规章制度的基础上，加强规范化管理，又制定了《民盟长春市委关于基层组织换届的工作程序》、《民盟长春市委组织发展工作程序》，使工作做到有章可循，照章办事。市民盟认真贯彻《中国民主同盟组织发展暂行条例》，研究探索工作规律，进一步明确了组织发展、后备干部队伍建设的具体要求。制定了三年组织发展规划，不断调整后备干部队伍并加大了培养力度，完成了民盟的基层组织的换届任务。市民盟坚持落实盟中央"人才兴盟"、"人才强盟"战略和省民盟实施"百名人才工程"的部署，确立了人才工作在盟的自身建设中的核心地位。一年来，组织发展凸显良好态势，发展新盟员89人，其中"双高"（高职称、高学历）人员53名。4月19日，长春市委、市政府召开了全市优秀中国特色社会主义建设者表彰大会，付亚辰等10位盟员分获参政议政奖、科技贡献奖、教书育人奖和创业先锋奖，东北师范大学黄百渠教授代表104位优秀建设者在会上发言。

在市民盟的倡导下，吉大盟委、吉大前卫校区盟委、吉大朝阳校区盟委在全市率先实现了基层组织网络化管理。基层组织网络化管理试点工作收到成效。市民盟帮助吉大盟委、吉林农大盟委、二道区总支、东北师大附中支部总结经验，并在全省民盟基层组织工作会议上进行了交流。吉林农大盟委的工作还得到了来长考察的全国政协副主席、盟中央常务副主席张梅颖的赞赏。

基层组织建设。一年来，市民盟不断丰富活动内容，如：东北师大盟委举行的"民盟与师大"主题交心会；市直三支部搞社会调查，参观高新区并献计献策活动；二道总支与市十八中学、朝阳总支与九台市第六中学捐资

中国民主同盟长春市第十二次代表大会

助学手拉手活动；吉大盟委和长春师范学院盟委开展社会主义新农村调查；吉林农大盟委与省、市民盟举办的“建设社会主义新农村论坛”等都充分体现出了生机和活力。市民盟注重参与的广泛性，努力为基层构筑活动平台。为解决部分基层组织活动困难的状况，设立了“季度沙龙”，受到基层的欢迎。吉林农大盟委、吉大盟委、长春税务学院支部都多次承担并高质量地完成了市民盟的调研课题。围绕参政议政、社情民意、盟务工作，市民盟实施“百项点子工程”，共征集金点子90个，并进行通报表彰，17位盟员获金点子奖，62位盟员获优秀奖。

2006年是市级民主党派换届年，市民盟完成了换届任务。11月19日至21日中国民主同盟长春市第十二次代表大会召开。副省长、省民盟委主委陈晓光，中共长春市委副书记李树国、市人大常委会副主任杜立哲，市委常委、统战部长安莉，副市长钱龙生，市政协副主席吴振昌等领导和市其他兄弟民主党派、工商联、侨联、台联、市社院负责同志到会祝贺。陈晓光、李树国、钱龙生分别代表省民盟、中共长春市委和其他兄弟民主党派、工商联向大会致词祝贺。孙丰月在会上作了《把握时代脉搏，锐意创新进取，努力开创长春市民盟工作新局面》的工作报告。大会选举产生了民盟长春市第十二届委员会和长春市出席民盟吉林省第八次代表大会代表。新当选的市委委员33人，常务委员13人。在新一届委员会一次会议上，选举产生了委员会常委、主任委员、副主任委员。主任委员：孙丰月；副主任委员：王志东、周米平、傅亚辰、刘琦（女）、苗琦、李德山、欧阳继红（女，满族）；任命刘玉杰为秘书长，圆满地完成了新老交替。

市民盟依靠专业人才优势，服务社会体现价值。按市委统战部要求，继续参与“千人牵手”活动，帮扶贫困人员50多人；在盟内实施了“一、十、百、千”工程，开展“三下乡”活动。春节前还组织盟内书法家到农村为农民写春联、送春联；市民盟妇女工作委员会连续多年积极倡导捐资助学，现已资助长春师范学院30名品学兼优、家境贫困的女大学生，资助金额1.5万元。

（王　霆）

【中国民主建国会长春市委员会】 中国民主建国会长春市委员会（以下简称市民建），机构设置为3处1室，即组织处、宣传处、调研处、办公室。编制11人。截至2006年底，共有基层组织61个，其中，总支部12个，支部45个，直属小组4个。会员总数为932人。会员平均年龄为51.8岁，具有高级职称200人，中级职称的448人，全年发展会员67人。

完成基层组织换届工作。2006年新一届基层组织共产生117名支部委员，平均年龄为43.2岁，比上届下降了3.7岁；其中17名总支部委员或支部主任，平均年龄为46.2岁，比上届下降了5.1岁；新产生的支部委员中，具有大专以上学历的114人，占总数的97.4%，比上届增长11.9%；具有中、高级职称的82人，占总数的70.1%；比上届增长4.2%。基层组织领导班子建设向年轻化、知识化、专业化迈出了可喜的一步。

领导高度重视换届工作的程序化。年初在工作计划中基层组织换届是上半年的工作重点，形成了主委亲自挂帅、驻会副主委全程参与、机关各处室全力以赴配合的工作格局，加强对基层组织换届工作的指导。先后走访基层组织所在单位党委

市民建长春市第十一次代表大会

及统战部门20余次。就基层组织建设、支委班子人选等问题进行协商,形成共识。同时,还多次召开不同形式的座谈会,加强与各基层组织的联系,与支部班子及部分会员沟通协商、征求意见,经主委办公会、常委会、主委会讨论,制订出基层组织换届的总体方案。在换届人选的考核过程中严格按照相关程序进行。

在基层组织换届工作中,注重制度化,换届工作严格按照本会《换届方案》进行。多次召开主委会议,听取有关工作汇报,专题研究支部换届工作,修订、完善换届方案。市会领导班子成员对基层组织换届工作给予了关心与支持,并积极参加了所在基层组织的换届工作。在指导基层组织换届的过程中,严格按照换届工作方案对新一届支部班子进行了民主测评和民主推荐工作。在换届选举和支委分工的过程中,自始至终贯彻民主集中制原则,使换届工作顺利、有序展开。通过发扬民主,实现了新老交替,选出了新的一批政治素质高、熟悉党的统战政策、热心民建工作、有责任感和奉献精神、有较强的组织协调能力和较好的群众基础、作风正派、年富力强、能够正确处理岗位工作和会务工作关系的同志进入了基层组织领导班子。

完成市民建换届工作。严格按照《民建吉林省委关于市级组织换届工作的指导意见》、《市委统战部关于做好我市民主党派换届工作的意见》和安莉部长在市民主党派换届工作座谈会上的讲话精神,认真学习了上述文件和讲话精神,准确理解了换届工作的重大意义,增强了做好换届工作的政治责任感,加强了换届工作的组织领导。本着早准备、早着手的原则,制订了切实可行的换届方案。严格按照会章的具体规定,结合实际,规范了工作程序,做好了相关协调与沟通工作。经过3个月的紧张筹备,会圆满完成了召开民建长春市第十一次代表大会的筹备工作。大会于2006年11月21日召开,会期3天。代表大会选举产生了新一届委员会,顺利实现了本会的政治交接、组织更新和事业延续。

组织发展工作。2006年,继续贯彻落实民建中央提出的"建设以企业经营管理者和与经济界有联系的专家学者为骨干的两支基本队伍",认真把关,严格考核,努力吸收高层次、有代表性人士入会。尤其是在吸收非公有制经济的代表性人士入会方面,根据形势发展及会务工作的需要,加强了入会前的考核工作,对申请者的相关条件和非公有制经济的代表性人士的企业规模提出了具体要求。全年共发展新会员43名,平均年龄35.4岁。其中博士研究生3人、硕士研究生6人,两者合计占新会员总数的21%;大学学历19人,大专以上学历14人,两者合计占新会员总数的98%;具有高级职称的3人,占新会员总数的7%,具有中级职称的21人,占新会员总数的49%,两者合计占新会员总数的56%。另外,还有高等教育界4人,企业高级管理人员1人,区政协委员3人。这些同志的入会,改善了会员的整体结构,进一步夯实了组织基础。

后备干部队伍建设。它是本会组织建设的一项重要内容,也是领导班子建设和发挥参政党职能作用的基础性工作。在物色、培养、选拔和推荐后备干部的过程中,遵循民主集中制的原则,充分发挥会内民主,倾听基层组织意见。在向中共长春市委统战部推荐本会代表性人士过程中,综合考虑了包括年龄、学历、单位职务、会内职务等多方面因素,并结合同期进行的基层组织换届工作实际,推荐了54名本会代表性人士作为后备干部,为他们今后在区级以上人大、政府、政协的换届过程中脱颖而出提供了机遇。

开展政治协商和民主监督工作。2006年,市民建在中共长春市委的领导下,认真开展了政治协商和民主监督工作。先后针对中共长春市委有关文件提出了20多条具体修改建议,有的得到了采纳。与此同时,10月12日,市民建老领导胡宏敏和周绍宣等同志起草的《关于我市汽车贸易开发区发展的调研报告》得到了省委书记王珉同志的签批,提出的建议被省委、省政府采纳,现正在落实中。2006年初,在充分调研基础上,市民建共向市政协十届三次会议报送4份团体提案:《对未来几年我市汽车工业发展的几点建议》、《关于改善我市金融生态环境,鼓励外埠商业银行进入我市的建议》、《关于加快我市汽车零部件基地建设的建议》、《落实科学发展观,转变我市招商引资方式的建议》。其中,《落实科学发展观,转变我市招商引资方式的建议》在市政协会上作了大会发言;《对未来几年我市汽车工业发展的几点建议》被评为长春市政协2006年度优秀提案。

主办民建十四城市交流协作年会。8月8日至11日，市民建在长春主办民建十四城市交流协作年会。本次年会全面推动了与会各地方组织会务工作的共同进步与发展。通过一系列会务活动，全体与会人员进行了广泛的联谊和沟通，个人之间的了解、信任和友谊进一步得到了巩固和加深。在会务工作交流过程中，与会的民建各地方组织代表团，本着解放思想、实事求是、开拓创新和与时俱进的工作态度和工作宗旨，以全面加强参政党自身建设为目标，针对当前民建各地方组织的换届工作和全面贯彻落实中共中央两个[五号文件]精神等会议主题，进行了认真的、内容翔实的大会交流。

宣传报道和反映社情民意工作。2006年，进一步加大了本会对外宣传工作的力度，着眼于《民讯》等5个会内刊物和网站、《中国统一战线》等10个会外报刊和长春电视台等8个电视台(广播电台)等新闻媒体，开展有重点、分阶段的宣传报道工作。共宣传报道360篇(次)以上，提前完成了全年宣传报道工作的计划。另外，2006年，继续开展了每人反映一份社情民意和统战信息工作，超额完成了反映180份社情民意和统战信息的工作任务。完成长春市民建网站创建工作。在主委和驻会副主委的直接领导下，2006年，顺利完成了长春市民建网站的创建工作。

社会服务工作。2006年，中共长春市委对五年来全市各界人士中创新、创业的杰出代表进行了一次表彰，共有104人被授予"长春市优秀中国特色社会主义事业建设者"荣誉称号。市民建有6人获得殊荣。在获得市委统战部的表彰和奖励后，市民建把工作重点继续放到有招商引资能力的会员身上。做到了勤联系，常沟通。经过积极努力，已成功地引进资金5.16亿元人民币(全部到位)，提前并且大幅度地超额完成了市统战部规定的全年招商引资1 000万元人民币的工作任务。

2006年，按照民建中央和民建省委的要求，在广大会员中积极开展了以"思源工程"为主线的社会服务工作，取得了较大的社会效益，受到了社会各界的普遍好评。仅12月份，会员就捐款15 000元，开展了两次助学活动，与省民建一起捐助了53名品学兼优、经济困难、生活简朴的大学生。通过这些具体活动，在社会上扩大了民建组织的影响。

(张芝红)

【中国民主促进会长春市委员会】 截至2006年12月末，中国民主促进会长春市委员会(以下简称长春民进)有民进榆树市委会1个，基层组织30个，会员总数为1 008人。其中教育、文化、出版界的会员818名，占总数的81.15%。

完成换届工作。2006年是长春民进的换届之年，11月27日至29日，民进长春市第十次代表大会召开。来自全市教育、文化、出版以及其他有关界别的105名代表全市1 008名民进会员出席了会议。大会全面回顾了五年来的工作，对2007年的工作提出了建议。会议认为，五年来，民进长春市委在全市经济发展、基础教育、文化、出版、农村劳动力转移、构建和谐长春以及人民群众普遍关心的热点、难点问题上，经常深入实际开展调查研究，形成了23个很有价值的调研报告，为市委、市政府的科学决策，提出了许多符合实际，切实可行的意见和建议。在市政协大会上提出了28份党派

民进长春市委第十届领导班子

市民进第十次会员代表大会全体成员

团体提案，其中《关于加强我市农村基础教育的几点建议》、《关于加快我市文化产业步伐的建议》等6项提案被评为优秀提案。《关于调整供暖期，实行科学供暖的建议》，经市政府有关部门采纳实施，深受广大市民欢迎。在市政协大会上和长春市民主党派专题议政会上的发言，市委、市政府、市政协都给予了高度重视。特别是《变快走为快跑，把长春市新闻出版业发展成为朝阳产业》的调研，对长春市新闻出版业的现状、存在的问题进行了深入的分析，提出了积极的意见和建议，得到了市委主要领导的充分肯定。在服务社会方面，充分发挥密切联系教育、文化、出版界的特点和优势，坚持经常开展扶贫支教、捐资助学以及送医送药下乡和慰问人民子弟兵等活动。为农村中小学的2 000多名师生上了教学示范观摩课，培训师资800多人次，捐资捐物折合人民币50余万元。深入农村和部队进行义诊3 000多人次，捐款赠药折合人民币近40万元，为全市基础教育事业的发展和构建和谐社会做出了积极的贡献。会议号召，全市民进组织和广大会员要全面贯彻落实科学发展观，坚持“立会为公、参政为民”，发扬“爱国、民主、团结、求实”的优良传统，努力开创长春民进工作的新局面，为长春市的经济和社会各项事业的全面发展做出新的、更大的贡献。与会代表按照民主集中制原则，在反复协商、充分酝酿的基础上，选举产生了29人组成的民进长春市第十届委员会；选举产生了出席民进吉林省委第六次代表大会代表33人。在随后召开的十届一次全体委员会议上，选举产生了十届委员会常委、主任委员、副主任委员。主任委员：薛康；副主任委员：林宇、周国韬、窦森、董玉琦、禹平（女）；任命黄金和为秘书长。新一届领导班子成员平均年龄46岁，比上届下降了7.33岁，是一个年轻、和谐、富有朝气的领导集体。其中有博士生导师3人，实现了领导干部队伍的年轻化、知识化。在29日的闭幕式上，全体代表一致通过了大会决议，并宣读了给老同志的致敬信。

积极参政议政。2006年长春民进积极贯彻和落实中共中央“5号文件”精神和《民进中央关于加强参政议政能力建设的意见》，认真履行职能，曾多次应邀出席中共长春市委、市人大常委会、市政府、市政协以及市委统战部主持召开的各种协商会、议政会、座谈会和通报会，就长春市经济与社会发展的大政方针和重要人事安排等，坦诚进言，积极献计献策。长春民进积极探索参政议政的新途径、新方法，不断建立健全参政议政的工作网络，较好地发挥了骨干会员的作用。坚持开展“每人一案”和“议政月”活动，不断号召广大会员，就社会上的热点、难点和人们普遍关心的问题提出意见和建议。为调动广大会员参政议政的积极性，长春民进多次开展了征集意见和建议活动，长春民进每年都选定4～5个调研课题，深入实际进行调查和研究。2006年长春民进确定了《关于长春市职业技术教育的调研报告》、《关于我市广场文化的调研报告》、《关于发展我市民族民俗历史文化市场的调研报告》、《关于提高我市科技创新能力的调研报告》等4个调研题目，并顺利完成，其中，《关于长春市职业技术教育的调研报告》，被中共长春市委统战部编入“2006年长春市民主党派专题议政材料汇编”。年初，长春民进在市政协大会上以《加快基础教育信息化步伐，促进长春市和谐社会建设》为题，做了大会发言。同时提交了5份团体提案，均受到了政府及其有关主要部门重视。其中《关于加快我市基础教育信息化步伐的建议》被市政协评为2006年度优秀提案。长春民进为加强参政议政能力建设，与市政协联合主办了两个专题座谈会，取得了良好的社会效应。一个是3月23日召开的"以'八荣八耻'为标杆，树立社会主义荣辱观"的专题座谈会。另一个是在市政协开展的民主评议"文明长春"活动中，于8月2日召开了"公园广场文明建设"的专题座谈会，长春民进深入实际"关于我市广场文化"的调研，作了主题发言。长春民进还在长春电视台承办了"从你我做起，共建美丽家园"和"政协委员话提案"等2期反映社情民意的《政协论坛》节目，社会反响很好。市委会认真总结参政议政的经验，将自1991年市政协七届四次会议至2006年市政协十届四次会议期间的长春民进在市政协大会上的发言、党派提案和长春市民主党派专题议政会的发言汇集成册，并请全国文联副主席、省民进主委段成桂题写书名，会中央副主席王立平、市政协主席张绪明题词，编辑出版了《议政集萃》一书。11月，民进中央副主席王立平同志在吉林省调研时，听取了长春民进《认真履行职能，切实加强参政议政能力建设》的汇报，对长春民进加强参政议政能力建设给予了充分肯定。

加强自身建设。一是搞好基层组织换届工作。长春民进继2005年部分基层组织换届后，于2006年上半年，对15个基层组织进行了换届，个别支部进行了调整。通过搞好基层组织的换届工作，使一批有参政议政能力、富有朝气的中青年骨干会员担任了各总支、支部负责人，不仅增强了基层组织的活力，也为市委会换届打下良好基础。在抓好基层组织换届的同时，长春民进加强了与各基层组织所在中共党组织的联系，通过与他们的沟通和商榷，得到了他们大力支持，为基层组织开展工作提供了良好的外部环境。二是认真做好组织发展工作。各基层组织解放思想，围绕主体多层次发展，注重发展主体外的其他界别；注重吸收政治素质好、层次高、有代表性、参政议政能力较强且热爱民进组织的人员入会。2006年长春民进发展会员26人，其中具有中高级职称者21人，占81%，女会员16人，平均年龄36岁。三是对骨干会员进行培训。为提高基层组织的整体素质和工作水平，长春民进于2006年暑期在辉南举办了骨干会员培训班。30多名基层组织骨干会员参加了这次培训。培训班围绕如何加强基层组织自身建设和提高参政议政能力为主题，由市委会组织处和宣传处的负责同志进行辅导，会员们的思想政治素质和参政议政能力有了很大提高。四是加快后备干部队伍建设步伐。2006年，建立健全了后备干部档案，加强了选拔和培养工作。换届后的市委会和各总支支部的领导班子，都不同程度地充实了一些优秀的后备干部。

社会服务工作。2006年，市民进积极发挥界别的优势，开展了一些社会服务活动，收到了较好的社会效果。开展捐资助教活动。一年来，经市委会组织协调，民进朝阳区总支于9月6日赴受水灾较重的朝阳区乐山镇，为该镇的红胜小学捐助了近万元的学生服装100多套。朝阳总支还提供了近万元的学生服装110套，由双阳区总支组织实施，于9月13日捐赠给了双阳区比较贫困的尚法小学和佟家中心小学的学生。开展送医送药奉献爱心活动。吉林大学二院支部、长春市延安医院等医疗单位和医务工作人员，为农民和农民工兄弟义诊500多人次。吉大二院支部还积极协调，在该院为九台市卡伦镇中心医院的全体医护人员免费进行培训，强化了乡镇卫生院的功能。长春市延安医院院长、会员葛艳华不但送医送药，而且还先后给300多名在长务工的农民兄弟免费进行了体检。教师节期间，市委会专门举办了健康教育报告会，为教育界的老会员30余人免费进行了体检。开展迎接亚冬会活动。10月19日，与团市委、亚冬会组委会志愿者工作部、市教育局、中共绿园区委、绿园区政府等有关单位，在绿园区安阳小学举办了"红领巾喜迎亚冬会倒计时100天"的主题队日活动。认真搞好招商引资工作。积极参加市委统战部开展的"服务振兴长春，加强经济统战，推动招商引资"活动，利用省市举办大型展会和重大活动的契机，积极介绍海内外的企业家和客商到长春投资创业。截至2006年底，市委会共引进内外资合计为4 200万元人民币。

（李　峰）

【中国农工民主党长春市委员会】

中国农工民主党长春市委员会(以下简称市农工党)现有基层委员会1个、总支部委员会3个,支部委员会16个。党员574人,其中,具有高级职称的312名,占党员总数的54.4%;具有中级职称的228名,占党员总数的40%,平均年龄46.8岁。担任各级人大代表和政协委员的有52人。

积极履行参政党职能。2006年,市农工党围绕市“十一五”规划起步和振兴老工业基地等全局性的问题展开调研议政活动。在精心选题、深入调研、促进成果转化方面做了大量工作。两会期间,市农工党共向大会提交团体提案4份,代表、委员个人议案、提案、建议30余份。其中,《关于加快数字农业进程,以信息化带动农业现代化》作为市政协十届四次会议的大会发言,得到了市政协领导的肯定。市农工党委员的个人提案《关于加强对长春市2007年亚冬会会徽、吉祥物宣传的建议》,得到市政协和亚冬会筹委会的高度重视,并得到会中办理,此提案为办好亚冬会起到了积极的推动作用。为进一步做好提案工作,市农工党对本届委员会提案工作的做法和经验进行了系统地总结和梳理,形成了《认真履行参政议政职能,切实作好政协提案工作》的经验材料,被市政协指定为十届十六次常委会的大会发言,受到中共长春市委、市政府、市政协及有关部门的好评。市农工党还结合农工党吉林省委开展的“为建设社会主义新农村做贡献”活动,针对农民“看病难、看病贵”问题,深入到九台市、双阳区3个乡、9个村开展调研,形成的《关于农民看病难、看病贵的调查》得到农工党吉林省委领导的好评。2006年,市农工党积极畅通信息渠道,加强社情民意反映工作。采取激励机制,积极鼓励基层组织和全体党员及时准确地反映人民群众关心的社会热点、难点和焦点问题。全年向农工党吉林省委、市政协、协商新报、长春统战报送信息47条。

2006年,市农工党主委积极参加中共长春市委、市人大常委会、市政协和市委统战部召开的专题议政会、情况通报会、征求意见会、民主协商会及季谈会等视察、调研活动,就重要人事事项及经济、社会发展等问题发表意见和建议,进行协商讨论。另外,市农工党充分发挥民主评议在民主监督工作中的重要作用,在市政协举行的文明长春建设活动中,与市政协联合举办了“市容环境卫生评议会”,围绕创建文明卫生城,加大市容综合整治,建设优美市容环境等问题,农工党党员专家提出了具体的对策和建议。《长春日报》、长春信息港等媒体对此次民主评议会进行了专门报道。

市农工党的换届。农工民主党长春市第六次代表大会于2006年11月24日在长春宾馆隆重召开。大会认真总结了中国农工民主党长春市第五届委员会的工作,审议并通过了中国农工民主党长春市第五届委员会工作报告。与会代表在充分酝酿、民主协商的基础上,选举产生了中国农工民主党长春市第六届委员会及出席中国农工民主党吉林省第五次代表大会长春市代表。

宣传工作。市农工党以《长春农工》为党内学习宣传阵地。通过增设专题栏目,提高刊物的信息量和可读性,使其更加贴近党员,更加贴近党派工作。同时,市农工党还积极做好社会宣传工作,在《前进论坛》、《协商新报》、《长春日报》、《议政》、《长春统战》等省、市级刊物上发表言论、活动消息、通讯报道等14篇,对提高市农工党的社会

农工民主党宣传工作暨党刊工作会议

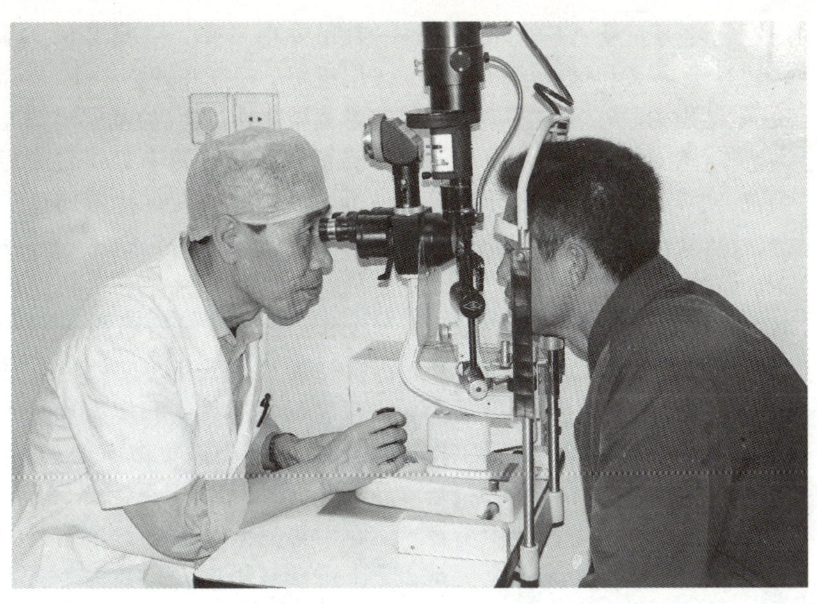

市农工党组织专家到农村义诊

知名度和影响力,起到了积极的促进工作作用

组织建设。2006 年是市农工党基层组织工作五年规划的最后一年。为了保证此项工作的顺利进行,市农工党通过强化指导、检查、总结等工作环节,把标准化管理进一步落到实处。3月份,市农工党举办了新党员培训班,使新党员对中国农工民主党的光荣历史和优良传统有了较为全面的了解和认识。10 月份,召开了市农工党基层组织换届大会,为市农工党第六次代表大会的召开提供了组织保障。"塑形评优"活动,常抓常新,取得了一定效果。在 2006 年农工省委召开的表彰大会上,吉林大学委员会等 4 个基层组织被评为优秀基层组织,李守春等 10 名同志被评为优秀党员。李其春同志被农工党中央评为优秀党务工作者。侯治富等 4 名同志被中共长春市委、市政府评为"优秀中国特色社会主义事业建设者"。在组织发展工作中,2006 年采取了需求式协商发展的新模式,实现了组织发展工作由被动发展到主动发展的根本性转变,尤其是在医药领域方面实现了新突破,保证了成员界别的完整性。全年共发展新党员 24 名。博士 4 名,占 16.7%;硕士 2 名,占 8.3%;高级职称 9 名,占 37.5%;中级职称 12 名,占 50%。

社会服务。市农工党结合社会主义荣辱观教育活动内容,将奉献爱心,帮扶弱势群体作为一项重要工作来抓,积极开展义诊、咨询、医疗讲座等社会服务活动。6 月 9 日,组织农工党吉大一院支部内、外、妇、儿、电诊等科室的 10 余位专家到榆树市五棵树镇为当地农民进行义诊,达 700 余人次,受到当地群众的热烈欢迎。12 月 11 日,在中国农工民主党中央"为全面建设小康社会做贡献"表彰大会上,市农工党获得农工民主党中央颁发的"为全面建设小康社会做贡献先进集体"荣誉称号。

(娄国斌)

【九三学社长春市委员会】 九三学社长春市委员会(以下简称市九三学社),截至 2006 年底,九三学社有基层组织 66 个;委员会 9 个,支社 51 个,小组 6 个,社员总数1 329人,其中,有中国科学院院士 1 人,博士生导师 29 人。具有高级职称的 885 人,占成员总数的 66.6%,平均年龄 52.8 岁。成员界别分布为:科技界 33.9%,高教界 35.1%,医药卫生界 26%,其他 5%。有各级人大代表 13 人,各级政协委员 78 人。有 12 人分别担任省政府参事、省委省政府专家咨询组成员、省市特邀监察员。机关现有专职干部 9 人。

参政议政工作。2006 年,市九三学社围绕中共长春市委、市政府的中心任务,组织参政议政骨干成员及社内的专家学者成立了 3 个专题调研组,承担了中共长春市委调研室的调研课题,围绕社会主义新农村的建设,深入实际在掌握大量第一手材料的基础上,提出了《关于农村剩余劳动力转移的建议》、《关于长春市农村环境、生态的建议》、《关于农村土地流转的建议》,为市委、市政府的科学决策提供了参考,较好地完成调研任务。市九三学社领导和成员中的各级人大代表、政协委员认真履行自己的职责,在高层次、小范围的民主协商会和人大、政协会议上 发挥作用,就经济社会发展中的热点问题提出意见和建议。加大调研力度,在市政协十届四次全会上,市九三学社在会上做了《长春市集聚式发展的建议》的大会发言,同时提交了《长春市信用体系建设的建议》的党派提案,均得到市委、市政府的肯定和采纳。在本次会议上，市九三学社在市政协十届二次会议上提交的《关于调整产业政策，大力扶持劳动密集型产业的建议》被市政协评为优秀提案并受到奖励。市九三学社成员中的各级人大代表、政协委员充分发挥作用，开展调研，提交个人或小组提案、议案，反映社会群众的意见和呼声。2006年市九三学社还安排和组织了多名参政议政骨干成员参加九三学社吉林省委关于医改专项议政调研任务。2006年9月，在北京人民大会堂召开的各民主党派、工商联、无党派人士为全面建设小康作贡献表彰大会上，九三学社长春市委以突出的参政议政和社会服务工作，作为九三学社15个先进地方组织之一被大会授予“先进集体”荣誉称号。

思想建设。2006年，市九三学社继续贯彻落实《九三学社长春市委关于加强思想建设工作的意见》，各基层组织按照社市委的要求，积极开展各项活动。在全社开展了深入持久的学习王选同志先进事迹的活动。在全社开展向谭竹青同志学习活动。组织基层负责人和骨干成员参加谭竹青同志事迹报告团报告会。在全社开展以“八荣八耻”为主要内容的社会主义荣辱观教育。社市委领导参加社省委召开的中心理论组学习，座谈学习体会。社离退休委员会召开座谈会，学习胡锦涛同志关于社会主义荣辱观的讲话。在成员中开展征文活动，社员征文被社中央刊物采用。社市委下发了《关于学习〈中共中央关于加强人民政协工作的意见〉的通知》。基层组织在社务活动中组织专题学习。号召广大成员为构建社会主义和谐社会建言献策，献计出力。在社内开展思想调研工作，对在职成员展开问卷调查，对离退休成员召开座谈会，社省委李慧珍主席出席座谈会。向社省委上报《九三学社长春市委思想调研报告》，为今后有针对性开展思想建设工作奠定了基础。向社中央上报题为《深入调研是提高思想建设工作质量的根本途径》的经验材料，九三学社长春市委被社中央评为“2006年度思想调研先进单位”。经验交流材料《健全机制，履行职能，做好参政议政工作》被九三学社中央社讯刊发，在全国扩大了社市委的影响。多篇消息被社省委刊物采用。

组织建设。2006年市九三学社继续贯彻《九三学社中央关于加强组织建设的若干规定》，积极稳妥地加强基层组织建设，在组织发展工作中认真贯彻社中央提出的实施人才强社战略，考核发展了新社员53名。增补张红星为社市委常委，张仁舜为社市委副主委。完成了6个基层组织的换届和调整工作，新建了宽城区委员会，为基层组织充实了年富力强的中青年骨干力量。根据社中央对社员信息进行微机化管理的要求，对全体社员进行了信息采集和微机录入工作。完成了公务员登记和干部档案整理工作。向社省委推荐表彰先进集体和优秀社员人选，共推荐先进集体5个，优秀社务干部5名，优秀社员66名。在中共长春市委、市政府召开的全市优秀中国特色社会主义事业建设者表彰大会上，本社有7名成员受到表彰。

招商引资工作。2006年社市委招商引资工作取得较大突破，机关发动了广大社员的积极性和优势，动员了方方面面的力量，共完成招商引资金额达到6 000万元，超额1 000万元完成市统战部下达的招商指标。社市委配合社省委开展社会服务工作，送科技到社区，送医药到乡村，送技术到田间，为构建和谐社会贡献自己的力量。2006

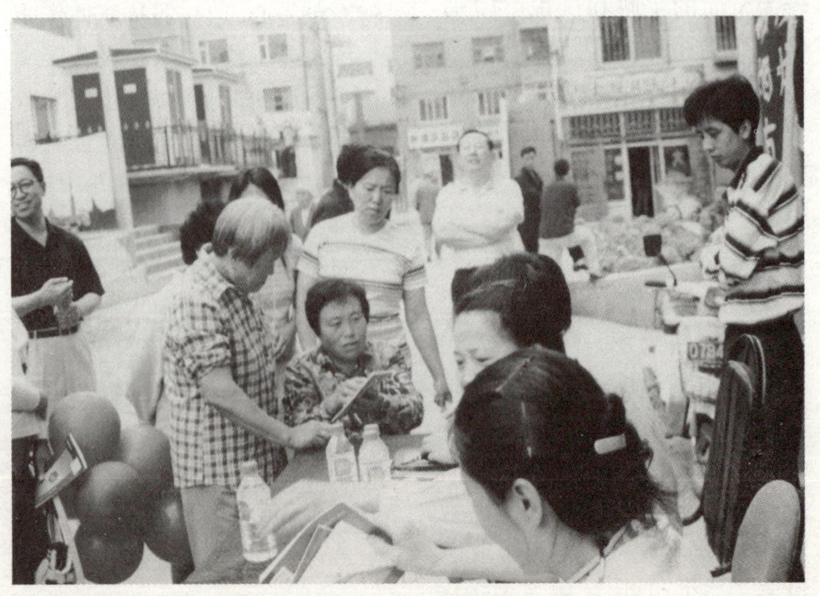

市九三学社深入社区开展科学普及活动

市九三学社领导到农村扶贫调研

年,九三学社长春市委荣获社中央“第十七届国际科学与和平周特别贡献奖”和社中央“社会服务先进集体”。

九三学社长春市第十二次代表大会。2006年12月26日~27日在长春隆重召开。来自全市66个基层组织的115名代表出席了大会。会上,市人大常委会副主任、九三学社长春市第十一届委员会主任委员马驷良代表九三学社长春市第十一届委员会作了题为《认真履行参政党职能,为长春经济社会快速发展做贡献》的工作报告,报告回顾了五年来九三学社长春市委员会在参政议政、献计献策、自身建设、社会服务等方面取得的成绩。五年来,九三学社长春市委员会通过建立健全参政议政工作机制,紧密围绕中共长春市委、市政府的中心工作,带领全市九三学社社员认真履行参政党职能,为 市的经济建设、政治建设、文化建设和社会建设作出了重要贡献。先后提出的《关于开发亚泰大街功能,建立现代商务大街的建议》、《关于加快长春信息化发展的建议》、《关于树立城市经营理念,加快我市城市建设步伐的建议》、《关于长春市民营经济发展的几点思考与建议》等提案,连续4年被评为市政协优秀提案。九三学社长春市委员会还充分发挥科技人才优势,开展科技兴农、医疗服务和招商引资工作,取得了良好的社会效应。会议选举产生了九三学社长春市第十二届委员会及出席九三学社吉林省第六次代表大会代表。会议提出,要进一步组织广大社员发挥智力优势,为提高中国科技自主创新能力多作贡献;在做好具体科技项目咨询服务的同时,发挥九三学社专家在区域规划,科学决策等方面的作用,提出更多更好的建议,为长春市经济社会的可持续发展和全面建设小康社会作出新的贡献。

(黄晓音)

人民团体

人 民 团 体

长春市总工会

【概况】 长春市总工会(以下简称市总工会)下设12个部室和5个产业工会及1个事业发展中心,现有在职工会干部97名,工勤人员7名。截至2006年底,全市共有基层工会委员会6 773个,专职工会干部3 102人,工会会员122.8万人。2006年,全市各级工会认真学习贯彻中央和省、市委关于工人阶级和工会工作的一系列重要指示精神,以科学发展观为统领,全面落实“组织起来、切实维权”的工作方针,紧紧围绕全市中心工作,坚持以理论创新推动工会工作创新,各项工作稳步推进,一些重点工作取得了突破性进展,全会上下呈现出蓬勃发展的良好态势。

【服务全市发展振兴大局】 2006年,全市各级工会组织认真贯彻落实《长春市总工会关于团结动员百万职工为实现我市“十一五”规划建功立业的决议》,广泛开展了李骏式自主创新团队创建活动,职工群众经济技术创新活动更加活跃,6家企业班组获得省创新示范岗称号,15名职工获得省创新能手称号,市总工会被省总工会评为职工经济技术创新活动优秀组织单位。隆重召开了省暨长春市庆“五一”大会,推荐、选树和表彰了156名(个)全国、省、市“五一”劳动奖章、奖状获得者,加大了对普通劳动者和劳模等先进人物的宣传力度,激发广大职工群众的劳动热情。不断推进“创学习型组织,做知识型、技能型职工”活动。成功召开了全市“创做”活动总结表彰大会,选树、表彰了一批学习型组织标兵单位、知识型职工标兵个人。一汽集团公司、长春轨道客车股份有限公司分别荣获全国“创做”活动标兵单位和先进单位称号。努力推动职工素质建设工程向高层次、多领域拓展。市总工会立项实施了高技能人才传艺项目,在全市不同行业举办了5个工种9场高技能人才传艺现场会,建立了5个职工技能培训基地,直接培训一线职工1 700名。市总工会被市人才工作领导小组评为先进单位。市总工会与市教育局继续在城区名校深入开展“名校义培”活动。10所名校共完成260名农村中小学骨干教师的免费系统培训。独立或配合有关部门举办了全市女职工岗位技能大赛、建筑工技能大赛、汽车修理工技能大赛和民营医院护理技能竞赛。会同市委宣传部等单位开展了职工职业道德建设“双十佳”以及“医德标兵”、“师德标兵”等行业性职业道德标兵评选表彰活动。在全市职工中开展了向谭竹青、周振华学习活动。

【工会维权机制建设】 进一步加大源头参与和协调劳动关系力度。积极争取市人大常委会和市政协主要领导对《工会法》贯彻落实情况和工会工作进行视察调研。市总工会关于适当增加人大代表和政协委员中一线职工比例和确保在换届中县(市)、区工会常务副主席在同级人大常委中的席位等建议得到了支持和采纳。市总工会代市政府起草了《长春市人民政府关于解决农民工问题的实施方案》,出台了《长春市总工会关于加强维权机制建设的实施意见》。继续坚持工会与政府联席会议制度和劳动关系三方协调制度,成功召开了市政府和市总工会第三次联席会议、市劳动关系三方委员会协调会议。与市劳动和社会保障局、经委、企业家联合会等单位就尽快建立健全县以下劳动关系三方协调组织机构进行了部署,提出了要求。配合市人大内司委完成了对长春市民营企业推行平等协商、集体合同情况的专项调研。与市劳动和社会保障局联合召开了长春市推进劳动合同、集体合同两年行动计划启动会和现场经验交流会,有力地推动了集体合同工作。全市集体合同签订率比2005年提高了4.9个百分点。召开了全市推行女职工特殊权益专项集体合同现场经验交流会,绿园区总工会推行女职工专项集体合同的经验在全总有关会议上作了介绍。继续做好参与国企改制工作。全年重点参与了对253家改制企业的验收工作，接待并指导了40多家企业、5 000多名职工关于企业改制中职代会问题的来访。协助政府有关部门妥善处理了长拖集团退休职工群体上访等突发事件，有效发挥了工会组织在维护职工和社会稳定方面的积极作用。积极推进职工（代表）大会和厂务公开工作。出台了《关于在长春市非公有制企业实行职工（代表）大会制度的若干意见》，召开了省暨长春市职工（代表）大会制度研讨会。继续开展民主管理“五最佳”评选表彰活动，一批“五最佳”集体和个人受到省总工会表彰。厂务公开工作得到加强。长春市厂务公开领导小组及长春3504工厂等3家企业被推荐为全国厂务公开工作先进单位。切实发挥工会在全市安全生产中的群防群治、群众监督作用。继续推进“安康杯”竞赛活动。成功召开了全市“安康杯”竞赛活动总结表彰大会；“安康杯”竞赛参赛企业已达796户，覆盖职工31万人；市总工会连续5年被全总和国家安监总局授予“安康杯”竞赛活动优秀组织单位。全市工会劳动保护监督检查三级组织网络逐步健全，工会组织主动监督、超前防治和整体维护的能力进一步增强。在绿园区试点并推广了“工会主动参与改善中小企业劳动安全卫生状况工作方法”。市总工会全年共参与职工伤亡事故调查处理51起，伤亡职工抚恤赔付全部到位，累计金额906万元。

【工会帮扶工作】 认真组织“两节”期间的送温暖活动。2006年的“两节”期间全市党政领导干部、各级工会组织共组成慰问团组1 700个，深入困难企业1 100户，慰问劳动模范及离退休职工、困难职工总计64 700余人；慰问农民工1 200余人；筹集安排劳模慰问扶助资金154.2万元，为258名困难劳模办理了市民住院医疗保险。切实做好工会再就业服务工作。通过选树再就业典型、表彰下岗职工自主创业女能手、创业带头人、开发“4050”早餐工程、异地安置困难职工子女就业等一系列举措促进就业再就业工作。全年，全市各级工会创造城镇就业岗位7 200个；安置城镇新就业2 385人；安置下岗失业人员3 900人；技能培训和创业培训2 100多人，超额完成了市政府下达的再就业各项指标。充分发挥帮扶中心的职能作用。2006年，市总工会困难职工帮扶中心共为困难职工提供职业介绍、技能培训、特困救助、信访接待、法律援助和农民工维权等各项服务3.5万人次；救助困难职工和农民工2 100多人次，发放救助款物110多万元；无偿为困难职工和农民工提供法律援助210件次，争取经济权益50万元；帮助追讨农民工工资4万多元，协调落实工伤待遇10万余元。市总工会帮扶中心荣获全国工会模范帮扶中心称号，《工人日报》在头版全面报道了市总工会帮扶中心的事迹。努力做好维护农民工合法权益工作。市总工会筹集投入44万元资金和设备，成立了全省首家农民工业余学校，对农民工思想道德、安全生产和职业技能方面的培训逐步展开。设立了农民工维权中心，先后组织开展了“情系农民工、走进新星宇”、“保障农民工平安度夏”、“为女农民工送健康”和“百名农民工子女免费游净月”等帮扶慰问活动。加强了职工互助互济保障工作。2006年，共为506名遭受意外伤害和患病职工理赔77.7万元，职工获得保障受益1 419万元。大力开展“金秋助学”活动，不断加大对困难职工和农民工子女就学的帮扶力度。2006年，全市各级工会共筹集助学资金180.8万元，资助2 876名困难职工及农民工子女就学。

【工会组建工作】 2006年，市总工会先后出台了《关于吸收农民工加入工会组织的指导意见》、《关于加快我市建筑企业组建工会步伐及吸收农民工入会的意见》和《关于加快推进民营医院工会组建工作的意见》，建会工作力度不断加大，并取得了丰硕成果。1. 皓月集团农民工集体入会在全国产生反响。市总工会在皓月集团举办农民工集体入会仪式，2 000多名农民工集体加入工会组织。中共中央政治局委员、全国人大常委会副委员长、中华全国总工会主席王兆国，省委常委、市委书记王儒林，省总工会主席包秦和市委副书记李树国同志对此高度重视，先后作出重要批示。按照上级领导的指示要求，市总工会认真总结了皓月集团农民工队伍建设和农民工权益维护方面的经验。在全国工会维护农民工合法权益工作经验交流会上，皓月集团工会作为全国唯一的企业工会代表作了典型发言,其做法和经验得到了全总领导的充分肯定和与会人员的一致好评。2. 沃尔玛长春店工会组建工作和大型商业零售企业信息员(厂方销售员)入会工作取得突破。经过艰苦努力,沃尔玛前进广场分店、重庆路分店、银座分店三家工会于2006年8月底同时成立。全总为此专门发来贺信,《工人日报》等新闻媒体给予报道。指导欧亚集团工会开展试点,吸收了信息员(厂方销售员)加入工会组织,为大型商业零售企业工会组织扩大覆盖面探索出一条新途径。3. 非公企业工会主席职业化、社会化选聘以及党工共建工作有了新进展。认真总结并推广了朝阳区总工会公开招聘非公企业工会联合会主席、积极开展"党工共建"的经验,《人民日报》、中央电视台和《工人日报》给予报道。省委副书记林炎志同志对此作出批示,予以肯定;全总有关部门人员专程来长调研并充分肯定了朝阳区的经验;省总工会在全省推广了朝阳区的做法。通过全会上下的共同努力,2006年长春市新建工会组织754家,新发展工会会员13.6万人,超额完成了省总工会下达的目标任务,跻身全省组建工会和会员发展工作前列。

【机关自身建设】 市总工会机关深入开展了"学习《党章》"、"学习《江泽民文选》"、"树立社会主义荣辱观"、"学习中国特色社会主义工会维权观"、"争做谭竹青式好公仆"、"创建星级党支部"、举办工会干部论坛等系列活动,先进性教育成果得到巩固,机关作风建设得到加强,机关干部政治素质和业务能力有了进一步提高。2006年,市总工会党支部被市委命名为先进基层党组织。在市直机关2006年目标责任制考核中,市总工会被评为先进单位,连续6年获此殊荣。此外,工会的财务、经审、外事交流和女职工工作都取得了新的成效,市总工会获全总、省总工会财务工作先进单位,被全总和省总分别授予工会女职工工作先进集体和标兵单位,被省审计厅授予内部审计先进单位。在市总工会机关1号楼建成后,市总工会又对工人文化宫、职工大学、原市总工会办公楼进行了接层改造,增加了7 033平方米。

(杜宝同)

长春市妇女联合会

【概况】 长春市妇女联合会(以下简称市妇联)机关现设办公室、组织部、宣传部、城市部、农村部、维权部、儿童部、党总支、妇儿工委办公室等9个职能部门。截止到2006年底,全市共有基层妇联组织3 062个,专、兼职妇联干部3 639名。2006年,全市各级妇联组织坚持以邓小平理论和"三个代表"重要思想为指导,以全面落实科学发展观为统领,深入学习贯彻党的十六届五中、六中全会精神,按照市委的各项重大决策和部署,正确把握新形势下群众工作的特点和规律,在服务中履行职能,在创新中促进发展,在活动中突显特色,引领广大妇女在实施"十一五"规划、构建社会主义和谐社会中建功立业,各项工作取得了新成绩,为长春市经济和社会发展做出了积极贡献。

【新农村建设展示新亮点】 紧紧围绕新农村建设的总体目标和全市农村工作重点,在深化"双学双比"活动,打造"乡土妇女人才"品牌,为农村妇女增收致富提供切实服务的同时,创新活动载体,以"五到农家"活动为内容,在全市农村妇女中开展了"共建新家园"活动。走访调研了36个新农村建设试点村,首批确定了10个妇联系统新农村建设示范村和26个试点村,不断深化"科技致富"、"美在农家"创建活动,切实发挥农村妇女在新农村建设中的主力军作用。开展"新型女农民暨实用人才培训班"巡回培训和"阳光工程"培训,培训乡土妇女人才3 346名,培育新家园女能手1 000名、新家园示范家庭100户、新家园巾帼示范村10个,培训各类农村妇女50万人次,《中国妇女报》、《吉林日报》分别给予报道;深入实施"牧业兴家"项目,全年新增规模饲养户5 056户,每户规模饲养户增收5 000元,规模大户发展为522户;组织城乡农业科技人员、乡土妇女人才为农村妇女送技术、送项目、送服务,引导城乡妇女共享资源、促进发展;加强与农村信用社的合作,开展"小额信贷促增收"活动,全年下发扶持资金24万元,为农村妇女提供信用贷款近亿元;全力做好劳动力转移输出工作,完善服务网络,全年输出农村妇女劳动力1.2万人(次),实现农村妇女劳动力转移有技能、流动有服务、维权有渠道的工作目标。长春市"双学双比"活动，被全国"双赛"领导小组评为先进协调组织。

【妇女创业就业成效显著】 按照市委、市政府提出的"全民创业促就业"的要求，全市妇联组织主动承接政府职能，全面实施"巾帼创业行动计划"，多渠道开发创业就业岗位，扶持百家创业诚信店、培树千名创业女明星、培训万名就业致富女能手，超额完成了市政府下达的培训任务。发展壮大"春城四嫂"队伍，培训家政服务员1 441名；举办育婴培训班，培训90名育婴师，填补了长春市家政市场的空白，使"巾帼家政"成为长春市妇女就业创业的主渠道；继续扩大"巾帼创业小额借款"资金规模，全年借出项目资金59万元，直接扶持63名下岗失业妇女创业，带动190人就业；建立社区妇女自主创业基地，组织2 000名社区下岗女工参加"春风送岗位"招聘活动，帮扶和带动下岗失业妇女实现创业和再就业；全面深化"巾帼建功"活动，不断拓宽"巾帼建功"活动的参与面和影响力，切实发挥"巾帼文明岗"的示范作用，引领广大女职工立足本职，自主创新、岗位建功、岗位成才，在长春振兴发展中建功立业。"三八"节期间，市妇联协调市委宣传部等单位联合评选表彰了长春市第五届"巾帼十杰"彰显了长春女性的时代风采。长春市妇联再就业工作被省政府评为先进单位。

【依法维权工作力度加大】 以全面落实妇联系统"法制宣传年"，推进"维权行动计划"为重点，使妇女儿童维权工作取得新突破。强化源头维权、实事化维权，配合人大、政府、政协及相关部门对涉及妇女儿童权益的法律、法规、政策的执行情况进行监督检查，建立长春市"家暴"验伤中心，组织巾帼司法顾问团成员与30户企业牵缘，无偿地为企业发展壮大提供法律帮助；强化普法宣传，深入开展"妇女维权周"活动，通过举办《妇女权益保障法》知识竞赛，组织送法下乡、送法进社区，提高妇女法的社会知晓率；强化信访工作，制定下发了《长春市妇联系统信访工作暂行规定》，全年接待群众来信来访910件，处理了5起典型案件；开展"平安家庭"创建活动，实施"一对一"援助贫困母亲行动，组织社会各界为贫困妇女捐款、捐物合计37万元，为2 000名下岗贫困妇女进行妇科病普查普治，在全社会营造了关心帮助特困母亲的良好氛围。市妇联被全国维权协调组授予"维权贡献奖"。

【妇女儿童发展规划扎实推进】

充分发挥妇儿工委办公室的职能作用，协调有关部门积极参与修订"十一五"妇女儿童发展规划，反映了长春市妇女儿童的利益需求和发展需求，充分体现了长春市妇女儿童事业的时代特征和长春特色；进一步完善监测评估体系，全面实施长春市妇女儿童发展规划目标责任机制、责任签约机制、工作述职机制和专家评估机制，召开了第三次全市妇女儿童工作会议，圆满完成了长春市妇女儿童发展规划中期监测评估任务。国务院、省妇儿工委"两纲"督导组对长春市"两个规划"的实施情况和妇女儿童阵地建设进行了全面督导，给予高度评价。

【"三零示范社区"创建叫响春城】 根据妇女群众的利益需求，长春市妇联创新社区妇女工作载体，以"凝聚妇女、带动家庭、联动社会"为目标，在全市开展了"零下岗失业妇女社区"、"零家庭暴力社区"、"未成年人零犯罪社区"创建活动。市委办公厅以文件形式转发了市妇联《关于开展创建"三零示范社区"工作意见》，各级党委和政府高度重视和支持，各基层妇联积极开展工作，建立社区再就业服务网络、全面干预家庭暴力现象、对社区劣迹、违法犯罪未成年人实施"一帮一"帮教，使"三零"创建活动取得显著成效。目前，全市351个社区有44个社区实现了综合创建指标，有185个社区实现了单项创建指标，在"和谐长春"、"平安长春"创建中切实发挥了妇联组织的职能作用。

【妇女宣传思想工作凸显特色】

充分发挥妇联组织宣传教育的职能优势，积极开展社会主义荣辱观学习宣传实践活动，通过举办妇女儿童论坛、座谈会、征文、大型文艺晚会和宣传咨询，使社会主义荣辱观宣传教育进社区、进乡村、进家庭，做到家喻户晓；以"家庭和谐、促社会和谐"为主题，深入开展"和谐家庭"创建活动，承办了吉林省暨长春市第三届家庭文化艺术节，受到省、市领导及相关部门的高度评价；大力宣传男女平等基本国策，充分发挥各大媒体的宣传优势，开辟“男女平等”基本国策专题、专栏，加大公益宣传力度，提高公众的覆盖面和知晓率；继续在网络学校开设“妇女专题”，市委党校主体班次将马克思主义妇女观、男女平等等基本国策纳入教学内容，积极营造有利于妇女发展的良好社会氛围。

【家庭教育工作健康发展】　认真落实中央8号文件精神，以未成年人思想道德教育为核心，以“争做合格父母，培育合格人才”活动为载体，切实履行牵头未成年人家庭教育工作职责。为深入了解长春市“问题家庭”和“问题孩子”现状，市妇联成立了专题调研组，历时1个月，在301个社区开展了地毯式入户调查，完成了万余字的调查报告，提出了解决问题的建议，市主要领导分别做了重要批示，对此项工作给予高度评价；积极协调市教育局，与晨光学校联合举办了“问题孩子”技能培训班，首批送入了20名孩子，从措施上解决了“问题孩子”的就学问题，为妇联组织开展家庭教育工作拓展了新领域；充分发挥各类家长学校和家教指导中心的功能，以办讲座、听报告、培训表彰等形式，努力提高长春市家庭教育整体水平。

【阵地建设得到强化】　充分发挥长春市妇女儿童活动中心的阵地作用，积极协调有关部门，投入70万元，对长春市“星星泉”未成年人安全自护教育基地进行改造和扩建，打造了“生命更有保障、行为更加规范、品德更加高尚、人格更加健全”的教育理念。迎接了全国妇联书记处书记张世平的视察，被确定为全国妇联生命教育基地。市委、市政府高度重视妇女儿童活动阵地建设，将活动中心纳入市财政专项拨款单位，实现了历史性的突破，为长春市妇女儿童事业发展创造了良好环境。

【“代理妈妈”活动不断深化】
创新活动载体，丰富活动内容、规范“代理妈妈”程序，将活动纳入了市直机关目标责任制考评中，使“代理妈妈”活动成为长春市精神文明建设的重要载体。结合“百万妇女爱心行动”，举办“关爱儿童感恩母亲”实践教育活动，组织社会各界人士牵缘代理贫困孩子，壮大了“代理妈妈”志愿者队伍，全年新代理特困孩子500名；充分发挥妇联网站的作用，建立了“代理妈妈”活动网页，实现了代理双方管理的公开化、制度化、网络化。组织开展了千名志愿者为孤残贫困儿童编织爱心毛衣的“恒爱行动”，共编织捐赠毛衣1 479件，展示了长春市女性高尚的社会责任感和奉献精神，营造了社会各界关心贫困儿童健康成长的良好氛围。

【妇女儿童论坛首办成功】　利用长春会展平台，承办首届中国长春国际妇女儿童用品博览会的同时，以“完美女性，魅力长春”和“关注生命教育，提高生命质量”为主题，成功举办了首届“长春女性论坛”和“星星泉”儿童生命及安全教育论坛。市委、市政府有关领导和全国妇联领导、上海、北京及省内的知名专家学者、全国22家妇女儿童活动中心负责人参加论坛。论坛分别就女性创业就业、女性阳光心态和职业女性形象塑造、儿童生命安全教育等问题进行了深入研讨。通过承办博览会和女性论坛，推广了“星星泉”安全自护教育体验基地的创办模式，有力指导了长春女性“创造新岗位、创造新业绩、创造新生活”的实践活动，实现了妇联组织整合政府资源，妇联工作与政府工作有效接轨的工作定位。

【妇联组织能力建设全面提升】
坚持“党建带妇建”，巩固和扩大先进性教育活动成果，在妇联组织和广大妇女群众中开展了向谭竹青学习活动；加强组织建设，以“三创建一提高”为载体，积极协调市委组织部、市民政局，先后出台了《长春市关于进一步加强党建带妇建工作的意见》、《关于加强社区妇女工作的意见》、《关于进一步加强农村基层妇女组织建设的意见》，夯实组织基础；创新组织机制，积极争取政府支持，为下岗失业的“4050”妇女争取了301个社区专职妇女干部公益岗位，为社区妇女工作的开展提供了有利条件；加强队伍建设，注重发挥妇联组织协管干部作用，主动协调各县（市）、区党委，切实解决妇联主席的选拔重用问题，全年调整县（市）、区妇联主席、副主席9人（次），进党委、人大常委和政协常委的比例分别为80%、80%、60%，实现了历史性的突破，有效促进了基层妇女工作的稳步发展。各县（市）区、开发区妇联围绕中心、服务大局，扎实有效地为妇女做实事、解决难事，妇女工作呈现新发展。各大专院校、机关、党派妇委会和妇联团体会员，从妇女需求出发，注重妇女理论研究，开展多种形式的维权和公益活动，为全市妇女工作的开展增添了活力。

（李　笠）

共青团长春市委员会

【概况】 2006年，长春市各级团组织紧密围绕全市工作大局，扎扎实实地推进团的各项事业，为全市经济社会发展做出了应有贡献。

【服务中心工作能力进一步增强】 围绕服务产业结构优化升级，大力开展青工人才培养工作，全年培训各类青工累计1.6万人次，涌现出省级青年岗位能手13人。团市委被评为“全国青工技能振兴计划优秀组织单位”、“长春市人才项目先进单位”。围绕服务社会主义新农村建设，深入实施“青春建功新农村”行动，扎实开展“村村有能人”青年农民培训工作。全年培训青年农民累计1.7万人次、转移就业4 000余人。团市委被评为“全国农村青年转移就业先进单位”。围绕服务民营经济发展，深入实施长春青年创业行动。全年培训创业青年累计4 600人次，帮助2 900人实现就业、创业。创业工作在全国、全省青年创业工作会上做典型交流，联合国青年创业领导小组主席瑞克·里特先生来长时，给予高度评价。围绕服务开放带动战略，先后接待了美国、墨西哥、韩国、日本等国家的青年来访团体，组织青年企业家赴日韩、港澳等地进行经贸交流，大力宣传推介长春的招商引资环境。

【亚冬会志愿服务工作圆满完成】 成功闭幕的亚冬盛会，全体志愿者全情投入、倾心服务，出色地完成了赛会的23个专项服务工作，赢得了各级领导和中外来宾的高度赞誉，被亚奥理事会总干事侯塞因先生称赞为“最棒的志愿服务”。筹备过程中，高效率地完成了7万名报名志愿者的五轮选拔工作，高质量地完成了2 000名亚冬会志愿者的培训和实战演练工作，为确保赛会志愿服务质量打下坚实基础。组织57支志愿服务队伍成功开展“万米书画墙共创基尼斯”、“志愿者暑期宣传全国行”等24项大型宣传活动，有效营造了喜迎亚冬会的城市氛围。志愿者服务工时总计60余万小时，为赛会节约开支300余万元。10个月的亚冬会志愿服务工作，促进了全民广泛参与，培养出大批志愿者骨干，有效推动了志愿服务事业的发展。团市委荣立省集体二等功，团市委副书记孙弘同志荣立省个人二等功。

【青少年思想教育工作扎实开展】 扎实开展社会主义荣辱观教育，在全市广泛开展千名新党员宣誓仪式、“感谢欣月”主题团日、谭竹青事迹学习、航天英雄杨利伟专题报告会等教育活动。以“感动中国青年创业榜样”图片展、创业青年事迹报告会为载体，广泛开展创业教育。切实加强18岁成人仪式教育，成功开展了第四届长春市成人节宣传庆祝活动。成功举办第七届“长春市十大杰出青年”、第三届“长春十大杰出青年农民”等评选表彰活动，培养了“全国十大杰出青年农民”程继彦等一大批先进典型。

【服务和谐长春建设水平进一步提高】 成功探索社会资源整合新途径，首次以项目化运作的方式，向社会集中推介26个公益项目，得到各界积极响应，全年筹措公益资金450万元，其中，东兴公司捐助200万元、阿满公司捐助100万元组成助学基金。充分发挥志愿服务的积极作用，围绕服务和谐社区建设和“国家卫生城”创建工作，以“参与志愿服务，共建和谐社会”为主题，广泛开展社区志愿服务和谐行动。全年参与人数累计16.4万人次，服务工时43万小时。成功举办首届长春市大学生社团文化节、社区青年文化节，丰富了青年业余文化生活。

【青少年成长环境进一步优化】 召开了全市未成年人保护工作会议，推动各县（市）、区成立相应组织机构。扎实开展“未成年人零犯罪社区”创建工作，推出了10个示范社区。制定完成《长春市预防青少年违法犯罪工作考核办法》，并已纳入市综治委年度考核和“平安长春”建设专项考核。启动12355青少年服务台建设，采用联建方式成立了长春市青少年青春期保健中心、青少年心理危机干预中心。重新确立青年宫的公益定位，新开设青年就业培训中心、维权中心等8个阵地。拓宽青少年救助面，对64名未成年妊娠少女、57名心脏病患儿实施医疗救助，发放助学资金80万元，资助了280名困难学生。

【团的自身建设进一步加强】 投入10万元经费，进行了历时半年的普查式调研，完成基层团建调研报告61篇、重点调研课题20个，基本摸清了各领域基层基础情况，为全面开展团的基层基础建设打下坚实基础。团市委获2006年度全省团的调研工作组织奖。实施农村团建基础工程，开展了团建结对帮扶、不计报酬村团书记直选等12项工作，有效推动了农村领域的团建工作。以提升能力为重点，开展了8期“青春大课堂”团干部培训班，培训团干部2 000余人次，切实提高了团干部队伍的工作水平。召开了市青联、市青企协换届大会，为组织发展注入新鲜力量。坚持“全团带队”，少先队工作蓬勃发展。

（王云飞）

长春市青年联合会

【概况】 截至2006年底，长春市青年联合会（以下简称市青联）共设4个专门工作委员会，17个界别组，委员469人，常委179人。

【坚持用科学理论团结教育青年】 1.加强教育引导，坚定社会主义信念。坚持用邓小平理论和“三个代表”重要思想指导青联工作，构筑青年强大的精神支柱，带领广大青年积极走在改革和发展的前列。通过组织座谈会、报告会、学习讨论等活动，引导委员和广大青年认清形势、坚定信念，把思想和行动统一到全市总体部署上来。新年伊始，组织部分委员分别参加了“小巷总理”——谭竹青先进事迹报告会。依托“长春新青年”网站，通过理论文章选登、网上学习讨论等形式，深入开展理论学习教育活动。青联换届会期间，开展了“我与祖国共奋进，我与长春共发展”长春各界青年谈“社会发展与青年责任”理论研讨活动，在青年中营造了良好的理论学习氛围，持续掀起了理论学习的新高潮。2.把握时代脉搏，激发爱国热情。针对重大社会热点问题开展生动形象的宣传教育活动。开展了“把理想放飞天际”——与载人航天英雄杨利伟座谈会，并组织全市广大青年听取了杨利伟事迹报告会。让广大青年共享改革开放和社会主义建设事业取得的伟大成就，极大地激发了广大青年的爱国热情，进一步巩固和树立了永远跟党走，为全面建设社会主义和谐社会建功立业的坚定信念。

【大力选拔和培养青年人才】 认真贯彻落实全国及全市人才工作会议精神，联合长春团市委、长春日报、长春晚报、长春人民广播电台、长春电视台等多家单位共同开展了第七届“长春十大杰出青年”评选表彰活动。本次活动旨在大力宣传、表彰长春市改革开放和社会主义现代化建设中取得突出成绩的优秀青年和青年群体，为全市青年成长成才提供示范和导向。推荐任海涛等4人参加吉林省十大杰出青年评选；推荐阿满食品有限公司董事长苏立满先生参加“感动中国的创业榜样”事迹报告会；组织各界青联代表参加“依文——感动中国的创业榜样”座谈会；与省委组织部共同开展“关注社会新阶层——关心青年科技人才”座谈会等活动，激励广大青年爱岗敬业、奋发有为，积极投身科技创新，勇于创业成才。

【积极投身长春经济社会建设实践】 1.开展“我为十一五献一策”活动。2006年是“十一五”开局之年，为深入贯彻落实党的十六届六中全会精神，市青联充分发挥“智囊团”、“小政协”的作用，于青联换届会期间，组织参会委员积极撰写提议，向市委、市政府建言献策，共收到涉及生态、交通、教育、委员服务等方面建议150余条。市青联分别组织民主党派、企业、政法、科技界别组开展座谈，为推进富民强市和加强青联工作的发展贡献才智。2.开展社会公益活动，扎实服务弱势青年群体。3月末，组织第十四届常委会委员参加了“长春市青少年社会公益项目推介会”，并于青联换届会期间，隆重表彰了多年来一直关心、支持长春市青少年各项社会公益事业的个人和集体。自新一届委员会换届以来，各界别青联委员开展的各类社会公益活动达20余项，在社会上树立了良好的组织形象。其中由丁宁常委提议的“一元钱工程”已初现成效，在十四届四次常委会上，各位常委共捐款1 400元，并在清明节期间倡导开展了“文明祭祀”——鲜花换冥币活动；由副秘书长姜道泽先生所在高丽王朝食品有限公司为农安县贫困中学生捐助了第一笔助学金；副秘书长李耀宇慷慨解囊，资助长春市万名少年儿童“万米长卷迎亚冬会活动”；科技界别组委员王安琢、唐平为德惠市布海镇生阳村长山小学捐赠电脑5台；苏成委员为长春市青年宫捐建“绿色网络教室”，捐赠电脑20台，桌椅20套，为农安县万金塔乡陈家屯小学电教室捐赠电脑20台，桌椅20套；委员阿满食品有限公司董事长苏立满先生出资设立大学生骄子助学金；副秘书长裴忠芸女士所在联通公司为“十杰”评选电视颁奖典礼资助采访、录制费用，同时制作换届期间通讯录；副秘书长李海庭先生资助长春青年社会公益事业新闻发布会活动；副秘书长林三豹为青联换届会提供了委员纪念礼品；企业界委员卢火旺所在的吉林省东兴建设开发有限责任公司计划在长设立助学基金等。这一系列社会公益活动的开展，使青联组织在社会上树立了良好的社会形象，也赢得了社会各界的赞扬和认同。

【加强与港澳地区和海外青年组织的交流合作】 1. 进一步巩固和发展同港澳地区青少年的友好交流。举办了第五届“北国冰雪同根情”港澳长青少年冬令营活动，并与长春市政协共同举办了长春市优秀中学生赴港澳考察交流活动。通过青少年的互访，不仅为三地青少年提供了开阔眼界的窗口，也充分展示了春城青少年的精神风貌。在加强港澳长青少年交往的同时，市青联还不断加强与港澳青年团体的友好往来。市青联继4月份接待澳门籍青联委员访问团后，于10月份组团参加了澳门青年联合会成立庆典仪式；并通过中华青年进步协会吸纳澳门籍亚冬会青年志愿者17人，使港澳长三地交流呈现出蓬勃发展的良好局面。2. 积极拓展海外青年组织的交流渠道。7月中旬，韩国蔚山青年会议所代表团来长进行了为期三天的参观考察活动，并与部分青联委员进行了座谈，共同研究探讨加强两地青年组织友好交往的方式和渠道。8月初，韩国蔚山广域市青少年代表团来长交流考察，并与长春市青少年开展交流联谊活动，进一步加深了中韩两国人民的认识和了解，促进了两国关系向纵深发展。8月中旬，日本仙台青年会议所来长访问。访问时值日本原首相小泉再次参拜靖国神社，参加活动的市青联委员以友好、真诚的态度使日本代表团消除了顾虑与误解，最终两国青年组织在“和平、友好、合作、发展”的原则下，在两国青年组织进一步友好交往、互助合作等问题上达成了共识。9月，市青联接待了由全国青联国际部王维仲陪同的巴西青年局友好访问团一行10人。一年来，市青联着力拓展对外联络和出访渠道，先后选派多名委员代表出访日本、韩国、欧洲，开阔了眼界，增长了见识，加强了与国外青年组织间的交流和联系，为长春市培养国际复合型人才做出了贡献。

【加强组织自身建设】 1. 组织机构不断完善。根据市青联工作发展要求，市青联于4月份召开了第十五届委员会第一次全体会议。大会开得隆重、热烈，全体委员群情振奋。大会通过了过去五年的工作报告，确立了未来几年青联组织发展方向，并选举产生了新一届领导机构，其中，副主席16人，副秘书长16人，常委61人，健全了领导班子。大会期间还表决通过了委员制度手册，进一步完善和规范了青联组织管理机构，为进一步推进青联工作提供了人才、组织和制度保障。2. 委员活动日趋活跃。2006年通过换届，市青联委员人数达到449人，壮大了青联委员队伍。市青联先后组织委员赴净月潭开展素质拓展训练，赴本溪开展野外生存训练活动，使委员们在活动中提升了个人的综合素质的同时，意识到了合作、团结的重要性。市青联还开展了首届长春青联球类运动会，以增进委员的沟通、了解。并邀请省委宣传部副部长弓克同志为青联委员作了“一元·五本·十德”的报告，邀请清华大学王志耘教授为在长青联委员作了《注意力经济条件下领导者的管理新理念》的报告等。一系列内容丰富、形式多样的青联活动促进了委员之间、界别之间的交流与沟通，增强了市青联的凝聚力和号召力。3. 与各省市青联的联系日益密切。一年来，市青联与全国各地青联组织的联系也在不断加强，青联委员之间的交流互访日益频繁。市青联先后组织了赴长沙、西藏、沈阳等地访问团，并接待了成都青联代表团的来访。增进了长春青年与各兄弟省市区青年间的友谊，为加强与各地青年组织间的学习交流打开了全新的局面。

（程丽娜）

长春市工商业联合会

【概况】 截至2006年底，全市共有会员8 618名，基层分会90个，同业公会、行业商会47个，外埠商会4个。工商联组织覆盖面不断扩大，纵向到底、横向到边的组织格局初步形成。

【第十四次会员代表大会】 长春市工商业联合会（总商会）第十四次会员代表大会于2006年12月30日在长春召开。这次会员代表大会是在举国上下深入贯彻党的十六届六中全会精神，全面落实科学发展观，构建社会主义和谐社会的重要时刻召开的，是长春市工商联和广大工商界人士政治生活中的一件大事。对于进一步加强党对工商联的领导，实现工商联领导班子新老交替，政治交接，全面履行工商联的各项职能，更好地适应新形势，迎接新挑战，完成党交给工商联的历史任务，努力促进非公有制经济健康发展和非公有制经济人士健康成长有着极其重要的意义。出席这次大会的代表共有360名，其中，正式代表330名，特邀代表30名，大会审议并通过了宋勇会长代表第十三届执行委员会所作的《发挥优势，共建和谐，不断开创工商联工作新局面》工作报告，选举产生了新一届执行委员会，宋勇当选为长春市工商联（总商会）会长；王秋霞、李宏禹、高学文当选为长春市工商联（总商会）驻会副会长；曹和平、丛连彪、王欣、王之光、王晓光、尹彦利、卢丽、吴坚、张远、张贵范、柴锈、殷宗斌、高立椿、高俊芳、唐永华、寇冠、崔树森、程传海、程松斌、谭历当选为长春市工商联兼职副会长；高学文当选为长春市工商联（总商会）秘书长（兼）；梁振和、孙淑云、陈兴海、王广斌、孙亚坤、安有良、张湛、郎宝君、姜道泽当选为长春市总商会兼职副会长。

【履行经济服务职能】 1. 围绕招商引资开展经济服务。①成功举办“振兴长春老工业基地·‘闽商长春行’投资合作洽谈会”。借助长春泉州商会成立这个平台，邀请150多名全国各地及海外实力雄厚、有较强资金整合能力、与长春重点产业发展方向有契合点的福建籍企业家来长参会。这是一次规模大、档次高、影响广的招商活动，共签约7个项目，意向投资达132.5亿元。②继续巩固“长白行”招商引资活动成果。“长白行”活动结束后，市工商联进行了跟踪服务，经过不懈努力，广东香江集团投资进一步扩大，2006年又与二道区政府签订了开发北方香江城的合作意向，涉及资金35亿元，并兼并了省汽贸公司和市胶合板厂，投入资金分别为3 000万元和7 000万元。③支持、服务开发区建设。重点配合开发区搞好招商引资和项目建设，组织企业家参加统战部举办的“吉台”经贸洽谈会，积极推动长台两地经济进一步发展。2. 围绕就业开展经济服务。①举办了第三届“千户民企安置万人就业”招聘会。市工商联组织外埠商会100余家会员企业及长春市二百余家民营企业参会，提供管理人才职位和再就业岗位一万多个，安置下岗职工和高校毕业生4 000余人。②配合全国工商联、国家劳动和社会保障部、全国总工会举办的全国100城市联动招聘周活动。市工商联组织了679家民营企业，提供职位5 290个，签定意向1 820个。这些活动为开发就业岗位，促进社会稳定和民营经济发展发挥了积极作用。3. 围绕民企所需开展经济服务。①信息服务。通过建立“长春市民营企业重点项目信息库”和“外埠企业资源库”，为民营企业信息服务做好基础性工作。并充分利用工商联网站，为会员企业提供政策、经济、技术、会务等各类信息。②培训服务。举办了科学发展民企主旨座谈会，邀请国资委、华安基金管理有限公司、全国工商联等部门的领导和专家，就如何推动长春市民营经济发展，转变经济增长方式，提升企业竞争力作主讲，50多名企业家参加了座谈，反响很好。同时，就“十一五”规划和民营经济发展举办了三场讲座。③项目服务。在香格里拉举办了民宅鉴赏即价值商业项目推介会，长春市11家房地产企业参加了推介会。4. 围绕会展业开展经济服务。2006年，市工商联成功举办了“中国长春首届奇石古玩艺术品展示交易会”和“中国长春北方服装展销会”，其中，在奇石古玩艺术品展示交易会上，来自20多个省、市、自治区的300多家参展商展示了1 000多种展品，参观人数达150万人次，销售额突破5 000万元，有效地促进了长春市文化和会展业的双重发展。

【履行民间商会职能】 加大会

员发展力度。市工商联采取边服务、边发展、边引导的方式积极发展会员,吸纳了一批规模大、实力强、形象好的民营企业。2006年,市工商联本级发展新会员达451人。班子和机关处室坚持定期走访民营企业,主动与他们接触交流,认真听取他们的意见和建议,不断充实和健全代表人士数据库,为新一届领导班子代表人士的推荐工作奠定了基础。加大民间行业商会组建力度。本着注重质量、夯实基础的原则,市工商联支持、帮助筹备相继成立了古玩艺术品、豆制品、金银珠宝等行业商会及高新开发区商会,根据泉州籍企业家在长春创业发展的实际,帮助筹备成立了长春泉州商会,进一步延伸了工作触角,扩大了工作覆盖面,为民间行业组织的发展壮大发挥了积极作用。加大对内联谊和对外联络力度。市工商联相继举办了净月仲夏之夜外埠企业家相会在长春联谊恳谈会及民营企业家、外埠商会、行业商会庆"十一"、贺中秋茶话会等,进一步增强了工商联的凝聚力和影响力。同时,先后接待了嘉兴、西宁、西安、苏州、深圳等20多个城市工商联(商会)及民营企业考察团来访,并签订友好协议,并与美中国际交流促进会建立了友好关系,进一步加强了与各地工商联的会务交流和海内外经贸合作。

【履行参政议政职能】 围绕非公经济发展,深入企业和政府有关部门,掌握情况,了解动态,撰写了《以自主创新为动力,全力推进民营经济持续健康发展》的政协大会发言和《长春市民营经济发展报告》,完成调研课题2篇,其中,《关于加快扶持小型民营企业发展的调查》被列为市政府的重点调研课题,为民营经济发展决策提供依据。围绕民间行业组织建设,向市人大常委会提出了《关于加大民间行业组织扶持力度,促进民营经济健康发展的建议》的议案,得到政府的高度重视,市政府办公厅协调相关部门召开专题会议,研究落实该议案的建议,对进一步促进转变政府职能,大力发展民间行业商会起到积极推动作用。此外,市工商联还编辑了4期《长春商会简报》,宣传企业,推广经验,收到良好效果。

【履行思想政治工作职能】 抓好非公代表人士队伍建设。按照"团结、帮助、教育、引导"的方针,不断加强对非公人士"爱国、敬业、诚信、守法、贡献"教育,经市工商联推荐,企业家张湛被评为全国关爱员工优秀民营企业家;33位民营企业家被评为"长春市优秀社会主义建设者",受到市委、市政府的表彰,在民营企业中产生了较大影响。抓好机关建设。组织机关干部深入学习十六届五中全会和市委十届八次全会精神,积极参加更新知识培训和任职培训,努力提高干部的政治业务素质。同时,积极开展"四型"机关建设活动,即建设学习型机关,提高自身素质;建设创新型机关,提高工作能力;建设服务型机关,提高服务水平;建设合作型机关,提高战斗力,进一步弘扬谭竹青精神,改进工作作风,努力形成想事、谋事、求作为的良好氛围。

(宋健立)

长春市台湾同胞联谊会

【概况】 截至2006年底,长春市台湾同胞联谊会(以下简称市台联)共有台胞110人,台属2.6万余人。基层组织3个。

【完成市台联换届工作】 按照《长春市台湾同胞联谊会章程》规定及市委统一部署,市台联于2006年12月17日至18日召开长春市台胞台属第六次代表大会,实现了台联领导班子的新老交替。为了做好换届工作,市台联五届理事会专门召开会议进行研究,并就换届工作的有关事宜向市委统战部作了报告;市委统战部对台联换届工作十分重视,部领导多次听取台联换届筹备情况的汇报并提出具体要求;统战部干部处和对台工作处的同志协助台联制订换届工作方案,直接参与和指导换届筹备工作;各县(市)区、大厂、大学等单位党委统战部门给予积极支持与配合,为换届工作推荐理事候选人和参加会议的代表;台联机关工作人员克服人员少、时间紧和工作量大等困难,按时完成了包括会议材料在内的各项材料筹备工作,保证了换届会议的如期召开。出席换届会议的代表共135名,他们都是各单位推荐的优秀的台胞台属,具有广泛的代表性。代表们在参加会议过程中,以饱满的政治热情和主人翁精神,认真履行自己的职责,顺利完成了会议和各项议程。换届大会开得圆满成功。新选出的市台联六届理事会成员都具备了政治思想素质好，参政议政能力强，有群众基础和代表性，热心台联工作等特点。使台联工作跃上新台阶。

【举办春节、中秋联谊会】 春节、中秋节是中华民族的传统节日，利用传统节日举办联谊活动，对生活在祖国大陆的台胞台属有着特殊的意义。2006年1月11日晚，市台联同市台办及市台商协会在香格里拉大饭店举办台胞台属、台商迎新春联欢晚会。台胞台属、台商代表230余人参加了联欢会。市台联副会长孔令智在致词中表示，台胞台属要加强党的对台政策的学习，不断提高爱国主义觉悟，增强祖国统一的责任感和紧迫感，为实现祖国和平统一贡献力量。联欢会上，市领导和台胞台属及台商们共同欣赏了吉林艺术学院学生的精彩文艺演出。9月29日，市台联同省台联、省台盟联合举行在长台胞台属中秋联谊会。台胞台属130余人参加联谊会。联谊会安排了游艺活动和精彩的文艺演出，台胞台属们欢聚一堂，话团圆，盼统一，相互沟通，相互交流，既享受节日的快乐，又感受到党和政府的关怀。

【接待台湾少数民族大学生冬令营】 2006年2月8日至13日，市台联配合全国台联和省台联接待了"台湾少数民族大学生冬令营"，人数共125人，在做好台湾人民工作，争取岛内民心方面发挥了积极作用。冬令营在长春期间，市台联按全国台联要求，安排台湾大学生分别参观游览了中国一汽集团公司、长影世纪城、净月潭雪雕和滑雪场、伪满皇宫博物院、先锋朝鲜族民俗村，与吉林大学师生进行座谈交流等。通过一系列的参观游览活动，使营员们亲身感受到祖国大陆北方壮丽的冰雪景观和大陆少数民族同胞的风土人情，亲身感受到祖国的发展与进步。台湾学生大都初次到祖国东北，因而见到"千里冰封，万里雪飘"的景色非常兴奋，在净月潭的雪雕面前纷纷拍照，留连忘返；参观朝鲜族民俗村时，同学们领略了朝鲜族的能歌善舞，品尝到朝鲜族的美味佳肴，感受到祖国大家庭的温暖。台湾大学生普遍反映：参加冬令营活动增长了知识，开阔了视野，加深了对祖国大陆的了解。

【举办台胞台属骨干培训班】 2006年11月16日至17日，市台联同市社会主义学院在宽城区五星花卉基地举办台胞台属骨干培训班，50余名台胞台属骨干参加了学习。学习班上，台胞台属骨干听取了当前台湾政局、党的对台工作战略调整以及党的十六届六中全会精神辅导报告，使大家对台湾问题、岛内政局等问题有了更明确的认识；进一步加深了对党的十六届六中全会精神的理解。表示要发挥自身优势，加强同岛内亲友的联系，做好争取岛内民心工作，共同反对“台独”；同时要认真贯彻落实党的十六届六中全会精神，为构建和谐社会贡献力量。9月15日至21日，市台联同省台联共同组织20余名老台胞赴山东考察。考察期间，老台胞们兴致勃勃地游览了济南趵突泉、大明湖、曲阜"三孔"、泰山，参观了台资企业，同山东省老台胞进行了座谈交流等，不仅活跃了老台胞的晚年生活，更增进了他们对祖国大好河山的了解，开阔了视野。

（徐　昕）

长春市残疾人联合会

【概况】 长春市残疾人联合会（以下简称市残联），为正局级建制，机关编制27人，其中工勤数2人。内设机构4部1室，办公室、组织联络部、教育就业部、宣传文体部、康复部。长春市残联是中国残联的地方组织，是将残疾人自身代表组织、社会福利团体和事业管理机构融为一体的全市性残疾人事业团体。主要职责是“代表、服务、管理”。即代表残疾人利益，维护残疾人合法权益；通过开展康复、就业、教育、扶贫等业务，全心全意为残疾人服务；受政府委托，管理残疾人事业。市残联是主席团领导下的执行理事长负责制，常设机构是执行理事会。

【就业和扶贫工作】 1. 继续实施以“自强就业助残行动”为载体，以按比例就业为主导，以社区就业为重点，集中就业和分散就业相结合的残疾人就业工作，进一步加大资金扶持和宣传力度。与市劳动和社会保障局、市财政局联合下发了《长春市“扶残助业工程（2006年～2008年）”实施方案》和《长春市“扶残助业工程”2006年度工作计划》。制订了“残疾人创业、就业五个一批”工作计划，即培养一批残疾人创业骨干、征集一批残疾人创业项目、建设一批残疾人创业（就业）基地、推广一批残疾人创业成果和宣传一批残疾人创业典型。城镇新增残疾人就业2 500人以上，培训4 000人次，收缴残疾人就业保障金3 000万元以上。2. 召开了全市“扶残助业工程（2003 年～2005 年）”总结表彰大会，对“自强创业先进个人”和“扶残助业先进集体”进行了表彰和奖励，在全省残疾人就业宣传日期间，市残联与市劳动和社会保障局联合举办了“长春市残疾人就业专场招聘会”，30 多家用人单位、400 多名有就业需求的残疾人进行了现场洽谈，有 60 多名残疾人签订了意向性用工合同。召开了多次城区就业工作调度会议，对就业工作和保障金收缴的相关问题统一了思想和标准。协调市劳动和社会保障局等有关部门，利用政府出资购买公益岗位，在每个社区安排一名残疾人作社区服务员工作。3. 按要求及时向省残联申报康复扶贫贷款项目 12 个，申请贷款总额1 880万元。二道区建立了养貉基地，榆树市建立了养獭兔基地。春节期间走访慰问残疾人工作纳入政府工作日程。各县（市）区政府、人大常委会、政协的领导亲自带队，全市走访 860 户贫困残疾人家庭，送去米、面、油、衣物、日用品及现金共计 19. 6 万元。

【康复工作】 主要以社区康复工作为平台，搭建各项康复工作的服务网络；以重点康复工程为骨架，引导和带动各项康复工作的全面完成；以典型带动工作，认真执行国家和省的“十一五”规划纲要，创造性的开展工作。1. 4 月 21 日，召开了市及各县（市）区有关部门和单位参加的全市残疾人康复工作会议，传达了全省残疾人康复工作会议精神，总结了上年度工作，提出了下一步工作的要求，下发了会议文件，分解了任务指标。2. 落实康复经费。经向主管副市长汇报及与财政局多次协调，落实精神病防治和社区康复工作经费各 57 万元，计 114 万元，为年度康复工作任务的完成提供了经费保障。3. 先后两次召开由农安、榆树、德惠、九台 4 县（市）残联、卫生和相关部门负责人参加的康复工作研讨会，研究解决扩权强县后各项工作如何开展，以及经费的使用和落实问题，为全年的康复工作顺利开展打下了基础。4. 举办了有关部门、新闻媒体及相关医院参加的长春市“彭年光明行动”启动仪式，完成了 703 例“彭年光明行动”和 500 例“视觉第一”白内障复明任务指标。5. 加强社区示范康复站建设。为完成“十一五”社区康复工作任务，长春市在巩固和完善现有的康复机构和设施的同时，重点抓好朝阳区、绿园区两个全国示范区的培育工作。市残联与市卫生局、民政局联合下发了《关于开展全市残疾人社区康复示范站培育活动的通知》，拟在 2006 年～2008 年建立 150 个社区康复示范站，已完成 20 个市本级培育示范站的申报工作。6. 继续加强精防和三助（助行、助视、助行）工作。全年完成国家专项彩票公益金救助项目，其中，精神病人医疗救助 400 人；发放社区康复器材 9 套；发放用品用具4 164件。全面完成省年初下达的工作任务，精神病免费住院 327 名，完成计划的 120%；免费送药3 508例，完成计划的 107%；白内障复明手术 4 058 名，完成计划的 102%，其中，“彭年光明扶贫” 703 名；聋儿听力语言康复训练 80 名，培训聋儿家长 71 名，均完成计划的 100%；肢体残疾康复训练 20 名，完成计划的 100%；大腿假肢安装 88 名，完成计划的 126%；小腿假肢安装 78 名，完成计划的 130%；智残儿童康复训练 93 名，完成计划的 100%。

【宣传文体工作】 1. 先后在省市各新闻媒体广泛、深入、密集的报道了第二次全国残疾人抽样调查、“第七次全国爱耳日”、免费为残疾人做白内障手术、精神病防治、“长春市扶残助业工程总结表彰大会”、“2005 年助学奖学金发放仪式”、吉林大药房等一些企业向福利基金会捐款、捐药、捐物、万隆饭店与市残联签定 5 年助残共建承诺书、“2006 年瓦萨国际残疾人骑士滑雪赛”、“第十六次全国助残日活动”、全市残疾人事业工作会议暨残联主席团第四届二次会议的宣传活动。全年共发新闻、图片、文字稿件合计 122 条。刊出《长残信息》4 期。播出手语新闻节目 12 期。完成订阅中国残疾人杂志 550 册、《三月风》26 册、《盲人月刊》1 册。推荐 6 个优秀作品参加了第九届吉林省残疾人好新闻奖评选活动，全部获奖。在中国残疾人杂志上发表了 1 篇文章。2. 长春市推荐的 2 名残疾人运动员在挪威国际残疾人越野赛中取得了优异成绩。这次比赛还得到了中央电视台体育人间栏目的高度关注，从长春赛事开始一直到挪威的比赛进行了全程采访。长春市有5名优秀聋人运动员和1名教练员入选国家冰雪训练队，备战2007世界聋奥会。组织优秀运动员参加了在南宁举行的“全国残疾人乒乓球锦标赛”、全国残疾人田径锦标赛、哈尔滨第四届全国特奥会、全国海南高尔夫球邀请赛，均取得了非常优异的成绩。长春市承办了“2006年全国特殊奥林匹克体操比赛”，来自全国7个省8个市176人参加了比赛，长春市运动员在比赛中成绩突出，共取得了金牌20枚、银牌8枚、铜牌4枚的好成绩，大会获得中残联、省残联的一致好评。长春市被确定为吉林省残奥冰雪训练基地。

【组联工作】 1. 认真抓好县(市)、区残联组织建设工作。9月15日，召开了长春市残疾人事业工作会议暨第四届主席团三次会议，市政府残工委成员单位参加了会议，大会对十五期间的残疾人工作进行了全面总结，部署了十一五期间的工作，市政府下发了《长春市残疾人事业“十一五”规划纲要(2006－2010)》，长春市政府残疾人工作协调委员会更名为长春市政府残疾人工作委员会，调整了成员单位，进一步明确了职责和分工。各城区残联普遍对社区残协副主席进行了培训，使社区残联副主席明确了基层残协的工作性质、工作内容和基本工作方法，使他们能尽快的适应工作。组织开展以“真实的了解，真挚的关爱”为主题的助残宣传活动，有近千名残疾人得到扶持和救助。长春市推荐37件书画作品参加全国智障儿童美术作品展。3月24日，通过与航天展组委会协调，组织肢体、聋哑和视力残疾人16人到会展中心免费参观“神舟六号”。2. 完成了第二次全国残疾人抽样调查工作。从2月17日开始，通过近4个月的努力，完成了入户调查任务。经过省残联验收，长春市各县(市)区抽样调查报表质量全部优于国家规定标准，全市无差错，创下全省之最。3. 残疾人专门协会工作比较活跃。以“残疾人和残疾人组织在社会上更加活跃”为目标，积极抓好专门协会工作。宽城区肢残人协会、南关区聋人协会被评为全国先进专门协会。市盲人协会和普济医院在盲人节当天，组织开展了主题为“托起心中的太阳”的盲人免费体检助残活动。汽车产业区40名肢残人自发的组织了“爱心互助会”，在国庆节前慰问了18户贫困肢残人家庭。4. 维权工作。针对机动车集体上访事件，市残联采取一系列措施，稳妥解决，防止事态扩大，一方面向市政府以书面形式反映了残疾人的实际困难和要求，另一方面召开了全市信访工作会议，对县(市)区信访工作提出了要求，落实了目标管理责任制，签定了责任状，实行“一把手”负责制。在市政府的关怀照顾下，在各级残联和有关部门的共同努力下，使问题得到很好的解决。全年接待来信来访600人次，较2005年下降30%，结案率达99%以上，未留下积案。

【福利基金会工作】 长春市残疾人福利基金会积极开展基金募集工作，以主办大型活动为平台，通过吉林电视台、长春电视台、新文化报、长春日报等主要宣传媒体，对残疾人的生活、学习、工作等基本状况做了真实反映，将募集基金与宣传人道主义结合起来，使捐赠者了解捐赠的意义，从而自愿捐赠，共募集物、款折合人民币78余万元。台北

全市残疾人事业工作会议暨残联四届主席团三次会议

曹仲植基金会捐赠302台轮椅；好利来食品公司捐赠40箱月饼；吉林远东集团公司捐物价值22.4万元；吉林大药房股份有限公司捐赠药品5万余元，并为100名贫困残疾人免费检查身体；长春市公交集团捐赠1万元；长春市经济技术开发区企业捐赠现金6.1万元。中国残疾人福利基金会捐赠图书1万册，并特批"阳光伴我行"项目，无配额拨给300辆轮椅。社会各界用实际行动资助贫困残疾人家庭，发扬人道主义精神，扶残济弱，形成了有利于残疾人"平等、参与、共享"的社会环境。

（高　晗）

市红十字会组织开展募捐活动

长春市红十字会

【概况】　长春市红十字会（以下简称市红十字会）工作职能是开展救灾的准备工作；在自然灾害和突发事件中，对伤病员和其他受害者进行救助；普及卫生救护和防病知识，进行初级卫生救护培训，组织群众参加现场救护；参与输血献血工作，推动无偿献血；开展红十字青少年工作；参加国际人道主义救援工作。截至到2006年底，长春市红十字会有基层组织320个，其中，大中小学校131个，团体会员单位138个，其他基层组织51个；会员总数128 728人，其中，成年会员14 258人，青少年会员103 464人，团体会员11 006人。

【红十字青少年活动】　1. 为庆祝世界红十字日，澳门红十字会举办了《两岸四地红十字海报设计比赛2006》活动。市红十字会组织长春艺术学院的学生参加了比赛。大赛过程中共收到参赛作品835件，该学院的学生王丽颖、田震琪获得公开组冠、亚军，并于5月5日赴澳参加澳门红十字会举行的颁奖仪式并参加澳门纪念世界红十字日活动。两名同学的获奖为长春艺术学院争得了荣誉，也为传播红十字精神，参与红十字运动做出了贡献。2. 亚冬会的志愿者和在长的大学生们，为更好的确保亚冬会的顺利召开，与市红十字会主动联系，请求对志愿者进行救护培训，以防突发有人意外受伤、发病，为医院抢救赢得时间，对伤病者的生命与健康负责。市红十字会利用双休日两天时间，对三百余名学生进行了免费培训。

【募捐工作】　2006年市红十字会经请示市政府同意，转发 长春市红十字会《关于备灾救灾、应对突发事件，救助弱势群体的募捐方案》。各县（市）区红十字会按照方案要求，认真组织落实，精心安排，快速行动，仅用3个月的时间募集了189万余元人民币。增强了各县（市）区红十字会的救灾、救助实力。

【救护培训工作】　为应对突发事件，减少死亡和伤残，市红十字会组织了一次大型群众自救互救活动演练。市直有关部门领导，驻长大型企业领导、大中专院校领导和师生、各大宾馆、饭店、商场等人群集中的单位领导、以及各界群众六百余人观看了演练。此次演练向观众演示了群众日常生活中所遇到的意外伤害或突发心脏停止跳动等所需的发挥第一目击人的作用，为院前抢救的"黄金4分钟"就地取材所做的心肺复苏、包扎、止血、固定、搬运以及遇火灾时的逃生和自救。省市电视台和长春晚报、东亚经贸新闻、新文化报对这次演练活动都做了报道。观众反应强烈，受到了欢迎。

【救济救助工作】　1. 7月份长春市大部分地区连续遭受暴雨、

飓风等自然灾害袭击，造成巨大的财产损失。九台市、朝阳区受灾比较严重，灾害发生后，工作人员深入调查之后对他们提供了援助。2. 市红十字会在两节期间，继续开展“红十字博爱送万家”活动，购买价值67 500元的大米分配给十个县（市）、区红十字会，用于救助特困家庭。3. 开展送技、送药下乡活动，筹备药品和大米等慰问物资，同时聘请精干的救护师，为九台市西营城镇石人村的农民举行了现场健康知识宣传和初级救护知识培训，此次活动深受农民欢迎。

【募捐救助活动】 为提升红十字品牌形象，构建红十字宣传格局，市红十字会统一制作了募捐箱，在亚冬会期间陆续在龙嘉机场、长春火车站、香格里拉饭店、欧亚集团等二十多处人员集中的地方摆放。进一步扩大了红十字会的影响，提升知晓率，拓展了募捐渠道。募集到的捐款全部用到红十字会的人道主义救助活动。

【机关建设工作】 县（市）、区红十字会全部实现了有编制、有专职人员、有办公地点，能独立开展工作。办公条件有了进一步改善，基本达到了现代化办公，9个县（市）、区都配备了救灾救援面包车，为做好日常工作提供了保障。

（田俊秋）

长春市个体劳动者协会

【概况】 截至2006年末，长春市个体劳动者协会（以下简称市个体协会）有会员139 718户。协会工作人员9人。机构设置：办公室、宣传教育部、经营服务部、财务部、党委办公室。

【深化宣传教育】 1. 开展思想政治教育。①为了贯彻落实胡锦涛总书记的重要讲话精神，在全市个体劳动者私营企业员工中深入开展以“八荣八耻”为主要内容的社会主义荣辱观宣传教育活动。市个体协会专门下发了7号文件，制订了活动方案。②组织各基层协会认真学习和贯彻落实《国务院关于解决农民工问题的若干意见》，积极协调政府有关部门和用工单位做好农民工和个体工商户的规范教育和维权工作。同时，转发了中个协《关于做好农民工预防艾滋病宣传教育工作通知》，并为农民工义务发放了预防艾滋病宣传手册。③组织广大会员学习贯彻十六届六中全会精神，开展了以构建社会主义和谐社会为宗旨的多种形式的宣传教育活动。各基层协会从实际出发，组织会员开展了慰问子弟兵、养老院和贫困户等活动，在社会上产生了很大反响。2. 加强了诚信建设。在广大会员中积极倡导“爱国守法，明礼诚信，团结友善，勤俭自强，敬业奉献”的基本道德规范，引导会员恪守“爱岗敬业，守法经营，诚信服务，奉献社会”的职业道德，牢固树立“民无信不立，业无信不兴”的经营理念。为了全面提升个体工商户和私营企业社会公信度，推进社会诚信体系建设，按照省个体私营企业协会统一部署，7月18日，市个体协会在长春市重庆路组织开展了规模宏大的“7·18”诚信日现场宣传活动，取得了良好的社会效果。榆树市、德惠市、九台市、农安县和双阳区协会也在当地同时举行了相当规模的宣传活动。中个协、省市工商局领导视察了活动现场。省市各大新闻媒体报道了“7·18”诚信日宣传活动盛况。在省个体协会当日举行的“7·18”诚信日授匾仪式上，长

市个体协会在“7·18”诚信日举行现场宣传活动

春市有33家私营企业获吉林省个体私营企业协会首批诚信单位资格认定。3. 进行了法制教育。在认真总结"四五"普法工作经验的基础上,结合实际情况,研究制订了"五五"普法规划,指导各基层协会在广大会员中扎扎实实开展"五五"普法活动。各基层协会普遍采取了多种形式,组织个体业户和私营企业员工认真学习《个体工商户法律知识读本》、《私营企业法律知识读本》,举办了普法培训班和法律知识竞赛等活动,收到了明显效果。有5人分别被中个协和长春市政府评为"四五"普法先进个人,榆树市个私协会被市政府评为普法先进单位。通过有效的宣传教育工作,大大提高了广大会员的群体素质,涌现出了一大批思想觉悟高、经营理念新、诚实守信好、奉献精神强的优秀个体劳动者和私营企业,有100名先进个体业户受到了市委市政府的表彰。

【为会员服务工作】 协会始终把为会员服务,维护会员合法权益作为工作的出发点和落脚点。2006年,按照"两扩大"(扩大服务领域、扩大服务受益面)、"三提高"(提高服务能力、提高服务层次、提高服务效益)的总体思路,逐步完善政策服务、信息服务、管理服务、维权服务的途径和方法,积极搭建服务平台,创建服务载体。着重办了三件事:1. 在认真进行调查研究、论证的基础上,并经市工商局同意,出台了一个比较系统全面的为会员服务十项措施。2. 投入了10余万元,设计制作了10万个会员证,发放到会员手中。3. 两级协会经过几个月的筹划和运作,出台了服务领域更宽、项目更多、惠及面更大的新举措,确定了医疗购药、法律咨询、保险业务、旅店餐饮、商贸购物等五大类48家定点服务单位。并于11月1日在长春市中心医院分院吉林硅谷医院举行新闻发布会暨医疗定点服务单位揭牌仪式,市工商行政管理局、市卫生局、市中心医院领导,两级个私协会常务理事、秘书长,定点服务单位负责人都参加了会议。长春市10家新闻媒体到会,并予以报道。为了活跃广大会员的文体生活,9月7~8日,举行了第三届个体劳动者私营企业员工"正阳市场杯"乒乓球赛,共有15支代表队156名个体劳动者和私营企业员工参加了比赛。9月中旬又组队参加了"长春北华药业杯"首届东北三省个体私营企业乒乓球大赛,并取得了较好成绩。

【个私党建工作】 2006年个体私营企业党建工作基本思路就是继续巩固和扩大2005年开展《保持共产党员先进性教育活动》的成果,把个体私营企业党建工作扎扎实实地向前推进。1. 及时做好基层组织调整工作。因市工商局机构改革,部分直属分局撤销,涉及北方、桂林、人防、华正、黑水路、专业市场等6个个体党支部随之要进行调整和理顺。协会党委认真研究,制订了调整理顺方案,明确了隶属关系,并协调相关党组织搞好衔接,从而保证了这些党组织的党员能够及时接转关系,正常参加组织生活。2. 做好发展党员和培养积极分子工作。协会党委积极稳妥地做好在个体工商户和私营企业中发展党员和培养积极分子工作。9月份举办第五期党的积极分子培训班,培训了34名积极分子。协会党委和各基层党组织高度重视发展对象培养教育工作,对已经确定的年度发展对象,党委逐一进行了超前考察,在此基础上,按组织程序发展了32名新党员。

【自身建设】 按照中个协和省个协关于建设业务型协会的要求,在加强各级协会自身建设方面,市个体协会本着从实际出发,把握标准,注重实效,逐步提高的原则,重点作了三项工作:1. 依据上级协会年度工作会议精神,结合实际情况,认真研究制订了本级协会年度工作要点,组织召开了全系统个私协工作会议,研究部署了年度工作。2. 依据《2006年度工作要点》,研究制订了《2006年个体私营企业协会工作任务目标管理及考核细则》,对工作任务进行了分解、量化,确定了完成时限,规定了考核标准,明确了责任部门和责任人。3. 深入基层调查研究,督促指导落实。从6月份开始,协会秘书长带队,对所属基层协会中的12个协会进行了调研和督导,重点检查了目标管理和会费收取情况,对年度任务完成起到了关键性作用。

（刘国忠）

长春市消费者协会

【概况】 长春市消费者协会(以下简称市消协)现有人员8

人(其中,秘书长1人、副秘书长2人、工作人员5人)。机构设置"四部一室"即投诉部、消费指导部、商品服务监督部、组织联络部、办公室。基层协会19个其中,县(市)区级协会10个,市消协分会4个,开发区协会5个。

【开展"消费与环境"年主题宣传活动】 市消协根据中消协确定的"消费与环境"年主题,集中进行了宣传。1. 在各大媒体上向社会发布2005年度消协系统"十大消费维权案例"、"十大消费投诉热点及消费提示"。长春日报,长春晚报均以独特的漫画形式整版进行报道。2. 市消协与长春晚报推出"剑锋·2006"特刊,搜集了2005年度侵犯消费者合法权益的案例,并进行点评。3. 组织现场宣传活动,3月15日上午,全系统共有22个工商分局及消协出动1 500余人,在重庆路分22个主题进行宣传,宣传内容贴近百姓生活各个方面,现场展示真假商品有黑心绵、假冒电池、假冒电脑配件、假冒汽车配件、轮胎、假冒茅台酒等300余种,请了食品专家用快速检测仪在现场对消费者食品进行了检测。现场吸引了近万人次消费者前来咨询,活动中体现出各单位各有特色、务实。新华社、省、市各大新闻媒体的记者30多人现场采访,吉林电视台《守望都市》栏目现场直播。双阳区及县(市)工商和消协出动200台次车辆送法下乡。共发放"消费与环境"小册子4万册,农资宣传单2万份。整个宣传活动,既起到提高消费者自我维权能力又增强了经营者的自律意识。得到了社会各界的好评。

【围绕年主题开展五项专题活动】 1. 开展"家装与家居环境"主题活动。①联合吉林省林产(商)品质检站,对全市的家装材料市场123个品牌进行了抽检,并对检测结果通过媒体向社会公布,引导消费者提高安全意识。②联合吉林省林产(商)品质检站,在东方家园建材家居超市,举办了"营造安全健康家居消费环境"活动,引导消费者科学家装。2. 开展"营造儿童安全健康消费环境"主题活动。联合吉林省纺织品检验中心,对各大商场儿童服装12个品牌质量进行了抽检,对有问题的服装品牌向社会予以公布。6月1日与南关区消协,在重庆路亚泰富苑门前举行大型主题宣传活动,引导家长树立正确的儿童消费观。3. 开展"诚信消费单位"满意度调查活动。联合长春晚报、长春信息港开展"构建和谐长春,评选2005年度长春十佳诚信消费单位"满意度调查活动,欧亚商都等10家企业获得"诚信消费单位"。4. 开展长春首届消费者(读者)"我信赖·我喜爱"品牌评选活动。市消协与长春晚报社联合开展长春首届消费者(读者)"我信赖·我喜爱"品牌评选活动,有万余种品牌参与评选,这些品牌涉及与广大消费者生活息息相关的衣、食、住、行。此项活动引起广大市民的热情参与,为打造长春品牌经济服务。5. 开展"房地产诚信企业"推介活动。市消协与市房协联合开展"房地产诚信企业"推介活动,在活动中,以构建和谐消费为宗旨,以建立商品房市场诚信经营机制和打造企业诚信品牌为主线,以营造放心消费环境为目的。2006年"3·15"期间向社会推介一批"房地产诚信企业"并公示,5月份房交会期间,公布推介结果。(此次活动不向企业收取任何费用)这项活动引起政府有关领导的高度重视,并给予了充分肯定。

【开展消费教育工作】 1. 在"3·15"前,各级消协深入商业企业开展了"消费与环境"座谈会和年主题知识讲座等活动,受教育的消费者和经营者达1 000余人次。2. 针对节日市场的食品安全和热点问题,市消协共发布消费警示12个,消费提示30余个。3. 每月召开市管大型企业(18家)投诉情况通报会、座谈会,引起商家高度重视,及时对投诉情况进行反馈,使消费者投诉数量明显下降。4. 积极参加社科联组织的科普宣传活动,向消费者提供咨询500余人次,发放有关消费知识手册达2000余本。5. 中东集团在中东大市场举办的万人宣誓大会上,市消协向社会发出诚信经营的《倡议书》,受到商家的好评。

【开展医疗服务体察活动】 根据中消协的工作部署,各级消协共对47家医疗服务机构进行了体察,其中,省级医院6家,市级医院8家,县(市)区级医院12家,私立专科医院7家,个体医院14家。已上报省消协和中消协。

【开展"诚信兴商"主题宣传活

动】 按照中消协等13个部委，关于开展"诚信兴商"宣传月活动安排，配合当地政府，10月1日，市消协与南关区消协，在重庆路亚泰富苑门前，举行大型"以诚实守信为荣，以见利忘义为耻"主题宣传活动，倡导商家讲诚信、依法经营，营造和谐消费环境。

【开展"食品放心工程"消费者满意度评价调查问卷工作】 这项工作从中央到地方都非常重视，2006年长春市获全国第四名的好成绩，各级消协，10月份完成省消协交办的1 500份调查问卷任务，11月份中消协派一名副主任专程来长给予培训，并完成中消协交办的1 350份调查问卷任务。

【推进"一会两站"建设工作】 2006年下半年，已在全市范围内26个乡镇、22个街道，建立消协分会；在46个行政村、75个社区、275个大型商场建立了12315申诉举报联络站和消费者投诉站。此项工作得到了县（市）区政府领导的高度重视，均以政府的名义转发或印发《推进"一会两站"建设意见》，下发到各基层政府进行落实。朝阳区还专门到部队现场挂牌建站，12月8日又在全区召开"一会两站"建设授牌仪式。目前，朝阳区消协已在全区全面推进"一会两站" 建设。

【受理消费者咨询、投诉工作】 全市各级消协组织，在受理消费者咨询投诉工作中，做了大量卓有成效的工作。4月份，双阳区消协接到常家村村民集体投诉，反映固定电话信号不好，两位领导亲自找到网通公司领导反映情况。经调查是设备老化，经市网通公司研究当即拍板决定投资320万元更换了设备，使1 200户农民固定电话畅通了。截至11月10日，各级消协共向消费者提供咨询6万人次，受理消费者投诉5 700余件（其中，12345市长公开电话转办360件，12315指挥中心转办3 632件，市局外网转办9件，省局转办6件，来信12件）已办结5 587件，办结率98%，为消费者挽回经济损失500余万元。

（李绍和）

长春市归国华侨联合会

【概况】 长春市共有归国华侨1 130人，新归侨30人，侨眷5万人，基层侨联组织11个。2006年，市侨联围绕长春市中心工作，抓住振兴东北老工业基地的历史机遇，开拓"群众工作、维护侨益、参政议政、海外联谊"的新路子，发挥了联系归侨侨眷和海外侨胞的桥梁和纽带作用，为侨服务，为长春市的经济建设服务。

【拓展侨界群众工作】 2006年市侨联把群众工作摆在首位，不断创新，以丰富多彩、形式多样的活动为契机，团结凝聚归侨侨眷，使侨联真正成为富有生机和活力的"侨胞之家"。1. 加强爱国主义教育，不断发扬归侨侨眷爱国主义的优良传统。2006年组织全市归侨侨眷开展向谭竹青同志学习活动，召开了向谭竹青同志学习活动动员会；组织全体机关干部参加谭竹青同志的先进事迹报告会，参观了谭竹青同志生前事迹图片展。组织全市侨联干部学习胡锦涛总书记关于树立"八荣八耻"社会主义荣辱观的重要论述及关于侨务工作的重要讲话。按照中国侨联提出的"能力建设年"主题活动要求，贯彻落实党的十六届四中、五中、六中全会精神，进一步总结、推广各地侨联"能力建设年"活动的成果和经验，动员各级侨联和广大归侨侨眷为构建社会主义和谐社会作出贡献。市侨联经验交流材料被省侨联推荐到中国侨联进行交流。2. 发展和创新活动内容与形式，创造条件，组织归侨侨眷开展各项活动。2006年市侨联在实践中不断创新活动的内容与形式，在财力有限的情况下，开展了多种形式的联谊活动。以丰富多彩的活动团结凝聚归侨侨眷，使侨联真正成为富有生机和活力的"侨胞之家"。着力提高春节、中秋、国庆等传统节日侨界联谊、联欢活动的实效，组织归侨侨眷举办各种团拜会、联欢会、茶话会，并向广大归侨侨眷及海外侨胞发出贺电，祝福大家节日快乐。组织全市归侨侨眷参加市委统战部举办的"庆祝建党85周年文艺演出"等活动。在这些活动中全市归侨侨眷欢聚一堂，同祝愿祖国好，同叙期盼祖国统一大业尽早实现之情。

【依法维护侨益】 1. 想"侨"之所想，急"侨"之所急，全心全意为侨胞服务。2006年，市侨联共接待归侨侨眷和海外华侨来信来访68人次。在信访接待工作中，市侨联主动热情，认真协调，对能协助解决的问题，立即予以解决；对一时不能解决的问题，耐心解释和宣传。面对新的形势和环境，市侨联加强学习，创新工作思路，统一认识，克服种种困难，全心全意为侨服务，尽量使归侨侨眷满意。市侨联深入基层，重点对贫困户进行调查、走访、慰问。春节前夕，走访部分归侨侨眷知名人士及归侨侨眷贫困户，把党的温暖送到他们家中。对归侨侨眷贫困户予以妥善安排和生活补助，为其办理最低生活保障，协办解决了尹茂林等41户归侨侨眷的住房、生活经费、医疗费、子女升学、就业等实际问题。在走访慰问贫困归侨侨眷活动中，捐助贫困户8 000元人民币及食品衣物等物品。帮助香港侨眷与广州市侨联联系，解决房产遗留问题。帮助归侨与哈尔滨市侨联联系，解决车祸赔偿金问题。开展"为侨服务送温暖"系列活动：当侨界人士的家中有婚丧嫁娶时都坚持到场；协助归侨兴办个体企业，组织医务工作者为广大侨胞义诊200多人次；为海外华侨在长春的亲属解决各种困难，使其真实的感受到祖国的温暖。另外，认真处理脱钩企业遗留问题，召开2次企业职工代表会议，耐心做企业下岗职工的思想工作，做好职工情况调查，将全部下岗职工档案录入微机，形成材料并将其上报相关主管部门，以便为下岗职工办理相关手续。2. 依法维护归侨侨眷合法权益。为了贯彻落实好《归侨侨眷权益保护法》和国务院《归侨侨眷权益保护法实施办法》，市侨联紧紧依靠各级统战、侨务部门和相关单位，进一步加强与各涉侨工作部门的沟通联系，通过召开归侨侨眷座谈会，侨务立法征求意见和处理涉侨案件等多种形式广泛宣传《归侨侨眷权益保护法》等政策法规和侨界历史，把侨联一家为侨服务、维护侨益转化为社会共同为侨服务、维护侨益，为侨胞排忧解难。坚持为侨服务宗旨，加强"侨"与"侨"之间的了解，建立联系网络。通过以"侨"帮"侨"，兴"侨"，助"侨"，相继为40多位回国创业的新归侨解决了创业中遇到的实际困难和生活中的具体问题。

【为长春市的发展建设服务】

2006年市侨联号召各级侨联要围绕中心找准切入点，拓宽服务领域，把着力点放在调动广大归侨侨眷和海外侨胞积极性上来，为促进发展做出贡献。1. 扩大内联与外联，创造联谊新格局。2006年市侨联以"联"为基础，立足国内，面向海外，通过海内外"两个平台"，挖掘"两大资源"和"两大市场"的潜力，充分发挥"联"的作用，依靠感情、利益、事业、服务，凝聚侨心，集中侨智，发挥侨力。在全市归侨侨眷和港澳同胞、海外侨胞及海外友好人士中继续开展"千人联谊"活动，号召全市归侨侨眷向海外亲属和朋友宣传推介长春，并组团走出去，邀请海外侨胞来长考察，广开渠道，广泛联谊，推介宣传长春，扩大长春知名度，招商引资引智。2006年市侨联拓展了与海外华人社团的联系，与美国、乌克兰、日本3个国家的新华人社团和港澳地区的新华人华侨建立了联系。同时加强与国内侨联组织横向联谊，进行了多次交流、学习、互访。建立了优势互补、资源共享的协作关系。8月组织侨联机关干部和部分基层侨联干部赴石家庄参加省会中心城市侨联工作年会暨大中城市侨联工作经验交流会议，期间与各兄弟侨联建立了协作关系，优势互补，互惠互利，资源共享。为各城市的经济建设共同搭建信息、招商引资、引智、引技平台。一年来，把扶持新归侨回国创业为工作重点，组织吉林大学40名海外留学归国人员赴双阳区考察社会主义新农村建设，并进行座谈。2. 充分利用各种载体，开展招商引资、引智、引才工作。市侨联充分发挥侨胞的独特作用，在招商项目的寻找设计、策划和开发上下功夫，进一步创新了招商模式，组织部分侨联常委和机关人员"走出去"赴国外考察，扩大海外交流。建立海外华侨信息网络和海外经济联络网，充分发挥港澳委员和海外华人、华侨、科技专家、企业家和留学生的作用，掌握华人、华侨动态，及时沟通，调动他们的积极性，委托他们对外招商引资，鼓励、吸引、扶持华侨专业人士回国创业和发展。发挥长春市现有侨商的示范效应，以侨引外，有效地促进了招商引资，增强外商的投资信心。2006年，市侨联配合市委市政府中心工作及大型会展，发信、发传真共100件。邀请海内外华人、华侨，及国际友人300余人来长参加活动。接待了美国中医药考察团、乌克兰华商会、日本东方文化艺术团等6个访问团共计200余人。在陪同考察、接待宴请期间，市侨联充分利用民间往来的机会，不失时机地推介长春，为长春市招商引资、招贤引智牵线搭桥。3. 发挥侨联委员及广大归侨侨眷的作用，募集捐款、奉献爱心。市侨联坚持开展光彩事业和“千人牵手”活动。调动侨联委员的积极性，最大限度地发挥他们的作用。2006年通过市侨联及各基层侨联所募集的各项捐款捐物累计近100万元。

【积极参政议政】 参政议政是侨联组织的职能之一。市侨联紧紧围绕市委和市政府的中心工作，发挥“侨”自身的特点，组织侨界代表人士参政议政，就侨界关心关注的问题，积极反映侨情民意，为长春市发展献计献策。侨界人大代表、政协委员，深入到侨界群众中，加强调查研究，了解侨情民意，深入研究侨联工作与国家、地方经济社会密切相关的问题，积极参与涉侨法律法规的制定修改和有关调研检查活动，在参与人大视察、执法检查、局级干部评议等活动中，深入了解长春市经济发展，发挥侨联自身优势，为发展社会主义民主政治，反映侨界的建议和归侨侨眷海外侨胞的心声，为长春市建设东北老工业基地的振兴献计献策。由省人大代表、市侨联主席黄文华领衔提出的《关于建设吉林省玉米化工基地的议案》引起了省委、省政府领导高度重视，并被省十届四次会议列为议案，现省人大常委会正组织省政府相关部门全力实施中。市侨联张尚诚副主席参与的《关于长春市水体污染治理的议案》受到市政府高度重视。

【加强侨联自身建设】 1. 坚持不懈加强侨联机关干部队伍建设，不断增强自身活力。2006年，市侨联以中国侨联提出的能力建设年精神为指针，以建立“学习型、创建型、务实型”机关为目标，学习掌握《侨联章程》、《归侨侨眷权益保护法》，改进完善了“安全四防责任制”、“办公室管理”、“财务管理”等规章制度。进一步强化职能，改进运行机制，转变机关工作作风，不断增强为侨服务意识，提高执行党的侨务政策的水平。为提高现代化办公能力，组织机关工作人员参加市里举办的各种培训班。2006年4月19日在全市统战系统先进表彰会上，市侨联再次获得了表彰。2. 加强侨联组织建设，健全侨联工作网络。组织健全才有活力，网络形成才显优势。2006年以市侨联换届为重点，注意和发现侨界新的突出代表人物，与各区、大学、企业、统战部领导和侨联负责人沟通，深入了解在政治上有地位、经济上有实力、事业上有造诣的侨界代表人物，将其纳入侨联人才库并吸收到新一届委员会。与港澳华人华侨社团协商，并征求澳门中联办的意见，聘请新的港澳委员和名誉主席。经过周密的筹备，保证了第九次归侨侨眷代表大会的顺利召开。为了抓好社区侨联组织建设，组织重点单位负责人参加全国大中城市侨联工作交流会，学习各地经验，指导基层侨联工作。各基层侨联组织都充分发挥了作用，积极组织起来活跃起来，为群众办实事，为长春市经济建设努力做贡献。朝阳区侨联上半年共为7位“三侨”子女提供服务。向海外华人华侨发出慰问信300余封。引进外资12万美元，在光明大厦建立了“中侨文化传播有限公司”，现已资金到位，即将投入经营。为朝阳区教育基金会捐赠1万元人民币，并资助2名希望学校学生直到大学毕业。其基层组织南湖街道侨联组织成立了侨眷之家安老院、侨联120救助中心。宽城区侨联为长春市特困职工帮扶中心、长春市残疾人福利基金会捐赠衣物价值38万元，在“鼓励大学生自主创业、科技创新”活动中捐款2万元人民币，资助兰家镇郎家小学12名贫困学生，并在“六一”儿童节为全校学生捐赠5 000元的运动服。二道区侨联组织同康医院、君安医院共19名医护人员分别到四家乡和劝农山镇东丰村为当地农民进行送医药义诊活动，接待了当地230名患者咨询与诊疗，免费发放了价值21 000余元的药品。资助4名家庭贫困的清华大学学生直至大学毕业。捐赠劝农山镇小学8 000元用于购置教学器材和运动服。组织劝农山镇中心校40余名小学生到中国人民解放军装甲兵坦克学院开展军民共建活动。区侨联班子成员担任劝农山镇中心校5名贫困学生的“代理妈妈”捐赠资金2 000元。绿园区侨联在节假日组织侨商为贫困户送去慰问品及慰问金价值5 000余元，在其带动下吉林省电子商务交易中心员工向困难户捐款四千余元。助残日前夕，绿园区侨联组织银融社区侨属到省聋儿康复中心，看望在那里接受治疗的聋哑儿童并给他们带去了学习用品和剪纸艺术作品。绿园区景阳社区侨联在开展“献爱心”活动中，积极组织归侨侨眷、非党人大代表及民营企业家共捐款17 000元,帮贫困子女上学11人次,在“母子课堂”活动中,侨联委员无偿授课13次。一汽侨联春节前走访慰问40余户归侨侨眷家庭,发放慰问金2万元。组织老归侨到净月潭旅游。侨联名誉主席林水俊组织老同志自费为汽车工业创始人孟少农出书宣传民族汽车工业。一汽侨联还很注重充分发挥了社区侨联小组的作用。社区侨务工作站成立3年来发挥了重要的作用。吉林大学侨联中秋节组织了150人参加的“归侨侨眷中秋联欢游园活动”。帮助老归侨崔慧聪老师患白血病的儿子协调转院及医疗费报销等事宜,并就房产继承问题联系律师。为侨眷李载柔老师协调住院费用。引导海外校友参加长春市侨办主办的全球华人经济对接会。通过发贺卡、电子邮件等形式加强与海外校友联系,接待回校海外校友,沟通海内外情况。组织归国留学人员到双阳区奢岭街道开展社会主义新农村建设调研活动。归国留学人员王强教授长期资助特困生,还和一位德国专家共同出资建希望小学一所。校庆期间组织召开了“情系母校 共谋发展”的海外校友与归国留学人员座谈会。在长春市优秀中国特色社会主义建设者表彰大会上,有4名归国留学人员受到表彰(孔维、柏旭、王丽颖、张文祥)。东北师大侨联组织向老校友冯志远学习的活动以及赴辽宁参加中、小学寄宿制的调研活动。还组织9名同志参加了东北师大第二期统战干部理论学习班。组织学校参加统战部组织的统战系统乒乓球赛,由5人组成的侨联男队(其中有3位退休教师),获得亚军,女队获得第4名。组织庆国庆迎中秋联谊活动。在这些活动中,增进了大家的友情,在沟通中又互相结识了新朋友。长春工业大学侨联组织“爱长春、爱家乡”主题游园活动,举办迎中秋国庆茶话会。3. 搞好新华侨、新归侨及其侨眷的普查工作。在没有资金,工作人员少的情况下市侨联坚持进行侨情普查工作。在侨情普查的基础上,市侨联注意做好新华侨的社会安排和联络工作。发现、培育、树立海归派创业典型。对海外留学归国人员创业情况进行了调研。

【侨联宣传工作】 利用载体,宣传侨联,是扩大侨联的影响力,增强侨联活力的有效途径。市侨联把宣传工作紧密地与全市的中心工作及侨联的工作实际相结合,加强对《归侨侨眷权益保护法》及《归侨侨眷权益保护法实施办法》、《反分裂国家法》等侨务方针、政策及政治理论的宣传。通过会刊《长春侨联》及网站等各种媒体来反映侨界动态,宣传党和政府对侨工作方针等,大力弘扬侨界的优秀人物和事迹,加强对华人、留学人员爱国爱乡和支持祖国、家乡建设的宣传报道,从而推动侨联工作的开展。经吉林电视台、长春电视台、长春广播电台、《吉林日报》、《长春日报》报道的信息共11条。上报信息达29条。

(刘英佳)

地方军事

2007 长春年鉴

CHANGCHUN ALMANAC

地　方　军　事

长春警备区

【概况】 2006年，长春警备区注意在“抓训练、建班子、强素质、正风气”中渗透结合，凝神聚力狠抓落实，圆满完成年度各项工作任务。

1. 坚持用科学理论统一官兵思想，学习教育深入扎实。联系实际反复抓学习教育，把班子和部队的思想统一到“用科学发展观指导建设、用荣辱观规范言行、用岗位责任强化落实”上来。两级党委机关围绕“全面建设整体发展、扭住龙头带动发展”等五个专题，认真组织学习和反思，进一步深化了对科学发展观实践基础、科学内涵、精神实质和基本要求的理解，为联系实际抓建设提供了思路和结合点。紧贴形势和作战任务，扎实抓好“四守”教育、“使命”教育、先进性教育、“荣辱观”教育和“人尽一份心，年底保稳定”系列教育。总结推广了德惠市人武部民兵驻训政治教育做法。组织官兵参观谭竹青事迹展、重温入党誓词，广泛开展“草鞋传”、谈心互助等活动，进一步净化了思想，振奋了精神。

2. 坚持与军事斗争准备工作紧密结合，战备训练年度指标全面落实。深入开展应急行动准备暨全面建设综合调研，梳理各类问题百余项，进一步找准了差距、统一了思想，各项工作以应急准备为牵引，服从、服务于“中心”在两级班子和部队中形成共识。注重综合性。落实民兵整组，深化企业、社区编兵改革，完成“模块化”编兵试点任务和民兵分队基地驻训任务；加强指挥信息化建设，与长春电信集团协作，投资330余万元，开通“军事综合信息网”和“电视电话会议可视系统”，实现了警备区与人武部的互通、互联；充分发挥训练基地综合集成优势，保障省、市党政机关、院校和人民团体开展“国防日”活动4 000余人次；加大领导、宣传、优抚和监督力度，圆满完成年度兵员征集任务。强化实效性。九台市人武部组织民兵参加抗洪抢险，锤炼了部队处突快反能力。宽城、二道区民兵分队参加省军区高炮实弹射击考核取得全优成绩；九台市人武部、二道区人武部被省军区评为规范化训练先进单位；参加省军区首长机关考核及团以上干部军事素质认证，警备区获优秀组织奖，6名机关干部被省军区树为军事训练先进个人，8名团职干部被评为优秀指挥员，司令部参谋张高寿被省军区评为军事训练标兵，荣记三等功；在警备区组织的营以下干部素质认证中，双阳、南关、朝阳区人武部取得全优成绩。

3. 坚持与部队思想政治建设紧密结合，牢牢掌握部队建设方向。始终把建好班子、强化制度和深化教育作为思想政治建设的重要课题。以学习贯彻《党章》为重点，以党委诚信建设为突破口，在两级党委班子中旗帜鲜明地开展“明规矩、守纪律、尽职责”专题教育活动，约束了党员干部言行，树立了党员干部良好形象。下发《关于开展加强党委诚信建设学习实践活动的实施意见》、《关于开展学习党章遵守党章贯彻党章维护党章活动实施方案》，围绕学习《党章》组织开展有奖征文、试题竞赛、选树典型系列活动，增强了党员先进性意识，有力促进了党建和全面建设落实。双阳区人武部、绿园区人武部被省军区评为“全面建设先进单位”。

4. 坚持与部队建设实际紧密结合，抓弱项解难题有新突破。依据科学发展观、荣辱观和岗位责任的内在要求，深入查找和解决警备区建设中的薄弱环节，抓落实的能力和质量有提高。基层建设进一步巩固。落实《党支部工作条例》和省军区《党支部工作细则》，狠抓警备区机关、人武部两级党支部建设，健全组织，规范了制度；落实省军区基层建设会议精神，抓住乡(镇)班子换届契机，调整配备74名乡(镇)专武干部，总结推广了农安县人武部配备专武干部的经验。一汽集团、铁路十三局、武装部建设平衡发展、工作深入扎实。落实工作的执行力度进一步增强。从领导干部、领导机关抓起，坚持责任牵引，强化思想求实、作风务实、工作落实，战备工作、班子建设、素质训练、部队管理等各项工作得到加强。军官在岗训练进一步落实。持续开展“学军事、学科技、学管理”强素质活动，全员通过军事素质认证，优秀率达 76.5 %。长春市市长祝业精被沈阳军区评为“模范人民武装委员会主任”，长春轨道客车股份有限公司副总经理陈孝敏被吉林省委、省军区评为履行国防义务好厂长(经理)；九台市委书记高凤昌、二道区委书记刘德生，南关区人武部政委公茂祥、部长许富东，双阳区人武部政委李永军分别被省委、省政府、省军区评为“党管武装好书记”、“一对好书记”、“参政议政好常委”；警备区教导队被省军区树为“基层建设先进单位”；双阳区人武部政委李永军和警备区司令部参谋于小禹分别被省军区党委评为“优秀党务工作者”和“优秀共产党员”。

5. 坚持与落实以人为本要求紧密结合，建构心齐、气顺、劲足和谐环境。坚持用人、用钱、用权公开，严格执行制度规定。强化党委理财制度，年初对 10 个人武部财务状况进行审计。组织军队国有资产清理登记，清查大宗物资设备近千台(件)，合计金额近千万元，预算收支平衡率、家底基数达标率实现“双百”；严格干部考核规定和程序，认真听取群众呼声，干部调整工作，坚持公开公正，群众满意；积极解决干部、职工住房难题，启动“90 户”危房改造工程，初步完成动、拆迁工作。为老干部和机关干部体检，解决了退休干部沉积多年的家属安置问题。完成15 名转业干部和 10 名退休干部移交安置工作。投资 3 万元，修建机关战士文体室，改善了士兵业余文化生活。

6. 坚持与深化从严治军紧密结合，确保部队安全稳定。严格落实省军区“五条禁令”，从严管理部队。突出制度建设。深入开展“学法规、用法规、促正规，深化从严治军”活动。修订《警备区机关安全管理规定》和《车辆管理规定》等制度，增强了广大官兵的法规和条令意识。强化综合治理。在双阳区人武部组织召开“正规化建设现场观摩会”，推广了双阳、绿园区人武部加强正规化建设经验，并对两级正规化管理工作进行规范；加强对武器、弹药库管理，完成军委四总部“全军安全教育整顿和隐患排查”检查工作，代表沈阳军区接受军委四总部联合检查验收，受到好评。装备建设在沈阳军区民兵武器装备管理总结表彰会议上介绍了经验；加强营院管控，投资 3 万余元，安装警备区营院监控系统，规范了人员、车辆管理；认真落实保密工作制度，沈阳军区检查组给予充分肯定。狠刹歪风邪气。针对干部开车、酗酒，战士私自外出、私自出车等问题，加大监督惩处力度，各种不良倾向明显减少。警备区连续28 年无重大责任事故，部队管理工作形势出现可喜变化。朝阳区人武部被省军区评为“正规化建设先进单位”。

7. 坚持与双拥参建工作紧密结合，确保“双支”重点工作落实。积极协调开展信息化拥军活动。省军区对长春信息化拥军进行了专题调研，长春市开展信息化拥军的经验在省“双支”会议上做了专题交流；与市委、市政府共同举办科技双拥“一展、一坛、一会”，受到国家双拥办公室的高度评价；积极参加社会主义新农村建设。协调地方有关部门研究制订《长春市“双支”工作五年规划》、《长春市民兵预备役部队支持社会主义新农村建设工作规划》。警备区和县(市)、区人武部已与 12 个村屯建立帮建关系，并初步展开了帮建工作，榆树市人武部“双带”工作产生良好社会反响；积极参加扶贫救助活动，共捐助人民币65 000余元。其他各项工作也得到落实。计划生育工作被沈阳军区评为“人口和计划生育双管双助”先进单位；造林绿化工作被长春市评为先进单位；军事志编撰参加全军第二次军事志工作会议成果展示，受到总部首长好评，警备区被沈阳军区评为军史志工作先进单位；国防教育工作受到国家检查组充分肯定，长春工业大学、一〇八中学受到国家表彰。

(张高寿)

【征兵工作】 2006 年，在上级兵役机关和市委、市政府的领导下，各级地方政府和兵役机关认真执行征兵政策，以提高兵员质量为核心，坚持“党委管征”，坚决落实上级关于征兵工作的各项指示精神，圆满完成了年度征兵工作任务。2006 年长春市共征集新兵3 029人，其中，为解放军的征集新兵1 926 人，为武装警察部队的征集任务为1 103 人。战区内送兵任务为1 556 人。所征新兵中，在校大学生 14 人，高中(含中专、职高)毕业文化程度1 831 人，初中毕业文化程度1 184人;共青团员2 102人。应征青年上站体检5 120人,合格3 562人,合格率为69%。

1. 征兵宣传注重实效,宣传发动工作扎实有效。协调市委宣传部、市属各新闻媒体,做了大量的宣传发动工作。①加强了征兵宣传的针对性。针对“农村兵难征”及广大适龄青年思想观念中的模糊认识等问题深入开展宣传发动,从内容上注重兵役知识的宣传,培养兵役观念,树立自觉依法服兵役意识。针对国防观念淡薄给征兵工作带来的影响,注重革命历史传统的宣传,激发预征青年爱国从军热情,使“一人当兵全家光荣”思想深入人心。针对以往宣传鼓动效果不明显的问题,运用文艺演出、板报、传单、标语等多种形式进行宣传,激发广大适龄青年的参军热情。②全市媒体联动,形成征兵舆论攻势。通过市委宣传部协调市属主要媒体,以及城市晚报、新文化报等参与到征兵宣传工作中,在全市范围内形成征兵工作的舆论攻势。电视台通过电视专访的形式,宣传兵役工作法规及征兵工作政策规定。将征兵过程中涌现的先进人物事迹、典型经验运用全市各媒体的综合资源,迅速展开全方位报道。③进行面对面的宣传与教育。各人武部主要领导亲自带队逐个乡镇进行宣传发动。针对适龄青年应征积极性低的实际情况,充分利用省政府40号文件下发的有利契机,采取召集适龄青年及其家长开座谈会,进行面对面宣传教育的形式,帮助适龄青年及其家长算清应征入伍的“政治账”、“经济账”和“培养教育账”,极大调动了适龄青年应征入伍的积极性。

2. 政府职能作用突出,优待措施普遍加强。各级政府主要领导亲自挂帅,在宣传教育、体检政审、交接新兵等关键环节,深入基层检查指导,研究解决工作中存在的矛盾和问题,在人力、物力、财力上给予全力支持。各县(市)、区政府还在财政比较困难的情况下,按照省政府[2006]40号文件的要求落实义务兵的优待政策。农安县县委书记张焕秋、副县长张广君亲自组织乡镇党委书记召开全县征兵工作会议,明确党委书记为征兵工作直接责任人;朝阳区副区长葛健雄积极支持征兵工作,在省政府40号文件下发后,亲自协调各相关部门制订落实文件的措施办法;宽城区区长崔国光、副区长左毅组织召开会议,专题研究征兵工作。

3. 对策措施到位,体检工作标准高。在工作中紧扣“核心”,扭住“关键”,严格体检标准。①领导重视。成立了以人武部部长、卫生局局长为组长的体检工作领导小组,制订了责任追究制度,主管领导与卫生局局长、卫生局局长与体检医生分别签订了体检责任书,实行谁检查、谁签字、谁负责。②搞好培训,严把标准。长春市征兵办利用2天时间,组织全市40名心理测试医生进行了培训。各县(市)、区在集中体检开始前,都把选齐配强体检医生、搞好业务培训,当作确保新兵质量的关键环节来抓,真正把政治思想好、业务技术精、工作责任心强的医生选配到体检队伍当中来。③组织严密。普遍采取了封闭体检站、预征青年编号、医生挂牌上岗等措施。农安县坚持每天体检结束后召集体检医生、工作人员、接兵干部召开总结会,总结当天体检情况,听取各方面意见,改进下步工作;双阳区在体检站内安装了手机信号屏蔽仪,杜绝了打电话、递条子现象的发生。

4. 加大工作力度,政治审查把关严。认真落实了逐级政审和区域联审制度,坚持村(居民委)、乡(镇、街道)和县(市)、区三级政审,在全市或县(市)、区范围内进行联审。把人户分离、长期在外适龄青年的政审作为重点,做到该了解的情况了解清楚,该走访的单位走访到。对送兵兵员的政审,由送兵干部逐人逐户走访,切实掌握了应征青年的现实表现,并认真填写“两书一卡”(《新兵入伍志愿书》、《走访新兵责任书》、《新兵综合信息卡》),杜绝了小龄兵、假文凭和易地入伍现象。

5. 实行党委管征,廉洁征兵落到实处。从强化党委对征兵工作重大问题的领导和监督入手,全面贯彻落实党委管征要求。①统一思想认识,增强落实党委管征要求的责任感和自觉性。在总结分析往年征兵工作情况时感到,党委对征兵工作领导和监督不够,是兵员质量难提高的重要原因。为此,警备区组织人武部主官认真学习了上级有关文件规定,认清落实党委管征是坚持党委对重大问题实施集中统一领导的内在要求,实施党委管征是保证廉洁征兵的根本措施。②加强组织领导,把党委管征要求落到实处。明确了党委管征“管”的内容:要“管”征兵工作方案的制订及征集任务、农非比例的分配，要“管”征兵工作中敏感问题、难点问题、政策性问题以及对兵员质量产生影响的问题的解决，要“管”审批定兵。为把党委管征的要求落到实处，警备区首长进行了分工，对各单位的党委管征情况进行监督和检查。各级兵役机关把执行《沈阳军区廉洁征接兵规定》作为廉洁征兵的突破口，切实加强了征兵工作中的廉政建设。警备区纪委成立了征兵工作纪检监察办公室，抽调相关人员组成廉洁征兵巡查组，实行廉洁征兵“五个承诺”等办事制度，落实征兵工作人员“十条禁令”要求，增大征兵工作的透明度，实行“六公开”的办事制度。

（霍秀田）

武警长春市支队

【概况】 2006年，武警长春市支队（以下简称市武警支队）坚持用科学发展观统领部队建设，按照“强班子、抓基层、谋发展、保稳定”的总体工作思路，紧紧围绕“两个确保”，转变作风，扎实工作，圆满完成了以执勤、处置突发事件和反恐为中心的各项任务，部队保持了稳步、协调、健康的发展势头。

【党委班子建设】 1. 抓思想，始终注重从政治上强班子。市武警支队根据实际，先后在党委机关开展了“新使命”、党章学习、“遵章守纪、关爱生命、安全发展”专题教育活动，有效地提高了班子成员的思想政治素质。党委从政治上、思想上把握部队的能力不断提高，部队始终保持了健康正确的前进方向。2. 抓作风，始终注重从形象上带班子。党委正副书记坚持从自身做起，从形象上做出榜样。其他常委个个勤奋敬业、精神饱满，始终保持了昂扬的精神状态。牢固树立了“基层第一，士兵至上”观念，坚持经常深入基层解难题、办实事。3. 抓民主集中制建设，始终注重从制度上建班子。认真贯彻“十六字”原则和《军队党委工作条例》，结合传达贯彻武警总部民主集中制网上集训精神，组织班子成员反复学习《党章》、《军队党委工作条例》、《党内监督条例》、胡总书记在建党85周年上的讲话和毛泽东、邓小平、江泽民、胡锦涛关于民主集中制的论述，重新修订完善了《长春市支队党委议事规则》、《长春市支队党风廉政建设措施》，分析查找了党委贯彻落实民主集中制存在的问题，进一步加深了对民主集中制科学内涵和基本要求的认识理解，增强了贯彻落实的自觉性和坚定性。在实际工作中，支队严格按照程序办事，坚持科学决策、民主决策、依法决策。

【部队教育管理工作】 1. 深入抓好科学发展观的学习贯彻。认真贯彻胡主席关于“贯彻落实科学发展观，要在‘深入’上下功夫，在‘实效’上做文章”的重要指示，结合部队建设实际，坚持把科学发展观作为部队建设发展的指导方针，作为年度工作指导思想，作为党委班子先进性建设的基本要求，作为各级干部集训的主要内容，采取有力措施，强化首位意识，激发学习热情，加深认识理解，增强运用实效。紧紧抓住联系实际、解决问题这个关键环节，坚持运用课题牵引深化理论学习，坚持一边学习领会理论观点，一边研究解决问题，党委机关定期组织学习研讨交流，每季组织由常委带队工作组深入基层蹲点调研，进行科学发展观宣讲，运用科学发展观的基本观点，分析查找基层建设中存在的突出问题，研究制订改进措施，使理论学习的过程真正成为转变思想观念、理清工作思路、探寻工作方法、解决工作难题的过程。

2. 着力抓好党委机关专题教育和部队主题教育。在党委机关使命教育中，主要把党性分析作为教育的重点步骤突出出来。从班子成员到每个机关干部，人人准备剖析材料，共有20人次在全体干部大会上做了深刻剖析，真正触及思想、触及灵魂。通过教育，增强了党员干部的党员意识和党性观念。在基层主题教育中，重点把“新使命”教育与“社会主义荣辱观”教育结合起来，做到紧贴部队任务实际和官兵思想实际设置教育内容，努力增强教育的针对性和有效性。同时，积极挖掘社会教育资源，组织官兵参观爱国主义教育基地，开展讲英雄故事、唱革命歌曲等活动；在宣传文化网上开展了“新使命与我”的大讨论和“小岗楼连着大使命”的体会交流，使教育向科学发展观聚焦，向思想作风建设渗透，与履行职责相结合，收到了良好效果。

3. 扎实开展了经常性思想工作。积极研究抵御“四不”消极影响的措施办法，探讨出了“组织管控，筑牢思想防线；个人

支队进行应急小分队业务操练

自控，明辨是非标准；群众互控，增强整体效应”的“三控”措施，有效地避免了因“四不”问题导致的各种事故案件。

4. 营造良好的思想政治教育环境。按照“四有”的要求，开展了篮球、读书演讲、“读报学报用报”、知识竞赛、歌咏比赛等健康有益的文化体育活动。筹备、参加了全军业余篮球通讯赛武警部队赛区吉林总队比赛，并取得第一名的好成绩。

【中心工作】 1. 坚持依法治勤。主要抓了四个方面：①抓议勤。严格落实每季度党委议“中心”制度，坚持做到经常性勤务定期议，临时性勤务及时议。②抓制度。为规范执勤秩序，2006年初，长春市支队党委派出工作组，深入基层就如何加强执勤工作进行了近4个月的调研，研究出台了《关于进一步加强执勤工作的决议》，从制度上保证了中心工作的落实。③抓检查。采取昼巡夜查的办法，对基层实施不间断的检查。双休日、节假日，三个部门还派出检查组，检查执勤情况。支队网络查勤员每天对基层值班和哨位执勤情况进行滚动式检查，每月对检查情况进行一次通报；中队网络查勤员不间断地对各哨位进行查看监控，遇有情况，及时纠正，有效地确保了勤务安全。④抓奖惩。支队党委专门从执勤费中拿出5万元，建立了执勤奖励基金，对执勤中涌现的好人好事及时奖励，对违反执勤纪律，出现问题的，追究当事人和相关领导的责任。

2. 狠抓了执勤隐患治理。①查找了执勤隐患。始终牢记“没有忧患意识是最大的隐患，看不到问题是最大的问题”的告诫，在部队叫响了“抓好每一件小事，不放过任何一个疑点”的口号，并把“8·19”作为警醒日，先后3次在全支队开展了“查执勤隐患、保目标安全”活动，积极协调长春、铁北两大监狱和8个看守所，联合开展了清监行动，进一步消除了执勤隐患。②加强了分类指导。根据吉林省总队总队长陈明乐的指示，由一名常委带领，组织人员对“一、二、三、四、边、长、核”七项重大忧患进行了深入调研。对警卫勤务，要求中队每日对所属官兵进行思想跟踪，大队每周进行一次全面思想摸底，支队每月对勤务部署、执勤设施、执勤手段进行认真排查，找出安全隐患，及时进行解决。对“两看”勤务，要求中队充分发挥“三共”等载体的作用，积极搞好协同，并采取常委包片，大队干部蹲点指导的方式，对能力相对较弱的中队进行面对面指导、帮建，确保勤务万无一失。对守卫勤务，与目标单位一起对守卫勤务哨位、周围环境等进行现场勘查，结合实际修订了3处目标的《执勤方案》，合理调整了勤务部署。对临时勤务，由一名副参谋长主抓，组织业务骨干认真编写了《武装押运勤务的组织与实施》、《武装押解勤务的组织与实施》等指导性方案，及时修订了《处置突发事件方案》。③完善了执勤设施。按照“先进的抓正规、中间的抓改善、落后的抓建设”的思路，积极争取地方政府和用兵单位支持，加大了执勤设施建设力度。④积极推进信息化建设。把科技强勤、科技创安作为加强执勤工作的重要举措。在十九中队进行了试点引路，将红外线报警系统、开放式对讲系统、指纹查勤系统、电子执勤编组表和执勤方案电子显示图运用于执勤中，使“人防、物防、技防”结合的更加紧密，进一步提高了目标的安全系数。

3. 严格战备制度。坚持在完成处突任务中锻炼部队。7月14日凌晨，武警支队出动280

名官兵，完成了宽城区扶贫大市场抢险救灾任务，挽回经济损失100余万元，受到了市领导及人民群众的高度评价。

4. 扎实抓好军事训练。按照《军事训练大纲》的要求，抓好机关干部军事理论和高科技知识学习，开展了参谋业务培训和室内战术作业训练；组织95名在职指挥士官进行了以“四会”教学为主要内容的业务培训；组织支队反恐分队在教导队进行了为期3个月的驻训；组织各中队应急小分队进行了军事业务会操。目前，80%以上的基层干部达到了“四会”教练员的标准，90%的基层指挥士官具备了“三能”、“四会”能力。

【干部队伍建设】 1. 抓培训。本着缺什么补什么、需要什么学什么的原则，采取理论学习、专题辅导、讨论交流、答疑释惑、教育准备会等形式，用20天时间，分两批对支队大、中队副职干部进行了《纲要》培训；对新毕业学员进行了岗前培训；组织12名干部参加总队预任中队主官集训；坚持每月开展一次“指导员之家”和“司务长之家”活动，随时解答基层干部工作中遇到的疑难问题，提高了他们按纲抓建和履行本职的能力。2. 抓教育。针对驻地环境复杂，受“酒绿灯红”腐蚀诱惑多的情况，有针对性开展了“顾大局、守纪律、讲奉献”教育、“知恩、知足、知责”教育和拒腐防变教育；针对近年部队干部离婚率有所上升的情况，深入开展了“树立正确的婚恋观，保持思想道德纯洁”教育；针对工资调整后，部分干部滋生追求物质享受的心理，有针对性开展了“知恩、尽责、守纪、奉献”教育，提高了全体干部的敬业奉献精神，确保了全体干部思想道德纯洁。总队党委对抓教育的做法给予了充分肯定。3. 抓管控。严格落实“主官负责管理部门以上领导，部门领导负责管理所属人员，基层干部由挂钩领导负责管理”的干部按级管理责任制。对所属干部做到随时检查、定期走访、经常谈心，随时掌握干部家庭和本人“三圈”情况，较好地解决了干部乱交往、精力不集中的问题。4. 抓激励。2006年，拿出30万元奖励基层一线干部；先后给37名政绩突出的干部报请提前晋职；“八一”前夕，召开了家属座谈会，表彰了10名好军嫂。针对大龄青年找对象难的实际，先后2次与长春市民政局、朝阳区政府和长春市光大婚姻公司举办了“大龄干部联谊会”，建立了大龄干部联谊卡。5. 抓机制。坚持以“创建学习型警营、培育知识型干部”为目标，广泛开展学习成才活动。制订了《人才培养规划》、《深入开展学习成才活动实施意见》等措施，形成了军政主官负总责、分管领导亲自抓、机关部门各司其责的工作机制。充分利用社会教育资源，有计划地组织各类函授教育和自学考试，选送优秀骨干到地方高等学府学习深造，鼓励官兵自学成才。

【夯实基础建设】 1. 坚持反复学习《纲要》和《三十条》，不断提高各级干部按纲抓建能力。2006年，先后组织人员参加了总队和支队举办的《纲要》培训，提高了一线带兵人按纲抓建的能力。2. 坚持科学统筹，不断正规抓基层工作秩序。按照《纲要》要求成立了抓基层工作领导小组，科学安排抓基层的工作，科学统筹抓基层的力量。注重发挥大队“前沿指挥所”作用。3. 坚持“两个尊重”，充分调动广大官兵投身部队建设的积极性。认真贯彻胡主席关于“充分尊重广大官兵和主体地位和创造精神”的指示要求，把相信和依靠官兵建设基层作为推动持续发展的着力点。在部队建设的决策上，广泛征求基层官兵意见；在重大敏感问题处理上，主动接受基层官兵监督，使广大官兵对部队建设的知情权、参与权、推荐权、监督权得到了有效保障，主人翁意识明显增强。4. 坚持“三治”并举，促进基层建设整体推进、协调发展。着眼增强基层自建意识和“造血”功能，坚持把“先进治满，中间治平，后进治短”的工作贯穿到基层帮建工作全过程。2006年，支队党委机关先后组织4批工作组，深入基层蹲点、调研、帮扶，对全支队所有党支部做到了全面调研一遍、综合评估一遍、逐个帮扶一遍。

【正规“四个秩序”】 1. 抓好法规学习。采取根据任务随机学、结合本职侧重学、开展活动促进学等方法，扎实开展了条令学习月活动。9月初，在全部队开展了从严治警“百日教育整治”活动，有力地促进了安全制度的落实。9月14日开始，在支队党委机关开展了以“遵章守纪、关爱生命、安全发展”为主要内容的专题教育整顿，采取集中学习与个人自学相结合，警示教育与查摆反思相结合的办法，组织全体干部认真学习了军委11、12号文件精神、胡主席关于以人为本、尊干爱兵、科学管理、安全发展的重要论述，学习了条令条例、武警部队《关于解决部队管理教育工作中“五个重点问题”的规定》等规章制度，积极引导各级深刻吸取3起特大事故的教训，不断端正指导思想，改进工作作风和工作方法，深入查找了影响部队安全稳定的4个方面21条隐患，制订了符合实际的整改措施。通过学习教育，以人为本、安全发展的理念进一步确立。

2. 深化治理“五个重点问题”。始终把深化解决“五个重点问题”作为抓好经常性管理工作的突破口，严格落实经常性管理工作制度。在人员管理上，着重抓好公勤人员、住院、探亲、休假等零散人员和单独执勤人员的管理。狠抓了“四个严禁”，即：严禁战士使用手机等通讯工具；严禁战士与地方人员乱拉关系；严禁到地方书店、音像商店购买、租借不健康书籍和音像制品；严禁官兵私自到地方网吧上网，确保了人员管理不失控。在内部关系上，为每个中队建立了“心连心”服务热线，将支队长、政委、副政委和三个部门领导的电话公开，让战士直接跟领导建立联系，保证民主渠道畅通。始终注重解决好“三对矛盾”，坚持定期到基层中队征求官兵意见，4次到基层单位进行民主测评，解决内部关系问题3起，处理了5名不称职的干部和骨干，进一步融洽了内外关系。在车辆管理上，严格坚持“车况不好不派、驾驶员有思想情绪不派、驾驶员过度疲劳不派”的“三不派”原则，确保了车辆管理严格、使用正规。在枪弹管理上，严格落实“三人三锁”制度，对执勤用枪坚持每周调换、擦拭一次；对动态中的押运、押解用枪，严格按照勤务组织程序对枪弹进行使用和保存，保证了枪弹不出任何问题。在治酒问题上：明确规定“上班不喝酒，招待不酗酒，中队不见酒”的“三不”要求。一年来，没有发生一例干部、战士在基层饮酒现象。

【后勤保障工作】 1. 下大力抓后勤人才建设。采取统一计划、统一组织、分层培训的方法，先后3次对机关和基层后勤干部进行集中培训。对军械员、卫生员、驾驶员、炊事员、种养殖人员共180人进行了专业技能培训，培养了一大批能管会算，能种善养，能修能补的小行家、小能手。2. 下大力抓物资采购制度改革。参照武警总队机关物资采购程序，制定了《长春市支队物资集中采购办法》，编制采购预算，制订采购计划，完善采购措施。特别是在副食品的采购上，实行以往在农贸市场定购，现在一律到就近超市定购的办法，既保证了副食品的质量，又杜绝了跑、冒、滴、漏、超的问题，较好地把住了副食品价格、数量、质量三个关口。3. 下大力抓“四配套”建设。筹集资金1 000余万元，完成了2个中队营房新建，3个中队营房扩建；1个中队营房和执勤设施改造、2个中队、农安中队营院硬化以及6个单位和干部家属楼的维修改造，解决2个中队吃水难的问题，长期影响官兵生活的洗澡、吃水、取暖等老大难问题得到了进一步治理。4. 下大力抓了后勤规范化管理。认真学习武警总部、吉林省总队后勤工作电视会议精神，严格按照《后勤规范化建设与标准及考核办法》，坚持对重大经费开支“每月看、适时议”，有效地避免了理财的盲目性。

（张菁　陈雷）

人民防空

【概况】 2006年，长春市人防工作在市委、市政府、省人防办和军事部门的正确领导下，按照中央9号文件的要求，遵循“长期准备、重点建设、平战结合”人防建设的方针，认真贯彻《人民防空法》，依法加强人民防空建设，开拓进取，努力奋斗，充分把握住当前长春市加快城市化进程的有利时机，抢抓机遇，创造性地开展工作，在解决人防建设重点、难点问题上下工夫，逐步解决了一系列制约人防发展的重大问题，有力地促进了2006年长春市人防工作任务的顺利完成，并被沈阳军区国动委评为人防工作先进单位。

【人防应急准备工作】 为贯彻国家新时期军事战略方针，全市各级人防部门不断适应新形势、新任务的需要，在工作中坚持把人防组织指挥和通信警报建设作为整个人防建设的“龙头”来抓，积极做好了应对突发事件的准备工作。1. 按照军警民“三位一体”联合防空部署的要求，完成了市、区、县《城市防空袭预案》的修订工作，并经市政府审定通过。同时，结合《预案》的修订,组织开展了重要经济目标防护的理论研究和普查工作,推动了第一汽车集团公司和沈阳铁路局长春办事处等重要经济目标防护预案的修订。2. 着力提高防空指挥通信能力,使城市防空警报报知水平逐年提升。2006年,投资近700万元完成了人防通信楼及配套设备建设。安装了人防空情接收处理自动化系统;加强了全市警报器的维护保养;对全市警报控制系统进行了技术改造,目前,全市警报器的完好率、鸣响率以及音响覆盖率均得到稳步提高。3. 加强了人防专业队伍的组训工作。结合战时抢险和平时应急救援需要,对全市7支人防专业队伍进行了整组,把这7支人防专业队伍确定为应急救援的骨干力量,并且加强了重点单位应急救援自救队伍的建设。同时,还强化了防化专业队的训练,在长春警备区民兵综合训练基地组织防化专业队员进行了各种科目训练,收到了预期效果。

【城市防空地下室工程建设】1. 加大了人防工程建设项目管理力度,同时,还加强了对全市已建人防工程的维护管理,工程维管率和完好率分别达到96.5%和65%以上。2. 全市各级人防部门坚持依法行政,坚持"以建为主、以收促建"的原则,大力推进修建兼顾人防要求的防空地下室,全年审批建设项目167项,其中符合人防建设规定项目120项,总建筑面积405万平方米。特别是净月经济开发区、经济技术开发区和双阳区的结建审批工作成效显著。

【人防平战结合工作】 1. 按照长春市《关于调整加强市突发公共事件应急处置机构的通知》要求,市政府将原设在长春市人民防空办公室的长春市突发公共事件应急处置总指挥部办公室改设在市政府办公厅。2. 深入贯彻落实全省大中型平战结合人防工程经营管理经验交流会议精神,加大了对开发利用工程的管理力度。长春市人防平战结合收入全年累计完成营业额5.2亿元,上缴国家税金2 204万元,实现利润6 314万元,收取使用费1 244万元,各项指标均超额完成任务。3. 积极进行平战结合工程临战征用的探索和实践,研究相关措施,调查普通地下室平战转换项目,完善了各类人防设施的平战转换措施。4. 认真落实防火、防汛各种保障措施和责任制度,有计划地组织重点单位进行防火演练,对发现的隐患及时整改,确保了人防工程全年安全无事故。

【人防法制建设和执法工作】2006年长春市制定出台了《长春市人民防空工程维护使用管理规定》,为深入推进结建地下室的维护管理和开发利用创造了条件。在依法行政过程中,各级人防部门不断以《人民防空法》、《吉林省实施〈人民防空法〉办法》为依据,加强人防执法队伍建设,认真落实人防行政执法责任制、评议考核制和检查监督制,严格执法、文明执法,从政务中心窗口审批、执法队普查等各个环节,层层把关,堵塞漏洞,严格按照"公正、公开、文明、规范"的原则和各项法律程序的要求,在人防结建费的收取、人防工程建设等各个方面进行了严格的行政执法。全年共查处破坏人防工程设施单位12家,收取罚金60万元;追缴历年陈欠结建费260万元;与多家建设单位针对未达到人防建设要求的地下室签订了改建协议,改建面积为25 160平方米,涉及金额4 528.8万元。

【人防宣传教育工作】 1. 为增强各级领导和广大人民群众的国防观念和人防意识,全市各级人防部门都能充分利用多种形式,大力宣传人民防空的法律、法规和相关人防知识。特别是在全市警报器试鸣日,全市人防系统在文化广场结合纪念9·18事变75周年、《人民防空法》颁布十周年和国家确定的第五个国防教育日,组织开展了"勿忘国耻,振兴中华"的大型宣传活动。其中,绿园区、双阳区、德惠市和农安县设置了永久性的宣传展室,收到了较好的宣传效果。通过各种形式的宣传,增强了社会各界对人防工作的认识、理解、参与和支持,为长春市人防事业的发展营造了良好的外部环境。2. 人防宣传教育"五进"活动全面推进。组织全市约15 000名公务员进行了《人民防空法》普法考试;完成了长春市妇女儿童活动中心"星星泉未成年人安全自救教育基地"的建设,该基地现已启动;推动了一汽集团的人防宣传工作,并在车间展示了人防宣传展板;逐步完善了人防网站建设;规范了初级中学人民防空知识教育,进一步巩固了教育成果。

【人防计划财务工作】 1. 深入

贯彻落实全国和省人民防空会议精神，认真编制了《人民防空建设第十一个五年规划和2015年前发展纲要》。2. 加强财务管理和人防资产管理，认真执行财务政策，遵守财经纪律，严格执行“收支两条线”规定，经常开展人防系统内部财务检查，自觉接受市财政、纪检、审计等部门对人防财务管理工作的监督检查。3. 积极筹措人防建设资金，全年共收取四项费用198万元；收取人防工程使用费1 244万元；全市地方财政安排人防建设资金54万元，其中市本级安排人防建设资金50万元，区、县级市财政安排人防建设资金4万元。

【队伍自身建设】 1. 重点解决了因历史遗留及市政府南迁带来职工安置问题，重新安置职工就业人数总计55人，从而解决了部分职工的后顾之忧，较好的稳定了人防干部队伍。2. 大力加强干部职工队伍建设，进一步转变用人观念，努力建立适应新形势下人防事业发展的用人机制。2006年，对近一半的基层单位领导班子进行了调整，有效的增强了干部职工队伍的活力和动力。3. 各级人防部门都能根据国家人防办和沈阳军区关于“准军事化”建设的要求，结合自身工作实际，以“政治坚定、业务精湛、纪律严明、作风过硬、廉政高效”的准军事化要求为工作目标，全面加强机关建设，充分调动了干部职工的积极性，增强了人防队伍的整体素质，提高了战斗力，使全市人防系统在战备应急建设和办公秩序建设上均有新提高。

（陈英义）

政 法

政 法

综 述

2006年,全市政法机关,坚持以邓小平理论、"三个代表"重要思想和科学发展观为指导,围绕构建社会主义和谐社会战略目标,认真履行职责,为全市改革发展稳定做出了突出贡献。

国家安全机关切实加强情报信息工作 国家安全机关及时掌握敌情动态,积极防范和严厉打击境内外敌对势力、反动宗教组织,侦破了一批危害国家安全案件;围绕要害部门反窃密和重大外事活动,切实做好国家安全和保密工作,取得了突出成绩。

公安机关开展系列专项斗争 公安机关深入开展"打黑除恶"、"命案攻坚"、打击"两抢一盗"等一系列专项斗争,破获各类刑事案件11 000多起,命案破案率达到92.5%;深入开展"抓基层、打基础、苦练基本功"工程,加大经费和装备保障力度,新建、改建了45个基层派出所,新配备了一批防暴反恐、网络监控、技术侦查设备和警用车辆。市公安局在全国公安"三基工程"建设现场会上介绍了经验,网上追逃工作在全国副省级城市中名列第一,畅通工程在全国846个参评城市中名列第三,实现连续4年无重大火灾事故。

检察机关忠实履行法律监督职能。审查批准逮捕3 746件5 311人,审查提起公诉4 147件5 991人;严厉打击商业贿赂和贪渎犯罪,立案查办职务犯罪194件203人,查办渎职侵权职务犯罪78件80人;大力推进信息化建设,建成集语音、数据和视频为一体的局域网,实现了专线网互联互通。二道区检察院被最高检评为全国先进检察院,绿园区、宽城区、榆树市检察院被评为全省先进检察院。审查起诉工作已经成为长春市检察系统的一面旗帜。2006年在省高检的统一组织下,长春市检察院抽调精干力量,参加全国重点案件的侦查工作,得到了中纪委和最高检的信任和好评。

审判机关坚持公正审判、执法为民 积极主动介入新农村建设、棚户区拆迁改造、国企改革、招商引资和重点项目建设,积极参与经济贸易、投融资、知识产权保护、仲裁等民商事经济活动,服务改革发展的能力进一步提高。全年受理各类诉讼案件73 462件,审结69 877件,结案率95%。依托高校资源和网络教育等多种手段,努力提高法官队伍的业务素质和学历层次。市中级法院被省高级法院评为思想政治工作先进单位、法制宣传教育先进单位。

司法机关基层司法所建设、普法教育得到全面加强 司法行政机关在基层司法所建设、保证狱所稳定、法律服务、预防和化解矛盾纠纷、普法依法治市等方面,做了大量卓有成效的工作。尤其是在法律服务所和司法所整合方面,力度大、效果好,全市有107个司法所达到了省级规范化建设标准,司法部在长春市召开了全国基层司法所建设现场会,推广长春市的经验。长春市还被评为全国2001－2005年普法教育先进城市,市司法局被司法部荣记集体一等功,被人事部、司法部授予"全国司法行政系统先进集体"荣誉称号。

全市政法干警开展法治理念教育活动 市委政法委,紧密联系全市广大政法干警思想和工作实际,认真组织开展以依法治国、执法为民、公平正义、服务大局、党的领导为主要内容的社会主义法治理念教育活动,广大政法干警特别是各级领导干部的思想政治素质明显提高,长春市在全省社会主义法治理念教育经验交流会上介绍了经验。

积极化解人民内部矛盾 开展集中解决非正常进京上访专项治理,对200件涉法涉诉上访案件进行了质量评查,解决了一大批涉法涉诉信访疑难案件;全面加大防范和处置邪教工作力度,积极开展矛盾纠纷排查调处工作,长春市荣获全国防范和处置邪教先进单位。

扎实推进"平安长春"建设 深入开展社会治安综合治理,建立起市、县(市)区、乡(镇)、街道、社区四级综治工作体系,成立由综治办牵头,集派出所、610办、信访办、司法所、治安联防队"五部门联动"的乡(镇)、街道综治工作中心,全面加强物防、技防、人防体系建设,落实了全市万余名保洁员"一岗双责"进行义务治安巡逻工作。长春市连续7年被省委、省政府授予社会治安综合治理先进城市。

(郎晓红)

公 安

【概况】 2006年,全市公安机关以科学发展观为统领,紧紧围绕全市经济更好更快发展这个大局,深入贯彻落实"抓班子,带队伍、保稳定、促发展"的工作思路,以"有旗必夺、有誉必争"的昂扬斗志,深入推进"三基"工程建设、平安长春建设和队伍正规化建设,公安工作和队伍建设取得新进步。

【基层基础建设】 全市公安机关全力推进基层队伍、基础业务和基本保障"三大建设",相继新建了二道区分局、交警南关区大队、高新开发区大队等9个现代化办公楼,新建派出所办公用房75个,其中,城区45个,四县市30个,公安机关特别是基层所队办公用房建设取得历史性突破,基层实力明显增强,基层战斗力明显提高。市公安局被公安部命名为"全国公安机关'三基'工程建设"先进典型。16个刑警责任区中队被公安部命名为一级刑警责任区中队,网监科技建设达到了全国一级城市建设标准,技侦"两化"建设进入了全国二级行列,出入境管理处被公安部授予全国文明窗口建设先进单位,义和路派出所被公安部授予正规化建设示范单位。

【维护稳定工作】 大力强化情报信息的收集研判,保持对违法犯罪活动的强势高压,破获了一批违法犯罪案件,抓获处理了一批违法犯罪人,收缴了一批反动宣传品,严厉打击"门徒会"等邪教组织及宗教渗透破坏活动,严密监控"两非"、"两乱"骨干分子活动的现实表现,适时打击现行违法活动。加强反恐、应急、处突预案、指挥和处置体系建设,按照"素质最优、装备最精、纪律最严,作风最过硬,战斗力最强"的理念打造特警专业队伍,依法妥善处置了经开区兴隆山镇隆东村100余名村民暴力阻挠施工,汽车产业开发区福乐超市200余名供货商聚集讨要欠款等突发事件970起。推进开门接访和处置涉警上访工作,初步建立了处理群众信访问题长效机制,长春到省进京上访总量排名由全省第一位降至第四位。保持开门接访的力度、效果不减,全局信访案件的结案率、息访率分别达到了99%和95%。公安部督办的5件信访案件已成功息访4件,涉警进京上访数量同比下降了27.5%。

【严打斗争】 全面推进打黑除恶、命案攻坚、打击"两抢一盗"、网上追逃以及禁毒人民战争,向各类违法犯罪活动发起凌厉攻势。刑侦、技侦等部门发挥骨干和尖刀作用,大案攻坚能力进一步彰显。全市公安机关成功摧毁榆树市徐伟等83个黑恶犯罪团伙,周永康部长做出重要批示给予肯定。快侦快破了净月开发区"3·22"公交车司机被砍手、南关区"7·13"热力公司22万元工资款被抢、绿园区"11·22"系列抢劫杀害5人、二道区"12·29"储户67万元现金被抢案、榆树市"8·10"、农安县"8·18"枪击案、德惠市"10·30"持枪入室抢劫案等多起恶性大案;全年攻克命案234起,年内命案破案率达到92.5%,实现了公安部提出的"两降一升"目标,朝阳区等5个城区实现了命案全破。抓获各类网上逃犯3 300余名,高居全省首位,综合得分列全国第九。成功打掉了境内外勾结的蔡立杰特大贩毒团伙,收缴毒品价值100余万元。2006年,全年共破获各类刑事案件15 058起,破案率达到45%,同比提高了5.6个百分点,再创历史新高。

【治安防控水平】 坚持"打防结合,预防为主"的方针,贯彻落实"确保,巩固、封锁、推动"的防控思路,创造性地运行了"一警两员"巡控工作法,全市310个防控卡点、110个打击盗抢机动车卡点,70个打击盗杀牲畜卡点和620个金融场所看护点构成了全面覆盖、有效控制的网格化格局。派出所发挥主力作用,巡警支队加强重点区域巡控,共抓获现行犯罪嫌疑人3 700余名,同比提高5.2%。集中开展了租赁房屋清理整顿活动和"社会人"大排查活动,形成了以"五图二表"为信息载体的人口管控新模式,超额23%完成了"二代身份证”换发任务。大力推进街面可视监控、报警服务平台、GPS卫星定位等系统建设,全市259个小区实现了封闭管理,全市重点部位安装可视监控探头935个,整体技防监控体系初步形成。开展多种形式的群防群治工作,通过政府提供公益岗位的方式招聘治安巡护员3 500人。2006年,全市共立刑事案件25 204起,同比下降8.8%,其中多发性的抢劫、盗窃案件分别下降了6.3%和11.7%,社会治安局势持续稳定。

【公共安全管理能力】 牢固树立“安全第一,生命至上”的理念,创新管理工作思路和举措,充分发挥公安机关参与社会管理的优势,进一步营造良好的社会治安环境。消防部门与基层派出所严格落实消防三级管理责任制,突出重点期间彻查各类公众聚集场所和农村“五个重点部位”,严治“一通两易四用”,长春市在全国同级城市中,实现了无重大火灾事故“四连冠”。以“保安全、保畅通,降事故”为目标,持续开展交通秩序整顿活动,积极创新工作机制,强化对酒后驾车等严重违法行为,以及对中小学校班车、报废车、三轮车等突出问题的专项整治,在四县(市)和双阳区建立了农村交通管理勤务室,促进了城乡交通管理工作的同步发展。2006年,全市交通四项指标同比全面下降。长春市“畅通工程”在全国846个参评城市中名列第3名,标志着长春市交通管理水平进入了全国领先行列。加强民爆枪支管理、娱乐场所监控、旅馆业管理信息等六大系统全面开通,投资近百万元建成了全国一流的枪管中心,集中开展“劲风”、“春雷”等专项行动12次,“黄赌毒”等社会丑恶现象得到强力打击。集中开展大规模的反扒专项行动,“小新疆”等治安问题得到有效整治,扒窃违法活动的高发势头得到有效遏制。着力提高监管场所安全管理和深挖犯罪能力,全年破获刑事案件2 130起,占全局破案总数的14.1%,居全省第一。连续开展了打击网络赌博、网络盗窃及定位追逃等专项行动,综合管理水平显著提升。严格贯彻公安部校园整治“八条措施”,集中对高校周边小旅店、影吧、网吧等场所开展了地毯式、强力度的专项整治,教书育人环境得到深度净化,广大师生家长拍手称快。

【服务经济发展】 严厉打击金融诈骗、合同诈骗及涉税等重大经济犯罪活动,相继破获了刘嘉兴非法吸收公众存款2 200余万元、王树声虚开增值税发票2.7亿元等一批有影响的大案,特别是成功破获了国家和省市领导高度关注的龙凤教育咨询公司以办理出国留学手续为名,诈骗600余名学生家长总计4 000余万元的特大案件,主犯无一漏网。积极参与全市统一开展的殡葬物品清理整顿及棚户区强制拆迁,成功处置了利用自制炸药抗拒拆迁等32起暴力抗法事件,保证了17项市政重点建设项目的顺利进行。打击破坏通讯设施盗割电缆犯罪及打窃电、打窃油、窃水专项行动扎实深入,共为国家和企业挽回经济损失1 100余万元。在全省首家开办了港澳个人游签注业务,市民赴港澳实现了程序更简化、申请更快捷、办理更高效。圆满完成了“东博会”、“农博会”等大型活动的安全保卫工作,确保了贾庆林、李长春、吴官正等中央首长在长视察期间的绝对安全。

【队伍正规化建设】 制定出台了《长春市公安局关于加强处科级领导班子建设的意见》,先后两批次调整、交流处级干部78名,提拔、交流基层所队领导干部420余名,采取“两推一考”方式,建立了211名的处级后备干部人才库,开创了干部管理制度的先河。广泛深入地开展全警“学三法”活动,法制处全面推进执法档案、执法示范单位和执法质量考评工作,被公安部评为执法服务队优秀组织单位,南关、二道区分局被评为全国执法示范单位。积极深化岗位练兵活动,大力改善公安干校基础设施,相继开办派出所所长、刑警中队长等有针对性、重实效的培训班56期,受训人数达到4 200余人次。在全省大练兵比武中,市局获得了团体第一和6个单项第一。提出了准军事化管理的工作理念,全市113个派出所完成了外观标志统一并通过了公安部验收。制定并运行了千分制考核办法,将业务与队伍结合,将政绩与奖惩挂钩。纪委、督察等部门严格监督“五条禁令”等纪律规定的落实,加强对全局中心工作和各类执法活动的现场督查,全年共查处民警违法违纪案件32起,党纪政纪处分16名,两项指标实现了连续两年下降20%。彻查严处了“魏三”殴打交警等暴力袭警案件23起，刑拘16人、治安拘留12人，有力地维护了民警的合法权益。

【警务保障】 先后两批次购置微机2 300台，全局百名民警微机占有率达到61%，派出所民警微机拥有率达到100%。落实全体民警年度体检，保证民警年度休假，分期分批组织民警到大连疗养。为城区分局和县（市）局每个派出所每人每月分别增发岗位补助200元和100元，为全市公安民警办理了每人每年10万元的人身保险，并挤出资金为城区派出所增拨了巡逻车辆用油。积极与财政部门沟通协调，争取支持，全年共补发全体民警绩效奖金、节日补贴、公务电话费累计达7 200余万元。破例为四县（市）局全体民警换发了99式警服共计2 400余件（套）。目前，占地面积7万平方米，住宅共计1 000套，建筑标准高等级、物业管理高水平的警官公寓已全面开工建设。

（姜　欢）

【交通管理】 2006年，全市各级公安交通管理机关，紧紧抓住“降事故、保畅通、保安全”这条主线，以公安机关“三基”工程建设为载体，全面加强道路交通安全管理和公安交警队伍建设，认真履行工作职责，圆满地完成了各项工作任务，有效地维护了全市的交通安全形势。从交通事故四项指数的统计看，案发次数、死亡人数、经济损失比2005年分别下降37.01%、8.93%和30.45%。2006年8月2日，公安部、建设部公布了全国实施畅通工程评价结果，长春市在保持全国模范（一等）管理水平第四名的基础上，又实现了位次前移。在全国846个参评城市中，列第三名。2006年长春公安交通管理机关被省政法委评为全省政法系统模范单位；被省精神文明建设指导委员会评为2004～2006年度省精神文明创建工作先进单位；被省公安厅交警总队评为2006年度全省交警系统绩效考评工作优胜单位；被市委、市政府评为2001～2005年长春市普法依法治理工作先进集体。

畅通工程有功集体和个人表彰大会

狠抓秩序和安全管理，维护交通安全形势稳定工作取得新成果 按照公安部“一降两保”和“五整顿、三加强”的要求，认真查找畅通工程中的突出问题和薄弱环节，不断加强交通秩序管理和事故预防工作。

1. 以解放大路为突破口，全面加强行人和非机动车交通违法管理。把解放大路作为行人和非机动车严管示范街路，通过增加马路语言，完善交通标志、标线，科学合理施划人行横道，为从严管理创造条件。市交警部门又采取支队领导包路段、机关处室包路口，机关警力上路，全警动员，加强对行人和非机动车交通违法行为的管理，在这条5.8公里长的主要街路上，形成了前所未有的严管态势，并借助新闻媒体对行人和非机动车严重交通违法典型事例进行公开曝光，引起了良好的社会反响，产生了积极效果。

2. 以打击严重交通违法为重点，连续不断地开展交通秩序整顿活动。年初以来，市交警部门相继组织开展了“交通安全百日整顿”、“春季道路交通秩序整治”、“治理车辆超限超载”、“打击无牌无证和报废机动车”和预防重特大交通事故70天战役等一系列专项整治活动，始终把酒后驾车、闯红灯、越线行驶、无证驾车、挪用号牌和驾驶报废车上路行驶以及公路八项违章等严重交通违法行为作为整治的重点，采取灵活多样的管理措施，取得了较好的效果。在治理公路车辆超限超载过程中，逐步建立完善了治超长效机制，严格落实勤务制度，科学安排警力，对重点路段进行重点监控。还完成了交通安全保卫和大型活动警卫勤务323次，确保了国家领导人和中外嘉宾来长及省市领导出行、调研活动的交通安全。

3. 以驾驶人和机动车辆为管理源头，筑牢交通安全第一道防线。从提升考试设备的科技含量着手，实现了考试的全程计算机管理，对科目三考试“9选6”的考试内容及场地设施进行了完善，实施科目三考试场封闭式管理。与交通培训部门建立联动机制，在吉林省率先采用指纹认证、刷卡计时和计算机网络化管理，保证学员培训时间和内容，有效提高了对新驾驶员的培训质量。为加强监管，在每个车辆检测线（站）都派驻了专职民警，保证检车质量。

4. 以遏制重特大交通事故为目标，开展针对性治理整顿活动。开展了一系列专项整治活动。①开展了对事故“黑点”的排查摸底工作，共排查道路安全隐患38处。②加强了对危险化学品运输管理，深入危险化学品运输企业43家，签订安全保证责任书678份。③组织开展无牌无证和报废机动车专项整治活动。仅2006年两次专项整治，就集中销毁报废机动车616台。

以“平安县（市）区”和“五进”为载体，交通安全宣传取得新进展　把“平安畅通县（市）区”创建和交通安全“五进”活动作为宣传教育的主要载体，作为提高广大交通参与者文明素质的重要手段。

1. 积极争取各级政府和相关部门支持，推进“五进”深入开展。积极争取各级政府的大力支持。市政府于3月初召开了全市交通安全局际联席会议，对2006年开展交通安全“五进”和预防道路交通事故工作进行全面部署。市教育局和公安局联合下发文件，共同建立“交通安全管理”办公室，为交通安全进学校提供了组织保障，制定下发了《关于加强全市中小学校车管理规定》，对全市300余台中小学班车统一管理、统一标志、统一编号、统一人员。市妇女儿童活动中心投资50万元创建了全国规模最大的“学生交通安全教育培训基地”。5月25日，由市委、市政府部署的“双无双文明”竞赛活动正式启动，要求在全体驾驶员中开展“无交通违法、无交通事故”，在百万市民中开展“文明走路、文明乘车”竞赛活动，强化了各职能部门的责任，明确了任务，形成了对交通综合治理、全民参与良好的氛围。

市交警支队与市委宣传部联合在全市开展“双无双文明”竞赛活动，祝业精市长亲自参加了启动仪式并做动员讲话

2. 积极探索交通宣传新途径，充分挖掘和发挥车宣员职能作用。市交警部门对全市11个区大队的车宣科长进行了调整，又从机关抽调了30名警力充实到车宣队伍，使警力总数达到114名。制定了岗位责任制，落实了“一校一警”和“一企一警”和车宣民警包社区、包街道的交通安全教育承包制，对全部车宣民警进行了业务培训，建立了《“五进”工作宣传民警责任档案》，向城区所辖的589所中小学派驻了交通安全辅导员，在130所临街中小学设立护学岗。还在临街中小学周边重新施划人行横道线90余处，设置交通标志60余面，车辆减速带500多条。

3. 利用主题宣传活动，适时开展安全教育发动工作。与市委宣传部、市精神文明办联合举办了首届长春市大学生交通安全演讲比赛，在全市小学生中开展了“交通安全伴我成长”为主题的征文活动，在部分社区开展了文艺演出、绘画比赛活动，与万户社区居民签订了“交通安全进家庭责任书”。市交警支队不失时机地在文化广场、客运站等公共场所进行多种形式的宣传活动，突出了"关爱生命，平安出行"的主题。在新闻媒体上设立《支队长热线》、《交通话题对对碰》专栏、专版，营造出浓厚的宣传氛围，强化了人们的交通安全意识。

4. 将客运货运企业纳入安全教育的重点单位加强管理。与货运企业建立了行之有效的指导、协作、检查机制，开展了逐单位、逐人员的面对面教育，将交通安全宣传管理延伸到每台运营车上，已在公交车上设立交通安全宣传警示栏1 500多处，并逐一签订交通安全责任书，使企业承担相应的交通安全管理责任，形成了交警管企业，企业管驾驶人，驾驶人管行车安全的三级管理制度。在一汽集团公司召开了全市"交通安全进企业"经验交流会，推广一汽运输公司等5家示范交通安全企业好做法，带动了全市300家企业开展交通安全宣传教育活动的开展。

5. 精心谋划，开展全方位、立体化交通安全宣传活动。在预防事故宣传攻坚战的组织策划上，坚持传统手段与现代手段相结合，巩固成果与创新发展相结合，力求形式与内容的和谐统一，初步形成了全方位、立体化的格局。与民航部门联系，把交通安全做到蓝天上；协调铁路部门，交通安全做到千里铁道线上；与客运管理部门配合，宣传教育做到万台出租车上；强化措施，把功夫下在扩大宣传教育覆盖面上；服务农村，把宣传教育送到农民炕头上。

崔杰副市长慰问负责解放大路交通管理的女交警

充分利用现代科技手段，交通管理智能化水平实现新突破

把科技手段在交通管理的应用放在重要位置，按照三基工程的总体要求，在办公自动化、信息传输、交通工程规划建设以及交通动态监控、指挥调度等方面加强建设，都取得了较好成绩。1. 进一步加强了办公自动化和通讯网络建设。基本完成了四级网络建设，九台市、德惠市和农安县所属的16个交警中队，全部实现了2兆光纤计算机联网，榆树市大队8个中队已有7个实现了2兆计算机的光纤联网，除双阳区个别中队受无固定办公场所的限制，城区所有中队已全部实现了计算机联网，支队所有文件的制作、上传、下发均可通过自动化办公系统完成，实现了无纸化网络办公的历史性突破。支队还加强了计算机网络重要数据库及重要数据传输系统安全保障和维护保养工作，完成了车管所信息系统的两次升级。为确保政令警令畅通，为所有干警配发和启用了移动159手机号段，完成了高新区大队、南关区大队新办公楼的电话布线工作，对新建大队和部分重要岗位，增设了外线电话。2. 精心设计和组织实施交通管理基础工程。对一些交通流量较大、秩序相对混乱且无信号灯的51处路口进行了实地踏查和调研，确定其中31处路口年内安装信号灯。完成了解放大路共14个路口行人信号灯新装和改造工程，市区其他13个路口的行人信号灯建设已完成基础工程。对改造完工的人民广场、卫星广场、新民广场和工农大路、卫星路等十几条街路进行了科学渠化设计。对解放大路同志街等大型路口进行测量和流量调查，对渠化方案进行了修改。在卫星路等68个路口，预埋信号灯管线3 000余延长米，在工农大路、台北大街埋设光缆管线6 000余延长米。全年共安装和更新各类交通标志1 573面(块)，施划道路交通标线178万延长米，总面积为271万平方米。3. 充分挖掘监控大厅的综合指挥调度功能。监控大厅完成升级改造后，支队加强各类管理信息的整合，与《交通之声》电台密切配合，及时发布路况信息，适时引导和分配交通流量。通过《守望都市》栏目，及时宣传长春市交通管理工作，通过新闻媒体树立长春市交警的良好形象，教育广大交通参与者提高文明交通素质。全年监控中心122报警服务台共接警64 000次，利用现代设备摄录交通违法行为94 437件，处理53 362件，通过交通诱导屏发布各类交通信息3 500余条，接待群众查询交通违法12万余人次，为一线管理民警提供车辆和驾驶员违法信息36 000余条。直接调度警力疏导交通拥堵790次，下达各类堵截指令382次。一年来，先后接待了参加冬季城市市长峰会的11个国家26个城市的市长、日本株式会社交通技术考察团及韩国江原道地方警察厅考察团等外国客人，对长春市交警支队监控系统予以很高评价。

抓基层，打基础，苦练基本功，“三基工程”和交警队伍建设迈出新步伐 市交警部门坚持早动手、早计划，精心组织。年初以来，部局网站刊发了交警支队三基建设的经验3篇，总队刊发31篇，市局刊发21篇。安龙泉公路中队已分别被市局和省总队确定为三基工作优秀典型集体，并在全省推广经验。支队有2名同志分别被市局选树为“三基工作十大业务标兵”，支队还在全局三基经验交流会了做了经验介绍。

1. 精心组织实施了“三基”建设工程。下发了《交警支队加强基层基础建设实施方案》，成立了三基建设办公室，设置了5个专门工作组，确定了坚持统一领导，整体推进；坚持突出重点，统筹兼顾；坚持以人为本，面向基层；坚持改革创新，服务实战；坚持抢抓机遇，争先创优等工作原则。提出了要实现基层执法水平新突破，基层业务建设新突破，基层打防能力新突破，基层警务机制新突破，基层队伍建设新突破和基层保障新突破的工作目标。

2. 加强了对一线干警业务技能培训。共组织有中队长、教导员、法制员、车宣员、计算机操作员、事故处理员、网络员、小教员等人员参加的培训班共13期，受训人数486人次。

3. 组织开展了规范执勤执法竞赛活动。4月下旬，在100台巡逻车之中开展“规范执勤执法红旗车”竞赛活动；在全体民警中开展“打擂比武，争做规范执勤执法标兵”竞赛活动。较好地塑造了长春市交警的良好形象，基本实现民警执勤形象零投诉，民警执法工作零投诉和服务工作零投诉的工作目标。

4. 强化了交警队伍教育和管理。开展了社会主义法治专项教育活动，提高民警执法水平和能力；组织部分处、科级干部到军营参观，学习驻军基层管理和建设的好经验；与南航吉林公司开展了共建活动，学习南航公司先进的管理服务理念。

5. 加强了相关基础建设和业务工作。按照三基建设要求，进一步下沉警力，通过精简机关、岗位交流等形式，先后下派了31人，使一线警力达到1 048人，占总警力的85%。3月下旬，又对车辆处、驾管处人员进行了调整，34个岗位得到交流。加强了支队办公系统基础建设，开通了网上办公系统，对档案室进行了装修改造，市长公开电话反馈率达到100%，群众满意率达到了98%以上，一批上访积案在处理上有了实质性进展。

（潘　东）

【消防工作】 2006年，长春市公安消防支队（副师级编制，以下简称“支队”），以科学发展观为统领，以“三基”工程建设为主线，认真贯彻执行党的路线、方针、政策，大力加强部队的全面建设，确保了全市消防队伍和火灾形势两个稳定，圆满完成了以防、灭火为中心的各项消防保卫任务。长春市全年共发生火灾7 843起，死22人，伤17人，受灾1 867户，烧毁建筑88 573平方米，直接经济损失1 111万元。与2005年同期相比，起数下降8.1%，死亡人数下降4.3%，受伤人数上升30.8%，直接经济损失上升36.2%。一年来，支队先后圆满完成了中国·吉林第二届东北亚投资贸易博览会、汽车博览会、农业博览会、药博会等各项消防保卫任务。大力开展消防监督检查活动，全面改善了全市的消防安全环境，实现了连续4年无重、特大火灾事故的历史性突破，为长春市的社会稳定和经济发展做出了贡献。

固本强基，基层基础建设取得长足进步 2006年是公安部提出的“抓基层、打基础、苦练基本功”为内容的“三基”工程建设的开局之年。支队科学谋划、狠抓落实，建立了基层建设目标责任制，实行主要领导负总责、分管领导亲自抓、基层基础建设办公室具体抓、各部门全面落实的工作机制,紧紧围绕"基层基础建设年",以加强基层基础建设为着力点,不断将"三基"工程建设推向深入。

1. 积极争取经费,打牢硬件基础建设。9月26日,支队圆满举办了指挥中心落成庆典,集调度指挥、消防通信和办公自动化于一体的消防指挥中心正式启用。在指挥中心建设过程中,支队党委想方设法争取地方党委、政府和有关部门的支持,使大楼得以顺利建成使用。12月11日,市政府研究确定:从2007年,长春市消防事业经费预算内基数增长不低于300万元,并逐年增长消防事业经费预算内基数;2006年至2008年,按期完成征招851名合同制消防员任务。在积极争取经费的同时,支队加大经费管理力度,落实军政主官联签制度,严控经费支出,把有限的经费用在基础设施建设上。

2. 着眼长远发展,加强消防信息化建设。一年来,支队先后投入资金60万元,购置了计算机120台、服务器2台和防火墙等网络防护设施,为机关和基层大中队配齐配强了现代化办公设施,并开通了消防业务信息系统,实现了网上审批、网上办公和网上考勤。

3. 以点带面,全力推进"三基"工程建设。支队坚持因地制宜、分类指导,坚持典型引路、示范引导,5月16日在经开大队召开了基层基础建设现场会,5个不同层面的基层试点单位围绕如何加强基层基础建设做了经验介绍,有力地推动了支队基层基础建设工作的深入开展,经开大队被省公安厅评为"三基工程建设先进单位"。

加大消防监管力度,全市消防安全环境得到极大改善 一年来,支队通过认真落实消防安全责任制,广泛开展消防安全大检查活动和消防专项整治行动,进一步改善了全市的消防安全环境,成功实现了长春市无重特大火灾事故"四连冠",得到了上级领导和广大群众的充分肯定。

1. 认真开展消防安全大检查,严厉打击消防违法行为。全年,支队突出开展了"严查重处"、火灾隐患普查两项整治行动;高层建筑、易燃易爆危险品、校园及周边消防安全三项专项治理活动和春季、冬季等季节性防火安全大检查活动。在消防监督检查中,支队共检查单位6 120个,发现火灾隐患5 617处,责令立即改正2 430处;责令限期改正2 929外,已整改2 810处;责令停产停业、停止使用258个;查封26家;对5个单位和23个人实施了警告;罚款345.6万元;行政拘留93人,极大地改善了全市的消防安全环境。

2. 加大重大火灾隐患整治力度。支队严格落实各级政府和各行业部门重大火灾隐患整改责任,邀请新闻媒体记者跟踪报道隐患整改情况,积极帮助隐患单位解决整改技术难题,督促落实整改资金,对确定的12项重大火灾隐患,已整改完毕10家,并做销案处理。

3. 全面开展亚冬会比赛场馆消防安全检查和服务工作。为保证第六届亚冬会的消防安全,支队按照检查到位、服务到位、保卫到位的原则,采取了一系列措施加强亚冬会前期消防安保工作。对6个体育场馆、22个宾馆饭店、7个救助医院的消防设施、疏散通道、建筑物的耐火等级等进行了地毯式的火灾隐患排查,对排查出的火灾隐患,分类制订整改措施,确保火灾隐患在年底前全部整改完毕;对省滑冰馆等新建、改建、扩建的比赛场馆,组织专人提前介入、现场办公,跟踪服务,在施工过程中及时发现问题、解决问题,确保了场馆消防验收合格,如期投入使用。

加大消防宣传力度,消防社会化进程得到快速推进 支队继续巩固《守望都市》、《最近新闻》、《城市速递》等名牌栏目的消防宣传阵地,同时积极拓展消防宣传新途径,以消防宣传"进社区、进学校、进企业、进农村、进机关"为重点,组织开展形式多样的宣传教育活动,先后与吉林电视台《守望都市》栏目联合开展了"灭火器进千家"的大型直播活动;与新文化报联合举行"安全就在你身边—趣味消防PK大赛";与东亚经贸新闻、长春晚报、城市晚报联合开展消防志愿者进警营体验活动;在长春文艺台开设公益广告栏;在吉林省广播电台开辟消防知识讲座;在首届公安消防部队英模表彰大会上,马智春同志荣膺公安消防部队"灭火救援尖兵"荣誉称号、特勤大队荣膺"公安消防部队先进集体"称号。吉林电视台等省内多家大型新闻媒体制作专题节目,对支队的灭火英雄和先进集体进行连续报道,树立了消防部队的良好形象。现在省内主流媒体上每天都可以看到消防工作报道,真正形成了铺天盖地的宣传氛围。

着眼实战需要,立足岗位练

兵,部队灭火救援水平取得明显提升

1. 立足实战练兵。支队以"苦练基本功"为出发点,深入开展执勤岗位练兵活动。在活动中充分做到了"四个到位",即"思想认识到位、工作措施到位、工作指导到位和奖惩措施到位"。强调"六个突出",即"突出机关练兵工作、突出实战演练、突出特勤训练、突出以赛促训、突出技、战术培训和突出专职消防队的指导"。特别是支队党委将干部体能素质作为干部提拔、任用的前置条件,极大提高了干部练兵的自觉性和主动性。在总队组织的全省参谋长业务技能比赛中,支队取得了团体和个人两项第一名;在公安部消防局组织的执勤岗位练兵考核中,支队官兵主动请战,并在考核中取得了优异成绩,切实提高了部队灭火救援能力。

2. 充分发挥现有装备效能。支队以"有什么装备,练什么技术"为原则,提高单兵和班组作战能力,把灭火预案向想定作业转变,科学安排练兵内容,各中队因地制宜、因人而异,贴近实战练兵。支队以科技为先导,积极进行训练改革,使训练更加专业化、科学化,更有利于火场上科学调度、合理安排人员和车辆。在公安部消防局的执勤岗位练兵考核中,特勤大队用优异的成绩证明了训练操法改革的成功,得到了部消防局陈家强政委的高度评价。

3. 圆满完成灭火救援任务。为有效地扑救火灾,减少火灾损失,支队全年共接警出动7 219次,出动人员6 1 771人次,出动各种消防车辆11 182台次,抢救遇险人员65人,保护财产价值上亿元,为保卫国家和人民生命财产安全作出了重要贡献。在灭火救援中,消防官兵时刻体现着长春消防能打善战的优良作风,成功扑救了"4·6"长春电业局地下电缆火灾、成功处置了"9·8"滨河小区居民楼阳台坍塌等各类急、难、险、重事故,赢得了政府和人民群众的高度赞誉。

加强装备建设,后勤保障能力得到明显增强 为灭火救援任务圆满完成提供有力保障,支队加大投入,全力加强装备建设,全年共投入资金829万元,用于车辆、装备器材的配备与维护。投入60万元为全省消防部队"三基"试点单位经济开发区大队浦东路中队,配齐配全了抢险救援班组器材,增强了抢险救援能力,确保了灭火战斗的需要。支队还新建了南湖大路消防站,并对部分营房设施进行了改建和维护,先后投资28.5万元,统一为基层购置了床、餐桌、餐椅等内部设施;投资6万余元对小南中队电器线路进行了改造,安装了避雷装置;投资1.3万元,为机车厂中队安装了净水装置,解决了中队战士吃水难的问题。同时在做好基层中队热水、热饭、热水澡"三热"的前提下实现了一线官兵冬季灭火作战时车热、作战后屋热、衣热的"六热"工程,进一步改善了基层中队官兵的生活条件,后勤保障能力明显增强。

(林树坤)

检 察

【依法打击刑事犯罪】 受理公安机关提请逮捕刑事犯罪案件4 183件6 057人,批准逮捕3 746件5 311人;受理移送审查起诉4 779件7 109人,提起公诉4 147件5 991人。突出打击重点,严厉打击"两抢一盗"等多发性侵财犯罪、黑恶势力犯罪和严重暴力犯罪;加强与公安机关、人民法院密切协作,深入开展打黑除恶专项斗争;加大对严重经济犯罪的打击力度,积极参加整顿规范市场经济秩序工作;准确掌握证据标准,严格遵守诉讼程序,进一步提高审查逮捕和公诉工作质量。市检察院公诉的原中国银行香港分行行长刘金宝贪污、受贿和巨额财产来源不明案件,公诉庭被最高人民检察院评为2006年度"全国十佳公诉庭"。

【依法查办和预防职务犯罪】 认真落实市委反腐败工作部署,查办和预防职务犯罪工作取得了新成效。立案查办贪污贿赂等职务犯罪203人,其中贪污86人,贿赂84人,挪用公款33人,查办渎职侵权职务犯罪78人。通过办案挽回直接经济损失6 400万元。

1. 集中力量查办一批大案要案。立案查办贪污贿赂等职务犯罪大案140件,要案35件,大要案分别占立案总数的69%和17%。查办处级以上干部35人。立案查处渎职重特大案件15件。如市检察院查办的省电力物资总公司原总经理张崇平受贿511万元、私分国有资产913万元案和省新华书店审计员袁英华挪用公款1 350万元案等。抽调40名反贪干警查处上海社保基金案件,已对13人立案侦查。

2. 追逃力度加大。按照公安部和高检院的统一部署，深入开展追逃专项行动，抓获在逃犯罪嫌疑人29名，市检察院被最高检察院评选为追逃工作先进单位。

3. 打击商业贿赂专项工作取得初步成效。立案侦查商业贿赂职务犯罪50件，52人。

4. 职务犯罪预防深入发展。继续与长春电视台共同开办《法治中国》电视专栏，在长春市部分公交线路上做预防职务犯罪公益广告，继续办好警示教育基地。深化个案预防、重大工程项目预防和重点行业领域系统预防。市检察院对长春市水务集团污水处理项目、长春轻轨二期扩建项目等12项重点工程开展职务犯罪预防，取得良好效果。协调组织召开全市预防职务犯罪工作经验交流会，朝阳区、龙嘉国际机场建设指挥部等单位介绍了经验，对促进全市职务犯罪预防工作起到了积极作用。

【依法履行诉讼活动监督职能】 着眼于解决人民群众反映强烈的执法、司法不公问题，全面开展对诉讼活动的法律监督。在侦查监督中，既坚决依法监督纠正有案不立、有罪不究、以罚代刑等问题，又注意监督纠正不该立案而立案、违法插手民事经济纠纷等问题。共要求公安机关说明不立案理由41件，通知立案37件。对遗漏犯罪的决定追捕5人，追诉44人，对不构成犯罪或不符合逮捕、起诉条件的，依法不批准逮捕576人，不起诉207人。在刑事审判监督中，注意正确把握抗诉条件，加强对有罪判无罪、无罪判有罪、量刑畸轻畸重的监督，共提出刑事抗诉11件。在刑罚执行和监管活动监督中，纠正监管场所不当减刑、假释、保外就医65件。在民事审判和行政诉讼监督中，注重平等保护诉讼参与人的合法权益，对认为确有错误的生效民事行政判决、裁定提出或建议提请抗诉22件，法院已改判12件；提出再审检察建议69件，法院已采纳意见的37件。在开展各项法律监督活动中，严肃查办行政执法和司法不公背后的索贿受贿、枉法裁判、徇私舞弊等职务犯罪33人。

【履行消除和化解社会矛盾的职能】 坚决贯彻宽严相济的刑事政策，把严格执行法律与执行刑事政策有机统一起来，对未成年人犯罪、初犯、偶犯、轻微犯罪案件和在校学生犯罪，依法从宽处理。对符合从宽处理条件的78名未成年犯罪嫌疑人决定不批准逮捕。落实检察环节的各项综合治理措施，积极参加社会治安防控体系建设和“平安长春”建设。市检察院制定了《检察工作进社区（乡镇）试点工作的意见》，开展了检察进社区（乡镇）工作。建立检察官社区服务站，开展了送法进社区等多项活动。进一步做好涉检上访工作。坚持检察长接待日制度，完善首办责任制，依法及时办理各类控告申诉案件。共受理各类信访1 038件，绝大多数案件得到妥善处理，27件正在处理中。通过刑事申诉案件的复查，改变原决定9件，给予赔偿11件。到省、市涉检上访的案件有较大幅度下降，没有出现进京上访问题。

【为长春经济发展提供法律服务】 1. 更新执法理念，夯实为经济发展服务的思想基础。继续组织干警了解、熟悉经济，把检察工作自觉融入到经济工作中去。通过请市政府领导同志做长春经济形势报告，召开企业家座谈会和走访企业等多种途径，使全体干警进一步了解和熟悉长春的经济形势，企业发展的困难和问题。市检察院机关全体干警参观了净月生态城建设项目和新农村建设试点村——二道区三道镇和平村。市检察院班子成员与宽城区、净月开发区、汽车产业开发区的领导同志进行座谈，研究如何发挥检察职能，服务北部新城、净月生态城和汽车产业开发区建设。通过这些走出去、请进来的办法，使检察干警进一步找准检察工作同经济工作的结合点，强化为经济服务的责任感，把所办的案件摆到经济发展的大局中考虑，达到保障和促进经济发展的最佳效果。

2. 围绕市委工作部署，适时调整服务工作思路和重点。为贯彻落实市委、市政府关于“改造大铁北、建设北部新城”的重大战略决策，服务净月生态城建设和重大项目建设，市检察院先后出台了《关于为社会主义新农村建设服务的意见》、《关于服务“改造大铁北、建设北部新城”的工作意见》、《关于为净月生态城建设服务的意见》和《关于为重大项目建设服务的意见》。市院班子成员和中层干部分别走访了长春市32个重点建设项目，了解重大项目建设的情况，征求对检察机关的意见和建议，及时帮助解决重大项目建设中的一些困难和问题。

3. 处理好工作中的三个关系，切实发挥检察职能为经济建设服务，努力达到经济效果、法律效果和社会效果的统一。处理好打击和保护的关系。对于危害经济发展的犯罪严厉打击，决不手软。突出查办企业重组、改制和破产中私分、贪污、挪用公款等犯罪案件，国家机关工作人员滥用职权、玩忽职守造成国有资产严重流失等犯罪案件，努力为国企改革扫清障碍。查办影响企业改革和发展的职务犯罪37件，批捕危害市场经济秩序等犯罪325件，353人，起诉312件，331人。处理好执行法律与执行政策的关系。注意区分企业改革失误与渎职犯罪的界限，招商引资中合理的支出、奖励与借机敛财构成索贿受贿的界限，把企业行为与经营者的个人行为严格区别开来，把经营者主观上为企业改革发展而采取违规行为与借国企改制之机捞取个人好处区别开来，既打击犯罪，又不伤害企业领导改革发展的积极性。处理好执法严肃性与执法方法灵活性的关系。在严肃执法，加大对破坏经济发展的犯罪行为打击力度的同时，注意办案方法的灵活性，继续坚持做到"五不"、"两及时"和"三防止"，实行"零干扰"办案，最大限度地防止和避免由于办案方法不当给企业发展带来负面效应。

4. 规范自身行为，力求服务经济的最佳效果。进一步加强管理和约束，坚决防止检察机关单位和干警个人到企业吃拿卡要报以及搞摊派、拉赞助等行为。规定了检察干警"八个严禁"，对违反规定的进行严肃处理，真正做到"只服务、不添乱"。

【加强检察队伍建设】 1. 坚持思想教育与业务培训相结合，全面提高检察人员的综合素质。紧密结合检察工作实际，把深化检察工作主题教育、执法观教育、社会主义荣辱观教育和向谭竹青同志学习活动作为思想政治建设的重要内容。开展社会主义法治理念教育活动，通过剖析错案、案件质量考评、清理扣押款物等，切实解决在执法思想、执法观念、执法作风等方面存在的突出问题。继续深入开展扶贫帮困活动，增进与人民群众的感情。大力选树先进典型，在推选出"全国十大杰出检察官"丁树达和"全省十大女杰"刘亚莉等先进典型的同时，又培养树立了"长春十大杰出青年"、"全省杰出青年卫士"、"全国优秀公诉人"许永光同志等新典型。开展了第二届"十大优秀检察官"评选活动，进一步营造了争先创优的良好氛围。开展岗位练兵和业务培训。请专家来院讲课，举办案件管理、自侦业务等各类培训班38次，参加培训干警超过1 600人次。通过培训，广大检察干警的业务技能和执法水平有了新的提高。

2. 坚持从严治检与从优待检相结合，保障和促进检察队伍的廉政建设。市检察院专门成立了检风检纪督察室。不定期进行明察暗访，解决执法不文明、出庭不规范、警车管理不严等方面的问题。坚持从严治检，大力加强检察队伍廉政建设。严肃查处违法违纪干警，共受理举报线索16件，初核10件，已对3名违纪干警做出处分。在从严管理的同时，坚持以人为本，对干警在政治上关怀，工作和生活上关心，市检察院机关在原有机关食堂、浴池、美发室、健身房、卫生所等基础上，又新建了室内篮球体育馆。通过"严管厚爱"，既调动了干警的积极性，又增强了抵御腐蚀和诱惑的免疫力。

3. 坚持班子自身廉洁与办事公道正派相结合，增强班子的凝聚力和向心力。按照政治坚定、求真务实、开拓创新、廉政勤政、团结协调的要求，全面加强领导班子思想建设、组织建设和作风建设。召开了全市两级检察机关领导干部廉政建设工作会议，严格落实市检察院制定的《检察机关领导干部廉洁从检十条禁令》，自觉接受干警和广大人民群众的监督。市检察院领导班子处事公道正派，特别是任免干部坚持公开、公平、公正。2006年，市检察院机关晋升10名处和副处长及52名非领导职务，都严格按照干部任免条例办事，受到干警的一致好评。

4. 坚持抓机关与抓基层相结合，提升检察机关的整体形象。在加强市检察院机关建设的同时，大力加强基层检察院建设。二道区检察院被最高检察院评为全国先进检察院，绿园、宽城区检察院和榆树市检察院被评为全省先进检察院。

5. 坚持对内规范执法与对外接受监督相结合，切实加强和改进执法工作。召开检务监督员座谈会征求意见。举行了"检察开放日”活动,增进群众对检察机关的了解。继续深化人民监督员制度试点工作,在原有监督三类案件基础上,又增加了对检察机关办案中违法违纪和执法不规范的“五种情形”的监督,并专门召开新闻发布会,主动把检察机关的执法活动置于人民监督员和广大人民群众的监督之下。一年来,人民监督员监督案件80件。加强与人大代表、政协委员的联系,诚心诚意接受人大、政协监督。向人大代表、政协委员发信,汇报工作,征求意见,并到各县市区分别召开人大代表座谈会,面对面征求意见。市检察院认真办理人大及代表转交办案件39件。虚心接受人大执法检查组对《检察官法》贯彻落实情况的检查,对提出的意见和建议,认真加以整改。

（焦成千）

审　判

【概况】　2006年,市中级法院按照科学发展观和社会主义法治理念要求,认真贯彻“公正司法,一心为民”指导方针,践行“公正与效率”工作主题,以不断提高审判质量与司法服务效果为目标,全面加强司法能力建设,审判、执行和其他各项工作取得新的进展。市中级法院围绕“平安长春”、“和谐长春”建设,全力加强各项审判工作,依法调处各有关方利益关系,努力为促进社会和谐提供良好的司法服务。2006年,全市法院共受理各类案件(含执行)72 593件,审结69 050件,结案率95.12%。同比,受理案件数上升5.96个百分点,结案率上升0.18个百分点。其中,市中级法院受理各类案件(含执行)10 548件,审结10 116件,结案率95.91%。

【依法严厉打击各类严重刑事犯罪】　继续坚持严打方针,严厉打击各种严重危害社会治安的杀人、抢劫、强奸等暴力犯罪、黑恶势力犯罪和有组织犯罪。全市法院全年共受理刑事一审案件5 158件,审结5 056件。其中,市中级法院受理刑事一审案件357件,审结350件;受理刑事二审案件341件,审结335件;受理减刑假释案件4 788件,全部办结。严厉打击扰乱市场经济秩序的金融犯罪和国家机关工作人员职务犯罪,审理了备受社会关注的涉案金额1.2亿元的罗连国金融凭证诈骗、擅自发行股票案,原吉林省食品药品监督管理局副局长于庆香受贿、巨额财产来源不明案等一批在全国、全省有影响的案件。认真落实宽严相济的刑事政策,加强刑事司法领域人权保护。市中级法院宣判无罪2人。

【有效化解民商事案件纠纷】针对房屋拆迁、土地征用、房屋经营权、国企改革等案件处理不当易引发矛盾激化的实际,从促进社会和谐稳定和保护人民群众利益出发,及时有效地审理了大量民商事案件。注重涉外民商事及知识产权案件审理工作,全年市中级法院审理知识产权案件72件,审结63件,其中审理省内其他地区专利权案件7件,审结6件,为进一步改善投资环境,增强自主创新能力提供了司法保障。2006年,全市法院受理民商事一审案件41 498件,审结40 244件,调解结案与和解撤诉结案30 673件,调撤率76.22%,高于全省法院平均调撤率15个百分点。市中级法院共受理民商事一审案件676件,审结638件;受理民商事二审案件2 574件,审结2 487件。

【认真履行行政审判职能】　在有效保护公民、法人和其他组织合法权益的同时,支持行政机关依法行政。全市法院共受理行政一审案件633件,审结603件,结案率95.29%。其中,原告撤诉的215件,占35.65%;驳回原告起诉或者诉讼请求的64件,占10.61%;维持行政机关具体行政行为的122件,占20.23%;撤销、变更行政机关具体行政行为的92件,占15.26%;终结、移送等其他方式结案的110件。全市法院受理非诉行政执行案件838件。市中级法院受理行政一审案件41件,审结37件;受理行政二审案件153件,审结150件。

【努力化解申诉、再审难题】　进一步完善审判监督程序,通畅司法救济入口,提高申诉案件受理率,切实维护当事人合法权益。全年市中级法院受理申请再审案件730件,经审查符合再审条件的163件,审结152件,改判28件。全年受理国家赔偿确认案件21件,审结18件,其中确认赔偿6件。

【着力解决执行难问题】　市中级法院编辑出版了《民事强制执

行必备手册》，规范执行工作。全市法院通过统一组织，反复研究解决疑难案件办法，创新执行手段，限期结案等措施，一大批执行积案得以执结。长春星宇集团股份有限公司申请执行另一省级重点企业买卖纠纷案，执行法官多次深入双方企业做工作，促成执行和解，双方又恢复了信任与合作关系。2006年，全市法院受理各类执行案件17 126件，执结13 926件（含中止案件），执结率81.32%，执结标的额39.56亿元。其中，市中级法院受理815件，执结644件。

【为棚户区改造提供优质司法服务】　市中级法院在拆迁工作启动之前进行针对性的司法服务；组织全市法院200余名法官进行专题培训；制订下发了《市中级法院为我市棚户区改造提供法律服务和保障的工作意见》和《市中级法院关于棚户区改造涉诉立案的若干规定》，召开动员大会进行动员部署；专门编辑了《长春市棚户区改造法律政策知识手册》，规范和指导全市法院的服务工作；组织审判人员深入集中拆迁区，开展法律咨询与宣传工作，全力维护被拆迁人的合法权益，及时消除个别当事者的不恰当想法。2006年，全市法院配合政府部门开展强迁活动28次，促进了棚户区改造的顺利进行。市中级法院被省政府评为服务棚户区改造工作先进单位。

【加大为国企改革服务力度】　全年市中级法院受理破产案件98件，是历史上最多的一年。审理中做到快审查、快立案，及时研究，及时结案；对破产重组企业，定期进行回访，了解企业重组之后遇到的新问题，尽力帮助解决；对破产企业职工，耐心解答相关法律政策，稳定职工情绪，努力减少不安定因素，全年未出现破产企业职工因法院审理不当上访案件。

【推动社会主义新农村建设】　市中院制订了《市中级法院为新农村建设提供司法保障的实施意见》，对涉新农村建设案件加强诉讼指导，方便农民诉讼。帮助农民工实现劳务权益，为防止个别包工者不能兑现承诺，将执行回来的工程款，在包工者在场的情况下，直接把钱发至农民工手中。严厉打击村霸、乡霸等恶势力犯罪以及盗窃牲畜、销售假种子、假化肥等刑事犯罪，维护农村社会治安稳定。对涉农村、农民的民商事案件注重调解结案，力争案结事了。

【整合审判管理机构】　市中级法院成立了审判管理办公室，统一行使人大代表、政协委员联络、审判流程管理、审判委员会会务、法官考评以及司法统计等职能。按照审判规律管理审判工作，促进了审判质量的提高。2006年，市中级法院审判管理办公室监督审查案件51件，考评案件432件，考评庭审87例，编发考评工作通报3期。根据法官易出现问题的重点工作环节，在全省首先制定了《市中级法院关于司法鉴定对外委托工作的若干规定》，对全市法院司法鉴定、评估、拍卖、对外委托工作进行统一管理。加强信息化建设，建立了法官审判质量效率微机网络评估体系，对案件的质量评查、上级法院改判发回等工作实行了科学化管理。省法院在榆树市法院专门召开了现场会，肯定了全市两级法院的做法。

【主动接受外部监督】　2006年，市中级法院加大了对基层法院的监督指导力度，通过深入基层调研，对改判和发回重审案件进行评析通报，针对县（市）、区法院遇到的新类型及疑难案件，集中开展研讨，针对合议庭制度落实情况及罚金刑适用等方面存在的问题进行检查，强化对下业务指导，促进了两级法院司法标准的统一。继续坚持人大代表、政协委员联络制度，市中级法院班子成员带队分别到县（市）、区召开人大代表、政协委员及政府领导座谈会，通报法院工作，征求工作意见。对人大代表、政协委员及社会关注的案件，认真对待，及时办理。主动接受人民群众、社会各界的监督，邀请97名人大代表、政协委员列席旁听了重特大案件的庭审。邀请89名人大代表、政协委员参加疑难案件信访听证会。

【努力做好人民陪审员工作】　2006年，市中级法院人民陪审员共参加各类一审案件审理364件，其中，刑事一审案件316件，民事一审案件48件，共执行职务1 923人次，有力地促进了审判水平的提高。市政协在全国政协社法委年会上，介绍了长春市人民陪审员工作经验。市中级法院及1名陪审员被省高级法院推荐为全国法院陪审工作先进集体和先进个人。

【化解信访难题】 进一步树立调解意识，按照市中级法院制订的加强调解工作意见，完善调解机制，将调解贯穿于审判的各个环节，不断提高案件的调解结案率，有效化解矛盾。认真对待，下气力解决信访问题多次邀请市人大常委会、市政协、市信访部门人员参加信访案件听证会，请他们帮助把关，研究解决信访疑难问题，对重复访、越级访等重点信访案件实行领导包案制度。全年两级法院共审查重点信访案件238件，结案201件，其中提起再审20件，经报请市委政法委、市人大常委会、市政协、市信访局共同研究，确认无理访127件，经工作已息访87件。2006年，全市法院信访量同比下降17%。市委主要领导曾在市中级法院信访工作报告上批示："措施有力，成效明显，应总结经验，供各有关方面借鉴"。

【增强公民法律意识】 在市委宣传部和长春电视台的支持下，市中级法院创办了《百姓与法》专题栏目，通过法官、专家学者对发生在身边的活生生的具体案例的点评，以及社会各界代表的讨论参与，引导广大市民不断增强法律意识，树立自立、自强的创业观念，提升公民的社会责任感。从2006年7月2日起，每周播出一期，已播出了33期。由于广大观众的欢迎，长春电视台已将原来每周播出二次，改为每周播出四次。市中级法院还与长春日报、新文化报联办了法制专版，与长春电视台《城市速递》栏目、长春经济广播电台联办法制宣传节目，弘扬了社会主义法治，促进了广大市民知法、尊法、守法自觉性的提高。

社会主义司法理念研讨会

【深入研讨司法理念问题】 在全国政法机关开展社会主义法治理念教育活动前，市中级法院与最高人民法院人民法院报社于2006年3月15日，共同举办了社会主义司法理念研讨会。共有来自北京、南京、成都等15家中级法院和中国政法大学、吉林大学等高校的专家学者，以及两级法院近百人参加会议。最高人民法院副院长熊选国同志，吉林省委常委、长春市委书记王儒林同志，人民法院报社杨润时社长分别做了重要讲话，人民日报、新华社等多家中央和地方媒体应邀到会。会议按照中央"公正司法，一心为民"的要求，对社会主义司法理念进行了前瞻性的探讨和研究，为法院系统深入开展社会主义法治理念教育活动做了探索性工作，得到了最高法院领导的充分肯定。教育活动中，市中级法院班子成员带头，分别进行了社会主义法治理念教育专题辅导，引导广大法官树立正确的司法理念和审判指导思想，深化了社会主义法治理念在审判实践中的指导作用。

【努力提高法官司法水平】 以尽快提高法官驾驭庭审、适用法律、诉讼调解及判决说理能力为重点，邀请高校专家学者、省市法院资深法官举办就案说案式培训班27次，培训两级法院法官2 000余人次，力求实现法官培训由灌输知识型向提高能力型转变。开展优秀审判长、优秀合议庭成员及优秀裁判文书评选活动，激发广大法官努力学习、钻研业务积极性。市中级法院与吉林大学法学院签署合作协议，市中级法院为吉大法学院提供教学实习基地，吉大法学院为市中级法院提供疑难案件研讨理论支持。

【加强党风廉政建设】 市中级法院院长与各位分管副院长、基层法院院长和中院各部门负责人层层签订有具体问责内容的党风廉政建设责任状，把行使权力与体现责任紧紧联系在一起，最大限度地预防和减少违法违纪问题的发生。全年先后两次开展队伍思想纪律作风情况调查，分析法院队伍中存在的问题及原因，开展针对性教育，努力做到警钟长鸣，防患于未然。对于个别法官出现的违法违纪问题，给予严肃处理，并在两级法院进行通报。市中级法院还注意通过开展向张晖同志等先进模范人物学习活动，树立典型，弘扬正气，激发了广大法官的工作积极性。多年来坚持强化内部监督，主动发现问题、主动追究的做法开始见效，违法违纪现象逐年减少。全年市中级法院发现查处违纪人员1人。

【马庆同志被最高人民法院授予“全国法院系统办公室工作先进个人”称号】　马庆同志是市中级法院办公室副主任。法院办公室作为综合服务部门，位置重要，职责重大，同时工作辛苦而又清贫，很多人不愿意在办公室工作，愿意到审判一线办案，实实在在地为当事人排忧解难，更能体现成就感，获得认同感。马庆同志从任中院办公室副主任的第一天起，就做好了甘守清贫和寂寞的准备，积极而为，无怨无悔，勤奋工作，默默无闻在平凡的工作岗位上作出不平凡的业绩。马庆同志深知做好法院办公室工作所具有的重大意义，工作中，马庆同志总是以高度的政治责任感、使命感，正确处理个人与工作的关系，局部与全局的关系，坚定服务宗旨，着眼工作大局，殚精竭虑开展各项服务和保障工作，取得显著工作成效，有力地促进了法院审判工作的深入开展。马庆同志主抓的文字综合工作时间性强、工作强度大，要求标准高，特别耗费心血。为此，他经常加班加点，有时是通宵达旦，第二天则照常工作。据统计，两年多来，马庆同志独立完成各种文字综合材料40余万字。连续两年被评为长春市优秀公务员，2006年，被最高人民法院授予“全国法院系统办公室工作先进个人”称号。

（刘彦吉　吴　丹）

司　法

【概况】　2006年，全市司法行政机关全面落实科学发展观，紧紧围绕全市改革发展稳定大局，开拓进取、扎实工作，积极而为、争先创优，为建设“平安长春”、促进社会和谐稳定做出了积极贡献。人民调解组织进一步健全，调解机制进一步完善，调解水平不断提高，在预防化解矛盾、维护人民群众合法权益和基层社会稳定中发挥了重要作用；监狱劳教工作不断加强，监狱“三化”（法制化、科学化、社会化）建设和劳教办特色工作取得显著成效，教育改造质量稳步提高，连续第四年实现了“六个零”的目标，有力地维护了社会稳定；法律服务领域不断拓展，以维护和促进社会公平正义为宗旨，以解决人民群众最关心、最直接、最现实的利益问题为重点，服务全市经济社会发展的水平进一步提高；法制宣传教育不断深化，依法治理工作深入开展，全民法律素质和行政执法机关依法执政能力普遍增强；基层基础建设全面推进，设施建设明显加强，装备水平进一步提高，为做好业务工作创造了有利条件；社会主义法治理念教育活动深入开展，岗位练兵活动扎实进行，司法行政机关公务员、监狱劳教人民警察和法律服务工作者三支队伍的整体素质得到整体提升，为全面做好司法行政工作提供了强有力地组织保证。2006年，市司法局连续第四次被省司法厅评为先进市（州）司法局，连续第四次被市政府评为先进局，并先后被市政府通令嘉奖，被省司法厅荣记集体二等功，被人事部、司法部授予“全国司法行政系统先进集体”荣誉称号。2006年末，市司法局被司法部荣记集体一等功，这是全国司法行政系统的最高荣誉。

【监狱劳教工作的保障作用明显增强】　高度重视监管场所的安全稳定。建立了防控、排查、应急处置和领导责任四个机制，落实警务督察制度，开展突发事件应急演练，强化各项管理措施，各监所连续四年实现了“六个零”目标（狱所内重大事故、服刑劳教人员脱逃率、服刑劳教人员非正常死亡率、重特大安全事故及安全生产事故、法定传染病及重大食物中毒事件和民警受刑事处罚案件为零）。加强教育改造（挽救）工作。积极开展职业技能培训，增强了服刑劳教人员回归社会后的再就业能力；强化社会帮教，开展心理矫治，促进了教育转化水平的提高；集中开展回访帮教工作，巩固了教育转化成果。加强监所生活卫生管理，杜绝了法定传染病的发生。完善监控、报警和应急指挥系统,提升了监所现代化管理水平。加强监所企业管理,为服刑劳教人员习艺改造创造了条件。

【维护社会和谐稳定能力显著提高】 进一步加强人民调解组织建设,积极探索建立面向社会服务的专业化、职业化的调解机构,开展"人民调解中心"试点,为构建大调解工作格局积累了经验。全市人民调解组织发展到2 193个,专兼职人民调解员2.5万人。大力拓宽人民调解业务领域,主动介入农村征地、城镇拆迁等易激化矛盾纠纷的调处。全年调解各类矛盾纠纷16 125件,成功率达98%以上。认真做好释解人员安置帮教工作,全年接收释解人员419人,安置率和帮教率分别达到97.6%和100%。积极组织律师参与信访工作,建立律师参与信访工作机制和值班制度,共参与解决信访案件236件,为维护社会和谐稳定发挥了重要作用。

【法律服务领域进一步拓宽】 全市各类法律服务机构主动介入国企改革、招商引资、重点项目建设以及亚冬会筹备、棚户区改造等全市中心工作,切实为长春老工业基地振兴提供法律服务。全市律师参与国企改革74家,为企业担当法律顾问615家,办理案件4 846件。积极引导公证机构为长春市重点项目建设、知识产权保护、招商引资等提供公证服务,办理各类公证业务57 425件。积极开展司法鉴定服务,建立法医类鉴定活动中心,加强对司法鉴定活动的监督指导。全市司法鉴定机构共办理案件708件。大力加强法律援助工作,近90%的乡镇依托司法所建立了法律援助工作站,法律援助领域得到拓展。全市法律援助机构共办理各类案件997件。认真做好148法律咨询服务,受理群众咨询6 500人次。

【普法依法治理工作扎实推进】 圆满完成"四五"普法检查验收工作,列全省市(州)第一名,长春市被评为全国"法制宣传教育先进城市"。"五五"普法取得良好开局。认真制订"五五"普法规划,以市委、市政府名义召开会议进行全面部署。围绕服务社会主义新农村建设,组织开展"春耕生产法律服务月"和"维护农民工合法权益法制宣传"活动,采取法制讲座、法律咨询等形式,把普法教育渗透到农村的千家万户。针对农民关心的热点、难点问题,编印各种法律知识宣传单5万份,发放到农民手中。积极开展"三八"妇女维权周、"送法到工地"、"12·4"法制宣传日等活动,组织万名公务员参加防空法知识考试。积极开展"法律六进"(进机关、进乡村、进社区、进学校、进企业、进单位)活动,在全市范围内广泛宣传《宪法》和法律法规知识。全面加强依法治理工作,积极开展"民主法治村"和"民主法治社区"创建工作,促进了广大群众法律素质和依法维权意识的提高。

【基层司法行政工作得到全面加强】 利用国债资金,争取地方配套政策,加快司法所办公用房建设进度,第一批建设的36家司法所全部验收合格、投入使用;争取省、县(市、区)两级财政投入138万元,用于改善司法所办公条件。基层基础建设水平明显提高。全市农村乡镇全部实行了"两所合一",70%的司法所达到省级规范化建设标准,其中10个司法所通过部级验收。2006年9月,司法部在长春召开全国司法所建设工作会议,市委、市政府在会上介绍了经验,与会的司法部领导和各省、市、区司法厅(局)长到市司法局机关和10个司法所进行了参观考察,对长春市司法行政基础建设工作给予高度评价。

【各项改革取得实质性进展】 监狱体制改革进展顺利,明晰企业产权,完成了企业人员剥离工作。社区矫正工作配备了专职人员,在试点城区开展了调查摸底等工作,为全面铺开奠定了基础。司法鉴定双重管理体制基本建立,行业监督得到加强。律师改革遵循机构多元化的目标,公司律师、公职律师和合伙制律师事务所试点工作取得成效。合理调整公证机构设置,统一变更公证机构名称,确保了《公证法》实施后公证机构的依法执业。

【队伍建设水平不断提高】 组织开展了学习谭竹青、学习新党章活动和社会主义荣辱观教育、社会主义法治理念教育活动,贯彻落实司法部"双六条"禁令,将"规范执法行为,促进执法公正"专项整改活动扩展到法律服务工作者队伍,端正了执法、执业理念,促进了各项工作开展。围绕构建惩防体系,深入开展警示教育和廉洁从政教育,认真开展治理商业贿赂专项工作，提高了党员干部拒腐防变能力。加大干警培训力度，举办各类培训班，开展岗位练兵，提升了干警职工素质。加强政务公开和行风建设工作，深入贯彻落实《行政许可法》，全面推行行政执法责任制，广泛接受社会监督，政行风建设成效显著，依法行政水平进一步提高。积极开展“扶贫济困送温暖”活动，树立了司法行政机关的良好形象。

（高向伟 何 涛）

城建　环保

城　建　环　保

综　述

2006年，长春市建设系统认真落实科学发展观，深入贯彻全省建设工作会议以及市人大、政协两会精神，认真落实市《政府工作报告》、市政府全体会议要求，各项工作全面推进，为长春市实现"十一五"时期的良好开局作出了重要贡献。全市建设系统的广大干部职工，紧紧围绕全市工作大局，着力关注民生，按照以人为本、多办实事、积极而为、持续发展的思路，努力克服资金紧张等困难，超前谋划、精心组织、密切配合、真抓实干，规划、建设、管理、环保、创卫等工作都取得了显著成效。

规划和国土对经济社会发展的调控力明显增强　应用城市总体规划成果，编制完成了城区和开发区10个分区规划、19个专项规划、近期建设规划、108块主要棚户区改造规划和南部中心城区核心区的控制性详细规划、铁北改造规划等重点规划。开展了城乡规划监察工作，制止和纠正了违法违规行为。成功举办了第八届中国长春国际雕塑作品邀请展。

新增建设用地4 349公顷，基本满足了城市建设和经济发展的需要。调整了土地级别，全面实施新一轮基准地价。收购储备土地442公顷，拆迁棚户区房屋建筑面积180万平方米。全市出让土地2 410.9公顷，纯收益31亿元。查处国土资源违法案件294起，清理违法占地74.1公顷，规范了土地市场秩序。

基础设施建设步伐加快

市政道路建设改造取得新成果。北亚泰大街、基隆北街等8条道路和102国道跨人民大街立交桥等5座桥梁以及亚泰大街北出入口（城区段）、长农公路出入口改造工程竣工，102国道绕行线（人民大街至长沈路）、双阳区东双阳大街等8条道路完成年度建设任务，新建道路99条。改造工农大路、卫星路、台北大街等142条道路，维护道路430条、54万平方米。改造巷道1 986条，硬覆盖261万平方米，整治裸露地面50万平方米。轻轨二期通车运营。长双烟铁路完成工程总量的70%。目前，城区主次干道大中修、三环路以内巷道改造建设基本完成，裸露地面基本实现软硬覆盖，城市道路完好率达98%，路网结构趋于合理，城市道路对经济社会发展的支撑作用明显增强。

公路建设迈出新步伐。榆陶线国道102线至陶赖昭8.9公里一级公路，龙山线龙家堡至蒋家、双阳绕越线42.2公里二级公路，长营线长春至新立城收费站2.8公里一级公路，长石线石头口门库区277延米大桥和库区2公里三级公路、菜口线菜园子至夏家店、大青嘴38公里县级公路竣工通车。建设乡村公路2 815公里，基本实现村村通水泥（油）路。凯旋路客运站主体工程已完工，榆树客运站、九台货运站续建工程和双阳货场建设完成年度任务，12个乡镇客运站建成投入使用。

环境建设改造取得新突破。一是实施了污水治理工程。北郊污水处理厂39万吨升级改造已完成主体工程，南部污水处理厂完成拆迁补偿安置；完成了伊通河23个园区的土建工程、污水截流干管的清淤维护和三段蓄水；完成了珍珠溪、杨家水库、北十条明沟、千山路明沟的清淤和吉顺明沟、东莱明沟的综合治理；建成了天嘉公园。伊通河、西部串湖、主要公园等城区水体污染治理任务基本完成，《长春市城区水体污染应采取统筹规划、综合整治的议案》办理工作得到市人大常委会和人大代表的充分肯定。二是实施了环卫设施改造建设工程。完成了三间村粪便无害化处理厂土建主体工程，建设和设置公厕419座，购置更新环卫作业车辆389台，建设垃圾中转站59座。三是实施了园林绿化工程。绿化街路31条，新植大块绿地117块，改造续建公园4个，裕华园开工建设，城区新增绿地300公顷。2006年，城区主要公园和广场改造已基本完成，绿化覆盖率达到41.5%。四是实施了南岭体育场硬化、美化、绿化、亮化等改造工程，建成了综合性体育中心，为成功举办亚冬会创造了有利条件。

公用设施建设有了新起色。改造建设排水管线122公里、供水管线50公里、燃气管线65公里；更新改造近200辆公交车，延伸调整15条城市公交线路。目前，城区存在重大安全隐患的市政公用管网基本得到改造，有效地解决了部分居民吃水难和用气安全以及排水不畅的问题。

城市室外照明有了新进展。完成了55条主次干道和两个区域等647条背街小巷以及市政府新楼、南岭体育中心、文化广场、南湖公园、天嘉公园等亮化，安装灯具11 128套。城区主次干道和三环路内背街小巷基本消灭了“摸黑路”，方便了市民夜晚出行，提高了城市夜景观效果。

建筑业健康发展 全市完成建筑业总产值338亿元，实现增加值168.3亿元，分别比2005年增长17.8%和21.5%。劳务分包企业发展到116家，占施工企业的比例由上年的7.6%上升到15%，安排域内外建筑工、农民工就业25万人。建筑市场进一步规范，建设工程报建管理率、招投标率、公开招标率、施工图文件审查率、应监理工程监理率均为100%。建筑质量安全管理得到加强，重点建筑工程质量通病整改率和重大安全隐患整改率进一步提高。城市规划区内建筑工程全部设计使用新型墙体材料，建设节能住宅311万平方米。骨干建筑企业实力增强，长春建工集团连续三年进入全国建筑企业500强行列。清理建设领域“双拖欠”工作力度加大，圆满完成了国家和省下达的任务。2006年，建筑业已成为长春市的重点产业，在扩大投资规模、增加就业岗位、促进新农村建设、拉动相关产业发展等方面发挥了重要作用。

房地产业持续发展 全市完成房地产开发及棚户区改造投资174.2亿元，房地产开发施工面积1 214万平方米，分别比2005年增长63.4%和81.3%。超额完成了省市年初确定的拆除房屋240万平方米、50%以上被拆迁人得到补偿安置的全年棚户区改造任务。棚户区拆除总建筑面积290万平方米，完成年度拆迁计划的120.8%。拆除棚户区房屋总户数54 616户。通过货币和房屋安置43 334户，回迁安置率为79.3%。房地产成交面积559.1万平方米，比2005年增长40.3%。处理无籍房34.2万平方米，公房出售96.4万平方米，住房货币分配2.24亿元，6 315户住房困难家庭享受了廉租房政策。城镇人均住房建筑面积25.56平方米，农村人均住房使用面积22.5平方米，分别比2005年增加0.56平方米和0.5平方米。供热制度改革取得重大突破，热费补贴由“暗补”变“明补”。归集住房公积金18.04亿元，发放住房公积金贷款9.49亿元，提取廉租住房补充资金700万元。房地产业在改善人居环境、提升城市形象、拉动经济增长中的作用日益突出。

城市管理水平明显提高 加强了市容管理。完成了红旗街等10条市容标准街路和桂林路周边等5个市容标准区域建设，主次街路拆除不合格牌匾3 051块，对376条主次街路两侧商家橱窗进行彻底清理，清除各类张贴物、乱写乱画等非法广告5万多处(张)，取缔占道经营和露天烧烤1.64万处，拆除违章建筑1.05万处，对人民大街等街路两侧81栋陈旧楼体进行了粉刷。

加强了日常环境卫生管理。严格落实清扫责任制，扩大夜间清扫和机械化清扫范围，适当延

祝业精市长视察二道区棚户区改造项目

长了一些繁华街路和场所的清扫保洁时间。开展了城市出入口、城乡结合部、“三线一岸”、城中村、背街小巷、弃管物业小区等环境卫生和乱倒乱卸专项整治，使上述区域的环境卫生状况得到较大改善。

加强了环境保护。拆除烟囱327根，治理不合格锅炉505台(套)，烟尘排放达标率达到90%以上，城区优良级天数达到340天，优良率达到93.2%。区域环境噪声平均值控制在56.4分贝。城市集中式饮用水源地水质达标率保持在100%，工业废水排放达标率达到93.7%。

加强了公用行业管理。编制了《长春市公共交通发展规划》，为优先发展全市公共交通事业提供了科学依据；组建了长春市城市公共电汽车管理办公室，解决了长期以来客运市场没有专业管理队伍的问题；完成了在全市推行城市公交特许经营权的准备工作。集中开展了以打击非法营运车辆为重点的专项整治，城市公交客运市场秩序明显好转。开展了二次供水设施的综合治理和供水安全及服务质量大检查，接收弃管二次供水泵站5座，解决了1 800多户居民的吃水难问题。对8大类、16项燃气安全隐患进行专项整改，燃气安全事故明显减少。

加强了物业管理。编制了《长春市物业管理十年发展规划》，成立了物业管理纠纷仲裁工作站，归集物业维修基金1.6亿元。深入开展物业管理市场专项整治，对违法违规和信誉不良的物业企业分别予以取缔和限期整改的行政处罚。

加强了人防和防震减灾工作。改造、维修人防工程46项，人防结建率达98.3%。编制了《长春市地震预警机制方案》，改造了榆树、双阳地震台和长春测震台网子台，开展了市区活断层的探测工作，观测资料达到“连续、可靠、及时、准确”。

村容镇貌综合整治扎实推进　以列为省级和市级的试点村镇为重点，加强了村容镇貌综合整治。全市村镇基础设施建设投资6.6亿元，住宅竣工60.64万平方米，新建、扩建道路108公里，敷设自来水管线23公里、排水管线56公里，新建公厕48座。

王珉书记视察飞跃路地块棚户区改造项目回迁房建设情况

法制建设取得新成效　开展了《长春市城市房屋安全管理条例》、《长春市城市公共汽电车客运管理条例》、《长春市城市市容和环境卫生责任制暂行办法》、《长春市建设工程造价管理办法》的调研起草工作。《长春市城市房屋安全管理条例》将于2007年5月1日正式施行，《长春市城市公共汽电车客运管理条例》已上报省人大批准。开展多种形式的法制宣传和培训工作，提高了建设系统广大干部职工的法律意识和依法行政水平。严厉查处各类违法违规案件，规范了建设领域各方主体的行为。

软环境建设和城市科学研究工作进一步加强　推行行政审批权相对集中改革，市建委、市环保局、市人防办单独设立了行政审批办公室；实行了振兴长春老工业基地项目领办制度、棚户区改造项目《绿色通道通行证》制度和建口“一次性收费”，缩短了办事时间，方便了服务对象，受到了企事业单位的欢迎。加强了建设系统的服务监督工作。12319服务监督中心共受理市民投诉7.29万件，大部分投诉得到妥善解决，受到了广大市民群众和社会各界的好评。市城科会紧紧围绕城市建设中事关全局和长远的重大问题进行深入调研，组织咨询论证十余次，形成了一批高质量的调研成果，为市政府的科学决策提供了可靠依据。

2006年，长春市城市建设

工作不仅得到了市委、市人大、市政府、市政协的充分肯定,有些工作还得到国家和省的表彰奖励。天嘉公园荣获“中国人居环境范例奖”;长春世界雕塑公园成为全国首批20个重点公园之一;长春市在全国846个城市的畅通工程评比中荣获第三名;长春市被评为东北三省人防工作先进城市、全省国土资源管理目标责任制优胜单位、2006年吉林省城市棚户区改造优秀单位;长春市建设系统12319服务监督中心被评为全国城市管理先进集体,被命名为全国建设系统创建文明行业示范点;市建委、市国土局、市规划局、市房地局、市城管行政执法局及市开发办、市拆迁办、市土地收储中心被评为2006年吉林省城市棚户区改造先进单位;市国土局被评为全国地籍管理先进单位、全省国土资源管理工作先进单位;市园林局被评为全国建设系统思想政治工作先进单位;市交通局被评为全国交通系统治理公路“三乱”先进集体、全省交通发展先进单位;市环保局被评为全国环境保护系统先进集体;市城管行政执法局被评为全国城市行政执法先进单位;市地震局被评为全国地震系统四五普法先进单位;市公积金管理办公室被命名为全国建设系统创建文明行业示范点。

2006年,按照科学发展观的要求,积极探索新形势下城市建设工作的规律和特点,认识上有新提高,实践上有新进展。概括起来:一是坚持围绕中心,科学发展。紧紧围绕支持南部新城建设、铁北改造、开发区二次创业、发展壮大支柱产业、做大做强“三大板块”、举办亚冬会和创建国家卫生城来谋划、部署工作,并进一步端正建设工作指导思想,着力发展城建经济,提高发展质量。二是坚持以人为本,关注民生。把保障民生、改善民生作为建设工作的根本出发点和落脚点,实施了棚户区改造、巷道改造、二次供水设施改造、公厕改造、乡村公路建设等一大批“民心工程”。三是坚持突出特色,提升形象。着眼于彰显舒朗、通透、大气、开放的城市风貌,深入开展“六城联创”活动,全面提高园林绿化水平,综合整治环境污染,精心塑造城市雕塑品牌,重点改造亚冬会体育中心,努力改善人居环境。四是坚持深化改革,大胆创新。用改革的办法解决发展中的矛盾和问题,着力推进体制创新、机制创新和科技创新,不断增强建设事业的发展活力。五是坚持真抓实干,注重实效。发扬求真务实作风,不图虚名,少说多做,埋头苦干,艰苦创业,甘于奉献。六是坚持两级建设、三级管理。充分发挥各区、开发区在城市建设管理中的重要作用,努力形成市区联动、合力攻坚的建设工作新格局。

(王嘉琳)

城市规划

【概况】 2006年,市规划局认真贯彻落实市委十届七、八、九次会议精神,充分发挥城市规划指导和调控城市建设和发展的重要作用,紧紧围绕加快城市化、工业化进程、加快城市建设发展这一中心任务,认真贯彻落实国家和省城市规划方面的有关方针政策,开拓创新、积极进取,服务大局,为促进城市建设管理水平的大幅提高、改善人民群众生活环境、保持全市经济持续健康发展提供了大量的规划服务和保障。

【编制完成了全覆盖的分区规划】 根据全市城乡经济社会快速发展的需要,编制完成的《长春市城市总体规划(2005—2020)》,已经在2006年经省政府正式上报国务院。在新一轮城市总体规划修编工作基础上,为了进一步深化城市总体规划成果,保证各城区、开发区经济发展、城市建设有序进行,按照市政府《关于开展长春市分区规划编制工作的通知》要求,市规划局和各城区、开发区及时组织编制完成了朝阳、宽城、南关、二道、绿园、双阳、经开、高新、净月、汽车十个分区规划,进一步明确了各分区的功能定位,保证了城市总体规划确定的各项发展目标和资源保护措施在空间上的落位。编制工作中,反复征求社会各界的意见,充分调动、发挥各城区和开发区参与城市规划编制的主动性、积极性,针对各区建设中存在的问题进行研究,本着立足发展、解决现实问题的原则,完成了10个分区规划编制和专家论证工作,并在规划展览馆向社会公示,目前已经呈报市政府,争取在城市总体规划未获批准之前,先按技术性成果予以执行。

【编制完成了近期建设规划】 按照建设部有关文件和市政府的决定,市规划局及时组织开展了2006－2010年《长春市城市近期建设规划》的编制工作。《近期建设规划》以新一轮城市总体规划和长春市“十一五”规划为依据，在开展大量的前期资料收集和组织协调工作基础上，认真分析城市发展的实际情况，针对存在问题，制订行动策略和计划，明确了未来五年的发展目标。完成了初步成果后又根据各部门提出的意见和各城区、开发区建设发展设想，对初步成果进行了多次修改和补充。经市政府常务会和市人大审查，目前正在履行市政府审批程序。

【编制完成了《长春市住宅建设规划》】　《住宅建设规划》是国家建设部贯彻国务院指示精神，完善住宅供应结构，调整房地产市场的重要手段。在缺少相关技术规范和编制经验的情况下，市规划局组织规划技术人员深入研究，借鉴其他城市做法，克服困难，主动协调相关单位，保证按时完成了规划任务并向建设部备案。

【编制完成专项规划和控制性详细规划】　2006年市规划局积极协调各相关专业部门，组织了市政和公用设施的28项专项规划的前期研究和规划编制工作。在各部门的积极配合下，已编制完成了19个专项规划的编制任务。同时，围绕市政府的各项重点工作，还组织编制或完成了《伊通河综合治理改造工程规划》、《玉米工业园控制性详细规划》、《空港开发区建设规划》、《长春汽车产业开发区发展建设规划国际咨询》、《大黑山脉保护规划研究》、《2007年重点市政工程项目规划》、参与《改造大铁北，建设北部新城规划纲要》等的研究和编制工作、完成了哈大客运专线及长吉城际铁路规划选址任务。

【加强历史文化保护】　《长春市整体城市设计以及紫线保护规划》在2005年工作基础上，通过进一步修改完善，2006年5月最终成果经市政府常务会议审议通过。整体城市设计的完成，为组织重点地段的城市设计工作，延续城市的风貌特色，起到了重要的指导作用。在此基础上，开展了长春市历史保护建筑的统计及成果编制工作，通过对市区内包括19世纪末至20世纪50年代历史建筑进行的摸底调查，认真统计，确定了总数为237栋，上报了市政府批准公布保护的历史建筑名录。

【组织了南部中心城区城市设计】　为保证南部城市新中心高起点、高标准规划建设，根据南部中心城区核心区控制性详细规划，对永春河以东，伊通河以西，南环路以南的南部中心城区核心区域开展城市设计研究。完成了《南部中心城区核心区城市设计》方案，进一步明确城市新中心的功能布局、建筑空间、交通网络、生态环境等问题，尤其是以人的活动为核心，研究在三维立体上的城市空间形态，使南部城市新中心规划建设的目的性更加明确。这项城市设计成果，已经市政府、市人大和市委常委会的审定，在进一步修改完善后，将作为长春市城市新中心的建设指引，在未来的时间里展现在市民的面前。

【完成了重点棚户区改造的规划】　重点棚户区改造是长春市2006年城市建设的重要任务，全市共确定了108块改造地块。市规划局及时做好前期现场调查摸底、现状地形调绘、规划纲要编制工作，研究推进重点棚户区改造的措施，及时编制完成了《长春市重点棚户区改造总体规划纲要（2006—2008）》和《长春市108块重点棚户区改造规划指引》。明确提出了今后3年长春市108块重点棚户区改造地块的现状情况及规划主要技术指标。为保证重点棚户区改造中回迁住宅的质量，针对小面积户型设计工作，组织8个有丰富经验的设计院，提出了3种建筑面积的回迁房、定销商品房户型设计，共46套方案，经过组织专家评审，在展览馆公开展出并推荐给建设单位。截至2006年底，108块棚改项目已核发《建设项目选址意见书》95块，占地面积1 900万平方米。其中，2005年确定的54块棚改项目全部核发了《建设用地规划许可证》，占地面积760万平方米。

【认真做好规划许可】　2006年，依照《行政许可法》的要求，坚持规划许可前公示、听证，规划许可后公告，严格核发规划行政许可。全年共受理《建设项目选址意见书》申请1 161件，核发《建设项目选址意见书》759件。受理确定用途来函300件。受理《建设用地规划许可证》申请1 032件，核发《建设用地规划许可证》742件，共计建设用地面积5 577公顷。受理《建设工程规划许可证》申请323件，核发《建设工程规划许可证》260件，共计建筑面积736万平方米。受理《建设工程竣工规划验收通知书》申请205件，核发《建设工程竣工规划验收通知书》125件，共计竣工验收面积384万平方米。

【加强城市规划监管】 2006年，全市共有近千栋、几百万平方米建筑面积的建设工程开工建设。市规划局依据《城市规划法》赋予的职责，以为建设单位提供优质服务为目标，认真地开展规划监督检查，严格依法实施许可后的监督检查和现场管理工作，加快了固定资产投资项目的开工建设，制止和纠正了部分建设单位违法建设的行为，保证了城市规划的准确实施。还配合各区政府的重点棚户区改造工作，开展了大量的规划前期调查和认证工作，共认证了近3万户，近300万平方米的棚户区房屋，保证了重点棚户区改造工作的顺利进行。

【规划效能监察工作】 按照建设部和监察部的通知精神，为实施长春市规划效能监察工作，组建了由市规划局、市监察局的领导分别担任组长的领导小组。并下发了《关于开展城乡规划效能监察的通知》，制订了开展规划效能监察的实施方案，对各城区、开发区规划工作进行了集中检查。对发现问题及时提出了整改措施。8月中旬，在省建设厅和省监察厅的联合检查中，对我市的城市规划效能监察工作给予了高度的评价。

【做好开发区和乡镇规划管理】 根据长春市开发区规划管理工作的实际情况，市规划局建立了“以开发区审核为主，以市规划局审定为辅”的两级管理体制。提出了“一个机构、一个时限、一个程序、一个平台、一个标准”的“五个一”工作模式；实现网上协同办公。在乡镇规划工作中，草拟了《乡镇总体规划审查工作规则》，指导组织编制了《合心镇总体规划》、《奢新南线以南地区控制性详细规划》等15项控详规划，对新划入长春市的6个乡镇，协调指导编制了东湖分区规划及城北分区规划；制定了《建设社会主义新农村规划工作导引》等八项技术规定，为新农村规划编制工作打下了坚实的基础；此外，还完成了农博会1 100平方米的新农村微缩景观布展任务。

【加强测绘行业管理】 2006年，按照全省测绘工作会议精神，主要完成了以下工作：第一，资质初审和年度注册工作。全年共办理测绘资质初审11家；办理年度注册49家。第二，实施地图市场监管职责。坚持经常对长春市内的大型商场、新华书店、市内主要街路等进行地图检查，及时纠正地图及其产品中漏绘南海诸岛、钓鱼岛与赤尾屿等错误。通过检查处理了数起违规使用地图情况。第三，省内地图的初审和基础测绘成果使用的审批工作。初审市区图4幅，全部达到省测绘局的要求。对测绘成果使用单位申请认真把关，全年办理申请270余件。

【认真做好基础测绘工作】 2006年以市区1:500地形图更新维护等为重点，积极开展大比例尺基础地形图测绘及城市工程测量工作，为城市规划建设和经济发展提供保障。结合棚户区改造工程，更新维护1:500比例尺地形图120平方公里；为汽车产业开发区修测80平方公里1:1 000比例尺地形图；同时完成了600平方公里的1:2 000比例尺正射影像图制作；初步完成了“长春市电子地图查询系统”和测绘院网站建设；首次出版了长春市真彩色正射影像图籍，受到了市领导和城市市民的欢迎；测绘院还不断拓宽市场范围，受市国土局委托，开展了汽车产业园区100平方公里地籍基础控制测量工作。

【加强信息化建设】 按照实施阳光规划、加强政务公开、为广大用户提供高标准服务的需要，对“长春规划”网站进行了再次改版。2006年拥有10个功能区，42个子栏目，对外发布图文信息近6 000条。本次改版对相近栏目进行了合并、优化，突出了公众参与和对社会服务的栏目设置，加强了网站采集意见的回馈力度。同时应用规划展示区和规划门户网站对长春市建设项目工程规划公告等政务信息进行了公布，方便了市民及时查阅。同时，对局长信箱中的群众咨询，做到有问必复，加强了和群众的联系、沟通，全年共答复741件公众参与信件。

【圆满举办第八届雕塑展】 第八届雕塑展共发出征集函300余份，共收到来自国外70多个国家的400多件作品。有45个国家和地区的50位雕塑家的49件优秀作品参展。本届展为历届雕塑展中首次参展国最多的一次。本届雕塑展之后，雕塑公园将拥有172个国家和地区(其中未建交的国家达20个)的347位雕塑家创作的391件作品，加上室内的专题展览和室内的馆藏作品，雕塑公园的作品数量已逾千件。

【加强软环境建设】 软环境建设是一件永不竣工的工程。2006年主要从以下几个方面入手：加强政务公开，全面推行“阳光规划”，让群众了解规划内容。完善绿色通道，积极主动为建设单位服务。重大项目随时报件、随时研究、随时告知。完善规章制度，制定了《长春市规划局2006年党风廉政建设和反腐败任务分解落实实施意见》，健全了党风廉政建设报告制度和谈话诫勉制度。围绕加强党风廉政建设，通过聘请“百名监督员”实行对规划部门的监督，形成了有利于抵制腐败、维护规划系统形象的工作机制。认真做好提案议案办理工作。2006年共办理人大代表建议和政协委员提案31件，通过各处室的共同努力，满意率达到了100%。市规划局被市政协评为提案办理先进单位，被市政府办公厅评为全市建议提案先进承办单位。认真接待来信来访。共受理业务咨询527人次，来信36件，单人访58起、集体访32批次、539人次。同时受理“12345”交办单315件和“12319”交办单33件，全部做到了认真接待，按期反馈。

(王国志)

城市建设

【概况】 2006年，是长春市实施“十一五”规划的开局起步之年。长春市城乡建设按照“以人为本、多办实事、积极而为、持续发展”的工作思路，努力克服资金紧张、降雨频繁、拆排迁难度大和建设任务繁重等诸多困难，超前谋划、精心组织、密切配合、真抓实干，重点工程建设、棚户区改造、村镇建设、创卫等工作都取得了显著成效，建筑业呈现良好发展的态势。

【市政重点工程】 2006年市政重点工程建设，紧紧围绕支持南部新城建设、铁北大开发、发展壮大支柱产业、各城区加快发展、开发区二次创业、迎接亚冬会和创建国家卫生城等市中心工作展开，全年完成城市基础设施建设投资34.87亿元(不含轻轨二期建设工程和房地产开发及棚户区改造)，城建重点工程建设取得了明显成效。

1. 实施了16路5桥2出口建设工程。为加快路网建设，完善城市功能，共建设路桥工程16路5桥。除102国道绕行线(人民大街至长沈路)、102国道跨人民大街立交桥和长农公路出入口改造工程作为跨年度工程今年继续实施外，北亚泰大街、清溪路、基隆北街、繁荣路等15条街路，长新桥、花莲桥、新月桥、新竹路跨串湖桥，以及亚泰大街北出入口改造全部竣工。

2. 实施了122条道路大中修工程。除自立西街、东风大街、九台路和警备路4条街路因拆排迁等因素没有完工外，人民广场、卫星广场、新民广场、红旗街与工农大路交汇口、普阳街与正阳街交汇口等5个重要路口、广场在“五·一”期间完成了改造建设。工农大路、卫星路、台北大街等115条街路大中修都已完工。

3. 实施了巷道改造和裸露地面整治工程。2006年，按照“统一规划、远近结合，以区为主、市区联动，综合整治、配套建设，因地制宜、分步实施”的思路，遵循“宜路则路、宜绿则绿、宜场则场”(场为停车场)的原则，全面加大了巷道改造建设力度。全年建设改造巷道1 986条。累计硬覆盖面积261万平方米，整治裸露地面50万平方米。完成了市委、市政府提出的利用两年时间对二环路内的巷道和裸露地面全部进行“软硬”覆盖的工作任务。

4. 实施了环境治理工程。一是西部串湖综合治理工程已完成年度任务。占地21.3公顷的长春市第一座丘陵型、开放式公园——天嘉公园及2万吨水质净化厂建设工程于7月8日竣工并投入使用。2006年12月12日，长春市“天嘉公园”改造工程被国家建设部授予“中国人居环境范例奖”荣誉称号。珍珠溪和杨家水库治理完成清淤工程。二是伊通河排污治理工程基本完工。污水截流干管的清淤和维护已完成，铺设污水截流管线1 000米、雨水管线3 000米，截留污水吐口和雨污合流吐口50个。三是排水明沟治理工程全面启动。吉顺明沟、东莱明沟的治理基本完成；北十条明沟、千山路明沟已完成清淤；绿园明沟等6条明沟的治理已做好了前期准备工作。

5. 实施了室外照明工程。完成了基隆北街、繁荣路、北亚泰大街、远达大街等47条道路和人民广场、文化广场、南岭体育场、南湖公园的亮化;对"亚泰大街、伊通河以东,自由大路以北,东环城路以西、以南"与"临河街以西,宽平大路、南湖大路、自由大路以南,开运街、飞跃路硅谷大街以东,卫星路、开宇街、南环城路以北"的两个区域的351条大小街路实施了亮化;解决了296条背街小巷的照明问题,共安装灯具3 931套。提高了城市室外整体照明水平。

6. 实施了体育场改造工程。为迎接亚冬会,2006年在工程计划外又投资4 500万元,对南岭体育场的硬化、美化、绿化、亮化等配套设施进行了全面改造。该工程于6月1日开工,9月4日竣工。新建、翻建场内道路14条;新建8 000平方米的足球场1个、2 100平方米的篮球场3个;新建停车场11处。敷设污水管线630米、雨水管线610米,铺设大理石9 700平方米、彩色方砖3.6万平方米,栽植各种苗木4 000株、草坪3.9万平方米,建成了市里统一改造、省市共建共管的综合体育中心。

7. 实施了道路维护及管网改造工程。全年维护道路430条、54万平方米;改造排水管线122公里,超额完成了年度计划。

【棚户区改造】 按照吉林省省委、省政府关于棚户区改造工作(以下简称"棚改")的统一部署,长春市从2006年起对城区内重点棚户区进行改造。一年来,在市委、市政府、市"棚改"领导小组及实施指挥组的正确领导下,棚户区改造实施指挥组办公室(以下简称"棚改办")、各城区政府、开发区管委会积极开展工作,认真履行职责,"棚改"工作取得了显著成绩。

一、"棚改"工作完成情况。长春市计划三年改造重点棚户区108块、拆除建筑面积713万平方米,其中2006年计划改造54块棚户区,拆除建筑面积240万平方米。2006年全市对63个"棚改"地块核发了《绿色通道通行证》,其中有54块下发了《拆迁许可证》,并已实施拆迁,已有30块拆迁结束,有34块已开工建设。全市"棚改"完成拆除房屋总建筑面积290万平方米,占全年拆迁计划的120.83%,拆除房屋总户数54 616户。其中拆除有照房屋面积130万平方米,拆除有照房屋户数26 766户;拆除无照房屋面积115万平方米,拆除无照房屋户数27 850户;拆除"三小"违章建筑18 456处、面积45万平方米。2006年全市"棚改"施工面积276.5万平方米(其中回迁房施工面积49.6万平方米),累计完成投资48.8亿元。竣工面积102万平方米(其中回迁房竣工14.4万平方米)。2006年全市拆除总户数中,有40 834户实行了货币补偿安置,占拆除总户数的74.77%;有13 782户实行回迁房安置,占拆除房屋总户数的25.23%,其中有2 500户已入户安置结束。进行货币补偿安置和回迁房屋安置户数占全年拆除总户数的79.34%。

二、"棚改"工作主要做法。

1. 市、区领导高度重视,建立强有力的组织保障。①一年来,市委、市政府对"棚改"工作高度重视,把"棚改"工作摆到了主要议事日程,在市委第十届九次会议上提出要把"棚改"工作作为长春市房地产开发的重点,有组织、有计划地推进。市委、市政府主管领导和分管领导,都把"棚改"工作作为重点工作来抓。2006年市委或市政府共组织召开"棚改"工作研究会、动员会、项目审批会、推进会和现场调度会等各类"棚改"会议27次,有力地推动了"棚改"工作的实施进程。②在"棚改"工作中,为了推动"棚改"工作的顺利实施,建立了强有力的组织保障,成立了"棚改"工作领导小组、实施指挥组和"棚改"工作办公室,省委常委、市委书记王儒林和市长祝业精亲自担任组长,亲自组织研究"棚改"工作的指导思想、基本原则、建设标准、优惠政策和组织实施办法。副市长崔杰积极参与"棚改"工作研究,千方百计地为"棚改"工作筹措、落实资金,为全市"棚改"工作提供了可靠的资金保障。副市长王学战分管主抓"棚改"工作,不仅亲自挂帅,而且靠前指挥,既带领相关部门研究落实"棚改"工作实施方案,又亲自进行调研,协调解决"棚改"过程中出现的一些重大问题,还亲自包保面积大、拆迁户数多、难点突出的"桃源路地块"的拆迁工作,使拆迁实施进展顺利。③各城区区委、政府和开发区管委会都把"棚改"工作列为本区重点工作之首,主要领导亲自主抓"棚改"工作,使各区"棚改"工作都比较出色的完成了任务,取得了明显效果。

2. 正确指导“棚改”工作，制定和落实了相关配套政策。①为了加快推进“棚改”工作，市政府先后制定出台了《长春市重点棚户区改造实施意见》（长府发[2005]56号）、《长春市棚户区改造项目住宅房屋拆迁补偿安置有关问题的暂行规定》（长府发[2006]5号），市重点棚户区改造领导小组和市“棚改”实施指挥组也先后制定出台了《长春市重点棚户区改造规划纲要》（长棚改[2005]1号）、《关于长春市重点棚户区改造建设项目审批实行“绿色通道通行证”制度》（长棚改[2006]1号）等11份“棚改”的相关文件，这些文件的出台正确地指导了“棚改”工作，有效地推进了“棚改”工作进程。②棚户区是历史等多方面原因形成的，改革开放以来，由于拆迁成本高、资金投入大，是开发企业不愿意开发的地段，有很多地块如果进行开发建设都会出现经济亏损问题，“棚改”可称为是“啃骨头”工程。为了充分调动社会各界参与“棚改”工作的积极性，实现社会、环境、经济三个效益，市政府为开发企业制定和落实了3项优惠政策，为被拆迁居民制定和落实了7项优惠政策，并在实践过程中得到了较好的落实。极大地调动了开发企业参与“棚改”工作和被拆迁居民配合“棚改”工作的积极性，2006年共有100多家开发企业参与了“棚改”工作。同时在已实施拆迁的54块“棚改”地块中，绝大多数被拆迁居民都踊跃排队签订拆迁协议。

3. 把和谐拆迁、适时回迁、建设精品工程作为“棚改”的工作重点来抓。“棚改”工作是一项利民惠民的德政工程，在“棚改”过程中市直各相关部门、各城区政府、开发区管委会高度重视保护被拆迁居民的合法利益，把和谐拆迁、按时回迁当作主要工作来抓。一是做好了宣传教育工作。市、区领导和有关负责拆迁的同志亲自深入到“棚改”的拆迁现场、深入到居民家中宣传、解释“棚改”拆迁相关政策，解答群众提出的有关问题。二是认真解决被拆迁居民的实际困难，妥善补偿、安置弱势群体。在拆迁过程中，对群众反映的实际困难，各部门、各单位都会尽最大努力帮助解决，并做好耐心的解释工作，给予妥善处理。三是依法拆迁、有情安置。在拆迁过程中，始终坚持公开、公平、公正的原则。各区“棚改办”和市土地收储中心都加强了对拆迁行为的管理工作，对拆迁公司的拆迁行为按照法规、条例规定进行严格监管，发现问题及时处理解决，切实维护被拆迁人的合法权益。在全市“棚改”拆迁中，开发企业都不同程度安排了特困户。已开工建设的“棚改”项目，开发企业先建回迁房、后建商品房，取得了被拆迁居民的信任，保证了拆迁工作顺利进行。四是高标准建设回迁房，切实改善居民住房条件。市规划局委托8家具有丰富设计经验的设计院，共设计出了46套回迁房、定销商品房户型标准方案，先后在市开发办和市规划展览馆展出，广泛征求意见，推荐给建设单位，供建设单位和被拆迁居民参考和采用。政府有关部门提出“改造一处，就要成为一处风景；改造一处，就要成为一个亮点”。在抓好质量建设的基础上，重视环境建设。

4. 采取“双轨”运作办法，有效推动了“棚改”拆迁工作。2006年，长春市“棚改”工作坚持了土地收储与经营性开发相结合的“双轨”运作办法，超额完成了年初制定的各项指标，取得了较好的效果。2006年市土地收储的“棚改”地块共完成拆除建筑面积170万平方米，占全市全年拆除总面积的58.7%；采取

韩长赋省长视察飞跃路地块棚户区改造项目

市场化运作方式的“棚改”地块共完成拆迁面积120万平方米，占全市全年拆除总面积的41.3%。

5. 相关部门积极配合，发挥各自职能作用。“棚改”工作时间紧、任务重、涉及范围广、难度大，必须举全市之力、调动各方面力量、齐心协力才能有效推动“棚改”工作快速运行。市直各有关部门和单位都把“棚改”工作作为2006年的重点工作之一，充分发挥主观能动作用，齐心协力、密切配合，为“棚改”工作做出了突出贡献。

6. 实行了“绿色通道通行证”制度。为了提高工作效率、加快“棚改”工作进程，在实施“棚改”工作过程中，对“棚改”项目的审批实行集中审批和“绿色通道通行证”制度。为了保障“绿色通道”畅通，坚持三项制度：一是“简办制”（即：减少办事环节、减少申报资料、简化办事程序）；二是“领办制”（即：各城区、开发区或参建的企业到政务大厅办理相关手续，由大厅指派专人领到相关窗口进行办理）；三是“督办制”（即：对办事拖拉、办事环节繁杂的部门，由市监察局帮助理顺工作程序，进行督办），提高了“棚改”工作的办事效率。

【建筑业】 2006年，全市工程建设领域和建筑业企业广大干部职工，坚持以提高行业管理水平为核心，以清理建设领域“双拖欠”问题为重点，整顿规范建筑市场秩序，严格勘察设计审查，加强工程质量、安全、定额、招投标监督管理，较好地完成了各项工作任务。全年完成建筑业总产值338亿元，占工业总产值的15.9%；全市建筑业增加值达到168.3亿元，占全市GDP的8.7%。按照支柱产业的定义标准，增加值在GDP要达到5%，产值占工业总产值的8%，建筑业首次达到了支柱产业标准。

1. 继续深入开展了清理建设领域“双拖欠”工作，全面完成了国家和省确定的三年工作任务。①加大了清欠工作的检查、督查力度。市建委制定了《2006年清理建设领域“双拖欠”工作方案》，有关部门先后组成5个联合检查组，对规划区内的建筑工地进行了10余次大规模联合检查。②严格执行清欠源头审批把关制度。加强对新建项目的监管，严把施工许可证审批关。对于建设资本金不落实、存在拖欠问题的项目，一律不办理审批手续。严格执行农民工工资支付保障金制度。共有224家建设单位按要求存储保障金4 800多万元，覆盖率达到90%以上，对于防止新欠起到较好效果。经过努力，累计清理解决网报拖欠工程款44.48亿元，占拖欠总额98.62%。其中，解决政府投资项目拖欠11.81亿元，占政府项目拖欠总额99.9%，解决网上拖欠农民工工资2.62亿元，占总拖欠总额100%，提前超额完成了国务院、省政府确定的三年清欠目标任务。

2. 优化产业结构，建筑业整体实力进一步提升。①大力发展成建制劳务分包企业。本着“先发展、后规范”的原则，全年共发展劳务专业建筑队伍116家，吸纳农民工近万人。施工总承包企业、专业承包企业、劳务分包企业比例为26∶61∶13，建筑业企业组织结构日趋合理，增强了行业整体实力。②加快信用体系建设步伐。建筑领域信用体系建设是解决建筑市场诸多问题的治本之策。2006年，克服信用体系依据不充分、经费严重不足等困难，与建设部信息中心合作建设长春市建筑市场监管和信用体系电子平台，已完成了调研、框架和数据收集等一期工作，取得了阶段性进展，为2007年正式投入运行创造了良好条件。③积极开展建设领域职业技能鉴定培训工作。组织全市1万多名建筑职工参加职业技能鉴定培训，有6 612名技术工人取得了执业资格证书，为建筑业的可持续发展提供了人才保证。市建委与市劳动和社会保障局、市总工会、团市委共同举办了“新星宇杯”长春市首届建筑业职业技能大赛，选拔出的7名选手在全国大赛中有4人获得“全国建设行业职业技术能手”称号，3人获得“优秀选手”称号，极大地激发了全市建设职工“比技术、学技能、岗位成才”的积极性。

3. 加强了建筑市场秩序整顿规范，建筑市场秩序日趋好转。①严格法定建设程序，有效规范了市场各方主体行为。一是开展建设工程招投标专项治理。加强工程建设招投标全过程的监督，基本做到公开、公平、公正。全市招投标管理率达到100%。二是严格实行建设工程施工许可证制度。全年共受理报建1 174项，颁发建筑工程施工许可证576项。三是严格实行建设工程竣工备案制度。共受理755项工程竣工验收备案，数量创历年最高水平。②严格资质管理，对违规单位和个人坚决清出。加强建筑业动态管理，从企业人员、企业业绩、“双拖欠”情况、建筑市场行为、建筑业统计、工程造价等6个方面进行全方位的检查，查处了一批违反招投标管理法规的工程项目，处罚了一些违反建筑活动行为规范的单位和个人。③加强整顿，有力地规范了建筑市场秩序。共检查全市在建工程694项，下发限期整改通知300多份，发布张贴《关于加强建设领域招用农民工管理的通告》1 000余份，对110项存在问题工程进行停工处理，对存在问题3家施工企业、7名项目经理分别给予资质降级或吊销项目经理证处理，查处了31家违规监理公司并记入信用体系。为有效维护建筑市场秩序，建筑市场执法监察支队对全市在建工程进行了全面检查，检查覆盖率达到100%，办证率达到98.06%，对违法情节严重的54家单位依法进行了处罚，全市建筑市场秩序明显好转。④完善发承包市场功能，规范招投标行为，建立评标区通讯屏蔽系统，切断评委与外界联系，从外部环境上保证评标过程的公证性。

4.勘察设计行业整体水平进一步提高。①严格实行施工图设计文件审查制度。全年共办理施工图设计审查备案手续862项，总建筑面积511万平方米，施工图审查率100%。②加强勘察设计和抗震设防管理。针对检查中发现的质量问题，编制了《底层高度砌体结构房屋抗震设计的若干规定》，下发了《关于加强建设工程勘察质量管理的通知》。开展全市在建工程勘察设计质量检查活动，抽查67项工程的勘察设计质量，对存在质量问题的6家勘察单位、3家设计单位进行通报批评，并限期整改。开展全市既有房屋抗震设防普查，结合新农村建设，制定农村建房实行抗震设防的强制性措施。③大力推进建筑节能工作。认真贯彻《公共建筑节能设计标准》，编制了《长春市公共建筑节能设计热工性能统一技术规定》和《长春市民用建筑节能设计热工计算内容规定》，组织开展《公共建筑节能设计标准》培训工作，大力推广节能设计软件。在建设部节能专项检查中，长春市被抽查的3项公建的节能设计均满足《标准》要求。组织进行城市供热、中水回用和承重墙体材料等方面专题调研，开展新型墙体材料质量检测工作、建筑节能专项验收工作，积极推广冷轧带肋钢筋、空心管桩、采暖技术等十余项新产品、新技术。认真贯彻《民用建筑节能管理规定》，下发长春市《关于执行节能技术产品和节能建筑认定制度的通知》，对民用建筑工程项目采用的建筑节能技术（产品），节能建筑实行认定，2006年年末，已有96家墙材企业进行产品登记、备案，88个建筑工程项目办理了节能验收手续。为进一步抓好“禁实”工作，成立了墙改节能大队，共检查施工工地60多个、下达告知书10余份。在2006年7月建设部组织召开的全国建筑科技大会上，长春市建委被建设部评为全国建筑节能工作“十五”先进集体。

5.加强建设工程监理，工程质量进一步提高。①加强建设工程实体质量监督。严把地基基础、主体质量关，加大商品混凝土的推广力度，从结构上确保建设工程质量安全。2006年共对建筑工程现场进行3 600余次定点检查和巡查，下达整改通知书760份，对存在的质量问题和隐患限期改正，对责任方按有关规定进行严肃处理。组织全市性共三个批次工程质量大检查，对检查中发现的质量通病和存在的问题在全市进行了通报。②重点加强了棚户区改造工程的质量监督。针对棚户区改造工程量大、工期短，且住宅工程易出现质量通病的实际情况，加大关键部位的监督频次，在保证结构安全的前提下，将监督重点向保证使用功能方面倾斜，确保棚户区建设工程的质量。③加强工程质量监督管理信息化建设。组织有关专业人员研究开发《建设工程质量监督计算机管理系统》软件，开通建设工程质量监督网，探索推进施工现场视频监控工作，提高了质量监督水平。④继续开展优质工程评比活动。在“哈、沈、长”优质工程观摩检查评比中，长春市有20项工程荣获金、银奖。全市有75项工程获得长春市“君子兰”结构杯奖。全年没有出现重大的工程主体结构和使用功能的质量事故，建设工程质量总体上处于稳中有升的态势。

6.强化安全生产意识，不断完善和规范建筑安全体系。①全面推广建筑施工企业和建筑施工现场安全质量标准化管理工作。在长春市施工企业和施工现场中，广泛开展标准化创建工作，推广南通英雄建筑安装工程公司施工的吉林通信服务公司1 860生产楼施工现场的经验。作为组长城市，组织开展了“三市联检”活动。2006 年，长春市参检工程项目 21 项，其中，14 项工程荣获金牌，7 项工程荣获银牌。市建设工程安全监督站被市政府评为“安全生产特别嘉奖单位”，安全生产形势继续呈现出稳定发展的局面。②积极开展以预防和控制高处坠落为重点的专项整治、“大检查”等活动。积极组织安全生产大检查，适时开展“安全月”、“安全周”活动，加强对“三宝”、“四口”、“五临边”的管理，有效控制了事故的发生。全年共检查工地1 333项，下达整改指令 986 份，消除各类隐患2 341条，其中重大隐患 77 条，停工整改工地 107 个。在建设部专项督察中，长春市的建筑安全生产管理工作受到好评。③切实加强安全生产许可证动态监管。严格审查安全生产条件，强化安全生产许可证的监督检查，加大事故处理力度。对发生安全生产事故的 3 家企业，除追究有关人员责任、进行经济处罚外，还做出了暂扣安全生产许可证的行政处罚。

7. 规范建设工程价款结算行为，工程造价工作全面加强。起草了《长春市建设工程造价管理办法》，通过了法律专家的评审和市法律顾问团的审定。对长春市 41 家乙级工程造价咨询企业资质进行了重新定位，组织1 100多名专业人员参加全国造价员资格的培训和考试。加强对施工企业劳保费取费证书的管理工作，办证率比 2005 年增加了 22%。

（王嘉琳）

【村镇建设】 2006 年，全市建设系统县域经济突破工作取得了较大的成绩，乡镇管理水平明显提高，以村容村貌整治为突破口的新农村建设工作正在有序地进行，农民生产、生活条件正在逐步改善。全市共有乡镇 101 个，其中建制镇 70 个（国家级重点镇 7 个，省级重点镇 9 个），乡 31 个。建制镇人口 49.01 万人，镇建成区面积 135.63 平方公里，建制镇自来水普及率 42.34%，2006 年末实有住宅建筑面积1 333.18万平方米，人均住宅建筑面积 26.07 平方米，道路长度1 047.95公里，道路面积 736.92 万平方米，排水管道长度 155 公里，路灯6 853盏，绿化覆盖面积1 205.42万平方米，绿地面积 400.87 万平方米、公共厕所 314 座 。2006 年建制镇市政公用设施建设投资 3.98 亿元，其中道路桥梁19 048万元，供水7 585.5万元，燃气 374 万元，排水3 941万元，环卫 964.6 万元，园林绿化 1 458.7 万元。2006 年，全市共有 6 个镇、17 个村被列为省级新农村建设试点单位，数量明显高于其他市、州，居全省首位。同时，又有 4 个镇、9 个村列为市级新农村建设试点单位。

在新农村建设工作中，成立了市建委新农村建设领导小组和新农村建设帮扶工作领导小组，出台了《市建委社会主义新农村建设工作方案》、《广宁村新农村建设帮扶工作方案》，重点抓好新农村试点村镇规划编制工作，完成了全市社会主义新农村建设编制规划的培训工作，在培训班上作了《科学制定新农村建设规划》的讲解。同时组织广宁村领导及有关人员先后到德惠市同太乡八家子村、四平市梨树县参观学习农村秸秆燃气及新型建筑材料的使用，协调帮助广宁村解决新农村建设工作中出现的问题。在乡镇基础设施建设中，深入乡镇、村屯指导基础设施建设工作，帮助协调重点镇上报基础设施建设项目储备工作及重点镇供水改造项目申报工作。在小城镇管理上，出台了《长春市村庄整治方案》，提出了《村庄整治标准（试行）》，以“村庄整治”为契机带动全市小城镇镇容镇貌管理水平上新台阶。在小城镇管理业务培训方面，先后参加国家、省新农村建设学习培训班、国家建设部举办的“小城镇发展论坛”、全国村镇报表培训会议、东北、华北区村镇论坛、省社会主义新农村建设师资培训班及对九台市新聘用规划员进行了专门业务培训。

（朱志龙）

城市管理

【概况】 2006 年，全市市容环卫管理和城管执法系统紧紧围绕创建国家卫生城中心，求真务实，合力攻坚，较好地完成了各项工作任务，市容环境卫生管理和城市管理行政执法工作都取得了新成果，为优化长春市发展环境，构建和谐社会做出了积极贡献。

【提高市容管理水平】 在全市部署开展了四大战役和十个市容专项整治活动。四大战役：一是按照市委、市政府的指示和《长春市清理整顿殡葬用品市场的通告》、《长春市关于禁止焚烧、抛撒殡葬祭奠物品的通告》精神，开展了清理殡葬用品市场和“禁烧”专项整治工作，使龙峰殡仪馆周边、长春息园周边、四道街、各大医院周边等重点部位、重点地段的殡葬用品市场得到了有效整治，基本达到了全市建成区内空气清新、街路干净的无焚烧目标。二是为落实《长春市人民政府关于整治露天烧烤、占道经营及沿街摆卖行为的通告》精神，联合卫生、工商、环保、公安、交警等部门，开展了清理占道经营、露天烧烤、大排挡活动。在整治中，各职能部门积极配合，各司其责，各尽其能，疏导业户入场经营，既缓解了执法压力又为业户提供正规经营场所，达到了预期的效果。三是按照《长春市人民政府关于综合整治违章占道经营行为工作实施方案》，开展了为期一个月的综合整治违章占道经营行为工作，加强对店外占道经营与占道生产加工，占道维修、清洗车辆及汽车美容，各类违章占道摊亭床，无证照违章占道餐饮点，各种违章占道堆放物，利用车辆在城市道路(停车场)进行商品销售，城市出入口占道经营，IC卡电话设施等的管理。由于宣传工作到位，调度、督导、协调到位，相关部门配合到位，综合整治工作达到了预期的目标。四是按照《长春市人民政府关于整顿规范城市户外广告和商业性牌匾设置的通告》要求，组织开展了为期一个半月的户外广告和商业性牌匾专项整治工作。由于责任主体清晰，目标任务明确，相关部门积极配合，此项工作进展比较顺利。十个专项：一是春节期间，开展了规范节日摊床专项执法活动，对占道经营、违规设置摊床等违法行为进行了整治，保证了节日期间的市场环境秩序。二是为了落实全市城市管理工作会议精神，开展了春季市容环境整治工作，对占道经营、占道作业、占道堆放、非法广告、擅自倾倒垃圾、残土等违规行为进行整治，有效地改善了城市环境。三是为了落实全市市容环境综合整治工作会议精神，开展了夏季市容环境整治工作，对擅自设置灯箱、布幔条幅，擅自堆放商品及杂物，露天烧烤、大排挡等违规行为进行整治，取得了明显成效。四是适时开展了中高考期间专项执法活动，集中治理工地噪音和校园周边违规经营行为，为广大考生创造了安静和谐的学习环境。五是适时开展了非法广告专项整治活动，共查处非法广告号码420个，抓获张贴者13人，对82个号码进行了停机处理，有效地打击了非法广告经营者的嚣张气焰。六是协同相关部门开展了报刊亭集中整治活动，对违规经营的报刊亭业主下发了整改通知书，不按期整改的，做出处罚，并责令限期改正，此项工作收到了较好的效果。七是在2006年春季全国高教仪器设备展示会暨第七届中国长春国际教育展览会期间，对展场及周边进行治理，为会展提供了良好的环境保障。八是在电影节期间开展了所涉宾馆周边、道路两侧环境的整治，较好地提供了秩序保障。九是开展了农博会场外执法活动，共出动执法人员830人次，车辆240台次，清理各种占道经营行为760处，收缴违法占道物20余车。十是开展了东博会所涉场外环境的治理活动，为会展提供了良好的保障工作。

【提高环卫管理水平】 通过公开招标的方式购置机械化清扫车、垃圾压缩车、多功能车、铲车、清雪车、吸粪车、自卸车、洒水车等各种环卫作业车辆389台；果皮箱5 000个；封闭式保洁手推车4 400辆；环卫工人作业

新民大街与解放大路处设置的三翻式公益广告

服装6 600套。开工建设了6座日处理能力在400吨~600吨的挤压式垃圾中转站、移动式中转站53座,填补了没有现代化、较大规模垃圾中转站的空白。共新建和采购水冲公厕366座,其中,建设水厕210座(固定式水冲公厕151座、轻钢结构组装式公厕49座、环保生态公厕10座),设置移动式公厕156座(移动式免水冲公厕104座,客车式移动公厕2台、独立蹲位小便间50座),建设城中村公厕53座。集中开展了公共厕所专项整治,对发现问题的公厕下发整改通知书,限期进行整改。续建了三道垃圾场2号库和裴家垃圾场1号库,对基底及边坡采用高密度聚乙烯防渗膜进行防渗处理,在场底设置盲沟、导气石笼等,提高垃圾无害化处理能力,达到建设部《生活垃圾填埋场建设标准》。全部完成了三间粪便无害化处理场的土建工程及配套设施建设。在城乡结合部适当配备垃圾箱(斗)、作业车辆、手推车等设备,提高环卫基础设施水平。逐步开展环境卫生作业区域承包制,由区环卫部门负责制定作业标准、检查作业质量,将城中村的环境卫生作业进行区域承包,在资金的筹措上采取"四点"制,即区政府支持一点、办事处投一点、村委会拿一点、卫生费收一点,有效突破资金的瓶颈,形成良性循环,建立长效管理机制。在各城区、各开发区开展环境卫生达标免检街路、免检区域活动,将部分环境卫生管理工作长期开展较好的街路和区域确定为免检街路和免检区域,以点带面,逐步扩大,带动其他区域环境卫生日常管理水平不断提高。加大了对乱倒乱卸工程渣土和建筑垃圾的整治力度,各城区还分别建立了各自的建筑垃圾堆放场,对建筑垃圾和工程渣土的倾倒进行疏导。在全市范围内开展了5次大规模的统一行动,共处罚各种违规行为378起,处罚车辆376台,对乱倒乱卸现象起到了遏制作用。对产生建筑垃圾和工程渣土的建筑工地进行源头管理,运输渣土的车辆基本实现了遮盖运输,控制了沿街撒落和扬尘现象。延长夜间清扫保洁作业时间,把桂林路、红旗街等一些商业繁华地区的街路夜扫时间延长到22时。进行"大小保洁一体化"工作试点,即用大保洁队伍(即环境卫生保洁管理处)代替小保洁队伍(街办清扫保洁队伍)作业,有效提高背街小巷的清扫保洁质量。继续巩固、扩大垃圾袋装化成果,进一步增加袋装化总量,提高袋装化质量。重新界定城区与城区之间、城区与开发区之间、开发区与开发区之间的界限,进一步明确管理责任,杜绝扯皮现象,消灭卫生死角。清雪工作确定了225条街路,17座桥梁和8个广场,总清雪面积为9 784 240平方米,清雪工作与往年相比主要表现在清除迅速、清运及时、融雪剂撒布均匀,清雪成效显著。垃圾有偿处理费的征收工作已经基本准备就绪,相关政策和文件已经出台,完成了收费渠道理顺、收费人员培训以及收费票据印制和发放,本着积极稳妥的原则逐步推开垃圾有偿处理费的征收工作。

执法人员在拆除违章建筑

【提高专业执法水平】 全市执法系统在拆迁拆违工作中,发挥了排头兵和主力军作用,全市城管执法部门共拆迁拆违1 057 498平方米,其中,自行拆除845 991平方米,强行拆除211 507平方米,包括日常拆违283 506平方米,截至2006年底,全市总计拆迁拆违1 341 004平方米。围绕"改造大铁北,建设新宽城"的目标任务,组织进行了10次较大规模的拆违行动,拆除违章建筑242处,拆除面积316 500平方米。结合全市巷道改造工程，积极动员市民自行拆除违章建筑13 276平方米，组织强拆21 030平方米，总计拆除违章建筑34 306平方米。组织指挥了全市大规模执法活动，对高新区新建净水厂、一汽家园、一汽轻发、一汽六中等违章建筑的强拆工作，均达到了预期目标。由于宣传工作到位，思想工作到位，应急预案到位，执法程序到位，全市每次大规模的拆迁拆违行动都比较顺利，事中没有出现恶性群体性事件，事后没有出现大的集体上访事件。日常工作中，“三小”违章建筑随时发现、随时拆除。共检查道路挖掘施工 88 件，其中，办理挖掘手续的 43 件，补办手续的 10 件，涉及政府工程的 25 件。对 10 件擅自挖掘行为进行了行政处罚和责令整改，基本杜绝了乱挖掘现象，使道路挖掘得到了有效的控制。

（王德祥）

城市公用事业

【概况】　2006 年，长春市城市公用行业较好地完成了城市供水、燃气、公共交通等公用服务和生产供应工作任务，公用行业体制改革初步完成，基础设施建设步伐加快，服务水平和管理水平进一步提高。2006 年底实有运营公交车辆为3 315标台，客运线路 176 条（不含轻轨），运营线路总长度为2 450公里，线路网长度1 164公里，日客运量为 200 万人次。其中公共汽车日客运量为 150 万人次，出租车日客运量为 50 万人次。自来水管线总长1 607公里，城区日平均供水量约 72.2 万立方米，居民用水普及率为 97%。燃气管线总长 2 822 公里，城市气化率 96.23%。

【城市公共交通】　2006 年，长春市城市公共交通行业认真贯彻党的十六届五中、六中全会和市委十届七次、八次会议精神，坚持用科学、发展、向上、和谐的工作思路和改革思维解决在改制和日常经营中遇到的一切问题，大力推进公交行业的体制、机制改革，使企业改制工作取得了里程碑的进展。同时，公交行业努力降低油价上涨而增加的经营成本，加快公交设施建设，强化行业管理，提高服务质量，加快市场化进程，行业法制建设和企业经济效益进一步提升，较好地完成了城市客运服务工作任务。

1. 推进体制、机制改革。①2006 年 8 月 8 日，长春公共交通（集团）有限责任公司改制重组，新企业正式挂牌成立，下设 23 个分公司（子公司）。企业由原来的国有独资变为由国家控股、经营管理层和部分职工代表参股的有限责任公司，实现了国有企业向股份制经济的过渡。长春公交集团的成立，标志着以市场为主导、主副剥离、专业经营、精细管理，具有现代企业制度的经营体制和管理格局基本形成，开创了长春公交史上的新纪元。②2006 年 4 月 7 日，长春市机构编制委员会批准成立了长春市城市公共电汽车管理办公室，9 月 22 日，市建委组建了长春市城市公共电汽车管理办公室。该办公室的成立，理顺了城市公交行业管理体制，解决了长期以来政企不分、企事不分的问题，解决了多年来城市公交客运市场没有专业管理队伍的问题。对于加强城市公交客运市场管理，稳定营运秩序，规范经营行为将起到重要作用。

2. 轻轨 2 号线（净月线）试运营。2006 年 12 月 26 日，轻轨 2 号线实现了试运营，拥有新型轻轨电动客车 22 辆，计划达到 40 辆。起点卫星广场，沿卫星路、经会展中心、净月大街，终点长影世纪城，全长 17.3 公里，其中，高架线 11 公里、地面线 4.8 公里、地下线 1.5 公里。全线设 16 座车站，其中，1 座地下车站、9 座高架车站、6 座地面车站。设牵引变电所 6 座、车场 1 座。2006 年，轻轨 1 号线运营实现运营收入1 356万元，比 2005 年增加 167 万元，增长率为 14%；完成运营里程 128.3 万公里；日均行驶车次 248 次；工作车率达到 78.4%；完好车率达到 96%。

3. 全方位打造“长春公交”服务品牌。长春公交集团全面提升服务质量。以“蔚山号”、“仙台号”、“津长号”命名的客车，增进了国际间和国内同行的友谊，还成为长春公交优质服务的楷模。各基层单位以宣传亚冬会为内容装点楼宇，美化线路和公交车辆，受到亚冬会组委会的好评，也向外国友人展示了长春公交的风采。

4. 企业综合实力明显增强。经过长春公交集团广大干部职工和市直有关部门的共同努力，努力克服燃油价格不断攀升给企业造成的困难。2006 年末，公交集团资产总额达 5.75 亿元；企业资产负债率53.74%；

计划亏损3 700万元,实际亏损3 260万元,减亏 440 万元;年客运总量达到40156万人次,比计划提高 7.3%;全口径客运收入达到31 968万元。

5. 加强公交法制建设。市建委委托吉林大学交通学院编制完成了《长春市公共交通发展规划》,为优先发展长春市公共交通事业提供了科学依据;12 月 27 日,市人大通过了《长春市城市公共汽电车客运管理条例》。

6. 加快推进公交事业市场化进程。2006 年 5 月 26 日,市政府召开了全市公共汽电车线路实行特许经营动员大会,决定在全市公共汽电车线路实行特许经营。在公共汽电车线路上实行特许经营,就是要强化制度约束,通过市场机制公开选择信誉好、实力强、素质高的企业从事运营,建立严格的市场准入和退出机制,合理配置公共资源,提高运行效率和服务质量,保证公交行业健康有序地发展。

【城市供水节水】 2006 年,长春市坚持开源与节流并重、节流优先的原则,进一步加快城市供水设施建设,大力实行计划供水和节约用水,有效地缓解了城市供水的紧张状况,维护了全市改革、发展和稳定大局。

1. 企业改制工作进展顺利。2006 年 1 月 6 日,长春水务集团企业改制方案经市企业改革领导小组批准。9 月 20 日召开职工代表大会,通过了《企业改制方案》、《改制安置方案》。到 9 月 29 日,水务集团与职工全部重新签订了劳动合同,改制后职工上岗率 100%。

2. 加快城市污水处理设施改造建设步伐。①北郊污水处理厂升级改造及污水再生利用工程。北郊污水处理厂升级改造工程于 4 月 25 日正式开工建设。一期工程 8 月 25 日停产改造,10 月 25 日正式通水。二、三期土建工程 4 月 25 日正式开工建设,到 2006 年末,接触池工程已全部完成,回填完毕;生物池主体全部完成;二沉池、二沉池污泥泵站及配水井混凝土工程全部完毕;鼓风机房混凝土工程已全部完成。四期土建工程 9 月 11 日正式开工建设,2006 年末,接触池已完成地板浇筑工作;生物池二沉池已完成桩基施工和桩检测;生物池垫层全部完成;两个二沉池和污泥泵已完成垫层施工。中水管线工程 7 月 13 日开工,已完成了1 000 米。中水土建工程 10 月 6 日开工建设,已完成中途提升泵站、井水间配水井、净水间全部桩基施工和清水池的部分桩基施工及相应的桩检测工作。②南部污水处理厂新建工程。南部污水处理厂工程回迁楼建设已经全部完工,被拆迁居民已回迁入住。③天嘉公园 2 万吨水质净化厂建设工程于 2006 年 7 月 8 日竣工并投入使用。

3. 加强二次供水管理。2006 年是长春市二次供水综合整治管理年,长春水务集团对全市二次供水泵站进行了集中检查,加强水质检测工作,从水质、环境卫生、供水安全等方面进行综合整治,更新改造严重老化的供水设备,保证供水压力和水质,完成西康路 21 号、富锦小区等改造;建立二次供水中心监控室,对 80 座泵站的运行情况进行监控;推广使用无负压设施,降低运行成本,节电率达到 30%左右。全年共改造接管泵站 103 座,改造城区供水管线 50 公里,解决了 10.98 万户、38.43 万人吃水难的问题,有力地保障了亚冬会期间的供水工作,使二次供水设施状况有了改善和提高。

4. 加强节约用水工作。①继续深入开展节水宣传教育。全国城市节水宣传周期间,围绕“创建节水型城市、有效提高水的利用率”这个主题,组织 800 多名节水志愿者在市区人民广场、汽车厂区和部分居民社区等公共场所,开展形式多样的节水宣传,张挂节水宣传公益牌匾、设置多处节水咨询台、现场展示节水器具和发放节水传单等,强化市民群众的节水意识。各用水单位结合本部门用水实际,不失时机地在内部进行节水宣传教育和节水技能培训。长春大学等院校还开展了节水知识竞赛。②加强计划用水管理。对日用水 10 立方米以上的用水单位进行了用水核查和计划用水考核,对超计划用水按法规规定征收加价水费。并对各用水单位的用水、节水管理情况,适时予以指导与监督。全年纳入计划用水管理的单位近千户,计划用水取水量占全市非居民用水取水量的 70% 以上,年节水量达400 万立方米。③开展全市节水工作检查。组织节水先进典型进行交流总结,对违章浪费用水予以查处。提高了各单位对节水技改、节水器具推广使用、水平衡测试等项工作的重视。2006 年,全市工业用水重复利用率达 70%,节水器具普及率近50%，纠正和制止各类违章浪费用水现象740余起。

5. 企业经济效益明显提高。水务集团于2006年8月24日正式开始征收供水设施配套费，总计收取供水设施配套费982.2万元。水务集团全年完成销售收入4.9亿元，实现利润305万元，扭亏为盈。

【城市燃气】 2006年，长春市燃气行业积极深化企业改革，调整产品结构，加快燃气管网的改造，认真消除燃气安全隐患，燃气市场进一步规范，保障了城市燃气供应。

1. 深化企业改革。2006年，长春燃气控股有限公司共有3 541名员工理顺了劳动关系，退出国有身份，完成了除双阳、延吉以外所有员工的安置和“三定”工作。12月11日，长春燃气控股有限公司顺利完成股权分置改革，为公司实现再融资，创造了先决条件，也为长春燃气今后的发展奠定了基础。

2. 加快燃气管网建设改造。全年完成管网改造工程39项，改造燃气管网65公里，发展燃气用户2.5万户。

3. 加大燃气安全管理工作力度。针对冬季燃气事故高发的特点，加强巡线工作，共查漏44起，占漏气比例75%，有效地减少了事故的发生。

4. 广泛宣传燃气安全使用常识。2006年共发放安全用气常识宣传册50万份，将30万张温馨提示，张贴到居民小区，增强了居民的燃气安全意识。

【城市出租汽车】 2006年，长春市出租汽车行业克服了行业不景气和油价上涨等困难，市出租车管理工作围绕切实为群众办实事，努力减轻企业及出租车司机负担，实行人性化执法，行业管理与服务等工作都取得了新进展，在全国出租车行业普遍不稳定的情况下，行业不仅保持了稳定，而且有了进一步发展。全年完成代征代缴税费6 000万元，出租车经营权使用率创历史新高，达到98%以上，与2005年同比上升8%。

1. 初步完成了年度车辆更新工作，新计价器开始普及。2006年是营运捷达车报废下线的第一个高峰期。确定更新车辆标准为三厢四门排量1.3升以上（含1.3升）车型不限，同时新上线营运车辆统一喷涂车身图案。为支持一汽工作和亚冬会，积极推广品牌服务，上线部分红旗出租车。全年共更新车辆3 935辆，其中红旗出租车50余台，车辆更新工作比较平稳。同时，双语报站计价器开始普及。

2. 开展出租车非法营运清理整顿活动。2006年5月至9月，集中开展清理整顿非法营运活动，查处无证营运、套牌营运、异地营运等行为169台次，全年共处理各类非法营运车辆345台次，其中上缴财政处理38余台次，罚款247万元。有力打击了边缘地带和重点部位非法营运势头，维护了行业形象和乘客合法权益。

3. 加强市场稽查。为配合亚冬会、汽博会、东博会和农博会等活动，先后多次下发文件，散发传单2万余份，广播通知10余次，对车辆卫生、服务质量提出标准，并进行了集中检查，整改不达标车辆600余台次，保证了上述活动期间出租车市场秩序和服务质量，较充分地发挥了行业城市窗口的作用。

4. 大幅度减轻出租车司机负担。从4份起相继取消了城市公用事业附加费300元/月，养路费和个人所得税分别下降了70元/月和67.25元/月，暂停收取价格调节基金30元/月，合计每月减少收费443.25元；同时从3月份开始分别执行每月75元和350元的燃油补贴标准，通过企业代发和个人直接领取等方式，发放至业户手中，累计发放燃油补贴2 000余万元，切实维护了行业稳定。

5. 严把培训关。采用数码摄像技术和微机考核体系，强化了培训工作的把关和审核，既提高了培训效率，也杜绝了培训中的违规行为。全年共培训5 800多人，其中1 000余人为2000年参加轮训的从业人员。

【市建委机构调整】 2006年3月1日，长春市机构编制委员会下发了《关于同意成立长春市建设系统12319服务监督中心的批复》（长编[2006]30号），为市建委所属事业单位。2006年4月7日，长春市机构编制委员会下发了《关于同意成立长春市城市出租汽车管理办公室加挂牌子及增加编制的批复》（长编[2006]38号），同意市建委所属事业单位长春市城市出租汽车管理办公室加挂长春市城市公共汽电车管理办公室的牌子。2006年7月17日，长春市机构编制委员会下发了《关于调整加强市容环卫管理和城市管理行政执法职能机构的通知》（长编

[2006]68号),将市建委的市容管理处、环境卫生管理处整建制划出,与市城市管理行政执法局合并,并将隶属市建委的事业单位市固体废弃物管理处整建制划归市城市管理行政执法局管理,同时将隶属于市城市管理行政执法局的市建筑市场行政执法支队整建制划归市建委管理。2006年7月31日,长春市机构编制委员会下发了《关于同意成立长春市市政设施维护管理中心的批复》(长编[2006]84号),为市建委所属事业单位,按相当于副局级规格待遇。2006年7月31日,长春市机构编制委员会下发了《关于同意成立长春市政府投资建设项目管理中心的通知》(长编[2006]86号),为市建委所属事业单位,按相当于副局级规格待遇。2006年11月20日,长春市机构编制委员会下发文件《关于市政府有关部门设置行政审批办公室的通知》(长编[2006]116号),同意市建委成立行政审批办公室。

(王嘉琳)

房地产业

国家建设部和省、市领导出席2006长春房地产暨相关产业产品展示交易会

【概况】 2006年,长春市房地局,认真贯彻落实科学发展观,着力为全市经济建设和社会发展服务,经过全局的共同努力,各项工作扎实推进,取得了明显成效。

【房地产市场健康发展】 采取有力措施,贯彻国家宏观调控政策,引导全市房地产市场平稳有序发展,房地产交易559.1万平方米,同比增长40.3%,交易额106.8亿元,同比增长36.1%,交易量、交易额均实现历史性突破。商品房买卖合同网上备案系统正式运行,基本达到建设部的要求,实现了全市在售商品房信息的网上发布、商品房买卖合同网上备案及销(预)售许可证网上申请,完成了交易登记系统与网上备案系统的对接;完善了房地产市场预警预报系统、市场监测分析、统计和信息披露制度。按照国家和省有关要求,开展房地产交易秩序专项整治,查处1起违规房屋预售行为,对6家经纪机构、2家估价机构限期整改。加强房地产中介机构管理,对房地产估价机构的资格等级重新核定,建立了房地产估价机构的房地产信用档案。成功举办了房交会。召开“2006东北房地产长春峰会”,进一步加强区域房地产行业沟通与协作。积极开展住房状况调查工作,完成了《长春市住房状况调查分析报告》和住房状况调查统计资料数据汇编,为政府制订住房建设规划,引导合理消费需求和消费模式,实现房地产持续稳定发展,提供科学、准确的决策依据。加强租赁合同登记备案管理,租赁登记备案面积292.9万平方米,增幅为20.9%,金额9.5亿元,增幅为8.1%。

【产权产籍管理不断完善】 配合各城区棚户区改造,开辟会签审批绿色通道,主动做好房屋拆迁灭籍、产权调换、回迁安置办理产权等项工作。加强了拨用房产管理。积极配合、协调相关部门解决改制企业的房产遗留问题。加强房产测绘市场管理,完成房产测绘管理系统软件的开发调试,统一了房产测绘合同和房产测绘报告书内容。认真做好建设工程一站式联合审批工作。研究制定了《长春市一次性处理无籍房屋实施意见》,加快处理无籍房进度,办理42家单位,147栋,34.2万平方米。

【住房保障工作取得新进展】 制定印发了《关于调整公有住房出售有关政策的通知》。出台了《长春市重点棚户区改造中公有住房出售工作实施意见》。全年出售公房96.39万平方米,住房货币分配22 429.8万元。进一步加强房改专项资金的归集和使用管理。积极支持改制企业公房出售,帮助七九三厂等企业处理公房出售遗留问题,协调解

长春、沈阳、哈尔滨、大连等城市召开2006东北房地产长春峰会

决了棚户区改造中20多户居民房改问题。完善了职工住房档案电子管理系统。

进一步完善住房保障体系。当年新发生租金核减570户、租赁补贴427户。截至2006年末,共为全市6 392户低保家庭解决了住房困难问题,其中,实物配租800户、租赁住房补贴1 997户、租金核减3 595户。按照棚户区改造工作的总体要求,制定印发了《长春市定销商品房管理暂行规定》。落实定销商品房建设项目87 568平方米、约1 650户。审查登记预购定销商品房近150户。

【物业管理取得新成效】 结合落实政协建议案,深入开展物业管理市场专项整治工作,取缔了25家违法违规不作为的物业企业,对15家信誉不良的物业企业限期整改。研究制定了《长春市物业管理十年(2006—2016)发展规划》;制定了《长春市物业管理合同(示范文本)》、《关于加强我市物业收费管理的有关问题的通知》,进一步规范了物业管理收费行为;研究制定了《长春市两级物业小区弃管应急方案》。成立物业管理纠纷仲裁工作站,协助解决物业纠纷。研究探索街道、社区参与物业管理的新模式,研究起草了《长春市业主大会、业主委员会组建和管理规定》。在老、旧、散住宅区推行物业小区管理。大力推进非住宅物业的发展。规范物业维修基金的归集与使用,加大清欠催缴力度,归集维修基金1.635亿元,累计归集6.02亿元。

【房屋安全管理得到加强】 组织开展了公共场所房屋安全检查和全市危险房屋专项普查工作,加强了汛期房屋安全专项检查。制定了《全市重大房屋安全事故应急预案》。完成了《长春市城市房屋安全管理条例》的起草、送审、报批工作。修改、完善了房屋拆改的审批程序。妥善处理滨河小区512栋三门阳台整体脱落问题。组织开展全市房屋安全检查。加大对房屋拆改的管理力度,处理违章拆改40余件,完成房屋拆改审批120件,下发《危险房屋通知书》20余份。

【供热体制改革取得突破性进展】 实施热费负担体制改革,实现职工热费“暗补”变“明补”;协同有关部门积极推进国有供热企业改制,加快供热资源整合。起草了《供热特许经营实施办法》。印发了《进一步加强供热工程规划建设管理的通知》,加强供热工程规划建设管理。组织开展供热秩序专项整顿治理活动,加强供热质量监管,进一步规范供热市场秩序,完善供热质量责任认定与追究,推动了供热整体水平进一步提高。抓紧供热专项规划的修编工作,完成了《长春市城区供热十一五规划》和《长春市城区集中供热管网改造十一五规划》的编制工作。对市中心区及棚户区分散采暖锅炉房进行专项整治,拆除并网102座。进一步扩大了集中供热范围,新增集中供热面积320万平方米。

【法规建设深入开展】 《长春市城市房地产交易管理条例》2006年4月1日正式实施。《长春市城市房屋安全管理条例》报省人大待批。认真清理了规范性文件。向城区下放了部分管理权限,进一步明确相关责任。建立健全错案责任追究等相关制度,进一步规范了依法行政工作。

【议案办理工作圆满完成】 承办人大代表建议、政协委员提案31件,办结率100%,其中,涉及供热管理14件、物业管理9件、房屋产权产籍管理4件,房屋安全管理4件。按照全市议案办理工作会议精神,召开了专题会议,对承办的议案进行研究,认真落实责任,明确标准,积极与代表、委员沟通,经过承办单位的共同努力,圆满完成了议案办理工作。

【市长公开电话和信访工作】全年承办市长公开电话和建设系统“12319”电话4 966件,办结率100%;接待群众个人访9 000余人次、咨询电话万余次,答复率100%,集体访50余批次,办结率90%以上;办理上级交办信访件3件,结案率100%;妥善处理了一些棘手的历史遗留问题。

【软环境建设政务公开工作】聘请20位政行风监督员,主动接受社会监督,积极改进工作。以建立服务型机关为目标,全面推行“阳光政务”。完善政务公开载体,设立政务公开栏、建设政务公开网站,公开了行政审批事项、收费标准、资格条件、办理时限、办理程序、服务承诺、投诉电话等信息,增强了政务工作的透明度。

(王迎超)

环境保护

【概况】 2006年,按照长春市全面落实科学发展观、构建和谐社会的要求,围绕老工业基地振兴和生态市建设,坚持“预防为主、综合治理,全面推进、重点突破”的工作思路,以控制污染源为重点,以专项整治行动为载体,不断加大环保执法力度,认真解决突出环境问题,切实加强能力建设,着力强化生态保护,积极推动清洁生产,大力倡导生态文明,各项工作都取得了扎实成果,环境质量持续改善。

【环境质量】 1. 空气环境:全年城区空气污染指数(API)为75;空气环境质量优良级天数340天,占总天数的93.2%;空气中可吸入颗粒物年均值(PM10)99微克/立方米;二氧化硫年均值27微克/立方米;二氧化氮年均值38微克/立方米。2. 水环境:城市集中式饮用水源地水质达标率保持100%,城区地表水体按功能区达标,工业废水排放达标率达到93.7%,重点工业污染源实现全面达标排放。3. 声环境:区域环境噪声平均值控制在56.4分贝,道路交通噪声平均值控制在68分贝。4. 生态环境:拆除棚户区290万平方米,新建道路99条,新增绿地300公顷,绿化覆盖率达到41.5%。

【环境管理】 1. 对松花江流域工业点源治理工程和水污染防控项目,进行了现场调研和规划论证,重点工程项目列入国家《松花江污染防治规划》。2. 审批中型建设项目71项,涉及总投资279.27亿元,其中环保投资8.4亿元,“三同时”执行率100%。审批其他工商件及民用建筑项目334项,审批餐饮娱乐服务项目32项。3. 验收57项符合条件的“三同时”项目,涉及总投资42.8亿元,其中环保投资7 701.6万元。4. 对新开工的25项重点行业投资3 000万元以上项目,35项固定资产投资亿元以上项目进行了清理。5. 华能九台电厂、大唐热电三厂、轻轨净月线工程和大成集团100万吨化工醇、100万吨差别化聚酯等重大项目通过国家环境保护总局审批。

【大气污染防治】 1. 加大违法超标排放烟尘的打击力度。实施现场执法3 000余次,检查排污单位环保设备1 462台套,正常运转率94%,达标率93%。2. 深入治理不合格锅炉。落实市政府《关于防治空气污染和拆除废弃烟囱的通告》部署,与市房地局联合下发《关于对烟尘排放超标锅炉和在集中供热区内使用分散供暖锅炉的单位进行限期治理的通知》。对“禁燃区”、“集中供热区”10吨以下燃散煤锅炉和冒黑烟锅炉、不合格除尘设施、废弃烟囱进行分类分批限期治理。共拆除废弃烟囱327根,治理不合格锅炉505台(套),其中参加集中供热81台(套),较好地控制了燃煤分散烟尘污染。3. 通过落实综合防治措施,烟尘控制区覆盖率达到100%,烟尘排放达标率在90%以上,工业污染源二氧化硫排放达标率100%。城区空气质量保持良好水平:优级天数23天,占6.3%;良级天数317天,占86.8%;轻微污染20天,占5.5%;轻度污染3天,占0.8%;中度污染1天,占0.3%;中度重污染1天,占0.3%。4月15日,在国家建设部召开的2005年度中国人居环境奖的城市和项目颁奖大会上,“长春市中心城区空气污染治理项目”被建设部授予2005年度“中国人居环境范例奖”。4月17日,召开“长春市中心城区空气污染治理项目”荣获2005年度“中国人居环境范例奖”新闻发布会,王学战副市长向新闻媒体发布了有关情况。

【水污染防治】　各级环保部门把确保饮用水源水质健康安全作为重中之重的首要任务,加强了污染源监控和治理,实施了地表水综合整治工程。1. 强化饮用水源监管和保护。开展了石头口门水库、新立城水库两处城市集中式饮用水源地,一级、二级保护区和准保护区的实地调查。对破坏水源地生态环境的违法行为,加大了打击力度。对污染水源的违法排污案件,进行了严肃查处。2. 实施松花江流域水污染防治专项检查。对流域内排污单位的“三同时”落实、环保设施运行、污水处理排放、监测能力建设和突发事件应急情况进行了督查督办。3. 加强污染源分类整治。共出动现场执法人员2万余人次,现场检查7 000余次,检查污水防治设施3 000余台次,对市区1 679家污水排放企业进行了排查,对356家排放水污染物企业,172家重点管理单位落实了防治措施,纠正环境违法行为112次,处罚存在严重环境违法行为企业4家,限期整改污水防治设施6台套,督促3家单位新安装污水防治设施。4. 开展污染源在线监控工作。全面更新污染源地理信息系统(GIS)的数据库,采集污染源自动监控数据2 174条。加强设备运行、操作规程现场巡检,巡检率达到100%。对40多家企业和重点污染源,落实了80台(套)在线监控设施建设任务。5. 深化城区地表水体治理。实施南湖公园引水及治理工程,伊通河、儿童公园、长春公园、动植物园、天嘉公园清淤还湖等综合治理工程。6. 启动了日处理规模2.5万吨的西部串湖水质净化及生态修复工程(新月水库至雁鸣湖段)前期工作。长春市串湖潜流式湿地污水处理项目,列入国家《松花江污染防治规划》。全市污染防治设施正常运行率90.7%,城区地表水体全部按功能区达标。

【噪声污染防治】　1. 有关部门联合执法,对餐饮娱乐场所、居民住宅区、校园附近、建筑施工和道路交通等噪声源进行了严肃整治。2. 开展“绿色护考”工作,增加了对重点区域的监督检查频次,在30个高考考点和39个中考考点派专人值守,对周边环境进行流动巡查,及时制止和纠正噪声污染行为,营造了比较安静的学习生活环境。

【机动车尾气污染防治】　1. 环保、公安部门联合下发《关于使用“简易工况法”检测汽车尾气排放的通知》,推动在用机动车污染物排放检测线的安装上线。2. 完成了《长春市实施在用机动车排放污染物稳态工况法检测工作方案》、《长春市在用汽车简易工况法排气污染物排放限值的规定(草案)》,对3家机动车检测企业完成环保委托。3. 对营运车、公交车、化油器车和压燃点火的柴油车等重点车辆加大监管力度,机动车尾气达标率达到80.2%。

【淘汰消耗臭氧层物质】　1. 环保、工商、交通、公安、技监部门,联合下发《长春市逐步淘汰氟里昂的通告》和《关于公布经审查批准的氟里昂制冷剂替代品及经销单位的通知》。2. 下发了《关于对消耗臭氧层物质进行调查的通知》,对全市消耗臭氧层物质的生产和使用情况进行了调查。对30家单位的933台(套)应淘汰使用氟里昂制冷剂的制冷设备开展了专项执法检查,对未完成淘汰氟里昂和哈龙物质任务的下达了限期改正通知书,责令其限期完成替代。

【危险废物安全监管】　1. 5月8日,长春市危险废物管理中心正式启动工作。全年共办理转移联单192份,转移危险废物2 800余吨。从严格办理外地转移联单11份,对入境的1 045公斤剧毒危险化学品进行全程监管。2. 对高校院所等实验室产生的废液和化学试剂存储进行了专项检查,对5县(市)区的医疗废物处置情况进行了现场检查,对全市56家单位、244枚放射源进行了全面排查,对电镀企业进行了突击检查。3. 对国电吉林龙华长春热电一厂等3家热电厂、长春恒利黄金矿业有限责任公司等3家金矿和双阳区长岭煤矿等13家煤矿,进行彻底排查。

【环保专项整治行动】　1. 采取部门联动执法、县(市)区协同动作、重点挂牌督办和加强检查督办等措施,先后开展了饮用水源保护区、工业园区建设项目、放射性污染源和淘汰氟立昂制剂等4项联合执法行动。2. 对建设项目环评管理进行执法检查。对经济技术开发区、高新技术产业开发区和汽车产业开发区,德惠市政府,市建委、规划局、国土局等建设项目“三同时”执行情况,进行了执法检查。对174家单位下达了限期改正通知书,对21家单位下达了行政处罚事先告知书,对15家单位下达了行政处罚听证告知书,对11家单位下达了行政处罚通知书,督促381家单位落实了改进措施。3. 对重点污染问题进行专项治理。对全市10个县(市)区、开发区的23家挂牌督办单位进行了逐一现场检查。共出动执法人员1 500余人次,检查企业、单位2 462家,清理违法排污企业21家,拆除捣毁违法生产设备6台。4. 督促大成玉米集团公司、皓月集团公司、德莱鹅业有限公司、九台金锣集团公司、九台啤酒厂和吉林炭素有限公司等一批重点排污大户新上了污染防治设施。对长春金源淀粉公司、长春汉德食品有限公司和榆树市四海发展实业有限公司3户企业实施停产治理。对新立城水库1家化工厂实施限期搬迁。5. 加强了突发污染事故应急处理工作,制定了《长春市突发环境事件应急预案》、《长春市突发放射性污染事故应急预案》、《长春市突发放射性污染事故抢险方案》。参与了国际会展中心突发公共事件应急演练。参与处理了长吉高速公路化学危险品泄露等环境污染突发事件。

【生态创建活动】 1. 德惠市通过国家级生态示范区验收。九台市卡伦镇通过国家环境优美乡镇验收。双阳区云山街道办事处通过省级验收。农安县完成了生态示范规划的编制。2. 6月4日,举行省暨长春市纪念“六·五”世界环境日活动和“绿色社区”授牌仪式。召开全市“绿色社区”创建经验交流会,环保系统干部职工、各城区物业小区、各街道办事处代表等2 000多人参加了活动。3. 6月5日,举行以“环境与发展”为主题的“首届长春环境与发展论坛”。市委、市人大、市政府、市政协及相关部门负责人,在长高校、科研院所的专家、学者,共谋长春环境与发展大计,近500多人参加了论坛。4. 6月23日,召开全市“绿色社区”经验交流会。新创建省级“绿色学校”8所,市级“绿色学校”18所。威尼斯花园小区被评为全国绿色社区创建活动先进社区。亚泰花园小区、中海水岸春城小区、长春明珠小区、世纪源小区获得长春市首批“绿色社区”荣誉称号。

【环境监测】 全面加强空气环境、地表水环境、声环境以及各类污染源监测。1. 共监测污染源723家(次),外检154家(次),编制“三同时”验收监测报告(表)49份,集中监测采暖期内燃煤锅炉500余台,完成信访监测255次。2. 加强了松花江污染事件后期流域环境质量状况及变化趋势的跟踪监测,对断面的地表水、地下水、土壤、空气样品和农产品进行全面采样和化验分析,出具报告120份。对牤牛河污染等3次突发事故进行了应急监测。3. 空气、水质自动监测系统稳定运行,国家重点监测工作顺利开展,空气质量日报、预报、松花江水质周报上报率均达到了100%。4.《“十五”长春市环境质量报告书》,获得国家环保总局评选三等奖。

【环保能力建设】 11月15日,市环境监测中心站综合技术楼竣工,获得“哈沈长”三市优质观摩工程银牌奖。12月28日,市环境监测中心站综合技术楼投入使用,长春市环境保护局机关及直属事业单位迁入卫星路7 930号办公。经济技术开发区、净月经济开发区、宽城区和绿园区的环境监察机构标准化建设通过国家环保总局达标考核验收。基础建设、基础工作、业务工作和执法装备建设等4大类30项指标,达到国家相关标准。其中,经济技术开发区和净月经济开发区环境监察大队被评为全国环境监察标准化建设“一级达标单位”;宽城区和绿园区环境监察大队被评为“二级达标单位”。

【环境科技管理】 1. 完成《长春市机动车污染与控制对策研究》、《应用GIS进行石头口门水库非点源污染状况及防治对策的研究》课题研究工作。开展《长春市郊污灌区农作物有害物质调查、食用安全评价及污染防治对策研究》项目调查、采样及监测分析工作。完成《长春市循环经济战略研究》课题子课题,由市科委立项。2. 积极推进清洁生产审核和标准认证工作。开展ISO14000认证,为一汽锻造公司等符合要求的企业出具守法证明。督促长春华润啤酒有限公司、哈尔滨啤酒(长春银瀑)有限公司,分步落实无废、低废整改方案,企业清洁生产扎实推进。

【环境信访】 1. 强化12369环保投诉举报热线建设,专门机构,专职人员,全天候接办群众投诉咨询。2. 组织监察人员深入社区，集中解答群众诉求，现场解决环境问题。3. 法规部门调查处理市长公开电话转办单566件，办结率100%，反馈率90.18%，市民满意率88.98%。受理市民投诉电话196次，信件35件，接待直接来访群众154人次，结案率100%，反馈率98.8%，满意率94%。调查办理人大建议、政协提案13件，国家、省、市领导批转三级要结果信访件21件。4. 环境监察部门受理各类举报案件2 977件，出警率100%，结案率100%，群众满意率100%。

【环保宣传】 1. 与长春日报报业集团、长春市电视台联合举办“构建环境友好型社会和资源节约型社会”环保公益广告设计大赛。2. 与市教育局等七部门联合举办全市中小学生第五届“以纸换树”活动。3. 编辑制作了以开展环境警示教育、倡导绿色创建活动、普及可持续消费知识为主要内容的宣传板，在广场和社区进行巡回展出。利用362路公交车车体，设计环保广告，开展公益宣传。4. 在《长春日报》举办了“建设环境友好型社会环保知识竞赛”，共收到答卷1 200余份，对60份优秀答卷给予奖励。5. 组织开展环保法律法规知识学习活动，全系统700多人参加了验收考试。6. 开展媒体环保宣传，刊播稿件800多篇，在《长春日报》刊登环保专版2期，开设环保专栏9期。

【队伍建设】 1. 加强班子建设和党风廉政建设。以领导班子建设为核心，以学习、遵守、维护《党章》为主线，开展了宗旨观、政绩观教育，改革观、发展观教育，民主观、法制观教育。完善法规、道德、监管三大体系建设，用诚信、依法、民主观念，从严规范环保干部的行为。2. 强化环保制度体系建设。建立和完善了政务综合管理、环保行政执法、党组织建设和党风廉政建设4大类41项制度，修订印发了《制度汇编》。3. 加强环保服务窗口建设。在审批单位和执法部门重点推行了《跟踪回访制度》。根据发出的850余份《服务跟踪调查表》反馈，环保审批即时办结率达到了95%以上，环保服务满意率达到100%。4. 加强环保信息公开。通过电视、报纸、网络等各种媒体，定期向社会公布环境质量监测信息，共发布公开信息86条，环境信息709条，7万余人次访问环保网站。5. 在《吉林日报》开展的民意调查中，长春市环境保护局被评为诚信示范单位。在《长春日报》开展的百行百业信誉评价和公众评议中，被评为百姓口碑最佳荣誉单位，荣获“保护群众利益优秀单位”称号。

【主要问题】 1. 经济增长方式没有实现根本转变。经济结构和产业布局还不尽合理，环境承载能力不足，经济快速增长与环境容量有限的矛盾越来越突出。城乡综合环境质量不尽人意，控制环境污染和生态破坏的难度增加。2. 一些单位和企业负责人法制观念淡薄，一些地方重当前、轻长远，重经济、轻环境，重开发、轻保护的问题还比较突出。3. 环保投入相对滞后，城区市政环卫设施欠账较多。环保能力建设不足，环境执法压力增大。城市污水二级处理率较低，集中供热发展不均衡，仍有大量不合格锅炉需要治理和并网。4. 环保执法体制不顺畅，监管机构需要完善，执法环境需要优化。地方保护和行政干预、开发区封闭管理等个别现象依然存在。

（王占龙）

国土资源管理

【概况】 长春市国土资源局围绕经济建设的核心任务，积极落实国家土地调控政策，大力推进土地市场建设，深入整顿和规范矿产资源开发秩序，较好的完成了国土资源管理的各项任务。

【新增用地】 2006年，省厅下达给长春市的农用地转用指标为2 000公顷，并表示把省上预留的1 000公顷机动指标也全部支持长春市。全年共对18个乡镇的土地利用总体规划进行了调整，增补整合用地空间1 875公顷。申报预审项目509个，预审农用地7 334公顷，其中占用长春市指标4 102公顷，由国家单独选址，不占用长春市指标的3 232公顷。全年获批新增用地4 360公顷，其中农用地3 536公顷，保障了2006年的用地需求，并为2007年项目建设储备土地2 179万平方米，为市政府节省资金10亿元以上。土地利用总体规划前期工作全面完成，可随时与省级规划大纲同步报批，已提前为长春市经济社会实现更快发展预备了充足的土地资源。

【棚户区改造】 全年市国土局共改造棚户区20块，拆除房屋180万平方米，拆迁居民棚户35 619户、公企154家，超年初计划44%，占全市改造总量的62%，切实发挥了在棚户区改造中的主导作用。此外，南部新城土地收储项目进展顺利，已收储土地442万平方米，并完成拆迁改造137万平方米，拆迁居民棚户1 741户，拆除房屋及温室大棚60.8万平方米，促进了南部新城开发建设的顺利启动。回迁安置工作稳步推进，开工建设回迁房项目9个，规划总面积63万平方米，2007年年底前可全部回迁入住。2006年年底，195户居民已经提前住上回迁房，中央电视台《新闻联播》对此做了专题报道，在社会上引起了积极的反响。

【市场建设】 严格执行了“两个规范”，进一步规范了经营性用地招拍质地出让程序和技术标准，经营性用地100%实现招拍挂。全年共出让土地2 297宗，面积2 410万平方米，总成交额74亿元，实现土地纯收益31.5亿元。其中，招拍挂出让129宗，面积696.4万平方米，成交额58.8亿元，实现土地纯收益19.8亿元；协议出让1 630.2万平方米，收取土地出让金11.25亿元。经市政府批准，以划拨方式供地698.6万平方米，其中，审核批准了24宗棚户区改造用地，划拨土地面积66万平方米，为顺利实施棚户区改造奠定了基础。加大了对市区内经营性土地租金的收取力度，收缴土地租金5 300多万元。处置了211家改制企业土地资产，审批土地1 314万平方米，以抄告单方式核算企业土地资产9.7亿元，保障了企业改制工作顺利完成。公布实施了新一轮基准地价，评定了778个地价标准，进一步完善了长春市的地价体系。

【耕地保护】 2006年，长春市共投资3 909万元，实施27个土地整理项目，可新增耕地3 055公顷，使长春市耕地保有量稳定在135万公顷的水平上，实现了耕地总量不减少、质量不降低。进一步规范了征地管理，开展了征地的统一年产值标准和区片综合地价的制定工作，积极拓宽农民安置渠道，努力解决被征地农民长远生计问题，被征地农民权益得到了有效保障。

【矿产管理】 开展了整顿和规范矿产资源开发秩序工作，查处无证勘查、无证开采、越界开采等违法行为112起，罚款57.1万元；移交司法机关2起；国土资源部门工作人员受行政处分1人；查封采砂船12艘；追缴矿产资源补偿费50万元，整规工作通过省政府验收，并获得好评。深入落实了《长春市矿产资源规划》，矿山由2005年的619个整合为534个，有偿出让采矿权431个，收取出让价款348万元，征收矿产资源补偿费475万元。在全省率先对乙类矿种实行储量动态监测，完成查明矿产储量资源登记12处，完成占用矿产资源储量登记97处。编制了《长春市2006年汛期地质灾害防治方案》，开展了《长春市二道区三道煤矿地质灾害调查评价》项目和《长春市羊草煤业股份有限公司矿山环境恢复治理》项目，地质灾害防治和矿山生态环境治理不断加强。

【法制监察】 国土资源立法成效显著，起草了《长春市征地补偿安置办法》、《长春市土地登记暂行办法》，已报市政府法制办进行立法协调。国土资源热潮动态巡查效果明显，全年共制止国土资源违法行为68起。热潮力度进一步加大，全年查处违法案件340起，建议党政处分20人，移送公安机关7件，罚款700万元，收回土地17.1公顷（其中耕地16.65公顷），没收建筑物（构筑物）8 500平方米，拆除各类违法建筑12 555平方米。国土资源违法行为得到有效打击，市场秩序进一步好转。

【土地信访】 全年共计接待群众来访178起，同比下降47%，复量17起，同比下降61.5%，全部依据信访有关规定进行了办理，上访案件结案率达到97%以上，省厅交办的8个信访案件全部得到妥善处理。进一步加大了对进京、到省上访的解决力度，共派出10组由1名处长和1名工作人员组成驻国土部信访接待小组驻京接访，较好的控制了长春市进京上访的信访量，保障了各项重点工作的正常开展。

【地籍管理】 高新、德惠、朝阳、合隆等12个开发区四至界线全部得到国家确认。完成各类登记11万件，新增住宅登记率达到90%以上；调查农村集体土地产权24 257宗，面积20 221平方公里，完成了18个乡镇140个行政村的农用地调查，土地登记覆盖率显著提高。开展了GPS/PDA土地变更调查新方法研究试点工作，进一步精确了长春市的土地资源数据。

【党风廉政建设】　开展了治理商业贿赂工作，全系统自查自纠调查、排查各类审批8 745件。其中，土地使用权审批项目703件，采矿权出让1 021件，土地调整20件，土地评估427件，矿业权评估24件，地矿治理项目发包2件；租赁、划拨审批项目1 738件，经县市局批准占用集体土地342件；土地租金征收项目3 034件，规划预审项目971件。进一步加强了纪检监察工作，全系统共受理纪检监察信访举报7件，组织处理1件，立案3件，行政记过处分2人，组织处理1人。进一步强化了软环境和政行风建设，严格执行服务承诺，不断提高办事效率。长春市国土资源局在2006年度全市政行风民主测评中排名综合管理类第一。全面推行了政务公开工作，成立了局政务公开领导小组，制定了政务公开实施方案，编制了政务公开信息目录。市局窗口通过《用户须知卡》、电子大屏幕等公开收费标准、办事时限，进一步增强了工作透明度。市县两级国土部门均建立了网站或主页，公开办事程序、办事标准、办事结果等内容41项，实现了办公全部自动化，政务全部公开。

（高　庆）

园林绿化

【概况】　在“十五”期间，长春市园林绿化建设取得了突破性进展，圆满完成了“十五”计划的工作任务。2006年是“十一五”计划的第一年，在“十一五”期间，长春市园林绿化工作继续以“增绿量、上水平、抓管护、出精品”为方针，以加强城市生态环境建设，创造良好的人居环境，促进城市可持续发展为中心，以创建“生态型园林城市”为奋斗目标，以增加城市绿地绝对量，提高城市园林绿化景观水平为重点，以养护管理、巩固成果为保障，通过重点绿化项目的建设，实现长春市园林绿化建设和管理水平的全面提升，使长春市城市园林绿化保持国内先进水平，努力把长春建设成为城市优美、舒适，生态良好，具有人性化建设特点的现代化都市。“十一五”期间，长春市绿地总面积要达到10 950公顷，新增绿地面积3 910.5公顷，城区绿化覆盖率保持41.5%。主要抓好五项重点工作：一是继续抓好公园建设，提高公园建设水平。在“十一五”期间，除了继续抓好南湖公园、儿童公园、胜利公园、长春公园等公园的改造工程外，要重点抓好动植物公园二期和裕华园新建工程。二是全面提高街路、广场、绿地建设水平。在“十一五”期间，为了提高街路、广场、绿地建设水平，市园林绿化局将继续开展精品绿化工程的评比活动。要在不断巩固、完善文化广场、人民大街、自由大路、牡丹园等精品工程的基础上，抓好城区新增绿地、街路、广场绿化精品工程创建工作。三是向单位庭院、居住小区要绿量。市园林绿化局要对全市范围内的单位庭院和居住小区进行调查摸底，在此基础上，加大力度，突出重点，在扩大绿化面积和提高绿化水平上要有一个突破。四是搞好生产基地建设，为绿化建设提供苗木保证。重点抓好长春市第一育苗场改造工程和各区苗木基地建设等工程。五是抓好园林科研所工作，为园林绿化建设提供科学支持。根据长春市的气候特点和植物特性，研究、培育适应北方城市的植物品种，抓好科研生产温室新建工程。

人民广场

【园林绿化管理】 1. 树木涂白工作。全市各园林单位对所辖街路、游园、广场的乔木、亚乔进行春季和秋季两次涂白,总计完成涂白75万余株。2. 树木修剪工作。各单位对所辖街路、广场、游园开展了枯死树清除、枯死枝清理的修剪工作。市园林绿化局对各单位树木修剪工作进行了检查评比。3. 树木养护管理工作。继续采用四角支撑的方式,保护新植树木。同时,加大了树木的施肥、浇水、打药等养护管理工作力度,提高了树木成活率。根据全市园林绿化工作的实际情况,将2006年日常养护管理工作列为工作的一项重要内容,针对养护管理工作存在的不精、不细、不到位等问题,提出了开展重点街路、绿地、广场的养护管理工作。在对全市街路、绿地、广场进行逐一踏查后,列出包括人民大街在内的14条街路、5个广场为2006年重点管护内容,并进一步制订了重点街路、绿地、广场养护管理的实施细则,采取了不定期抽查和定期检查相结合的形式,每月定期检查一次,不定期抽查数次。检查结果通报各区建委、园林局、园林处,对养护管理质量差的单位送达《绿化养护管理整改通知书》,限期改进。2006年的重点管护工作进展顺利,春植工作结束后按月下发检查结果通报4次,有效地调动了各单位养护管理的积极性,养护管理水平得到了明显提高。4. 绿线管理及树木砍伐、移植审批工作。2006年,按照《通知》要求,加强了对"绿线审批"中指标核定这一环节的管理、监督和指导力度,继续坚持对存在绿化工程建设不规范、不按设计施工等现象的单位不予验收的原则。共办理绿线审批手续151件,规划绿地面积186.08公顷,上述项目都按照《长春市人民政府关于实施绿线管理和绿色图章制度的通知》要求进行了现场勘测,根据实际情况,依照长春市建设"生态园林城市"的主导思想进行了绿化规划设计。在树木砍伐审批上,加强了对禁止乱砍盗伐树木工作的宣传力度,联合新闻媒体根据市民举报处理了多起乱砍盗伐及破坏绿地事件,在全社会范围内树立了良好的行政执法形象,提高了市民的爱绿、护绿意识。在勘查现场的基础上严把树木砍伐审批关,严格按照《长春市城市绿化管理条例》中树木砍伐的相关规定进行审批,坚持手续不全或不该砍伐的树木,一律不批的原则,最大程度服务项目工程建设,保护绿化成果。5. 病虫害防治工作。加强了预测预报工作。为提高预测预报的准确性,现已建立预测预报点11处,直接监测点4处,共监测病虫害种类100余种,对影响较大的病虫害的监测基本上做到了准确、及时。严格按照检疫程序对调入市内的苗木进行复检,检疫园林绿化苗木共计282 319株,涉及40多个品种,96批次、28个单位,检查出国家规定检疫对象2种,危险性病虫20余种,及时阻止了这些危险病虫传入长春市,从源头上为全市的园林绿化把好了关。针对市内几条主要街路的杨柳树烂皮病发病情况进行调查,并对4条重点街路的6 000余株树木进行了专业治理。同时,对全市黑松进行了日本松干蚧春季调查,共调查树木61 947株次,对发现的3例日本松干蚧疫情进行了及时处理,并成立了城区日本松干蚧防控领导小组,加大防治力度。6. 小区、庭院绿化管理工作。继续采取"拆违还绿"、"闲地补绿"等手段,认真落实《市政府关于加强巷道及小区、庭院绿化建设的紧急通知》的相关要求。另外,结合长春市进行的棚户区改造工作,最大限度地提高全市的绿地面积,缩小地区的绿化差距,最大可能地改善全市绿地分布不匀的问题。2006年,总计新增庭院绿化面积78公顷。7. 公园管理工作。①公园绿化工作。2006年,市属各公园共栽植乔木27 893株,灌木12万株。②环境卫生工作。2006年,多数公园都在进行基础设施建设改造,对环境卫生工作有较大影响,但各公园都能克服困难,结合"创国家卫生城市"工作,积极努力工作,使公园的环境卫生工作保持了较高水平,上了一个新台阶。③商服工作。加强了对商服网点的卫生管理和安全检查,使商服网点做到各种证照齐全,从业人员身体健康,环境卫生达到创城标准。④动植物公园创AAA景区工作。2006年重点抓了动植物公园创AAA景区工作,此项工作从5月份开始,8月初通过市旅游局的初审,8月末通过了省旅游局验收。⑤南湖灯会工作。为展示公园改造成果,南湖公园在8月18日成功举办了大型火龙彩灯博览会,丰富了广大市民的业余文化生活。⑥安全工作。各单位都制定了《突发事件应急预案》,南湖公园还进行了应急预案的演练。

【园林绿化建设】 1. 绿化建设。2006年,长春市新增绿地面积300公顷。城市绿化覆盖率达到41.5%，绿地率达到36.5%。其中大块绿地完成117块，新植街路17条，改造绿地19块，改造街路13条。总计种植乔木6万余株，灌木60万株，绿篱4.6万延米，模纹17万平方米。①新植绿地。2006年是长春市实施大块绿地建设的第三年，也是工作难度最大的一年。在春植期间，各城区及市直绿化处根据实际情况将"大块绿地"与"楔形绿地"有机地结合起来。全市落实新植绿地117块，面积38公顷。其中，市直14块，面积为7.26公顷；绿园区14块，面积为9.37公顷；朝阳区31块，面积为6.59公顷；宽城区24块，面积为5.15公顷；南关区10块，面积为3.51公顷；二道区20块，面积为5.17公顷；双阳区4块，面积为0.96公顷。总计种植乔木6万余株，灌木60万株，绿篱4.6万延米，模纹17万平方米。②街路绿化。完成了繁荣路、景阳大路西段等17条街路的新植工作，完成了人民大街、吉林大路、亚泰大街、自由大路、远达大街等13条街路的重点改造工程。2006年的春植施工以大规格苗木造景为主，在街路的建设上尤为强化了"轴线"、"环线"道路的绿化，解决绿化缺株少苗问题，道路绿化水平较往年有了明显的提高。9月份，市政府绿化专家组对6个城区和市直绿化处全年绿化建设成果进行验收，共评出精品绿地46块，精品绿化街路3条，改造精品绿地14块，改造精品绿化街路6条。

2. 公园建设、改造。完成了南湖公园、胜利公园、雕塑公园的改造续建工程，启动了裕华园建设工程。①南湖公园改造建设。游泳区改造共三个标段：综合管理房工程；主次入口及冬泳管理房工程；平桥两侧护岸自然石、景石工程，已经全部完成。船台工程、渔业班管理房已经完成。完成毛石砌筑56立方米，砌砖120立方米，砼(混凝土)65立方米。延安大路吐口清淤工程。共清除淤泥11万立方米，不仅防止了对水体的污染，也为栽种荷花创造了条件。南湖水库除险加固工程从3月28日开始施工，完成了防浪墙主体混凝土浇筑及坝坡绿化、路灯照明工程，安装路灯49盏，坝坡绿化面积2.5万平方米。溢洪道工程于4月初开挖处理，4月下旬完成了混凝土垫层浇筑。溢洪道输水管工程，共铺设管线Φ70管48.5米。全部工程于9月8日完工，大坝经过改造提高了库体标准，南湖水库达到了200年一遇洪水的设计标准。②雕塑公园建设。完成了正门管理房工程、黑嘴子村办公室拆迁任务。两条石粉路改造完成土方清运1 200立方米，园内维修共更换各种石板1 280平方米。雕塑公园溢流坝工程于7月20日竣工，坝下两个湖面建设，在原有沟道基础上完成挖深扩宽，完成6个叠水景观工程。③胜利公园改造。2006年完成了正门改造、外栅改造。铁路8户拆除已完成。④儿童公园改造。对平桥、海燕桥进行维修，完成溢流口、出水口等工程，于8月30日竣工并交付使用；外栅工程完成钢栏杆112.23延长米，于7月15日竣工交付使用。⑤裕华园建设工程。拆迁拆除办公楼1座、加油站1个、平房3栋、锅炉房2座、温室4栋和部分民宅，拆迁拆除面积3 860平方米。对园内10余万平方米的土地进行清理、平整。共清除垃圾、残

南湖公园新貌

土5 400立方米，平整土地58 000平方米。对园内周边20米宽绿化带进行绿化施工。共栽植树木2 478株，其中针叶类235株，阔叶类2 243株；栽植平剪绿篱4 100延米，栽植地被植物7 544延米。进行了人工湖排水工程，铺设排水管道150延长米，挖掘和回填土方近万立方米。

（王文涛）

开发区

开 发 区

综 述

2006年长春开发区经济和社会发展取得了历史性突破。一年来,各开发区(工业集中区)按照建设综合性产业区和现代化新城区的目标要求,紧紧围绕开发区“二次创业”这条主线,突出招商引资、项目建设和环境建设等项重点工作,加快推进产业结构调整、工业园区建设和基础设施建设,全市开发区经济和社会发展呈现出良好发展的强劲态势,在“十一五”开局之年取得显著成效。2006年全市开发区实现地区生产总值1 005亿元,同比增长26.4%,高于全市约13个百分点,占全市地区生产总值的52.5%;实现工业增加值582.7亿元,同比增长24%;实现财政收入121.5亿元,同比增长20%;完成固定资产投资527亿元,同比增长98%;实际利用内资完成189.8亿元,同比增长35.3%;实际利用外资完成12.73亿美元,同比增长20%。

项目建设力度加大,带动产业结构的全面优化。2006年是长春市开发区在建项目最多、建设规模最大、经济效益最好的一年。各开发区立足现有的地缘优势、产业优势和政策优势,积极构建主导产业、基础设施、社会事业、生态环境四大项目支撑体系,加快引进和建设一批科技含量高、投资强度大、产业效益好、环境污染少的大项目,通过一年的努力,以产业规划为导向、以开发区为载体、以项目建设为支撑的两大支柱产业集群已经形成,在开发区和项目的带动下,城市西南—东北方向产业轴已经从规划走向现实。全市开发区在建项目561个,总计划投资546.2亿元,实际投资273.4亿元。在已开工的项目中,投资5 000万元以上大项目170个,超亿元项目117个,超10亿元项目37个,分别是2005年的2倍和5倍。投资比较大的有:高新区的PLED项目、壳牌油母页岩项目;经开区的恒力汽车项目、中兴汽车与长铃集团合资生产的皮卡、SUV项目,大成集团的化工醇项目;汽车区的一汽大众中级轿车(FutureB6)项目,江苏高力集团改造汽贸城项目;合隆开发区的华正食品工业园项目;五棵树开发区的吉粮天裕生物工程有限公司30万吨化工醇和中粮生化能源有限公司年产40万吨淀粉项目;九台卡伦工业园区的骏升农用机械项目等。与此同时,2006年全市开发区地产项目明显增多,档次有较大幅度的提高,带动了城市整体功能的全面提升。投资较大的有:经开区的天地十二坊项目,净月区的长春科技文化综合中心项目,大顶子山和记黄浦、莱茵东郡、优山美地、广源地产、一汽德国村项目;二道区的山东鲁能集团与香港德辉集团合作改造棚户区项目等。2006年项目引进和建设的加大,已经成为实现开发区经济社会可持续发展的源动力。

集中区建设速度加快,推进城市规模的迅速扩张。2006年以来,新组建农安工业集中区、长春文化印刷产业开发区、绿园西新工业集中区、米沙子工业集中区、营城工业集中区等5个省级工业集中区,致使全市省级以上开发区和工业集中区的数量达到20个,由此构筑起每个县(市)区至少有一个省级开发区的发展格局,形成了国家级、省级梯次发展的开发区体系。2006年市政府和各开发区还规划启动了玉米工业园区、空港开发区、中俄科技园区、现代农业科技园区、一汽启明软件园、华正食品工业园区、凯达工业园、北方汽贸城、汽车文化园和欧盟工业园等10个重点产业园区。这些工业集中区和产业园区按照高起点规划、高标准建设、高速度运营、高效率发展的总体要求,实现了当年审批、当年规划、当年启动和当年建设。截至目前,园区的分区规划和控制性详细规划的编制工作正在着手进行,有的已经编制完成进入审批程序;基础设施建设全面启动,新区建设的主体框架已经基本形成。在这些新整合组建的开发区、工业集中区和重点产业园区蓬勃发展的强劲势头拉动下,南部新城、净月新城、北部新城和县(市)区周边小城镇在开发区的带动下正在迅速崛起,带动城市以十几甚至几十平方公里的速度向外扩张。

招商引资势头强劲,一批重点项目在开发区落位。开发区作为全市招商引资的窗口和平台,始终把招商引资作为工作的中心和创业的重点,紧紧抓住国内外产业转移速度加快和发达地区资本急于寻求空间扩张的有利时机,不断创新招商引资理念,调整招商引资格局,创新招商引资方式,激发招商引资活力,实现了由招商引资向招商选资的新突破。一是展会和经贸交流活动招商成效显著。在2006年5月份省、市组织的赴“珠三角”经贸交流活动中,开发区重点推介项目127个,签约项目22个,占全市签约项目总数的60%;签约金额288.1亿元,占全市签约总金额的80%。二是区位招商和产业招商成效显著。各开发区着眼于形成产业集聚力和提高产业竞争力的总体要求,积极开展产业招商、以商招商和园区招商,实现了招商引资的新突破。高新区按照“自主创新、集约发展、产业集聚、错位发展”的原则,重点引进了光电技术、生物医药等科技含量高、产业链条长的产业化项目,集中引进了新材料、新能源、商业流程外包、创意经济等新兴高技术项目,着力培育处于产业链高中端的国内外知名企业,加快推进产学研合作和技术成果转化,招商项目呈现出高端化、规模化和产业化的新特点。在全年在建的116个项目中,投资亿元以上项目35个,投资10亿元以上项目9个,新落税企业达到362户。三是招商引资质量明显提高。各开发区注重把土地容积率、投入产出率、资金到位率、被征地农民安置率作为招商引资的重要条件,着力引进投资强度高、产出强度高、税收强度高的“三高”企业和项目入区,实现了由大招商向招大商的根本性转变。净月区仅2006年下半年就接待国内外投资商160批次,是2005年同期的6.2倍,土地价格在短时间内迅速攀升,上半年平均单价是2005年同期的4.5倍,最高单价达到每平方米1 133元。全市共引进44户世界500强企业,有40户在开发区落位。

基础设施建设速度迅猛,区域承载能力得到提升。2006年是开发区基础设施建设投入力度最大、推进速度最快、建设质量最高的一年。一是土地利用指标创下历史新高。到12月上旬,全市新增建设用地指标3 365公顷,其中农用地转用指标2 726公顷,分别是2005年的2.5倍和3.7倍,仅市直四大开发区用地指标就达到1 921公顷,占全市的57.1%,是2005年的近3倍。二是区划调整再创新高。长江路开发区实现了再次扩容,规划面积由原来的9.2平方公里扩大到现在的45.2平方公里,开发功能从单一走向多元,资源优势和经济潜能充分得到释放,带动了铁北大开发战略的加快实施。经过多方努力,范家屯镇3个村33平方公里顺利实现了划转,城市北部6乡(镇)1 140平方公里的区域纳入城市规划和控制范围,解决了城市未来几十年远期发展空间和科学利用的问题。三是融资数额创下历史新高。据统计,2006年各开发区共申请开行基础设施专项贷款总计20多亿元,占全市的34%,玉米工业园区争取到了开行的160亿元的贷款授信额度,在到位12亿元贷款的基础上,又有13亿元通过了开发银行总行的批准。净月区争取到开行200亿元的信贷支持和1亿元的技术支援贷款支持,为净月生态城建设提供了资金保障。四是基础设施投资创下历史新高。2006年各开发区采取BT、BOT等市场化运作方式,引进多元化投资建设主体,组建开发区投资公司,实施资源的整合和业务重组,通过转让、提租、抵押等形式,积极盘活存量资产。全年用于基础设施的投资超过70多亿元,完成配套面积40多平方公里,相当于全市开发区过去配套面积总和的近一半。省级开发区和工业集中投入力度空前,共完成基础设施投资16.4亿元,配套面积达到13.94平方公里,约占全市开发区全部配套面积的1/3,基本完成了“三年打基础”的阶段性任务。

自主创新能力日益提高,推进了高新技术产业化进程。围绕提高自主创新能力,高新区把做大做强孵化经济作为重点,加快科技项目产业化进程,使已经具有产业化能力的企业达产达效。高新区启动实施了科技型中小科技企业成长路线图计划,自主知识产权项目申请立项“零费用”计划等一批科技扶持计划,重点培育一批具有高成长性的中小型科技企业;建立和完善产学研结合体系,吉大科技园孵化大厦已建成并投入使用,赛纳-纳米漆等一批产业化项目前景看好;抓好科技立项申报工作,已申报各级各类科技项目

105项，有35个项目列入全省“五个一批技术创新工程”计划。目前，入驻高新区的高新技术企业已经达到830户，实现高新技术产值500亿元，同比增长11%。2006年高新区创业中心被省政府命名为“吉林省博士后创业基地”，长春软件园被批准为吉林省软件出口基础、版权保护示范基地。高新区在全国107个国家级开发区中被评为中国科技创新竞争力十强开发区，并且成为省市创新要素最集中、创新成果最集中、创新型企业最集中的重点区域。

体制机制不断完善，创新活力和服务能力增强。2006年各开发区围绕着推进开发区内部改革和优化外部环境的总体要求，相继采取了一系列有效措施，成效十分明显。经开区按照精干、高效、统一的原则，实施了机关、事业单位和直属企业的改制，使财政供养人口减少一半。在直属企事业单位进行全面改制中，有7个事业单位中的512人全部退出国有身份，职工安置率达到了100%。加快了体制机制创新，在管委会机关推行了机关工作人员聘任制、任期目标责任制、岗位绩效工资制和考核激励机制，极大地调动了机关工作人员的积极性和创造性。汽车区作为2005年新整合组建的开发区，承担着市委、市政府赋予的服务一汽发展汽车产业的历史重任。一年来，汽车区牢固树立“服务一汽就是发展自己”的坚定理念，全力支持一汽发展。一是以国际视野、超前理念谋划未来发展战略，先定德国AS&P公司对开发区进行总体规划，确定了以“三翼”发展为核心的空间布局和产业布局，统筹制定了分区规划和控制性详细规划，为一汽集团未来发展，为长春汽车产业群的形成拓展了广阔的发展空间。二是对一汽周边区域进行了前所未有的基础设施建设，全年投资16.8亿元，启动了51项基础设施建设工程，已形成起步区17平方公里道路主框架，从根本上改变了这一区域的面貌。三是为一汽剥离办社会职能，完成了厂区公安分局、18所中小学以及市政、绿化环卫、保洁等职能的顺利交接和人员的平稳过渡，确保一汽轻装上阵，主攻主业。四是经过一年多工作，汽车区真正与一汽集团融为一体，一汽集团上下对汽车区的工作给予高度评价，得到了广泛的认同。一个新的发展空间、一个新的政企合作关系、一个共建共赢的大发展格局已经形成。

不稳定因素得到化解，和谐发展局面基本形成。征地难、拆迁难、安置补偿难等问题，一直是困扰开发区发展和稳定的主要因素，也是影响和制约和谐开发区建设的关键问题。2006年以来，各开发区按照开发一片、稳定一方、造福一方的原则，从规范征占地行为和依法征地的要求出发，不断创新征地拆迁和安置补偿方式，在积极建立被征地农民长效安置机制方面总结和提供了一些好的思路和经验。一是把被征地农民的安置工作与社会主义新农村建设有机结合，鼓励有条件的村镇把土地补偿金作为生产建设资金进行再投资，把土地补偿金变为不动产，靠不动产出租收益安民富民。鼓励有条件的村级组织建设农民新居，进行集中规划、集中安置，彻底改变农民的居住条件和生活条件，使农民分享到改革和发展的成果。二是支持村级组织将补偿资金和土地用来发展集体经济，通过搞商服和房地产开发，以形成的固定资产为失地农民提供福利和帮助；支持村集体盖厂房、搞出租，把集体经济的使用权变成固定资产进行永久收益，以反哺农民。三是对征地企业在安置农民问题上做出强制性的规定，要求入区企业每购地1万平方米，至少要安置5名农民再就业，同时通过多种形式进行培训，以提高农民的劳动技能和就业技能。四是对失地农民社保问题、农村集体资产处理问题、自理口粮户等事关农民长远生计的问题做出明确的政策规定，确保农业向工业、农村向城市、农民向市民顺利过渡。

随着发展和建设的不断深入，一些深层次的矛盾和问题也在不断显现，布局不尽合理、工业集约化程度低、拉动力强的大项目少、征地拆迁和农民安置难、软环境建设不尽如人意等制约开发区发展的问题仍很突出。这些问题是不可回避的，是前进中的问题，必将伴随着新一轮发展逐步得到解决。开发区主要面临着严峻的压力和挑战是国家继续采取宏观调控政策，土地收紧、工业用地出让价格和征地补偿标准的提高，实施建设用地招、拍、挂等制度，对于处于开发期和成长期的长春开发区来讲将增加征地和建设成本，增加发展和建设难度。

（曹　维）

长春开发区和工业集中区一览表

序号	级别	名称	批准机关	批准时间	规划面积（平方公里）	起步区面积（平方公里）
1	国家级开发区（2个）	长春高新技术产业开发区	国务院	1991.8.8	78.00	19.11
2		长春经济技术开发区	国务院	1993.4.4	112.72	10.00
3	省级开发区（10个）	长春净月经济开发区	省政府	1995.10.23	478.70	2.00
4		长春汽车产业开发区	省政府	2005.9.27	118.59	17.00
5		长春长江路经济开发区	省政府	2001.9.3	45.20	5.20
6		德惠经济开发区	省政府	1992.8.13	5.00	5.00
7		长春朝阳经济开发区	省政府	2002.11.29	5.50	5.50
8		长春双阳经济开发区	省政府	2003.6.30	18.00	3.00
9		长春绿园经济开发区	省政府	2003.6.30	21.50	2.10
10		长春九台经济开发区	省开发办	2003.7.15	442.37	5.00
11		长春合隆经济开发区	省开发办	2003.7.15	18.00	2.47
12		长春五棵树经济开发区	省开发办	2003.7.15	360.34	3.00
13	省级工业集中区（8个）	长春二道经济开发区	省开发办	2005.10.17	49.00	10.00
14		长春南关都市经济开发区	省开发办	2005.10.31	0.38	0.38
15		榆树环城工业集中区	省开发办	2005.12.13	22.20	5.60
16		长春农安工业集中区	省开发办	2006.1.16	10.80	3.70
17		长春文化印刷产业开发区	省政府	2006.8.24	2.00	1.00
18		九台工业集中区	省开发办	2006.12.13	30.00	7.00
19		德惠米沙子工业集中区	省开发办	2006.12.13	10.00	2.00
20		绿园西新工业集中区	省开发办	2006.12.13	6.00	1.50

长春高新区2006年经济发展指标完成情况表

指标项目		单位	2005年完成	2006年完成	比2005年增长%
技工贸总收入		亿元	860	1 002	16.5
工业总产值		亿元	852	950	15.2
国内生产总值(GDP)		亿元	252	263	4.4
实现利税		亿元	140	145	3.6
出口创汇		万美元	40 000	25 000	-37.5
实际到位外资		万美元	43 772	45 023	2.9
引进内资		亿元	31.04	34.21	10.2
土地出让		万平方米	224.72	232.30	3.4
企业发展	新发展外商投资企业	户	27	18	-
	认定高新技术企业	户	28	54	-
	总收入超50亿元企业	户	3	2	-
	总收入超10亿元企业	户	10	8	-
	总收入超亿元企业	户	50	52	-
	技术改造投资总额	亿元	30	40	33.3
	社会固定资产投资总额	亿元	99.96	124.73	24.8

续表

指标项目		单位	2005 年完成	2006 年完成	比 2005 年增长%
主导产业技工贸总收入	先进制造技术领域	亿元	652.71	858.98	31.6
	光电领域	亿元	10.25	11.28	10.0
	生物医药领域	亿元	15.01	18.09	20.5
	信息技术领域	亿元	34.93	17.19	-50.8
	新材料领域	亿元	83.58	31.97	-61.7

长春高新技术产业开发区

【概况】 长春高新技术产业开发区(以下简称高新区)位于市区西南部,与长春至大连高速公路相连接,与市政府新建行政中心相毗邻,是长春市西南部城区的核心区域。高新区企业享受国家、省、市扶持高新技术产业发展的各项优惠政策。2006 年底,高新区总用地面积达 49.76 平方公里,区内户籍人口 6 万多人,从业人员 11 万人。截至 2006 年底,累计实现技工贸总收入 4 926 亿元,利税 795 亿元。技工贸总收入、利税分别由 1991 年的 1.6 亿元、0.25 亿元,增加到 2006 年的 1 002 亿元、145 亿元,年平均增长速度为 53.6% 和 52.8%,已成为长春市新的经济增长点。在国家科技部三次评优中,高新区均被评为“先进国家高新技术产业开发区”。

【经济总量突破千亿元】 2006 年,高新区实现技工贸总收入 1 002亿元,利税 145 亿元,分别比 2005 年增长 16.5% 和 3.6%,经济总量首次突破千亿元大关。实现工业总产值 950 亿元,国内生产总值(CDP)263 亿元,高新技术产品产值 550 亿元,分别比 2005 年增长 15.2%、4.4% 和 15.8%。实现全口径财政收入 81.6 亿元,按可比口径比 2005 年增长 20%。全年认定高新技术企业 54 户,累计认定高新技术企业 668 户(约占全省 70%、全市 90%),技工贸总收入超千万元企业 202 户,超亿元企业 52 户。超 10 亿元企业 8 户,超 50 亿元企业 2 户。

长春高新区新建区街景

【招商引资实现新突破】 采取超常规措施,创立招商引资新机制。管委会将内设机构按工作性质及相关职能划分为三类招商机构。一类是专业招商机构,二类是经济工作机构,三类是综合服务机构。按照机构类别梯度分解招商任务,形成三支队伍、三股力量协调互动的新型招商网络,推进招商引资工作实现新突破。全年招商引资实际利用内外资合计 95 亿元,其中,外资45 023万美元,内资342 100万元。引进产业化项目 83 个,其中非专业招商部门引进 21 个,共完成招商引资额 245 194 万元,占全区招商引资总额的 34.9%。2006 年,到高新区投资的世界 500 强企业累计 21 户,三资企业累计 525 户。年内通过招商引资新落税企业 471 户,其中,注册资金 1 000 万元以上企业 40 个,5 000万元以上企业 8 个,1 亿元以上企业 4 个。引进项目数量及资金额度均创历史最高水平。

【土地利用和管理】 按照市政

府要求，开展《长春高新区2005年～2020年土地利用总体规划大纲》的编制工作，并完成《上轮规划评价》、《土地利用现状及潜力分析》、《建设用地分析与预测》和《节约、集约利用土地研究》等分项课题。坚持对区内土地利用情况进行普查和经常性检查，定期召开未开工项目单位座谈会，实施购地企业按计划开工承诺制度，通过下达《收回土地使用权通知书》、《限期动工开发通知书》等措施，督促吉林省金色中光通信有限公司等8户企业相继开工，收回无锡华光公司、吉林软轴公司、一汽轿车股份有限公司等企业延误开工土地10宗，共64公顷。完成区内50平方公里范围内土地变更调查，变更地类11 400亩变更图斑583块，形成完整的变更土地利用现状图和调查记录，为第二次全国农用地普查和规划修编提供准确、翔实的基础数据。2006年获得用地批复404公顷，全年出让土地132公顷，出让土地合同金额5.2亿元，累计收缴土地出让金5.6亿元，完成计划任务的187%。办理用地审批73件，土地登记194件，分割登记922件。

【依法征地拆迁】 完善和落实《拆迁工作人员行为规范》、《拆迁工作岗位职责》和《拆迁工作操作程序》，相继出台并实施居民拆迁工作"六公开"（拆迁手续公开、拆迁补偿公开、拆迁工作程序公开、拆迁工作人员公开、拆迁补偿物量公开、拆迁安置房源公开）、企业拆迁工作"五公开"（评估和拆迁公司招投标公开、拆迁标准公开、拆迁物量公开、拆迁听证会议公开、最终补偿款额公开）制度，透明拆迁政策，消除群众疑虑。建立纪检监察部门全程监督制度，成立由被拆迁区域村干部、社主任和村民代表组成的拆迁监督工作小组，对拆迁工作进行全程监督，张榜公布拆迁内容及结果，接受广大群众监督，有效杜绝拆迁中出现的"人情补偿"等不公平现象，得到广大村民的大力拥护和支持。年内调查走访居民1 100多户，填写普查登记表1 700多份，测量登记建筑物1 612个，各类企业、鱼塘27处，普查登记庭院树木870 000株，为拆迁工作提供翔实、准确的基础资料。于4月初平稳、顺利地完成万顺村大房身屯、前进村部分农民和企业拆迁任务。拆迁居民573户，房屋建筑面积78 000平方米，发放房屋拆迁补偿款4 120万元。安置农民回迁房源685套，建筑面积46 000平方米，投入建设资金5 520万元。发放农民承包田地上物补偿款4 145万元。年内涉及拆迁企业28户，达成拆迁补偿协议企业13户，拆迁建筑面积19 000平方米，补偿总额3 882万元。全年组织联合拆迁行动14次，依法强制拆除违章建筑400多处，建筑面积60 000平方米，清除承包田内违法抢栽树苗200多公顷，减少拆迁损失4 000万元。

【重点项目建设】 不断加大项目建设管理，健全和完善"重点项目责任制"、"项目落实调度制"和"考核奖惩制"。设立"重点项目告示板"，采取"定期通报新开工项目进度"等措施，推动大项目建设呈现强劲发展势头。年内报建、审批建设项目89个，总建筑面积229万平方米。其中新建项目59个，建筑面积120万平方米；续建项目30个，建筑面积109万平方米。89个项目中产业化项目66个，房地产项目7个，其他项目16个。产业化项目中产值10亿元以上的9个，亿元以上的有35个。全年完成社会固定资产投资124.73亿元，技术改造投资40亿元，比2005年分别增长24.8%和33.3%。锦湖轮胎、钢激光拼焊板等10个重点续建、在建工业项目总投资39.73亿元。其中，8个项目已投产或部分投产；2个项目完成厂房建设。融创上城、怡众名城、宝来雅居、咖啡小镇等房地产项目开工建筑面积87万平方米，完成投资20.54亿元。

2006年高新区续建、新建重点工业项目一览表

序号	项目名称	项目承担企业	总投资（亿元）	建设进度
1	锦湖轮胎	锦湖轮胎长春工厂	12.8	投产
2	钢激光拼焊板	蒂森克虏伯鞍钢激光拼焊板有限公司	2.4	投产
3	底盘部件	y.－tec 富奥威泰克底盘部件(长春)有限公司	2.37	投产

续表

序号	项目名称	项目承担企业	总投资（亿元）	建设进度
4	汽车零部件	吉林省金仑科技有限公司	1.0	投产
5	综合防雷系统	吉林金色中光通信有限公司	1.85	投产
6	发动机线束	吉林省守信实业集团	6.4	厂房竣工
7	塑料制品	长春富奥东阳塑料制品有限公司	6.56	部分投产
8	轨道车辆制品	长春天地海金豆轨道车辆制品公司	2.15	部分投产
9	大型汽车锻造件	长春一汽巴勒特锻造有限公司	2.28	投产
10	石油添加剂	长春健麟石油添加剂有限公司	1.92	厂房竣工
	合计		39.73	

【基础设施建设】 完成《长春市总体规划高新区分区规划》和《长春高新区集中新建区扩区区域环境影响报告书》。制订永春河、富裕河综合整治方案，并通过初步设计审查。年内完成电力、电讯、给水、煤气等配套工程70余项，其中，新建、续建电力开闭所6座，敷设电缆5 000米，铺设自来水管网6 000米，铺设热力管线2 000米。铺设畅达路、创信南街等道路11条，铺装面积26万平方米，新增公共绿地29万平方米。102国道以南5平方公里内基础设施主体框架已形成，"四纵三横"路网基本贯通。全年完成基础设施总投资3亿元，其中电力、给水、燃气、路灯工程投入1.57亿元，道路、排水投入0.95亿元、建筑项目投入0.48亿元。

【科技创新】 1.产学研合作取得新进展。高新区与长春理工大学联合创建大学科技园达成共识；吉大科技园孵化大厦建成投入使用，入园企业和科研机构76家，注册总资本4.6亿元，孵化项目180项，转化科技成果110项；高新区生产力促进中心通过工S09001质量管理体系复评及审计。

锦湖轮胎长春工厂奠基仪式

2.新产品开发速度明显加快。吉林东光集团汽车制动器厂自主研发、拥有完全自主知识产权的中心阀式主缸、柱塞式主缸、双模片助力器，填补国内空白；长春百克药业公司研制的艾滋病疫苗工期临床应用研究已经结束，已达到国际同类疫苗的免疫应答水平；一汽——杰克赛尔汽车空调器有限公司的M6空调器、长春吉大正元信息技术股份有限公司的SJY76证书服务器密码机等31个重点新产品项目竣工投产，累计实现产值19亿元。

3.企业研发能力进一步增强。区内企业建立省级技术中心21户，占全省总数的22%。

4.知识产权管理卓有成效。年内申报复评著名商标9件，申请专利1 500多件，列入吉林省"十一五"名牌争创规划产品80个，表彰专利、商标、软件著作权先进单位30户。经高新区管委会推荐，区内科技企业家金磊获吉林十佳专利发明人称号，于爱民、徐静涛、李泽奇3人获吉林省优秀专利发明人称号。

5.孵化基地建设实现新突破。高新区与东北师大遗传与细胞研究所联合成立现代生物医药专业技术平台公司，总投资

1 000万元，已被列为国家级平台；与长春应化所原子质谱检测中心达成技术平台共建协议；高新区创业服务中心的8个专业技术平台，均已具备相应领域的研发、测试及部分中试功能，其中现代中药专业技术服务平台为来自国内外27家企业的33个项目提供专业技术服务。科技创业中心被科技部确定为创新基金服务机构，连续4年名列全国同类服务机构第一位。

6. 人才工作再上新台阶。海外学人创业园被中国科协列为“海外智力为国服务行动计划”示范基地的重点候选单位。吉林修正药业集团股份有限公司和东北师大理想集团公司被国家人事部新批准为博士后科研工作站。截至2006年，高新区设站企业累计12户，设站数量和进站博士后数量位居国内领先地位；高新区总站和6家企业分站被省人事厅命名为“吉林省博士后科研创业基地”。

【项目立项率显著提高】 高新区组织企业申报国家及省市各类政府计划项目245项，其中，国家级科技计划项目112项，省级科技计划项目57项，市级科技计划项目76项。申报项目共获得立项162项，获得政府资助资金4 000万元。项目申报总数、立项总数、获得资助资金分别比2005年增长17%、40%和33%。年内有35个项目被列入2006年吉林省“五个一批技术创新工程”计划，约占全市50%。在吉林省企业技术改造和结构调整专项资金贴息补助计划中，高新区企业长春新高食品有限公司承担的年产4.5万吨乳制品项目，长春高祥管道有限公司承担的油田用连续增强复合管，长春长生生物科技有限公司承担的人用狂犬病纯化疫苗，长春金赛药业有限公司承担的65万只重组人生长激素注射液，长春气象仪器研究所承担的民航自动气象观测系统，吉林天药科技有限公司承担的清眩降压片等心脑血管系列中药制剂，长春鸿达光电子与生物统计识别技术有限公司承担的欧版可调式智能型指纹锁，共7个技改项目入选，获得贴息补助350万元，占全市获此计划项目总数的38%。7个技改项目总投资23 851万元，预计建成达产后可实现年销售收入8亿元，利润1.7亿元，税金5 000万元。国家科技部创新基金管理中心公布的2006年度创新基金立项项目中，长春高新区申报的“复杂岩性油气藏测井评价系统”、“糠醛生产绿色新工艺”等11个项目获得创新基金创业项目资金支持，立项率为55%，获无偿资助资金220万元。在立项数量和资助额度上位列全国同类资助项目第一位。

【信访工作纳入重要日程】 强化信访制度建设。年内建立、健全《领导接待来访和阅批来信制度》、《信访工作领导干部包案制度》、《信访工作定期调度例会制度》、《初信初访一次办结制度》、《定期排查潜在集体访隐患工作制度》等。成立处理信访突出问题及群体性事件联席会议领导小组，及时处理越级上访和突发性群体上防案件。认真推行信访工作领导责任制。党工委、管委会以及各涉访部门领导亲自阅批群众来信、接待来访，积极主动解决责任内信访问题。重要问题一把手亲自处理，跟踪督办。针对双德乡光辉村、前进村16岁以下儿童安置问题和三佳村土地征地安置问题，主要领导和信访工作分管领导6次听取汇报，组织召开相关部门人员会议6次，深入了解情况，掌握政策，全面分析农民诉求的合理成分，在省、市信访部门的支持下，与有关部门磋商、协调，积极探索解决矛盾的有效途径。年内办结市政府交办信件8个，下达答复意见书7份。年内召开信访工作领导班子专题会议2次，中层以上干部会议9次、维护社会稳定领导小组会议5次。认真落实群众信访领导接待日制度，领导接待上访案件办结率达到100%。对到省市上访案件，当月办结率达到100%。对遗留和上级交办的棘手问题办结率均达到100%。年内共接待处理上访案件85批次，495人次，其中，集体访案件41批次451人次，单人访44人次，处理市长公开电话79件，办结率达100%。组建12319监督中心二级网络平台，处理投诉电话222件，接待农民工集体上访12件，为施工单位追讨工程欠款110万元。加大劳动争议案件、劳动信访案件和劳动保障监察工作力度。年内处理劳动争议案件27件，涉案标的149万元，接待处理劳动信访案件137件，涉及2 318人，办结率100%。处理农民工举报案件46起，涉及3 100人，为农民工追讨工资540万元。

【以人为本改善民生】 1. 加强

低保工作管理。组织乡、社区对困难群众逐户调查，全年审批享受低保待遇家庭269户，476人，其中困难农民98人。辖区低保户累计454户，2006年发放各种低保金750 000元，其中减免采暖费54 771元，发放廉租住房补贴19 680元。

2. 提高优抚待遇。2006年，五保户优待金由800元/年，提高到3 000元/年，义务兵优待金由2 000元/年，提高到3 000元/年，老兵优抚金由500元/年，提高到900元/年。

3. 关注特殊人群身体健康。为辖区30名在乡老兵、98名女教师和辖区烈属免费进行健康体检，为2 058名育龄妇女进行体检，查出患病1 056例，治愈521例，转诊38例。

4. 切实执行高新区重点优抚对象医疗保障制度。2006年，为区内所有低保户办理住院医疗保障，每人每年缴纳保险费240元。投入90 000元用于老兵医疗保障。

5. 发挥慈善组织作用。在高新区"慈善、关爱、扶贫、济困"活动和扶贫救助"双日捐"活动中，募集善款262 432元。为68名贫困家庭学生实行免学费、书本费5 575元，为28名贫困女孩发放助学款8 400元，救助重病患者16名，生活有困难群众180人，全年累计发放慈善救助款112 290元。

6. 开展关心、关爱老年人活动。对辖区老龄人口进行统计调查，辖区60岁以上老龄人口2 388人(70岁以上的860人)，占全区总人口8%，在庆祝老人节活动中，为10名特困老人发放救助金6 000元。

建"和谐高新铸辉煌"系列活动

7. 积极发展社会福利事业。辖区有福利企业8户，其中有限责任公司6户，集体企业2户，工业总产值8 379万元，减免税784万元，安排残疾职工117人，职工全部参加养老、工伤、基本医疗等社会保险。

8. 实施再就业工程。年内举办失地农民转岗就业专场洽谈会等各类招聘会20场次，提供就业岗位2 120个。求职人员6 000人次，其中2 200人与企业达成就业意向，642名各类人才被正式录用。年内开发城镇就业岗位1 360个，安置退役士兵就业16名，失地农民就业686人，城镇人口新就业803人，下岗失业人员再就业492人，均超额完成市政府下达任务。

9. 探索厂、校对接落实就业。引荐锦湖轮胎长春工厂与长春化工技校结成对子，工厂为学校提供实习基地，学校为工厂输送毕业生300多人。

【社会事业协调发展】 2006年，高新区辖区人口63 295人，其中，农村人口11 242人，城市人口14 116人，集体户口3 793人。区内人口继续保持低生育水平，年内新出生人口201人，比计划少生79人。人口出生率6.82‰，比计划降低3.17个千分点。自然增长率3.63‰。政策生育率99.5%，比计划提高2.5个百分点。出生人口男、女性别比105∶100。年内投入11万元为育龄群众提供免费技术服务和生殖健康检查，对已婚待孕妇女进行优生筛查。2006年高新区计划生育工作首次被评为全市先进集体。全年审核发放卫生许可证402个，累计达到778个。在行政执法、工商、地税、公安等部门配合下，取缔无证"六小"(小网吧、小商场、小作坊、小旅馆、小舞厅、小美容美发厅)单位98家，查处非法行医案件5起，打击非法义诊3次，取缔非法黑诊所11个，没收诊疗器械70件。组织从业人员健康体检3 530人，查出五病(痢疾、伤寒、病毒性肝炎、活动性肺结核、化脓性或渗出性皮肤病)

人员47人，全部调离。年内新组建社区2个（红旗嘉园、怡众名城），累计建立社区8个。命名街路20条，自2001年以来高新区新建内累计命名街路68条。

【全国政协主席贾庆林视察高新区】 5月22日，中共中央政治局常委全国政协主席贾庆林到高新区视察。贾庆林一行先后视察了长春吉大正元信息技术股份有限公司、长春鸿达信息科技股份有限公司、长春新产业光电技术有限公司3户高新技术企业，之后专程到高新区管委会听取市长助理、高新区管委会主任苗若愚关于“以自主创新为动力，全力建设国际水准高新区”的工作汇报。贾庆林对高新区建设取得的成绩给予鼓励，勉励企业要充分利用各方优势，搞好产学研结合，集中力量专攻核心技术，研发出更多拥有自主知识产权的产品，不断提升企业的影响力和竞争力。同时希望长春高新区在现有工作基础上继续努力，为国家科技创新做出更大贡献。

【长春中俄科技园正式开园】 9月20日，长春中俄科技园正式开园，在高新区举行开园仪式。中俄科技园是吉林省政府与中科院合作，联合俄罗斯科学院西伯利亚分院、俄罗斯新西伯利亚洲政府，以及乌克兰、白俄罗斯等独联体国家共同创建，按现代企业制度运作的国际产业园区，占地20 000平方米、于2006年6月在高新区内破土动工。截至年底，已完成综合孵化大厦和激光生产厂房主体框架，对接项目20个，首批4个中俄合作项目入园建设。

【国家实施知识产权制度试点园区】 1月22日，国家知识产权局和长春市政府联合召开“国家实施知识产权制度试点园区”验收会。来自中国科学院长春分院、吉林大学等单位的专家对长春高新区知识产权试点工作进行评审验收。与会专家认为，长春高新区有效整合创新主体，实施专利、商标、版权一体化和政、企、校、所联动管理体制，通过知识产权创造、管理、实施、保护联动的促进模式，推进知识产权管理社会化，许多经验和做法值得总结和推广，一致通过长春高新区完成国家实施知识产权制度试点园区工作，对于下一步长春高新区申办知识产权示范园区，开展示范工作具有重大意义。

全国政协主席贾庆林视察高新区

【中国科技创新竞争力综合十强开发区】 2006年8月，中国权威咨询机构赛迪顾问股份有限公司通过大量实际调研，对中国开发区科技创新竞争力进行评价，并发布《2006年中国开发区科技创新竞争力研究报告》。报告对中国53家国家级高新技术产业开发区和54家国家级经济技术开发区的科技创新竞争力进行了评价，长春高新区为中国科技创新竞争力综合十强开发区。

【长春高新第二实验学校建成启用】 2006年10月8日，长春高新第二实验学校正式启用。该校是根据长春市总体规划和高新区建设发展需要，由长春第七十七中学，万顺小学、富强小学、拉洛小学4所中、小学校合并，易地建设的9年制义务教育学校。占地面积50 000平方米，建筑面积17 000方米，总体规模36个教学班。建筑工程于2006年9月30日竣工。2006年有教学班27个（中学班8个，小学班19个），在校教师78人，学生1 050人。学校由高新区管委会投资（前期投入4 000万元）完全按照现代化水平设计、建设。理科实验室、音乐教室、劳技教室、卫生室、信息技术(计算机)教室、语音室、多功能教室、图书馆、运动场、校园管理广播系统、数字化信息网络系统等高水平教学设施和现代化管理设施一应俱全。

【高新区总商会成立】 9月15日,高新区总商会成立大会在高新区融创上城雅典娜广场隆重举行。即日,总商会专页在超达网站设立。总商会是在高新区党工委、管委会领导下,驻区企业自愿加入的非赢利性社团组织,首批入会企业120户。截至12月底,发展会员单位132户。商会成立以来,积极组织会员单位开展参观、座谈等联谊活动,沟通信息,增进了解,促进企业发展,已成为管委会联系、管理企业的桥梁和纽带。

(张莉远)

长春经济技术开发区

【概况】 长春经济技术开发区(以下简称经开区)位于长春市区东部,距长春火车站7.8公里,距长春口岸机场14.8公里,距长春龙嘉国际机场15公里,距铁路货站2公里。经济技术开发区是一个外延式的开发区,是1992年10月进入省级开发区序列,1993年4月4日被国务院批准为国家级经济技术开发区。首期规划面积30平方公里。2006年,经济技术开发区辖区面积112.72平方公里,包括兴隆山镇(所辖7个村)以及首期开发的12个行政村、16个社区;3所中学、16所小学。全区人口约17万人。

【主要经济指标】 2006年,经开区完成地区生产总值200亿元,比2005年增长33.3%;工业增加值133亿元,增长25.5%;全口径财政收入34.1亿元,增长68%,其中,一般预算全口径财政收入20.4亿元,增长32%;固定资产投资109亿元,增长118%;实际利用外资5.57亿美元,增长35%;实际利用内资42.5亿元人民币,增长35%。

【经济运行质量】 支柱产业支撑作用明显。汽车及零部件产业受整车市场新一轮大幅增长带动和新增企业产能释放影响,实现产值224亿元,同比增长49.8%。玉米深加工产业继续保持平稳增长,实现产值149亿元,同比增长26.5%。大成集团、富奥集团、西门子威迪欧、一汽丰田等龙头企业拉动作用增强,年产值同比分别增长25.6%、39.3%、89.57%、107.5%。

企业资产重组和产业结构调整步伐加快。天合富奥等19户企业实现了资产重组和产业结构优化。特别是长铃集团引进河北中兴汽车制造公司由生产摩托车转为生产皮卡型汽车,实现了"腾笼换鸟"和产品升级。

企业实施名牌战略取得新进展。"大成"牌饲料级赖氨酸被评为2006年中国名牌产品,长春市的第三个中国驰名商标在本区诞生。此外,"温馨鸟"和"昊太"两户企业已经进入中国驰名商标的最后审核阶段,长铃、阿满等企业也在积极申报中国驰名商标。

企业开拓国际市场能力不断增强。积极鼓励企业实施"走出去"战略,出口产品结构进一步优化,由粮食等初级产品向技术含量较高的玉米化工、汽车电子、新型材料等过渡,粮食出口比重由55%下降到14%。轮胎、汽车电控模块出口增幅较大,同比分别增长52.3%和21.6%,尤其是福耀公司的汽车

省市领导视察经开区

玻璃产品获得了世界市场准入“门槛”最高的德国认证，取得了走向世界汽车零配件领域的“全球通行证”。

【招商引资和项目建设】 坚持以项目建设为中心，强化了招商引资工作。组建了6个专业招商部门，加上驻外机构，全区有50名专业人员招商。同时调动各方积极性，实施全员招商；加大了中介招商的奖励力度，调整了招商人员的分配机制；建立了重点工作调度会制度，完善了领导联系企业制度，推行了首问负责制、首办责任制和服务承诺制，实行了软环境工作“月查月报”制度；开展了项目网上流转审批，审批时间缩减到45个工作日。项目储备增加到200多个，全年引进产值100亿元以上大项目5个，投资额在1亿美元以上的项目9个。新开工项目109个，其中投资亿元以上的项目28个。全年实现固定资产投资109亿元，创历史新高，同比增长118%。

园区建设进展顺利。玉米工业园区“七纵七横”的路网建设已经完成。大成集团2万吨化工醇项目运行平稳；20万吨项目已经进入试车阶段；100万吨化工醇和100万吨差别化聚脂项目已通过国家环保总局审批。还引进了投资10亿元人民币，年产100万吨玉米淀粉糖的成昌隆项目；投资2 980万美元，年产10万吨盐酸和8万吨硫酸钾的香港米高项目；投资2 550万美元的加拿大雷克汽车供暖项目；以及城市供水、供热、污水处理等一批基础设施项目。

空港保税物流园区启动了道路等基础设施建设，与美国CMB公司签订了总投资1.05亿美元的消费类电子产品服务外包项目。空港开发区被省政府批准享受省级开发区相关政策，省政府正式向国务院办公厅报送了本区申办出口加工区的相关材料，保税物流中心已进入国家海关总署的审批程序。

与一汽集团差异化整车发展战略取得实质性进展。恒力汽车工业园项目总投资25亿元，生产专用车5万台及汽车零部件，达产后可实现产值107亿元，2006年完成投资9亿元。河北中兴汽车制造有限公司和长铃集团合资生产皮卡、SUV型汽车项目，一期工程完成了生产线改造，形成了年产4万辆的能力。二期项目总投资20亿元，年产整车20万辆，达产后可实现年产值135亿元。一汽客车公司正在积极进行改制和资产重组，改制后的新公司达产后年产城市客车3万辆，实现产值48亿元，其中，在长春市生产整车3 000辆~5 000辆，底盘2万辆，年产值20亿元，届时将填补长春市不能生产客车整车的空白。一汽专用车经过2年~3年的努力，达到年产1万辆专用车能力，年产值超过10亿元。以上四个项目，“十一五”期间形成单班20万台（双班40万台），年300亿元的直接产值，进而在长春市形成改装车特种车产业集群。

【提高项目承载能力】 2006年，经开区按照超前性、高起点、法治化的原则，投资近千万元，进行了各个层次的规划。分区规划通过专家论证；玉米园区产业规划、控制性详细规划，通过玉米工业区领导小组和市政府常务会批准；南区、空港起步区和空港保税物流园区的控制性详细规划已经编制完成，正在报批；完成世纪广场、东方广场的城市设计和临河商业街的概念性规划。控制性详细规划的覆盖区域达到35平方公里，为进一步搞好城市开发区建设奠定了基础。

一汽专用车总装线

在国家宏观调控偏紧的形势下，全年办理农转用审批土地600公顷，为项目的及时落位创造了条件。投入10.46亿元(含拆迁费)对513公顷土地进行了提前收储。完成了经营性用地招拍挂101.6公顷。农转用审批、土地收储、经营性用地招拍挂分别是2005年的15倍、11倍和33倍。引入了省林勘院等中介机构和公证机关介入拆迁，拆迁办和公安分局组成共建对子，破解了拆迁难题，保证了拆迁进度。回迁安置也采用了市场化方式进行。

基础公建工程投入21.2亿元，新建道路33条，铺装面积110万平方米；铺设排水管线56公里；给水管线5.7公里；建设桥梁1座；二次变电所2座；新建、续建和改建锅炉房4座。新增配套面积18平方公里，其中，玉米工业园区12平方公里、空港开发区起步区3.7平方公里、物流保税园区和南区汽车零部件区各1平方公里，全区配套能力得到进一步增强。在东方广场建设的管委会政务中心已经完成基础，玉米园区已搬入新办公楼。

强化了城市管理，制定了《基础公建工程管理办法》，依法进行工程招投标和政府采购，严格项目施工全过程的监督管理。加大了创城工作力度，通过了省级卫生城考核鉴定。加强了城区的环境保护管理，实行“环保提前介入机制”，严格控制新污染源，建设项目环评审批率达到100%。

【改革改制和机制创新】 稳步推进机关事业单位改革和国有企业改制。开发区机关和事业单位分别调减了9个和10个，减少比例分别为36%、27%；人员分别精简了115人、474人，精简比例分别为44.57%、51.08%。东皇公司等7户直属事业和企业单位的改制已经完成，512名职工得到妥善安置。长春经开股份公司资产重组方案已得到中国证监会批准，股权分置改革方案已在股东大会以90.83%的高票通过，职工国有身份退出工作基本结束。长铃集团、经开药业改制工作也已基本完成。通过机关事业单位改革和国有企业改制，直接或间接减少财政供养人口1 546人，每年减少财政补贴1.6亿元。

积极推进机制创新。开发区管委会机关按照“内部管理企业化，外部管理社会化”的要求，建立了以制约和激励相结合的内部运行机制。一是按照人员能进能出的原则，对面向社会新招聘的22名工作人员实行了1年~3年聘用期；二是按照能上能下原则，科处级干部实行竞聘上岗。规范了机关、事业单位科级领导职务和非领导职务的晋升、聘任工作管理；三是改革了分配制度，实施了岗位工资、绩效工资为主的分配激励机制；四是完善了科学考核机制，本着侧重实绩的原则，对工作人员进行全面考核。

开发区管委会严格规范内部管理制度。制定并实行了《国民经济与社会发展计划》、《招商引资和项目建设计划》、《财政预算计划》、《基础公建计划》、《资金平衡计划》和工作报告，使内部管理科学有序。政务管理工作日趋规范，制定了相应的工作制度63个，规范了各方面的行政行为。通过推行电子政务，打造了“集中群智，信息共享”的行政平台。以政务督察为手段，保证了党工委、管委会决策的贯彻落实。率先在全市开发区、机关单位中通过了ISO9001国际质量管理体系认证，提高了各项工作的规范化、标准化水平。扎实开展了服务型政府机关建设活动，全区机关作风明显转变，干部职工的工作热情空前高涨。

【提升聚财理财能力】 全区财政收入大幅增长，增幅达68%，高出GDP增速39个百分点。全口径财政收入占GDP的比重达到17.5%，同比提高了5.4个百分点。以组织收入为中心，积极开展挖潜增收工作，认真抓了重点税源的税收入库和清理欠税工作。两税收入达到21.1亿元，其中，国税收入15.7亿元，按可比口径增长29%；地税收入5.46亿元，同比增长20.8%。强化土地出让金、配套费的收缴，实收土地出让金10.7亿元，配套费0.83亿元，建区以来首次实现了按合同百分之百收缴无拖欠。坚持工业用地价格不降低、经营性用地配套费不减免，对经营性用地严格以竞标方式出让，全年工业用地均价185元/米，经营性用地885.68元/米，土地净收益3.64亿元。结合长春经开股份公司资产重组，以土地置换等方式降低了管委会负债33亿元，以现金形式偿还历史债务3亿元，全年减少债务包袱达36亿元，管委会负债比例逐步趋于合理。争取到国家开发银行160亿元的授信额度，融资29.4亿元，已到位16.4

经开区建成区街路

亿元。采取BT方式筹集了基础设施建设资金4亿元。区级可用财力达到9.89亿元，比2005年翻了近一番。随着债务的大幅下降和财力的显著提高，财政支撑能力明显增强。

【社会各项事业】 困扰多年的“三农”问题得到基本解决。适应城市化要求，理顺了管理体制，新设置两个街道，实行区、街道、社区“三位一体”的管理模式。成立“三农”工作领导小组，专门研究解决三农问题，解决了126个问题。制订了《“一揽子”解决农民问题工作方案》及其配套办法，从被征地农民基本养老保险、就业安置、撤村建居、集体资产处置、撤村后村干部的管理和待遇等8个方面着手解决。撤村建居、集体资产处置4个村试点工作已接近尾声。对社区干部报酬实行财政承担，并由财政出资为村干部上保险，稳定了村、社区干部队伍，解除了他们的后顾之忧。在全省率先启动了新征地农民养老保险试点工作，兴隆山镇毛家村已有221人参保，48人领取了养老保险。农民再就业工程成效显著，全年实现转非劳动力就业1 526人，完成了年计划的113%。新建13.4万平方米的农民回迁楼30栋，建区以来回迁户问题全部得到解决。按照2年还清建区以来所有农民和村级历史欠账的计划，全年偿还1.38亿元。

历史遗留问题得到妥善处理。建立了稳定工作联席会议制度，重点研究并解决了涉及稳定方面的70个问题。按照2年内还清陈欠工程款5亿元的计划，已偿还4.3亿元(含股份公司在内)，占陈欠工程款的86%。组织专门班子本着先易后难原则，逐步解决154栋居民楼无产权问题，一部分房屋的产权正在办理。投入1 045万元进行了小区基础设施完善。妥善解决了由于开工受阻停建三年的恒力汽车项目遗留问题，坚定了投资者信心。

各项社会事业全面发展。计划生育工作在全省率先完成药具改革，实现了“医、药、检”三位一体的工作体制，获得了省级计划生育优质服务先进区荣誉称号。教育工作通过全面实施素质教育，凸显了义务教育发展新理念，教学质量显著提高。信访工作的一些重大疑难问题已经或正在得到解决，上访多、投诉多的势头得到有效遏制。应急工作相继建立了区、街镇、社区及村屯三级应急通讯网络，制订了应急信息报告制度，完成了各个层次的应急预案。社会治安综合治理通过警务进社区、警力进村屯等方式，进一步完善了社会治安防控体系建设，平安经开建设取得明显成效。

【党建和精神文明建设】 加强了领导班子和干部队伍建设。健全了党工委、管委会领导班子议事决策制度。确定了党工委会议、主任办公会议等7个例会制度，突出了集体领导，增强了决策的科学化、民主化。聘请了国内知名的17位专家学者成立决策咨询委员会，开展了“艰苦奋斗，永不满足”的创业精神教育，充实、调整了开发建设创业展馆的部分内容，召开了党工委理论中心组(扩大)会和经济分析会，调动班子成员和各个部门认真研究破解经开区面临的各类矛盾和问题，积极谋划二次创业的工作思路。组织了新聘用工作人员的岗前培训、科级领导的上岗培训，进行了行政许可法、物流发展、廉政教育和信访等方面的讲座。召开了“创先争优”表彰大会，对3年来在开发区创业实践中涌现出来的24个先进基层党组织、39名优秀共产党员和24名优秀党务工作者进行总结表彰。

加强了基层党组织建设。在两个街道及时建立了党委，对农村、社区、非公经济组织、离退休和身份退出的党员，党组织管理实现了全覆盖，理顺和完善基层党组织239家。针对农村基层党组织薄弱问题，利用两个月时间逐村逐社区走访、开展了深入调研，了解基层组织建设情况，制订了切实可行的工作措施。

（田中华）

长春净月经济开发区

【概况】 净月经济开发区成立于1995年，原名长春净月潭旅游经济开发区，2006年3月6日第四批通过国家发改委审核，并更名为长春净月经济开发区（省级）。净月开发区位于市区东南部，距市中心人民广场18公里，地处吉林省东部山地向西部草原过渡地带，属长白山余脉的低山丘陵山地，半湿润季风气候区。开发区幅员478.7平方公里，辖三个整建制镇、两个街道和伪满皇宫博物院、汽车文化园，含净月潭国家重点风景名胜区、新立湖国家水利风景区，常住人口14.6万人。净月潭景区先后被批准为国家重点风景名胜区、国家森林公园、国家生态示范区、国家AAAA级旅游景区、国家文明风景旅游区示范点、国家水利风景区和吉林省旅游度假区、吉林省生态旅游示范区。

【经济运行总体情况】 2006年实现地区生产总值160.1亿元，比上年增长22.2%，完成任务目标的102.1%；全口径财政收入8.58亿元，比上年增长22.6%，完成任务目标的102.1%；固定资产投资110亿元，比2005年增长46.7%，完成任务目标的103.8%；新引进项目签约总额386亿元，是2005年的3.7倍；实现利用内资28.8亿元、外资1.25亿美元，分别增长15%和8.7%，分别完成任务目标的107%和100%；投入基础设施建设资金10亿元，相当于前两年的总和；投入资金2.7亿元，完成净月潭风景名胜区内退耕还林500公顷，投资和造林规模均相当于过去3年的总和，完成任务目标的251%。

【净月生态城建设】 把握世界城市发展的前沿理念，立足净月开发区发展实际，高站位、高标准地编制了《长春净月生态城规划建设基本构想》。净月生态城在功能定位上，确定为长春市的生态核心区、中央休闲区（CRD）、高端产业集聚区等“三大功能”；在空间布局上，划分为东部森林生态板块、南部水源涵养板块、西部新城建设板块等“三大板块”；在产业发展布局上，确定了“五大产业”和“八个产业集中发展区”。净月生态城基本构想的确定，从根本上避免了项目随意摆放、低水平建设和无序发展的局面，赋予了开发区高品质的发展内涵。构想得到了市委、市政府的充分肯定，市委十届九次全会把建设净月生态城作为一项主要任务，科学定位，明确思路，全面动员和部署。构想的推出，使净月开发区迅速成为国内外投资商、金融机构和社会各界关注的“热点”。全年共接待国内外投资商42批次，是2005年的2倍；土地和房地产价格在短时间内迅速攀升，平均单价分别增长了42%和56%。国家开发银行同意给予净月生态城建设200亿元的信贷支持和1亿元的技援贷款支持，为净月生态城建设提供了雄厚的资金保障。

净月潭瓦萨国际滑雪节经贸洽谈会

【招商引资和项目建设】 2006年，新签约省科技文化中心综合馆、保利大剧院、慕利亚集团白金超五星级宾馆、东北师大生物制药产业基地、吉林建工学院、深圳华业玫瑰谷、香港南益商业地产等有代表性的大项目62个，其中亿元以上项目34个，签约总额386亿元，是2005年的2倍。2007净月潭瓦萨国际滑雪节经贸洽谈会，吸引了来自美国、德国、瑞典、韩国、香港等28个国家和地区的160多名客商参加，共签约项目8项，签约总金额217亿元，其中净月CBD项目投资达156亿元，参会客商数量、总签约金额和单项投资规模均创全市开发区最高水平。

项目建设快速推进。净月潭森林高尔夫球场、省广电中心、省自然博物馆、旭阳工业园、中国农业科技东北创新中心、万科兰乔圣菲地产等项目建成投入使用；现代农业博览园、启明软件园、香港新进科技汽车电子基地、富润假日酒店、和记黄埔大顶子山综合开发等项目全面开工建设。全年开工建设项目107个，其中亿元以上项目54个，实现招商项目固定资产投资82.7亿元，比上年增长34.9%。

征地拆迁和行政执法工作力度加大，为项目建设提供了有力保证。调整了征地拆迁补偿标准，出台了一系列规范性文件，实行了区、镇(街道)、村(社区)三级管理体制，加大联合执法工作力度，违法、违规建设和套取补偿金现象得到了有效遏制。全年完成征地面积358万平方米、拆迁面积52.8万平方米，均相当于过去3年的总和，历史上形成的147个“钉子户”全部清除；查处违法违章建筑物、构筑物960处、31.8万平方米，查处违规栽植的多年生植物35.1万株，节约了征地和拆迁补偿资金2.2亿元。

土地供给保障有力，运营效益不断提高。全年完成建设用地审批621公顷，占全省建设用地审批面积的1/7，用地面积居全市开发区之首。其中经营性用地审批面积331公顷，占全省审批面积的1/2。在全省率先实行《建设用地定额管理标准》，提高了土地使用效率。

【城市规划建设】 提高规划水平。明确要求所有项目必须聘请知名的国内外规划机构设计，对重点项目的规划方案邀请专家进行评审和论证，对达不到规划标准的项目坚决不予批准建设。全年共有17个国外知名规划机构、32个国内知名规划机构、180多名中外设计专家参与开发区重点项目规划设计，这在净月开发区历史上是前所未有的。净月开发区分区规划通过了专家论证。净月潭风景名胜区规划得到建设部批复。加快基础设施建设。全年共修建道路14条，总长15.1公里，新建供电开闭所6座，改造高压供电线路40公里，铺设供水管线35公里、排水管线30公里、供热管线28公里、燃气管线32公里、通信管线13公里，新建2个市政广场，园林绿化15.5万平方米，全区新增配套面积3平方公里、建成区面积2平方公里，城市承载能力进一步增强。加强城市管理。提升管理理念，实施综合整治和三级管理，加大对市容环境卫生的治理力度，城市形象全面改观，一座优美、现代的生态型新城正在崛起。

【生态环境建设】 加快净月潭退耕还林工程建设。采取“退村还林”和“退耕还林”双管齐下的办法，共投入资金2.7亿元，迁出企事业单位3户、居民505户，开展植树造林500公顷，完成林相改造2 000公顷，投资和造林规模都相当于过去3年的总和。切实加强生态保护。完善森林防火监控体系，全区实现无火灾；加强对日本松干蚧等病虫害的防治，森林病虫害防治率达100%；深入开展水体保护，净月潭水质稳定达到三类标准，蓄水量2 467万立方米，景观水位达到18年来最高水平；提请市人大常委会出台了《加强净月潭风景名胜区生态环境保护的决议》，将净月潭风景名胜区及周边毗邻区域的生态环境保护提升到法制化层面。积极改善城市环境质量。继续实施以关闭燃煤锅炉为主要内容的“蓝天工程”，覆盖面积拓展到12平方公里，空气质量优良天数占监测总天数的95%以上。开展环保专项行动，共整治违法排污单位47家。净月开发区通过了ISO14000环境管理体系认证，在环境管理上达到国际水平。

【旅游休闲产业】 全区旅游业总收入达到51亿元，同比增长37.8%，占全市旅游业总收入的比重达到34.5%。旅游产品建设快速推进。净月潭森林高尔夫球场、伪满皇宫东北沦陷史陈列馆、省自然博物馆建成投入使用，汽车博物馆、野生动物园完成主体建设，现代农业博览园奠

净月高尔夫球场

基开工，省科技文化中心完成了概念性规划并开始方案编制。旅游活动异彩纷呈。开展了“净月潭风筝节”、“东北沦陷史陈列展”、“长影世纪城卡通狂欢节”等一系列特色鲜明、主题突出的旅游活动。开展了“瓦萨之夜”等15项活动，吸引了来自25个国家的1 000多名外国运动员、9 000多名国内运动员和滑雪爱好者参加，中央电视台新闻频道和国际频道对开幕式和比赛活动进行了现场直播，瓦萨滑雪节已经成为长春市重要的城市名片。旅游宣传力度加大。以展示净月开发区发展成就、净月生态城建设构想、特色旅游项目等为主题，在媒体上发布各类新闻、照片2 000余条（幅），净月开发区网站信息被各大网站转载，开发区的知名度和影响力进一步提高。景区建设管理不断加强。伪满皇宫、净月潭等景区完善设施，加强管理，景区整体形象快速提升。伪满皇宫东北沦陷史陈列馆顺利通过国家首批5A级景区专家初评。

【社会事业】 教育事业蓬勃发展。树立推开“围墙”办大教育的理念，与东北师大等院校组建了教育发展共同体，实现了优质教育资源共享；深化教育改革，精简教师145名、校级领导11名，精简比例分别为18%和17.4%，面向社会公开招聘39名优秀教师，有效地优化了教师队伍结构、增强了内在活力；教育督导工作在全市开发区中名列第一。创建国家卫生城工作取得阶段性成果。部门联动，齐抓共管，共清理垃圾1.1万吨，取缔无证经营的餐饮业户37家，永兴街道通过市级爱国卫生先进街道复检。社区建设进一步加强，永兴街道和净月街道积极解决办公服务用房，培育社区干部，社区服务水平进一步提高。计划生育工作扎实推进，开发区荣获国家人口计划生育技术服务先进集体称号。社会保障体系不断完善。积极开展扶贫包保、代理妈妈等社会救助活动，纳入城市低保、农村低保人数分别达到3 774人和2 266人，实现了“应保尽保”。农村工作稳步发展。加快农业产业结构调整，培养壮大农村经纪人队伍，农民人均收入达到5 700元，比上年增长14%。推进“村村通油路”工程，新建乡村公路18.4公里。积极开展就业安置。安置农村剩余劳动力就业15 000人次，完成计划的125%，劳务输出和就业工作获得省市表彰。国企改革力度加大。顺

东北师大净月校区

利完成了电影大世界有限公司和华春肉牛公司的企业改制工作。回迁工作稳定有序,完成回迁安置944户。信访和市长公开电话工作不断强化,全年共受理群众投诉1 538件,及时解决了群众关心的热点和难点问题,维护了社会稳定。安全生产的监督和管理力度加大,全区无重大安全事故发生。

【创新内部机制】 按照"内部管理企业化,外部管理社会化"的原则,进一步深化内部管理机制创新,走在全省开发区的前列。在用人机制上实行全员聘用制。在继续深化公开招聘、职务聘任等行之有效的用人机制的基础上,全面推行全员聘任制,对工作人员一年一考核,一年一评聘,一级聘一级,真正实现"能者上、平者下、庸者出"。面向社会公开招聘了10名机关工作人员,有3名工作人员下岗,开发区真正成为一潭"活水"。在分配机制上全面推行绩效工资制。将所有部门和岗位的工作进行量化,与绩效工资直接挂钩,以岗定薪,岗变薪变,实行上岗靠竞争、指标有压力、收入靠绩效的新机制。在服务机制上深化"感动式服务"。进一步完善一站式办公,采取每周一次调度会、企业沙龙、现场办公、一对一服务等形式,加强与企业的沟通与联系,营造了良好的服务环境。在监督机制上推行制度化管理。坚持依法行政,强化行政执法监督,全区无行政执法错案发生;就重大问题开展专家和法律咨询120多次,保证了决策的科学化;对财政投资项目进行严格审核,进一步加强政府采购工作,提高了财政资金的使用效率;强化国有资产监督管理,开展了建区以来的首次国有资产清查。

【党建和精神文明】 基层党建工作不断加强。围绕纪念建党85周年开展了系列庆祝活动;顺利完成了三镇党委、人大和政府换届工作;组织召开了全区党代表会议,选举产生了5名市党代表;全年发展新党员93名,2个基层党组织和4名党员受到省市表彰。加强干部队伍建设。围绕深化金融改革、预防职务犯罪等专题开展教育培训,全年共培训干部2 200余人次,选派5名镇、街道干部到昆山等发达地区挂职锻炼,打造了一支充满活力、战斗力强的团队集体,干部培训工作在市委专项会议上介绍经验。深入开展精神文明创建活动。积极开展社会主义荣辱观教育、"好市民评选"、"双无双文明教育"等精神文明创建活动,24个单位、3名同志获得市以上精神文明荣誉称号。加强党风廉政建设。构建"三位一体"反腐倡廉工作整体格局,深入开展反腐倡廉教育,认真查处违法乱纪案件。工会、共青团、妇联等工作有序推进。

(贺国峰)

长春汽车产业开发区

【概况】 长春汽车产业开发区(以下简称汽车区)于2005年9月经省政府批准建立。汽车区范围包括一汽集团建成区(含一汽主厂区、绿园区锦程街道、高新区汽车研发园)、绿园区西新镇5个村、朝阳区富锋镇2个村、公主岭市范家屯镇3个村及汽贸开发区,东至普阳街、长沈铁路,西南至西新开河,北至景阳大路、支农路、长春西湖。面积118.59平方公里,建成区面积23平方公里。区内总人口22.6万人,其中非农人口19万人。2006年汽车区完成GDP 86亿元;全口径财政收入9.1亿元;引进内资23亿元,外资7 400万美元;完成固定资产投资108亿元。

【编制规划】 开发区一成立就根据市委、市政府的"四高"要求(高水平规划、高标准建设、高效率运行、高速度发展),突出汽车区特色,科学组织规划编制工作。采取国际招标的形式,委托德国AS&P公司编制了开发区总体规划,确定了以"三翼"发展为特色的规划布局。组织编制了"十一五"经济社会发展规划,确定了"重点开发起步区,集中改造建成区,控制发展预留区"的空间开发布局,明确了"打造两大基地、发展三大市场、培育四个中心和建设现代化新城区"的发展任务。2006年下半年又对区域总体规划进行了全面的深化和完善,以建设国际一流的汽车产业平台为目标,高水平完成了分区规划和控制性详细规划。结合近、中、远期的发展重点,制定了起步区五大产业板块的发展战略、建成区的改造方案以及预留发展区的启动计划,科学规划了汽车区的发展蓝图。

【基础设施建设】 2006年重点推进新建区的基础设施建设和

王珉省长视察汽车区建设项目

建成区的改造。根据招商引资和项目建设需要,开发区制定了科学超前的基础设施建设计划。围绕起步区17平方公里,实施了51项基础设施工程,完成基建总投资16.8亿元。其中,道路工程14项,总长38.8公里;建设3座桥梁、1个变电站、2个开闭所、5栋农民回迁住宅;铺设供水管网49公里,污、雨水管线89公里;完成5平方公里供热、燃气、通讯等配套工程,为重点项目落位提供了基础条件。

【招商引资和项目建设】 2006年,汽车区坚持以项目建设为核心,统筹策划招商工作。创新方式,采取政企联动招商、产业链招商、中介招商、定向招商等多种形式,重点引进"三高一强"类项目。2006年新入区企业256户,共落实重点项目60个,计划投资总额123亿元。由世界500强投资的项目3个,超亿元的项目32个,超10亿元的项目3个。其中一汽FutureB6项目投资11.5亿元,江苏高力集团改造汽贸城项目投资30亿元。实际开工项目44个,其中工业项目29个,商贸服务项目15个。招商引资和项目建设的快速推进,迅速提升了汽车区核心竞争力,并为培育特色产业体系奠定了坚实的基础。

【开发建设与融资】 针对制约开发建设的融资问题,汽车区多元化筹集建设资金。组建了开发区投资公司,对各类存量资产进行资源整合和业务重组。与美国摩根集团合作,组建了长春汽车产业开发建设有限公司,进行新区土地开发和基础设施建设。全年共落实资金9.6亿元,为开发建设提供了有力的资金保障。

【服务一汽】 汽车区是全国首创的政企共建开发区,优势突出。开发区始终坚持支持一汽、服务一汽的理念,把"举全市之力支持一汽"的思想扎扎实实地落到具体工作之中,在开发区上下牢固树立"服务一汽就是发展自己"的责任意识,努力办好一批服务一汽的实事。一是完成了一汽公安机构、18所中小学以及市政、绿化、环卫等职能单位的交接,组建了开发区教育局、社会事业局和公安分局,顺利实现体制和人员的平稳过渡,降低了一汽的管理成本。二是努力提高政务服务水平。针对一汽系统的项目审批和建设管理,在开发区政务中心开设了专

中国北方汽车项目隆重开工

门的窗口，提供全天候、全方位服务。对规模以上的配套企业全部实行直通车制度，形成了专为一汽服务的“绿色通道”。三是积极落实配套服务政策。对一汽新上项目，汽车区优先供地。汽车区的建设改造工程，优先安排一汽所属企业承建、参建。绿化、环卫、保洁等市政管理业务，优先委托一汽分离的单位和实体承揽。现在一汽动能公司、通讯公司、九院等都与汽车区开展了具体的业务合作，有力地推动了一汽下属实体的市场化进程。四是抓好一汽厂区的建设和管理。完成了一汽12个物业小区的设施改造，启动了13、14B街区的棚户区改造开发，翻建了革新路、支农大街、红领巾路等6条街路，优化了一汽外部发展环境，增强了政企共建的发展合力。

【社区建设】　汽车区坚持开发一方，造福一方，认真实施利民工程，努力营造和谐稳定的社会局面。一是切实加强社区建设。组织实施了街路方砖彩化、小区环境美化等项社区改造工程，开展各类主题活动30多次，进一步提高了社区服务的层次和质量。二是努力构建教育强区。积极筹措资金，加强对中小学教育设施的维护改造，改善了办学条件。深化教育教学体制改革，教育环境和教学质量明显改善，2006年区内学校中高考成绩创历年最高水平。三是进一步加强城市综合整治。扎实开展了“创城”工作，集中整治了建成区的市容环境，强化了日常管理和综合执法检查，打造了8条示范街路和3个重点区域，为建设和谐开发区创造了有利的外部条件。

【农村工作】　认真落实社会主义新农村的建设任务，大力发展农村经济，汽车区为每个被征地的行政村提供5万平方米土地，鼓励发展集体经济组织。全年共支持各村新建、扩建10户企业，帮助农民成立10个农业专业协会。组建了农村工作服务总站，共组织农民职业技能培训600人次，有效地提高了失地农民的再就业能力。拓宽农民就业渠道，开发区部分基建工程和劳务用工优先安排村民，并规定入区企业每购地1万平方米，至少要安置5名农民就业，保证农民失地不失业，解决后顾之忧。根据征地拆迁工作需要，汽车区科学制定订地拆迁补偿方案，认真落实补偿政策。围绕农村经济发展、土地管理、建设拆迁等内容，邀请专家、学者对村社两级干部、党员代表、农民代表进行集中培训，使之了解开发区发展情况及相关政策，自觉支持和配合开发建设。通过超前排查、提早介入，积极化解、妥善处理信访案件。全年共完成拆迁任务300多万平方米，动迁工企60余户，居民4 400多户，接待群众信访及咨询8 300人次，出具信访答复意见65件，保证了开发建设的顺利实施。

【体制改革】　整合行政资源，建立完善了汽车区管理体制。根据省市政府区划工作部署，顺利完成了朝阳区、绿园区和公主岭市划转区域的交接工作，理顺了管理关系。完成了工商、税务以及检察院、法院等驻区机构的组建，完善了支撑服务体系。在此基础上，融合政企管理特色，建立了行之有效的管理体制和运行机制。一是全面整合行政资源，组建了开发区管委会。按照“小政府、大社会”、“小机构、大服务”的原则，确定了各部门的职能分工，建立了政府职能、企业化管理、市场化运作的管理体制。二是采取全员聘用的形式，进行了中层干部的竞聘上岗和一般工作人员的双向选择。引进一汽管理模式，建立了动态的人事劳动管理体制。三是进一步强化激励竞争机制。在机关内部推行全员目标责任考评制度，工作业绩与工资奖金挂钩，建立了绩效工资体制。积极进行社保等配套制度改革，初步构建了内部管理企业化、外部管理社会化的运行机制。四是健全服务机制。建立了项目联合审批、窗口集中办理制度。压缩了12个审批环节，缩短审批时限18个工作日，行政审批收费由原来的8项减少到5项，有效地提高了开发区的管理效率。

（牛　平）

长江路经济开发区

【概述】　2006年，是长江路经济开发区(以下简称长江路开发区)基本完成新“起步区”建设发展任务，即将全面步入“二次扩容区”创业的转折之年。一年来，长江路开发区管委会按照“提升起步区，谋划扩容区”两条线运行的工作思路，抢抓机遇，克难攻坚，不断加大工作力度，在保持“起步区”经济稳步增长，超额完成年初确定的各项工作目标任务的同时，全面谋划了“二次扩容”的各项工作，理顺了扩容后的经济管理体制，为“扩容区”起好步、快发展、大发展奠定了坚实的基础。

【经济运行】 2006年，长江路开发区被市委、市政府确定为全市重点工作目标责任制单位，并与市政府签订了《重点工作目标责任制责任状》，“责任状”中的主要经济指标比2005年实际完成情况都有较大的增幅。面对艰巨的工作任务和日益加剧的市场竞争以及“二次扩容”区域没有进入实质性操作阶段的实际情况，长江路开发区狠抓措施落实，有效化解了发展中的各种困难，确保了重点工作目标责任完成。全年实现科工贸总收入170亿元，按可比口径计算，比2005年增长25%；实现地区生产总值42亿元，比2005年增长26%；实现一般预算全口径财政收入6.2亿元，比2005年增长79.1%，超出全年重点工作目标责任2倍以上。

【重点建设项目】 2006年，长江路开发区有凯旋路客运站、东北亚物流二期工程、中韩友谊大厦和长春金座购物广场4个重点建设项目，经过建设单位和各方面的不懈努力，4个重点建设项目全部按期完成了形象进度，使全社会固定资产总投资达到5.1亿元，比2005年增长48%。其中，凯旋路客运站项目将建成吉林省最大的公路客运站，是吉林省和长春市确定的重点工程之一。该项目位于长春市铁北2路，占地面积5.2万平方米，建筑面积1.5万平方米，由长春市交通局投资建设，总投资1.6亿元。东北亚物流二期工程项目，将建成吉林省最大的水产品批发零售市场，是长春市确定的重点工程之一。该项目位于长春市长利路59号，占地面积5.3万平方米，建筑面积5.1万平方米，由东北亚物流有限责任公司投资建设，总投资1.25亿元。中韩友谊大厦项目，紧邻长春火车站，将建成站前最大的商务办公用房，该项目占地面积6 000平方米，建筑面积2.7万平方米，由吉林省华新旅游经贸公司和吉林省第一建设集团公司合资建设，总投资1.5亿元。长春金座购物广场项目，将建成长春市乃至吉林省最大的室内森林花园式购物广场，是长春市重点建设项目之一，该项目位于长春市人民大街697号，占地面积8 700平方米，建筑面积15万平方米，高156米，35层，是长春市标志性建筑物之一，由辽宁省第四建筑有限公司投资，计划总投资6亿元，到2006年末，完成投资4.3亿元。

【招商引资】 2006年，长江路开发区按照“突出产业特色，注重引资质量，挖掘税源项目，谋求快速发展”的招商引资工作思路，采取“走上门，请进门，以商招商，中介招商和参加省、市组团招商”等方式，不断加大招商引资工作力度，先后引进各类企业108户，实际到位引资金额5.1亿元，比2005年增长89%。2005年针对区域发展空间不足和区域内楼宇集中、商务办公用房较多的实际情况，大力发展了总部经济。2006年，继续把总部经济发展作为招商引资工作的重点，与区内企业紧密携手，共同努力，又引进各类企业总部39户，注册资金5亿元，长春长铃汽油机有限公司、长春正大置业有限公司、长春创富集团股份公司、吉林省成功创业投资股份有限责任公司等一批省代理、总经销及企业总部入驻开发区，为开发区经济发展增添了新的活力。

【步行街管理】 2006年，长江路开发区继续以打造“精品式”起步区为目标，投资6万元对长江路步行街路面、墙皮、顶棚进行了修缮和维护，使步行街硬件设施得到了很大的提升。长江路步行街区综合管理办公室进一步加强了对步行街治安巡逻、卫生保洁和城市管理三支队伍的管理，健全了岗位职责，完善了考核制度，落实了目标责任，统一了工作服装，在规范化、标准化、制度化建设方面上了新的台阶，营造了和谐、安全、清洁、有序的市场环境。在认真总结过去长江路步行街季节性展会的基础上，结合2006年长春市冬季比较温暖，首次创办了冬季会展。从3月30日起至12月31日，连续9个月在长江路步行街举办了14个各种展会，销售额达2亿多元，观光购物人数达200多万人次。其中，中国(长春)第七届电脑博览会、春节服装展销会、首届家用小电器商品推介会和第二届(中秋)商品展销会起到了吸引商流、物流、人流和资金流及活跃市场的作用，进一步提高了长江路开发区的影响力和知名度。

【二次扩区】 继2005年10月18日,吉林省人民政府(以下简称省政府)批准长江路开发区扩大区划后,2006年4月3日,省政府第二次批准长江路开发区扩大区域面积(吉政函[2006]47号),扩大区域的四至范围是:东起伊通河西岸,西至青年路,北起兰家镇与农安县交界线,南至小城子电灌站水坝一线,面积为36平方公里,其中新扩区起步区面积5平方公里。通过二次扩区,长江路开发区区域面积共计为45.2平方公里。二次扩大区划后,发展空间更加广阔,不再受天然性空间不足的瓶颈制约,可以在更大的经济舞台上放大资源优势,释放经济潜能。并于2006年7月9日,长江路开发区正式通过了国家发展和改革委员会、国家国土资源部设立审核备案,达到了审核要求,取得了国家认定的省级开发区资质。

【机构编制】 长江路开发区二次扩大区划后,为了满足扩区及经济社会发展需要,长春市机构编制委员会2006年7月13日研究决定,为长江路开发区管委会增加15名编制,长江路开发区管委会机关工作人员编制增为30名,内部机构数量为7个。长江路开发区管委会重新调整了内部机构,将原管委会开发处改为管委会招商一局;原管委会管理处改为管委会经济发展局;原管委会综合处改为管委会办公室;原开发区财税局改为开发区财政局,并增加了管委会招商二局、管委会规划建设局和管委会重点项目办公室。此外,长春市机构编制委员会以(长编[2006]56号)文件,批准设立长春市国土资源局长江路经济开发区分局,核定人员编制4名、领导干部职数1名(处级),作为长春市国土资源局的派出机构,落实相应管理职能。

【管理体制】 长江路开发区经过2005年10月18日和2006年4月3日二次扩大区划,不仅扩展了发展空间,同时在管理职能上也发生了很大的变化。2006年10月16日,宽城区委、宽城区政府和长江路开发区管委会联合下发了《关于理顺长春长江路经济开发区管理体制,促进加快发展的实施意见》(长宽发[2006]55号)文件。文件中规定:长江路开发区要在区委、区政府的领导下,集中精力抓好经济建设和经济的加快发展,长江路开发区内的社会管理职能仍由宽城区区直有关部门承担。按照这个原则,长江路开发区对扩进的宽城区的站前、新发、南广、东广、群英5个街道实行“代管”管理体制。长江路开发区管委会的主要任务是做到“四个主抓”和“2个协管”。“四个主抓”是:(1)主抓招商引资工作。由长江路开发区管委会研究确定五个街道年度招商引资计划(包括年度引进内外资额度、项目数量),加大对五个街道招商引资工作的协调、指导和考核力度,确保各项工作措施落到实处。(2)主抓政策兑现工作。由长江路开发区管委会统筹考虑五个街道财政政策落实问题,指导办事处用足、用活、用好省、市赋予长江路开发区的各项优惠政策,及时解决政策兑现过程中遇到的问题。(3)主抓统计工作。由长江路开发区管委会统一研究确定对五个街道的经济指标考核体系,建立健全统计工作网络。(4)主抓舆论宣传工作。由长江路开发区管委会对五街道的对外宣传工作进行统一安排、调度和落实。“两个协管”是:(1)协助宽城区抓好基础设施建设工作。五个街道范围内的基础设施建设由区政府统一安排实施,长江路开发区管委会积极配合,切实做好报件、统计等相应的服务工作。(2)五个街道办事处的干部仍由区委管理,长江路开发区党工委参与考核。

在区划上文件规定,由长江路开发区代管宽城区的兰家镇,并将宽城区奋进乡的小城子村、邱家村、蔡家村、马家村划归兰家镇代管。文件规定,规划在兰家镇和奋进乡的兰家工业园和东北亚物流园,由长江路开发区直接管理,实现责、权、利统一,直接对区委、区政府负责。

管理体制理顺后,长江路开发区管理区域包括宽城区的站前、新发、南广、东广、群英5个街道,兰家工业园、东北亚物流园2个园区,兰家镇和奋进乡4个村,新组建1户国有独资企业。

【软环境建设】 2006年,长江路开发区面对政策效力逐步弱化、外部竞争起点逐步趋同、区域间市场竞争不断加剧的新形势,从创造一流经济发展软环境入手,把提高整体服务水平作为抢占区域经济发展战略制高点的一项重要任务来抓。本着巩固成果、完善职能、提高质量、创造最佳软环境的思路,在不断健全政策扶持体系的同时，以深入贯彻落实《行政许可法》为契机，以打造快捷、高效的服务环境为重点，以提高工作效率和服务水平为中心，不断创新软环境建设方式，提高软环境建设水平。2006年末，长江路开发区经济发展软环境建设领导小组办公室印发了400份“软环境建设民主测评票”，通过驻区各级党代表、人大代表、政协委员、各类商会、行会组织成员、驻区大企业负责人以及个体私营企业业户，对管委会机关各部门和驻区工商、国税、地税、公安等支撑机构的软环境建设工作进行了民主测评，共收回测评票389份，统计结果是：群众满意率平均为92.4分，比2005年提高了1.2个百分点，

（刘显忠）

对外经济贸易

对外经济贸易

综　述

【概况】 2006年，长春市紧紧把握振兴东北老工业基地的重大机遇，认真落实科学发展观，通过抓好投资促进，扩大出口规模，加大“走出去”步伐，招商引资和对外经济贸易工作取得了明显实效，为全市经济又好又快地发展做出了积极贡献。全年实际利用外资14.07亿美元，同比增长20.2%；实际利用内资253.8亿元，同比增长23.8%；外贸进出口实现52.2亿美元，同比增长15%；对外工程承包和劳务合作完成营业额1.87亿美元，外派劳务1.42万人次。

【招商引资】 抓好投资促进工作，招商引资实现了新突破。一是精心组织筹划好大型投资洽谈活动。2006年长春市先后在英国、意大利、法国、美国、日本，台湾以及“长三角”和“珠三角”等重点国家和地区，共举办了19次境内外大型投资洽谈活动，达成合作意向128个。共接待日本、韩国、法国、加拿大等国家及南京市、昆明市、上海市、苏州市、大连市等城市的国内外来访团组129个，达成意向投资协议236个。第二届东北亚博览会上，长春市共签约投资项目36个，投资总额227.13亿元。另外还突出“走出去”和“请进来”相结合。在大型主题招商、专业对口招商的基础上，委托招商、中介招商和小分队叩门招商也取得了丰硕成果。商务局于8月份派10个小分队分赴“长三角”、“珠三角”地区的南京市、苏州市、深圳市等10个城市开展了第二次合作交流活动。共接触政府部门40余个，吸引30多个部门组织企业带团来长考察洽谈项目；接触企业200多户，吸引来长考察洽谈企业150余家。通过小分队招商，很好地宣传了长春市的投资环境，许多上亿元的大项目达成了初步合作意向，对长春市招商引资工作将起到积极的促进作用。二是全程跟踪落实大项目。对重点项目按国际惯例进行了包装，着力引导外资投向长春市主导产业和重点行业。共包装汽车、农产品加工、光电信息、生物医药等各类投资合作项目进行重点推介。重点抓好招商引资大项目储备及跟踪调度工作。对超千万美元的重点外资大项目和内资超亿元大项目都进行了重点跟踪落实。全年新批总投资1 000万美元以上的外资大项目32个；投资规模超过8 000万元以上的内资大项目130个，世界500强企业壳牌能源控股有限公司、美国AB公司、美国通用公司和英国翠峰集团落户长春市，使世界500强企业在长投资企业已达44户。三是创造了良好的经济发展软环境。全力打造“长春招商网”，在网上推介引资项目，通过网上洽谈，与200余户境内外企业签订了意向性合作协议。本着“急事急办、特事特办”的原则，推出了《招商引资绿色通道实施方案》，尽可能地简化手续，缩短审批时限，极大方便了外商在长投资。面向社会征集招商引资项目380个，从中筛选出100个，用中、日、韩、英四种文字装印成册。为了使投资者能够对长春投资环境有一个全面的了解，市商务局梳理了现行的鼓励外商投资优惠政策，也用中、日、韩、英四种文字编制成《长春市招商引资优惠政策汇编》，提高了法规、规章、规范性文件的透明度。积极帮助在长投资企业解决生产经营中遇到的困难和问题，及时为企业排忧解难，创造良好的企业经营环境，努力创造“招商、安商、扶商、富商”的良好环境，争取外商充分利用原有的存量资源，增资扩股，扩大生产规模，实现利用外资的裂变式发展。对外商投诉案件依法及时办结，加大了对涉软案件的查处力度。起草制定的《长春市招商引资中介奖励办法》、《长春市招商引资指标考核办法》等一系列规范性文件调动社会各界参与招商引资的积极性。

对外贸易

【出口产品结构优化】 一是全

面规划调研，积极推动外贸出口工作上新台阶。为了谋求长春市对外贸易更大发展，市政府专设了“积极调整出口商品结构，加快发展外贸经济”的调研课题，围绕长春市出口现状、存在问题及下步扩大发展的方向积极开展了研究。在比较借鉴的基础上重新制定了外贸“十一五”规划。从全市的高度，立足产业发展，规划建设有关出口载体，进一步强化出口的政策措施和必要手段，推动全市上下达成共识，形成大力推动出口的良好工作氛围。二是着力提升工业产品出口规模，使商品出口结构得到进一步优化。加大了重点企业和骨干产品的扶持力度，保持主要商品出口持续增长。全年汽车及汽车零部件、玉米转化产品等工业制成品占出口产品的72%，比2005年提高21个百分点。三是加大了出口基地的建设力度，促进县域外向型经济发展。积极组织县(市)、区利用各自优势，努力开拓国际市场。朝阳区工业园、绿园区汽车零部件出口基地、榆树市生态农业产业开发区、农安县高榕蔬菜基地以及德惠市精米、九台市绿宝酱菜、双阳区鹿产品精深加工等外贸出口基地建设获得进一步发展。四是加大了国际市场开拓力度，不断拓展对新兴市场出口业务。华交会实现总成交额1 687万美元。成功组织了“2006年吉林省(新西伯利亚)经贸推介会”，白俄罗斯、法国“长春商务日”活动，“香港2006年汽车零部件展览会”等经贸活动。目前，长春市的汽车、电子产品以及榆树市、农安县、德惠市、九台市等地的蔬菜、肉类等农产品已出口至俄罗斯、朝鲜等国家。一汽、大成集团、一东离合器、华通制药、新合木业、皓月等企业对俄及其周边国家出口量明显提高，全年完成进出口5 000多万美元。先后接待俄罗斯、韩国、法国等18个境外经贸团组，270余人次来长洽谈贸易，邀请近千名外商参加第二届东北亚博览会。五是大型展洽会取得了丰硕成果。积极借助广交会、华交会、高交会、科博会等国际性经贸平台开拓国际市场，全年通过展会实现出口商品成交额3.9亿美元。第九十九届广交会成交额实现1.72亿美元，第一百届广交会成交额实现1.91亿美元。

对外经济技术合作

【稳步实施“走出去”战略】

2006年，长春市在“引进来”的同时，稳步实施了“走出去”战略，通过强化基础，规范管理，对外经济技术合作取得了新进展。积极推动有实力的企业赴境外投资，加快开拓国际市场的发展步伐。长春阳光供热有限公司等5户企业在南非、韩国、坦桑尼亚、马达加斯加投资设立企业，涉及房地产开发、建筑施工、机械制造、汽车零部件等行业，中方投资1 173万美元，企业“走出去”步伐明显加快。在农安县高家店镇、德惠市万宝镇、绿园区城西镇等外派劳务基地的基础上，批准成立了长春诚成制衣纺织服装劳务输出培训基地和德惠市米沙子镇外派劳务基地。为进一步整顿和规范劳务市场，联合下发了《关于加强对外派劳务、境外就业中介机构管理的通知》，召开了长春市外派劳务基地工作会议，重点开展了打击外经合作领域商业欺诈专项活动，进一步强化了外派劳务市场的工作秩序和管理水平。

(崔鸿翔)

附表1　**2006年长春市出口商品主要出口国家统计表**　单位:万美元

出口国家	出口金额	同比%	主要出口商品
日　本	18 872	-6.73%	玉米1 417，精米453，鸡肉及熟制品2 964，淀粉残渣594
韩　国	18 223	-49.75%	玉米8 679，糙米1 319，鸡肉及熟制品506，玉米糠363
美　国	10 808	44.47%	赖氨酸702，轮胎1 701，木制品243
马来西亚	4 938	-7.88%	玉米4 180，赖氨酸153
荷　兰	4 675	41.21%	动植物油脂270，淀粉残渣539，赖氨酸2157
英　国	3 455	66.18%	赖氨酸326，轮胎盘67，胶合板357
德　国	3 375	37.68%	机动车零件842，胶合板182

附表 2　　2006 年长春市出口额超 1 000 万美元品种统计表　　单位:万美元

出口品种	出口金额	主要出口国家
玉　米	14 905	日本 1 417,韩国 8 679,马来西亚 4 180
赖氨酸	8 566	比利时 462,荷兰 2 157,波兰 876,美国 702
控制仪器	3 592	日本 2 677,芬兰 497,俄罗斯 190
鸡肉及熟制品	3 510	日本 2 964,韩国 506
轮胎(小客车)	3 445	美国 1 208,英国 461,荷兰 388,阿尔及利亚 213
汽油货车	2 790	叙利亚 2 055,美国 27,阿尔及利亚 136
客车、货车轮胎	2 390	阿联酋 620,墨西哥 323,美国 493
胶合板	2 374	西班牙 759,英国 357,荷兰 248,比利时 240
套头衫	1 555	日本 431,南非 203,巴西 215,智利 212
柴油货车	1 532	俄罗斯 580,乌克兰 330,哈萨克斯坦 221
糙　米	1 471	韩国 1 319,日本 152
自卸车	1 408	南非 385,俄罗斯 215
有接头电缆	1 325	韩国 1 322
淀粉残渣	1 182	日本 594,荷兰 539
汽油小轿车	1 003	叙利亚 216,阿尔及利亚 623

长春海关

【概况】 长春海关为正(厅)局级建制,辖吉林省内珲春、延吉、图们、吉林、集安、临江、长白、长春经济技术开发区 8 个正处级隶属海关和延吉、珲春、图们、长白、集安 5 个正处级缉私分局。其中,珲春海关所辖的长岭子是吉林省唯一的对俄口岸,其他边境海关下辖各口岸均为对朝口岸。长春海关机关现有内设机构 17 个,并分别在长春龙嘉国际机场、一汽场站和邮局设有现场办事机构。全关区现有人员 832 人,其中缉私局民警 128 人。2006 年,在总署党组的领导和吉林省委、省政府的指导下,长春海关紧密围绕党的十六届五中、六中全会精神,全面贯彻落实年初全国海关关长会议的各项部署和要求,确定了“一统五强”的工作要点,即:以科学发展观统领全局,强化综合治税格局,以税收为轴心,全面完成各项业务工作;强化科学治关理念,依法治关,从严治关,科技强关,全面加强和谐海关建设;强化把关服务职能,服务经济建设发展大局,支持振兴东北老工业基地;强化改革整合创新意识,合理调整工作布局和人力资源,抓基层,强基础,加强一线基层基础建设;强化队伍建设,廉洁从政,文明高效,提升准军事化纪律部队建设水平,较好地完成了全年各项工作任务。2006 年关区税收实际入库 72.41 亿元,同比增长 39.9%,其中,征收关税 25.57 亿元、进口环节税 46.84 亿元。税收实际入库全国排名由 2005 年的第 15 位提升至第 14 位。全年关区审核接受进出口报关单 6.23 万张,同比增长 15.8%。全年关区共监管进出口货物 256.6 万吨,同比增长 15.1%,监管进出境货物总值 40.09 亿美元,同比增长 20.9%。全年关区监管出入境人员 95.52 万人,同比增长 6.2%。监管进出口运输工具 18.19 万辆(节、架)次,同比增长 4%。监管邮递物品 9.75 万件,同比下降 4%。监管印刷品、音像制品 49.06 万件,同比增长 12.9%。全年关区缉私部门共立涉嫌走私犯罪案件 30 起,同比增长 100%,案值 959.2 万元,涉嫌偷逃税额 387.66 万元。抓获走私犯罪嫌疑人 20 人,经检察机关审查并批准逮捕 15 人。向检察机关移送审查起诉 11 件 16 人。立案调查行政违法违规案件 77 起,同比下降 23.76%,案值 2.25 亿元。调查结案行政违法违规案件 54 起,同比下降 34.94%,案值 2 438.31万元。罚没收入实际入库 307.4 万元,同比下降 44.91%。

【支持地方经济发展】 全面把握国家经济社会发展大局,积极支持和促进地方经济发展始终是长春海关工作的重要内容。年初，长春海关继2004年和2005年先后两个支持东北老工业基地振兴的“十项措施”后，又出台了第三个“十项措施”。为使支持措施更具针对性，关党组成员分别带队到相关直属海关、省内有关地区、部门和重点行业、企业进行了深入的前期调研。关党组提出要以科学发展观为指导，在思想上认清“为谁发展、靠谁发展、怎样发展”的问题，进一步带动了关区上下服务理念的更新。长春海关除继续推出进一步提高通关效率的服务举措外，还针对边境贸易、中俄国家年活动、东北亚博览会、亚冬会以及省内重点建设项目、骨干企业涉及的进出口具体问题，分别提出了具体解决办法。“十项措施”出台后，通过媒体进行了广泛宣传，使广大企业能够及时了解情况，用好用足支持措施。2006年，长春海关重点加大了对省内重大项目建设、骨干企业发展和会展活动进行支持和服务的力度。在国家政策允许的范围内，积极主动地为企业排忧解难。在锦湖轮胎项目设备进口过程中，关党组成员多次参加省政府的项目建设协调会，一把手和分管副关长分别陪同省政府领导两次赴京向海关总署汇报工作，及时解决了引进设备的凭保放行问题。对长春轻轨、晨鸣纸业等省内重点骨干企业在进口设备和零部件过程中遇到的问题，也及时予以协调解决。对省政府高度重视的中俄国家年活动，长春海关积极协调省、市口岸办及南航、国航公司开发中转航线，先后开通了长春至海参崴、长春至伊尔库茨克的国际航线，为进一步推动吉林省对俄经贸交流创造了有利条件。在第二届东北亚博览会期间，长春海关制订了专门通关服务指南，为进境展品单独开辟了绿色通道，极大地便利了参展商品通关。长春海关积极服务地方经济的做法得到了省委、省政府的高度评价。2006年，长春海关先后被吉林省政府评为年度“招商引资优秀服务单位”和“对俄经贸工作突出贡献单位”。长春海关还采取积极措施重点支持吉林省汽车产业发展。2006年以来，长春海关重在采取措施支持汽车配套企业发展。一是扩大“提前申报”服务范围，允许部分到货具有周期性、生产周期短、配送需求急的汽车零部件配送企业，不限规模大小，采用“提前申报”模式通关。二是引入“绿色通道”理念，为从事汽车零配件加工贸易业务的企业提供特色服务，将“手册管理”变为“企业管理”。三是充分发挥风险管理平台的作用，在备案、结转、中期核查、内销补税、核销结案等环节，为企业提供“绿色通道”服务。四是加强报关质量管理，将日常差错记录反馈给报关员及相关企业，及时梳理解决了通关监管中出现的问题。五是确定一汽——大众汽车有限公司为长春关区本年度新增的“红名单”企业，享受相应通关便利优惠措施。

【构建反走私立体防线】 2006年，中朝边境走私形势继续保持平稳态势。长春海关广泛进行调研，加强风险分析和后续稽查，综合治理效能进一步增强。针对毒品走私有所抬头的情况，长春关区缉私部门适时转变工作重心，大力加强情报工作，在打击毒品走私上取得了新突破。2006年，全关区立案侦办毒品走私案件25起，占全年走私刑事案件立案总数的83.33%。长春海关全面落实总署关于做好稽查工作的要求，积极开展专项稽查、常规稽查和验证式稽查。年内共稽查企业21家，追补税款81万余元，追缴滞纳金13万元，发现涉嫌违规案件并移交缉私部门1起。长春海关牢固树立“大风险”管理意识，按照总署关于风险管理“由虚变实”的目标要求，全面完成了2.1版风险管理平台系统的推广应用和人员培训，有效提升了风险管理应用水平。全年关区各单位利用风险管理平台查实非案补税36起，补税金额2 518.3万元。

【准军事化部队建设】 按照海关总署关于建设海关准军事化纪律部队的部署和要求，长春海关严格规范内务管理，准军事化建设取得阶段性成果。2006年，长春海关以迎接总署内务规范检查为契机，全面推动准军事化建设工作。一是全面动员，积极部署，先后召开了关区动员会议和关区电视电话会议，使全体干部职工进一步明确了准军事化海关纪律部队建设“外树形象”阶段的目标任务和工作要求。二是制定了《长春海关准军事化纪律部队建设领导责任制实施办法》、《迎接总署内务规范检查评比工作方案》和《长春海关办公环境布置与物品摆放规则》，明确了准军事化建设各项工作任务的方法步骤和制度要求。三是统筹兼顾业务工作，全面组织准军事科目训练。在保证业务工作正常开展的前提下，关区各级干部职工步调一致，邀请部队教官，加班加点组织队列操练。通过开展内务规范评比、应知应会海关知识考试和队列会操演练等一系列有力措施，长春海关顺利通过了海关总署组织的内务规范检查。通过准军事化纪律部队建设"外树形象"阶段的各项工作，长春关区上下精神面貌焕然一新，同志们的责任心和荣誉感显著提高。

【巡视工作】 2006年4月，海关总署第二巡视组对长春海关进行了巡视。为保证巡视工作深入到位，长春海关党组全力配合巡视组工作，并要求干部职工如实向巡视组反映情况。对于巡视工作中反映出来的问题和意见，长春海关先后召开了4次党组会议、1次关务会进行传达研究，制订整改方案，落实整改措施。关党组高度重视整改工作，党组成员分别深入基层检查指导整改工作。关长李录带队，用了近1个月的时间对关区8个隶属海关存在问题进行了深入调研，对整改工作进行了督促指导。其他党组成员也分别到分管基层单位和部门进行了深入细致的调查研究，有针对性地分析解决具体问题。通过扎实有效的工作，各项整改措施得到了全面落实，进一步提高了长春海关的整体管理水平，为建设美好和谐的工作环境创造了有利条件。巡视结束后，总署第二巡视组对巡视工作情况进行了全面反馈，给予长春海关以"风正、气顺、人和、业兴"的高度评价。

（胡天骄）

长春海关2006年主要业务情况表

项　目	单　位	全年累计	同比增长%
税收实际入库	亿元	72.41	39.9%
关　税	亿元	25.57	25.65
进口环节税	亿元	46.84	49.12
进出口报关单	张	62 292	15.8
进口报关单	张	35 082	30.9
出口报关单	张	27 210	0.7
进出口货运量	万吨	256.6	15.1
进口货运量	万吨	190.8	14.7
出口货运量	万吨	65.8	16.2
进出口货值	亿美元	40.09	20.9
进口货值	亿美元	32.44	24.6
出口货值	亿美元	7.65	7.4
进出境运输工具	辆节架	181 894	4.0
进出境集装箱	箱次	80 641	26.2
转关货物	万吨	2.2	64.9
实有加工贸易生产企业（电子账册）	个	14	40.0
实有加工贸易生产企业（纸制账册）	个	355	13.1
备案加工合同数（纸质手册）	份	1 449	5.2
备案加工合同金额（纸质手册）	万美元	56 981.7	26.8
结案合同	份	472	-2.3
保税仓库注册实有	个	5	-37.5
保税仓库入库货物	吨	11 183	1.6
保税仓库入库货值	万美元	1 175.98	-64.3
进出境人员	人次	955180	6.2
进出境邮递物品	件	97 519	-4.0

续表

项　目	单　位	全年累计	同比增长%
进出境印刷品及音像制品	件	490 633	12.9
立案涉嫌走私犯罪刑事案件数	起	30	100.0
立案涉嫌走私犯罪刑事案件总值	万元	959.2	-70.58
抓获犯罪嫌疑人	人	20	-41.18
立案走私违规及其他违法行政案件数	起	77	-23.76
立案走私违规及其他违法行政案件总值	万元	22 957.48	645.54
罚没收入实际入库	万元	307.4	-44.91

农 业

农 业

综 述

2006年,全市认真贯彻中央和省委"两个一号文件"精神,以科学发展观为统领,大力加强社会主义新农村建设,现代农业取得明显进步,农业结构调整向纵深推进,农业产业化、农村工业化和农民非农化进程不断加快,农业综合生产能力进一步增强,农业获得大丰收,农民实现大增收,农业和农村经济实现了又好又快发展,成为长春市经济社会发展的亮点。全市实现农村牧渔业总产值289亿元,同比增长5.9%其中,种植业产值142.2亿元,增长8.7%,占总产值比重达49.2%;农民人均收入达到4 480元,同比增长7.2%。

农业生产稳步发展 通过推广先进种植技术、落实技术补贴政策、改善农业生产条件等一系列增产措施,粮食生产获得大丰收,粮食总产量达到813.7万吨,为历史上第二个高产年。园艺特产业向基地化、品系化方向发展,全市经市政府命名的“园艺特产之乡”达到20个,十大园艺特产基地发展到8.2万公顷,比2005年增加2.2万公顷。

农产品加工业发展迅猛 全市上下认真落实重点工作目标责任制,抢抓机遇,乘势快上,不断加快项目建设步伐,农产品加工业呈现迅猛发展态势。实现产值440亿元,其中规模以上农产品加工业企业实现产值294亿元,同比分别增长22.2%和22.3%,分别占全市工业总产值和规模以上工业产值比重的13.3%和14.3%。新建、续建、扩建投资3 000万元以上的农产品加工重点项目42个,累计完成投资50亿元,同比增长13.1%。带动全市近50万农户,转移农村劳动力24万人,增加农民收入17亿元。大成、皓月、金锣等重点龙头企业运行良好,加工能力和带动能力进一步增强。大成公司发展成为世界第三玉米加工企业,赖氨酸产量居全球之首。

农产品流通渠道不断拓宽 全市各类农产品批发市场发展到127个,榆树市弓棚子生猪、九台市波泥河花卉苗木、双阳区鹿产品等十大产地批发市场设施装备进一步改善,经营规模进一步扩大。农村新型合作经济组织发展到806个,会员15.2万人,有28个农民专业合作经济组织被确定为省级试点单位,争取到国家和省专项扶持资金67万元,各类新型合作经济组织逐步挑起农村市场流通的大梁。“长农网”体系建设进一步完善,以“长农网”为中心,县(市)区普遍建立了农业信息服务站,乡镇全部实施了乡乡上网工程,网络终端发展到2 500多个,网络信息服务平台的作用得到充分发挥。农产品营销手段进一步创新,利用会展业平台,搭建了长春市农业对外交流与合作的平台,成功举办了第六届长春农博会,加快了长春市农业走向世界的步伐。在第三届中国会展业高峰论坛上,长春农

粮食获得大丰收

博会被评为2006年度中国十大最具影响力的专业品牌展会。农产品品牌培育工作不断加强，全市省以上名牌农产品已达484个，有上百种绿色优质特色农产品打入全国大中城市和国际市场。

农业标准化工作加快推进　全市已认定无公害农产品基地60个，面积4.3万公顷，认证产品286个；认定绿色食品生产基地40个，面积7.3万公顷；有效使用绿色食品标识的企业42家，认证产品126种。全市无公害和绿色农产品监控面积达到11.7万公顷。长春农产品质量安全检测中心已承担起对全市蔬菜等农产品的质量检测功能，各县（市）区相继建成了质检站，一些大型龙头企业、批发市场、超市、农贸市场和生产基地也陆续建立了农产品质量速测室，市、县、区企业（或市场）三级质检体系基本形成，有效地控制了基地和上市农产品的质量安全。加强了农产品标准化生产的指导和监督，使从事无公害农产品生产的企业和农户逐步做到"按标生产"、"凭标流通"。经国家和省例行检测，长春市蔬菜质量合格率达92%以上，位于全国大中城市中上水平。

劳务输出呈现良好态势　各县（市）区强化了对劳务输出工作的组织领导，加强了培训、信息和维权等各项服务工作。2006年全市转移输出农村劳动力可达95.5万人次，占农村劳动力总数的47.5%，其中向省外、国外分别输出38.5万人和1.8万人。全年可实现劳务收入32亿元，农民工资性收入在农民人均收入中的比重超过28%。劳务输出工作呈现如下几个特点：组织化程度明显提高。全市有组织输出农村劳动力达到40万人次，占总输出人数的42%；技能型输出人数增加。全市职业技能型输出的人数达到24.6万人次，比2005年同期增加2万多人次；半年以上中长期输出人数大幅提升，达到了55万人次，占58%，比2005年同期增长了近3.5个百分点。

农村改革逐步深化　乡镇机构、县乡财政管理体制和农村义务教育管理体制三项改革继续深化，强化检查指导，及时纠正和解决改革过程中出现的问题，保证了改革的稳步推进和全面开展。组织开展农民负担检查工作，对查出的问题进行了认真整改，对加重农民负担的典型案件进行了立案查处。市委、市政府出台了将畜禽防疫费纳入公共财政的政策，全市正式取消向农户收取农村畜禽防疫费，每年可减轻农民负担1 439万元。加强对土地流转工作的指导，全市发生流转的土地面积70 345公顷，占耕地总面积的6.5%。通过各种形式流转出土地的农户7.5万户，占农户总数的7%。积极开展土地承包纠纷仲裁试点工作。各项惠农政策全面贯彻落实，对农民种粮直接补贴58 356万元，综合直补23 083万元，良种补贴5 214万元，农机补贴420万元，农业三项重大技术补贴916万元，各项补贴合计87 989万元，人均216元、户均807元。

农业行政执法工作得到强化　全年共检查种子市场211个，经营企业和营销业户1 042家，检查肥料企业538个，整顿肥料市场80个。发生执法案件总计86件，罚没金额20万元，其中，查处种子案件45起，罚没金额14万元；查处农药案件41起，罚没金额6万元。通过开展农资打假活动，给农民挽回经济损失近千万元，切实净化了农村市场和保护了农民合法权益。

农业基础设施不断完善　在水利工程建设上，累计投资2 000多万元，完成了净月潭水库和饮马河堤防加固建设工程，启动了新凯河涝区涵洞建设工程、吉林省中部城市引松供水建设工程，实施了伊通河城区段防洪建设工程。在林业生态建设上，全市投入造林资金8 300万元，完成营造林总面积7 801公顷，绿化乡村公路151.5公里，完成江河堤防绿化97.5公里，绿化村屯107个。在乡村公路建设上，提前两年完成"村村通"工程。

新农村建设实现良好开局　2006年，全市确定省、市、县三级新农村建设试点单位41个，其中，试点镇10个、试点村31个。通过各级努力，试点工作取得了阶段性成果。建立了上下贯通的组织指挥体系；各级试点镇村总体规划、产业发展规划、村镇建设规划、社会事业发展规划等基本制订完成，经济、社会事业全面发展，涌现出了榆树市十三号村、农安县东白鸽村、德惠市天台村、九台市新立村、双阳区卧龙村等一批新农村建设典型。制定了《中共长春市委、长春市人民政府关于推进社会主义新农村建设的实施意见》等相关配套文件；加大对新农村建设的投入力度，全市投入新农村建设的资金总额达33.5亿元;建立了帮扶制度和帮扶机制,确定34个市级领导、66个市直部门、9所大专院校为新农村试点村镇帮扶单位,选派了36名新农村建设指导员,分别联系、帮扶试点镇村;适应农民教育培训工作需要,编制了《长春市2006~2010年农民教育培训规划纲要》,制订下发了《农民夜校试点实施方案》,选择了21个村(镇)进行农民夜校建设试点。

(高清深)

种植业

【概况】 2006年,长春市种植业发展势头喜人,粮食产量创新世纪以来新高,种植结构和品种结构进一步优化,粮、经、饲三元种植结构日趋合理。粮食综合生产能力明显增强,种植业效益大幅度提高,农业科技贡献率不断提升,农机装备水平显著提高。

【粮食生产】 粮食生产通过采取调减普通作物面积、扩大专用品种种植面积、加大备春耕生产的组织力度、推广先进实用技术等一系列综合增产措施获得大丰收,总产量达到813.7万吨。其中,玉米产量为629万吨、水稻产量为117万吨、大豆产量为36万吨。

【种植业结构调整】 2006年,全市粮食作物播种面积为100.7万公顷,同比减少0.86万公顷,其中,玉米种植面积为67.1万公顷,同比增长0.4%。水稻种植面积为15.7万公顷,同比增加1.1万公顷,大豆种植面积为11.7万公顷,同比增加0.1万公顷;经济作物面积达到1.33万公顷,同比增加0.76万公顷。全市专用玉米、优质大豆、绿色水稻基地面积分别发展到1.71万公顷、10.46万公顷和3.8万公顷,同比分别增长3.8万公顷、0.46万公顷和1.13万公顷。园艺特产业向基地化、品系化方向发展。以"特产之乡"建设活动为载体,集中连片建设园艺特产基地,加快构筑特色经济圈。全市经市政府命名的"园艺特产之乡"达20个,以这些特产乡镇为中心,已形成绿色蔬菜、西红柿、鲜食葡萄、"三辣"、烤烟、马铃薯、花卉苗木等十大园艺特产基地,面积发展到8.2万公顷,比2005年增加2.2万公顷。完成新菜田开发任务2 000公顷。

【农业科技工作】 完成省里下达给长春市的"阳光工程"示范性培训指标2.71万人,转移就业率达95.7%。全市共举办各种类型及规模的培训班1 600余场次,印发各类科技资料146.3万份,送科技光盘380盘,举办科技大集10次,科技人员下乡5 000多人次,总计受训农民达105万人次。长春市培育的优质小麦长麦7号及大豆新品种长农18、19,玉米新品种长单39分别通过国家和省级品种审定。"多媒体玉米生产智能系统"获国家农牧渔业丰收计划奖,优质小麦长麦7号获长春市科技进步一等奖。

【农业机械化工作】 全市农机总动力达到295万千瓦,拖拉机保有量达10.5万混合台,同比分别增长9.3%和8.8%。各种配套农具达28.4万台。较好地完成了春秋两季农机化作业任务。春季机灭茬34.7万公顷、机起垅50万公顷、机播种13.3万公顷、机械重镇压53.7万公顷、机插秧2.3万公顷。清理黑车4 120台,新车落籍7 867台,新考驾驶员5 000人,拖拉机及驾驶员"年检审"均超过80%。争取国家、省购机补贴资金420万元,拉动农民投资1 000万元。全市农机化示范区已达14个,其中2006年新增加6个,全市农机化示范区集中耕种面积已达5 750多公顷,辐射带动示范区周边面积达6 000多公顷,新增加作业面积3 950公顷,转移劳动力达4 500多人。

(高清深)

林 业

【概况】 2006年,全市上下认真贯彻《长春市人民政府关于加快林业发展推进生态建设若干问题的决定》,紧紧围绕全市林业生态建设这个主题,采取工程带动和见缝插绿相结合的战略,大力推进农防林更新改造和城郊高标准防护林体系建设,全面加强森林资源管护,圆满地完成了营造林和森林资源管护工作任务。2006年3月长春市林业局被全国绿化委员会、国家人事部、国家林业局评为"全国绿化先进集体",10月被吉林省人民政府评为"吉林省禁猎先进单位",在吉林省绿化委员会、吉林省林业厅组织的十年绿化美化吉林大地的检查评比中,长春市综合成绩列第一位。

【植树造林和营林生产】 2006年3月31日，市委、市政府召开了全市造林绿化总结表彰及动员大会，会议期间播放了反映“十五”期间全市造林绿化成果的专题片《绿色拥抱长春》，市委、市政府对十年绿化美化吉林大地进行了阶段性表彰，祝业精市长与各县(市)区政府一把手签订了2006年造林绿化责任书，使全市各级政府和广大林业建设者对长春市林业面临的形势和任务、工作重心、战略措施和运行机制等重大问题有了清醒、足够的认识，进一步增强了加快林业发展的责任感和紧迫感。经过广大干部群众的共同努力，全市共完成植树造林7 801公顷，超政府确定任务目标的56.1%。其中，完成农防林更新造林1 104公顷，超计划0.4%；完成城郊申报制造林568公顷，超计划13.6%；完成“三北四期”、退耕还林和宜林沙荒地造林2 629公顷，超计划64.1%。此外，还完成重点工程补植、重新造林3 632公顷。其中，人工造林4 301公顷。按林种分：防护林3 891公顷，用材林262公顷，特用林138公顷，经济林10公顷。按所有制分：公有经济造林1 136公顷，非公有经济造林3 165公顷。完成迹地更新1 077公顷，四旁植树70 103万株；完成封山育林8 875公顷，其中，本年新封1 000公顷；完成幼林抚育实际面积12 244公顷，作业面积14 384公顷/次；中幼林抚育3 657公顷；育苗526公顷，其中，本年新育187公顷；生产苗木950 000万株。年内实现林业总产值170 829万元，其中，第一产业产值73 331万元，第二产业产值32 139万元，第三产业值65 359万元。

【农田防护林更新造林工程】 2006年，是长春市全面推进农防林更新改造的重要一年。在吉林省林业厅的大力支持下，全市共有6个县(市)区实施了农防林更新改造，坚持做到了“五抓”，确保了农防林更新改造工程的完成。1. 抓造林整地。严格按造林设计要求，对2005年皆伐的农防林带进行清除伐根，修建台形和槽形植树台。春季造林前又重新进行了平整、镇压，较好地完成了整地任务。2. 抓技术培训。为提高造林质量，榆树、九台两市组织部分人员到农安、德惠两地进行实地参观学习；朝阳区在造林前组织乡镇干部到绿园区参观学习；德惠、农安、榆树、九台等县(市)，在春季造林前组织各类人员进行了造林技术培训，集中学习了选苗、造林等方面的实用技术。2006年全市各地共举办农防林更新改造营造林技术培训班400余个，培训各类人员35 000人次。3. 抓造林苗木落实。各县(市)区严格按照省、市林业部门的要求，下大力气抓好造林苗木的选择和落实。德惠市本着就地就近的原则，以早动促主动，选优苗、壮苗造林。农安县为把好苗木关，成立了以主管副书记和副县长为组长的选苗小组，由县领导亲自带队，深入村屯地块踏查苗木。九台市、榆树市林业局的主管副局长亲自坐镇选苗，保证了农防林更新造林苗木标准。4. 抓苗木栽植。为确保造林成活率，全市农防林造林全部采取工程承包的形式，积极推广了泥浆造林、苗木浸泡、地膜覆盖、重剪侧枝不截头等实用造林技术，保证了造林质量。5. 抓苗木抚育。各县(市)区认真落实造林包栽包活责任制，采取栽植后3~5天左右及时进行浇水和扶正、踏实措施，同时积极开展了治病防虫工作。6月中旬，在全市春季造林质量检查中，全市新植的1 100多公顷的农防林，成活率均达到98%以上，实现了一次造林就成林的目标。

【城郊高标准生态林工程建设】

2006年，为进一步推进城郊高标准生态林工程建设，改善城市周边生态环境，加大了城郊造林申报制的宣传力度，继续在城郊大力推广了造林申报制。2006年6月，对2005年城郊造林验收合格的地块进行了兑现，首期兑现造林补助资金170余万元。城郊造林申报制的推行，极大调动了广大群众和社会各界投身于城郊造林的积极性。2006年全市共完成城郊生态林568公顷。

【林业体制改革】 2006年，主要抓了四个方面的改革：1. 造林经营机制的改革。全市重点造林工程特别是农田防护林更新改造工程，全部实行公开招投标，进一步明确了责权利关系，从根本上废除了“大帮轰”造林模式，并由专业队包栽包活，从整体上提高了农田防护林更新改造质量。2. 造林投入机制的改革。在城郊推广了造林申报制，不论哪种所有制形式，在享受政府造林补助资金上同等待遇，只要造林质量达到标准，就可得到政府造林资金补助。3.

造林绿化模式的改革。过去在造林模式上,主要偏重于生态防护,不论是农田林网,还是山区绿化,不论是通道建设还是四旁植树,主要目的是建设生态屏障,提高防灾减灾能力。为了更好地适应人们对生态建设的要求,各县(市)区在营造生态景观林上进行了大胆探索,充分挖掘全省优良的针、阔叶树种,在城郊建设了具有一定规模的高标准混交式生态景观林,得到了市领导的充分肯定。4. 集体林权制度的改革。全市在农田防护林改造中,狠抓了林权制度改革,普遍推广了"先造后卖"的新机制,确定了投资人的经营主体地位,真正体现了"明晰所有权、放活经营权、落实处置权、确保收益权"。农安、德惠、九台、榆树和绿园县(市)区的更新造林全部公开拍卖到户,有力地调动了广大农民和社会各方投资林业,投身林业建设的积极性,实现了农民增利、国家增绿、集体增收的"三赢"。

【森林资源管护】 在森林资源管护中,积极开展查处和打击破坏森林资源专项活动。按照省林业厅的部署,结合全市林业资源保护实际,深入开展了"打击非法侵占林地专项治理百日会战",严厉查处了破坏森林资源案件,保证了森林资源的安全。2006 年共侦破、查处林业行政案件 402 起,刑事案件 80 起,处理行政违法相对人 400 名,刑事拘留犯罪嫌疑人 41 名,取保候审 7 人,抓逃 10 人。同时,结合"爱鸟周"活动的开展,加大了野生动物宣传、保护力度,悬挂爱鸟宣传条幅 100 条,集中打击非法捕鸟 8 次,放飞野生鸟类 1 000多只。

【森林防火】 在森林防火过程中,坚持做到早动员、早安排。2006 年 3 月 23 日、9 月 26 日分别召开了森林防火动员大会,制订了防火预案,层层细化并落实了森林防火责任制和规章制度。2006 年,先后下发《吉林省人民政府森林防火命令》5 000份,印发《致林区广大群众和驻林区单位的一封信》60 000份,印制森林火险预警信号旗 510 面,制作森林火险防御指南宣传板 100 块,张贴标语15 000条,出动宣传车 600 多台次。进一步加强森林防火基础设施建设,在双阳区新安林场和净月林区新建砖混结构瞭望塔 4 座,建永久性宣传标志物 30 块。在森林防火戒严期,从市防火办到县市(区)乡(镇)场,处处设卡布哨,死看死守,先后进行大规模搜山 200 多次,确保了森林资源安全,实现了连续 23 年无重大森林火灾的目标。

【森林病虫害防治】 2006 年,在进一步完善《长春市林业有害生物处置预案》和《长春市外来林业有害生物处置预案》的基础上,全面开展了林业有害生物的防治工作,年内林业病虫成灾率为 1‰,无公害防治率 91.5%,测报准确率 92%,种苗产地检疫率 94%,均达到了省厅下达的"四率"指标。特别是双阳、净月两区出现日本松干蚧疫情后,及时组织召开了全市日本松干蚧预防控制会议,进行了专项部署,强化了领导责任制,层层签订了责任状;在加强监测、预报的同时,按照"预防为主、综合防控、分区治理、联防联动、严格执法"的方针,全面落实防控措施。全市共完成防治面积11 949. 44公顷,其中打孔注药1 946. 54公顷,喷雾防治 755. 2 公顷,烟剂防治1 225. 5公顷,飞机防治 46 架次,面积8 000公顷,清理寄主林木 169 万株,皆伐受害赤松林 22. 2 公顷,有效压低了虫口密度,阻止了日本松干蚧的扩散。同时,加强了对杨树枝干害虫的治理力度,采取化学防治、生物防治、营林等技术措施,治理杨树等枝干害虫面积4 689公顷。同时按照国家林业局和省林业厅的要求,加强了对栗山天牛、松材线虫、美国白蛾的监测调查。

【加强班子和林业队伍建设】 2006 年,围绕建设"学习型"领导班子,局党组进一步完善了理论中心组学习制度,每季度不论任务多重,工作多忙都保证学习一次。在学习中,坚持理论联系实际,重点学习了十六届六中全会《决定》、"十一五"规划纲要、科学发展观和构建和谐社会理论,从理论和实践的结合上增强了加快林业发展的紧迫感和责任感,明确了搞好林业工作对落实科学发展观,建设社会主义和谐社会的重大意义。按照建设学习型机关、服务型机关的要求,进一步加强了党的建设和干部队伍建设。认真抓好机关干部的理论学习,除了正常的学习讨论外,全年机关先后派出 30 多人次参加公务员培训和外地学习考察。对党员、干部坚持进行先进性教育和公务员素质教育,改善软环境、政行风教育和爱岗敬业教育，使机关全体党员干部始终保持了健康向上的好风气。按照全市的统一部署，认真组织开展了反对商业贿赂活动，确保了机关无违纪现象的发生。通过召开优秀党员、先进党组织、优秀党务工作者座谈会、组织参观廉政建设成果展、法律法规知识考试、开展向谭竹青学习等活动，使机关创先争优工作有了新的起色。通过开展帮扶双阳区石溪乡退伍老兵、德惠市杨树小学、贫困下岗职工、宽城区柳影社区“创城”、“双日捐”和为灾民捐赠棉衣被等活动，使机关全体党员干部增强了扶贫助困的责任感。通过组织机关和系统乒乓球赛等体育活动，活跃了机关文化生活，焕发了机关干部的工作热忱，增强了整体凝聚力。通过建立和落实岗位目标责任制，使机关工作效率和服务质量进一步得到提高，政务公开和窗口服务受到市政府的表彰。

（张建军）

2006 年长春市林业生产情况统计表

附：表 1　　单位：公顷、万立方米、万株

项目/单位	人工造林总面积	其中：用材林	经济林	防护林	特用林	公有经济造林	非公有经济造林	迹地更新	四旁植树（万株）	育苗面积：总计	本年新育	苗木产量（万株）	封山育林面积	其中本年新封面积	幼林抚育：实际面积	作业面积（公顷/次）	中幼龄林抚育面积	母树林	种子园
全市总计	4 301	262	10	3 891	138	1 136	3 164	1 077	70 103	526	187	950 000	8 875	1 000	12 244	14 384	3 657	202	76
九台市	407	87		320		160	247	133	100	40	40	500 000	975		2 300	4 000	100		
榆树市	300			300			300			18	18					2 000	2 378		
德惠市	500			500		42	458	108		15	15	50 000			1 283	510			
农安县	579			579			579	566		64	4				6 434	2 145			
朝阳区	19			19			19								110		140		
宽城区	15			15			15	105	50 000	35	5				51	561	120		
南关区	5			5			5			10	5								
绿园区	53			53			53	82	3	60	20				704	1 313	508		
二道区	188		10	178		60	128	5	20 000	90	20	400 000							
净月开发区	313	175			138	313				84					512	1 305	211	202	76
双阳区	1 240			1 240		571	669	78		50	50		7 900	1 000	850	2 550	200		
其他单位	682			682			682			60	10								

2006 年长春市各县（市）区林业总产值情况统计表

附：表 2　　单位：万元

项目/单位	林业总产值	第一产业产值：总计	农业	林业	畜牧业	林业服务业	第二产业产值：总计	采矿业	制造业	第三产业产值：总计	批发零售业住宿餐饮业	租赁与商务服务业	水利、环境和公共设施管理业
长春市	170 829	73 331	22 227	29 550	20 475	1 097	32 139	20	32 119	65 359	57 944	368	7 047
九台市	18 900	14 000	5 555	6 000	2 000	445	3 000		3 000	2 800	2 800		
榆树市	17 540	10 772	3 450	7 260		62	2 760		2 760	4 008	4 000	8	
农安县	13 098	6 573	1 168	5 300		105	3 525		3 525	3 000	3 000		

续表

项目 单位	林业总产值	第一产业产值					第二产业产值			第三产业产值			
		总计	农业	林业	畜牧业	林业服务业	总计	采矿业	制造业	总计	批发零售业住宿餐饮业	租赁与商务服务业	水利、环境和公共设施管理业
德惠市	19 780	10 485	1 985	6 630	1 770	100	795		795	8 500	8 500		
朝阳区	6 760	2 000	1 200	120	680		3 260		3 260	1 500	1 500		
宽城区	1 3013	4 343	4 070	260		13	8 630		8 630	40	40		
南关区	1 2510	2 010	1 019	411	580		500		500	10 000	10 000		
绿园区	8 086	3436	2 798	613	25		2 596		2 596	2 054	2 054		
二道区	13 509	921	178	459	284		6 048		6 048	6 540	6 000		540
净月开发区	27 732	3 210	224	1 353	1 448	185	985		985	23 537	17 050		6 487
双阳区	18 461	15 201	580	871	13 670	80	40	20	20	3 220	3000	200	20
其他单位	540	380		273		107				160		160	

2006 年长春市各县(市)区林业机构及人员情况统计表

附:表 3　　单位:个、人、元

项目 单位	单位个数	单位性质				单位类别								年在册职工及其他人员工资									
		合计	企业	事业	机关	农林牧渔业	国有林场	国有苗圃	林业工作总站	木材检查站	病虫害防治站	其他	经济单位合计	公共管理和社会组织	在册职工总数	在岗职工总数	在岗职工年工资总额	专业技术人员	下岗待安置工人数	离开本单位仍保留劳动关系人员	其他从业人员	年末实有离退休人员数	离休人员年工资	林业总人口
全市合计	154	153	6	135	12	141	20	10	100	3	5	3	1	12	3 371	3 289	21 932 969	580	44	38	9	909	7 451 274	11 149
九台市	10	10	6	3	1	9	5	1	1	1	1			1	891	891	3 338 000	98				152	1 313 000	2 673
榆树市	33	33		32	1	32	3	2	26		1			1	333	333	1 825 981	102				105	688 000	1 044
农安县	32	32		31	1	31	3	3	23	1	1			1	740	735	4 220 040	125		5		118	505 000	2 220
德惠市	24	24		23	1	23	1	1	20		1			1	279	272	2 214 013	37		7		75	544 267	1 041
朝阳区	5	5		4	1	4			4					1	19	19	190 000	10						57
宽城区	5	5		4	1	4			4					1	19	19	240084	10						72
南关区	1	1			1									1	2	2	24 000							6
绿园区	5	5		4	1	4			4					1	20	20	377 000	18				11	166 600	60
二道区	6	6		5	1	5	1		4					1	67	67	850 000	11				39	310 000	201
净月开发区	9	9		8	1	8	2		5			1		1	193	123	2 237 491	48	44	26		104	1 108 247	560
双阳区	16	16		15	1	15	5	2	8					1	593	593	3 828 000	50				228	1 797 000	2 463
其他单位	8	7		6	1	6		1	1	1	1	2	1	1	215	215	2 588 360	71			9	77	1 025 160	752

畜牧业

【概况】 2006 年全市畜牧产业在动物疫情影响和市场疲软的不利情况下,仍然保持了较快的发展势头。全市养殖、加工、饲料、兽药总产值完成 292.14 亿元。其中,畜牧养殖业产值 142.3 亿元,增加值 72.8 亿元,加工业产值 112.82 亿元,饲料业产值 36 亿元,兽药业产值 1.02 亿元。畜牧养殖业产值、增加值,分别比 2005 年增长 3.8%和 4.7%;占农林牧渔业总产值增加值的比重分别达到 50%和 42.3%。农民人均牧业收入 1 807元,占农民人均总收入的 40.3%,比 2005 年增加 35 元。

【畜禽养殖业】 以转变饲养方式为载体，加速推进标准化生产基地建设。1. 积极搞好宣传发动，尽快扭转畜禽养殖业生产的不利局面。由于受2005年以来禽流感的影响，2006年前4个月的养殖业生产受到很大冲击，畜禽市场价格低迷，严重影响了广大养殖户的积极性。为尽快扭转这种被动局面，市牧业局积极组织人员深入到各县（市）区和部分规模养殖户进行了深入调研和宣传教育工作，发动广大养户适时进行补栏，从而为养殖业度过难关起到了积极作用。

2. 转变饲养方式，切实加强标准化基地建设。2006年围绕六大龙型产业，以建设家庭畜牧场和专业养殖小区为重点，继续坚持科学规划，合理布局，围绕优势区域和主导品种，引导千家万户的分散饲养向规模经营发展。在加强对小区建设、生产指导、管理和服务的基础上，坚持大力普及标准化知识，并在具体操作中大力推进“五个统一”，即统一栏舍、统一品种、统一防疫、统一技术规程、统一销售。

3. 对“标准化牧业小区”实施验收和挂牌管理。制订并下发了《长春市牧业小区验收方案》，进行了小区验收。对达标牧业小区进行挂牌。标准化牧业小区挂牌100个，科技示范小区挂牌20个。通过努力，2006年在畜产品价格低迷的不利情况下，全市畜禽养殖业仍然取得了较快的发展。生猪发展达到1 319万头，增长0.8%；肉牛发展482.6万头，增长0.9%；肉羊发展161.8万只，增长0.7%；鹿存栏20.8万只，增长7.3%；奶牛存栏5.3万头，增长7.7%；家禽发展3.68亿只，增长5.9%。肉类总产量达166.7万吨，增长0.2%；奶类产量达12.7万吨，增长2.3%；禽蛋产量达41.9万吨，增长6.3%。全市新建牧业小区102个，使牧业小区总数达到469个。

【畜产品加工业】 2006年全市畜产品加工业实现产值112.82亿元，超额完成全年计划的20%，比2005年增长50.4%；项目建设完成投资11.35亿元，超额完成全年计划的11.3%。

1. 畜禽屠宰加工量不断增加。全年加工企业共屠宰生猪283万头，肉牛50.2万头，肉鸡7 318万只，肉鹅369万只，加工熟食制品12.32万吨，加工鹿产品65万盒，加工乳制品15.97万吨，加工各类饲料130万吨。

2. 市场体系和规模不断扩大。全市主要产品800多种，已销往日本、韩国、中东、东南亚等20多个国家和地区，国内市场遍布29个省、市、自治区。皓月公司基本完成了东北、华北、东南、华南、华中地区的市场网络建设。

3. 由粗加工向精深加工方向发展。面对疲软的市场环境，一些企业在原有屠宰、分割的基础上，积极研发新产品，使产品向精深加工方向发展。皓月已经开工建设的年产50万张兰湿革、年产5万吨生物有机肥和年产1 213吨生物制品项目，市场空间较大。

4. 积极扩大熟食制品生产量。为摆脱禽流感的负面影响，把目光从国内市场转向国际市场，组织企业在产品结构调整上下功夫，做好熟食制品开发这篇大文章，并积极开拓国际市场。全年实现出口创汇7 500万美元。

5. 培育和引进了9个超亿元项目。按年初计划要培育9个超亿元的项目，其中产值超10亿元的项目3个，均已完成。这9个企业是金锣、德大、皓月、广泽、鸿大、四海、绿邦、新高和东旭。其中，产值超10亿元的项目3个，即金锣、德大、皓月。

6. 续建项目按计划积极稳步推进。年初确定的11个重点项目进展顺利。皓月公司现代肉牛产业综合加工项目中，主厂区肉牛屠宰生产线30万头扩建项目，上半年已经全部完成，皮革加工扩建、有机肥和生物制品项目三个项目，上半年也已开工建设。华正公司180万头生猪、金锣公司300万头生猪扩产改造续建项目、东旭公司年屠宰生猪300万头项目扩建和四海公司年生猪屠宰150万头项目的冷库及污水处理等辅助项目建设，均已正式投产。汉德公司年屠宰肉牛10万头项目中的污水处理等配套设施建设，已经完成。鸿大公司年屠宰加工3 000万只肉鸡项目，一期屠宰线建设完工并投入生产。新高公司加工能力5万吨的乳制品厂，于二季度正式竣工生产。广泽公司30万吨乳制品加工扩建项目，7月份正式开工建设，主体框架已经完成。修正药业年产3 500万盒鹿产品项目，已完成了土地的征用与平整等前期工作。长双鹿业公司年产1 850万盒鹿产品项目，一期工程重点建设鹿原料提取、口服液生产和胶囊生产三个车间以及鹿产品质量检测中心。目前已完成征地，加工车间开始动工建设。

7. 新增项目建设步伐加快。有11个项目年初没有列入重点建设项目，但2006年也已开始启动，并且建设速度很快。德莱鹅业年产1 000吨鹅肥肝项目中，熟食加工厂房建设完工，目前正在购置设备。阿满公司年加工熟食5万吨项目，厂房主体已经完成，正在进行设备调试。绿发鹅业建设储藏量1 000吨冷库项目已经完工；其他如霞光乳业、牧丰食品、省鹿业、盘古梅花鹿、德升、天歌、双阳肉联厂、军财裕等企业的新增项目已完成或基本完成。

【动物防疫工作】 以强化动物疫病防治为中心，建立和完善畜禽防疫体系。努力在防疫体系、制度、技术和人才队伍上建立和完善动物防疫的长效机制。

1. 全力抓好禽流感的防控工作。2005年末到2006年初，禽流感的防控工作非常紧张。在防控过程中，认真研究防控措施，制订防控方案，积极采取普遍注射疫苗、加大监控力度、在各出境口设立检查站、下发通告、组建处理疫情应急快速反应队等措施，对出现的问题及时处理。通过努力，确保了长春市没有禽流感的发生。

2. 下力量解决好畜禽防疫费问题。市政府下发了《关于进一步加强动物防疫工作的意见》。文件规定从2006年开始畜禽防疫费不再向散养户收取，纳入市、县(市)区两级公共财政预算。市牧业局与市财政局联合下发了《长春市畜禽防疫费管理办法》，对专项防疫费的管理和使用做出了明确规定。对做好全市的畜禽防疫工作起到了重要的保障作用。

3. 加大防疫工作力度，努力把各项指标控制在规定范围之内。实现了全市规模饲养场(户)无重大疫情发生，全市畜禽疫病死亡率低于往年，并远低于国家无规定动物疫病区“示范区”规定的大牲畜1%、猪、羊4%、禽7%的疫病死亡率控制指标。

【行政执法工作】 以加大依法治牧为手段，确保畜产品的质量和安全。

1. 全力抓好动物检疫和动物防疫监督工作。强力推行产地检疫报检制。畜禽出栏前按规定进行报检，同时对较大的畜禽集散地实行派驻检疫，对城区周边19个乡镇实行委托检疫。严把出县境检疫关，严格按照规定进行检疫、消毒、出证，使屠宰检疫率达到了100%。

2. 重点抓好肉品质量检测和无害化处理工作，坚决杜绝病害肉品上市。加强流通环节的肉品监督检查，对城乡结合部和农村肉品市场、农贸市场、超市进行定期排查，年初以来共审核发放《动物防疫合格证》372个，发放各类检疫证明9 890本。对检出的997头(只)病害动物，全部进行了无害化处理，无害化处理率达100%，确保了市民的用肉安全。

3. 加强对进长外埠动物及动物产品质量安全管理。市防治动物重大疫病指挥部下发了《关于对进长动物、动物产品实施规范管理的通告》，为落实《通告》精神，又连续下发了《进长动物及动物产品报验管理办法》等4个文件。同时抽调20人，组成5个评审组，分别对山东、河北、辽宁、黑龙江等4个省、17个市的58家企业进行了实地考察审核。有48家企业及其产品取得入长资格。

4. 积极开展私杀滥宰的专项整治活动。春节前由市牧业局牵头，按照《长春市动物产品安全综合整治工作方案》，对13家农贸市场进行了重点排查，共立案查处26起，收缴未经检疫及病害肉1 880公斤，私杀滥宰禽兔441只，取得了阶段性的成果。

5. 加强兽药、饲料行业的行政执法工作，确保产品质量。对兽药市场从严整顿。组织实施了查源头、端窝点，对制假重点品种、重点区域组织专项执法检查和打假行动。全市共查获假劣、过期、禁用药品和试制产品50多个品种，200多件，货值51万余元，并对10家违法经营企业依法进行了查处，没收非法所得8万元，全部上缴国库。开展了兽药产品监督抽检工作，制订了《长春市兽药残留监测计划》、《长春市兽药质量监督抽检计划》。全年共抽检兽药生产企业50家，监测兽药品种50个，合格率达95%；检测动物产品样品50个，违禁兽药残留符合国家规定限量标准，没有发现使用违禁兽药现象和兽药残留超标问题；切实加大对饲料行业的监管力度。依照《长春市饲料及饲料添加剂管理条例》，对全市饲料行业的100家企业进行了抽检，产品采样150个，合格率达89%。对生产不合格产品的企业实施了停业整顿和处罚。

【牧业科技】 以科技进步为先导,不断提高企业和基地的创新能力,使畜牧产业的增长方式转变到以依靠科技进步的轨道上来。1. 积极开展科研攻关。根据长春市畜牧产业发展的实际,确立新的科研项目,积极组织大专院校、科研院所和重点企业等有能力的单位,大力开展科研攻关,重点加大了对优质肉牛选育与繁改技术、鹿产品深度开发技术、鹅的常年饲养技术、肉牛配套最佳品种组合技术、优质高效饲料和优质安全兽药的研究。

2. 继续实施良种工程,进一步加强优良种畜禽生产基地建设。在加强优良种畜禽引进的同时,重点抓了精液质量的检测,猪人工授精技术、奶牛性别控制技术、鹿人工授精技术的推广工作。全市肉牛人工授精达68 万头,生猪人工授精38 万头,肉羊人工授精2 万只。肉鸡、蛋鸡良种覆盖率分别达到98%和90%,三元杂交猪、三元杂交牛比重分别达到80%和67%。

3. 大力开展科技培训工作,不断提高企业家、专业技术人员和广大养殖户的科技素质。从提高畜牧专业队伍素质入手,先后举办了防疫员培训班,对市、县、乡、村四级动物防疫员、检疫员、监督员、配种员、化验检验人员的培训。举办执法相对人培训班4 期,聘请专家释义《重大动物疫情应急条例》、《兽药管理条例》、《动物诊疗管理条例》、《长春市饲料及饲料添加剂管理条例》等有关法律法规知识,全市有600 多经营业主参加了学习。举办了畜牧兽医高级人才培训班,聘请吉林大学、吉林农大、解放军军事科学院兽医研究所的院士、博士导等专家,围绕畜牧生产方式及产业布局调整、加强各类动物疫病防治、畜禽育种与繁改技术以及《畜牧法》等8 个专题进行了讲座。积极组织专家、企业家到国外进行学习和考察。组织了13 人的专家培训考察团,在莫斯科和圣彼得堡进行了为期21 天的考察培训。加强了对农民的实用技术培训。重点普及疫病防治技术、繁育改良技术、标准化饲养技术、粗饲料加工制作技术,为增加畜牧产业的科技含量奠定基础。

【神农杯动物大赛】 以展区建设和组织参展为重点,全力做好农博会动物展区的各项筹备工作和组织工作。1. 坚持高标准设计。聘请了吉林农大的专家对37 000平米的展园进行了规划设计,并高标准施工,从而在展区内呈现出了驼鸟园、水禽园、鸽园、鹿园、珍禽园五园新颖别致,牛舍、猪舍、羊舍、鹅舍四舍壮观气派,禽类、犬类、特产、兽药、花鸟鱼、兔六大展区分布有序的整体效果。2. 积极做好招展工作。由于展区面积扩大,招展单位也多于往年。整个展区聚集着来自省内以及山东、辽宁、黑龙江等地的200 多个品种12 000头(只)优质动物。3. 有条不紊地组织好展会工作。在整个展会的7 天中,对会务工作、宣传工作、安全保卫工作以及后勤服务工作都进行了妥善安排,做到认真严谨,有条不紊,从而确保了展会的顺利进行。

(张众人)

蔬菜业

【概况】 2006 年,全市蔬菜播种面积10.2 万公顷,蔬菜总产量30.8 亿公斤,蔬菜总产值26.7 亿元。其中,城区蔬菜耕地面积15 400公顷,蔬菜播种面积21 960公顷,复种指数1.42,蔬菜总产量7.5 亿公斤,蔬菜总产值6.4 亿元。蔬菜保护地设施面积2 332公顷,其中,日光温室面积1 037公顷,塑料大棚面积1 045公顷,塑料拱棚面积250 公顷。蔬菜水浇地面积6 520公顷,占菜田耕地面积的42.3%。

【蔬菜生产】 2006 年,全市广大蔬菜管理干部和科技工作者加大了蔬菜科技培训、科技推广和普及的力度,蔬菜新品种、优良品种利用率达95%以上;保护地多茬次栽培、日光温室卷帘机、保护地遮阳网、无公害生物农药等新设施新技术广泛应用;使全市蔬菜生产科技含量有了很大提高,各季各类蔬菜全面丰产丰收。全市蔬菜总产量达30.8 亿公斤,实现蔬菜总产值26.7 亿元。其中城区实现年人均蔬菜纯收入3 388元,比2005年增加960 元。

【无公害蔬菜工程】 随着广大消费者食品安全意识的增强,特别是近年来长春市无公害蔬菜工程的快速实施、规范运作,蔬菜质检体系进一步健全完善,蔬菜产品质量逐年提升。2006年,农业部对长春市蔬菜进行5次抽检,在重大节日省、市质检部门也多次检测,全年蔬菜药残检测平均合格率达93%以上。2006年9月下旬，秋菜收贮前，长春市农产品质检中心对城区各类秋菜抽取360个样品进行了检测，药残检测合格率达99%，好于历年。

【全面完成二期新菜田开发任务】 2006年，蔬菜基地建设二期工程全面完成任务，共开发新菜田2 000公顷。年内基础设施建设总投资4 500万元，其中，市级投入3 000万元，区乡配套1 000万元，农民、企业自筹500万元。共打井2 000眼，修田间砂石路32公里，架设高低压线路230公里，安装变压器200台，新建日光温室200栋，塑料大棚300栋。

【无公害蔬菜基地和产品认证】 2006年，全市新认定国家级无公害基地13个，面积7 110公顷，认证国家级无公害产品170个。截至2006年末，全市共认定国家级无公害基地31个，面积25 500公顷，认证国家级无公害产品410个。

【扶持菜农进城卖菜】 随着市场经济的发展及相关政府部门职能的调整，1991年4月市财贸委员会、市税务局、市工商行政管理局、市蔬菜产销办公室和市保安公司等五部门联合下发的《关于城区菜农自产证发放管理的几项规定》(长财[1991]6号文件)，已不适应当前形势发展要求，长春市政府办公厅于2005年6月10日下发了长府办发[2005]36号文件，对“自产证”予以停发。并要求蔬菜主管部门(市农委、市商务局)在2006年内研究制订出新的方便长春市菜农进城销售自产蔬菜的扶持政策。2006年3月，根据市政府要求，市农委会同市商务局组成联合调查组，考察了沈阳、大连、哈尔滨三市地产蔬菜销售有关情况，在结合外地经验并广泛征求长春市广大菜农和蔬菜中心批发市场意见基础上，形成了调研报告，代市政府提出了长春市地产蔬菜销售的优惠扶持政策。在2006年6月28日市政府第56次专题会议上，以会议纪要形式确定，今后对长春市地产蔬菜销售给予如下优惠扶持政策：1. 长春市(含各县(市)区)菜农凭有效身份证件进入市蔬菜批发中心市场交易，其收费标准为：蔬菜生产旺季(每年7、8、9月份)每500克为1.5分，生产淡季(每年其他月份)每500克为2分。除此之外，市蔬菜批发中心市场不得以任何理由重复收费。2. 市蔬菜批发中心市场要在其中央场区设立地产蔬菜专销区，任何人不得租用，占用专销区。3. 长春市菜农进城销售自产蔬菜，持本人身份证和交通通行证，全年免交过桥、公路费用。4. 凡长春市菜农进入市蔬菜批发中心市场销售自产蔬菜的，一律免交工商管理费和所得税。

(张宝贵)

水　利

【概况】 2006年，全市水利共完成投资1.3亿元；完成农田水利基本建设工程量45.87立方米；超额完成旱田节水灌溉面积11.2万公顷；完成氟病区自来水管网建设工程64处；征收水资源费2 900万元；全市生产成鱼20 313吨，鱼种3 183吨。在全面提升长春市的防汛抗旱及水资源保障等两大能力的同时，各项水利水产事业得到长足发展。

【防汛抢险】 年初，按照“有汛无汛按有汛准备、大汛小汛按大汛准备”的原则，本着“安全第一，常备不懈，以防为主，全力抢险”的工作方针，扎实全面地开展了各项防汛准备工作。先后召开了长春市防汛抗旱委员(扩大)会议、城市防洪工作会议和石头口门水库汛期联防委员会议。对各项防汛工作进行了全面部署。4月初，深入各县(市)、区对水库、江河堤防、涝区等防洪工程现场进行安全检查。对发现的问题登记造册，制订修险方案，落实治理措施。5月下旬，工程技术人员针对饮马河防洪工程水毁情况进行了专项检查，并向市政府提出了治理饮马河卧牛石、姜家炉等11处险工险段方案，并以汛前检查报告的形式，上报吉林省防办和长春市政府有关领导。市政府拨专款1 550万元对11处重点险工、险段进行加固治理，完成了农安县卧牛石护岸施工，德惠市饮马河堤防10个涵洞项目、3个洞身砼、5个底板砼浇筑，大榆树塌岸工程施工，霍家砂基段清基工程，九台市东砂河子塌岸、石人沟塌岸、赵家屯塌岸、姜家炉塌岸、双丰砂基段工程，二道区双阳河堤防工程，坝上路面和护坡垫层铺设。各县(市)、区发动群众清淤涝区排涝沟道及村镇排水沟道，投入财力维修破损排涝站，同时，加快在建工程建设步伐，确保大汛来临发挥防洪作用；城区加强危倒房的维修改造和对下水管线的清淘疏浚工作，大力清除违法阻水建筑。全市共完成险工险段加固工程37项，完成涝区清淤土方35万立方米，维修排涝站32座，完成水库除险加固1座。在抢险物资储备上严格遵循“宁可备而不用，不可用而不备”，在数量、质量和管理上都做了充分的准备。全市共储备抢险草袋26万条，编织袋464万条，麻袋28万条，铁线327吨，木桩2 300立方米，机动船只120艘，组建抢险队伍13.5万人。各主要江河，大、中型水库均按照吉林省防办要求，依法落实了各级行政首长包堤、包库、包险工段的责任人，并登记造册，进行备案，明确了第一责任人和各级责任人的主要职责；市政府有关领导按照职责分工，对石头口门水库、长春市城区防洪等重点防洪工作负总责。根据长春市城市防洪工程进展情况，重新修订和报批了《伊通河长春市城区防洪应急预案》，按照国家防总要求，编制了《长春市防汛抗旱预案》；各县（市）、区都按照要求对水库、江河防洪预案进行了调整和完善，使这些预案更符合实际、更具科学性和可操作性。2006年汛期，长春市局地暴雨频发。特别是全市19座大、中型水库蓄水较多，基础水位偏高，加之各地干部群众的惜水心理，水库的调度存在一定困难。在确保水库安全的前提下，尽量减轻上、下游群众的财产损失；对市防汛指挥部调度的五一、柴福林子等5座中型水库，工作人员深入水库实地，察看水库情况，了解下游河道情况，加强预测预报工作，适时调度，确保了下游安全；同时水库都较好的蓄水，汛末，全市水库蓄水总量达8.67亿立方米，是多年同期蓄水量的1.8倍，为工农业生产提供了水源保障。由于汛前工作准备充分、得当，抗洪抢险措施得力，避免了人员伤亡和大量的经济损失，把洪涝灾害损失降到最低限度。据统计，全市安全转移、安置3 300人，免灾农田83 270公顷，免灾人口28万，减免经济损失近10亿元。

【农田抗旱】 2006年的降水量虽略高于常年，但春季降水偏少，部分县（市）、区易旱地区满足不了春耕播种之需要，春季全市发生了较大旱情。在市政府的统一部署和组织下，按照吉林省防办的要求，定期上报旱情信息统计报表，撰写旱情分析报告、旱灾评价、抗旱工作评价等材料，为争取省和国家的抗旱资金奠定了基础。在抗旱行动上，全市共投入抗旱机电井5 650眼，提水泵站6处，机动运水车辆68 200台次，出动劳动力67.4万人次，投入抗旱资金1 023万元。实现抗旱浇灌面积29万公顷，基本保证了13万公顷水田的灌溉用水，使大田一次拿全苗率在98%以上，完成了1.33万公顷、20万公顷旱田的抗旱任务。抗旱效益十分明显，免灾粮食105万吨，免除经济损失21.5亿元。

【伊通河城区中段防洪工程】 按照市委、市政府对伊通河整治的有关要求，提出了“一年完成两年工程建设任务，达到上、中、下三段蓄水，全面完成防洪工程建设任务”的总目标。完成上段防洪工程堤防、挡土墙、拦河闸、排涝站、涵洞的质量检测；完成了黑嘴子桥至小板桥段主河槽护岸和小板桥橡胶坝工程补充设计；完成水场沉淀池吐口附近河道清淤；完成中段浆砌石挡墙和砼挡墙浇筑，完成堤顶路路基，人行步道、栏杆，兴华岛挡墙加高、2孔拦河闸桥面铺装、东荣排涝站管理房、防洪工程主体等建设任务。全年累计完成投资3 740万元，伊通河城区上中下三段基本具备蓄水条件，并从7月初开始分步蓄水，实现年初预定目标。另外，长春市城市防洪伊通河（南段）综合治理工程可行性研究报告已经编制完成，环境影响评价报告书、水土保持方案报告书已获批准。

【净月潭水库除险加固工程】 由于净月潭水库除险加固工程主体项目建设方案发生重大变更，需履行报批手续，加上2006年长春市领导及净月开发区要求水库多蓄水，水库水位比较高，坝前护坡建设难以实施，为工程建设带来很大困难。为确保2007年主汛期前工程建设全部完成，努力完成了坝前原有护坡拆除，护坡料石采购；坝后削坡、铺装网棚、换土；溢洪道、输水廊道面层旧砼凿除清洗处理和喷锚施工等任务，完成工程总投资500万元。

【饮马河堤防加固工程】 针对饮马河堤防水毁严重的问题，长春市政府拨专款1 550万元，对11处重点险工、险段展开修复与堤防加固相结合的高标准建设。长春市水利勘测设计研究院完成设计后，开始工程项目的招标，并在汛前完成了施工前的准备工作，各项目陆续开工建设，确保2007年汛期前工程全面完工。

【新凯河涝区涵洞工程】 新凯河涝区涵洞工程，于2005年底完成工程项目设计审批，列入2006年建设计划。建设资金于4月底划拨到位，项目建设全面启动并如期完工，工程质量优良，在2006年汛期发挥出应有作用。

【农村饮水工程】 农村饮水安全工作。按照水利部《农村饮水安全工程总体规划及"十一五"规划》工作大纲要求，组织指导城区编制完成《长春市城区农村饮水现状评诂报告》、《长春市城区农村饮水安全工程总体规划及"十一五"规划》。同时，组织完成榆树市、农安县饮水安全工程项目建设前期准备工作并上报省水利厅，项目投资1 900万元，其中，国债800万元，配套1 100万元。

【中型水库除险加固】 长春市共有16座中型水库，通过努力，在搞好在建的净月潭水库除险加固工程管理的同时，积极完成了农安县头道岗、共青团，德惠市高城子、跃进等四座水库除险加固的全部前期工作，并迅速启动柴户张水库综合整治工程项目建设。同时不断加强中小型水库管理，确保防洪安全，发挥全市水库应有的防洪保安作用。工程建设进度按计划进行，全年完成水库除险加固项目的主体工程建设任务，共完成综合工程量22 720立方米，其中，土方15 000立方米、石方7 000立方米、混凝土720立方米。

【"引松入长"供水工程】 按照水利部的有关要求，在省水利厅的组织下，编制完成了《吉林省中部城市引松供水工程项目建议书——长春市部分》，并顺利通过水利部的审查后上报国家发改委。根据实际需要，在得到省、市两级政府的同意后，启动了长春市玉米工业园支线、农安县支线和九台市、德惠市支线3个项目，以解决长春玉米工业园、农安县、九台市和德惠市的缺水问题。8月，省发改委批准了长春市玉米工业园支线、农安县支线应急供水工程可行性研究报告，由省水投公司分别与农安县政府、玉米工业园区签订了协议书。

【石头口门水库水源地建设与管理】 为确保安全度汛，于5月份组织对土坝、溢洪道、闸门、启闭设备及备用电源进行了检查和试验，对库上强排站的各项设施、机电、机械设备进行了检修、维护与试验，对小流域自动测报系统进行了安装与调试，完成岁修计划22项，并按照国家防总及吉林省防汛抗旱指挥部的要求，进行了用水调查，编制了2006年度水利调度计划，做好了《石头口门水库汛期控制运用计划》、《石头口门水库防汛抢险应急预案》以及《堤防管理处汛期抢险预案》的编制工作；6月18日14时开始开启闸门泄洪，9月27日8时30分停止泄洪，累计弃水858.5小时，共60 300万立方米，期间共启闭溢洪道闸门41次，最大总出库流量680立方米每秒，溢洪道最大实测泄流量653立方米每秒，时段最大入库洪峰流量为987立方米每秒。2006年投资完成了饮东干渠两座工作桥建设；完成了西山防火路工程及东山防火路路基工程建设；在付道沟修建了一座垃圾场；对库上大堤右岸路面进行了维修；对狼头山浆砌石护岸进行了翻修；完成了库上鱼池续建工程和四家子泵站工程建设；完成了库区防火塔工程、防火塔照明工程建设；完成了圣水观音塑像及西山岸坡治理工程建设；完成了花窖南停车场、电瓶车车棚及充电电源工程建设。此外，水库还对库区公路进行了标准化建设，对锅炉房外墙、办公室外墙、九台五商店住宅楼外墙、大坝、溢洪道启闭机室、输水洞、调压塔、泄水闸等工程设施内、外墙进行了维修粉刷。在水源环境保护方面，水库管理局申请将水库一级保护区从原房屋退赔线189.20米，调整至190米，并委托吉林省环境科学院补充编制了水库水源保护区区划报告；5月份，委托长春市勘测设计院编制了水源地保护工程项目建议书，并配合其做好了水库周边的土地及人口情况调查及水源保护工程可行性研究报告的编制工作。在水土保持方面，水库继续从植树造林、幼林抚育及成林管理方面下功夫，4月份对山南库湾南北坡的黑松和云杉进行了补植，在杏花山山顶和工程管理处楼后进行了造林，对东果园的沟底剩余土地进行了造林，对东果园过密幼林进行了移植，4月份，水库还对库上的部分河滩地进行埋杆造林。截至2006年9月末，水库补植面积达到26公顷，25 000株，新造林面积达1.7公顷，2 895株，补植和造林的成活率均达到了90%以上。同时，水库做好了新造林和原幼林的后期抚育工作，做好了增容护堤林、吉长公路北线以南饮马河以西的水源涵养林以及库区250余公顷林地的日常管护及病虫害防治工作。尤其是在8月末，在水库林地内发现了国际性检疫害虫——松干蚧，水库出动了2 000人次，将病腐木全部清理出去，进行焚烧处理，并对树木进行打孔注药防治。还对库区林区特别是仿长城后及东西山防火路旁的山里红、山丁子、李子、榆树等野生树种进行了高接换头，共嫁接各类树1 300多株。

【渔业水产】 长春东北大口鲶良种场2006年计划生产鱼苗500万尾，6月份已开始人工繁殖，生长情况良好。为将大口鲶良种场建成东北地区具有竞争能力的基地，筹建长春东北六须鲶合作股份公司。石头口门水库春季苗种投放250万尾。全市生产成鱼20 313吨、鱼种3 183吨。市水产研究院积极开展"香鱼"亲鱼繁殖技术研究及开口饵料的培育技术研究。引进香鱼1 000尾，成活率达到90%。市渔业环境监测站就"二松污染"问题，分别赴榆树市、农安县、德惠市、九台市等地进行水样采集，为"二松"污染情况提供了准确数据。同时开展了对长春市水域污染情况进行监控，采集组先后赴拉林河、饮马河、伊通河、波罗湖、石头口门水库、新立城、德惠市夏家店渔场等地采集水样进行化验，不仅掌握了各地水域的水质情况，而且建立了2006年渔业水域水质检验数据库，为建立市渔业监测检验中心做好前期工作。

【水土流失治理】 2006年长春市《东北黑土区水土流失综合防治第一期工程——松花江流域吉林省农安县松花江沿岸项目区》、《东北黑土区水土流失综合防治第一期工程——饮马河流域吉林省长春市二道区莲花山流域项目区》的可行性研究报告已经通过松辽委的审查，小流域初步设计工作启动。通过多次主动与水利部、松辽委、省水利厅等沟通、协调，东北黑土区水土流失综合防治工程一期工程，吉林省7个项目中的3个将在长春市实施。其中，长春市二道区莲花山项目区、九台市东湖项目区水土流失综合防治规划已经通过了专家审查，并编制完成了可研报告和初步设计。东北黑土区水土流失综合防治第一期工程长春市的两个项目区包括农安县、九台市、长春市二道区三个县、市、区。近年来，随着人口增加和开发力度加大，黑土区生态环境不断恶化，水土流失面积不断扩大、程度不断加深，生态系统失调，农业灾害频发，已危及到我国东北地区的生态安全和粮食安全。在长春市水土保持生态建设总体规划的基础上，按照国家水土保持技术规范标准，完成了《东北黑土区水土流失综合防治第一期工程——松花江流域吉林省农安县松花江沿岸项目区可行性研究报告》、《东北黑土区水土流失综合防治第一期工程 松花江流域吉林省农安县松花江沿岸项目区——八叉沟小流域初步设计报告》。根据我国水土保持法律法规的规定，开发建设项目在项目可行性研究阶段，编报水土保持方案，完成了《长春市伊通河南段防洪工程水土保持方案报告书》、《伊通至辽源段高速公路工程水土保持方案报告书》。

（韩成龙）

长春市2006年除涝情况统计表

单位：千公顷

市县区别	1. 原有易涝耕地面积	2. 累计除涝面积	累计除涝面积			3. 上年除涝面积达到
			#(1) 3－5年	#(2) 5－10年	#(3) 10年以上	
长春市	352.51	342.11	6.63	75.45	260.03	342.11
长春市城区	31.45	29.20	0.09	7.57	21.54	29.20
榆树市	86.80	86.80	2.27	18.78	65.75	86.80
九台市	46.26	38.11	3.16	6.56	28.39	38.11
农安县	90.00	90.00	1.11	10.72	78.17	90.00
德惠市	98.00	98.00		31.82	66.18	98.00

长春市2006年灌溉面积发展情况统计表

单位:千公顷

市县区别	一、原设计灌溉面积	二、本年灌溉面积达到	本年灌溉面积					三、有效实灌面积	四、旱涝保收面积	五、机电排灌面积	其中纯排面积	有效灌溉面积增减		
			1. 有效灌溉面积	2. 林地灌溉面积	3. 果园灌溉面积	4. 牧草灌溉面积	5. 其他灌溉面积					1. 上年有效灌溉面积基数	2. 本年有效灌溉面积新增	3. 本年有效灌溉面积减少
长春市	340.90	236.34	235.57				0.77	155.82	105.09	333.69	141.18	232.69	3.35	0.47
长春市城区	45.35	33.65	33.65					23.49	21.81	35.14	5.87	34.06		0.41
榆树市	84.73	69.74	69.74					40.44	13.22	84.90	22.68	68.43	1.31	
九台市	54.16	35.30	35.30					25.34	18.32	37.11	18.71	33.32	2.04	0.06
农安县	73.49	37.11	36.34				0.77	6.01	36.34	69.76	47.14	36.34		
德惠市	83.17	60.54	60.54					60.54	15.40	106.78	46.78	60.54		

长春市水利供水工程设施能力统计表

单位:万立方米、服、处

市县区别	1. 已建成水库座数	水库座数			2. 已建成水库总库容	水库总库容			3. 已建成水库年设计	设计供水能力			4. 引水工程处数	5. 引水工程年设计供水能力	6. 已建成机电井眼数	#配套机电井眼数	7. 已建成机电井年设计供水能力
		1.1 大型水库座数	1.2 中型水库座数	1.3 小型水库座数		1.1 大型水库总库容	1.2 中型水库总库容	1.3 小型水库总库容		1.1 大型年设计供水能力	1.2 中型年设计供水能力	1.3 小型年设计供水能力					
长春市	179	3	16	160	271 953	205 410	47 174	19 369	79 494	54 700	16 735	8 059	3	4 220	22 618	11 801	83 791
长春市城区	77	1	3	73	77 761	57 600	11 900	8 261	21 695	14 500	4 156	3 039			3 477	2 767	15 600
榆树市	25		5	20	22 686		18 325	4 361	9 480		7 283	2 197			3 408	3 408	12 076
九台市	11	1	3	7	138 370	127 700	9 258	1 412	38 050	35 000	2 627	423	1	913	2 583	2 572	14 635
农安县	54	1	3	50	29 144	20 110	5 147	3 887	8 662	5 200	1 895	1 567	1	900	7 526	1 733	3 600
德惠市	12		2	10	3 992		2 544	1 448	1607		774	833	1	2 407	5 624	1 321	37 880

长春市水土保持统计表

单位:千公顷

市县区别	1. 原有水土流失面积	2. 累计治理面积	#小流域治理面积	3. 上年治理面积达到	4. 本年新增治理面积	#小流域治理面积	5. 本年分项治理情况						
							5.1 新修水平梯田	5.2 新增沟坝地淤地面积	5.3 新栽种水保林面积	5.4 新增种草面积	5.5 新实施生态修复面积	5.6 新建淤地坝座数	其中骨干坝座数
长春市	653.15	281.68	27.32	281.48	0.19	0.03			0.19				
长春市城区	196.95	86.00	12.88	86.00									
榆树市	163.41	54.07	0.62	53.90	0.17				0.17				
九台市	110.04	65.70	2.53	65.69	0.01	0.01			0.01				
农安县	104.44	38.27	2.02	38.27									
德惠市	78.31	37.64	9.27	37.62	0.02	0.02			0.02				

工 业

工　　业

综　述

2006年，长春市工业经济及工业战线，全面落实科学发展观，认真贯彻实施“十一五”发展规划，着力发展地方汽车工业，积极培育君子兰产业和材料制造业，扎实抓好全市重点工业项目建设，不断提升企业技术创新能力；进一步完善中小企业和民营经济发展的服务体系；保持煤炭行业安全生产形势稳定。实现了“十一五”工业发展的良好开局并呈现平稳增长态势。

工业生产　2006年，长春市国有及年销售收入500万元以上非国有工业企业完成产值2 140亿元，比2005年同期增长23.8%。按类型划分：轻工业完成产值392.1亿元，增长28.8%，重工业完成产值1 748.8亿元，同比增长22.8%。按所有制划分：国有工业完成产值593.7亿元，同比下降1.5%，集体工业完成产值16.5亿元，同比增长11.8%；股份合作制企业完成产值7.7亿元，同比增长72.7%，股份制企业完成产值167.6亿元，同比增长40.5%，外商及港澳台商投资企业完成产值1 088.1亿元，同比增长40.2%；其他类型工业完成产值2.7亿元，同比下降0.7%。按隶属关系划分：中央工业完成产值1 358.1亿元，同比增长21.7%；省属工业完成产值4.1亿元，同比增长4.2%；市以下工业完成产值762.9亿元，同比增长18.1%。在市以下工业中：市直工业完成产值540.2亿元，同比增长17.2%；区属工业完成产值95亿元，同比增长28.4%；县（市）工业完成产值127.7亿元，同比增长15.1%。

经济效益　2006年，长春市国有及年销售收入500万元以上非国有工业企业实现销售收入1 936.7亿元，比2005年增长21.4%；实现利税190.2亿元，比2005年增长38.5%；实现利润71.9亿元，比2005年增长60.7%。其中，国有企业实现销售收入586.5亿元，比2005年下降8.5%；实现利税45.1亿元，比2005年下降5.8%；实现利润9.7亿元，比2005年下降41.6%。集体企业实现销售收入17.7亿元，比2005年下降20.6%；实现利税0.3亿元，比2005年下降61.1%；实现利润－1 690万元，比2005年下降1 989.1%。股份合作企业实现销售收入7.8亿元，比2005年增长85.7%；实现利税5 096万元，比2005年增长29.0%；实现利润2 294万元，比2005年下降0.4%。股份制企业实现销售收入170.2亿元，比2005年增长49.2%；实现利税15.4亿元，比2005年增长48.1%；实现利润7.9亿元，比2005年增长61.2%。外资企业实现销售收入859.2亿元，比2005年增长38.7%；实现利税105.9亿元，比2005年增长59.0%；实现利润41.8亿元，比2005年增长128.4%。有限责任公司实现销售收入143.8亿元，比2005年增长18.1%，实现利税10.0亿元，比2005年增长96.1%，实现利润4亿元。在全市规模以上工业企业中，盈利企业724户，亏损企业228户，比2005年增加32户；亏损额12.6亿元，同比减亏16.6%。2006年，按月报口径计算，长春市工业企业经济效益综合指数为185%，同比增加36.4个百分点；工业产品产销率达到94.1%，比2005年减少4.5个百分点；工业资金利税率为11.2%，比2005年增加1.9个百分点；成本费用利润率达到4.2%，比2005年增加1.4个百分点；流动资金周转次数达到2.1次，比2005年提高0.3次；产成品资金占用119.9亿元，同比增加21.3亿元。

2006年长春市30户盈利大户盈利额统计表

企业名称	实现利润(万元)	同比±%
一汽-大众汽车有限公司	199 402	747.9
长春大成实业集团有限公司	87 491	6.8
中国第一汽车集团公司	75 665	-52.8
长春皓月清真实业股份有限公司	25 161	131.2
吉林亚泰水泥有限公司	22 408	51.0
一汽丰田(长春)发动机有限公司	18 174	2 538.2
长春一汽四环汽车股份有限公司	16 312	416.9
福耀集团长春分公司	15 797	127.5
长春一汽丰越汽车有限公司	15 000	-4.5
玉溪红塔烟草集团长春卷烟厂	14 293	42.7
西门子威迪汽车电子(长春)有限公司	12 730	41.9
天合富奥汽车安全系统(长春)有限公司	11 051	48.4
长春大合生物技术开发有限公司	10 800	2 677.6
一汽光洋转向装置有限公司	10 241	117.5
李尔长春汽车内饰件系统有限公司	10 067	1 758.7
长春塔奥金环汽车制品有限公司	9 780	13.7
吉林省吴太集团感康药业有限责任公司	9 151	-11.1
长春羊草沟煤业股份有限公司	8 054	9.6
长春金赛药业有限责任公司	7 408	53.9
吉林森工工业股份公司	7 164	-24.2
长春奥托立夫贸鸿汽车安全系统公司	6 552	171.1
一汽东机工减震器有限公司	6 139	182.9
长春佛吉亚排气系统有限公司	6 131	190.4
长春热电发展有限公司	5 064	621.3
长春轨道客车股份有限公司	5 063	16.4
长春航空液压控制有限公司	4 515	29.1
长春市双顶山矿业股份有限公司	4 497	44.7
伟巴斯特车顶系统(长春)有限公司	4 488	121.1
长春长生生物科技股份有限公司	4 451	17.6
长春华润生化股份有限公司	4 247	5.8

2006年长春市30户盈利大户利税额统计表

企业名称	实现利税(万元)	同比±%
一汽-大众汽车有限公司	685 182	39.5
长春大成实业集团有限公司	87 491	6.8
中国第一汽车集团公司	340 548	-20.9
长春皓月清真实业股份有限公司	25 221	128.8
吉林亚泰水泥有限公司	43 890	25.5
一汽丰田(长春)发动机有限公司	25 544	3 597.3
长春一汽四环汽车股份有限公司	27 621	582.5

续表

企 业 名 称	实现利税(万元)	同比±%
福耀集团长春分公司	20 051	108.4
长春一汽丰越汽车有限公司	17 037	-30.9
玉溪红塔烟草集团长春卷烟厂	32 694	21.5
西门子威迪汽车电子(长春)有限公司	13 358	21.2
天合富奥汽车安全系统(长春)有限公司	13 736	34.5
长春大合生物技术开发有限公司	11 367	536.5
一汽光洋转向装置有限公司	13 107	85.7
李尔长春汽车内饰件系统有限公司	10 470	937.0
长春塔奥金环汽车制品有限公司	12 746	13.5
吉林省吴太集团感康药业有限责任公司	12 300	-14.1
长春羊草沟煤业股份有限公司	10 320	11.4
长春金赛药业有限责任公司	8 552	49.0
吉林森工工业股份公司	7 697	-46.6
长春奥托立夫贸鸿汽车安全系统公司	8 316	154.3
一汽东机工减震器有限公司	8 117	130.7
长春佛吉亚排气系统有限公司	7 530	131.3
长春热电发展有限公司	10 972	736.4
长春轨道客车股份有限公司	28 417	49.2
长春航空液压控制有限公司	4 517	29.1
长春市双顶山矿业股份有限公司	5 806	59.1
伟巴斯特车顶系统(长春)有限公司	4 758	126.2
长春长生生物科技股份有限公司	5 156	12.0
长春华润生化股份有限公司	9 361	1.9

重点产业 2006年,按照全市“十一五”发展规划,全市工业重点发展的行业为汽车及零部件、食品加工、光电子信息、生物医药、材料制造和能源等六大产业。全市汽车工业在全国汽车市场稳步回升的带动下,呈现快速增长态势;食品工业在长春大成实业有限公司和长春皓月清真实业有限公司等重点企业的快速发展的拉动下继续保持较快增长;生物医药产业增长缓慢;光电子信息产业依然增长乏力;材料制造业增长迅猛;能源产业稳步发展。2006年,全市六大产业共完成工业总产值1 975.1亿元,同比增长21.2%,产业集中度为92.9%。其中,汽车及零部件产业完成产值1 475.7亿元,同比增长21.9%,占全市的比重为69.4%;食品工业完成产值283.3亿元,同比增长23.3%,占全市的比重为14.5%;生物医药产业完成产值43.9亿元,同比增长3.9%,占全市的比重为2.1%;光电子信息产业完成产值26.2亿元,同比下降10.2%,占全市的比重为1.2%;材料制造业完成产值67.1亿元,同比增长42.4%,占全市的比重为3.2%;能源工业完成产值69.1亿元,同比增长10.7%,占全市的比重为3.3%。

2006 年四大主导产业产值占全市的比重

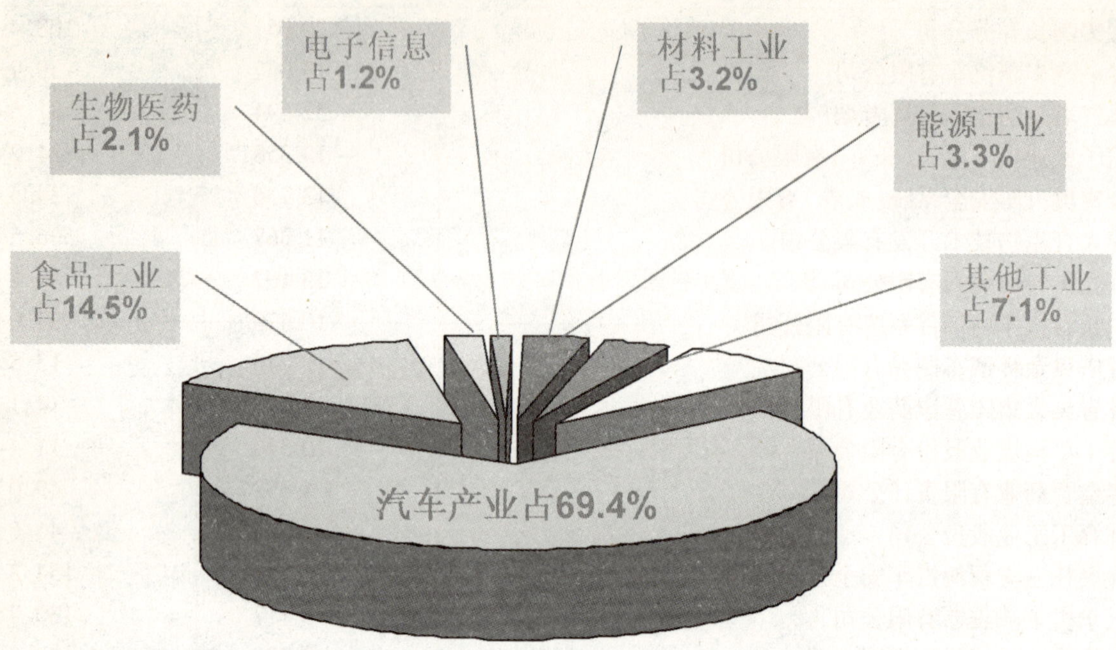

重点企业 2006 年,长春市 30 户重点企业完成产值1 661.7 亿元,比 2005 年增长 21.9%,占全市工业总产值的 78.2%;净增加产值 298.6 亿元,占全市净增加产值的 83.2%。

2006 年长春市 30 户重点工业企业产值完成情况

企 业 名 称	完成工业产值(万元)	比 2005 年 ± %
一汽一大众公司	6 898 322	43.4
一汽集团	5 324 765	1.8
大成玉米开发有限公司	1 357 918	26.4
一汽四环股份有限公司	425 833	39.5
长春皓月清真实业股份有限公司	331 975	84.4
长春轨道客车股份公司	307 957	16.2
吉林亚泰水泥有限公司	249 298	63.3
吉林德大有限公司	201 529	-29.8
一汽天合富奥汽车安全系统长春有限公司	157 872	13.7
西门子威迪欧汽车电子(长春)公司	153 814	127.0
玉溪红塔集团长春卷烟厂	130 293	12.2
山东金锣集团九台肉类联合加工厂	124 248	29.1
吉林东光集团有限公司	96 186	29.7
长春发电设备有限公司	71 650	115.9
长春汽车改装有限公司	67 660	65.6
一汽四环制品有限公司	60 800	-18.9
福耀集团(长春)有限公司	59 063	69.0
长春力得(奥奇)汽车塑料涂装有限公司	58 526	113.0

续表

企业名称	完成工业产值(万元)	比2005年±%
长铃集团	56 176	0.9
长春塔奥金环汽车制品有限公司	56 047	14.5
长春旭阳工业(集团)股份有限公司	51 224	8.1
李尔长春汽车内饰件系统有限公司	50 473	-18.9
北车集团长春客车厂	44 456	-5.7
长春百事可乐饮料有限公司	44 330	-12.5
吉林省吴太集团感康药业有限责任公司	44 185	-10.9
长春海拉车灯有限公司	42 916	7.6
一汽光洋转向装置有限公司	40 965	13.1
一汽杰克赛尔空调有限公司	40 663	9.0
长春市灯泡电线有限公司	35 073	-47.1
长春长客-庞巴迪轨道车辆有限公司	33 134	-57.3

重点产品 2006年,全市30种工业重点产品中,有14种产品产量同比实现了增长,其中,水泥、牛肉、汽车安全玻璃、轿车四种产品产量增长最快,分别达到了103.7%、44.1%、38.9%和32.7%。有13种产品产量下降,特别是鸡肉及制品和汽柴油产品呈普遍下降趋势,其中,柴油、汽油、豆粕、食用油四种产品产量下降幅度最大,分别为85.8%、85.5%、72.1%、70.5%。卷烟产品受国家指标调控,产量每年基本相同。

2006年长春市30种工业产品产量统计表

序号	产品名称	计量单位	年产量	比2005年±%
1	中重型货车	辆	114 363	-1.7
	其中,重型货车	辆	58 584	5.9
	中型货车	辆	55 779	-8.6
2	轿车	辆	404 591	32.7
	其中,马自达轿车	辆	47 265	-6.2
	高尔夫轿车	辆	14 278	97.4
	红旗轿车	辆	5 981	-29.1
	捷达轿车	辆	175 742	22.4
	奥迪轿车	辆	77 640	52.6
	宝来轿车	辆	38 827	-1.1
	开迪轿车	辆	3 166	-38.9
	速腾轿车	辆	37 134	-
	奔腾轿车	辆	4 558	-
3	大中型客车	辆	7 629	-11.5
4	轻型货车	辆	31 183	3.7
5	改装车	辆	4 429	-35.7
	其中,汽车改装公司	辆	3 779	-17.8
	万荣汽车公司	辆	2 289	-71.6

续表

序号	产品名称	计量单位	年产量	比2005年±%
	三友汽车公司	辆	0	-
6	拖拉机	辆	-	-
7	铁路客车	辆	1 067	26.6
	其中,铁路客车	辆	646	21.2
	城轨客车	辆	37	-72.8
	地铁客车	辆	384	120.7
8	摩托车	辆	144 219	-7.2
9	轮胎	万套	201.6	-4.1
10	汽车保险杠(力得)	件	723 500	25.5
11	汽车油箱	只	330 801	15.2
	其中,考泰斯公司	只	243 461	39.5
	永泰公司	只	19 650	40.3
	汽车油箱公司	只	67 690	-31.2
12	汽车离合器	万套	135.2	2.7
13	汽车安全玻璃	万平方米	465.3	38.9
	其中,福耀集团	万平方米	392.6	46.4
	皮尔金顿	万平方米	72.7	8.8
14	汽车座椅	台份	179 835	28.4
15	猪肉(金锣)	吨	163 500	-
16	牛肉(皓月)	吨	87 900	44.1
17	鸡肉及制品(德大)			
	其中,鸡肉	吨	104 269	-7.6
	食用油	吨	10 611	-70.5
	豆粕	吨	47 302	-72.1
	饲料	吨	370 641	-14.2
18	饮料	吨	237 947	-0.8
	其中,百事可乐	吨	154 849	-6.1
	可口可乐	吨	83 098	10.8
19	啤酒	千升	302 168	24.7
	其中,农安	千升	129 924	38.5
	双阳	千升	142 850	16.6
	榆树	千升	29 394	13.0
20	彩电	万台	23.0	-53.1
21	淀粉及制品(大成)			
	其中,玉米淀粉	吨	1 393 500	28.2
	变性淀粉	吨	108 000	-13.4
	淀粉糖	吨	1 086 000	12.7
	赖氨酸	吨	290 000	36.7
	蛋白粉	吨	85 000	40.5
	玉米油	吨	60 000	83.6

续表

序号	产 品 名 称	计量单位	年产量	比2005年±%
	饲料	吨	360 000	8.6
22	煤炭	吨	2 815 475	-2.4
	其中,煤炭集团	吨	780 180	18.3
	双顶山	吨	466 589	-8.5
	营城矿业	吨	550 088	-16.1
23	数控机床	台	53	-56.2
24	变压器	台	144	-22.2
25	油漆	吨	8 177	19.1
26	卷烟	万箱	23.2	0
27	棉纱	吨	6 853	-4.8
	棉布	万米	1 412	10.8
28	水泥	万吨	1 159	103.7
	其中,亚泰水泥	万吨	1 059	122.9
	鼎鹿水泥	万吨	100	6.4
29	汽柴油	吨	10 422	-85.7
	其中,汽油	吨	4 931	-85.5
	柴油	吨	5 491	-85.8
30	发电量	万千瓦时	1 174 571	31.3
	其中,一热电公司	万千瓦时	80 707	9.1
	二热电公司	万千瓦时	260 367	10.8
	热电发展公司	万千瓦时	247 401	728.5
	龙华热电公司	万千瓦时	533 712	5.2

技术创新 2006年,全市工业技术创新工作,以培育企业自主创新能力与核心竞争力为重点。围绕长春市两大支柱、三大主导、五大重点产业,通过启动实施"五个一批"工业企业技术创新百项工程,不断建立和完善以企业为主体、产学研相结合的技术创新体系,积极搭建面向全社会的技术创新服务平台,促进了全市工业经济增长方式的转变和工业经济的跨越式发展。

1. 组织65户企业的57个项目,申报了省"五个一批"工业企业技术创新工程计划,其中有15个项目通过省里专家论证评审,获得省2006年度企业技术创新工程项目补助资金330万元。同时,长春市也组织实施了100个长春市"五个一批"工业企业技术创新工程计划,其中:新产品35项、产业技术开发39项、能力建设5个、引进技术消化吸收6项、产学研联合15个,这些项目总投资20.5亿元,项目完成后可以实现销售收入425.9亿元,利税48.4亿元。截至2006年底,已有93个项目正在实施,投入资金14亿元。

2. 继续推动产学研工作进程。依据省校合作技术开发项目的申报重点、条件,组织申报了12个省校合作技术开发项目,这些项目总投资3 703万元,合同金额400万元,项目全部建成后可实现销售收入12.9亿元,利税2.2亿元。其中,中软吉大的IPV6网络仿真教学系统、迪瑞实业的全自动尿沉渣分析仪等6个项目通过专家评审。这些项目的组织实施,解决企业一批关键技术,开发出一批拥有自主知识产权的重点新产品。

3. 积极搭建技术创新服务平台。开通了长春市技术创新网,及时发布创新政策、产学研动态信息、企业需求信息、高校最新科研成果、技术合作项目、重要活动通知等信息,使企业能够及时准确地了解掌握技术创新信息。

4. 选择了一批对长春市产业发展具有带动作用、技术成熟、市场前景好的可以转化的高校科技成果项目,组织企业与高校、科研院所进行项目对接、洽谈,进行校(院)地、校(院)企合作,长春旭阳集团与吉林大学、长春海外学人创业园与东北师大、吉林宇平工艺品与长春光机所等10个项目签定了双方合作协议。2006年,全市投产新产品达到500种,完成新产品产值1 119.7亿元,同比增长41.2%。

技术改造　2006年,全市技术改造工作紧紧围绕工业结构调整和产业优化升级的主线,着力推进两大支柱、三大主导、五大重点产业的加快发展,为确保全年完成165亿元技改投资指标,以全市30项和省“五个一批”工程重点技改项目为带动,加强管理和服务,很抓技改项目建设实施,注意克服汽车市场下滑对长春市汽车及零部件行业投资造成冲击、项目建设资金紧缺等不利因素影响,扎实推进,呈现出稳步发展的态势。

1. 技改投资结构上突出支持长春市汽车及零部件工业加快发展,长春市地方汽车工业差异化发展和关键零部件制造实现了新突破。

2. 技改项目开工建设情况较好,加快了技改投资发展。2006年全市技术改造年度计划安排项目151项,已开工123项,开工率81.5%。全市30项重点技改项目中27项开工建设,开工率达到90%。30个重点技改项目中,已有吉林华正公司180万头生猪屠宰及肉制品加工等15个项目建成或部分建成投产,开始发挥作用。

3. 积极开展项目推介,帮助企业筹措项目建设资金,推动了项目建设进程。年内组织了长春一光等一批企业项目向银行进行了专项推荐。长春骏升、杭州机床集团长春一机公司等项目银行贷款已经到位,长春一光光电编码器项目通过评估,银行同意承贷。经过争取,全市共有27个项目得到1 350万元省企业技术改造和结构调整专项资金支持,是2005年的2.4倍,资金已全部拨付到相关企业账户;有12个项目列入省园区建设专项资金计划,得到扶持资金450万元。

4. 帮助企业落实税收优惠政策,降低了企业改造成本。帮助长春庄亿印刷有限公司等企业24个改造项目落实引进设备减免税等优惠政策,预计可以减免关税和进口环节增值税1 686万元,改造项目使用国产设备抵扣企业所得税5 005万元,进一步降低了企业改造成本。同时,全市113个项目列入省经委“五个一批”技改项目计划,有17个项目已建成投产,长春旭阳集团公司20万辆轿车座椅骨架轿车内饰件平台改造、长春骏升农用运输机械制造集团有限公司生产基地、九台金锣肉制品有限公司肉类深加工等69个项目正在建设实施。2006年,全市技术改造完成投资181亿元,完成年度计划指标的109%。

民营经济　2006年,全市围绕服务、融资、环境和全民创业等方面,进一步加大了促进民营经济发展推进步伐,全市民营经济整体保持较快的增长势头,呈现出良好发展态势。

1. 中小企业服务体系建设不断完善。对200余户财务代理、管理咨询、税务代理、法律服务、创业辅导、筹资融资、技术支持、信息服务等各类社会中介服务机构,进行调查和建档。帮助各县(市)、区、开发区建立了18户服务机构。

2. 中小企业市场开拓服务取得新进展。组织中小企业参加了5月份在青岛举办的世界级的中小企业新技术交流和新产品展览会。组织全市机械装备、医药、食品、电子信息等7大行业、21户中小企业参加了第三届中国中小企业博览会,在会上长春市参展企业共签约超千万元项目8个,金额近10亿元。

3. 加强了中小企业项目库建设。全年共收集入库项目500个。其中,投资超千万元的项目403个,完成投资额114亿元;超亿元项目73个,完成投资65亿元。全年有80户企业进入第一批全省成长型中小企业培育工程,24户企业进入全省工业提速增效活动100户中小企业行列。

4. 中小企业信用担保体系建设工作又有新进展。全年,新组建3户担保公司,资本金增加3 663万元。全市担保公司已达14户,资本金总额达7亿元。市中小企业信用担保有限公司接受企业咨询1 128户,考察企业404户,提供担保企业118户,累计担保额度142 653万元。

5. 民营经济发展环境得到进一步优化。①优化政策环境。对长春市民营经济发展58条政策进行集中修改和补充完善工作。②优化舆论环境。通过在报纸上刊登全民创业典型事迹系列文章,在电视上播放民营经济发展专题系列报道,在长春信息港网站设立专页,营造民营经济发展良好氛围。③优化政务环境。深入企业调研，了解企业发展存在的问题和企业运转中的需要，认真解决“三乱”问题。在调查研究、征求意见、专家论证的基础上，率先在全国副省级城市中提出了《长春市企业负担监督管理条例》，于12月27日经市第十二届人大常委会第三十次会议通过。④实施了以为企业提供咨询服务为主要内容的“双百工程”，全市有130多家企业与管理人才和法律人才签约，建立了长期咨询服务的合作关系。

6. 深入开展全民创业活动。全年新创办小企业15 111个，开发就业岗位75 390个，培训人员34 687人次，创业辅导基地达到48个，全市已建成和正在建设的中小企业创业基地达到53个。2006年，全市民营经济实现主营业务收入2 223亿元，同比增长15%；上缴税金47亿元，同比增长32.8%；民营企业达到38 354户，同比增长17%；从业人员达到125万人，比2005年末新增5万人。

人才培训　2006年，全市工业人才培训工作，积极开展“志愿者服务中小企业”、“汽车技能人才”、“民营企业管理者境外培训”等人才培训工作，取得了阶段性成果。

1. 开展汽车专业人才培训。完成三期汽车经纪人、估价师培训。其中，培训合格汽车经纪人53人，汽车估价师88人。充分利用长春市现有职业技术教育资源，开展汽车及零部件企业技能人才培训。与长春市职业技术学院和德国汉诺威中国培训中心达成协议，共有14名学员参加，2004年4月3日赴德国接受为期4年的职业培训共有14名学员参加，2004年4月3日赴德国接受为期4年的职业培训委托长春市职业技术学院完成22人的招生培训计划。

2. 全年对材料制造产业700人次进行了培训。

3. 开展中小企业、民营企业经营管理人才培训。与清华大学共同组织中小企业创新与发展峰会论坛；与省质量技术监督局和省中小企业局联合举办中小企业标准化培训班。组织全市民营企业家到苏州市、青岛、宁波等地学习。组织民营企业及君子兰养殖大户赴法国、德国、南非等地参加培训。与市工商联、商务局、国税局和地税局等部门配合举办各类专项培训班。2006年，全市培训民营企业高级管理人才570人，中级管理人才和专业技术人才2 450人，合计达到3 020人；培训20户重点材料制造业企业管理人才、专业技术人才500人，其他材料制造业人才200人；举办了两次中国长春汽车人才培养论坛，组织了4次大专院校与相关企业交流；学历方面培养汽车人才2 350人，在职教育培训汽车人才13 250人。

资源节约与综合利用　2006年，全市资源节约与综合利用工作，以全市“十一五”期间万元GDP能耗降低30%为目标，在以项目工作为载体，以技术改造为重点，积极推广工业节能、节材、节水等技术和设备，深入推行清洁生产，有力推动了全市经济社会的可持续发展。

1. 完成了《长春市节约能源条例》立法工作。在对外省、市立法调研的基础上，市经委起草了《长春市节约能源条例（草案）》初稿，广泛征求了市政府相关职能部门及相关企业的意见，召开了相关部门协调会议，在此基础上又先后征求了省人大常委会、省政府、市人大常委会、市政协、市政府有关部门和有关法律顾问的意见，经反复修改，形成了《长春市节能条例（草案）》送审稿。在顺利通过了市人大的一审、二审后，《长春市节约能源条例》已经通过了省人大的最终审议，并于2006年11月1日起正式实施。《长春市节约能源条例》适应了当前国家高度重视节能工作总体要求，将为长春市开展节能工作，全面完成“十一五”期间节能工作任务提供有力的法律保障。

2. 继续抓好项目建设工作。2006年，长春市向国家申报了6项资源节约与综合利用项目。其中，亚泰集团哈尔滨水泥厂建设项目作为全国水泥行业的试点项目已获得国家批准，项目正在资金计划申报阶段。该项目总投资4.8亿元，可获得国债补贴资金4 800万元。在做好2006年项目上报工作的同时，加强了对在建项目的监督管理工作。2005年组织申报并已获得国家批准的项目进展顺利，目前各项目单位均已开工建设。

3. 组织开展资源节约检查工作。按省政府办公厅《关于开展资源节约专项检查的通知》要求，集中开展对轨道客车、亚泰集团、皓月集团等重点企业检查工作。重点检查各单位节能管理制度建立执行情况、耗能设备运行状况、节能节水设备推广情况、能源计量设备配套情况以及各单位2006年节能技术改造情况，为确定今后一个时期全市节能工作目标及措施的制订奠定了基础。4. 加大了节能宣传工作力度。按国家2006年节能宣传周工作要求，6月份在全市开展了2006年节能宣传周活动。市经委组织重点企事业单位沿人民大街两侧开展街路宣传活动。充分利用各种新闻媒体，加大节能宣传力度。组织中小学校开展“节约能源，从我做起”征文节约能源宣誓升旗仪式”等活动。

煤炭行业管理和安全生产

2006年，全市认真落实煤炭安全生产责任制，与各相关部门签订了安全指标责任书；制定了《长春市煤炭行业管理与安全保证体系》、《煤矿应急预案》，《煤炭供应应急预案》；进一步加大了以技术进步为支撑，以“一通三防”和防治水为重点，以煤矿安全综合治理为手段的安全生产防治检查整改工作力度；完善了全市三支救护队伍，新增救护队员27人，新投入救护装备费用500余万元；每季度开展一次安全大检查，对高瓦斯、高井压、煤尘大、受水患威胁的矿井实行重点监管，共检查出隐患398条，协助上级部门处理事故9起，对发生事故煤矿提出了安全隐患整改意见；对280个经营单位和业户的资格进行审核，取缔了310户无证经营的散煤商贩和2户型煤厂。2006年全市煤矿企业发生安全生产事故11起，死亡15人，事故起数同比减少6起，死亡人数同比减少10人；全年煤炭产量突破300万吨，达到328.6万吨。

（郭建华）

交通设备制造业

【中国第一汽车集团公司】 中国第一汽车集团公司到目前为止有全资子公司30家，控股子公司18家，其中包括有一汽解放汽车有限公司、富奥汽车零部件有限公司等全资子公司和一汽轿车股份有限公司、天津一汽夏利汽车股份有限公司、一汽四环汽车股份有限公司等上市公司及一汽——大众汽车有限公司、天津一汽丰田汽车有限公司等中外合资企业。在东北、华北和胶东、西南形成布局合理的三大汽车生产基地，以及在国内汽车行业具有产品开发和工艺材料开发领先水平的一汽技术中心。资产总额1 098.5亿元。2006年，一汽列“世界最大500家公司”第470位；“中国制造企业500强”第1位。2006年公司品牌价值达到424.21亿元；实现销售收入1 486亿元。至今，第一汽车集团公司累计产销中、重、轻、轿、客、微各类汽车920万辆，在巩固和发展国内市场的同时，不断地开拓国际市场，逐步建立起全球营销和采购体系。2006年主要经营数据：汽车销量1 165 702辆。其中，轿车873 068辆；重型载货车65 289辆；中型载货车56 972辆；大中型客车7 628辆；轻型载货车63 037辆；微型客车45 052辆；微型卡车21 710辆。全年销售收入1 486亿元，实现利润34.9亿元，实现利税163.7亿元。

创新体制机制有了新进展

2006年，一汽对一汽轿车、天津一汽和四环股份3家上市公司进行了股权分置。对技术中心进行了以市场和用户为导向的核算体系变革，使市场需求、生产单位与研发体系三者之间的关系更加清晰，开发责任更加明确，成本更加合理，质量更加可靠，为进一步深化研发体系改革、深入推进项目制、完善人事激励与约束制度打下了基础。对一汽——大众公司等单位完成了薪酬制度的改革，激励机制变革已经初见成效。展开了对富奥公司和客车公司的体制机制改革的设计与探索。对四川专用车厂和四平专用车厂的体制改革也取得实质性进展。对锻造公司与印度巴勒特公司合作取得了成功，对解放思想、利用外援改造传统的老企业、稳定员工队伍起到了示范作用。2006年，物流系统整合也迈出了实质性步伐，重组并成立了陆捷物流有限公司。整合了集团物流核心业务资源，增加了物流效益。物流整合体现了集团的权威性和相关子公司及员工的大局意识，显示了科学优化体系与流程的重要作用。

质量提升有了新进步

2006年，一汽质量体系控制能力、管理方法、组织保障等方面都有了明显进步。产品质量特别是自主品牌整车及零部件多年的经验积累与学习吸收得到了释放，奔腾轿车、威志轿车、“5+21”解放卡车等全新自主产品以及适应性改进的自主产品的质量有了明显提高。一汽产品质量得到社会广泛认可，2006年集团主营收入废品率下降14%，主营收入索赔率降低21%，在相关中介机构的专项评价报告中，自主品牌与合资品牌的用户满意度都有了新的提高。

成本控制有了新突破　2006年降成本工作常抓不懈，整个一汽预算意识、成本意识明显增强，分级核算程度不断加深，成本控制能力进一步提高。2005年的成本改善成果进一步释放，新的措施也取得了很好的效果。采购系统改变了传统“一刀切”的做法，科学降成本，加强对供应商的指导与管理，帮助供应商完善流程、改进工艺，提高了供应商成本控制能力，进一步密切了供应商与主机厂的关系，促进了采购降成本的顺利展开，全年降成本突破46亿元。职能部门降低费用的举措比过去更加主动，与年初预算比降低1.05亿元，因追加新项目，实际降低费用超过0.4亿元。

营销改进有了新成果　2006年，营销体系改进取得了阶段性重大成果。一汽——大众公司营销系统大胆进行营销思路与营销模式的新变革，引入国际管理模式，市场应变能力和销售能力大幅度提高，突破了30万辆的销售门槛。解放营销体系以强化贸易公司本部职能、经销商终端能力、区域营销管理、改装车体系为重点，整顿了营销网络。进入下半年以来，市场份额逐步提升。一汽丰田公司的特色促销、一汽轿车公司的渐进式市场预热、天津一汽公司的精确管理、吉汽公司的海外开拓、一汽红塔公司的“伙伴式”服务、一汽客车公司的网员制销售等营销方式的创新，也都有力地促进了产品的销售，为全年实现117万辆销售提供了坚强的体系支撑和管理支持。2006年，产品进出口工作进步明显，零部件出口基地建设得到了强化，解放品牌国际知名度进一步提升。注重销量，更注重效益，整车海外销售实现新的突破，全年超过2万辆，出口贸易总额为1.94亿美元，同比分别增长40.5%与31.3%。

自主开发有了新收获　2006年是一汽自主产品投放较为集中的一年，多年奋斗，厚积薄发，对市场销售形成了有力拉动。在整车方面，成功投放了“红旗”HQ3、“奔腾”及“威志”轿车，订单数量都超出预计目标，标志着自主品牌轿车新产品的系列化开发与投放实现了历史性跨越。解放“5+21”重点产品及其拓展车型共34个品种投放市场，有效地支撑了解放卡车的销售。在关键总成和关键技术方面，8.6升6DL发动机成功投放，TA1发动机研发完成，JB8发动机成功点火，JM1发动机、变速器等研发进展顺利。汽油直喷增压、混合动力轿车、汽车电子及国家“863”项目取得阶段性成果。各个子公司研发热情也十分高涨，与集团公司研发体系主动配合，产品的适应性开发紧锣密鼓地展开。同时，合资与合作企业的新产品投放也取得了明显进步。新捷达以合资企业为项目主体的开发工作稳步进行，速腾、新宝来GP成功上市，马自达轿跑车、Wagon等新产品按时推出，丰富了产品线，提升了市场竞争地位。

企业发展与员工生活更和谐　按照“认真贯彻党的十六届五中全会精神，以人为本，科学经营，和谐发展”的总要求，注重市场规律的研究把握、工作措施的科学设计和经营风险的应对防范，工作的针对性和实效性明显增强，整体绩效稳步上升。结合清产核资工作，治理商业贿赂，构建惩防体系，有力地促进了国有资产保值增值。在国家审计署对一汽进行的专项审计调查中，各子公司、各部门积极配合，得到审计部门认可，既说明了一汽具有较高的经营管理

红旗HQ3轿车下线仪式

水平,也为进一步抓好管理指出了方向。通过调整岗位基础工资,增加了员工收入。注重培训,强化实践锻炼,提高了员工在市场经济条件下的工作技能与生存能力。对有突出贡献的226名高级专家、510名优秀科技人员及113个科技项目给予重奖,营造了尊重技术、尊重人才的氛围,推进了企业科技创新。在分离企业办社会工作过程中,正确处理改革与稳定的关系,整体规划、稳步推进,实现了中小学和公安职能顺利分离,3 500名员工平稳地进入汽车产业开发区各部门就位。积极与政府部门沟通,争取到优惠的住房改造政策,吸纳社会资金24.34亿元,对13个生活区进行了"捆绑式"开发,改善了员工的居住条件,为员工谋得了较大实惠。修建了7条道路,加强了社区绿化、旧房维修与供暖改善,为员工生活提供了更多的便利,维护了企业稳定,促进了企业和谐。

规划目标与工作措施更明确　2006年,召开了中共一汽第十二次党代表大会,总结了"十五"发展的经验,进一步明确了"自主发展、开放合作"的发展方针,确立了产品研发、整车发展、零部件发展、体系能力建设、海外事业开拓五大战略任务。召开了一汽第三次科技大会,大会认真回顾了上次科技大会以来的科技发展历程和十大里程碑事件,提出了"重点突破、体系支撑、领军行业、人赢则赢"的科技发展指导思想,明确了今后10年的科技战略目标和十大科技任务。两个会议明确了"十一五"及未来发展目标,指引了企业的发展方向,得到了党中央和国家有关部委的高度评价,鼓舞了员工士气,对企业未来发展产生了深远而积极的影响。

(王　亦)

【长春轨道客车股份有限公司】

2006年底,公司在册员工8 480人。高级专业技术职称387人、中级职称547人;高级工人技师52人、技师264人。设有17个行政管理部室、1个技术中心、1个分公司、2个控股子公司、1个合资公司、8个直属厂、2个直属车间。固定资产原值19.7亿元、净值12.28亿元;设备总数为3 811台(套)。生产用建筑面积57.29万平方米。全年共完成新造客车1 121辆,其中,国内铁路客车664辆,国内城轨车319辆,出口车138辆。实现销售收入37.74亿元、利润5 243万元。在"十一五"的开局之年,公司先后被国家科技部、国资委、全国总工会确立为首批103家创新型试点单位之一,被国家发改委授予"推进城市轨道交通装备国产化先进单位"称号;公司研发中心继1995年被国家经贸委、国税总局、海关总署认定为国家级技术中心后,又被科技部确定为全国118家国家级技术中心之一;公司领导班子被中组部和国务院国资委授予"创建'四好'领导班子先进集体"称号;公司党委被国务院国资委党委授予"中央企业先进基层党组织"称号。公司荣获国家安全生产监督管理总局颁发的"一级安全质量标准化机械制造企业证书"、"国家技能人才培育突出贡献奖"、"全国学习型组织先进单位"奖牌,第二次被中华全国总工会、国家安全生产监督总局授予全国"安康杯"竞赛优胜单位称号。获吉林省文明单位称号、吉林省人才工作先进单位称号,被吉林省政府授予博士后科研创业基地。

企业管理　公司制订并实施了"十一五"发展规划,优化职能,调整机构,深化改革。完成了国际业务部职能调整;增设了第二装配厂装配二车间以及转向架厂新产品车间、机加车间,撤销了转向架厂配件车间;将原铸钢厂和锻工车间合并设立了铸造分公司;铁路客车开发部还改革内部机构和管理模式。公司强化资本运作,对伊朗合资企业追加了投资,开展了重庆长客城市轨道车辆有限责任公司前期筹建工作,收购了长春客车厂持有的进出口公司5%的股权。与唐山机车车辆厂客车业务进行了整合与资产重组。实施项目管理,提高了项目执行的效率和质量。深入开展了"清理管理死角,提高管理标准"活动,共查摆出11类432个问题,明显提升了基础管理和现场管理水平。全年实现了"无重伤,零死亡"的目标,顺利通过了职业安全健康和环境管理一体化监督审核,以较高的分数取得了国家安全质量标准化一级企业证书。加强对200km/h动车组项目的成本费用控制,开展了融资、供货商延迟供货等风险分析评价;编制了材料成本计划、资金需求计划和现金流量预测,对项目运行中的各项费用进行有效控制;运用ERP系统理顺付款程序,合理把握了付款时间,减少资金占用。通过修订并推行《技术通知管理细则》以及开展相关设计成本分析控制工作,有效降低了设计成本。通过对孟加拉、北京10号线、伊朗地铁119、北京机场线、北京2号线、长春轻轨等项目成本分析,加大了项目成本控制力度。监督控制完工产品的材料成本、应收账款和产品质量成本指标。通过增加授信额度、与进出口银行合作等办法,获得了金融费率和贷款利率优惠,降低了财务费用。质量管理体系日趋完善,产品质量明显提升。特别是萧甬铁路客车、天津地铁车、北京5号线地铁车等产品质量,得到了用户的肯定和赞扬,提升了用户心目中的品牌形象。完善技术标准体系,制订了产品编码规则;开展高速动车组标准体系研究;完成了国际制图标准、DIN6700焊接标准等5项标准的培训工作;在产品设计上加大对国外标准的采标力度,逐步实现与国际接轨。大力推进信息化编码工作,计算机辅助工艺EAPP项目一期工程达到了预期效果,技术信息化系统集成项目按节点计划顺利进行,消化吸收了引进的分析软件,建立了技术引进对外合作项目平台,完善了ERP及办公自动化系统。

生产经营　2006年,公司经受住200km/h动车组项目执行、工业化改造和布局调整、“三大市场”(国内铁路客车、国内城轨客车、国际市场)激烈竞争、“四条生产线”(200km/h动车组项目、春运车、城轨车、出口车)交叉作业、人力资源培训与调配、长客厂搬迁以及与唐山厂客车业务重组等多重挑战。200kra/h动车组项目在艰难中取得突破性进展、大面积的工业化改造和布局调整成效显著、三大市场硕果累累。特别是通过与阿尔斯通、西门子、庞巴迪等国际一流企业展开的技术合作,使公司对建设国际一流轨道客车制造企业的目标更加明确,思路更加清晰。全年共完成新造客车1 121辆,经营业绩再创历史新高。

技术引进　技术引进工作主要以200km/h动车组项目为核心,以总体执行计划为纲领,层层分解,周密组织,逐项落实。正式接收阿尔斯通转让的文件94批13 898份;按计划推进技术培训,完成出国培训72个团组,回国接力培训6 275人次,基本满足动车组批量生产需要;技术支持按合同已经完成总数的58.18%;按时完成了铝合金车体、转向架等大部件的制造和交验工作;国内外采购和重要配件国产化工作正在全力推进。同时,300km/h动车组项目也全面展开,工业化改造、技术转让、人员培训等工作都在按计划进行。

新产品开发　年内完成了斯里兰卡宽轨车、长春轻轨车、低速磁浮车、北京10号线地铁车等项目和一系列转向架的研发。开展了16辆长编组250km/h卧车、250km/h检测车和机场线直线电机地铁车等产品的开发设计。积极推行标准化、工装化理念,对209P转向架、城轨车转向架、CW－200转向架进行了系统优化,有效地提高了产品质量。依据国家技术创新政策,先后完成了“十一五”国家科技支撑计划中的“350km/h动车组”项目及“100低地板轻轨系统”课题的立项,为抢争占国内高速动车组和高端城轨车市场奠定了基础。全面引进阿尔斯通200km/h动车组技术平台,努力构建新的研发体系,同时不断推进大连现代轨道交通研究院建设,确定并开展了30多个研究项目。

市场营销　相继取得了上海局萧甬铁路客车67辆、行包公司行李车22辆、威海地方铁路客车24辆、2007年春运车226辆、2007年一标车167辆,按销售额计算占2006年铁路客车市场份额的48%。两列“长白山”号动车组经过努力实现销售。在国内城轨车市场,先后取得了北京机场线直线电机地铁车40辆、北京2号线地铁车144辆、深圳1号线A型地铁车24辆、沈阳1号线地铁车138辆以及上海磁浮车3辆,合资企业取得了上海9号线地铁车306辆。年内拿到投标6个城轨项目中的5个。特别是北京机场线直线电机地铁车和深圳1号线24辆A型地铁车项目的取得,不仅填补了公司两项空白,而且对未来市场开拓具有重要意义。在国际市场,取得了斯里兰卡100辆宽轨客车项目、伊朗RAJA公司50辆双层客车项目以及澳大利亚626辆不锈钢双层客车分包合同。澳大利亚项目的签订是公司产品首次进入发达国家市场。全年累计取得各类产品订单1 967辆,签约额达98亿元以上,创造了历史最高水平。

售后服务　售后服务工作用户满意度以及用户反馈问题应答率,都得到用户的积极肯定。市场一部售后服务处,在除西藏以外的17个铁路局设立了服务站,在巴基斯坦铁路总部的拉合尔设立了服务站。实施了技管人员及各服务站主任微机原理和应用的专题培训，为各服务站配置了微机、传真打印机、数码照相机等办公设施，售后服务信息传递实现了电子文档及数据化、图像化，保证快捷、高效、准确、及时。全年主要完成全国18个铁路局所属60个车辆段以及出口巴铁客车质保期内共计6 898辆铁路客车的售后服务工作。组织完成各铁路局计448辆新造铁路客车的整备、调试、试运及开通服务。完成18个铁路局60个车辆段2 326辆客车的技改项目施工或批量整改23项。按铁道部及集团公司要求，组织270人，分5个批次对6 205辆客车重点项目及部位进行普查。同时完成广铁、昆局、哈局动车组的售后服务，沈阳“中华之星”270km/h动车组的售后、相关质保期内备品备件的准备、发送，以及与沈局的正式交接。配合公司完成了巴铁高层访问团与公司领导会谈中售后服务相关资料的准备及会议纪要的落实，为巴铁提供配件的准备、提取、发送等。按照200km/h动车组项目的整体规划，编写了200km/h动车组售后服务方案、调试售后人力资源需求方案、费用计划以及说明；转化了《现场管理程序》、《现场库房管理程序》文件；起草了200km/h动车组“4．18”大提速售后服务方案。市场二部售后服务处独立承担城轨客车售后服务工作。机构设置有综合技术管理组及北京站、天津站、武汉站、伊朗站4个售后服务站。主要服务于北京城轨1 3号线、天津滨海城轨客车、天津地铁1号线、武汉轻轨客车、重庆单轨客车和伊朗德黑兰地铁1号线、2号线及双层客车等。拟订并组织实施城轨产品售后服务管理制度、建立售后服务信息网络、现场服务的统一管理和与用户的协调沟通、组织售后质量故障的技术诊断和维修、质量信息的收集、整理及反馈等诸项工作。

基本建设与技术改造　完成了转向架焊接新厂房续建、轨道客车及部件生产基地办公楼新建、东试验线两个调试间新建、直线电机试验线新建、总装车体间铁路调整等19个项目。技术改造工作按照“工艺布局科学合理，制造水平世界一流”的总体目标，按计划完成了200km/h动车组工业化改造任务，实现了不锈钢、铝合金车体生产线和城轨车装配线扩能的第一阶段目标，对最能体现企业核心技术的转向架生产线进行了全面再造。同时完成的技术改造项目有：数控水切割机、数控立式铣床、排尘系统、监控系统等设备技改273台（套）；完成木工厂改成内饰件厂、转向架工艺布局调整等基建改造17项；完成网络工程等信息化技改243台（套）。

宣传思想工作和企业文化建设　开展了“更新发展理念、确立共同愿景”主题系列教育活动及《榜样》一书的读书活动，并组织不同层次的学习交流研讨会。通过调研总结提出了“培育精细品质，打造民族品牌”的企业核心理念。组织职工观看《小故事，大管理》专题片，党委宣传部派出专题教育报告员深入到各厂、车间、职能部室进行宣讲，并撰写14篇特约评论员文章引领教育。全程跟踪、深度报道200km/h动车组技术引进、落实职代会精神、“清理管理死角，提高管理标准”和践行社会主义荣辱观等主体工作，在互联网、电视、报纸、广播等媒体，开辟专栏、专题、设立专题网站、组织专题网页，以及专访、论坛等多种形式，营造典型舆论氛围。中央电视台、人民日报、经济日报、科技日报等专题报道了中国地铁和城市轨道车辆研发史及未来展望。按集团公司要求调整了视觉识别系统，确定了企业制造名牌的设计标准和具体要求，下发了《关于规范长春轨道客车股份有限公司公函、传真、便签、名片样式的通知》、《关于规范公司公函纸等办公用品样式的通知》、《关于使用统一的幻灯片模板的规定》等文件。

党群工作　公司党委围绕生产经营，在公司召开的200km/h动车组项目责任书签字仪式暨动员誓师大会上，公司党委书记董事长与公司高管人员及部分基层单位党政领导分别签订责任状。党群部门对责任目标分解细化，制订了考核项点和保证措施。下发了《关于进一步加强200km/h动车组技术引进和国产化工作的决定》、《关于200km/h动车组项目实施中对领导干部履职尽责的若干纪律要求》。在春运车、城轨车生产时，发布了《关于动员公司各级党组织、广大共产党员和职工确保完成四季度生产任务的通知》。党委工作始终贯彻“求真务实，低调不张扬”及“沟通协调、让权补位”的指导思想和基本原则，坚持“依法治企、从严管理”，在贯彻落实《中国北车集团公司党委关于所属企业开展“四好”领导班子创建活动的实施意见》中,制订下发了“四好”领导班子创建活动实施方案。广泛开展了以“政治素质好、经营业绩好、团结协作好、作风形象好”为内容的“四好”领导班子创建活动。在中层领导干部中实行任期及年度工作目标责任制,坚持领导干部谈话和诫勉制度,全年谈话100多人次。分别考核26个部室、9个厂和3个直属车间的225名中层领导干部,调整领导干部68人次,其中提拔优秀年青干部20人,中层领导干部竞聘上岗5人、解聘7人。加强基层党组织建设。举办了新近上岗的专兼职党支部书记业务培训班;坚持开展“创先争优”活动,表彰和奖励了在“创先争优”活动中取得突出成绩的先进党组织、优秀共产党员和优秀党务工作者;深入开展“学技术,练硬功”活动、“双向培养”活动,有计划地把党员培养成为技术业务骨干。在各类专家和拔尖人才中党员的比例由43%提高到了47%,上级评选表彰的各类劳动模范中,党员占80%比例。全年发展新党员56名,其中各类专业技术管理骨干44名,占78.6%。纪检监察部门注重抓源头治理和监督制约工作,开展了反腐倡廉和法制纪律教育,下发了《企业领导人员廉洁从业手册》、《关于党员领导干部述职述廉的暂行规定》、《关于对党员干部进行诫勉谈话和函询的暂行办法》、《吴官正同志在中央纪委六次全会上的工作报告》以及集团公司党风建设和反腐倡廉工作会议文件。全年进行300余人次的党风廉政谈话。先后制定了《基层单位自有资金管理暂行规定》、《礼品、礼金管理暂行规定》、《经济合同审计办法》、《后续审计暂行规定》等。全年开展监察项目173项,其中重点加强对200km/h动车组、城轨车的工装采购、重点单位资金管理、工业化改造涉及的基建工程、不良资产管理、振兴东北老工业基地专项国债资金支持的设备采购等项目的监察力度。

工会工作主动融入生产经营,以维护职工合法权益为重点扎实开展工作。1. 强化民主管理,召开了公司职工代表大会,对职工代表提出的47项提案进行督促落实。2. 抓好厂务公开工作,健全组织、明确目标、强化考核。3. 结合生产经营,广泛开展群众性经济创新活动,表彰优秀操作法、“五小”成果和工人技师“三个一”先进个人。开展了“立项攻关、确保质量、确保春运车交车”立功竞赛活动,立项攻关113项。4. 按照上级“创建学习型组织、争做知识型职工”的号召,深化读书自学活动,引导职工学文化、学技术,多种形式宣传各方面高技能人才。5. 是围绕专题教育开展活动。结合200km/h动车组生产开展班组座谈、女职工“完美人生”系列活动,举行了“憧憬美好未来”诗歌朗诵会、“礼仪之星”模特大赛和环厂长跑赛等文化体育活动。

共青团组织坚持以“服务企业、服务青年”为宗旨,以“与祖国共奋进,与企业同发展”主题教育活动为重点,引导团员青年在建设国际一流轨道客车制造企业的进程中发挥生力军作用。开展了青年文明号和青年安全生产示范岗创建活动、首届青年科技论文征集活动、创新创效优秀成果评比活动,举办了两届英语演讲赛。召开了首届团代会,选举产生了第一届委员会,明确了未来3年的工作目标。

长春70%低地板轻轨车

长春轻轨车是国内第一个批量生产的70%低地板轻轨车项目,首次开发研制,是目前国内技术最先进、外形最美观、重量最轻、研制生产周期最短的低地

长春轻轨车

板轻轨车。它采用了铝合金车体、液压制动等多项新技术，填补了国内空白。它的研制成功，标志着世界发达国家所使用的各种制式的城轨车，公司已经全部具有了研制生产的业绩。车辆用于长春轻轨二期工程。列车为两动一拖三辆编组，全长28.32m，宽2.65m，设计速度为80km/h。车头采用大流线型结构，超大车窗令车外的景致一览无余。车内以灰白为主色调，暗红为辅助色，色彩鲜明。座椅区别于以往城轨客车的不锈钢、玻璃钢材质，首次采用布艺软包座椅，温馨舒适。该车外观采用桃红、湖蓝、银灰三种不同的车身颜色，美观时尚。作为国内技术最先进的低地板轻轨车，其显著优势有：70%低地板结构，即低地板区达到客室面积的70%。低地板区和门口部位的地板面距离轨道面只有380mm，可不设专用站台，降低了线路造价，方便上下车；该车采用弹性车轮，最大限度地降低噪音污染。通常运行中客室噪音在75分贝左右，而该车在调试运行中的噪音为65分贝。由于轴重轻，同等速度下节省牵引力，节约能源，因而有“绿色交通工具”之称；在国内首次采用世界上最先进的液压制动系统；专门研发的转向架技术先进，具有良好的安全性和舒适性；运用了先进的牵引和网络控制系统；铝合金车体技术先进，具有轻量化、耐腐蚀性强、便于维护、密封性能好、外观平整等优点；车辆之间采用多自由度的铰接结构连接，车顶端设有目前欧洲最先进的减振器，提高车辆运行的平稳性和曲线通过性能；车体结构、转向架系统均为自主设计研发。牵引系统、制动系统、网络控制系统、铰接系统均采用国内、外先进技术，总体集成由公司完成，达到了最佳匹配，在国内处于领先地位。12月18日，公司举行了长春70%低地板轻轨车新闻发布会，宣告国内最高档次的70%低地板轻轨车在公司诞生。中央驻长新闻单位及省、市地方主流媒体的30余名记者参加了发布会。会后，记者们试乘即将交付用户的首列车，并在司机师傅的指导控制下试驾。12月26日，长春市举行了“长春轻轨二期工程开通运行仪式”。公司研制生产的长春轻轨车首次在家乡人民面前亮相。总经理那利明向长春轨道交通有限责任公司董事长王成仁移交首列轻轨车钥匙。市长祝业精在讲话中高度赞扬了长客股份为家乡生产出高质量、高档次轻轨车。

优化人才结构　公司认真抓人才引进、培养和使用三个环节，积极探索人才开发新途径。年内，评聘各类专家43名、拔尖人才278名，1 38人通过剑桥商务英语各级考试并经绩效考核后享受外语补偿金。推荐各级各类高层次人才20余人次，其中获省级优秀人才2人、铁道部詹天佑青年奖1人、市级有突出贡献专家1人、市级优秀人才2人。全年引进博士后5名，接收全日制博士生3名、硕士研究生23名、大学本科生102名。还招收100多名本、专科毕业生充实到高技能操作工人队伍当中，形成满足不同需要的人才梯队。在完成200km/h出国培训和接力培训外，持续开展日常培训，通过联合办学、委托培养和专业培训，全年有19人取得了工程硕士学位，394人取得了729个各类欧洲焊工证书。聘请清华大学、北京交通大学、西南交通大学的工程院士和资深专家，开展“焊接技术”、“列车网络通讯与控制”、“轮轨关系研究”等学术讲座和技术交流活动，不断提高全员的整体素质。

（刘玉芬）

工业国资公司

【概况】　根据长春市国企改革任务已经大部分完成，市工业国有资产经营公司所承担的工作任务已发生变化的情况，2006年2月27日，长春市政府以长府发[2006]9号《长春市人民政府办公厅关于调整我市工业、商业国有资产经营公司工作任务及相关问题的通知》，决定对市工业国有资产经营公司所承担的工作任务和人员编制进行了相应调整，调整后公司由市国资委归口管理。调整后工业国资公司的任务为：负责对公司及其所属企业国有资产的管理，组织实施企业改制及相关问题的处理，负责相关信访稳定工作，指导所属企业退休人员的服务管理以及市委、市政府、市国资委交办的其他工作等。市政府有关部门根据以上工作任务的变化，相应调整了对工业国有资产经营公司的考核目标，不再考核相关经济指标。同时相应对工业国资公司机关人员数量进行精简，原公司机关工作人员44名，分流了31名，留16人，其中，处级以下人员10人，工勤人员3人。2月27日，长春市编制办以长编[2006]10号《关于调整长春市手工业合作联社挂靠部门等事宜的通知》,决定将长春市手工业合作联社由原挂靠市工业国资公司改为挂靠长春市经济委员会,手工业联社主任由长春市经济委员会主任兼任。

【国企改革任务基本完成】 市工业国资公司尚有国有企业47户(不含划归宽城区的12户),到2006年底,完成国企改革40户,占全部国有企业的85%。另有4户企业已在程序中,量具刃具公司、长虹电器公司、拖拉机厂3户企业须延至2007年进入破产程序。在2006年国企改革中,工业国资公司当年运作的20户企业,在三个方面得到落实:1. 债权债务处理落实。其中,处理金融机构债务151 730万元,银行受偿为14 256万元,占9.4%,核销债务135 425万元,占89%。2. 职工劳动关系转换落实。在职全民职工11 645人,已办理解除劳动关系手续11 168人,占96%;重组企业中,重新签订劳动合同、上岗3 845人;离休干部已移交老干部局179人;安置接收全部退休人员101 144人。3. 2006年9月前已完成改制的25户企业,已有11户实行属地化管理,7户企业关门走人,另有7户企业待重组结束后移交。

【招商引资】 招商引资是国企改革能否成功的关键,市工业国资公司坚持国企改革与企业技术改造,企业发展紧密结合,积极、健康推进招商引资和破产重组工作。在已完成的25户破产企业中,有14户破产重组,其中,通过招商重组的2户,由原企业经营者群体及职工重组的有12户,在原地重组的有5户,易地搬迁重组的9户。2006年,3个合资项目取得实质进展,为企业改制奠定了基础条件。

1. 钢铁总厂搬迁改造项目。2006年3月28日市钢铁总厂与长春金源实业集团公司签订合资协议,双方共同出资在德惠市米沙子建立钢铁股份有限公司。项目分三期建设,一期投资9 400万元,二期投资3 700万元,三期投资6 525万元,2008年完成全部投资,实现48万吨生产能力。4月16日,工业国资公司同德惠市政府、市钢铁总厂、长春金源实业集团就钢铁总厂搬迁改造项目开工前需解决的问题形成会议纪要,德惠市政府在土地费用、软贷款、用电方面都提供了相应的优惠政策。

2. 虹桥电器厂搬迁改造。长春虹桥电器厂已与四川长虹集团组建的吉林长虹公司10年合作到期。长虹集团同意继续合作,并提出了建立长虹工业园项目的规划,就吉林长虹职工身份的理顺、长春长虹新的发展思路、新厂址的选定,合资合作的形式、搬迁的总费用及总概算进行多次洽谈,并提交四川长虹董事会讨论通过。2006年10月25日共同签署了关于建立长春长虹工业园的协议书,并就享受相关优惠政策,建立工业园的土地、厂房、旧厂区土地使用权、吉林长虹清算等事项进行了深入洽谈。

3. 长春专用车公司改造搬迁项目。2006年4月25日,市专用车公司与吉林迅康药业集团公司签定了合资合作协议书。由长春专用车公司、吉林迅康药业集团(含韩国高空产业株式会社)组建合资公司,注册资本2 000万元人民币,双方分别占65%和35%;由迅康药业集团提供4 200万元,作为专用车公司职工解除劳动关系的补偿金及偿还职工债权;对专用车公司进行搬迁技术改造,由迅康集团提供7 000万元作为建新厂区、企业搬迁及停产的费用。新厂年设计产量1 000台,占地面积6万平方米,建筑面积23 500平方米。当年迅康集团也已先期投入改制费用800万元。新厂区建设项目在8月份完成了立项审批,并在绿园区选址,已经完成新厂环境评估、地质勘测,厂区管网规划,正委托九院开展厂房、工艺的设计。

4. 由杭州机床集团与长春一机床厂、市工业国资公司共同组建的长春第一机床有限公司投资5 500万元,占地5.1万平方米,建筑面积2万平方米的新厂区落成,2006年12月28日举行了新厂区开工典礼。

【经济运行平稳发展】 2006年,纳入工业国资公司统计口径的规模以上企业共计完成工业总产值30.1亿元,与2005年持平。其中,产值5 000万元以上的企业具体完成情况如下:产值增长的企业有:拖拉机集团2006年新增产值3.1亿元;数控机床有限公司完成产值5 500万元,比2005年增长24.3%;东方有色压铸公司完成产值8 950万元,比2005年增长21.9%;电炉公司完成产值1.2亿元,比2005年增长18.7%;长海车灯完成产值9 500万元,比2005年增长

47.3%；渤海活塞公司完成产值5 500万元，比2005年增长10.7%；恩封油封公司完成产值1.1亿元，比2005年增长3.2%。产值下降的企业有：灯泡电线公司完成产值4.8亿元，比2005年下降38%；长虹公司完成产值2亿元，比2005年下降60.1%；中型轧钢厂完成产值1.15亿元，比2005年下降23.1%；维鸿东光电子器材公司完成产值5 200万元，比2005年下降29.3%。

（刘铁钧）

烟草业

【概况】 长春市烟草专卖局、长春市烟草分公司于2006年更名为长春市烟草专卖局、长春市烟草公司。长春市烟草专卖局（公司）担负着长春市的卷烟市场管理、供应工作。2006年，紧紧围绕省局“1134”发展思路，以销量、利润增长为目标，以培育品牌、提升结构为重点，推进以财务预算为核心的企业管理，认真开展企业文化建设，加大专卖内管外打工作力度，全年共销售卷烟23.8万箱，实现销售收入20.1亿元，实现利润2.62亿元。

【专卖管理】 专卖管理部门以提高专卖市场控制力为目标，坚持“内管”与“外打”并重，推动了卷烟市场秩序的逐步好转，强化了卷烟经营的规范意识。专卖系统的广大干部职工不等不靠，积极出击，以落实公检法烟草四部门联合办案机制为主线，坚持“破网络，抓管理”的工作原则，重基础、抓监管，重经营、拼耐力，成功地破获两起网络案件，成功地破获了一起价值25万元、14个品种的假冒商标卷烟333件，一举捣毁了案值300多万元的假烟网络案件，收缴各类卷烟200多件。特别是公检法的介入，对从源头遏制涉假犯罪行为，发挥了积极的震慑效果。2006年共刑拘8人，批捕6人，判刑3人，追刑力度进一步加大。坚持日常检查不放松，一年来，全市共出动9 539车次，26 123人次，对市场进行了5 937次检查，办理各类案件340起。研究出台了《内部专卖管理监督工作规范》和《卷烟经营管理自律制度》，对监管主体的每一个环节都确定了监管内容。

【经济运行】 加大品牌培育力度，促进经济效益水平不断提升。一年来，长春市烟草专卖局（公司）围绕经济运行质量的提升，注重抓了四个环节：1. 以市场为导向，以省局品牌目录为框架，对2005年94个品牌进行筛选，确定了32个品牌作为培育重点，研究制订了《长春市品牌培育实施方案》，有组织、有计划地分步实施，取得了较好效果。2. 加强与厂家的衔接沟通，保证了货源的落实。针对卷烟工业企业的调整带来的货源缺口问题，加强了与相关部门的协调与沟通。同时，局领导带领营销部门有关人员，多次到相关厂家协调货源，千方百计寻找替代品牌，最大限度地减少了货源不足对销售的冲击，基本保证了全年计划需要。3. 区别对待，合理分配货源。针对全市农业人口多，居民消费水平低的现状，实行“市区重结构，农村保销量”的工作思路，减少市区低档烟投放比例，全力倾斜农村，最大限度地缓解了结构性供需矛盾。4. 坚持实行全市经济运行调度会制度，加强了全市经济运行工作的指导和监控，保证了各项指标的整体推进。品牌整合效果进一步显现，全市销量超过5 000箱的品牌达到14个，超过万箱的品牌达到6个，“百牌号”品牌比例92.75%。

【网络建设】 加大网建工作力度，完善网络功能。2006年是长春烟草网建工作全面提升的一年。全市上下始终围绕“全国先进、省内一流"的网建工作目标，注重在网络运行“精、细、实”上下功夫，使网建工作水平向“优质、高效、低成本”上又迈出了坚实的步伐。1. 积极推行“一库式”管理模式。经过大量前期准备工作，全市正式取消了县级营销部的分库，新开一条卷烟分拣线，增设5台包装裹膜机，完成了由喷码防伪向激光打码防伪的转变，顺利实现了“一库式”管理。2. 努力发挥客户经理的“主力军”作用。通过对客户经理岗位职能的不断明晰，特别是对工作指标的不断量化和细化，客户经理队伍职责意识明显加强，客户经理走访市场质量进一步提高，对零售户了解行业政策起到了积极促进作用。同时，开展了“明星电访员”评选活动，进一步强化责任意识，商户投诉明显减少，访销质量明显改进。3. 坚持实行“以绩效考核”为核心的奖惩激励机制，特别是“两级考核，二次分配”模式的坚持实施，对网络运行质量的不断提高提供了机制保障。4. 信息化建设稳步推进。围绕业务流程的转变,完成了"随机电话访销"、"一库式管理"、"客户关系管理软件模式"的软件升级改造和设备的安装调试工作,保证了流程的平稳过渡。为加强与零售户的交流与沟通,在省商务中心的大力配合下成功地开通了短信平台系统,推动了数字化水平的进一步提升。

【内部管理】 以规范为主线,积极加大企业管理力度。"规范"是贯穿于2006年企业管理工作的主线。一年来突出抓了六个方面工作:1. 积极开展财务同级审计工作。从2006年3月份开始,长春市烟草专卖局(公司)审计部门利用1个月时间对长春市烟草专卖局(公司)2005年度的财务收支、内控制度、预算管理、专项资金四个方面进行了全面审计。2. 狠抓经营管理规范,针对专卖自查暴露出来的不规范问题,长春市烟草专卖局(公司)在抓好制度建设的同时,从业务流程环节入手,改革了电访模式,由定向访销转换成随机电话访销,避免了"人情烟"现象的发生;结合零售户分类标准研究出台了紧俏烟分配办法,卷烟分配方式更加公开、透明;为了防止利用"机动卡"搞违规经营的行为的发生,长春市烟草专卖局(公司)对原有的IC卡进行清理和注销并对全市零售户的IC卡进行全部更换,进一步堵住了违规经营的漏洞。3. 积极发挥纪检监察再监督的保障作用。研究制订了《发挥纪检监察职能作用工作方案》和《党风廉政建设责任制》,注重关口前移,注重过程监督,进一步强化了规范意识和纪律意识。4. 认真实施职业健康安全管理体系。通过外力的配合,顺利通过了体系认证,并结合体系的运行情况,完善了内部管理制度,加大隐患的检查和整改力度,特别是通过对各分公司、营销部和配送中心等重点部位的检查,有效强化了安全责任意识,包括值班值宿在内的安全管理制度得到进一步落实,安全管理工作日益规范,为避免重大责任事故的发生奠定了机制基础。5. "三个委员会"的作用得到较好发挥。薪酬、投资和预算委员会在重大资金支出、项目投入、大额采购、收入分配等重大事项上进行严格审核把关,保证了决策的科学、民主,保证了局务(司务)的公开、透明。6. 积极推进政行风建设。通过公开纪检监察、专卖、电访和配送等环节的举报投诉电话,进一步规范了服务行为和执法行为。全年共处理投诉案件92起,纠正和回复处理意见92起,办结率达到100%。

【企业文化】 稳步推进企业文化建设,提高干部职工队伍素质。2006年长春市烟草专卖局从企业文化诊断入手,完成企业文化理念的提炼,印发了《企业文化手册》和《员工行为规范》。同时,从制度转化入手,结合业务流程的转变,完成了《企业规划措施汇编》和《企业规章制度汇编》。从理念转化为员工行为入手加大了培训力度,包括营销、专卖、计算机软件操作、安全管理以及新员工岗前教育培训在内,培训活动近20余次。以"两个至上"在岗位主题实践活动为主线,开展了"社会主义荣辱观教育"及《党章》学习活动,组织了"听客户讲你我故事"主题演讲报告会和"客户在我心中"主题征文活动,对干部职工牢固树立"两个至上"行业共同价值观起到积极促进作用。通过开展"全市职工篮球赛",丰富了全员的业余文化生活。在全公司范围内的职工体检活动,为全员的健康提供了必要的保证。通过局域网络播放警示教育宣传片,对强化干部职工责任意识起到了积极推动作用。干部队伍素质的提高,在转化为良好经济效益的同时,也收获了良好的社会效益,长春市烟草专卖局(公司)连续两年被评为全市"百姓口碑"最佳单位,2006年被评为吉林省"金牌形象使者单位"。

(赵　蕾)

供　电

【概况】 长春供电公司是吉林省电力有限公司所属的国家大型一类供电企业,担负着长春市区及四个县(市)102万客户的供电任务和东北电网的电能传输任务,年售电量83.2亿千瓦时,供电面积2.06万平方公里。截至2006年底,全公司拥有220千伏变电所11座,输电线路40条,线路回长1 076.85千米,总容量2 649兆伏安;66千伏变电所149座,输电线143条,线路回长5 149.9千米,总容量3 103.1兆伏安;平泉、东郊、长春等220千伏一次变和市内所有的66千伏变电所实现了无人值班。目前,公司固定资产38.4亿元,供电职工2 734人,其中各类专业技术人员1 066人、中级以上职称545人。2006年,公司获得国网公司行风建设先进单位;长春市先进基层党组织;推动吉林省诚信建设先进单位;吉林省慈善爱心企业等荣誉称号。

【安全生产】 开展各项安全工作。认真开展"爱心活动"、实施"平安工程"及"反事故斗争"、"安全活动月"和"反违章"活动,收到很好效果;强化了安全生产责任制的落实,修编完善了安全生产管理制度和奖惩规定,深入推行了三级安全生产绩效考核;推行了标准化作业,加强了现场安全监督。生产任务出色完成。精细组织、科学安排,出色完成了技改、大修项目及春、秋检和防汛工作任务;完成了重大节日和重大经贸活动的保供电工作,认真制订并落实亚冬会开幕式、闭幕式及各项赛事期间保供电的各项措施;积极开展岗位练兵活动,选拔优秀选手参加省公司专业竞赛,配电、送电和调度通讯三个专业代表队囊括了省公司2006年三个专业竞赛团体第一和个人第一。防外力破坏工作取得突破。共拆除和制止违法建筑61处,制止违法植树116起,违章机械施工247起,外力破坏造成的障碍由2005年的8起降至2起。

【电网建设】 全年公司共完成投资3亿元,完成了220KV双阳一次变三期扩建、新建66KV公平路变电所及大量的老旧设备改造工程,提高了电网供电能力和设备健康水平。"十一五"电网建设开局良好。完善了规划,按照适度超前的原则,科学细化了"十一五"电网规划;抓住了机遇,争取到了全国31座重点城市电网建设的发展先机;"十一五"期间,公司将完成60亿元城网建设与改造资金,那时,将坚强的长春电网建成。

【供电情况】 年售电量突破80亿千瓦时。11月28日,长春市日供电量首次超出3 000万千瓦时。全部清缴了陈欠电费,首次实现无欠费供电公司的目标。实施了营销体制改革,实现了用电市场的抄收与管理相分离,构建了新的管理平台和用电市场管理新格局。强化了"三个体系"建设,理顺完善了工作制度和流程,逐步向营销管理规范化迈进。

【企业管理】 1. 财务管理:全面实行预算管理,"监控中心"作用得到充分发挥;开发运行了FMIS系统,实现了财务管理由核算型向管理型的转变。2. 客户工程管理:统一了长春市区、城郊和外市(县)、区的客户工程管理;规范了服务行为,实行了业务主办负责制,为客户提供一条龙服务。全年组织报竣工验收并送电863项工程,容量55万千伏安。3. 审计管理:重点进行了工程项目审计和热点问题审计,全年审计533项工程结算,审减资金395万元,公司获国网公司审计工作先进单位。4. 同业对标:完成了国网公司同业对标第二版向第三版过渡,开展了最佳实践活动,树立了标杆,建立了班组建设工作的标准和体系,班组建设效果明显。

【农电工作】 "三新"战略顺利实施。制定了农电企业中长期战略,统一了农村电网"十一五"规划,历时八年的一、二期农网改造结束并顺利通过了省、市发改委验收。安全工作取得突破。结合农电特点制订了一系列安全管理制度和办法,突出了安全生产重在管理的理念,首次实现了全年无农触事故的目标。农电管理水平全面提升。以"三优、四无、一规范"、"八个百分之百"为代表的先进做法在全省电力系统推广;榆树市农电有限公司线损管理经验被国网公司认可并广泛推广。

【优质服务】 服务意识不断增强。公司把优质服务纳入企业战略目标,大服务格局初步形成。服务载体不断创新。"真诚电力"电视栏目提供用电咨询,解答热点问题,普及用电常识,搭起了企业与客户间的真情互动平台;"阳光电力"进社区等系列活动,实现了服务的拓展延伸。服务功能不断拓展。开发了95598语言查询,多媒体终端查询功能;设立了"远程工作站",实现了外县服务业务与95598系统接轨。服务成果不断扩大。优质服务工作在国网公司的明查暗访中受到好评;公司连续六年获市长公开电话标兵单位。

【队伍建设】 全面实施人才强企战略。制订了人才资源的"十一五"规划,加速了公司经营、管理、技术、技能"四支人才"队伍的建设。建立了"三强一体化"的管理机制,对现有人力资源强化评价认定,强化教育培训,强化考核激励,实行一体化管理;

开展了财务人员职业生涯设计试点工作，推出了“首席员工”的激励举措，对评出的104名首席师和首席工给予特殊津贴；开展了创建“学习型组织”活动，举办了各类培训班67期，培训4 730人次，员工队伍素质普遍提高。

长春供电公司职工运动会

【精神文明】 大力推进创建“四好”班子工作。全年有17个班子被评为“四好”班子。党风廉政建设进一步加强。开展了治理商业贿赂专项工作，围绕工程项目等重点环节开展了效能监察，获得国网公司效能监察一等奖。扎实加强企业文化建设。公司办公楼喜迁新址，隆重的庆典仪式展示了企业和员工的风采；矗立的超大电子屏幕、现代的楼群装饰已成为长春市街路文明的标志性建筑和特色景观。第二届职工文化艺术节倡言的“传承文化、感恩企业、快乐生活”主题，展现了鲜明的企业文化个性和价值观；2006年职工运动会的成功举办，成为公司有史以来规模最大、层次最高、阵容最强、效果最好的文化体育盛会。

（完永平）

民营经济

民营经济

综　述

2006年,在市委、市政府的正确领导下,经过全市广大民营经济工作者的积极努力,全市民营经济在发展中,抢抓机遇,不断采取各种有效措施,积极加强项目建设、产业集群、全民创业、人才工作、品牌体系、服务体系、环境建设等各个方面的工作,使全市民营经济整体保持较快的增长势头,呈现出良好的发展态势。截至2006年末,全市民营经济实现主营业收入2 223亿元,同比增长21%;上缴税金47亿元,同比增长74.7%;民营企业户数达3.8万户,同比增加6 000户;个体工商户达27万户,同比增加3.6万户;从业人员达125万人,同比增加24.2万人。同时,全省民营经济增加值实现4 550亿元,长春市占到了全省的49%;全省中小企业暨民营经济实缴税金129亿元,长春市占到了全省的36.4%;全省民营企业达7万户,长春市占到了全省的55%;全省个体工商户达80.2万户,长春市占到了全省的33.7%;全省中小企业暨民营经济从业人员达到295.7万人,长春市占到了全省的42.3%。二道区和九台市获得2006年度省全民创业先进县(市)、区荣誉称号,每个先进县(市、区)除获得奖牌和证书外,还获得了10万元人民币的全民创业工作激励奖金。这些奖励和荣誉极大地调动了全市上下发展民营经济的积极性和主动性,极大地鼓舞了全市民营经济工作者的工作热情和干劲,推动了全市经济快速发展。总体看,全市民营经济在活跃市场、消除短缺经济、扩大社会投资、增加出口、增强国民收入、提供税收、增加就业岗位、促进社会和谐发展和稳定进步等诸多方面都起到了积极促进作用。全市民营经济已实现了突破性发展,民营经济总量和其他各项经济指标均已占全省总量的较大比重,民营经济发展工作在全省范围内已走在了各市(州)的前面,为全省经济发展和社会进步做出了重要贡献。截至2006年末,全市民营经济实现主营业收入2 223亿元,同比增长21%,其中,城区民营经济完成1 439亿元;规模以上民营经济完成785亿元;工业企业完成218亿元。实缴税金完成47亿元,同比增长74.7%,其中,城区民营经济完成35.6亿元;规模以上民营经济完成15.7亿元;工业企业完成6.9亿元。全市民营经济总户数达到27万户,同比增加3.8万户,其中,城区民营经济总户数达24.5万户;规模以上民营企业有1 348户;工业企业有433户。从业人员达到125万人,同比增加24.2万人,约占全市从业人员总数的3/4多,其中,城区民营企业113.8万人;规模以上民营企业47.8万人;工业企业8.9万人。利润总额达108亿元,同比增长7.7%,其中,城区民营企业达到63.8亿元;规模以上民营企业达到32亿元;工业企业完成8.4亿元。实现现价总产值1 479亿元,其中;城区民营企业完成873亿元;规模以上民营企业完成546亿元;工业企业完成189亿元。出口交货值完成5.8亿元,其中,城区民营企业完成4.2亿元;规模以上民营企业完成3.5亿元;工业企业完成2.1亿元。固定资产投资完成467.9亿元,同比增长78%,其中,城区民营企业完成365亿元;规模以上民营企业完成289亿元;工业企业完成163亿元。

【发展质量】　长春市民营企业在科技领域有着得天独厚的条件,民营经济在传统领域迅速发展的同时,积极向高科技领域和新兴三产拓展,在电子信息、生物制药、新材料、环保等行业成长起一批发展潜力较大的企业,至2006年末,全市民营经济发展质量和发展速度显著提高。一是发展质量不断提升。依托长春市科技优势,民营科技企业快速发展,一批民营科技企业和产品已在全国、有些在国际上已处于领先地位。鸿达的指纹识别系统,当代信息字迹鉴别系统等8项产品,达到同类产品先进水平;金鹰电脑公司的粮库软件系统等10项处于国内同类产品领先水平;迪瑞的尿液检测仪器和试剂,海王的生物制药等高科技产品发展潜力巨大,市场前景广阔。二是科技含量不断提高。长春吉联、爱普特环保、高才农业、迪瑞等企业在电子信息、生物制药、新材料及农业产业化等重点高新技术领域有较重大创新成果,科技人员占企业职工总数的15%以上,高新技术产品与技术性收入占企业当年总收入的35%以上,具有大专以上学历人员占企业职工的25%以上,每年用于高新技术产品开发研究、应用推广的经费占企业总收入7%以上。在产学研结合上,民营企业建立技术研发中心33个,占全市的2/3。吉大正元、金赛药业、吉联商软等民营企业建立博士后工作站,充分发挥企业科技的优势和作用。

【发展领域】 长春市民营企业利用区域优势,全面拓宽发展领域,已经形成了门类齐全的民营经济体系,参与了国民经济的80多个产业。从构成看,一产主要是农林、畜牧、养殖业。二产集中在农副食品加工业、医药制造业、机械制造业、新兴建材等行业。民营经济在三产中发挥了主体作用,2006年,三产中的民营经济完成增加值达500亿元。在餐饮、商贸、市场、装饰装潢、服装加工、汽车运输、家政服务、纯净水、洗浴、美发美容等近20个领域具有主导地位。新兴三产中,计算机服务业、软件业、社区服务业民营经济占有主体地位。教育、卫生、体育等行业民营经济也在积极参与,同时,随着国家对民营经济市场准入的放宽,很多民营企业开始着手进入电力、电信、石油、煤炭等垄断行业,有些民营企业在尝试打入公共交通、污水垃圾处理等市政公用事业和基础设施的投资、建设和运营,有些民营企业进入教育、医疗、文化、体育等社会事业的非营利性和营利性领域,有些民营企业发起设立金融中介服务机构,积极参与银行、证券、保险等金融机构的改组改制。

【发展特点】 2006年,长春市民营经济发展态势良好,呈现较为突出特点,主要是:1、经济总量快速增长。长春市民营经济的发展从上世纪80年代末起步,初期呈缓慢增长态势,进入90年代后期开始加速发展,近几年来,长春市民营经济发展进入加速增长期。一是营业收入快速递增。2001年全市民营经济营业收入为445亿元,2006年完成主营业收入2 223亿元,年均增长20%以上。二是实缴税金增长逐步加快。2001年全市民营经济实缴税金8.9亿元,2006年实现缴税47亿元,年均增长50%以上。三是从业人员数量不断增加。2001年全市民营经济从业人员为84.3万人,2006年末达到125万人,年均吸纳3万人以上就业。全市年销售收入超亿元的民营企业70户,年销售收入超千万元的387户,年销售收入500万元以上的工业企业433户。其中有些民营企业如金豆集团、迪瑞集团等民营企业每年产值和销售收入翻一番。2、发展质量不断提升。依托长春市丰富科技资源,民营企业很快形成了科技创新能力强、科技成果转化快的优势,民营科技企业快速发展。截至2006年末,全市民营科技企业发展到2 750户,占全市民营企业总户数的8%,实现产值260亿元,占全市民营经济总产值的10%。品牌体系建设已初见成效,皓月集团荣获国家驰名商标,已成为全国农牧食品行业龙头企业;德惠市被中国食品工业协会授予"中国食品名城"的光荣称号,成为全国继河南省漯河市之后第二个、全国县级市第一个获此荣誉称号的城市。同时,君子兰产业发展大力推进,君子兰品牌已逐渐再现昔日辉煌。3、骨干企业效果明显。围绕全市重点产业,快速发展起一批有竞争力的民营企业。到2006年末,形成了以高新内饰件、华航集团和长久实业等为龙头的247家汽车产业和现代物流集群;以德大、皓月和金锣等为龙头的163家农产品加工产业集群;以吉联商软、鸿达科技和长白实业等为龙头的219家光电子信息产业集群;以迪瑞集团、金赛药业和西点药业等为龙头的117家生物与医药产业集群,以二道区伊通河、绿园区雁鸣湖等为龙头的25个君子兰花卉产业基地。骨干企业2006年实现产值850亿元,极大地带动了全市民营经济的快速发展,对推动全市十大产业发展和全市经济发展步伐起到重要促进作用。4、集群经济初具规模。长春市民营企业项目建设工作和投资力度不断加大,2006年全市民营固定资产投资为470亿元,同比增长78%,其中,长春农用车项目、华凯轻型车项目、君子兰产业园等项目投资均超亿元以上。

同时,积极加大汽车及零部件产业集群、君子兰产业集群、双阳梅花鹿产业集群等集群建设,通过协调和积极努力,汽车及零部件和君子兰产业集群已列入全省十大产业集中区,快速推进长春市产业集群发展。特别是在2006年初,成功地举办了第四届中国长春君子兰节,来自北京、天津、沈阳、鞍山、本溪等12个城市业户参展,实现贸易交易额350万元,快速推动了君子兰产业发展。5、资源作用充分显现。长春市是农业大市,有丰富的农产品资源。民营经济具有在这个领域发展的实力和优势,民营企业利用这一资源,大力发展农副产品加工业,农业产业化规模企业发展到154家,产值近400亿元,已经在粮食、蔬菜、乳品、酒类、畜牧业等十多个农副产品加工产业占有主体地位。一批农业产业化龙头企业正在形成。如大成集团的玉米、德大公司的鸡、皓月公司的牛、正业集团的猪、金锣集团的火腿肠、广泽公司的乳品、吉发集团的鹅肥肝、金源公司的土豆淀粉等都已达到相当的规模,如广泽乳业每年投入600万元开拓市场,进行广告宣传,创建企业的品牌,现在广泽的乳品在省内已经具有很高知名度,产品已经销往辽宁、黑龙江等地。农业产业化企业使长春市的农产品资源优势转化为市场优势,提高了农产品的附加值,增加了农民收入。皓月的牛肉、正业的猪肉在长春市已经具有很好的信誉,商品供不应求,品牌效应非常明显。6、区域优势充分发挥。长春市是一个区域性中心城市,有健全和完善的城市功能,民营经济发展需要这样的环境和条件,并很快融入其中,在全方位、多领域发挥作用。长春市民营企业在第一、二产业中快速发展,发挥了重要作用。在三产中已经产生了中东集团、正业集团、远东集团等资产和销售收入10亿元以上,纳税千万元以上的民营企业。出租车行业民营企业的拥有量达到90%以上。中东、华正、崇智、远东等市场,时代百货、好旺角、长春卓展、国贸中心等商业零售企业都有一定的知名度。中介领域中财务、税务、商标代理、律师事务所、信息咨询、评估等中介组织共797家,涵盖47个领域;全市民营协会建立了30多个行业分会,积极促进民营经济发展,在全市经济发展中发挥了重要作用。7、招商引资快速推动。长春市处于东北的中心,地理位置较为优越。随着城市软硬环境的不断优化,很多国内知名民营企业看中长春市的区位优势,纷纷到长春市投资兴业。外埠在长民营企业迅速融入长春市经济活动中,并且发挥越来越重要的作用。现在省内已有很多发展到一定规模的民营企业向长春聚集发展,有的企业还把总部搬迁到长春市。外埠在长民营企业快速发展,如九台金锣公司纳税成为当地财政的重要来源,其他如修正药业、华龙公司、通威饲料、华润啤酒、三九生物、锦丰实业等都是全国知名的民营企业。8、社会贡献不断增加。全市民营经济自2001年至2006年6年里,营业收入增长了4.8倍,实缴税金增长了5.3倍,从业人员数量增加40.7万人。民营企业的从业人员已占到全市从业人员总数的75%以上,成为安排就业和农村剩余劳动力的主渠道,对缓解国企下岗职工、大学毕业生、农村剩余劳动力及部队转业兵带来的压力,起到了重要作用。民营企业还积极参与救灾、扶贫、助学、抗"非典"等社会公益事业,捐款捐物几年里累计达1.5亿元以上。

【政策落实】 经过精心组织,积极筹备,召开了全市民营经济工作表彰座谈会。会议的目的一是总结过去一年全市民营经济工作;二是为鼓励民营经济加快发展,按照市委、市政府《关于进一步加快民营经济发展的决定》的规定,坚持高标准、严要求的原则,评选出各类各层次的先进民营经济典型;三是研究部署2006年民营经济发展工作任务。会上,在全市范围内评选出长春市十佳创业名星、长春市名牌产品名星企业、长春市著名商标名星企业、长春市技术创新名星企业等在两大支柱、三大主导和五大重点产业领域中优秀民营企业。会后,市经委(中小企业局)召开3个民营先进奖项专项座谈会,进行典型经验介绍,就大会和政策落实情况征求意见,提出建议,搭建起企业与政府、企业与企业互动、交流、学习、发展、服务的平台,更好地为企业服务。

【项目建设】 全市民营企业(包括国内外埠民营企业来长投资)项目投资力度不断加大,2006年全市民营经济固定资产投资总额为467.9亿元,同比增长78%。一是项目建设工作成效较好。投资超亿元的长春农

第四届中国长春君子兰节

用运输制造集团有限公司的农用车项目、长春轮胎股份有限公司的轮胎制造项目、长春华凯汽车有限公司的轻型低速车项目、中国·长春君子兰国际化产业中心项目、长春君子兰花卉产业园等项目均已进入规划和建设中。这些项目投入运营后,快速提高全市经济和社会效益,大大增强了全市的民营经济实力。通过积极努力,已有80户企业进入第一批全省成长型中小企业培育工程,24户企业进入了全省工业提速增效活动100户中小企业行列,从政策和资金上给予大力支持,整体发展态势良好。2006年在招商引资工作上取得了较好的成效。二是争取项目专项资金工作取得新进展。积极帮助企业协调解决有关资金需求,加大需求摸底力度,采取实地踏察和听汇报等形式,对近200户企业资金需求情况进行调查,筛选出131个贷款需求500万元以上项目,争取国家和省里专项资金支持,有6个项目获得国家中小企业发展专项资金,资金额为320万元;42个项目获得吉林省2006年中小企业发展专项资金,资金额为648万元。

【君子兰产业】 作为长春市重点产业,君子兰发展势头迅猛。一是大力开展项目建设。雁鸣湖畔总投资1 500万元的君芳苑君子兰展销中心、投资1亿元的合心30公顷君子兰基地、投产6亿元的中国·长春君子兰国际化产业中心、长春君子兰花卉产业园等项目均已进入规划和建设中,大大拉动了长春市君子兰产业快速发展。二是广泛开展产业发展调研。先后深入长春市的四间、新月、宏大兰地、北大地等规模较大的君子兰花卉基地和沈阳、鞍山、大连等外地城市以及赴南非参加世界君子兰年会,就君子兰产业发展的相关问题进行广泛交流和研讨,增强发展动力。三是强化舆论宣传。充分利用电台、电视、报纸、网络等宣传渠道,全方位对长春君子兰产业的宣传,营造浓厚发展氛围。四是全力搭建君子兰产业发展服务平台。先后成立了协会、学会、研究所、销售公司等配套产业发展体系,发展各类会员350个,积极开展花卉技术培训,新产品鉴定、价格听证、项目评估、行业统计和国内外交流与合作等,全力为君子兰产业发展搭建服务平台。五是强化基地建设。坚持“因地制宜,发挥优势,突出特色,壮大规模”原则,按照规模化、规范化、集约化、产业化标准建设新基地,提高基地整体水平。六是君子兰产业初见成效。截至2006年末,君子兰产业新增固定资产投资3 200万元,基地面积达29万平方米,养兰1亿株以上,规模养兰户达2 000多户,形成了以雁鸣湖、新月、北大地、宏大兰地等25个产业基地,采取了网络、定点、展会和直销等多种途径,带动了周边盆、土、肥、草帘等相关配套经济的延伸,培养了一支数量庞大的专业经纪人队伍。2006年全市君子兰产业累计产值达到20.8亿元,同比增长56%,快速推动了君子兰产业的发展。

【全民创业】 积极有效开展全民创业活动,快速推进民营经济发展。一是制订长春市“创办小企业开发新岗位促进广就业”工作方案,明确创业工作目标,加大对全民创业的宣传,营造浓厚创业氛围。二是组织开展多形式的创业项目和就业岗位对接活动。南关区举行项目对接会,安置就业人员5 830人;二道区推介创业项目120个,提供就业岗位3 351个;宽城区在谈在建创业项目193个,铁北区域内新开工建设项目34个,投入资金

42亿元。三是创业基地建设成果喜人。全市汽车、君子兰、材料、粮食加工等产业基地建设均有良好开端,特别是君子兰产业基地建设成果喜人。目前,全市已建成和正在建设的中小企业创业基地共53个,创业辅导基地48个,各地结合实际,充分发挥基地作用,加大人才培训力度,南关区开展技能和创业培训1 500人,二道区创业培训1.5万人。四是全民创业工作有序展开。朝阳区形成了以"三个基地"、"四种体系"、"四圈十街"为载体的全民创业整体格局;南关区的14条创业路、8条专业街的10栋商务楼宇、"千店工程"等创业工作各具特色;宽城区"推进四方创业",用产业发展推动创业;二道区的铁艺、木材、印务及物流产业集群初具规模;绿园、经开、双阳等县(市)区、开发区把全民创业作为一把手工程来抓,快速推动全民创业深入开展。目前,全市新创办企业1.5万户;开发就业岗位7.5万个;新增就业4.8万人;创业者培训3.5万人。现在的情况是创业政策优惠、创业氛围浓厚、创业热情高涨,有的创业者带着项目筹集资金,有的带着资金找项目,有的下岗职工办实体,拥有专利的残疾人咨询创办企业事宜,有的打电话寻求在长春发展的机会等,全民创业热潮初步形成。

【服务体系】 加大工作力度,强化中小企业服务体系建设工作。一是积极开展中介组织调研建档工作。召开全市各个城区、开发区主管民营服务体系建设工作局长工作会议,针对全市民营经济服务体系的现状,结合全市民营经济未来发展,科学研究民营服务体系建设构想,按照"法律规范、行业自律、政府监督"的要求,为全市服务体系建设创造一个统一开放、竞争有序、稳健发展的市场环境。重点围绕财务代理、管理咨询、知识产权咨询服务、税务代理、法律服务、创业辅导、筹资融资、技术支持、信息服务等各类社会中介服务机构,集中开展全市中介机构服务组织调研,对200余户中介机构和服务组织进行了调查建档,基本摸清全市中介机构和服务组织基本建设情况。二是进一步建立健全服务机构。全面推动全市各个街道(乡镇)服务中心(站、所)的建立健全,在全市各个乡镇、街道、社区、村屯等广泛搭建民营(中小)企业社会服务平台,2006年帮助扶持各县(市)、区建立民营企业协会和专业协会,积极促进全市中介机构的生成和发展,已帮助组织建立了18户服务机构,使全市各类中介组织达797家,涵盖47个领域,民营经济服务体系建设进一步完善。三是抓好中小企业和民营经济运行工作。及时掌握每季度民营经济发展情况,重点研究进入第一批全省成长型中小企业培育工程的80户企业,定期调度进入全省工业提速增效活动24户中小企业,科学进行经济运行分析,为促进全市民营经济发展提供了科学依据。四是强化中小企业担保体系建设。通过政府引导出资、民间投资、社会筹资等方式,全市共培育担保机构14户,总资本金4.4万元,市中东担保公司近年来已为3 000户中小企业提供了15亿元的贷款担保服务,运作效果和社会效应良好,九台和榆树两市,朝阳、宽城和双阳三区也已成立担保公司,市、县(市)区两级商业性互助性相结合的融资服务体系正趋于完善,有效解决了部分民营企业融资"瓶颈"问题。

【人才体系】 加强民营企业人才队伍建设,提供有利人才支撑。积极组织申报全市民营企业突出贡献专家、优秀管理人才工作,配合市委组织部对申报人员进行严格的考核,评选出4位民营企业突出贡献专家,11位民营企业优秀管理人才。民营企业突出贡献专家将连续5年享受每月300元人民币政府津贴,极大地调动和促进了优秀人才发展民营经济的主动性和积极性。积极举办第四期职业经理人培训,53位来自全市民营企业的高级管理人员通过考试,获得了国家人事部人才交流中心下发的高级职业经理资质证书,深受欢迎。

【市场开拓】 积极强化中小企业市场开拓服务力度,增强中小企业发展实力。一是招商引资取得较好成果。积极组织中小企业赴国内外发达地区和国家招商引资,组织21户企业参加第三届中国国际中小企业博览会,长春市中小企业在本届"中博会"上共签下逾千万元项目8个,贸易金额近10亿元,共有3 698家企业与长春市中小企业实现场内外洽谈合作,与意大利、韩国、越南和国内广东、山东、江苏、浙江、上海、北京等近20个国家和地区,签订销售和合作合同,合作领域较去年更加广阔。尤其是宇阳、华敏宇平、阿满食品、示范水处理、沧海实业、吉韩模具等企业均有较大收获。同时,全市民营企业积极参加长春农业博览会、中国·吉林东北亚投资博览会等各种展会,实现招商引资。二是积极组织中小企业参加在青岛召开的中小企业新技术交流和新产品展览会,有针对性地包装中小企业名优新特产品,为中小企业开拓市场,搭建交流合作平台。三是积极开展中小企业名优特新产品和著名商标、名牌产品及市场开拓等工作,对全市中小企业的名优特新产品进行调查摸底,为汇编整理"长春市中小企业名牌产品介绍"做准备,按照省局做强做大1 000户成长型中小企业的工作部署,组织长春市27户企业申报省中小企业重点研发机构,4户企业申报中小企业信息化示范点。

【发展环境】 采取有力措施,积极优化民营经济发展环境。一是优化政策环境。积极组织主要负责民营经济服务工作的同志,召开专题会议,认真学习国家、省和市关于进一步加快民营经济发展的政策,指导县(市)区和全市民营企业深入学习政策,促进工作有效开展。组织专人比较2005年国务院出台的促进非公经济发展的36条《意见》和同年吉林省出台的进一步加快民营经济发展的10项《决定》,与长春市出台的进一步加快民营经济发展的《决定》(58条政策)的异同,找出需要补充和完善的内容,积极开展深入调研,对政策进行修改和补充完善。二是优化舆论环境。加大对全市民营经济发展的宣传和报道,《长春商报》,以"关注企业、服务企业、推动企业发展"为主题,定期对长春市50强民营企业、行业明星带头人、创业典型等展开系列报道,集中对全市名企、名人、名牌等进行广泛宣传。依照《中小企业促进法》,与有关部门联合,开通"中国中小企业长春网",加强与企业的沟通和联系,借助网站上的政策法规、招商引资、信用指南、供求信息等多个栏目,健全完善长春市中小企业服务体系功能作用,强化对企业和产品的推介和宣传,大力营造加快民营经济发展的良好氛围。三是优化政务环境。全市民营经济发展工作部门按照职能分工,落实责任到处室和个人,深入企业调研,了解企业发展存在的问题和企业运转中的需要,2006年全年到企业和县(市)区调研百余次,帮助解决多个大小问题。政府相关部门加大对县(市)区民营经济工作的督促检查工作,形成上下联动、全方位民营经济服务的工作机制。四是优化维权服务环境。与市软环境办联合,成立长春市民营经济法律维权服务中心,设立投诉电话和法律服务热线,切实为企业快速健康发展提供保障支撑。五是优化诚信服务环境。全市上下向广大民营企业宣传创业,依法经营,积极开展民企诚信守法活动,树立良好的社会企业形象,借鉴发达地区民营经济守法经营典型,积极开展学习和宣传,为下一步评定民营诚信守法企业做准备。

第四届中国长春君子兰节开幕式

【存在问题】 长春市近年来的民营经济发展速度较快,但其薄弱环节和主要问题也很突出,主要是:一是规模小,贡献小、工作压力大。在东北三个副省级城市中,民营经济总户数指标:哈尔滨市达23.2万户,沈阳市达27万户,而长春市是27万户。提供税收:哈尔滨市达90亿元,沈阳市达156.6亿元,而长春市是47亿元。在全省民营经济腾飞动员大会上,市政府与省政府签订的长春市民营经济腾飞目标任务责任书,几项主要指标增速都在28%以上，与全市近年来指标增速20%左右相比，提高八九个百分点，难度相当大，完成各项指标任务较重，压力较大，全面落实省委、省政府民营经济三年腾飞的目标，任务艰巨。二是统计工作难。全市各县(市)、区、开发区统计工作不对口，有的将民营职能划入外经部门，有的划入计经部门，统计工作开展非常困难。同时，民营统计机制没有建立起来，民营统计分散到其他各类统计项目中，很难反映出民营经济发展的各项真实指标。另外，国有企业改革双退出不利索，工商部门注册企业指标不全等因素，导致统计工作难。三是政策落实不到位。应该说，国家、省和市出台的促进民营经济发展政策很到位，有的相关部门虽然也出台了促进民营经济发展的相关政策，但没有落实到位。尤其是一些站、办、所具体工作人员根本就不知道本部门制定了哪些促进政策，更不用说落实和执行。另外，在对促进民营经济发展政策的宣传上不到位，老百姓和初创业者根本就不知道有哪些鼓励发展民营经济的政策。四是服务体系不健全。全市社会化服务中介机构数量较少，服务层次较低，服务内容单一，公共服务、技术信息、管理咨询等服务平台建立不完善，一定程度造成企业人才缺乏、技术创新能力弱、名牌产品少、产品市场竞争力不强等，尽管有个别服务组织在行业中有一定促进作用，但行业带动效果不强，整体促进民营经济发展能力较弱。五是工作协调难。发展民营经济是一项庞大的系统工程，需要上上下下、方方面面的共同参与来完成。作为发展民营经济的主管服务部门，在实际工作中，需要牵头协调各个方面、各个层面，一些部门因其本部门利益，或是应付对付或是根本不予支持，工作开展难度相当大。六是企业素质有待提高。全市民营企业行业间发展不平衡，而且没有把长春市的科技、资源、地域、产业等优势充分发挥出来；同时，长春市民营企业大多数是家族式企业，现代企业制度建立不完善，产权结构不合理，缺乏科学管理，市场竞争力不强，有的企业诚信度低，自律性差，等等，企业整体素质尚需进一步提高。

（刘志刚）

乡镇企业

【概况】 截至2006年底，长春市乡镇企业198 934户，其中，集体企业163户，私营企业10 017户，有限责任公司635户，其他企业188 099户，港、澳、台商投资企业2户，外商投资企业18户；按国民经济行业划分，农林牧渔业企业25 504户，工业企业41 456户，建筑企业6 528户，交通运输仓储业33 432户，批发零售业57 842户，住宿及餐饮业12 151户，社会服务业11 883户，其他类型企业10 138户；全市乡镇企业实现总产值1 036.5亿元、增加值362亿元、实现税金16.4亿元，从业人员84.7万人。全市乡镇企业实现总产值492.6亿元、增加值170.2亿元、税金10.2亿元。

【规模经济】 2006年，全市年营业收入500万元以上的乡镇企业企业已达304个，其中，营业收入500万元～1 000万元(不含1 000万元)的企业92个，1 000万元～5 000万元(不含5 000万元)的企业153个，5 000万元～1亿元(不含1亿元)的企业30个，1亿元(含1亿元)以上的企业29个。

【社会贡献】 2006年，全市乡镇企业职工人均收入达到6 984元，为全市农民人均收入提供1 451元，占全市农民人均纯收入的32.4%；从业人员84.7万人，其中吸纳城镇下岗失业人员39 921人；全市乡镇企业营业收入50亿元(含50亿元)以上的县(市)、区5个，营业收入合计734亿元；乡镇企业营业收入5亿元(含5亿元)以上的乡(镇)39个，营业收入合计444亿元；乡镇企业营业收入1亿元(含1亿元)以上的村49个，营业收入合计220亿元。

【科技教育】 2006年，全市乡镇企业整体素质进一步提高。一是加工层次提高。采取多种形式，不断加大科技创新力度，有条件的企业建立了自己的研发机构，开发出几十项新技术、新产品，并得到应用。皓月集团、龙洋集团、春莲集团和德莱鹅业等4户企业的研发机构被农业部确定为“全国农产品加工企业技术创新机构”。暂时没有条件的企业也通过与科研单位、高等院校、技术推广等部门合作，取得了很多新成果。天景公司与吉林农业大学合作，在国内创新开发了“爱愈浓”牌玉米饮料，成为我国首家生产“第五代”

粮食饮品的生产企业。二是职工素质提高。2006年,为了开展乡镇企业职工职业技能鉴定和蓝色证书培训工作,市农委组织乡镇企业系统19名相关工作人员参加全国乡镇企业职业技能鉴定评审员培训班,有18人通过考试取得了职业技能评审员资格,建立了乡镇企业职业技能培训、鉴定长春市工作站和双阳区工作点,争取到10万元的蓝色证书和职业技能培训与鉴定项目专项资金,共对全市487名乡镇企业职工进行了职业技能鉴定,对400名乡镇企业职工进行了蓝色证书培训;三是品牌意识提高。2006年榆树市吉酒王酒厂等5户企业获得"全国乡镇企业创名牌产品重点企业"称号。榆树市农产品加工业示范基地、德惠市农畜产品出口加工基地、德惠市优质肉牛生产示范基地被命名为"全国农产品加工示范基地";皓月集团、通威饲料、德惠佳龙集团、龙洋大豆、吉林省陆路雪食品有限公司等5户企业被命名为"全国农产品加工示范企业";四是诚信度提高。在创全国诚信守法乡镇企业活动中,吉林省荣发服装厂、长春地兴腐植酸复合肥厂等5户企业获得了全国诚信守法乡镇企业称号。

【对外交流】 2006年,为了贯彻党中央、国务院关于实施"走出去"战略方针,长春市积极探索新时期乡镇企业对外开放的新思路和新措施,在信息服务、市场开拓、保护企业权益等方面做了大量富有成效的工作,为乡镇企业参与国际市场竞争创造了良好的外部环境。全市乡镇企业面对新的市场环境,加快体制机构和技术创新,提高素质,通过合资、合作、兼并和到国外办厂等方式,充分利用国内和国际两种资源,大力拓展国际市场,走出了一条具有乡镇企业特色的外向型经济发展路子。绿园区云星木业有限公司、农安县东北杂粮有限公司在全国乡镇企业实施"走出去"战略活动中被授予"全国乡镇企业实施走出去战略先进企业"称号;组织部分乡镇企业参加"全国乡镇企业振兴东北老工业基地农产品加工贸易博览会",提高了长春市乡镇企业知名度,促进了农产品加工企业同兄弟省市的交流合作。2006年,全市乡镇企业与外商合资合作新签协议项目76个,协议投资7 091万美元。

【"创业杯"竞赛】 为了贯彻落实《中共吉林省委、吉林省人民政府关于进一步促进乡镇企业快速高效发展的若干政策意见》(吉发[2005]26号)和吉发[2006]1号文件精神,省委、省政府在各市(州)、县(市)区和各级乡镇企业行政主管部门中,开展全省乡镇企业"创业杯"竞赛活动。长春市政府、绿园区政府和德惠市政府获得了全省乡镇企业"创业杯"奖。农安县获得了全省乡镇企业"创业杯"竞赛"组织奖"。

(关　敏)

交通

交 通

综 述

生产经营持续发展，经济成果显著。 2006年长春市交通邮电行业进一步深化企业改革，适应市场经济和社会的需求，生产经营持续发展，社会效果良好，为长春市的经济发展做出了重大贡献。2006年长春站运输收入完成89 462.4万元，为年度计划87 527万元的102.2%。其中客运收入完成78 727.6万元，为年度计划75 014万元的105%；货运收入完成10 734.8万元，为年度计划12 513万元的85.79%。旅客发送量完成1 316.3万人，为年度计划1 224万人的107.5%；货物发送量完成107万吨，为年度计划137万吨的78.1%；装车日均累计完成57车，为年度计划67车的85.1%。到年底，全市交通基础设施建设完成全口径投资24.86亿元，超计划目标任务的4.2%。其中，公路建设投入21.285亿元，养护工程投入1.093亿元，运输场站建设投入9 571万元，其他投入1.51亿元。2006年长春市公路重点工程前期准备工作进展顺利。完成了列入国家和省规划项目的国道102线长春至德惠段78公里，长春经济圈环线农安至德惠主线59.1公里、九台至双阳主线77.5公里和榆江线榆树至天德段60.8公里等各项工程的立项、审批和内业、外业设计等前期工作。长春至松原高速公路、国道102线长春至德惠一级公路的征地拆迁工作正在按计划进行，为工程开工建设奠定了良好的基础。此外，省道101线玉米工业园区段2.7公里改造工程已经竣工通车。2006年长春通信分公司交换总容量达到309万门，共有用户260万户，其中固定电话、小灵通231万户，数据用户29万户。全市固话普及率达到每百人59.6台，小灵通普及率达到每百人12.9台。全年预计实现业务收入16亿元，劳动生产率达到46万元/人年。2006年长春市邮政局实现业务收入36 470万元，占省局下达计划的104.71%，超额完成计划4.71个百分点。其中主要业务，邮政储蓄余额实现余额89.09亿元，同比增长24.5%，平均余额82.9亿元，同比增长27.9%；报刊累计完成流转额占3 741万元，占年计划的73.36%，做好2007年长春日报的邮发准备工作；集邮邮品销售及开发累计实现邮品销售1 824万元，开发邮品40余种，收入600多万元；2007邮政贺卡定制型收入447.22万元，销售型收入32.7万元，完成竞赛计划（770万元）的62.33%，速递业务市场实现速递收入4 790万元，完成市局计划的101.91%，2006年全局在强力拓展业务市场，推进发展进度。中国移动长春分公司2006年累计完成运营收入18.811亿元，完成年计划的92.05%，全年实现运营收入20.435亿元；净增有价值用户35.04万户，完成年计划的73.01%，网上有贡献用户达333.6万户。南航长春分公司2006年累计实现运输收入11.42亿元，由于下半年更换飞机，同比减少2.58亿元；主营业务成本支出9.79亿元，同比减少2.38亿元，期间费用支出1.66亿元，同比增加0.17亿元，亏损3 300万元。如剔除航油价格上涨因素，好于2005年同期水平。安全飞行21 954.9小时/10 985架次。飞行事故征候万时率为0，同比下降0.297；机务维修事故征候万时率为0，同比持平；飞行、机务、客舱、航空地面等各类严重差错万时率均为0，同比下降0.594；杜绝了空防不安全事件的发生；空客三种机型总误飞千次率为1.06，比2005年下降0.46。安全工作整体呈现平稳态势，各项考核指标均未突破股份公司年初要求。2006年南航长春分公司共组织临时加班222班，同比增加127班；组织包机65班，同比增加23班，为公司增加收益近千万元。截至11月29日，共临时调整航班987班，计划取消航班623班，临时合并航班467班，机型变更3 556班，节约资金960万元。

行业改革进一步深化。 长春市通信分公司始终把创优服务作为永恒的主题。长春网通内强素质,外树形象,不断提升优质服务水平,开展了窗口创优、明星营业厅、首问负责制、装移修"提速"等多项服务工程,不断完善分级服务体系,全方位提升客户满意度,努力打造服务品牌。2006年7月1日,市通信公司所属各营业厅正式启动固定电话、小灵通业务的免填单服务。这项服务过程的改革,方便了广大客户,节约了客户的成本,树立了新的良好的企业形象。11月,市通信公司联合社会力量开办了六家合作营业厅,扩大了对外营业区域、延长了营业时间,方便了客户办理通信业务。"10060、一拨就灵",可以保证24小时为用户提供通信服务。面向重点客户和大客户推行垂直一体化、名单制管理和"一站式"服务,为客户提供全面、细致的差异化、个性化超值服务。面向中小商务客户和高端个人用户,积极推进营维合一,完善社区体制建设,实现每一个客户都有人负责。在农村突出抓好分片包干责任制,使网通的服务延伸到全区的每一个角落。面向公众客户,不断提升自办营业厅、"10060业务受理"等渠道服务形象,严格落实服务规范,全面推行首问负责制和装移修预约服务制度。在全市行风民主测评中我公司的服务工作排名第一,窗口检查排名第二。市通信公司还基于先进的通信网络,积极开发推广固话悦铃、一号通、灵通秘书、灵通短信等新型业务,极大丰富了客户选择,满足了客户个性化、多样化通信需求。市通信公司以方便市民生活为宗旨,开通了114电话导航业务,可提供宾馆、旅游、餐饮、休闲娱乐、生活服务、医疗卫生、汽车救援、交通查询等与百姓生活息息相关的热线服务,受到了百姓的欢迎。公司连续被评为"吉林省精神文明建设标兵单位"等荣誉称号。长春市邮政局2006年开展"让客户满意在长邮"窗口星级服务活动方案,对77个邮政支局所、13个投递室、3个集邮班组进行定期和不定期地进行检查验收,结合技能考核合格率的基础上,进行评比,达标邮政支局所54个,达标邮政支局占总数的70%;投递13个,达标11个,达标占总数的84.6%;集邮班组3个,达标率100%;二道邮政分局所属的农村支局所16个,达标12个,达标占总数的75%。星级邮政支局评出19个,占达标班组(支局)总数35.2%,其中三星级班组(支局)1个;二星级班组(支局)8个;一星组班组(支局)10个。长春市交通局从适应交通建设市场的需求出发,改进和完善了对招投标工作的监管,认真落实交通建设施工单位信用记录管理办法和信誉考核制度,有违法违规记录的施工企业决不允许进入长春市交通建设市场。进一步加强交通建设市场的监管,严禁违法分包、非法转包和以包代管,清理不符合施工资质要求,严格落实四级质量保证体系,完善各项质量管理措施,严把工程质量关,把质量监督管理贯穿于工程建设的每个环节。对工程质量差、粗制滥造的施工单位一定要严肃处理,加大处罚力度。进一步建立和完善了财务管理和审计监督两个体系,严格执行资金拨付规定和程序。围绕提高工程建设质量,强化了四级质量保证体系,对工程全过程的质量进行监督检查,工程建设质量总体上得到保证。中国移动长春分公司坚持深化精细管理,切实提高管理水平。1.全面深化目标管理体系。将全年的每一项生产经营服务指标,逐级分解落实到具体部门、单位及个人的同时,注重发挥目标导引作用,充分反映了经营、发展的重点方向。2.深入推行绩效管理。制订了《长春营销中心绩效管理实施细则》等相关制度,规范了各部门绩效管理流程。形成完整的个人岗位数据库,进一步明确职责,认真检查。3.加强全面预算管理。以业务为中心、以效益为核心,加强了预算执行过程的过程控制和刚性管理,实现了预算目标的强制考核管理。4.加大检查考核力度,提高管理工作水平。公司成立了专门的服务核查部门,以"建立以客户为导向的服务管理体系,提高客户满意度和忠诚度"为指导思想,紧紧围绕公司生产经营中心及各项重点工作展开核查与考核,全面提高管理工作水平。建立清晰、科学的服务考评制度,充分利用奖罚机制提高基层部门对服务工作的重视程度,调动各级服务人员的工作积极性。南航长春分公司在行业改革方面提出科学合理的安排航线网络布局,提升市场竞争能力。坚持细化现有国内航线,巩固主干航线,提高市场占有率。加大了国际航线的运力投入。积极组织航班外生产,加强日常航班监控。继续推广营销体制改革,取长补短,变"两制"为"三制"。运用收益管理理念,细化多等级舱位管理。

加强基础设施建设。长春站2006年6月20日,路局运输生产结构调整,长春站解编作业量加大。2006年10月5日,长春站独立承办了候车室供暖系统改造工程,11月15日竣工,改造后候车室平均温度达到18℃,受到广大旅客的好评。2006年12月5日,在路局的领导下,启动消防系统大修施工工程,2007年1月31日竣工,解决了多年以来消防系统未形成能力的问题。长春网通始终坚持走高起点、超常规、跳跃式发展的路子,不断加大通信基础设施建设的投资力度,为地方经济发展做好通信支撑。2006年累计投资近十多亿元,建设长春市的通信基础设施。完成了由模拟技术向数字技术、电话网向信息网、窄带网向宽带网、单一网向综合网及智能网的技术转变,建成了一个由固定电话网、骨干传输网、宽带接入网、高速互联网、本地智能网、无线市话网及各类支撑网为主要框架的多功能、多手段、立体化、适应信息化需要的现代通信网络,全市骨干通信网络已全部实现传输光纤数字化,在长春市已实现无缝覆盖。2006年11月18日,投资8 900万元成功的完成了长春电话号码升八位工作,彻底解决了长春市号码资源紧张的难题,同时极大地提升了长春城市品牌形象,为优化长春市投资环境、推动城市经济建设将起到积极推动作用。长春市邮局加强电子化支局建设,全地区增加电子化支局39处,其中市内13处,县{市}局26处。全市电子化支局占自办邮政支局所82.86%(不包括市内11处储蓄网点)。长春市县级公路建设稳步推进。全年建设里程117.2公里,已竣工93.9公里。农村公路建设取得突破性进展。全年完成乡村公路建设2 815公里,其中,新建通村水泥(油)路1 788公里,超目标任务7.8%。客货运输场站建设取得阶段性成果。全省规模最大的凯旋路客运站主体工程、榆树客运站、九台货运站续建工程和双阳货场建设均完成年度计划任务。12个乡镇客运站已建成投入使用。公路养护工作进一步加强。完成油路改善大中修工程153.7公里,超目标任务1.9%,完成公路绿美化建设里程159.8公里,完成文明样板路保持里程649公里,全市公路好路率达到84.6%。中国移动长春分公司通过新建基站和基站扩容等工作,全面提高了话务吸收能力,有效吸收了盲区话务量,较好地分担了附近原有基站的话务量。在无法扩容或新建基站的话务高密度区域开通半速率小区和半速率载频,在不增加载频和网络投资的情况下快速、有效地提高了网络承载能力。以居民小区、大学校园为重点,扎实、深入地开展了底层网建设,全面提高了网络覆盖质量。根据现有频率资源和基站扇区配置情况,在市内话务集中地点采用增加室内覆盖街道站的方式,提高底层网承载能力,分担高峰期话务量。南航长春分公司重点抓了延吉基地综合楼、分公司车库两项基础建设工作,现已进入后期装修。技改工作进展良好,全年已完成7项,另外,股份公司对明年机场发展用地、候机楼贵宾室等项目已经表示明确支持。

生产经营实现安全运行。长春站贯彻落实《安全生产法》为主要内容,强化安全基础建设,截至2006年12月31日,实现无责任重大、大事故8 699天;无险性事故644天;无责任一般事故1 031天;无责任人身重伤及以上事故363天。南航长春分公司深化安全管理,狠抓规范运行,全面夯实基础,安全工作呈现出新局面。南航长春分公司针对机型置换高峰期、新机长成分大、整体安全基础仍然薄弱等实际情况,从飞行安全管理、技术管理、维修管理等几个方面进行深入研究,提出要大力倡导"防松懈、反违章,谨慎操作、精细飞行"的安全理念,并重点在飞行安全上抓严把"四关"的工作,即:"严把技术关、严把理论基础关、严把标准程序关、严把规章制度关"。根据历年不安全问题发生的特点和飞行、机务等系统出现的不安全趋势,我们先后在春运、两会、春季大风季节、五一、十一黄金周等安全生产关键期提前部署,对各系统薄弱环节提出具体的防范措施,有效把握安全主动权。认真贯彻"把小事做大"的安全工作新理念。对严格执行手册、按章操作、正确处置特情等表现突出的人员进行奖励,对有章不循,盲目蛮干的人员从重进行处理,对负有领导和管理责任的干部一律实施责任追究,得到了广大干部职工的认可和支持;1月~11月份,飞机维修厂共完成A检36架次;C检9架次;换发14台次;完成非例行工卡464份、监控单126份;接收飞机6架次;取得了A321飞机2C检和

A320、A319飞机1C检维修资格,使分公司整体维修能力又上新台阶。全面实施规范化管理,消除盲点,对重点岗位的空防安全教育、手册培训和人员背景调查达到了100%,圆满实现了全年空防安全目标;在消防安全和综合治理方面杜绝了各类火灾事故,刑事案件和重大治安灾害事故发生率为零,确保了一方平安。“安康杯”是贯穿全年的一项重要安全工作,先后成功组织了“安全生产月”、“安全生产论坛”、"岗位练兵、技术比武"、“作风纪律整顿”等一系列安全活动,为促进南航安全文化建设,创造和谐的安全氛围。

开拓新业务。 长春网通充分发挥网络、技术、人才优势,成功为市政府、工商、公安、税务、金融、证券等行业组建覆盖全市的各类专业通信网,为市政府提供可视电话业务。网上银行、网上炒股、网上视频、网上教育等应用项目得到广泛推广。在省农委和省公司的支持下,开通了12316新农村热线,为广大农民送去农业知识和信息咨询。在电话“村村通工程”的基础上,又提出“屯屯通电话,村村能上网”的目标,从11月份开始在广大农村实施了信息服务站联建工程,现已建成并开通了85个农村信息站,为广大农民提供网上查询农业信息的手段,为帮助农民致富奔小康打下坚实的基础。中国移动长春分公司加强VIP客户俱乐部、联盟商家的建设及宣传工作,提高了用户感知度,章显了移动大客户的尊贵。与火车站合作建立了全球通VIP俱乐部会员绿色通道,开通了长春龙嘉国际机场VIP俱乐部绿色通道,续签了卓展全球通VIP俱乐部、好利来食品店等联盟商家的合作协议,通过外呼的形式宣传紫荆花全球通VIP俱乐部。推出了“办理手机上网套餐送话费”、“发彩信送话费”等促销活动。利用春节、元宵节、情人节等重要节日,中高考、世界杯等重要事件,开展各种营销活动,培养了用户对短信、彩信、手机上网等重点新业务的使用习惯。对“政务通”、“一汽通”、“吉祥卡”等8种优惠资费配置数据套餐,促进用户和新业务共同发展。南航长春分公司根据竞争环境的改变,调整产品投放方向。淡季用B+B审批制的中转联程产品取代价格偏高、市场竞争力较弱的纵横中国产品,开发了同一到达点多种中转路径的产品,旺季主推纵横中国产品,做到产品适销对路。同时,为便于销售,在每一季度编制了分公司的产品手册,将各类中转产品、夕阳红产品、新生入学优惠等产品记入手册,形成了旅游产品体系。

积极开展精神文明建设。 长春市交通局加强基层领导班子和后备干部队伍建设,制定和完善了全系统保持共产党员先进性长效机制,采取民主评议党员、评议党支部等形式,开展了创建标准化党支部活动,不断发挥基层党支部的战斗堡垒作用。认真贯彻落实党风廉政建设的有关规定,针对交通行业实际,制订了交通系统《构建“三位一体”反腐倡廉整体工作格局的实施方案》、组织处以上干部学习党章、开展治理商业贿赂知识测试,组织干部职工到净月监狱通过反面典型现身说法进行反腐教育。在财务和建设资金管理上,建立了全系统财务管理和审计监督两个体系,严禁执行资金拨付规定和程序,组织局纪委和财务部门开展财务检查,堵塞漏洞。结合文明在交通,开展了多种形式的精神文明创建活动,组织行业管理部门和服务窗口开展了爱岗敬业、优质服务活动,增加便民措施。同时,认真落实加强交通软环境建设的各项措施,不断推进服务型机关建设,努力构建和谐交通。移动长春分公司加强党建工作,发挥先锋模范作用,不断提高党建工作整体水平。各级领导干部积极带头,切实巩固、保持了共产党员先进性教育成果,充分发挥了党员干部的先锋模范作用。通过开展贯穿全年的劳动竞赛,形成了比、学、赶、超的劳动氛围,极大地调动了员工工作积极性和创造性,充分调动和发挥出各生产单位的巨大潜能,有效地推动了生产经营发展。南航长春分公司坚持党委中心组学习制度,完成了对党员、干部职工的培训,认真联系分公司发展的实际,通过“四好班子”创建活动、党章和《江泽民文选》的学习活动、荣辱观教育活动,强化党员责任意识,有力地推动了分公司两级班子的建设。同时,继续巩固了保持共产党员先进性教育的成果,党风廉政建设和效能监督收到明显成效;充分发挥了党政工团的联动作用,增强了分公司的凝聚力。

(孙健鹏)

铁 路

【概况】 长春站为东北铁路重

要枢纽之一。吉林省内铁路以长春为中心，有长大（长春至大连）、长哈（长春至哈尔滨）、长图（长春至图们）、长白（长春至白城）等铁路干线向四方辐射。长春经济吸引区以运输汽车、铁路客车、粮食、木材、煤炭、化工、医药、建材、石油、钢铁等为主要货运服务项目，以日常旅客、出境、国内旅游、会展、节日旅游旅客运输为主要客运服务项目，为东北老工业基地振兴和吉林地方经济发展做出贡献。2006年，铁路运输生产力布局进一步调整。经过撤并，长春境内铁路运输业单位仅有8个。

【长春地区主要运输指标完成情况】 2006年，长春站发送货物107万吨，其中，发送粮食24万吨、煤2.2万吨、石油0.3万吨、钢铁3.7万吨、化肥农药2.6万吨、饮食烟草22.9万吨、医药品10.5万吨、集装箱22.3万吨；长春车务段各站发送货物861.3万吨，其中，发送粮食502.1万吨、煤54.6万吨、石油8.1万吨、焦炭85万吨、钢铁3万吨、化工品14.5万吨、饮食烟草28.2万吨、化肥农药7.4万吨、集装箱78.5万吨；铁路货物到达长春站464.4万吨、其中，煤234万吨、石油44万吨、钢铁63.2万吨、矿建4.3万吨、粮食24.5万吨、化肥农药22.5万吨、集装箱20.8万吨；铁路货物到达长春车务段各站1 251.8万吨，其中，煤719.1万吨、石油28.3万吨、钢铁66.9万吨、矿建100.1万吨、化肥农药135.8万吨、集装箱80.9万吨等；旅客发送量长春站为1 316.3万人次、长春南站18.2万人次、长春东站4万人次、小南站2.2万人次。

【长春铁路办事处】 长春铁路办事处为沈阳铁路局派出机构。主要负责协调组织落实地方党委、政府布置的任务。因长春铁路办事处地处吉林省政府所在地，专门规定长春办事处负责协调组织落实吉林省委、省政府布置的任务。同时，负责检查督促铁路局授权范围内的基层站段安全生产工作、紧急情况下事故救援的组织协调工作、安全生产事项的协调工作、安全生产情况的评估工作以及社会养老保险、离退休人员管理、信访、国防动员等事项的协调服务工作。

【长春站】 站址在长春市宽城区长白路5号，邮编130051。长春站在长大线上衔接长哈、长图、长白线，是集客、货、运、装为一体的综合性特等站。站场为横列式，以下行正线为界划分为上行场、下行场、客车场和捣调场（北调车场、西调车场），担当四平、哈尔滨、吉林、白城四个方向客货运输任务。日均办理辆数1 326辆左右，图定日均接发列车380列（其中，客车126列，货运列车254列）。站内主要行车设备包括：上下行正线各1条，吉林正线1条，到发线19条，编发线16条，牵出线4条，段管线53条；手动道岔175组，电动道岔227组，脱鞋道岔9组；减速顶1 722顶，调车机5台。行政机构设办公室、安全路风监察科、技术科、计划财务科、劳动人事科、收入科、教育科、武装部等8个科室；下设客运、售票、货运、运转、乘务5个车间，24个班组。党群机构设党群办公室，包括党委办公室、工会、团委。长春站共有职工1 617人。干部124人，技术人员35人（其中：中级职称15人、初级职称20人），工人1 493人。主要工种：值班员（助理值班）54人、连结员20人、调车长20人、制动员66人、客运员258人、售票员92人，货运员140人、运转车长100人，其他工种743人。职工队伍文化结构：大专以上207人、中专272人、技校41人、高中753人、初中以下344人。

主要生产经营任务完成情况：2006年运输收入完成89 462.4万元，为年度计划87 527万元的102.2%，较年度计划超1 935.4万元。其中，客运收入完成78 727.6万元，为年度计划75 014万元的105%，超年度计划3 713.6万元；货运收入完成10 734.8万元，为年度计划12 513万元的85.79%，较年度计划欠1 778.2万元。

主要经营指标完成情况：2006年旅客发送量完成1 316.3万人次，为年度计划1 224万人次的107.5%，较年计划多发送92.3万人次；货物发送量完成107万吨，为年度计划137万吨的78.1%，较年度计划少发送30万吨；装车日均累计完成57车，为年度计划67车的85.1%，较年度计划少装10车；卸车日均完成221车；中转时间完成6.9小时，较年度计划6.5小时超0.4小时；一次作业时间完成14.3小时，较年度计划11.0小时超3.3小时；静载重完成51.5吨，较年度计划55.5吨欠4吨。截至2006年12月31日，实现无责任重大、大事故8 699天；无险性事故644天;无责任一般事故1 031天;无责任人身重伤及以上事故363天。

【长春北站】 长春北站地处长春市东三环路、宽城区奋进乡。是衔接长吉、长白、长四、长哈线的交会点,隶属于沈阳铁路局。长春北站始建于1988年,成立于1992年12月28日,全部开通使用于1999年8月9日,按技术作业类别属于京哈干线上区域性编组站。主要承担哈尔滨南、四平、棋盘、大安北四个方向货物列车改编和中转技术作业,同时担负货物装载检查和长春地区枢纽车流的集散、编解任务。2006年6月20日,运输组织结构调整后,车站主要担负直通列车货物检查工作。以及长春、长春东、长春南小运转的编解,长春至兰棱区间摘挂、长春至大连区段、长春至棋盘的编解、还负责编组上行组合列车、下行百辆大列拆解工作。站内主要行车设备有:正线3条、到发线26条、编发线6条、分类线18条、牵出线2条、迂回线1条、禁溜线2条、换装线2条、道岔330组、缓行器22组、可控停车器51台、调车机1台、信号楼4个、遥信楼1个、驼峰楼1个、半自动化驼峰1座。

车站行政机构设办公室、安全室、劳动人事教育科、财务科、技术科、统计室;党群部门有党办、工会;车站下设运转、货检车间。2006年末,全站共有职工421人,干部45名,现场行车人员304名,其中,计划组人员18名,列车组人员86名,调车组人员25名,货检人员140名,其他人员35名。职工文化结构:大学及大专75名,中专102名,技高131名,初中及以下109名。2006年车站日均办理13 032辆,其中有调2 540辆,到发列车225列,中转时间2.5小时,并全年开行了组合重载列车375列。

【长春车务段】 长春车务段地处京哈干线,管辖38个车站,其中二等站3个;三等站9个;四等站23个;五等站3个。哈大干线电气化区段车站21个,为双线四显示自动闭塞,长图、陶榆、长白支线17个车站为单、双线半自动闭塞。管内营业里程485.2公里,其中,哈大干线276公里;长图、陶榆、长白三条支线计209.2公里。共有专用线235条,货物线73条,配有调车组车站30个,简易驼峰1座,固定调车机4台。段机关设在长春市人民大街81号,邮编130051。

车务段行政机构设办公室,安全路风监察科、技术和统计科、客货管理科、收入科、职工教育科、劳动人事科、财务计划科、武装部9个科室;党群机构设党委、纪委、工会、团委,党委设党群工作办公室,定编4人,组、宣助理,工会副主席、团委书记。截至2006年12月31日,全段共有职工2 496人。干部256人,技术干部128人(其中:高级职称4人、中级职称45人、初级职称79人),管理干部128人,文化结构:大专以上165人、中专29人、技校5人、高中31人、初中以下26人。中共党员835名。截至2006年12月31日18时实现安全生产274天。全年货物发送861.3万吨,客运发送468.4万人次,运输收入74 084万元。运营固定资产1 384万元。

【长春客运段】 段址在长春市长白路21号,邮编130051。长春客运段共担当56.5对列车的乘务工作,长春地区担当11对、吉林地区担当12对、白城地区担当10对、图们地区担当7对、通化地区担当11.5对,梅河口地区担当4对。包括21对直通列车(其中,“三进”列车9对,进京列车6对,直达特快1对,特快4对、快速4对、普快11对、普慢1对,长春担当7对,吉林担当6对,通化担当2对、图们担当2对、白城担当4对),35.5对管内列车(其中,特快1对、快速13对、普快9对、普慢12.5对,长春担当4对、吉林担当7对、通化担当9.5对、梅河口担当4对、图们担当5对、白城担当6对)。

行政机构设办公室、安全科、乘务统计科、收入科、材料科、教育科、路风科、计财科、劳动人事科、保卫科、退管办。共有11个科室、16个车队、11个车间、379个班组。党群机构设党群办公室。全段共有职工9 818人,其中,女职工3 788人,干部789人,技术人员132人(其中,高级职称2人、中级职称49人、初级职称91人),工人9 029人。主要工种:列车长987人、列车值班员277人、列车员5 518人、广播员242人、餐车长127人、厨师长127人、饮事员101人、餐售服务员217人、行李员326人、整备工321人。

主要生产经营任务完成情况:全年共完成运输收入22 853万元,超计划2 089万元,完成年度计划的110%;运输成本有权支出年初计划31 140.90万元,实际完成37 815.7万元；运输业职工期末人数为8 263人次，与考核指标相比少442人次；运输业劳动生产率为30 284元/人；担当列车旅客发送量完成5 158万人；担当列车旅客周转量完成26 387万人公里；能源消耗总量完成32 422.49吨标煤，节约4 288吨标煤。

【长春车辆段】　段址位于长春市辽宁路939号，地处哈大干线700公里处。2006年3月18日，路局实施生产力布局调整后，新组建的长春车辆段是在原长春车辆段客车部分的基础上，整合了原吉林、通辽、白城、梅河口车辆段的客车部分，重新组建而成的。主要承担客车车辆检修、运用职能。管理跨度以长春为中心东至图们529公里，西至赤峰673公里，北至白城333公里，南至通化401公里。全段配属客车1 964辆，其中软卧车136辆、软座车24辆、硬卧车586辆，硬座车923辆，发电车56辆，行李车136辆，餐车90辆，邮政车13辆。全段共承担59.5对104组旅客列车的基地检修和乘务工作。段有各种机械设备783台，其中，有金属切削设备66台、锻压剪削设备37台、动力设备95台、电器设备179台、起重运输设备170台、工作炉及热处理设备4台、木工设备23台、试验设备151台、工程机械设备6台、杂项设备52台。按类别分A类设备517台、B类设备59台、C类设备207台。固定资产23.66亿元。

行政机构下设办公室、安全科、调度科、技术科、人事科、财务科、材料科、教育科、质检科、武装保卫科，共10个科室；1个驻段验收室。设长春、吉林、通化、通辽4个运用车间及检修车间、设备车间共6个一线车间，69个班组。党群机构设1个党群工作办公室。全段共有职工3 999人，干部269人，技术人员83人（其中，高级职称3人、中级职称51人、初级职称29人），工人3 730人。主要工种：检车员1 358人、车电钳工286人、车电员491人、车辆钳工411人、发电车乘务员321人，其他工种863人。职工队伍文化结构大专以上591人、中专641人、技校210人、高中及以下2 557人。

主要生产经营任务完成情况：全年完成客车段修536辆、完成空调中修292辆，完成客车辅修2 414辆。2006年根据路局发展规划，研究制订了长春车辆段三年发展规划，本着“整备能力扩充、运用能力翻番、段修能力加强”、“做大做强长春运用、检修基地”的原则，新建8条客车停留线，增加72辆客车存放能力；新建运用库5、6道快速车检修地沟，具备了快速车的检修条件；完成了运用库外咽喉岔区拨直工程；全面启动交流380V地面电源，结束了运用库内使用发电车供电检修的历史。在2006年还新建了氧气、乙炔库；更换了长春运用库内42台动力配电箱；自制除灰机、构架翻转机以及轴箱检修桁架吊；对长春4台锅炉进行了全面整修，对锅炉房以及休息室、上水道间地面进行了全面整修，改善了暖房的生产作业条件；利用既有房屋改建风泵室，将原有的水冷风泵淘汰，安装两台20立风冷式涡轮涡杆风泵，同时在长春、吉林、通化三地风泵室加装了风源净化器，改善了风源质量，提高了客车制动系统的安全系数。

【长春供电段】　段址位于长春市宽城区松江路395号，邮编130051。2006年3月18日，路局生产力布局调整后新组建的单位，担负着沈哈、平齐、通让、长白、白阿、长吉、四梅、陶榆、开丰9条线133个站的生产、生活供电任务。段管辖范围：京哈线南至开原分界点上行801.665km处，下行802.080km处。北至蔡家沟分界点1 172.00km，长吉线11.8km龙泉至兴隆山36号干外1米，平齐线454.05km泰来街基间114号杆北1米处，通让线北332.12km处，太阳升配电所受干36号杆外1米处，南至太平川配电所出口外1米，白阿线白城至阿尔山。全段主要设备：供电的设备换算里程为2 538.4km，其主要设备有6座牵引变电所，38个RTU箱，279个远动开关。电力设备的换算公里为11 724km，其主要设备有架空线2 697.36km，变压器1 404台，变配电所（包括车间变）188座，投光灯塔2 061座，电缆701km。运输设备50台（其中：汽车36台、轨道车10台、放线车1台、平板车3台）。固定资产原值14.75亿元，净值9.20亿元。

行政机构设办公室、安全调度科、劳动人事科、财务科、教育科、材料科、验收室、技术科、武装部9个科室；长春、四平、德惠、白城、太平川、郑家屯、大安北7个供电车间，检修、动力设备、大修、抢修4个生产车间，共11个车间，88个班组。党群机构设党群办公室。全段共有职工1 584人。其中,干部150人,技术人员94人(其中,高级职称4人、中级职称39人、初级职称51人),工人1 434人。主要工种:接触网工261人,电力线路工641人,变电值班员9人,配电员192人,轨道车司机46人。职工队伍文化结构:大专以上93人、中专190人、技校113人、高中499人、初中以下539人。职业资格:初级304人,中级176人,高级252人,技师6人。

主要生产经营任务完成情况:2006年运输有权支出21 789万元,实际支出21 789万元。计划供电损失率10.93%,实际供电损失率9.72%,较计划少损失1.21个百分点。计划购售电差额345万元,实际差额311万元,较计划少完成34万元。

主要经营指标完成情况:1.架空电力线路2 736Km,其中,优良1 700 km,优良率为62.1%;合格769km,合格率28.1%;不合格267km,不合格率9.8%。2.电缆线路695km,其中,优良546km,优良率为78.5%;合格123km,合格率17.7%;不合格26km,不合格率3.8%。3.发电设备2台,合格2台,合格率100%。4.变压器台1 029座,其中,优良785台,优良率为76.3%;合格197台,合格率19.1%;不合格47台,不合格率4.6%。5.变压器1 288台,其中,优良1 013座,优良率为78.6%;合格239台,合格率18.6%;不合格36台,不合格率2.8%。6.配电装置1 364面,其中,优良1 104面,优良率为80.9%;合格210面,合格率15.4%;不合格50面,不合格率3.7%。7.投光灯塔(桥、柱)2 187座,其中,优良1 591座,优良率为72.7%;合格510座,合格率23.3%;不合格86座,不合格率3.9%。8.设备综合合格率94.5%,其中优良率72.4%。长春供电段从2006年3月18日组建到2006年12月31日,实现无责任重大、大事故289天;无责任一般事故199天;无责任人身重伤及以上事故289天;无责任火灾289天。

【长春工务段】 段址在长春市宽城区凯旋路382号,邮政编码:130052。管辖京哈线上下行977km~1 172km,其区间包括大屯、长春南、长春、长春北、米沙子、沃皮、布海、德惠、达家沟、陶赖昭、扶余共11个车站;图单线0km~12km,长图2线0km~5.421km,长图下行12km~108km,长图上行13.682km~108km,双线共计189.784km,其区间包括长春东、龙泉、兴隆山、卡伦、龙家堡、饮马河、九台、营城、土们岭、河湾子、桦皮厂、孤店子共12个车站;长白线由小南车站10#道岔为起点至133km为单线,另团山堡至小南间为复线区段,双线区段共计6.03km,其区间包括小南、小合隆、开安、农安、柴岗、哈拉海、王府、七家子共9个车站;陶榆线0km~55.393km,其区间包括五棵树、刘家店、闵家屯、榆树4个车站。主要担负上述四条干线的线桥养护维修任务。线桥设备有正、站、段、岔特线共计1 204.60 km,其中正线806.958km。道岔1 345组,其中正线道岔403组。道口175处。桥隧涵总换算长12 039m,其中,桥梁262座/6 082m,隧道3座/574m,涵渠380孔/1 763m,其他(建筑物、河调、灰坑)3 620 m。有机械设备294台。其中,各种机床18台、发电机组4台、190型液压捣固机6组、直式捣固镐72台、双头扳手10台、单头扳手26台、双向轨缝调整器25台、道岔打磨机9台、仿型打磨机7台、直轨器12台、发电机(10千w)17台、直流电焊机14台、探伤仪26台、运输设备48台(含汽车33台、轨道车8台、拖车7台)。固定资产304 138万元。行政机构设劳动人事科、计划财务科、安全科、职工教育科、技术科、材料科、办公室共7个科室;9个线路车间及探伤、运输、检修、汽车队、旧线测量、桥梁维修保养、及桥梁机械化维修车间共16个车间,97个工区。党群机构设党群办公室。

全段共有职工2 255人。其中,女职工109人,干部161人,技术人员45人(高级职称1人、中级职称19人、初级职称25人),工人2 094人。主要工种:线路工1 444人、巡道工154人、桥梁工97人、道口工63人、探伤工73人、轨道车司机15人、桥梁巡守6人。职工队伍文化结构:大专以上66人;中专323人;技校36人;高中501人;初中1 168人。

生产任务完成情况:正线综合修699.19km,到发线综合修82km,站线综合修51km,正线道岔综合修230组,到发线道岔综合修170组,站线道岔综合修127组,线路钢轨焊修240根,焊补锰钢辙叉125组,补充道砟1 243车/46 612.5 m^3,线路机捣699.192km,道岔机捣230组,大机清筛77.5km,提速道岔破底清筛83组，普通道岔破底清筛30组，道岔大修63组，换轨10.579km，焊轨756个接头，胶接道岔47组，桥梁综合修27.6座/1 695m，涵渠综合修41座/950.5m，隧道综合修1座/565.8m，桥头硬面化（哈长线）37座/2 020m，预制人畜过道框构30个，过道框构顶进6个，平改立人行过道扶手接高102座，增设京哈线桥梁限界架129处．防洪工作完成长图线1km、哈长线38km路基拱架防护工程；长图线64km、73km、77km浆砌排水工程，完成哈长线98km桥长图线49km、70km桥水害冲毁段护坡翻修工作。以上工作优良率达到95%，合格率100%。轨检车检查11 505 km，优良10 795km，优良率93.83%。轨检车成绩检查11 505km，优良10 795km，优良率93.83%；提速试验轨检车388km，平均减2.13分，创历史最高水平。到2006年12月31日，实现了无一切行车事故1 030天，无责任重伤及以上事故5 902天，无责任道口交通肇事8 767天，无责任火灾事故21 241天。

【长春电务段】 段址在长春市汉口大街23号，邮编：137000；承担着京哈、通让、长白、平齐、白阿、长图、陶榆、平梅八条干支线1 738.60km、123个车站的信号设备养护维修任务。管辖设备：信号机4 633架；联锁道岔3 068组；转辙机3 642台；轨道电路4 709个；道口113处；TDCS设备127个站楼；驼峰7个场；机车229台。换算道岔组数19 587组。固定资产总产值：79 420万元。人员机构状况：长春电务段现有职工1 785人，其中，女职工286人，干部253人，工人1 532人；职工队伍文化结构：大专以上296人、中专481人、高中686人、初中以下322人。下设9个科室（办公室、人事科、财务科、技术科、安全科、质检科、教育科、材料科、党群办公室），17个生产车间（长春、四平、公主岭、扶余、德惠、长北、松原、大安北、白城、乌兰浩特、郑家屯、太平川、四平驼峰、机车信号、长春检修、长春修配、中修车间），1个电务试验室、1个维护中心、138个班组。全年完成米沙子等18个站中修任务，完成监护道口安装78处，提速道岔改钩锁大修45组、完成道岔大修251组，完成乌兰浩特、新肇战略装车点以及布墩化站扩能改造施工，完成王府、卧虎屯大修改造任务，完成北平齐复线改造施工任务，确保了“5.30”曲改直、“6.30”ZPW2000按时开通。全年举办ZPW2000、TDCS、闭环发码、微机联锁、智能电源屏等各类培训班68期，培训人员1 669人次。全年总成本节支17.6万元。信号设备综合合格率达到了98.82%，设备良好率达到了79.63%。完成年总产值：17 711万元，利润：17.6万元。截至12月31日，段实现无行车重大大事故21 237天，无责任人身死亡21 237天，无责任重伤事故16 615天，无火灾事故21 237天，无险性事故1 973天。

（张耀锟）

公路运输

【概况】 2006年是长春市公路交通事业取得丰硕成果的一年，各项交通工作都取得新的进展。交通基础设施建设取得新的突破，道路运输服务能力全面提高，交通行业管理明显加强，有力地促进了全市经济和社会的发展。全市交通基础设施建设完成全口径投资24.86亿元，超目标任务的4.2%。其中，公路建设投资21.99亿元，养护工程投资1.09亿元，运输场站建设投资0.96亿元，其他投资1.52亿元。到2006年末，全市公路总里程达18 376公里。其中，国道665公里；省道422公里；县道1 471公里；乡道4 151公里；专用车道34公里。在公路总里程中，高级次高级路面9 473公里、有路面里程10 253公里、晴雨通车里程14 048公里。在等级公路中，高速公路达279公里、一级公路达352公里，二级公路达818公里。三级公路达2 258公里。全市公路网密度达89公里/百平方公里。目前，长春通往周边主要城市和各县（市）区基本用高等级公路相连，市区主要公路出口全部达到一级公路标准，100%的乡镇和96%的行政村能通油路、水泥路。一个城乡相连，四通八达的公路网络基本形成。全市共有公路客运站点165个。其中，一级站5个；二有站6个；三级站7个。共有公路客运线路1 123条。其中，跨省线路69条；跨市线路156条；跨县线路183条。全市共有营运货车51 864台，营运客车8 229台，其中公路营运客车2 371台，2006年共完成货运量9 942万吨，货运周转量370 738万吨公里；完成客运量5 248万人次，完成客运周转量272 958

万人公里。全市机动车维修企业达1 950户，维修总能力6.2万辆（二级维护作业以上）。初步形成了以一批重点企业为骨干，多种经济成为并存，经营门类齐全，网点布局趋于合理，经营面覆盖全市，辐射全省，经济效益和社会效益同步增长的市场格局。全市共有驾校60所，年培训能力11.5万人，基本满足了社会需求。2006年，长春市交通局被市委、市政府评为创建全国文明城市工作先进单位。长春市被省政府评为交通发展先进市，并连续三年名列全省第一。长春市交通局系统及局属3个单位分别被评为省级文明单位和省级精神文明建设先进单位。

【路网工程建设】　长春至松原高速公路、国道102线长春至德惠一级公路的征地拆迁工作按计划进行。榆江线榆树至天德段60.8公里等项工程的立项、审批和内业、外业设计等前期工作全面完成。省道101线玉米工业园区段2.7公里改造工程竣工通车。榆陶线国道102线至陶赖昭8.9公里一级公路、龙山线龙家堡至蒋家、双阳绕越线42.2公里二级公路、长营线长春至新立城收费站2.8公里一级公路、长石线石头口门库区277延米大桥和库区2公里三级公路5项共计55.9公里县级公路续建工程和莱口线莱园子至夏家店、大青嘴38公里县级公路新建工程全部竣工通车。

【农村公路建设】　全年新改建乡村公路2 815公里，其中，新建通村水泥（油）路1 788公里，超目标任务7.8%。经过2004年至2006年三年的大规模农村公路建设，全市共新建通村水泥（油）路9 358.5公里，1 607个行政村通了水泥（油）路，占行政村总数的96%，提前两年完成了市政府提出的基本实现村通水泥（油）路的目标，为社会主义新农村建设奠定了良好的基础，得到了市政府的通令嘉奖。

【运输场站建设】　长春市凯旋路客运站完成了14 868平方米站房主体土建和钢结构工程，全年完成总投资12 830万元。榆树客运站、九台货运站续建工程和双阳货场建设征地拆迁按计划完成。新建的12个乡镇客运站全面竣工。

【公路养护】　全年完成油路改善大中修工程153.7公里，超目标任务1.9%，完成公路绿美化建设里程159.8公里，文明样板路保持里程649公里，全市公路好路率达到84.6%。

【交通行业管理】　进一步加强了交通行业管理，加强交通建设市场管理。严格交通建设市场准入制度，全面推行工程招投标制度和交通建设施工单位信誉考核制度，进一步落实四级质量保证制度，坚持把质量监督贯穿于工程建设全过程，确保了交通建设工程质量。加强道路运输市场管理。严格执行道路运输市场准入条件，对全市713条客运班线、2 715个班次实行了经营权直接许可，284条客运班线、894个客运班次、534台营运车辆通过招投标确定经营权。同时，加强了对节假日旅客运输的组织和管理，春节、“五一”和“十一”三个节假日共输送旅客761万人次，做到了安全、优质、畅通、有序。采取专项整治与集中治理相结合，进一步规范危险货物运输管理。2006年，在全市机动车维修企业中开展了诚信企业评定，加强了机动车维修业户和机动车驾驶员培训学校的规范管理。深入开展公路清障专项治理，加大了对公路管理的巡查检查力度，处理路政案件61起，清理各种路障1 967处，拆除违章建筑7处，规范平交道12 186处，提高了公路通过能力。与市纠风办联合开展了公路“三乱”的治理工作。长春市的治理公路“三乱”工作受到交通部的表彰。

【治理车辆超限超载工作】　2006年，在市政府统一领导下，会同有关部门对车辆超限超载进行集中治理，局及公路处、运输管理处等部门领导深入治超第一线，靠前指挥，成立了五处治理超限超载检测站点，治超执法人员坚持每天24小时不间断检查，共检测车辆4 232辆，处理超限车人1 659人，卸载货物696吨，全市超限车辆由15%下降至3%左右，超限反弹势头大幅回落，恶意超限得到遏制，运输价格有所上涨，公路运输价格得到了规范，运输市场秩序有所好转。

【水上交通安全】　各级地方海事机构对长春市辖区渡口渡船的水上交通安全进行专项治理，率先在省内对无审批手续渡口和低质量船舶进行整治，对长春市辖区内的船舶进行了年度检验，完成了151艘低质量船舶的实船测绘补图，全市低质量船舶合格率已达80%以上。开展了渡口渡船整治。印发了《长春市人民政府关于进一步加强全市旅游船舶安全管理的通知》，加强了通航水域旅游船安全监督管理，取得明显成效。

【交通依法行政】 制订了全面推进依法行政实施方案，对交通依法行政目标、任务进行分解落实。全面推行交通行政执法责任制，对交通行政执法依据、执法主体、行政许可和处罚项目，行政收费项目重新进行了清理，建立和完善各项交通行政执法制度，进一步规范了交通行政许可和交通行政处罚行为。全年未发生一起交通行政执法错案，未发生一起交通行政复议和诉讼案件，被市政府评为法治工作先进单位。结合行政审批制度改革，对道路运输审批大厅和机动车维修（驾驶员培训）审批窗口进行了完善，新设立了海事审批大厅。进一步加强了法治培训和普法工作，集中培训交通行政执法人员300多人次，在局机关和基层单位开展了普法教育，面向全社会广泛宣传交通法律法规，长春市交通局被省委、省政府评为普法教育先进单位。

【交通体制改革】 交通国有企业改革进一步得到推进。长春市公路规划勘测设计院改制工作已经完成，组建了由职工共同出资入股的民营公路规划勘测设计企业。长春路桥建设集团公司国有产权转让工作取得实质性进展。长春市公路监理办公室等国有交通企业的改制工作正在深入推进。

【交通科技成果】 先后开展5项交通科技研究，其中“土壤固化剂在长春县乡公路建设中的应用研究”获得长春市2006年度科技进步二等奖。“应用高弹性沥青防治寒冷地区沥青路面反射裂缝的应用研究”，在2005年进行的室内对比试验和疲劳试验的基础上，应用结构计算软件进行了层状体裂缝分析，对科铁公路试验路进行了检测，并通过了吉林省交通厅组织的课题验收。“道路运输业共同配送模式设计及关键技术研究”进行了道路运输业共同配送模式的程序软件设计，并组织课题验收。“玻璃纤维复合材料增强沥青混凝土的应用研究”项目进行了室内路用性能对比试验，并在龙蒋公路01标段铺筑试验路200米。

（夏晓波）

民用航空

【概况】 2006年，是吉林省民航机场集团公司（以下简称吉林机场集团）作为首都机场集团公司成员企业全面运营的第一年，也是长春龙嘉国际机场正式启用的第一年。吉林机场集团以构建管理型机场为目标，以全面提升运营质量为核心，较好地完成了各项工作，安全形势总体平稳，运输生产快速增长，基本建设有序进行，各项改革稳步推进。全年共保障各类飞行27 747架次，完成旅客吞吐量2 926 010人次，货邮吞吐量28 651.3吨，同比分别增长8.41%、18.99%、30.63%。（其中长春龙嘉国际机场共保障各类飞行20 924架次，完成旅客吞吐量2 227,176人次，货邮吞吐量26 458.9吨，同比分别增长16.12%、27.22%、32.26%）机场航班放行正常率达92.92%，非基地航空公司航班放行正常率达96.8%，同比分别增长1.57%和2.41%。实现了飞行安全48周年、空防安全13周年。全年无旅客有效投诉。截至2006年底，吉林机场集团共有员工1 995人，资产总额为24.70亿元。开通航线47条、通航城市32个。

【航空安全】 坚持“严、实、细”的工作标准，狠抓安全管理，全年安全生产保持了总体平稳的良好态势。建立安全管理体系（SMS），提高安全管理水平。重点从安全管理机构、安全目标、安全责任等方面构建起管理体系的基本框架；加强安全教育培训，建立安全培训档案。提高员工的安全意识和业务技能；加强安全队伍建设，严格安全管理。整合建立安全质量部，由总裁助理兼任安质部经理，充实力量；完善安全运行奖惩机制，做到奖罚严明。对不安全事件严格按照“四不放过”原则进行处理；行使机场的安全管理职能，做好机场周边净空管理，确保安全生产；加大安全基础设施投入，提高机场运行安全裕度；加强应急救援系统建设。建立符合机场特点的应急救援指挥体系，启用了长春龙嘉国际机场应急行动指挥中心，为机场应急救援工作提供强有力的保障。

机场长春航站楼

【服务质量】 本着“质量求精、管理至细”的宗旨，以精细化管理为重点，服务质量不断提高，整体水平保持在国内同类型机场前列。2006年，长春龙嘉国际机场在首都机场集团开展的成员机场服务质量测评中获得3.48分，机场顾客满意度排名第二。在全国“2006旅客话民航”活动中，长春龙嘉国际机场获同类机场“用户满意优质奖”，是首都机场集团除首都机场外唯一获奖的成员机场。构建“四个一体化”服务体系。即：地空联合一体化服务、航班不正常一体化服务、机场保障一体化服务、特殊保障一体化服务。通过一系列体系建设，不断提高服务质量；构建考核评价体系，在机场服务的各个环节全面实施精细化管理；推行“首问负责制”，使旅客的服务要求，在最短时间内得到解决；加强与航空公司的联系。定期召开征求意见座谈会，不断改进服务工作；积极为地方经济建设和社会发展服务。完成了第六届亚冬会、东北亚博览会等大型活动的保障工作；完善机场服务功能，提升服务质量。启动了候机楼商业资源规划改造项目，机场餐饮、商贸、广告等服务设施得到改善。启用了长春龙嘉国际机场宾馆。

【市场开发】 长春龙嘉国际机场启用后，极大地改善了吉林航空的运营环境。吉林机场集团通过实施市场营销，运输生产快速增长。航线航班明显增加。依托首都机场集团的整体优势，以连接成员机场为着力点，开辟了武汉、天津等航线。制订所属机场航线开发整体营销方案，积极与航空公司进行商务洽谈，新开和增开了长春至西安、伊尔库茨克、海参崴等航线。货运市场不断拓展。与海航、国航及数家大型物流企业签订合作协议，拓展货运市场开发空间；向航空公司争取新运价，调整批量货物的优惠价格；加快普货派送网络建设，龙嘉国际机场货邮吞吐量同比增长30.65%；延吉机场海关监管库通过验收并投入运营。作为延边地区唯一的免税仓库，集空路、陆路、海路国际货运业务于一身，为延吉机场货运发展提供良好的平台。客票市场份额扩大。构建机票连锁网络，在吉林南北要冲增设四平、通化售票网点，强化辐射，吸纳客流；积极扩大销售范围，得到8家航空公司的代理权；通过向航空公司争取优惠政策，促进国际客票的销售。2006年集团客票销售量同比增长36%。

【基础设施】 统筹规划科学安排，基本建设稳步推进。长春龙嘉国际机场建设工程完成全部一期在建项目，进入决算、调概阶段。为做好机场二期扩建，吉林机场集团及时成立了长春龙嘉国际机场续建工程项目部，开展续建工程筹备工作。延吉机场改扩建工程进展顺利。机坪扩建已竣工并投入使用；全向信标进入设备安装阶段；给排水管网改造工程已完成前期准备。通过改扩建，机场安全裕度得到了提高。2006年延吉机场扩建工程累计完成固定资产投资2 310万元。长白山机场可行性研究报告于3月15日，通过国家发改委审批。工程建设总投资调整为36 090万元，其中，机场工程35 126万元，供油工程964万元。机场工程项目法人为吉林省民航机场集团长白山机场有限公司，供油工程项目法人为中国航空油料集团公司。5月1日至4日，首都机场集团公司副总经理兼中国民航机场建设集团公司董事长陈国兴、中国民航机场建设集团公司总经理姚亚波一行视察了长白山机场建设工程和延吉机场扩建工程，长白山机场建设工程于2006年7月10日开工。

【长白山机场工程举行奠基仪式】 7月10日，新建长白山民用机场工程奠基典礼在吉林省抚松县长白山机场场区举行。长白山机场建设项目根据国家批准的建设规模，飞行区飞行等级为4C级，年旅客吞吐量为54万人次。工程将在2008年8月，奥运会举办前竣工并交付使用。2006年内完成了飞行区工程、航站楼基础和进场路工程的招标工作；完成了飞行区土石方工程、航站区道路基础及航站楼基础工程。2006年长白山机场工程累计完成土石方204万立方米，完成投资16 000万元。信息化建设稳步推进。吉林机场集团与首都机场集团OA办公系统成功对接。公文全部实现网上流转。通过信息网络规范公文、会议与行政事务管理，提高了工作效率和管理水平。

【改革发展】 吉林机场集团启动管理型机场咨询项目，整体推进各项改革。依据“专业重组、主辅分离、精干高效、减少层次”的管理型机场组织机构设置原则，完成了部门更名、管理人员称谓变更和组织机构、管理职责调整，交流了二级机构正职管理人员。根据首都机场集团《关于成员机场实施主辅分离与专业化重组的指导意见》，对所属非航空业务进行了专业化重组和主辅分离。组建了广告、商贸、餐饮、地服、配餐、设备维修、贵宾7个专业化公司。实现了动力能源、物业、空港服务、航空安保和信息管理等公司的主辅剥离。形成了“6－4－8－7”的机构布局，即：6个职能部门、4个运行保障单位、8个主辅分离公司和7个专业化公司。经过改革，初步形成管理型机场组织架构。完成岗位评估与薪酬设计。组建岗位评估小组，实施岗位描述及岗位评估，完成了薪酬方案的设计，为薪酬改革打下基础。

【经营管理】 通过规范运营，吉林机场集团管控水平得到全面提升，为实现全年经营目标奠定了基础。加强经营管理。对集团所属各分、子公司经营关系及股权投资关系进行全面清理；加强法律事务管理，运用法律手段辅助规范经营活动，提高风险控制能力。加大财务管控。严格执行《全面预算管理制度》，对预算的编制、执行、跟踪、控制、调整等环节实施全程控制。加入首都机场集团资金结算中心，实现资金结算管理与集团的对接和一体化。实行财务人员委派制度。开展财务收支检查，加大财务监管力度，合理规避财务风险。规范资产管理，有效利用资源。成立资产管理部，强化资产管理。严格执行资产的购置、调拨、转让、报损、报废等审批手续，通过拍卖、租赁等多种方式盘活闲置资产。

王珉省长参加长春至伊尔库茨克及海参崴首航仪式

【运输生产春运创新高】 1月14日至2月22日，吉林机场集团圆满完成春运保障工作，实现了三个突破。1月23日，长春龙嘉国际机场日航班量突破60班次，达到62班；非基地航空公司航班32班次，突破50%的份额；顺利保障了东航A310大型客机，结束了长春机场没有大型飞机运营的历史。春运期间，运输生产快速增长。吉林机场集团共保障航班2 669架次，其中长春机场2 131架次，同比增长14.94%；延吉机场538架次，同比增长21.44%。旅客吞吐量293 851人次，其中，长春机场238 652人次，同比增长34.9%；延吉机场55 199人次，同比增长17.95%。货邮吞吐量3 288.7吨，其中，长春机场2 366.1吨，同比增长23.75%；延吉机场922.6吨，同比增长21.41%。

【长春至伊尔库茨克及海参崴首航成功】 6月9日，长春龙嘉国际机场举行长春至伊尔库茨克及海参崴首航成功仪式。14：10分，CZ6086航班由海参崴飞抵长春，王珉省长率领的吉林省代表团同机抵达。届时，长春至伊尔库茨克及海参崴国际航线首航取得圆满成功，省政府在机场举行了欢迎仪式。

【延吉机场成功举行“边城风雷行动”的反恐应急救援综合演练】 6月16日，延边州公安局、延吉市消防大队、延吉机场公司、南航集团北方航空吉林分公司等单位参加了延吉机场反恐综合应急救援演练。演练科目包括反恐战术、消防救援、医疗救护三部分。通过演练，成功检验了延吉机场应急救援综合保障能力。

【吉林机场集团向中国民航博物馆捐赠展藏品】 6月18日，吉林机场集团在长春民航宾馆向民航博物馆捐赠了吉林机场盲降设备、大房身机场指点标机、归航机等退役设备。其中吉林机场的盲降设备是目前仅有的保存完好的国产盲降设备。

【延吉机场公司圆满完成首次台湾直飞大陆医疗包机保障任务】 9月19日，台湾直飞大陆医疗包机于凌晨4时36分抵达延吉机场，7时48分起飞。两小时内，延吉机场公司完成全部伤员、家属登机和行李托运，圆满完成包机保障工作。

【长春龙嘉国际机场宾馆投入运营】 10月10日，长春龙嘉国际机场宾馆投入运营。机场宾馆是集客房、餐饮、商务、休闲为一体的三星级涉外宾馆。它的启用是机场完善服务功能的又一项重要举措。

【长春龙嘉国际机场举行首次应急救援综合演练】 10月11日，长春龙嘉国际机场成功举行了通航后的首次应急救援综合演练。参加演练的有吉林省卫生厅、省高速公路管理局、长春市消防支队及驻场各单位。演练围绕航空器空中发生故障在机场紧急着陆的应急救援和航站楼火情紧急疏散两项内容进行。通过演练提高了新机场应对紧急突发事件的反应能力和处置能力，完善了与救援单位间的协调联动机制。

【首都机场集团公司总经理李培英到吉林机场集团进行工作调研】 10月12日，首都机场集团总经理李培英到吉林机场集团进行工作调研。李培英总经理对吉林机场集团取得的成绩给予了充分肯定，并对下一步工作提出了希望。

【吉林省省长王珉视察长白山机场建设工程】 10月26日，吉林省省长王珉率省政府相关厅局领导，视察了长白山机场建设工程。王珉省长在施工现场看望了建设单位、监理单位和施工单位的工作人员。王珉省长对机场建设取得的阶段性成绩表示满意，并现场指出机场一定要按阶段目标在2008年奥运会前通航。

【长春龙嘉国际机场旅客吞吐量首次突破200万】 11月22日，长春龙嘉国际机场旅客吞吐量首次突破200万人次，标志着长春龙嘉国际机场已步入一个快速发展时期。长春龙嘉国际机场投入运营后，旅客吞吐量以平均30.9%速度递增，增长速度位居全国同类机场前列。

（祖若珣）

【南方航空】 南航吉林分公司从1992年8月8日成立以来，经过15年的建设发展，已形成了一家具有一定规模、有一定竞争力的航空公司。2006年吉林分公司新增空客321型飞机1架，空客319型飞机2架，空客320型飞机3架，使分公司执管飞机数量增加到11架，共经营国内航线70条、国际航线18条、地区航线2条。2006年，南航吉林分公司完成运输总周转量24 451.77万吨公里，旅客运输量164万人次，货邮运量1.9万吨，实现运输收入12.58亿元。

强化安全管理，夯实安全基础。南航分公司全年共安全飞行26 439.3小时/13 178架次，在安全工作中，积极倡导“防松懈、反违章，谨慎操作、精细飞行”的安全理念，严格监督检查，强化激励约束机制，创造了良好的安全业绩。

加大培训力度，严把培训关。南航分公司注意严把“运行岗位准入培训关”、“安全岗位能力培训关”和“机长放飞关”。严格落实改装计划和转机长训练，优化流程，规范实施新放机长答辩制。全年累计聘任机长

27人、教员9人，完成模拟机复训121组。全年组织飞行研讨50余次，同时积极推动兄弟单位之间和空地之间的业务交流。突出解决实际生产运行中遇到的重点、难点问题，有效提高了飞行、机务队伍的整体技术素质。

提高飞机维护质量，严把飞机适航关。机务系统坚持以“飞机关键系统突发故障控制”和“维修程序制度落实”作为全年工作的核心任务。重点加强了对空客飞机发动机使用性能的监控分析和液压、飞行操纵、起落架、导航等重要系统的故障研讨，通过编制可靠性周报及时把握新机型季节性故障特点和趋势发展，在扩充普查范围和深度、落实预防维修措施上做文章，另外，维修厂从不断改善安全系统的角度出发，系统实施了对维修重点环节的流程再造，制定完善了包括《飞机进/出港推/拖飞机工作流程》等40余项工作规范。取得了A321飞机2C检和A320、A319飞机1C检维修资格，分公司整体维修能力得到进一步提高。

严格制度落实，确保了空防安全。2006年，南航分公司坚持以《运行手册》为依据，全面实施规范化管理，消除盲点，圆满实现了全年空防安全目标；在消防安全和综合治理方面杜绝了各类火灾事故，刑事案件和重大治安灾害事故发生率为零，确保了一方平安。开展系列安全活动，创建和谐的安全氛围。分公司认真开展“安康杯”活动，加大了资金投入，先后成功组织了“安全生产月”、“安全生产论坛”、"岗位练兵、技术比武"、“作风纪律整顿”等一系列安全活动，大力表彰先进，营造安全文化氛围，较好地调动了全员的积极性、创造性，涌现了一大批保证安全的好人好事。

科学合理安排航线网络布局。坚持细化现有国内航线，巩固主干航线，新增延吉经长春至广州等地的航线；新增西安、太原等航线；继续巩固了北京市场；加大国际航线的运力投入。将延吉－首尔航线转增为每周3班正班运营，在旺季期间开通了延吉－牡丹江－首尔的长期包机航班和长春－大邱的临时包机航班。另外分公司配合政府如期开通了长春－伊尔库茨克、长春－海参崴两条国际航线。2006年南航分公司累计加班339班，包机350班。

加强营销队伍建设，提高营销能力。切实提高营销人员的思想素质和业务能力，大力提升营销人员产品销售、网络销售、国际销售的意识和能力，加速培养营销骨干人才。把效益与经营销售人员的切身利益挂钩，实施重奖重罚，充分调动了营销人员的积极性。

优化产品设计与开发。南航分公司认真进行了2006年旅客构成调查分析，根据竞争环境的改变，有针对性地调整了产品投放方向。发挥基地公司优势，用适销对路的产品赢得旅客。大力开发货运市场。分公司加强了中小企业、补充产品的开发力度，巩固了国内航线市场占有率；形成了国际货邮航线网络，国际货运市场的开拓大有进展；及时调整销售政策，确保了货运收入的稳定。成本管理有成效。分公司坚持预算刚性管理。年初成立了成本控制领导小组，进一步明确了重点控制项目及责任人，细化了具体措施。加强了成本控制督导，抓源头，控大项，堵漏洞，成效明显。

狠抓了航班正常性。主要是坚持了三抓：抓制度落实，各保障单位各负其责，密切配合，大大减少了人为原因影响航班正常；抓快速保障，积极调整不正常航班，全年共主动调整航班

热烈庆祝长春至伊尔库茨克及海参崴国际航线开通（领导和机组人员合影）

68 班，最大限度减少延误时间和恢复了不正常航班；抓外部配合，积极与长春空军、机场集团公司、长春空管站联系，争取有效的支援。

狠抓了服务质量管理。空中服务以微笑工程为切入点，地面服务坚持以顾客需求为导向，着重强化头等舱乘务员和地面旅服人员业务素质和服务技能训练，提升两舱服务水平，开展机上系列服务活动，增强与顾客的沟通与互动。以 950333 为平台，开通了 24 小时顾客服务热线，针对大客户和重要旅客实施售票、服务、保障一条龙的工作制度，有效地将空地各服务环节串联在了一起。

停机坪五心－向阳花中转组

狠抓了品牌建设。继续以巩固"向阳花"中转组等特色服务为重点，加大品牌宣传力度，提升了南航的公众形象，陆续推出"木棉情"、"七彩木棉"等崭新的品牌服务，收到了良好的市场反应。

狠抓党的思想建设和组织建设。分公司坚持党委中心组学习制度，认真联系发展实际，通过"四好班子"创建活动、党章和《江泽民文选》学习活动、荣辱观教育、岗位增收节支等活动，通过实施厂务公开民主管理、强化党员责任意识，有力地推动了分公司两级班子的建设。加强思想政治工作，保持员工思想稳定。分公司坚持对人员思想状况进行深入分析，并有针对性地采取发表公开信、召开座谈会、下发安全温馨提示卡等措施，以情感人、以理服人，鼓舞士气、形成氛围。分公司党委不回避职工普遍关注的焦点、热点问题和存在的不稳定因素，多层次、多角度对员工实施人文关爱，努力采取解决问题的办法和措施，巩固分公司飞行、机务两支队伍思想整体稳定。

（蒋延文）

信息产业

信　息　产　业

综　述

2006年,全市光电信息产业建设紧紧围绕国家信息产业发展战略和市委、市政府确定的产业发展目标,坚持管理和服务并举、引资引智与自主创新并举、科学规划与务实推进并举、发挥优势与突出特色并举,统筹规划,科学布局,开拓创新,充分发挥长春国家光电子产业基地优势,努力搭建推进产业发展综合平台,全面完成了市委、市政府确定的产业发展目标和工作任务,实现了光电信息产业发展速度与发展质量双突破。全市光电信息产业实现产值175.5亿元,同比增长47%。其中,光电信息产品制造业实现产值75.5亿元,同比增长71.6%;软件业实现产值28亿元,同比增长75%;信息服务业实现产值72亿元,同比增长20%。全年完成固定资产投资14.5亿元,同比增长32%。实现出口交货值7.4亿元,同比增长61%。

光电信息产业推进　按照产业发展目标,以落实责任、量化目标、动态调度、强化管理为原则,建立了目标、进度、措施三位一体的动态工作目标管理体系。按照国家信息产业部的统计口径与指标体系,建立了光电信息产业的统计体系,实施了月、季、年报表制度,开发了产业运行统计分析信息系统、项目建设跟踪系统、招商引资专项信息管理系统,为动态了解掌握产业运行态势、推进产业发展和项目建设提供了综合平台。抓住国家振兴东北老工业基地的有利契机,依托长春国家光电子产业基地,向国家和省里申报了一批光电信息产业项目。其中,获国家发改委支持的项目6项,信息产业部支持的项目5项,科技部支持项目9项,省信息产业厅支持的项目38项。支持项目资金达1.1亿元。同时,确定了22个项目为明年重点项目。目前,全市光电信息企业已经达到521家,其中,光电信息产品制造业企业207家,信息服务业企业31家,软件企业283家。主要产品达到570多种。

长春国家光电子产业基地建设　年初,组建了长春国家光电子产业基地发展股份有限公司,会同高新、净月、汽车、经开等开发区,整合调配各类资源,编制了光电子、汽车电子嵌入式软件工程中心、光电子产业基地工程中心和长春国家汽车电子产业园区规划等可研报告,并正式向国家信息产业部申报国家汽车电子产业园区,目前正在审评中。为推动基地与园区建设,分别与高新、净月、汽车等开发区和吉大科技园就光电信息产业发展的投融资体系、风险投资机制、中小企业担保、企业孵化中心建设等问题进行了探讨和论证。形成了以高新区磐谷国际商务港为总部,以经开区中科院光机与物理所为产业化孵化器,以净月启明工业园、汽车区汽车电子工业园、高新区吉大科技园、软件园为依托的长春国家

5月16日吕凝局长与印度QAI公司签订协议

8月9日，吕凝局长、曾庆彬副局长到鸿达公司调研

光电子产业基地总体方案，编制了申请国家开行资金支持的项目可研。目前，该平台项目正在申报中。综合技术服务平台项目启动后，将进一步推动国内外光电信息企业和项目向长春国家光电子产业基地聚集。

信息化建设 以提高全社会信息化应用水平为重点，以展示长春、服务社会、服务市民，提高社会与经济发展效率为目标，加快了全市信息化基础设施建设，务实推进了信息技术在电子政务、电子商务、电子传媒等重点领域的应用。制订了信用城市整体框架和企业信息资源共享平台技术框架；推动了以"长农网"为载体的社会主义新农村信息化支撑平台建设和以社区为载体的劳动就业、社会保障、市民服务综合信息平台整合工作；编制完成了"城市一卡通"建设方案。形成了以网通、移动、联通、电信、铁通、有线电视等运营商为投资主体，以其他社会力量投资为辅助的基础设施建设资金投入模式，编制了《长春市通讯设施专项规划》、《无线电网络建设总体规划》。依托长春信息港，建设了省、市、县(市)区及开发区三级互动的视频会议系统，开发了长春信息港电子政务数字认证管理系统，应用移动政务平台，实现了政府服务部门与市民，与企业的实时互动。推动了电子商务在重点领域的应用，完成了《长春市电子商务发展战略的研究》课题，推动了汽车、农产品、君子兰、房地产等产业电子商务交易平台的建设和区域性物流信息交换平台的调研、规划与建设工作。围绕市委、市政府的中心工作，实现了电子传媒与传统传媒的同步和适度超前，为推动我市经济与社会更好更快地发展发挥了作用。

招商引资 按照市委、市政府发展"235"产业的总体思路，抓住信息产业、汽车产业相互融合竞相发展的机遇，开展了一系列引资、引智工作，为产业发展注入了新活力。引进了香港新进科技集团汽车电子贴片生产线、欧盟"加强欧洲和中国光电产业的联系"、印度 QAI 软件 CMM I 认证和软件外包人才培训、美国 PTG 的 PLED 和 MF301 芯片等 7 个项目。力促微软与启明在嵌入式系统平台方面的合作、中兴通讯与动画学院在动漫方面的合作、康佳集团与长春希达在 LED 大屏方面的合作、韩国泰星电装与一汽在汽车传感器方面的合作等 10 个项目的协议签署。与日本瑞萨、日立、韩国 INN 签署了 ITS 和嵌入式软件的合作协议。建立了招商引资数据库支撑平台系统，搭建了国际化的中介顾问网络。

（谢华庚）

邮　政

【概况】 2006 年是长春市邮政局坚持科学发展观，举全局之力，奋力拼搏，各项工作取得新的成绩的一年。在吉林省邮政局和地方党委、政府的正确领导和大力支持下，全局广大干部职工解放思想，扎实工作，大力开拓市场，不断深化改革，着力改善服务，圆满完成了省局提出的业务收入、收支差额、职工收益三大目标任务。邮政业务收入实现了快速增长，全年业务总收入同比增幅 13.95%。业务收入占全省业务收入的 27.54%。收入绝对值在全国省会局中排第 16 位，增幅排第 7 位。企业改革迈出坚实的步伐，经营管理体制和机制创新为发展注入了新的活力，职工收入得到较大提高，干部职工精神振奋，全局上下和谐，形成了比学赶超、争先进位、竞相发展的生动局面。

【重点业务迅速发展】 2006年以来，长春市邮政局坚持以市场为导向，以效益为目标，层层发动群众，狠抓措施落实，强力推进函件、速递、储蓄三项重点高效业务和其他业务全面发展，抢占市场，做大规模。年末开展了储蓄、速递、贺卡、报刊收订四大会战和新邮预定工作，划分战区，主动出击，收到明显效果。函件业务收入完成计划的101.17%，同比增长28.81%，收入贡献率达到17.69%。注重积极培育市场，开发新产品。重点发展商函业务，开发节日贺卡市场，更新了名址信息库。开发了交通银行、光大银行、医保等账单业务。邮送广告开展送"福"进万家活动。在做好伪满皇宫门票的基础上，开发了长影世纪城门票系统。速递业务收入完成计划的111.94%，同比增长28.69%，收入贡献率达到26.20%。年初成立国际互换局，狠抓窗口特快专递转换率，推动了国际业务的发展。县局速递业务发展较快，开办了居民身份证、司法文书、特快送款、代收石油款、银行票据等业务，全年新增大客户89家，累计达到200家。储蓄业务收入同比增长14.60%，收入贡献率达到50.48%。努力增加储蓄网点服务功能、改善邮储环境、提高服务水平。全年新增网点22处，发放银联卡35万张。中间业务发展较快，代收付业务用户已经达到120万户。集邮业务。全年共开发包括东北亚博览会、吉大校庆等邮品在内的集邮品40余种。报刊发行借助社会力量做大业务规模，在超额完成一次性收订计划特别是完成《长春日报》交邮发行征订工作的基础上，积极开展补、续订工作。代理信息业务收入同比增长10.38%。物流业务收入同比增长69.84%。手机和药品配送增长较快，农资分销进展顺利。在加快经营发展的同时，长春市邮政局积极调整业务结构，收入构成更加合理。邮务类业务收入占全局业务总收入的比重已经达到30.20%，速递物流类业务收入由去年的10.47%增至16.97%，金融类业务整体收入占全局总收入的比重有所提高，由2005年的49.92%升至50.33%。

【项目营销成果显著】 长春市邮政局利用营销积分管理和激励考核机制，建立起一支综合素质较强的营销团队，把积极主动为客户创造价值的理念贯穿到营销工作的各个环节，为用户提供完善的营销方案，不断创新营销方式，逐步实现了全方位的社会营销。通过营销精英的示范带动作用，提升了整体营销能力。市场营销以项目营销为主线，规范营销秩序，注重营销实效，实施项目拉动，有效地促进了业务收入的增长。2006年初即确定了30余个大的营销目标，先后对"农博会"、"东博会"等展会项目，"吉大校庆"等校庆项目，二代身份证、录取通知书等速递业务项目，邮政贺卡、书信比赛等函件业务以及校园包裹、"思乡月"等业务实施了项目营销。

【深化改革体制】 长春市邮政局为了构建高效灵活适应市场需要的经营体制，积极推行扁平化管理。在省邮政局大力支持下，实施了市内邮政、储蓄业务和投递体制改革。撤销市区内宽城等6个邮政分局，成立邮政营业局，专营邮政业务。储蓄网点业务归属邮政储汇局，将原邮政分局各网点储蓄汇兑业务归属邮政储汇局，使其专营金融业务，并负责金融业务类专业营销工作。成立报刊发行投递局，将原隶属于各邮政分局的发行投递室整建制划入报刊发行投递局，专营报刊发行、投递服务业务。改革后，实行网点分等管理，将邮政支局、邮政储蓄所按其邮政收入、储蓄收入、邮政储蓄到达额、员工数量、服务范围等综合因素排序分等。通过深化改革，压缩管理层级，节约经营成本，充分调动了各基层经营单位和员工的积极性。

【提高邮政服务水平】 长春市邮政局积极推行预算管理和专业核算工作，2006年开展了收支自查，清理往来款项，处理悬记账款。严控成本费用支出，厉行节约，开展"节约每一度电、每一滴水"建设节约型企业活动。通过运递体制改革等作业组织优化调整，在压缩成本、资产折旧等方面全年共节约成本支出近千万元。强化用户欠费催缴工作，实施用户欠费催缴责任管理办法，对欠费追缴实行"连责终身负责制"。结合人力资源整合，调整部分机关人员到营销一线，发挥其综合素质较高的优势。在盘活人力资源的同时，开展了"提高服务质量，让用户满意"专项活动和星级服务评比活动，2006年全年用户满意度测评达到94.87分。以资金、防火、交通安全等为重点，积极进行隐患排查，加强了安全保卫工作，由于各项措施落实到位，实现了全年无火灾无被盗案件发生。

【加快企业建设步伐】 长春市邮政局牢固树立建设和谐企业的思想，坚持以人为本，高度重视并不断加强企业各级领导干部的思想、组织、作风、能力建设和党风廉政建设。在广大职工中深入开展形势任务教育，组织了各种形式的劳动竞赛、文体娱乐活动，体现了长邮人的共同意愿，凝聚了促进企业又好又快发展的巨大力量。2006 年全年共举办各类培训班 16 期，培训 1 600余人次。通过开展岗位技能鉴定，使广大干部职工业务能力素质有了较大提高，在省局职业技能竞赛中，取得了团体第一名的优异成绩。组织开展的速递全夜航、“服务优＋”、“三化”竞赛，在国家局检查评比中名列前茅。四季度组织开展了“大干九十天，全面完成全年工作目标”活动，储蓄、贺卡、速递、报刊发行四大会战取得全面胜利。在企业经营发展中，涌现出一大批先进个人和单位，群众性娱乐活动有声有色，民主管理逐步深化，职工生活得到改善。保持了全市文明系统等荣誉，职工李波和林彩文获得省“五一”劳动奖章，德惠市邮政局获得长春市“五一”劳动奖状。

（江 琳）

通 信

【概况】 2006 年，中国网通（集团）有限公司长春市分公司面对复杂激烈的市场竞争，紧紧围绕“效益质量”主题，坚持以经营为中心，强化执行力，使分公司各项工作取得了可喜成绩，企业经济效益稳步提高，品牌影响力日益扩大，在激烈的市场竞争中保持了企业的行业领先地位。

通信业务稳步增长 2006 年，公司坚持以经营为中心，进一步拓展业务范围，提高市场份额，各项通信业务稳步增长。1. 传统业务得到继续发展。公司以“亲情 1＋”为主导经营策略，先后采取业务捆绑、淡化月租、固话存话费赠话费、覆盖新建小区、校园网和话吧，农村装机大会战等措施，有力提升固话产品的市场竞争力。全年发展固话 20 万户，发展小灵通 32 万户。2. 宽带成为发展“亮点”。公司把宽带业务作为公司“转型业务”的重中之重，主攻校园、新建小区、专线和商业用户群，全年净增宽带用户 8 万户。11 月中旬，公司全面启动农村“信息站”建设，拓展农村宽带市场，45 天发展农村信息服务站 153 个，覆盖率达到 10% 以上。3. 增值业务全面开花。按照上级部署，公司集中精兵强将，开发出多项适应市场、适应用户需要，投资少、见效快的增值业务。“114 电话导航”、“12316 新农村热线”、小灵通酷铃、短信、固网悦铃等增值业务全面发展，全年实现增收 1.35 亿元，同比增长 57%，占收比达到 8.5%。4. 五县（市）区分公司收入持续高速增长。从 2004 年末开始，公司调整充实五县（市）区资源，实行全区“同工同酬”，极大的调动了五县（市）区员工积极性。小灵通、农话等业务实现超常规跨越式发展，收入连续 2 年保持两位数递增。2006 年收入贡献率达 22%，有四个县（市）区进入全省县级公司排名前四位，其中榆树公司年实现收入 9 040 万元，增幅达 13.39%，成为全省县级公司收入增长状元。

通信能力显著增强 2006 年，公司全面完成本地网智能化、IP 城域网和 7 个 NGN 局的换型改造，市区 80% 实现光纤＋LAN 接入模式，为新业务推出提供了坚实的技术支撑。11 月 18 日，公司历经一年多时间的紧张工作，顺利完成电话号码升八位工作。升位的成功，极大的提升了长春地区综合通信能力。公司充分利用升位契机，成功举办盛大的启动仪式，有力展示了网通主导运营商实力，提升了企业社会形象。2006 年，公司累计投入 400 余万元用于设备和线路整治。重点整治地下电缆保气、架空电缆接头封堵、修复坏线对、修复分线设备，通信设备三线分离。全区更换电缆 3 万余米，修复坏线 4.6 万对，电缆封头 1 万余只，完成 20 个市话局三线分离。整治后全区主干电缆芯线完好率达到 90% 以上；地下电缆保气率达到 94%。发现并整改 4 处重大供电隐患，保障了通信生产的安全运行。

服务水平不断提高 2006 年，公司开展了大规模的服务整顿升级活动，通过简化业务受理流程，在省内第一个实现所有业务的“免填单”受理，极大方便客户办理各项业务；主动积极配合 10060 清理积压工单，有效缩短装修移机和障碍处理时限，均得到用户的一致好评；全员参与的农村服务末梢整治活动，公司投入 300 多万元共整治 54 个农村局所，使农村服务网点面貌焕然一新，新“九七”系统已经全部覆

服务员在为客户服务

盖所有支局网点；对支局所员工进行业务培训达389人次，农村的服务面貌得到较大改观；2006年开通的“服务质量调查系统”，使服务监管手段上了一个台阶，对减少和杜绝服务性问题发挥了重要作用。

企业管理持续推进

1. 2006年，公司全面实行社区绩效考核管理，实行全区统一计件奖励、社区岗位动态化管理，把员工绩效考核与薪酬直接挂钩。完善了社区硬件建设，31个分局和125个农村支局办公自动化设备全部到位，自主开发了“网上社区”营销系统平台，为社区开展营维工作创造了有利条件。加大对员工的培训力度，全年培训1 415人次。经过一年多的建设，全地区实现经营和服务的无缝覆盖。2. 内控提升管理水平。按照上级部署，公司在2006年初全面启动内控体系建设工作，成立九个项目小组，涉及公司51个部门1 000余人，5月8日至11月3日，公司分别接受了省公司、集团公司、国际会计师事务所的测试检查，基本达标。通过实施内控体系建设，发现并解决了公司在管理工作中存在的缺陷176项，使公司基础管理工作得到根本改观，为企业健康发展打下坚实基础。

企业文化建设全面加强

公司紧紧围绕企业经营工作中心，积极开展各种形式的学习教育活动，针对企业不同阶段出现的问题，先后组织开展了学习青岛经验、企业面临的形势与选择教育、机关转变观念大讨论等活动，引导和帮助员工转变观念共渡难关；积极组织开展企业文化活动、业务竞赛和各种主题实践活动，2006年启动员工“关怀工程”，组织近150名老员工、劳模、标兵赴深圳、海南学习疗养；同时又组织员工进行乒乓球赛、游泳比赛、七一大合唱、拔河比赛等群众文体活动。2006年，公司被省通信管理局授予“行风优秀单位”称号，公司党委被长春市国资委党委授予市优秀党委称号，公司纪委被长春市国资委党委授予先进纪委称号，人民广场营业厅荣获团省委“青年文明号”称号。

（李光辉）

【移动通信分公司】 2006年，原吉林移动通信有限责任公司长春营销中心和吉林省运行维护中心重新整合，成立了中国移动通信集团吉林有限公司长春分公司。现在，公司已成为吉林省通信行业的领跑者，成为造福一方百姓的优秀企业。长春分公司严格执行省公司工作部署，以经营工作为中心，以KPI指标为导向，不断强化发展观念，创新经营模式，完善营销渠道，发挥服务优势，有效扩大了收入和市场占有率。加强维护工作，持续优化网络，提高了网络质量。深化精细管理，推行绩效考核，加强精神文明和政治文明建设，实现了企业各项工作的全面发展。截至12月末，长春分公司全年累计实现业务收入20.542亿元，完成年计划的100.52%；收入市场占有率达到45.85%，同比提高3.35%；净增有效用户64.47万户，完成年计划的134.3%；用户市场占有率达到66.5%，高于年目标值0.68%；掉话率全年累计完成0.74%，优于省公司挑战值0.16 %；网络接通率全年累计完成95.99%，优于省公司挑战值2.99 %。顺利通过了ISO9001质量认证管理体系复审工作及ISO14000环境管理体系认证的重新认证工作，被中国质量协会评为全国实施卓越绩效模式先进企业。先后获得市先进党委、市国资委先进纪委等16项荣誉称号。在省通信管理局和市纠风办联合组织的行风测评中，被评为“2006

年吉林省电信行业联合行风评议活动先进单位”。

坚持“发展是第一要务”思想,确保收入有效提升长春分公司一直坚持“以社会渠道做大用户规模,以自有渠道做小竞争对手规模”的发展策略,充分利用自有渠道和社会渠道协同作战,资源共享优势,把握一切市场商机,有针对性地开展营销活动,大力发展用户,全力巩固城市市场。同时,在2006年,长春分公司又加快了农村市场拓展步伐,本着“谁发展、普查、建设,谁维系、包保、服务”的原则开展农村普查工作,开展“百日竞赛"活动,共计普查1 648个村,发展用户7.4万户,扩大了移动在农村的知晓度,为公司占领农村市场打下坚实基础。此外,在集团客户服务工作中,长春分公司细化集团客户工作,规范集团客户发展、服务及资料录入流程。积极开展集团内单体客户回流、集团发展工作,提高了集团有效率和集团内移动客户占比。同时,利用召开行业应用产品推介会等各种形式加大行业应用信息化产品推广力度,加强集团客户服务工作,强化对78家重点集团客户的营销服务,集团客户规模、质量同步提高。长春分公司还加强渠道建设,逐步建立了相对完善的渠道体系,提高了市场掌控能力。强化自有渠道布局,截至2006年末,长春地区自办营业厅31个,占营业厅总数的21%,基本实现了合理布局。做好二、三级营销网络的开发、长春地区自办营业厅31个,占营业厅总数的21%,基本实现了合理布局。同时,长春分公司还积极做好二、三级营销网络的开发、建设工作,长春地区已建设完毕472户网吧直供网点,社区渠道建设正在积极进行中。通过“沟通100”营业厅、手机“4S”店等多种方式,加强自有渠道营销的销售捆绑和手机终端的维修服务,提升自有渠道综合能力。以酬金使用管理为核心,强化对社会代理渠道的管理,确保代理市场的销售优势。加快农村渠道建设,实行农村区域属地化管理。结合农村市场专项战役,建立村屯业务代表和代办点。以客户经理、业务代表为主的农村自有渠道已经基本完善,长春地区已经完成1 488家直供网点的建设。在新业务发展方面,长春分公司加大新业务拓展步伐,拓展新的收入增长点。加强营销创新,开展有针对性的、多样化的新业务营销活动。大力推进目标营销和体验营销,增加新业务用户数量和使用频次,培养用户的新业务使用习惯,拓展新的收入增长点。有了丰富的业务,服务自然也要跟得上。长春分公司不断强化服务意识,加强过程控制,保持服务领先优势。加大差异化服务力度,集中服务资源,深化对中高端客户一对一服务,加强VIP客户俱乐部、联盟商家的建设及宣传工作,拓展服务内容,规范服务标准,提升了重点用户价值感知。加强服务目标化管理和过程控制,成立分公司服务检查部,加大检查督导力度。全面推行首问负责制,建立健全内部承诺制,提高客户投诉的反应速度和处理质量,各项服务指标持续改善。以N为我主题传播为中心,结合集团公司满意100活动,加速服务理念的有效传递,提升了客户服务感知。

市长祝业精到机房视察升位工作

夯实基础维护工作,提高网络承载能力,持续优化网络,提升网络综合质量。长春分公司通过网络结构性调整,缓解了网络承载压力,确保业务发展的网络弹性。通过新建基站和基站扩容,提高话务吸收能力,有效吸收盲区话务量。以居民小区、大学校园为重点,扎实、深入地开展了底层网建设,解决了45

中国移动总经理接待日

个居民小区和21个校园覆盖点的覆盖问题，全面提高了网络覆盖质量。城市深度覆盖工作效果显著，形成了工程割接调整与网络优化紧密结合的长效机制。在农村采用大功率载频加低损耗的模式，增加了现有基站的覆盖范围，改善了通话质量。同时，以信息化系统为支撑，构建网络维护长效机制及快速反应机制，建立了投诉处理的快速反应流程，缩短网络投诉问题的解决进程，使服务与业务支撑效率得到较大提高。面对即将到来的3G时代，长春分公司着眼于3G未来发展，制订了长春市区第一批3G规划站点195个宏基站的勘查、改造方案，完成了124个点的3G配套改造工作。

深化精细管理，加强企业文化建设，企业综合管理水平得到提高。长春分公司充分加强企业内部精细管理，深入开展"精细管理"年活动，强化流程梳理和制度落实，积极推进班组建设，提升了整体战斗能力。加强全面预算管理。以业务为中心、以效益为核心，加强了预算执行的过程控制和刚性管理，实现了预算目标的强制考核。深化MIS系统应用，加强管理过程监控，用信息化手段提升企业精细化管理的能力和水平。加强SOX法案404条款落地实施工作，完善内控体系建设，严格按照省公司要求完成了全部流程缺陷修补工作，顺利通过了多次集团公司内审和毕马威外部审计工作。

在人力资源管理方面，长春分公司强化人力资源管理，深入实施绩效考核。完善了刚性的绩效考核体系，制订了《长春分公司绩效管理实施细则》等相关制度，规范了各部门绩效管理流程。加大绩效考核结果的应用力度，实现了工作业绩与薪酬挂钩。下达了劳动生产率指标，加强了对社会化用工的管理。同时，长春分公司还加强企业内部审计工作，开展了几十项工程及专项审计。强化党风廉政建设，积极开展治理商业贿赂专项活动，建立了教育、制度、监督并重的惩治和预防体系，提升了企业内部管理效能。高度重视安全生产工作，加大管理工作力度，明确责任，加强检查，全年无安全生产事故，确保了企业稳定、健康运行。在企业文化理念的宣贯工作中，长春分公司开展了"责任铸就卓越"主题演讲、企业文化有奖征文等多种形式的主题传播活动，使"正德厚生、臻于至善"的企业文化理念得到有效传播。切实加强工会建设，开展劳动竞赛和合理化建议征集活动。积极推进民主管理，维护了员工合理权益。以建家为载体，促进了企业协调发展。开展丰富多彩的文体活动，活跃了员工生活。作为一个大型企业，长春分公司一直积极履行企业公民职责，努力提升企业社会形象。大力推进农村信息化应用进程，促进社会主义新农村建设。开展了长春移动"送戏下乡"和"军民鱼水一家亲"慰问演出活动，丰富活跃农民朋友和部队官兵的业余文化生活。资助"长春移动希望小学"工程进一步深入，有效提升了公司整体社会形象。在以后的发展中，长春分公司将以集团公司方针政策和省公司工作部署为指针，强化发展观念，加大创新步伐，加速思维转变，细化内部管理，提升全员素质，增强核心能力，勇担社会责任，理性区域竞争，维护行业和谐，推动企业实现从优秀到卓越的新跨越。

（张丹虹）

综合经济管理

综合经济管理

发展和改革

【概况】 2006年,是“十一五”规划的开局之年。一年来,市发展和改革委员会(以下简称市发改委)紧紧围绕全市的中心工作,以科学发展观为指导,以“谋划大思路,研究大问题,抓好大项目”为工作重心,解放思想,转变观念,扎实工作,圆满完成了全年各项工作任务和目标。2006年,长春市主要计划指标顺利实现,其中,全市地区生产总值完成1 741.2亿元,同比增长15.1%;三次产业比重分别为9.3%:48.9%:41.8%;人均生产总值达到23 677元,同比增长13.9%;一般预算全口径财政收入210.6亿元,增长14%;完成固定资产投资总额950.4亿元,增长46.1%;实现社会消费品零售总额666.3亿元,增长11%;完成进出口总额52.3亿美元,增长15.1%;城市居民人均可支配收入和农村人均纯收入为11 358元和4 480元,分别增长12.8%和7.2%。

【科学组织实施“十一五”规划】 2006年1月,《长春市国民经济和社会发展第十一个五年规划纲要》(以下简称《纲要》)通过长春市第十二届人民代表大会批准,标志着我市第十一个五年规划正式开始实施。《纲要》是未来5年长春市经济社会发展的宏伟蓝图,是全市人民共同的行动纲领,是政府履行经济调节、市场监管、社会管理和公共服务职责的重要依据。按照国家和省的要求,为确保规划的顺利实施,在市政府的统一安排下,发改委组织人员起草完成了《关于〈长春市国民经济和社会发展第十一个五年规划纲要〉主要目标和任务分解落实意见》(以下简称《意见》),《意见》对涉及需要政府履行职责的目标和任务进行了分解,按照职责分工落实到各相关部门。在指标、项目、改革等方面明确了责任主体,根据国家和省的要求,将部分约束性指标分解落实到各县(市)区、开发区。要求各有关部门制定具体、可行的工作措施,明确工作任务和完成时限,研究提出实施方案并报发改委备案;各县(市)区、各部门要对《纲要》落实情况进行跟踪分析,加强督促检查,注意研究新情况,解决新问题,及时报告落实《纲要》的进展情况。

【认真制订并组织实施年度计划】 2006年,发改委把制订并组织实施年度计划作为全委的重要工作。年初起草完成了《关于长春市2005年国民经济和社会发展计划执行情况与2006年国民经济和社会发展计划草案的报告》,综合考虑十五个副省级城市计划制订情况,反复测算、合理平衡,拟定出2006年年度计划。年度中期起草完成了《长春市2006年国民经济与社会发展上半年计划执行情况和下半年主要工作安排的报告》,对2006年上半年国民经济和社会发展计划执行情况进行评估,实事求是总结工作、找出问题,并研究提出了下半年重点工作。为实现年初制订的经济和社会发展目标,加强了对全市经济和社会发展工作的跟踪、监测与分析。建立与国家发改委、国家各部委及全国15个副省级城市的信息渠道,收集最新、最具有实效性的经济信息及国家宏观经济动态,定期发布;密切跟踪各项政策、改革措施和年度计划的落实情况,监测重点行业、重点企业,及时了解和掌握经济运行情况,掌握第一手材料;继续把经济运行分析工作摆在重要位置,在充分掌握经济运行情况的基础上,重点对一季度、上半年、下半年和年度经济运行进行了分析,先后起草完成了《长春市一季度经济运行情况分析》和《长春市2006年上半年经济运行情况分析》,适时提出了符合实际的可操作性对策建议。

【大力推进固定资产投资和项目建设】 2006年,全市固定资产投资完成950.4亿元,同比增长46.1%,再创历史新高。作为全市项目建设和投资的牵头管理部门,发改委主要抓好以下方面工作:1. 加大工作力度,扩大固定资产投资规模。按照市里的总体部署,年初制定了固定资产投资任务分解方案,并将投资任务落实到具体责任单位。建立完成了投资调度制度,认真分析投资运行过程中出现的问题并提出解决意见。研究投资运行特点,分析当前形势,对2006年建设项目和资金来源进行预测,提出全年投资指标安排意见。针对国家陆续出台的宏观调控政策,提出了《国家宏观调控政策对我市固定资产投资影响的对策建议和措施》,为市政府决策提供了依据。2. 全力推进项目建设,带动投资高速增长。做好项目收集、整理工作,年初共收集3 000万元以上项目近700个,为分解任务提供了基础数据。随后确定了100个重点项目,并将项目的推进责任划分到22个责任单位,按月对项目进展情况进行调度,及时发现和解决项目建设中出现的问题。按照国家五部委和省、市政府的要求,组织了全市项目清理工作,通过认真清理,共补办各类审批手续89件,责令停建项目5个,规范了项目建设程序,达到了省提出的不合格项目比例要低于项目总数的10%的要求,得到了国务院检查组的认可。3. 积极争取建设资金,减少投资的制约因素。经过对资金来源渠道进行梳理,明确了筹资方向,先后配合有关单位落实预算内资金3亿元,专项资金4亿元,国外政府贷款5 000万美元,开行100亿受信额度通过评审98.5亿元,到位50亿元。同时,努力做好企业债券的争取工作。根据国家发改委的要求,提出了城开集团一汽周边道路等3个项目企业债券发行方案,得到了国家的批准。2006年,该项目企业债券资金8亿元全部到位。4. 推进政府投资项目代建制。根据国家投资体制改革的要求,提出了长春市推行代建制方案,得到了市政府的认可,6月16日,市政府办公厅下发了《关于长春市政府投资项目实施集中代建管理的通知》;7月31日,市编委下发了《关于同意成立长春市政府投资建设项目管理中心通知》;发改委印发了《关于下达2006年第一批政府投资代建项目名单的通知》,并起草了《长春市政府投资代建项目管理暂行办法》,规范了代建项目范围,理顺了管理程序,明确了项目使用单位、代建单位和各职能部门的责任、权力和义务。年底前,项目代建制中心已经成立,2007年将启动工作。

振兴长春老工业基地加快项目年建设座谈会

【深入实施各项改革】 2006年,发改委紧紧围绕加快振兴长春老工业基地这一中心任务,按照国家和省里的统一部署,结合长春市实际,调研起草了《关于长春市2006年改革工作的指导意见》,为指导全市各项改革提供了借鉴和参考。1. 国有企业改革基本结束。2006年,在全市列入省、市国企改革攻坚目标任务的254户企业中,有253户完成了改革方案的审批。这些企业中,有246户完成了资产处置方案审批,其中,127户已经完成了全部国企改革程序;已批复破产企业47户;72户企业已经彻底解决职工问题,正在进行资产处置。2. 农村改革成果显著。在乡镇机构改革方面,全市乡镇数由改革前148个减到101个,共撤并47个乡镇,撤并比例达到31.8%,与此同时,乡镇政府机构及相应人员均得到了较大程度的精简,县乡财政体制得到进一步理顺,除城区的几个财政收入较多、实力较强的乡镇外,各县(市)区都实行了"乡财县管乡用"的财政管理体制。小城镇改革进展顺利,发改委积极协调争取在市周边用地紧张的小城镇进行小城镇建设用地和农村宅基地相挂钩试点,组织绿园区西新镇、二道区英俊镇向国家申报国家级综合改革试点镇,有望2007年初获得国家批准。

3. 社会各领域改革不断深入。县(市)、区事业单位人事制度改革全面启动,市属事业单位公开招聘制度全面建立。投融资体制改革步伐加快,启动实施项目代建制和重大项目竣工验收、稽查制度,政府投资项目管理进一步规范。医药分业改革顺利推进,2006 年在朝阳区的分业试点取得良好效果。完善城镇社会保障体系试点工作顺利通过国家和省的验收评估,被省政府评为试点工作先进单位。

市发改委领导观看城市发展规划展览

【积极研究经济社会发展重大课题】 2006 年,发改委充分发挥参谋助手作用,先后在改造大铁北、开展项目建设年活动以及改善城市交通等诸多方面形成了一批对全市经济社会发展全局有着深刻影响的理论成果,为领导科学决策提供了有力依据。其中,《关于改善我市城市交通的对策研究》、《关于长春市北部新城发展规划的战略研究》和《关于我市农村沼气建设的调研报告》等三个调研报告分别获得 2006 年度全市优秀调研成果二等奖和优秀奖。1. 完成“项目建设年”的前期调研。2006 年 10 月份,发改委专门派课题组赴沈阳就开展“项目年”活动进行专题调研并完成了专题报告。报告详细介绍了兄弟城市在推进项目建设方面的经验做法及取得的成效,客观分析了长春市开展“项目年”活动的必要性和可行性,并提出了活动开展的相关建议。此项专题调研所取得的成果为全市顺利开展项目建设年活动提供了科学有力的理论支撑和切实可行的解决方案,为领导决策提供了重要依据。对此,市委市政府给予高度评价并一致决定,从 2007 年起在全市深入开展“项目建设年”活动,在全市范围内打一场声势浩大、规模空前的项目攻坚战,扩大投资规模,优化投资结构,提高投资质量,把长春推向更好更快的新阶段。2. 积极投身于大铁北改造。在市委市政府开始酝酿大铁北改造时,发改委便参与其中。2006 年,发改委成立了市铁北改造工作推进领导小组办公室,主要负责铁北改造的组织协调和日常运转工作。在全市改造大铁北动员部署会后,发改委先后提出了“改造大铁北实施意见”、“改造大铁北目标责任制”、和“改造大铁北规划纲要”,确定了铁北地区包括基础设施、生态环境、重点产业、社会事业、人民生活五大类 65 个重点建设项目,总投资 447 亿元。并 8 次召开协调会议,解决铁北改造过程中存在的问题,2006 年铁北地区已经开工建设项目 60 余个,占项目总数的 90%,累计完成投资 130 亿元左右,完成了全年计划任务。

【加强自身队伍建设】 2006 年,发改委在全市目标责任制考核中被市委目标办评为先进单位,在市里评出的四个精神文明标兵单位中,发改委是唯一一个政府序列部门。委里共有 8 个处室及所属单位获得国家级表彰,有 12 个处室及部门获得省级表彰,有 3 名同志获得国家级奖励,有 10 名同志获得省级奖励。成绩的获得来之不易,2006 年,主要从以下几个方面抓好了自身队伍建设。1. 继续加强干部队伍建设。多次组织全委干部集体学习党的路线、方针和政策,学习国家和省发改委有关会议精神,学习政府工作报告,做到了深刻领会精神实质,并结合本职工作,理清工作路数;教育和引导全委干部牢牢树立科学发展观,自觉实践“三个代表”重要思想,努力提高业务水平和发展经济的能力,积极为全市经济发展献计出力;坚持以政绩论英雄、凭实绩用干部,重用想干事、有本事、能干事、干成事、不出事的干部。2. 加强机关管理。重点是严肃组织纪律，严格执行各项工作制度，提高工作质量和效率；进一步加强廉政建设，认真执行中央、省和长春市关于领导干部廉洁自律的有关规定，提高干部拒腐防变能力；强化监督，严肃查处违法违纪案件；严格项目审批程序，规范运作机制，遏制审批项目过程中腐败的滋生，树立良好的机关形象。3. 改善办公条件。舍得投入，更新办公设备，推动全委办公信息化、网络化、自动化建设，增强政务公开办事的透明度。加快软件和系统开发，充分利用好发改委网站这一资源，及时传递和发布经济发展信息，提高服务经济发展的质量和水平。

（刘百军）

统　计

【概况】　2006 年，长春市统计局以“统计基层基础建设年”为载体，围绕“内创和谐、外树信誉、优质服务”这个中心，深化统计改革，增强创新意识，强化服务理念，在体制建设、业务建设、法制建设、信息化建设、干部队伍建设等方面都取得了明显成绩，为促进长春经济社会和谐发展起到了积极作用。

【统计管理体制改革】　2006 年 8 月，市政府与省统计局签署了长春市及所属县（市）、区统计局垂直管理划转《交接书》，标志着长春市统计局已经正式划转省统计局垂直管理。这次统计垂直管理实现了统计管理体制由地方管理到系统管理的重大转变，使市级统计工作向更加积极的评价系统转变，实现了统计人多年的梦想，具有里程碑的意义。为了把全局干部职工的思想统一起来，市局多次召开党组会、党组扩大会、全局干部职工大会，首先统一干部职工的思想认识，从大局出发，立足提高数据质量、树立统计工作权威性的高度来正确看待垂直管理改革，在思想上达成共识，为下一步的改革奠定了良好的基础。在工作中，统计局始终坚持一切工作从垂直管理改革实际出发，不断建立和完善适应统计垂直管理的一套工作思路和工作方法，树立“全市一盘棋”的思想，保证了全市统计系统各项配套的改革都在一步步有序地开展，统计系统人员思想稳定、干劲十足。目前，实行垂直管理改革的效应正在逐步显现，垂直管理在统计工作中越来越发挥出其不可替代的作用。主要体现在：一是从体制上保障国家、省、市统计法规和统计方法制度的贯彻执行，防止和减少了外界干预和影响，维护了各级统计部门和广大统计人员的合法权益；二是从机制上能够有效地行使管理职权，整合统计资源，重点解决统计事业发展中的突出矛盾和问题；三是从业务管理上能够建立一套比较科学完整的全面反映全市经济社会发展的统计数字体系，最终提高统计的科学性、准确性和权威性，为各级党委和政府发展经济科学决策服务。

【“双基”建设和方法制度改革】

1. 以“统计基层基础建设年”为契机，有效提高统计数据源头质量。一是完成了与各县（市）、区（包括开发区，下同）普查年度 GDP 数据的对接试算工作。以“经普”数据为基数，搞好数据衔接工作，做好统计数据下管一级，是加强基层基础建设、提高统计数据质量的重要举措之一。2006 年，市统计局以经普属地统计为原则，从各行业入手，按生产法和收入法分别测算了全市 10 个县（市）、区和 5 个开发区分产业的增加值及 GDP 数据，并在此基础上初步核定了

长春市人民政府新闻办公室召开经济运行情况新闻发布会

2005年度数据，顺利地完成了与省统计局下算GDP数据的对接试算工作。这是按照经普属地原则，第一次对城区及开发区实行了属地核算，为在全市范围内按属地原则实行“下算一级”，改变原有统计数据体系打下了良好的基础。二是县级统计数据质量管理的升级晋档和复查工作进展顺利。市局坚持以“规范基层统计基础工作、提高统计数据质量和统计工作整体水平”为目标，进一步开展了县级统计数据质量管理的升级晋档和复查工作。2006年，制订了《2006年长春市县级统计数据质量管理考评工作实施方案》，下发了《关于进一步做好2006年长春市县级数据质量管理工作的通知》，并先后三次召开会议，要求各县(市)、区统计机构根据《方案》和《通知》的要求，首先开展自查，结合自查中发现的问题，落实整改方案及措施。同时，从机构设置是否合理、人员配备是否齐全、基础工作是否规范以及数据采集、加工、整理、报送是否符合统计部门规定等四个方面进一步规范了各县(市)、区统计基础工作。到2006年年底，对各县(市)、区的数据质量管理考评工作已全部完成，市统计局朝阳分局在全省被评为“AAA”级单位；二道分局、农安县统计局被评为“AA”级单位，其他县(市)、区统计局均被评为“A”级单位。三是基层统计工作得到领导重视。2006年各县(市)、区统计局结合本地的实际情况，分别对本区及所属街(乡)镇统计人员进行有针对性的定期培训，同时建立和完善了相关的统计制度。对统计数据的准确性、及时性、科学性提出了具体要求，对各种普查和临时调查工作进行了统一规范，逐步实现基础工作规范化。2. 以统计调查制度创新为动力，进一步强化统计监测职能。根据中共市十届七次、八次全会精神的要求，2006年市统计局积极开展对“十大产业”、“三大板块”、“六大名城”、“九大基地”等重点战略目标进程和效果进行全面评估和监测，发挥了统计“评估和监测”的作用。一是初步建立了十大产业统计指标体系和部分产业统计报表制度，制定了《长春市十大产业专项调查统计制度》，制订了《十大产业基础数据确定的实施方案》，完成了十大产业2004年和2005年度基础数据的测算工作，并对全市重点项目进行了深入调研；二是制定和建立了《长春市县(市)区、开发区专项调查统计制度》，建立并完善了县(市)区、开发区专项调查统计制度和指标体系，制定了基础数据的核定办法；三是制订了民营经济抽样调查工作方案和《关于民营经济调查中个体样本规定的说明》。3. 统计调查方法改革取得了新进展。一是完善了地区生产总值核算方法。根据国家有关法规的规定，按照国家、省局的要求，2006年，市局完成了全市2004年~2005年各季度地区生产总值及1993年以来地区生产总值历史数据的修订工作，并对1990年以来八个行业的历史数据进行了修订。二是在固定资产投资专业开展了“在地统计”探索工作，按照“在地统计”原则重新确定了各县(市)区、开发区等责任单位的固定资产投资基数。通过制定计划指标分解表，将各县(市)区、开发区及市建委等单位全年计划目标逐月逐单位分解，对其各月固定资产投资累计完成情况按月考核并通报，进一步明确了固定资产投资统计范围和各县(市)区、开发区及市建委“在地统计”的管理渠道。这项改革取得了按常规办法得不到的效果，对监测、督察投资完成进展情况起到了积极作用，并得到了市领导的高度赞扬。三是以第一次全国经济普查数据库为抽样框，对限额以下批发零售贸易和住宿餐饮业实行新的抽样调查方法。四是妇女儿童监测统计工作取得阶段性成果，对全市开展《两个规划》情况进行中期督导评估检查，撰写了《2001－2005年长春市〈妇女发展规划〉中期监测评估报告》和《2001－2005年长春市〈儿童发展规划〉中期监测评估报告》。五是为实施新的《工资统计报表制度》，对目前使用的城镇单位名录库没有包括的法人单位及私营法人单位的抽样框进行了更新和整理。

【统计服务水平得到提高】 2006年，为了进一步提高统计服务水平，使统计分析研究能够紧紧围绕全市中心工作，服务于经济发展，市统计局结合市委、市政府领导和社会公众关心的产业布局、国企改革、汽车产业链、新农村建设等热点、难点、焦点问题，确定了23个重点调研课题。其中《“十五”期间种植业结构变化情况浅析》、《关于养猪业生产及销售情况调查》、《农民人均收入稳定增长，消费水平显著提高》、《全面分析全球经济，科学发展县域经济》等多篇分析和调查报告，分别被国家统计局和省调查总队内网转载。2006 年,统计局加大了对全市经济运行状态的监测力度,撰写了大量优秀的统计分析,得到了市领导的充分肯定。全年共有 10 余篇分析报告得到了市人大常委会、市政府主要领导和主管领导的批示。例如市统计局撰写的《一月份我市工业生产实现开门红》一文,李述主任批示:“元月份的工业经济统计分析很清楚,很有说服力,是很有价值的。希望统计工作者再接再厉,为市委、市政府作好参谋。”;市统计局城调队撰写的《一月份我市居民收支及物价情况》一文,祝业精市长作了批示;市局撰写的《关于对各县(市)区、开发区及市建委等单位固定资产投资完成情况按月考核的说明》,崔杰副市长批示:“很好,在调度确认的同时,将倾向性、苗头性问题一并报出,供政府决策参考。”2006 年,为满足社会公众对统计信息的需求,统计局采取多种形式为社会公众提供满意服务,主动向社会公众发布统计信息,组织召开了各季度经济形势新闻发布会;编印《长春经济动态》10 期;编印了《2006 年长春统计年鉴》;与科技局共同收集资料,编撰了《长春科技统计年鉴》;接待社会各界信息咨询 100 多人次;各县(市)区统计局也通过不定期地利用自办的《统计信息》、《经济动态》等资料,将有关反映区域经济社会发展信息发布出去,成为地方党政领导决策使用的参考性资料和社会各界广泛利用的工具性资料。

【各项重大国情国力调查】 1. 农业普查工作全面展开。农普工作是 2006 年的重点工作之一,市统计局坚持“提早准备、工作想细、创新思路、总结经验、吸取教训”的指导思想,全面启动了第二次农业普查前期准备工作。2006 年,长春市组建了以崔杰副市长为组长的第二次农业普查领导小组和办公室,多次召开普查工作会议,下发了《关于做好长春市第二次全国农业普查工作的通知》、《关于抓紧组建农业普查机构的通知》等多个文件,指导、督促各县(市)区、开发区和相关部门做好农业普查的各项准备工作。全市 10 个县(市)区和 4 个开发区,计 132 个乡镇(街道)及1 698个村全部组建了农业普查领导机构和办事机构,共组织了普查指导员、普查员 2.1 万人,普查办公用房全部解决,总面积1 681 平方米。2006 年,圆满完成了绿园区省级试点和双阳区平湖街道的杜家村、尚家村市级试点工作。撰写出《试点工作总结》、《试点业务技术总结》和《试点主要问题的汇报》三篇材料,并参加了国家的研讨,在全省专题会议上介绍了经验,农普试点的经验和做法成为案例编进了《全省农普培训讲义》,受到了各方面的好评。2. 人口变动情况抽样调查取得阶段性成果。根据国办发[1992]57 号文件和国办发[2004]72 号文件的要求,国家决定进行人口变动调查,并同时进行 2006 年第四季度劳动力调查。按照国家进度安排,本次调查的标准时间为 2006 年 11 月 1 日 0 时。这次调查共有三项内容,一是人口变动调查;二是劳动力抽样调查;三是群众社会安全感调查。市局高度重视这次调查,共抽查了 10 个县(市)区,2 个开发区,29 个乡镇街道,58 个村(社区),116 个调查小区,涉及常住人口 1.2 万多人。2006 年 11 月 2 日至 3 日,国家统计局第四检查组对长春市的人口变动及劳动力抽样调查工作进行了检查,检查组成员分别深入到绿园区、双阳区的居民家

常务副市长崔杰与省统计局签署长春市及县(市)、区统计局垂直管理划转交接书

中实地检查登记情况，对长春市的工作给予了充分肯定。3.经济普查各项后续任务完成情况较好。2006年主要完成了2005年经济普查名录库维护更新，对全市经济普查市级先进单位和个人给予了表彰，在《长春日报》发表了全市经济普查公报。

【统计法制建设】 一是切实加强组织和领导，全面部署统计法制工作。年初，市局按照吉林省统计局下发的《吉林省统计法制工作要点》和长春市政府法制办制定的《全市法制工作要点》的要求，确定了长春市统计法制工作的内容、目标责任和工作形式，及时制订并下发了《长春市统计法制工作要点》和《长春市统计局关于开展统计执法检查的通知》，全面部署了2006年全市法制工作。同时，完善了《长春市统计局行政执法责任制》，进一步建立了统计法制工作规程，规范了统计法制工作职责。二是深入开展普法宣传工作。2006年，市局按照国家、省统计局和省市依法治市办公室的要求，制订了《长春市统计局“五五”普法规划》，建立健全了统计普法领导机构和办事机构，组织统计干部参加依法行政培训班，坚持把统计普法与统计法制建设结合起来，以普法工作带动统计法制建设。采取内外结合、以会代训和以执法促宣传的方式促进统计法律法规的宣传。三是统计执法检查工作取得实效。2006年，市统计局本着落实责任、突出重点的方针制定了《2006年统计执法检查方案》，与各县（市）区、各专业处室共同确定重点检查的单位，有针对性的开展统计执法检查。通过检查，全市共发现统计违法行为34起，其中，虚报、瞒报统计资料25起；伪造、篡改统计资料3起；拒报、屡次迟报统计资料6起。按照《处罚法》、《统计法》的有关规定全部给予不同程度的行政处罚，其中，通报批评31件；其他3件。通过对这些统计违法行为的处理，进一步优化了统计工作环境。

【城 企两队工作】 2006年，城调队创造性开展调研工作，将“实是求事、科学调查、快捷灵活、智能超前”作为调研服务理念，及时捕捉重点、热点、深层次、方向性问题，共撰写课题3篇，调查报告36篇，调查信息56篇，调查动态33篇，调研采用率达98%以上。省、市有关领导分别在《当前煤电方面存在的问题困难及相关建议》、《阻碍汽车发展的汽配维修问题值得重视》等材料上作了批示。另外，城调队还完成了“成品油调价影响调查”、“旅游调查”、“教育消费调查”、“房地产税收政策引发公证热调查”等三十多项调查任务。企调队在2006年撰写统计分析26期，信息56期，采用率50%以上，市政府有关领导分别在《长春市重点企业存在的问题及思考》、《我市企业投资与经营中存在的问题》等材料上作了批示。

（刘 刚 尹春艳 董福海）

国有资产管理

【概况】 2006年是长春市加速推进国企改革、不断探索国资监管新途径、逐步提高国资监管能力和水平的一年。国有资产管理工作以加快资产处置为重点，积极推进国企改革收尾工作；以完善法人治理结构为切入点，在探索中不断完善国资监管体系；以改革后的国有资产存量资源为载体，不断加大结构调整力度；紧紧围绕中心工作，不断加强国企党建工作。截至2006年末，监管企业资产总额563.8亿元，资产总额比2005年同期增长6.0%。

【国企改革收尾工作】 列入省市国企改革攻坚目标的254户企业全部完成了方案审批。实际在国企改革攻坚中实施改革的企业已达345户。共盘活资产113.5亿元，筹措成本54亿元，理顺职工劳动关系90 107人，涉及退休人员55 334人，离休人员1 893人。

【国资监管工作】 1.与国企改革配套服务的相关工作成效显著。2006年，配合国企改革，全面完成了目标内的清产核资工作，彻底摸清了家底；完成了91户企业的资产损失核销，配合破产清算对进入破产程序的51户企业的资产损失处置提出了指导意见；妥善处理了核销后企业资产残值，维护了国有资产权益；在国企改革收尾工作中进一步加强了产权管理，完成国有资产评估审核备案191项，补充期后审计53户。吉林长春产权交易中心为国企改革中资产处置的市场化运作提供了有效载体。市属改革企业进入产权交易中心完成交割112户，国有资产交割总额达65亿元。股权分置改革顺利推进。市直6家国有上市公司中已有5户完成了股改工作。2. 业绩考核体系在探索中不断完善。结合改革后企业劳动、用工分配制度，国资委对仍保留国有股权的企业薪酬分配进行了积极探索。对签订2005年《资产经营责任书》的9户市直企业完成了业绩考核并兑现了绩效年薪；签订了2006年《资产经营责任书》；核定了2006年企业领导人员基本薪酬标准，进一步规范了企业领导人员的薪酬支付；完成了市直及所属共53户企业工资总额的审批，进一步规范了市直企业劳动工资调控行为。3. 国资监管制度体系建设进一步深化。一年来，国资监管工作继续向制度化、规范化不断迈进。长春市在全国率先出台了《企业国有资产损失领导人员责任追究暂行办法》，明确了对国有企业领导人员决策失误、渎职、恶意侵吞等造成国有资产损失和流失的行为进行责任追究的原则、依据和违约责任的处置措施；结合新公司法的要求和完善法人治理结构的需要，适时制定了《特派董事管理暂行办法》，把特派董事纳入企业法人治理结构，切实维护出资人利益、保障国有资产权益；起草完成了《关于规范长春市市直企业经济责任审计工作的意见》，以进一步加强对市直企业领导人员的外部监督。同时，对承担重大工程项目的城开集团、轻轨公司的主要领导人进行了任中经济责任审计。通过加强制度建设，已基本构建了企业改制、产权管理、业绩考核、薪酬分配、财务监督、领导人员管理、责任追究等国资监管的制度体系，为实现国有资产保值增值目标奠定了坚实的制度基础。4. 企业领导人员管理工作得到进一步加强。一是公司法人治理结构建设有了新起色。针对国有独资、控股和参股企业的不同特点，组织并参加了改制后企业公司章程的制订，打牢公司法人治理结构的基础；采取不同方式和途径选派特派董事，有效地保障了国有资产出资人权益的落实。二是创新了企业领导人员选任方式。以轻轨公司为试点，通过内部竞争上岗方式选拔经理人员副职，在企业领导人员使用上进行了大胆偿试，实现了企业人事制度改革的新突破，在国资委系统引起很大震动。三是企业经营管理人员培训工作成效显著。先后组织企业后备干部赴苏州和香港培训，使企业后备人才增长了知识，开阔了视野；通过多种途径和形式，组织企业经营管理人员进行更新知识培训，优化了知识结构。

【创新国企党建工作】 配合国企改革进程，市直38户改制企业党组织关系实行了属地管理；完成了10 120名离退休和解除劳动关系党员的属地管理手续办理工作，避免了因企业改制而出现党建工作和党员管理的悬空现象；坚持中央提出的“继承与创新相结合、教育和管理并重”的原则，通过多种形式，研究探索建立党员队伍“长期受教育、永葆先进性”长效机制的方式方法，先进性教育效果初步显现。以纪念建党八十五周年为契机，选树了一大批典型群体和个人，分别受到市委和省委的表彰，通信公司王树明同志被党中央授予“全国优秀共产党员”称号；紧紧围绕中心工作，进一步加强企业宣传思想工作，企业宣传思想工作更贴近中心、贴近实际。配合国企改革，围绕荣辱观教育和企业文化建设，通过加强组织领导，制订工作方案，突出开展了诚实守信、遵纪守法、弘扬和培育良好的职业道德教育；通过企业文化建设，促进企业形成独具特色的企业精神和科学的经营理念，营造了企业和谐；创建了企业党风廉政建设长效机制。有效地开展了“长春市国有企业行为安全年活动”，与市直29户企业领导签订了273份《领导干部廉洁自律承诺书》；继续开展执法效能监察活动，特别是加大了对企业招投标活动的参与力度，将水务集团污水工程、轨道公司轻轨工程等重点项目列入国资委纪委效能监察立项内容，会同市检察院共同参与了招投标活动。开展了治理商业贿赂专项工作，企业的党风廉政建设得到进一步加强。

(孙　宇)

工商行政管理

【概况】 2006年，长春市工商行政管理局按照市委、市政府和上级工商局的部署，坚持以服务经济发展为第一要务，开拓进取，扎实工作，各项工作取得了较好成绩。截至2006年末，全市登记注册的内资企业（不含个体私营企业）13 863户，比2005年同期减少20.53%（其中，法人企业6 983户，经营单位6 680户）；注册资本（金）763.74亿元，同比减少0.69%。其中，国有企业2 921户，集体企业5 458户，公司5 198户（其中，法人公司2 006户，国有独资公司230户，股份有限公司44户，企业集团96户），股份合作企业277户，其他企业9户。当年新登记企业802户，注册资金总额3.32亿元。其中，国有企业49户，集体企业23户，公司27户，股份合作企业25户。全市外商投资企业1 003户，比2005年同期减少5.73%；投资总额52.78亿美元，比2005年同期增加10.46%；注册资本金33亿美元，比2005年增长9.27%。外方注册资本金20.51亿美元，占注册资本金总额的62.15%，比2005年降低6.26个百分点。其中，中外合资企业614户，中外合作企业49户，外商独资企业340户。年内新注册外商投资企业89户，投资总额6.29亿美元，注册资本金3.40亿美元。其中，中外合资企业33户，中外合作企业6户，外商独资企业50户。全市个体工商户13.28万户，比2005年同期增长24.11%；从业人员22.50万人，同比减少17.40%；注册资金26.86亿元，同比减少1.36%。当年开业个体工商户39 718户，从业人员7.53万人，注册资金10.61亿元。全市私营企业2.87万户，比2005年同期增长20.59%，私营企业雇工19.85万人，同比减少48.76%；注册资本金总额353.01亿元，同比增长20.35%。当年开业私营企业6 781户，雇工4.44万人，注册资本金50.93亿元。

【推进服务发展政策创新】 坚持把服务全市经济发展作为第一要务，围绕中心，服务大局，切实发挥职能作用，尽心尽力搞好服务。认真贯彻实施新《公司法》和《公司登记管理条例》，结合长春市实际，制订了促进经济发展的42条《工作意见》，被市政府批转执行。新政策促进了各类市场主体的发展，当年全系统新登记内资企业802户、外资企业89户、私营企业6 781户、个体工商户39 718户。开创性地登记成立了首家按新标准组建的股份公司、首家一人独资有限公司、首户港澳个体工商户和首家合资直销企业。在新出台的政策中，专门制定了6项引导鼓励民营经济发展的举措。授予118个工商所个体工商户登记职能，实行属地登记发照，方便群众办事。认真落实国家和省、市促进就业和再就业的各项优惠措施，安置1 220名下岗职工和“4050”人员再就业，对7 911名持有《再就业优惠证》的下岗失业人员申办的个体工商户，免收管理费381.6万元、注册费18.2万元，对51名大中专毕业生和20名复转军人申办的个体工商户，免收管理费4.5万元。

准军事化队列表演

【实施服务发展新举措】 不断丰富服务内涵、拓展服务领域、提高服务效能，开展多项特色服务举措：1. 探索实施上门年检服务。选择全市5 600户大中型企业和2万余户个体户进行登门年检，实行年检验照“一条龙”服务，深受企业欢迎。2. 推行改革预约服务。针对国有企业面临的难题，主动深入企业调研，积极出谋划策。由班子成员带队，先后深入欧亚集团、公交集团等13户重点改制企业，帮助解决了改制疑难问题20余项，有力推动了全市国企改革工作进程。3. 实行全程指导服务。发挥职能作用，全程跟踪指导，采取推荐认定和个案认定等方式，帮助“皓月”、“人参”、“亚泰”、“温馨鸟”等品牌争创中国驰名商标。4. 切实推行窗口规范服务。在市政务中心工商登记服务窗口全面推行“一字工作法”。实行“窗口一站式”,将原来分布在多个处室的行政许可职能全部集中到注册分局办理,各办事窗口全部实现“一个窗口进、一个窗口出”;坚持“示范一文本”,在计算机触摸屏上将登记注册材料模本全部公开,供登记申请人参阅,真正做到了“阳光行政”;实行“告知一口清”,为登记注册申请人提供规范、翔实并有被告知人亲笔签字的《告知单》,一次告知,方便办事;严格执行“一审一核制”,明确界定分局长、科长和窗口工作人员的事权,严格实行一审一核,简捷的一般性变更登记完全交由窗口人员办理;坚持做到“注册一周清”,推行了“无借口服务制”,根据行政许可难易程度,承诺企业名称预先核准即来即办,简便的登记注册事项立等可取。5. 积极探索网上办公服务。充分利用系统网络资源,在长春市工商局网站全面受理企业名称预先核准、网上登记、网上年检初审和咨询查询业务,全年办理网上核名5 200个,受理网上咨询查询1.1万个,处理涉及登记注册的投诉7件。

【规范指导各类市场主体健康发展】 认真履行职能,严格执行国家产业政策,鼓励资源节约型、环境友好型项目发展;强化对涉及安全的重点行业、重点领域的准入把关和日常监管;对涉及公共安全的危险化学品、烟花爆竹、民爆器材、非煤矿山等行业,严格执行法定前置审批,未取得审批的一律不予登记;年检时对前置许可过期失效的全部依法取消经营资格。当年结合年检和专项治理,全系统共清理前置审批16 544户,对96户前置审批过期的责令限期申请延期,否则,依法查处。查办了最大一起外商独资企业未经核准擅自生产、储存化学危险品的案件,涉案金额141.3万元。注册分局对19户前置许可过期失效的经营危险化学品企业依法取消了经营资格。双阳分局依法吊销了辖区内2家煤矿的营业执照。建立严密监控体系,对所有涉及安全的重点行业企业实施动态监管,实行前置许可到期电话告知提示,全年共发出电话提示告知31次,有29户企业被告知及时办理了相关手续。认真做好年度检验工作,按规定对未参加年检的8 298户企业和13 691户个体工商户的执照予以吊销,切实保证了市场主体质量。

【加强重要商品市场的监督管理】 突出重要商品、重点行业和典型违法行为,坚持日常巡查与专项整治相结合,切实加强监督管理,努力维护市场秩序稳定。1. 开展食品市场专项整治。把维护流通领域食品安全作为市场监管的头等大事,集中开展了三项执法检查,查办食品违法案件214起,打掉黑窝点36处,收缴不合格食品100多种共计3.5万公斤。开展了节日食品市场专项检查,收缴不合格食品45种500多公斤。在光复路市场附近一间仓库内查扣假冒“红梅”、“莲花”味精507箱和假冒“太太乐”鸡精商标2万余个。开展了重点区域执法检查,对城乡结合部、居民小区、背街小巷进行了地毯式清查,取缔36处非法加工食品黑窝点。在榆树市五棵树镇查处了销售注水牛肉的窝点,查扣注水待售的黄牛122头,注水量4 500公斤。开展了落实食品自律管理制度专项执法检查,严格督办落实食品安全管理制度,实施流通领域食品安全事故应急处理预案,先后启动相关预案,对“红心咸鸭蛋”、“有毒多宝鱼”、“有毒桂花鱼”等食品进行了清缴。加强食品安全检测设备建设,投入近百万元购买了食品检测车、食品快速检测仪器和食品质量快速检测箱等设备,全年共抽检了32个品种86个批次的食品,对7个

批次不合格食品予以下架并曝光。2. 强化农资市场打假力度。以种子、农药、化肥及农机具为重点，加大打假治劣力度，查处农资违法经营案件839件，案值447.6万元，收缴罚没款436.6万元，为农民挽回经济损失500多万元。认真调查处理了双阳区4个乡镇100多户农民购买假劣农资的投诉，依法为农民挽回经济损失100余万元。结合年检和日常巡查，全面审核农资市场经营主体资格，取缔无照经营295户。严格督办“两票、两账、两卡、两书”管理制度的落实，提高农资市场日常监管水平。农资市场监管工作受到国家总局的表彰，并在全国工商系统推进社会主义新农村建设经验交流会上做了介绍。2006年长春市工商局被国家工商总局评为红盾护农先进单位。3. 抓好重要生产资料市场监管。组织开展了成品油市场清理整顿，检查加油站132家，抽检油品87个批次，对短斤少两、掺杂使假坑害消费者的12家加油站进行了处理。5月份对生产资料产品质量进行了抽样检测，共抽检43种电线、电缆，对21种不合格产品进行了下架处理。加大陈化粮监管力度，对第二批购买陈化粮的11家企业进行了全面检查，对9户涉嫌倒卖陈化粮的企业进行了立案调查。按照国家工商总局陈化粮监管工作会议的要求，突出重点环节，落实责任，全程监督，切实加强陈化粮监管。4. 认真完成市场清理规范任务。按照市政府的统一部署，全面整治了殡葬用品市场，先后对市内殡葬用品销售重点区域进行了4次集中清理，收缴并销毁封建迷信用品29车。协调相关部门对货运配载市场进行了专项清理整顿，取缔无照经营277户。加大对展会市场的监管力度，取缔4起“无证”办展活动。

【不断创新市场监管方式】 按照上级工商局推进监管方式改革创新、构建工商行政管理新模式的工作要求，结合长春市实际，在三个方面进行了探索创新：第一，全面整合消费维权体系。投资30多万元，对全系统“12315”消费者申诉举报网络进行了全面升级改版。运行一年来，共受理消费者申诉举报12万个，其中“12315”专线电话57 088个，接待来访及受理咨询投诉2万多人次。全面推行“12315”进社区、进村镇，在全系统166个工商所全部建立了申诉举报站，在全市大型商业网点建立了560个消费者投诉站，建立48个消费者协会分会，初步形成了“一个中心、三级联动、覆盖全市”的工商执法指挥调度和消费维权体系，工作效能显著提高。第二，扎实推进市场主体信用分类监管。结合年检和日常监管执法工作，加强了对4类基本信用信息的征集和录入，逐步完善了系统信用信息数据库。根据2006年年检情况，初步划分了个体工商户和内、外资企业的信用等级。将未参加年检的13 691户个体户、9 691户内资企业和232户外资企业定为D级，锁入黑牌数据库。第三，全面完成诚信评审认定工作。加强对各类诚实守信经营行为的评比认定，提高全社会信用水平。经企业申报、现场检查和为期半年的跟踪考察，最终认定80户单位为市级“守合同、重信用”单位。全面开展“九城百店无商标侵权商品店”评比活动，确定35家企业参加创建活动，经过评选验收，推荐百货大楼、欧亚商都、卓展、国商、时代服饰、太阳城6家企业参加全省评比。全面启动广告信誉工程，号召全市广告经营和发布单位积极投身创建活动，消除违法广告，促进行业诚信。

【积极拓展监管领域】 充分发挥改革后新体制的作用，进一步延伸工作触角，全面介入对金融、拍卖、中介行业的监管，检查银行经营网点378个，规范了银行经营网点超范围经营、违规代理保险业务等违法行为；检查房屋代理中介、出国留学中介55户，对虚假出资、超范围经营、商业贿赂等违法行为进行了整治；完善了拍卖企业备案监管制度，实施拍卖备案42次；强化房地产和建筑市场监管，及时处理了中央电视台“3.15”晚会热线转办的一起房地产申诉案件，使当事人三年的纠纷在一天内得到解决。充分发挥新成立的车站监管分局和机场监管分局的作用，对铁路、民航领域的监管取得了突破性进展。健全了对铁路客货运监管网络，对全市的铁路专用线、代售票点、零担快运公司和铁路货场进行了检查，有效规范了无照经营、滥收费用等违法违规行为。对与民航部门相关联的57户机票代理销售、货物代理企业进行了全面调查，指导企业规范经营，树立良好的服务形象。

【治理商业贿赂 规范不正当竞争行为】 按照上级工商局和市政府的部署,全力开展治理商业贿赂工作,组织公平交易执法战线认真调查摸底,广泛收集案源,逐个线索排查,克服了调查难、取证难、定性难等种种困难,在金融、保险、医药、教育、大型商业零售业等领域取得了突破性进展。全系统共查办商业贿赂案件48件,案值725万元,收缴罚没款230.5万元。先后查办了个别高校在订购教材中收受图书销售企业商业贿赂、在办理新生保险的过程中收受保险公司商业贿赂的案件,查办了德惠市人民医院在开展机动车驾驶员体检业务中给予交警大队"提成"的商业贿赂案件,查办了上海某企业驻长办事处在承揽业务过程中以赠送"代金卡"方式向相关负责人支付回扣的商业贿赂案件等。继续加强对垄断行业限制竞争行为的整治,加大与群众生活密切相关的水、电、气、交通等公用企业的检查力度,整治损害群众利益的违法行为。对德惠、榆树、农安等地信用社在发放小额贷款时强制农民保险、榆树市殡仪馆乱收费等行为进行了查处,较好地维护了公平竞争的市场秩序。

【打假治劣整治违法经营活动】 突出与工农业生产和群众生活密切相关的商品,开展专项整治,切实加大商品批发市场、汽车配件市场、电子通讯产品市场的打假力度。各辖区分局加强对全市通讯器材销售集中区域的监管,严厉打击无照经营和销售走私、拼装手机的违法行为,收缴假劣手机215部和大量零配件。对非法拆解报废汽车和拼装二手摩托车行为进行了整治,在绿园区正阳街自发二手车市场收缴拼装摩托车40辆,在双阳区一处报废汽车拆解点查扣报废汽车10余台和大量报废零配件。强化对直销企业的规范管理,严厉打击传销违法活动。组织转型和申牌企业认真学习"两个条例",规范企业经营行为;变更了202户擅自使用"直销"字样的企业名称,加大打击传销力度,查办了47起影响较大的传销案件,收缴罚没款220万元。积极协调各县(市)公安部门,对隐藏在居民区内的非法传销窝点进行取缔,打掉窝点40余处,遣散传销人员2 000多人,有力维护了社会秩序的稳定。

【打击侵权和欺诈行为营造良好市场环境】 针对群众反映强烈的热点问题,严厉打击虚假宣传、商标侵权和商业欺诈等扰乱市场经济秩序的违法行为。1. 深入开展医疗药品广告清理整顿。发挥媒体广告监听监视系统的作用,检查媒体广告37 491条次,停止刊播违法广告61条,查办广告违法案件72件,收缴罚没款70万元,对市内15家医院发布违法医疗广告的案件进行了查处,使媒体广告违法率下降了近60%。集中清理整治了户外广告,检查了正在发布的户外广告987件,补办户外广告登记214件,对66块未经批准或内容违法的户外广告牌予以拆除,有效规范了广告市场秩序。2. 严厉打击商标侵权违法行为。全年查办各类商标侵权案件123件,收缴罚没款135.7万元,对侵犯"五粮液"、"红梅"、"阿迪达斯"等注册商标的违法案件进行了查处。对全市大型商场、市场中存在的商标侵权活动进行了集中清理,在远东批发市场查办了3户个体户出售假冒瑞士名牌手表的违法行为,共查扣侵权名表528块,涉及侵犯"雷达"、"欧米加"、"劳力士"等注册商标11件。对部分企业以他人驰名著名商标作为自己企业名称字号的"傍名牌"行为进行了整治,驳回类似名称字号申请40余个。当年新推荐认定6件吉林省著名商标,使长春市拥

有的吉林省著名商标总数达到114件。3. 从严整治商业欺诈活动。对全市房地产、商品购销、保险三大行业的58份合同进行了重点检查。组织执法人员,对全市大型商业企业购物返券、违规宣传、虚假打折、价格欺诈等行为进行了整治和规范。对"角燕G蛋白"、"海尔·海明威"等保健品违规宣传疗效的5起欺诈案件进行了查处。对房地产、婚纱摄影、黄金珠宝销售等行业虚假有奖销售的行为进行了整治,有效维护了公平竞争的市场秩序。

【提高干部素质塑造队伍形象】

按照国家总局和省局的部署,结合队伍实际,以准军事化队列训练和执法岗位练兵活动为载体,磨炼队伍意志,强制提高素质,收到了较好的效果。1. 大力加强两级班子建设。市工商局党委坚持抓班子、带队伍,抓自律、做表率,狠抓自身建设和基层班子建设。在班子领导工作中认真贯彻民主集中制原则,坚持重大问题集体研究制度,涉及重大建设项目、重要决策制定,班子都要进行深入研究讨论,民主决策,科学决策。先后组织6次市局班子理论中心组学习扩大会,由市局班子成员和部分处长、分局长交流学习体会,增强学习效果。市局班子成员坚持每月深入基层调查研究,经常利用节假日到各市场及工商所检查工作,掌握第一手材料。在抓基层班子建设方面,把搭建好基层班子、选好配强一把手作为工作重点,注意把政治坚定、民主务实、清正廉洁的优秀干部选拔到一把手岗位上来。引入竞争机制,对49个处级领导岗位实施了竞争上岗。按照公开、平等、竞争、择优的原则,通过严格的资格审查、笔试、民主推荐、竞岗演讲和民主测评,经组织考核后任命到处级领导岗位。对于改善系统干部结构、强化基层班子建设、激发队伍活力都起到了积极作用。2. 稳步推进基层建设。按照基层建设三年规划要求,集中财力,科学规划,继续加强基层建设。投资1 379万元,新建和维修了11个工商所和4个分局办公楼,并且按照"支部建在所上"的要求,健全了基层党组织,各城区分局都已建起标准化工商所。全面整合基层工商所工作职能,下放权限,赋予职能,全市155个基层工商所,已经有118个受县、区局委托直接办理个体工商户登记注册,占基层工商所总数的84%,德惠市局、宽城分局、二道分局和朝阳分局等单位全面实现了个体户分层登记管理。3. 狠抓队伍素质和纪律作风建设。开展了全员岗位大练兵暨"百日学法"活动,编印培训大纲,从市局班子到基层管理员全员参加,加强对工商相关法律法规的学习和考核,实现内强素质的目标。全系统有37名同志参加了全省工商行政管理系统基层执法岗位练兵考核测试。认真组织"五五"普法培训,组织全系统60多名专职法制人员参加省局主办的法制及执法骨干培训。采取多种形式,继续强化教育培训工作,全年组织各类培训76次,有2 000人参加了培训。开展了全员"准军事化队列训练"活动并进行全系统队列会操表演,精选230名同志参加了全省工商系统队列汇报表演,取得了第一名的好成绩。

【不断提高党风廉政建设水平】

紧紧围绕党风廉政建设、政行风建设和软环境建设的重点环节,突出制度建设,强化监督制约。1. 全面深化政务公开。不断完善措施,健全机制,建立了主动公开和依申请公开制度、适时修订公开内容制度、政务公开评议制度、新闻发布制度和责任追究制度。完善相关制度措施8项,升级改版了外网设置和公示内容,主动接受社会各界对承诺内容的评议,围绕重点工作召开新闻发布会7次。进一步规范公开内容,完善公开形式,采取网上、显示屏、触摸屏、公示板、办事指南、办照告知、新闻媒体等七种形式进行全方位、多层面公开,设立电子触摸屏18部、电子显示屏20块,悬挂公示板1 600余块,印制各类《办事指南》和《服务指南》20余万册、便民服务联系卡2万多张。最近,市工商局与联通公司和某资讯发展公司三方联合建设移动信息服务平台,逐步实现信息查询、业务办理、社会调查、网上政务公开等功能。有效提高了政务公开工作水平,分别被市政府和省工商局评为先进单位。2. 全面规范监管执法行为。把规范执法行为作为一项重点任务狠抓落实,围绕证、照、案、费等重点环节,完善制度措施,加强执法监督。研究制定了《个体工商户收费管理公开制度》,增强收费工作的透明度。对各县(市)局、主要直属分局共10个单位执法情况进行了检查,查阅了2005年以来400多本结案案卷，并对100多名执法人员进行了《行政处罚法》闭卷考试。组织开展了2次执法检查，及时纠正了强制措施手续不完备、案件定性不准确等20多个问题。3.加强反腐倡廉惩防体系建设。在全系统努力构建教育、制度、监督并重的“三位一体”反腐倡廉工作格局，落实信访举报工作首访责任制和责任追究制，全年共接待群众来信来访43件，对5个单位下发了行政监察建议书，处理相关责任人5人。

（杨俊天）

物　价

【概况】 2006年是“十一五”开局之年，也是价格工作全面融合到发改委后的第二年。一年来，在委党组的高度重视和正确领导下，经过全体同志的共同努力，价格工作取得了显著成绩。全市各级价格主管部门紧紧围绕党和政府的中心任务，深化价格改革，加强价格调控监管，整顿规范价格秩序，着力解决人民群众关心的突出价格问题，服务社会主义新农村建设，促进资源节约、环境保护和经济结构调整，为保持价格总水平基本稳定和促进全市经济平稳较快发展做出了积极贡献。价格工作职能继续得到强化，价格监管地位不断提升，工作成果得到上级领导和社会各界的普遍赞誉。价格监督检查局被国家发改委评为全国价格监督检查工作先进集体，价格监测中心、价格认证中心、成本监测所分别受到国家发改委的表彰。

【深化价格改革】 1. 出台调整了成品油价格。根据国家规定，在2006年3月和5月份，两次调整了成品油价格。经测算，两次调价年影响全市6.77亿元。按照上级要求出台了相关的政策及配套措施，对城市出租车下调养路费标准，取消价格调节基金，取消城市公用事业附加费，缓解了相关行业困难。2. 出台了新的电力价格。2006年，分别出台了居民电价和非居民电价，居民电价由0.486元调整到0.525元，非居民用电价格按行业不同每千瓦时分别调价2.2分～4.0分。按照省的有关规定，在调价前对相关行业的影响及调价后采取的措施，进行了充分的准备，与各县、市价格部门、农电部门对农村居民生活用电外的其他类农村电价进行调查测算，将直供用户的半径过长的线路线损率由10%降为8%，为农村经济的发展做出了贡献。3. 合理审核经济适用住房价格。先后对梧桐花园、卫星花园等4个小区的经济适用住房的拆迁补偿费、前期工程费、配套设施费、建筑安装费等项目成本进行了严格审核，共减审不合理成本1 900万元，保证了国家经济适用房政策的贯彻落实，维护了购房者的利益。4. 重新核定城市基础设施配套费。调查了部分城市基础设施配套费征收情况，同省发改委共同进行了测算，省发改委、省财政厅联合下发了《关于重新核定长春市城市基础设施配套费征收标准的通知》，将原来6个级别的10个收费标准规范为住宅、非住宅两个标准，核准了全市基础设施配套费平均单价为98.57元，消防设施配套费收费标准为5元/平方米，城市基础设施配套费调整后，减轻了全市财政负担，年增收14 880万元。5. 调整了旅游景点门票价格。在对经营成本进行认真调查测算的基础上，依照定价程序先后调整了伪满皇宫博物院门票标准、制定了石头口门水库、南湖公园大型火龙彩灯博览会门票价格，促进了长春市旅游文化产业的健康发展。

【整顿收费秩序规范收费行为】 1. 编制并公布了《长春市行政事业性收费项目和标准》。在不断巩固前三批清费减负成果的基础上，对哈尔滨、大连、沈阳三市收费情况进行了实地考察，并进行了对比分析，提出了下一步长春市清费减负工作的思路和主要任务。2. 编制了《长春市涉企行政事业性收费项目和标准》。对全市涉企行政事业性收费的29个收费部门、100个项目和标准进行了整理，并与商务局联合用四种文字印发了10 000册《长春市涉企行政事业性收费项目和标准》，在中国投资贸易博览会、东北亚博览会、长春市中介奖励办法新闻发布会、农博会上发放，受到了各界的普遍欢迎。3. 重新编制了《长春市涉农收费目录》。根据涉农收费政策的变化情况，经反复协调，重新修订了《长春市涉农收费目录》，对收费的范围、时限、方式等做了明确规定。涉农收费公示板更新准备工作基本完成。4. 完善物业服务收费管理。针对长春市物业服务现状及物业服务收费存在的问题，对全市物业服务收费情况进行了调查，一方面向有关部门下发调查提纲，另一方面通过网络、媒体调查的形式，共征求到有关意见和建议6大类368条，通过对这些问题的分析，提出了收费制度、政府管理、部门协调、业主委员会作用、监督检查等5个方面的意见和建议，上报市政府。根据市领导的意见，下发了《关于进一步加强我市物业服务收费管理的通知》。此项政策措施的出台受到物业企业和广大业主的欢迎，为有效化解物业企业与业主之间的矛盾，促进和谐社会建设起到了积极的作用。5. 规范停车收费行为。对全市58个主要繁华地段的停车场的计费方式进行了改革，实行计时收费，缓解了停车场需求矛盾，提高了停车场的服务水平和使用效率。完成了省人民医院等10个停车场收费审批工作，规范了停车场收费行为，促进了全市停车场收费管理。6. 重新核定住宅小区供电设施配套工程费标准。在调查基础上，针对住宅小区供电配套设施工程费执行情况及遇到的问题，提出了调整住宅小区供电设施配套工程费标准的意见上报市政府。

【规范教育收费加强医药价格管理】 1. 规范教育收费行为。对长春市8所高中收费进行了全面调查、分析，对各学校的统招生、自费生、分校等收费情况进行了认真研究，将2006年计划收费与2005年实际收费进行了对比分析，根据教育部等七部门《关于2006年治理教育乱收费工作的实施意见》，按照尽量扩大统招生比例，压缩自费生人数，不提高收费标准，不增加收费总额的原则，确定2006年秋季择校生及民办校的收费仍执行2005年的收费标准，严格执行了国家政策，从根本上规范了收费行为。全面落实教育收费公示制度。对市、区属301所中小学涉及的“一费制”收费、择校生收费、校办少年宫收费、幼儿园收费等进行了全面调查梳理，根据各学校不同的收费项目和标准，分别制作了301块冠有学校名称的收费公示板，现已在长春市中小学、高中全面公示，通过市发改委网站和新闻媒体进行了广泛宣传。2. 认真做好药品招标采购工作。在中省直及长春市药品集中招标采购工作中，审核了364家生产、经营企业的12 794个品种的价格资质。在核定8 310个中标药品零售价格时，严格执行文件规定，使中标药品价格平均降幅18%。贯彻落实国家药品价格政策。及时转发了国家、省降低抗肿瘤等药品价格文件，督促各医疗机构及时准确执行。规范制剂价格行为，核定了全市6个医院的108种制剂价格。

【价格监督检查工作】 1. 深入开展价格收费检查。2006年，全市共查处价格违法案件425件，已收缴罚没款金额613万元，给消费者退款943万元。其中，市价格监督检查局查处价格违法案件66件，收缴罚没款金额370万元，给消费者退款830万元。组织开展了全市涉农价格和收费专项检查，切实减轻了农民负担。开展了涉企收费检查，查处了一批重大价格违纪案件。开展了经济适用房价格检查，房地产价格检查取得了实质性进展。对第三批清费减负工作的落实情况进行了跟踪检查，巩固了清费减负成果。2. 大力推进“价格服务进万家”活动。2006年，市物价管理部门把“价格服务进万家”活动作为转变工作职能的切入点，积极构筑民心工程。制定了《关于在全市开展价格服务进万家活动的通知》，进一步明确了活动的意义、方法、任务和具体要求。对城区的7个乡、14个村的农村价格监督网络进行了指导。对10个街道和20个社区的价格监督员进行了培训。启动了价格服务进校园工作。市发改委、教育局联合制发了《价格服务进学校活动方案》，确定了试点学校，完成了301所市属中小学、高中收费公示工作。指导宽城区开展了价格服务进医院试点工作，重新设计制作了医疗收费和药品价格公示板。3. 进一步强化价格举报工作。2006年，市物价管理部门以“12358”价格举报电话开通五周年为契机，宣传了“12358”价格举报电话开通五年来所取得的成绩，回顾了五年来价格举报热点，曝光了典型案件。加强了对基层价格举报工作的指导，提出了进一步加强价格举报工作意见，完善了市、区价格举报工作联动机制，促进了价格举报工作质量和效率的提高。2006年，共受理承办各类价格举报、咨询、建议1 654件，较2005年增加360件。其中，12345市长公开电话办公室转办件1 349件，12358价格举报电话受理305件，依据价格举报线索立案15件，实施行政处罚7.8万元，给消费者退款256万元。4. 积极开展价格诚信单位评选工作。按照市发改委《关于进一步推进经营者价格诚信建设工作意见》的要求,2006年市物价管理部门对市内80余家企事业单位的价格诚信工作进行了考核,根据省物价局要求,开展了价格诚信单位的申报、测评、推荐工作。经社会公示和社会测评,欧亚卖场、亚泰富苑等28个单位被省价格监督检查局评为省级价格诚信单位。5. 探索明码标价工作新思路。采取多种形式,重点对超市、农贸市场、宾馆、饭店、停车场、旅游景点等专业场所明码标价规定进行了宣传。指导南关区在重庆路130余家商业企业中举办了3期明码实价示范单位座谈会。集中开展了全市明码标价专项检查。对光复路明码标价不规范和擅自销售、印制价格签问题进行了清理和整顿。

【市场价格监测工作】 1. 加强对重要商品和服务价格的监测预测。重点加强了粮食、植物油、主副食品、工业生产资料、农业生产资料、日用工业品、重要生活资料、房地产、汽车等433个规格品种的重要商品价格的监测预测。全年共报送价格监测数据31 193笔,撰写分析报告159篇,编辑长春价格监测报告11期,编辑长春价格监测96期,编辑价格情况反映5期。在节日、成品油调价及粮油价格波动期间,启动了市场价格异常波动工作预案,加大了市场监测的频率和力度,通过新闻媒介向社会发布价格信息,正确引导经营和消费。及时向市政府提供监测分析报告,为领导决策提供依据。2. 完善了价格监测报告制度体系。制定了《长春市价格监测报告制度》、《长春市价格监测报告制度考评办法》、《价格监测发布制度》,切实发挥了价格信息指导生产流通、合理引导消费的作用。制定了应对价格异常波动工作预案。完成了数据库软件的开发和调试工作。

【深化价格认证成本调查价调基金等基础工作】 1. 价格评估认证领域不断拓宽,工作质量不断提高。2006年,价格认证工作继续保持良好的发展势头。共完成全市各级司法、行政执法机关委托的各类涉案物品价格鉴定9 368件,鉴定总金额7 324.81万元。有力地配合各级司法和行政执法机关对案件的及时处理,有效地打击了犯罪分子,维护了当事人的合法权益,为保持长春市安定团结的大好局面、构建和谐长春做出了积极贡献。2. 深入开展了农产品成本调查和成本监审工作。按照国家及省的部署,圆满地完成了农产品成本常规调查、专项调查和预测直报调查工作任务。制定了《长春市政府制定价格成本监审实施细则》、《长春市政府制定价格成本监审工作程序》。完成了市五环体育舞蹈学校、亚泰职业学校、伪满皇宫门票价格的成本监审任务。3. 价格调节基金工作稳步推进。2006年,全市共征收价格调节基金1 893万元,累计使用基金1 595万元。运用价调基金大力扶持"菜蓝子"工程以及价格服务进万家活动,使长春市无公害蔬菜和市场建设有了长足的发展,在支持副食品生产、经营等方面发挥了应有的作用。

【队伍建设】 事业兴衰,关键在人。履行新形势下的价格工作职责,开创价格工作新局面,必须建设一支高素质的价格工作干部队伍。市物价管理部门坚持"学以致用、以用促学、学用相长"的方针,建设学习型机关。加强了政治理论学习,增强贯彻党的路线方针政策的自觉性和主动性。加强了业务知识学习,掌握经济、法律、贸易、会计、统计、计算机等专业知识。加强了廉政建设,严格执行党风廉政建设的各项规定,落实党风廉政建设责任制,加强对执法岗位、重点部位、重点环节的监督,构建反腐倡廉长效机制。

(吴丽娟)

质量技术监督

【概况】 2006年,长春市质量技术监督局,紧紧围绕全市工作重心,经济社会发展大局,认真履行质量技术管理和监督职责,严格执法,质量管理和质量监督工作开创了新的局面,市场经济秩序得到整顿和规范,标准化和计量监管做出了新的成绩,特种设备安全监察基础建设得到加强,食品质量安全监督措施得力,队伍在实践中得到锻炼和成长,被市委、市政府评为2006年度"依法行政先进单位"。

【质量管理】 2006年共为10户企业提供了ISO9000、HACCP和3C等质量保证体系认证咨询服务,帮助2户企业通过了ISO9000质量管理体系认证。开展了全市重点产品质量状况调查活动,走访了长春大成生化

市质监局局长袁振宇在市质检院落成典礼上讲话

工程开发有限公司等50多户企业，新建企业质量档案107户，为争创名牌产品打下良好基础。制订了长春市“十一五”期间争创中国名牌、吉林省名牌产品规划，确定26户企业的27种产品争创“十一五”中国名牌产品、107户企业的131种产品争创“十一五”吉林省名牌产品规划。长春市优势产品载货汽车、轿车、汽车制动系统、排气系统、转向系统、饲料级赖氨酸、鲜冻分割牛羊肉等产品列入《中国名牌产品“十一五”重点培育指导目录》。长春大成集团的饲料级赖氨酸被评为2006年“中国名牌产品”。组织召开了2006年吉林省名牌产品申报工作会议，长春市共有32户企业的35种产品申报了2006年的“吉林省名牌产品”，长春轨道客车股份有限公司等24户企业的27种产品被评为“吉林省名牌产品”。积极帮助企业争创国家、省、市级质量荣誉。长春供电公司连续三年创“全国质量效益型企业”，被授予“特别奖”；东北电力设计院被国家评为“全国实施卓越绩效模式先进企业”；吉林汽车制动器厂、东北电力设计院被评为2006年“全国用户满意企业和全国用户满意产品”；帮助大成集团、汽车制动器厂、长春禹衡光学有限公司、吉林正大实业有限公司争创第二届吉林省质量管理奖和省质量管理先进企业；长春供电公司调度通讯所综合自动化二班QC小组等30个小组被评为“长春市优秀质量管理小组”；中国北车集团长春机车车辆有限责任公司等5户企业被评为“长春市质量管理小组活动优秀企业”；大唐长春第二热电有限责任公司张立清等7名同志被评为“长春市质量管理小组活动卓越领导者和优秀推进者”；推荐长春供电公司综合自动化QC小组等7个小组争创“全国优秀质量管理小组”；推荐东北电力设计院土建室、吉林省通信公司客户服务中心三班争创“全国质量信得过班组”；推荐长春超高压局争创“全国质量管理小组活动优秀企业”；推荐东北电力设计院崔占忠同志争创“全国质量管理小组活动卓越领导者”。深入开展了“2006年质量月”活动。与相关部门联合开展了“创新提升质量、名牌促进发展”专题宣传栏目，广泛宣传了长春市获得国家和省名牌产品企业、质量诚信及质量奖获得企业。

【质量监督】 按照国家质检总局《关于2006年深入组织开展农资专项打假的通知》精神，长春市质量技术监督局对全市化肥生产企业的产品进行了专项监督抽查检验，共抽取了六县(市)区的16家企业的16批次化肥产品，合格16批次，合格率100%。开展了眼镜产品监督抽查，共抽查制配镜企业30户，抽取样品30批次，检验合格26批次，合格率86.7%。在2005年定期监督检验计划基础上，汇总审核了3 140家企业的547种产品列入2006年定期监督检验计划，全年共定期监督检验产品2 255批次，合格率86.6%，较2005年提高了2.8个百分点；监督抽查产品225批次，合格率83.1%。对定期检验和监督抽查不合格产品，加大处理力度，认真督促企业整改，促进了产品质量提高。与长春晚报合作推出《长春质量报告》，对桶装饮用水专项监督抽查结果进行了公布，对百姓关注的汤圆、地板等产品质量及相关知识进行了深入细致的报道，正确引导了消费。

【整顿和规范市场】 坚持把查办大案要案作为打假治劣工作引向深入的突破口，多管齐下，综合整治，收到了明显效果。先后组织开展了农资、建材、食品、特种设备等专项执法活动，同时加强了对计量违法行为的监督查处，共查办质量技术监督行政违法案件3 390件，捣毁制假黑窝点15个，查获假冒伪劣和不合格产品标值近百万元，对一些影响大、涉及面广的案件，坚持做到“五不放过”，有效遏制了制假售假反弹的势头。建立了打假监督员、协管员制度，面向全社会共聘请打假监督员98人，打假协管员187人。在农资打假行动中，共出动执法人员1 621人次，检查农资生产经销企业300多家，抽检化肥38批次，立案查处案件70件，罚没款合计12.6万元，没收制假化肥5吨，免费为农民检测化肥26个批次，为农民挽回经济损失20余万元。接受农民咨询1 630余人次，向农民发放宣传资料2 500份，受理举报投诉3件，解决处理了3件。在建材市场整顿中，重点加强了对无“3C”认证标志、无生产许可证的建材产品的监督检查，依法处罚了无生产许可证细木工板企业2家。加强了特种设备安全监管工作，对起重设备，锅炉的安装、使用及维修，液化气充装站充装行为加强了检查，对5家无充装许可证擅自充装液化气的液化气站进行了查处。在计量监督检查中，检查了加油站的计量问题，计量器具的强制检定，以及化肥、种子、农药等产品的定量包装。检查加油站45家，对10家严重克扣的加油站进行了处罚。查处定量包装产品少量、计量器具未检定等案件145件。开展了“3·15”专项打假行动，共检查白酒生产企业、小作坊84家，查处案件2起，罚没款4 000元，对75个批次的白酒产品进行了抽样检验，合格率为100%。在元旦、春节期间深入开展了市场检查，共出动执法人员755人次，检查生产企业287户、销售企业60户，查处案件50起，罚没合计9.795万元，查获假冒伪劣产品货值11.5万元，挽回经济损失11.2万元。

【标准化工作】 完成了长春皓月清真肉业有限公司、长春大成实业公司、长春市长城互感器厂等5家企业的12项采标验收，通过采用国际标准和国外先进标准，提升了企业标准档次，提高了企业产品质量。农业标准化基地建设实现新突破，在已有的双阳梅花鹿、九台无公害水稻农业标准化示范区的基础上，2006年在榆树市、农安县、德惠市又兴建了3个农业标准化示范基地，实现所辖县(市)全部建有农业标准化示范基地。加强了备案产品标准的审查力度，提高了企业标准质量。共备案产品标准306项，保证了国家强制标准的贯彻实施及标准的合理性。基础数据库建设进一步完善，共录入企业1 192户，标准信息1 478个。进一步完善“一站式”办公服务体制，标准化信息编码工作的服务质量和工作效率进一步提高。共办理组织机构代码证书12 492个，发放代码IC卡11 182张，年审代码证书26 215个，均超额完成全年工作任务。

【计量监管】 组织开展了供热计量的试点工作。经积极协调，青岛自动化仪表有限公司免费提供了两套涡街流量计热计量装置，并已在长春市热力(集团)有限责任公司所供热的长春市全民健身中心和欧亚商都两个单位进行安装使用。与市房地局联合下发了《关于加强采暖室内空气测温仪器计量检定和测温管理工作的通知》，对供热企业使用的测温仪器、测温方法等做出了明确规定，使供热企业的测温工作得到进一步规范。加强了对供电企业的计量管理，组织开展了对长春市6个农电计量所和1个供电计量所共7家单位的电能表核查工作，对电能表检定装置、人员等进行了考核，并对4 000余块单相和100余块三相电能表进行了复核检定。会同市发改委、市经委联合转发了《全省能源计量专项活动实施方案》，组织人员深入到15家企业进行调研指导，并在2户企业开展了能源计量工作。在“6·6全国爱眼日”前夕组织开展了对眼镜制配行业的计量专项检查，共检查眼镜制配单位31家，抽取样品93副，合格89副，抽样合格率92%。加大了对定量包装商品的计量专项监督检查力度。元旦、春节期间共抽查超市15个，检查定量包装商品近千种，有效地规范了节日市场的经济秩序。会同长春市国税局组织开展了对加油站的专项监督检查，共检查了长春市500余个加油站，检查加油机近2 000台。同时，对2 000余台加油机的主板、计量调节器等实施了加封管理，有效遏制了利用高科技手段作弊欺诈消费者的计量违法行为。组织开展了燃油密度测试工作，切实保证了燃油价格和计量的准确。加强了对制造、修理计量器具企业的监督管理。对8个到期复查的制造、修理计量器具企业进行了复查考核；对无证生产计量器具、超过许可范围生产计量器具和到期不复查换证的有关企业分别进行了行政处罚。组织开展了对机动车检验机构的计量专项检查，共检查机动车检验机构21个，有效地规范了机动车检验机构的计量行为。组织开展了对法定计量检定机构的计量监督检查，共检查法定计量检定机构10个，及时纠正了法定机构存在的计量检定收费不规范，检定记录和证书信息量不全、书写不规范等问题。

【特种设备安全监察】 围绕"建立三个体系，落实三方责任，推进五项重点工作，加快特种设备安全监察基础建设"，着力提高特种设备注册登记率、定期检验率、人员持证上岗率、事故结案率和隐患整改率，杜绝了特种设备重特大事故。共检验各类特种设备7 450台，其中，锅炉3 380台，各类压力容器1 112台，各种电梯2 782台，各种起重设备、游乐设施等176台；检验工业管道和燃气管道1 510米；检验各类气瓶21 481只，共对385家锅炉使用单位进行了检查，发现存在安全隐患锅炉80台，对不具备整改条件、隐患极大的38台锅炉予以行政查封，清退无证上岗人员26人，督促完成锅炉定期检验及安全附件校验42台次；检查压力容器使用单位79家，对其中30家提出了行政整改意见，查封了4家使用单位的压力容器，清退无证作业人员19人，督促完成容器检验及安全附件校验13台次；对48家电梯使用单位进行了检查，下达安全指令书22份，督促检验电梯12家，查封电梯2台，并帮助电梯使用单位建立了事故预案，组织进行了演练。高度重视和认真处理群众举报及市长公开电话反映的问题，共处理市长公开电话及举报件69次，均依据有关法律法规及时、准确、公正、合理的进行了处理。在"五·一"和"六·一"期间开展了特种设备安全检查，共对9家公园的索道和游乐设施、32家气瓶充装单位、46家锅炉使用单位进行了检查，确保了节日期间特种设备安全生产。配合市安监局查处了一起可能危及航空安全的气瓶非法改装生产责任事件，对违法单位进行了整治和行政处罚，杜绝了安全隐患。

【食品质量安全监管】 按照严格现场核查、严格监督企业实施出厂检验、严格后续监管的要求，对具备条件并提出申请的企业，尽快组织现场核查和发证检验，符合要求的企业尽快报批，共受理申请办理食品生产许可证企业69户，发放省级许可证22个，发放国家级许可证30个。制订了《食品生产加工业整顿工作方案》，加强了食品生产加工业整顿工作。对获证企业严格实施巡查、回访、年审、强制检验、监督抽查等监管制度，与1 051户食品生产企业签订了《食品安全责任书》、《食品安全承诺书》，使企业法人切实承担起食品安全第一责任人的责任，确保获证食品出厂检验100%合格。进一步加大了无证食品的查处力度，组织开展了"过期、变质"食品加工情况专项检查，共检查食品加工企业187户，并对长春市宽城区金庆肉制品加工厂无证生产等违规企业进行了立案查处，确保食品质量安全市场准入工作的有效性。"五·一"期间，以超期食品、食品标签为重点检查内容，检查食品生产加工企业200余户。就农安县龙江面粉厂不合格小麦粉事件

市质监局领导听取基层单位工作汇报

进行了复查处理,证实了该企业现有产品全部合格,维护了企业利益。对国家抽查不合格的长春市启达酿造公司进行了查处并召回其不合格批次产品。按照国家质检总局提出的"统一管理、重心下移、层级负责"的食品安全监管新体制要求,进一步在全市所辖县(市)、区实行了以"三员、四定、三进四图、两书一报告"为主要内容的食品质量安全区域监管责任制,做到检查到位,指导到位,按照分类监管原则,建立健全和修订完善了食品安全质量区域监督管理责任制、食品企业质量安全承诺制度、办理省级食品生产许可证工作程序、食品生产许可证档案管理制度、食品生产加工企业使用食品添加剂备案制度,制订了长春市质量技术监督系统食品安全突发事件应急工作预案(试行)等规章制度,完善了食品生产监管长效机制。加大了食品生产加工小企业小作坊专项整治工作力度,全面完成了调查摸底和分类工作,依据"既要管好,又要便民"的原则,加强引导,分类监管,探索建立了小作坊质量安全控制体系。通过对食品生产企业规范化管理,2006 年全市未发生大的食品质量事故。

【法制工作】 广泛深入地开展了"3·15 国际消费者权益保护日"法律法规宣传咨询活动,营造了加强法制建设、推进依法行政的社会氛围。对本系统 10 项行政许可、167 项行政处罚、8 项行政强制、40 项行政执法及行政许可规章制度等进行了归纳,整理行政执法责任制相关内容 10 万余字,进一步推动了全系统贯彻实施依法行政工作。按照《长春市质量技术监督局行政执法责任制考核评分细则》要求,深入到 10 个县(市)区局和相关事业单位开展了行政执法监督检查,共抽查 200 多个行政执法案卷,下发了检查通报,强化了行政执法监督工作。制定了《质量技术监督系统案件审理委员会成员名单及办理程序规定》、《行政复议委员会成员及办理程序规定》、《质量技术监督错案追究办法》等新的执法监督及管理类的规章制度,健全完善了行政执法的各项监督制约机制。组织全系统行政执法人员参加了市政府法制办举办的《关于全面推进依法行政实施纲要》培训,组织全系统 388 名行政执法人员参加了更换执法证的培训和考试工作。组织了对全系统案卷的评比检查。全系统未发生行政复议、诉讼败诉案件,被长春市委、市政府评为"四五普法、三五依法治市先进单位"和"依法行政先进单位"。

【技术机构建设】 市计量检定测试技术研究院于 6 月末搬入新办公大楼,办公条件明显改善。完成了液化石油加气机等 5 项建标工作,建成了 600 多平方米的超大恒温实验区,投入 100 多万元资金,增加低温油槽等设备,开发了医疗美容、汽车配件行业计量器具检测市场,开展了高频电刀等新检定项目。市产品质量监督检验院投入400多万元资金用于实验室建设,新开发检验项目 146 个,新建 P2 实验室已通过国家实验室认可,食品检验能力在全省处于领先水平,为保证市民吃上放心食品提供了有效的技术支撑和保障。国家汽车零部件产品质量监督检验中心建设步伐明显加快,顺利通过国家质检总局专家组能力评估,争取了国家 3C 认证检验,成为国内 3C 强制认证检验机构。全系统事业单位机构改革、内部人事分配制度改革不断深化。各级技术机构主动服务于企业,服务于基层,在发展业务的过程中寻找市场,壮大自己,事业发展越上了新台阶。2006 年,全系统实现全口径收入8 200万元,比 2005 年的6 800万元增长了 20.6%。其中,罚没收入实现 790 万元,比 2005 年增长了 34.1%;行政事业性收入实现5 060万元,比 2005 年增长了 22.7%。

【党风廉政建设】 认真巩固深化先进性教育活动成果,把先进性教育活动中好的做法和经验,以规章制度的形式固定下来。建立健全了领导班子重大事项议事规则,对干部任免、大项资金使用等重要决策,坚持集体领导、民主集中、个别酝酿、会议决定,各级领导班子在增强团结、发扬民主、科学决策以及解决自身问题能力方面有了新的提高。大力开展社会主义荣辱观教育,深入开展学习党章、贯彻党章、遵守党章、维护党章等活动。把深入学习胡锦涛同志在"七一"大会上的讲话和十六届六中全会精神贯穿到党的思想政治建设、组织建设、作风建设、纪律建设和制度建设之中,着力解决坚定理想信念、加强道德修养、发扬党内民主、严明政治纪律、强化制约监督、加强制度建设等问题,全系统广大干部职工的思想政治素质有了进一步提高。实行党建目标管理责任制，思想、组织、作风建设走上制度化、规范化轨道。通过开展社会主义荣辱观教育以及“三贴近、三提高、一开创”主题教育活动，取得了解放思想、转变观念、启发思路、创新工作、促进发展的实际效果。以贯彻实施《公务员法》为契机，加强了教育培训并完成了全系统152名公务员的登记工作。经省编办批准成立了行政审批办公室，所有审批项目实行窗口办理，“一站式服务”。各基层窗口单位以优质高效的服务，赢得了社会各界的广泛赞誉。市编码所在政务中心所有窗口单位中因服务质量最好、工作效率最高而受到市政务公开办的通报表扬。建立健全教育、制度、监督并重的惩治和预防腐败体系，构建了“三位一体”的反腐倡廉工作格局。加大了反商业贿赂学习教育，坚持标本兼治、综合治理、惩防并举、注重预防的方针，推进了全市质监系统的党风廉政建设和行风建设。

（李林峰）

食品药品监督管理

【概况】 2006年，市食品药品监管系统，认真贯彻落实科学监管理念，站在构建和谐长春的高度，求真务实，开拓创新，各项工作都取得了较好成绩。年初确定的工作目标和工作任务全部完成。

【药品市场监管】 全年共立案查处各类违法违规案件3 136件（其中万元以上大要案件6件），涉案货值2 000余万元，罚款413万元。1. 集中开展了“双G”跟踪检查。对已通过GMP、GSP认证的企业，采取召开重点企业负责人会议、例行检查、飞行检查等措施，严格跟踪企业生产经营情况。全年共跟踪检查药品生产企业75户，对32户疫苗、生物制品和注射剂生产企业进行了专项重点检查。跟踪检查药品批发企业38户，药品零售企业320户，对存在问题的企业依法进行了严肃查处，并将不良行为归入企业档案。按照年初确定的工作任务，跟踪覆盖面达到100%。2. 严格开展了规范管理。对新开办企业或新增品种，坚持条件，严格标准，严把市场准入关。全年完成26户药品生产企业的GMP认证，全市已通过GMP认证的药品生产企业达到72户。加强了特殊药品监管，对全市39个药品生产企业、3个一类精神药品定点经营单位、3个二类精神药品定点经营企业进行了全面检查，监督覆盖面达到100%。对5户药品批发企业实施了GSP认证。加强了药品招投标监督工作，对参标的168家药品生产经营企业、11 122个药品品种进行了审核，对998个不符合条件的品种取消了招投标资格。加强了处方药销售管理，对不严格按规定销售的企业，依法取消了处方药经营资格。完成了12个重点医疗器械产品、52个批次的抽样监督工作。3. 扎实开展了两个专项行动。把日常跟踪检查、药品市场专项整治、治理商业贿赂专项行动3项重点工作有机结合，整体推进，药品市场监管成效更加突出。充分发挥牵头部门作用，积极动员协调各有关部门，对药品、医疗器械的研制、生产、流通、使用、广告等各个环节进行了全面整治。重点开展了处方药专项整治、疫苗等生物制品专项整治、精神类药品专项整治、中药材中药饮片专项整治、药品广告专项整治等10余个专项整治行动。在企业自查自纠的基础上，对1 210个药品注册申请品种进行了重新审核。对66家药品生产企业进行了突击检查。对1 764家零售药店、481家连锁门市药店执行处方药销售规定情况进行了专项检查，对1 150家不符合处方药管理规定的，依法核减了处方药经营范围，核减率达到61.9%。对86家药品批发企业和140家医疗机构药房进行了集中检查。对6家涉嫌虚假广告宣传单位进行了严肃查处。对17家医疗器械生产企业的44个一类医疗器械产品进行全面复审。对16家市级以上医疗机构在医疗设备的购进和使用情况进行了全面检查。对320家医疗器械经销商的经营资质和经营行为进行了评审。对19家生产三类医疗器械产品（高危产品）的企业进行了专项检查。对存在问题的企业进行了严格整改。全市药品市场秩序进一步好转。在治理药品、医疗器械领域商业贿赂工作中，成立了专项工作领导小组，制订了专项行动实施方案，召开了全市治理药品医疗器械生产经营企业商业贿赂专项工作会议，确定了工作重点，明确了工作目标和要求。同时，大力开展宣传教育活动，正确引导全系统工作人员和医药企业从业人员，充分认识治理商业贿赂的重要性和紧迫性,把思想统一到中央的重大决策上来。局党组成员选择了5个县(市)、区和19个企业作为联系点,并开展了专题调研。通过对联系点的调查研究、督促检查、具体指导,解决专项治理工作中存在的重点和难点问题,研究提出了具有普遍指导意义的对策措施。与市医药协会共同召开会议,组织部分企业联合发起治理商业贿赂倡议,开展社会主义荣辱观学习教育,从根本上端正了从业人员的职业道德。企业积极开展自查自纠,并提交了自查整改报告。建立了企业"黑名单"制度和"退出"制度。完善了农村药品统一配送机制。4. 集中销毁了两批过期失效药品。从2006年开始,全系统采取了新的销毁方式,实施了新的销毁制度。"3.15"前夕,将441个品种、货值300余万元的过期失效和假劣药品进行了统一销毁。对企业库存的价值4万余元的过期失效毒麻药品、原料药进行了集中销毁。从源头上防止不合格药品或原料药流入市场。5. 沉着应对药害突发事件。2006年,在全国范围内连续发生多起药害事件。特别是"齐二药"假药事件、安徽华源"欣弗"事件、"A"型肉毒素事件发生后,全系统上下沉着应对、迅速处置,均在最短时间内将涉案药品全部控制。共检查涉及"齐二药"单位1 224家,查封扣押"齐二药"产品29个品种,21万余支。查封"A型肉毒素"112支。查封安徽华源"欣弗"7万余瓶。由于工作到位、措施得力,全市未发生大的药害事件,把事件的危害降到了最低,维护了药品市场稳定,保护了公众利益。

【农村药品"三网"健康发展】截至12月底,全市村级药店达到712个,按服务人口半径及农村医疗卫生资源综合评价,供应覆盖面达到100%。《人民日报》第一版"建设新农村"专栏中,以"长春村级药店覆盖配送达80%行政村"为题,对长春市农村药品"三网"建设的成功做法进行了报道。1. 加强了基层监管网络建设。全市聘任农村药品信息员1 658名,药品协管员111名,实现了"每乡1名协管员、每村1名信息员"的工作目标。2. 加强了信息员培训。全年共下拨信息员培训经费22.8万元,全部做到专款专用,对信息员进行专业培训,收到了较好的培训效果。全年共查处农村药品案件473件,通过协管员、信息员举报案件61件,占案件总数的12%。3. 开展了与新农合结合问题调研。对"三网"建设开展较好的淄博、西安两地市进行了学习考察。提出了"一所两证"经营模式,实现农村乡镇卫生院、村卫生室药品统一配送等新思路、新举措。

【食品安全综合监督工作】按照"整合监管资源、弥补监管空缺、完善监管链条、提升监管效能"的原则,认真发挥抓手作用、统揽作用、纽带作用和助推作用,促进了全市食品安全监管工作的纵深发展。1. 强化宏观统揽。制订了《长春市重大食品安全事故应急预案》、《长春市2006年食品安全专项整治实施方案》、《2006年全市食品安全监管工作要点》等一系列指导性文件,指导全市食品安全工作扎实有序开展。落实成员单位联席会议制度。确定工作重点,部署工作任务,食品安全监管重点突出、成效突出。在"元旦、春节、五一、十一、中秋"等重大节日期间,组织成员单位,开展大规模的食品市场安全大检查,对节日期间的肉、蛋、奶等重点品种,农贸市场、小型超市等重点地域实施严查,及时下架不合格食品,确保了食品市场稳定。2. 强化督导检查。定期对各部门、各县(市)区食品安全综合监督基本情况、案件查处情况、重点品种综合监督情况进行汇总、通报。9月,组织成员单位对各县(市)区农村食品安全工作进行了督导检查,并在德惠市米沙子镇召开了农村食品安全工作现场会。对德惠市在乡镇一级建立食品安全监管领导机构,在村屯设立食品安全义务监督员的做法进行了总结推广。有力地推动了全市农村食品安全监管工作的深入开展。3. 强化联合执法。在监管重点环节,集中组织开展了儿童食品专项整治、城乡结合部小餐馆专项整治、学校工地食堂专项整治等17次联合执法。对有违法行为记录的企业,实施了跟踪检查。对宽城区铭德肉类制品厂的生产情况进行复查。对"过期、变质"食品加工、销售情况进行了专项检查。在绿园区组织开展了食品安全重大事故应急演练,进一步提高了各有关单位的协作能力、配合能力和处置突发事件的能力。4. 强化信用体系建设。德惠市食品安全信用体系建设试点工作基本结束,并取得了成功经验。第二批试点单位工作扎实推进。全市食品安全"监管档案和生产经营档案”已建立完毕，信用体系基本框架已建立起来，并初步发挥作用。5. 强化食品安全知识宣传。采取部门协作、城乡联动、下乡放送、短信发送等方式，先后开展了“3·15”国际消费者权益日、“食品安全宣传月”、“送科普知识下乡”等一系列大型宣传活动，对食品安全基本知识、假劣食品辨别常识、科学合理饮食常识等进行多层次、多角度的宣传，全年共向市民发放各类宣传单、宣传册10万余份。利用短信平台发送手机短信36期，144条。市民食品安全意识进一步增强，饮食更加合理、更加健康。6. 强化深层次调研。组织工商、质监等部门对全市生猪养殖、流通、屠宰三个环节进行了调查摸底。调查共走访大、中、小型超市、农贸市场、便利店16家；定点屠宰加工企业5家；养殖企业和养殖农户5家。对存在的问题进行了分析汇总，提出建议，并向市政府和省食品药品监管局提交了调查报告。同时，开展了豆制品调查与评价工作，为加强重点品种监管、政府科学决策提供了有力依据。

【法制工作】 以贯彻《全面推进依法行政实施纲要》为主线，继续强化执法监督，规范执法行为，不断提高全系统法制工作水平。1. 大力开展行政执法培训。结合工作实际，对全系统160名一线行政执法人员，就行政执法中涉嫌犯罪案件的处理、行政处罚管辖与案件管理、行政执法文书使用规则、行政执法证据的收集与使用等内容，进行了集中培训。极大地提高了全系统的行政执法水平。2. 认真开展行政执法监督。全面推行行政执法责任制，按照《长春市食品药品行政执法责任制考核办法》，组织开展了全市食品药品监管系统行政执法工作检查，对各县（市）区局和市稽查分局的法制工作情况进行了考核评价，对检查中发现的问题，及时进行了整改。建立了行政处罚案卷评查制度，并在全系统开展了行政执法优秀案件和办案能手评选活动。3. 积极推进行政执法改革。为进一步规范行政许可行为，推进执法新机制的建立，在全省食品药品监管系统率先实施了行政执法体制改革。成立了行政审批工作领导小组，将行政审批事项集中到市政务大厅受理，重新界定了职能，制订了工作程序，建立了行政审批、日常监管和督查制度。这一措施有效地将行政审批职能与执法监督职能相分离，不仅强化了行政审批工作的规范运行，而且还有利于提高工作质量与效率，方便群众办事。4. 完善行政处罚工作制度。制订了《关于加强行政审批工作的意见》、《行政处罚案件审理委员会工作制度》、《药品行政执法案卷归档要求》等一系列规范性文件。制订了《药品医疗器械行政处罚参考标准》，将行政处罚自由裁量权进行细化，防止案件处罚畸轻畸重，自由裁量失当。完善了行政处罚审核制度，对21件重大行政处罚案件进行了集体审核。

【党风廉政建设】 坚持惩防并举的工作思路，以解决群众关心和反映强烈的问题为重点，强化监督制约，规范执法行为，使政行风和软环境建设、党风廉政建设得到了进一步加强。1. 落实党风廉政建设责任制。层层签定党风廉政建设责任书，落实“一岗双责”工作制度，对重点任务实行定岗定人的责任包保机制。对违反党风廉政建设和廉洁自律规定的情形，严格实行责任追究制度。切实强化了党风廉政建设的领导机制。2. 加强监督制约。重点围绕廉洁自律、工作纪律、行政执法和高效服务等方面，加强制度建设。建立了机关全体工作人员和所属分局、直属单位副处（科）级以上人员的廉政档案。实行了工作人员个人重大事项报告制度、廉政诫勉谈话和函询制度、述廉考廉制度、执法人员工作去向登记制度。3. 加强教育引导。采取专题学习、专题讨论、专题讲座、知识竞赛、案例说法等形式，扎实开展了“学党章、学谭竹青、学党纪政规、受警示教育”等四个专项教育活动。认真学习领会胡锦涛总书记提出的“八荣八耻”，结合系统实际，加强教育，引导广大党员干部树立正确的荣辱观。

【机关建设】 从加强基层设施建设入手，全面提高机关的运行效率和运行质量，行政业务工作和后勤保障工作不断加强。经过与市政府积极协调，解决了局机关办公场所问题。经过与市政府和高新开发区反复沟通、协调，解决了药检大楼问题。在机关规范管理上，完善了《车辆管理办法》、《办公用品管理办法》等12项新制度，加强了对车辆维修、保养、用油及办公用品的管理,促进基础工作逐步走上了规范化道路。强化了政务公开工作。重新聘请了10名政务公开监督员。加强了政务信息宣传,全年共刊发政务信息28期,49条。局域网公开政务信息106条,在线回答问题179个,处理政务公开信息22个。办理市长公开电话42件,办结率、回复率、满意率达100%;办理人大建议、政协提案6件,全部按交办时限顺利完成,答复件件满意。

【医药产业保持高速增长】 全年医药工业实现产值87.6亿元,同比增长33%,完成年计划的121.4%。1. 两个国家级基地建设进展顺利。按照国家明确的建设方向、建设重点和赋予的建设任务,坚持"突出特色、发挥优势"的发展方针,搭建发展平台,推动产业结构优化升级。目前,长春国家生物产业基地公共平台有3个项目已竣工投产,其余的正在抓紧建设,共投入建设资金2.7亿元。中药前处理平台一期工程完成投资2 800万元,已建成投产,二期工程正在建设中。实验动物繁育与动物实验平台一期工程已完成投资3 400万元,小动物生产车间、饲料生产车间已经完成冷封闭。基地生物反应器与药物开发中心实验室完成投资2 500万元,已基本建成。基地生物酶工程技术中心已完成投资1 700万元,项目建设新用地已经落实,正在协调有关部门办理酶工程技术中心的生产许可证等手续。基地干细胞工程中心,已投资9 000万元建起了15 000平方米的临床医院,现年产50万人份临床用干细胞。疫苗研发工程中心已投入建设资金5 700万元。基地药物筛选中心已完成投资1 000万元。基地辐照灭菌装置中心钴源订购及地下深井已经完工。另外,2006年确定的7项重点工程也已建成投产。长春国家医药出口基地建设方面,医药出口企业已由原来的3户增加到10户,出口产品包括:氨基酸、药用辅料、疫苗、生物制品、血液制品、生化药品、化学药物制剂、医疗器械、试纸、中药保健品等近30个品种,分别出口到美国、俄罗斯、日本、新加坡、香港等20多个国家和地区。全年出口额累计达到7.8亿元。2. 招商引资工作成效显著。招商引资工作按照年初制订的计划,一方面抓了招商引资项目的征集、筛选和包装,同时注重组织、引导、培养企业自身招商引资能力,共收集招商项目19个,其中重点招商项目9个。医药企业在谈项目19项,基本达成协议项目4项,引进项目意向资金6.6亿元,到位资金2.8亿元。3月,成功举办了中国长春第4届医药健康产业博览会,此届博览会,共吸引全国各地医药及相关企业3 000余家近30万人参加,实现交易额近50亿元。10月,随同国家发改委赴古巴进行访问,就具体合作问题展开洽谈。并对长春市的医药产业发展情况及招商引资优惠政策开展了专题演讲。通过一系列卓有成效的工作,长春医药的知名度大大提高,吸引力明显增强。3. 完成了长春医药行业协会的换届工作。积极推动行业协会向专家型、专业型组织转变。有效解决长春市医药人才缺乏的问题。畅通企业与政府的沟通渠道、畅通研发与生产的沟通渠道、畅通生产与流通、流通与使用的沟通渠道,拉长产业链,实现企业商业效益的最大化。

(赵景军)

安全生产监督管理

【概况】 2006年,全市的安全生产工作,按照国家和省里的要求及全市安全生产工作会议的统一部署,结合两节、两会及"五一"、"十一"黄金周期间安全生产工作特点,本着以经济建设为中心,从讲政治、保稳定、促发展的高度,认真把握和切实加强安全生产工作。重点加强了重点行业和领域的安全生产大检查工作,开展了职业卫生、建设项目"三同时"情况的调查摸底和整顿规范工作,深化了非煤矿山、危险化学品和烟花爆竹企业的安全生产专项整治工作,严格了烟花爆竹销售工作的安全监管和危险化学品经营许可证的审核发放工作,认真组织开展了安全生产宣传教育培训等工作。通过明确任务,落实责任,突出重点,强化监管,深化整治,严密防范,确保了安全生产工作的扎实有效开展和安全生产形势的稳定。全年发生生产安全事故36起,同比上升16.12%;死亡41人,同比下降2.39%,较年初与省政府签订的安全生产目标责任状的控制指标少死亡3人。2006年,在全省安全生产目标责任制考核中,被省政府评为全省第一名,被国家授予全国安全生产先进集体称号。市人大常委会对长春市安全生产监督管理局贯彻落实《安全生产法》,依法开展安全生产综合监督管理工作进行满意度测评,满意率达100%。

李福春副市长检查加油站安全

【安全监管工作】 市委、市政府领导高度重视安全生产工作。在2006年召开的中共市十届九次全会上,市委书记王儒林、市长祝业精分别在全会报告和总结讲话中,对全市的安全生产工作提出了明确要求。市政府主要领导和分管领导多次听取和研究部署安全生产工作。李福春副市长曾多次听取安全生产工作和装备情况汇报,并经常带队深入基层开展安全生产检查。2006年,市政府召开安全生产专题办公会议4次、工作会议6次、政府常务会议2次,政府领导都亲自到会,认真研究解决安全生产问题,部署安全生产工作任务,确保安全生产各项目标和措施落到了实处。责成有关部门组织编制了《长春市安全生产"十一五"专项规划》,结合全市实际,将亿元GDP生产安全事故死亡率、工矿商贸企业从业人员10万人生产安全事故死亡率、煤矿百万吨死亡率、道路交通事故万车死亡率等重要指标纳入了规划指标体系,并将安全生产"十一五"规划,列入了长春市国民经济和社会发展第十一个五年规划专项规划。同时,为了保证安全监管工作的顺利开展,加大市政府在安全监管机构、编制、人员、装备等方面,都给予了极大的倾斜和支持,专门拨款近百万元,用于表彰安全生产先进单位及解决安全监管监测装备不足等问题,推动了安全监管工作的深入开展。

【安全生产目标管理】 建立和全面落实各级安全生产责任制,是不断强化安全生产工作的重要保障。按照国家和省里的统一部署,坚持把实行安全生产目标管理作为落实安全生产责任的首要任务,2006年,进一步推进了安全生产责任制的落实工作。按照安全生产目标管理工作的要求,年初市安全生产监督管理局组织各县(市)区政府、开发区管委会及有关单位与市政府签订了安全生产目标责任状,落实了年度安全生产控制指标。各县(市)区政府与各街道乡镇政府、各乡镇政府与各村委会,各级政府还要与本级政府所属的部门和企业签订安全生产目标责任状,逐级落实安全生产责任。做到重心下沉沉到底,关口前移移到位;使工作分工,项目到人;目标分解,指标到人;事故控制,措施到人;安全监督,岗位到人;事故追究,责任到人。初步形成了安全生产人人有责的良好局面。根据量化考核指标,有针对性地开展监督和指导工作。通过召开县(市)区安全监管机构负责人座谈会、安全生产现场会,或到重点企业"面对面"指导等形式,定期、不定期调度安全生产目标责任制完成情况,分析安全生产形势,明晰工作思路,确定工作重点,落实安全保障措施。同时,加大了考评工作力度。对各县(市)区政府(开发区管委会)及有关部门和单位安全生产目标责任制完成情况进行了阶段性考核和年终综合考评工作,推进了安全生产责任制的进一步落实。

【日常安全检查与专项整治】 市安全生产监督管理局坚持把安全生产检查和专项整治工作当作一把"利剑",根据各行业、各时期生产经营活动的规律和特点,对工业、商业、粮食等企业以及各种人员聚集场所,进行了专项检查;对危险化学品、非煤矿山等重点行业开展了经常性检查;"元旦"、"春节"、"五一"、"十一"等节假日,还对各县(市)区和重点企业进行了重点检查。在执法检查中,市安监局注重协调相关职能部门,调动各县(市)区安监局的力量,进行联合执法,齐抓共管。全年共组织各类检查活动197次,检查企业2 061户次,发现各类隐患1 803项,下达隐患整改通知书663份,消除重大安全隐患66项,对12户企业实施了停产整顿,对35户不具备安全生产条件、经限期整改仍达不到条件要求的企业依法实施了关闭,对92个非法生产经营业户、窝点进行了清理取缔,消除长春氧气厂等重大安全隐患7项,成功处置一起潜在的飞机爆胎事故。通过不断加大检查、整治频次,强化监管工作力度,特别是对重点行业和重点领域,始终保持了严抓严管态势,实现了全市重点行业和领域安全生产条件的明显改善。

【开展安全生产许可证申报】 按照全省的统一部署,市安全生产监督管理局认真组织开展安全生产许可证申报工作,进一步细化了操作流程和审查标准,加强了安全评估和安全评价工作的监督管理,严格坚持市场准入门槛不降低,保证了许可证发放的效率和质量,有效控制了不具备安全生产条件的企业进入市场。截至2006年末,全市45户危险化学品生产企业,全部取得了安全生产许可证;1 071户危险化学品经营企业,全部取得了危险化学品经营许可证;547户非煤矿山企业,有512户取得了安全生产许可证,其他35户企业,全部实施了关闭。与此同时,市安全生产监督管理局还认真组织开展了建设项目"三同时"的审查验收工作。下发了有关行业《建设项目安全设施竣工验收工作的通知》,对建设项目的"三同时"工作提出了明确要求,对存在安全隐患及设计不合理等问题进行跟踪整改和必要调整,严格履行"三同时"审查验收程序。全年共组织开展了包括轻轨一期等50项工程项目的"三同时"验收工作,特别是对大成玉米等企业新、改、扩建项目跟踪督促办理"三同时"手续,确保了建设项目竣工使用后,各项措施能够符合安全生产条件要求,从源头上防范了各类伤亡事故的发生。

全市安全生产月活动

【提高全民安全意识】 利用"安全生产月"活动,采取多种形式,在全市大张旗鼓地宣传安全生产法律法规,营造浓厚的安全氛围。在市区设立从新发广场到人民广场宣传一条街,组织90余家单位、2 500多名干部职工上街宣传,发放宣传资料15.8万份。在长春日报开设了安全生产知识有奖问答专栏,宣传普及安全生产常识。各县(市)区也在本地主要街路设立咨询台、宣传展板及悬挂宣传标语、出动宣传车、举办文艺演出等形式进行宣传。整个"安全生产月"期间,全市共有20余万群众参与活动。举办了"平安长春－羊草杯安全生产知识电视大赛",参加了省安监局组织的知识竞赛,获全省第一,并代表吉林省参加了全国比赛,获得优秀奖。注重加强安全生产教育培训工作,确定了安全教育制度化、全员化、多样化的工作目标。先后组织了"安全事故防范培训班"、"基层安全监管干部培训班"和"全员培训工作现场会"。2006年,共举办安全管理人员培训班15期、特种作业人员培训班33期,培训3 300人,进一步提高了企业干部职工的安全素质和安全技能。组织制订了《法制宣传教育五年规划》和《"十一五"安全文化建设规划》,建立了安全生产法制宣传教育和安全文化建设长效机制。

【非公有制企业安全监管工作】 2005年,在全市继续推广和深化九台市经验的基础上,市安监局又选择绿园区进行试点,绿园区从打造“平安社区”入手,注重加强基层社区安全生产管理机制、体制和制度建设,使安全监管工作不断向乡镇和社区延伸,进一步完善了安全监管体系,健全了安全监管网络,深化了非公有制企业安全监管工作。2006年,省、市政府先后召开现场会,总结推广绿园区非公有制企业安全监管工作经验,深入探讨解决非公有制企业安全生产主体责任不落实、政府监管力量层层衰减等问题的有效途径。按照全市的统一部署,各县(市)区(开发区)结合本地实际,积极组织开展了加强非公有制企业安全监管和安全监管进街道(乡镇)、进社区(村)活动。部分县(市)区在典型带动下,逐步健全完善了乡镇(街道)安全监管机构,配备了专(兼)职安全监管人员,初步建立了县(区)、乡镇(街道)、村(社区)三级监管体系,实现了安全监管重心下移,有效解决了基层安全监管力量薄弱的问题,全市上下初步形成了纵横成线、群管成网的安全监管网络,使全市的非公有制企业安全监管工作取得了一定突破。同时,组织开展了安全质量标准化试点、企业全员培训经验推广、非煤矿山企业爆破工艺改革等工作,得到了省局的充分肯定。通过典型引路,实现了安全监管方式和手段创新,推动全市的安全生产工作不断向纵深发展。

【规范安全监管工作】 2006年,市安监局在认真总结执法工作经验的基础上,依据有关法律法规和规章,经过广泛征求各方面的意见,进一步规范了全市安全生产行政执法文书样本,组织制定了《行政处罚行为规范》,实行了规范性文件审核备案等制度。组织开展了安全生产执法监督检查工作。利用1个多月时间,对全市13个县(市)区政府(开发区管委会)及62户企业进行了全面的执法监督检查。在监督检查过程中,我们注意带领各县(市)区和基层安监人员共同参与,实现了以老带新、相互交流、共同提高的目的,在一定程度上解决了安监队伍新、业务知识不熟和执法经验不足等问题。同时,较好地坚持了每季度的法律知识讲座等业务学习制度,定期或不定期地组织机关干部到国家和省里参加业务学习培训,取得了较好效果,进一步规范了安全生产执法工作程序和执法行为,提高了依法行政能力和水平。为了进一步提高安全生产应急管理工作水平,去年,根据形势发展需要,我们又组织制订了《长春市安全生产事故灾难应急预案》和《危险化学品事故灾难应急预案》、《非煤矿山事故灾难应急预案》,切实加强了应急演练,全年共组织各类应急救援演练98次,锻炼了队伍,提高了应对突发事件的能力和水平。2006年,国家总局到长春市调研,对长春市应急救援机构设置、预案体系及救援队伍建设等,都给予了较高评价。

(修　锐)

财政 税务 审计

财政　税务　审计

财　政

【概况】　2006年，全市各级财政部门锐意进取，开拓创新，圆满完成了全年各项财政工作任务，财政改革与发展上了一个新台阶。全市一般预算全口径财政收入突破了200亿元大关，达到210.6亿元，完成预算的112%，比2005年增长14%，为2000年的2.8倍，继2002年首次突破100亿元大关后，实现四年翻一番。特别是县（市）区财政收入增幅较高，其中，区级全口径财政收入实现109.3亿元，比2005年增长29.9%；四县（市）全口径财政收入实现12.2亿元，比2005年增长26.6%。2006年，全市财政支出146.7亿元，完成预算的124.3%，比2005年增长20.6%。其中，市本级财政支出59.5亿元，比2005年增长6.9%；区级财政支出45.3亿元，比2005年增长34.8%；四县（市）财政支出41.8亿元，比2005年增长29.2%。

【加强财政收入征管】　由于2005年一次性财政收入入库较多，给2006年财政增收带来较大压力。为确保完成收入任务，各级财政积极协调国税、地税等征管部门，努力消化各种减收因素，大力挖掘税收增收潜力，确保税收稳定增长；加强非税收入征管，协调各非税收入征管部门加大工作力度，改进征管方式，做到应收尽收，努力增加地方财力。财政蛋糕的逐年做大，为全市经济社会的持续健康发展提供了有力地保障和支持，促进了经济和社会各项事业的协调发展。

【增强财政保障能力】　2006年，各级财政部门着眼于全市建设社会主义和谐社会的大局，紧紧抓住国家振兴东北老工业基地的难得机遇，积极筹措调度资金，进一步调整和优化支出结构，加强薄弱环节建设，增强对公共事业的保障能力，有力支持了经济社会的发展。一是积极落实各项支农惠农政策。拨付粮食直补资金6 192万元、综合直补资金2 449万元，增加种粮农民收入；筹措资金600万元，支持长春市10个村镇的社会主义新农村建设试点；安排畜禽防疫经费360万元，落实对农民实施免征畜禽防疫费政策；筹集水利建设资金10 153万元，支持伊通河改造等水利设施建设；安排建设资金4 000万元，支持“村村通”工程；安排农村公用补助经费363万元，支持农村义务教育；投入6 226万元农发资金，加强土地治理和农业产业化项目建设。二是继续支持社会保障体系建设。安排再就业资金、城市居民最低生活保障金、军转干部安置费等社会保障重点预算资金1.82亿元，争取上级财政转移支付资金7亿多元，充分保证了各项社会保障事业的资金需求。拓宽了廉租住房资金的受益范围，对1 500多户低保家

中纪委书记吴官正到长春市政府采购中心视察

东北四城市财政工作座谈会在长春召开

庭发放廉租住房资金补贴346万元，对3 439户低保家庭给予了租金核减补贴260万元。此外，投入资金7 300万元，支持职业教育发展。三是积极支持亚冬会。安排资金3 000万元，并配合相关部门争取上级资金5 000万元，支持了亚冬会的项目建设及承办工作。四是努力做好相关改革政策的资金保障工作。安排3.4亿元资金，确保了机关事业单位工资制度改革的资金需要；多渠道筹措资金1.73亿元，落实了热费改革政策。多渠道筹集建设资金，支持了轻轨工程等一批重点项目建设，加快了棚户区改造进程；此外，还筹集城市维护建设资金，改善了市容市貌。

【提高综合效能推进财政改革】 2006年，围绕构建和完善公共财政体制，部门预算等财政改革在一些重点环节等方面取得了新的进展。一是政府收支分类改革进展顺利。按照国家实施政府收支分类改革的要求，完成了业务培训、数据转换、软件调整等前期准备工作，并按照新科目重新编制2006年财政预算，使用新旧两套科目分别编制了2007年财政预算。二是深化部门预算编制改革。启用预算指标管理系统，实现了预算执行指标的网络化管理及动态核销。在编制2007年部门预算时，适当调整住房公积金等支出定额标准，对项目支出实行预留待定管理办法，提高了预算管理水平。三是扩大会计集中核算和国库集中支付范围。将市人大常委会、市政协、市检察院、市中级法院等纳入会计集中核算，增设了公安核算大厅，目前，一级预算单位全部实行了集中核算，并对已纳入集中核算的82家单位实行了国库集中支付。四是继续深化“收支两条线”改革。开展了改进非税收入征管方式的调研，重点加强了土地出让收益、城建收费等项目的收入监管，促进了各项非税收入及时、足额缴库。五是完善政府采购制度。以治理商业贿赂活动为契机，加大对政府采购活动特别是工程领域招投标的监管力度。市本级共完成采购预算7.35亿元，节约资金6 096万元。六是扩大财政工资统发范围。将25家单位纳入统发范围，统发单位已达200家。为杜绝冒领工资现象，建立了指纹身份认证识别系统。

【强化财政监管力度】 2006年，围绕全市财经重点工作和管理薄弱环节，深入开展了清理整治“小金库”、落实"收支两条线”等各类监督检查。为规范财经秩序，严肃财经纪律，对178户行政事业单位进行了财务检查，对违纪问题依法进行处罚。加大财政投资评审力度，对轻轨二期等698项工程进行了评审，审减不合理费用达4亿元。加强行政事业单位国有资产管理，对74家单位国有资产处置进行了审批。强化政府采购行为监管，审查招标文件240多个，对116个项目实施了现场全程监督。积极推进财政法制建设，开展了政府收支分类改革、行政事业单位国有资产管理、《会计法》等法律法规的宣传工作，建立了行政执法责任制，增强了财政干部依法理财意识。

【机关自身建设】 围绕服务型政府机关建设，加大财政信息公开力度，简化行政审批程序，工作效率和服务质量有了较大提高。围绕干部能力建设，通过挂职锻炼、赴外地学习考察等方式，加强了干部培养和锻炼。围绕党风廉政建设，以开展治理商业贿赂活动为契机，加强干部廉政教育，增强党员干部的廉洁自律意识。围绕绩效监督，进一步完善了财政内部工作目标责任制，加强了考核力度，在提高工作效能上发挥了积极作用。此外，还组织开展了财政信息一体化建设，不断提高市财政局信息化的应用水平。

（孙 冰）

国 税

【概况】 2006年，长春市国家税务局下辖榆树、德惠、九台、农安4个（县）市国家税务局、6个城区局，5个开发区局，58个基层税务分局（所）。内设12个行政处（室），1个直属机构（稽查局）、5个事业单位，另设机关党委办公室，离退休干部管理办公室，共有在职干部2 889人（包括工人）。截至2006年末，长春市国家税务局共有管户95 230户，其中：国有企业2 503户，集体企业6 499户，股份制企业833户，私营企业25 798户，各类外商企业1 186户，个体户58 411户。

【组织收入工作机制】 2006年，全市国税系统共组织税收收入135亿元（不含海关代征收入），同比增收15亿元，为上年同期112.90%，完成年度计划的104.22%。1. 合理分配税收计划。年初，对全市2006年税收收入情况进行合理预测。在省局税收计划下达后，召开税收计划衔接工作会议，向所属各县（市）区国家税务局分配税收计划，为全年收入任务的完成奠定基础。2. 努力提高税收预测准确度。完善组织收入考核办法，加强对各征收单位税收收入进度预测准确性的考核，实行按旬预测，按月考核，促进全市税收预测整体水平不断提高。3. 加强重点税源调查管理。积极对全市支柱产业一汽、以及大成集团、云南玉溪红塔集团长春卷烟厂等重点企业开展经济税源调研，掌握企业发展现状和前景、生产经营状况、资金运用情况，为摸清税源、调度收入做好基础性的准备工作。积极强化对重点税源监控措施，专人管理、包保负责，促进了重点税源税收管理水平的不断提高。4. 加强欠税管理。制定《长春市国家税务局欠税管理办法》等一系列加强欠税管理的文件。实行欠税定期通报制度，加强欠税管理的考核，实施以票控欠。下发《欠税管理建议书》，推动欠税管理工作的加强，全年累计压缩欠税8 476万元。

【建立税收政策实施机制】 1. 落实优惠政策，促进经济发展。认真做好扩大增值税抵扣范围退税管理工作，全市扩大增值税抵扣范围企业2 635户，累计抵退税额为22 838万元。认真贯彻落实省局支持县域经济发展的文件精神，严格落实新办商贸企业增值税管理办法，积极落实振兴东北老工业基地企业所得税税收优惠政策、下岗失业人员再就业税收优惠政策、高新技术企业、新办三产等各项税收优惠政策，全年审批各类减免税892户，减免税款2.7亿元。落实涉外税收优惠政策，审批再投资退税额12 773.27万元，审核企业购买国产设备投资抵免企业所得税金额2 424.49万元。落实新的出口退税政策，全年受理277户出口企业退（免）税，审核办理退（免）税52 820万元，其中：退税额31 080万元，免抵税额21 740万元。2. 开展执法检查，规范税收执法。组建市局税收执法检查人才库，对全市15个基层单位2005年度税收执法工作进行了全面的税收执法检查和执法监察。检查内容涉及流转税管理、所得税管理、外资企业所得税、进出口税收管理、税收征管、税务行政许可、税务稽查及税务行政处罚七个方面，召开了执法检查情况通报会，督促各基层单位认真进行整改。3. 严格案件审理，加强执法监督。认真贯彻国家《全面推进依法行政实施纲要》和《总局贯彻落实＜实施纲要＞的意见》（国税发[2005]170号）。规范重大税务案件审理工作，全年共审理重大税务案件11户，查补税款4 318万元，加收滞纳金1 392万元，罚款541万元。

【建立税收征管运行机制】 1. 税种管理水平得到提高。进一步加强增值税征收管理。积极推行增值税防伪税控一机多票系统，加强增值税重要数据的管理工作，做好增值税专用发票及其他抵扣凭证审核检查，认真开展农业产品、废旧物资、零税申报企业进项税额抵扣异常的核查工作，做好车辆购置税税政业务和机动车辆税收“一条龙”管理工作。进一步加强所得税征收管理。全面开展房地产企业所得税的专项整治工作。进一步加强涉外税收管理。大力开展反避税工作，维护国家税收权益。深入实施涉外重点税务审计工作，审计补税2 000余万元，创造出了历史最高水平。2. 税源管理措施得力。认真落实税收管理员制度。全面加强企业所得税、涉外税源管理。开展大型商业企业税源分析,全面加强商业行业税收征管。推行税控装置,加强税控加油机的管理。强化户籍管理。在全市范围内开展换发税务登记证工作,换证79 258户。换证过程中,各单位共清理出漏征漏管户334户,补税9.97万元,罚款5.39万元。清理非属地管理364户,全部进行了户籍转移。3. 纳税评估、纳税信用等级评定工作成效显著。深入开展成品油零售单位增值税纳税评估、机动车辆税收"一条龙"管理纳税评估、医药制造业和汽车零部件及配件制造业纳税评估,共评估424户,补税105户,补税金额222万元,调减留抵税额405万元,课征滞纳金9万元。积极探索开展涉外企业纳税评估工作。以南关区国税局为试点单位,成功研发了吉林省外商投资企业和外国企业纳税评估信息系统,在全国涉外税务工作会议和全省税源管理工作经验交流会上进行了现场交流。开展纳税信用等级评定工作。联合长春市地方税务局,经过初评、比对、审核、确认和公示等程序,在18 293户纳税人中,评定产生A级纳税人304户,B级纳税人17 409户,C级纳税人575户,D级纳税人5户。4. 税务稽查工作得到强化。积极探索"一级稽查"的管理模式。对重点税源行业、邮电通讯业、煤炭生产和运销业、金融保险业、房地产及其关联企业和商贸企业进行了专项检查,全年检查1 816户,查补合计15 430万元。加大对举报案件的查处力度和督办力度,全年共受理举报案件149件,查补合计1 273万元,移送司法机关27件。充分发挥金税工程协查系统的威力,全年未发生一起协查事故。受托协查450户次,查补合计1 181万元。切实履行稽查工作的执法职能,坚持"四分离"稽查工作制度,严格按法律程序采取保全和强制执行措施,解决大额税款入库难的问题,全年共执行736户,采取强制执行措施9户。截至年末,全市共检查2 415户,查补入库税款15 933万元。5. 基础管理工作不断创新。加强征管制度建设。修订完善《税收管理员业务规范》、《纳税评估工作规程》等9项制度和办法。完善征管岗责流程。加强普通发票管理,制定并下发《长春市国税局普通发票管理办法》,实现新、旧普通发票代开软件无缝衔接。加强二手车市场普通发票管理,严格发票销售。加强个体税收征管,对《长春市国税局个体工商户税收管理办法》和《长春市国税局集贸市场税收管理办法》进行修订和调整并下发执行。在朝阳桂林所和南关近埠所分别召开了两次个体税收征管经验交流会。对部分行业个体大户税负进行调整,增加了个体税收收入。

【干部队伍建设】 1. 干部教育培训工作水平提升。按照"注重综合素质、提升岗位能力、创新培训方式、实施全员培训、促进终身学习"的思路,优化教育培训机制。全年开展各类培训15期,配合总局和省局完成各类培训14期。组织业务竞赛,营造全系统浓厚的学习氛围。推广应用"教育培训信息管理系统",健全干部培训信息电子档案,实现了全系统干部教育培训信息的电子化管理。2. 党风廉政建设稳步推进。落实党风廉政建设责任制,开展学习贯彻《党章》等日常教育,开展党风廉政教育月集中教育,举行长春市国税系统廉政典型事迹报告会,营造"大宣教"的廉政文化氛围,在全系统掀起学习典型、争当先进的高潮。研制开发《党风廉政建设管理考核系统》,实现廉政档案电子化,受到上级局高度重视和充分肯定。认真贯彻落实《税务系统领导班子和领导干部监督管理办法(试行)》,举行全系统基层单位学习成果展示会。积极参加市委、市政府组织的民主评议软环境和政行风活动,获得第一名。3. 精神文明创建活动硕果喜人。市局及各基层单位成立了以"一把手"为组长的精神文明建设领导小组,建立健全各项规章制度,把精神文明建设纳入制度化轨道。有计划、有检查、有评比、有总结、有典型、有创新,大力开展争创"文明单位"、"先进单位"、"文明科所"、"青年文明号"、"优秀税务工作者"、"业务能手"、"杰出(优秀)青年卫士"、"巾帼十佳"、"人民满意公务员"等精神文明创建活动,不断提升创建层次。深入开展社会主义荣辱观学习教育活动,强化教育力度,推动精神文明建设的健康发展。二道区国税局刘国江同志作为先进典型的杰出代表,其"爱心敬老"先进事迹在全国几十家媒体上进行了宣传报道,本人在国家税务总局机关、吉林省国税系统、长春市、二道区分别介绍了自己的先进事迹，引起极大社会反响，被吉林省政府、长春市政府授予“五一劳动奖章”。在2005年市局被评为全国精神文明建设先进单位的基础上，2006年全系统又有5个单位被评为省级“文明单位”、7个单位被评为省级“精神文明建设工作先进单位”。4.税务文化活动丰富多彩。在全系统特别是各级领导班子成员中开展了“税务文化建设”大讨论活动，增强全系统干部特别是各级领导干部投身税务文化建设的积极性、自觉性。评选《长春国税形象标识》，组织人员提炼《长春国税文化理念》，编写《税务礼仪手册》，下发到全系统所有干部职工手中。在市局网站上开设“税务文化专刊”，开展税务文化建设主题征文活动，开展“学税务礼仪，树文明形象”活动，组织税务文化理念和税务礼仪知识考试，评比出全系统“礼仪之星”14名，文明办税大厅3个。认真组织开展演讲比赛、征文比赛、摄影比赛、篮球比赛、“税务文化大讨论”等各种行之有效、群众喜闻乐见的文化活动，不断增强干部集体凝聚力。

【建立行政效能管理机制】 1.机关政务工作高效运行。切实加强督查工作，加强市局网站建设。开发税苑博客系统，制作税收宣传月、党风廉政教育月专题网页，深度拓展网站应用维护。建设开通市局互联网门户网站，顺利完成内网数据迁移，充分发挥网站强大的信息存储、传递功能，服务于各项税收工作的需要。做好人大代表、政协委员提案、建议办理工作。对绿园区人大代表提交的一件议案进行了办理，并向代表进行了面复，赢得人大代表的好评。加强考核工作，强化日常考核，开展领导班子及工作目标管理集中考核，促进基层领导班子建设和各项工作质量提升。抓好电子公文办理，保证工作顺畅。切实加强信访、市长公开电话的办理，认真做好机要文件交换和保密工作。完善保密工作制度，落实保密工作责任制，市局被市政府授予“保密工作先进单位”。2.税收宣传工作创新发展。围绕税收中心工作，扎实开展第15个税收宣传月活动。结合“和谐长春”建设，以突出宣讲支持下岗再就业、支持社会主义新农村建设、支持自主创新税收政策为重点，以“构建和谐税收环境，促进长春经济更快更好发展”为主线，组织各基层单位开展了税收宣传咨询日活动、“关爱下岗职工，税收助你创业”、“架税收金桥，促自主创新—税法宣传走进科研院所”、“外国专家税法宣传沙龙”、“关注新农民，共建新农村”等一系列形式新颖、内容丰富的宣传活动，营造了税收宣传的浓厚氛围，取得了较好的宣传效果，受到了社会各界、广大纳税人、省局的好评。宣传月期间，经济区局开展的“外国专家税法宣传沙龙”被国家税务总局评为全国税收宣传月活动优秀创新项目。市局“关注新农民，建设新农村”宣传活动、二道区局“传承谭竹青精神，创建社区税收服务平台”活动被省局评为优秀创新项目，市局被省局评为税收宣传月优秀组织单位。积极探索建立日常税收宣传工作长效机制。将税收宣传工作与税收征管工作有机结合，营造有利于税收工作开展的舆论环境。加大国税工作在省、市新闻媒体的宣传力度，有效提高了国税部门的公信力。3.机关事务管理规范运转。开展机关干部考核，增强机关干部责任意识、效率意识。开展应急管理工作。制定市局《突发公共事件总体应急预案》以及办公楼、食堂、计算机网络、办税服务厅突发事件的5项专项应急预案，为增强市局应对突发事件的应急处置能力奠定了基础。加强机关财务管理工作。完善经费支出审批、干部出差行程控制等各项规章制度，严格基建项目审批，建立基本建设数据档案管理机制，加大内部财务审计工作力度，强化内部监督，建立健全内部监督制约机制，提升内部财务管理水平。加强节约型机关建设，综合防治工作，创造和谐稳定的工作环境。

地　税

【概况】 2006年，全市地税系统共组织全口径税收收入587 589万元，完成年初计划的104.52%，超收25 389万元，按自然口径比2005年增收75 337万元，增长14.71%，剔除个人所得税政策调整因素，比2005年增收101 637万元，增长19.84%。同时，各税种和文化事业费收入质量也有了明显提高，保持了较快的增长势头，特别是契税收入，达到了4.2亿元，超收7 200万元，创历史最高水平。另外，还代收防洪基金12 762万元，残疾人保障金3 185万元，价调基金977万元。

【税收征管工作】 1. 税收管理员制度得到稳步推进。以基层税务所为单位,完善了税收管理员岗位工作职责、业务流程、工作内容和考核标准,全面实施了税收管理员管户责任制度和定期巡查制度,强化了以户为单位,按人定岗,按岗定责,任务分解,责任到人的税源管理新机制,促进了税源管理水平的提高。2. 纳税评估工作继续向纵深开展。在总结高新开发区地税局评估试点工作经验的基础上,在朝阳区局召开了纳税评估工作现场会,着力探讨在信息化支撑能力较弱条件下,怎样利用人机结合有效发挥人的主观能动性开展评估工作。通过高新局、朝阳区局对纳税评估工作的介绍,有效解决了一些干部认为没有专业评估软件就不能开展评估工作的片面认识,排除了一些思想障碍,理清并拓宽了干部的工作思路。一些分局根据当地经济发展情况,产业结构、行业特点等实际情况,积极着手纳税人涉税信息的搜集、准备工作,并开始对纳税人财务核算情况等信息资料的录入,研究制定纳税评估指标及其预警参数,以便能及时对纳税人纳税申报的真实性和准确性进行全面系统评估,做到有的放矢,有效管理。3. 纳税信用等级评定工作有序开展。国地税继续携手开展纳税信用等级评定工作。按照纳税信用等级评定程序和评定规则,各县(市)区局加强与国税机关的工作协调与配合,统筹安排,定期交换评定信息,同时召开纳税人会议,同步骤开展纳税信用等级评定工作。广泛宣传,努力营造诚信纳税的良好社会氛围。全市各级地税机关积极行动起来,借助报刊、电视、电台等新闻媒介,利用办税服务厅大屏幕、税收宣传栏等多种形式进行宣传,不断扩大纳税信用等级评定工作的社会影响,使纳税人积极参与纳税信用等级评定工作,努力营造依法诚信纳税的良好社会氛围。三级评定,严把纳税人纳税信用等级评定质量关。首先,由税务所通过对纳税人所提供的纳税资料,从税务登记、纳税申报、账簿凭证管理、税款缴纳和违法违章记录等五个方面入手进行调查、审核和评分,认真填写《纳税信用等级调查表》和《纳税信用等级评定审批表》经相关人员签字,报到县(市)区局(分局)纳税信用等级评定委员会;其次,由县(市)区局(分局)评定委员会对税务所上报的A级纳税信用等级初评结果逐户进行审定,并与所在地国税机关达成一致意见后再上报市局评定委员会;第三,由市国地税联合评定委员会对各县(市)区局上报的A级纳税人评定情况进行联审,遵从最低等级一致性原则予以确定。共评出A级纳税信誉企业352户,B级纳税信誉企业18 928户,C级纳税信誉企业1 688户,D级纳税信誉企业11户。4. 全市统一使用新版JTAISV2.0软件,实现了征管数据大集中。全市共投入资金500多万元,配齐了数据大集中所需要的硬件设备,完成了市局、各县(市)区局和基层税务所的广域网建设,如期完成了新老软件的无缝对接和平稳过渡,实现了全市征管数据市级大集中,税收征管信息化建设取得了新的进展。5. 严格登记制度,加强户籍管理。切实贯彻《税收征管法》、《税务登记管理办法》和《长春市政府关于严禁跨区管户规定》以及市国地税局联合下发的《国、地税登记信息传递和交换试行办法》,根据行政区划和税源规模与分布,坚持属地管理原则,对所辖纳税人实施属地划片管理。抓好户籍管理,加强源头监控,减少漏征漏管户,严格规范基层单位税务登记管理制度,全面掌握所辖纳税人税务登记的各项登记事项,及时了解和掌握与户籍管理相关的动态情况。全市共清理漏征漏管户3 270户,补税511.8万元,清理跨区管户102户。6. 加大清欠工作力度。各征收局切实落实《国家税务总局关于进一步加强欠税管理的通知》精神和《长春市地税局欠缴税金管理办法》,对220户欠缴税款纳税人采取税收保全和强制执行等多种压欠措施,查封和扣押资产金额达5 123.4万元,全系统累计入库欠税8 029万元。7. 发票管理质量明显提高。改进发票抽兑奖方式,"税岁平安、喜从天降"发票抽奖方式,在全省进行了推广;全面推广应用发票信息管理系统,逐步扩大税控装置应用范围,增强了税源控管能力;加大发票违法行为查处力度,全年查处发票违法案件365件,罚款220万元。发票对税收的源泉控管功能得以有效发挥,促进了收入的增长。据统计,全市餐饮、娱乐、洗浴"三业"税收收入达到了2.7亿元,同比增收4 500万元。

【税收法制建设工作】 1. 认真

落实税收政策，服务地方经济发展。首先，积极支持国有企业改革。在国有企业改制过程中，对改制企业办理涉税事宜实行特事特办，即报即批，并逐户建立改制企业简易档案，还建立健全了国企改制分类审核确认工作流程、资产处置发票开具集体例会制度、改制企业定点联系制度和督查督办保障机制。其次，积极支持下岗失业人员再就业和棚户区改造。2006年，共为338户改制企业核销地方各税2 703万元，减免33 864万元，欠税挂账67 886万元；积极支持下岗职工再就业，共为339户企业、16 517户个体工商户，减免地方税收15 463万元，免收税务登记证工本费66万元；积极支持棚户区改造，为979户拆迁居民，减免契税145万元。税收服务的领域和效能不断得到拓展和提高。2. 大力开展税收法制宣传工作。4月份，认真组织开展了以“依法诚信纳税，共建小康社会”为主题的第15个税收宣传月活动。集中组织开展了税收宣传日活动。全市21个基层单位于4月1日、8日、15日、22日四个周六上午，在重庆路、站前广场、桂林路、红旗街等人员集中场所，组织开展了4次税收宣传日活动。积极开展专题税收宣传活动。4月份在吉林电视台“周日大看台”栏目制作了第28期“岁税平安，喜从天降”长春地税发票抽奖特别节目；配合市纪委组织的做客长春人民广播电台《政行风热线》直播间，就有关税收优惠政策问题进行解读并现场接受了广大听众的政策咨询；配合市政府开展棚户区改造相关法律、政策咨询日活动，4月27日，在朝阳、绿园、宽城、南关和二道五个行政区分别设立咨询活动站，开展了棚户区改造税收政策咨询活动，现场解答纳税人提出的有关税收方面问题。3. 积极推进政务公开高标准示范单位建设进程。下发了《创建政务公开高标准示范单位实施意见》，对全系统政务公开高标准示范单位建设提出了明确、具体的要求。各单位结合实际，强化了对政务公开工作的领导和投入，深化公开内容，活化公开形式，使政务公开的硬件、软件建设都得到了加强。朝阳、绿园、宽城、南关区局，被省政府政务公开办公室和省局，评为首批政务公开高标准示范单位。

【干部队伍建设】 1. 加强基层领导班子建设。对全系统21个基层单位领导班子及其79名班子成员，严格按照听取述职、民主测评、个别谈话、征求意见、反馈情况的程序进行考核，并将考核意见逐个班子、逐个人进行反馈，有效解决了班子建设中存在的一些问题。对城区基层单位副职领导干部进行了交流调整，基本达到了班子成员之间相互认可、心齐气顺，工作环境平和、舒适，有利于发挥潜能的目的。公开选拔城区基层单位副职领导干部。5月份，采取公开选拔的方式，严把资格审查关、出题关、面试关，公开笔试和面试成绩，严格履行考察程序，公开选拔了3名基层单位副职领导干部，改善了城区基层单位领导班子的年龄结构和知识结构，为基层领导班子注入了新的活力。2. 开展“三预防一加强”专题教育活动。2月中旬，在全体干部职工中开展“三预防一加强”（预防职务犯罪、预防行政违纪、预防重大事故、加强依法行政能力建设）法纪教育活动。这次教育活动抓得紧，措施实，组织严密，行动迅速，进展顺利，效果良好，对提高干部队伍的整体素质起到了促进作用。这次教育活动，以学习党章和“八荣八耻”为主线，组织系统全体干部认真学习《税收征管法》、《行政复议法》、《行政诉讼法》、《公务员法》、《全面推行依法行政实施纲要》、《刑法》中有关职务犯罪章节、《中国共产党党内监督条例》、《中国共产党纪律处分条例》，以及税务人员廉洁自律规定、财经纪律规定、安全管理规定等。同时，针对学习内容，组织进行全员考试。在对照分析阶段，全体干部以正反典型为镜子，认真对照分析；以法律法规为准绳，明确政策界限；以税收法规为尺子，量出自身问题；以完善自我为目标，明确整改方向。通过开好领导班子民主生活会，全体职工大会，科所分析会，查摆梳理问题，对症下药，认真整改，增强干部“预防职务犯罪、预防行政违纪、预防重大事故”的防范意识，提升干部依法行政能力。3. 开展预防渎职行为自查自纠工作。从10月中旬开始，各单位成立了相应的组织领导机构，制订了具体的工作实施方案，“一把手”负总责，纪检组长具体负责，相关部门密切配合，分解任务，明确分工，落实责任，为工作的顺利开展提供强有力的组织保障。通过开展预防渎职行为自查自纠工作，使广大干部职工受到了一次深刻的教育，税收法制观念有所增强。广大干部不但对自查自纠工作的重要性有了深刻的认识，而且通过自我检查、自我查摆，对过去的工作情况进行了一次认真的自我回顾、自我审视，看到了问题，找到了不足。特别是在广大干部的思想深处，进一步坚定了规范执法、为税清廉的信念，对提高全系统税收执法水平，起到了积极的促进作用。4. 开展业务培训。市地税局对全系统421名科（所）长、69名税务管理员进行了培训。全市共举办各类培训班337次，培训干部15 266人次；外聘专家、教授、学者46人次为干部讲课，培养兼职教师115人，投入培训经费180万元。干部素质的提高，促进了税收整体工作水平的提升。2006年，市局和8个基层单位分别被评为全省精神文明建设工作先进单位；市局被省委省政府授予"全省普法依法治理先进单位"荣誉称号；全市行风测评地税系统取得了第二名，郝明同志被评为全市优秀处长。

（孟凡明）

审　计

【概况】　市审计局内设14个处（室）、2个局属事业单位。公务员编制104人，实有人员104人。2006年，市审计局深入贯彻全国、全省审计工作会议和市政府总体要求，坚持审计工作“二十字”方针，认真履行审计监督职责，进一步提高依法审计能力和审计工作质量，为实现长春市经济更快、更好的发展，构建和谐长春做出了积极的贡献。全年完成审计项目109（户）项。通过审计，已查出违规金额57 317万元，管理不规范资金69 472万元，应减少财政拨款或补贴资金2 161万元，应归还原渠道资金5 806万元，应调账处理10 295万元，应上缴财政金额7 787万元，已上缴市财政930万元。

【审计工作】　以提高财政财务资金使用效益为目标，继续加强和深化预算执行审计。以促进财政改革、规范财政管理和提高财政财务资金使用效果为目标，着重对财政、地税系统和部分重点预算单位实施了审计。审计中，注重总结预算执行审计的技术与方法，在摸清家底的基础上有针对性地进行审计，努力开拓财政审计的新方法、新技术，保证了财政预算执行审计的质量。在汇总、起草的同级审结果报告中，从九个方面客观、全面地反映了长春市预算执行和其他财政财务收支中存在的问题，并提出了具体建议，得到了市人大常委会委员的充分肯定。同时，还对朝阳、南关、双阳和农安等四个区、县政府上年度财政决算进行了审计。通过对2005年度市地税局及系统内10个分局税收征管及税收政策执行情况的审计，发现违规违纪问题仍然存在。审计中共发现违规违纪问题5个、违规违纪金额142万元，管理方面问题4个，提出改进意见和建议5条，就检查中发现的问题进行了审计处理。

以加强对权力的监督制约为重点，不断深化经济责任审计。按照由市纪检委、监察局、组织部、人事局、国资委和市审计局参加的六部委经责审计工作联席会确定的“压缩经济责任审计数量，提高审计质量”的基本原则，组织开展经济责任审计工作。为了丰富经济责任审计内容，还进一步开阔了审计工作视野，将重点工程建设和招商引资工作纳入县（市）区党政一把手经济责任审计评价内容。通过对30名同志的经济责任审计，查出违规金额的主管责任18 520万元，直接责任1 049万元；管理不规范的主管责任5 130万元，直接责任265万元。此外，还根据省审计厅的统一安排，组成审计组对图们市党政主要领导进行了经济责任审计。

以规范资金管理使用为切入点，强化专项和专项资金审计。专项资金和专项审计重点关注百姓关心、与群众有直接利益关系的项目或资金。对社会保险、医疗保险、福利彩票、市慈善会专项审计进行了实施。查出违规金额324万元，管理不规范金额637万元。在对全市国土系统审计调查中，市审计局以双阳区土地资源局为试点单位进行了专项审计。通过审计查出了坐支土地出让手续费、少缴或欠缴矿产资源补偿费、降低标准少缴、欠缴土地出让金、以土地出让金抵顶实物出卖收取现金形成“小金库”等问题。

以提高资金使用效果、效益为重点，开展重点基建项目审计。先后对轻轨二期工程、市伊通河城区上段城市防洪指挥部城市防洪工程竣工验收项目、市疾病预防控制中心和市老干部活动中心、市委办公楼工程竣工验收项目等重点项目进行了审计。在审计实施中，紧紧围绕投资活动这条主线,将账户审计与建设单位、施工单位、设计监理等单位的财务收支审计有机的结合起来,共延伸审计上百个相关单位,采取突出重点、兼顾一般、形式多样的审计方法,从严肃财经纪律入手,对投资项目的立项、概算、决算以及资金使用全过程中可能发生的高估冒算、侵占挪用、漏缴税费等问题进行了重点审计。有效地减少、避免损失浪费,提高了资金使用效益。

探索效益审计,开展行业审计和审计调查。按照省审计厅的要求,组织开展了中小学危房改造资金、布局调整资金和盐业行业资产负债损益审计以及市属国家机关事业单位所属宾馆、培训中心、招待所效益情况的审计调查。针对存在的问题,在认真分析原因的基础上,提出了具体改进意见。组织开展了市大型商品粮生产基地建设项目效益情况审计、市宇南公共交通有限公司的效益审计。开展了对市经济开发区、高新开发区驻外办事处审计调查、市开发区职工车改情况审计调查和财政专项转移支付资金审计调查。实施了对冰雪旅游节效益审计。

【加强基础建设】 以班子建设为重点,提高班子整体工作能力和水平。市审计局党组及党组成员认真学习贯彻执行《中国共产党党内监督条例》和《党政领导干部选拔任用工作条例》,不断增强政治观念、组织观念和法纪观念。坚持民主集中制和民主生活会制度的贯彻执行,坚持党管干部的原则,坚持干部工作中的群众路线,进一步落实群众对干部选择任用的知情权、参与权、选择权和监督权,坚持公道正派,任人唯贤,充分发挥集体领导的作用,保证了两个《条例》的贯彻执行。深入开展调查研究工作,坚持理论中心组理论学习制度。加强审计法制建设,促进依法审计,依法行政。市审计局重视和加强审计法制建设,严格落实执法岗位责任制和审计组长负责制,严格按照《长春市审计局审计项目管理与质量控制实施办法》组织实施审计项目。重视和加强审计的组织和管理,认真落实审计复核制度。加强法制培训和宣传工作。以《中华人民共和国审计法》修订为契机,大力宣传贯彻《中华人民共和国审计法》,通过《长春日报》进行系列报道宣传,举办了市审计系统审计知识竞赛,组队参加了全省审计知识竞赛。市审计局还开展了2006年度优秀审计项目评比活动。加强审计队伍建设,不断提高整体素质。一是进一步加强了机关党建工作。市审计局以建设学习型机关为目标,以树立"八荣八耻"荣辱观为契机,开展有针对性的思想政治工作和向谭竹青同志学习活动,有计划地进行系列党课教育。局围绕审计工作实践,开展了"学党章、树正气、促审计"的主题教育活动。帮扶老兵、包保困难户和资助贫困学生等活动扎实有效。二是加强业务培训与交流。结合具体审计案例,举办了"现场审计实施系统"专题培训和专题审计法制讲座。组织审计人员参加上级审计机关举办的各类培训班,并派人到有关审计机关进行学习、交流,使学习培训、交流的目的进一步明确,重点更为突出,效果更为明显。三是本着从实际出发,搞好计算机审计的硬件配置,加强审计专网与局域网建设。在医保中心审计等项目中尝试了计算机审计。四是审计综合工作进一步加强。注重发挥《长春审计简报》和《长春审计网站》作用,全年编发信息87条。向市委、市政府办公厅信息处报出信息30条,采用25条。两级审计机关信息的数量、质量有了明显提升。固定资产账外循环、土地出让金、排污费管理、卫十项目报账环节复杂、开发区虚假引资等信息专报反映的问题引起市领导的高度重视。审计统计、档案工作纳入到了审计工作重要日程。五是加大审计线索的移交力度。为了进一步严肃审计执法,两级审计机关注重与有关部门的配合,加大审计案件线索的移送力度。通过《审计移送处理书》的形式,先后向纪检、监察部门、司法机关和被审计单位的上一级主管部门移送案件线索4起,涉及人员4人。认真开展机关管理检查工作。按照省审计厅的统一安排,市审计局制定的《机关管理工作检查方案》要求进行自查工作。市审计局还组成专门检查组对各县(市)区审计局的财务、廉政和审计质量情况进行了检查,在规定的时间内完成了自查和检查工作。按照《长春市审计局关于县(市)区审计工作考核办法》要求,开展了对县(市)区局考核工作,加强了对县(市)区审计工作的指导,密切了工作联系。

【党风廉政建设】 重视制度建设。在学习贯彻中央《建立健全教育、制度、监督并重的惩治和预防腐败体系实施纲要》和审计署和审计厅有关规定过程中,坚持做到与长春市纪委构建"三位一体"反腐倡廉整体工作格局相结合,与省审计厅对反腐倡廉工作的安排要求相结合,与审计机关实际相结合,扎实推进,制定了《长春市审计机关反腐倡廉工作实施意见》。按照《长春市审计局关于审计机关2006年党风廉政建设工作实施意见》,市审计局建立健全了"一把手"负总责,亲自抓,其他班子成员实行"一岗双责",对职责范围内的反腐倡廉工作进行检查、督办、抓落实;处(室)负责人对本部门的廉政建设工作负责,审计组长对本审计组的廉政建设工作负责,形成一级抓一级,通力配合,齐抓共管的责任体系;细化了《党风廉政建设重点工作质量分解落实方案》重新修订了《长春市审计局党风廉政建设责任制实施细则》,形成了按制度办事、按制度管人、用制度防腐的有效机制。突出抓好宣传教育工作。为了突出教育的针对性,增强教育的说服力和感染力,两级审计机关始终突出教育活动的创新性与有效性的结合。市审计局通过局域网及时将各种党风廉政教育资料向干部职工进行宣传。坚持"外抓审计纪律,内抓机关管理"。坚持实行《审计廉政卡》和审计回访制度,推行廉政谈话提醒制度。市审计局班子成员带领审计组下到被审计单位时,一方面交待审计内容,取得被审计单位的支持,一方面要求被审计单位监督审计人员廉洁自律情况。为了不给被审计单位增加负担,更好地执行"八不准",每次进点审计时,都由主管领导进行廉政谈话提醒。市审计局还针对过去审计回访多、审计现场监督少的实际,加大现场监督比重,进一步增强了了约束机制,为更好地开展各项工作提供了保证。

(吕金忠)

商 业

商　业

商业流通

【概况】　2006年,全市商业流通领域呈现了良好的发展态势,全市实现社会消费品零售总额666.3亿元,同比增长11%,占全省消费品零售总额的39.8%;全市连锁企业实现销售额118.7亿元,占社会消费品零售总额的21.5%;新增就业人员3万人。

【商品消费市场】　一是围绕假日经济,扩大市民消费。在"元旦"、"春节"和"十一"黄金周期间,长春市商业企业开展了各具特色的扩大销售活动。仅在"欢乐颂,第二届长春购物节"活动期间,15家大型零售企业就实现销售额10.5亿元。二是积极开展国有流通企业"减债脱困工程"。按照商务部的统一安排,积极协调有关部门和银行共为国有流通企业卸掉历史债务20.6亿元,使企业实现轻装上阵,增强了企业的发展后劲。三是连锁经营规模不断扩大。2006年长春市新增连锁经营店铺113家,全市有流通及服务业连锁企业195户,连锁商业网点1 328个,各类专业店(专卖店)2 765个。欧亚集团、恒客隆集团、远方集团等连锁企业的物流配送中心建设已具规模,为企业降低流通成本和增强核心竞争力提供了重要支撑作用。

【市场建设工程】　一是按照《商务部关于"双百市场工程"建设的通知》要求,长春市申报果品中心批发市场、蔬菜中心批发市场和粮油批发市场等3户大市场参加全国百家大型农产品批发市场工程建设;推荐吉林正大集团、长春皓月清真肉业公司2户企业参加全国百家大型农产品流通企业工程建设。长春市的长春果品市场、长春皓月清真肉业公司被评为国家"双百市场工程"2006年度试点单位。两户企业的仓储设备、冷链系统、安全监控、质量检测等设备设施均得到了彻底改观。另外,经过努力,光复路调料大市场和春城副食品公司被列为省商务厅重点企业,并分别获资金补贴5万元和20万元。二是开展了"万村千乡"市场工程试点工作。为了进一步引导企业和社会资金参与农村商品流通网络建设,根据国家和省商务厅的指示精神,长春市商务主管部门组织开展了"万村千乡"市场工程启动试点工作,确定欧亚集团等7户企业作为试点企业,将德惠市、农安县、榆树市、九台市作为国家"万村千乡"市场工程试点县(市)。目前欧亚集团在农安县新建设的配送中心已交付使用,榆树市、德惠市、九台市的生产资料配送中心改造建设已经建成。榆树市、德惠市生活资料"以店代配"的大型超市也投入使用。通过全年工作,目前已建立村级连锁店550个,并且通过了市、省、国家的验收。

【发展社区商业】　一是启动了"绿色早餐工程"。为让市民吃上"卫生、健康、营养、便捷、环保"的早餐,在朝阳区启动了"绿色早餐"工程,挂牌的30户"绿色早餐"点已正式为市民服务,从而方便了市民的消费需求。二是长春市公共服务中心建设工作进一步深化。为使家政服务业实现信息化、产业化和社会化,首先在南关区启动了这项工作。试点工作得到了企业的积极响应,现已发展加盟服务企业200多家,服务范围涉及家政、洗衣、钟点工等18大类,202项服务内容,基本覆盖了市民的各项生活服务需求,社会各方面对服务中心工作给予了很高的评价。三是推进社区商业工作开展,按照国家和省的要求,制订了《关于加快我市社区商业发展,促进社区商业"双进"工程的工作意见》,编制完成了《长春市"十一五"社区商业规划》(初稿),并组织开展了国家级和省级商业示范社区的申报工作,目前已有崇智社区等5个社区被国家批准命名为"国家级社区商业示范社区",为推进社区商业"双进"工程奠定了基础。

【特业管理和行业建设】　一是按照国务院《二手车流通管理办法》的要求,长春市商务主管部门开展了对二手车专项市场的整治工作,并起草了《长春市二手车流通管理规定》,以及《长春市2006年~2010年二手车行业发展规划》,对规范二手车交易行为起到了积极促进作用。二是对23户典当企业和7户拍卖企业进行了年检工作,进一步加大了日常监督管理工作力度。三是实施了振兴“老字号”工程。按照国家商务部的要求,用3年左右的时间实施“老字号”振兴工程,通过对市场调研和新闻媒体的广泛宣传,积极组织申报工作,2006年共申请上报老字号企业14家,经过商务部审查,长春市鼎丰真等3家企业被认证为“中华老字号”企业。四是开展酒家酒店等级评定工作。为规范餐饮行业发展,2006年实施酒家酒店等级评定工作,组织10户企业参评,有太阳会等6家企业通过了国家特级和一级酒店的评审,促进了行业的整体管理水平的提高。五是为了推进资源节约型城市建设,长春市在2005年对废旧物资回收站点清理整顿的基础上,制订了《长春市社区绿色废旧物资回收网络体系建设方案》。

【专项清理整顿】 长春市商务主管部门联合和配合相关部门在知识产权、医药、打假、规范手机市场等九个方面开展了全面清理整顿工作,为国家挽回经济损失2.9亿元,共取缔各类非法黑窝点4.6万个,涉案金额5.9亿元,有力地打击了各种违法违规的经营行为,进一步维护了消费者的合法权益。

(刘义春)

肉品管理

【概况】 2006年,长春市肉品管理工作以“巩固放心肉,扩大满意肉”为核心,以全面提升畜禽产销质量为举措,严格管理,强化服务,扎实推进,取得了优异的成绩,全市肉类行业出现了持续健康发展的新局面,被国家商务部评为全国屠宰管理工作先进单位,被国家食品安全综合评价组誉为长春食品安全放心工程最佳亮点。

【畜禽屠宰和熟肉加工企业标准化建设】 2006年,全市屠宰、加工企业新投改扩建资金6.4亿元,使基础建设更强有力推进。其中屠宰方面:在农安县、宽城区交会处,华正集团建成具有国际先进水平,集生猪屠宰、分割、深加工为一体的工业园区,投资3.6亿元,为全市树立了标准化建设的最佳样板;在经济技术开发区,东旭肉食品综合开发集团有限公司新建了白条猪分割车间,投资4 000多万元,使生产向深加工上扩展;在宽城区,晨翰农牧加工有限公司新建了现代化的禽屠宰厂,投资2 000万元,生产规模扩大了3倍;在双阳区,新建了目前国内第一个鹿屠宰厂,投资800多万元,使多年来鹿屠宰“难”的问题得以解决;双阳区综合屠宰厂投资800多万元易地改建,标准化建设迈出较大步伐;农安县投入1 100多万元对5家禽屠宰企业完成了改扩建,对羊屠宰点予以规范。熟肉加工方面:经济技术开发区的阿满食品有限公司投资1.8亿元新建了国内一流的熟肉制品加工厂,名厂形象极大提高;宽城区的正阳楼、铭德肉品加工厂都投入较大资金移址扩建,向“办名厂、产名品”方面迈出了坚实步伐。

【肉品品质检验】 各畜禽屠宰加工企业根据屠宰工艺流程,不断提高检验水平。10月份,依据国家和省相关规定,长春市在吉林省率先推行了《肉品品质检

肉品运输专用车

验合格证》制度。实践表明，实行这个制度，有利于强化畜禽屠宰厂的管理，提高产品生产质量；有利于市场查证验物监管，提高商品经营质量；有利于对假冒伪劣商品予以有效防范；是确保肉品安全的有效举措。

【品牌建设】 通过实施品牌战略，长春市肉类自主品牌蓬勃发展。曾于2005年获全国“三绿工程”畅销品牌的皓月、德大的产品“金字招牌”更加光彩，皓月还新获全国驰名商标殊荣；华正、老昌以皓月、德大为榜样，在创品牌上获显著成果，其产品被评为吉林省畅销品牌；阿满、圣手、老韩头等产品质量有较大提升，声誉日益提高。为了进一步提高肉品生产经营水平，长春市城区肉品挂牌销售工作以牌品相符、商品安全为重点进一步推进，质量有较大提升。其中，绿园区、宽城区、净月开发区、南关区，带头抓点，带头铺面，带头提升挂牌质量，为全市肉品挂牌销售工作做出了突出贡献。各畜禽屠宰、熟肉加工企业和农贸市场、超市，积极响应政府号召，对肉品挂牌销售认识高，决心大，行动快，确保了工作迅速推进和高质量完成。该项工作的开展，对强化生产、加工企业自律、增强经营企业信誉、提高百姓消费信心都发挥了重要作用。

【肉品生产经营资质管理】 经过统一部署和长春市及各城区肉管办现场严格审验，市肉管办从2006年3月1日至6月30日，对全市的138家肉品市场、1 480户零售业户、172户生鲜肉品专卖店、346户熟肉制品专卖店和56家熟肉加工企业的《肉品经营许可证》进行了统一换发，对有问题的28家熟肉加工企业责令整改。通过高质量地开展《肉品经营许可证》的审验换发，强化了经营者的依法经营观念，促进了生产、经营条件的改善，对违法生产经营者予以清理，使肉品生产经营资质管理更加规范。

【肉品绿色运输】 为进一步提升畜禽肉品运输质量，长春市以城区为重点，以“育名厂、树名店、创名牌，实行绿色运输”为宗旨，以“统一车型、统一样式、统一标志，统一编号、统一发放《通行证》”为措施，高质量完成了畜禽肉品运输专项整治。通过整治，城区畜禽屠宰加工企业对肉品运输车新购68辆，淘汰31辆，目前的185辆车辆全部达标配备，整齐划一，面貌全新，实现了肉品绿色运输。

【确保外埠入长肉品安全】 针对多家外埠企业申请肉品入长的新问题，长春市依据《长春市肉品管理条例》，以“放心肉”为前提，进一步明确了外埠企业肉品入长必须在企业标准化建设、肉品生产质量、肉品运输和销售条件等四方面达到准入标准，对申请入长的外埠企业都派专业人员亲临现场按照标准严格审验，目前，进入长春市的阜新双汇、开原雨润、绥化雨润、哈尔滨雨润等企业肉品都符合准入标准、安全放心。

【净化肉品市场】 全市各肉管委成员单位、各级肉管部门以“放心肉、满意肉”工程建设为己任，在保证市民用肉安全上取得了优异成绩。榆树市利用3个月时间，在公安、城管等部门的配合下，连续3次出动200多人次端掉了多年来难以解决的私杀滥宰禽黑窝点；双阳区在新建鹿屠宰场的同时，对私杀滥宰鹿现象进行了为期1个月的专项整治，使鹿的屠宰规范运行。2006年，全市仅各级肉管部门就出动执法人员7 000多人次，执法车辆1 900多台次，处理案件238起，没收违法违规肉品1.56万公斤，罚没金额为11.8万元。

【组织保障作用和服务意识增强】 各肉管委成员单位、各县(市)、区对肉管工作高度重视，为“放心肉、满意肉”工程建设提供了坚强的组织保障，并创造了许多新鲜经验。净月潭旅游经济开发区对肉管工作严格实行从管委会主任到具体工作人员的层层打分责任制，使工作与个人政绩、经济收入紧密挂钩，强有力地促进了任务完成；二道区大力提高肉管工作的政务公开度，将年度工作目标、任务、制度、职责分工、管理范围、处罚程序和标准等精心制成图表，悬挂上墙，既便于日常管理，又便于肉品生产者、经营者和消费者监督。肉管部门在不断强化肉管行政领导的同时，还不断增强服务意识，注重发挥行业协会的作用。2006年1月，在政府的指导下，长春市肉类协会成功组建，并针对全市肉类行业发展中的热点问题，在维护生猪屠宰加工企业的利益、推动禽类屠宰加工企业联合改善管理、促进经营、通过“消费者德大行”等活动宣传名优企业和名优品牌、组织企业学习交流等方面较好地发挥了协会功能，初步摸索了开展协会工作的经验，为下步更好地带领行业发展奠定了基础。在日常的肉管工作中，坚持为基层服务。肉管部门在新闻媒体上公开举报电话，以此来架起政府与企业、经营业户和市民沟通的桥梁，并多次上门为屠宰加工企业进行业务指导；在运输专用车专项整治工作中，对车辆较多的德大、皓月等大企业到现场办公；在两证办理过程中，集中到各区进行现场办公；在培育市场，指导企业发展上，引导企业着眼于未来，着眼于环境保护，着眼于激烈的市场竞争，在企业位置外移、壮大规模、提升品牌、扩大竞争能力上调整发展战略，以适应形势发展的要求。

（夏艳新）

供销社经济

【概况】　截至2006年末，长春市供销合作社联合社（以下简称市供销社）辖有5个县（市）、区供销社和2个直属供销联社、8户直属企业。市供销社系统有法人单位250个。其中，地（市）级以上79个；县（市）、区以上45个；乡（镇）126个。有产业活动单位750个。其中，地（市）级以上234个；县（市）、区以上90个；乡（镇）426个。主要经营农业生产资料、农副土特产品、废旧物资回收、日杂百货、五金电器、家具、干鲜果品、副食品、建筑及装潢材料、仪器仪表及机械、医药、煤炭等。固定资产原值19 964万元；固定资产净值14 576万元。在册职工7 655人。其中，在岗职工1 527人；离岗职工6 128人。有离退休人员7 201人。2006年，市供销社系统商品购进总额完成88 162万元，比2005年增长4.67%。实现商品销售收入90 298万元，比2005年增长5.00%。商品交易（批发）市场交易额实现234 976万元，比2005年下降10.91%。盈亏相抵后实现利润86万元，比2005年增加2.8万元。其中，地（市）级以上企业实现利润61万元，比2005年增加14.6万元；县（市）、区及县（市）、区以下企业实现利润25万元，比2005年减少11.8万元。市供销社系统用于农业产业化投资总额2 509万元，通过农业产业化经营实现利润总额496万元，上缴国家税费84万元。现有社员144 582户，订单农户26 460户。有试验示范田284.3公顷，进行测土配方施肥882.8公顷。为农民提供技术培训5 440人次，提供咨询服务1 210人次。

【社有企业改革】　社有企业改革工作是市供销社2006年乃至今后一段时期的工作重点。按照《长春市人民政府关于深化市供销社直属企业改革的意见》（长府发［2004］53号）和《吉林省人民政府关于实施国有企业妥善处理下岗职工劳动关系，促进再就业试点工作的指导意见》（吉政发［2004］29号）文件精神，结合各单位实际，加快了社有企业改革步伐。1.化解债务，理顺劳动关系取得新进展。市供销社系统继续加强与长城公司、农行等债权人的联系，协调处理债务关系，化解了银行债务。同时，在职工自愿的前提下，本着公开、公平、公正的原则，通过采取一次性补偿、鼓励自谋职业和合伙经营等一系列措施，理顺了职工与企业的劳动关系，实现了职工身份社会化。2006年，市供销社系统共化解银行债务22亿元。其中，市直属企业6亿元；县（市）、区供销社16亿元。理顺职工劳动关系38 000人。其中，市直属企业10 000人；县（市）、区供销社28 000人。2.社有企业产权制度改革稳步进行。在做好职工工作、保持社会稳定的基础上，通过改制、改组、改造、兼并、破产等措施，对具备条件的社有企业，进行“两个置换”和“三项制度”改革。2006年，全系统已改制46户企业。其中，市直属企业2户；县（市）、区供销社44户。3.积极推进市直属企业改革。在加大工作调度力度的同时，全面完成了市直属企业资产审计和评估工作，摸清了各单位资产底数；认真组织市直属企业测算改制成本，制定了各单位《企业改制方案》和《职工安置方案》；积极协调市政府改革领导小组，为市直属企业争取到土地出让金、公企房划转等8项改革优惠政策。2006年，共划转公企房37处，总面积17 886.9平方米，现已确定35处土地测绘图和规划用途。

【增强为“三农”服务功能】　年初以来，市供销社系统主动适应农业、农村经济结构调整的要求，适时调整经营策略，结合区域特色和自身实际，坚持为“三农”服务宗旨，充分发挥带动农民进入市场的服务功能，积极参与推动农业产业化，构建农村流通现代化，引领农民走合作经济道路，为农业生产发展、农村经济繁荣和农民增收致富做出了积极贡献。1. 加强农村合作经济组织协会和农产品经纪人协会建设。为了实现党的十六届五中全会和中央农村工作会议提出的建设社会主义新农村的宏伟目标，按照全国总社和省供销社的要求，市供销社于年初召开了专题工作会议，对建设社会主义新农村工作进行了全面部署。全系统"两协"充分发挥组织、指导、协调、服务和监督的职能作用，一是对各乡（镇）有影响力、号召力、知名度高、效益丰厚的农产品经纪人进行登记造册；二是引导农产品经纪人在带动周边农户发展上做文章；三是与农产品经纪人互通经济信息；四是努力寻求农村经济发展的新路子；五是积极吸引农产品经纪人加入到"两协"中来；六是加强农产品经纪人培训。2006 年，市供销社和 5 个县级供销社以及 144 个基层供销社全部组建了农村合作经济组织协会和农产品经纪人协会，现入会农户4 186户，助农增收1 292.3万元。全系统共发展农产品经纪人680人，培训农产品经纪人 300 余名，并按照省供销社关于培育经纪强人的评选标准，评选出 40 名农产品经纪强人。2. 各类专业合作社进一步得到发展和完善。围绕当地特色农业、主导产业等区域经济优势，采取多种方式，把从事各种农产品生产、销售和加工的农民，通过发展专业合作社的方式组织起来，把分散的农户小生产带入千变万化的大市场，并不断扩大专业合作社规模，吸引农民广泛参与，增加了农民收入。2006 年，市供销社系统新发展各类专业合作社 11 个，实现销售总收入3 228.5万元，入社农户126 305户，帮助农民实现收入1 279万元。3. 专业（综合）批发市场及农村集贸市场建设进一步推进。为更好地发挥供销社在城乡流通领域中的主导作用，推动农村经济发展，各级供销社根据各地实际，充分利用现有场地和经营设施，发展各具特色的专业（综合）批发市场及农村集贸市场，使之成为千家万户的农民进入市场的桥梁和纽带，形成了贯通城乡的市、县、乡三级市场网络，有效地促进了农产品流通，并在一定程度上带动了县域经济的发展。2006 年，市供销社系统共建 51 处专业（综合）批发市场及农村集贸市场。其中，专业（综合）批发市场 21 处；农村集贸市场 30 处。总占地面积 53.5 万平方米。4. 积极参与"万村千乡工程"建设。年初，市供销社召开了县（市）、区供销社主任会议，部署了"万村千乡工程"具体工作。要求各县（市）、区供销社要结合当地实际，充分利用现有条件和网络优势，积极参与，并迅速向当地政府主管领导汇报，求得政府支持，争取立项后马上上报项目规划。2006 年，全系统已发展农家店 536 个。其中，榆树市生活日用品公司 200 个；德惠市晶辉公司 50 个；九台市远大公司 286 个。

【农资商品储备管理和销售】

为搞好农资商品储备和销售，市供销社于年初召开了市直属企业和各县（市）、区联社业务科长参加的专题工作会议，疏通了信息交流渠道，全面落实了化肥销售 10 日报制度。在农资商品供应期间，市供销社系统全面实行了总经销、总代理等经营方式，积极组织质优价廉的农资商品，并采取延伸经营网点、延长经营时间、预约送货等服务方式，保证农民的及时需求。同时，为保障农民切身利益，在市供销社系统中设立了农资商品打假热线，并全面实行"放心"工程和信誉卡制度，坚持不提价、不抬价，对有问题的农资商品，实行包退、包换、包赔损失。2006 年，全系统供应化肥 30.8 吨；发展农资商品连锁经营网点 33 个，营业面积 6 800平方米，销售额 7 300万元，经营品种 420 个，配送额近 7 200万元。

【烟花爆竹储备管理和供应】

按照省、市政府的要求，为了搞好春节期间烟花爆竹储备管理和供应工作，市供销社下发了《关于加强烟花爆竹安全经营管理工作的实施意见》，加强了对烟花爆竹管理和供应工作的组织领导，落实了工作责任制，并对烟花爆竹经营部门提出了明确意见和要求。在节日供应期间，市日杂总公司坚持从定点厂家进货，及时报样、送检，从严落实商品出入库的安全管理制度，并实行防伪标志，保证了居民在春节期间喜庆的需求，丰富了居民的节日生活，确保了商品质量可靠和人民群众的生命及财产安全。2006 年春节期间，市日杂总公司烟花爆竹销售额 1 500 万元，比 2005 年减少 300 万元，下降 20% 。从市场销售情况看，由于长春市下岗职工数量较多，缺少购买烟花爆竹资金，加之部分人对传统春节的意识淡化，缺乏燃放热情，致使长春市2006年烟花爆竹的销售额与燃放量较2005年明显减少。

【防汛物资储备管理与供应】 为了切实做好防汛物资储备管理和供应工作，按照市委、市政府对防汛工作的具体要求，根据省、市防汛抗旱指挥部的总体部署，市供销社立足于抓早，制订了防汛物资储备供应预案，并深入到市棉麻土特产品总公司防汛物资储备库，现场对储存的15万条编织袋质量进行了检测。进入汛期后，市供销社又及时安排人员进行24小时值班，并落实了责任人和责任制，为长春市防汛调度提供了有力组织保障，保证了防汛物资储得进、调得出。

【果品博览会】 由中国果品流通协会主办、长春果品集团公司承办的中国长春首届“中华名果”博览会于2006年1月8日～12日在长春果品中心批发市场举行，来自全国31个省（自治区、直辖市）以及海内外的近千名展商参加了博览会，并且台湾水果首次亮相春城。在这次博览会中，共展出各类水果300余种，成交量10余万吨，交易额近6亿元，签订各类合同百余份，协议金额10亿元。在“中华名果”评选活动中，有20个单位共推荐98个品种参加了评选，其中吉林省“公主岭”牌红提葡萄、海南“富友”牌凤梨等31个品种获得了“中华名果”殊荣。这次博览会，实现了打造“中华名果”品牌、扩大“中华名果”市场占有份额的战略，开创了长春市企业成功办展会的先河。

【信息网络建设】 市供销社以长春供销合作网为平台，通过网站、报刊等媒体，广泛收集和发布农产品及其加工供需信息，引导农民生产适销对路的农产品。同时，通过网上宣传、推介各类农产品，搞活了农产品流通，增加了农民收入。2006年，长春供销合作网共为“三农”发布各类服务信息1 560条。

【依法维权】 积极与市政府法制办、市人大常委会农经委联系，深入基层开展调研，广泛听取各方面对合作经济组织进行立法的意见或建议，认真做好《长春市合作经济管理条例（草案）》修改和完善工作。定期、不定期地开展法律知识宣传活动，并大力宣传供销社系统内的普法先进典型，全面提高供销社系统广大干部职工的法律素质。经常深入企业调查经济纠纷隐患，及时为企业提供法律咨询和援助，依法维权，确保社有资产不流失。2006年，市供销社对3起企业经济纠纷案件给予了法律咨询或援助。

【招商引资】 结合企业改制时机，市供销社系统面向国际、国内资本市场，运用市场机制，将招商引资与企业改制、资产盘活有机结合起来，采取企业招商、以商招商、组团招商等多种形式，大胆引进战略投资者，促进了社有企业创新和发展。2006年，市供销社系统实际完成招商引资项目3个，即农药市场、黑水路批发市场和果品批发市场三期工程；实际完成招商引资金额16 000万元。

【企业管理】 市供销社从提高企业的经济效益和经济运行质量入手，一是加强财务管理。对全系统2006年经营责任制完成情况进行了考核。组织268名财会人员参加了市财政局培训班，提高了财会人员素质。二是加强审计监督管理。按照客观公正、实事求是、权责一致的原则，认真做好市直属企业2005年经济效益和财务收支审计工作。2006年，对9个市直属公司及28户基层单位2005年度的经济效益完成情况进行了审计认定，共提出整改建议36条。按省供销社的有关要求，对各级供销社及所属企业、协会、专业合作社等相关经济信息情况进行了调查。认真做好职工上访相关问题的核查工作，为解决上访问题提供了依据。认真做好环城联社法人离任的经济责任审计工作，为领导客观、公正地评价离任法人任期内的工作业绩提供了依据。三是加强企业营业执照管理。积极协调市工商局、税务局等有关部门，对市直属企业进行定时间、定地点、集中年检营业执照。在年检过程中，对不符合有关规定的企业，及时地进行了纠正；对已名存实亡的企业，坚决地给予了取缔。四是加强统计数据管理。在全系统范围内进一步推广统计数据科学评估方法和开展督促检查工作，使供销社系统统计数字质量进一步提高，堵塞了统计数据估报、不报等漏洞；认真执行新的统计制度，做到了统计数据不散、不乱、不断，使日常统计工作水平有了新的提高。认真开展统计同工种竞赛工作,极大地调动了广大统计人员的积极性。

【稳定工作】 1. 高度重视信访工作。对待信访问题,市供销社领导一直给予了高度重视,积极建立信访工作长效机制,协调联动,齐抓共管,形成了畅通、有序、务实、高效的信访格局。在对待群众来访时,市供销社主要领导、主管领导和负责信访的同志不躲、不推,亲自处理信访事项,在耐心、细致地做好解释和说服工作的同时,多次召开主任办公会议,重点研究解决群众合理诉求等问题。2006 年,市供销社共接待群众来访 59 起;受理市长公开电话 55 件(均不含重复数),基本都得到了较好的解决,特别是为原果品公司"五七"楼 10 家住户解决了住房没有产权证及拆迁补偿等问题。2. 积极做好职工社会保障工作。一是继续抓好企业并轨后续保障工作。对企业并轨资金发放、养老保险接续、医疗保险参保、解除协议签订、档案移交等情况加大了检查力度,对职工劳动债权进行了重新认定,指导改制后的企业与职工重新建立了劳动关系。二是做好军转干部管理长效机制工作。对与企业解除劳动关系的军转干部,帮助他们办理了各种手续;对生活困难的军转干部,发放困难补助金 9 万元;对 67 名军转干部的医疗保险基数,进行了核查调整;对 44 名军转干部的采暖费,解决报销资金 6 万元。三是做好扶困工作。针对困难企业和困难职工的实际情况,市供销社做了大量的调查研究和考察工作,并积极协调市扶困办,争取得到他们的帮助和支持。2006 年,共为 208 名特困职工办理了特困证。四是做好再就业工作。认真学习国家和省市有关再就业的文件精神,及时为下岗职工提供政策咨询、业务指导、就业信息等服务,并积极协调市劳动部门,努力拓宽下岗职工再就业渠道。3. 加强社会治安综合治理和安全生产工作。年初,市供销社召开了市直属各公司主要领导参加的社会治安综合治理和安全生产工作会议,并与市直属各公司签订了《社会治安综合治理领导责任承包书》,落实了社会治安综合治理和安全生产工作责任制。同时,按照有关部门的要求,市供销社制订了《2006 年春季防火工作方案》,在市直属各公司自检、自查的基础上,按照标准对有关单位进行了检查或抽查。2006 年,市供销社共出动 70 多人次,整改安全隐患 10 余项,确保了市直属公司未发生任何责任事故。

(许　光)

粮食流通

【概况】 2006 年,长春市的粮食工作按照进一步深化粮食流通体制改革,加大粮食市场监管和宏观调控力度,大力推进粮食产业化经营,注重加强粮食行业管理,不断提高粮食工作的整体水平的总体思路,精心组织,扎实工作,各项工作都取得了较好成绩。国有粮食购销企业富余人员分流改革工作基本结束;不断完善粮食宏观调控手段,宏观调控能力得到进一步提高和加强;认真贯彻落实《粮食流通管理条例》,依法管粮进程稳步推进;国有粮食购销企业收购粮食近 269 万吨,销售粮食 369 万吨;粮食安全工作扎实有力,全年未发生火灾及生产事故。

【粮食体制改革】 截至 2006 年末,全市国有粮食购销企业富余人员分流工作基本结束。全市国有粮食购销企业原有职工 43 825名,分流富余人员36 606名,全市共有5 866名职工通过竞争,重新回聘上岗。在此基础上,全市各级粮食主管部门按照省政府召开的全省完善粮食流通体制改革政策措施电视电话会议精神和省政府下发的《吉林省人民政府关于完善粮食流通体制改革政策措施的意见》(吉政发[2006]33 号)精神,积极开展国有粮食购销企业产权制度改革工作,采取召开研讨会,组织赴外地学习考察,深入基层进行调查研究等形式,认真探讨深化企业改革的路子,为产权制度改革工作做精心的准备。此外,各县(市)、区粮食局已全部完成了企业产权制度改革前的资产核查、评估等基础性工作,榆树市、德惠市粮食局还进行了产权制度改革的探索和尝试,为产权制度改革创造了良好的条件。

【宏观调控】 加强粮食宏观调控体系建设是各级粮食主管部门一项重要任务。一是提高粮食宏观调控的能力。上半年,经市政府同意,市粮食局把农安县的华家粮库、九台市的东湖(放牛沟)粮库和双阳区的齐家粮库上划为市粮食局的直属粮食储备库,作为政府实施宏观调控的重要载体。并积极做工作，争取到了170万元国家专项资金，在东湖粮库新建了一条年加工能力为3万吨的大米生产线，从而使长春市的粮食宏观调控能力和粮食安全得到有效加强。二是建立和完善了粮油应急机制。按照市政府关于做好突发事件应急预案制定工作的要求，代政府拟定了《长春市城区粮油应急预案》和《长春市城区粮油应急预案实施办法》，对粮食公共突发事件的预警机制、粮食来源、应急加工、快速调运、限量保供和组织领导、责任分工等，都逐一进行了明确。《预案》6月初已上报市政府同意，并以市政府办公厅名义，下发到各县（市）、区政府和市直各委办局执行。《预案》覆盖市区63个街道（其中含17个乡镇），22座医院，60所大专院校，共涉及户籍人口272万人，在校学生26万人。三是加强了粮油信息监测网络建设。为及时准确地了解和掌握全市粮食供需情况和粮食市场价格走势，在5个县（市）、区设立了28个粮油信息报送点，城区建立11个粮油信息报送点，初步形成了覆盖全市、渠道畅通、报送及时的粮油信息网络，能够在第一时间掌握市场粮情动态、跟踪市场变化、制定应对措施，及时准确地为政府决策提供信息服务。

【市场监管】　按照《粮食流通管理条例》的要求，长春市粮食行政管理部门进一步加强了市场监管。1. 集中开展学习贯彻《粮食流通管理条例》宣传月活动。在5月份《条例》宣传月活动中，重点围绕《条例》颁布实施的目的、意义和作用、主要内容、法律责任等方面的内容，采取部门推动、市县联动、企业互动的方式，集中宣传与分散宣传相结合、街头宣传与媒体宣传相结合、行业宣传与重点宣传相结合的方法，不断加大对《条例》的宣传力度。通过开展集中系统的学习宣传活动，使广大群众加深了对《条例》内容的了解，使粮食企业提高了依法经营的意识，同时也对各级粮食行政管理部门依法转变职能，改革粮食行政管理方式，规范管理粮食流通的行政行为，加强政府的宏观调控能力起到了积极的促进作用。2. 严把市场准入关。按照《粮食流通管理条例》的规定，长春市粮食行政管理部门本着公开透明、优质服务、便民利民的原则，对申请入市收购的经营者的经营资格条件进行了认真的审核，严格把关，并对符合条件的申请人，在法律规定的审核办理时限内及时办理相关手续。2006年，全市共办理粮食收购证企业531户，其中，国有粮食购销企业154户，非国有经营粮食及加工企业377户。3. 积极进行粮食流通的监督检查。为了将监督工作落到实处，长春市粮食行政管理部门在认真学习《粮食流通管理条例》的基础上，紧密结合市里的实际制订了《长春市2006年粮食流通监督检查工作的意见》，确定了监督检查工作的重点，对粮食流通监督检查工作任务、内容、时间进行了分解，并及时深入到企业开展了粮食流通监督检查工作，较好地维护了粮食流通秩序。4. 认真做好全社会粮食流通统计工作。长春市粮食行政管理部门多次组织有关人员参加国家和省粮食局举办的培训班，加强对《粮食流通管理条例》、粮食流通统计业务知识的学习。会同有关部门联合下发了《长春市认真做好全社会粮食流通统计工作的通知》，对做好全社会粮食流通统计工作进行部署。并对国有企业和社会经营粮食企业的法人、统计人员对《中华人民共和国统计法》、《国家粮食流通统计制度》进行培训，进一步完善了粮食流通统计工作制度，为做好全社会的粮食流通统计工作奠定了较好的基础。

【粮食购销】　2006年，粮食收购面临着前所未有的新形势，主要是新粮上市之初，由于受市场需求不旺和价格低等因素的影响，农民惜售心理严重；并且随着粮食市场的放开和粮改的实施，国家取消了粮食保护价收购政策，国有粮食购销企业一方面受到资金限制，难于收购；另一方面考虑到市场风险，又不能盲目收购；加之，多元主体收购数量不大，致使农民的粮食大部分滞留手中。面对粮食收购出现的新情况、新问题，长春市粮食行政管理部门及时组织有关人员对全市农民手中余粮销售情况、储存情况进行了调查，并针对存在的问题及时召开会议、下发文件，要求各级政府及粮食部门要从服务“三农”出发，抓住玉米价格上扬的有利时机，转变作风，改进收购方式，全力做好粮食收购工作。在做好收购工作的同时，长春市粮食行政管理部门还要求各县（市）、区粮食局要继续按照“购得进、销得出、有效益”的原则，积极开拓市场，拓宽销售渠道，抓好粮食销售工作。各级粮食部门和国有粮食购销企业都能把握市场粮价看好的有利机遇，不断加大粮食销售工作力度。全年共销售粮食369万吨，其中国有粮食购销企业共销售库存“老粮”103万吨（玉米66万吨，水稻37万吨）。此外，还加强了对库存“老粮”和陈化粮的管理，严格把好“出库关”，有效地防止了以次充好和以好充次现象的发生。

【粮食安全】 为了确保库存粮食的安全，长春市粮食行政管理部门在认真总结以往工作经验的基础上，狠抓了安全防火、安全生产及库存粮食的日常保管。认真执行市、县两级检查，季度与月份抽查，企业每周自查和市、县两级抽查等制度，建立安全防火的长效机制。深入开展了“年年无火警火灾粮库竞赛”活动，加大督促检查工作力度，全力做好安全防火工作。并协调有关部门加强了对消防硬件设施的投入力度，在一定程度上提高了企业安全防火的能力和水平。为了确保生产安全，长春市粮食行政管理部门还在粮食系统全面推行安全生产作业事前告知制度，要求企业对安全生产的每个环节必须严格把关，重点工种人员必须持证上岗，工人作业必须严格遵守操作程序，做到不安全不生产，先安全后生产。同时，还严格执行“一、三、七”粮情检查制度和粮食水分月普查制度，指导各地加强对储粮害虫的防治，提出害虫防治意见，加强药剂的安全管理，强化技术指导和服务。特别是针对2006年汛期长、雨水大，一些粮食企业因遭受水灾损失比较严重的实际，积极指导企业开展自救，并多次与省市及地方政府协调，帮助企业“老粮”安全度汛所需的资金，确保了粮食安全度夏度汛。通过采取切实有效的措施，全市未发生火灾事故、生产事故及坏粮事故，保证了库存粮食的安全。

【科学储粮】 市粮食局为了提高种粮农民安全储粮，在全市范围内组织开展了“送科技储粮知识下乡”宣传月活动，并在农安县开安镇组织了长春市暨农安县开展“送科技储粮知识下乡”宣传日活动。活动共向农民发放《农户玉米安全储藏技术》1 000册，《农户科技储粮技术宣传单》10 000份。市粮油监测站的业务人员现场讲授玉米质量和水分鉴别方法，解答农民提出的有关安全储粮方面的问题，还组织有关专业技术人员，深入农户，现场讲解科技储粮有关知识。开展“送科技储粮知识下乡”活动，是市、县粮食部门参加社会主义新农村建设的一项重要举措，通过开展“送科技储粮知识下乡”活动，有效增强了农民安全储粮的意识，也得到了广大农民的欢迎，对提高农民的储粮水平，促进粮食增产增收和新农村建设起到了积极的推动作用。

【放心粮油】 为了提高长春市粮油产品质量、保证粮油产品安全，抵制假冒伪劣产品，让更多的粮油生产经营企业都来生产销售安全、营养、健康的粮油产品，让广大消费者放心消费，市粮食局根据国家和省粮食局的部署，与市工商局、质量技术监督局、食品药品监督管理局和卫生局等部门，在全市范围内组织开展了“放心粮油、放心粮店（摊位）”评比创建活动。通过近半年的初选、专家评选，全市共评选出长春市第一批11个放心粮油产品和44个放心粮油经销店（超市）。12月份，在恒客隆自由大卖场举办了长春市首批“放心粮油、放心粮店（超市）”授牌仪式，对评审合格的企业，统一发放了“放心粮油、放心粮店”牌匾和证书，有效地提高了百姓放心消费的安全度。

【行业协会】 为充分发挥粮食主产区的整体经济优势，进一步强化行业管理，积极搭建产销对接的服务平台，做大做强长春市的粮食产业，经过精心的组织筹备，长春市粮食行业协会于2006年3月30日正式组建。协会共吸纳单位会员141个，包括国有、民营、股份合作等多种所有制经济形式的企业，以及部分院校和科研单位。协会的成立，为发展粮食产业化经营起到积极的促进作用。

（刘成军）

旅游业

2007 长春年鉴

CHANGCHUN ALMANAC

旅游业

旅游产业

【概况】 2006年,长春市旅游人数和旅游总收入实现了新突破。全年接待海内外旅游者1 381.74万人次,同比增长12.4%。其中,接待入境旅游者15.1万人次,国内旅游者1 366.74万人次,同比分别增长37%和12.2%。完成旅游总收入148.1亿元,同比增长23.22%,占全省旅游总收入的54.2%,超额完成了市重点产业目标办公室下达的计划指标。其中,完成旅游外汇收入6 503万美元,国内旅游收入143.1亿元,同比分别增长27.43%和23.22%。

【项目建设】 固定资产投资超额完成任务。年初在双阳区组织召开了"全市旅游项目建设工作会议",明确了长春市旅游项目建设的思路、目标和任务。建立了旅游项目统计体系、旅游项目备案制和处室包保责任制,坚持"一季度一调度",加强跟踪督促,起到了很好的保证作用。净月开发区以生态城建设为契机,继续发挥产业龙头作用,大力推进旅游项目建设。伪满皇宫西部区域复原工程基本完成,东北沦陷史陈列馆建成并正式对外开放,跑马场正式投入运营;净月高尔夫球场、东北虎园已投入使用;汽车文化园主体工程已经完成。二道区抓住吉林省建设生态旅游示范区的难得机遇,狠抓项目建设。回龙河山庄项目稳步推进;莲花山滑雪场运动员村正式营业。加大旅游项目建设力度,吊水壶国家森林公园已完成4大景区的32个景点建设;双阳区湖东华庄园、龙湖生态园项目进展顺利。其他县(市)、区也纷纷加大旅游项目的建设步伐,九台市新丽小康示范村、德惠市同太小康村、朝阳区长影世纪村、南关区中国特产商贸中心、榆树市雷劈山旅游区交通设施、宽城区兰家生态园、绿园区皓月工业园等旅游项目全面推进。2006年,长春市共开工建设旅游项目53项,完成旅游固定资产投资30.82亿元,超额完成了市重点产业目标办公室下达的计划指标。同时,积极开展旅游项目招商工作。随同吉林省旅游招商代表团赴珠三角开展项目推介,组织旅游企业参加了第二届"中国旅游投资洽谈会"。另外,旅游总体规划修编项目进展顺利,已经完成规划单位招标工作。

【旅游节庆活动】 丰富多彩的旅游节庆活动有效地拉动了旅游经济的发展。2006年冰雪节共策划了38项活动,开发建设了净月潭冰雪运动乐园、南湖公园冰雪彩灯大观园、劳动公园冰雪欢乐园等一批旅游产品。冰雪节开幕式期间,有来自世界24个国家和地区的11 000余名运动员及滑雪爱好者,参加了2006净月潭瓦萨国际滑雪赛。中央电视台新闻频道首次对冰雪节开幕式进行了长达150分钟的现场直播;旅游卫视、广州电视台、羊城晚报、香港新报等境内外媒体也通过不同形式对活动进行了报道。冰雪节期间,全市共接待国内外游客510万人次,实现旅游业总收入44.5亿元,分别比2005年增长13%和27%。举办了2006"乡村游"、"精彩长春·诚信旅游"和长春"消夏避暑之旅"活动。"消夏避暑之旅"活动包含38项内容,历时3个月,对开展夏季旅游活动进行了有益的尝试。此外,还配合省旅游局举办了旅游商品、纪念品展销会。

【促销宣传】 在境外促销上,先后赴日本、韩国、台湾、瑞典、俄罗斯等地开展境外专题促销;学习了瑞典瓦萨办节经验;同欧亚集团联合举办了俄罗斯购物节。在国内促销上,先后参加了北京国际旅游交易会、青岛亚太国际旅游博览会、大连东亚国际旅游博览会、上海中国国际旅游交易会、广州国际旅游展览会。以"冰雪亚运、激情瓦萨"为主题,赴北京和天津开展业内促销。拍摄完成了旅游宣传片《长春》,着手拍摄《长春旅游电子手册》,编辑了《长春旅游手册》、《长春旅游风光》明信片等形象

长春市旅游局与韩国旅游协会中央会签署旅游合作协议

宣传品。重新排版制作《长春之旅》中、英、日、韩文宣传资料。在三星级以上饭店和4A级景区设置了旅游宣传品资料架,投放旅游宣传资料88万份。

【旅游政行风建设】 在全市旅游战线深入开展了"诚信旅游在长春"七大系列主题活动,有力地推动了旅游政行风建设,涌现出了一批先进集体和先进个人。文化旅行社经过努力进入全国百强旅行社行列,是长春市也是吉林省第一家百强社,总经理崔源玉被评为长春市优秀人才、创建全国文明城市"十杯赛"最佳个人。伪满皇宫博物院被评为"省精神文明创建先进单位",院长李立夫被评为"第四批有突出贡献专家"。华邦旅行社导游员王树利被评为"全国优秀导游员"。全年评选出7家"消费者满意旅行社"、6条"吉林省诚信旅游线路"、12家"诚信旅行社"。对吉林省海外旅游总公司等7家接待海内外旅游者有突出贡献的旅行社进行了奖励。大力推进学习型、服务型机关建设,全市各级旅游行政管理部门和有关单位为企业办实事30余件。长春市旅游局再次荣获吉林日报评选的"吉林人民满意的金牌形象使者"和长春日报评选的"百姓口碑最佳信誉单位"称号。市旅游培训中心被评为长春市人才工作先进单位、吉林省旅游培训工作先进单位。通过深入的诚信旅游活动,长春市旅游政行风出现了新的气象,在全省政行风评比中市旅游局提升了9个位次。

【旅游市场整顿】 2006年,市旅游局会同有关部门,对旅游市场进行了全面检查。对外地旅行社在长非法设立的6家办事处予以罚款并取缔。对违规设立门市部以及对旅游合同管理不到位的旅行社,责令在4个月内改正违规行为。对违规的导游人员进行批评教育,并做出总计扣除44分的处理。对一些酒店擅自伪造并使用三星级饭店牌匾或未经评定,擅自使用三星级酒店标志的行为,责令其停止星级称谓,摘除星牌。全年受理处理旅游投诉49件,办结率100%,为游客挽回经济损失3.9万元。同时,为更好地依法管理旅游市场,市旅游局协助法治办积极推动《长春市旅游业管理办法》的出台,《办法》草案经过数十次修改,近期将提交市政府常务会通过。

【行业队伍建设】 市旅游局、净月开发区旅游局、二道区旅游局在园林局等单位的配合下,积极推进A级景区建设。长影世纪城和长春动植物公园分别被评定为国家4A和3A级旅游景区;完成了伪满皇宫5A景区和莲花山滑雪场4A级景区的初评与申报工作。绿园区旅游局、德惠市旅游局积极推进皓月集团和八家子小康示范村申报工农业旅游示范点,皓月集团被评为全国工业旅游示范点。此外,2005年全市新审批旅行社22家,新评定星级饭店1家,新增导游员576人。先后举办了创建绿色旅游饭店培训班、旅游质监员培训班、导游资格考前培训班和导游员年审培训班,有力地提升了从业人员的素质。积极开展旅游村镇建设,二道区四家乡、九台市九郊街道新立村、双阳区奢岭街道幸福村、农安县龙王乡太平村被确定为吉林省创建旅游村镇试点单位。

【"创佳"工作】 扎实推进了创建中国最佳旅游城市各项准备工作。经过努力,长春市成为全国仅有的四个"创佳"观察员城市之一,并完成国家旅游局交给市旅游局的最佳绿色旅游城市

预测评工作，得到国家旅游局的好评，同时也为长春市继续深入开展“创佳”积累了工作经验。（赵富强）

长春市2001年～2006年旅游总人数（万人次）

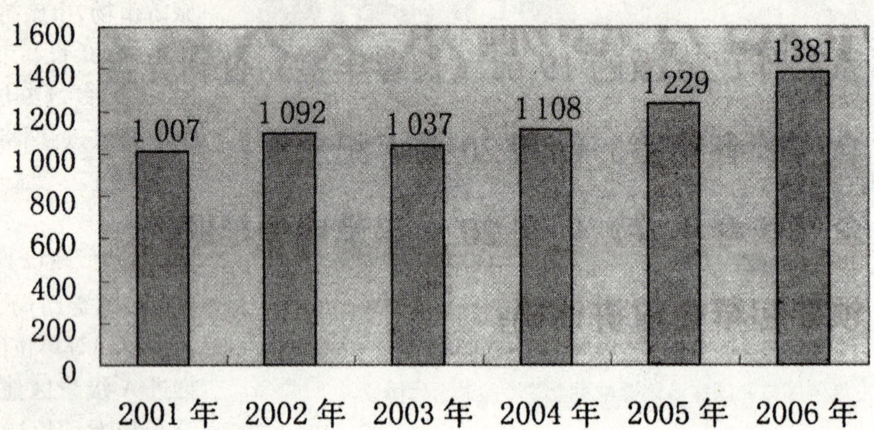

长春市2001年～2006年旅游总收入（亿元）

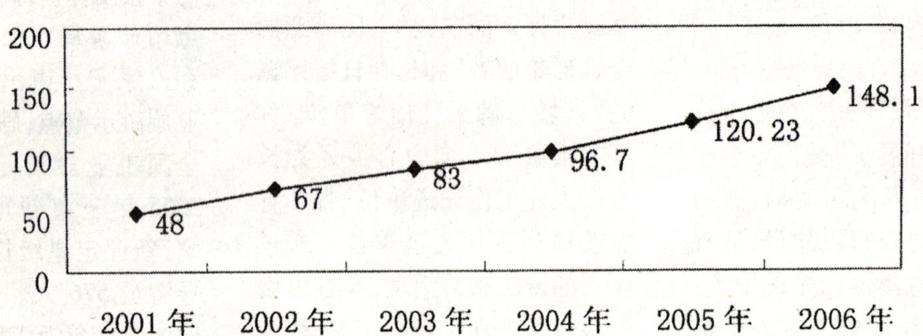

长春市2001年～2006年接待入境游客数（万人次）

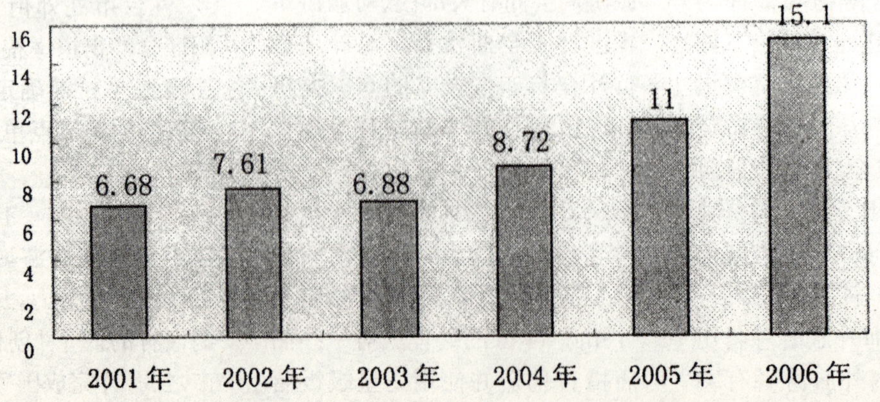

长春市2001年～2006年旅游外汇收入（万美元）

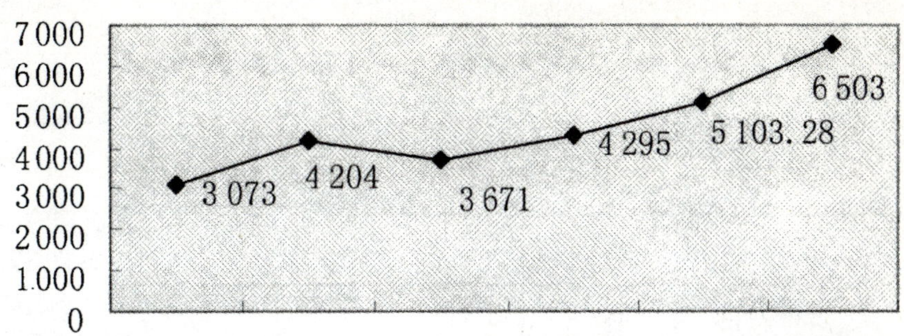

长春市2001年～2006年接待国内游客数（万人次）

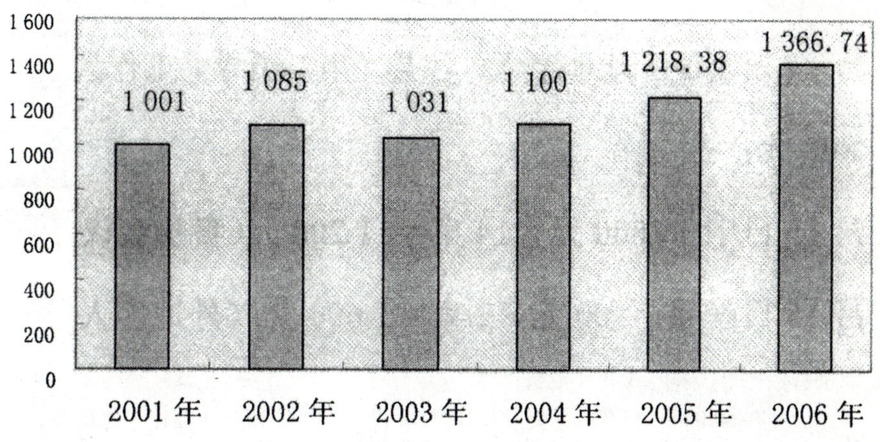

长春市2001年～2006年国内旅游收入（亿元）

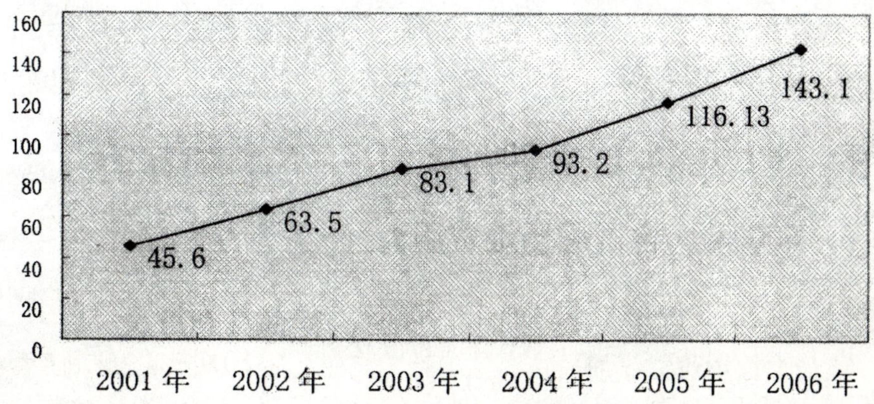

各副省级城市旅游发展主要指标

城市	国际				国内				位次	旅游总收入（亿元）	位次	总人数（万人次）
	位次	人数（万人次）	位次	人数（亿美元）	位次	人数（万人次）	位次	收入（亿元）				
深圳市	1	700.00	2	22.65	6	3 600.00	6	280.00	4	460.52	3	4 300.00
广州市	2	564.23	1	27.97	1	7 447.00	1	477.56	1	700.48	1	8 011.23
杭州市	3	182.00	3	9.09	5	3 682.00	2	471.00	2	543.45	5	3 864.00
南京市	4	100.92	4	6.77	4	3 800.00	3	408.80	3	462.77	6	3 900.92
西安市	5	86.70	7	4.67	10	2 652.00	12	165.00	12	202.22	10	2 738.70
青岛市	6	85.45	6	5.43	8	2 801.00	7	281.79	7	325.07	5	2 886.45
厦门市	7	74.38	5	5.75	12	1 756.13	11	206.99	11	252.82	12	1 830.51
大连市	8	70.00	8	4.65	11	2 150.00	10	223.00	10	260.06	11	2 220.00
成都市	9	57.97	11	2.02	3	4 003.00	4	324.06	5	340.15	4	4 060.97
宁波市	10	54.25	9	3.37	9	2 685.00	5	289.60	6	316.46	9	2 739.25
武汉市	11	45.89	12	1.95	7	3 283.05	6	250.70	9	266.24	4	3 328.94
沈阳市	12	40.00	10	2.31	2	4 513.00	5	254.30	8	272.71	2	4 553.00
哈尔滨	13	23.70	13	1.33	13	2 167.40	13	161.30	13	171.90	13	2 191.10
长春市	14	15.10	14	0.67	15	1 366.00	14	143.10	14	148.41	15	1 381.10
济南市	15	13.60	15	0.53	14	1 707.00	15	142.00	15	146.22	14	1 720.60

长春市2006年重点旅游项目及基础设施投资表

单位：万元

项目名称	总投资	全年目标任务		全年完成情况	
		计划投资	主要建设内容	完成投资	工程进度
一、续建项目					
退耕还林、退耕造景项目	180 000	10 400	退耕还林	8 000	退耕还林200公顷
长影不夜城	60 000	15 000	长影文化社区	15 000	商住建设
京都大酒店	30 000	10 000	原锦江大酒店改造，建设498间客房配套设施设备、装修休闲洗浴中心	7 000	客房装修基本完成，正在对休闲洗浴中心进行装修
盛世广场项目	30 000	17 000	购物、宾馆	17 000	地下工程完工
吊水壶国家森林公园旅游开发项目	28 700	12 000	4大景区、32个园区、105个景点	5 000	原溶洞改造、道路、五百罗汉雕塑、百子戏弥勒等景点已完工，世界名人长廊、停车场、商场、人工湖等正在建设
长春莲花山滑雪场项目	20 000	2 000	运动员中心	1 000	已完成
回龙河山庄	20 000	8 000	宾馆、基础设施建设	8 800	主体楼、宾馆、洗浴正在装修中
东华温泉教育农庄	20 000	5 500	温泉酒店、教育基地、休闲会馆	5 500	内部装修中
长春汽车文化公园	69 000	16 000	汽车博物馆暨展销中心	12 000	主体工程及基础设施配套
龙湖生态园	16 400	1 500	度假村、种养殖场、公用工程、服务性工程	2 000	征地完成、种养殖场、酒店主体完成
南湖公园改造	16 000	16 000	公园改造	16 000	完工

续表

项目名称	总投资	全年目标任务		全年完成情况	
		计划投资	主要建设内容	完成投资	工程进度
净月高尔夫球场	15 000	5 000	会馆及 18 个球洞	3 200	基本完工已对外开放
长春伪满皇宫进一步改造工程	9 000	9 000	东北沦陷史馆、西部工程	8 000	基本完成
前进大厦	5 000	5 000	宾馆	5 000	宾馆建设完工,已开业运营
君怡宾馆	5 000	5 000	宾馆	5 000	完工
华苑宾馆	5 000	5 000	宾馆	5 000	完成
德惠植物园改造	3 000	1 200	建设八景,六园、一环	1 200	完工
万宝宝山寺	2 560	1 180	藏经阁、僧宅、双塔	1 050	已完工
宁波寺院	1 500	800	大殿、膳房、偏殿	800	完工
二、新建项目					
大顶子山综合开发项目	210 000	50 000	高级住宅	35 000	一期工程已完成
基础设施建设	71 000	71 000	净月开发区道路、景区道路等基础设施建设	45 000	基本完工
新天地购物公园	38 000	27 000	装修改造、扩建、购置新设备	28 000	完工,10 月份已开业
双阳湖东华庄园	34 900	15 000	双阳湖国际会议中心、餐饮中心、接待中心、休闲娱乐中心	15 000	完成征地、会议中心、一、二、三号宾馆主体建筑
新丽朝鲜族小康示范村(民俗村)	25 000	8 000	建设民俗住宅、民俗公园、韩式会馆等	8 000	一期工程已完成
世纪鸿源	20 000	10 000	购物、娱乐	10 000	主体工程建设完工
中韩友谊大厦	14 400	12 980	占地 1 000 m^2 建筑面积 30 000m^2,21 层	12 980	主体建筑完成,内部装修进入尾声
长春积德泉酒文化度假村	12 000	6 000	工业旅游景区、购物区、农业旅游区、动物观赏区、休闲娱乐区	6 000	酿酒车间、酒店、休闲广场、宾馆完工,已正式营业
嘉来宝生态旅游开发项目	12 000	2 000	养鱼池、游泳馆、垂钓馆、跑狗场、停车场、水上摩托训练场、别墅区、烧烤美食街等	500	滑翔飞机跑道、养鱼池扩建
长春市雕塑公园改造	3 639	3 639	2 次绿化及人造瀑布、道路改造	2 639	2 次绿化及人造瀑布均已完工,道路改造正在进行
仙踪林农牧旅游综合开发项目	5 000	2 000	林业、农业种养殖综合开发及旅游观光	1 000	种养殖场旅游观光设施、服务楼主体完成
天怡生态园	3 200	500	人工瀑布、仿古建筑	500	完工
小南河带状公园改造	3 000	750	水利改造和基础设施等	750	完成
石头口门水利风景旅游区	3 000	3 000	金佛山、杏花山塔楼等	3 000	完成
农家乐项目	2 000	2 440	基础设施假设	1 450	完工,已开业
榆树市"小乡"综合旅游项目	1 120	1 120	道路、齐殿云墓、纪念馆、游船等	1 120	基本完成
合计:	994 419	361 009		29 7489	

会展经济

会展经济

【概况】 截至2006年12月，全市共举办各类会展活动125项，比2005年同期增加5项，其中，展览65项，节、会、演、赛60项。会展业直接收入8.5亿元，带动其他相关产业收入77亿元，分别比2005年增长18.1%和18.5%。数据表明，长春市会展业的发展不仅明显超过了全市国民经济的增幅，而且超过了整个第三产业的发展速度。另据市贸促会最近对全市120多项会展活动的调查研究显示，在国民经济20个门类、98个大类、395个中类和914个小类中，会展业能够直接起带动作用的，分别占18个、55个、104个和160个席位，即可直接拉动160个产业的发展。2006年是长春市会展业硕果累累的一年，共获得会展权威机构评出的10项全国性大奖。主要包括：6月4日在南京举行的第三届中国会展财富论坛上，长春市获得最佳办展环境城市奖，中国会展产业贡献奖，汽博会、东博会入选中国展会100强，电影节入选中国节庆50强；7月23日在长春举行的第二届中国会展文化节上，长春市再获中国宏观管理最佳会展城市奖，汽博会被评为中国服务质量最佳展览会，教育展被评为中国品牌推广展览会，长春国际会展中心被评为中国硬件设施最佳展览场馆，祝业精市长获得了中国会展特别贡献奖。

【2006中国长春冰雪旅游节暨净月潭瓦萨国际越野滑雪节】 由长春市人民政府、中国滑雪协会、吉林省旅游局和瑞典诺迪维国际发展公司主办的2006中国长春冰雪旅游节暨净月潭瓦萨国际越野滑雪节是长春市连续举办的第九届冰雪旅游节。本届冰雪节历时2个月，全市共接待国内外游客510万人次，实现旅游业总收入44.5亿元，分别比2005年增长13%和27%；冰雪旅游节期间共有8个项目签约，合同利用资金127.6亿元人民币(其中外资7.8亿美元)，同比增长129%。为提升长春市国际知名度，发展冰雪经济，促进全市旅游业快速发展做出了突出贡献。本届冰雪旅游节与历届冰雪旅游节相比凸显四大亮点：1. 长春冰雪旅游品牌在世界叫响。长春冰雪旅游节的定位是“冰雪结合、以雪为主，动静结合、以动为主”。2006净月潭瓦萨国际越野滑雪节活动更加丰富多彩，莲花山滑雪场建成投入使用并新增加了滑雪温泉项目，给冰雪旅游注入了新的活力；长春市周边一些小型滑雪场和净月潭冰雪运动乐园的雪雕产品，使长春市的“雪”、“动”为主的冰雪旅游特色更加凸显。2. 冰雪旅游产品不断开发与创新。本届冰雪旅游节首次在劳动公园建设了冰雪欢乐园，园区将冰灯与彩灯、观赏与娱乐结合起来，并组织了十几项冰雪娱乐活动，使长春市的冰雪旅游产品布局更趋合理；南湖公园冰雪彩灯大观园将冰雪活动与彩灯观赏相结合，体现了群众的参与性；净月潭冰雪运动乐园以瓦萨文化为主题建设了雪雕园，创作了“猎人的礼物”巨型雪雕作品；莲花山滑雪场在原滑雪设施的基础上，增加了适于群众参与的冰雪娱乐、滑雪配套服务项目，使之逐步向综合性滑雪场方向发展。3. 冰雪旅游活动更加丰富多彩。本届冰雪旅游节共策划组织了38项活动，是历届冰雪旅游节活动最多的一届。具有体育赛事活动多、地域特色鲜明、群众参与性强等特点。4. 宣传促销实现新突破。冰雪旅游节期间，在长的中直和省、市各大新闻媒体主动宣传报道，各类新闻媒体共刊、播新闻稿件2 000余篇(条)，专版、专题报道规模均超过往届。

【第十二届世界冬季城市市长会议暨长春2006世界冬季城市产品博览会】 2006年1月12日~15日，为期4天的第十二届世界冬季城市市长会议在长春举行。会议通过了会议宣言即“长春宣言”和相关决议，呼吁全球共同关注地球环境问题和冬季城市共同发展问题。本届市长会议加强了长春市与世界冬季城市的经济、文化和贸易交流。长春市还与韩国太白市及格陵兰努克市分别签署了两市缔结合作城市的协议。会议期间，在欧亚卖场还举办了中国长春2006世界冬季城市产品博览会，来自日本、俄罗斯、韩国、美国、加拿大等国的友好城市参加了本届展会，很多大型经销商、大中型企业及科研单位都携带具有各自国家特点的名优冬季产品参展。展会还吸引了近50万市民前去参观，为本届世界冬季城市市长会议画上了圆满的句号。

【飞向太空—中国载人航天(长春)展】 2006年2月26日，“飞向太空—中国载人航天展”在长春国际会展中心举行。此次航天展汇集了神舟六号载人飞船返回舱、火箭逃逸塔、火箭发动机、火箭箭体、太空食品以及世界主要航天大国的火箭等百余件实物与模型展品。其中，“神六”返回舱、主降落伞、航天员太空食品以及生活用品都是继北京展出后，首次在其他城市与公众见面。航天英雄杨利伟亲临展会现场，并在“神六”返回舱等实物前，为参观的市民讲解航天科技知识。

【第四届中国(长春)医药健康产业博览会】 2006第四届中国(长春)国际医药健康产业博览会于3月29日~4月1日在长春国际会展中心举行。本届药博会由中国医药国际交流中心、长春市政府、吉林省卫生厅、吉林省食品药品监督管理局等单位共同主办。本届展会有来自国内外600余家企业参展，其中七成为外地参展企业，数量远远超过历届。展会期间，参展商展出了制药机械千余种，医疗器械和药品各上万种，前来参观选购商品的人数达到10余万人次，达到了13亿商品交易额。此外，本届药博会还举行了医院管理高峰论坛，新科技、新产品展洽订货会，医药企业新技术、新产品招商推介会等系列活动。

【2006春季全国高教仪器设备展示会暨第七届中国长春国际教育展览会】 5月24~26日，2006年春季全国高教仪器设备展示会暨第七届中国长春国际教育展览会在长春国际会展中心举行。本届教育展名企云集。共有1 005个教学仪器设备厂商参展，标准展位超过2 000个，会展中心6个展馆全部爆满。展会期间，来自8个国家、国内27个省、自治区、直辖市的会内外代表近3万人汇聚长春，长春市近5万名师生和市民观摩了展会，现场采购总额达到12亿元。本届教育展具有广泛的国际性，集仪器设备展示、技术交流、研讨、活动于一体，实现了高等教育、基础教育、职业教育的大融合。在规模、层次、内容、效益等方面都达到了国内领先水平，充分体现了“展示、合作、创新、发展”的办会宗旨，成功地办成了“中国教学仪器设备行业的奥林匹克”盛会。

【2006(长春)中日经济合作会议】 5月23日，为期2天的2006(长春)中日经济合作会议圆满完成各项预定日程，落下帷幕。本次会议围绕“充分利用中国政府实施振兴东北地区等老工业基地及联合国开发计划署积极倡导‘大图们江’开发的历史机遇，进一步加强和促进中日经济合作”这一主题，举办了中日经济合作高峰论坛和投资贸易论坛、IT产业论坛、图们江开发论坛、区域合作论坛等四个专业论坛。此次会议中日双方高层人士和工商界的发言集中体现了三个特点：一是加强中日友好与合作，共同推进双方的经济发展是双方的共同选择。二是日本经济发达，科技先进，中国东北地区工业基础雄厚，市场广阔，双方加强合作，可以优势互补，实现双赢。三是中日双方对抓住东北老工业基地振兴的机遇，展开新一轮经济合作形成了共识，并对继续利用中日经济会议这一平台，不断推进双方的合作，表达了一致的愿望。

【2006中国长春工艺品博览会】

2006年7月2日，为期9天的2006中国长春工艺品博览会落下帷幕，博览会期间参观人数达125万人次，成交额达1 600万元。以“追求品位、引领时尚”为主题，致力于我国工艺艺术的展示与交流，着力于对优秀传统文化和民间艺术精品的市场化推介和生产化拓展的本届展会，设立近200个标准展位。不仅展出了云南翡翠、辽宁岫玉、吉林松花浪木、吉林刀画、浙江青田石雕及各地著名书画家优秀作品，而且参加沈阳世界园艺博览会的巴基斯坦、缅甸等国家的部分厂商也携其特色工艺品参展。

【第三届中国长春国际汽车零配件展洽会】 6月30日~7月2日，第三届中国长春国际汽车零配件展洽会。在长春举行本届汽配会展示面积8万平方米，参展企业1 100家。国内著名汽车零配件及相关企业均来长参展。展会期间还举办了第二届中国长春乘用车展，共有22家整车企业、33个品牌、200余辆汽车参展，受到了长春人民的广泛关注和一致好评。汽配会期间，中国贸促会领导、中国汽车零部件协会领导、中国汽车后市场联合会领导、国内友好城市领导、汽车界专家学者、国内各大媒体记者及国内外参展商近1万人参加了展会。通过开展经贸洽谈促进活动，共签订汽车模具、汽车配件、汽车电子等采购合同8项，合同金额3 360万元人民币。本届汽配会总成交额6 425万元人民币。展会还有力地拉动了宾馆、餐饮、旅游、广告、交通、贸易等相关行业的发展。据初步统计，本届汽配会共为全市带来经济收入达5.62亿元人民币。展会期间，还举办了2006中欧汽车零部件采购说明会及首届中欧汽车零部件商务洽谈会；汽车试乘试驾活动；长春汽车人才招聘会；汽车零部件投资项目及新技术、新产品推介会；中国汽车后市场论坛；汽车改装大赛等内容丰富的活动。为进一步突出长春汽配会的特色，鼓励群众参与，还特别设计众多的媒体互动及观众互动的相关活动，向国内外朋友展示了长春汽配会的文化底蕴，起到了宣传长春、推介长春的作用。国内各主流媒体300余名记者参与报道本届汽配会。新华社、香港商报、环球时报、中国经济时报、中国汽车报、各大门户网站以及吉林省、长春市的各媒体均以专题、专版、专刊的形式报道了长春汽配会的盛况。通过强有力的宣传，吸引了包括新加坡、厄瓜多尔、法国、俄罗斯、日本、韩国等十余个国家的采购商，以及慕名而来的北京、江苏等国内采购团。4天累计参观人数11.65万人次，其中专业观众5.66万人次。群众的广泛参与，是本届汽配会成功的关键，进一步发展了长春市汽车及零配件市场，为推进长春市汽车城建设起到重要作用。

【第二届中国国际会展文化节暨2006中国会展年会】 7月23日，第二届中国国际会展文化节暨2006中国会展年会在长春南湖宾馆开幕。全国政协副秘书长、国际展览局主席吴健民、长春市市长祝业精出席开幕式并致辞。本届文化节由长春市人民政府和中国会展杂志社主办。中国贸促会展览管理办公室、商务部对外贸易经济研究院、中国展览馆协会、全国城市工业品贸易中心联合会和长春市贸促会协办。来自海内外36个城市会展界的500余名代表参加了文化节。文化节期间，组委会还举办了分论坛和会展摄影作品展、中国展览馆图片展等系列文化活动。

【首届长春国际妇女儿童用品博览会】 2006年8月1日，首届中国长春国际妇女儿童用品展顺利完成各项工作和活动，圆满落下帷幕。本届妇女儿童用品展展出面积20 000平方米，国际标准展位400多个，邀请参展企业300多家，观众群众8万余人次，其中专业观众占总人数的30%以上，成交金额433.66万元，合同金额35.2万元。本届展会从设计之初就牢牢把握时尚性这一主题。特别是健康、前卫、浪漫的集体婚礼高度体现了时尚的理念，挖掘出长春市婚庆市场的文化底蕴，展示当代青年人的精神风貌，成为本届展会的最大亮点。此外，“印制手模”、“放飞和平鸽”等各具特点的活动也融入了和平、环保、和谐的世界时尚主题，得到了大家的好评。本届展会还突出了保护妇女儿童权益的主题。展会期间，邀请了卫生保健专家、消费者协会工作人员及产品安全质量监督检查工作人员、市巾帼司法顾问团法律专家等众多专业人士参与，针对妇女儿童这一弱势群体，帮助维权。通过“现代女性职业形象设计”、“职业女性阳光心态塑造”及“女性与创业”三个选题的精彩报告及“女性与创业”、“职业女性阳光心态塑造”两个分论坛的专家演讲，使长春市妇女的生活理念更为现代。

【第六届中国长春国际农业·食品博览(交易)会】 2006年8月15日~21日，第六届中国长春国际农业·食品博览(交易)会暨全国乡镇企业振兴东北老工业基地农产品加工贸易博览会在长春国际会展中心举行。展会期间共签约项目106个，签约金额达162亿元。累计实现现场交易额5.1亿元，合同和协议金额36亿元。总计参会人数突破150万人次，创历届新高。本届农博会由国家农业部、东北三省一区政府和长春市政府联合主办，与全国乡镇企业振兴东北老工业基地农产品加工贸易博览会合办，展会规模更大，规格更高。国内外两千多家企业参展，参展企业范围、数量和层次都好过历届。有52个国家和地区、12个国外友好城市、180多位外宾,国内64个国家部(委)、省(市)自治区和大中城市党政代表团及商团前来参展参会,参会的内外宾团组数量创历届之最。展会办出了新特色、新水平,给展商和展会各方面都带来了巨大收益,促进了交流、合作与发展,办成了“农业的盛会、农民的节日、商家的市场、专家的讲坛、合作的桥梁、开放的窗口”,办成了一届规模内容更加丰富、特色更加鲜明、国际影响力更强的区域性农业博览盛会。闭幕式上,本届农博会名牌农产品认定结果出炉,经过企业的积极申报和吉林省名牌产品评定委员会的评定,认定吉粮集团米业有限公司生产的“吉粮梅河牌”精品大米等110家省内企业的123个产品为第六届农博会名牌产品。在动植物大赛评比中,共有62头(只)动物和159种植物被评为“神农杯”动物大赛金奖和植物大赛金奖。

【第八届中国长春电影节】 2006年8月25日晚,第八届长春电影节颁奖典礼在吉林省文化活动中心举行,也标志着本届长春电影节胜利落下帷幕。本届长春电影节11项大奖各归其主。香港导演陈可新因执导影片《如果爱》荣获最佳导演奖;香港演员郭富城凭借在《三岔口》中的出色表演,荣获最佳男主角奖;本届长春电影节的影后桂冠最佳女主角奖由赵薇摘得;本届电影节还特设了最受群众欢迎奖。在票房上大获成功的电影《如果爱》获此殊荣;电影节的大奖DVD最佳华语故事片奖是《太行山上》,备受评委好评的我国第一部由藏族导演执导的反映当代藏族现实生活的故事片《静静的嘛呢石》获得本届电影节评委会特别奖。第八届长春电影节只有3天,但丰富多彩的中外影片展映、影视论坛和群众电影文化活动,依然办得有声有色。特别是群众电影文化活动,随着电影节的临近陆续展开。从6月份开始到电影节闭幕,长春各个社区陆续放映50场露天电影,包括《丑汉和他的俊媳妇》、《男妇女主任》、《喜莲》、《给您道喜了》、《手足情》、《暖情》等,也改变了以往只播放怀旧电影和主旋律电影的套路。在社区露天放映电影不但丰富了社区居民的娱乐文化生活,而且普及了电影知识,同时也让电影真正走近观众。此外,电影节又开展了“大学校园系列电影文化活动”和“电影走进农村”等活动,让平时很少走进电影院的人群,也可以看到好电影,使长春电影节更显人性化。

【第八届中国长春国际雕塑作品邀请展】 7月23日,第八届中国长春国际雕塑作品邀请展暨程允贤、程兵雕塑作品长春展开幕式在长春世界雕塑公园举行。中国雕塑学会会长曹春生与中国美术家协会副主席、清华大学美术学院教授曾成钢,以及长春市领导李述、祝业精、李树国等为第八届中国长春国际雕塑作品邀请展开幕剪彩。市委常委、宣传部长殷丽侬和著名雕塑家程兵为程允贤、程兵雕塑展揭幕。市人大常委会主任李述与非洲马孔德艺术博物馆永远名誉馆长韩蓉为非洲马孔德艺术博物馆揭幕。本届雕塑展,共邀请到45个国家的雕塑家来长现场制作,有42个国家首次来长参加雕塑展,使本届雕塑展成为历届雕塑展中参展国家最多的一届,其中有11个国家尚未与中国建立外交关系。此次来长参加本届雕塑展的国外友人达到50多人。国内邀请5位著名老雕塑家和有潜力的中青年雕塑家送展作品5件,这使本届雕塑展的作品总数达到49件。现场制作作品中,铸铜作品31件、石材7件、木材4件、其他2件。本届雕塑展后,将有172个国家的345位雕塑家的390件雕塑作品矗立于长春世界雕塑公园。

【第二届中国吉林·东北亚投资贸易博览会】 2006年9月2日~6日,第二届东北亚博览会,在长春国际会展中心举办。从展会的效果看,第二届东北亚博览会又向着中国北方第一展会和中国乃至世界的精品展会的目标迈出了坚实的一步,达到了突出国际性、体现开放性,展示吉林形象,一届比一届更好的预期目的,取得了丰硕成果。商贸洽谈和投资合作成果显著,吉林老工业基地振兴特别是对外开放取得新突破。在商品贸易方面。第二届东北亚博览会对外贸易累计成交额达3.84亿美元,其中,出口成交额3.05亿美元,进口订货0.79亿美元;国内贸易累计成交额为11.55亿元人民币,其中,销售9.67亿元,采购1.88亿元。在项目推介方面,吉林省集中推介了近1 000个项目,黑龙江省发布了470个项目,辽宁省发布了137个项目,内蒙古自治区发布了142个项目，甘肃省发布了186个项目，香港燃气公司、中粮集团、中建集团等一大批国内外企业在会上找到了感兴趣的项目，并进行了深入的交流与洽谈，有的还签订了意向协议或合同。在投资合作方面，吉林省投资项目签约国别和省份都比第一届有了较大幅度的增长，共签订投资项目257个，项目总投资674亿元人民币，吸引外来投资600.9亿元（含国外投资207.95亿元），其中合同项目255个，总投资578亿元，吸引外来投资523.9亿元。此外，签订省属国有企业产权转让招商项目8个，企业资产重组总额42.58亿元，其中域外资金或资产进入10.14亿元。专业国际会议和商务周（日）活动成果显著，区域交流与合作取得新进展。在区域间交流与合作方面，形成了广泛共识，吴仪副总理在第二届东北亚经济合作论坛上提出了完善合作机制、拓宽合作领域、增强合作实效等三点建议，并得到了与会各国代表的普遍认同和积极回应；在地方间交流与合作方面，形成了良好互动，东北亚各国有关省（州、区、道、县）组织高层代表团参会，对东北亚地区各省（州、区、道、县）之间进一步加强交往与合作进行了深入讨论，并借助东北亚博览会这个平台，向东北亚各国及世界其他国家和地区进行了宣传推介，并取得了良好的效果；在企业间交流与合作方面，形成了紧密对接。博览会期间，举办了俄罗斯商务周和韩国、朝鲜、蒙古商务日以及中日企业经济贸易合作交流会，实现了企业之间的直接交流，促进了企业间经济合作。高层对接和民间交流成果显著，增进了吉林省对外交往的新友谊。博览会期间高层领导会见频繁。吉林省委书记王云坤、省长王珉、省政协主席王国发及有关省领导先后会见参会国内外政要及世界500强企业代表46批次，扩大了吉林省的对外影响，提高了吉林省的国际知名度；博览会期间高端企业交流广泛，国内外企业充分利用博览会提供的平台和机会，进行了广泛深入的沟通交流，谋求新的对接与合作；博览会期间民间交流异常活跃，著名社会活动家陈香梅女士等社会知名人士齐聚长春，受到与会客商及吉林民众的广泛关注。与此同时，吉林各地特别是长春市的社会各界及广大市民，积极参与东北亚博览会的环境整治、宣传推介、义务服务和观光购物，形成了良好的社会氛围。新闻宣传成果显著，树立了开放吉林、和谐吉林的新形象。本届博览会得到了广大中外媒体的热情关注，中直媒体、境外和港澳媒体、外省媒体、省内媒体等203家新闻单位派出了1 100余位记者，对第二届东北亚博览会进行了全方位、立体化、多渠道、广角度的宣传报道。充分宣传了第二届东北亚博览会取得的丰硕成果，展示吉林人民拼搏进取、热情好客、文明友善的精神风貌，扩大了吉林省在海内外的影响力和知名度，形成了内外联动、点面结合、热烈火爆、生动活泼的舆论氛围。

（贾海涛）

金融 保险

金融　保险

综　述

2006年是长春市“十一五”规划的开局之年，经济发展、人民生活与金融业的联系更加密切。2006年末，全市金融机构本外币各项存款余额2 396.2亿元，按可比口径计算，同比增长17.8%。本外币各项贷款余额2 194.8亿元，按可比口径计算，同比增长17.3%。现金收支相抵净回笼88.5亿元，比2005年多回笼14.2亿元。金融机构不良贷款下降，经营状况趋势好转。2006年长春市金融业在实现整体平稳运行的同时，表现出如下特点：1. 域内国有商业银行提升质量，在支持长春市发展中发挥了中流砥柱作用。近两年为化解风险，辖区内国有商业银行及资产管理公司剥离了200多亿元的不良贷款，有效化解了现有资产风险。改革已初步取得成效，2005年末以国有银行为首的长春市银行业平均不良率下降到19.3%，几家国有商业银行明显表现出资产扩张和寻求新利润增长点的积极性。2006年以来，中国银行吉林省分行一家就向长春市棚户区改造和南部新城建设项目提供30亿元的贷款，有力地支持了长春市的项目建设和固定资产投资。同时，由于2006年一汽集团资金相对充裕，上半年在建行的贴现比年初（余额119亿元）减少了73.5亿元（6月末余额45.5亿元），到7月末余额仅剩6.31亿元，因此，尽管2006年全市新增贷款总体上与2005年大体相当、数额上时有涨落，但贷款内部结构，尤其是国有银行的贷款结构发生了变化，从较集中地支持汽车产业向支持其他产业流动，这个变化方向符合长春市产业结构调整的良性趋势。2. 政策性银行与长春市合作更加密切，在支持长春市经济发展中贡献突出。政策性银行的投入对于长春市来说是资金的净流入，相当于输入进新鲜血液。截至11月末，开发行和农发行对长春市的贷款余额为852.6亿元。其中，国家开发银行吉林省分行对长春市的贷款余额为585.7亿元，比年初增加89.3亿元，占全市贷款增加额的32.5%。在2005年已向长春市提供了100亿元软贷款额度的基础上，2006年年初开发银行再次为长春市南部新城建设提供了200亿元的贷款额度；为玉米工业园区建设提供了160亿元的贷款额度，其中120亿元为硬贷款，40亿元为软贷款，用于支持园区的基础设施建设。2006年，开发银行支持长春市的到位资金余额达到174.56亿元，对长春市属项目的到位贷款为161.3亿元，较好地支持了长春市的重点项目建设。2006年以来，长春市农业产业化项目就已获得农发行21.1亿元的信贷投放审批额度，实际到位资金13.1亿元。农发行在支持长春市农业产业化龙头企业和项目，活跃农村金融生态方面发挥着日益重要的作用。3. 地方金融机构的发展壮大，有力地活化了地方金融市场。地方金融市场组织通常具备机制灵活、决策迅速的特点，是区域金融生态中比较活跃的因素。长春市也始终坚持发展壮大长春市商业银行和长春市农村信用合作社联合社两家地方金融机构，以期活化地方金融市场。截至2006年末，市商行人民币存款余额190.55亿元；各项贷款余额137.72亿元。年末预计实现利润3亿元。对市农联社长春市致力于将其打造成优质联社并借此组建农村合作银行。在2005年推动长春市农联社纳入国家改革试点的基础上，2006年市联社下辖的6家县级联社获得国家的专项票据资金扶持，置换不良贷款、挂账亏损和抵债资产，实现了3年内盈利年年翻番。当前，市农联社的各项存款余额及贷款余额均已超过100亿元大关，有力地活化了地方金融市场。4. 资本市场出现回暖迹象，长春市直接融资已接近了突破的临界点。随着股权分置改革的推进，股市交易频繁，股指持续走强。从2006年一季度开始，中国债券市场交易开始活跃，资本市场上的直接融资出现了强烈的回暖迹象。正是在这样的背景下，长春市的城开集团成功申请发行了8亿元额度的企业债券，打破了长春市直接融资市场几年来的沉寂。截至目前，全市负责股改的14家上市公司，已有9家完成股改，4家进入股改程序，股改任务已基本完成。当前，长春市的国有企业改革也基本完成，期间有558户国有企业实现了产权多元化。改制后的相当一批企业，有直接融资的要求和接近资本市场门槛的实力，并积极参与到长春市上市资源的备选中来，目前，已有21户公司完成辅导或正在进行辅导。一汽启明只待证监会接受材料和过会审核，最有可能成为长春市打破几年来无新上市公司坚冰的先行者。5. 担保体系建设取得成效，中小企业融资难问题得以缓解。融资难是制约长春市全民创业、发展活力旺盛持久的瓶颈。2006年以来，市委高度重视，主要领导亲自组织相关部门研究解决中小企业融资难问题，决定做大做强市担保公司，积极构建全市担保体系。仅2006年，长春市中小企业担保公司就得到市里追加的资本金4.9亿元，各县(市)、区的担保公司都得到了市里为其追加的资本金2 000万元以上。2006年，长春市域内的商业性担保公司又增加了3家(分别是吉林天元担保有限公司、长春时代信用担保有限公司、吉林省众信信用担保有限公司)；互助式担保也获得了蓬勃发展。通过担保的放大功能，2006年全市的中小企业多获得的融资担保额度至少比2005年增加了15亿元。6. 辖区内的金融机构主体有所增加，金融业发展中的集聚效应有所显现。辖区内金融机构主体少，金融市场单一是束缚长春市经济发展的桎梏。2006年以来，在积极引进域外金融机构来长落户或开展业务方面，长春市终于形成突破。上海浦东发展银行已设立分行，并于2006年8月份开展业务；民生银行通过2006年东北亚博览会期间对长春市的考察，也迅速做出了买“壳”进驻长春的决定，目前，正在推进之中。2006年长春市相关要素市场也获得了进一步发展。在长春产权交易中心的基础上，由省、市共同组建多功能、综合性的吉林长春产权交易中心；“期货+订单农业”有所发展；农业保险试点得到推进，安华农业保险公司还探索农业保险运转机制；金融创新品种积极发展，长春商业票据体系建设推动了金融业向更高层次迈进。

（方　旭）

人民银行

【概况】 2006年，全市金融机构认真落实金融调控措施，紧密结合长春市经济发展实际，不断优化信贷结构，大力增加信贷投入，积极改进金融服务，金融运行保持良好发展态势，有力地支持和促进了全市经济的持续快速健康发展。1. 各项存款增长较快，但稳定性下降。截至2006年末，全市金融机构本外币各项存款余额为2 396.2亿元，同比增长16%，增幅比2005年同期提高1.9个百分点，新增361.3亿元，增量是2005年全年增量的1.6倍。其中，人民币各项存款余额2 336.4亿元，同比增长16.4%，增幅高于2005年同期1.2个百分点，全年新增327.8亿元，是2005年同期增加额的1.39倍，增量创历史最高；外币各项存款余额为7.7亿美元，同比增长6.3%，增幅比2005年同期上升18.8个百分点，达到2004年以来的最高。从存款结构看，储蓄存款增速回落，企事业单位存款增速明显加快。2006年末，全市金融机构储蓄存款余额1 219.5亿元，同比增长10.2%，增幅同比回落4.5个百分点。主要是7月份以来股市回调，居民投资意愿明显增强，加之棚户区改造拉动长春市商品房市场升温，分流了部分储蓄存款。与储蓄存款增速回落相反，企事业单位存款增速加快。2006年末，全市金融机构企事业单位存款余额696.5亿元，同比增长21.3%，增幅同比提高12.8个百分点，全年新增企事业单位存款122.7亿元，是2005年同期增量的2.97倍，增速和增量均创历史新高。企事业单位存款大幅增长主要是工业提速增效，企业可用资金增加。另外，2006年金融机构加大了贷款发放，派生存款能力增强。从存款期限结构看，定期存款比重下降。2006年末，全市金融机构活期存款余额1 003.2亿元，较年初增加164.8亿元，同比多增108亿元；定期存款余额912.8亿元，较年初增加98.4亿元，同比少增27.6亿元，定期存款占各项存款的比重由年初的40%下降到年末的38.1%，存款稳定性有所下降。2. 各项贷款增幅较大，信贷结构更趋优化。2006年末，全市金融机构本外币各项贷款余额2 194.8亿元,同比增长 16%,增幅高于2005 年同期 7.19 个百分点,较年初增加 324.1 亿元,同比多增195.4 亿元。其中,人民币各项贷款余额为2 160.3亿元,同比增长 17.1%,增速较 2005 年同期加快 5.2 个百分点,当年新增315.6 亿元,同比多增 140.1 亿元,外币各项贷款余额 4.4 亿美元,比年初增加 1.2 亿美元,扭转了 2005 年负增长的局面,与年初相比,各项贷款一改往时低速增长,跃上快速增长轨道。从贷款行际分布看,各金融机构市场份额在竞争中进一步调整。2006 年,国有商业银行股份制改造对其资本充足率的约束进一步加强,贷款市场份额下降明显,四家国有商业银行新增人民币贷款 41 亿元,同比少增 10.3 亿元,占全部金融机构贷款新增额的比重为 13%,同比下降16.2 个百分点。而城市商业银行和农村信用社随着改革的推进竞争力明显增强,全年新增贷款 90.1 亿元,同比多增 77.3 亿元,占全部贷款新增额的比重达28.5%,同比提高 21.3 个百分点。另外,政策性银行、股份制商业银行新增人民币贷款占全部新增贷款的比重由 2005 年的54.8% 和 9.9% 调整为 39.5%和11.6%。从贷款期限结构看,中长期贷款加速增长,票据融资增幅回落。在固定资产投资高速增长的带动下,自 2006 年 5 月份起,长春市中长期贷款开始连续 8 个月的加速增长,到年末,全市金融机构人民币中长期贷款余额1 238.2亿元,同比增长 32.5%,增速较 2005 年同期加快 17 个百分点,创下历史同期最高增幅。短期贷款和票据融资两项流动资金贷款余额912亿元,同比增长1.5%。其中,票据融资余额 46.8 亿元,同比下降48%。票据融资增速下降主要是票据融资大户一汽——大众公司全年票据贴现量下降约70%,同时各商业银行为贯彻国家金融宏观调控意图,也有意压缩灵活性较强的票据融资业务。从贷款投向看,信贷结构进一步优化,更加符合长春市产业政策和经济发展需要。一是加大了对长春市支柱产业和成长性领域的信贷支持。2006 年末,对制造业、交通运输业和服务业等重点行业贷款余额分别为 355 亿元、318.2 亿元和 846.2 亿元,占全部贷款的比重分别为15.6%、14.8% 和 39.3%,三项贷款合计所占比重已近 70%。二是农业贷款的投放力度继续加大。2006 年末全市金融机构农业贷款余额 58.1 亿元,同比增长 13%。当年累计发放农业贷款 78.7 亿元,有力地支持了农业生产和新农村建设。三是积极支持中小企业发展。据吉林省银行信贷登记咨询系统数据显示,到 2006 年末,全市中小企业贷款占各项贷款(同口径)的比重达62.1%,其中小型企业贷款占各项贷款比重达50.9%。四是对经济薄弱环节的信贷投入显著增加。2006 年,全市金融机构发放国家助学贷款余额为 4.1 亿元,同比增长 28.1%,为贫困大学生就学提供信贷支持;累计发放小额担保贷款 1 亿元,直接扶持了3 000 名下岗职工实现再就业,间接带动8 000人就业;积极支持棚户区改造,仅中国银行就向棚户区改造投入资金 30 亿元。3. 现金回笼速度加快。2006 年,全市金融机构累计实现现金收入5 657.7亿元,累计实现现金支出5 569.3亿元,收支相抵净回笼 88.5 亿元,比 2005 年多回笼 14.2 亿元。现金同比多回笼的主要渠道是商品销售收入同比增加72.4 亿元,增长 14.07%;税款收入同比增加 10.3 亿元,增长76.33%;汇兑收入同比增加 28 亿元,增长 87.54%;居民归还贷款收入同比增加 17.3 亿元,增长 20.55%。4. 金融改革与发展迈出重要步伐。一是全市农村信用社改革试点工作有效推进,经营状况明显改观。到 2006 年末,市农村信用社新增存款40.3 亿元,完成计划的211.7%,新增贷款 38.8 亿元,同比多增 30.5 亿元,贷款累计投放 115.4 亿元,完成计划的144.2%,不良贷款率 3.37%,较年初和计划分别降低 7.16 和4.47 个百分点;二是上海浦东发展银行 2006 年入驻长春,年末存款为 22.1 亿元,贷款为20.22 亿元,进一步提高了全市金融资源配置总量。5. 金融生态环境建设稳步推进,工作机制初步形成。2006 年,加强区域金融生态建设得到了长春市政府及有关部门、单位的关注和支持,全市各界初步达成了“加强金融生态环境建设 支持吉林老工业基地振兴”的共识。各县(市)、区也相继建立了地方政府领导下的区域金融生态建设领导小组。目前,长春市初步构建了政府领导、人民银行推动、各部门分工负责的金融生态环境建设工作机制。

【金融资产质量】 1. 金融机构

资产质量有所改善，经营效益明显提升。2006年末，全市主要金融机构不良贷款余额为332.87亿元，比年初增加8.44亿元，比年初下降1.81个百分点。全市金融机构当年实现盈利16.4亿元，同比增盈9.5亿元。除国有商业银行当年亏损5.4亿元，与2005年相比增亏2亿元外，政策性银行、股份制商业银行、城市商业银行、农村信用社均实现增盈，当年实现盈余分别为13.1亿元、0.4亿元、2.1亿元、2.7亿元，同比分别增盈3.6亿元、3.9亿元、0.9亿元和1.8亿元。2. 历史包袱沉重，信用等级低仍是制约银行发展的瓶颈。2006年，全市金融业改革发展取得长足进步，但由于历史包袱较重，制约金融支持长春市经济发展的问题仍比较突出。主要表现在：一是信贷资产质量不高。2006年末，全市主要金融机构不良贷款余额仍达332.87亿元，高于全国平均水平近10个百分点；二是历年亏损挂账额度较大，到年末，全市金融机构历年亏损挂账仍高达18.8亿元，其中农业银行历年亏损挂账达7亿元；三是受信用环境和经营状况的影响，吉林省国有商业银行在其各自总行内部排名位次靠后，信用等级偏低，各国有商业银行总行对吉林省分支机构贷款实行严格的限额管理，刚性控制信贷投放，导致长春市国有商业银行信贷投放能力和贷款效率大大降低。到2006年末，全市315.6亿元新增人民币贷款中，政策性银行占39.5%，股份制商业银行占11.6%，城市商业银行和农村信用社等地方性中小金融机构占28.5%，国有商业银行仅占13%，而其新增存款占各项存款的比重达到39.9%。国有商业银行信贷投放能力弱化，在削弱其支持地方经济发展作用的同时，也制约着自身经济效益的提高和经营状况的改善。3. 地方金融信贷业务发展不平衡，风险隐患不容忽视。2006年，随着城市商业银行和市农村信用社各项改革的推进，长春市地方金融机构的贷款规模快速扩张，到2006年末，城市商业银行和农村信用社人民币贷款合计221.2亿元，同比增长70.2%，高于年末金融机构人民币贷款平均增速53.1个百分点，而同期其各项存款增速为36.5%，比贷款增速低33.7个百分点。从增量看，地方金融机构信贷结构失衡状况更为突出。2006年，地方金融机构新增存款84.3亿元，同比多增42.6亿元，占全市金融机构新增存款的25.7%，新增贷款90.1亿元，同比多增77.4亿元，占全市金融机构新增贷款的28.5%，增量存贷比达到106.9%，一些金融机构为追求利润最大化靠拆借资金扩大信贷规模．信贷资金的不平衡发展，使地方性金融机构的资金链条异常脆弱，导致信贷风险向地方性金融集中。4. 民间借贷规模有所萎缩，利率有所降低。民间借贷是市场经济主体多元化和金融需求多元化的表现，也是对当前中国正规金融市场的必要补充，民间借贷的活跃，反映了正规金融供给与市场需求的矛盾。长春市作为经济欠发达地区，资金供求不平衡矛盾突出，民间借贷反映在中小企业、居民等经济活动中。据调查，受农村信用社信贷投放能力迅速增强影响，当前长春市地区民间借贷的规模有所缩小，利率水平有所降低，从2005年的15%降至2006年的10%。

（杨胜利）

工商银行

【概况】 中国工商银行股份有限公司吉林省分行营业部（以下简称工行吉林省分行营业部）前身为中国工商银行长春市分行，成立于1984年，1998年机构改革后，由计划单列市分行变为省分行营业部，2005年工商银行股份制改造全面完成后，更为现名。2006年，工行吉林省分行营业部坚持以科学发展观为指导，以“打造域内第一零售银行”为奋斗目标，加快推进以转变经营模式和增长方式为主要内容的经营战略转型，积极深化各项综合性改革措施，加快培育核心竞争力，资产质量和经营效益实现了稳步提升。截至2006年末，工行吉林省分行营业部在岗职工3 801人，其中具有中级以上职称的专业技术干部1 325人；各项资产总额608亿元，经营规模位列长春市银行同业首位。

【公司银行业务】 2006年，为进一步提升公司银行业务的竞争力，工行吉林省分行营业部在巩固公司存贷款业务市场领先地位的同时，大力发展投资银行、现金管理、公司理财、企业年金、金融衍生产品等新兴高端公司银行业务。通过实施积极稳健的公司贷款增长战略，继续加大汽车及零部件、基础设施、能源交通等大型骨干企业信贷市场营销力度,加快从高风险行业和低信用等级客户退出,进一步优化行业结构、客户结构和产品结构。全年向AA-级以上公司客户累计发放贷款164.8亿元,同比增加65.9亿元;累计办理票据贴现29.13亿元,实现票据利息收入2 485万元。此外,还成功地与亚泰集团签订了省内第一单年金业务合作协议,与省移动公司、省网通公司、浦发银行签署了集团现金管理业务合作协议,与保险、证券、期货等金融机构和其他银行同业的合作关系日益紧密,银政合作空间得到有效拓展,支付结算代理业务和代理清算业务规模继续扩大,"网上保险"、"银财通"、"银关通"等机构业务已成为市场优势品牌。截至2006年末,工行吉林省分行营业部人民币公司客户各项贷款余额214亿元,人民币公司客户各项存款余额324亿元。

【个人银行业务】 坚持"以客户为中心、以市场为导向、以价值为目标"的经营原则,根据总省行统一要求,逐步改革个人业务经营管理体制,实施业务流程再造,推进经营模式和增长方式的转变。积极优化客户结构,明确"定位中端、竞争高端、培育潜力"的个人客户市场定位,建立分层次客户营销体系,推动中高端客户和潜力客户的增长。加快业务结构调整,大力发展个人理财业务和个人信贷业务,开展交叉销售,促进各项业务协调发展。加快服务渠道转型与整合,强化理财中心建设,大力发展电子银行,建立营业网点、网上银行、电话银行、手机银行、自助银行并重的整合性多渠道服务体系。全年共代理凭证及电子式国债、保险、基金20.4亿元,累计发放个人贷款7.74亿元,同比多发放2.21亿元。同时,个人客户结构得到进一步改善,优质客户总数超过20万户,较年初增长1.5万户,个人中高端优质客户占个人银行客户总数的比例达到了10%。截至2006年末,人民币个人客户各项贷款余额29.8亿元,人民币个人客户各项存款余额384.5亿元。

【风险管理与内部控制】 2006年,工商银行实施了组织机构改革和风险管理流程再造,进一步完善全面风险管理体制和风险制衡机制,清晰分离了前、中、后台职能,明确了各级风险管理职责。深入推进信贷业务的集约化经营和管理,全面改进了信用风险、流动性风险、操作风险管理模式。在信用风险管理方面,继续完善相关信贷政策,加大信贷结构调整力度,及早退出潜在风险较大的行业、企业,有效规避系统性风险;在流动性风险管理方面,由总行对流动性实施集中管理,将二级分行及以下分行的资金集中到一级分行进行全额集中配置管理,同时通过内部资金转移定价机制引导分行调整资产负债期限结构;在市场风险管理方面,主动适应利率市场化和人民币汇率机制的改革,由总行实施投资及交易活动敞口限制,将潜在的市场损失有效地控制在可接受的限额内。在确立全面风险管理体制的同时,以防范操作风险为目标的内部控制体系建设不断深化。按照总省行的统一要求,工行吉林省分行营业部不断健全操作风险管理委员会工作规则,通过推广实施总行制定下发的《操作风险管理手册》并组织开展操作风险监测工作,及时发现、报告并提示在相关业务中的操作风险。通过实施组织机构改革,深入推进前、中、后台业务有效分离和流程再造,重组公司业务、个人业务及资金业务部门,实施信贷审批权限上移和贷后管理集中,减少分行与营销网点之间的管理层级,提高了控制效率。不断提高内控管理的技术含量。自主研发"营业部操作风险信息控制系统",动态跟踪经营过程中违规行为的整改情况;采取员工信息采集方式加强员工行为动态排查。将内控考核结果与行长绩效工资挂钩,将内控、监察工作引入干部晋职(级)考核之中,增强了执行内控制度的自觉性和主动性。

【反商业贿赂和反洗钱工作】 按照总省行和省市政府的相关要求,2006年,工行吉林省分行营业部认真部署和开展了反商业贿赂和反洗钱工作。组织全体员工学习了《中国银行业从业人员流动公约》、《中国银行业从业人员道德行为公约》、《中国银行业反不正当竞争公约》,签订了反商业贿赂承诺书。根据反洗钱法规和监管要求,不断健全和完善反洗钱内控制度,认真审核和识别客户身份,按规定保存客户开户资料和交易记录,向监管机关报告大额和可疑交易信息,依法协助监管机关和行政执法机关查处洗钱活动。

【分销渠道】 截至2006年末，工行吉林省分行营业部在长春市拥有121家机构，包括营业部机关本部、23个一级支行、7个分理处、41个二级支行，49个储蓄所。工行吉林省分行营业部坚持发展与收缩并举的方针，不断优化网点资源配置，在加强物理网点分销渠道建设的同时，通过互联网、电话或移动电话和分支机构的自动柜员机与自助银行中心，为公司和个人银行业务的客户提供多元化的电子银行服务，公司、机构类优质客户银行卡转化率明显提高。截至2006年末，电子银行客户数达26万户，实现网上银行交易额2 773.89亿元，电子银行业务笔数占全行业务总笔数的33.9%。区域内80%的大型行业企业启用了工商银行网上银行业务。

【党建和创建和谐银行工作】 首先是加强行风建设。通过在机关内开展"创建新型机关、争做新型员工"主题活动，增强机关人员的服务意识，改进了机关作风。在全辖范围内开展学习全国"五一"劳动奖章获得者杨淑梅同志活动，营造学、赶、超先进的氛围，树立工行吉林省分行营业部新风，全面推进服务工程建设。其次是积极做好思想教育工作。充分利用内部刊物《职工之友》和内部网讯平台等有效载体，加强股份制改造和本年度经营思路、工作措施等宣传解释。同时，畅通诉求渠道，鼓励员工广开言路，并以职工代表大会形式，现场回答员工关注的热点问题，引导员工统一思想认识，提高政治觉悟，从正面途径来化解和消除改革和发展中带来的新矛盾新问题，坚决维护稳定的环境。另外，营业部的广大领导干部从关心群众疾苦出发，不断丰富职工业余文化生活。充分发挥工会、共青团等组织的作用，经职代会通过，成立了"困难职工帮扶基金"，解决职工实际困难，并相继开展了庆"三八"职工才艺展示、青年讲师大赛、职工篮球赛等一系列文体活动，有效地提高了员工的荣誉感和凝聚力。

农业银行

【概况】 2006年，中国农业银行吉林省分行营业部(以下简称省行营业部)认真贯彻落实省行年初及年中工作会议精神，坚持科学的发展观和正确的业绩观，牢牢把握业务经营这一核心，把健康有效适度发展、从严治行作为经营工作的第一要务。按照办商业银行的规律明晰了全行市场定位、发展方向和管理要求，努力转变业务增长方式，业务经营整体走势良好，政策传导作用得以释放。尤其是通过人事综合配套改革、提升经营管理层次和业务流程再造，较好地调动了全行员工的工作积极性，克服了大量历史沉积下来的深层次矛盾和困难，较好地完成了上级行交给的各项工作任务。

【各项存款增幅较大】 积极开展"伴你成长金钥匙春天行动"综合营销活动，大力拓展营销渠道，抢占市场份额，加强优质文明服务，优化存款结构，控制存款成本，实现了业务的有效发展。截至2006年末，人民币各项存款较年初净增29.2亿元，完成省行计划的105.2%。其中储蓄存款净增17.5亿元，对公存款净增11.8亿元。

【优化信贷结构】 坚持把防范和化解风险、从严治贷、加强基础工作提升到信贷风险管理的重要位置，通过强化贷后管理，优化信贷结构，使资产质量有所提高。新增贷款进一步向优良客户、优势产业、重点区域倾斜。确立了以长春高新区、经济开发区、净月旅游区、汽贸产业开发区等经济发展快，投资环境好，优势比较明显的区域作为信贷营销的重点区域。对于基础产业、基础设施建设、高科技产业以及房地产龙头企业、重点高校进行重点营销。全年新增贷款326 441万元，其中对优良客户新增贷款占比达53%，新增信用结构比较合理。

【不良资产清收】 加大清收工作力度，重点抓好对清收人员、清收计划、清收时限的落实，明确清收盘活的目标和方式，因地制宜，因企施策，深入支行逐户制订清收方案，对不良资产大户实施重点攻坚。同时，通过开展不良资产清收处置百日攻坚战，对大额不良贷款、员工个人及担保贷款进行全面清收。截至2006年末，按五级分类不良贷款余额控制在省行计划之内，累计清收不良资产52 567万元，完成省行计划的107.7%。

【新业务稳步发展】 将中间业务主要指标纳入全行性指标考核，加大市场营销力度，有重点、分层次地开展营销。通过营销

"学生卡"、开展1+N活动、增加ATM机的投放数量、强化透支管理等措施,使银行卡业务发展实现历史性突破。全年新发卡35万张,完成省行计划的117%;卡存款余额较年初增加6.78亿元;实现消费额12.9亿元,完成省行计划的139%;实现业务收入3 779万元,完成省行计划的119%。通过强化市场营销,积极拓展对公大客户,推广个人外汇业务,使国际业务稳步发展。全年实现国际结算量30 810万美元,完成省行计划的110%;实现结售汇24 781万美元,完成省行计划的108%;实现国际业务收入382万元。全行实现中间业务收入5 618万元,完成省行计划的112.7%。

【财务计划】 以新的财务政策为主线,再造财务管理流程,渗透全面价值管理,统筹安排好各项财务收支计划,优化资源,做实收益,强化成本管理,最大限度地挖掘增收节支潜力,积极消化包袱和处理历史遗留问题,超额完成省行利润计划,全行经济效益稳步提高。全年各项贷款利息收入54 187万元,比2005年增盈15 252万元,全口径费用支出35 255万元,控制在省行计划之内。

【党风廉政和精神文明建设】 积极开展富有时代气息和行业特点的党建活动,坚持"预防为主,单位负责,突出重点,保障安全"的工作方针,以防暴力抢劫、防诈骗、防内部人员作案、防涉枪案件和反洗钱工作为重点,加强领导,落实责任,强化基础管理,完善安防设施建设,综合防范能力稳步提升。为提高员工业务素质,适应股改需要,制订了3年员工培训规划,近两年共组织各种培训60多次,参加人员达9 000多人次。广泛开展思想政治教育活动,加强企业文化和精神文明建设,结合八荣八耻,举行了"知荣辱,树新风"巡回演讲,大力宣传先进典型和模范事迹,营造人人学典型、当先进的工作氛围,增强了全行员工的凝聚力和向心力。

（杨晓雷）

商业银行

【概况】 长春市商业银行(以下简称市商行)是长春市唯一一家地方性股份制商业银行,下辖19家一级支行,103个营业网点,在岗员工2 550人(其中,高级专业技术职称人员79人,中级专业技术职称人员385人)。2006年市商行以效益、质量、规模协调发展为企业发展观,秉承"以客户为发展之根,以稳健为立身之本,以特色引领市场,以创新铸就卓越"的经营理念,不断深化"服务地方、服务中小、服务市民"的市场定位,坚持科学、健康、可持续的经营原则,追求以人为本、科技兴行的发展道路,围绕"强化资本约束、推进战略转型"这一工作中心,扎实工作,锐意创新,取得了令人瞩目的成绩。截至2006年末,各项存款余额较年初增长30.08%;各项贷款余额较年初增长59.31%;不良贷款比例较年初下降0.72个百分点,达1.04%;实现利润2.14亿元。

【各项业务快速协调发展】 2006年市商行没有单纯地追求规模主导,而是在资产结构调整、业务结构调整、新产品开发、特色业务营销等方面,都迈出了坚实的步伐,是建行以来各项业务发展最快的一年。公司金融业务呈现出市场份额进一步扩大、客户结构持续优化的良好态势。2006年末,市商行对公存款、对公贷款的市场占比分别为13%和13.4%,同比提高1.5%和2.6%。新增贷款额在长春市金融机构中稳居前列,已经成为长春市经济建设最直接、最有效的金融支撑,全年累计发放贷款的61.6%投向市政基础建设项目和市属重点项目,是市商行成立以来支持地方经济建设力度最大的一年。相应地,贷款利息收入较2005年增长54.7%,在强化"服务地方"这个市场定位方面,实现了"双赢"甚至是"多赢"。此外,从战略转型的实际需要出发,深入开展小企业贷款业务,培育并不断壮大中小企业客户群体。截至年末,中小企业的户数和贷款余额占比分别为98.2%和89%,为实现战略转型的工作目标打下了坚实的基础。大力发展个人金融业务是市商行战略转型的一个重点。2006年市商行采取以中端客户为突破口,将产品指向与服务功能适当向下延伸的市场策略,得到了良好的市场回应。推出的"君子兰卡增利账户"业务,开办仅1个月就吸收存款1亿元。在特色服务方面,增加了个性化计息等有技术含量、有人性化特质的全新方式。分销渠道建设成效显著,形成了重点区域增加渠道、重点商户巩固渠道、重点项目先设渠道的产品销售格局。支付结算功能进一步完善，系统操作风险的控制能力得到强化。开通了现代化小额支付系统，改造了行内系统与同城票据交换系统的对接方式，启用了电子验印和支付密码单，为实现会计业务通存通兑奠定了基础。资金管理、资金营运进入技术控制、理性操作的新阶段。对内部资金进行定价调整，运用利率杠杆压缩拆借、鼓励上存，强化资金的集中使用。科学压缩库存现金和超额准备金，加大债券投资额度，在优化资产结构的同时增加了投资收益。继续加大不良贷款清收力度，加快抵贷资产盘活变现进程。全年清收回货币资金9 750万元，收取抵债资产7 482万元，处置抵债资产3 300万元。

【提高经营管理素质】 进一步完善了公司治理机制。为尽快实现公司治理由“形似”向“神似”转变，市商行在董事会、监事会人员构成、董事尽职考核、独立董事工作规则、各专门委员会工作方式、“三会一层”的议事规则等方面进行了全新的设计，进一步明确了各组织机构的职责边界。初步形成了风险调整后资本利润率的考核办法，为完善考核机制奠定了制度基础。全面完成了综合治理工作。2006年通过增资扩股、资产置换等工作，资本实力明显增强，年末资本充足率冲过了10%。开展ISO9001:2000质量管理体系认证工作，并于2006年12月26日成功通过了BSI公司的全球质量认证。在质量管理体系认证过程中，市商行建立了涵盖全部业务和所有管理活动的质量管理体系，编写了1个质量手册、29个控制程序、200个操作规程，设计和规范了674个支持性记录，建立起了规范的监督制约机制，使管理和业务活动的每一岗位，每一层次，每一环节都做到职责分明、操作细化、内控严密、运作规范。通过进行风险识别、衡量、防范和处置，建立风险预警机制，构筑风险防范的多道防火墙，做到防患于未然。市商行质量管理体系认证工作以业务流程清晰优化、机构设置科学合理、岗位职责权限明确为基本要求，突破了以职能和产品为中心的传统运行模式，把一切经营活动切实转变到以客户为导向、以效益为中心的层面上来，提高了整体运行的市场化程度，全面打造流程银行，将运行机制建设提高到与国际化接轨的新水平，以运行机制的全面改进促进了内控水平的全面提高。

【风险管理和内控建设】 2006年市商行以开展ISO9001:2000质量管理体系认证工作为契机，强化风险管理与内控建设。进一步开展案件专项治理工作。对重点机构、部位、环节和岗位人员进行“拉小网”检查，看好授权卡、印鉴密押等六个案件高发区域，有效防范了案件发生。加大内控监督检查力度，严把制度落实关。采取业务主管部门专业检查、稽核部门牵头联合检查、现场检查与非现场检查交叉进行等形式，连续组织了结算、财务管理、贷款“三查”等八个专项检查，覆盖了全部业务条线。对检查中发现的制度执行不完整、操作流程不规范等问题及时进行整改纠正，并实施必要的处罚。同时，从2006年7月份开始试行集中对账，有效提升了操作风险的控制水平。加强财务管理，进一步规范财务行为。实现了费用预算控制自动化、在线审批系统化，做到了真正意义上的财务“一本账”。加强非生息资产管理，提高固定资产的综合利用率，完善大额财务支出审批流程，强化网点装修、租赁、修理的财务监测，有效提高了全行的财务控制能力。2006年连续第六年被吉林省国家税务局评为财务管理先进单位。严把信贷审批关口，规范授权，理顺流程，加强信贷风险控制。对风险过大或不符合国家信贷政策的项目坚决否决，对支行上报的资料不全、借款人信用状况了解不全面的项目及时退回。强调授信尽职调查，确保各类风险都能得到真实揭示、评估和及时处置。严格规范各类授信业务的操作程序，切实防范信贷操作风险。

（张忠钰）

财产保险

【概况】 2006年，中国人民财产保险股份有限公司长春市分公司本部设办公室/人力资源部/监察部、车辆保险部、财产保险部/大型商业风险保险部/营销渠道管理部、责任信用保险部/意外健康保险部、船舶货运保险部、理赔管理部、理赔督察办公室、车贷险清欠办公室、信息技术部，另设承保中心、财务中心、理赔/客户服务中心等三个中心。市公司下辖朝阳区、驻一汽集团、宽城区、南关区、二道区、绿园区、西安大路、人民广场、高新技术产业开发区、经济技术开发区、第一营业部、第二营业部、第三营业部、双阳区、榆树市、农安县、德惠市、九台市等18家支公司及营业部，有近300个营业网点，覆盖全市各城区、乡镇，目前经营财产险、工程险、责任险、信用保证险、机动车辆险、货物运输险、农业险、健康险、意外险等17类72种保险业务。

【规范经营】 公司按照上市公司的要求，依法合规经营，坚持把思想和行动统一到总、省公司的发展战略、经营理念和战略决策上。带头执行全省各家非寿险公司共同签订的《吉林省财产保险市场行业自律公约》，发挥规范市场的表率作用，制定了《关于进一步规范机动车辆保险业务经营管理的有关规定》，重申总公司"六条禁令"和省公司"七条纪律"。召开规范经营工作会议，深入进行动员和部署。严格规范经营行为、坚决禁止高返还，全员强化"效益第一"观念，克服模糊认识和侥幸心理，坚定信心，严格自律，自觉地抵制恶性竞争。

【学习贯彻"国十条"】 《国务院关于保险业发展改革的若干意见》(简称"国十条")的发布，是中国保险发展史上具有划时代意义的大事，标志着中国保险业已被党和国家突出地纳入到经济社会发展全局的高度加以统筹和部署，预示着中国保险业迎来了又一轮发展的新时期。公司制订了《"学习贯彻〈若干意见〉，解放思想、转变观念大讨论"活动实施方案》，组织员工反复学习"国十条"，围绕"改革、创新、发展"的主题，深入开展"解放思想、转变观念"大讨论，组织员工参观革命烈士公墓，走访慰问贫困家庭，观看革命教育影片，使员工实现思想上新的解放，观念上质的飞跃，行动上大的突破，为做好工作提供强大的精神动力。通过对"国十条"的集中学习，特别是"国十条"学习专题讲座，公司全体员工深刻理解"促进改革，保障经济，稳定社会，造福社会，造福于民"的行业使命；牢固树立"想全局、干本行，干好本行、服务全局"的行业理念；充分发扬"服务大局，勇担责任，团结协作，为民分忧"的行业精神。

【产品线】 2006年，公司以科学发展观为统领，实施"激活点、强化线、提升面"的战略举措，并以产品线利润单元为主导，对公司的原有流程管理进行了调整完善，建立了新的组织架构，实施了专业化经营和精细化管理。实行了产品线、非利润单元及挂钩督导责任人考核，从约束机制和保障措施上，保证了新的战略举措落实到位。车辆保险产品线实现规模和效益同步增长。严格执行交强险条例和监管部门的有关规定，坚决做到交强险的条款、费率、手续费比例和实务"四统一"；发展机动车商业保险业务。巩固和扩大直销、营销业务，加强同交警、银行、邮政、农机管理等部门的沟通协调；搞好银行、信用联社及相关部门的代理渠道建设，做好保险服务工作。加快财产险发展步伐。紧紧抓住长春市宏观经济快速增长、重点项目日益增加的发展机遇，落实项目责任人，加大信息跟踪、公关协调工作力度；积极拓展中小企业、综合市场、有规模的个体工商户等民营经济领域；贯彻"国十条"，积极稳妥地拓展农险业务。拓宽责任/意外险业务服务领域。开展"百舸争流"竞赛活动。大力拓展分散性业务市场。积极引导市场需求，

第三届保险业务知识大赛

深入推进农村小额借款人保险、城镇居民小额借款人保险业务发展，大力开展学幼险、安康险等各类意外健康险业务。积极探索开办高危行业、公众聚集场所的安全生产、火灾等强制性责任保险，经试点取得经验后逐步推开。积极与劳动和社保部门合作，推广工伤保险和补充医疗保险。积极开办医疗责任保险，稳步开办新型农村合作医疗试点工作。寻求货运险业务新突破。一是加强领导，依靠政府，依托市场，抓好公路运管及铁路代办业务；二是全力以赴抓好航空货运险业务；三是利用长春市对外贸易迅速发展的有利时机，细分客户资源，积极开拓进出口货运险业务；四是开展货运险电子商务试运行；五是加强业务培训，提高一线展业人员素质。

【交强险】 2006 年，公司首批获得了保监会批准，获得了“交强险”业务的从事资格。为了确保“交强险”在 7 月 1 日顺利施行，公司对一系列经营管理制度等进行了全面的调整，使之适应新的经营环境的要求，对 IT 系统进行了改造和升级，对交强险和新的商业车险业务的运行、管理提供强有力地技术支持。通过组织对全系统员工的业务培训，使全员都在最快的时间掌握新业务要求的各方面技能。并针对不同的客户群，推出了全新的车险产品体系。其中包括 8 个主险：分别为 3 个车辆损失类保险，2 个责任类保险，3 个综合类保险；26 个附加险，以及 2 个特种车保险批单。新的车险产品体系险种多样、组合灵活，不但是“交强险”的有力补充，同时完全能满足不同客户或不同车辆的风险保障需求，满足客户对保险服务的多样性选择。在保险服务方面，同步推出一系列新的举措。在承保方面，为客户提供更加广泛、便捷的投保途径。客户不仅可以通过原有的保险购买渠道——如保险公司门市、保险代理人或电话投保，还可以通过电子商务网站、以及与公司有业务合作关系的银行网点投保交强险。在理赔方面，充分利用网点多的优势，对于小额车损案件，大大简化理赔手续，向客户承诺 5 日内可提车，或 3 日内可支付赔款。同时，在公司投保交强险的客户，如在异地发生交通事故，可在出险地迅速解决事故受害人的抢救费支付和垫付问题。

【诚信服务】 公司大力倡导“诚信兴司”的经营理念，不断提高服务质量和品质，在激烈的市场竞争中，实现了业务的快速发展。坚持为最广大人民群众服务的宗旨，把不断满足人民群众的保险需求作为保险工作的出发点，牢固树立“以客户为中心”的经营理念，想客户之所想，急客户之所急，帮客户之所需，为客户排扰解难，用真诚服务赢得客户的信赖。在产品开发上，细分市场，改造传统险种，开发具有个性化、差异化的导向性产品，满足不同层次消费者的潜在保险需求；在销售渠道上，着力发展行业代理和个人营销业务，利用电子商务平台，开发电子保单，开办网上投保、核保和远程理赔等方便、快捷的服务方式；在服务作风上，培育保险诚信文化，增强员工的诚信意识，开展员工职业道德和行为准则教育，践行服务承诺，履行如实告知义务，杜绝误导销售，进一步增强“客户至上”观念，不断完善服务措施，转变服务作风，提高客户的满意度和忠诚度，树立企业诚实守信的良好社会形象。在理赔服务中打造“诚信人保”的品牌，开展理赔质量年活动，严格履行服务承诺，95518 服务热线 24 小时值班服务，随时受理客户出险报案、预约投保、保险咨询、举报投诉。查勘定损人员现场向客户发放联系服务卡、索赔须知，指导客户填写索赔资料，使客户享受到快捷优质的服务。公司不断加强科技创新步伐，与公安交警、卫生等部门联手开辟了交通事故急救“绿色通道”，优化远程座席系统、核心业务处理系统和卫星定位跟踪系统，配备车载电脑，实现了全天候承保理赔服务，推行“文明窗口、微笑服务，首问负责制”、“异地出险、就地理赔”、依托 95518 服务平台推出人保财险一站式电话直销服务直通车等优质服务举措。

【提升队伍素质】 全辖组织开展了《国务院关于保险业改革发展的若干意见》的学习和解放思想大讨论，开展了企业文化知识、诚信经营和治理商业贿赂教育，举办了多次业务培训和第三届全员保险业务知识竞赛。通过教育和学习，使员工的思想进一步解放，职业道德进一步增强，业务素质和专业技能进一步提高，涌现了众多的先进人物。2006 年，全辖有 70 人被评为“优秀员工”和最佳核算员、出单员、理赔员、接线员；7 人被评为“劳动模范”；110 人被评为各级

中国人保财险长春市分公司和亚冬会组委会领导出席签约仪式

“展业明星”。由于服务品牌优势的增强，在7月份《长春晚报》举办的消费者、读者“我信赖，我喜爱”品牌评选活动中，人保财险公司成为保险类唯一上榜品牌，彰显了长春人保财险的知名度。

【成为第六届亚冬会唯一保险合作伙伴】 第六届亚洲冬季运动会组委会经过严格的考察和挑选，最终选定了人保财险长春市分公司作为亚冬会保险合作伙伴，为亚冬会提供全程保险服务，保障范围包括财产保险、公众责任保险、雇主责任保险、意外伤害保险等在内的多项保险服务，保障人员包括亚冬会组委会工作人员、与会贵宾、志愿者和参会观众等，保险金额近10亿元。2006年公司与组委会正式签署保险合作协议。签约仪式上，中共长春市委常委、统战部部长、亚冬会组委会秘书长安莉亲临现场讲话，向公司颁发了第六届亚冬会特殊贡献单位荣誉证书，组委会副秘书长何泉秀授予人保财险长春分公司“第六届亚冬会保险类合作伙伴”牌匾。公司以亚冬会精神、亚冬会情结为纽带，携手亚冬会，实现公司服务亚冬会、服务客户、服务社会的美好愿景。中央人民广播电台、新华社、吉林电视台、长春电视台、长春交通之声广播电台、《长春晚报》、《东亚经贸新闻》、《新文化报》、《城市晚报》等各大新闻媒体分别对签约活动作了详细报道。

【品牌宣传】 配合公司推出的“交强险第一单正式签单”人保财险万张奥运门票第一次大抽奖活动、签约第六届亚冬会组委会、第三届保险业务知识竞赛、“金牛第三代投资保障型家庭财产保险”等系列活动，联系《长春日报》、《长春晚报》、《新文化报》及交通之声广播电台、吉林电视台、长春电视台等长春市各主流媒体开展品牌宣传。“3·15”期间组织全辖各经营公司在全市深入地开展了以“诚信经营，优质服务”为主题的“3·15”系列宣传活动。配合交强险实施，开展“交强险宣传日”活动。配合公司成为奥运会、亚冬会合作伙伴，有计划、有步骤、多角度、全方位地开展好品牌推广工作。

（朱丽娜）

农村信用社

【概况】 截至2006年末，长春市农村信用合作社联合社所辖机构287个，其中，地、市级联社1个，市联社机关内设办公室（党委办公室）、人力资源处、信贷资金处、保卫处、财务会计处、科技开发处、资金营运中心、稽核局等8个处（室、局）。市联社下辖县级统一法人联社7个，信用社153个，分社54个，储蓄所72个。全辖现有员工总数4 552人，其中，正式职工4 102人，临时工450人。在正式职工中，具有高级职称9人，中级职称224人，初级职称532人，共有专业职称人员765人，占比为18.65%。全市员工平均年龄37.5岁，比1999年末下降6.3岁。大中专学历员工人数占员工总数的比例达到92.1%，比1999年末提高61.2个百分点。男女比例由1999年末的49%：51%调整到2006年末的65%：35%。全辖资产总额172.8亿元，比1999年市联社成立前的47.6亿元增加125.2亿元，增长263%；负债总额164.3亿元，比1999年市联社成立前的54.2亿元增加110.1亿元，增长203%；所有者权益8.5亿元，比1999年市联社成立前的－6.5亿元增加15亿元，增长231%，其中股本金14.9亿元,股本金中投资股5.8亿元,占股本金总额的39%。全辖资本充足率11.09%。按可比口径,全市不良贷款余额11.1亿元,比市联社成立前的1999年净下降7.6亿元,下降40.6%;按四级分类,不良贷款占比13.3%,比市联社成立前的1999年同期下降了76.7个百分点;按五级分类,不良贷款占比15.49%,比全省农村信用社平均水平低17.78个百分点。2006年实现利润27 479万元。

【组织资金】 各级社领导班子带头公关,实施全员营销。抓住县政府筹建政务大厅的有利时机,大力吸收低成本资金,存款结构得到优化,特别是抓住全市营业网点实现通存通兑的契机,进一步整合资源,通过精品网点建设,进一步扩大了储源。九台市、双阳区在长春市区建设精品网点3个,存款增长迅速,服务水平明显提高。同时,充分发挥绩效工资正向激励作用,进一步调动了全员吸储的积极性。存款逐步由数量导向型向效益导向型转变。截至2006年末,全市各项存款余额124.9亿元,按可比口径,完成省联社下达存款净增额计划18.9亿元的113.2%,比年初增加21.4亿元,增长25.3%,历史性突破100亿元。同时,广开融资渠道,有效利用支农再贷款7.6亿元,通过货币市场融入资金13.4亿元,清收不良贷款1.9亿元。通过多渠道筹集资金保证了经营资金的合理需求,为加快发展提供了坚实的资金保障。

【贷款投放】 按照省联社"近期占领,远期站稳"的市场战略要求,坚持市场化导向、商业化运营,深度拓展城乡信贷市场。在继续夯实农村信贷市场的基础上,进一步扩大农村信贷市场份额。通过扩大信贷服务领域、提高贷款额度、培养农户忠诚度,深度占领农村市场。截至2006年末,全市农业贷款累放62.3亿元,同比增加19.7亿元,增长46.2%,占各项贷款累放的54%。贷款农户62万户,占符合贷款条件农户总数95%以上,农村市场占有率达到99%,基本满足了农民合理资金需求。在有效拓展城区中小企业信贷市场的基础上,稳妥进入高端信贷领域。联合营业部在开办"贷捷利"、"贷惠捷"的基础上,推出"贷易捷"信贷产品,并开办BT贷款项目。环城联社在主要街道小区设立墙体广告牌,与担保公司联合开发二手房保证担保贷款、出租车经营权质押担保贷款、优质客户直贷式贷款。九台联社发放企事业单位员工授信贷款、招商引资企业贷款,与担保公司合作发放贷款等。截至2006年末,全市各项贷款余额83.5亿元,比年初增加37.2亿元,增长80.3%,其中新增农业贷款占比44.5%。各项贷款累放115.4亿元,完成省联社累放计划78.7亿元的146.4%,同比增加45.9亿元,增长66%。

【薪酬改革】 深入推行绩效工资制,将个人业绩与个人利益紧密挂钩,将个人利益和集体利益紧密相连。2006年,全市联社人均创利5.3万元,比2005年增加3.7万元,增长229%。人均收入4.7万元,比2005年增加1.7万元,增长57%,实现了个人收入与单位效益的同步增长。

【产权改革】 通过努力,全市7家县级联社全部实现统一法人社。同时,全力推进票据兑付工作,规范股金募集,改善股权结构,通过相关指标的持续监控,达到了票据兑付条件。截至2006年末,全市股本金14.9亿元,比2005年增加2.2亿元,增长17%;资本充足率11.1%,比2005年提高6.9个百分点。

【中间业务】 以电子化建设为依托,健全营销体系,加强人员培训,规范中间业务操作,开发代收代付、代保管等中间业务3大类、20个品种。截至2006年末,中间业务收入1 432万元,完成计划的123.4%,比2005年增加515万元,增长56.2%。

【稽核工作】 充分发挥稽核监察部门职能作用,积极推行"问责风暴",认真落实自查自纠、"三批一随时"工作部署,对违规、违纪行为及责任人进行严格追究。截至2006年末,全市共查出违规违纪行为4.3万笔,涉及金额9.1亿元,共处理相关责任人1 016人。其中经济处罚729人,罚款27.7万元。对12起经济案件全部立案查处,涉案金额7 745万元,现已结案5起,追回资金5 300多万元,有效保全资金1 500多万元。共移交司法机关查处25人,除名、解除劳动合同17人,开除留用察看16人,撤、免信用社主任以上高管人员7人,起到了震慑作用。

【队伍建设】 对28个县级联社副职重新竞聘。强化对基层信用社主任任职的管理,重新聘用信用社主任54人,交流77人。选拔198名后备干部。录用大学生136名,引入专业人才18名。通过加强队伍建设,为进一步发展储备了人力资源。

【企业文化】 全面推行“新文化工程”,实施企业文化战略,积极开展企业文化巡讲、测试、培训营等系列活动,强化员工对企业文化的认同,让广大企业文化深入人心。特别是全市统一新的标志、标牌,农村信用社的社会品牌效应逐步显现。为有效推进企业文化建设,市联社推出多种载体,加强“一刊一报一网”建设,共出刊《长春农信》14期,《工作简报》45期,门户网站发布信息100多条。先后举办全市乒乓球比赛、篮球比赛、演讲比赛。各联社也都举办形式多样的文体活动,丰富了员工生活,激发了工作热情。2006年,市联社获得全省企业文化先锋赛第一名,演讲比赛第一名,业务技能、业务知识比赛第一名,篮球比赛第一名,保卫比赛第三名。

【经营效益】 各级社通过科学测算,层层签订补亏目标责任状,广大干部员工自觉融入三年补亏工作大局,表现出强烈的拼搏进取意识,全市农村信用社三年补亏开局良好。2006年,全市实现总收入10.5亿元,同比增加2.7亿元,增长35%;总支出7.8亿元,同比增加0.8亿元,增长11%;实现利润2.8亿元,同比增盈1.9亿元,增长216%,完成省联社计划0.8亿元的3.4倍。全年补亏3.1亿元,其中利润补亏1.6亿元,农安县、榆树市、德惠市、九台市、双阳区完成省联社下达补亏计划1.1亿元的144%。贷款收息率达到8.99%,比2005年提高1.38个百分点。综合费用率控制在22%以内,比2005年下降9.63个百分点。各联社年终决算均达到票据兑付和三年补亏双重目标。

(姜海滨)

2007 长 春 年 鉴

CHANGCHUN ALMANAC

教 育

教　　育

高等教育

【概况】　2006年全市共有各类高等学校40所(不包含广播电视大学、职工大学、夜大等)。其中,全日制普通高等学校20所,军事院校(含公安、司法院校)4所、成人院校1所、民办院校5所,独立二级学院10所。党组织关系在中共长春市委的高等院校共24所。其中,本科院校14所,专科院校6所,民办院校4所。有国家重点实验室8个,省部委级重点实验室47个;国家级有突出贡献专家学者27人,省级有突出贡献专家学者546人;享有国家级政府特殊津贴的有936人;有中国科学院院士16人,中国工程院院士6人;有硕士学位授权点615个,硕士生指导教师5 318人;有博士学位授权点293个,博士生指导教师1 135人,博士后流动站37个;全市高校共有专任教师17 766人,其中,教员972人,助教3 919人,讲师5 294人,副教授5 254人,教授2 842人;在校生人数266 043人,其中,专科生53 318人,本科生186 448人,硕士生26 700人,博士生6 787人;全年全市普通高校招收学生79 110人,毕业生人数70 175人;现职校级领导189人,平均年龄52岁。

【教育教学工作】　1. 加强人才队伍建设,"人才强校"战略初见成效。全市高校积极树立"以人为本"的办学理念和尊师重教的校园风气,加大了对高层次人才的培养力度,充分发挥优秀专家学者、学科带头人在教育教学、科学研究和学科建设中的主导作用,"人才强校"战略初见成效。吉林大学制订实施了《吉林大学师资队伍建设(2006－2010年)规划》、《吉林大学引进优秀人才暂行办法》、《吉林大学唐敖庆特聘教授、讲座教授聘任及管理暂行办法》,为进一步加强师资队伍建设,明确了目标,奠定了基础;为充实教师队伍、提高教师队伍层次,2006年,吉林大学选留教师275人,其中,博士107人、在读博士20人、硕士145人;引进双聘院士1名、学术带头人8名、学术骨干14人、流动编教授7人。同时,为培养高层次人才,还为70人办理了在职从事博士后研究的入站手续;为培养和提高在任教师素质和业务水平,申请国家留学基金委公派全额资助项目(面上项目)和资助出国研究项目等33项,青年骨干教师出国研修项目等45项。2006年全校共有118名教师出国研修,其中,国家公派出国留学78人,单位公派出国留学(含校际交流等)42人。同时举办了教师教育理论和骨干教师英语等各种培训班,733人接受了培训;学校又有15人享受国务院政府特殊津贴,21人入选教育部2006年新世纪优秀人才计划,3人入选新世纪百千万人才工程国家级人选,1人入选交通部新世纪十百千人才工程第一层次人选,24人被评选为吉林省第九批有突出贡献的中青年专业技术人才,12人享受长春市政府特殊津贴。在做好师资队伍建设的同时,学校也加大了管理干部队伍的建设力度,修订起草了《吉林党政处级领导干部选拔任用工作办法》、《吉林大学党政处级领导干部考核工作办法(试行)》、《吉林大学后备干部选拔培养管理工作办法(试行)》,并对260名处级领导干部进行了培训,丰富了教育管理知识,提高了教育管理水平。东北师范大学新增了两位长江学者特聘教授、一位长江学者讲座教授,实现了自"长江学者奖励计划"实施以来的历史性突破。两位教师被确定为2006年"新世纪百千万人才工程"国家级人选,16位教师被选聘为2006年～2010年教育部高等学校有关科类教学指导委员会委员。

2. 不断改革培养模式和教学方法,为提升学生培养质量奠定坚实基础。广大高校教师在教学实践中,围绕素质教育和创新人才培养,结合本学科特点,在专业建设、课程体系优化、人才培养模式、教材建设等方面,进行了有益的探索和实践,尤其是课程内容的改革和现代化教学手段的改革实践成果显著，教学质量和教学管理水平得到不断提高。吉林大学完成了教学档案及教学档案管理系统建设，修订了本科教学管理文件，改版本科教学管理网站，夯实本科教学管理基础。创办了人才培养新模式跨学科人才培养文科（文学与史学）、理科（生物学与化学）试验班。投入2 300万元全面改造本科实验教学条件，综合性、设计性实验比重显著提高，实验开出率达到98%；积极开展教学研究，加强教学基地、教学示范中心和精品课程建设。数学、物理、化学“国家基础科学人才培养基地”和现代考古学特殊学科点均获得“国家基础科学人才培养基金”资助，资助经费总额650万元。化学实验教学中心被评为国家级实验教学示范中心。有4门课程被评为国家级精品课程，有12门课程被评为吉林省精品课程，有40余种教材立项出版；修订及编写两年学制的硕士研究生培养方案；修订完成硕士、博士研究生培养方案和研究生学位课程教学大纲；建立研究生教学管理信息系统，为研究生培养提供了良好的网络平台。努力实施《吉林大学成人教育2010年事业发展规划》，继续推行专业教育与职业技能教育相结合的“1＋1”人才培养模式改革，为拓宽成人教育学生的就业渠道和适应工作转移的需要创造了有利条件。

3. 加强学科建设，为提高教学质量创造条件。全市高校坚持以学科专业建设为主线，不断调整学科布局，以重点学科建设为核心，推动学校学科专业全面发展。吉林大学在全面总结和检查学校省级重点学科的建设基础上，确定推荐了95个学科为“十一五”期间省级重点学科（其中包括17个国家重点学科），新增一级学科博士学位授权点10个、博士点53个。长春理工大学新增2个博士学位授权一级学科、6个博士点；新增10个硕士学位授权一级学科，14个硕士点；有11个学科顺利通过吉林省重点学科评估，其中9个获得优秀；新增省级重点学科1个。出版学术专著8部，新增博士生导师14人。进行了研究生公共学位课程的教学改革，修订了研究生培养方案和相关管理文件。实现了研究生信息管理的网络化，提高了研究生培养工作的管理效率和质量。吉林农业大学农业经济管理一级学科、食品科学二级学科取得博士学位授权；农业资源利用等5个一级学科通过硕士学位授权认证；园艺学等4个一级学科获得硕士学位授权；生物化学和分子生物学等13个二级学科获得硕士学位授予权。完成了省评估专家组对社会学、环境工程、生物物理学等3个硕士授权点的评估工作及教育部专家组对兽医硕士专业的评估工作。在省级重点学科的终检与申报中，有10个学科被确定为“十一五”省级重点学科。新增博士研究生指导教师7人，硕士研究生指导教师101人。目前，博士生导师总数已达到33人，硕士生导师总数已达到302人。长春工业大学学校管理科学与工程、应用化学、高分子化学与物理等3个学科被确定为省级重点学科，有9个学科被确定为“十一五”省级重点学科。教育部本科教学水平评估是事关高校改革、建设和发展的重要机遇和挑战，全市各高校将评估工作作为学校工作的重中之重高度重视，并且认真贯彻本科教学工作水平评估工作的二十字方针，以迎评促建工作为契机，加强教学管理，全面提高教学质量和人才培养质量。吉林艺术学院、吉林体育学院等高校顺利通过了国家教育部专家组的评审，为学校的进一步发展打下了坚实的基础，有效地促进了教学质量的提高，初步达到了“以评促建，以评促改，以评促管，评建结合，重在建设”的目的。

4. 积极拓展合作办学的领域和空间，进一步增强在长高校国际影响力。全市高校抓住发展的机遇，深化改革，继续适当扩大招生规模，走开放办学之路。各高校积极争取与国外大学和科研机构进行交流与合作的机会，建立校际友好合作关系，积极向国际化办学方向努力。吉林大学与国外及港澳台地区高校开展了广泛的交流与合作，积极引进优秀智力资源，大力推动了学校产学研机构与国际及港澳台交流与合作。新签署校际交流协议13份，续签校际交流协议7份，签署校际交流协议达12个国家68所院校。接待大学访问团组83个，派出校级访问团组7个。获得国家外国专家局总计864万元（96人/年）的经费资助。其中，两个引智基地获得“111创新引智计划”项目各10人/年、总计180万元的经费资助，15个教育部重点项目获得48万元经费资助。召开国际学术会议13场，其中，人文社科类7场，科学技术类6场。参会的外国及港澳台地区专家、学者200余人次。留学生工作取得新进展,留学生总规模为2 065人,较2005年增长22%。自费留学生全年学费上缴1 152万元,较2005年增长15%。长春理工大学成功申报了吉林省对外汉语教学培训中心,组织完成了国家商务部“非洲国家工商管理人员培训项目”的申报工作。招收留学生49人,聘请外籍教师22人次,与国外大学、科研院所签署友好合作协议5项,引进美国亚利桑那大学光学原版教材工作进展顺利,派出12名中青年骨干教师赴美国波特兰大学进行培训。获得省市外专局引进派出项目经费35万元,申报国外科技合作项目11项。吉林艺术学院已先后与加拿大、德国、俄罗斯、韩国、日本、新加坡等10个国家的22所著名艺术院校建立了友好校际关系,并邀请了俄罗斯列宾美术学院院长阿尔卡吉耶维奇等一批国际大师担任学院的客座教授。目前,学院已与新加坡淡马锡设计学院、韩国汉阳大学等国外大学开展学生交流培养工作,并定期选派优秀教师和学生出国进修、参展,同时也邀请国外专家、学者来学院任教、交流。先后承办各类国际性和区域性学术会议、艺术赛事20余次,既开阔了艺术教育视野,也推进了国际教育资源的共享。

5. 千方百计增加资金投入,加大学校基础设施建设力度。为适应高等教育事业长远发展需要,各高校进一步改善办学条件和校园环境,在加强原有校园环境设施建设、管理、维修和改造的基础上,千方百计筹措资金,加大学校基础设施建设的力度,使校园面貌得到明显的改善,为学校的快速、健康、可持续发展提供了坚强有力的保障。吉林大学全年组织实施了266项共1 938.7万元的房屋及基础设施维修改造工程,受益的教工近千户。长春理工大学完成了计算机收费系统、服务器升级、磁盘阵列扩容,馆藏电子资源整合工作,完成了南校区校园网规划及建设工作,实现东、西、南三个校区网络互联互通,与中国教育科研网吉林省分公司及吉林大学网络中心协商,促成学校教育网主干出口光缆与吉林大学直接互连,使学校教育网出口带宽增至100兆。对Blackboard教学平台系统进行了升级改造,家属区及学生公寓网络建设进展顺利。吉林建筑工程学院图书及设备投入近300万元,电子阅览、办公用微机全部更新,购进25万册电子图书,完成6 000张光盘的建库工作,全年加工图书24种10余万册,藏书总量达65万册。利用校园网络平台,实现了办公、管理、教学、科研一体化的应用与管理。有2 000个信息点,连网机器近千台;建立了校园网站和数字图书馆,有电子图书10万册;建立了中国期刊网镜像;开设了画法几何等10门网络课程。现有68名网上注册教师,30余门注册课程,2 000多名学生通过校园网进行学习。长春大学完成了2 100平方米机械学院实习训练中心建设,实现了当年报建开工、当年投入使用的目标。完成了400米塑胶跑道标准体育场建设,铺塑胶7 368.12平方米,人造草坪7 974.78平方米,修建看台1 236.74平方米,修建篮球场地9块,排球场地8块。完善了基础设施建设,保障了学校的教育教学工作。

【科研工作】　1. 科研立项取得新成绩。东北师范大学有24项课题获教育部人文社会科学规划立项,1项课题获国家社科基金重大项目立项,实现了学校该项目零的突破。自然科学研究方面,有21项课题获批2006年国家自然科学基金项目。长春理工大学新增立项160项。承担国防863项目1项、国防973项目1项、国家自然科学基金项目5项、国防科工委国防基础科研项目4项、总装备部预研共用技术项目7项、教育部博士点基金项目1项、演示验证项目1项。总装新品型谱、国家型号任务、基地等军工单位工程类项目23项。科研经费到位4 546万元;吉林农业大学年到位科研经费首次超过4 000万元,经费总量创历史新高。共争取到各类科研项目132项,其中,主持国家科技支撑计划重大项目、国家“863”重大项目、农业部“948”重大项目、教育部重大项目培育资金项目各1项,自然科学基金项目、科技部农业科技成果转化资金项目、国家星火计划各8项,科研项目数量和质量均有较大突破。

2. 科研成果实现新突破。吉林大学继续实施了《吉林大学进一步发展繁荣哲学社会科学行动计划》,科研成果喜人。共获第四届中国高校人文社会科学研究优秀成果二等奖3项、三等奖6项,获第二届全国法学教材与科研成果一等奖1项、二等奖1项、三等奖1项，获吉林省第五届教育科学优秀成果一等奖7项、二等奖5项、三等奖24项。文科教师承担各级各类科研项目199项，获资助经费1 220.6万元。获得国家科技奖5项，其中，自然科学二等奖1项、技术发明二等奖1项、科技进步二等奖3项，获奖种类和数量实现新突破。科技经费到款近5亿元，横向科技经费突破7 000万元，新签订合同经费额超过3亿元，均创历史新高。基础研究成效显著，高新技术研发实力进一步提升，自然科学基金面上项目经费越升全国第11名，“863”和国家科技支撑计划项目合同经费总额超过1亿元。SCI收录论文首次突破1 000篇，学术论文的数量和质量继续保持全国高校前列，2006年公布的学校2005年被SCI收录论文数为1 077篇，在全国高校中排名第8位；被ISTP收录论文数为420篇，在全国高校中排名第13位。国际论文被引用1 089篇/2 990次，在全国高校中排名第9位。

3. 产、学、研结合成效显著。高校积极开展科研工作，促进科技成果转化，科研产业工作持续发展。吉林大学科技园坚持技术创新、管理创新、自主创新，着力构筑科技孵化平台，2006年园区新孵化企业4家，新增注册资本1 100万元。吉林农业大学科教兴农与成果转化再创佳绩。承担国家星火计划项目8项，7人被确定为省、市科技专家特派员。目前，学校共承担建设科技示范区17个，专家大院35个，选派科技专家特派员17人。通过参加省内外的项目推介会、博览会、科技节等活动，对外推介科技成果，培训农民达5万余人次。在第六届长春国际农业食品博览会上，吉林白鹅、东北梅花鹿、农大黑白花奶牛喜获金奖，签约金额250余万元，取得了可观的经济效益和社会效益。长春中医药大学利用参加“东北亚投资贸易博览会”、加入“投资信息网”及各种项目推介会等平台，积极推介学校的新药研发项目。完成了新药“肝脂溶冲剂”转让合同中的全部研究内容，获转让经费100万元。新增转让与合作研发项目1项，合同经费600万元。

4. 科技合作与交流进一步拓展。2006年，全市高校进一步加大了国际、国内科技合作与交流的力度，扩大了学校的影响，提升了学校的知名度，也为长春市在国内、国际树立良好形象创造了必要条件。吉林大学成功承办了全国第二十五届化学年会、中央实施马克思主义理论研究和建设工程马克思主义哲学教材组学术研讨会和2006全国博士生学术论坛等重大会议。全年共举办国内学术会议32次，国际学术会议17场，各类学术讲座561场，在校园内营造了良好的学术氛围。吉林农业大学承办了全省星火科技培训研讨班、社会主义新农村建设高层论坛、全国药用植物和植物药学术研讨会、中国生物工程学会2006年学术年会暨全国生物反应器学术研讨会、全国首届“家政学专业学科建设研讨会”等大型学术、研讨会议。

【党建工作】 高校党的领导班子是学校的领导核心。市高校工委在总结先进性教育活动的基础上，从加强领导班子的思想政治建设入手，全面提高高校领导班子的思想政治素质和驾驭全局工作的能力。建立健全了高校领导班子建设工作机制，包括坚持完善党委领导下的校长负责制、党委理论中心组学习机制、作风建设的机制、能力建设的机制等等，努力把高校领导班子建设成为带领全体师生员工奋力推进学校事业改革发展的带头人。各高校党委按照“社会主义政治家、教育家”和“办人民满意的教育”的要求，始终坚持认真学习党的基本路线和基本理论，学习社会主义市场经济知识，学习邓小平理论和“三个代表”重要思想，树立和落实科学发展观，按照构建和谐社会的要求，不断提高理论水平、政策水平、思想觉悟和驾驭市场经济的能力。基层党组织的战斗堡垒作用和党员的先锋模范作用得到充分发挥。基层党组织是高校全部工作和战斗力的基础。通过先进性教育活动的开展，全市绝大多数高校通过合理设置和调整基层党组织，把基层党组织建立在能够相对独立完成教学、科研、后勤等工作任务的实体上，尽可能与行政组织对应设置，把党总支、党支部设在学院、系、部。在此基础上，各基层党支部通过建立健全各项组织制度，加强政治理论学习，规范党员的言行，提高党员的政治觉悟，为充分发挥基层党组织的战斗堡垒作用和党员的先锋模范作用奠定了坚实基础。各高校还注重做好青年教师和学生党员发展工作，努力培养和造就了一支政治坚定、业务精湛的优秀青年教师和学生党员队伍。目前,长春高校中有大学生党员31 503人,占学生总数的11%。做好学生党员发展工作,加强学生思想教育工作,离不开一支好的组织员队伍,市高校工委抓住机会,适时举办了为期1周的第十届长春高校组织员培训班,对在长高校60多名组织员进行了系统的培训,进一步提高了他们做好组织发展工作的能力和水平。

【宣传思想工作】　一是抓好理论中心组学习,充分发挥高校理论中心组的示范带动作用,提高高校领导干部的理论水平。同时,结合实际,注重实效,在集中学习与自学相结合的基础上,通过举办报告会、研讨会、座谈会、读书交流会、中心组学习经验交流会、撰写理论文章等形式开展学习活动。二是按照省、市委的统一要求,全市高校系统开展了向谭竹青学习活动,并把它作为高校系统加强队伍建设的重要举措。市高校工委以文件的形式下发了《关于在长春高校系统深入开展向谭竹青同志学习的通知》,对整个高校系统的学习活动做出了系统安排,组织广大师生参观了谭竹青事迹图片展,并召开了由高校组织部长、宣传部长、学生工作部长和学生党员代表参加的学习谭竹青精神座谈会,把学习谭竹青活动不断引向了深入。三是以开展向周振华学习活动为载体,促进高校系统职业道德建设。市高校工委和市总工会在联合发出《关于在全市广大职工中开展向周振华同志学习的决定》的同时,组织召开了周振华同志先进事迹报告会,号召全市广大职工群众以周振华为榜样,弘扬无私奉献的精神,做好自己的本职工作。四是以学习贯彻“三个代表”重要思想为重点,以第九届“长春高校专家、学者报告团”为依托,深入开展了“送理论进校园”活动,据不完全统计,全年为高校师生和广大干部群众做报告和讲座达百余场,有力地推动了全市高校和广大干部群众的政治理论学习。五是区分层次,开展有针对性的学习和研究。发挥高校专家学者的作用,对重大理论问题进行深入研究。发挥高校党团组织的作用,分层次抓好学生党支部、党小组的理论学习,抓好学生辅导员、学生党员、学生干部的理论学习。

【学生工作】　1. 大学生思想政治教育得到加强和改进。全市高校深入贯彻落实《中共中央、国务院关于进一步加强和改进大学生思想政治教育的意见》,抓住校风、学风和教风建设不放松,大力推进师德师风、立德树人和思想政治教育长效机制建设,在发挥政治理论和思想品德“两课”主渠道作用的同时,利用各类协会、社团组织和网络阵地,开展丰富多彩的思想政治教育活动。努力转变工作理念和工作方式,尊重大学生的主体地位,关注大学生的精神世界,从“我说你听”式向“互动、交流、沟通、辩论”式转变,使思想政治工作更加贴近大学生的思想实际和生活实际。市高校工委对在长高校近百名新上岗的辅导员进行了教育学、心理学、卫生防疫等方面知识的培训和形势教育,通过开展培训、交流、参观爱国主义教育基地、过“军营一日”等形式,提高了他们做好思想政治工作的能力和水平。

2. 特困生和毕业生工作措施得力。为了确保贫困学生顺利完成学业,各高校党委十分重视并且认真做好特困生资助工作,加强对他们的思想教育,引导他们自强自立,抓好奖、贷、勤、助、补、减工作,确保了特困生的正常学习。长春理工大学成立了“学生资助管理中心”,修订了《经济困难学生管理办法》、《勤工助学管理办法》等,使经济困难学生的认定、奖、助和管理工作更加规范透明。开设“绿色通道”,保证了261名2006级新生通过绿色通道顺利入学。为部分家庭经济特别困难学生发放了被褥和免费餐券。全校教职工为2006级经济困难学生捐款100 685元,共364名学生得到资助。继续采取“奖、贷、减、免、补、帮”等有效措施和实施“营养工程”、“温暖工程”、“亲情工程”,拿出90余万元保证了经济困难学生正常的学习和生活。有728人获得国家助学金,金额达109万元。争取到国家助学贷款223.185万元,共507人受益。长春大学根据《长春大学关于进一步加强和改进学风建设的意见》,为75名学生发放国家奖学金30万元,为504名学生发放国家助学金75.6万元。确保“绿色通道”通畅,保证家庭经济困难学生顺利入学。在新生入学期间,共有141名学生办理了绿色通道手续,缓交学费金额达49万元。吉林工程技术师范学院合理地调整勤工助学岗位,满足了现有特困岗位需要。经过学校与银行协调,使占全校学生总数20%的困难学生争取到了中行的国家助学贷款，缓解了特困生的经济压力和精神负担。积极协调保险公司，及时进行学生保险的申报和理赔工作，减少学校及大学生的经济损失，维护了学生的切身利益。随着高等教育大众化进程的加快，全市各高校招生的人数日益增多，毕业生就业工作也相应进入了一个新阶段，做好毕业生就业工作是保障高等教育持续、健康发展的前提之一，全市各高校十分重视就业工作，都成立了专门的管理和服务机构，积极构建毕业生就业指导和服务体系，培育就业市场，拓宽就业渠道，使毕业生就业率得到了稳步提高。长春理工大学完成了就业信息网的第六次改版工作，派人走访用人单位，参加各类校企座谈会，广泛收集信息。先后派遣7组人员，到江浙、京津沪、广州、四川、重庆、西安、山东等地走访用人单位，同时积极参加广州、杭州、兰州、上海、青岛等地举办的校企座谈会，并通过中国企业网、中国人事报刊等媒介，积极对外宣传学校，发布2007届毕业生信息。出版就业指导报，编写就业指导手册，加强了对学生的就业指导。派出8人参加全国、全省就业指导教师培训，提高就业指导水平。举办了2次大型供需见面会，3次地区组团供需见面会，60余场专场供需见面会。一次性就业率达到93.6%。长春中医药大学举办了2次大型就业洽谈会，组织召开了45场中小型洽谈会。完善了就业基地建设，开辟了新的就业市场，全年共派遣22个就业工作联络小组，分赴全国11个省份，为毕业生广泛联系用人单位。学校一次性就业率91.2%。扎实做好大学生志愿服务西部计划和“三支一扶”工作，2006届毕业生中共有16人参加大学生志愿服务西部计划和“三支一扶”项目。

3. 主题教育活动扎实有效。全市高校以理想信念教育为核心，开展丰富多彩的主题教育活动，加强对大学生思想政治教育，取得了明显成效。吉林大学开展“加强风气建设，构建和谐吉大”为主题的系列活动。从政治风气、学习风气、文体风气、文明风气、健康风气等五个方面入手，深入开展树立社会主义荣辱观教育、爱国主义教育、理想信念教育和公民道德教育以及素质教育。以“思想、理论、人生100讲”系列专题讲座为代表的系列教育活动，受到同学们的热烈欢迎和积极响应，收到了很好的教育效果。长春理工大学以“理想信念教育、爱国主义教育、思想道德教育、素质教育”为主题开展思想教育活动。开展了“知荣明耻，树理工新风”活动，引导学生树立社会主义荣辱观。深入开展“红色旗帜”活动，充分发挥学生党员的先锋模范作用。开展了“对话”专题活动，加深了形势政策教育。开展“防治艾滋病”大型宣传活动，举办“成才之路”优秀毕业生报告会，开展“迎亚冬盛会，树文明新风”等专题活动，取得良好效果。通过加强形势与政策教育，提高了学生的政治素养。通过加强学生党员自身建设，发挥了党员的模范带头作用。

4. 大学生思想政治工作队伍建设不断加强。全市高校都非常重视大学生思想政治工作队伍建设，制订计划，完善机制，为进一步提高大学生素质打下了坚实基础。吉林大学选聘64名机关干部担任学生班主任，选聘300名优秀学生干部担任辅导员助理，建立了专职辅导员、机关干部兼职班主任、优秀学生干部兼任辅导员助理的学生教育和管理队伍体系。继续实施《吉林大学红色园丁——学生工作干部四五六培训计划》，将辅导员的岗前培训和在岗培训相结合，专项培训和日常培训相结合，组织开展了辅导员思想政治教育培训等近10次，培训辅导员上千人次。长春理工大学出台《关于进一步加强辅导员、班主任队伍建设的意见》，修订了辅导员选拔、培养、考核办法，完善了体系建设。修订《班主任工作手册》和《辅导员工作手册》，强化规范化管理。开展了学工队伍基本技能、管理能力、业务素质方面的培训。还规范了学生干部培训制度，完善了学生组织的各项制度建设，积极引导学生组织发挥自身的能动性。全年由学生组织开展的大型活动达40多项。

【精神文明建设】 1. 校园文化活动精彩纷呈。在坚持荣辱观教育“进教材、进课堂、进学生头脑”基础上，积极开展了“新三进”即“进社团、进公寓、进网络”活动，同时通过组织文艺演出、座谈会、报告会和征文比赛等活动，使“八荣八耻”的基本要求为广大学生所熟知，为大学生树立正确的世界观、人生观、价值观奠定了思想基础。深入开展了“高校文明杯”竞赛活动，对系统内已有的省级文明单位进行了重新遴选、申报、检查和考核，提高了精神文明创建工作水平。以“捐一册书、献一份爱心、放飞一片希望”为主题，以“提高综合素质、贡献青春智慧、践行‘八荣八耻’”为口号，在大学校园中开展了“我为乡村伙伴捐一册书”活动，共筹集各类图书、杂志、期刊12万余册。大学生们还积极投身全市“万名大学生进社区”、“革除十大陋习，树立文明新风”和“双无双文明”等创建活动，在迎接和举办亚冬会过程中，大学生志愿者踊跃参与，无私奉献，为办好这次国际性综合体育赛事做出了重要贡献，展现了新一代大学生的良好精神风貌，以实际行动践行了社会主义荣辱观。吉林大学坚持组织育人、文化育人、实践育人、服务育人相结合，实施“大学生素质拓展计划”，校园文化活动异彩纷呈。策划组织了“引领先锋生活，展示文明风貌”系列活动。成功承办了“五月的鲜花”全国大学生“北国春潮”大型校园文艺演出。继续开展了“挑战杯”等系列校内学生学术科技创新竞赛活动。在第五届“挑战杯”飞利浦全国大学生创业计划竞赛上，学校医达创业团队荣获金奖。坚持开展“三下乡”社会实践活动，组织了25 000多人、近100个社会实践团队。东北师范大学成功承办了第六届亚冬会开幕式文艺演出，这是国内首次由一所大学承办国际性体育赛事开幕式的文艺演出，受到了全世界的好评。由音乐学院师生创作的群舞《进城》走进了中央电视台春节联欢晚会，得到了全国亿万观众的一致认可。在第五届“挑战杯”中国大学生创业计划大赛中，东北师大学生代表队“梦之队”的作品夺得大赛银奖，这是学校历年来在该项大赛中取得的最好成绩。通过组织开展一系列的文化、艺术、体育活动，进一步提高了大学生的思想道德素质和科学文化素质，浓厚了校园文化氛围，营造了良好的育人环境，巩固了精神文明建设成果，营造出了健康向上、文明幽雅的校园环境，并且在活动中选树了一批先进典型，有力地推动了高校精神文明创建工作整体水平的提高。

2. 社会实践活动丰富多彩。继续开展大学生“三下乡”社会实践和“四送一做”志愿者服务活动。长春理工大学青年志愿者深入社会送温暖，献爱心。创建“主题团周”活动，以社会调查、社区服务、知识竞赛、青年志愿者服务等作为实践形式，让大学生们广泛参与。学校还组织大学生积极参与暑期社会实践，发出暑期社会实践登记表8 000余份，组成3支社会实践团，有针对性地开展了社会服务、文化服务和科技服务，取得显著成效。以大学生为主体开展了丰富多彩的军民共建活动。成功承办了第四届全国大学生攀岩锦标赛，学校代表队夺得了3个团体第一名和6个单项第一名。吉林建筑工程学院扎实开展了“三下乡”社会实践活动和社会主义新农村建设帮扶工作。一年来，全校30多支社会实践小分队2 000余名大学生参加了暑期的社会实践活动。在帮扶德惠市社会主义新农村建设工作中，学校组织师生利用近1个月的时间，对布海镇升阳村、郭家镇东岗村两个试点村进行测绘，测绘面积达300多万平方米，并完成了两个试点村规划设计任务。2006年，学校被团省、市委评为社会实践先进单位，赴德惠市社会主义新农村规划建设社会实践小分队被评为优秀团队。长春大学以暑期“三下乡”、寒假社会调查为主要内容的社会实践运行机制日趋完善。2006年暑期，组织12支社会实践小分队及万余名学生志愿者奔赴各地，开展以“践行荣辱观服务新农村”为主题的“三下乡”社会实践活动，并得到梅河口电视台、德惠市电视台、《吉林日报》、《长春日报》、《长春晚报》、《新文化报》等多家媒体的深入报道。组织往届毕业生跟踪调查和社会用人单位人才需求信息调研活动。5 000余名学生参加调研，走访了16 312家用人单位，收集有关人才需求资料和信息2 000余条，形成调研报告1 500余份，调查了往届毕业生1 000余人，收集合理化建议和意见近百条。选拔149名大学生志愿者参加了东博会的志愿服务工作，负责展会期间的导游、礼仪、文秘、解说、翻译。选拔44名志愿者参加了亚洲冬季运动会的志愿服务工作。他们出色的工作得到了组委会领导的肯定和赞扬，有10名志愿者获得杰出志愿者称号，32名志愿者获得优秀志愿者称号，学校被评为突出贡献单位及优秀组织奖。

（陶树海）

2006 年长春市高校教学、科研队伍情况一览表

单位：人、个

学校	学科带头人		享受政府特殊津贴			突出贡献的专家学者			硕士学位授权点	硕士生指导教师	博士学位授权点	博士生指导教师	博士后流动站	院士数		重点学科		重点实验室	
	国家级	省级	国家级	省级	市级	国家级	省级	市级						科学院	工程院	国家级	省级	国家级	省部委级
吉林大学	19	78	590		8	14	388	8	278	3 014	191	737	27	15	5	17	78	5	23
东北师范大学			156		3	5	72		142	772	75	272	8	1		4	25	1	10
长春理工大学	3	11	36		2		12	5	44	450	11	55	1			1	11	1	3
吉林农业大学		3	46			2	19	6	47	302	13	33	1				10		7
长春中医药大学		8	33				16		22	115	3	20					8		1
长春工业大学		9	23		1	1	11		35	320		15					9		
长春税务学院			2				8	2	20	109		2					7		
吉林建筑工程学院			5			1	3	2	12	60							4		1
长春大学			11			2	7	3		21							1		1
长春师范学院		3	7				4	2	6	47							2		
吉林工程技术师范学院			1			2											1		
吉林艺术学院			5				5		5	82							4		
吉林体育学院				1					4	19							2	1	1
长春工程学院			15					1									1		
吉林工商学院				1												1			
长春医学高等专科学校			1		1														
吉林交通职业技术学院	1																		
吉林俄语专修学院	1		1																
吉林理工大学光电信息学院			1																
吉林建筑工程学院城建学院		1	3				1			6		1			1				
长春大学旅游学院	2	1								1									
总　计	26	114	936	2	15	27	546	28	615	5 318	293	1 135	37	16	16	23	163	8	47

2006 年在长高校概况一览表

单位：岁、人

学校	现职校级领导数					在校学生数					招生数					毕业生数					专任教师数					
	均龄	男	女	党员	其他	计	专科	本科	硕士	博士	计	专科	本科	硕士	博士	计	专科	本科	硕士	博士	计	教员	助教	讲师	副教授	教授
吉林大学	50.1	10	1	11		63 204	1 701	39 175	15 766	5 486	16 492	539	9 250	5 161	1 542	15 438	1 296	10 073	4 096	1 005	6 057	2	1 045	1 942	1 775	1 293
东北师范大学	49	9	1	9	1	20 772		15 191	4 645	936	5 972		3 610	2 073	325	6 306		4 105	2 086	115	1 281		166	357	409	349
吉林农业大学	49	8		8		17 961	923	15 012	1 268	126	4 688	233	3 797	618	40	3 338	208	2 775	336	8	954	45	259	316	219	115
长春理工大学	51.5	6		6		19 139	1 406	15 161	2 363	209	5 039	260	3 790	936	53	4 819	816	3 579	416	8	968		260	303	270	135
长春工业大学	49	9		9		15 968	2 326	12 474	1 168	0	5 050	1 551	3 055	444		3 838	757	2 846	236		922	13	173	334	319	96
长春税务学院	52	7		7		9 807		9 260	547		3 208		2 991	217		023		1 930	93		620	2	198	129	182	109
吉林建筑工程学院	54	8		7	1	9 395	957	8 240	198		2 614	438	2 087	89		1 875	309	1 566			514	15	116	166	158	59
长春中医药大学	53	5	2	7		7 246	1 155	5 543	518	30	1 820	334	1 286	191	9	1 853	843	891	119		570	30	97	115	199	129
长春大学	50.4	8	1	9		11 743	718	11 025			3 388	306	3 082			2 830	694	2 136			710		201	260	178	71
长春师范学院	51	6	1	6	1	14 498	1 352	13 146			3 365	283	3 082			4 633	1 435	3 198			557		244	120	135	58
吉林工程技术师范学院	48.99	7	1	7	1	7 564	867	6 697			2 494	515	1 979			1 939	819	1 120			476	52	132	141	125	26
吉林艺术学院	54	6		6		5 048	438	4 383	227		1 917	85	1 741	91		1 311	132	1 139	40		386	10	103	106	129	38
吉林体育学院	53	5	1	6		5 619		5 619			1 559		1 559			939		939			371		154	85	103	29
长春工程学院	52	8		8		13 517	1 328	12 189			3 873	781	3 092			3 759	998	2 761			777	41	158	256	292	71
长春金融高等专科学校	52	4		4		4 685	4 685				1 605	1 605				1 530	1 530				219	219	41	16	56	6
吉林财税高等专科学校	50	5		5		4 696	4 696				2 930	1 820				1 300	1 300				154		23	56	63	12
吉林商业高等专科学校	51	5	1	6		4 304	4 304				1 840	1 840				1 432	1 432				186		49	74	54	6
吉林粮食高等专科学校	52	9		9		30 587	3 057				1 010	1 010				1 360	1 360				182	55	22	74	55	9
长春医学高等专科学校	51	5	3	8		5 870	5 870				1 844	1 844				2 659	2 659				248	31	72	61	69	15
吉林交通职业技术学院	52	5		5		4 707	4 707				4 879	1 879				1 438	1 438				248	19	72	85	64	8
吉林华桥外国语学院	49	5	1	5	1	6 499	830	5 669			1 547		1 547			1 025	611	414			265	265	98	35	15	26
长春东方职业学院	72	7		7		1 206	1 206				544	544				193	193				196	3		10	76	107
吉林俄语专修学院	53	5	1	4	2	2 230	1 308	822			896	412	484			338	338				123	29	65	32	15	11
长春汽专工业高等专科学校	51	4		4		5 824	5 824				1 446	1 446				1 900	1 900				187	1	25	56	100	5
吉林公安高等专科学校	47.7	7	1	8		2 112	2 112				802	802				721	721				119	119	26	39	45	9
吉林司法警官高等职业学校	51	6		6		1 548	1 548				638	638				286	286				110	6	13	39	38	4
吉林建设工程学院城建学院	53	4	1	5		6 842		6 842			1 760		1 760			1 092		1 092			366	15	107	87	111	46
吉林建筑工程学院装饰学院	44.3	3	3	5	1	6 178		6 178			1 692		1 692			576	576				540	174	116	100	121	29
吉林农业大学发展学院	50	4	1	4	1	7 221	579	6 642			2 203	210	19 963			827	180	647			356	202	36	43	51	24
长春理工大学光电信息学院	50	5		5		5 879		5 879			2 000		2 000			946		946			313	189	62	14	35	13
长春大学旅游学院	55.5	4	1	5		2 380	80	2 300			1 600		1 600			545		465			45		32	5	4	
总计	52	173	16	182	7	266 043	53 318	6 842	26 700	6 787	79 110	19 165	48 192	9 820	1 969	70 175	22 085	39 665	7 422	1 136	17 766	972	3 919	5 294	5 254	2 845

2006 长春市高校科研教学成果获奖情况一览表

单　位	作　者	获奖项目	获奖名称	获奖等级
吉林大学	徐如人	开放骨架磷酸铝新结构类型的开拓	科学技术部自然科学奖	二等奖
吉林大学	任露泉	地面机械脱附减阻仿生技术	科学技术部发明奖	二等奖
吉林大学	胡　平	车身结构及部件快速精细设计、制造分析 KMAS 软件系统	科学技术部自然科学奖	二等奖
吉林大学	杨兆升	城市道路智能交通系统理论体系、关键技术及工程应用	科学技术部自然科学奖	二等奖
吉林大学	刘大有	农业专家系统研究及应用	科学技术部自然科学奖	二等奖
吉林大学	林　君	浅层全程瞬变电磁探测仪器及应用	科学技术部自然科学奖	二等奖
吉林大学	王德民	中国下一代互联网示范工程 CNGI 示范网络核心网 CNGI－CERNET2/6IX	教育部科技进步奖	一等奖
吉林大学	陈　虹	非线性预测控制系统的稳定性研究	教育部自然科学奖	二等奖
吉林大学	李　勇	广义 Hamilton 系	教育部自然科学奖	一等奖
吉林大学	王璞珺	松辽盆地北部深层火山岩储层研究	国土资源部科技进步奖	二等奖
吉林大学	裘式纶	纳米孔道材料的合成、组装与性质研究	吉林省科技进步奖	一等奖
吉林大学	赵丁选	运动的在线模拟技术及同步记录技术研究	吉林省科技进步奖	一等奖
吉林大学	李玉林	成体干细胞组织工程研究及其产业化前关键技术	吉林省科技进步奖	一等奖
吉林大学	蒋　青	纳米材料的相变热力学	吉林省科技进步奖	一等奖
吉林大学	周春光	基于“人像识别系统”技术的应用产品研制开发	吉林省科技进步奖	一等奖
吉林大学	张书慧	大规模现代农业数字化技术应用研究与开发	吉林省科技进步奖	一等奖
吉林大学	王玉平	吉戎兔选育及产业化生产配套技术研究	吉林省科技进步奖	二等奖
吉林大学	董德明	自然水体生物膜分离方法及其吸附特性的研究	吉林省科技进步奖	二等奖
吉林大学	张学成	倒码式力标准机自动控制技术	吉林省科技进步奖	二等奖
吉林大学	孙吉贵	粮食管理信息智能决策支持系统	吉林省科技进步奖	二等奖
吉林大学	梁继才	气体辅助注射成型技术的研究与应用	吉林省科技进步奖	二等奖
吉林大学	刘寒冰	寒冷地区碳纤维复合材料加固修补钢筋混凝土桥梁的理论与试验研究	吉林省科技进步奖	二等奖
吉林大学	王云鹏	汽车制造业供应链协同技术研究及其应用	吉林省科技进步奖	二等奖
吉林大学	吴文福	智能粮食水分自动检测仪及其专用测控系统	吉林省科技进步奖	二等奖
吉林大学	何樵登	基于保真去噪的高分辨率和储层预测地震数据处理系列及其应用	吉林省科技进步奖	二等奖
吉林大学	方艳秋	应用体外培养系统诱导肿瘤特异性 CTL 治疗恶性肿瘤的相关研究	吉林省科技进步奖	二等奖

续表

单 位	作 者	获奖项目	获奖名称	获奖等级
吉林大学	孔 红	重组人细胞间黏分子1高效表达质粒的构建	吉林省科技进步奖	二等奖
吉林大学	张 捷	肺间质纤维化与SARS的临床诊治和免疫分子机制的研究	吉林省科技进步奖	二等奖
吉林大学	睢大员	西洋参茎叶药用研究－西洋参茎叶总皂苷、心悦胶囊的新药研究	吉林省科技进步奖	二等奖
吉林大学	孟祥伟	干扰素受体与慢性肝病干扰素治疗的研究	吉林省科技进步奖	二等奖
吉林大学	李珊山	性传播性沙眼衣原体感染的定性、定量检测及其分子流行病学研究	吉林省科技进步奖	二等奖
吉林大学	李然伟	抗人膀胱癌/抗VEGF双功能基因抗体研究	吉林省科技进步奖	二等奖
吉林大学	赵节绪	散发性克－雅氏病基因检测基因型与临床表型的关系及危险因素的研究	吉林省科技进步奖	二等奖
吉林大学	王亚军	自动监测小夹板的开发及临床应用	吉林省科技进步奖	二等奖
吉林大学	高普均	β_2蛋白Ⅰ与免疫性疾病相关	吉林省科技进步奖	二等奖
吉林大学	金向群	赤芍等八味中药物质基础及提取模式的研究	吉林省科技进步奖	二等奖
吉林大学	饶明俐	降纤酶对局灶性脑缺血再灌注损伤保护机理的实验研究	吉林省科技进步奖	二等奖
吉林大学	隋大员	苦碟子注射液（曾用名碟脉）	吉林省科技进步奖	二等奖
吉林大学	陈 光	肠腔分流术治疗门脉高压症的基础研究及临床应用	吉林省科技进步奖	三等奖
吉林大学	孔祥波	微创经皮肾镜气压弹道超产碎石清石术治疗复杂肾结石	吉林省科技进步奖	三等奖
吉林大学	王龙山	外圆纵向智能磨削系统的研究	吉林省科技进步奖	三等奖
吉林大学	刘耀辉	壳型工艺下新型铸态球铁及轿车曲轴产业化	吉林省科技进步奖	三等奖
吉林大学	王铁山	轻轿车制动器惯性试验台的研究与开发	吉林省科技进步奖	三等奖
吉林大学	谭庆昌	平面式永磁屏蔽泵系列产品开发研究	吉林省科技进步奖	三等奖
吉林大学	杨兆军	微孔钻削力在线检测关键技术研究	吉林省科技进步奖	三等奖
吉林大学	柳忠辉	激活素受体相互作用蛋白3的基因克隆	吉林省科技进步奖	三等奖
吉林大学	刘睿智	精子顶体酶活性影响因素研究	吉林省科技进步奖	三等奖
吉林大学	赵 华	孕烷醇酮在大鼠应激性高血压发病中的作用和机制	吉林省科技进步奖	三等奖
吉林大学	李 娟	长白山锦灯笼有效成份及抗咽炎作用的实验研究	吉林省科技进步奖	三等奖
吉林大学	蔡 莉	吉林省企业经营管理者任职资格评价体系	吉林省科技进步奖	三等奖
吉林大学	杨永健	ATM网络操作维护及预防控制专家系统	吉林省科技进步奖	三等奖
吉林大学	刘衍珩	移动IP网络中基于策略的管理机制研究	吉林省科技进步奖	三等奖
吉林大学	鲁继荣	吉林省儿童哮喘发病率、病因、细胞	吉林省科技进步奖	三等奖

续表

单　位	作　者	获奖项目	获奖名称	获奖等级
吉林大学	杨　萍	生长激素对心肌细胞信号传递的影响及抗心衰作用的临床观察	吉林省科技进步奖	三等奖
吉林大学	何成彦	树突状细胞/瘤细胞融合疫苗的制备及特异性抗肿瘤免疫作用的研究	吉林省科技进步奖	三等奖
吉林大学	田　宇	苯乙酸对胶质瘤细胞中基因表达的调控	吉林省科技进步奖	三等奖
吉林大学	孙珉丹	中国性成熟期女性维生素 D 受	吉林省科技进步奖	三等奖
吉林大学	迟宝荣	酒精性肝病基因诊断及其治疗药物开发的研究	吉林省科技进步奖	三等奖
吉林大学	张民夫	我国腹股沟肉芽肿二例首报及其病因的研究	吉林省科技进步奖	三等奖
吉林大学	所　剑	Fe3 + 改性羧甲基纤维素对腹腔黏连预防作用的研究	吉林省科技进步奖	三等奖
吉林大学	许　宁	反义端粒酶基因治疗膀胱癌的实验研究	吉林省科技进步奖	三等奖
吉林大学	韩丽英	原因不明反复流产免疫相关因素的研究与应用	吉林省科技进步奖	三等奖
吉林大学	宋　燕	NO 在内毒素休克中的作用及治疗的研究	吉林省科技进步奖	三等奖
吉林大学	朱　松	电化学方法提高金瓷结合强度	吉林省科技进步奖	三等奖
吉林大学	王金成	系列组织工程骨移植新材料的研制和临床应用研究	吉林省科技进步奖	三等奖
吉林大学	李东复	胃癌组织 p53、c－erbB－2、p21 和 nm23 基	吉林省科技进步奖	三等奖
吉林大学	杨淑琴	磁共振多层面心肌灌注成像对冠心病心肌缺血的定量诊断研究	吉林省科技进步奖	三等奖
吉林大学	林崇韬	复合生物膜的研制与开发	吉林省科技进步奖	三等奖
吉林大学	严超英	早期干预对改善新生儿缺氧缺血性脑病预后的研究	吉林省科技进步奖	三等奖
吉林大学	王　磊	肝癌基因疫苗的研制与开发	吉林省科技进步奖	三等奖
吉林大学	周秋丽	中药复方有效成份的系统研究	吉林省科技进步奖	三等奖
吉林大学	周　虚	优质母牛遗传资源保存与利用的新途径	吉林省科技进步奖	三等奖
吉林大学	梁继才	汽车注塑件气辅成型技术的研究与应用	中国汽车工业协会科技进步奖	二等奖
吉林大学	王铁山	轻轿车制动器惯性试验台	中国汽车工业协会科技进步奖	三等奖
吉林大学	王庆年	混合动力汽车试验技术及试验台架的研究开发	中国汽车工业协会科技进步奖	三等奖
吉林大学	李耀先　魏国峰　那崇武	香兰素合成新技术	中国石化和化学工业协会科技进步奖	一等奖
吉林大学	张文显	马克思主义法理学——理论、方法和前沿	第二届全国法学教材和科研成果奖	一等奖
吉林大学	赵新华	票据法问题研究	第二届全国法学教材和科研成果奖	优秀奖
吉林大学	孙正聿	思想中的时代——当代哲学的理论自觉	第四届中国高校人文社会科学研究优秀成果奖	二等奖
吉林大学	李守奎	楚文字编	第四届中国高校人文社会科学研究优秀成果奖	二等奖
吉林大学	贺　来	辩证法的生存论基础——马克思辩证法的当代阐释	第四届中国高校人文社会科学研究优秀成果奖	三等奖
吉林大学	宋冬林	老工业基地国有企业深化改革研究	第四届中国高校人文社会科学研究优秀成果奖	三等奖

续表

单位	作者	获奖项目	获奖名称	获奖等级
吉林大学	霍存福	权力场——中国政治的智慧	第四届中国高校人文社会科学研究优秀成果奖	三等奖
吉林大学	王胜今	中国人口与全面建设小康社会	第四届中国高校人文社会科学研究优秀成果奖	三等奖
吉林大学	彭诚信	主题性与私权制度研究——以财产、契约的历史考察为基础	第二届全国法学教材和科研成果奖	二等奖
吉林大学	邓正来	规则·秩序·无知——关于哈耶克自由主义的研究	第二届全国法学教材和科研成果奖	三等奖
吉林大学	崔卓兰　于立深	行政规章研究	第二届全国法学教材和科研成果奖	优秀奖
吉林大学	周光辉	互联网对国家的冲击与国家的回应	第四届中国高校人文社会科学研究优秀成果奖	三等奖
吉林大学	张福贵	意识的强化与中日比较文学研究的再发展	第四届中国高校人文社会科学研究优秀成果奖	三等奖
吉林大学	吕长江	上市公司资本结构、股利分配及管理股权比例相比作用机制研究	第四届中国高校人文社会科学研究优秀成果奖	三等奖
吉林大学	滕利荣　孟庆繁　逯家辉 孟　威　程瑛琨　王贞佐	创建实验教学精品实验室的实践与思考	第三届全国教育科学研究优秀成果奖	三等奖
吉林大学	吴小丁	大型零售店"进场费"和"优势地位滥用"规制	全国商务发展研究成果奖	优秀奖
吉林大学	沈亚生	关于我国高校哲学教学深层结构的改革问题	吉林省第五届教育科学优秀成果奖	一等奖
吉林大学	张福贵	教科书模式与多元化、个性化的学术要求	吉林省第五届教育科学优秀成果奖	一等奖
吉林大学	钱大军	反思与重构—以既有的法律思想史课程及其教科书为线索	吉林省第五届教育科学优秀成果奖	一等奖
吉林大学	王玉柱　张文显	21 世纪中国大学精神	吉林省第五届教育科学优秀成果奖	一等奖
吉林大学	陈秉公	以人为本的德育本体论解读	吉林省第五届教育科学优秀成果奖	一等奖
吉林大学	胡铁生	英语学位建设与老工业基地的振兴—英语学位建设的意义及吉林省英语学位建设现状调查	吉林省第五届教育科学优秀成果奖	一等奖
吉林大学	赵俊芳	我国高等教育大众化进程中的误区分析	吉林省第五届教育科学优秀成果奖	一等奖
吉林大学	岳　辉	朝鲜时代汉学师生的构成与特征分析	吉林省第五届教育科学优秀成果奖	二等奖
吉林大学	赵文学	英国高等职业技术教育的特点与发展趋势	吉林省第五届教育科学优秀成果奖	二等奖
吉林大学	宿久高	中国日语教育的现状与未来—兼谈《专业日语教学大纲》的制定与实施	吉林省第五届教育科学优秀成果奖	二等奖
吉林大学	刘海英	论人力资本增长的均衡性选择——基于中国教育状况的实证研究	吉林省第五届教育科学优秀成果奖	二等奖
吉林大学	孟庆繁　逯家辉	探索性实验是高素质创新型人才培养的有效途径	吉林省第五届教育科学优秀成果奖	二等奖
吉林大学	胡大威	高校体育课程教学评价体系的研究	吉林省第五届教育科学优秀成果奖	三等奖
吉林大学	戴　珂	球类专选课"联赛制"教学模式初探	吉林省第五届教育科学优秀成果奖	三等奖
吉林大学	毛志宏	《大学会计职业道德教育》课程建设初探	吉林省第五届教育科学优秀成果奖	三等奖

续表

单　位	作　者	获奖项目	获奖名称	获奖等级
吉林大学	侯治水	学习邓小平理论全面提高大学生素质	吉林省第五届教育科学优秀成果奖	三等奖
吉林大学	张大伟	浅谈网络教学中教师角色的正确定位	吉林省第五届教育科学优秀成果奖	三等奖
吉林大学	程英琨	实验是技能与知识的有机结合	吉林省第五届教育科学优秀成果奖	三等奖
吉林大学	徐一平	医学七年制计算机基础课程结构体系改革及培养应用能力的研究	吉林省第五届教育科学优秀成果奖	三等奖
吉林大学	曹成志	C语言程序设计教学中利用指针进行链表操作	吉林省第五届教育科学优秀成果奖	三等奖
吉林大学	浦文华	实例教学法在程序设计课程中的应用	吉林省第五届教育科学优秀成果奖	三等奖
吉林大学	张晓龙	对程序设计课程进行双语教学的一些体会	吉林省第五届教育科学优秀成果奖	三等奖
吉林大学	宋长龙　曹成志	《程序设计》课程应注重学以致用	吉林省第五届教育科学优秀成果奖	三等奖
吉林大学	李兴志	选拔优秀博士论文提高博士研究生素质	吉林省第五届教育科学优秀成果奖	三等奖
吉林大学	王志宏	内科临床实习“双向教学法”尝试	吉林省第五届教育科学优秀成果奖	三等奖
吉林大学	杨立明	临床医学专业硕士研究生的培养体会	吉林省第五届教育科学优秀成果奖	三等奖
吉林大学	宋丽华　周银铃	《护理学基础》实验教学的人文化改革与实验	吉林省第五届教育科学优秀成果奖	三等奖
吉林大学	李艳辉	急救医学课程设置及教学模式的实验与探讨	吉林省第五届教育科学优秀成果奖	三等奖
吉林大学	孙宏晨	多层面实践性教学模式在口腔医学实践中的应用	吉林省第五届教育科学优秀成果奖	三等奖
吉林大学	张　莉	罗杰斯“非指导性”教学法在口腔科学中的应用	吉林省第五届教育科学优秀成果奖	三等奖
吉林大学	马　宁	PDCA 循环法在口腔临床教学中的应用研究	吉林省第五届教育科学优秀成果奖	三等奖
吉林大学	朱　松	人文社会学教育与口腔医学教育的整合与实践	吉林省第五届教育科学优秀成果奖	三等奖
吉林大学	刘　红	口腔医学专业临床实习的教学改革与实践	吉林省第五届教育科学优秀成果奖	三等奖
吉林大学	张颖丽	浅析临床医学专业学位研究生教育	吉林省第五届教育科学优秀成果奖	三等奖
吉林大学	刘耀辉　朱　罡　柯景辉 祝　捷　柯　舒　张　杰	成人高等教育现状、发展趋势及改革实践	吉林省第五届教育科学优秀成果奖	三等奖
吉林大学	聂素滨　闫喜民	大学生健康教育课程体系的构建	吉林省第五届教育科学优秀成果奖	三等奖
东北师范大学	邬志辉	教育全球化:中国的视点与问题	吉林省第五届教育科学优秀成果奖著作	一等奖
东北师范大学	曲铁华	日本侵华教育全史(第一卷)	吉林省第五届教育科学优秀成果奖著作	一等奖
东北师范大学	董玉琦	信息技术课程与教学研究	吉林省第五届教育科学优秀成果奖著作	二等奖
东北师范大学	马云鹏	小学数学教育评价	吉林省第五届教育科学优秀成果奖著作	二等奖
东北师范大学	解月光	信息技术教学应用研究	吉林省第五届教育科学优秀成果奖著作	二等奖
东北师范大学	王景英	农村初中学生辍学问题研究	吉林省第五届教育科学优秀成果奖著作	二等奖
东北师范大学	张　明	成为合格的教师——心理健康教育	吉林省第五届教育科学优秀成果奖著作	三等奖
东北师范大学	史宁中	中国农村基础教育:问题、趋势与对策建议	吉林省第五届教育科学优秀成果奖论文	一等奖

续表

单　位	作　者	获奖项目	获奖名称	获奖等级
东北师范大学	袁桂林	农村义务教育"以县为主"管理体制现状及多元化发展模式初探	吉林省第五届教育科学优秀成果奖论文	一等奖
东北师范大学	杨兆山	关于建设和谐教育的几点思考	吉林省第五届教育科学优秀成果奖论文	一等奖
东北师范大学	邬志辉	发展性评估与普通高中的转型性变革	吉林省第五届教育科学优秀成果奖论文	一等奖
东北师范大学	于　伟	教育观的现代性危机与新路径初探	吉林省第五届教育科学优秀成果奖论文	一等奖
东北师范大学	柳海民	中国基础教育改革的理性诉求	吉林省第五届教育科学优秀成果奖论文	一等奖
东北师范大学	孙启林	全球化视域下的基础教育均衡发展	吉林省第五届教育科学优秀成果奖论文	一等奖
东北师范大学	曲铁华	论当代中小学生科学精神的培养策略	吉林省第五届教育科学优秀成果奖论文	一等奖
东北师范大学	盖笑松	走向生态化的儿童研究:聚焦中国儿童成长环境	吉林省第五届教育科学优秀成果奖论文	一等奖
东北师范大学	郑长龙	论化学教学中学生得出结论能力的发展	吉林省第五届教育科学优秀成果奖论文	一等奖
东北师范大学	丛晓波	走向哲学视野的儿童研究:儿童世界的本质与教育使命	吉林省第五届教育科学优秀成果奖论文	一等奖
东北师范大学	张向葵	走向行动定向的儿童研究	吉林省第五届教育科学优秀成果奖论文	一等奖
东北师范大学	邓　涛	教师文化的重新理解与建构—哈格里夫斯的教师文化观述评	吉林省第五届教育科学优秀成果奖论文	一等奖
东北师范大学	李大伟	日本高等教育投资与效益的现状及动向	吉林省第五届教育科学优秀成果奖论文	一等奖
东北师范大学	杨颖秀	基础教育生均预算内公用经费支出的基尼系数考察	吉林省第五届教育科学优秀成果奖论文	一等奖
东北师范大学	姚　伟	儿童教育与儿童的生活质量	吉林省第五届教育科学优秀成果奖论文	一等奖
东北师范大学	梁红梅	"以县为中心"农村区域性基础教育评价探讨	吉林省第五届教育科学优秀成果奖论文	一等奖
东北师范大学	韩秋红	社会教育与人的全面发展	吉林省第五届教育科学优秀成果奖论文	一等奖
东北师范大学	熊　梅	本科课程整合与合作的教师文化的形成	吉林省第五届教育科学优秀成果奖论文	一等奖
东北师范大学	马云鹏	基础教育课程改革的成就、问题与对策	吉林省第五届教育科学优秀成果奖论文	一等奖
东北师范大学	尹爱青	音乐审美教育的人学解读和思考	吉林省第五届教育科学优秀成果奖论文	一等奖
东北师范大学	孙鹤娟	现代视野下的道德教育	吉林省第五届教育科学优秀成果奖论文	一等奖
东北师范大学	李　桢	对化学问题解决中化学表征作用的探究	吉林省第五届教育科学优秀成果奖论文	一等奖
东北师范大学	李　颖	解读教师专业化发展的系统结构	吉林省第五届教育科学优秀成果奖论文	一等奖
东北师范大学	刘玉新	对中学生"早恋"现象的分析及对策思考	吉林省第五届教育科学优秀成果奖论文	一等奖
东北师范大学	赵登明	探究教学方法培养思维能力	吉林省第五届教育科学优秀成果奖论文	一等奖
东北师范大学	吕立杰	基础教育新课程设计中的课程审议——一种实践的研究方式	吉林省第五届教育科学优秀成果奖论文	二等奖
东北师范大学	李天鹰	英美法德日诸国的学校内部管理体制改革	吉林省第五届教育科学优秀成果奖论文	二等奖
东北师范大学	赵　岚	人口流动与农村基础教育可持续发展	吉林省第五届教育科学优秀成果奖论文	二等奖

续表

单　位	作　者	获奖项目	获奖名称	获奖等级
东北师范大学	解月光	对“经历信息技术过程”的解读	吉林省第五届教育科学优秀成果奖论文	二等奖
东北师范大学	王景英	主体群视阈下的师生关系解读	吉林省第五届教育科学优秀成果奖论文	二等奖
东北师范大学	陈旭远	促进学生体验的教学策略	吉林省第五届教育科学优秀成果奖论文	二等奖
东北师范大学	董玉琦	信息技术课程设计：构成要因与价值取向	吉林省第五届教育科学优秀成果奖论文	二等奖
东北师范大学	李晓明	高考制度亟待改革	吉林省第五届教育科学优秀成果奖论文	二等奖
东北师范大学	李力红	汉字结构对汉字识别加工的影响	吉林省第五届教育科学优秀成果奖论文	二等奖
东北师范大学	姜英杰	非英语专业大学生短文写作元认识发展的一般特点	吉林省第五届教育科学优秀成果奖论文	二等奖
东北师范大学	赵学云	学校纠纷的民事法律关系与法律救济	吉林省第五届教育科学优秀成果奖论文	二等奖
东北师范大学	于　勇	在职教师信息素养培养课程与途径探讨	吉林省第五届教育科学优秀成果奖论文	二等奖
东北师范大学	谷　峪	树立教师服务观	吉林省第五届教育科学优秀成果奖论文	二等奖
东北师范大学	王景斌	论教育行政法律关系及相对人权利救济	吉林省第五届教育科学优秀成果奖论文	二等奖
东北师范大学	于冬青	学前教育事业发展现状及相关建议研究	吉林省第五届教育科学优秀成果奖论文	二等奖
东北师范大学	张　明	青少年感觉寻求与冒险行为研究的现状与趋势	吉林省第五届教育科学优秀成果奖论文	二等奖
东北师范大学	王小英	不同年龄阶段幼儿发散思维发展的特点及趋势	吉林省第五届教育科学优秀成果奖论文	二等奖
东北师范大学	孙立权	语文教育民族化的尝试——批注式阅读	吉林省第五届教育科学优秀成果奖论文	二等奖
东北师范大学	张兰英	积极开展主题教学活动	吉林省第五届教育科学优秀成果奖论文	二等奖
东北师范大学	张　钧	张岩的故事	吉林省第五届教育科学优秀成果奖论文	二等奖
东北师范大学	姚文霞	参加广场的学习综合实践活动的体会	吉林省第五届教育科学优秀成果奖论文	二等奖
东北师范大学	修　影	从点滴入手在发展语言的过程中启迪思维	吉林省第五届教育科学优秀成果奖论文	二等奖
东北师范大学	赵子敬	让语文学习从小成为学生心中的赏心乐事	吉林省第五届教育科学优秀成果奖论文	二等奖
东北师范大学	邱嘉锋	大学生创新精神和实践能力培养途径研究	吉林省第五届教育科学优秀成果奖论文	三等奖
东北师范大学	陈容辉	当代美国音乐教育的特下理念	吉林省第五届教育科学优秀成果奖论文	三等奖
东北师范大学	李　广	为生存而学习：PISA 评价思想价值取向研究	吉林省第五届教育科学优秀成果奖论文	三等奖
东北师范大学	黄晓颖	对外汉语教学的提问艺术	吉林省第五届教育科学优秀成果奖论文	三等奖
东北师范大学	赵树峰	责权明晰　务实高效	吉林省第五届教育科学优秀成果奖论文	三等奖
东北师范大学	朱雨楠	激活个性　彰显自由	吉林省第五届教育科学优秀成果奖论文	三等奖
东北师范大学	张　巍	享受学生　我是快乐的	吉林省第五届教育科学优秀成果奖论文	三等奖
东北师范大学	王丽萍	微机与语文课整合教学	吉林省第五届教育科学优秀成果奖论文	三等奖
东北师范大学	闵海燕	走进课堂看课改	吉林省第五届教育科学优秀成果奖论文	三等奖
东北师范大学	宋海庆	在低年级教学中如何激发孩子学习的积极性	吉林省第五届教育科学优秀成果奖论文	三等奖
东北师范大学	曹　丽	刍议新课程标准下口语能力的培养	吉林省第五届教育科学优秀成果奖论文	三等奖
东北师范大学	杨连全	他山之石　可以攻玉	吉林省第五届教育科学优秀成果奖论文	三等奖

续表

单位	作者	获奖项目	获奖名称	获奖等级
东北师范大学	袁雪娇	让语文教学走向对话与交往的时代	吉林省第五届教育科学优秀成果奖论文	三等奖
东北师范大学	曹嘉芮	班主任的幸福	吉林省第五届教育科学优秀成果奖论文	三等奖
东北师范大学	仲秋红	在阅读活动中提高学生习作能力的策略	吉林省第五届教育科学优秀成果奖论文	三等奖
东北师范大学	李　莉	班级管理工作初探	吉林省第五届教育科学优秀成果奖论文	三等奖
东北师范大学	王　亮	让学生做学习中的"乐知者"	吉林省第五届教育科学优秀成果奖论文	三等奖
东北师范大学	衣　萍	理解孩子的自尊	吉林省第五届教育科学优秀成果奖论文	三等奖
东北师范大学	刘淑艳	示范的过程不可少	吉林省第五届教育科学优秀成果奖论文	三等奖
东北师范大学	邢国红	交谈——给学生的礼物	吉林省第五届教育科学优秀成果奖论文	三等奖
东北师范大学	石凤兰	诗香溢校园——以古诗词为载体开展诵读活动	吉林省第五届教育科学优秀成果奖论文	三等奖
东北师范大学	菅艳刚	运用信息技术　优化语文课教学	吉林省第五届教育科学优秀成果奖论文	三等奖
东北师范大学	宋　阳	增强教育责任　关注孩子成长	吉林省第五届教育科学优秀成果奖论文	三等奖
东北师范大学	张　鹏	教学语言的特点	吉林省第五届教育科学优秀成果奖论文	三等奖
东北师范大学	刘丽斌	把学生带入情境　唤起学生情感的共鸣	吉林省第五届教育科学优秀成果奖论文	三等奖
东北师范大学	吕　丽	以人为本　学会写作	吉林省第五届教育科学优秀成果奖论文	三等奖
东北师范大学	孙立颖	让学生成为学习的主人	吉林省第五届教育科学优秀成果奖论文	三等奖
东北师范大学	李秀红	对单亲家庭子女教育的点滴体会	吉林省第五届教育科学优秀成果奖论文	三等奖
东北师范大学	奚丽红	中学语文开放式教学实践与探索	吉林省第五届教育科学优秀成果奖论文	三等奖
东北师范大学	张　岩	中学历史教学中环境教育的实践与思考	吉林省第五届教育科学优秀成果奖论文	三等奖
东北师范大学	关　欣	巧妙的提问　有效的回应	吉林省第五届教育科学优秀成果奖论文	三等奖
东北师范大学	田克勤	中国共产党与20世纪中国社会的变革	第四届全国高校人文社科奖获马克思主义	三等奖
东北师范大学	逄增玉	现代性与中国现代文学	第四届全国高校人文社科奖获中国文学奖	三等奖
东北师范大学	李洵等	钦定八旗通志	第四届全国高校人文社科奖获历史学奖	三等奖
东北师范大学	王　晶	中国农民信仰问题研究	第四届全国高校人文社科奖获政治学奖	三等奖
东北师范大学	张澍军	德育哲学引论	第四届全国高校人文社科奖获教育学奖	三等奖
东北师范大学	郑德荣	国情·道路·现代化	第四届全国高校人文社科奖综合研究/交叉学科奖	三等奖
东北师范大学	陈　才	东北老工业基地振兴离不开内蒙东四盟市	第四届全国高校人文社科奖综合研究/交叉学科奖	三等奖
东北师范大学	张　明	学习困难学生视空间工作记忆提取能力的多指标分析	第三届全国教育科学研究优秀成果奖	三等奖
东北师范大学	马云鹏	近现代课程研究范式的演变及其启示	第三届全国教育科学研究优秀成果奖	三等奖
东北师范大学	杨颖秀	教育决策的科学化民主化研究	第三届全国教育科学研究优秀成果奖	三等奖
东北师范大学	施　永	基本乐理的文化视野	第三届全国教育科学研究优秀成果奖	三等奖
东北师范大学	刘益春	氧化锌材料与紫外线光发射器件研究	高等学校科学进步（自然科学奖）	一等奖

续表

单位	作者	获奖项目	获奖名称	获奖等级
东北师范大学	史宁中	应用统计方法研究	高等学校科学进步(自然科学奖)	一等奖
东北师范大学	郝水	核仁中 rRNA 基因高效转录机制的细胞生物研究	高等学校科学进步(自然科学奖)	二等奖
东北师范大学	史宁中	基于 Internet 的教育资源管理系统	高等学校科技进步奖(推广类)	二等奖
东北师范大学	霍明昕	EPS 板墙体外保温系统用粉状黏结剂研究	吉林省科学技术进步奖	三等奖
长春理工大学	刘立欣	××项目	军队科技进步奖	三等奖
长春理工大学	姜会林 杨华民 蒋振刚 范静涛 佟首峰 方明 任涛 冯欣 刘智 付跃刚	××项目	中国兵器工业集团公司科学技术奖	二等奖
长春理工大学	张喜和 梁作亮 梁伟 胡永宏 韩永林 代燕 韩太林 孙贯成 李春跃 王喜祥	××项目	中国兵器工业集团公司科学技术奖	二等奖
长春理工大学	王晓华 李梅 张宝顺 王玉霞 王玲	××项目	中国兵器工业集团公司科学技术奖	二等奖
长春理工大学	马宏 王坚 任现君 姜晓华 高文汉	××项目	中国兵器工业集团公司科学技术奖	三等奖
长春理工大学	车英 黄丹飞 韩文波 冯进良 张学忱	××项目	中国兵器工业集团公司科学技术奖	三等奖
长春理工大学	曲轶 高欣 李辉 张晶 王玉霞	××项目	中国兵器工业集团公司科学技术奖	三等奖
长春理工大学	曲轶 张晶 李辉 高欣 王玉霞	××项目	中国兵器工业集团公司科学技术奖	三等奖
长春理工大学	姜会林 杨华民 蒋振刚 范静涛 佟首峰 方明 任涛 冯欣 刘智 付跃刚	××项目	国防科学技术进步奖	二等奖
长春理工大学	张喜和 梁作亮 梁伟 胡永宏 韩永林 代燕 韩太林 孙贯成 李春跃 王喜祥	××项目	国防科学技术进步奖	二等奖
长春理工大学	曲轶 张晶 李辉 高欣 王玉霞	××项目	国防科学技术进步奖	三等奖
长春理工大学	王晓华 李梅 张宝顺 王玉霞 王玲	××项目	国防科学技术进步奖	三等奖

续表

单　位	作　者	获奖项目	获奖名称	获奖等级
长春理工大学	曲世俊　张玉兰　李永亮　张立中　刘贵军　赵洪宽	××项目	吉林省科学技术进步奖	二等奖
长春理工大学	张国玉　徐熙平　安志勇　方　杨　李桂春　樊小明　张从周　李成志	××项目	吉林省科学技术进步奖	二等奖
长春理工大学	刘景和　李建利　张　亮　曹　莹　张希艳　李艳红　孙　晶　曾繁明	××项目	吉林省科学技术进步奖	三等奖
长春理工大学	于风霞　于化东　冯秀琴　王新伟　刘　禹　关锡彬　唐吉龙　周艳艳	××项目	吉林省科学技术进步奖	三等奖
长春理工大学	苏春辉　张洪波　邵　晶　许素莲　侯朝霞　朱晓薇　郑茹娟　张华山	××项目	吉林省科学技术进步奖	三等奖
长春理工大学	闫景辉　朱忠丽　刘博林　李云辉　李景梅　董相廷　于连贵　白中文	××项目	吉林省科学技术进步奖	二等奖
长春理工大学	卜长莉	差序格局的理论诠释及现代内涵	第四届中国高校人文社会科学研究优秀成果奖论文类	三等奖
长春理工大学	梁　柱	光学原理教程	兵器高校	一等奖
长春理工大学	王志坚	光学工程基础	兵器高校	一等奖
长春理工大学	石晓光	红外物理	兵器高校	一等奖
长春理工大学	王义玉	红外探测器	兵器高校	一等奖
长春理工大学	石晓光	红外系统	兵器高校	一等奖
长春理工大学	赫　然	商法学	兵器高校	一等奖
长春理工大学	刘宝庵	组织行为学	兵器高校	一等奖
长春理工大学	马连湘	广告企划文案写作	兵器高校	二等奖
长春理工大学	李延忠	应用模糊数学方法	兵器高校	二等奖
长春理工大学	李　莉	计算机软件技术基础	兵器高校	二等奖
长春理工大学	吴书和	统计学	兵器高校	二等奖
长春理工大学	李懋和	线性代数	兵器高校	二等奖
长春理工大学	张希艳	稀土发光材料	兵器高校	二等奖
长春理工大学	张树仁	机械工程基础	兵器高校	二等奖
长春理工大学	刘薇娜	机械工程基础习题及题解	兵器高校	二等奖

续表

单　位	作　者	获奖项目	获奖名称	获奖等级
长春理工大学	李　平	C 语言程序设计实验与习题	兵器高校	二等奖
长春理工大学	李　平	精品课教学资源管理系统	2006 年省教育技术成果评比活动	一等奖
长春理工大学	母晓风	网络教学平台	2006 年省教育技术成果评比活动	一等奖
长春理工大学	董相廷	纳米科学与技术多媒体课件	2006 年省教育技术成果评比活动	一等奖
长春理工大学	冯英娟	国际经济学	2006 年省教育技术成果评比活动	二等奖
长春理工大学	张学忱	3D 工程网络教学系统	2006 年省教育技术成果评比活动	二等奖
长春理工大学	刘艳华	法律基础网络课件	2006 年省教育技术成果评比活动	二等奖
长春理工大学	方　明	C 语言上机考试综合管理信息系统	2006 年省教育技术成果评比活动	二等奖
长春理工大学	杨晓妍	光电子技术基础	2006 年省教育技术成果评比活动	二等奖
长春理工大学	李景峰	法律基础教学课件	2006 年省教育技术成果评比活动	二等奖
长春理工大学	柏　叶	俄语影视	2006 年省教育技术成果评比活动	三等奖
长春理工大学	郭立新	《环境工程学》电子书	2006 年省教育技术成果评比活动	三等奖
长春理工大学	张一宁	语言学多媒体课件	2006 年省教育技术成果评比活动	三等奖
长春理工大学	乔春芳	光学零件的磨边与胶合(电视教材)	2006 年省教育技术成果评比活动	三等奖
长春理工大学	母晓风	浅谈网络教育资源整合	2006 年省教育技术成果评比活动	二等奖
长春理工大学	李　平	EC^{++}与 C^{++}嵌入系统编程比较系统	2006 年省教育技术成果评比活动	三等奖
长春理工大学	乔春芳	交互式多媒体教学与管理网络系统的综合运用	2006 年省教育技术成果评比活动	三等奖
长春理工大学	杨　琼	利用现代教育技术手段构建新型应用写作教学模式	2006 年省教育技术成果评比活动	三等奖
长春理工大学	陶　跃	群体决策中专家决策的关联度集成方法	2006 年省教育技术成果评比活动	三等奖
长春理工大学	田迎华	网络教学平台答疑系统的研究与开发	2006 年省教育技术成果评比活动	三等奖
长春中医药大学	王之虹	视觉系统可塑性变化与针刺调节的机理研究	中国针灸学会科学技术奖	三等奖
长春中医药大学	冷向阳	带蒂骨骼肌桥接周围神经治疗残端痛性神经瘤的实验研究及应用	吉林省科技进步奖	三等奖
长春中医药大学	周建华	肛门病术后电针白环俞止痛法的规范化整理研究	吉林省科技进步奖	三等奖
长春中医药大学	张少臣	盘内、盘外联合注射臭氧治疗腰椎间盘突出症临床研究	吉林省科技进步奖	三等奖
长春中医药大学	王立新	推拿治疗遗尿症	吉林省科技进步奖	三等奖
长春工业大学	刘　影　刘海峰	高校实践教学管理研究	吉林省第五届教育科学优秀成果著作	二等奖
长春工业大学	张玉智　姜　兰	论社会主义大学的文化理念	吉林省第五届教育科学优秀成果论文	二等奖

续表

单位	作者	获奖项目	获奖名称	获奖等级
长春工业大学	李　艳	高校思想政治理论课教师创造性教学的基本内涵及特征	吉林省第五届教育科学优秀成果论文	二等奖
长春工业大学	邱凤香	对塑造教师形象美的探索	吉林省第五届教育科学优秀成果论文	二等奖
长春工业大学	孙　伟　王　涛　叶玮光	对教育经营的理性思考	吉林省第五届教育科学优秀成果论文	二等奖
长春工业大学	唐立山　李海峰	研究生教育中指导教师与培养质量关系分析	吉林省第五届教育科学优秀成果论文	二等奖
长春工业大学	吴　化　曹　正　张志东　于　燕　赵　宇　杨　友　严　莉　张晓宇	重型卡车前轴用新型空冷贝氏体钢的研究	吉林省科技进步奖	三等奖
长春工业大学	姜长泓　尤　文　林晓梅　王盛慧　金　星　程方晓　韩顺杰　李尚宇	智能在线电导率分析仪的研制	吉林省科技进步奖	三等奖
长春工业大学	张宝昌	PEN 合成工艺的研究	吉林省高校自然科学研究优秀成果奖	一等奖
长春工业大学	郑秀华	人体运动计测量原理及其在服装设计中的应用研究	吉林省高校社会科学研究优秀成果奖	一等奖
长春工业大学	张玉智	吉林省粮食企业规避期货投资风险的策略研究	吉林省高校社会科学研究优秀成果奖	二等奖
长春师范学院	刘春明　赵骥民　刘志强　郭飞君　李红玫　宋凤瑞　邢俊鹏	中药有效成分超临界流体萃取及结构鉴定的方法学研究	吉林省科学技术厅吉林省科学技术进步奖	三等奖
长春师范学院	刘保垣	低成本智能型移动通讯频带交互调制器的开发研究	吉林省教育厅吉林省高校自然科学优秀成果奖	一等奖
长春师范学院	岳淑美	蓝色电致发光材料咪唑化合物电致法官器件组装	吉林省教育厅吉林省高校自然科学优秀成果奖	二等奖
长春师范学院	刘春明	鲜淫羊藿有效成分分离提取及结构鉴定研究	吉林省教育厅吉林省高校自然科学优秀成果奖	二等奖
长春师范学院	卓　越	吉林省建设全面小康培养创新型人才的对策研究	吉林省教育厅吉林省高校社会科学优秀成果奖	一等奖
长春师范学院	姜维公	汉代学制研究	吉林省教育厅吉林省高校社会科学优秀成果奖	二等奖
长春师范学院	郭淑云	原始活态文化萨满教透视	吉林省教育厅吉林省高校社会科学优秀成果奖	二等奖
长春师范学院	吕　萍	清政府对朝鲜政策研究	吉林省教育厅吉林省高校社会科学优秀成果奖	二等奖
长春师范学院	贺　萍	西方文学中的人文意蕴	吉林省文学学会 2006 年会著作类	一等奖
长春师范学院	刘　钊	现代文化建构中的中国当代女性散文	吉林省文学学会 2006 年会论文类	一等奖
长春师范学院	王大恒	论汉魏六朝士人感伤情怀	吉林省文学学会 2006 年会论文类	一等奖
长春师范学院	杨　萍	清代女性词中女性意识的觉醒	吉林省文学学会 2006 年会论文类	一等奖
长春师范学院	孙木函	文学史的品格	吉林省文学学会 2006 年会论文类	一等奖
长春师范学院	陶　娥	对《围城》的文化的反思	吉林省文学学会 2006 年会论文类	二等奖
长春师范学院	谷英姿	马克思主义妇女观在中国的文学阐释	吉林省文学学会 2006 年会论文类	二等奖
长春师范学院	高红梅	对传统的反叛与颠覆	吉林省文学学会 2006 年会论文类	二等奖
长春师范学院	李丹丹	不可缺失的常规语言与不可替代的非常规语言	吉林省文学学会 2006 年会论文类	二等奖

续表

单　位	作　者	获奖项目	获奖名称	获奖等级
长春师范学院	王晓恒	高校中国现当代文学教育应重视人文素质的教育	吉林省文学学会 2006 年会论文类	二等奖
长春师范学院	曹凤珠	高校体育教学改革中存在的问题及对策一从体育活动课(体育俱乐部)的创新模式中探寻新路	吉林省教育学会优秀科研成果论文类	一等奖
长春师范学院	高　娜	深化管理制度改革实现教学管理制度系统化	吉林省第五届教育科学优秀成果论文	三等奖
长春师范学院	曲玉萍	我国老年人法律援助的现状及对策分析	2006 年老年学术高峰论坛论文	优秀奖
长春师范学院	王　正	两课教学在创新人才培养中的地位和作用	省教育学会优秀成果论文	一等奖
长春师范学院	周国安	普通中学音乐教育状况调查分析	第四届全国音乐教育论文评选	优秀奖
长春师范学院	滕占强	体育教学中渗透 STS 教育浅析	吉林省教育学会优秀科研成果(论文类)	一等奖
长春师范学院	张　革	体育教育专业实践性环节建构与运用的实验研究	中国高等教育学会论文	二等奖
长春师范学院	王　正	对邓小平论教师关键作用的思考	第五届教育科学优秀成果论文	三等奖
长春师范学院	刘　莉	关于舞蹈基础教育的思考	中国舞蹈家协会论文	优秀奖
长春师范学院	马　珂	中小学业余合唱队指挥所应具备基本素质之我见	中国当代艺术家文丛论文	三等奖
长春师范学院	王丽艳	孔子与柏拉图的音乐比较	吉林省美学学会论文	一等奖
长春师范学院	翟继峰	加强技能培养丰厚文化底蕴一刍议音乐学硕士研究生的专业基础课程设置	中国教育学会音乐教育专业委员会论文	优秀奖
长春师范学院	王亚军	谈歌唱艺术的审美特征	中国教育教学研究杂志编委会论文	优秀奖
长春师范学院	王亚军	歌唱训练中的教与学	中国国际教育学会论文	优秀奖
长春师范学院	盛翠兰	浅谈朝鲜族民间音乐的审美价值	吉林省美学学会论文	一等奖
长春师范学院	盛翠兰	朝鲜族生活习俗与乡土音乐初探	中国当代艺术家文丛论文	二等奖
长春师范学院	盛翠兰	朝鲜族舞蹈的风格特点	中国当代艺术家文丛论文	二等奖
长春师范学院	盛翠兰	论孔子的音乐美学思想	中国当代艺术家文丛论文	二等奖
长春师范学院	闫亚明	《哈农》一完善基功的系统训练	中国当代艺术家文丛编委会论文	三等奖
长春师范学院	闫亚明	“陕北民歌主题变奏曲”的审美艺术价值	吉林省美学学会论文	二等奖
长春师范学院	张东东	谈对高师视唱练耳教学的几点看法	吉林省美学学会论文	二等奖
长春师范学院	苗凤华	培养学生思维能力的有效方法－习题错届分析	“求是杯”全国教育科研论文	优秀奖
长春师范学院	苗凤华	在不等式教学中培养学生创新能力	“师圣杯”全国教育论文	优秀奖
长春师范学院	李雪峰	浅谈朝鲜族民歌的旋律发线和旋律展手法	中国当代艺术家文丛编委会论文	二等奖
长春师范学院	王　玲	《中国“功大”竞赛走向世界》	第二届世界传统武术节论文报告会论文	一等奖
长春师范学院	滕占强	高校体育在科学与人文融合下渗透 STS 教育的研究	全国高等师范院校学校体育协会、福建师范大学论文	一等奖
长春师范学院	田　雷	体育与健康课程资源的开发与利用	中国体育科学学会学校体育分会论文	二等奖

续表

单　位	作　者	获奖项目	获奖名称	获奖等级
长春师范学院	田　雷	面向新课程“体育健康教育”新型师资培养的研究与实践	中国体育科学学会学校体育分会论文	一等奖
长春师范学院	卢春艳	高校体育教育中健康课程的弱点与优点	中国地方工科院校体育协会论文	二等奖
吉林工程技术师范学院	刘贵富	长白山区野生中草药信息库的建构研究	吉林省科技进步奖	二等奖
吉林工程技术师范学院	苏春辉	碳纤维上胶剂的开发研究	吉林省科技进步奖	三等奖
吉林工程技术师范学院	崔亚新	微孔钻削力在线监测关键技术研究	吉林省科技进步奖	三等奖
吉林工程技术师范学院	周广文	奥迪 A4 杂物箱气辅注塑模具	吉林省科技进步奖	三等奖
吉林工程技术师范学院	李　晶	玉米蛋白（胚蛋白、醇溶蛋白）综合开发研究	吉林省高校自然科学研究优秀成果	一等奖
吉林工程技术师范学院	于志晶	中国加入 WTO 对我省职业教育发展的影响与对策研究	吉林省高校社会科学研究优秀成果	二等奖
吉林工程技术师范学院	甄国红	可持续发展战略下的环境会计问题研究	吉林省高校社会科学研究优秀成果	三等奖
吉林工程技术师范学院	刘　爽	《家具与陈设》多媒体课件	吉林省高校教育技术成果	一等奖
吉林工程技术师范学院	赵　丽	《马克思主义哲学原理》课教学课件	吉林省高校教育技术成果	二等奖
吉林工程技术师范学院	冯玲玲	《动慢角色服装设计》课程教学课件开发	吉林省高校教育技术成果	二等奖
吉林工程技术师范学院	王宇东	运用现代教育技术构建高等职业技术教育的全新模式	吉林省高校教育技术成果	二等奖
吉林工程技术师范学院	孙冬岩	《电视节目制作》多媒体教学课件	吉林省高校教育技术成果	三等奖
吉林工程技术师范学院	许艳惠	“信号与系统”网络教学系统的设计与开发	吉林省高校教育技术成果	三等奖
吉林工程技术师范学院	杨晓东	吉林工程技术师范学院学生网络评教系统	吉林省高校教育技术成果	三等奖

续表

单位	作者	获奖项目	获奖名称	获奖等级
长春工程学院	安晓灿 丁秀芹 楚永娟 张平	高等学校英语应用能力考试A级模拟试题集	冶金优秀教材	二等奖
长春工程学院	吴银柱 潘殿琦	土建工程CAD	冶金优秀教材	二等奖
长春工程学院	崔振峰 任慧娟 王永芝	工业分析	冶金优秀教材	三等奖
长春工程学院	刘丽华 王晓天 李九阳	建筑力学与建筑结构	冶金优秀教材	三等奖
长春工程学院	于春艳 纪花	《工程制图》多媒体课件	吉林省教育技术成果奖多媒体课件	二等奖
长春工程学院	黄金林 李强 孙浩蓬 卢航 吕敬华	《水力发电中的水工建物》	吉林省教育技术成果奖电视教材类	二等奖
吉林公安高等专科学校	李英娟	《公安机关人民警察合法权益维护问题研究》	吉林省高校社会科学研究成果奖	二等奖
吉林公安高等专科学校	姜万国	《加入WTO后票据犯罪特点及侦查对策》	吉林省高校社会科学研究成果奖	三等奖

基础教育

【概况】　2006年全市现有小学校1 665所，在校学生460 647人，专任教师37 052人，本年招生数为69 263人，毕业生84 873人，适龄儿童入学率99.94%。普通初中297所，在校学生279 871人，专任教师18 345人，本年招生数为89 233人，毕业生107 682人，适龄学生入学率99.90%。普通高中77所（含完全中学），在校学生149 622人，专任教师7 051人，本年招生数为50 119人，毕业生46 478人。普通中等专业学校64所，在校学生64 746人，专任教师4 271人，本年招生数为27 479人，毕业生18 898人。特殊教育学校10所，在校学生1 358人，专任教师338人，本年招生数为116人，毕业生161人。各类幼儿园782个，在园幼儿116 335名，专任教师4 374人，本年招生数为60 141人，毕业生42 833人。全年教育经费总投入359 207万元，比2005年增长15.03%。

【全面实施中小学综合素质评价】　一是实行两考合一，进行综合素质与考试制度的改革尝试。从2005年起，长春市将初中毕业考试与升学考试实行两考合一，这是长春市在考试与评价制度改革上的一个创新，体现了国家关于考试与评价制度改革的精神。2006年长春市仍采取一份试卷两种呈现方式。学生的毕业成绩以A、B、C、D四个等级形式呈现，升学成绩以分数形式呈现，淡化甄别功能。连续两年的考试与评价制度改革取得了成功，得到社会各界肯定和认可。二是以推荐生改革为切入口，建立综合评价机制。2006年的推荐生改革与2005年相比有以下变化：招收推荐生学校的数量增加了，从2005年的8所增加到2006年的9所；推荐生数量增加了，由2005年占统招生计划30%的基础上增加到2006年的50%，2006年共有1 101名优秀初三学生被择优录取到所报考的高中；推荐生实施细则更加完善了，在运动与健康测试项目上，增加了坐位体前屈（男）和仰卧起坐（女），更全面真实反映了学生的身体素质；农安县、德惠市、榆树市进入课改实验，标志着长春市14个县（市）、区全部实行毕业考试与高中招生制度改革。三是制定《长春市中学生成长记录册》，建立全程跟踪机制。主要从道德品质、学业成绩、运动与健康、审美与表现、实践与操作等5个方面对学生进行综合素质评定，实行等级加描述性评语的形式进行评定，并配以相应的成长记录袋。在初中毕业与高中招生考试中，学生的综合素质评定成绩将作为学生毕业和升学的重要依据。四是继续实行中考单独命题，充分体现课改实验区特点。在2005年成功经验的基础上，2006年长春市教育局再次顺利完成了中考单独命题工作。广大教师和学生一致认为2006年的中考题贴近生活、充分体现了新课程改革的精神和特点。

【大力推进高中教育优质发展】

大力拓展优质教育资源，充分发掘14所省示范高中、36所省重点高中的内部潜力，2006年，城区省级重点高中招生人数已占招生总数的91.6%，农村省级重点高中招生人数占招生总数的68%，优质高中教育资源比例居全国前列，已经形成了以优质高中支撑长春高中教育发展的格局。制定下发了《2006年长春市普通高中教育教学管理评估细则》，强化过程管理，变以往高中终结监测为高中全程过程监测，有效地提升了学校的教育教学质量。在2006年的高考中，长春市参考人数为49 957人，本科进线人数为34 714人，进线率为69.5%，继续保持在全省领先地位。高分段学生比例大幅度攀升，据统计，全省文、理科600分以上的考生8 305人，长春市有2 672人，占全省的32.2%，比2005年提高了5个百分点。其中，理科全省前十名长春市占5人，文科前十名长春市占4人。

【深化中小学办学体制改革】

长春市目前有改制学校26所，加上省属学校共计32所。市教育局不断总结办学体制改革所取得的成功经验，进一步规范改制校办学行为，发挥各区改制学校在区域内的示范作用，达到区域内义务教育的均衡发展。2006年对现有改制校的现状进行了深入调研，完成了对办学体制改革学校“自查自纠”和限期整改的工作，对已经具备分校模式的改制校，在保证国有资产保值、增值的前提下，逐步实现向“四独立”的过渡。目前，各城区中小学基本实现了整体发展，部分城区基本消灭了薄弱学校，择校压力有所减轻。

【农民工子女接受九年义务教育】 在克服资金、学位、师资等紧张的前提下，没有花国家一分钱，想方设法优先保障农民工子女接受义务教育。2006年，长春市城区共接收农民工子女5 520人，接收比例占长春市城区入学比例的10.6%，其中城区小学共接收3 075人，接收比例为13.04%，城区初中共接收2 445人，接收比例为8.6%。市教育局充分挖掘教育内部潜力，坚持对农民工子女统一建籍、统一管理，坚持入学农民工子女享受和城市孩子同等权利、同等待遇。通过实行救助制度、严格收费制度等充分保障了农民工子女的权利。

【加大对中小学生辍学的控制】 认真贯彻落实《义务教育法》，依法保障适龄儿童接受九年义务教育的权利，采取制定地方法规、建立"普九"复查等六大机制控制学生辍学，同时深化农村初中办学模式改革、招生制度改革控制学生辍学，有效控制了农村学生辍学。2006年，长春市城市小学巩固率基本达到100%，农村小学巩固率98.12%；城市中学年巩固率96.9%，农村中学年巩固率90.47%。

【开展资助农村义务教育活动】 支援农村薄弱学校，资助农村贫困学生的扶贫助学活动，在长春市教育局的倡议下已经连续开展了6年。2006年，协调、组织社会各界继续开展资助农村义务教育活动，完成既定的3年扶助计划。社会各界的资助仍然积极踊跃。长春市财政局在2004年、2005年资助40多万元的基础上，2006年又筹集资金25万元，帮助农安县龙王乡中学重新铺设了学校道路、篮球场等附属设施。长春市文化局为德惠市松花江石头泉小学购买学生课桌和教师的卷柜，还为学校捐献了5 000元钱，以解决冬储煤问题。教育系统内部重点进行政策和智力支持，开展以新课程、新知识、新技术、新方法为重点的教学交流活动。年内组织城乡对口县市区、对口学校间的送课下乡499次，教育教学交流与合作活动484次，城区学校和师生为农村薄弱学校和贫困学生捐助资金927.9 343万元，动员鼓励社会各界资助农村教育折合人民币570.2 945万元，改造了118所薄弱学校，使52 381名农村贫困学生实现免费上学。切实改变了长春市广大农村薄弱学校的面貌和学生的学习环境，救助了一大批即将辍学的贫困生，促进了城乡教育教学的交流，促进了长春市城乡教育的均衡发展。

【深化农村办学模式改革】 长春市率先在全国进行了办学模式改革，构建了升学、就业、务农三位一体培养人才的立交桥，走出了一条适合长春市农村实际的特色办学之路。目前全市211所农村初中全部进行了办学模式改革，构建了5种办学模式，建设农村学生实践示范基地47个。2006年，各县（市）、区投入200多万元建设"基地"，新增加了市级"基地"2所，实现了教育面向农村、服务农业、致富农民的办学方向，使农村学校逐步办成了"农村初级人才"、"生产示范"、"新技术推广"和"科学实验"中心；举行了"绿色证书"教学"大比武"活动，覆盖全部农村初中，绿色证书教育普及率达到100%，涌现出市级示范校47所，省级示范校10所。

【民族教育】 全面改造扩建了长春市朝鲜族中学、长春市回族小学、长春市第二朝鲜族中学，极大地改善了民族学校的办学条件，为学校的跨越式发展提供

德惠市洪家小学在应用农远工程资源上课

2006 年全国特殊教育工作座谈会

了坚实的物质设施保障。办学条件的改善,实现了办学规模的飞跃。长春朝中由 1996 年的 12 个教学班 620 多名学生发展为现在的 43 个教学班 1 860 名学生,实现了办学规模上的跨越式发展。2006 年朝中参加高考 257 人,进入本科线 246 人,进入重点校分数线的 78 人,本科进线率达 96%,2 名学生分别考入了清华、北大元培班。高一学生参加高中机器人足球赛获全省第一,代表吉林省参加全国比赛获第二名;学校足球队、文艺队参加国家、省、市级比赛多次获奖,实现了教育质量的跨越。目前,长春市民族学校整体办学水平已达到了同级同类学校的办学水平。11 月,长春市承办了第二届东北三省朝鲜族基础教育课程改革与教学改革研讨会,对推进长春市朝鲜族中小学新课程,实施素质教育和整体提升少数民族学校教育科研水平有着深远影响。

【特殊教育】　长春市共有特殊教育学校 8 所,其中 5 所被评为省特殊教育实验校,占全市总数 62.5%,居全省第一。2006 年,历时 6 年的市特殊教育中心学校圆满完成了迁址改造工程。由长春市承办的全国特殊教育工作会议于 12 月 16 日圆满结束。会议对"十一五"期间的特殊教育工作进行具体部署,会上由长春市介绍的经验,得到教育部和兄弟城市的高度赞扬,四年内两次圆满承办全国特教会议标志着长春市特殊教育水平已位居全国前列。

【幼儿教育】　目前,全市 120 个乡镇,共有 123 个中心园,实现了乡乡都有中心园的目标。乡镇中心园所在地的学前 3 年人园率达 85% 以上,有的乡镇已达 90% 以上,每个村都有中心园辐射的幼儿园(班),普及了学前 1 年教育。同时对示范园定期复检、评估验收,2000 年以来全市先后有 10 所市级示范园晋升为省级示范园,有 2 所一类幼儿园晋升为市级示范幼儿园,长春市已有 22 所省级示范园,17 所市级示范园,占公办幼儿园的 43%,示范园数量全省最多。

(戚廷超)

技工教育

【概况】　2006 年,长春市共有技工学校 24 所(含 5 所民办学校,1 所股份制学校)。其中,国家级高级技工学校 3 所,省部级技工学校 5 所,省厅级技工学校 3 所。在校学生21 365人,其中,城市生7 747人,农村学生13 618人,有高级技工班学生 435 人。技工学校总占地面积近 60 万平方米。共有教职员工1 221人,其中,文化理论课教师 510 人,其中高级讲师 162 人,讲师 229 人;实习指导教师 201 人,其中高级实习指导教师 48 人,"双师型"教师 428 人。全市技工学校专业设置达到 84 个,其中复合型专业 12 个。2006 年招生 8 899人,毕业生5 626人,就业率 98%。

【教学改革】　在技工教学中,不断改革传统的教学模式,在适应市场需要和充分考虑学生个性发展的基础上,探索建立了模块式教学新模式,发挥了技工教育办学形式灵活的作用。一是专业活,学校根据自己的特长建立一个职业群,每年围绕市场需求变化推出新专业,组成新模块。二是课程活,技工学校始终注重将新的课程充实到教学模块中,使学生所掌握的技能与社会需求相适应。三是主体活,学生可以根据自身的兴趣爱好、学习基础等选择学习模块,促进了学生在技能学习方面个性化发展。

【实训教学】 技工学校的教学模式是理论教学和实践教学相结合，其课时比例大体为1:1，有的专业达到4:6，注重学生专业基本技能的训练和与生产实际的结合。近几年来，技工学校实行了联动机制，资源共享，学校之间相同专业开放实验、实习场所，满足学生实习的需要。在加强校内基本功训练基地建设的同时，充分利用与企业紧密协作的关系，在企业建立了稳定的生产实习基地。

【专业建设】 牢固树立品牌意识，以名牌战略，打造精品专业。2006年，全市技工学校建立了以数控机床、机电一体化、汽车检测与维修、生物制药等专业为龙头的名牌专业，特别是各学校围绕振兴老工业基地和长春市十大产业对专业技能型人才的需求，积极开发新的专业，努力构建专业品牌的课程体系框架，保证学校在市场中有核心竞争力。

【拓宽办学渠道】 一是把联合办学向下延伸，在双阳区、农安县、净月潭旅游经济开发区开办技工学校分校；二是与经济发达地区合作办学，文化、专业理论课在长春市技工学校学习，实习课到合作学校进行。

【"订单式"教学】 各技工学校在按照市场需求设置专业的同时，积极与用人单位加强对接，开展"订单式"教学，实行"签约式"培训、"协议式"输送。每年约有6 000名毕业生充实到汽车制造、机械加工、光电信息、医药化工、服务业等支柱产业及第三产业，同时，还利用人力资源和信息的优势，每年在人力资源市场，为技工学校学生开办专场招聘会，为学生就业搭建平台。2006年，以长春市在北京、上海、江浙等地建立的劳动就业服务站为依托，通过收集当地用工信息，向当地推荐长春市技工学校毕业生，并做好相应的后续跟踪服务，为学生稳定就业提供导向，搭建平台。2006年，长春市向上海、昆山等地输送技工学校毕业生近800人。

【提高教师素质】 各学校结合本校的专业设置和教学情况，不断加大教师的培训力度，通过组织到大专院校进修，聘请专家系统讲课，深入企业学习"四新知识"和现代企业管理知识，有效提高了教师专业素质。为了开阔视野，2006年，全市组织部分技工学校校长到香港、上海、昆山考察学习当地的职业教育理念和教学模式。同时，注重加强对外交流与合作，与德国维亚国际职业教育学校沟通，达成联合办学协议，从技工学校和职业学校选派了8名优秀教师赴德国进行为期3个月的研修，学习德国双元制办学模式和模块式教学方法。在职教育培训工作的深入开展，使全市技工学校"双师型"教师队伍建设得到不断加强。

【办学经费实现历史性突破】 按照做大做强的原则，2006年，长春市重点扶持了10所技工学校，落实教育费附加资金1 300万元，各学校又自筹配套资金630万，发展项目的资金达到1 900万元，全部用于增加实训设施、改善办学条件、扩大办学规模。同时，还积极与香港华夏基金会沟通商洽，争取了10万美元资金支持，用于技工学校添置实训设备。办学理念和办学思路的转变，不仅使技工教育的筹资渠道实现了多元化发展，而且有效改善了技工学校的办学条件。

（李　钢）

职业与成人教育

【概况】 2006年，长春职业教育以提供优秀技能型人才为指导，全面贯彻落实国家、省职业教育工作会议精神，不断深化职业学校教学体制改革，继续加大投入，全市职业教育成果显著。全市中等职业学校64所，在校学生6.5万人。技工学校23所，在校学生2万人。全市中专职业学校占地面积生均约20平方米，建筑面积生均约10平方米，全市职业教育开放共享的实训基地10个。共开设交通运输、装备制造、信息、农业等13大类112个专业，基本涵盖长春市国民经济和社会发展的各个领域。2006年，全市职业学校为社会培养输送了3万多名技能型人才，面向城乡劳动者开展培训达72.5万人次。

【全市职业教育工作会议】 会议全面贯彻落实国家、省职业教育工作会议精神，表彰了全市职业教育先进集体和先进个人，总结了"十五"期间全市职业教育工作取得的成绩和存在的问题，对"十一五"期间全市职业教育

长春职业技术学院与德国奥迪公司合作办学

改革和发展的各项目标和任务进行了部署。会议出台了《长春市人民政府关于大力发展职业教育的决定》，教育、劳动、发改、人事、财政、农委六个部门负责同志做了发言。这次会议为职业教育的发展提供了强有力地组织保障、政策保障、物质保障和环境保障，为全市职业教育发展创造了新的机遇，注入了新的活力。

【基础设施建设】　积极推进六大产业技能人才培养培训中心建设。依托机械工业学校的制造业技能人才培养培训中心工程全部启动，实训中心已基本完成，可同时容纳1 000多人实习实训，成为全国中等职业教育规模最大的实训中心之一。二中专建设改造全面完成，实训设施设备进一步完善，一中专综合楼已完工并投入使用；奥地利政府贷款4 150万元项目全面启动，组织专家对拟建设的机械加工、机电、数控、服装、口腔工艺、兽医、工程、信息、汽车、食品等10个实训基地建设方案进行了论证，目前，项目已进入运作阶段，进展顺利，长春市职业教育骨干专业的实训条件进一步得到完善。

【资助贫困学生】　从2004年开始，长春市在全国首创“教育券”制度。每年投入200万元专项资金扶助农村家庭困难学生就读职业学校，现已实行3年，共有12 000多名学生得到资助。2006年，继续投入“教育券”专项资金，与国家贫困学生助学资金配套使用，总额达到657万元，资助贫困学生8 500多名。此外，各学校还通过“奖、贷、助、勤、补、免、捐、半工半读”等途径资助家庭困难的学生，确保家庭困难学生顺利完成学业。

【筹建东北职业教育师资培训基地】　与澳大利亚TAFE教育机构合作建立职业学校教师培训基地，培养一批重点专业领域的骨干教师和专业带头人。选送18名骨干教师在吉林大学莱姆顿学院开展了3个月外语强化培训后，赴澳大利亚参加了为期3个半月的专业培训，把澳大利亚先进的教育理念、教学模式和教材引入长春。作为“培训者”进行了全市职业学校专业教师全员TAFE模式培训，逐步建立立足长春、面向全省、辐射东北的职业教育师资培训基地。此外，在清华大学基础工业训练中心举办了全市职业学校机械加工、数控专业教师培训班，提高了职业学校的办学水平。

【人才培养模式改革试点】　以电大附属职业学校为依托，进行工学结合、半工半读试点，对招收的204名木业专业学生，全部实行免费入学，与华日家具股份有限公司合作，第一年学生在电大完成文化课和基础理论课学习，第二年学生到企业顶岗实习，同时完成实践操作课学习，在23个生产工序中实现了学分转换，第二年实习工资每月800元，学生每月向学校返缴400元，为全市职业学校办学模式改革积累了成功经验。

【教育教学改革】　开展职业教育技能月活动，强化技能训练，举办技能大赛，多所学校开展了技能月总结展示开放活动，在此基础上，在文化广场举办了第二届职业教育成果展，组织了面向社会的学生技能展示活动，承办了东北四市职业学校汽车维修专业学生技能大赛，组队参加了国家、省级学生专业技能大赛，并取得较好成绩。举办职业学校优质课评选活动，28所职业院校近500名教师参加了初评，98名教师进入决赛，涉及数控、汽车、信息、医护、种养殖等30多个专业(学科),1 500名教师进行了观摩。这次活动,积极采纳和推广了“行动导向”、“任务驱动”等理论与实践一体化,突出实践环节的教学模式和方法。

(戚廷超)

德育教育

【概况】 2006年,继续坚持“以人为本,德育为先”的原则,深化“评价激励、教学改革、主题活动、阳光师德、实践体验”等五大德育创新工程,创新开展“社会主义荣辱观”教育,关注学生主体发展,培养了学生健康的体魄和健全的人格,大大提高了学生的创新精神和实践能力,形成了各具特色的区域和校本德育。随着学校德育的不断加强,长春市未成年人的精神面貌正悄然发生变化。

【创新德育实践】 在全市开展“六个一”活动。与长春出版社联合编写了荣辱观教育读本,投资20万元,印刷4万册,免费发放给农村中小学生。组织编写荣辱观教育地方教材,使荣辱观教育进课堂、进教材真正落到实处。“荣辱观”教育在各城区、各学校得到扎实深入开展。绿园区开展了“倡文明、知荣辱、促成长”的主题教育活动。八十七中学开展的知荣明耻系列体验活动引起了各大媒体的广泛关注。市第十七中学启动了“我心中的荣与耻”DV大赛,中央电视台新闻栏目作了报道。全市教育系统开展荣辱观教育氛围浓厚,效果明显。

【创建长春市中小学行为规范示范校】 为加强对全市中小学生基础道德教育,长春市教育局把“长春市中小学行为规范示范校”创建活动作为德育工作的重中之重,组织了由政教主任组成的一支队伍,深入县(市)、区、直属各校,全面验收,全市各级各类中小学校都积极加入到创建首批“行为规范示范校”的活动中。此项活动受到学校、家庭和社会的高度重视和积极参与,广大中小学生通过“践行文明在校园”、“践行文明在家庭”、“践行文明在社会”等实践活动,日常行为习惯和思想道德素质得到较大的改善和提高。

【深化教育评价机制】 建立了小学、初中、高中和职业师范四个层次的评价指标体系。各城区和学校在创新评价机制方面突出以学生为本,强调对学生成长过程给予关注,对学生的全面素质的提高发展给予关注。二道区教育局结合中小学生特点和品德实际重新进行全面科学的设计,他们在小学实施了以“七彩星”活动为载体的综合素质评价;在中学通过“思想道德素质、科学文化素养、身体心理素质、审美与表现能力以及实践和探究能力”五大方面,采取多元评价,使每名学生找到了自身的闪光点,发展了自己的潜能,树立了自信心。他们的“七彩星”被中央文明办选入案例集。

【创新课堂教学】 学科教学是德育主渠道,也是德育工作中的又一个难题。但创建广大德育教育工作者知难而进,创新教学方法,深入开发各学科教学的德育功能,使教学过程和育人过程有机融为一体。学生的心理健康教育有突破。继续开展“全心投入,坦然面对”为主题的“心理咨询进校园”系列活动。为了深化心理健康教育,还将心理剧作为朋辈咨询和中小学心理健康教育的重要途径,在学生自助互助、朋辈咨询方面取得了突出的成果和显著的成效。在进行“中小学行为规范示范校”评比中,心理健康教育示范校评比活动也同时开展。

【创新德育载体】 在加强德育过程中,全市各学校根据重大主题活动,创新开发了许多新的有效载体,定期组织学生开展实践体验活动,让学生在真情实景中学会做人,学会做事。宽城区积极构建学校、家庭、社会“三位一体”的德育网络,引起了中央督导组的关注。朝阳区的“阳光德育”、南关区的“绿色教育”、汽车产业开发区的“与书为友,共同成长”、双阳区的“养成教育”、农安县的“行为习惯训练‘六个一’”活动都做到了深入挖掘德育资源,丰富德育内容,拓宽德育渠道,创新德育方法,整体推进了全市中小学校德育的扎实开展,使未成年人思想道德建设成为一项实实在在的育人工程。

【德育队伍建设】 成立了长春市未成年人思想道德教育研究会,并召开了第一届研讨会。为有效提高德育工作者的素质和教育管理水平,长春市教育局与中国教育专家委员会联合举办“长春市教育系统德育工作者培训班”。来自全国各地的教育专家针对广大德育工作者在实践中遇到的难题及现实问题，进行了培训。中央督导组在2006年9月到吉林省对未成年人思想道德建设工作进行检查时，《吉林日报》在以"省城构建未成年人成长精神高地"为题配合进行宣传，市教育局荣获了长春市未成年人保护工作先进集体、吉林省读书活动组织特等奖和全国小公民道德建设优秀组织奖。

（戚廷超）

教育科研

【概况】　确立"长春市教育科研提升年"的总体工作思路，坚持"用教育的科学实施科学的教育"，"以创新管理促进科研普及，用研究过程促进教育改革与发展，用研究成果促进教育实践理性化提升"的理念指导长春教育科研工作，总结"十五"期间科研引领与整体推进的成功经验和课题带动学校教学改革的研究成果，进一步提高全市广大教育工作者的科研意识、科研能力和科研水平。

【推广转化重点科研课题】　总结"十五"期间课题研究优秀成果，对主攻课题、主导课题进行了重点梳理，并推广转化了"中小学全方位实施心理健康教育的研究"研究成果。该课题是长春市教育局副局长周国韬教授"十五"期间承担的吉林省教育科学规划课题，选取宽城区、农安县和双阳区等3个县区为实验区，70多所学校参与。编辑出版的一套心理健康教育教材（从小学到高中，共21册），已通过吉林省教材委员会审定，被省内很多学校乃至新疆等各省市区许多学校广泛使用。2006年，该课题被立项为全国教育科学规划课题，课题名称为"多途径开展中小学心理健康教育的实践研究"，并作为长春市"十一五"期间主导课题。

【成立全国儿童脑开发中心】"科学开发大脑，有效提高学生智能素质的理论与实践研究"是长春市教育科学研究所所长柏云霞副研究员主持承担的国家教育科学"十五"规划重点课题"新课程理论与实践研究"的子课题。该课题始于2001年，已从最初的40所学校参与扩展到2006年的400所学校。这项实验以儿童大脑的6项功能训练为主旨，使学生的多元智能得到有效的开发。通过编写教材、学科渗透、家校联动，使越来越多的人认识到大脑早期开发的重要性，该项研究已得到了有关部门高度重视，全国儿童脑开发中心也设在了长春。

【打造教育科研名人】　2006年，在长春市教育改革与发展中，涌现出一大批有思想、有作为、办学理念新、办学效益突出的知名校长和教师。他们凭借科研走在了教育发展前列，依靠课题带动了学校的发展并引领了教师队伍素质的整体发展。为了更好地总结这些名人的经验，使他们的教育、教学思想得到更好的升华，经过2年的科学运作，《长春市教育家群》系列丛书的初稿已经完成。2006年，经过层层选拔，命名了"十五"期间教育科研型名校长60名，科研型名教师200名。

【首届教育科研成果展览会】本次展会全方位地展示了长春市教育科研取得的丰硕成果。主要包括：通过科研引领，整体推进区域教育发展的由各级教育主管部门领导承担的主导课题成果；学校校长教师进行校本研究的教育教学成果；标志思想提升与理性思考的校长教师论坛；教学成果的现场表演。会议通报了"十五"以来长春市教育科研取得的成绩：教育科研成果突出贡献奖20余项；国家级教育科研成果奖1 400余项；省级教育科研成果奖2 800余项；市级教育科研成果奖5 000余项。

（戚廷超）

教育行政

【概况】　2006年，长春教育坚持教育为人民服务的宗旨，树立全面、协调、可持续的科学发展观，突出"功能拓展、布局优化、质量提升"三个重点，努力创办人民满意的教育。围绕这个总体思路，积极而为，知难而进，各项工作都取得了可喜成绩。

【强化教育均衡发展】　连续两年在全市教育系统，大力开展"教育均衡发展年"活动，效果比较明显，目前，全市城区优质高中的招生数已占招生总数的92.1%，农村优质高中的招生数已占招生总数70.2%。一是实施改造工程，促进"区域均衡"。改造城乡结合部学校这个"民心工程"。在2005年改造5所的基础上，2006年又安排5所，总建筑面积3.3万平方米,总投资约5千万元,每年受益学生可达7千人。拟在铁北建设一所省级重点高中,带动铁北发展,目前,正在做项目开工前基础工作。二是调整招生计划,促进"职普均衡"。增加了公办学校高中段统招生比例,达到了71.7%。中职招生比2005年计划增加了5 468人,增长21%,使职普招生比例进一步趋向均衡。三是加强薄弱校建设,促进"校际均衡"。制定了《长春市中小学教育装备达标标准》,共有415所学校申报"标准化建设学校"。在择校收入大量减少的情况下,共向直属薄弱学校拨款800余万元,比2005年同期增长了10%。朝鲜族中学、聋哑学校改造工程都已竣工,民族教育、特殊教育办学条件上了新水平。四是加强师资交流,促进"质量均衡"。加强一、二类校与三类校之间的干部流动,交流调整校级干部25名,促进了三类校的发展。组织开展"三个一百"活动,即百校联盟、百师带徒、百课开放活动,"三个一百"活动得到省教育厅的高度认可,引起了全国各地的关注,《中国教师网》、《中国基础教育网》等十几家教育网站转载,多个城市推广长春市经验。五是扶持农村教育,促进"城乡均衡"。2006年农村教育突出了"为新农村建设服务"这个主题。其一是努力协调落实国家、吉林省确定的"两免一补"政策和资金。其二是圆满完成农村中小学远程教育工程,总投入6 196万元,总项目1 775个,远程教育覆盖率达到100%,农村孩子和教师可以就近享受优质教育资源。同时,也为市场致富信息、农民技术培训和党员教育培训搭建了平台。其三是在师资上实施了"百人下乡,千人进城"活动,促进了农村教师素质的提高。六是加强督导工作,保障"教育均衡"。研究制定了五个督导评价体系,打破了"一把尺"评价所有学校的传统框架。在发展性评估工作中,注意总结了榆树市、宽城区、二道区、双阳区等市、区的经验,在榆树市召开了"长春市推进义务教育均衡发展督导工作现场会"。

【教育教学改革】 坚持面向所有学生,面向学生的所有方面,积极推进素质教育。一是积极应对国家教育政策调整。2006年,国家七部委出台文件,要求公办学校招收择校生的比例不能超过招生总数的30%。落实这一要求对长春市很多学校来说,都存在很大困难。经与上级协调,制定了长春市规范中小学招生的一系列办法,既贯彻了国家政策,又规范了招生秩序。二是进一步深化中考改革。"推荐生"改革不断拓展。2006年继续实行优秀初中毕业生推荐入高中的改革,推荐生在统招生中的比例,由2005年的30%增加到50%,并适当扩大了招收推荐生学校的比例,共有1 101名学生通过推荐进入一类重点高中学习。严格实行高中自费生录取"三限制"政策,规范了高中招生录取工作。中考命题、评卷工作受到好评。2006年是长春市中考单独命题的第二年。市教育局坚持体现新课改精神、把握好难易度和做到安全保密,社会各界反映良好。2006年第一次实施网上阅卷,也深受欢迎,更加体现了公开、公平、公正。实行毕业与升学考试"两考合一"制度改革。将初中学生毕业考试与升学考试合二为一,减轻了学生考试负担。2006年,两考合一,有6 688名学生只毕业不升学,对控制"辍学"起到了重要作用。三是狠抓教育教学质量的提高。义务教育阶段课程改革成果显著,17项教育教学成果受到省级以上奖励,建立了质量监测体系。高考取得了丰硕成果,2005年高考,全省文、理科状元都出自长春市,文、理科前10名的考生,长春市各占6名;2006年高考全市文、理科600分以上2 672人,占全省的32.2%,高分段比例比2005年提高了5个百分点。四是办学体制改革进一步深化。对长春二实验中学进行民办校改制,组建"长春东方教育集团",开创了长春市股份制办学的先河。此次改革,吸引资金1亿元,是吉林省、长春市教育体制改革中的一次具有深远意义的尝试和实践。以市二实验中学为依托,建立了全省第一家国际学校,解决外籍人员子女入学问题,为改善投资软环境做出了贡献。五是组织丰富多彩的中小学生文体活动。成功举办了第五届长春市中小学生冰雪运动会;参加吉林省中学生运动会,勇夺八连冠;组织参加了全国高中男子篮球联赛,市十一高中以不败战绩蝉联全国总冠军。成功举办了高一新生军训汇报表演。长春市"中小学生课外文体活动工程"被国家教育部、国家体育总局评为"全国中小学生文体活动示范区"。六是切实加强教师队伍内涵建设。开展大规模的“骨干教师专业发展论坛”活动，237名骨干教师参加了论坛，全市共有1.1万名教师参加听课。深化“教师专业发展型学校”工程，市级教师专业发展型学校达到49所，县(市)、区级“教师专业发展型学校”达到164所。开展“教师叙事研究”活动，征集教师叙事成果上万份，召开了经验交流会。启动东北职业教育师资培训基地，首批18名优秀教师赴澳大利亚进行培训，回国后对全市专业教师进行培训。举办了长春博文职业教育论坛，邀请专家学者讲学，全市职业学校校长、骨干教师等300人参加了论坛。举办了职业学校教学模式改革优质课评选活动。开展了职业教育技能月活动，举办了长春市第二届职业教育成果展示会。七是校企分离工作取得重要成果。完成了对26户企业办65所中小学的接收，接收在职人员5 404人、离退休教师1 944人。2006年，完成了第二批27所中直企业办中小学的分离工作，解决了企业办社会的负担，具有历史意义。

【教育行风建设】 市教育局坚持从人民群众最关心的热点难点问题入手，切实加强行风建设，努力促进教育公平。一是严格规范办学行为。全面贯彻执行“一费制”收费办法，实行“阳光收费”。对改制试点校重新进行评估验收，取消了17所改制校资格。在中小学取消了所有的学科竞赛，减轻中小学生负担。构建了教育系统“三位一体”反腐倡廉工作格局。积极开展“百校联评”。对民办学校及社会乱办班投诉举报，有效解决43件，限期整改民办学校14所。2006年教育行风投诉率，较2005年同期下降了18.9%。二是努力营造良好的外部环境。与市纠风办联合，开展了治理教育乱收费咨询宣传日活动，共接待群众咨询投诉2万多个，现场解决群众问题3千多个，宣传了教育政策，树立了良好形象。三是严格教师考录机制。坚持“凡进必考”，2006年5月和9月，组织两次公开招聘，从上千人中择优录取近百人，把住了教师的入口关。坚持教师资格认定制，先后接收教师资格认定申请2.1万人，完成了东北师范大学、华桥外国语学院、长春师范学院等高校的教师资格认定工作，共认定7 312人的教师资格，为中小学补充新的师资力量扩大了选人范围。四是切实加强师德建设。成立了师德督查组，进行明查暗访，对发现的问题以及经验做法进行通报，提升了师德水平。与省里共同召开庆祝教师节大会，对长春市师德先进个人进行了表彰。

【综合治理】 2006年，市教育局成立了应急管理办公室，将综合治理、应急管理、学校安全和信访等工作统一归口管理，安全工作责任更加明确、力量更加集中。一是加强应急管理，制度机制建设又有新亮点。市教育局组织编写了20个安全管理制度和17个应急预案，并汇编成册下发全系统所有学校，使学校安全工作做到了有章可循。二是加大检查力度，集中整治又有新成效。全年组织大型联合检查4次，专项检查6次，共查出安全隐患93处，整改61处；销毁废弃的危险化学药品1 800公斤，有效控制了安全事故的发生。三是开展教育培训，师生员工应急能力又有新提高。先后对学校领导、特殊工作从业人员及专职安全管理人员，进行了6次专项业务培训；聘请法制副校长为师生做法制、安全报告1 000余场，学校实施各种应急演练300余次，全系统教职工和学生受教育面达到90%以上。四是用好外部资源，警校共建又有新成果。城区中小学均设立了法制副校长和驻校民警；开展了“一校一警”和为校车统一着色等活动，推广了二中建立驻校警务室的经验，受到了公安部的充分肯定。五是有效利用载体，“平安校园”创建又有新进展。各学校积极投入到“平安校园”创建活动中，创建活动形式多样。全年，市教育局为直属单位投入安全建设资金超过150万元，学校安全设施焕然一新。有27所学校被评为“平安校园示范校”，34所学校被评为“平安校园”。

（戚廷超）

科 学

科　　学

科学技术

【概况】 2006年，全市高新技术产业产值实现1 010亿元，增长23.9%。高新技术企业发展到729户，其中国家重点高新技术企业达到16户。全社会R&D投入达到35亿元，增长13%。专利申请量达到2 680件，同比增长11.2%，发明专利授权量占全部专利授权量的25.2%，比全国平均水平高出14个百分点。技术市场交易额达到13亿元，增长30%。从国家和省争取到科技经费1.8亿元，是地方财政科技投入的3.5倍。

【科技体制改革】 1.调整长春市科技发展计划体系，优先扶持以企业为主体、产学研相结合的项目。科技发展计划体系明确了两个方面的支持重点：一是支持关系支柱和主导产业发展的重大关键技术攻关，以技术链延长产业链，提升产业核心竞争力；二是鼓励支持一大批拥有自主知识产权的科技型中小企业快速发展，以培育长春市经济新的增长点。主要遵循以下四个原则：一是以自主知识产权为核心的原则；二是以企业为主体的原则；三是产学研紧密结合的原则；四是强化创新能力建设的原则。按照以上两大重点和四项原则，将原来的十项地方政府科技发展计划调整为重点领域科技攻关、企业技术中心建设、重点科技成果产业化促进、科技创新条件与环境建设等四项政府科技发展计划。有关计划项目把中科院长春光机所产业园、吉大科技园内的企业作为优先扶持对象。2006年度，市科技计划共资助与企业有关的计划项目102项，其中，以企业为申报主体的项目85项，占总数的83.3%；产、学、研联合申报的项目32项，占总数的31.4%；扶持大学科技园项目19项、院所产业园项目5项，其中吉大科技园11项、光机所产业园3项。通过对市科技发展计划支持重点进行调整，有力促进了产、学、研的紧密结合，有效推动了企业成为科技创新的主体。2.调整创新平台建设支持重点，努力培育国家级企业技术研发中心。经过长春市科技发展计划连续5年的引导、扶持，长春市目前已有100家科技企业拥有了不同级别的企业技术中心。为了进一步增强全市支柱和重点产业的自主创新能力，提高核心竞争力，按照科技局承担的重点目标工作任务，设立长春市科技基础条件与环境建设计划，这项计划中的“科技创新研发平台”项目主要是在长春市现有企业技术中心基础上，重点围绕长春市汽车、农产品加工、光电子信息、生物与医药等重点领域，选择一批有望在“十一五”期间成为国内外有一定影响的企业技术中心给予连续支持。通过对19个申报项目的严格审核和专家评估，一汽启明企业技术中心、吉联神犬软件企业技术中心、长春旭阳工业(集团)股份有限公司技术

省市领导颁发长春市科学技术特殊贡献奖

中心、长春生物制品所研究开发中心等4家企业技术中心列入年度“科技基础条件平台建设计划”，并将得到政府专项资金支持。3. 扶持民营科技企业技术创新，培育长春市经济新的增长点。为支持长春市中小型民营科技企业技术创新，培育新兴高科技企业，设立了中小型科技企业技术创新专项基金。科技型中小企业技术创新基金以技术创新项目为对象、以市场为导向，重点支持技术的第一次商品化过程，支持种子期项目和初创期企业。2006年共收集项目64项，涵盖电子信息领域、生物医药领域、新材料领域、光机电一体化领域、资源与环境领域、新能源与高效节能领域以及高技术服务业，有23个项目列入2006年度长春市科技型中小企业技术创新基金项目。在此基础上，积极组织这些项目单位申报国家创新基金，首批已经有6个项目获得国家365万元创新基金无偿资助。这些科技资金的投入有力地推动了全市民营科技企业的技术创新和科技成果转化，促进了全市中小型民营科技企业快速发展。4. 为鼓励高校院所的科技人员领办、创办科技企业，投身地方经济建设，在长春市科技发展计划体系中专门设立了“长春市新星创业计划”，该计划以引导性资金和股权投入等方式支持拥有自主知识产权成果的中青年科技人才在长春创业、兴业，该计划2006年共受理申报项目21项，有3个项目列入新星创业计划，每个项目将获10万元政府无偿创业资金扶持。为充分发挥在长专家在政府决策活动过程中的参谋作用，围绕全市自主创新能力建设以及经济社会发展的重点领域、关键问题，市科技局于2006年9月份在长春理工大学组织召开了专家咨询会。来自中科院长春分院、中科院长春光机与物理研究所、中科院长春应用化学研究所、中科院东北地理与农业生态研究所、吉林大学、东北师范大学、长春理工大学、吉林农业大学、吉林省农业科学院的12位专家出席了咨询会。与会专家就发挥政府资金的带动作用，实现财政科技投入的快速增长，推动企业成为自主创新主体，加强产学研合，加快科技成果转化步伐，使长春市的科技优势真正转化为经济优势等提出了很多有价值的建议。5. 创新服务方式，努力提高科技行政管理和服务水平。一是深入企业、现场服务。市科技局生产力促进中心工作人员有重点地深入到亚美电子、卓尔公司、富奥—江森有限公司等19家科技企业进行登门服务，向企业宣传国家、省市技术市场优惠政策，为企业减免税金近百万元；市知识产权局深入企业开展了企业专利工作情况调查及专利知识宣传活动，共走访了15户工业企业，在长春卷烟厂为企业管理人员举办了一次知识产权培训班，近60人参加了学习培训，增强了企业知识产权保护意识。二是搭建平台、对接服务。市科技局生产力促进中心于6月16日~18日在长江路步行街举办了“2006年第七届中国（长春）计算机通信产品博览会”，参展企业达200余户，展会日均客流量达5万人次，销售总额8 000余万元；市科技信息所于12月22日组织“上海·长春科技创新项目推介会”暨“上海·长春技术转移基地”揭牌仪式，科技局从300余参展项目中精选出20余项有市场、有订单、有自主知识产权和需融资的项目，通过新闻媒体进行了集中宣传，产生了强烈的社会反响，展会上将推出的“秸秆制煤”项目已经吸引投资者53人，吸引资金累计近5 000万元。三是主动协调、联合服务。市知识产权局联合市工商局进驻在会展中心举行的全国医药博览会，设立知识产权侵权投诉台，在农博会设立了知识产权执法站，现场执法，树立了长春市知识产权保护的良好形象；在“4·26”世界知识产权日活动期间，市科技局联合工商局、新闻出版局的执法人员对长春市三个大型商场进行了联合执法检查，当场处理了两起由于标注不当而造成的冒充专利行为。同时在全市繁华地带联合开展了街头宣传活动，有效提升了全社会知识产权创造和保护意识。

【搭建科技创新和成果转化服务平台】 一是及时更新长春市科技专家数据库。2006年3月，市科技局向驻长高校、科研院所及重点企业征集科技经济专家1 000余名，及时更新了长春市科技专家数据库，使专家数据库专家更加年轻化、专业化，水平、层次明显提高。二是搭建“长春市科技文献资源共享平台”。该平台的工作目标是利用长春市科技信息网络平台条件，汇集国内相关科技文献数据库资源，无偿为高校院所和政府、企事业单位提供全面、系统、高质量的产业研究、成果、专利、标准、企业产品等方面的实用动态文献信息资料，实现科技文献资源信息的共享使用。经过认真筹备，长春市科技文献资源共享平台网站目前已经开通，正在为全市科技领域提供优质、高效的科技文献资源查询服务。三是建立“长春市科技成果共享平台”。该平台的工作目标是：创造有利条件和环境，实现科技成果和科技需求信息发布的网络化，搭建科技研发与企业需求的桥梁。长春市科技成果共享平台网站目前已正式开通，网站设置了成果展示、精品推荐、技术需求、难题招标、项目对接、科技政策、科技专家、咨询服务等栏目，提供了会员管理、检索查询、信息统计等系统功能，经筛选发布科技成果1 000余项。

【中白　中德科技合作基地建设】 1. 中白科技合作发展势头强劲。2006 年初，市科技局组织长春中俄科技园、长春万荣集团公司、吉林省科英激光技术有限责任公司、吉林东亚夜视有限责任公司、中科院长春光学精密机械与物理研究所等 5 家单位，参加了由祝业精市长为团长的长春市友好经贸代表团，对白俄罗斯明斯克市、法国蒙特勒依市进行了为期 10 天的友好访问和经贸交流。这次出访交流，长春市与明斯克市正式签署了 6 项科技合作协议。其中市科技局局长万载斌代表长春市政府与白俄罗斯国际技术转移中心签订《中国长春中俄科技园与白俄罗斯国际技术转移中心合作协议》；长春北兴激光工程有限公司与白俄罗斯 Sorar（太阳）激光技术公司达成协议，在长春中俄科技园合资生产固体激光器，该产品技术在国内处于领先地位，产品已经销往欧、美、日等地区和国家；长春万荣集团公司与白俄罗斯轮式牵引车厂、白俄罗斯别拉斯汽车厂进行了洽谈，拟在国内组织总成、配件，在白俄罗斯完成组装，并实现销售。2. 中德科技合作基地建设扎实推进。2006 年上半年，德联邦教研部激光技术代表团和德国联邦工业合作研究会代表团分别来长春市访问，重点考察了长春市中德激光加工工程中心建设情况，并与长春市就光电领域的技术合作做进一步探讨。德国联邦工业合作研究会代表团在长春举办了“中国长春·光电子技术中德企业洽谈会”，双方就光电技术、材料技术、及生命 IT 领域的 21 个项目进行了深入洽谈。德国两家公司对长春方圆光电技术有限责任公司的指纹技术显示出极大兴趣。一家德国公司与长春光机医疗仪器有限公司就激光技术及全自动生化分析仪方面的合作项目有望达成实质性协议。3. 承担了国家科技部振兴东北老工业基地科技专项“东北地区科技成果转化平台建设课题”中的两个平台建设任务。市科技局依托长春市国际科技合作协会成功承担了国家科技部东北地区科技成果转化平台建设项目中“中德科技合作长春网络平台”和“中俄暨独联体国家科技合作基地长春网络平台”的建设任务，获得国家科技部 50 万元人民币的全额支持。这两个科技成果转化平台将具有中德、中俄暨独联体国家的科技成果服务、咨询、评价和中介服务、先进高新技术引导和科技成果工程化服务功能，将为长春市中小企业获得国内外最新成果，提高成果的交易成功率，提供综合服务。4. 举办了“发展中国家汽车技术国际培训班”。6 月 1 日至 6 月 10 日，由中国第一汽车集团公司承担的国家科技部国际培训计划项目“第四期发展中国家汽车技术国际培训班”在长春市举办。培训班对来自俄罗斯、哈萨克斯坦、乌克兰等国家的 16 名学员进行了为期 2 周的培训。通过举办培训班，推动了汽车技术和产品的出口，加强国际间的交流与合作，扩大了长春乃至全国汽车工业在世界上的影响。

【科学技术大会】 2006 年 7 月 31 日，长春市委、市政府召开全市科学技术大会。会议总结了“十五”以来长春市的科技工作情况，研究部署了长春市“十一五”及中长期科技发展规划和任务。会议围绕贯彻落实国家和省科技大会精神，提出了“提升自主创新能力，建设创新型城市”的战略部署。会上，市委、市政府下发了《关于增强自主创新能力，建设创新型城市的决定》，系统地提出了建设创新型城市的目标：从 2006 年起，经过不懈努力，到 2010 年，市本级财政科技专项投入占地方财政预算支出的比例达到 2% 以上；企业研发投入占销售收入比重达到 1.5% 以上，全社会研究开发投入占国内生产总值的比例达到 2% 以上；科技进步对经济增长的贡献率达到 55% 以上；专利申请量年均增长 15%；高新技术产业增加值年均增长 20% 以

长春市科学技术大会

上，高新技术产值占同期工业总产值的50%以上。到2020年，全市主要创新指标进一步提升，自主创新能力显著增强，进入国内具有较大影响力的创新型城市行列。出台了《长春市中长期科学和技术发展规划纲要(2006－2020)》和长春市人民政府《关于提高自主创新能力的若干政策》，为长春市"十一五"及中长期科技发展指明了方向，提供了政策支撑和组织保障。会议还对荣获长春市科学技术特殊贡献奖、科学技术进步奖特等奖的杰出个人给予表彰。徐周文、王德辉和褚腊林3人获长春市科学技术特殊贡献奖，奖金50万元人民币；长春金赛药业有限公司总经理金磊主持完成的"重组人生长激素注射液"项目获得长春市科技进步奖特等奖，奖金10万元人民币。

【飞向太空－中国载人航天(长春)展】 由长春市政府和中华航天博物馆主办，长春市教育局、长春市科技局、长春市经典商务会展服务有限公司承办的"飞向太空——中国载人航天(长春)展"，于2006年2月26日9时，在长春国际会展中心开展。本次展会作为2006年东北第一展，共展出航天员太空摄影图片等图文37组222块，长征系列火箭模型18枚，卫星模型9枚，"神州飞船"模型、逃逸塔、海鹰导弹、火星仪、返回舱、降落伞、太空食品、搭载的国旗、题词等实物、宇航服、武器以及与"神六"相关的音像、文字等航天展品。

【2006中国科技商业计划书(长春)大赛】 由科学技术部火炬高技术产业开发中心、国家科技风险开发事业中心和长春市人民政府共同主办，长春市科技局承办的"2006年中国长春科技商业计划书大赛"在长春举办。这一全国性的唯一赛事已成功举办五届。本届大赛有针对性地对企业中高层管理者，科技中介服务、金融、投资机构高级项目管理人员及历届长春市商业计划书优秀获奖者进行项目管理专业辅导培训，并组织参加全国项目管理师资格和创新能力水平考试，同时，开展高层面、高标准商业计划书文本写作的评比。大赛共分申请报名、资格审查、集中辅导、项目报送及评审、国家项目管理师资格考试、颁奖及项目推介六个阶段。最终，有71人参加了项目管理师考试，其中，41人通过，通过率达到57%，居全国及格率之首；有90人参加了创新能力水平考试，其中，70人通过，并有64人分别取得初、中级资格，为长春市科技风险投资事业发展奠定了人才基础。大赛组委会受理申报商业计划书71份，经大会组委会严格评选，"用于创面覆盖的复合型凝胶材料项目"等6份商业计划书，荣获2006年中国长春科技商业计划书大赛最佳奖，各获得奖金5 000元；"以秸秆为原料的木塑复合材料项目"等28份商业计划书，荣获2006年中国长春科技商业计划书大赛优秀奖，各获得奖金3 000元；"TJ—1型工业污染源在线监测系统项目"等15份商业计划书，荣获2006年中国长春科技商业计划书大赛新秀奖，各获得奖金1 000元。

【2006年长春市各类科技计划执行情况】 2006年，长春市共安排科技计划项目351项，投入科技三项费用4 221万元。其中，科技攻关计划169项，投入科技三费888万元；制造业信息化建设计划18项，投入科技三费170万元；高技术成果产业化计划38项，投入科技三费367万元；科技基础条件平台建设计

划6项，投入科技三费200万元；农业科技计划22项，投入科技三费82万元；新星创业计划3项，投入科技三费21万元；国际科技合作计划22项，投入科技三费128万元；软科学研究计划25项，投入科技三费110万元；科技型中小企业创新基金23项，投入科技三费495万元，其他计划项目25项，投入科技三费1 760万元。这些项目完成后，将进一步促进长春市技术创新和高新技术产业的发展。

【中国长春电脑博览会】 由中国技术市场管理促进中心、长春市人民政府主办、长春市科学技术局、长春长江路开发区管委会承办、长春市生产力促进中心协办的“2006年第七届中国（长春）计算机通信产品博览会”于2006年6月16日至18日在长春市长江路开发区隆重召开。博览会以“普及电脑，打造信息化、数字化长春”为主题，以“信息技术武装传统产业，推动信息产业再发展”为宗旨，大力宣传普及信息科技知识，提高全民了解、学习、掌握电脑和走进网络领域的热情，促进长春市电脑及信息产品市场的繁荣。展会以长江路步行街为主会场，以长春科技城、长江路手机市场为分会场，主会场共设立展位160个，参展企业达200余户，参展产品包括电子、软件、数码产品、品牌电脑、办公设备及通讯产品等国内外知名品牌1 000余种。3天展会日均客流量达5万人次，销售总额达8 000余万元，其中，数码产品销售额1 300余万元，品牌电脑及兼容机销售额5 800余万元，办公设备销售额300余万，通讯产品销售额700余万元。

【专利与知识产权保护工作】 2006年，全市专利申请量达到2 680件，同比增长11.2%，其中发明专利805件，占全省发明专利的60.3%，比全国平均水平高出4个百分点。全国医药博览会期间，市知识产权局联合市工商局进驻会展中心，设立知识产权侵权投诉台，在农博会设立了知识产权执法站，现场执法，树立了长春市知识产权保护的良好形象；在“4·26”世界知识产权日活动期间，市科技局联合工商局、新闻出版局的执法人员对长春市三个大型商场进行了联合执法检查，当场处理了两起由于标注不当而造成的冒充专利行为。同时在长春市繁华地带联合开展了街头宣传活动，有效提升了全社会知识产权创造和保护意识，增强了企业知识产权保护意识，优化了全市知识产权保护工作环境。

【光电子技术中德企业洽谈会】

应科技部邀请，德国联邦工业合作研究会代表团一行9人于2006年3月23日至24日访问长春市。为长春市介绍了德国在光电技术、材料技术、及生命IT领域有着很强的实力的5家公司及7位专家。3月24日，在长春中日友好会馆举办了“中国长春·光电子技术中德企业洽谈会”。德方INP Greifswald、GFM GmbH、Metalife AG、Helmut Hund GmbH、MUT Medizin und Umwelttechnik GmbH等5家公司7名专家参加。长春市中科院长春光学精密机械与物理研究所、吉林大学、长春理工大学、长春生物制品研究所、中国第一汽车集团公司技术中心等高校、科研院所和高新技术企业共17个单位、40多人参加了洽谈会。

【科技活动周】 按照全国统一部署，2006年5月20日至26日举办第六届全国科技活动周。吉林省暨长春市科技活动周由省科技厅与长春市科技局具体承办。本届活动周以突出自主创新、推进企业技术创新、青少年理解科学和参与科技创新、科技引领社会主义新农村建设和应急管理科普宣传教育为主题。活动周在省文化活动中心设立主会场，并作为全国科技活动周分会场之一。科技活动周期间，中科院长春分院开展公众科技日活动，应化所、光机所开放成果展室和国家重点实验室。开放第一汽车制造厂、长春轨道客车股份有限公司现代化生产流程，开放吉林大学博物馆、吉林大学国家重点实验室。

【全国中心城市科技情报（信息）研究所所长会议】 9月12日，第22届全国中心城市科技情报（信息）研究所所长会议在长春召开。沈阳、哈尔滨、西安、南京、武汉、济南、杭州、福州、成都、昆明、石家庄、南宁、乌鲁木齐、呼和浩特、大连等15个城市的科技情报（信息）所所长参加了会议，吉林省科技信息研究所列席了会议。中国科技情报学会郑彦宁秘书长就全国科技情报工作开展的情况和发展形势发表了讲话，各地情报（信息）所所长围绕本次会议议题，在体制改革、业务开展等方面进行了广泛的研讨交流。这次会议的召开,对加强中心城市情报(信息)所之间业务合作和推动科技情报(信息)行业的发展起到了积极作用。

【长春中俄科技园正式开园】9月20日,坐落在长春高新技术产业开发区的长春中俄科技园正式开园。2004年9月,科技部正式批复同意在长春建立国家级"中俄暨独联体国际科技合作基地"。2005年6月,科技部副部长刘燕华来长春为"中俄暨独联体国家科技合作基地"揭牌。基地涵盖了俄罗斯、乌克兰、白俄罗斯等一批在光电子、新材料、生物技术、石油化工、生态环保等领域具有科技实力和技术优势的独联体国家,体现了合作国别与合作项目的多元化。长春中俄科技园就是该基地建设的一个具体成果。长春中俄科技园将重点发展光电子技术和激光技术、新型功能材料与能源材料、现代农业与生物技术、信息技术及其新产品等一些双方优势互补、世界前沿和具有产业化开发和实用价值的领域,实现合作的互惠双赢。目前,长春高新区规划了7万平方米土地用于园区建设。作为一期工程,通过吸收民营资本,占地2万平方米,拥有近3万平方米建筑面积的综合孵化大厦和标准厂房已动工建设,一批企业已登记入驻。

【"科技特派员"试点工作】市科技局把科技特派员工作列入长春市科技计划予以重点支持,计划在3年内选派100名科技特派员深入基层开展工作,以进一步推进长春市农业发展、农民增收。从2006年开始在绿园区进行为期2年的试点,试点工作将分两批选派50名科技特派员。长春市绿园区副区长杜剑在会上介绍了绿园区开展科技特派员试点工作的实施方案及具体的工作安排。启动仪式上,省、市领导为首批15名科技特派员颁发了聘书,钱龙生副市长代表市政府向试点城区发放了10万元试点启动资金。

(吴春龙)

防震减灾

【概况】 根据《中华人民共和国防震减灾法》等法律、法规赋予的职责,长春市地震局是长春市政府负责防震减灾工作的职能机构,是长春市抗震救灾指挥部的办事机构。其主要职责是:负责地震监测预报、震害预防、地震应急救援等工作。局机关有事业编制12名,内设科技监测处、震害防御处和秘书处等3个处室,下辖长春市地震速测速报中心、榆树地震台和双阳地震台等3个直属事业单位。2006年,长春市的防震减灾工作深入贯彻全国和全省防震减灾工作会议精神,继续坚持预防为主、防御与救助相结合的方针,坚持防震减灾工作与经济建设一起抓,进一步加强地震监测预报体系、震害防御体系和应急救助体系建设,为构建和谐长春和增强长春市自主创新能力,建设新型城市,实现老工业基地全面振兴,提供服务和安全保障。在2006年7月12日~15日全国防震减灾法制工作暨"四五"普法表彰会议上,长春市地震局因在"四五"普法工作中的突出业绩被中国地震局授予全国地震系统"四五"普法先进单位称号。在2006年度吉林省防震减灾综合评比会上,长春市地震局荣获综合评比一等奖,在2006年首次进行的全省县级防震减灾工作综合评比中,长春市南关区科技局获一等奖,朝阳区科技局和绿园区科技局获得优秀奖。

【防震减灾工作体系建设】 把防震减灾工作纳入重要议事日程,列入了国民经济和社会发展计划,建立健全了防震减灾工作领导机构,加强了职工队伍建设,开展了信息公开工作,提高了工作的透明度。制定了《长春市地震局2006年主要工作目标》,明确了2006年全市防震减灾工作的主要任务。认真贯彻执行相关法律法规,坚持依法行政。参加了在黑龙江省伊春市召开的2006年度松嫩平原地震联席会议,和与会的兄弟单位就监测预报、震害防御以及本地区的震情趋势等内容进行了充分交流。1. 地震监测预报体系建设。完成了对地震速测速报中心台网的检修,新建了大黑山子台;双阳地震台大地形变观测工程完成,并通过验收,扩建了地震宏观观测动物圈舍;榆树地震台甚宽频测震台改造和强震子台建设工程都圆满完成,并已通过省地震局验收。对九台市卢家和榆树市土桥地下水观测站的井房进行了修缮。在全国评比中,双阳地震台长水管观测质量获得全国第二名,榆树地震台地电和大地电场获得优秀。进一步修订完善了长春市的短临预报、震情跟踪及会商制度，对发生在长春市朝阳区乐山镇和德惠市米沙子镇的几起水井异常现象，及时进行了排查。对台站上报的异常进行反复分析、处理和会商，形成书面落实报告存档。建立了异常报告登记制度，将责任落实到人。完成了长春市活断层项目的初勘和施工组织设计工作，并先后争取到了国家和吉林省政府640万元的资助，工程进展顺利。2. 震灾综合防御体系建设。制订了2006年度防震减灾宣传计划，提出了宣传工作的内容和重点。分别于3月1日和7月28日组织开展了一系列宣传活动。完成了长春市防震减灾“十一五”规划的编制工作，规划了“十一五”期间的5个重点建设工程项目。加强政务公开工作，抓好政务大厅的窗口建设，配备了相应的工作设施，健全了各项工作制度，保证了工作的正常运行。坚持依法行政，对需要进行地震安全性评价的工程依法进行了监管，加强了对乡镇民居抗震设防工作的指导。按时为地震行政执法工作人员的行政执法证办理了年检。起草制定了《长春市地震局行政执法责任制》等30余项工作制度，并对细化行政执法自由裁量权问题进行了初步探索，受到了市行政许可与行政执法工作检查组的好评。对现存的地震行政许可事项和地震行政处罚依据，依法进行了核定清理。开展了长春市地震行政许可、行政执法及政务信息公开自评自查，以及贯彻落实行政许可法情况自检工作，并分别形成了书面报告。3. 地震应急救助体系建设。编制完成了《长春市地震预警机制方案》。该方案包括信息监测与预报，预警预防行动，预警支持系统等几个部分，对长春市出现地震异常时的临震应急反应将起到积极的指导作用。根据这一机制，按照地震的紧迫程度，把长春市的地震预警分为4个级别，并分别对应四种预警颜色：地震长期预报——预警颜色为蓝色；地震中期预报——预警颜色为黄色；地震短期预报——预警颜色为橙色；临震预报——预警颜色为红色。今后长春市的地震预警和预防工作，将统一使用这四种预警颜色。修订了《长春市地震应急预案》。该预案包括总则、组织指挥体系及职责、预警和预防机制、应急响应、后期处置、保障措施、宣传培训和演习、附则等八个方面的内容。系统、翔实地对地震应急工作进行了明确规范，是长春市从容应对破坏性地震袭击的有效保障。修订后的预案把地震灾害事件分为四级，即特别重大地震灾害，重大地震灾害，较大地震灾害和一般地震灾害，并分别对应四个响应级别。修订后的预案强化了震时应急组织机构，做到了科学分工、责任到人，规定了预案的启动条件，确定了紧急震情应急工作程序，增强了可操作性。此预案已经转发至各县(市)、区科技局。该预案的修订完成，对长春市地震局的地震应急工作乃至各县(市)、区的地震应急工作都将具有重要的指导意义。制定了震后趋势快速判定及相关决策方案。通讯、交通等应急条件进一步得到改善。收集整理了长春市及所辖各县(市)、区人口与社会经济情况等相关数据资料，初步建立起了长春市震情应急基础数据库和地震突发事件应急处置专家库。建设完成了长春市地震应急通讯联系系统，为迅速有效地开展地震应急救援工作奠定了基础。适当加大了地震应急演练力度，全年共举行应急演练2次，收到了较好的效果。

【防震减灾法制建设】 制定了《长春市地震局行政执法责任制度》、《长春市地震局执法程序和重大处罚备案制度》以及《规范性文件备查备案制度》等共计30余项制度和措施，并按要求制定了各项行政许可文书和行政执法文书。重新核定了长春市地震局行政执法项目，收集梳理了各项行政执法依据，并按照《中华人民共和国防震减灾法》、《长春市地震安全性评价管理条例》等法律法规所赋予的权限，对现有行政执法职权进行了科学的分解，责任落实到人。

【防震减灾执法检查和监督】 检查和监督的内容主要是看行政执法程序是否合法；行政执法决定的内容是否合法、适当；行政执法文书是否真实、规范；是否依照法定权限、程序和期限处理矛盾纠纷；是否存在依法应当受理行政复议申请而不受理、未依法审理行政复议案件、不按法定期限提交书面答复和有关证据材料的情况。行政执法责任制是否落实到位，是否存在违规收费、越权审批的情况。“五五”普法规划制订情况。各建设单位执行《中华人民共和国防震减灾法》以及《长春市地震安全性评价管理条例》等法律法规的情况。

【防震减灾行政执法人员培训】 建立了《长春市地震局执法人员培训制度》。制度规定在全系统内推行地震执法人员岗位培训制度,各单位每年应至少开展一次地震法规培训活动。行政执法人员必须接受有关法律业务培训,经考核合格后,方能申领执法证书。否则,不得安排上岗执法。加强了行政执法队伍建设。组织全系统执法人员认真学习《中华人民共和国防震减灾法》、《行政许可法》等相关法律法规;分三批参加了市法制局举办的行政执法和依法行政法制培训班。组织机关行政人员参加了市建委主办的建筑法律、法规知识考试,派人参加了中国地震局举办的法规培训班,并请中国地震局和省地震局领导及专家到长春市地震速测速报中心给全市地震工作人员讲课。

【防震减灾规划编制及落实】 认真总结“十五”经验,广泛地征求了各方面意见,编制完成了“十一五”防震减灾规划,形成了送审稿,市发改委原则同意后,根据市发改委意见,又对“十一五”规划项目进行充实和重点疏理。为进一步落实“十一五”规划,市地震局以“两网三化”为目标,确立了6个重点建设工程项目,其中,部分资金已经陆续到位。“两网”即地震速测速报台网改造和地震预报观测网络建设。“三化”即城市抗震设防管理法制化、城市抗震设防工作科学化和地震知识宣传规范化。

【活断层探测与震害预测】 活断层探测与震害预测工作,是长春市防震减灾“十一五”规划中的重要工作,目前,关于该项工作的国家、省和长春市三方面资金已全部落实,初设工作全面完成并经过审批,初勘工作配合省局对11个子课题进行了发标,并采用最先进的设备和技术进行紧张工作,取得了理想的成果。

【乡镇民居抗震设防指导】 为了加强乡镇民居抗震设防工作,长春市已将逐步实施农村民居地震安全工程纳入“十一五”规划。政府高度重视,并对地震、建设部门提出了做好该项工作的具体要求,其中建设部门已经组织专门力量,开发推广科学合理,经济实用,符合当地风俗习惯,能够达到抗震设防要求,不同户型结构的农村建设图集和施工技术,并加强技术指导和服务。绿园区对农民安居工程进行了检查,南关区举办了木瓦匠抗震设防技术培训班,并召开了现场会。

【制定震后趋势快速判定及相关决策方案】 经过1年的努力,长春市高精度数字高程(DEM)数据库、区域数字化地球物理数据库、区域地质数据库和数字化地理信息数据库已经初步建成,气象数据库的资料收集工作也即将开展。基于上述数据库的震后趋势快速判定研究、设定地震应急工作方案等工作已经完成。

【应急救援】 更新了一台地震应急工作用车,全局应急可用车辆已达6台,购置了8套计算机,专门用于应急指挥系统的计算机等硬件设备已经到位。收集整理了长春市及所辖各县(市)、区人口与社会经济情况等相关数据资料,初步建立起了长春市震情应急基础数据库和地震突发事件应急处置专家库。建设完成了长春市地震应急通讯联系系统,新增了市、县、乡三级政府主要领导及分管领导的手机、办公电话和住宅电话,为迅速有效地开展地震应急救援工作奠定了基础。2006年,长春市地震局一方面开展了应急救援工作的定期检查,并把应急救援工作作为一项重要指标,纳入了各县(市)、区防震减灾工作年度总考核评比内容。另一方面,适当加大了地震应急演练力度,全年共举行应急演练2次,收到了较好的效果。其中,3月31日乾安县发生5.0级地震后,长春市地震局立即启动了局内应急预案,进行了一次实战应急演练,收到较好效果。7月3日,局属地震速测速报中心全体职工,举行了一次野外应急演练,实地检验了地震监测应急队伍的应急和快速反应能力。另外,9月6日,长春市朝阳区政府应急办和区科技局在永春镇中心小学举行了地震突发事件救援逃生应急演练,有400余人参加了演练,起到了很好的应急示范作用。

【乾安县5.0级地震事件处置】 3月31日20时23分,与长春市毗邻的乾安县发生5.0级地震,长春市普遍有震感。长春市地震局在第一时间启动了局地震应急工作预案,开展了地震应急工作。在10分钟内,市地震局向市委、市政府总值班室、市应急办以及市主要领导和主管领导报告了震情。局机关全体工作人员按照各自的分工迅速到达工作岗位，现场考察队在2个小时内到达200公里外的震发区，监测预报组在30分钟内作出长春市震后趋势快速判定意见。局机关值班人员答复群众电话问询2 000余次，并在震后12小时内编发了4期震情简报。这次地震，农安、德惠两县（市）震感强烈，并且在震后出现了谣传，针对这种情况，长春市地震局及时与当地政府沟通，通报了震中地区震情以及长春市震后趋势判定意见，并通过采取新闻滚动播放等措施，消除了人们的恐慌，及时稳定了社会秩序。

【大南一带地震宏观观测考察】　据长春市地震台网测定，2006年11月3日在长春市大南至双阳附近相继发生2.2级和3.0级地震，长春市地震局对长春市城市周边小震活动高度重视，小震发生后迅速做出反应，立即派人赴大南一带观测与考察，进一步掌握该区地下水动态和动物习性情况，并密切注视震情发展，加强震情分析。

【编制“十一五”期间地震应急体系建设规划】　按照长春市政府应急管理办公室的要求，为进一步做好“十一五”期间地震应急体系建设，长春市地震局组织编写了《长春市“十一五”期间地震应急体系建设规划》。根据规划，“十一五”期间长春市将初步建成统一指挥，结构严谨，运转高效，保障有力的地震应急管理体系，预防和处置地震突发事件的综合能力显著提高，基本满足地震突发事件的监测预警、应急处置和恢复重建的需要。为实现这一目标，在整合现有资源的基础上，重点规划了六个方面的建设任务。其中活断层探测及地震危险性评价项目已经开始实施。

【防震减灾宣传教育活动】　3月1日，长春市地震局会同吉林省地震局，在人民广场举办了纪念《中华人民共和国防震减灾法》颁布实施八周年宣传活动。7月28日，联合吉林省地震局，在人民广场周围，通过悬挂条幅、布置展板等方式，向过往行人进行防震减灾知识宣传。各县（市）、区也开展形式多样的防震减灾知识宣传，并于活动当天进行了检查。有关报社、电视台，对防震减灾宣传周活动进行了跟踪报道。另外，深入动员了各县（市）、区，广泛组织各界群众参加了由国家局主办的防震减灾知识竞赛网上答题活动，并有多人获奖。其中，长春市地震局被省地震局评为一等奖。2006年，局长孙继海同志，被市妇工委评为青少年自救教育特殊贡献先进个人。市地震局与市妇联和妇幼工作委员会合作，在长春市巾帼大厦建立了声、光、电一体化的防震减灾星星泉学校科普教育基地。基地运行一年多来，在此接受防震减灾知识教育的青少年达万余人次。协助市政府办公厅下发了《关于加强防震减灾工作的意见》，并在意见中对各县（市）、区的防震减灾知识宣教基地的建设提出了要求。有关基地建设项目已经列入了长春市防震减灾“十一五”规划。

【城市社区安全和救援志愿者队伍建设】　为切实抓好社区安全工作，2006年，长春市地震局一方面继续深入开展普法宣传进社区活动，通过在城市社区的公共宣传栏和在居民小区设立防震减灾知识宣传板等，向广大群众宣传防震减灾知识和有关的法律法规知识，进一步提高他们的安全意识。另一方面挑选群众工作基础好的社区，在其原有的松散的各类志愿者队伍的基础上，通过建立组织、强化领导、加强培训等措施，组建了新的社区救援志愿者队伍。其中，朝阳区组建的救援志愿者队伍，参加了9月6日举办的地震救援逃生应急演练活动。南关区救援志愿者服务队，参加了“7·28”唐山大地震纪念日宣传活动。

【地震群测群防网络建设】　依据国家地震局《地震群测群防工作大纲》并结合本地实际，加大地震宏观测报网点建设力度，初步构筑起市、县、乡三级地震宏观观测测报网。建立了长春市市、县、乡三级地震应急通讯网络，保证了震情灾情的快速传递。以长春信息港为依托，构筑起全市地震科普宣传网。加强了地震群测群防工作的组织和管理。现正着手制订长春市地震群测群防网络建设方案、地震群测群防目标管理制度、培训制度和奖励制度。

（王春光）

科学技术协会

【概况】　2006年，长春市科学技术协会现有编制40人,其中参照公务员管理编制15人,财政全额拨款事业编制25人。编制机构有:公办室、组织宣传部、普及工作部、学会工作部。内设机构有:国际部、咨询部。所属事业单位有:长春市科学技术馆、长春市科技进修学院、长春市科技咨询服务中心。所属县(市)、区科协10个,现有市属学会、协会(研究会)、联合会61个,会员8万余名,高等院校、科研院所和企业科协15个,农村专业技术协会1 678个,会员5万余人。2006年市科协充分发挥科技大团体的优势,落实科学发展观,不断强化"三个服务"的理念,科技工作者之家建设不断加强,服务全市工作大局和中心工作的能力进一步提高,科学普及、学术交流、国际民间科技交流、科技咨询与服务、组织建设等工作取得了新进展、新成绩。被吉林省科协评为全省科协系统先进单位、学会工作和科普工作先进单位,王源副主席评为全省科协系统先进工作者。会展工作被长春市政府评为市会展经济和人才项目工作先进单位,辛雁荣、王源、赵明远三位同志被评为会展工作先进个人。

【科普工作】 全面部署长春市全民科学文化素质行动计划纲要工作,提出了《长春市落实全民科学素质行动计划纲要实施方案》讨论稿和《任务分解一览表》,确定了长春市全民科学素质行动计划领导小组人员名单,筹备召开了长春市全民科学素质行动计划领导小组成立大会,全面安排和推进了长春市全民科学素质行动计划纲要的工作。积极开展科普宣传,着力搞好大型科普活动的组织与实施。在"全国科普活动周"期间,在全市范围积极组织开展了各类大型宣传活动,有效地配合了"全国科普活动周"。组织部分科普作家编写了《科学指导生活丛书》1册~4册,推动科普工作规范化,扎实推进了"科普进社区"活动。与宣传部、教育局和科技局四部门联合起草了《关于进一步加强全市青少年科技教育工作的意见》,有力地推动和确保了全市青少年科普工作的深入开展。省科协会同六部委下发了"开展千街万米科普画廊建设工程"实施意见后,市科协对长春市的有关情况进行了调研,确定了建设画廊的位置,起草了相关文件,并完成了与市六部委文件会签工作,目前,朝阳区和绿园区的画廊建设工作正在进行。确立了"新农村百业科技致富带头人培训工程"项目,被市委组织部确定为长春市3个重点人才项目并上报吉林省,吉林省又将这个项目列为省级重点扶持的人才项目。6月份和9月份,市科协分别下发了2个文件,落实培训教学系统,要求各县(市)、区成立"长春市新农村百业科技致富带头人培训分校",每1个分校下设10个乡级辅导站。对分校的建立提出了9个方面的要求,使各地建校有章可循。同时对17年来农村百业致富竞赛中涌现出的科技致富大王、能手和各级各类农技协理事长、副理事长进行登记,将他们作为百业致富带头人重点培训对象,现在全市培训工程已初见雏形。市科协还在市中小企业培训中心和市动物疾病诊疗服务中心分别建立了两所培训学校,用于不同规模和不同层次的培训,此项工作得到了市人才工作领导小组的认可,并在全市人才项目工作经验交流会上介绍了经验。大力开展"一站、一栏、一员"试点工作,为新农村建设加油助力。年初在长春市双阳区齐家镇齐家村建立了农民图书室,为基层送去了2 000册图书,丰富了村里的科学文化生活。同时还在九台市、双阳区、农安县等地选择了10个村作为试点。在此期间,市科协还积极参与和组织了新农村建设调研工作,为市委、市政府提供决策意见和建议。胡锦涛同志关于建立农民夜校的批示传达到长春市后,市科协按照市委的要求,组织邀请一批专家和科协干部进行座谈,结合长春市农村的实际状况,组成专门力量在很短的时间内就完成了《长春市农民学科技存在的问题及对策》调查报告,为市委制定建立农民夜校的政策提供了重要的参考意见和依据。

【学会建设】 加强学会建设,推动学会改革,学术交流质量稳步提高,学术活动影响力日益增强。在总结交流近年来学会改革基本经验的基础上,探索了下一步改革的具体思路,出台了关于《进一步加强学会改革的意见》,组织制订了学会改革初步规划,将学会改革工作分成了三个阶段:一是调研试点阶段,确定学会改革工作中的关键性问题,选择部分学会进行改革试点,摸索学会改革的具体工作思路和工作模式;二是总结推广阶段,深入进行总结和开展经验交流，宣传改革试点学会的成功经验；三是巩固提高阶段，推广学会改革成功经验，进一步巩固改革成果。组织开展学会评价和“学会之星”评选活动，全面推动学会综合实力的提高，努力塑造“明星学会”。2006年中国科协在全国省级、市级学会中开展综合评选“学会之星”活动，根据长春市学会的基本情况，市科协将此项活动分成了两个阶段进行。第一个阶段：组织开展对所有学会进行评估，以学会组织建设和能力建设为核心，采取学会自评、专家评审和市科协评价相结合的方式，进行综合评估；第二个阶段：组织评审和推选，组成评审推选小组在全市学会中，推选出6个“学会之星”候选单位报送中国科协，参加2007年全国科协系统“学会之星”的评选活动。打造学术交流品牌，不断扩大学术交流活动的影响力和知名度。中国科协先后主办了2006年“振兴东北地区等老工业基地专家论坛”和“2006年学术年会”。围绕两会的主题，市科协组织动员市属各学会、协会（研究会）、企业科协、科研院所及大专院校科协的广大科技工作者积极参与，广泛开展论文征集活动，先后征集、选送论文40余篇，组团参加了这两个国家级的大型学术会议。同时还注重搭建好市一级的学术交流平台，认真组织专家学者和学会专兼职工作人员围绕新时期的学会建设与改革，开展学术探讨和研究，推动了长春市学术交流工作的质量和水平的全面提高。

【海智计划】 积极开展“海外智力为国服务行动计划”活动，努力为长春市更快更好发展服务。中国科协启动了“海智计划”后，长春市科协为利用好这一新的国际科技交流平台，市科协积极与长春海外学人创业园取得联系并开展合作，双方共同推动长春市“海智计划”工作。活动开展3年来，累计上报中国科协项目25项，入选19项，得到资助9万元。同时，长春海外学人创业园也被中国科协初步确定为“海智计划”试点基地。为了进一步落实此项工作，安排了2006年度“海智计划”工作，下发了《“海外智力为国服务行动计划”指导意见》。2006年9月，中国科协在长春召开了研讨会和联席会。围绕长春市的经济发展开展了热烈的讨论，海外专家、学者和全国各地区科协领导纷纷建言献策，长春高新技术产业开发区管委会、甘肃省武威市、辽宁省阜新市、中国一汽集团公司科协、新疆大学等单位，先后在大会上发言。与会人员参观了中国第一汽车集团公司，参加了长春海外学人创业园回国人员成果展揭幕仪式，并参观了成果展，中国科协书记处书记程东红同志和钱龙生副市长还为此成果展揭幕并剪彩。会议期间，长春市高新区创业园与美国科罗拉多大学健康科学中心的生物化学与分子遗传学博士陈育新签订了“新型抗菌肽项目”，同时还签订了3个意向合作协议。

【博士联合会建设】 整合资源，发挥科技大团体的智力与人才优势，全面加强博士联合会建设，继续开展“技术开发、技术转让、技术咨询、技术服务”等中介服务，努力推进科技与经济的结合。抓好人才队伍建设，依靠人才、智力资源开展智力服务，不断提高技术咨询服务活动的质量、水平和规模。继续加强长春博士联合会的建设，充分发挥高层次人才队伍的作用和优势，为长春市的快速发展提供智力支持和人才保证。在继续推进建立博士工作站、发展会员工作的同时，为扩大对外交流与交往，增加对外联络与沟通的渠道，投资3万元建设并开通了长春博士联合会网站，现在网站运行正常，社会反响良好。成功举办了第一届长春博士论坛，为推动科技与经济的结合和建设和谐长春做出了贡献。市工程师协会积极组织广大会员介入经济建设的主战场，动员广大会员参加长春市经济建设，继续开展“四技”服务活动，在技术市场竞争十分激烈的情况下，“四技”活动全年共签订技术合同50余份，完成合同额近300万元。

（刘晓明）

社会科学

【概况】 2006年，长春市社科联、长春市社科院对科研学术工作进行了改革创新，建立起课题招标机制，结合市委、市政府的中心工作，确定了重点科研课题，面向全市大专院校、科研部门和广大社科工作者招标，全年完成了《长春市产业结构调整对策研究》、《长春市农业产业化特点及走势研究》、《长春市汽车工作自主创新能力问题研究》等12项招标课题，其中市社科院（会）自主完成的课题有3个。

这些课题从长春市经济社会发展的实际需要出发，对长春市三个文明建设的实践起到了理论指导和建言献策的积极作用。同时，为了鼓励调动市社科院所属的科研类社团提高课题研究的积极性，2006年市社科院还采取经费资助，推荐发表的办法，全年资助了5项学会课题，为壮大科研实力，培养科研队伍进行了有益的探索。2006年年初，第十二届世界冬季城市市长会议在长春市召开，按照市政府的要求，市社科院（会）承办了本次会议的“市长论坛”并取得了圆满成功。2006年9月初，市社科院又为吉台长春经贸洽谈会举办了“经贸论坛”，效果和反响都很好。2006年的社科知识普及活动时间更长、规模更大，范围更广、内容更多。为进一步贯彻中共中央《关于进一步繁荣发展哲学社会科学的意见》，在9月的全国科普日，与吉林省社会科学界联合会、长春市精神文明办公室联合举办了第六届吉林省暨长春市社会科学知识宣传周活动，本次活动为期一周，坚持理论联系实际，通过大型广场咨询、科学讲座、图片展、文艺活动等方式，向公众宣传了科学知识，传播科学观念。同时通过进农村、进社区、进学校等活动，扩大了宣传范围。市社科院还与市精神文明办、市文化局配合，在长春图书馆联合举办了10期城市热点讲座活动，选择当前的社会热点、文化现象，邀请专家学者作专题报告，并现场回答问题，深受广大听众特别是青少年的欢迎。市社科院还与省社科联配合，积极参与“国学大讲堂”活动，以长春文庙为阵地，热情宣传中华民族的传统文化，弘扬主旋律，主动为构建和谐社会做贡献。在对学会的管理上，市社科院的工作更加规范化、科学化。2006年年初，市社科院借鉴先进省、市的成功经验，从长春市实际出发，经过精心准备，在全市社科联系统组织实施了“标准化社团创建活动”，制订出具体工作方案，详细的标准化社团条件，严密的考核办法，从思想建设、业务建设、组织建设和基础设施建设4个方面加大对所属社团的管理力度。经过近一年的实践，已有半数以上的社团达到了各项标准要求。在2006年8月召开的全国大中城市社科联第十七次工作会议上，长春市财政学会、人才学会、法学会等6个社团被评为全国先进社团，长春市的全国先进社团数量已达14个。在刊物编辑方面，2006年编辑出版长春社科杂志6期，60万字，社科院《要报》12期，10万字。2006年以来，为了提高办刊质量，市社科院坚持组织编辑人员定期学习、研讨，提高了自身素质。同时特别注重向知名专家、学者请教、约稿，提高了稿件的分量，使刊物围绕中心大局工作更紧，结合长春实际更近，理论指导性更强，实践应用的特点更突出。一年来，市社科院还编辑出版了《世界冬季城市市长会议论文集》，长春地方史文献丛书《盛京时报长春资料选编》的民国卷，《长春城市区域与经济发展》蓝皮书也正在筹备编撰之中。

【第十二届世界冬季城市市长会议论坛】 2006年1月15日～19日，第十二届世界北方冬季城市市长会议在长春召开。同时还召开了为期3天的世界冬季城市市长会议论坛。本论坛作为市长会议的重要组成部分，以“在冬季里发展”为主题，确立了“加强交流、促进合作、学习借鉴、共谋发展”的宗旨。共有来自美国、日本、西欧等16个国家30个城市的代表出席会议，国内外29个城市的代表做了演讲。论坛在国内外反响强烈。论坛由市社科院和长春市外事办共同承办。市社科院广泛协调长春市有关部门和专家学者为市长会议起草会议主要研讨议题和七个议题发言。同时对七个议题的发言的多媒体制作工作进行了协调，并制作了“长春市冬季城市公共活动空间”的多媒体制作工作。论坛研讨对长春市加强冬季城市建设，改善人们在冬季的生活环境，有着重要的意义。会后，社科院编辑整理了本次论坛的发言稿，现已出版成文集。这一文集共40万字，采用英汉对照的方式，书中收录了所有演讲稿以及录音整理稿，同时还插入了演讲者发言时的多媒体图片，增强了说服力。

【吉（长）台经贸论坛】 2006年9月，根据市政府安排，市社科院与市委统战部（后改为与市政府办公厅）合作，在东北亚经贸洽谈会期间承办了吉（长）台经贸论坛活动。共有来自台湾、长春高校和科研院所以及实际工作部门的6位人员在论坛发言，就如何振兴东北、金融服务、台湾与内地市场、台湾汽车对长春的启示等议题进行了深入交流和探讨，为长春市振兴老工业基地提供了智力支持。

【第六届吉林省长春市科普咨询活动】 9月17日至24日，市社科院与省社科联、市精神文明办联合举办了“吉林省暨长春市第六届社会科学知识普及周”活动，整个活动以贯彻落实国务院颁布《提高全民科学素质行动计划纲要》精神为主旨，以“树立科学发展观，振兴老工业基地，构建和谐社会”为主题，在一周的时间里，先后组织举办了专场报告、科普讲座、图片展览、多媒体演示、专题文化活动、专场文艺演出、报到专题专场和组织科普小分队进社区、去农村、到学校等多种形式的活动。特别是在文化广场举办的大型科普现场咨询活动中，40多家社团的100多名专家学者，直接面向市民群众答疑释惑，当场散发宣传品6 000多份，面对面地解答群众提出的各类问题500多人次，到现场听宣传讲解、参观图板、参与文化活动的近万人次。在集中进行科普宣传的同时，市社科院还坚持科普活动长年化、制度化与热点评论相结合。2006年，市社科院与长春市图书馆共同策划了12期“城市热读讲座”活动，就新农村建设、长春城市雕塑、超女现象、名著欣赏、电影赏析等，邀请了高校专家学者、电影导演等进行讲座，受到广大市民的热烈欢迎。其中“超女现象分析”得到文化部的好评，被文化部列为2006年“全国科普文化宣传共享资源”，这说明长春市的科普宣传活动有着巨大的社会效益和影响。在党中央提出建设社会主义新农村这一战略构想后，如何理解新农村概念、怎样建设社会主义新农村，成为长春市干部群众关心的话题。市社科院抓住了这一社会热点，与市财政局共同筹备召开了建设社会主义新农村报告会。邀请到中国社科院农村经济研究所的党国英教授到长做报告。近500人聆听了党国英老师的报告，反应热烈。

【创建标准化社团活动】 为了使长春市社科类社团能够健康有序地发展，市社科院（会）领导借鉴其他省、市、区开展创建标准化社团活动的工作经验，于2006年初在长春市社科界开展了创建标准化社团活动。首先，市社科院于2006年3月~5月间配合长春市民间组织管理局完成了长春市社科联所属社团的年检工作，对所属社团进行了调查走访。通过深入细致的实地了解，加深了与各社团的沟通联系、增进了感情，开阔了视野。其次，市社科院改变管理模式，使社团以往的有事无请示、有活动无信息的状况得到了有效的改善。利用有效资源，强化协作意识，将有价值的社团活动信息通过市社科院（会）办公室向市委办公厅信息处上报。第三、加强社团专业人员的业务培训是做好标准化社团工作的重要保障。为了宣传、开展标准化社团的活动，市社科院在院（会）领导的大力支持下，各处通力合作，在辽宁省桓仁满族自治县举办了“加强社团自身建设，创建标准化社团活动”研讨会，各社团的会长、秘书长及业务骨干60多人参加了会议，通过研讨与交流，增强了各社团的自律意识，充分认识到创建标准化社团工作的重要性和必要性。

【一报 一刊 一史】 即《要报（领导参阅）》，《长春社科科学》、《地方史文献丛书》。截至12月底，已经编辑《要报》12期，60余篇，共10万字。发表了专家学者和实践工作者研究长春历史和现实的文章，特别是配合长春老工业基地改造、社会主义新农村建设、精神文明建设等方面，刊发了大量对策性和经验性文章，为长春市经济发展和社会进步服务提供了智力支持和决策参考，受到市领导和有关部门的好评。《长春社会科学》在根据形势发展的要求和社会热点问题，出版了“社会主义新农村建设”、“长春老工业基地建设”、“学习十六届六中会精神”等专栏，成为长春社科知识宣传和社科成果转化阵地，受到社科工作者的重视，在社会各界有着很大的反响。现已编辑出版6期，60万字。在地方史文献丛书上，市社科院继续编辑《盛京时报长春资料选编》，在清朝卷的基础上，将编辑民国卷。2006年已基本完成了1912年~1915年资料收集和整理工作。

（刘 薇）

文　化

2007 长 春 年 鉴

CHANGCHUN ALMANAC

文　　化

文化艺术

【概况】 2006年,长春市文化艺术工作坚持解放思想、实事求是,艺术创作生产不断加强,群众文化活动丰富多彩,文化市场繁荣有序,文物博物、图书馆建设得到推进,文化事业和文化产业健康发展。到2006年末,全市共有文化机构202个,其中,文艺表演团体9个、艺术表演场所9个、电影放映场所10个、公共图书馆12个(总藏书量275万册)、群众文化事业机构124个、文化艺术科技科研机构2个、文化市场管理机构12个、文物事业机构5个、博物馆2个、其他机构17个。市文化局直属文化机构26个,其中,文艺表演团体3个、艺术表演场所5个、电影放映场所6个、公共图书馆2个、群众艺术馆2个、文化艺术科技科研机构2个、文化市场管理机构2个、文物事业机构1个、其他机构3个。全市有文物保护单位137处(其中,省级19处、市级118处)。各类文化经营场所2 467家,其中,互联网上网服务营业场所934家(连锁58家)、文化娱乐场所420家、演出场所43家、音像制品经营场所1 057家、保龄球馆(室)6家、古玩书画店7家。市区内文化经营场所1 544家,其中,互联网上网服务营业场所657家(连锁58家)、文化娱乐场所126家、演出场所27家、音像制品经营场所721家、保龄球馆(室)6家、古玩书画店7家。

【文化体制改革】 按照2005年12月21日市政府文化体制改革专题会议精神,认真组织、积极协调、周密部署,稳妥地推进了长春市电影发行放映公司及所属电影院(人民影视娱乐城、儿童电影院、红旗电影院、解放电影院、前进电影院、长江影都、东盛影院)、长春市演出公司、长春市美术广告公司、长春市文化局房产管理所4家首批文化体制改革试点单位的改革。其土地、房屋由长春市土地收储中心统一收储,所得资金用于改制。为此,将13处7 478平方米公企房产权划拨给市文化局。目前,正在办理长春市电影发行公司及所属影院的土地收储事宜。由长春市文化局房产管理所管理的文化系统职工住宅小区物业顺利移交给长春市房地集团。对长春话剧院、长春评剧院、长春市杂技团3家专业艺术表演团体进行了资产评估和改制成本核算,制订了《长春市文化局专业艺术院团改革实施方案》(讨论稿)。市文化局直属公益文化事业单位实行全员聘任制,内部管理机制的改革得到有效推进。

【专业艺术生产】 创作生产了传统评剧《鹰格泪》,并在第五届中国评剧艺术节上夺得了最高奖"优秀剧目奖"和"优秀表演奖"等6个单项奖。新排大型话剧《小巷总理》,艺术地再现了新时期共产党员,长春市二道区东站街道十委主任谭竹青同志的光辉形象。杂技节目《球上技巧》在第七届武汉国际杂技节上获得铜奖。创作生产了一批优秀的二人转和小戏小品。开展了第二届长春市"小戏小品"创作征集评比活动,有18件新作品获得了奖励。

【舞台演出活动】 举办了2006年艺术精品系列演出,引进了俄罗斯远东交响乐团交响音乐会、俄罗斯太平洋舰队歌舞团歌舞晚会、长影乐团《花儿还是这样红》电影视听音乐会、大型原生态歌舞集《云南映像》、上海越剧团古装经典越剧《红楼梦》和《梁祝》、上海芭蕾舞团《芭蕾精品晚会》、加拿大温哥华钢琴合奏乐团中国之旅2006音乐会等9台精品剧(节)目,演出16场,参与观众1.6万人次。"精品系列演出"已经成为市民现场欣赏国内外精品剧(节)目的重要平台,市民心目中的文化品牌。围绕全市中心工作,开展了国际北方城市市长会议文艺演出、"2006吉台(长春)经贸洽谈会"文艺演出、《祝福长春》2007元旦晚会等10场高质量的专业艺术演出活动。举办了"七月礼赞"、"十月放歌"大型歌舞晚会

话剧《小巷总理》

系列公益演出，为省市各条战线的干部群众奉献了20场国内一流的大型歌舞节目，观众达到3万余人次。这些演出活动，极大地丰富了全市人民精神文化生活，培育了演出市场。全市的演出舞台呈现出一片喜人局面，引起了各大媒体的广泛关注，并称为“长春文化现象”。6月12日，《吉林日报》以《阳光洒满春城》为题头版头条报道了长春市文艺舞台的繁荣景象。

【群众文化活动】 以广场文化活动为龙头，以传统节日为契机，组织开展形式多样、内容丰富的群众文化活动，满足了人民群众的文化需求。先后组织开展了关东风情浓郁的新春秧歌大赛；春节、元宵节和端午节民俗活动；春联、灯谜的评比展览活动；航天知识图片展览；纪念毛泽东同志《在延安文艺座谈会上的讲话》发表64周年大型文艺晚会；第十七届青少年艺术系列大赛等等。配合全市学习谭竹青活动，开展了系列宣传活动。创编了一台综艺节目，深入社区宣传演出20场；举办了谭竹青同志先进事迹图片展，参观群众1 200人次；开展了学习谭竹青民营二人转艺术团体系列公益演出。举办了“八荣八耻”“五走进”（进社区、进企业、进学校、进军营、进乡村）系列演出宣传活动，鲜活的传播方式、新颖的编排和精彩的演出受到观众的热烈欢迎。全年共组织各类群众文化活动240余场，参与群众120万人次。

【农村文化建设】 开展了全市文化信息资源共享覆盖乡村、农村文化活动等课题的调研工作，形成了《当前推动我市文化信息资源共享工程覆盖乡村存在的困难问题及建议》和《长春市农村文化活动情况的调研报告》。组织了一批优秀影片、图书和文艺节目进社区、进乡村活动。在全市社区、学校、乡村、敬老院等地公益放映优秀影片120场，先后为榆树市、德惠市、九台市、双阳区等图书分馆赠送图书1.6万余册、光盘100种，为农民科技致富奔小康提供了智力支持。举办了乡镇文化站长培训班，开展了以农民自办文化为载体的农家文化大院和特色文化乡镇建设活动。开展了农村数字电影院线试点城市的有关工作，投资133万余元，配备85套数字电影DMS系统，组建了长春市协众农村数字电影院线有限公司。

【第四届长春文化艺术周】 9月3日至9日，第四届长春文化艺术周隆重召开。期间举办了7场高水平的专业艺术演出和7场不同主题的广场文艺演出。邀请了中国戏剧协会梅花奖艺术团18位梅花奖得主，深入市民、深入大成集团厂区开展了2场“中国戏剧家协会梅花奖艺术团·长春行——《梅香春城》”慰问演出。上演了话剧《小巷总理》、传统评剧《兀术与鹰格》、杂技晚会《白山黑水故乡情》、童话剧《魔碟》、《京剧折子戏》等专业剧目。开展了吉视都市频道成立五周年庆典、“筝韵飘飘迎亚冬”大型古筝表演暨大型群众广场健身操表演、朝鲜族歌舞专场演出、“激情迎亚运、唱响亚冬会主题歌曲”专场演出、“冰雪迎亚运、文明扮春城”——交通文明之星评选颁奖晚会、“青春的旋律”专场演出、少年儿童校园文艺“真我风采”专场演出等主题鲜明的广场文化活动。以“城市热读”为载体，举办了以《公共文化服务体系建设的理论与实践》和《二十一世纪中国人的文化素养》为主题的2场专题报告会。举办了长春市文化局2000年～2005年文艺奖励基金颁奖典礼，启动文艺奖励基金30万元，对6年中对文化系统艺术创作生产做出突出贡献的文艺作品和文化工作者进行了集中奖励。组织社会各界向农村捐赠图书7 000余册。参与第四届长春文化艺术周群众达到40余万人次。以“参与、展示、繁荣”为宗旨的第四届长春文化艺术周，已经成为内容丰富、特色突出、活动精彩、参与广泛、深受市民喜爱的文化品牌。

【第六届亚冬会主题文化活动】 第六届亚冬会系列文化活动以弘扬奥林匹克精神为主题，以增强全市人民体质，营造和谐、喜庆、欢乐的赛会氛围为目的，整合省市文化艺术资源，调动广大群众的参与热情，通过主题系列文化活动的举办，为亚冬会在长春市的成功举办营造良好的社会氛围，打下坚实的群众基础。承担了开幕式文艺演出的协调和闭幕式文艺演出任务。开展了“亚冬会走进你我他”为主题的社会宣传活动。举办了“喜迎亚冬会”——第四届长春文化艺术周；组织了第六届亚冬会倒计时300天大型太极舞、威风锣鼓、健美操、秧歌表演，倒计时200天广场、商业区庆祝活动，倒计时100天加拿大温哥华钢琴乐团音乐会；开展了“喜迎亚冬会、当好东道主”为主题的广场系列演出；全市各城区、开发区积极行动，围绕宣传亚冬会举办了“亚冬会走进新南关”大型健身秧歌、健美操、空竹、武术展示活动，“喜迎亚冬会、打造新二道”主题广场文化系列活动，“和谐高新铸辉煌”迎接亚冬会系列文化体育活动，亚冬会会歌教唱等一系列丰富多彩的文化活动；开设了第六届亚冬会图书专架。2006年为“亚冬会文化活动年”，全年共计有50多个大项、几百个小项的以“喜迎亚冬会”为主题的文化活动陆续举行，彰显了浓厚的关东风情和冰雪文化的独特魅力。

【文化市场繁荣有序】 积极落实《2003—2010文化市场发展纲要》，坚持“一手抓繁荣，一手抓管理”的原则，在加强对长春市文化市场规范管理的同时，逐步建立起政府引导、社会主体依法自主经营、行业自律，规范开放、竞争有序、繁荣发展的文化市场管理和发展的机制。完成了网吧经营管理平台的安装及升级换代工作，全方位提升高科技管理水平，形成了网络文化市场管理的长效机制。开展了文化经营场所专项整治和“长春市文化市场集中执法季”活动，重点对人员密集、消防安全隐患突出、涉黄涉赌的歌舞娱乐、网吧经营场所进行了彻底排查。为预防未成年人进入网吧，与中小学校、网吧业主签订了责任书，联合工商、公安等部门进行了为期2周的突击夜查，开展了最佳场所评选活动，建立了检查登记制度，8月份中央检查组在检查暗访过程中没有发现一例未成年人进入网吧的情况。全年，文化市场检查共出动检查人员6 953人（次），检查车辆1 081台（次），检查各类场所3 600余家次。取缔黑网吧7家、非法音像制品摊点5个，没收非法音像制品28万余盘、赌博游戏机3台，罚款28万元。

【文化产业快速发展】 将民营电影、网吧、演出业作为全市文化产业重点培育项目。建立健全了促进和发展文化产业联席会议制度和文化产业统计汇报制度。吸引民营资本，扶持发展了电影放映场所3家：长春万达国际电影城有限公司、长春新长江电影城有限公司、长春宝地电影院，有效地激活了长春市的电影放映市场，使长春市一度趋于平淡的电影放映市场逐渐火热。全年，电影放映场所放映电影1.2万场。吸引民营资本投资1 600万元，培育发展了17家互联网上网服务营业场所，目前，全市拥有连锁网吧58家。民营二人转演出市场持续火爆，具有一定规模的二人转演出场所10余家，全年演出4 680场，总收入达996万元。全年，全市文化行业固定资产投资达到0.78亿元，超既定目标244%。文化行业总收入达到2.6亿元，超既定目标13%。

【公共图书馆建设】 市直公共图书馆新增文献5.2万余种、10.2万余册件，累计藏书达到186万余册，流通借阅量106万册次，全年到馆读者134万人次，办理读者借阅证10万余个。加强特色数字资源建设，完成了小蜘蛛创业信息网站、“城市热读”系列讲座、东北二人转等特色数据库建设。加强了文化信息资源共享工程建设，市直两个公共图书馆在全市9个县（市）、区建立了40个协作图书馆分馆，城乡之间实现了通借通阅、资源共享。读者服务工作得到深化，举办“城市热读”讲座30余场，举办了百期“城市热读”庆

国学大讲堂讲座

典，开展了“国学大讲堂”、“读好书促和谐”读书征文等系列讲座和活动，为创建学习型城市、提高市民文化素质做出了积极贡献。为社会弱势群体提供了免费上网服务，与省孤儿学校开展了“爱与我们同在”联谊活动，为市少管所赠送图书（期刊）2 600册。

【文物博物事业】 贯彻落实《国务院关于加强文化遗产保护的通知》，进一步加强文化遗产保护工作。召开了全市文化遗产保护工作会议，制订下发了《长春市人民政府关于加强文化遗产保护工作的意见》。完成了第六批11个省级文物保护单位的申报工作。组织开展了我国第一个“文化遗产日”系列宣传活动，公布了长春市第一批至第七批省市级文物保护单位名录，扩大了宣传，增进了公众对文化遗产的认识和了解，提高了市民对文化遗产的保护意识。开展了非物质文化遗产普查工作，目前已挖掘整理登记20项申报省级遗产名录。完成了长江三峡考古资料的整理。

（范琳琳）

文化交流

【概况】 2006年长春文化交流工作坚持服务国家外交大局，主动参与国际文化交流与合作，不断扩大对外文化交流领域和国际商演市场份额，继续坚持“走出去与请进来相结合”的原则，大力宣传长春特色文化，吸收外来有益文化，进一步提高长春市民族文化产品和服务的国际影响力、竞争力，丰富了群众文化生活，繁荣了文艺舞台，为世界文化交融与发展作出了积极贡献。

【开拓杂技国际演出市场】 杂技作为对外文化交流的先锋队，多次到世界各地进行巡回演出。2006年分赴南非、美国、英国、瑞典、日本、韩国等国家进行文化交流和商业演出。编创人员深入研究演出市场的需求，不断创新，向世界展示中国文化艺术魅力的同时宣传了长春。特别是在英国，长春杂技演出座无虚席，广受好评，这种现象引起了我国驻英使馆的高度重视，并就此现象进行了专题调研，撰写了专题报道。杂技演出国际商演市场进一步扩大，深受各国观众喜爱，得到了社会效益与经济效益的双丰收，全年演出总计990

俄罗斯太平洋舰队歌舞团歌舞晚会与群众互动

场,比2005年增长60%,演出收入260万元。

【引进国际精品剧(节)目】 为提升市民艺术欣赏品位,丰富群众文化生活,广泛汲取世界优秀文化艺术成果,先后邀请了俄罗斯、加拿大、哈萨克斯坦等国家的艺术工作者来长春市演出。为配合2006中国"俄罗斯年"系列文化活动的顺利开展,先后邀请了久负盛名的俄罗斯远东交响乐团和俄罗斯太平洋舰队歌舞团上演了大型交响新年音乐会和歌舞晚会,丰富了中国"俄罗斯年"的活动内容。邀请加拿大温哥华钢琴合奏乐团,将"双钢琴——八手联弹"精彩的演奏展示给了春城人民。

【2006长春国际图书馆学术会议】 长春市图书馆承办了以"理性、开放、和谐的图书馆"为主题的2006长春国际图书馆学术会议。邀请了美国、日本、香港等近10个国家和地区,中国科学院、中国社会科学院、国家图书馆、首都图书馆、深圳图书馆等图书馆界和情报界的专家学者做了主旨发言和专题报告,对现代图书馆的基本精神、职业使命、组织文化、服务创新、公众意识以及未来图书馆公共服务的挑战等问题进行了理论探讨。共收到论文和文摘301篇,涉及26个省、市、自治区,75个市、州、县、区,153个图书馆,327位论文作者,覆盖了大专院校系统、科学院系统、公共系统、党校系统等各种类型的图书馆和图书、情报院系等领域,扩大了长春市在世界的知名度和影响力。

【对外文化交流】 7月,市政府副秘书长罗远增率代表团访问瑞典穆拉市,并参加了"穆拉市传统文化节"。8月,长春市文化代表团赴韩国首尔,参加了主题为"知识与信息社会的动态引擎"的第72届世界图书馆与信息大会,并参观、考察了韩国及日本的主要图书馆,了解了数字化图书馆建设和图书馆新的服务模式。第六届亚洲冬季运动会筹备期间,接待了第七届亚洲冬季运动会承办城市哈萨克斯坦阿拉木图市代表团,就亚冬会会旗交接仪式等事宜进行了磋商。9月,应长春市邀请,瑞典穆拉市文化代表团来长春市进行考察,观看了第四届长春文化艺术周系列文化活动,对长春市丰富多彩的文化活动给予很高的评价,并盛情邀请长春市文化代表团于2007年到瑞典穆拉市举办"长春文化艺术周"。

(范琳琳)

文学艺术

【概况】 长春市文学艺术界联合会(以下简称市文联)机关内设机构为:办公室、协会工作部、组织联络部。所属文艺家协会为:长春作家协会、长春美术家协会、长春书法家协会、长春音乐家协会、长春摄影家协会、长春戏剧家协会、长春电视艺术家协会、长春民间文艺家协会。所属事业单位为:长春书画院和意林杂志社。2006年,长春市文联按照全市宣传思想工作会议的部署,以"出作品、出人才"为宗旨,积极开展文艺创作和文艺活动,牢固树立社会主义荣辱观,认真组织开展向谭竹青同志学习活动,深入贯彻落实《中共中央国务院关于深化文化体制改革的若干意见》。同时,不断提高机关管理水平和服务质量,圆满完成行政业务工作任务,以一流的工作业绩,为推动长春市经济和社会的全面发展,为繁荣长春文艺做出贡献。

【文艺创作】 创作出版长篇小说:《苦情》(王立仁),《惩罚》(侯树槐、侯明祥),《我爱你》(温颖刚),《疾风劲草》(颜杰),《老娘泪》(赵韫颖);中篇小说:《诗意生活》(齐铁民),《桃花》、《仿佛依稀》(金仁顺),《春天的迪斯科》(高君),《赌仇》、《血连环》(田成林);短篇小说:《酒醉的探戈》(金仁顺),《民工谣》(景凤鸣),《黑伞》(明哲),《爱,一直很安静》(张闻文);报告文学集:《走进西藏》(马录),《天地有眼》(侯树槐),《洒向人间都是爱》(孙玉良),《谁持彩练当空舞》(赵守城),《金色时光》(睢雪),《和爷爷重走长征路》(吴晋明);散文集:《长河春潮》(张少武),《月蚀》(徐晓鹏),《我活天地间》(畦光),《杏树园里的故事》(周敏),《青青马莲草》(孙昱莹),《羊和狮子》(苗广录),《飞鸿踏雪集》(李云章),《旅程心路》(孙宝惠),《梅花学》(徐梦泽);诗集:《烛光里的微笑》(朴连生),《日蚀》(徐晓鹏),《遗失的部分》(焦成千),《耕心感悟集》(林克胜),《低吟浅唱》(王勇江);儿童文学:《张少武儿童小说选》(张少武),《长白雨燕脱险记》(郭大森),《囡囡和团团》、《世界伟人——孔子》、《世界伟人拿破仑》(周敏),《低幼知识童话系列》(李满园)。根据金仁顺小说《爱情走过夏日的街》改编的26集电视剧《妈妈的酱汤馆》,12月23日至30日在中央电视台8频道晚间黄金时段播出。王长元短篇小说《窗棂上挂串红辣椒》获首届梁斌文学二等奖。王海南中篇小说《遥远的枪声》获中国作协主办的《中国作家》金秋之旅大型征文三等奖。于维范散文《我的书屋名号》获中国散文精英奖。刘庆长篇小说《长势喜人》获2006年第二届吉林文学一等奖;胡西淳长篇小说《津门脚行》、王怀宇小说集《家族之役》、肖达中篇小说《春来江水绿如蓝》、宣儿中篇小说《迷失西域》、高君短篇小说《如花的裙子》、邢万生诗集《邢万生诗选》获吉林文学二等奖。杨子忱522行长诗《长白山之歌》获全国第五届新世纪之声"中华颂歌"征文诗歌类银奖;990行长诗《大东北之歌》获全国第六届新世纪之声"爱我中华"征文诗歌类银奖;荣获由世界汉诗协会、世界汉诗艺术奖评审委员会颁发的"世界汉诗艺术家荣誉勋章";歌词《茶马古道》,由云南作曲家孙维群作曲,入选《中国茶城原创歌曲集》,在茶马古道唱响;歌词《兴安岭哟大森林》,在中国作家创作成果报告编委会等联合举办的纪念鄂伦春自治旗成立55周年征文中,荣获全国民族歌曲金奖。5月27日开始,由长春电视艺术家协会副主席赵韫颖编剧的电视连续剧《老娘泪》,在中央电视台综合频道黄金时段播出。在第十三届"佳能杯亚洲风采"摄影比赛中,郭义摄影作品《冰雪幻境》获佳作奖。刘士贤创作的歌词《廉政自律正气歌》,在中国延安文艺学会与人民日报社联合主办的"永葆共产党人先进本色"《诗词集》征稿中入选;歌曲《黑土地的故事》(刘士贤作词、王成竹作曲),在中国音乐家协会主办的"世界之春征歌"中获金奖;歌曲《神奇的长白大峡谷》(刘士贤作词、王成竹作曲),在中国音乐文学学会主办的"歌坛在行动"全国词曲创作比赛中获优秀奖。创作《光之颂》(王明政曲、魏巍词)、《心中的彩霞》(王明政曲、张海利词)等歌曲。

【主要文艺活动】 1.净月杯冰雪摄影大赛。1月1日,长春摄影家协会与长春市新闻摄影学会、长春净月潭旅游开发区新闻中心联合举办"2006净月杯冰雪摄影大赛"。共收到参赛作品900余幅。摄影作品反映净月潭冰雪风光和各种冰雪活动,特别是瓦萨国际越野滑雪节比赛等内容。2.书画展和笔会。1月14日,由2006中国长春冰雪旅游节执委会、市政协、市文联共同举办的"中国著名书画家迎新春送吉祥书画大展暨大型书画笔会"在长春图书馆举行。来自北京、长春等地的20多位书画名家参加了笔会,展出书画作品200幅。3.青木由直、鲁秋书画作品展。1月16日,长春美术家协会在市图书馆二楼会展中心展厅举办青木由直(日本)、鲁秋(中国)书画作品展,展出作品百余幅。4.开展送文化进社区活动。1月19日,由市文联副主席张守智带队,组织书法家、美术家、摄影家一行20余人,来到南湖街道湖东社区,开展送文化进社区活动。举办艺术知识辅导和讲座等活动,并同社区居民进行了现场创作交流,向社区居民详细讲解了艺术作品鉴赏知识。社区居民十分珍惜这次机会,积极向艺术家学习书法、美术、摄影知识和创作技巧。5.送文化下乡活动。1月20日,由市文联副主席于笑然带队,组织作家、书法家、美术家、摄影家开展送文化下乡活动。各协会的艺术家到二道区泉眼镇胡家村为农民送上春联、窗花500幅,送各类书籍400册,同时为农民拍摄照片。艺术家一到胡家村,立刻铺展纸张,挥毫泼墨,开始书写春联。摄影艺术家们组成几个小组,分头走进农家,为村民拍摄人物艺术照、全家福、新婚照200幅。迎春书画笔会。1月22日,长春书画院、市政协书画院、长春日报书画院和英派斯健身俱乐部联合举行迎新春书画笔会,我市二十余位书画名家现场挥毫泼墨,创作出40余幅优秀的书画作品。6.首届长春文学奖颁奖大会。2月16日,市文联、长春作家协会在长春宾馆举办了首届长春文学奖颁奖大会。长春文学奖是长春市首次设立的一项专业性、权威性的文学大奖。长春文学奖的设立,旨在激励作家创作,奖掖文学精品,扶植文学新人,促进长春文学事业的繁荣发展。首届长春文学奖自2005年4月份启动以来,共有75部(件)作品申报参评,长春作家协会会员申报了自己在2000年至2004年间所出版或发表的作品。其中,金仁顺的长篇小说集《绿茶》在首届长春文学奖评奖中获金奖,肖达的中篇小说集《上邪》、夏鲁平的短篇小说集《往日重现》、于桂兰的散文集《希冀成熟》、景凤鸣的散文集《有一条河》等4部作品获银奖，王少辛的诗集《自由状态》、陆景林的散文集《走进青纱帐》、齐铁民的中篇小说《非常台词》、吴广孝的儿童文学作品《蓝色的山林》、刘庆的长篇小说《长势喜人》、侯明祥的长篇小说《命运》、张秀枫的中短篇小说集《走过从前》等7部作品获铜奖，作家侯树槐、张少武、韩汝诚、杨子忱获成就奖。市委常委、宣传部长殷丽依出席大会并讲话。7. 牡丹之韵摄影大赛。4月26日，长春摄影家协会与长春市园林局、长春市新闻摄影学会联合举办"牡丹之韵"摄影大赛。此次举办"牡丹之韵"专题摄影大赛活动，重点是向社会宣传长春牡丹园的景观特色，展示牡丹花与生活、人与自然和谐美好的花卉文化和人文景观理念，引导市民关注长春园林建设，倡导市民回归自然般的时尚生活。参赛摄影作品700余幅，共设金奖1名，银奖3名，铜奖6名，优秀奖50名。8. 长春动漫艺术节。5月1日至5日，由China Joy组委会、亚太数字娱乐协会、北京创新数字文化发展促进会、CIG中国电子竞技大会、长春市文学艺术界联合会、长春日报报业集团、长春市少工委联合主办，长春动漫画协会、长春日报报业集团北京文化发展分公司、长春艺联文化艺术发展有限责任公司联合承办的"长春动漫艺术节暨'吉林中粮可口可乐'杯2006ChinaJoy角色扮演嘉年华东北赛区预选赛"，在吉林省长春市欧亚卖场会展中心举办。长春动漫艺术节的内容丰富多彩，围绕主题，组织一系列艺术性、娱乐性、时尚性、大众参与性和互动性的活动。除参赛评奖外，举办漫画、动画片、FLASH全国征集大赛、长春动漫艺术节优秀漫画作品展览、2006ChinaJoy角色扮演嘉年华东北赛区预选赛评选、现场漫画秀、举办"如何才能成为一名成功的动画设计师"专题讲座、国内外优秀动画片展播、人才招聘培训会、动漫模仿体验区、游戏大比拼、动漫衍生品展示及销售等10项活动。在宣传动漫产业政策、提供市场信息和动漫产品发展状况，展示国际最前沿的数字技术和互动娱乐产品、丰富的衍生产品的同时，为广大客商搭建一个宣传推广、信息交流、贸易合作的平台。9. 助残日活动。5月20日，市文联、长春书法家协会、长春美术家协会，为纪念我国第16个助残日，围绕今年助残日主题"真实的了解，真挚的关爱"，怀着了解特殊群体，关爱残疾儿童的目的，组织20位知名书画家到长春市特殊教育学校，参加2006年长春市书画家助残笔会活动。书画家们现场为市特殊教育学校的学生们吟词赋诗、挥毫泼墨。书法家们创作山水画、花鸟画及书法作品近百幅，全部赠予学校。10. 第二届长春书法美术大展暨长春首届"十佳"、"百优"小书画家评选活动。5月21日为纪念毛泽东《在延安文艺座谈会上的讲话》发表64周年，繁荣文艺创作，全面展示长春市书法、美术创作成果，本着发现人才，培养人才的宗旨，普及和推广少年儿童的素质教育，创建和谐社会，由长春市文联、长春市少工委、长春日报社共同主办；长春书画院、长春书法家协会、长春美术家协会、长春市政协书画院、长春日报社书画院、中国美术学院社会美术水平考级中心吉林省考区办公室、长春市艺联文化艺术发展有限责任公司共同承办的第二届长春书法美术大展暨长春首届"十佳"、"百优"小书画家评选活动在远东艺术馆举行。本次大展共收来稿2 000余件，

首届文学奖颁奖现场

展出近600件。组委会授予钟新宇、闫雨曦、吴泽昊、马琳、赵文伯、王天沐、陈硕、李若萌、王硕、徐思瑶为“十佳”小书法家；授予王美懿、吕宗纬、袁鑫、张诗禹、李方晨、谭淞舰、王婧嫄、霍思同、刘剑、张迪迅为“十佳”小画家；授予吴俊亮、金立新、佟淑庸、李广璞、杨凯、张雪芹、余景文、董云阶、吕文桓、郑贤彬为老有所为书画家；授予刘旭、臧英男等百名同学为优秀小书画家。11.2006中国长春工艺品暨家居饰品博览会。6月24日至7月2日，2006中国长春工艺品暨家居饰品博览会在长江路步行街开幕。本届展会由长春市政府主办，长春市文联、长春市会展办承办。以“追求品位、引领时尚”为主题，致力于中国工艺艺术的展示与交流，着力于对优秀传统文化和民间艺术精品的市场化推介和产业化拓展。展会设立了近200个标准展位。不仅展出了云南翡翠、辽宁岫玉、吉林松花浪木、吉林刀画、浙江青田石雕及各地著名书画家的优秀作品，参加沈阳世界园艺博览会的巴基斯坦、缅甸等国家的部分厂商也携其特色工艺礼品参展。通过全国各地各具特色的工艺品礼品和家居饰品设计、生产和经销单位的展示，为供需双方提供洽谈、交流、合作的平台，着力于弘扬中国优秀传统文化和民间艺术精品的市场化推介和产业化拓展。为促进长春市乃至东北地区工艺品礼品和家居饰品市场的发展做出新的贡献。12.《2007年亚冬会会歌》创作征集评选活动。长春音乐家协会同亚冬会组委会共同组织《2007年亚冬会会歌》创作征集评选活动。在这次活动中，共征集词曲作品200余首。大部分作品主题新颖，内涵丰富，受到亚冬会组委会领导的好评。由大平创作的《亚洲之星》最终被确定为亚冬会会歌。13.“欧亚卖场杯”首届长春大学生原创诗歌朗诵大赛。12月17日，由市文联、长春作家协会主办，东北师范大学社团联合承办，东北师范大学、长春师范学院、长春中医药大学、长春税务学院等15所高校参与的“欧亚卖场杯”首届长春大学生原创诗歌朗诵大赛在欧亚卖场举行了决赛。本次大赛着重突出高雅性、原创性、旨在满足广大文学爱好者的兴趣，活跃校园文化生活，进一步激发广大同学的创造潜能，促进各大学之间的文化交流，引导具有浓厚人文气息的校园文化新潮流。本次大赛得到了长春在校大学生的热烈欢迎，有800多人在各个分赛区报名参赛，数百篇优秀诗歌作品精彩涌现，充分展示了大学生对美好生活的向往和对艺术创作的挚爱。本次参赛的原创诗歌作品内容丰富，富有时代感，表达了当代大学生对国家、对民族的真挚情感，以及对未来的美好憧憬。其中，《宝贝别哭》、《绿叶对根的情意》、《有你们，世界再没孤单》、《羁旅之思》、《找回自我》等10篇作品获得本次大赛原创诗歌佳作奖。吉林艺术学院的王岩在大赛中脱颖而出，夺得朗诵表演一等奖。14.举办全国漆画艺术研讨会暨第二届中青年漆画家提名展。12月20日，为期三周的“全国漆画艺术研讨会暨第二届中青年漆画家提名展”在吉林艺术学院设计学院举行。这是由中国美术家协会艺术委员会、长春美术家协会主办，吉林艺术学院现代传媒学院承办的一次漆画盛会。此次展览填补了吉林省漆画发展的空白，成为推动吉林省漆画艺术发展的有利契机。本次展览共展出漆画作品100余件，其中有40件是来自全国各个省市著名漆画家创作的精品杰作，有60多件是吉林艺术学院现代传媒学院绘画系教师创作的最新作品。本次展览的入选作品表现题材广泛，绘画语言多样，材料运用丰富，艺术境界独特，思想内容健康，时代精神突出，比较集中地反映了中国漆画界在审美思考和绘画语言上所做的有益探索和整体水平。值得一提的是，本次展览的入选作品还对漆画艺术的绘画性进行了大胆尝试，令人耳目一新。

【长春作家协会第四次会员代表大会】 4月26日，长春作家协会第四次代表大会在长春会堂主席团会议室举行。会上，与会作家认真回顾了自1996年以来，长春市文学繁荣发展的光荣历程，总结交流了工作经验和创作成果，共同商讨了长春市文学的发展大计。自长春作家协会第三次代表大会召开以来，长春作家协会在搭建文学交流与创作平台、加强自身组织建设、建立科学化的奖励机制等方面做出了积极贡献。10年来，长春市作家创作的中长篇小说、传记文学200多部；短篇小说、儿童文学、民间故事1 000多篇；报告文学集、散文集、诗歌集、杂文集等350多部；翻译作品、影视作品200多部(集)。其中，《风过白榆》、《长河散渔》、《黑白星座》等100多部作品分别荣获中国满族文学奖、中国人口文化奖、东北文学奖、长白山文艺奖、首届吉林文学奖、省报告文学奖和首届长春文学奖。会议还针对长春市文学创作中存在的精品比例较少、文艺理论和文艺评论工作还比较薄弱等问题提出了建议。会议选举于笑然为长春作家协会主席,选举鞠显友、姜维青、钱万成、马录、冯堤、徐晓鹏为长春作家协会副主席。

【长春书法家协会第三次会员代表大会】 4月27日,长春书法家协会第三次会员代表大会在长春会堂召开。会议对10年来长春书法家协会工作和书法事业发展作了全面客观的总结。在这10年中,长春市的书法事业有了长足的发展,书法创作硕果累累,在全国性书法展中,有近百人次入选或获奖,书法创作整体实力有了较大的提高,创作队伍不断壮大。在总结10年来长春书法家协会工作的同时,对未来5年的工作也作了规划和展望。未来5年,长春书法家协会工作将重点在提高创作实力、加强对外交流、搞好专题展览、培育书法市场等方面多下工夫,力争使长春市的书法整体实力有较大的突破。会上,还修改并通过了《长春书法家协会章程》,聘请周昔非、吴自然、任宗厚、黄克、彭祖述为书法家协会顾问。选举景喜猷为长春书法家协会主席,田树元、金中浩、汪鹏辉、高晓虎、施永安、宋长生为副主席,汪鹏辉兼任秘书长,李鹏任副秘书长。选举产生了由31人组成的长春书法家协会第三届理事会。增设了创作评审委员会、理论出版委员会、篆刻刻字委员会、硬笔书法委员会、教育培训委员会、收藏鉴定委员会等6个专业委员会。

【长春摄影家协会第四次会员代表大会】 4月28日,长春摄影家协会第四次会员代表大会在长春会堂主席团会议室举行。会上修改并通过了《长春摄影家协会章程》,选举著名摄影家倪玉臣为新一届长春摄影家协会主席。选举连相如、郭义、贾国玉、韩玉昌为副主席。会议对10年来长春摄影家协会工作进行了总结。10年来,长春市的摄影事业迅速发展,整体创作实力大幅攀升,摄影队伍不断壮大。目前,长春摄影家协会的会员已发展到近400人。为开创长春摄影新局面,长春摄影家协会将在未来5年时间里,建立摄影人才库,通过互联网向社会广泛推介优秀摄影人才。

【长春电视艺术家协会第三次会员代表大会】 4月29日,长春电视艺术家协会第三次会员代表大会在长春会堂主席团会议室举行。会议修改并通过了《长春电视艺术家协会章程》,选举市广电局副局长、长春电视台台长崔永泉为新一届长春电视艺术家协会主席。选举孙彦海、贺恒祥、邹毅、赵韫颖为副主席。会议总结了10年来长春市电视艺术所取得的成绩。自1996年至今,长春市广播、电视事业迅猛发展,广大电视艺术工作者满腔热情,创作了大量的优秀作品,取得了可喜成绩,涌现出大量成绩卓著的导演、演员和优秀剧本等。其中,有表演艺术家李幼斌、著名编剧何庆魁、著名剧作家杨廷玉、长影知名编剧贺恒祥等。自1996年以来,长春市电视剧的生产一直是呈上升趋势。创作题材广泛、主题鲜明、风格多样,展现了长春市电视艺术日新月异的精神风貌。其中,一大批具有浓郁时代气息和北方特色的电视剧,如反映现代城乡生活及改革开放浪潮的电视剧《咱爸咱妈》、《乡村女法官》、《问鼎长天》等,以及戏剧片《谢瑶环》等10余部,分别荣获17项国家级大奖。近年来,长影除拍摄了数十部优秀影片外,也生产了大量高水平的电视剧,其中,有近40部电视剧分别荣获"飞天奖"、"金鹰奖"、"华表奖"、"五个一工程奖"等奖项。

【长春戏剧家协会第四次会员代表大会】 5月10日,长春戏剧家协会在长春会堂主席团会议室召开了第四次代表大会。会议修改并通过了《长春戏剧家协会章程》,曾荣获全国少数民族题材"孔雀奖"铜奖、第十五届田汉戏剧文学奖创作二等奖的著名剧作家王福义当选第四届长春戏剧家协会主席。会议还对10年来长春市戏剧事业进行了全面的总结。10年间,长春市的戏剧事业有了长足的发展,各文艺院团都取得了可喜的成绩。长春话剧院在10年间共排演了《天上掉下个林妹妹》、《有泪悄悄流》等10余台话剧,演出近千场,共荣获剧目奖40余个、单项奖120多个。同时,长春评剧院共上演剧目12个。其中,由该院和中央电视台合拍的戏曲连续剧《筱白玉霜》荣获"飞天奖"戏曲电视剧金奖,评剧《密建游宫》获"第二届中国评剧艺术节"优秀演出奖、剧本创作奖等6项奖项。另外,双阳评剧团排演的现代评剧《三嫂》,也在去年举办的第四届中国评剧艺术节上,荣获剧目优秀演出奖和两个优秀表演奖。会议选举曲笑、刘志杰、张英俊、孟庆平为长春戏剧家协会副主席。

【长春美术家协会第四次会员代表大会】 5月12日,长春美术家协会第四次会员代表大会在长春会堂主席团会议室举行。选举吉林艺术学院现代传媒学院院长王建国为新一届美术家协会主席。选举于长胜、孔敬国、孙维国、张建华、朱臣为副主席。同时,成立了国画艺术委员会、油画艺术委员会、版画艺术委员会、雕塑艺术委员会、插图设计委员会、理论研究委员会等专业委员会。会议对长春市十年来的美术事业发展进行了全面的总结。据不完全统计:10年来,在全国性各类美术作品展览中,长春市画家创作的美术作品有202件入选,其中,金奖4件、银奖10件、铜奖4件、优秀奖5件。同时长春市美术创作整体实力也有了较大的提高,美术创作队伍不断壮大。

【长春市第六次文代会】 8月4日9时,在长春会堂举行了长春市文学艺术界联合会第六次代表大会第一次会议暨开幕式,来自长春市文学、书法、美术、音乐、摄影、戏剧、广播电视、民间文艺等艺术门类的271名代表出席了大会。中国文联国内联络部、广州市文联等29个国内兄弟城市文联发来贺电。会上,市委副书记李树国对做好新时期文学艺术工作,强调四点意见:一要始终坚持先进文化的前进方向,在服务长春经济社会更快更好发展的实践中,充分发挥文艺的精神动力作用。二要始终坚持"三贴近"的原则,在勇攀艺术高峰的创造过程中,大力弘扬地方文艺品牌和特色。三要始终坚持科学的文化发展观,在积极推进文化事业和文化产业发展的进程中,努力建立适应新时期要求的文化体制和机制。四要切实加强党对文艺工作的领导,在履行职能、改善服务、扩大影响的实践中,努力培育和建设一支"德艺双馨"文艺工作队伍。长春市文联党组书记、副主席张守智在开幕式上作了题为《积极进取开拓创新大力推进长春文艺事业的繁荣发展》的工作报告。长春市文联副主席王长元作了关于修改《长春市文学艺术界联合会章程》的说明。8月4日15时,举行了长春市文学艺术界联合会第六次代表大会第二次全体会议。会议通过了长春市文学艺术界联合会第六次代表大会选举办法;通过了总监票人、监票人名单;选举了长春市文学艺术界联合会第六届委员会委员,于笑然等47人当选为长春市文学艺术界联合会第六届委员会委员。8月4日16时,长春市文学艺术界联合会第六届委员会召开第一次全体会议,通过了长春市文学艺术界联合会第六届委员会第一次全体会议选举办法;宣读长春市文学艺术界联合会第六届主席团组成人员候选人名单;选举长春市文学艺术界联合会第六届委员会主席团。会议选举殷丽依为长春市文学艺术界联合会第六届委员会主席,张守智、吴强、龙华、王坤、崔永泉、韩志晨、王长元、景喜猷为副主席,吴文惠为秘书长。8月4日17时,举行长春市文学艺术界联合会第六次代表大会第三次全体会议暨闭幕式。会议宣布选举长春市文学艺术界联合会第六次代表大会主席团结果;新当选的长春市文学艺术界联合会第六届主席

长春市文学艺术界联合会第六次代表大会

团与大家见面；通过关于《长春市文学艺术界联合会第六次代表大会上的工作报告的决议》；通过关于修改后的《长春市文学艺术界联合会章程》的决议；通过长春市文学艺术界联合会第六届代表大会倡议书；市委常委、宣传部长，新一届长春市文学艺术界联合会主席殷丽依致闭幕词。

【积极开展对外文化艺术交流】

1. 民间文艺家代表团出访欧洲。6月2日至13日，长春市人民政府经贸文化代表团出访欧洲。此次随团出访的文化分团成员有长春市文联常务副主席张守智，吉林省书法家协会副主席景喜猷，吉林艺术学院美术学院副院长朱臣，吉林省和长春市书法家协会理事赵金伟，民间剪纸艺术家李才存等5人。此次出访除参加了经贸洽谈和文化交流等大型活动外，文化分团还在明斯科市长春日活动中于市政厅，法国蒙特勒依市市政厅、市政厅广场及南特勒依小学校展示了中国的书画艺术和剪纸艺术。艺术家们深厚的功底和精湛的技艺，博得了两国两地两市艺术家、艺术爱好者和广大市民的感慨、赞叹，由于对中国艺术的陌生，他们好奇；由于艺术家的精彩演示、演讲，他们赞叹；由于艺术家们的热情和真诚对待艺术创作，他们被打动；由于中国文化艺术的包罗万象、博大精深、魅力无穷而折服。中国画家朱臣先生泼墨挥就的《大吉图》，几只鸡活灵活现，生动、鲜活地跃然纸上，博得了在场观众的赞扬。朱臣和景喜猷先生的书画作品被白俄罗斯明斯科市和法国蒙特利尔市市长收藏。景喜猷先生挥毫写就的隶书大字八尺联“百代龙人既尚武，千年诗国更崇文”受到在场观众的赞扬。赵金伟先生“边动手边动口”，挥毫作字的同时，介绍起中国传统文化知识、书法常识，中国的留学生们也都主动积极地做起了翻译。两位书法家还为在场的众多市民书写了大量的小幅作品，并为市民书写其汉译的名字，受到市民的极大欢迎。李才存，民间艺术家，以剪纸见长，号称“小李飞刀”，确是刻刀飞舞，“刀光”闪处，一幅幅栩栩如生的画面尽展中国北方的风土民情。2. 举办第11届韩中美术交流展。9月6日至11日，第11届韩中美术交流展在韩国蔚山市文化艺术馆展出。此次展览共展出中韩两国艺术家创作的美术和书法作品182幅，其中，我市艺术家作品68幅，韩国艺术家作品114幅。通过艺术交流，促进了中韩两国艺术家创作水平的提高，增进了两国人民的友谊。

（吴　量　吴文惠）

群众文艺

【概况】　2006年，长春市有2个市级群众艺术馆（长春市群众艺术馆和长春市朝鲜族群众艺术馆），10个县（市）、区文化馆。职工总数352人，馆舍总面积为14 520平方米，其中二道区为新馆舍。农安县文化馆仍在建设中。全市有乡镇文化馆145个，工作人员154人；全市共有街道文化活动室和农村文化户1 310个，各类文艺骨干3 500人。全市各文化馆（艺术馆）发挥职能作用积极开展面向社会的公益性文化活动，2006年，开展大型群众性文化活动300余场，观众累计150万人次。

【社会文化活动】　2006年，长春市群众艺术馆与各县（市）、区文化馆深入社区、广场和广大农村开展大中型文艺演出70余场，为构建和谐春城和营造和谐家园做出了贡献。其中由长春市群众艺术馆承办的演出有：1月14日和1月19日，先后到长春市装甲兵技术学院、二道区泉眼镇新立村进行慰问演出。两场演出均受到欢迎，观众愈千人，《长春日报》、《长春晚报》及《吉林日报》等相关媒体进行了报道。2006年2月24日在东站街道十委社区拉开帷幕。市群众艺术馆，创编了快板书、诗朗诵等感人至深的反映谭竹青生平事迹的节目。巡演在长春市内各社区进行了近1个月，共演出14场，让谭竹青精神走进了千家万户。由省委宣传部、市委宣传部、省文化厅、市文化局联合主办，省群众艺术馆、市群众艺术馆承办的《春天的旋律》大型广场文艺演出在文化广场举行，4 000多人次现场观看；5月31日，由市群众艺术馆组织的第二十届“春芽”文艺调演在文化广场举行，本次文艺调演汇集长春市各大幼儿园和各小学校的优秀节目，是对长春市少年儿童艺术才能的一次全面展示。2006年7月26日，长春市群众艺术馆与第六届亚洲冬季运动会组委会在市图书馆正式签约亚冬会闭幕式演出承办权。长春市群众艺术馆开始了紧张地

第六届亚冬会闭幕式文艺演出签约仪式

筹备闭幕式演出工作。这是一项跨年度的大型洲际文艺演出工作，长春市群众艺术馆广泛调动社会各届力量，在省、市各级部门的支持下，圆满地完成了亚冬会闭幕式演出的任务。9月3日至9月9日，由市政府主办、亚冬会组委会、长春市文化局承办的第四届长春文化艺术周演出观众达8万人次。

【青少年艺术系列大赛活动】 为配合未成年人教育，从4月20日至6月1日，长春市群众艺术馆主办了长春市少儿艺术系列大赛及书画大赛活动。本次活动与长春市教育局联合举办，已举行了16届，大赛有860人参加，比2005年增加了70%，并与朝阳区富锋镇中心校联合成立"艺术特色校"辅导基地，取得了良好的社会效益。

【创办《长春群文》季刊】 由长春市群众艺术馆和长春市群众文化学会主办的面向基层文化馆、站的刊物《长春群文》(季刊)创刊。该刊物内设工作研究、馆站之声、写作园地、信息平台等栏目，为长春市广大群文工作者提供了一个经验交流、文学创作、资源共享的平台。全年共出刊4期，达到了宣传群众文化、指导工作、记录群文历史、建设长春群众文化交流平台，促进群文工作的预期目标，受到各县(市)、区文化馆的欢迎。

(杜立平)

【长春市朝鲜族群众文化】 2006年，长春市朝鲜族群众艺术馆围绕市文化局安排的工作重点——"宣传谭竹青先进事迹系列演出"和长春艺术周活动，积极开展群众文化活动。年内组织"端午节朝鲜族民俗文化活动"等群众文化活动6次；组织参加各种演出50余场次；辅导文艺节目30余个；获奖10余人次。群众文化活动方面：2005年12月30日，在朝鲜族艺术馆活动室，与长春市朝鲜族妇女协会联手举办了元旦联欢会，参加人约300人；2月12日，在客车厂工人文化宫，与长春市朝鲜族老年协会联手举办了长春市朝鲜族元宵节朝鲜族老年民俗文化活动，参与人约1 000人；3月8日，在大华饭店，与长春市朝鲜族妇女协会联手举办了"代理妈妈"活动，为贫困学生捐助，参加人约500人；5月27日，为进一步繁荣少数民族群众文化生活，弘扬民族文化，促进长春市少数民族文化事业发展，展示朝鲜族在改革开放中的崭新风貌，营造长春良好的文化氛围，艺术馆在南湖公园组织了一年一度有万人参加的"端午节朝鲜族民俗文化活动"。活动主要举行了开幕式集体舞表演、歌舞节目演出和各项娱乐性民俗体育游戏活动。开幕式集体舞表演由各区朝鲜族老年协会代表团演出了艺术馆新编排、辅导的集体舞节目。歌舞演出由艺术馆与朝鲜族老年协会"阿里郎"艺术团、朝鲜族妇女协会"代理妈妈"艺术团、长春市朝鲜族中学、宽城区朝鲜族小学"金达莱"艺术团、绿园区朝鲜族小学"花朵"艺术团联合登台演出。民俗体育游戏活动举行了拔河、摔跤比赛、老年协会顶罐跑赛、套圈比赛等。活动现场还设了朝鲜族饮食一条街。文艺演出方面。元旦期间，长春市朝鲜族群众艺术馆的11名舞蹈演员先后应云南省昆明电视台和湖南电视台的邀请分别参加全国十家电视台联合录制的"姹紫妍红"春节晚会节目演出和湖南电视台录制的"快乐大本营"栏目的"鼓舞中国"节目演出；于2月24日~3月23日，为期1个月，与长春市群众艺术馆联合组织"宣传谭竹青先进事迹社区系列演出"，共演出14场;长春文化艺术周期间,长春市朝鲜族艺术馆承办了"民族歌舞专场"演出,参加这次民族歌舞专场演出的演员共90人,除艺术馆演员外,长春市朝鲜族中学、老年协会阿里郎艺术团,妇女协会"代理妈妈"艺术团、宽城区朝鲜族小学"金达莱"艺术团和绿园区朝鲜族小学"花朵"艺术团参加演出,另外,艺术馆还参加了艺术周闭幕式演出;于12月22日,在吉林大学礼堂,艺术馆组织了"长春朝鲜族迎新年文艺演出"。参加本次演出的单位除艺术馆外,还有朝鲜族老年协会和朝鲜族妇女协会、长春市朝鲜族中学等单位。演出集中展示了近几年艺术馆在文艺演出方面所取得的成果。辅导方面。为长春市朝鲜族中学成立50周年庆祝活动,历经5个多月的时间为他们编排了一场富有时代气息和校园风格的歌舞节目,并在举行庆祝活动当天与师生同台演出,深受7 000名观众的好评,得到了省市领导和教育部门领导的肯定。长春市朝鲜族妇女协会作为长春市朝鲜族群众艺术馆开展群众文化活动的生力军,妇女协会的工作一直备受长春市朝鲜族群众艺术馆的关注。长春市朝鲜族妇女协会"代理妈妈"艺术团分别于6月11日至6月25日,9月25日至10月5日,两次赴韩国访问演出。为了做好本次出国演出活动,长春市朝鲜族群众艺术馆副馆长黄海月带业务过硬的舞蹈创编员白香春加入到妇女协会艺术团的行列当中,分别担任艺术团的艺术指导和舞蹈队队长,编排节目登台演出。6月11日至25日,长春市朝鲜族妇女协会第一次应韩方的邀请,到韩国首尔阳川区、韩国江原道春川市和日原东福祉会、园佛福祉会等地,共演出10场,观众达几万人次。演出的同时,妇女协会还向前来观看演出的韩国观众广泛宣传长春市朝鲜族妇女协会11年来始终坚持开展"代理妈妈"活动,给社会孤残儿童献爱心的情况。长春市朝鲜族妇女协会自1995年开展"代理妈妈"活动以来,已组织了22次捐资助学活动,共为49名朝鲜族、汉族和各民族贫困学生捐资近20万元,让失去单亲双亲的孩子感受到了温暖,在社会上引起了很大的反响。这次访韩国演出,在韩国社会也引起了不小的波澜。演出收到了意想不到的效果。韩国首尔阳川区"分享与奉献福祉会"对长春朝鲜族妇女协会艺术团的演出表示感谢,并对妇女协会开展的"代理妈妈"活动也表示了积极的支持。9月,韩方再次邀请长春市朝鲜族妇女协会艺术团赴韩演出。9月25日至10月5日,长春市朝鲜族妇女协会第二次赴韩国演出。这次演出的规模比第一次更大,更隆重。在韩国访问演出期间,10月1日,中方艺术团与韩国首尔阳川区"分享与奉献福祉会"联合在首尔阳川区文化馆大剧场演出。演出非常成功,受到了韩国观众的热烈欢迎。10月2日,中方艺术团还参加了韩国首尔东大门政府举行的八月中秋节活动,演出了2个舞蹈节目和独唱节目。长春市朝鲜族妇女协会艺术团的两次出国访问演出,促进了中韩两国之间的文化交流,充分展现了长春市朝鲜族文化生活的风貌。获奖方面:3月22日,在"长春市民族工作会议暨第四次全市民族团结进步表彰大会"上,长春市朝鲜族群众艺术馆被市政府授予民族团结进步"先进集体",黄海月被评为民族团结进步"先进个人";7月份,崔正秀创作的歌词《日报之歌》在中国第三届群众创作歌曲大赛中获铜奖;9月6日,在长春市文化局2000年~2005年度文艺奖励基金颁奖典礼上,长春市朝鲜族群众艺术馆的"鼓韵"、"想念的将军"荣获歌舞奖;9月20日,长春市朝鲜族群众艺术馆的李相浩、李应洙做为声乐辅导员参加"全国朝鲜族业余民谣民歌歌手大赛"中均获得二等奖。9月份,白香春编舞、指导的群舞"欢庆"(长春市朝鲜族中学表演)参加长春市、吉林省中小学生艺术展演分别获得市级特等奖和省级一等奖,此节目作为吉林省选送的五个优秀节目中的优秀舞蹈节目,参加了在深圳举行的"第二届全国中小学生艺术展演"获得二等奖。

(赵香淑)

长春报业

【概况】 2006年9月18日,中共长春市委做出了改组长春日报报业集团的重大决定。免去了原报业集团总裁,长春日报社总编王坤的职务。任命了市政府副秘书长柳宝祥为长春日报报业集团总裁,长春日报社总编,报社党委书记;市委宣传部副部长张世杰为报业集团副总裁,长春日报社副总编,报社党委副书记。这一决定使连续多年亏损，负债3亿元的报业集团翻开了崭新的一页。

【采编和出版工作】《长春日报》是市委机关报。新班子在上任的第六个工作日，就组织召开了由日报全体编采、出版、印务及广告发行等部门人员参加的形势报告会，通报了报社的困难，提出了解决问题的办法和措施。并要求，在今后的工作中，全体职工必须做到树立"四个意识"、克服"四个主义"，即：树立大局意识，克服本位主义；树立统一意识，克服自由主义；树立协作意识，克服个人主义；树立责任意识，克服实用主义。要求职工不做"观察员"、"评论员"，要做"参谋长"、"实干家"。人人必须"上岗、上位、上路"，必须爱岗敬业，在报社形成"千人事千人干，千人担千人挑"的良好氛围。2006年10月下旬，长春日报完成了改版草案。提交中层干部及编辑记者讨论，编委会确定了这个方案，上报到市委宣传部。这次改版工作，坚持做到"三结合"，即：改版与人事制度改革相结合，在定岗、定编、定员的基础上，真正做到竞争上岗，优胜劣汰，以期增强办报人员的责任感，提高工作效率和质量；改版与分配制度相结合，以减员增效为目的，明确岗位工资，真正做到"在其位，谋其政，得所应得"；改版与建立激励机制相结合，真正做到奖勤罚懒、效能统一。新班子上任后，面临着印刷设备引进工作遗留的诸多问题。报社印刷设备老化、能力不足，频繁造成脱期出报现象，极大地影响了党报的正常出版，对其进行改造已迫在眉睫，原定用已到账498万欧元德国政府货款引进印刷设备工作问题重重，并已造成资金损失。鉴于此，新班子紧急召开引进设备专题办公会，成立了引进设备专项工作组，制订了补办手续日程表，明确德国高宝公司为供货商，并决定引进该公司生产的具有世界先进水平的高速轮转印刷设备。会后，经多次与省、市发改委沟通，在他们的大力支持与帮助下，报社重新申报，立项、进京审批。新班子上任后，面临第二大难题就是采编平台极度老化，系统文件丢失及电脑死机现象时有发生，经过预算，改造资金约823万元，报社主要领导经过多方协调，解决了大部分改造资金。新班子上任后，正是第二年新报纸发行时期，经过多方调研考查，决定日报发行交邮，晚报自办发行，只此一项可节约资金1 000多万元。

【解决资金瓶颈问题】 为了保证报社正常出报，各项工作基本正常运转，新班子千方百计解决资金瓶颈问题，召开专题会议，在集团范围内清理清查"小金库"。加强集团财务控制，将晚报财务人员及账目上交集团统一管理；将集团下属31家公司及其58个账户归集团统一处理。加速日报广告、晚报广告，发行公司及各经济实体的资金回笼。不到2个月已回笼资金1 140万元，缓解了报社资金短缺的问题。堵塞漏洞，减员节流。借日报交邮发行，将发行公司临时工解聘400多人，年节省支出400多万元；撤销了"报协"、"画院"、"专家委员会"等20多个部门，解聘了16位返聘的离退休人员，辞退6名临时工，从日报剥离出去12位工作人员，这样每年可节约支出60多万元。实行集体采购，仅新闻纸一项每年节约资金1 700多万元。

【提高报社的综合管理水平】为确保报业集团各项工作有序进行，提高效率，降低运营成本。新班子从抓改革，完善管理制度入手，做了大量工作：设立改革与管理办公室，充实了4位工作人员。修改完善了各项规章制度。确定了党委领导下的总编负责制，并实行了下管一级的管理体制。确定了议事制度，实现程序化办公。确定了领导班子月例会制度，由各条战线分管领导总结上月工作并提出问题，同时确定下一个月的工作目标。通过讨论，制订出诸多人事管理制度，包括考勤制度，病事假制度，用工制度等，以彻底解决离岗、弃岗工资照发问题。同时还制订了行政事务管理制度。修改完善了经营管理制度，财务管理制度，如旅差费报销标准等。严格后勤管理，包括车辆管理、办公用品管理，电话费支出管理等。仅10月份就撤掉了67部电话，报废车辆6台，停运车辆5台。司机月工资达8 000元甚至万元的现象已不存在。对集团所属经济实体实行目标管理责任制。年底，这些经济实体的负责人同报社主管领导签订了目标责任制。对日报、晚报广告部主任实行了竞争上岗，并由主管领导与他们签订了目标责任制。

（朱少波）

新闻出版

【概况】 2006年，长春市新闻出版局着眼于服务经济建设中心和全市工作大局，坚持“一手抓繁荣，一手抓管理”方针，深入持久地开展了“扫黄打非”斗争，加大了对出版物市场和印刷企业的日常监管力度。全局出动执法人员2 500余人次，出动执法车辆800余台次，查处案件80余起，破获大要案5起，移送司法机关1人次。收缴各类非法出版物和计算机软件35万余册（张），取缔各类非法出版物经营单位及印刷企业52家，对45家出版物经营单位及印刷企业进行了限期整改。通过集中行动和专项治理，出版物市场面貌明显改观。2006年9月，被团中央、中央综治办、公安部、新闻出版署等14部委评为第五届全国“优秀青少年维权岗”，被国家“扫黄打非”工作领导小组评为全国“扫黄打非”有功单位、全国“反盗版百日行动”有功集体；被吉林省人民政府评为吉林省新闻出版集体奖——优秀新闻出版（版权）行政机关、吉林省“扫黄打非”工作先进集体；被市委、市政府评为2001年～2005年长春市普法依法治理先进单位、2006年长春市法制工作先进集体、长春市精神文明建设先进单位、长春市会展先进单位。

【“扫黄打非”】 1. 组织召开了全市“扫黄打非”电视电话工作会议，安莉副市长发表了讲话，各县（市）、区主管领导参加了会议。制定了以市委、市政府办公厅名义下发的《2006年扫黄打非工作方案》。在两节、两会前后，组织开展了3次全市大规模“扫黄打非”集中行动和1次集中销毁盗版制品活动，市和县（市）、区两级同时行动。对全市出版物市场进行全面检查，新闻单位跟踪报道，在全社会引起了一定的反响，有力地震慑了不法分子，为各级“两会”胜利召开创造良好的文化环境。2. 加大市场检查力度，增强对重点场所、重点区域、重点地区、重点部位的监督管理。一是对重点批发场所实行严查严管。长春市现有太阳城图书批发交易市场、省图书批发市场两个出版物集中批发经营场所及一个自发形成的报刊批发市场。为堵住源头，规范业户经营行为，检查组经常起早贪黑，进行全天候监控。二是对重点区域实行严查严管。如飞机场、火车站、黑水路、重庆路、红旗街、桂林路、黄河路，每天进行巡查，重点查、反复查。对站前春华地下商城的书报刊经营单位进行了清理整顿，编发公布了114种查缴非法出版物目录下发到长春市书报刊经营业户手中，进一步规范了他们的经营行为，先后对违规的20余家经营单位进行了行政处罚。三是对重点部位死看死守。市新闻出版局派专人对欧亚商都科技城、和平大世界科技城、长江路科技城3个电子出版物集中经营场所进行专项整顿，使长春市3处集中经营电子出版物的场所面貌有了较大的改观。四是对全市校园周边的小书店、音像零售、出租店严管严查，该收缴的收缴，该处理的处理，该查封的查封，该取缔的取缔。五是对早晚农贸市场严查严管。我们先后组织行政执法人员对电影城早市、湖西路早市、长春公园早市、芙蓉路长空俱乐部早市进行了连续检查。3. 严格依照《印刷业管理条例》查处非法盗印行为，结合印刷业年检，对市区内大部分印刷厂进行了检查，对10余家不符合要求的企业依法进行了取缔。重点检查了90余家有书刊印刷能力的企业，检查承印单位出版物的承印手续是否齐全（一书一份的委托书、付印单等）。多数企业能够按照国家要求承揽印刷业务，承印手续比较齐全，但也发现一些违规行为，个别企业存在先接活后补单的情况。但总的来说，长春市印刷复制市场秩序是比较好的。4. 进一步完善了样本售前审读制度，努力把好“审读关”。2006年全年审验书刊样本9 573册，其中杂志期刊6 233册，对其发行渠道与每一家杂志期刊社进行了逐一核查，确保了出版物不带“病”入市，从源头上保障了出版物市场的净化。5. 长春古旧图书市场成功搬迁。长春市的古旧图书市场已经有十多年的历史了，原是自发形成，几易其址，一直是以露天的形式存在。但是随着城市的建设与发展，过去的古旧图书市场因为设施简陋、面积狭小，已经变得陈旧落后，无法适应城市发展的要求，特别是不能适应长春市“创建全国文明城市”的要求，原址所在地新疆街菜市场已列入城市规划，即将拆迁，故面临着倒闭或取缔的危机。为了保持文化市场的繁荣，维护文化市场的多样性格局，市新闻出版局积极与朝阳区政府等相关部门协调，经多方努力，古旧图书市场成功搬迁到新华路雅居花鸟鱼市场二楼，使得古旧图书交易这一具有文化特色的文化市场得以保留和发展。古旧图书市场的成功搬迁，不仅扩展了古旧图书交易规模，而且对市场的规范化更有着积极的作用。6. 以电子出版物市场专项治理为重点，集中整治效果明显。从1月20日起，市新闻出版局开展了对电子出版物专项治理工作。集中力量对长江路科技城、和平大世界科技城、欧亚商都科技城3处集中经营电子出版物场所进行了专项治理。主要做了三件事，一是重新核发了电子出版物零售经营许可证197户，对186名业户进行了上岗前培训，通过考试，对符合上岗要求的业户核发了上岗证。二是召开电子出版物专项整治工作会议，针对长春市电子出版物市场的现状，对电子出版物市场专项整治工作进行了周密部署，确定了2006年2月到6月为专项整治工作时间，这次会议还邀请了长春市3个电子出版物集中销售场所商场负责人参加，在会上，通报了长春市电子出版物市场现状及存在的问题，对3个电子出版物集中销售商场提出了具体要求，大家在一起对如何加强长春市电子出版物市场的管理进行了深入探讨，并对相关法律法规进行了认真的学习。会后，根据国家相关法律法规及电子出版物管理的相关规定，与3个电子出版物集中销售商场负责人签订了责任书，与业户签订了承诺书，明确了相关责任和要求。欧亚商都先后4次召开业主大会，制订了有关制度，管理人员采取挨家挨户进行清查，与业户签订责任状等管理方法，进一步规范了业户的经营活动。三是从1月20日起，市新闻出版局组织成立了电子出版物市场专项检查小组，对长春市电子出版物集中的场所进行检查，对3个较为集中的场所每个场所派驻一个工作人员，以经营人员上班我上班，商场关门我走人的工作方式，通过采取宣传教育、死看死守，挨户清查等办法，共查获盗版电子出版物1.3万余张，取缔经营业户10余家，使长春市3处集中经营电子出版物的场所面貌有了较大的改观，以往公开销售盗版光盘的情形已经不复存在，经营秩序有新好转。

【“反盗版百日行动”】 根据国家和吉林省的要求，从7月15日开始，市新闻出版局着重开展了“反盗版百日行动”，严厉打击侵权盗版行为，进一步维护出版物市场的经营秩序，促进音像和计算机软件产业的繁荣发展。7月15日在欧亚商都举行了长春市“反盗版百日行动”启动仪式。自“反盗版百日行动”启动以来，长春市委、市政府领导对此次行动给予高度重视，特别是市“扫黄打非”领导小组组长、副市长李龙熙同志始终关注这次行动，多次批示、指导全市行动的开展。7月20日14时，市新闻出版局牵头在南岭体育场召开了“反盗版百日行动”联席工作会议，参加会议的有市“扫黄打非”工作领导小组办公室、市委宣传部、市文化局、市新闻出版局、市版权局、城区文体局等相关部门的领导及欧亚商都科技城、长江路科技城、和平大世界科技城、红旗街地下音像商场的负责人。会上传达了国家十部委联合下发的《关于开展集中打击盗版音像和计算机软件制品行动的通知》和国家版权局下发的“国家版权局关于开展打击非法预装计算机软件专项行动的通知”两个文件精神。针对长春市音像和计算机软件制品市场存在的具体问题，对下一步开展“反盗版百日行动”及打击非法预装计算机软件专项治理行动进行了认真的部署，按照属地管理、分级负责和谁主管谁负责的原则，坚持守土有责，坚持专项治理与经常性检查相结合的原则，明确整治重点地区、突出整治重点内容、明确责任分工，努力做到标本兼治，积极保护知识产权，严厉打击侵权盗版。通过采取专项整治、经常性检查、死看死守等办法，加大了执法检查力度。为了加大对“反盗版百日行动”的宣传力度，市新闻出版局协调省内媒体吉林电视台、长春电视台、新文化报、城市晚报、东亚经贸新闻、长春日报、长春晚报、长春信息港等新闻媒体先后对启动仪式、工作部署、集中场所的治理，早晚市场检查，进行了及时的宣传报道。8月份，市新闻出版局在长春人民广播电台利用30分钟的时间进行了“反盗版百日行动”现场解答，利用热线电话回答了观众感兴趣的问题。同时，市新闻出版局还在长春电视台利用滚动式播放的方式公布“扫黄打非”举报电话。通过维护音像制品和电子出版物市场合法经营行为，加大惩治不法经营行为的力度的宣传报道，震慑了不法分子违法违规经营音像制品、电子出版物的行为，为净化出版物市场经营秩序奠定了良好的社会环境。政府搭台，企业唱戏，梳理流通渠道，从源头上治理盗版电子出版物音像制品市场，从而达到净化出版物市场的目的。在“反盗版百日行动”活动期间，市新闻出版局引入了电子音像制品制造商——北京中联文化传播有限公司（目前已入驻欧亚商都），举行了“保护知识产权，打击侵权盗版”正版电子出版物音像制品推介会，与欧亚商都科技城、长江路科技城、和平大世界科技城等电子出版物、音像制品集中经销场所的经营业户进行了成功对接，以目前市场盗版的价格向市场推出正版的产品。“保护知识产权，打击侵权盗版”正版电子出版物音像制品推介会的开展必将从源头上狠狠打击侵权盗版，对提升长春形象，满足人民精神文化需要，推动长春市电子出版物音像制品市场的正版化进程必将产生积极作用。“反盗版百日行动”取得了明显成效：市场秩序明显好转，经营人员守法意识有所提高，市场正版率明显回升。此次专项行动，收缴各种盗版光盘及电子出版物10余万张，取缔无证经营业户50余家，处罚了一批不法分子。使长春市音像和电子出版物市场的净化水平有了显著提高。

【侦破大案要案】　市新闻出版局以查办大案要案作为工作的突破口，加大对非法出版活动的打击力度。1月20日，市新闻出版局与宽城区文体局在黑水路坤跃音像店、红阳音像店没收盗版光盘23 000余张。1月24日，通过近1个月的调查，在和平大世界商厦5楼一举查获两个盗版光盘销售窝点。在业户田某的库房内，查获盗版光盘783张。经公安部门鉴定，其中有200余张淫秽光盘。田某被追究刑事责任，法院判处其管制1年。在另一个业户刘某的库房内，查获盗版光盘12 100张。刘某目前在逃。3月11日，在市“扫黄打非”办公室的协调下，市新闻出版局执法人员在市公安局治安管理警察支队的配合下，一举查处了长春市2006年以来经营盗版音像制品数量最大的地下黑批发。这个地下盗版光盘批发黑窝点是市新闻出版局执法人员经过45天的明察暗访、跟踪蹲点而破获的。当场扣押盗版光盘28 211盘（张）。由于该黑批发窝点涉嫌非法经营盗版光盘数量较大，从其账目记载登记情况推断，这个黑窝点是从2005年5月开始经营的，非法经营额累计达68万元，严重侵害了相关权利人的合法权益，其行为已触犯了刑法相关规定，构成了刑事犯罪。8月11日，在和平大世界3楼一家名为“华瑞音像”专卖店内查获隐藏在店内音响后面的盗版DVD光盘1.4万余张。10月25日清晨7时，经过近45天的蹲点侦查，一举端掉了位于长春市四平小区5栋楼一处隐秘的居民住宅内的盗版图书“地下黑批发”窝点。在现场共发现750余种图书，9 100余册，价值33万元码洋的盗版图书，是长春市2006年以来查获的数量最大的盗版图书案件。在这个“地下黑批发”窝点里其近60平方米的房子里的书架和地面上堆满了各式各样的书籍，不仅有中外文学名著、通俗小说、儿童辅导读物，还有各种各样的工具书。包括《易中天品读中国书系》、《狼图腾》、《藏獒》、《亮剑》等等，都是时下社会上最流行畅销品，均为盗版。这个“地下黑批发”窝点的打掉，对长春市出版物市场的净化起到了积极的推动作用。

【知识产权保护】　一是加大对著作权的宣传力度，按照省、市“整规办”和省版权局的相关要求，结合长春市实际，进一步开展了著作权法宣传工作。4月26日是第六个世界知识产权日，市新闻出版局在长春市南岭体育场正门举行了“4·26”世界保护知识产权日公开集中销毁盗版制品活动，现场销毁收缴的盗版光盘20余万张，盗版出版物20余万册。这次公开集中销毁活动，展示了长春市打击盗版所取得的重大成果，以强有力地事实，向公众表明了保护知识产权、严厉打击侵权盗版活动的一贯立场和坚定决心。对于普及和提高广大群众自觉抵制盗版，保护知识产权的意识起到了重要作用，“经营盗版违法，使用盗版有害”的观念日益深入人心。同时借此活动，在全社会倡扬反对盗版、共同培育和打造正版市场的良好意识。为了进一步宣传著作权相关知识，扩大广大人民群众的认知度，市新闻出版局还在全市范围内举行了“版权知识有奖问答活动”，在《长春晚报》上刊载试题，取得了较好的社会效应。二是重点抓好打击软件盗版专项治理行动，努力实现软件保护社会环境的根本好转。受理加拿大COREL公司北京代表处投诉，查处12家未经许可侵权使用该公司享有著作权的 CORELDRAW 软件业户；受理欧特克软件（中国）有限公司投诉，检查两家未经许可侵权使用该公司享有著作权的3DSMAX 软件商场。以上两起案件进行了成功调解。三是推进政府机关软件正版化工作取得实质性进展。认真贯彻落实吉林省人民政府办公厅《关于认真落实地方政府使用正版软件工作的通知》精神，全力推进软件正版化工作，筹备召开正版软件演示会，共有 4 家操作系统、7 家办公软件和 2 家杀毒软件供应商到会演示，市政府 49 个部门的代表到会选购，部分单位与软件供应商现场签约。落实软件正版化财政补贴 142 万元，制订补贴方案。解答各局有关咨询，并协同市政府办公厅督查室一起督促未按期完成签约工作的政府部门尽快签约，圆满完成市政府机关的软件正版化工作。

【繁荣文化市场　发展出版事业】 1. 第十一届长春书市取得圆满成功。第十一届长春书市 2006 年 9 月 16 日开幕，9 月 24 日闭市。本届书市组织了全国 560 余家出版社，近 15 万种图书，1 万余种音像电子出版物，1 千余种期刊入市展销。9 天展销，共接待读者 80 万人次左右，累计销售各种出版物达 130 万册（盘），销售总码洋达 1 200万元。2. 长春文化印刷产业开发区项目建设取得实质性进展。2006 年，是长春文化印刷产业开发区建设的关键时期。为做好服务保障工作，确保此项工作的顺利进行，市新闻出版局主动与相关部门积极配合，上下协调、走访企业（招商），通过努力，开发区建设已进入到实质性建设阶段，取得初步成果。集中区的规划、环保、土地收购等相关工作已完成。主干路、上下水道、供电、供热已经完成。同时，开发区招商引资也取得一定成效，目前，已有吉林省东懋纸箱厂、大连天力印业有限公司等 21 家企业已签约入驻开发区，有 12 家企业开工建设，其中两家年底前可投产。所有签约企业固定资产计划投资达 20 亿元人民币。3. “东北地区大型印刷包装机械及纸张展销会”在长举办。3 月 31 日到 4 月 3 日，在市新闻出版局协调下，由长春印刷协会和长春市金泰印刷物资有限公司合作主办的第二届“东北地区大型印刷包装机械及纸张展销会”在长春国际展览中心举行。这次大型印刷包装机械及纸张展销会的展会使用面积达 6 千平方米，参展企业达 150 多家，销售额5 000万元，参观人数达5 万人次，是近年来吉林省乃至东北规模较大，经济及社会效益最好的一次展会。这次展会的举办，对活跃长春市印刷业机械市场，促进长春市印刷业迅猛发展，加快与世界印刷业接轨，具有很大的促进作用。

（李　镇）

第十一届长春书市开幕式

长春出版社

【概况】 2006 年全社及早研究和制订选题计划，继续巩固已有的选题特色，不断完善各项规章制度，根据市场的变化不断调整和完善各项经营管理工作。各项工作目标明确、责任落实、措施具体，市场图书的出版总量和发行总量有突破性进展，教材编写和市场开发工作继续推进，期刊和美术设计制作中心经营工作稳中有升，全社各项经营工作继续按照良性轨道发展。全年共出版图书 478 种（其中新版图书 246 种），全年完成图书发行码洋 1. 31 亿元，发行量比 2005 年同期增长了 25. 2%。发行回款继续保持稳步增长，上半年市场图书的回款实洋1 370万元，比2005年同期增长了271万元，同比增长了24.6%。继2005年出版的义务教育实验教科书《语文》通过国家教育部的审定，成为全国仅有的9套国标《语文》教材之后，2006年该教材的中学部分得到教育部的充分认可，教育部同意扩大该教材实验区的范围。在全国15家省会城市出版社中，连续几年市场图书占有率居首位，经济效益和社会效益稳居前列，继续担任中国版协城市出版社工作委员会主任委员单位。2006年长春出版社被国家人事部和新闻出版总署评选为全国新闻出版系统先进集体。被吉林省政府授予新闻出版奖优秀集体奖，社长杨德宏代表获奖单位在大会上发言。长春出版社出版的《制度文明与中国社会》、《毛泽东诗词鉴赏》等5本图书荣获吉林省政府新闻出版奖精品图书奖。

【市场图书】 2006年长春出版社不断适应图书市场变化规律，抓市场图书的效果较明显、市场图书份额提升较大，全年市场图书的发行码洋达到9 600万元。经济学、历史文化类图书2006年继续加大力度，经济方面的图书《家族企业研究》已经出版5本，《上海合作组织研究》被列为国家十一五重点图书选题。《东亚史》、《诗经全解》、《孔子全传》、《佛教哲学》按期出版，目前《沧桑河山》8本、《名家谈史》、《中国佛教与传统文化》、《道家哲学》等已经按期进入到最后出版阶段。学生读物越来越规范，在广度、深度和创意上有新的突破。如7月份出版的“四大名著”无障碍阅读版，更加注重实用性和易接受性，把老选题细作和新作，取得了很好的效果，截至目前共发行近8万套。其他一批综合学习或教辅类图书在全国图书市场继续产生较好的反响，在读者中有一定影响。如《新课标阅读》、《亲近母语》、《全国68所名牌小学》、《名侦探柯南》等均取得较好的市场效果。配合社会大的政治形势开发图书选题，4月份在全国上下学习胡锦涛同志“八荣八耻”讲话之际，长春出版社用了两周时间就编写、出版了《社会主义荣耻观教育学生读本》，并发放到长春市中小学师生手里，目前，长春出版社正在研究出版《八荣八耻》教材，稿件已经组织完成。一批品牌图书荣获各种奖励。在全省图书评选调整后，全省50种优秀图书的初评中，长春出版社有国标《语文》教材、《制度文明与中国社会》、《毛泽东诗词鉴赏》、《东北抗战史》、《心平气和的一年级》5本图书已经通过吉林省优秀图书奖的初评。

【图书发行】 2006年全社市场图书实现发行码洋9 600万元，比2005年增长了26.5%。发行回款的势头很好，上半年回款实洋1 370万元，是历年同期回款最好的一年。一是继续坚持目标管理，把全年的发行指标层层分解到每个业务组，增强了工作的计划性，进一步明确了任务和责任分工，在具体的发行方法上，调整发行思路，以适应全国新华书店集团化这一发展趋势，适应图书发行中的区域代理制，每个发行员都积极走出去，加强同各省级重点发行单位的联系，确保长春版图书在全国市场的占有率，确保发行任务的完成，同时为全社图书选题提供市场信息。二是2006年先后参加了北京图书订货会和新疆订货会，并取得了较好的效果。仅6月份新疆书市期间，全社上下筹划的早，在书市前一次出版110种新书，部分图书投放市场后反响较好，很快再版了第二、第三次。三是增强了回款的计划性，加大了回款力度。规定了各业务部在发货1个月内，查清发货情况，3个月内查清销售情况，半年对所负责的区片清账一次。从主管领导到每个业务经理和发行员都全力以赴，以高度的责任感和积极的工作态度，全力催款、清款。四是增强发行工作的系统性和科学性。每一本书从选题开始就请发行人员介入，在图书整体设计、印数等方面，积极听取发行方面的意见，减少了发货中的盲目性。发行部门加强了从图书库存、发货、出库、制单、退货、清账、回款、呆坏账处理等全过程管理，更加细致和科学有效。

【教材建设】 1. 语文教材的编写、发行、教师培训工作。国标《语文》教材的小学部分已经完全通过教育部的审核，2006年长春出版社继续修订初中6册，10月份接受并通过了教育部的审核和验收。已经同意可以上省内的订单，扩大该教材初中版实验区范围，为整套教材在省内的使用提供了保障。在该教材的发行方面，坚持以培训为重点，积极推广，扩大《语文》教材在全省的市场占有率。继续加强与全省各地市教育部门的联系和沟通，巩固2005年全省市场份额的基础上，2006 年又开发了松原市。主管副社长及教材中心的同志多次分赴全省各地开发市场，宣传和推荐该教材，进行教师培训等。从 2006 年开始松原市开始使用长春出版社教材。目前，省内已经有 5 个市：长春、吉林、四平、白城、松原成为该教材的使用区，学生人数占全省一年级小学生总量的 70%以上。2006 年该教材的发行量有望达到 900 万元码洋，比 2005 年度提高 30%。继续组织全省范围的语文教师培训，帮助大家使用好这部教材，全年共组织教师培训 6 场，参加教师近 4 000人次，组织了省优质课评比、首届长春版小学《语文》教材长春杯教学大赛等活动。2. 克服多种不利因素，其他教材做到稳中有升。在其他教材的编写发行工作中，对教材中心的内部组织结构、工作分工、工作任务作了相应的调整和细化，每个项目组分别负责相关教材的编写、修订、教师培训、发行等方面的工作，做到了责任到人，目标明确。《心理健康教育》由于定价调整，虽然定价比往年低了，但经过各方面努力，总发行量仍然比 2005 年度提高了 200 万元，达到1 280万元。《信息课》由教材办转移到省新华书店后，竞争十分激烈，经多方努力，每册发行量近 8 万册，总发行量仍然略有上升。3. 教材的系统服务更加细致。近年来在加大长春版各类教材的编写和发行工作的同时，长春出版社在教材的后期服务上进一步加大了力度，服务更加细致、系统、前后相互衔接，如教师的培训、组织参加教学大赛、相关的研讨、教材不断征求一线教师的意见，进行修订、配套教辅的出版等，更好地把新课标落到实处。正如有的市教育部门评价的那样：长春版教材的服务是做的最好的。

【期刊和美术中心工作】 期刊中心完成发行码洋 806. 3 万元，比 2005 年增长 26%，出版相关的期刊 15 种，总发行量 116. 9 万册，同比增长 25%，发行总实洋 424. 3 万元。期刊中心克服诸多不利因素，调整编辑的分工，把全年的编辑、发行、广告、邮寄各项业务，进行分解，落实到每个人，进一步明确全年的经济指标和工作分工。加强了内部管理，在发行中严格控制退货量，确保每期的实际发行量，加大回款力度。在确保正刊发行量的同时，适应全国高考各地自己出题这一大的趋势，积极筹划出版《高考》杂志的地方版，并取得了一定的进展。目前与上海方面已经达成合作协议，12 万元已经到账，正在与江苏方面洽谈，结合当地的实际，出版《高考》的江苏教育版。美术中心全年坚持以人为本的原则，合理调配设备和人力资源，严把质量关，保证从设计到制作上的质量；在经营方面，积极开发市场，采取走出去，请进来的经营方式，承担了长春市的一些大型画册的设计制作任务。全年完成了《长春老年大学二十周年校庆纪念册》、《长春雕塑》、《成长与成才》、《沧桑河山》几十种画册、图书、杂志的单双色、彩色制版任务及 200 多本图书的封面设计任务，实现纯利润 50 万元。

（李春芳）

广播电视

【概况】 2006 年，长春市广播电视局市本级及其所属机关、事业、企业共有在岗职工1 157 人（实有在岗行政编制 26 人、事业编制人员 743 人、其他 388 人）。高级职称 18 人、副高级职称 150 人、中级职称 274 人、初级职称 189 人。下辖广播电台、电视台各 1 座，广播电视日节目播出总量达到 236 小时；广播电视综合覆盖率达到 100%（含农村）。其中，长春人民广播电台自办节目 6 套，全部实现 24 小时播出，日节目播出总量达到 144 小时，年播出量为52 560小时；长春电视台自办节目 5 套，新闻综合频道实现 24 小时播出，电视日节目播出量为 96 小时，年播出量为35 040 个小时。长春有线电视网络有线网络里程达到8 000 多公里（其中光缆干线1 325皮长公里），有线电视信号覆盖了长春市 6 个城区和 4 个县（市）。现传送 50 套模拟电视节目，36 套数字电视节目，1 套立体声广播。拥有有效居民用户 36 万户，公用户数1 870户，有效端数5 360端，并网单位 23 家，用户37 936户。所属 5 县（市）区拥有电台、电视台各 5 座，电视发射机 19 部，广播电视全年播出总量达31 219个小时，有线电视总里程达到3 532公里，有线电视用户 16. 4 万户，广播电视年收入达到3 200多万元，乡镇有线电视用户 76 827 户。截至 2006 年底，共有 24 个广播电视盲村收看到了电视节目，在一定程度上缓解了周边地区部分农村和边远山区群众看电视难的问题。

【主要栏目】 长春经济广播电台推出了15篇系列报道《百姓百事看变化》,选择了15个不同行业,15个不同姓氏的城市居民,通过这些特殊人群讲述姓氏来源和身边的变化,反映城市发展的进程。长春人民广播电台加强了创建国家卫生城的报道,开设了《社会公德》专栏,一事一议,配发编辑点评;长春交通之声广播电台创办了《12319热线》栏目,请市建委的同志走进直播间,就城市建设、市容卫生、道路维护等相关问题听取市民意见。人民台、经济台、交通之声三台联动,形成创城宣传整体合力,开设了《母婴健康》、《王大夫健康热线》、《900服务社》等健康教育栏目。共播发各类报道589篇,各台还制作了公益广告为创城营造氛围。围绕学习贯彻胡锦涛总书记关于社会主义荣辱观重要讲话精神,开设了《知荣辱,树新风》等专栏,用动态消息和新闻评论的手法对市民在交通行为、公共道德、公共设施、人际交流、窗口行业服务等方面进行连续报道。长春电视台在《长春新闻》栏目中开辟了《辉煌的"十五"》专栏,从市民身边的人或事入手,在住房、交通、道路、教育、环境等能够说明长春市经济发展、综合实力增强上用数字说话,以小见大,连续报道了近30期。在《长春新闻》、《城市速递》、《整点新闻》等主打栏目中,开设了《落实科学发展观》、《建设社会主义新农村》、《全民创业》、《振兴东北老工业基地》、《改造大铁北》、《国企改革》、《告别陋习》、《树立文明新风》、《城市速递进社区》、《关注棚户区改造》、《速递帮你办》等专栏。围绕落实科学发展观,振兴长春老工业基地和铁北大开发、棚户区改造、国企改革、创建全国卫生城等全市中心工作,进行深入报道。通过电视镜头,既及时向政府职能部门反映情况,使百姓民生问题得到解决,又以电视画面记录下长春的变迁。其中,长春电视台《谭竹青:为官一任 为国分忧 为民解难》等多篇报道还在中央电视台《新闻联播》中头条播出,扩大了宣传影响。

【2007亚冬会宣传报道和电视直播准备工作】 为全面做好第六届亚冬会电视宣传报道和电视直播工作,从年初开始,在《长春新闻》、《城市速递》等主打新闻栏目中,开设了《走近亚冬会》等专栏,对亚冬会筹备工作和主要活动进行全面报道。从6月份起,随着亚冬会的临近,加大了新闻宣传的密度,由上半年每周3条~4条增加到每天1条。并制作完成了亚冬会宣传片《长春欢迎你》,在长春电视台的5个频道中以每天25次的密度反复播出,营造了浓厚的活动氛围。11月28日,为完成亚冬会电视转播工作,投资2 200多万元,十讯道高清数字电视转播车在北京装配完毕,运抵长春,并投入使用。为亚冬会直播做好了技术准备。

【上中央台稿件再创新高】 2006年,长春市广播电视局抓住长春市举办东北亚投资贸易博览会、长春电影节、雕塑展和第六届亚冬会的契机,全面加强了广播电视上中央台稿件领导工作,推动广播电视上中央台工作取得新进展。全年,局属两台共有167件广播电视作品在中央台播出(其中,电台124件,电视台43件),比2005年多94件。长春人民广播电台超过1/3的稿件在中央人民广播电台黄金时段的主要新闻栏目中播出;长春电视台的消息《长春:两千人用爱心编织美丽"谎言"》、

长春电视台十讯道高清数字电视转播车

《咱家门口的"芝麻官"》、《防范商业贿赂如何出招》等新闻作品在中央电视台《新闻联播》、《焦点访谈》、《新闻30分》和《中国财经报道》等栏目中播出，有效地扩大了长春的对外影响。

【广播电视精品创优工作】

2006年，局属两台共有104件广播电视作品获奖（长春人民广播电台49件，长春电视台55件），比2005年多31件。长春交通之声广播电台长消息《粮食的故事》获评2006中国广播电视学会交通广播奖一等创优节目；《夕阳映春斗芳菲》获中广协会省会市台春节大联播银奖。《高原彩虹》获"2006全国流行歌曲原创大赛金奖"。《高松柏和李静的故事》荣获中华人民共和国国家人口和计划生育委员会颁发的2005年度优秀人口新闻作品评选活动广播类三等奖。长春电视台摄制的《夏季葡萄的管理》被广电总局电影局、新闻出版总署音像司、中国科教影视协会评为2006年度全国科教影视学术专题专栏类三等奖；《母之爱——中国母亲与日本遗孤》在金鹰电视节上被评为2006年度中国电视纪录片长片提名作品。在吉林省电视新闻节目评奖中长春电视台的《四级考试作弊忙，车载电台里现形》获长消息一等奖；《百年火车头进长春》获新闻现场直播一等奖；《新房好建房难求七旬老人几多愁》获系列（连续）报道一等奖；在2005年度吉林省广播电视播音与主持作品评奖中，长春电视台共获奖2件：刘玢主持的《城市速递（直播新闻）》、郑杨主持的《旗升得胜》分获电视主持一等奖。长春电视台被评为第二届中国吉林·东北亚投资贸易博览会先进集体。在第十八届吉林省电视文艺"丹顶鹤"奖评奖中，《第七届长春十大杰出青年颁奖典礼》获综合文艺类一等奖；《长春》获专题文艺类一等奖；《今天我们走过》获电视专题纪录片类一等奖；《语言文字宣传——大话西游篇》获电视广告类一等奖。

【广播电视频道（频率）专业化和栏目精品化建设】 2006年，长春市广播电视局以加强广播电视频道（频率）专业化和栏目精品化建设为重点，全力打造广播电视核心竞争力和社会影响力。一是开展了以提高广播电视宣传工作水平和节目质量为重点的集中调研活动。对内认真做好局属两台台班子、中层干部两个层面的专项调研活动；对外考察了哈尔滨、沈阳、淄博、杭州、深圳、北京、上海、广州、海口等外埠城市台。形成了宣传工作调研报告和宣传工作改革方案。二是以巩固和扩大品牌栏目影响，大力提升品牌栏目市场占有率为重点，加强了长春人民广播电台人民台和长春电视台6个专业频率、5个专业频道建设，强化了《968新闻时空》、《晚间新闻报道》、《长春新闻》和《城市速递》等主打新闻栏目建设。三是加大了广播电视栏目、节目的调整力度。停办了一些定位不准、质量不高，收听、收视率低，市场前景不好的节目、栏目；有针对性地改进了《希望的田野》、《政行风热线》、《经广新闻报道》等一些旧有栏目；新推出了《12319热线》、《900服务社》、《新生活》、《居家新主张》等新栏目。通过努力，全市广播电视频道栏目收视率和市场占有率明显提升，根据2006年"央视索福瑞收听"调查显示，长春交通之声广播电台车载广播平均收听率达到65%以上，收听率和市场占有率居全国城市交通广播台的第一位；长春电视台的《长春新闻》、《城市速递》两个栏目的地区收视率也一直处

副市长李龙熙到长春电视台《城市速递》栏目调研

于同一时段长春市新闻栏目的领先地位。2006年,《长春新闻》日平均收视率4.33%,平均市场分额10.01%,高于同一时段的《吉林新闻联播》(日平均收视率1.41%,平均市场分额3.26%)。

【广播电视事业产业基础建设】 2006年,系统共投入资金6 300多万元用于有线电视网络光纤化改造和广播电视设备数字化改造工程。长春有线电视网络有限公司新敷设了有线电视光缆165皮长公里,建成分前端14个,安装并开通光站820个;长春人民广播电台购置了数字直播台、中波发射机、调频发射机,改造了直播车辆,建成了6个系列台的数字音频工作站,实现了采编播的网络化、智能化;长春电视台投入2 200万元购入十讯道数字高清转播车,具有先进的音视频系统和EVS(慢动作)等信息处理系统,电视直播能力得到提升。

【广播电视经营创收】 2006年,长春市广播电视局加大了对全局广播电视广告经营,有线电视网络经营和主要支出项目的规范管理,开源节流,增收节支,推动广播电视主业及相关产业创收超过预定目标。两台全年广告收入达到1.3亿多元(其中,电台3 870多万元,电视台9 200多万元);有线电视网络全年实现营业收入达到8 600多万元。系统口径收入达到2.2亿多元,首次突破2亿元,比“十五”末期增长15.1%以上,达到历史最高峰值。

【广播电视普法工作】 2006年市广电局加强了广播电视普法宣传教育。组织系统工作人员利用休息日在人民广场等市区人员集中的地点开展广播电视法律、法规宣传活动,现场发放《卫星电视广播地面接收设施管理规定》(1993年国务院令第129号)及《广播电视法律法规知识问答》宣传单13 000多份,解答群众现场咨询100多人(次),现场进行“广播电视法律、法规”广播宣传20多小时,并将活动内容在长春电视台《长春新闻》中进行报道,强化了广大市民遵守广播电视法律、法规的意识,扩大了宣传影响。

【第八届中国长春电影节】 2006年8月23日~26日,第八届中国长春电影节在长春市举行。本届电影节将“金鹿奖”奖项由上届的8个,增加为11个;参赛、参展影片达到187部(其中,参赛影片92部,参展影片95部),超过上届11部;有23部优秀华语影片被确定为入围影片。其中,澳门特别行政区首次选派影片《濠情岁月》参加内地华语电影评奖,从而,实现了“两岸三地”华语影片评奖大团圆。经过筛选、评比,《太行山上》获得最佳华语故事片奖,郭富城、赵薇分获最佳男女主角奖。电影节期间,群众文化活动也异常精彩,从6月中旬开始至9月底,组委会在市区内的社区、学校、军营、农村共放映露天电影400多场(次),现场观看的群众达到50多万人(次)。体现出电影评奖权威性更强、群众性参与度更大、办节思路更开放、活动设计更具品位的办节特点。本届电影节首次尝试了开放式的开幕庆典仪式。2006年8月23日19时,第八届中国长春电影节开幕式庆典在长春文化广场举行,播放了本届电影节开幕影片《真水无香》。1 000多位中外来宾和2万多名群众现场观看节目。真正体现了长春电影节的开放、互动、交流和群众性特点。2006年8月25日19时,第八届中国长春电影节闭幕庆典仪式在吉林省文化活动中心举行。郭富城、赵薇等100多名电影明星、导演、编剧、电影界知名人事出席了颁奖庆典。3 000多人现场观看了演出。

【“和谐2006”长春十大新闻评选活动】 从2001年起,长春十大新闻评选活动已经举办了五届。2006年“长春十大新闻评选活动”以“和谐2006”为主题,由市委宣传部主办,长春市新闻工作者协会、新华社吉林分社、长春日报社、长春人民广播电台、长春电视台共同协办,长春晚报、交通之声广播电台、经济广播电台、长春商报、影视图书周报、长春信息港协办。2006年12月12日9时,2006年长春十大新闻评选活动组委会,宣布“2006年长春十大新闻评选活动”正式开始,并开始向市民征集候选新闻。2006年12月26日,2006年长春十大新闻评选活动评委会召开第一次会议,长春日报、长春人民广播电台、长春电视台各自遴选30条候选新闻,结合市民投票情况,经过初选和专家的评议,《改造大铁北 建设北部新城》、《长春市获得中国人居环境范例奖》、《长春汽车产业开发区建设全面开工》等30条

"和谐 2006"长春十大新闻发布会

新闻被确定为2006年长春十大新闻评选候选新闻。2006年12月28日至2007年1月6日，长春人民广播电台、长春电视台在新闻节目中进行了候选新闻展播。2007年1月6日，长春日报、长春晚报、影视图书周报刊登了"和谐2006"长春十大新闻评选选票。同时，还开展了"十大新闻"进社区活动等系列群众性活动，增强了活动的参与性，受到了社区居民的欢迎，共收到市民选票近万张。2007年1月15日，2006年长春十大新闻评选活动评委会召开第二次会议，最终评选出了《长春上演"欣月童话"》等十条新闻为2006年长春十大新闻。"和谐2006"长春十大新闻（按时间顺序排列）1. 长春上演"欣月童话"；2. 我市全面启动棚户区改造工程，当年完成拆迁面积290万平方米；3. 谭竹青先进事迹报告会在北京举行，全国掀起向谭竹青学习热潮；4. 我市南北新城区建设双翼齐飞，城市布局更加科学合理；5. 我市获得中国人居环境范例奖；6. 我市《城区居民住院医疗保险》新政策出台，新型农村合作医疗覆盖全市；7. 我市召开科学技术大会，重奖有突出贡献的科技工作者；8. 第6届亚冬会圣火采集仪式在长白山举行；9. 我市位居中国制造业十大最具竞争力城市第五名；10. 我市获省级卫生城市称号，全力争创国家卫生城市。本届长春十大新闻评选发布会首次走出长春电视台演播大厅，在香格里拉大饭店召开长春十大新闻发布会。在发布现场，邀请了几位新闻当事人，一起回顾新闻历程。"欣月童话"的主角小欣月来到了现场，第6届亚冬会圣火采集者郭蕊、中国第一代滑雪运动员、九冬会自由滑雪冠军王凌等其他新闻主人公也来到现场。2007年1月21日，第五届长春十大新闻评选和发布晚会在长春广电中心2号演播室举行，中央电视台著名节目主持人白岩松作为特约主持人主持了本届新闻之夜直播晚会。

【十大见义勇为好司机评选活动】 2006年5月19日，长春交通之声电台与长春市见义勇为工作办公室合作在长春市国际会展中心共同举办"长春市十大见义勇为好司机评选活动"颁奖仪式。冷洪森、张大勇等10名出租车司机被评选为"长春市十大见义勇为好司机"。

（张殿宫　马铁男）

电　影

【概况】 2006年，长春电影制片厂共拍摄故事片18部、译制片5部、科教片7部；拍摄电视剧6部，160集。获国际奖6项，国内奖2项。2006年是长影集团组建后电影事业改革开放、创新发展喜获丰收的开拓之年。编创人员热情高涨，创作题材不断扩大，影片质量明显提高，2部影片向建党八十五周年献礼，多部影片在国际上获奖，昭示着中国电影事业不但日益振兴，还阔步走向繁荣、开始走出国门，走上世界。

【向建党八十五周年献厚礼】

1. 由长春电影制片厂、上海电影集团公司、上海电影制片厂、上海张瑜影视文化发展有限责任公司联合出品的故事片《大道如天》被国家广播电影电视总局指定向建党八十五周年重点献礼影片。影片以一起悬案为主线，真实反映了在全国开展的"学习任长霞"公安局长"开门大接访"行动，塑造了新时期中国公安干警以人为本、执法为民的崇高精神。电影《大道如天》是电影《任长霞》的姊妹篇，是电

长影集团纪念建党八十五周年大型电影视听音乐会

影《任长霞》创作的延伸和发展。与电影《任长霞》一样，该片塑造了一位立警为公、执法为民的女公安局长形象，讴歌了人民警察不畏艰险、执著追求公平正义的光辉形象，颂扬了人民警察热爱人民、情系人民，践行“人民公安为人民”的高尚情怀。它不仅反映了公安机关“大接访”活动的成果和民警的精神风貌，更弘扬、升华了任长霞精神，是继电影《任长霞》之后又一部优秀的公安题材影片。2. 中国第一部以亲历者口述历史的方式反映新中国成立以来若干重大历史庆典、历史事件的大型文献纪录片《国事亲历》历时两年拍摄完成。《国事亲历》由吉林省委宣传部、长春电影制片厂、北京东方之约影视文化传播公司联合出品。这部长900分钟的30集纪录片将在建党八十五周年期间播出。《国事亲历》的拍摄，得到了外交部外交官联谊会、中国烹饪协会、中国国家机关烹饪协会、钓鱼台国宾馆、人民大会堂等单位的大力支持。3. 为纪念中国共产党建党八十五周年，长影集团于2006年6月27日在吉林省文化活动中心东方大剧院隆重举行了“长影集团纪念建党八十五周年大型电影视听音乐会”。音乐会由长影乐团出演，内容以红色经典影视曲目为主线，回顾了中国共产党走过的光辉历程。音乐会在庄严、雄浑的《红旗颂》乐曲中拉开帷幕，长影乐团演奏了《花儿为什么这样红》、《敖包相会》、《英雄赞歌》、《我的祖国》、《山歌好比春江水》、《唱支山歌给党听》、《红星照我去战斗》、《妈妈教我一支歌》等经典歌曲。音乐会接近尾声时，巨幅党旗在舞台上徐徐升起，全场演员和观众起立，高唱《没有共产党就没有新中国》，整场音乐会在高昂的歌声中落下帷幕。

【原创片分获国际奖或展映】

1. 电影《大东巴的女儿》塞浦路斯国际电影节由希腊原来的两个电影节和塞浦路斯的三个电影节合并而成，主要由希腊和塞浦路斯两国文化部出资主办，希腊船王和旅游部门亦给予了赞助。美国、加拿大、俄罗斯等46个国家派代表团参加，共有428部影片参赛和参展。长影影片《大东巴的女儿》正式进入竞赛单元，《大娃娃与小公主》以“维纳斯的惊喜”为题进行了巡回展映。2006年3月28日评选揭晓：《大东巴的女儿》获“最佳服装设计奖”、杨梅获“最佳女主角提名奖”、赵博获“最佳摄影提名奖”（均正式颁发奖牌）。《大东巴的女儿》和《大娃娃与小公主》两部影片还在尼克西亚、利马索尔、拉纳卡、雅典等6个城市作了巡回展映，大使馆全体工作人员都观看了影片。这次活动，增进了长影与南欧影视界的交流。影片《大东巴的女儿》继在希腊——塞浦路斯国际电影节、第八届中国长春电影节连获大奖后，喜讯频传。该片荣获由日本福祉委员会和日本福祉大学联合颁发的“福祉奖”，这是中国影片首获这一殊荣。日本“福祉奖”专门为表现残疾人生活和情感的电影作品而设立，每年从世界各国该类题材的影片中选出一部，予以奖励。《大东巴的女儿》以诗情画意的镜头语言、温婉细腻的情感诉说，表现了雪山哑女——和西不寻常的命运、坎坷的奋斗历程和复杂的情感世界，得到评委会的青睐。

2. 第五届圣彼得堡国际电影节有美国、法国等国家的近60部影片参赛，从2006年3月24日开幕，到3月30日结束。长影影片《大娃娃与小公主》正式入围竞赛单元。经过7天的观摩和评审，《大娃娃与小公主》一举夺得三项大奖：“最佳影片奖”、“最佳女主角奖：刘小源”、“最佳女配角奖：白珊”。“最佳影片奖”奖杯为一尊金色飞狮塑像，是希拉神话中的艺术之神，也是俄罗斯电影家协会的标志。

3. 长影新片《浪漫女孩》正式入围以色列埃拉特国际电影节最佳外语片竞赛单元。该电影节于2006年5月24日至27日在红海之滨举行。电影《浪漫女孩》还赴菲律宾、越南参加“中国电影展”。长影影片《浪漫女孩》随团出征。这部影片以浪漫的情调，表现了漂亮女孩岑小小不寻常的命运、复杂的情感世界和起伏的人生遭际，并通过她与表妹香芹对爱情的不同抉择，以对比的手法，写出了两个人价值观念和情感取向的对立与冲突，凸现出一个人性的主题：“长的漂亮，绝对是女人的幸运；可一旦她懂得了漂亮的价值并且利用它，便常常会成为一种悲哀……”该片曾获第七届中国长春电影节“评委会大奖”和“最佳女演员奖”。该片于9月6日～15日在菲律宾首都马尼拉、越南首都河内以及胡志明市作巡回展映。

4. 一年一度的蒙特利尔世界电影节于2006年8月24日至9月4日在蒙特利尔举行。由张夷非执导、蒋雯丽主演的长影影片《三个人的冬天》参加了展映。

5. 影片《十三棵泡桐》于2006年10月29日在第19届东京国际电影节上喜获评委会特别奖。该片由长春电影制片厂和北京紫金长天传媒文化有限公司联合出品。影片的导演为中国第五代著名摄影师吕乐。这也是正式参赛的15部影片中唯一获得奖项的亚洲电影。导演吕乐和影片的女主演刘欣一同登台领取了奖杯。

【市场开发与版权合作】 1. 长影集团牵手童话大王郑渊洁。2006年3月30日，长影集团与童话大王郑渊洁在北京宣布展开全面合作。吉林省委副书记全哲洙、长影集团董事长赵国光、长影集团党委书记刘丽娟和“童话大王”郑渊洁，以及来自全国各地的嘉宾和媒体一起出席了新闻发布会。此次合作，长影集团将创作生产童话动漫影片，打造中国影视童话王国，以中国本土原创童话人物皮皮鲁参与全球竞争。除宣布与长影集团的版权合作、产品开发外，郑渊洁还接受了聘书，出任长影世纪城的欢乐大使。根据双方签订的联合协议，郑渊洁将其全部作品的影视拍摄权授予了长影集团，并以其作品中的代表形象皮皮鲁、鲁西西、舒克、贝塔、大灰狼罗克的商誉权与长影共同组建长春长影大灰狼实业有限公司。在进行影片创作生产的同时，开发相关衍生产品，打造中国迪斯尼。

2. 中波首部合拍片《虎年之恋》波兰首映。由长影与波兰斑马电影制片厂首次合作拍摄的故事片《虎年之恋》于9月初在波兰首都华沙举行了首映式，这是中国和波兰合拍的第一部电影。影片还在波兰的克拉科夫举行了首映。影片讲述了1913年发生在中俄边境上的一段伤感的跨国之恋。该片由波兰电影家协会主席、著名导演亚采克·勃朗姆斯基和长影导演卫兆红联合执导，男女主人公分别由波兰演员迈克·热布洛夫斯基和中国演员李敏扮演。长影厂长赵国光、副厂长宋江波、长影集团第二影视公司副总经理刘志诚和主演李敏应邀出席了首映式。《虎年之恋》作为中波电影人的首度合作，引起了波兰各界的广泛关注。

3. 长影代表团参加亚洲电影展。亚洲电影展于2006年10月14日至18日在韩国釜山举

长影集团牵手郑渊洁

行。长影派出以副厂长韩志君为团长的代表团参加此次亚洲电影展。亚洲电影展由亚洲电影委员会联合会举办,目的是为亚洲各电影机构提供合作、交流、宣传的平台,促进亚洲电影业的进一步繁荣和发展。长影代表团此次重点宣传的内容包括长影世纪城和故事片《灿烂的季节》、《大东巴的女儿》、《虎年之恋》、《两个裹红头巾的女人》、《东方角斗士》、《鹤乡情》、《大娃娃与小公主》、《三个人的冬天》,在展映会上播放的影片片花、悬挂的电影海报、制作的影片画页引起了参展人士的极大兴趣和广泛关注。马来西亚、韩国、澳大利亚的电影制作人均表达了与长影合拍影片的愿望,并就相关细节进行了洽谈。《人民日报》、《中国电影报》等媒体也参加了此次亚洲电影展,他们对长影代表团进行了采访,并对长影代表团的活动进行了相关报道。

【电影改革】 1. 长影频道5月换新颜。作为长影集团二次创业主要发展产业之一的长影频道,在2006年5月对播出栏目进行了全面更新。《光影在线》、《郑氏胡说》、《电影记忆》将成为长影频道的三大支柱栏目。《光影在线》:最新的“影视娱乐资讯”、最新的“长影动态”、最新的“院线行情”;《郑氏胡说》:著名童话大王郑渊洁与长影频道强强联手打造,郑渊洁首次担任电视节目主持人;《电影记忆》:新中国电影的摇篮,60年辉煌业绩,长影人讲述长影的故事。

2. 在吉林省广播电视艺术家协会举办的第十八届吉林省电视文艺“丹顶鹤奖”评奖中,长影频道送选的3部作品全部获奖:《电影记忆》获电视专题节目类二等奖;《我给妈妈许个心愿》获少儿文艺类三等奖;《郑氏胡说》获少儿专题类三等奖。

(张瑞光)

2006年长影完成故事片一览表

片 名	编 剧	导 演	摄 影	主 演	获奖情况
武生情未了	黎庆麟	黎庆麟	梁剑伟	石天龙 黄加达 陈蓉蓉 林 威	
两个裹红头巾的女人	韩志晨	韩志君	赵 博	郑卫莉 马诗泓 赵小熠 关小平	获第八届中国长春电影节评委会特别奖、最佳男配角奖提名(关小平)、最佳摄影奖提名(赵博);第十三届中国人口文化奖(广播影视类)电影二等奖
鹤乡情	林晓琳	林 强	粟 粟 刘保虎	林 强 李 鹤 刘长纯	
大道如天	刘志钊	宋江波	钱 滔	张 瑜 郑晓宁 董 勇 吕晓禾	国家广播电影电视总局指定向建党八十五周年重点献礼影片
惊天奇案	鲁俊谷	戈 力 王振仰	张学文	段文喜 谭雅文 刘世龙 梁 丽	
新忠烈图	朱 姝	刘 新 劳 达	龙升松	吴奇隆 黄 奕 元 华 杨 子	
十三棵泡桐	刘 颖 吕 乐	吕 乐	徐 伟	刘 欣 段文博 赵梦桥	获第十九届东京国际电影节评审团大奖
美人窝的往事	彭景泉 陈春生	马会雷	马会雷	贾 娅 王 露 萧 艺 徐艺玲	
羊肉的滋味	张秉义	赵国华	那日苏	王建英 刘亦民 汤 捷 王 珏	
阿欧桑	李显刚	李显刚	权新华	沈 航 王乐乐	

续表

片　名	编　剧	导　演	摄　影	主　演	获奖情况
列兵大学生	赤　飞	赤　飞	柴　飞	苗　亮　张雨提 张国强	
美丽时光	赤　飞	赤　飞	柴　飞	谭　卓	
士兵的妹妹	牛世生	胡明钢	宁长城	张　楠　赵芙丽	
寻	赤　飞	赤　飞	柴　飞	陈莉娜	
小巷总理	肖尹宪 王霆钧	李启民	于长江	丁嘉莉　由　力 王昌娥　赵岩松	
哑　娘	李平分 杨瑞瑞	李平分	那日苏	杨瑞瑞　孙　兴 夏冰冰　李帅桐	
情归转龙湾	布雅木齐	央　宗 靳若钢	高向东	郑雅文　靳若钢 毕丽君　耿晓霖	

2006 年长影完成电视剧一览表

剧　名	长　度	编　剧	导　演	主　演	发行许可证编号	合作单位
中国家庭 421	30 集	李志川	刘二威	李心敏　王诗槐 郭晓东　朱　琳 陈虹池　宋晓英	(吉)剧审字(2006) 第 003 号	陕西旭日飞扬文化传播有限公司
男兵女兵	17 集	李平分 王承友	李平分 郇晓鹰	张明健　马　跃 尚大庆　杨瑞瑞	(吉)剧审字(2006) 第 006 号	吉林电视台
冲出绝境	25 集	郝　建	管　虎 邬　迪	赵　君　钱　志 郭　金　刘葳葳	(吉)剧审字(2006) 第 008 号	东方虎翼文化发展有限公司旗手影视文化有限公司
妯娌情深	20 集	李志川	尹爱群	谢　园　鲁玉杰 傅　冲　柏　青	(吉)剧审字(2006) 第 009 号	北京斑马文化传播有限公司
悲情母子	28 集	王培公	刘二威	靳　东　师小宏 江　姗　英小奇	(吉)剧审字(2006) 第 010 号	陕西旭日飞扬文化传播有限公司
闪电青春	20 集	雪　人 陈　落	林　玖	赵艺兵　张建国 张国庆　杨雪鸥	(吉)剧审字(2006) 第 014 号	北京鸿雨盛荣文化传播有限公司
便衣警察	20 集	海　岩	赵毅维	崔　林　宋运城 徐　景　刘　佳	(吉)剧审字(2006) 第 015 号	北京古奥音乐文化发展有限公司

2006 长影完成译制片一览表

片　名	翻　译	导　演	录　音	主要配音演员	出品公司
防火墙	李　红	王晓巍	徐红岩	刘大航　王利军 孟　丽	美国环球电影公司
雏　菊	金泰哲	刘大航	徐红岩	牟加论　王利军 刘大航	韩国 I LOVE CINEMA SURTR I SES 公司

续表

片　名	翻　译	导　演	录　音	主要配音演员	出品公司
来电惊魂	顾奇勇	丁建华 孟　丽	徐红岩	杨　鸣　丁建华 郭金非	美国银幕宝石影片公司
绅士大盗	田增勇	王晓巍	徐红岩	陆建艺　孟令军 孟　丽	法国电视台 电影频道
赛场大反攻	张　勇	刘大航	徐红岩	羽·泉　孟令军 杨　波	美国埃尔贡娱乐公司

2006 年长影完成科教片一览表

片　名	编　剧	导　演	摄　影
果树种菌脱毒技术	王　姝	王　姝	苏再东
珍稀菇菌栽培技术	王　姝	王　姝	苏再东
农村艾滋病预防常识	唐守斌	唐守斌	苏再东
农村卫生保健常识	唐守斌	唐守斌	唐守斌
美国七彩山鸡饲养技术	唐守斌	唐守斌	苏再东
优质人参的栽培	唐守斌	唐守斌	苏再东
农田预防林的更新改造技术	唐守斌	李月安	李　伟

文物保护

【概况】　截至 2006 年年底，长春市共有文博单位 6 个，文物干部 58 人，其中，具有高级专业技术职称 1 人，副高级专业技术职称 2 人，中级专业技术职称 6 人，初级专业技术职称 20 余人。2006 年，全市各级文物工作者在国家、省、市级刊物上发表论文、简报达 20 余篇。2006 年，长春市文物保护研究所配合长春市城市建设的总体规划，及时地调整工作部署，开创了全市文物工作的新局面。根据《中华人民共和国文物保护法》"四有"工作的要求，完成了长春解放纪念碑等 10 处市级文物保护单位的保护标牌的安装工作；完成了长春市伪满洲国外交部旧址等 16 处不可移动文物申报第六批省级文物保护单位的资料整理工作；国务院决定从 2006 年起，每年 6 月的第二个星期六为我国的"文化遗产日"，为了配合遗产日的宣传，长春市文物保护研究所将长春市的 127 处省、市级文物保护单位向社会公布。考古研究方面。为了配合基本建设，7 月份，长春市文物保护研究所和九台市文物管理所一起对市级文物保护单位和气古城进行考古勘探，此次勘探共进行了 15 天，勘探面积 1 500 平方米。完成了对三峡考古资料的整理工作，其中文字资料近 13 万字，出土器物 160 余件的数字光盘资料及录像、照相资料。7 月份，长春市文物保护研究所会同九台市文物管理所对九台市郊德源热能电厂厂址进行了为期 13 天的考古勘探工作，勘探面积1 500平方米。12 月，长春市文物保护研究所出版了一期《长春文物》，这期《长春文物》装祯精美，内容翔实丰富，具有很高的学术价值。长春市文物保护研究所还配合长春市文化局、长春市规划局开展了对裕昌源旧址的修复、重建工作。针对大外环公路（九台至双阳，农安至德惠）的建设，曾多次找设计、施工单位联系、协商。还派专业人员参加了吉林省文物考古研究所对集安良民古墓群、通化县赤柏松古城址的考古发掘工作。

【四有建设】　为了更好地做好四有建设工作，4 月 ~ 10 月，长春市文物保护研究所克服了资金短缺等困难，完成了长春解放纪念碑、沙俄领事馆旧址、伪满千早医院旧址、磨盘山遗址、劝农古墓群、北山灵岩阁、蜂蜜清真寺、沙俄将校营旧址、伪满国都饭店旧址、王公坨子遗址等 10 处市级文物保护单位的保护标牌的安装工作。对保护这些遗址提供了重要保障。

【省级文物保护单位申报】 为了更好地贯彻《中华人民共和国文物保护法》，落实吉林省文化厅关于申报省级文物保护单位工作的方针，11月份，完成了包括长春市伪满洲国外交部旧址、民生部旧址、交通部旧址、军事部旧址、经济部旧址、伪满宪兵司令部旧址、伪满首都警察厅旧址，榆树市墩台遗址、狼烟台遗址、山泉古城，德惠市大青嘴遗址、丹城子古城址、双城子古城址，农安县的农安古城址、元宝沟遗址、顺山古城址等16处不可移动文物申报第六批省级文物保护单位的资料整理工作。

【文物鉴定】 根据吉林省文化厅关于全省文物鉴定工作的部署，2006年4月份，由吉林省文化厅组织的文物鉴定委员会对长春市馆藏文物进行了鉴定，共鉴定馆藏文物万余件，其中，一级文物7件、二级文物17件、三级文物188件。这对于更好地保护馆藏文物提供了保障。

【娘娘庙遗址发掘】 9月份，长春市文物保护研究所与双阳区文物管理所对双阳区东双阳大路拓宽工程所涉及的清代娘娘庙遗址进行清理发掘，发掘面积1 000平方米，发掘出房址一处、出土器物百余件。对研究长春市清代历史提供了宝贵的资料。

【长春市文化遗产保护工作会议】 12月份，长春市文化遗产保护工作会议在长春市召开，长春市市长祝业精、副市长王学战、李龙熙等领导到会，会议确定了今后长春市文化遗产保护的方针。

（王义学）

图书馆

【概况】 2006年，长春图书馆经费总投入13 259 588.82元，其中，文献购置费3 000 000.00元，自动化、网络化、数字化设备投入69 200.00元，固定资产累计54 467 588.16元。在文献资源建设上，坚持“以用定藏”原则和“服务为主，保存为辅”的采购理念，根据读者需求调整文献采购方针。2006年入藏各类文献53 597种，80 631册（件），其中，中文图书26 700种，49 186册；报刊4 348种，5 644份（其中，中文报刊4 306种，5 602份；港台报刊38种，38份；外文期刊4种，4份）；电子文献21 577种，22 189件（册）（其中，数据库10种；电子图书20 716种，20 716册；电子出版物851种，1 463件）；视听文献759种，3 496件；地方文献213种，276册（份）。截至2006年底，全馆总藏量1 731 262册（件）。长春图书馆坚持“读者第一，服务至上”的服务宗旨和公益性办馆原则，最大限度满足读者对图书馆的利用。2006年共接待到馆读者1 547 941人次；办理各类读者证44 872个；外借文献772 870册次；解答读者咨询410 047条；代检索课题6 415项；完成参考咨询和课题跟踪服务共计388项。全年开展了文献宣传活动99次；举办各类读者活动141项，参加人员123 153人次，其中，举办“城市热读”系列讲座34场，举办文化展览17次；开展社会办学项目10个，培训学员63 810人次。为更好地发挥公共图书馆的中心作用，以创建长春协作图书馆为模式，推进文化信息资源共享工程网点建设，不断扩大文化信息资源的传播和利用。2006年发展2家协作图书馆分馆，新建农村、社区、监狱等分馆暨全国文化信息资源共享工程基层服务点11家。2006年度，长春图书馆被国家文化部授予“公共文化设施管理先进单位”称号，被吉林省精神文明建设指导委员会授予“2004～2006年度文明单位”称号。

【纪念“世界读书日”读者活动】 2006年4月23日是第十一个世界读书日。为使阅读活动深入人心，引导广大市民多读书、读好书，长春图书馆通过悬挂横幅标语、开设电子屏幕宣传栏等方式广泛宣传和介绍“世界读书日”的由来，并组织开展了以“倡导全民读书，构建书香社会”为主题的大型系列读者活动15项。主要有500余名读者参加的“纪念世界读书日大型读者签名活动”；为引领青少年正确阅读而组织的“黑白文字，缤纷世界”读书报告会；配合以“八荣八耻”为内容的社会主义荣辱观教育，在省女子监狱、驻长某部高炮旅等分馆举办的“知荣辱、明是非、读好书，书写精彩人生”读书征文活动；为读者提供自我展示与交流的“读者才艺展示”活动；赠送Apabi电子图书卡和维普资讯充值卡活动；各种内容的专题文献展阅活动等。4月23日也是长春图书馆“城市热读”讲座迎来百期庆典的日子，部分

城市热读系列讲座现场

省、市领导、各期主讲嘉宾、各界读者和媒体记者约200余人参加了庆典活动，吉林省委宣传部弓克副部长作了题为《创新思维模式构想》的专题报告。

【学习"小巷总理"谭竹青】 在市委、市政府组织开展的向"小巷总理"谭竹青同志学习活动中，长春图书馆在全馆范围内大力倡导学习之风，并结合图书馆工作实际，精心策划不同形式的主题活动，全馆员工立足岗位，以实际行动学习谭竹青。1. 学习谭竹青精神，立足岗位做奉献。多次组织党员干部和职工观看《谭竹青先进事迹宣传片》和《谭竹青同志先进事迹展》，谭竹青同志甘当公仆、清正廉洁、无私奉献的精神，激励了每一位员工在岗位工作中时刻把读者利益放在第一位，全心全意做好服务工作，为构建社会主义和谐社会奉献图书馆人的一份力量。2. 宏扬谭竹青精神，让先进事迹广流传。3月6日，《谭竹青同志先进事迹展》在长春图书馆二楼大厅正式展出。这是长春市继东站十委以外设立的第二个谭竹青先进事迹展览点，旨在利用长春图书馆这块精神文明传播的重要阵地吸引更多的市民关注谭竹青事迹，让谭竹青精神走入百姓心中。两个多月的展期内，共接待参观群众8千余人次。长春图书馆同期刻录了10套介绍谭竹青生平事迹的专题片《"小巷总理"谭竹青》光盘，分别赠送给长春市10个县（市）、区图书馆，让谭竹青的事迹在基层不断发扬光大。3. 继承谭竹青精神，心系东站十委居民。传承谭竹青同志遗志，为东站十委社区居民谋利益，积极筹划在东站十委社区建立分馆。经过全馆员工的共同努力，为该馆提供了价值3万余元的书架、阅览桌椅、计算机设备等物品和书刊1 850册，并向国家文化部和全国文化信息资源共享工程管理中心争取到了一套价值近3万元的共享工程卫星接收设备，全部安装到位。5月31日上午，长春图书馆东站十委社区分馆暨全国文化信息共享工程基层服务点正式揭牌。建成后的十委社区分馆成为长春市首家标准化、规范化的社区图书馆，长春图书馆将为该馆长期提供设备、文献及管理上的支持，并定期更换和配置新书，以使该分馆真正为活跃十委社区居民的业余文化生活，传播先进文化发挥更大的作用。

【"亚农杯"全国农民读书征文活动】 由中宣部宣教局、文化部社图司等九个部门组织的"亚农杯"、"读好书，促和谐"全国农民读书征文活动于2005年8月至2006年1月在全国范围内开展。为认真落实好活动通知精神，推进农村精神文明建设，在长春市文化局的直接领导下，以长春图书馆中心馆为核心，以全市10个县（市）、区图书馆为骨干，有效地发挥长春市协作图书馆的作用，并协调各级妇委会、共青团等组织的力量，深入到乡镇文化站、村图书室，组织了这次征文活动。截至2006年1月，共征集文章400余篇。由市文化局组织相关专家对所征集到的文章进行了初审，并推荐优秀征文参加国家评奖活动，其中5篇作品获得国家二等奖，200余篇获得国家三等奖。这次征文活动波及到长春市所有的县、乡、村，参与范围广泛。征集到的文章不仅数量多，而且质量较高、题材广泛、内容丰富、体裁多样，收到良好的预期效果。长春图书馆被中宣部等九部门授予"亚农杯"全国农民读书征文活动"组织奖"。

【2006 长春国际图书馆学术会

议】 6月21日至23日，“理性、开放、和谐的图书馆—2006长春国际图书馆学术会议”在长春市隆重召开。本次会议是由中国图书馆学会用户研究与服务专业委员会和长春市文化局首次主办、长春图书馆首次承办的国际性学术会议。会议自2005年8月30日正式在全国范围内发布征文通知，共收到论文和文摘301篇，涉及到26个省、市、自治区，75个市、州、县、区的153个图书馆，327位论文作者，包括大专院校系统、科学院系统、公共系统、党校系统等各种类型的图书馆和图书、情报院系。经过专业委员会的初选、复审和终审，共选出112篇作为参会论文，在此基础上，评选出44篇优秀论文，并编辑成优秀论文集正式出版。来自美国、日本、香港以及内地26个省、75个县市区图书馆界的近150位专家、学者及同行参加了开幕式。为了提高本次会议的学术质量，大会特别邀请了美国、日本、香港以及中国科学院文献情报中心、中国社会科学院文献信息中心、国家图书馆、首都图书馆、深圳图书馆等图书馆界和情报界的9位专家学者为大会做了主旨发言和专题报告。闭幕式上，长春市文化局的领导及各位专家学者向优秀论文作者代表颁发了优秀论文证书。“2006长春国际图书馆学术会议”的成功举办，不仅使长春图书馆在锻炼员工队伍，提高素质能力，促进对外交流上取得了巨大收获，对吉林省的图书馆事业建设起到积极推动作用，同时也对长春这座魅力城市做了一次很好的宣传。

【“社会捐书　送书下乡”活动】

为响应党中央关于“动员全社会力量关心、支持和参与社会主义新农村建设”的号召，进一步提高长春市广大农民的科学文化素质，促进长春市农村文化事业的健康发展，由第四届长春文化艺术周组委会主办，长春图书馆和长春市少年儿童图书馆承办的以“关注农民精神文化生活、建设社会主义新农村”为主题的“社会捐书、送书下乡”公益活动于第四届长春文化艺术周期间举行。8月30日上午，第四届长春文化艺术周组委会召开新闻发布会，就“社会捐书、送书下乡”活动向社会各界发出广泛倡议，并号召媒体大力宣传此次活动的意义、目的，扩大社会参与面。9月3日，“社会捐书、送书下乡”主题活动在长春图书馆院内正式拉开帷幕。长春市慈善会、吉林人民出版社、长春出版社、吉林教育出版社、北方妇女儿童出版社、长春职业技术学院、长春大学特殊教育学院及吉林大学附属小学、白山小学、东四小学、兴盛小学等多家单位、团体纷纷献出爱心、伸出援手，以团体名义捐赠了大量图书和光盘。许多个人也积极参与，踊跃捐书，他们表示，作为社会一员，这是应尽的责任与义务，虽然个人的力量微不足道，但是动员整个社会去关注和支持新农村的建设，那力量是无穷的。长春图书馆对捐献图书达到30册以上并具有一定质量的10余位捐书者，赠送了制作精美的印有“传播知识的使者”的“收藏证”和“读者证”，以表答谢。截至9月7日，共收到社会各界团体和个人捐献图书、期刊、光盘等4 294种，7 314册(件)，总价值达78 980.94元。这些文献内容丰富健康、针对性强，包括思想政治、法律法规、农业科技、文学艺术、医疗保健等，还有适合中小学生学习的公开出版的教辅课本、课外读物及适合学龄前儿童的读物等，且保存完好，对广大农民具有较高的可读性和实用价值。长春图书馆和长春市少儿图书馆还另外为农村分馆配送书刊、光盘等7 000册(件)。9月8日9时，在长春图书馆院内举行了隆重的“送书下乡”活动仪式。长春市委宣传部、市委组织部、共青团长春市委、长春市总工会、长春市农委、长春市慈善会等有关领导和同志出席了仪式，受赠单位及捐献图书的社会团体的代表参加了本次活动。仪式上，各级领导将一捆捆打包好的图书赠送给7家乡镇图书馆(室)，它们是：长春图书馆的中储粮吉林希望小学分馆、英俊镇卫星村分馆、双阳区石溪乡石溪中学分馆、德惠市达家沟镇后窑屯文化大院分馆、二道区劝农山镇同心村分馆，以及长春市少儿图书馆的德惠市松花江镇茶条村小学分馆、农安县华家镇团山村小学图书室。

【“圆梦”长春行活动】 中储粮吉林希望小学地处奋进乡马家村，共有师生170余人，是长春图书馆于2006年7月建立的分馆之一。该校学生多是过着单亲或寄居生活的农村孩子，还有几名孤儿，曾因交不起学费几度辍学。现如今在社会各界的支持下，学校的办学条件得到了基本改善，很多贫困学生得到救助，回到了自己渴望的学校去学习。但是由于地处乡村,条件有限,他们对外界事物知之甚少。这里的孩子们有一个很简单的梦想,就是想有机会到城里看看。在为该校筹建分馆的过程中,长春图书馆的领导了解到这些实际情况,深深为孩子们的朴实而打动。为了圆这些乡村孩子们天真而单纯的梦想,长春图书馆与长春电视台、吉林大学附属小学联手,举办了“圆梦”长春行活动。来自中储粮吉林希望小学的师生共166人参加了本次活动。9月19日,在工作人员的带领下,他们先后参观了吉林大学、长春图书馆,游览了南湖公园、文化广场,并沿途观看了长春的市容市貌。在吉林大学南校区,学生会的负责人引领孩子们参观了大学校园,每到一处,都为孩子们详细介绍学校的各项建筑及功能,并带领他们参观了吉林大学建校六十周年校庆展览,使他们更直观地了解了吉林大学的建校史;在长春图书馆,工作人员带领孩子们参观了图书馆的全貌,并为他们准备了丰盛的午餐;在南湖公园和文化广场,孩子们兴奋地尽情嬉戏,每个人脸上都流露出满足与幸福的笑容。一天的长春之行虽然是短暂的,却给乡村的孩子们留下了很多美好的回忆,使他们开阔了视野,增长了见识,激发孩子们发奋学习,实现远大理想的动力。

（王彦萍）

卫生 体育

卫生 体育

卫 生

【概况】 2006年,长春市共有卫生机构1 832个,比2005年增加173个,其中,医院177所,卫生院143所,门诊部132所,疗养院1所,妇幼保健院(所、站)10个,专科疾病防治院(所、站)8个,疾病预防控制中心14个,卫生监督所7个,医学科研机构2个,健康教育所1个,采供血机构1个,急救中心(站)1个,其他卫生机构4个,诊所、医务室、社区卫生服务站1 331个。全市卫生机构共有人员45 330人,其中卫生技术人员35 330人,平均每千人口有执业(助理)医师2.13人。卫生机构总诊疗人数12 662 176人次,其中门诊、急诊12 435 152人次。全年各级各类医院总入院549 993人次,出院542 911人次,治愈率57.44%,好转率38.09%,死亡率1.33%。全市各家医院平均病床周转次数11.08次,平均病床工作日242.12日,平均病床使用率66.33%,出院患者平均住院日20.11日。

【公共卫生体系】 按照整合资源、突出重点、增加投入、健全体系的原则,积极争取各级政府支持,圆满完成了国家公共卫生体系建设三年规划目标,初步建立了覆盖城乡、功能完善、反应灵敏、运转协调的疾病预防控制体系、医疗救治体系、卫生执法监督体系和突发公共卫生事件应急机制。成立了卫生应急办公室,建立传染病疫情和突发公共卫生事件监测预警机制,提高了应对和处理突发公共卫生事件能力。长春急救中心完成院前急救3万余次,抢救危重患者1.8万人次,同比增长8.9%,现场复苏率达到国内先进水平。市传染病医院救治能力进一步提高,目前,已能够收治18种传染病患者。10月31日,成功组织了一次有300人参加的大规模应急演练,达到了检验和锻炼队伍的目的。全年共处理食物中毒事件19起、水污染事件3起,没有发生重大突发公共卫生事件。

【疾病预防控制】 按照重点疾病重点防治、重点地区重点预防、重点人群重点干预的防病策略,全面加强疾病预防控制工作,有效控制各种传染病的暴发和流行,传染病总发病率239.9/10万。结核病防治工作,以实施世行贷款、英国赠款和全球基金结核病控制项目为重点,完成总目标任务的105%,治愈率达到91.9%,被卫生部评为结核病防治工作先进单位。艾滋病防治工作,在落实"四免一关怀"政策和开展防病宣传的基础上,加强筛查检测和医疗救治,新确认艾滋病病毒感染者41例,均落实了综合防治措施。流行性出血热防治工作,集中开展了防病灭鼠行动,加强预防性疫苗接种,发病率同比下降18.5%,死亡率下降20%。麻疹防治工作,针对上半年暴发的麻疹疫情,对目标人群进行应急接种,接种率达到96.5%,建立了健康人群的免疫屏障,使疫情得到有效控制。

【农村卫生工作】 以保障广大农民健康权益为目标,加快推进农村卫生事业发展。一是新农合试点范围进一步扩大。在巩固九台市新型农村合作医疗试点成果的基础上,启动了农安县、榆树市试点工作。三县(市)共有182.4万人参合,参合率为71%,筹集基金8 211万元。全年共有45.9万门诊及住院患者得到补偿,报销医疗费用5 268万元,使农民群众真正得到了实惠,缓解了农民"因病致贫、因病返贫"状况。二是加强农村基层卫生服务体系建设。协调省卫生厅和市、县两级政府投入资金2 000多万元,用于卫生院基础设施建设和医疗设备更新,使145所乡镇卫生院恢复了基本功能。推行乡村联办一体化管理,强化村级卫生所(室)的网底作用,基本建起了农村三级医疗保健网络,提高了农村卫生服务能力。三是加大卫生支农工作力度。启动城市人才支援农村医疗卫生项目,选派108名优秀医务人员深入36所乡镇卫生院,进行对口支援和帮扶工作,提高了农村基层卫生技术人员的整体素质和医疗服务水平。

【社区卫生工作】 制订了《长春市城市社区卫生服务发展规划》,出台了《关于进一步推进城市社区卫生服务的实施意见》,落实了各项经费和扶持政策,社区卫生服务进入快速发展时期。一是加快基础设施建设。协调市、区两级政府加大投入,完善社区卫生服务机构基础设施,城市人口覆盖率达到90%以上。朝阳区、绿园区被评为全国社区卫生服务示范区,8个社区卫生服务中心(站)被评为全省标准化社区卫生服务中心(站)。二是提高医务人员素质。成立了长春市社区卫生服务指导中心,建立了医高专和市医院2个基地,加强了对社区卫生人才的技术培训,全年共培训全科医师和社区护士300人次。协调在长三级甲等医院对社区卫生服务进行对口支援,为社区卫生服务提供免费进修和技术指导。三是开展清理整顿工作。按照省卫生厅的统一部署,对全市150家社区卫生服务机构进行了清理整顿,规范了执业行为,丰富了服务内容和运营模式,完善了"六位一体"服务功能。

【卫生执法监督】 一是加强"五小"卫生监管。以创建国家卫生城为契机,积极开展"五小"卫生和公共场所卫生治理整顿工作,"五小"单位达标率提高到96.2%。二是加强食品卫生监管。落实食品卫生监督量化分级管理制度,全市城区餐饮业、学校食堂和职工食堂量化分级管理率分别达到85%、97.4%和93.6%。实施食品放心工程,开展打击假冒伪劣食品专项行动,查处违法案件近1 000起,确保了全市人民的饮食安全。三是加强非法行医监管。开展打击非法行医专项行动,检查医疗机构3 326家次,查处案件296件,取缔无证行医121家,没收医疗器械136件、药品63箱,吊销执业证书18人,医疗服务市场秩序进一步规范。四是加强医疗安全监管。在长江路开发区建设了全市第一家街头采血屋,自愿无偿献血和自愿无偿捐献血小板均达到100%,确保了医疗用血安全。加强对职业卫生、放射卫生的监管,保护了劳动者的健康权益。新建了医疗废物处理中心,加强医疗垃圾无害化处理工作,改善了市民生活环境。

【医院管理工作】 一是严把医疗机构准入关。在全国率先实行了医疗机构不良执业行为记分管理制度,对医疗机构违法违规和不诚信行为,根据严重程度分别记1分至6分,全年累积超过12分的予以暂缓校验,暂缓校验期内累积达到18分的,注销其《医疗机构执业许可证》。通过建立完善的医院评价指标体系,督促指导医疗机构和从业人员规范执业行为,改善服务质量,提高了医疗救治水平。二是开展医药分业改革试点。7月1日起,在市中心医院对370种普药、常用药进行了药品目录托管,使药品价格与市场零售价格基本持平,其他市属医院10月份全部跟进,共让利于民100多万元,减轻了患者的医药费用负担。三是重视做好中医药工作。发挥中医在治疗常见病、多发病和疑难杂症中的作用和在新农合及社区医疗方面的优势,强化中医医疗机构内涵建设,市中医院骨伤科等9个科室被列为全国中医重点专科(专病)建设项目。四是扩大院务公开范围。依托新闻媒体,按季度向社会公开发布市属医院和部分省部属较大医院的医疗服务质量、费用、工作效率等方面的医疗服务信息,促进医院自律,正确引导患者就医。

【妇幼保健工作】 一是开展助产机构清理整顿工作。实行助产机构和助产技术人员"双准入"制度,全面检查全市188家助产机构,未通过检查的84家被停业整顿,未取得《母婴保健技术服务许可证》的12家被行政处罚。实行孕产妇死亡责任追究制度,吊销执业证书1人,为全省首例;对1名涉嫌非法行医导致产妇死亡的医务人员移送公安机关处理。二是开展贫困孕产妇救助工作。在全国率先实行了特困孕产妇分娩医疗救助制度,对城乡贫困孕产妇进行医疗救助,全年共救助820人,发放救助金48万元。孕产妇住院分娩率由2005年的93.77%提高到94.97%,孕产妇死亡率由46.29/10万下降到23.8/10万,达到历史最高水平。三是开展新生儿疾病筛查工作。建立新生儿疾病筛查网络,完善管理机制,规范操作流程,全年共筛查新生儿3万人次,查出苯丙酮尿症11例、先天性甲状腺功能减低症2例,分别落实了救治措施,对预防和控制出生缺陷、提高出生人口素质起到了积极作用。

【科技教育工作】 一是加强继续医学教育。充分利用现代科技手段，通过继续医学教育网络实行网上教学，培训医务人员3万余人次，培训覆盖率和达标率均达到85%以上。创新培训模式，组织开展了6项专科学术活动，交流推广实用医学项目和最新科研成果。二是加强医务人员培训。组织乡村医生开展集中培训，完成学习50学时，3 528名乡村医生通过了全市统一考试。启动了乡村医生中医中专学历教育，培养乡村医生399名，为乡村医生执业注册创造了条件。开展乡镇卫生院临床技术骨干培训工作，免费培训136人。强化了社区全科医学岗位培训，培训174名社区卫生技术人员。加强高级卫生专业人才的培养，选拔了29名中青年拔尖人才和49名重点专科带头人，形成了较为合理的梯次结构。三是加强科研项目管理。指导各医疗卫生机构开展卫生科学研究，申报中华科技奖和省、市科技进步奖27项。组织重点专科申报评审工作，经过初审、现场答辩和考核，全市确定了24个重点专科和3个特色专科。

【行风建设】 以建设诚信卫生为主题，开展了精神文明单位创建活动，3家单位被推选为省级文明单位，4家单位被推选为市级文明单位。加强医德医风教育，组织开展"构建和谐医患关系"主题活动，选树4名医德医风典型。加大扶贫减负力度，在市、区两级公立医院普遍设立扶贫门诊和扶贫病房，对城乡低保户、残疾人、下岗职工等社会弱势群体实行"三免二十减"的医疗优惠政策，减免医疗费用400多万元。继续推行药品集中招标采购制，县级以上公立医疗机构全部纳入招标采购范围，品种扩大到7 000多个，药品降价幅度达到15%以上，让利于民1.8亿元。落实清单双复核、医患联系制、不当处方点评等多项措施，强化对整个医疗收费流程的管理和监督。组织治理卫生商业贿赂专项行动，累计上缴回扣69万多元，缓解了医患矛盾。开展群众评议行风活动，发放调查问卷1.5万余张，涉及具体问题94条，处理相关责任人113人。出台医务人员双十条禁令，开展明查暗访200余次，查处行风问题40多个，通报批评50多人次，增强了广大医务人员的自律意识，卫生行业的社会满意度不断提升。

（邢爱发）

体 育

【概况】 2006年，长春市体育局依据与市政府签订的全年工作目标任务，确定了围绕一个核心、落实两个纲要、备战三项赛事、抓好四支队伍的工作思路，即：以承办亚冬会工作为核心，落实《全民健身计划纲要》和《奥运争光计划纲要》两个纲要，备战第十五届省运会、全国第十一届冬运会、全国第六届城运会三项赛事，抓好党员干部、职工、教练员、运动员四支队伍，经局系统干部职工共同努力，较好完成了既定工作目标任务。

【2007亚冬会筹备组织工作】 体育局全部参与亚冬会的筹备、组织工作，从申办到承办，历经8年，主要承担竞赛组织、场馆建设、市场开发、信息技术、火炬传递、开闭幕式组织等工作。首次实现亚奥理事会45个成员国和地区奥委会全部报名参赛参会，直接参会人员达5 000余人，赛会获得圆满成功，得到了国家领导、亚奥理事会、国家体育总局、各奥委会、新闻媒体及社会各界的一致好评。长春市体育局获省集体二等功，长春体育中心获省集体三等功，长春市全民健身活动中心、长春市冬季运动管理中心获市集体三等功，长春市体育局系统工作人员获得省一等功1个，省二等功5个，省三等功9个，市二等功21个，市三等功47个，市嘉奖120个。

【群众体育工作】 全面落实《全民健身纲要实施计划》和《体育健身设施建设规划》，实现2007年体育人口达48%，走出家门8分钟~10分钟有一处健身场所的目标。1. 积极争取国家、省配套份额，缓解长春市资金紧张压力，对部分健身路径进行维护和更换。完善区级全民健身分中心2个（朝阳区、德惠市），打造国家级社区体育俱乐部1个（铁西街道），安装更新健身路径70条，协调有关部门，初步规划了伊通河健身长廊1条、乒乓球健身长廊1条，拟打造长春市伊通河体育健身景观工程。同时加强对全民健身工作设施的管理，完成了对全市各社区健身设施的普查工作。2. 以承办亚冬会为契机，以"全民健身与奥运会、亚冬会同行"为主题，积

“安利纽崔莱健康跑暨全民健身与亚冬会同行长春市民喜迎国庆健康跑”活动

极开展5个百万人群健身体育健身活动。举办了元旦冬泳表演、迎春桥牌赛、市民登高大赛、台球联谊赛、风筝大赛、第12届NEC杯围棋赛、走近2007万人长跑、2006安利纽崔莱健身跑暨“全民健身与亚冬会同行”、长春市民喜迎国庆万人长跑、中国网通奥运健身社区行暨全民长春市健身大型展示活动等。特别是全民健身社区行系列活动受到各县(市)、区的高度重视，活动轰轰烈烈、有声有色，参与面广、内容丰富，极大地推动了全民健身活动广泛深入的开展。3. 组织专家、学者深入社区，举办3期社区体育指导员培训班，传授健身知识、健身方法，培养和提高社体指导员的工作能力和指导水平，更好地向群众提供亲民、便民、利民的健身服务，夯实了健身指导服务体系。4. 积极会同教育部门做好学校体育工作，加强对体育传统校管理，开展了全省体育传统校竞赛活动，配合省体育局完成了体育传统校的复查工作。同时，长春市学校体育场馆向社会开放工作得到了国家体育总局和教育部的肯定，朝阳区被列为全国学校体育场馆向社会开放试点区，在上海举办的全国研讨会上进行了交流发言。5. 完成了农村体育调研工作，为社会主义新农村建设提供了有价值的参考。省体育局拟定对长春市6个乡镇和16个村进行农民健身工程扶持。积极组队参加吉林省第二届乡村健身大擂台活动，展示长春市农民精神风貌，丰富农村体育生活。6. 配合协助朝阳区把第十六届全国城区体育工作研讨会办成了最成功的一次，展示和促进了长春市群体工作的发展。

【竞技体育工作】 训练工作以备战“十一届冬运会和省运会”为重点，竞技体育取得可喜成绩。2006年都灵冬奥会，长春市有2名教练员、14名运动员代表中国参赛，占代表团运动员总数的18.4%，占代表团吉林省籍运动员人数的51.9%；获得冬奥会铜牌1枚，获得第四名、第五名、第六名各1人次，有1人1次破短道速滑1 000米冬奥会纪录。截至12月31日，长春及长春籍运动员参加本年度国际、国内系列比赛29项次。获得世界冠军3个、亚军10个、季军8个；获得全国冠军47个、亚军52个、季军38个；长春亚泰足球俱乐部首次参加中国足球超级联赛，获得第四名，队员杜震宇、王栋、赵家林、宗垒入选国家队，王鹏入选国青队，潘超然、孙杰、杨达、吕海东入选国少队；长春华信大众女子足球俱乐部冲入“女足中超联赛”行列，队员许美爽、娄晓旭、郭月入选国家队，张卫双入选国青队。向国家(集训、青年)队输送10人，向省、市优秀运动队输送8人，向省、市体育运动学校输送94人。在第十五届省运会中，长春市共获金牌460枚、银牌322枚、铜牌260枚，总分19 452分，团体冠军奖杯20座，体育道德风尚队23支，金牌、奖牌、总分、奖杯、体育道德风尚奖5项竞技指标均以绝对优势列全省首位。有9人25次达到国家运动健将标准，有173人203次达到国家运动一级标准，有35人68次打破41项省青少年纪录。德惠市、宽城区、南关区分别以75枚、59枚、36枚金牌列全省57个县(市)、区金牌榜前三名。国家体育总局授予长春市体育局“奥运会人才输送奖”；省体育局授予市体育局“市州体育突出贡献奖”第一名和“全省业余训练输送人才奖”第一名；长春市政府对市体育局在第十五届省运会中做了大量卓有成效的工作提出表扬，并荣记集体二等功；国家体育总局命名长春市体育运动学校、长春市一〇四中学为“全国优秀青少年体育俱乐部”称号；省体育局命名长春市业余军事体育学校等8个单位为“全省优秀青少年体育俱乐部”称号。

【体育竞赛工作】 以2007年亚冬会竞赛筹备工作为核心，以申办、承办大型国际、国内体育比赛为重点，不断改革和完善体育竞赛管理体制。2006年，先后承办了2006/2007国际滑联短道速滑世界杯赛、国际瓦萨越野滑雪赛、全国短道速滑联赛、全国自行车锦标赛、中超联赛14个主场比赛、全国篮球甲级联赛15个主场比赛、第15届省运会武术、体操、短道速滑、花样滑冰、田径等国际国内体育赛事。国家体育总局冬季运动管理中心在世界杯短道速滑赛结束后，发来贺电：此次比赛圆满成功，得到了国际滑联、各参赛队的一致认可。赛会组织和运动成绩的双丰收，对宣传长春、宣传亚冬会、宣传中国和谐社会都起到了积极的作用，获得了良好的社会效益。认真贯彻《裁判员管理办法》，举办学习班9项次，参加上级举办学习班4项次。全年共培养、申报、审批了国家级裁判员6名、一级裁判员48名、二级裁判员350名。

【体育产业】 全市各类体育经营场所486家，经营项目26个。体育彩票作为体育的一项支柱产业，有力地支持了长春市体育事业的发展。2006年，加强了销售力度，提高服务质量，克服投注站超饱和的不利影响，销售额达到了4.65亿元，比2005年全年销售额增加了24%，占全省销售额的40.07%，实现了销售额和占全省比重双增长。体育中心、体育馆、市民健身中心、足管中心等单位，加强管理，拓宽渠道，努力创收，全年累计创收约1 150万元。

第十九届中国国际体育用品博览会

【第十九届中国国际体育用品博览会】 博览会于9月5日在长春国际会展中心圆满落下帷幕。据统计，本届冬季体博会展览面积达10 500平方米，共有来自15个国家和地区的121家企业展示了国内外近200个体育品牌，其中，国外及港、澳、台地区参展企业为17家，占参展商总数的14%。展会期间，共接待了来自海内外的4 000余名专业观众，整个展会期间，进场参观超过1万人次，达成合同或协议150份，意向定单及协议成交金额达776.5万元人民币。其中，本届体博会上共有近500家长春市中小学校到会洽谈采购学校用体育用品，采购金额达450余万元人民币。

【《体育志》编写工作】 根据市地方志要求，年初召开了编委会会议，确定了《体育志》编写篇目和章节细目，明确了编写组人员和联络员的工作任务和分工，并多次聘请专家进行培训及业务指导。在查阅了大量省市体育史资料、档案及走访事件当事人后，借鉴外省市体育史志撰写格式，经过努力，11月份完成了《体育志》正式稿。目前，已报市有关部门审核。

（孙彩贤）

社会生活

2007 长 春 年 鉴

CHANGCHUN ALMANAC

社会生活

城乡人民生活

【概况】 2006年,随着经济和社会快速发展、社会保障体系不断健全、就业政策、国家减免农业税及附加等一系列支农惠农政策及新农村建设政策逐步落实,城乡居民收入得到不断增加,城乡人民生活进一步改善,生活质量进一步提高,居民消费结构不断得到改善。据抽样调查资料显示(下同),2006年,长春市城市居民人均可支配收入达到11 358元,比2005年增长12.8%,城市居民人均消费性支出为8 881元,比2005年增长6.9%,城市居民人均住房建筑面积达到25.56平方米;农民家庭人均纯收入为4 480元,比2005年增长7.2%,农村居民人均生活消费支出2 555.8元,比2005年减少1%,农村居民人均居住面积达到22.3平方米。

【城乡居民收入持续增长】 2006年,长春市城市居民收入呈快速增长态势,农村居民收入呈稳步增长态势。据长春市城市社会经济调查队调查显示:2006年,长春市城市居民人均可支配收入达到11 358元,比2005年增长12.8%,增幅同比减少0.3个百分点。据长春市农村社会经济调查队调查显示:2006年,长春市农民人均纯收入为4 480元,同比增长7.2%。2006年末城乡居民储蓄存款余额1 219.5亿元,比年初增长13%。

【城市消费水平持续提升】 2006年,长春市城市居民消费水平持续提升。城市居民人均消费支出8 881元,比2005年增长10.2%。食品消费3 105元,增长3.2%;教育文化娱乐服务消费1 213元,增长4.0%;居住消费1 188元,增长17.7%;交通和通讯消费1 018元,增长5.6%;衣着消费892元,增长9.1%;医疗保健消费781元,增长3.2%;杂项商品和服务消费366元,增长27.4%;家庭设备用品及服务消费318元,增长5.6%。

【农村消费水平稳中有降】 2006年,长春市农村居民消费水平稳中有降。农村居民人均生活消费支出2 555.8元,比2005年降低1%。其中,食品消费988.2元,降低5.4%;教育文化娱乐服务消费339.8元,增长17.3%;居住消费381.4元,降低1.8%;交通通讯消费284元,增长2.3%;衣着消费161.8元,增长4.7%;医疗保健消费255元,降低13%;家庭设备用品及服务消费100.5元,增长22.4%;其他商品和服务消费45.1元,降低12.3%。

【消费结构逐步升级】 2006年城乡居民恩格尔系数继续下降。城市居民恩格尔系数为35%,比2005年下降1.2个百分点;农村居民恩格尔系数为42.1%,比2005年下降3.3个百分点。恩格尔系数下降是居民生活水平提高的又一标志。城市居民消费支出中除食品支出比重下降外,居住消费比重为13.4%,比2005年上升1.3个百分点;水、电、燃料、用热消费和新房增多后的物业消费增加是居住消费水平提高的主要因素,使居住消费首次跃居第三大消费。其他6大类消费依次为,娱乐教育文化服务消费比重为13.6%,比2005年下降0.3个百分点;交通通讯消费比重11.5%,比2005年下降0.1个百分点;衣着消费比重10%,比2005年上升0.2个百分点;医疗保健消费比重8.8%,比2005年下降0.3个百分点;杂项商品服务消费比重4.1%,比2005年上升0.6个百分点;家庭设备用品及服务消费比重3.6%,与2005年持平。农村居民人均生活消费支出中,娱乐教育文化服务消费比重13.3%,上升2.1个百分点;居住消费比重14.9%,下降0.1个百分点;交通通讯消费比重11.1%,上升0.3个百分点;衣着消费比重6.3%,上升0.3个百分点;医疗保健消费比重10%,下降1.3个百分点;家庭设备用品及服务消费比重3.9%,上升0.7个百分点;其他商品服务消费比重1.8%,下降0.2个百分点。

【提高消费水平因素日益增加】 2006年,长春市城乡居民消费水平持续增高,主要有如下因素:1.健康食品备受青睐。长春市城市居民食品消费讲求科学、营养、绿色。人均水产品消费支出155元,比2005年增长14%;人均鲜菜消费支出358元,比2005年增长7.3%;人均鲜果消费支出277元。比2005年增长22.0%;人均鲜瓜消费支出64元,比2005年增长21.4%;人均坚果及果仁消费支出17元,比2005年增长34.5%;人均酸奶消费支出29元,比2005年增长30.5%。2.美化自身形象消费增大。长春市城市居民更加讲究自身形象打扮。购买衣着、化妆品和金银珠宝装饰方面的消费支出越来越多。人均服装消费892元,比2005年增长9.1%。其中,女士服装人均消费328元,比2005年增长12.1%;鞋类人均消费244元,比2005年增长23.7%;人均化妆品消费70元,比上年增长67.6%,人均洗澡理发消费106元,比2005年增长14.6%;人均金银珠宝饰品消费14元,比2005年增长1.2倍。农村居民人均衣着消费161.8元,比2005年增长4.7%。3.耐用品消费加速升级。长春市城市居民家电耐用消费品消费紧跟时尚,加速升级。年百户新购空调、照相机比2005年分别增长27%和37%。百户新购电炊具10.68台,比2005年增长58.9%。耐用品购买增加提高了居民拥有量,截至2006年末,百户拥有彩电136.33台,增长2.0%;拥有电脑46.33台,比2005年增长10.3%;拥有空调10.33台,比2005年增长19.1%;拥有消毒碗柜12.67台,比2005年增长22.7%;拥有电炊具76台,比2005年增长9.6%。农民家庭平均百户拥有彩电92台;冰箱(柜)17台,比2005年增长18.1%;家用计算机1台。4.交通和通讯消费继续增长。长春市城市居民年人均通信消费515元,比2005年增长8.2%。其中,人均电信费支出447元,比2005年增长11.4%;年百户新购移动电话14.04部,比2005年增长5.4%。截至2006年末,百户拥有移动电话171部,比2005年增长8.7%;家用汽车的增加和自驾游的兴起,使长春市城市居民人均汽车燃料费比2005年增长69%。农村居民年人均通信消费69元,比2005年增长9.2%,百户拥有移动电话75部,比2005年增长11.9%。5.文化娱乐和旅游健身成为时尚。长春市城市居民在物质生活逐步提高的同时,精神生活日益多姿多彩。外出旅游、休闲度假、参加各种体育健身活动消费不断增大。人均文化娱乐服务消费207元,比2005年增长48.9%;外出旅游消费增长18.2%,其中,团体旅游支出增长43%。体育健身活动消费增长57.8%。6.采暖费维修服务费增长加快。长春市热费改革后,居民开始用热费补贴支付热费,明显促进了采暖消费水平的提高。2006年长春市城市居民人均采暖费支出比2005年增长61.8%。居住水平改善后,用于维修住房支出相应增大,人均维修服务费比2005年增长90.2%,带动居住支出增长17.7%。7.保健器具支出增长。城镇居民追求健康、崇尚保健的意识日益增强,人们越来越重视自己及家人的生活质量和身体健康,对防病强身的保健器具的需求逐步增长,人均保健器具支出10.87元,比2005年增长62%。8.农村教育消费持续增加。农村人均教育服务消费270.5元,其中,学杂费支出为193.3元,分别比2005年增长27.8%和13.9%。

（董福海）

婚姻家庭

【概况】 2006年,按照民政部和省民政厅关于开展婚姻登记机关规范化建设的通知要求,长春市加强了对各婚姻登记处规范化建设的指导。从完善基础设施,强化规章制度,提高管理水平、拓宽服务领域和搞好人员培训等方面入手,整体推进了全市的婚姻登记工作。7月份,国家民政部婚姻登记规范化建设检查组到朝阳区和宽城区婚姻登记处进行抽检,对全市的婚姻登记规范化建设工作给予了高度评价。11月份,在全国婚姻登记规范化建设窗口单位评比活动中,吉林省有13家婚姻登记处榜上有名,其中长春市有4家,分别是朝阳区、二道区、宽城区和绿园区婚姻登记处。

【结婚登记】 2006年,长春市13个婚姻登记机关严格按照《婚姻法》和《婚姻登记条例》的规定,公开审批程序,认真审核登记手续。全年共办理结婚登记60 811对，比2005年增加了9 812对。

【离婚登记】 2006年，长春市13个婚姻登记机关依法对离婚登记手续齐全，尤其是根据离婚协议书的内容，对当事人在子女抚养、财产及债务处理等事项明确的情况下，准予办理协议离婚登记。全年共办理离婚登记13 617对，比2005年增加了2 039对，增幅为17.6%。

（马　威）

2006年长春市婚姻登记情况统计表

名　称	结婚登记对数	离婚登记对数
二道区	4 179	1 356
绿园区	7 122	2 126
朝阳区	8 478	2 225
南关区	5 324	1 758
宽城区	4 406	1 474
双阳区	3 194	879
榆树市	5 747	783
德惠市	6 473	763
农安县	8 049	743
九台市	4 795	805
经开区	1 495	298
高新区	405	83
净月区	1 144	324
合 计	60 811	13 617

计划生育

【概况】 2006年，全市总人口为744.58万人，比计划减少4.52万人；出生4.12万人，比计划少生1.38万人；人口出生率为5.53‰，比计划降低1.86个千分点；自然增长率为1.74‰，比计划降低0.74个千分点；政策生育率为97.02%，比计划提高5.02个百分点；早婚率为1.48‰，比计划降低了3.52个百分点，出生性别比为109.8:100。市人口和计划生育委员会被国家人事部、国家人口和计划生育委员会评为全国人口和计划生育工作先进单位，被吉林省委、省政府评为全省文明单位，被市委、市政府授予人民满意的公务员集体。在省"党政线"考核中，长春市实现了"零扣分"；在省"业务线"考核中，长春市未发现一例瞒漏报现象。2007年1月4日，市政府对人口计生委给予通报嘉奖。

【丰富发展"三关爱"工作理念】

国家人口计生委主任张维庆视察长春市生殖健康服务中心

中国人口学会组织全国著名人口专家就长春市提出的"三关爱"理念进行专题调研

2006年,全市计生系统广大干部职工继续深入落实"三关爱"工作理念,使之成为全体计生人的思维方式、行为准则和实践活动。6月份,中国人口学会组织10名国内人口学界的著名专家学者,就"三关爱"理念及其实践进行了专题调研。在评估意见中,专家一致认为:"三关爱"理念是一项意义深远的理论创新成果,是对以人为本、大人口观、服务型政府等重要概念的具体解读,体现了执政为民、与时俱进的时代精神,体现了稳定低生育水平和提高人口健康水平的双重要求,具有重要的导向作用,昭示了我国未来人口计生工作文明的发展方向。《人民日报》连续两天、《经济日报》连续4次进行了相关报道,国务委员华建敏还在国务院内参上对此做出重要批示。

【人口计生工作新机制建设】 市人口计生领导小组下发了《〈关于深化"三关爱"工作理念,构建"三位一体"公共服务体系的决定〉的补充意见》,在全市广泛推行"乡财县管、部门审批、专款专用"的财经管理机制、"县(市)区统一执法,统一征收"的行政执法机制、"县聘、乡管、村用"的用人机制,丰富了"计生管理法制化、村(居)民自治制度化、优质服务规范化、政策推动多元化、综合治理社会化"的新机制内容。全市发放335.84万元,使所有符合农村计划生育奖扶政策的个人全部获得奖励。城镇计划生育家庭离退休职工一次性奖励大部分兑现,其中,企事业单位落实了158 206人,其他单位落实了28 520人。省人口计生委专门召开电视电话会议,推广我市人口计生工作新机制建设的一整套经验。长春市政府、人口计生委以及二道区政府作了大会发言。

【加大科技工作创新力度】 全市新建两个县(区)服务机构,新建和扩建了8个中心乡(镇)服务站。市、县两级服务机构实行了全面质量管理(以"三关爱"理念为指导,面向健康、亚健康及部分非健康"三种人群",突出温馨化、人性化、个性化的"三化"特色,全面提高技术、管理和服务"三个质量",落实全员、全过程、全方位的"三全"服务)。全年投入282万元,免费为全市47 069名已婚待孕妇女进行了优生筛查。在全国人口计生科技大会上,长春市获得1个科技贡献奖、4个先进集体奖和7个先进个人奖。长春市技术服务和药具工作"医药互助、资源共享、优势互补、合署服务"的改革模式,得到国家人口计生委的充分肯定,在全国人口和计划生育药具改革工作会议上作了大会发言。

【人口计生工作融入新农村建设中】 市委、市政府办公厅联合印发《关于落实〈人口与新农村建设家庭计划〉推进社会主义新农村建设的实施意见》,广大计生干部主动走村入户,与108.7万户农民家庭签订了《人口与新农村建设家庭计划》,把生育计划、奖励制度、生殖健康服务、婚育文明、民主权利和帮扶计划直接送到群众家中,并在党委政府统一领导下,与各部门密切合作,全年落实帮扶资金2.137亿元,帮助37 207户计划生育家庭初步摆脱了贫困。国家人口计生委主任张维庆亲自批示:"长春市先行一步,把人口和计划生育工作纳入新农村建设之中。请关注长春市的做法,同时总结经验予以积极宣传。"从科学发展观和建设"和谐长春"的高度审视长春市人口计生工作,仍然存在如下问题。一是低生育水平不稳定。受人口出生惯性的影响,2007年长春市将进入一个新的人口出生高峰期。同时,人们的婚育观念并未彻底改变,超生现象更加复杂隐蔽,富人超生、穷人超生、出国超生、婚外超生、流动超生等现象交织出现。二是个别县区党委、政府及人口计生部门的领导对人口计生工作的艰巨性、复杂性和严峻性认识不足,甚至有个别基层领导干部自己超生或者放任子女超生。三是计划生育经费投入不足。市财政对人口计生事业的投入逐年增加,仍然满足不了群众日益增长的需求。特别是省管县后,县(市)的经费市里不能协调,国家、省里的投入又太少,难以满足工作需要。四是专业人员自身素质不高。计生服务机构的全科医生水平较低,咨询能力较弱,学科带头人参差不齐,难以满足群众越来越高的技术服务需求。

(宋学兵)

民族工作

【概况】 2006年全市有46个少数民族,人口25.2万人,占全市总人口的3.52%。其中,城市少数民族人口13.8万人,占全市少数民族人口的54.7%,农村少数民族人口11.4万人,占全市少数民族人口的45.3%。满族、回族、朝鲜族、蒙古族、锡伯族5个世居少数民族人口24.8万人,占全市少数民族人口的98.4%。其中,满族14.3万人,占57.6%;朝鲜族4.96万人,占19.9%;回族4.37万人,占17.6%;蒙古族1.1万人,占4.5%;锡伯族685人,占0.4%。全市有4个民族乡:双阳区双营子回族乡、九台市胡家回族乡、九台市莽卡满族乡、榆树市延和朝鲜族乡。有43个少数民族聚居村,258个少数民族聚居社。全市有少数民族干部5 837人,占全市干部总数的2.75%。有少数民族社团8个,市级朝鲜族群众艺术馆1所,乡级少数民族文化站4所;民族中、小学26所;民族医院1所,民族乡医院4所,少数民族民族聚居村合作医疗点43个。2006年,民族工作继续坚持以办实事、保团结、求发展为重点;在中央和省市民族工作会议精神的指引下,积极采取有力措施,加强少数民族乡村基础设施建设,促进少数民族经济发展;依法协调民族关系,促进民族团结和谐发展;积极为少数民族群众办实事,推动少数民族各项社会事业发展,全市民族工作不断得到加强,长春市民委被评为吉林省民族宗教系统先进集体。

【贯彻落实民族工作会议精神】 2006年中央民族工作会议召开后,市民委把落实中央民族会议精神当作大事,及时召开党组会进行专题研究,并向市委常委会和市政府常务会作了专题汇报,市委和市政府的领导给予高度重视,做出了重要指示。为宣传好中央和省、市的民族工作会议精神和全市民族工作,市民委组织力量撰写稿件,在长春广播电台、长春电视台和长春日报等新闻媒体进行了系列宣传报道,扩大了民族工作的影响,为开创全市民族工作新局面,创造了良好的氛围。在深入学习贯彻中央和省民族工作会议精神的基础上,3月22日,召开了全市民族工作会议暨第四次民族团结进步表彰大会。市委书记王儒林、市长祝业精、市政协主席张绪明等市委、市政府有关领导出席了会议。各县(市)区、开发区、市直有关部门负责人及受省、市表彰的先进集体和先进个人400人参加了会议。市委书记王儒林同志作了重要讲话,这次会议是全市民族工作历史上一次重要的会议,为推动全市民族工作发挥了重要作用。按照全市民族工作会议精神的要求,市政府决定迁建、扩建长春市朝鲜族群众艺术馆;建立长春市回族养老院;提高少数民族生产生活补助费标准;改善长春市城区朝鲜族小学办学条件;加强民族工作力量;增加民族工作经费等方面给予大力扶持,市民委协调有关方面已经得到全面落实。

【加强少数民族乡村基础设施建设】 1.2006年,组织了少数民族干部和少数民族上层人士,紧紧围绕推进社会主义新农村建设,加强民族各项社会事业的主题,南方发达地区和韩国学习取经,收获很大。指导民族乡村制订经济发展规划。市民委与省民委和市人大常委会有关人员深入到民族乡村,积极参与指导民族经济工作的调研,先后到双阳区、九台市、榆树市等民族乡村,指导乡村经济发展,解决当地生产实际困难,发展特色经济。同时,按照省民委的要求,对民族用品生产供应情况及优惠政策落实情况进行了调研,掌握了民族用品生产企业的经营情况。市民委还根据省政府统一安排,推动了长春市负责对延边州的龙井市、和龙市的帮扶工作。起草了帮扶实施方案,汇总了帮

咸荣日副主任慰问少数民族群众

扶项目，建立健全了组织机构，工作得到顺利开展。2. 推进榆树市延和朝鲜族乡延青灌区水利维修改造工作进程。延青灌区1 180万元改造资金全部落实，招标投标工作已完成；民族村屯深水井管网配套进户试点调研和检查工作已进行；在长通路清真寺院内铺设了排水和消防给水管线，完成了1 016平方米的路面改造，广大穆斯林群众都非常满意。3. 为双阳区平湖街道黑鱼村发展种植山葡萄，市民委出资5万元，解决了储存葡萄汁的大罐问题。还协调双阳区政府为黑鱼村解决了新增水田所急需的变压器和电线杆，水稻比2005年多收入180万元；扶持九台市胡家回族乡选择多种渠道发展养殖业，并利用半山区资源建立果园；挖掘开发了鸡冠山杜鹃花旅游项目，举办了“鸡冠山赏花节”；帮助双阳区双营子回族乡加大招商引资力度，有17个项目入住开发区，投资额达3.5亿元人民币。建立了农业园区，使1 500余农民得到了就业；积极争取九台市新立朝鲜族村被确定为省建设社会主义新农村试点村，基础设施和招商引资投入1 950万元，为村里的发展注入活力。同时，还帮助少数民族特需用品定点生产企业享受了优惠贷款利率贴息，促进了企业经济效益的提高。

【协调民族关系促进民族团结】

为更好地学习贯彻《吉林省清真食品管理条例》，5月下旬，市民委举办了《条例》培训班，请省市有关专家进行了辅导。通过培训使参会人员更好地掌握了《条例》的基本内容和执法程序，为更好地贯彻《条例》和依法行政奠定了基础。9月份，市民委还为20多名市政协委员进行了《条例》辅导，委员们表示将更加积极地关注和支持全市民族工作，推进长春市民族团结进步事业；市民委与市直相关部门组织了四次大型少数民族节庆活动。5月份，市民委组织了锡伯族欢庆“西迁节”242周年联欢会，300多名锡伯族同胞和锡伯族学生参加了节庆活动。5月27日上午，在南湖公园有1万多名朝鲜族同胞和各族同胞一起参加了端午节朝鲜族民俗文化体育活动。组织了摔跤、拔河比赛，穿衣赛跑等丰富多彩的活动，丰富了群众文化生活，增进了民族团结。10月24日，近万名回族群众在长通路清真寺举办回族开斋节活动，高学章副市长代表市委、市政府向回族群众

2006年回族群众欢度尔代节

和穆斯林群众祝贺节日,回族群众表演了精彩的文艺节目。在活动中,市民委还举办了为市回族小学贫困学生发放助学金仪式。同时,组织参加了新疆高中班古尔邦节联欢会。12月3日,举办了满族“颁金节”活动;认真做好群众来访工作。全年共接待来访28次,同时又处理突发事件5起,与2005年相比大幅减少,维护了稳定。

【为少数民族群众办实事】 市民委代市政府起草了《关于少数民族工作情况的报告》。6月下旬,民委主任赵国民同志受市政府委托,向市人大常委会作了近几年全市民族工作情况报告,对取得的成绩,市人大常委会给予充分肯定和高度评价;组织民族医疗单位到民族乡送医送药。把药品送到了少数民族兄弟手中,并为部分贫困群众和五保户进行了义诊;拨款30万元解决了朝鲜族中学基础设施建设,帮助解决了长春市回族中学学生就餐问题;开展“民族情”助学活动。对4位少数民族贫困大学生进行了资助;举办回族青年联谊活动,解决回族青年婚姻难问题;按照有关政策,认真做好民族成分更改审核工作。

(赵志平　李保存)

宗教工作

【概况】 2006年全市有天主教、基督教、佛教、伊斯兰教4种宗教,有信教群众约21.54万人,其中,基督教10.08万人,天主教2.3万人,佛教4.91万人,伊斯兰教4.2万人,道教约500人。全市正式批准登记的宗教活动场所有378处,其中,天主教10处,基督教320处,佛教26处,伊斯兰教22处,道教无正式批准登记的宗教活动场所。全市重点保护寺庙教堂有5处:东四道街天主教堂、西五马路基督教堂、佛教,长春般若寺、地藏寺、伊斯兰教,长通路清真寺。有教职人员614人,全市有宗教界人士身份的各级人大代表和政协委员36人。市级爱国宗教团体6个:市天主教爱国会、市天主教教务委员会、市基督教三自爱国运动委员会、市基督教协会、市佛教协会、市伊斯兰教协会。2006年,宗教工作以抓管理、促稳定、反渗透为重点,认真学习贯彻《宗教事务条例》,妥善处理宗教重点和难点问题;依法开展正常的宗教活动,积极防范,加强抵御境外宗教势力渗透;引导宗教界开展社会公益活动,在建设社会主义新农村活动中不断发挥积极作用,长春市民委(宗教局)被评为吉林省民族宗教系统先进集体。

【妥善处理宗教问题维护宗教领域稳定】 市民委与有关部门积极配合,突出解决了一些重点难点问题。1. 妥善地处理佛教长春般若寺因原“造福观音”场(南园子)土地引发的聚众一事。针对佛教般若寺部分僧人因“造福观音”道场问题引发多次到省市上访,甚至在五月初一佛教法会日关闭山门,煽动群众,激化矛盾事件,积极想办法拿措施。一方面摸清“造福观音”道场历史事实,为各级领导正确决策提供翔实依据。起草了《关于原“造福观音”道场有关情况的报告》。市委、市政府有关部门还会同省委、省政府有关部门向中央统战部、国务院宗教局做了专题汇报。另一方面,积极做好上访接待工作,采取有效措施,防止矛盾激化。紧紧依靠佛协爱国上层人士,了解动态信息,做好预防工作;积极配合信访部门主动到现场做群众疏导工作,稳定信教群众的情绪,帮助他们理清事实真相,稳定事态;及时向市委市政府领导反映工作进展情况,呈报了《研究处理般若寺关闭山门事件相关问题报告》等近10个专题报告。2. 解决二道净居寺在迁建中引发的上访问题。2006年二道净居寺与亚泰房地产公司在建设中,因配合不够又引发了矛盾,部分佛教信徒几次到省委、省政府上访,经过多次到现场做协调工作,使问题得到了圆满解决。3. 积极做好道教部分信徒上访问题。2006年,道教部分信徒多次到市宗教局来访,几次通过市长公开电话,甚至请求中国道教协会向市委写信等反映要求设立道教活动场所,并声称如不解决,欲组织道教信教群众进京上访。市宗教局一方面耐心作好信徒解释工作,另一方面积极向上级领导和有关部门反映情况,争取问题早日得到妥善解决。4. 解决天主教信徒上访问题。7月上旬,部分天主教信徒到市委上访,要求归还东四道街天主教堂历史上周边房地产和土地。市宗教局向省市有关领导进行了专题汇报,并走访了有关部门,查找了大量的事实材料,经多次与主教及神职人员协商,达成一致意见。5. 对天主教、基督教不稳定因素进行排查。天主教不稳定因素主要是教堂修建及其房产遗留问题。市宗教局多次走访天主教“两会”的班子成员，并与南关区宗教局等部门多次协商，就落实天主教堂周边土地及房产等有关事项进行调研，摸清底数，做好稳定工作。6.认真调查了小河沿基督教会因开发区整体规划需要，征用土地、房产而引发的矛盾。与教会负责人多次沟通，并与两个开发区宗教工作相关部门召开了协调会，及时向有关领导作了汇报，提出了最终的解决办法。

【依法加强宗教事务管理保护正常的宗教活动】 加强宗教工作干部和宗教界人士业务知识的学习培训。组织宗教界上层人士赴四川、云南进行学习考察，他们感谢党和政府对他们的关怀。加强宗教工作干部行政执法业务的学习，强化执法意识，增加执法知识；强化思想政治工作，积极开展社会主义荣辱观的学习教育活动；组织局机关人员结合本职工作，开展对照学习，提高能力素质；指导宗教界人士学习，开展了“八荣八耻”社会主义荣辱观的学习研讨活动，收到了良好效果。受理宗教活动场所的审批。按照《宗教事务条例》有关规定，依法受理了榆树法藏寺、五棵树清真寺等5处的扩建、新建申请。同时，受理了4名穆斯林群众出国朝觐报名排队审批工作。打击非法违法宗教活动。2006年，按照制止非法打击违法的有关政策，协助市公安局国保支队依法取缔了经济技术开发区非法从事藏传佛教活动等4起宗教违法活动。加强对宗教场所的安全管理。召开了全市宗教团体及主要活动场所防火工作会议，进一步强化安全意识，落实了责任制。在各个宗教节日，积极协助各个宗教场所制订应急预案，建立健全各项规章制度，做好安全工作，协调公安、消防、行政执法等部门在节前排查隐患，加强管理。

【加强抵御境外宗教势力渗透工作】 按照全省依法治理基督教私设聚会点工作会议精神，制定了《长春市开展依法治理基督教私设聚会点工作实施方案》。配合公安部门，加强对天主教地下势力进行综合治理，搞好调研摸底，注意把握动向。与统战、安全、公安等部门协作，共同做好天主教界的稳定工作。按照《宗教事务条例》精神的要求，建立和完善三级宗教工作网络，强化目标责任制。依法取缔解散非法基督教、天主教私设聚会点。4月份，协助农安县民族宗教局等相关部门取缔了2处非法基督教活动点；解散2处地下天主教私设点。这次行动对非法宗教活动分子起到了极大的震慑作用，维护了长春市天主教、基督教的正常宗教活动秩序。

【促进宗教与社会主义社会相适应】 积极引导天主教、基督教开展与社会主义社会相适应的活动。指导市基督教“两会”召开神学思想建设与构建和谐社会研讨会；指导市伊协组织穆斯林妇女在“三八”节举办学习座谈活动；推动市天主教“两会”民主办教活动。引导宗教界开展社会公益活动。“三八”节前夕，在市宗教局的倡导下，全市宗教界妇委会以“服务社会、奉献爱心”为主题，开展了“扶贫献爱心”捐款活动，收到捐款近2万多元；在九台市政府办公室的大力协助下，走访了当地贫困群众30户，把捐助的款项送到贫困户的手中，解决了部分困难户春耕生产的燃眉之急，受到了当地群众的欢迎。

（赵志平　李保存）

长春市宗教界人士“迎新春话和谐”座谈会

民政工作

【概况】 2006年，长春市民政工作坚持以科学发展观统领民政工作改革发展全局，围绕落实“以民为本、为民解困”的工作宗旨，完成了全市农村社会福利服务中心建设，完善了全市社会救助体系制度，开展了创建全国双拥模范城系列活动，树立了全国社区工作者楷模谭竹青，整顿了全市殡葬用品市场，实现了长春民政事业持续协调发展和全面进步，为促进全市社会主义和谐社会建设做出了应有的贡献。

【完成农村社会福利服务中心改造】 按照《市政府工作报告》中关于利用3年时间，对全市129所农村敬老院（现名为社会福利服务中心）实施建设改造的要求，从2005年开始的全市社会福利服务中心建设改造工作于2006年10月末全部结束。全市各级财政累计投入资金1.3亿元，在129所福利中心中新建57所、扩建45所、改造27所，总面积达21万平方米，总床位数从原有的8 638张增加到1.6万张。新建和改造后的福利中心，在建章建制、民主管理、洗衣洗浴、文化娱乐、医疗卫生、餐饮设施等方面都有了明显的提高和改善。全市福利中心建设改造工程的实施，顺应了农村经济发展的新形势，对建立健全农村社会保障制度、发展社会福利事业乃至整个新农村建设，有着巨大的推动作用。长春市129所福利中心建设改造工作，无论从速度、质量还是功能上都走在了全省的前列。7月11日，民政部低保司司长米勇生到长春市调研农村社会福利中心建设，提出长春市的建设体现出三个创新，即打造农村救助平台是一个创新、管理体制是一个创新、服务功能是一个创新。

【加强城乡社会救助体系建设】 从振兴吉林老工业基地和构建和谐社会的大局出发，市民政局确立了覆盖城乡、标准有别的社会救助体系框架。城市低保工作。截至2006年12月份，全市享受城市低保的城镇困难居民102 806户、219 088人，其中，城区为67 554户、141 865人，四县（市）35 252户、77 223人；月支出保障金1 789.46万元，其中，城区支出保障金1 307.9万元，四县（市）支出保障金481.56万元。农村低保工作。长春市农村低保制度于2005年底全面建立，城区共有农村低保户21 530人，低保标准为每人每年1 000元，对家庭收入达不到此标准的，按每人每年平均400元，分300元、400元、500元三个档次补助；四县（市）共有农村低保户118 166人，低保标准为每人每年180元。2006年全市累计发放资金2 988万元，其中，城区发放861万元，四县（市）发放2 127万元。救灾救济工作。救灾机制进一步完善，《长春市自然灾害应急救助联动体系》、《长春市自然灾害捐赠预案》的制定，使灾害预警和灾情评估向科学化、规范化迈进。2006年全市城区共下拨救济资金371万元，对因灾倒房的农村低保户72间倒塌房屋进行重建，解决了4.8万农村困难群众春夏荒和冬令期间的衣、食、住、医等基本生活问题。慈善捐助工作。“慈善救助双日捐”活动效果显著，2006年全市（含4县市）共募集“双日捐”善款2 400.1万元。全市总支出慈善募捐款1 932.2万元，受助群众76 560人次。有效实施了“百千万”工程，为106个特困农户各建新居一栋，帮3 000户农民捐款助春耕，为万名农村学生捐10 000套课桌椅。在慈善助学活动中，有1 240名符合助学条件的贫困

谭竹青同志先进事迹报告会

学生得到慈善资助，累计支出慈善助学资金205万元。大病医疗救助工作。城市低保对象全部纳入城区居民医疗保险范围；城区全年共筹集农村大病救助资金170.79万元，救助患重症疾病的农村困难群众727人次。流浪乞讨人员救助工作。针对交通路口沿街乞讨对象和未成年流浪儿童增多的问题，市民政局与公安部门进行了3次联合救助，共救助240多人，其中未成年人140多人。为了解决无家可归救助对象安置难的问题，市民政局与市卫生局、财政局、公安局联合下发了《关于做好城市流浪乞讨人员中危重病人精神病人和传染病人医疗救助工作的实施意见》，对"流浪乞讨病人"的认定、定点医院的确定、救治后的代养和资金结算等问题进行了明确规定，全年救治855人，安置无家可归的流浪乞讨人员50人。

【开展创建双拥模范城系列活动】 2006年初，长春市创建全国双拥模范城工作被列入市委、市政府重点工作之一。为了完成好工作目标，召开了双拥工作领导小组第21次会议，对双拥工作领导小组成员单位进行了调整，由2005年的56个成员单位增加调整为67个；组织开展了信息拥军调研工作，深入驻长8个大专院校、4所科研院所和3个企事业单位及驻长部队23家相关单位进行了科技拥军——支持部队信息化建设调研，新华社2006年1月13日的国内动态清样以《长春市形成群众性信息拥军新格局》为题对长春市信息拥军工作进行了详细报道，总政治部刘副主任专门批示："这一做法是拥军和加强军民团结的新思路，对贯彻军民结合、寓军于民的方针很有启发引导意义，注意总结和推广"；结合纪念中国人民解放军建军七十九周年活动，组织召开了"长春市科技拥军支持部队信息化建设论坛"、"长春市科技拥军成果展"和"吉林省暨长春市庆八一军民联欢会"，出版了《长春市科技拥军支持部队信息化建设文集》。两会一坛的举办，体现了从理论与实践更为紧密的结合，把具有长春特色的信息化拥军之路引向深入。优抚安置工作不断规范。全市城区重点优抚对象共有5 477人，其中，伤残人员2 879人，在乡复员军人1 912人，三属559人，带病回乡127人。全市城区在乡重点优抚对象全部纳入了城镇职工医疗保险，从根本上解决了老兵看病难问题。城区在乡老兵住房难问题也已经全部解决，都实现了砖瓦结构的标准住房。2006年全市共接收退役士兵1 560名，对符合分配条件的全部予以分配。市财政还投入1 600万元，为自谋职业的退役士兵提供了补助。

【创建和谐社区活动】 在全面构建社会主义和谐社会的大背景下，市民政局围绕和谐社区建设入手，确立了社区建设任务中突出为民服务宗旨，努力打造救助保障服务、社会公共服务、居民自治和精神文明建设的社区平台。在完善社区管理过程中，探索建立与市场经济体制相适应的社区管理体制，加快建立社区自治和居民广泛参与的常态机制。加强了社区队伍建设，2006年组织了9期全市社区管理网络培训班，近300名社区工作者参加了网络培训；联合市电子政务领导小组办公室、市长公开电话办公室举办了7期市长公开电话进社区、政府信息查询进社区相关知识的培训讲座，230人参加了培训。为规范基层干部的管理，在全市1 687个村委会和273个社区居委会开展了村（社区）委会届中民主测评。以树立社区楷模谭竹青为契机，在全市、全省乃至全国开展了强势宣传，曾庆红副主席等国家领导做出重要批示，肯定了学习谭竹青先进事迹的社会价值。民政部在全国开展的"建设和谐社区示范单位创建活动"中，长春市培育和指导的以二道区东站十委为典型的50个示范社区向省里推荐。

【加强专项社会行政事务管理】 殡葬管理工作。2006年初市政府发布了《长春市人民政府关于清理整顿殡葬用品市场的通告》和《长春市人民政府关于禁止焚烧、抛撒殡葬祭奠物品的通告》。由市文明办、市委和市政府督查室、市工商局、市行政执法局、市公安局、市民政局组成联合执法队，分别对市殡仪馆和龙峰殡仪馆周边、四道街殡葬用品一条街、光复路批发市场进行了5次大规模的清理整顿。各城区政府、开发区管委会都相继建立了机构，在清明节和阴历七月十五等各大祭祀日，按照属地管理原则，与相关部门密切配合，共同开展了全市范围的禁烧工作检查，禁烧工作取得了阶段性成果。据统计，在清理整顿和禁烧工作中，全市共出动执法人员24 534人次、执法车辆4 944台次，清理整顿殡葬用品经营业户、零散商贩、食杂店等1 376户。婚姻登记工作。全年共办理结婚登记60 811对，比2005年增加了9 812对；办理离婚登记13 617对，比2005年增加了2 039对。按照民政部和省民政厅关于开展婚姻登记机关规范化建设的通知要求，长春市加强了对各婚姻登记处规范化建设的指导。2006年11月份，在全国婚姻登记规范化建设窗口单位评比活动中，吉林省有13家婚姻登记处榜上有名，其中长春市有4家，分别是朝阳区、二道区、宽城区和绿园区婚姻登记处。民间组织管理工作。2006年，经过严格审核论证，先后依法批准成立社会团体12家，变更登记11家，筹备成立1家；批准成立民办非企业单位52家，变更登记75家。市本级社团达282家，民办非企业单位达319家。全面推进了社区民间组织培育发展工作，召开了全市社区民间组织管理工作朝阳现场会，总结推广了朝阳区社区民间组织建设的经验，分析了社区民间组织建设所面临的形势，部署了下步工作任务。《中国社会报》对长春市全面推进社区民间组织建设工作予以专题报道。行政区划工作。2006年长春市对部分乡镇、街道行政区划进行了调整，成立鸿城街道、明珠街道（长府发[2006]14号），成立东风街道（长府批复[2006]14号）；撤销富锋镇设立富锋街道（吉民行批[2006]5号）。经调整，2006年长春市辖街道由2005年的57个，增加4个为61个；镇减少1个为67个。

（马　威）

劳动和社会保障工作

【概况】　2006年，全市劳动保障工作，牢固树立“大劳动、大就业、大保障”的理念，坚持科学发展，坚持以人为本，坚持诚信务实，坚持形象推动，紧紧围绕建立和谐社会对劳动保障工作的要求，用改革的办法、创新的精神、开放的思路，大力弘扬“团结和谐，奋发向上”的部门精神，圆满完成了年度确定的各项目标任务。“劳动者自主择业、市场调节就业和政府促进就业”的就业体系基本形成，初步实现了“零就业家庭”动态为零的目标；以养老、医疗、失业保险为主体的社会保障制度日益完善，政策体系逐步健全；强化了以劳动保障监察、劳动争议仲裁为手段的劳动者维权机制，农民工工资当期支付率达到100%；深化职业技能培训和技工学校办学制度改革，构建了以提高职工职业技能为目标的培训鉴定体系，对于促进经济发展，构建和谐社会，推进国有企业改革发挥了积极作用。

【就业再就业工作】　坚持把就业再就业工作摆上重要位置，采取切实有效措施，大力推进就业再就业工作，逐步形成了经济拉动就业、市场引导就业、政策扶持就业、创业带动就业的良好局面。2006年，以社区劳动保障协理员等公益性岗位的开发和招聘为重点，不断拓宽了困难群体的就业渠道。全市共开发就业岗位97 117个，完成年度目标的110%；城镇新增就业87 244人，完成年度目标的124%；下岗失业人员实现再就业73 068人，其中“4050”人员再就业20 516人，分别完成年度目标的130%和171%；城镇登记失业率为3.89%。成功举办了“2006中国东北创业促就业项目推介暨劳务

2006年9月22日、23日，东北三省劳动和社会保障局、就业局在长春联合举办了“创业促就业项目展示对接会”，来自东北三省的精品创业项目达1200多个。省市领导林炎志、全哲洙、李斌、赵家治、刘利华、刘长生、姜治莹、李福春、毛连芳、范新早等视察创业活动

交流大会”等6期创业促就业项目推介大会,与市委宣传部等18家就业工作联席会议成员单位联合推出了创业促就业系列活动,全市共建立创业促就业成功项目1 185个,完成年度目标的131%,为6 192名下岗失业人员开办了创业培训,完成年度目标的155%,创业成功率达到70%。

【新一轮再就业政策全面落实】 以市政府名义制定了《关于进一步加强就业再就业工作的若干规定》及实施办法,将再就业政策覆盖到集体企业下岗失业人员、农村转移劳动力和新生劳动力,形成了创建全社会比较充分就业的政策框架体系。全市共审核办理《再就业优惠证》65 599个,持证人员实现再就业62 739人。为28 029名灵活就业人员审核办理就业补贴424万元。全市有12户吸纳下岗失业人员的企业享受了扶持政策,各类享受扶持政策的企业共享受减免税1.14亿元。全市审核办理社会保险补贴3 019万元,公益性岗位补贴1 210万元,为947名下岗失业人员发放小额贷款2 016万元。

【劳务输出工作】 按照市委、市政府加快县域经济发展,全面推进社会主义新农村建设的总体要求,在全市范围内继续开展了以为农民工送政策、送岗位、送技能、送服务为内容的“春风行动”,通过“送岗下乡直通车”等服务形式,共组织27次送岗下乡活动,送岗位10万多个,直接招用人员近4万人;开辟了“外埠就业直通车”,利用外埠工作站的运行平台及覆盖能力,开展了组织化、规模化输出,其中成组织向北京输出的保安达到2 575人。全市实现劳务输出95.5万人,完成年度目标的107%,其中省外输出48.7万人,完成年度目标的113%。通过将城市就业中形成的长效性工作机制不断向农村延伸,在全市形成了工作目标同时下达,就业服务平等对待,扶持政策同等享受,市场信息同步联网的城乡统筹就业格局。

【强化人力资源市场和基层劳动保障机构服务功能】 完成了人力资源市场的三期更新改造,通过完善市场内部环境,更新硬件设施,使我市的人力资源市场交流使用面积达到5 000平方米,成为国内实际使用面积最大、整体结构最好、服务功能和服务项目最完善的人力资源市场,得到了劳动和社会保障部的肯定。一年来,市场相继召开了“万名国企下岗员工进民企”、“援就业促并轨”、“服务大铁北”、“灵活就业人员专场”等系列特色招聘洽谈会,全年举办各类招聘会128场,有35 668人通过市场实现再就业。成立了长春人力资源协会,与196家用人单位建立了稳定的用工网络资源共享体系,使市场引导就业的主渠道作用得到充分发挥。全市13个县(市)、区(开发区)人力资源市场、城区的69个街镇乡劳动保障事务所和325个社区劳动保障服务站全部配备了计算机,真正搭建起了市、区、街道、社区四级信息网络平台,开展了争创示范基层劳动保障机构活动,建立了科学规范的公共劳动保障服务平台。

【社会保障体系建设】 以制度创新为先导,以惠及更广泛群体的保障政策为核心,以强化社会保险征缴为重点,不断加快社会保障体系建设步伐。制定实施了《长春市新征地农民基本养老保险试行办法》;完成了2005年和2006年调整企业退休人员基本养老金的审核认定工作,为24.5万名符合调待政策的退休人员履行了调待审批手续;审核认定了1 500名建国初期参军复员到企业退休人员的增加生活补助。失业保险金标准从200元/月提高到246元/月。在全国省会城市中率先出台了《长春市城区居民住院医疗保险办法》并于9月1日正式实施,到年底,参保人员达到11.6万人。对工伤职工供养亲属抚恤金标准做出了进一步调整。集中开展了民营企业参加社会保险专项工作,医疗、工伤、生育保险的管理工作逐步纳入了制度化、规范化轨道。全市基本医疗保险、工伤和生育保险参保人数分别达到98.8万人、61.6万人和26.6万人,分别净增5万人、20万人和14万人,基金征缴率均保持在95%以上。完善城镇社会保障体系试点工作顺利通过了国家和省的验收评估,被省政府评为试点工作先进单位。全市共实现下岗向失业并轨27.79万人,其中享受国家财政补助政策并轨人员17.79万人,80%以上的并轨人员社会保险关系得到接续,并轨人员再就业率达到78%。养老保险个人账户从5%起步做实到6%,较好地实现了保值增值;改革基本养老金计发办法工作顺利推进,初步建立了“多工作、多缴费、多得养老金”

的激励和长效约束机制。

【职业技能开发体系日臻完善】 组织开展了“汽车维修工职业技能竞赛”，开展了第二批享受市政府特殊津贴高技能人才选拔评比活动。在40个专业中进行了下岗失业人员的再就业培训，共有38 985人参加了培训，完成年度目标的146%，培训后就业33 319人，就业率达到85%；培训农村剩余劳动力43.7万人，完成年度目标的106%，培训后实现输出33.8万人。进一步改革了技师考评办法，扩大了职业技能鉴定专业和工种范围，全市组织参加鉴定55 781人，完成全年任务的139%，其中高技能人才6 437人，完成全年任务的107%。技工学校办学工作取得新突破，对4所市属技工学校的教学资源进行了整合，成立了长春市技师学院。

【工资分配制度改革】 完成了2005年全市职工工资情况统计报告工作，为3 500户企业核定了《工资总额使用手册》，制定发布了包括1 132个工种在内的4 802个工资指导价位，起草了《长春市企业工资支付暂行规定》。最低工资标准从360元调整到510元。开展了全市用人单位执行最低工资情况专项检查，为2 538名低于最低工资标准的职工补发工资近10万元。

【劳动关系调整】 全面启动了劳动合同和集体合同两年行动计划，全市企业劳动合同签订率达到80%以上，其中私营企业劳动合同签订率达到70%以上。为60户国有改制企业的35 293名职工办理了理顺劳动关系手续，为51户企业的20 035人审核认定了劳动债权。劳动保障监察把维护企业和社会稳定工作摆在重要位置，通过巡视检查、专项监察、劳动保障年检和举报专查等方式，有效保护了劳动者的合法权益。重点开展了解决建设领域拖欠农民工工资和建立县(区)联动机制，全市共监督检查用人单位2 460户，其中涉及建筑工地79个，494个栋号，确保农民工工资当期支付率达到了100%；立案查处663件，为劳动者追回工资及抵押金981万元，责令用人单位为1 319名劳动者补缴社会保险143万元；督促办理职业资格证书16 230个，补签劳动合同16 077份；“12333”投诉电话为13 000人次提供了足不出户、省时省事的快捷服务。劳动信访共接待职工来访2 515件(批)、涉及职工4 792人；三方协调机制覆盖面进一步扩大，劳动仲裁共处理争议案件352件，结案率达到95%。树立了劳动保障部门亲民、为民的形象。

(李　钢)

副市长安莉、李福春来到中国长春人力资源市场视察第三届千户民企安置人员就业招聘大会

社会保险

【概况】 2006年，长春市社会保险工作紧扣“做大总量，夯实基础，提高能力，确保发放”的工作思路，进一步做大总量，更加注重调整参保结构，推进社会保险制度的健全完善；不断强化基础工作，更加注重业务数据规范和信息化程度的提高，实现科学化管理；突出能力建设，更加注重服务水平的提高，实现规范化服务；确保“两金”发放，更加注重解决相关遗留问题，促进社会和谐稳定。同时社会化管理、信息化建设、对外服务、能力建设水平不断提高，实现了社会保险事业的可持续发展。社会保险主要业务指标与2005年末同比有较大增长：2006年，全市参加养老保险职工人数达118.1万

人,同比增长8.2%,其中,在职职工85.8万人,同比增长7.5%。失业保险参保人数66.3万人,同比增长4.3%。养老保险征缴基金35.1亿元,同比增长34%,其中,当期征缴基金26.2亿元,同比增长17%;清收陈欠8.9亿元,同比增长127%。失业保险征缴基金2.8亿元,同比增长34%;企业退休人员社会化管理率98.4%。发放养老金30.8亿元,同比增长34%;发放失业金0.7亿元。2006年,长春市社会保险工作受到了国家、省、市各级领导和部门的肯定和表彰,养老保险省级统筹、失业保险、计算机工作被吉林省社会保险事业管理局评为先进单位,社会保险业务档案管理、被征地农民养老保险经办工作被吉林省社会保险事业管理局评为创新奖,内审工作被吉林省审计厅评为先进单位;养老保险被吉林省政府评为先进单位,社会保险业务档案管理被吉林省政府评为创新奖。长春市社会保险局被劳动和社会保障部授予"全国劳动保障系统集体一等功"。

【扩大参保总量】 参保人数和基金征缴双增长。以"万户民企进社保"和"省管行业、事业单位参加失业保险"专项活动为载体,实施全面排查和审计监察互动,开展追溯审计和重点核查,共核增缴费基数5.84亿元;实施集中监察和分散监察相结合,省、市监察互动,共立案55户,新闻曝光5户。加强个体参保续保的政策引导和服务,个体参保续保人员达到26万人,全年征缴基金5亿元。对一汽四环等120多户厂办大集体企业保险关系进行清理规范,补收基金3.6亿元。全面普查参保单位有效资产,完善资产抵押办法,变现归还基金3 112万元。加强协调,对财政承债实行跟踪,全年落实财政转移支付资金3 270万元;以财政预缴方式突破大型国有企业欠费清收难题,全年预缴资金达1.2亿元。

【提高保障水平】 保障能力进一步增强。精心组织实施调待工作,及时兑现补发了待遇,保障水平进一步提高,离退休人员月人均养老金提高到839元,同比增幅达到19%。累计为32.4万名离退休人员和2.7万名失业人员发放养老金、失业保险金31.5亿元,社会化发放率100%,保障了他们的基本生活,促进了社会和谐稳定。

吉林省省长韩长赋到金业大厦视察

【夯实基础工作】 以基础工作为重点,有效整合服务资源,不断简化业务环节,合理调整业务流程,管理水平得到不断提高。一是基础信息审档确认工作扎实推进,审档率达68%。二是进一步完善社会化管理服务机制,退休人员动态管理呈现良性循环,生存认证工作成效显著,年防冒领235万元。三是离退休人员基本情况调查工作顺利完成,问卷回收率达99.8%,退休人员社会化管理率稳步提高,达98.4%。四是继续推进离退休人员档案集中管理,累计接收退休人员档案21.5万卷,建立电子档案6万卷。五是积极做好配合、参与国企改革工作,扎实做好退休人员托管服务工作,累计托管各类人员2万多人。

【社保创新工作】 一是被征地农民养老保险试点取得显著成效。积极参与政策研究,及时制定实施细则,开发独立的计算机信息系统。强化宣传和协调,扎实推进试点工作。试点中有49名村民已经享受了养老金,实行了社会化发放。省社会保险局在全省会议上推广了长春市的试点经验。二是缴费卡和网上缴费业务顺利实施。本着快捷、

市领导视察金业大厦

方便、功能齐全的理念设计了社会保险卡,开发了计算机程序,并顺利启动了社会保险缴费卡业务。截至12月31日累计为近万人办理了社会保险卡。同时利用电子银行系统启动了网上缴费试点,为参保单位开发了“定期借记”跨行网上缴费业务,目前,已有15户企业启动了网上缴费。三是社会保险档案管理工作实现制度化。为解决社会保险档案管理无序、混乱问题,在充分调研基础上起草了《长春市社会保险档案管理规范》,由市政府办公厅印发,在全省和全国首家实现了社会保险档案管理的规范化和制度化。截至2006年底,长春市已经完成社会保险档案清理并归档3万卷,建立电子档案1万卷,查找特定业务档案的时间由半小时以上缩短到1分钟以内,每份业务档案从检索到复制直至出具相关证明可以在5分钟之内完成,极大地提高了工作效率。四是退休人员社会化管理服务信息系统建成启用。以社会化服务网为平台,建设了长春市社会化管理服务信息系统,为社区劳动保障服务站安装了宽带和电话,通过10个行政区、72个街道(乡镇)、352个社区劳动保障服务站,形成了四级信息化管理格局。实现了通过因特网进行社会化管理服务业务办理、相关查询及报表,提高了工作效率。《中国劳动保障报》就长春市社会化管理服务信息系统建设做了详细报道。五是办公自动化系统顺利启动运行。为提高工作效率,节约经费,市社会保险局开发设计了具有社会保险特色,涵盖社保业务和行政办公的办公自动化系统。基本实现了行政管理和业务审批的办公自动化、信息化。

【干部队伍建设】 一是“平安社保”活动取得显著成效。完善服务措施和载体,构建退休审批一站式服务平台,落实责任,强化监督考核,优化服务,行风建设位次前移;切实加强基金管理,不挪不占,顺利通过了各级检查和审计;采取有效措施,加强人为干预,保证了计算机系统运行和数据安全;以关爱活动及各种娱乐活动为载体,社保文化建设不断加强;后勤服务管理工作进一步完善,安全四防工作实现零事故运行。打造了“宽心、放心、赏心、舒心”的平安、公正、高效社保环境。二是队伍建设进一步加强。首先,干部队伍实力得到充实。人事制度改革进一步完善,顺利进行了机构调整及竞争上岗和双向选择,基本达到了选拔人才、优化配置、理顺环节,提高效率的预期目标。配合省局较好完成了工作人员公开招聘工作,干部职工队伍年龄、知识结构进一步优化。第二,党建工作得到加强。扎实推进思想政治建设,通过“一整四查两提高”和“创先争优”等活动的开展,激发了干部职工的工作热情,增强了敬业精神和服务意识。持续开展了以社会主义荣辱观、和谐社会、科学发展观等为主要内容的理论学习,较好地营造了知荣辱、比贡献、求实效的和谐向上氛围。第三,教育培训工作得以强化。对全局职工进行了公文写作和业务知识培训,认真组织积极参与全省能手大赛,并取得了优异成绩。

(张暗礁)

老龄工作

【概况】 2006年,市老龄委坚持以邓小平理论和“三个代表”重要思想为指导,用科学发展观统领全市老龄工作,深入贯彻《老年法》,综合协调,强化指导,规范运作,以舆论宣传为主线,以基层社区为重点，以“助老工程”为载体，以落实“六个老有”为目标，以开展各种活动为内容，以为老年人办实事为落脚点，在法治的轨道上，开展了卓有成效的工作。

【加大宣传力度强化舆论氛围】 紧紧围绕老龄工作的方针政策，从强化全社会老龄意识、养老意识和法律意识出发，采取有效措施，借助新闻媒体，加大宣传力度。在开展大型活动中，请新闻媒体的记者跟踪报道。邀请省、市电视台、广播电台以及市内各报社的记者到场，及时进行宣传报道。同时，主动为新闻媒体提供素材和撰写稿件。全年市老龄办本级被省市电视台、广播电台以及吉林日报、吉林老年报、城市晚报、长春日报、长春晚报、新文化报、东亚经贸新闻等采用稿件65篇。还协调新闻媒体，开辟专题、专栏、专版，宣传党和政府关于老龄工作的方针政策以及国家和地方保护老年人合法权益的法律法规，宣传尊老敬老的先进典型。有关成员单位，把老龄宣传工作纳入宣传思想工作的总体布局通盘考虑，结合老年人的实际，在市直新闻媒体开辟了专题专栏专版，如：长春广播电台的《少儿与老人》节目专门反映老年人丰富多彩、健康向上的生活，长春交通之声的《早安生活》也侧重介绍了老年人生活，对落实“六个老有”的措施和效果进行广泛报道，反映老年人丰富多彩的精神世界和文化生活，宣传推广尊老敬老典型，带动更多的老年人追求科学文明、健康向上的生活方式，增强了全社会尊老、敬老、养老、助老的自觉性，提高了维护老年人合法权益的法律意识和老年人依法维权的能力。在庆祝老年节当日，各县(市)区及各部门，都结合自己实际开展了不同形式的宣传。宽城区出板报158快、墙报180快、过街标语421条；市经济技术开发区大造尊老敬老维护老年人合法权益的舆论氛围，在辖区街(镇)悬挂50条宣传条幅；各部门、各街道(镇)及社区基层单位，共出板报(宣传栏)1 700块、标语2 200条，形式多样、特色突出。认真编写《长春老龄通讯》。市老龄办全年编辑《长春老龄通讯》4期，共发2 000份，通过《长春老龄通讯》宣传了老龄工作方针政策，交流了老龄工作经验，对指导开展老龄工作起到了积极作用。深入开展“老龄工作先进县(市)区”的创建工作。按照国家老龄办创建先进县(市)区的标准，积极组织各县(市)区开展创建活动，有效地推动了老龄工作的深入开展，并取得了丰硕成果。

【深入开展调研工作】 为了推动全市老龄调研工作深入开展，拟定了调研提纲，并以长老龄办[2006]5号文件下发，要求各县(市)区和老龄委成员单位，围绕调研题目，结合实际，撰写调研报告，共收到调研文章26篇。接到人大、政协的二个提案件，经过认真调研、整理，形成文件，都作了详尽的答复。制订了《长春市老龄事业“十一五”发展规划》。为了把长春市的老龄工作和老龄事业纳入全市经济和社会的协调发展之中，在“十五”规划的基础上，规划了“十一五”期间老龄事业的原则、目标、任务以及对策措施。经过反复征求各涉老部门及有关单位的意见和多次修改，最后审定，并纳入长春市“十一五”规划汇编。市老龄办总结的《加强领导，规范运作，促进社区老龄工作深入发展》的经验材料，被列入到《中国民政公共行政管理与实践》一书中。总结的《努力构建大老龄工作格局，共同做好老年人权益保障工作》经验材料，在全国31城市老龄工作联席会议上作了交流。

【召开社区老龄工作现场会】 为全面推动长春市社区老龄工作再上新台阶，市老龄办总结了九台市社区老龄工作经验。经过认真准备，6月份在九台市召开了全市社区老龄工作经验交流会。各县(市)区主管老龄工作的领导、老龄办主任以及部分先进街道、社区的老龄工作负责人共计90多人参加会议。会上，九台市政府、九台街道、九台街道平安社区、九台街道办事处平安社区老年协会分别介绍了工作经验。会后，与会代表参观了九台市平安社区的老龄工作。同时，还总结了南关区桃源街道滨河社区、永吉街道职工新村社区，朝阳区清河街道南昌社区、重庆街道新华社区，宽城区南广街道东二条社区的工作经验，在现场会上作了书面交流。通过这次现场会，有效地促进了全市社区老龄工作的深入发展。

【强化社区为老年人服务工作】 2006年长春市达到老龄工作先进标准的社区已达30%，有40%以上的社区实现了老龄工作数据电脑管理。据统计，全市各社区已发展“爱老义工”服务队伍1 836个，发展社区志愿者17 000多人；建立老年人协会

351个，成立老年文体组织490个，老年演员队伍已达9 700人，除社区活动室外，新发展老年活动室342处，面积达26 000多平方米；建立社区诊所167处，设立家庭病床6 700多张；设立为老年人服务网点8 000多个，建立老年人服务中介组织342个（不含协会）。长春市社区老龄工作，在市府办1号文件的指导下，强化规范运作，加强硬件建设，服务体系日趋完善，正在健康快速发展。

【维护老年人合法权益】 在《老年法》颁布十周年之际，开展了专题调查，在此基础上进行了分析汇总，撰写了《长春市关于贯彻执行〈老年法〉情况的调查报告》。同时，对“一法一规定”的学习贯彻情况；政府对老年事业的重视及资金投入情况；对老年人的政策性保障措施的制定和落实情况；维权工作情况；老年人参与社会发展情况等开展了自查，推进了“一法一规定”的深入贯彻落实。8月21日～22日，省人大常委会副主任朱忠民率领省人大执法检查组，来长春市检查贯彻实施“一法一规定”的工作情况。检查组听取了市政府和老龄委对贯彻实施“一法一规定”情况的汇报，听取了市民政局、市妇联、市中级法院、市检察院贯彻实施“一法一规定”的情况。检查组还分别召开了由人大代表、区民政局长、区老龄办主任、区妇联主席、街道和社区干部及居民代表、志愿者座谈会。听取了朝阳区老龄工作和绿园区创建全国养老社会化服务示范区的工作汇报，视察了长春老年大学和老干部活动中心、朝阳区清和街道南昌社区、绿园区双丰老年公寓、城西镇敬老院，并走访慰问了一户特困老年人。检查组对长春市贯彻实施“一法一规定”情况给予了充分肯定，并就进一步贯彻实施“一法一规定”提出了意见和要求。9月22日市人大内司委召开会议，专门听取了市老龄办作的关于长春市贯彻实施《老年法》情况的汇报，并形成了会议纪要。会议认为，近年来，市老龄委采取有力措施，精心组织，加强协调指导，全市《老年人权益保障法》的宣传和贯彻实施工作取得了明显成效，初步形成了依法维护老年人权益的社会氛围，推动了全市老龄工作的健康发展。市、县（市）两级老龄委，发挥职能作用，积极维护老年人合法权益。市老龄办全年接待老年人上访50起，各县（市）区老龄办接待360起。各级老龄工作部门对来访的老年人做到了热情接待，主动协调，认真解决，为老年人伸张正义，普遍受到老年人的好评。一些老龄委成员单位也发挥了职能作用。市司法局设立的法律咨询服务平台148网站，热情为老年人服务。市法律援助中心，全年接待来电来访老年人1 600余次，承办法律援助案件5件，代写法律文书203件。市妇联充分发挥“冬律师热线”的作用，设立老年人权益保障法及健康咨询台，定期举办《老年法》宣传咨询活动。市劳动和社会保障局局在起草出台《长春市城镇居民住院医疗保障实施办法》时，充分考虑了老年人体弱多病的特点。他们对老年群体的信访和投诉案件，做到件件有回音。市总工会在信访接待和法律援助方面，对前来咨询和求助的离退休人员实行免费服务、重点帮扶。市规划局在受理规划用地申请时，凡公建和住宅，都充分考虑老年人的需求和利益。公安局、地税局等在执法工作中，都为维护老年人的合法权益作了大量工作。

【走访慰问老年人和助养特困老人】 春节前夕，市有关领导，代表市委、市政府到绿园区春明街道铁客一社的张万凯家和绿园区铁西街道铁客二社区81岁的特困老人赵亚清家走访慰问，并分别送去1 000元慰问金和600元助养金。2006年1月20日省老龄办副主任陈双喜、市老龄办副主任王兵印一起到二道区东站十委益寿院看望慰问住院老人，送给益寿院1万元慰问金。然后又看望了二道区东站街道吉柴社区107岁的张淑仙、特困老人张玉琴和东盛街道亚泰社区桃花苑101岁的张福春、特困老人张贵兰，各送给慰问金500元。2006年1月23日副省长李斌、省老龄办副主任陈双喜，在副市长钱龙生、市老龄办副主任王兵印的陪同下，来到绿园区西新镇双丰老年公寓，看望住寓的213位老人，并送给公寓1万元慰问金。然后又来到绿园区城西镇向阳村103岁的赵马氏家和城西镇四季青村87岁齐凤琴家慰问，省、市领导各分别送给赵马氏500元慰问金和齐凤琴500元助养金。同时，市老龄办代表市政府助养特困老人365名，发助养金21.9万元。为了扩大助养面，市老龄办下拨的助养金继续实行1:1捆绑政策，各县（市）区助养资金不到位，市里不予拨款。这样有效的调动了各县(市)区的积极性。使全市助养人数达到730人,发助养金额达到43.8万元。改善和提高了一部分困难老年人的生活。

【积极发展助老工程参与单位】 在发展助老工程参与单位的工作中,为了促进全社会对老年人精神文化生活的关怀,注重发展文化单位参与助老工程,先后发展了陆羽茶楼、万达国际电影城等4家单位加入助老工程。另外,二道区又发展了16家单位加入了助老工程。2006年,全市助老工程参与单位达298家。这些助老工程参与单位,为全市老年人积极认真地提供了“优先、优质、优惠”服务,体现了全社会对老年人的关爱。

【承办全省首届老年人趣味运动会】 由长春市老龄办、长春市体育局承办的全省首届老年人趣味运动会,于8月2日至3日,在长春市体育馆拉开帷幕。这次运动会,以展示老年人风采,构建和谐社会为主题,根据老年人的身体特点,安排了益智性、趣味性较强的运动项目。来自全省各市州的454名老年运动员在运球接力、稳中求快接力、穿衣接力、提蓝购物、喂老虎食、定点投篮、赶子母猪、20米托球跑、10米钓瓶跑、筷子夹球比赛、10米拼图跑等多个趣味项目中,大展风采。欢腾的气氛,火热的场面,矫健的身姿,汇成了动感欢乐的海洋。运动场上,既有个人项目的激烈竞争,也有集体项目的默契配合。长春市公安局离退休老干部代表长春市组成长春市代表团,同时市委、市人大常委会、市政府、市政协分别组成代表团参加了赛会。通过比赛,长春市代表团取得了精神文明奖、优秀组织奖和团体总分第二名的好成绩。市人大常委会、市政协代表团获得了精神文明奖,市委、市政协代表团还获得了优秀组织奖。赢得了组委会和观众的好评。

【举办第二届长春市老年文化艺术节】 市老龄办会同市委宣传部、市委老干部局、市人事局、市文化局、市体育局、市广电局、市旅游局、市园林局等九部门,共同举办的第二届长春市老年文化艺术节,9月1日在文化广场隆重开幕,9月8日闭幕。副市长、市老龄委主任高学章参加了开幕式并作了重要讲话,市政府副秘书长柳宝祥及各主办单位的领导出席了开幕式和闭幕式。老年文艺调演从8月8日开始至15日,分别在全市设立了11个分会场,有200多个节目参加了调演。市老龄办组织专家评委和裁判员对参加老年文艺调演的节目和书画作品进行现场评审,对太极拳、健美操、乒乓球、大秧歌比赛进行现场裁判。文艺调演节目评出金奖10个、银奖20个、铜奖30个、优秀奖43个;44个代表队获得老年体育比赛的奖牌和奖杯;70人获得老年书画展的一、二、三等奖;13个单位获得最佳组织奖。并以文件形式公布了第二届长春市老年文化艺术节获奖项目名单。9月2日又在市工人文化宫门前举行了获奖节目汇报演出,共有18个节目参演,展示了老年人的艺术水平和与时俱进、积极向上的精神风貌,深受在场的广大群众的欢迎和好评,也在全市的老年人中引起了极大的反响。本届艺术节演出的节目和参赛的体育项目是自下而上进行的,得到了各级政府和有关部门及中省直、市直企事业单位的高度重视。各县(市)区,各企事业单位都安排了专人负责组织协调落实,有的还拨出专款,保障活动所需。在各级文体部门的全力支持下,保证了老年文化艺术节的各项活动的顺利开展。据统计,全市共有4万老年人参加本届艺术节,人员广泛,内容新颖,形式多样,水平之高已成为全社会的共识,博得老年人赞誉,对全市老年文化活动的深入开展起到了积极的推动作用。

【举办“爱我家乡千名老人看长春活动”】 由市老龄办、市旅游局、市园林局共同主办的长春市第五届“爱我家乡——千名老人看长春活动”,于9月5日开始,历时两天,圆满结束。9月5日8点,在市工人文化宫门前广场举行了发车仪式。之后,老人们乘坐豪华旅游大巴,游览了长春高新产业开发区、赛得广场、雕塑公园、净月潭国家森林公园,在公园里还举办了有奖猜谜和找宝活动。老人们目睹和感受到长春市改革开放以来的巨大变化。参加本次活动的人员中有老劳模、老党员、老知识分子、老复员军人、国有企业的老工人、老居委会干部、近郊的老农民共计853人,最大年龄85岁。

【组织老年人外出旅游观光】 由市老龄办承办、长铁国际旅行社主办的快乐夕阳红旅游专列,全年发出了两次。第一次于3月30日发出,赴张家界、昆明、大理、丽江等地游览,历时14天,参加旅游的老年人达400人。第二次于9月14日出发,赴呼和浩特、乌鲁木齐、银川等地,历时13天,参加旅游的老年人达300人。年龄最大的83岁,平均年龄64岁。在专列上,还为在旅途中过生日的老年人举办了集体生日庆典,同时还开展了有奖猜谜、扑克比赛、有奖征文和抽奖等活动。通过旅游活动,使广大老年人饱览了祖国大好河山,感受到改革开放后祖国的巨大变化,陶冶了情操,也满足了广大老年人追求高尚精神文化生活的需要。

【举办第三期老龄工作干部培训班】 为了进一步提高老龄工作干部队伍素质,适应新形势下开展老龄工作的需要,6月18日至28日,市老龄办在成都市举办了第三期老龄工作干部培训班。参加学习的有市老龄委成员单位的联络员,有高等院校、市直机关、县(市)区老龄办及街道和社区的专(兼)职老龄工作干部共54人。在培训班上,学员们系统地学习了老龄工作的基础知识;成员单位、基层和社区开展老龄工作的重点和方法;《老年法》和老年维权等内容。还参观考察了成都市金牛区和武侯区火车站南社区的老龄工作,听取了经验介绍。培训期间还专程到重庆参观了"渣滓洞",学习革命烈士英雄事迹,接受革命传统教育。

【开展敬老爱老助老孝心工程】

为认真贯彻落实国家下发的《公民道德建设实施纲要》精神,大力弘扬中华民族的敬老爱老助老的传统美德,树立良好的道德风尚,2006年在全市开展了敬老、爱老、助老孝心活动。并把重点放在基层、社区、立足于为老年人办实事上。通过这次活动,共有3万多名老年人受益,为老年人办实事2 740件。并涌现出24个先进集体、20名先进个人、18名孝亲敬老之星,评出4个优秀组织奖。在此基础上又向国家推荐了10名孝亲敬老之星。

【开展敬老月活动】 长春市人民政府规定,"每年9月1日长春市老年节至10月1日国际老人节期间,为长春市敬老月"。本着"党政主导,社会参与、全民关怀"的老龄工作方针,同时,为庆贺《中华人民共和国老年人权益保障法》颁布十周年,2006年的敬老月活动,确立了"落实《老年法》、爱心献老人"的活动主题。全市各部门,各单位围绕这一主题,踊跃加入到这个活动中来,贯彻《老年法》,积极为老年人办实事,效果显著。为搞好这项活动,使之能够落到实处,副市长、市老龄委主任高学章签发了《关于认真组织和开展好敬老月活动的通知》,还亲自在《长春日报》上撰文,代表市政府,向全市广大老年人送去节日的祝福。敬老月期间,各县(市)区,各单位、各部门把贯彻和实施"一法一规定",同突出活动主题紧密结合起来,并以此为切入点,调动社会方方面面力量为老年人办实事。绿园区围绕"六个老有"的工作目标,对照国家《老年法》、省《规定》市《条例》的有关条款进行检查,并结合实际,求真务实地为老年人办实事。全区共送慰问金27 000元,为老年人免费体检2 000多人次,区两级法院(庭),对孤寡老人实行电话预约,上门办案,代写诉讼状,无偿提供法律援助;朝阳区以贯彻《老年法》颁布十周年为契机,开展了敬老、爱老、养老活动,为老年人办实事,使老年人的合法、正当的权益得到了落实。全区发放特困老人助养金36 000元,各街乡共计发放养老慰问金15 000元。南关区慰问百岁老人15人,区政府拨专款15 000元,助养特困老人50名。敬老月期间,经开区对家庭赡养问题开展一次大检查,对赡养没有落实到位的老人,采取措施,落实了赡养责任,为16名特困老人每人申请养老金600元,共计9 600元,使老年人的合法权益得到有效保护。宽城区按照文件要求,对特困老人实施1∶1匹配的原则,拨款18 000元,对30名特困老人进行了补助,扩大了助养面;为贯彻落实《老年法》,弘扬中华民族尊老、敬老的传统美德,副市长、市老龄委主任高学章在老年节的当日,来到站前街道百岁老人顾翠兰和特困老人马治乾家,进行慰问,在送去慰问金的同时,也送去了党和政府对老年人的一份爱心。敬老月期间,助老工程参与单位,根据自身特点开展为老服务活动。依诺眼科医院组织医务人员到144个社区为近万名老年人,免费检测眼疾;万达国际电影城,免费为老年人放映一场电影;陆羽茶楼为老年人举办金婚庆典,受到老年人欢迎。敬老月期间,市老龄办下发助养金12万元,一次性助养特困老人200名。市总工会,共青团,妇联,社区组织,青年志愿者,广泛开展了向老年人献一份爱心，送一份温暖活动。对一些空巢、高龄老人和需要提供服务的老人进行帮扶，经统计：受助老人18 000人次。这次敬老月活动，达到了预期目的，敬老、爱老、养老之花，在长春处处绽放，已结出文明和谐之硕果。

（刘　博）

殡葬工作

【概况】　近年来，在市委、市政府的领导下，民政部门对全市的殡葬管理工作高度重视，以取消市区内各医院太平间、清理整顿殡葬用品市场及禁止焚烧和抛撒殡葬祭奠物品工作为重点，积极采取有效措施，加大殡葬改革力度，使全市丧葬用品市场逐步规范，非法经营公墓得到遏制，封建迷信活动明显减少，文明节俭办丧事在全市已逐步形成风尚。

【殡葬改革取消医院太平间】　早在2003 年，长春市在全国率先取消了 47 家医院的太平间，建立了 2 家殡仪服务中心。这一重大改革和突破，打破了几千年遗留下来的封建陋习，净化了城市环境，减少了城市噪音，缓解了城市交通堵塞，改变了拉着尸体回家望门的传统习俗，还老百姓一个安静、舒适的生活环境。同年，民政部和中国殡葬协会，在长春市召开了全国殡仪服务中心建设和经营管理经验交流现场会，推广了长春市殡葬改革的经验和做法。先后有 23 个省、市、自治区的相关单位前来学习考察。中央电视台、《中国社会报》、吉林电视台、长春电视台等各大新闻媒体，也详细报道了长春市的殡葬改革工作。

【实现殡葬管理法制化】　2006年，加强殡葬改革的法制建设，坚持依法行政、依法管理，这是强化殡葬管理政府行为的一个重要方面。2003 年，依据国家的《殡葬管理条例》及省殡葬法规规定，结合长春市取消太平间的工作实际，在市法制局的大力支持和共同参与下，对《长春市殡葬管理办法》进行了修订。2006 年，加大了施行力度。修订后的《办法》对取消各医院太平间后的死亡遗体的具体处理等问题都做出了详细规定。实践证明新《办法》的颁布和实施，对依法加强全市殡葬管理，大力推进殡葬改革，促进社会主义两个文明建设具有十分重要的意义。

【实现殡仪“一条龙”服务】　市殡葬管理服务处、龙峰殡葬管理服务中心分别投入3 500万元、4 000万元，建成了总面积分别为4 140平方米、18 754平方米的颐安苑和辞灵宫，增设了 40 多个停尸间、3 个高中低档告别厅，并配有休息厅、购物中心、旅店、饭店、活动室等综合服务设施。新建的长春市颐安苑和龙峰辞灵宫的整体建筑既典雅庄重，又肃穆大方，具有现代风格。其主要功能，集遗体冷藏存放、美容处理、停尸守灵、告别悼念、经营丧葬用品、承担丧家休息、就餐和殡葬司仪等系列服务于一体，可以满足不同层次丧家的消费需求。同时，还能配合公安、卫生等部门，存放和处理重大医疗事故和各种案件的待检尸体。

【调整丧葬收费标准】　长春市进一步规范了殡葬行业的管理，将各项殡葬服务的价格和程序进行公示，请消费者自主选择。取消了 17 项殡仪延伸服务收费项目；确定了特殊殡仪服务项目的收费标准；降低了遗体火化费用，标准由每具 280 元降为 220 元，全年减轻群众负担 90 万元；降低了殡仪车运送遗体费用，标准由每次 200 元降为 160 元，全年减轻群众负担 60 万元。对特困户、“三无对象”和 12 岁以下儿童分别按城镇或农村“三项”收费基本标准的 50% 收取；对城市低保户家庭实行收费标准300 元的“一费清”服务。以上几项，每年累计减轻群众负担近170 万元。

【整顿经营性墓地】　长春市有6 家经营性墓地，多数都是在上世纪 90 年代成立。为了使经营性公墓得到进一步规范和管理，市民政局对全市经营性墓地的现状，经营发展状况进行了调研，提出了经营性公墓应坚持“统筹规划、规范管理、适度发展”的思路。并且有计划、有步骤、有重点地开展了清理整顿公墓工作。严格控制公墓发展的申报、墓穴占地、面积和使用年限，切实加强公墓单位的内部管理，严禁传销和炒买炒卖墓穴，建立了公墓年度检查评比制度，使公墓建设日益走上了规范化、园林化、艺术化的道路。

【清理整顿殡葬用品市场】　为了深化殡葬习俗改革，净化城市环境，在全市范围内开展了清理

原回族殡葬专用车

整顿殡葬用品市场及禁止焚烧和抛撒殡葬祭奠物品活动。市民政局同市工商局、行政执法局、公安局等部门，对四道街殡葬用品一条街、市殡仪馆、龙峰殡仪馆、光复路等周边殡葬用品市场进行了多次大规模集中清理整顿；在清明节和阴历七月十五等各大祭祀日，按照属地管理原则，协调相关部门与各城区政府共同在全市范围内进行夜间巡查。禁烧工作开展两年来，得到了广大市民的支持和认可，在街头烧纸的现象明显减少，取而代之的是“鲜花祭祀”、“网上祭祀”及“家庭追思会”等文明的祭奠方式。

（冉　明）

回族殡葬

【概况】 1982年4月30日，经市编委批准[长编（1982）26号]，为了解决回族的殡葬问题，成立长春市回族殡葬服务站，为民委直属事业单位，定事业编制3名，配备一台中客殡葬专用车，所需经费由市财政解决。由市民委民族处负责回族殡葬管理工作。1992年11月25日，经市编委批准（长编［1992］88号），同意市回族殡葬服务站增加事业编制1名，人员经费由市财政拨款，市回族殡葬服务站编制总数为4名，2003年5月，马春育任市回族殡葬服务站站长，编制4人。

【建设第二回族公墓】 完善了殡葬配套服务设施，成为全国一流的殡葬服务站舍，祝业精市长亲自为服务站协调一汽捐赠了一台红旗加长高级轿车改装成殡葬车。同时，按照长春市殡葬管理条例，市民委对此加强管理，建立了各项管理制度。其收费低于长春市汉族殡葬收费标准；也低于全国同类城市回族殡葬收费标准。墓地占地面积10公顷，可使用108年，被称为百年大计的民心工程，受到广大回族群众的欢迎。

【做好殡葬服务工作】 2006年，市回族殡葬服务站，积极做好殡葬服务保障工作。加强政治理论和业务知识的学习，不断提高业务水平和职工素质；完善制度建设，加强职业教育，抓好服务保障工作；严格财经纪律，认真执行收费标准，抓好安全工作。

（赵志平　李保存　马春育）

长春市回族殡葬专用车

县(市)区概览

县(市)区概览

农安县

【概况】 农安县幅员5 400平方公里,其中,耕地面积35万公顷,林地面积297平方公里,草原面积3.5万公顷,水域面积2.2万公顷。全县辖22个乡镇,376个行政村,总人口113.5万。2006年,实现地区生产总值148.3亿元,比2005年增长17.7%;一、二、三产业增加值分别达到53.7亿元、47.9亿元和46.6亿元,分别比2005年增长11.2%、19.2%和24.5%。全口径财政收入达到2.9 757亿元,比2005年增长11%。完成固定资产投资35.2亿元,比2005年增长40.5%;农民人均纯收入达到4 500元,比2005年增长8%;城镇居民人均可支配收入达到6 000元,比2005年增长4.2%。

【工业经济】 坚持"投资拉动、项目领跑",以工业的先行突破带动县域经济的总体突破,加速工业化进程。全力加快工业集中区建设。积极筹措资金,加快工业集中区基础设施建设。投资4 000多万元,完成了北安线改造任务,正在改造农前甲线,全部完成后,全县供电能力将增加一倍,可以满足未来10年全县工业发展需要。在全省率先启动中部城市引松供水农安支线应急工程,可以满足2015年前县城和沿线的合隆、开安、华家工业发展和居民生活用水需要。投入资金6 000多万元,用于合隆经济开发区和农安工业集中区基础设施建设,储备工业用地124公顷,完成了兴业北路及其给排水配套工程建设,工业集中区承载功能进一步提高。加大招商引资和项目开发力度。坚持"投资拉动,项目领跑",切实把投资和项目建设作为奋力提速的主要措施,千方百计提高项目建设的速度和质量。成功引进了大连松源60万吨玉米深加工、恒达10万吨乙酸乙酯、鲁能生物发电、佳升工业园、80万立方米陶粒页岩、欧亚商贸、珲乌高速辅线建设、北安线电路改造、吉林省中部城市引松供水农安支线应急工程等一批大项目,实现了大项目建设数量与质量的双突破。全年引进3 000万元以上项目24个,其中亿元以上项目11个;全年招商引资到位资金15亿元,比2005年增长15.4%。扶持规模企业加快发展。组织开展了工业提速增效年活动,加大了对骨干企业的扶持力度。炼油厂完成了改制并启动生产,啤酒厂实施扩产改造,华正食品工业园一期工程正式投产。规模以上工业企业发展到74户,比2005年净增10户,实现产值23亿元,实现税金8 000万元,分别比2005年增长21%和9.4%。加快发展小型加工业。制定出台了24条优惠政策,加大对小型加工业的扶持力度。注入资金2 000万元,组建中小企业担保公司,重点扶持小型加工业。全县小型加工业专业屯发展到160个,专业户发展

大连松源60万吨玉米深加工100万吨粮食物流园区签约仪式

到7 013户，累计固定资产投资2.48亿元。

【劳务经济】 加快发展劳务经济，推动农村富余劳动力转移。在继续扩大输出总量的同时，重点在提高劳务输出质量上下功夫。全年输出劳务16.7万人次，实现劳务收入12.8亿元，分别比2005年增长28.5%和50%。劳务输出实现三个新突破：1. 在输出窗口建设上实现新突破。积极与“长三角”、“珠三角”、“闽三角”和山东半岛等用工比较规范的地区进行沟通和联系，建立22个较大的用工基地，抢占更多、更好的用工市场。目前，全县已建立国内外输出窗口274个。2. 在完善培训基地建设、开展技能培训上实现新突破。整合了各类培训资源，完成了建筑面积4.5万平方米的综合培训基地建设。坚持“整合资源、上挂下联、全面推进、突出重点”的原则，大力开展定向培训、定单培训，进一步增强培训的针对性和实效性。全年培训劳动力5 125人。3. 在打造劳务输出品牌上实现新突破。2006年农安县共组团391个，组团输出4.2万人，主要集中在服装加工、食品加工和保安行业，初步形成规模效应。北京保安成为农安的一个劳务输出品牌。

【商贸流通】 加快发展商贸经济，努力搞活商贸流通。从发展市场经济的需要出发，把商贸经济作为一个大战略、大产业和大的增长点来抓，切实提高组织化程度。全年社会消费品零售总额达到26亿元，比2005年增长8.3%。组织实施了“万村千乡市场工程”。积极与长春欧亚集团合作，全面启动总投资2亿元的“万村千乡市场工程建设”。完成了投资5 000万元、建筑面积8 000平方米的欧亚商贸物流中心，并已营业。新建55个日用品农家店和65个农资农家店，已投入运营。借助欧亚集团各大卖场的平台，把55个品种的农产品，打入到城市超市。建设现代流通网络。依托农安信息中心，建立中国商务网“农安之窗”网站。积极发展专业流通合作组织，组建农安镇胡萝卜、哈拉海“三辣”等流通协会，全县专业协会发展到120个，农村经纪人队伍发展到6 600人。培育具有农安特色的地方品牌。突出抓好“三辣”、杂粮等系列产品的质量认证和商标注册。全年注册品牌43个。出口创汇实现较大增长。借助国家政策，加快玉米、服装和蔬菜出口基地建设。全县出口创汇企业发展到17户，全年出口创汇总额达到800万美元，比2005年增长33.3%。

【农牧经济】 加快发展农牧经济，千方百计增加农民收入。紧紧围绕农民增收这个核心，加快发展现代农业，拓宽农民收入渠道，努力增加农民收入。坚定不移地抓好粮食生产。以提高单产促进总产，以提高质量增加效益，确保粮食产量持续增长。2006年全县粮食总产量达到26.92亿公斤，玉米公顷产量达到1万公斤。以市场为导向，建设出口菜、薯类、黄烟等八大经济作物基地，总面积发展到5.2万公顷。积极实施“粮变肉”工程。坚持把发展畜牧业摆在更加突出的位置，推动牧业经济由总量扩张向质量提升转变。牧业小区发展到130个，专业大户发展到5.1万户，全县肉类总产量达到45万吨。牧业人均收入达到1 890元。畜牧业实现总产值45.5亿元。加强农业和农村基础设施建设。投入资金2 460万元，实施了二松治理、两家子和共青团水库除险加固等水利工程建设。启动了“一镇三村”新农村建设试点工作，村屯建设取得了新成效。

【城建经济】 加快发展城建经济，提高城镇的综合承载功能。坚持经营城市的理念，加大城镇基础设施建设和房地产开发力度。全年拆迁房屋4.5万平方米，开发楼房37.3万平方米，新修街路2 770延长米，铺装集中供热管线15公里，新建换热站7个，集中供热面积达到120万平方米，加强城市管理和环境整治，完成115台锅炉治理任务。依法加大城市管理力度，完善城市长效管理机制，重点整治市容市貌、交通秩序和卫生环境。实施“碧水蓝天”工程。重新选址建设垃圾场，规划建设城市污水处理厂，提高污染物处理能力。集中整治烟尘污染，还市民蓝色的天空。按照“生产发展、生活宽裕、乡风文明、村容整洁、管理民主”的标准，农安县扎实推进社会主义新农村建设，分期分批实施乡村改造计划。择优发展开安、华家、哈拉海、烧锅、前岗、万金塔、伏龙泉等区域性中心镇，搞好城镇发展规划，加强基础设施建设，提高城镇管理水平，推进城乡一体化进程。全年投资1.7亿元，新修村级公路

435 公里,在 376 个村中有 355 个村实现"村村通",占村级总数的 94.4%,全县公路总里程 3 981公里,公路密度 74 公里/百平方公里。

【文化产业】 加快开发文化产业,整体提升县域综合竞争力。完成辽金历史文化城总体设计,组织申报吉林省历史文化名城,启动黄龙影视城规划。组织实施电视剧《风雨黄龙府》的项目包装、招商融资和黄龙府文化系列申遗注册。积极争取农安辽塔晋级为国家级保护文物。成立黄龙府文化产业开发公司,全面负责辽金历史文化城的开发与管理。加快发展旅游业,规划建设太平池旅游开发区。开展具有时代特点的文体活动,加强基层组织建设,深化文化体制改革,打造黄龙戏品牌,繁荣文艺创作,争创全省文化先进县。坚持市场化运作,加快城乡有线电视发展,积极打造网络文化。全年城乡有线电视用户达到 6.3 万户。

【社会事业】 认真贯彻落实科学发展观,在全力发展县域经济的同时,努力推进各项社会事业协调发展。坚持把发展职业教育当作事关农安未来发展的大事来抓,投融资4 500多万元,建成了建筑面积 4.3 万平方米、占地8 000 平方米、可同时培训4 000人的职业培训中心。初步形成了以职业培训中心为龙头,以合隆镇、高家店镇两所片区职业中学为两翼,以 30 所中学职教预科班为延伸的职业教育体系,全县职教在校生达到2 222人。开展新型农村合作医疗工作。通过大力度组织和宣传,全县农民参合率达到 72.3%,收缴农民参合基金 631.85 万元。同时积极改善农民就医条件,投入 780 万元新建、改扩建乡镇卫生院 16 所,农民看病难的问题初步得到解决。加快推进农村社会福利中心建设工作。启动实施"福星工程"。新建、改扩建农村社会福利服务中心 26 所,总面积达到61 600平方米,集中供养能力达到5 500人。进一步完善社会救助和保障体系。养老保险参保人数达到 2.4 万人;失业保险参保人数达到 3.4 万人。保险基金征缴率达到 92% 以上。全县城镇低保人数达到 15 762人,农村低保人数达到 28 333人。将生活困难的老兵全部纳入农村低保。为老兵新建、维修了住房 505 间。城镇退役士兵货币安置率达到 15% 以上。加强敬老院建设,新建、改扩建农村社会福利服务中心 10 所。新建高氟区安全饮水工程 20 处,解决 1 万人的饮水问题。

【民主法制建设】 加强民主法制建设,提速增效,努力建设服务型政府。向依法行政要能力。自觉维护县委的统一领导,以县委为核心做好政府工作。自觉接受人大的法律监督和工作监督,支持政协履行政治协商、民主监督、参政议政职能。切实提高人大代表建议、批评、意见和政协委员提案的办理质量。2006 年,共收到人大、政协的提案、议案 90 件,办复率 100%,办结率 85%。建立政府法律顾问团和政府决策智囊团,促进决策科学化、法制化。建立责权清晰、目标具体、分工明确、奖惩有力的工作责任制,做到干部跟着任务走,责任跟着目标走。各级干部要在思想观念上先变,在履职尽责中先干,在面临困难时先上,敢于碰硬,狠抓落实。坚持工作标准第一,不达目的不罢休,做到规定动作不走样,自选动作高质量,努力形成"崇尚创新、宽容失败、鼓励竞争"的工作氛围。从群众满意做起,从群众不满意改起,充分发挥政务大厅的功能,深入推进政务公开,全面优化政策环境、服务环境、诚信环境,让"人人都是软环境"成为全体工作人员的共识。坚持廉洁从政,加强廉政建设和反腐败斗争。充分发挥审计、监察机关的专项监督职能,加强审计监督和效能监察,做到权力运行到哪里,监督就延伸到哪里。

(朱　巍)

2006 年农安县国民经济和社会发展主要指标完成情况

指标名称	单　位	实际完成	与 2005 年比增减%
国内生产总值	万元	1 483 422	17.7
第一产业增加值	万元	537 865	11.2
第二产业增加值	万元	479 734	19.2

续表

指标名称	单 位	实际完成	与2005年比增减%
第三产业增加值	万元	465 823	24.5
工业总产值	万元	235 095	23.03
农业总产值	万元	769 396	12.33
全口径财政收入	万元	29 757	11
本级财政收入	万元	17 888	50.3
固定资产投资额	万元	351 934	40.5
社会商品零售额	万元	300 294	24.2
新增外商投资企业	万元	0	0
新增实际使用外资额	万元	0	0
个体私营企业	个	12 334	0.04
民营经济增加值	万元	595 000	81
年末在岗职工人数	个	38 380	-0.3
全部在岗职工年人均工资	元	12 180	26.8
城市人民人均可支配收入	元	6 000	4.2
农民人均纯收入	元	4 536	8
普通中学数	所	74	0
普通小学数	所	378	0
各类医院	所	33	0
教育经费总额	万元	23 729	20.3
科技三项经费	万元	360	0
卫生事业费	万元	4 158	109.8
绿化覆盖率	%		
人口出生率	‰	6.76	0.21
计划生育率	%	97	0.7

榆树市

【概况】 榆树市地处松辽平原腹地，幅员4 723.77平方公里。耕地面积335 807.32公顷，占幅员的71.1%。其中，旱田293 304.98公顷，水田42 317.61公顷；林地40 187.12公顷，占幅员的8.5%；水域42 132.89公顷，占幅员的8.9%。全市总户数39.10万户，人口126.62万人，同比增长0.8‰。其中农村户数29.22万户，人口107.47万人，同比增长4.0‰。有满、朝鲜、回、蒙古、哈萨克、布依、维吾尔、鄂伦春等23个少数民族，人口18 324人，占总人口的1.5%。辖省级五棵树开发区1个、环城工业集中区1个、24个乡镇、4个市区街道、388个行政村。

【国民经济】 2006年全市实现地区生产总值155亿元，比2005年增长14.8%，其中第一、第二、第三产业增加值分别完成50亿元、31亿元和74亿元，分别增长9.7%、29.2%和19.3%；固定资产投资完成357 687万元，同比增长43.1%；教育经费和卫生事业费投入27 283万元和4 459万元，同比增长7.1%和109.6%；全口径财政收入实现122 409万元，同比增长29.7%；农民人均纯收入实现4 577元，同比增长8.7%；城市人均可支配收入6 600元，同比增长11.86%。粮食总产量23.75亿公斤，被评为全国粮食生产先进县(市)标兵。其中，玉米种植面积16万公顷，与2005年持平；大豆种植面积6.62万公顷，增幅6.85%；水稻种植面积5.86万公顷，增幅1.68%；园艺特产和蔬菜总面积发展到4万公顷，实现产值24亿元。其中，马铃薯种植面积达到1万公顷，实现了大丰收；蔬菜大棚和日光温室发展到33 000

栋,面积0.35万公顷;农业总收入实现77.58亿元,同比增长11.70%。牧业生产稳定发展,生猪发展到342万头,黄牛发展到135万头,奶牛发展到2.2万头,家禽发展到3 873万只(其中大鹅726万只),同比增长0.2%、14%、16%和6.5%。畜禽质量明显提升,在2006年长春市第六届中国长春农业食品国际博览会期间,实现现场销售动物5 391头(只),销售金额16.25万元;实现订单销售124.3万头(只),销售金额达374.9万元。规模饲养户达到4.7万户,同比增长23.4%,新增各类牧业小区92个。劳务经济稳定增长,全年输出劳务人员307 860人,其中,境外输出6 626人,省外输出156 344人,省内输出144 890人,劳务经济收入达到10亿元。全市规模以上工业企业实现工业总产值15.05亿元,同比增长25.0%。完成工业增加值4.6亿元。社会消费品零售额实现326 886万元。全市企业登记达到1 820户,个体工商户达到11 000户。中小企业经济总产值完成163亿元,同比增长41%;完成增加值65亿元,同比增长36%。

【社会事业】 科技进步贡献率达到43.8%,高考成绩名列长春市4县(市)和双阳区之首。广泛开展文化体育活动,组织开展了"榆树钱杯"榆树市第二届青年歌手大奖赛和全省农村文化活动月启动仪式等大型文化活动,积极参战第十五届省运会,共获得8枚金牌、5枚银牌、2枚铜牌。聘请文物鉴定专家对榆树博物馆馆藏文物进行了鉴定,鉴定出国家三级以上文物136件(其中国家一级文物1件,二级文物8件)。新建、扩建、维修25家乡镇卫生院。落实了农村防保经费及防保人员工资338 568元,巩固了农村预防保健网络,有效防治了重点传染病。新型农村合作医疗参合率达到68%,111 132人得到补偿,可补偿医药费2 322万元。广播电视节目质量不断提高,基础设施得到改善,管理力度进一步加强,大力推进农村广播电视覆盖,为新农村建设让利480万元。全市计划生育率达94%,人口自然增长率控制在1.9‰。全年创造城镇就业岗位6 966个,下岗失业再就业5 302人(其中4050人员306人),登记失业率为4%。参加养老、失业、医疗保险人数分别达到3.7万、4.4万、4.2万,社会保障能力不断增强。4.4万城乡人口得到最低生活保障,31个农村敬老院改造成社会福利中心。社会治安综合治理能力不断加大,打击各种犯罪工作取得显著成效;安全生产、群众信访等工作取得较好成绩。人事、编制、档案、民族、宗教、物价、审计、老龄、妇女儿童、残疾人和关心下一代等工作都有新进步。

【新农村建设】 根据乡村的特殊性和差异性,选择五棵树镇、弓棚镇十三号村、黑林镇天德村为省级试点单位;先锋乡民权村为长春市级试点单位;大坡镇西山村和土桥镇皮信村小乡屯为榆树市级试点单位。在试点建设中,努力挖掘乡村特色,选择合适的建设路子,增强产业支撑力,在全省起到良好的示范作用,得到了省和长春市的高度评价,并在弓棚镇十三号村召开了全省新农村建设现场会。

【环境与社会发展】 全年召开研究环保工作的市委常委会和市长办公会5次,召开部门调度会、协调会8次,就年度打造"蓝天工程"、开展整治违法排污专项行动、落实人大议案和政协提案等进行部署,将环境保护始终

榆树市弓棚镇十三号村农业机械化设备

贯穿于国民经济和社会发展的重大决策之中。在市政府西迁、基础设施和项目投资建设等关系经济社会发展的重大问题上，优先考虑环保问题，考虑环保承载能力，落实污染防治措施，认真执行环境与发展综合决策，体现“城市规划，环保先行”的城市建设理念。全年共审批工业项目10个，基础建设项目27个，工商企业34个，餐饮业户36户。按照国家环保总局要求，组织工商、监察、公安、司法、安监等有关部门，开展了11次联合执法专项行动，检查了大中小企业462户，对122户污染企业提出了整改意见，公布了39家限期治理名单，查处了5户顶风排污业户，关停7户违法排污企业，查封了93家个体业户。对已建项目进行了全面清理和检查，共查处违规建设项目24个，补办环评手续4家，对违反“三同时”的6家大型招商引资项目叫停整改，取缔“十五小”企业3家，查封土硫氨加工厂1家，整治小型工商企业300多户，有效规范了建设项目审批程序，整顿了建设项目管理秩序，实现了项目管理历史性突破。全年环保投资达19 463万元。实施“蓝天工程”。更新改造锅炉和安装除尘设施投资2 267万元，锅炉并网投资1 160万元，并网面积13.36万平方米。投资10 369万元改造了城区排污管网。结合新农村建设，治理水土流失面积420公顷，高标准绿化村屯150个，建设农田防护林240公顷，植树25万棵，建设农村沼气示范户1 650户，改善了农村环境基础条件和村容村貌，全市的生态环境建设取得了实质性进展。市区大气可吸入微粒平均值为0.100毫克/立方米，烟尘年排放量控制在3 890吨，空气环境质量已达到国家二级标准，1月~12月空气优良级天数304天，同比提高21.8%。市区生活垃圾日产重量约700吨，年产生量约25万吨，全部做到日产日清，城乡固体废弃物处置率达到95%。

【招商引资和项目建设】 招商引资取得了新成效，项目建设实现了新突破。全年利用内资13.5亿元，占长春市下达计划11亿元的122.9%，实际利用外资2 280万美元，占长春市下达计划的2 000万美元的128%。全年建设投资500万元以上的生产加工型项目80个，同比增长86%。其中，投资3 000万元以上项目17个，投资10亿元以上项目2个。在长春五棵树经济开发区，由中国粮油食品集团有限公司投资建设，占地面积32万平方米的120万吨玉米深加工项目，计划总投资24亿元。项目分两期建设，其中一期工程计划投资6.8亿元，建设生产40万吨玉米淀粉及有机酸，工程于5月1日开工，现已完成投资49 454万元。项目二期工程建设年可生产聚乳酸21万吨，L-乳酸3万吨。工程全部达产后，年可实现产值38.8亿元，利润8.31亿元，税金4.49亿元。同时在长春五棵树经济开发区，由吉林粮食集团有限责任公司投资建设，占地面积34.8万平方米的年产30万吨化工醇项目。项目分两期建设，其中一期工程计划投资4.99亿元，工程于2006年4月开工建设，已完成投资45 100万元，并于2006年12月18日试车生产。二期工程将于2007年开工建设，计划当年投产。全部达产后，年可实现产值36亿元，利润4.5亿元，税金3.1亿元。投资7 566万元的华飞绿豆酒生产项目、投资5 000万元的汇丰铅笔生产项目、投资6 100万元的汇亿彩板项目、投资5 000万元的塑料编织项目已建成投产。绿丰大豆加工项目、裕成油脂加工项目、人参岭生态木业项目、锦丰方便面扩产项目等新建续建项目进展顺利。

【城乡建设】 投资18 972万元，完成市区楼房开发建设40项，面积21.08万平方米，其中新开工程36项，面积14.09万平方米。基础设施投资3 725.4万元。其中投资2 432万元建设城区道路。建设繁荣大街02标段道路排水工程和三盛路延伸工程，1 301.36延长米，宽91米；城区铺设人行步道方砖4.89万平方米；养护道路60万平方米，排水管道6.7公里。投资576.4万元建设供水设施，完成南郊水厂2 000立方米蓄水池工程，铺设供水管网34 501.8米，解决了35处枯水区和22栋旧楼房7 500户吃水难的问题。投资520万元建设供热设施，新建供热站1座，接收供热站4个，使供热站总数达到23个，供热面积达到92万平方米。改造影院小区、开发小区等供热管网6 500延长米。对7个小区实施分户供热改造，面积10万平方米，使分户供热总面积达到66万平方米，占集中供热总面积71.7%。进一步推进城市绿化、美化、亮化工程。榆树大街和榆西大街等14条主街路树木补植和公园树木新植树木4 400棵，花灌木300墩，丁香模纹4 300平方米，绣线菊模纹7 300平方米，绿篱500平方米。投资186万元实施了中心街灯光隧道工程。投资86万元，实施了43栋楼房亮化工程。城乡交通、小城镇建设快速推进。五棵树、弓棚等16个建制镇投资8 100万元，开发建设各类楼房93栋，面积11.6万平方米，同比增长10.5%、16.25%和26.05%。建设各类市场6处，面积3.4万平方米。城乡交通全年投资3亿元，其中建设榆陶公路(高速公路出口至102国道)8.87公里，改建农村公路325公里，使全市村村通总数达385个，通村率达到99%。完成大坡至江桥7.9公里、大岭至育民17公里、土桥至山河屯6.8公里和于家屯至保寿8.5公里的维修工程，新改建7个乡镇客运站，完成了省道榆江公路(榆树至天德段)前期准备工作，工程招标和征地拆迁工作。配合建设单位完成了榆舒铁路可研评审和工程立项，组建了铁路项目办公室。

【工业集中区建设】 环城工业集中区是2005年12月13日省政府批准成立的省级工业集中区。结合集中区实际，在集中区设立党工委和管理委员会。集中区位临榆陶公路一侧，交通便利，现规划占地22.2平方公里。基础设施投资1 500万元，修建了“五纵二横”的水泥路5.6公里，排水管线2 500延长米，安装路灯500盏，按规划完成了集中区绿化和亮化工程。加快项目招商，全年共引进资金13.9亿元，建设重点项目14个，其中，续建项目5个，新建项目9个。由长春物流有限公司投资3 000万元，年产2 000吨脱水蔬菜项目，已建成投产，年产值400万元，利润10万元；由个人投资3 000万元建设的红星木材加工项目，已建成投产，年可实现产值400万元，利润10万元。现已有4个项目建成投产。投资1.6亿元的大豆肽运动饮料项目、投资6 800万元的大豆蛋白分离项目、投资2 000万元的高油大豆良种繁育项目都在建设之中。榆树吉久王酒厂、长春鸿运大豆有限公司都是原环城乡的老企业，现都落户集中区扩建生产。集中区积极接纳印刷包装、老村豆制品、洪洋药业等一些老企业，特别是改制企业易地改造发展。全年实现GDP22.75亿元，财政收入达到1 210万元。

【林业建设】 农田防护林更新改造工程步伐加快。全年共采伐农田防护林216.55公顷，涉及21个乡镇的100个行政村、290条林带，采伐树木11万株，蓄积9万立方米，材积6万立方米，实现销售收入2 700万元。为新农村建设审批木材350立方米，绿化街道4条，总长度4 652延长米，绿化休闲广场一个，面积2 600平方米，共用苗木7 239株。全年造林640公顷，其中包括完成了16个乡镇、100个行政村的313条林带，240公顷的更新造林任务。大力发展私营林业，坚持科学造林，从体制上解决了造林难管护的问题，使林业走上了一条造林——采伐——造林的良性循环发展之路，实现了生态、经济的双收益。加强了退耕还林管理，杜绝了复垦现象。加大对滥砍盗伐、毁林开荒、损毁幼树等林业案件的惩处力度，共处理林业行政案件43起，处理违法责任人43人；林业刑事案件12起，打处人犯15人，对有影响的大案要案进行了公开曝光，震慑了犯罪，有效地保护了森林资源。连续26年实现无重大森林火灾、火警目标。

【旅游开发】 榆树市旅游资源较为丰富。境内有一江(松花江)两河(拉林河、卡岔河)，有青鼎山、花园山、雷劈山等3座土石山，还有玉皇庙、苏家岗、石塘、向阳、于家、团山、秀水、霸家湖等多处水库。现已开发的风景区主要有：1. 五棵树沿江旅游区：位于长春五棵树经济开发区第二松花江畔，占地面积3.64平方公里。主要包括湛江寺、五棵树码头、松江峡谷等景点，是最具有开发潜力的景区。2. 雷劈山景区：位于大岭镇北部吉黑两省交界处，最高处海拔210.5米，包括雷劈山、秀色山庄、卧龙湖等，是长春市农家乐旅游示范点，年接待周边县市及哈尔滨游客上万人次。3. 青鼎山旅游区：位于新立镇北部，面积约100公顷，最高处海拔239.5米，山上树种繁多，有依山开凿的佛林，还有瞭望塔、防雹炮台、怪树等设施和景观。4. 花园山旅游区：位于土桥镇西南，最高处海拔320米，有天然林6 000公顷，人工林1 500公顷，林木资源丰富，有多种中草药材和山野菜。5. 小乡旅游区：地处土桥镇西南，面积150公顷，其中，山地100公顷，有大小山塘水库5座，山清水秀，环境幽雅。上世纪六七十年代,"学大寨,赶小乡"成为唱响吉林大地的强音。2006年,榆树市委、市政府把小乡作为社会主义新农村建设试点屯,投资1 100万元,开发建设了小乡纪念馆、小乡接待中心、齐殿云墓、水上乐园等基础设施和景观。6. 霸家湖旅游区:位于榆树市区东郊3公里处,水域面积50公顷,山地面积6公顷,有山神榆树、王豹钓鱼岛等景点。此外,榆树公园、华昌文化广场也是广大市民休闲、娱乐的好去处。全年累计投资3 767.2万元,完成了五棵树沿江旅游区水泥路建设工程、旅游区沙石场外迁工程,雷劈山"轮迹实验路"建设工程,"小乡"旅游区齐殿云墓、展览馆、接待中心等新建工程,湛江寺扩建工程取得新进展,完成了刘家大沟景区道路、拦河坝植被栽植等工程,旅游基础设施日益完善。

【政府自身建设】 认真贯彻落实《行政许可法》,不断深化行政审批制度改革,完善了政务中心功能。对41个部门1 005项权限,保留800项,暂停34项,取消113项,下放58项,能够进入政务大厅的全部进入政务大厅,进行阳光操作,向社会予以公布。共有16个部门,54名工作人员进入大厅,落实进厅许可项目42项,共受理业务1 471件,已全部办结。暂时不能进入政务大厅的,也都按照"阳光政务"的要求,明确"六公开"(审批和收费的依据、审批程序、申报条件、申报材料、办理时限、收费标准)服务内容,加强了政府机关的效能建设。3月成立了法制局,进一步推进了政府法制工作。加强民主法制建设,主动接受人大的工作、法律监督和政协民主监督,共办理人大代表议案、建议7件、政协委员提案71件。

(李荣春　贾淑华)

2006年榆树市国民经济和社会发展主要指标完成情况

指标名称	单　位	实际完成	与2005年比增减(%)
国内生产总值	万元	1 550 000	14.8
第一产业增加值	万元	500 000	9.7
第二产业增加值	万元	310 000	29.2
第三产业增加值	万元	740 000	19.3
工业总产值	万元	604 257	27.1
农业总产值	万元	769 123	10.7
全口径财政收入	万元	122 409	29.7
本级财政收入	万元	20 079	73.4
财政支出(一般性预算支出)	万元	100 000.7	95
固定资产投资额	万元	357 687	43.1
社会商品零售额	万元	326 886	9
新增外商投资企业	个	0	0
新增实际使用外资额	万美元	2 280	14
个体私营企业	个	49 621	9
民营经济增加值	万元	652 604	36
年末在岗职工人数	人	34 304	-3
全部在岗职工年人均工资	元	11 326	13.7
城市人民人均可支配收入	元	6 600	11.9
农民人均纯收入	元	4 577	8.7
普通中学数	所	60	0
普通小学数	所	374	-2.3
各类医院	所	40	0

续表

指标名称	单　位	实际完成	与2005年比增减(%)
教育经费总额	万元	27 283	7.1
科技三项经费	万元	267	73.4
卫生事业费	万元	4 495	109.6
城区绿化覆盖率	%	13.6	1
人口出生率	‰	6.02	-10.2
计划生育率	%	94	-2.1
人均地区生产总值	元	12 241	13.9
城乡居民储蓄存款余额	万元	384 426	8.5

德惠市

【概况】　德惠市幅员3 435平方公里，辖16个镇、4个街道，总人口95万，其中农村人口75万。有汉、满、蒙古、回、朝鲜等15个民族。位于长春、吉林、哈尔滨三大城市之间。南北物流大动脉京哈铁路、北哈公路平行纵贯境内，北哈公路与9条县级公路和156条乡级公路连接成网，四通八达。同三高速公路纵贯境内100公里，并留有4个出口。市区距长春龙嘉国际机场80公里，距哈尔滨国际机场160公里。沿新开发的第二松花江航道，可上溯吉林，下经哈尔滨、佳木斯至同江口岸。市区有由六横十纵16条主干线形成的道路网，各类楼房400多万平方米。市区日供水能力3万吨，主排水管线6条，汇水面积13平方公里；有一次变电所1座，二次变电所16座，日供电能力300万千瓦时；移动电话用户达到15万户，程控电话装机10万门，长途通讯线路和光缆通讯线路3 240条，全部并入国际、国内长途电话自动网，308个村村村通电话。交通物流业发达。拥有国家二级物流园区1处，年货物吞吐量达6 000万吨。其中，铁路300万吨，公路5 700万吨。有省级开发区和省级工业集中区各1处，基础设施实现了“五通一平”。黏土矿遍布全市，矿质好，砂石矿储量120亿立方米；二氧化碳气矿探明储量64亿立方米，气体纯度99.9%以上；陶粒页岩矿储量B+C+D级434万立方米，优级矿质品率达97%，是东北最大轻体建材生产基地。全市有耕地21.4万公顷，占幅员的62.3%，以黑钙土和草甸土为主，土质肥沃，适宜发展种植业和养殖业；境内江河水域面积达8 000公顷，适宜渔业和水田发展。2006年全市生产总值实现127.8亿元，同比增长18.7%；其中，第一产业增加值38.9亿元，同比增长1.1%，第二产业增加值38.8亿元，同比增长31.4%，第三产业增加值50.1亿元，同比增长26%；工业总产值实现125.2亿元。全社会固定资产投资完成45.8亿元，年均递增30.5%；全口径财政收入2.59亿元，同比增长22.6%；社会消费品零售总额实现38亿元，年均递增2.6%。农民人均收入4 673元，增长11.2%。

【农业生产】　全市农业总产值实现68.5亿元，比2005年增长7.7%，粮食总产量达到16.2亿公斤，比2005年增产1.05亿公斤，连续三年创历史新高。全市生猪、肉牛、肉羊分别发展到240万头、110万头和18万只，肉鸡出栏1.3亿只，牧业产值实现32亿元，增长10.3%，人均肉类总量在全国县级城市中名列第一。农产品加工业销售收入实现120亿元，增长15%。园艺特产业实现产值10.5亿元，增长11.1%。绿色食品发展到9大系列76个品种，总产量达到10.7万吨。转移农村劳动力17万人，实现劳务收入10亿元。种植业订单达到12.06万公顷，畜禽订单1.3亿头(只)。各类农民合作经济组织发展到209个，经纪人7 600多人，入社(会)农户2.7万户，带动农户6.5万户，分别占全市农户总数的14.6%和35.1%。全市有40多种产品打入国际市场，实现出口创汇0.8亿美元。全市农业科技进步贡献率达到50%，玉米、水稻、大豆等主粮作物良种普及率达到100%，畜禽良种普及率达到95%以上。生物防螟、农区灭鼠和测土施肥三项重大技术推广面积达到10.66万公顷，促进粮食增产近0.25亿公斤。建立农业标准化生产基地8万公顷，建成农业示范园区130个。农机总动力达到74.8万千瓦，农作物综合机械化水平达到52%，同太、米沙子、朝阳农业机械化示范区健康运行。重点实施了标准良田、节水灌溉、水土保持、水库除险加固、打抗旱井等农田水利工程建设，农业持续丰产丰收能力有了新的提高。

【新农村建设】 试点的"1镇4村"共新上产业项目30个，修建水泥路67.6公里，排水沟1.1万延长米，沼气池326个，改造围墙0.8万延长米，改厕500座，安装路灯88盏，农户门灯200盏，改建农民会馆0.7万平方米，总计投资2.3亿元。人居环境明显改观、社会风气健康向上，形成了"一村一品"产业格局。

【城乡建设】 高标准地完成了德惠路升级改造、沐德街、育红路、东一道街等街路的道路及配套工程建设，完成了植物园三期工程。完成了市区部分给水管线改造工程。在小城镇基础设施建设上，投资6 814万元，完成道路硬化44万平方米，排水建设2 710延长米，安装自来水1 633户。全年城乡房屋开发建设面积达到40万平方米，城区新增绿地4.2万平方米。完善了和平、红旗、阳光、娇景、光明等小区，新开发了广岛小区。在小城镇开发上，按照"中心崛起，大镇先行，梯次推进、整体越升"的思路，突出抓了米沙子、岔路口、菜园子等重点乡镇的开发建设，全年完成开发建设12万平方米，推进了城乡协调发展。

【道路建设】 修建乡村公路470公里，90%以上的行政村实现了"村村通"。完成县级公路改造工程菜口线38公里，极大地完善了菜园子、达家沟、大青嘴镇区面貌。区域性路网工程，和平至同太，布海至升阳，米沙子至万宝，万宝至鲍家4条老油路改造共计35公里。总造价2 613.7万元。共修建大中桥梁46座，总延长米为2 046米，造价为4 198万元，特别是裕民、惠民两座饮马河大桥的建设，在德惠农村公路建桥史上是空前的，缩短了公路交通的距离，得到了百姓的赞同和认可，拉动了地方经济的发展。对已建和在建2 000公里农村公路严格按标准进行了全面整修，共完成土方量18万立方米；出动劳动力9 400个工日，动用机械、车辆上万台次。

【招商引资】 全年共引进项目326个，引进内资37.23亿元，外资2 805万美元，同比增长分别达到20%。成功地引进了御香苑东北四省区总部项目、中明药业包装有限公司项目、长春钢铁总厂德惠新厂项目、长春大成公司12万吨附产品项目、银利达彩印包装等较大的项目，项目质量明显提升。2006年，全市已开工的超千万元新建项目23个，总投资11亿元。高标准完成了大成公司60万吨淀粉糖、达利食品三期扩建、大成公司5万吨合成氨、鸿大牧业屠宰熟食饲料、都邦药业玻璃制瓶等12个续建大项目建设任务。成功举办了第五届中国吉林德惠绿色食品节，洽谈签约千万元以上项目21个。包括香港中银公司的大豆深加工项目、上海康拜公司的年产9万立方米秸秆中密度板项目等。组团参加了东北亚博览会、东盟博览会、广交会、广博会等各类展会，突出了中国食品名城特色，展示了中国食品名城形象。

【"园区"建设】 "三区"、"三园"建设发展迅速，完成了"三区"规划调整修编工作，道路、供水等基础设施进一步完善，"筑巢引凤"功能明显增强。德惠经济开发区新建项目16个，引进资金6.06亿元；玉米经济集中区新建项目9个，引进资金6.07亿元；长春新型工业区新建项目15个，引进资金6亿元，2006年11月，米沙子被正式批准为省级工业集中区，并完成了工业集中区的规划、土地调标等项工作，经协调，争取到长春市政府支持资金1亿元，2007年全部用于基础设施建设。松花江稻米精深加工区初具规模，上禾米业已投入生产运营；达利食品三期、鸿大牧业、都邦药业等超千万元的续建大项目稳步推进。

【民营经济】 2006年，民营经济增加值达到55亿元，同比增长14.2%，民营企业户数达到562户，从业人员达到17.5万人。第三产业蓬勃发展。"万村千乡市场建设工程"顺利实施，已建成"农家店"100户，"农资店"70户。城乡市场繁荣，物价稳定，商品流通活跃。观光旅游、物流配送、中介服务等新兴产业发展迅速，同太乡八家子小康村农业旅游示范点已正式通过国家验收。

【劳动和社会保障】 全年共筹集资金109万元用于信息网络建设,更换计算机45台,完善丰富了德惠市劳动就业网站的内容。对就业困难对象开展了专项就业服务,优先提供社区服务就业岗位,2006年,由德惠市地方自行开发300个公益性岗位,解决了全部零就业家庭的就业问题。拓建了劳务输出基地。与省政府驻上海办事处、省政府驻深圳办事处、长春市政府驻北京办事处建立起了良好的合作关系,将上海、北京、深圳、天津作为德惠市的劳务输出基地。开展了“人岗对接”活动,扩大输出总量。2006年全市共召开了2次大型招聘会。暨“吉林省、长春市‘春风行动2006’送岗直通车德惠专场招聘会”和“千户民企安置万人就业招聘会”,两次活动共为4 000多名求职者找到了满意的工作。2006年共创造城镇就业岗位4 881个,城镇新增就业人员4 744人,岗位利用率达到97.2%;下岗失业人员再就业4 214人,其中,大龄就业困难对象(4050人员)再就业186人;城镇登记失业率为4.85%;创业促就业成功项目89个;地方财政配套的就业专项补助资金55万元已全部到位;实现劳务输出20.1万人,完成年计划15.5万人的129.7%,其中,省外劳务输出8.7万人,吉林保安进北京559人,境外就业6 260人;小额贷款担保基金全年新到位60万元;小额担保贷款当年新发放金额112万元。为8 697名下岗失业人员发放社会保险补贴344万元。全面开展职业技能培训工作,形成以劳动保障部门就业训练中心为龙头,17个培训基地为主体,社会培训力量广泛参与的就业再就业培训工作格局。开设了实用性、操作性、技能性强的20多个工种和专业的就业再就业培训班。2006年,下岗失业人员技能培训3 567人,下岗失业人员培训后有3 109人就业,就业率为82%。下岗失业人员创业培训236人,创业成功162人,创业成功率69%。全年发放职业技能培训补贴229万元。参加职业技能鉴定4 545人,下岗失业人员职业技能培训后,参加职业技能鉴定3 410人,鉴定率为96%,职业技能鉴定合格率为80%。同时,建成农村劳动力转移培训实训基地20个,建成率达到100%。基本养老保险参保36 755人,完成年计划35 078人的104.8%,其中非公有制经济组织参保27 581人,完成年计划27 573人的100.1%,实际缴费人数占参保人数的比例94%;基本养老保险费当期征缴额9 824万元,完成年计划5 599万元的175.5%;基本养老金按时足额发放率100%;企业退休人员社会化管理率100%,其中社区管理率达到100%;上级财政转移支付资金按季到位率达到100%。失业保险参保35 560人,完成年计划35 477人的100.2%;失业保险费征缴金额(含清欠)878万元,完成年计划297万元的295.6%;失业保险金按时足额发放率100%。基本医疗保险参保43 589人,扩面新增1 570人,完成年计划1 500人的104.7%;城镇居民参加住院保险15 125人,完成年计划15 000人的100.8%;基本医疗保险缴费率100%,完成年计划96%的104.2%。工伤保险参保17 085人,扩面新增2 081人,完成年计划2 000人的104.1%,其中:高风险企业参保率100%,完成年计划90%的111.1%;工伤保险缴费率100%,完成年计划95%的105.3%。全市6 371户、14 187人享受最低生活保障,分类施保1 723户、3 706人,人均每月118元,分类施保率100%。同时加强低保档案管理,形成了社区、街道、民政局的三级管理体系,两个街道、十个社区都配备了电脑,低保工作信息化建设达标率100%。全年德惠市财政城市低保资金最低预算240万元,现已全部到位,到位率100%。低保工作正向规范化方向发展。城市低保资金全部实现社会化发放,保证低保资金安全及时地发放到低保户手中。

【文化教育】 中考成绩在长春市外县(市)中名列前茅。在高考中有1人列全省前10名,进入一般本科线的人数居长春市外县(市)首位。竞技体育取得骄人战绩,在吉林省第十五届运动会上,德惠市在全省县(市、区)中列金牌数第一,奖牌总数第一,团体总分第一。

【社会事业】 新建改建中小学校11所,整合农村中小学校9所,改造危房2万平方米。投资1 200万元,新建了传染病院,占地面积10 000平方米,建筑面积4 922平方米。投资360万元,对6个乡镇卫生院进行了改建。并新建了生殖保健医院、全民健身馆、14个社会福利服务中心等公共设施,启动了新型农村合作医疗试点工作,农村光缆传输有线电视发展到3万户，农民人均生活用房使用面积达到22平方米。精神文明建设、民主法制建设、经济发展软环境建设的整体水平大幅度提升。开展了以“万名干部下基层”为载体的爱民工程，送去扶贫物资245.3万元，党群干群关系进一步融洽。

（刘庆国）

2006年德惠市国民经济和社会发展主要指标完成情况

指标名称	单位	实际完成	与2005年比增减%
年末总人口	万人	92	0.33
地区生产总值	亿元	127.8	18.7
第一产业增加值	亿元	38.9	1.1
第二产业增加值	亿元	38.8	31.4
第三产业增加值	亿元	50.1	26.0
工业总产值	亿元	125.2	
人均地区生产总值	元	13 985	20.0
全社会固定资产投资总额	亿元	45.8	30.5
全口径财政收入	亿元	2.59	22.6
一般预算收入	亿元	2.59	22.6
一般预算支出	亿元	8.6	18.8
城乡居民储蓄存款	万元	438 505	8.25
社会消费品零售总额	亿元	38	5.6
城镇居民人均可支配收入	元	7 806	13.9
农民人均纯收入	元	4 673	11.2

九台市

【概况】 九台市位于吉林省长春市和吉林市中间，东经125°25′至126°30′，北纬43°51′至44°32′。属松辽平原东南边缘与长白山脉过渡的台地，年平均气温5.4℃，无霜期160天，降水量665.5毫米，有效积温3 091.3℃，地势呈东北至西南走向，属半山区，四季分明。全市幅员3 375平方公里，其中，耕地面积160 164公顷，林地面积6 490公顷，水域面积7 800公顷。拥有公路、铁路、高速公路、空中航线组成的陆空交通网络。长春龙嘉国际机场坐落在九台境内，长春至图们铁路、长春至吉林高速公路、长春至吉林公路北线平行横贯境内。市区西距长春市49公里，东距吉林市76公里。全市共有13个建制镇、2个民族乡、3个街道。总人口85万人。除汉族外，有满、回、朝、蒙古、壮、瑶、苗、彝、藏、赫哲、土家、锡伯、水族等13个少数民族。2006年，九台市地区生产总值达到1 015 773万元，比2005年增长28.63%。其中，第一产业增加值实际完成192 318万元，比2005年增长20.63%；第二产业增加值实际完成373 403万元，比2005年增长32.3%，其中规模以上工业增加值96 250万元，比2005年增加53.69%；第三产业增加值实际完成450 052万元，比2005年增长29.31%。一、二、三产业比为18.93:36.76:44.31。全口径工业总产值完成824 800万元，比2005年增长28.8%；规模以上工业个数75个，规模以上工业产值275 000万元，比2005年增加50.4%；财政一般预算全口径收入达到43 554万元，按可比口径比2005年增长39.77%，本级财政收入实现29 277万元，比2005年增长38.06%。城市居民可支配收入达到5 670元，比2005年增长12.6%。农民人均收入达到4 785元，比2005年增长10%。全年固定资产投资实现383 900万元，比2005年增加50.9%。社会商品零售额达到269 782万元。金融机构存款余额511 608万元，比2005年增加23.32%，金融机构贷款余额403 001万元，比2005年增加14.1%。

【农业生产】 九台市落实各项惠农政策，使农业和农村经济得到全面发展,新农村建设初见成效。粮食总产量954 995吨,农业总产值达到362 500万元,比2005年增长25%。在稳定播种面积的同时,继续优化粮食生产结构。重点稳定玉米、水稻两个高产作物面积,适度增加大豆面积,增加经济效益好的经济作物面积,全市优质粮食面积明显增加,主要粮食作物播种面积达到14万公顷,其中,优质玉米面积11万公顷,优质水稻面积1.6万公顷,优质大豆面积达到1.1万公顷。重点实施了苗木花卉、芸豆、杂豆、果品、瓜菜、黏玉米、优质水稻等生产基地建设,全市订单面积达6.5万公顷,占农作物面积的40%,落实省市科技示范项目96项,新建各类种植业科技示范园区208个,其中,玉米大豆间套作推广示范区150个,1 500公顷。实施"四个一"工程,发展畜牧业生产,通过开展"四个一"工程和牧业小区建设,保持了畜牧业生产的稳步发展,2006年,生猪发展到69万头,黄牛23万头,家禽1 550万只,新增"四个一"标准社120个,标准化小区28个,加强了四大疫病和常规免疫工作,免疫率达95%以上。积极开展植树造林,加强森林保护工作。共完成造林406.6公顷,栽植苗木231万株,投入资金320万元。其中,农防林更新造林86.6公顷,退耕还林1 00公顷,小型公益林86.6公顷,更新造林133.3公顷。完成封山育林生物围栏45 000米,栽植刺槐27万株,春季森林防火实现了无火警发生。

【水利工作】 1. 对全市1 300多眼机电井进行了维修,为玉米催芽坐水种做好水源准备。2. 全面开展防汛工作,本着以防为主,防重于抢,未雨绸缪,防患于未然的方针,在汛前做好各项准备,使石头口门水库30多年来最大一次放流680万立方米/每秒的情况下,保证了大堤没有出现较大险情。3. 水利工程建设取得新的成果,共完成投资1 452.74万元,完成综合工程量39.11万立方米。主要有:饮马河灌区节水改造项目建设任务、牛头山水库除险加固工程当年建设任务、小南河城市防洪工程当年建设任务、柴福林子水库应急度汛工程当年建设任务、白家护岸工程和饮马河汛前应急度汛等6大项水利工程当年建设任务。4. 坚持开展农田水利基本建设,把农田水利基本建设作为五秋工作的重中之重,共完成农田基本建设综合工程量51.8万立方米,完成堤防加固14.8公里,完成涝区排水沟清淤89.3公里,路边排水沟清淤16.2公里。共完成农田基本建设综合工程量50万立方米。5. 有效控制了水土流失,完成了治理西营城官马山小流域工程建设任务,完成了农道桥4座、过水路面1处、植树3公里、木桩编排柳护岸800米,完成投资15万元。大大减少了人为造成新的水土流失。治理整顿与破坏的比例由1:1.3下降为1:0.3,从根本上扭转了破坏大于治理的局面,使水土流失得到有效控制。6. 水产生产获得较快发展,全市共有养殖水面0.21万公顷,农村渔业生产户达1 498户,水产品产量达3 940吨。

【招商引资】 不断丰富招商引资的形式和手段,组织专业小分队多次赴"长三角"、"珠三角"开展专业招商,还紧紧抓住长春市退二进三、城市东移的有利时机,开展了大规模的叩门招商活动。共引进新建投资额500万元以上项目65个、续建项目181个,其中投资额超亿元的项目有12个。全年实际到位内资145 000万元,比2005年增长30.4%,到位外资2 850万美元,比2005年增长7.53%。围绕六大主导产业,进一步加大了招商引资和项目开发力度,继续实行大项目领导包保责任制,对有招商引资和固定资产投资任务的部门和乡镇实行目标管理责任制,完善出台了优惠的招商引资政策,在继续实行2.5‰招商引资奖励政策的基础上,财政拿出200万元作为招商引资奖励资金,重奖对招商引资做出贡献的单位和个人。固定资产投资超亿元的项目情况:华能电厂项目,计划总投资100亿元,占地面积48.9公顷,总装机容量四台66万千瓦发电机组。一期工程计划上两台机组,已完成可行性研究论证和环评工作;龙家堡煤田项目,计划总投资12.1亿元,设计能力为年产优质煤300万吨。该项目已完成投资2.4亿元;山东金锣二期扩建项目,该项目于1997年落户九台,2004年项目重新扩建,新增投资10.9亿元,其中固定资产投资4.5亿元,占地面积55万平方米,2006年,高、低温加工车间,屠宰车间投产;长春骏升农用机械项目,计划总投资6亿元。一期工程投资3.57亿元,占地17万平方米,2005年6月开工建设,二期工程2006年动工，占地面积13万平方米；德源生物热电工程项目，计划总投资5.76亿元，一期工程计划投资2.9亿元，设计装机容量为两台25万千瓦机组，占地10万平方米。该项目已经完成选址征地，进入施工阶段；新立民俗村项目，计划总投资3亿元，占地面积37.8万平方米，将建成53栋风格独特、设施齐备、功能完善的住宅楼，同时建设会所、宾馆、跆拳道馆、展馆及配套设施等。一期工程已于4月28日开工建设，投入资金4 000万元完成120多户拆迁工作，正在建设18栋小康示范楼，部分工程已经完成；吉林天景30万吨鲜玉米食品开发项目，计划投资5.5亿元，占地面积20万平方米，建筑面积16.2万平方米。主要产品有“爱愈浓”牌玉米系列饮品及鲜玉米食品、保健品等5大类100多个品种，年可生产各类食品30万吨，主体工程已完工；长春海伯尔生物制药项目，一期总投资2.4亿元，总占地面积32.8公顷，主要产品为重组人工干扰素注射液及丙型肝炎疫苗。2006年，进行二期建设，新增投资1.5亿元，投产后，年产丙肝疫苗2 500万至3 000万人份；吉林光大实业集团煤矸石空心砖二期工程项目，计划总投资3.35亿元。占地面积22万平方米，年生产煤矸石空心砖5.2亿块标砖，一期投资6 420万元，年产1.2亿块空心砖生产线已建成投产，2006年，投资1.25亿元进行二期工程建设，并于年底投产；长春聚德龙铁塔集团输变电线路铁塔制造项目，计划总投资1.3亿元，其中固投9 100万元，占地19万平方米，已进入施工阶段；长春宏达产业集团预制管桩制造项目，计划总投资1.95亿元，其中固投1亿元，占地5.6万平方米。年产600万米预制管桩，项目主体正在施工建设；皓月集团150万张皮革加工项目，2005年9月，皓月集团与意大利玛里奥公司正式签订合作协议，建设中意皮革园项目。项目建设将分三期进行，其中一期投资5亿元，年加工50万张皮革、20万辆汽车皮革坐垫套，在皓月集团前期建设的基础上，2006年投资5 000万元建设了污水处理厂，其中九台市承担外管网（包括三个蓄水池）建设工程。

【民营经济】 2006年，民营经济实现总产值190亿元，比2005年增长25%；实现总收入178亿元，比2005年增长26%；实现利润12亿元，比2005年增长29%；上缴税金2.9亿元，比2005年增长31%；从业人员达到16.3万人，比2005年增长14%；总户数达到4.01万户，比2005年增长18%。重点采取四个方面举措：1. 强势宣传，营造氛围。“培育民本经济，推动全民创业”的战略举措得到进一步落实，大张旗鼓地开展全民创业的宣传，培植有利于民营经济发展的社会心理和创业理念。通过干部宣讲、电视专题、典型宣传、过街横幅、传单等多种形式，努力在全市形成“今日打工仔，明日小老板”、“创业致富光荣，争当老板光荣，给子孙后代留产业光荣”的浓厚社会氛围。2. 制定政策，优化环境。按照“放活、多予、少取”的原则，全面落实《九台市全民创业政策》。放宽民营经济生产经营领域，降低市场准入门槛，不限经营主体，不限发展比例，不限发展速度，不限经营规模；2006年，担保公司累计发放贷款8 838.5万元，为全市40余家民营企业、2 000余名个体工商户提供了担保支持；同时，实行减免政策，把收费降到最低水平，最大限度地降低群众创业成本。让群众在创业中真正得到实惠，真正使政策发挥推动民营经济发展的杠杆作用；建立了市行政服务中心，已进驻中心的部门有34个，涉及到审批事项108项，实行一站式办公服务；出台了《关于对干扰损害经济发展软环境问题处理的暂行办法》、《九台市软环境建设“十条”禁令》等文件。3. 推进改革，盘活项目。不断加快公有制企业改制步伐，通过改制让老企业焕发生机，促进民营经济发展壮大。九台市原有公有制工业企业87户，通过改制，已成为民营经济的生力军，年可实现产值4.2亿元、税金2 800万元。4. 壮大载体，集聚发展。九台经济开发区和省级九台工业集中区规划和建立，成为民营经济大发展的平台，2006年，九台经济开发区新落户民营企业20家。

【城市建设】 城市建设明显加快，各项指标基本完成。城市基础设施建设总投资4 473万元，其中，自筹资金投入738万元。投资2 544万元新建和改造道路7条，排水管路6条。建设了中央大街二号路和排水管路、福兴新区二标段工程、九舒绕越线工程及排水管路、道路边石；新建了长春九台师范高中周边道路及排水管路、长通路排水管路、吉林嘉鹏有限责任公司道路排水及步行街工程;投资300万元更新改造路灯150盏;投资9.9万元进行了长通路护坡。城市给水工程建设力度较大。其中投资247万元改造市区管网12处,主要改造长春九台师范高中前路段二次供水管网450米、省结核医院小白桥居民供水改线150米、新华小学二次供水改造128米、自来水东二次供水改造356米等,同时,投资193万元更新改造了九台大街1 286米,投资530多万元改造了南山水场、9个小区的供水外网,减少跑冒滴漏雨,确保了安全供水。城市基础设施维护工作,实现工程总产值670万元。其中,完成了三道街东段和乐园路至转盘的路面"盖被"工程,总面积10 400平方米,总造价110万元;完成处理道路翻浆29处,主要是九台中心粮库东门、九郊路、百汇路、沿河街、二道街东段、曙光大街等,总面积9 130平方米,总造价97.08万元。进行了下水道养护,清掏下水井879座、雨水井1 600座,更新硅塑检查井盖、雨水井盖700套,改造技工学校下水管路及加高马葫芦13座,总造价33.8万元,更换路灯罩、整流器、控制器、变压器221件,更换电缆1 070米,总造价13.5万元,保证了路灯亮化率95%以上。房地产开发逐年提升,建设投资稳步增长。房地产建设突破61万平方米,其中桦甸神州房地产公司、新立民俗村、长电房地、商贸城、佳隆花园等开发面积突破30万平方米。加强了农村小城镇建设。总投资3 350万元,完成房地产开发工程17项,总面积4万平方米;投资160万元,完成明沟排水686米,投资30万元完成管道排水200米。按照社会主义新农村建设要求,抓了九郊街道新立村、龙嘉镇龙家村、卡伦镇和气村三个试点村,新的试点村规划正在调整。城市规划首次建立了九台市区基础设施电子版,完成了给排水、供电、通讯、有线、燃气等基础设施的调查、成图工作,并实施了电子归档管理。完成佳隆花园、龙凤花园二期、营城矿区家属楼、烟草办公家属区、监狱周边等区域详细规划设计10项,规划用地面积54.5公顷。审批拆迁许可项目11件,涉及拆迁户1 230户,拆迁面积7.5万平方米,实际拆迁289户,拆除面积13 600平方米。清理整顿了市容市貌。对阻碍交通、影响市容、破坏路面、污染环境、噪音扰民、占道经营等行为进行了地毯式清理。围绕"八乱"现象,共清除销毁拦路虎820余块、违章牌匾2 173块、清刷张贴野广告12 500余张,清理占道物资1 863处,清除影响市容和交通视线的各类违章浮亭131处,清理游商、散摊、场外交易4 270余人次,规范基建工地7处,净化了街路、美化了环境。集中整治了三轮车。处理违章人力三轮车3 360台次。取缔了占道作业,强化了站前广场、电影院门前、西环路小型货车车市、四小学沙车车市等停车场的管理,对全市110户从事修车、洗车行业的业户进行了严格整顿。加大了环卫工作力度,确保城区整洁。改变了原有的垃圾收集方式,地坑式垃圾中转站、垃圾摇臂车等新型环卫设备投入使用,市区内主街路的垃圾箱已经取消,垃圾清运做到了日产日清。2006年,共收缴卫生费840 612元。有序地实施了街路绿化补植工程、溪桥公园绿化工程、护坡绿化工程、广场庭院绿化工程,栽植各种草本木本植物20 000多株,补栽草坪21 000平方米。

【营城采煤深陷区治理】 进一步明确了沉陷治理的范围,对中心区、营城四小学、王家屯、西窑地、雷家沟、杨家大院、上家、机电南三角地、大板厂西等10个散迁区的2 156户居民进行入户登记摸底。配合吉林省危房鉴定中心的专家对散迁区的2 156户居民住房进行逐户鉴定;配合吉林省环保监测中心对大板厂西铁路专用线两侧的居民住宅区进行了有害气体监测,97户受害严重的居民得到了妥善的安置;九台市安全监察局业务人员对中心区地表下陷区进行了实地勘测。重点实施了沉陷区居民一期搬迁后的拆迁工作和二期搬迁工作,有2 311户居民迁入福星新区。加强了对上争取和协调,新增安迁1 384户的调整概算工作已经国家发改委同意;营城煤矿棚户区改造实施方案通过省级评审。

【开发区建设】 按照"重中之重开发区"的思路建设九台经济开发区,其中,控制区面积442.37平方公里,建成区面积36平方公里,起步区面积10平方公里。到2006年末,开发区内已累计收储土地330公顷,累计投资2亿元进行了基础设施建设,达到了"七通一平"的标准,累计引进项目58个,计划总投资20.4亿元。抓住推进长吉经济一体化战略的契机，于2006年9月23日经省政府批准设立九台工业集中区，区域四至范围包括营城街道、土们岭镇、西营城镇和九郊街道头道村，控制区面积375.74平方公里，常住人口11.14万人，规划面积30平方公里，起步区面积7平方公里，规划了五大功能分区，即：在营城规划生态畜牧园，在西营城建设生物医药园，在土们岭建设生态休闲娱乐园、能源工业园，在九台南部新城建设新兴工业园。

【社会事业】 1. 教育事业，投资110.9万元，新增远程教育设备726台套，完成了农村远程教育二期工程建设；投资47万元，增加职业教育硬件投入，推进了职业教育发展；实施扶贫助学工程，有15 000名中小学生享受到了129.3万元的“两免一补”补助。改造学校危房13 000平方米，实施了中小学布局调整工作，完成了50%乡镇中学和中心校的合并任务。

2. 卫生计生工作，整顿了医疗市场，纠正了医药购销之中的不正之风；对全市医疗单位及个体诊所进行经营秩序药品质量、药品价格检查，取缔无证行医3家、承包科室4家、立案15起、处罚14家、净化了医疗市场。制订了《九台市医疗机构设置规划》。开展艾滋病防治宣传教育，进行流行病学调查和疫情监测，落实“四免一关怀”政策，投入4.5万元对艾滋病患者实施免费救治；启动九台市突发公共卫生应急预案，对适龄儿童进行了麻疹疫苗应急接种，共接种9.7万人次，接种率达到97.7%，对三所高中未发病的学生进行了麻疹疫苗接种，共接种9 567人；投资258万元，开展冬春两季防病性灭鼠工作，2006年发生出血热病例64例，比2005年下降49.2%；有8家医疗机构实现疫情网络直报；四苗接种覆盖率达到98%；代表吉林省迎接国家亿万农民健康教育评估小组的验收，被命名为“全国亿万农民健康促进行动”典型示范县；开展了“以病人为中心，以提高医疗质量为主题”的医院管理年活动；巩固发展了新型农村合作医疗，有49.79万人参加了合作医疗，农民参合率达到77.7%，筹集参合基金241万元，为参合农民支付医药费补助1 820万元，占参合基金的81.2%，参合农民有17.5万人受益，其中，在乡镇卫生院住院的有4 409人，补助116.7万元，乡镇卫生院门诊人数15.7万人，补助53万元，大病二次补助363人，补偿39.2万元，在市内二级医院住院的有7 577人，报销514万元，在省、长春市医疗机构住院的有4 178人，报销791万元，报销金额达到1万元以上的有113人，达到封顶线2万元的有9人；投资122万元改建三家卫生院，改建面积1 740平方米，九台市医院投资132万元添置奥林巴斯大型全自动生化分析仪、全数字超声诊断仪、血液分析仪等设备。2006年出生人口5 315人，比计划少生1 627人，人口出生率、人口自然增长率分别为6.20‰和3.12‰，比计划低2.61‰和1.29‰，政策生育率为95.18%，比计划提高3.18%，出生婴儿性别比为107∶100；兑现实行计划生育的农民1 163人，发放奖励扶助金69.8万元，兑现城镇退休独生子女父母292人，发放奖励扶助金58.4万元，兑现城镇无职业独生子女父母166人，发放奖励扶助金33.2万元。

3. 广播电视工作，在开辟九台电视台综合频道、九台有线电视台互动点歌频道的基础上，新增设了九台电视台娱乐频道，丰富了荧屏内容，满足了群众文化需求；《九台新闻》增加到13分钟，《新闻晨报》保持15分钟，专题增加到15分钟；电视台开设了《谈话》、《作品赏析》、《才艺看台》栏目；专题栏目保留《希望田野》、《百姓生活》、《阳光地带》；重点报道有所突破，精心组织并策划《构建和谐九台》系列宣传报道，结合开展保持共产党员先进性教育活动开辟了《永葆党的先进性新闻回声》、《时代先锋》专栏系列宣传报道，结合九台电视台建台十周年、结合党的八十五岁生日分别开辟专栏和专题，结合党代会、人代会、政协会集中做好各项成就宣传，结合建设社会主义新农村、社会主义荣辱观、招商引资、下岗再就业、劳务输出、安全生产、抗洪防汛、农博会等开展宣传报道。新闻宣传硕果累累，共编播电视新闻稿件3 560多篇，有177篇稿件在省及长春的电视台、广播电台播出，其中，晚新闻62篇，早新闻25篇，社教37篇，电台53篇；电视节目创优也取得显著成绩，荣获省级奖10个，其中，新闻一等奖1个、新闻二等奖2个、社教二等奖1个、社教栏目二等奖1个、新闻栏目三等奖1个，同时荣获省新闻奖4个、荣获长春市一等奖11个，其中，新闻作品奖5个、栏目奖1个、专题社教奖3个、播音奖2个,获二等奖6个,其中新闻作品奖3个、专题社教奖2个、播音奖1个;强化农村有线电视网络建设与管理。在城区光缆建设上,线路光缆新铺设25公里,实现了城区有线电视传输光缆化。新开通了48个光节点。有线电视机房光缆改造全部完成,机房内总芯数已经达到456芯。农村乡镇光缆铺设48公里,电缆架设108公里,有线台上了熔接机和光时域反射仪,缩短了城乡光缆故障导致的停播时间,机房新增了光缆配线柜,更新了电视墙,设40台监视器;无线机房,将原有的九台节目发射机扩大功率,由2 000瓦增到3 000瓦,增上一套娱乐发射机;有线收视费完成277.1万元(含营城收入17.1万元),安装费达到了82.3万元,查处黑户191户,累计追缴收视费近4万元,取缔私接乱引黑户430户,取缔卫星接收天线125户,农村有线管理,农村有线电视收入达到128.8万元(含九郊15.9万元),农村有线电视村新发展40个,累计达到103个,城乡累计发展用户达到5 471户,其中,城区3 120户,农村2 351户。有线电视节目依然保持39套,收视效果良好;强化广告管理,完成广告创收247.2万元;加强播出管理,电视剧一律使用省供片中心及带有准印证的专业碟,引进电视剧69部1 820集,引进电影200部,对自办节目执行"三审制",无线电视收视覆盖率达到95%以上,共播出电视剧151部5 321集,播出电影300余部。

4. 群众文化活动丰富多彩,"三节"期间举办了春联书法作品展、收集反映改革开放大好局面和建设社会主义新农村的作品300多幅;和10余家企业合办了大型迎新年联欢会;元宵佳节举办了"龙腾盛世"大型彩灯展和灯谜竞猜。灯展是九台市二十年来举办规模最大、参展单位最多、内容新颖的一次盛会。共有84家单位参展,观看人数达数10万;2006年组织开展社区、校园、企业、广场等大型文化活动30余次,积极引导社会力量参与文化活动,和企业、商家合办各类大型文化活动10余次;为使"八荣八耻"深入人心,创作了反映其内容的喜闻乐见的"折子画"、"群口快板"、"三句半"和"表演唱"等艺术作品,为群众文化活动开展探索出了有效途径;加大了文化为"三农"服务力度,印刷科普知识宣传画到农村进行宣传;开展了"文化示范村"建设活动和农村文化活动月。共建设文化示范村12个。少儿艺术教育有了进步,在2006年的少儿艺术节上九台市有50名儿童参加在长春的比赛并取得了优异的成绩;围绕中心工作广泛开展文化宣传,组织"四解服务一线行"工作组下乡演出宣传20余次;开展非物质文化遗产保护的申报工作,关云德的满族剪纸、满族祭礼,王玉莲的树叶画,王忠思的泥塑,王廷启的民间剪纸,都向上级部门进行了申报。

5. 文物工作,认真宣传贯彻《文物保护法》,加强了对全市域内重点文物的检查和保护力度,及时处理破坏文物的事件,对卡伦亚东钢结构厂破坏文物保护单位地址的情况进行了严肃查处。对即将新建的吉林省德源电厂涉及到的辽金时期遗址进行勘测,重点文物得到了有效保护。

6. 加强了文化市场管理,结合市委、市政府对互联网上网等服务营业场所专项整治行动和加强未成年人思想道德建设,先后组织开展集中统一行动12次,查缴违规音像制品34 000余张,取缔无证经营摊点5处,收缴盗版教辅读物"口袋本"1 200册、处理违规业户13家,收缴电子游戏赌博机7台、集中销毁电路板170块,暂扣违规网吧电脑服务器316台(件),处罚违规经营业户15家,网络文化市场监控技术革新有了新的提高,实行了网络文化监控软件的升级,真正意义上实现了与省市监控平台联网运行。对所有网络经营业户终端进行24小时监管,网吧接纳未成年人和浏览不健康网页现象得到了有效遏制;聘请了35名由社会各界代表组成的义务监督员。

7. 群众体育健康发展,各单项体育协会以"亚冬会走近九台"为主题,开展了各单项活动,九郊街道新立村还承办了省级门球比赛,原省级老领导亲自参加比赛,举办了"体彩杯"象棋比赛,以及全民健身活动展示等。创建体育传统校和特色体育乡镇活动得到了巩固,沐石河镇卢家中心小学被推荐参加省级传统特色学校评估。在吉林省第二届群众体育大擂台赛活动中,组成了卡伦镇、龙嘉堡村队代表长春市参赛,均获得了第四名和精神文明奖。九台体校创建全国青少年体育俱乐部已获国家体育总局批准。吉林省第十五届运动会，九台市有田径、柔道、跆拳道、射击、射箭、台球、武术等9个大项42个小项比赛，共获金牌26块，银牌24块，铜牌8块，总分1 118分，超额完成了长春市下达的金牌任务，市体校田径队在省运会上获田径单项总分第一名，文体局、教育局、市体校被长春市政府授予参加省十五届运动会突出贡献单位称号。市体校、实验小学被授予输送人才贡献单位，市体校被授予优秀运动队称号，孟德富等5名教练员被授予优秀教练员，赵士民等5人被授予优秀体育工作者称号。2006年体育彩票终端达33台，体育彩票销售已覆盖全市城乡，销售额实现900万元，比2005年增长10%。

【民生问题】 努力解决民生问题，保障社会稳定。有425名下岗职工被聘为社区治安员和劳动保障服务员，输出劳动力19万人次，拓宽了群众增收渠道，加强了医疗、工伤、失业和基本养老保险制度建设，城乡低保能力明显增强，有城镇居民3.3万人、农民2万人享受到了低保待遇，建设了九台福利中心，改造了农村敬老院，开展了“关注困难群体，情系矿区百姓”和“双日捐”等爱心活动，启动了住房公积金和供暖补贴。围绕企业改制、营城沉陷区治理等方面的不稳定因素，落实了信访工作领导责任制，以提高信访隐患排查化解率、提高初信初访接待处理成功率、提高控制信访问题越级的成功率、提高信访案件的办结率为目标，全面规范信访受理办理行为，解决信访突出问题，受理办理群众来信来访总量446件(批)次，办理省信访局交办信访件5项，办理长春市信访局交办信访件3件全部按期办结。完成了基层派出所、司法所办公用房。进一步强化安全生产法制建设和专业执法队伍建设，对重点领域进行了集中专项整治，全部取缔营城非法小立井，建立了安全培训教育中心，矿山事故抢险救援中心和煤矿瓦斯远程监控中心，建立了突发性公共事件应急预案体系。

【民主法制建设】 主动接受市人大法律监督、工作监督和政协民主监督，办理人大代表议案2件、意见、建议47件，办理政协委员提案44件。加强了同工商联及群众团体的联系，贯彻落实民族宗教、外事侨务、妇女儿童、老年人、残疾人等各项政策，新建了5 800平方米的市行政服务中心，便民服务渠道进一步拓宽。开展了政风政纪教育，政府廉政建设得到加强。

（辛继刚　李海英）

2006年九台市国民经济和社会发展主要指标完成情况

指标名称	单位	实际完成	与2005年比增减(%)
地区生产总值	亿元	101.58	28.63
第一产业增加值	亿元	19.23	20.63
第二产业增加值	亿元	37.34	32.3
第三产业增加值	亿元	45.01	29.31
全口径财政收入	万元	43 554	39.77
本级财政收入	万元	29 277	38.06
工业总产值	万元	82.48	28.8
农业总产值	亿元	27.54	-8.3
社会商品零售额	亿元	26.98	52.8
固定资产投资额	亿元	38.39	50.9
农民人均纯收入	元	4 785	10
城市居民人均可支配收入	元	5 670	12.6
年末全部在岗在职工人数	人	52 812	48.0
年末全部在岗职工平均工资	元	12 000	19.4
普通中学数	所	38	-2.6
普通小学数	所	272	-4.9

续表

指标名称	单位	实际完成	与2005年比增减(%)
各类医院	所	35	9.4
人口出生率	‰	6.2	-14.2
计划生育率	%	95.18	1.14
人口自然增长率	‰	3.12	-16.6
人均地区总产值	元	12 248	28.17

朝阳区

【概况】 朝阳区位于长春市城区中南部,下辖9个街道、55个社区和2个镇以及省级开发区——长春朝阳经济开发区。全区幅员228平方公里(其中建成区面积26.6平方公里),人口69.3万人。2006年朝阳区以“经济工作赶大连西岗,社会事业瞄全国先进”为总体目标,依托“五大经济板块”(建成区商贸服务业板块,朝阳经济开发区新型工业板块,“富锋分区”板块,永春教育、研发创意、高端产业板块,乐山都市型农业旅游观光板块),发展“两大主导(商贸服务业,新型工业)、六大重点经济”(房地产、楼宇、都市工业、物流、旅游和农业经济),实施“工商并重、招商先行、项目领跑、平台早筑、民营主导、政策扶持、服务保障”28字经济发展举措,发挥优势特色,立足全面争先,全区经济和社会事业保持了快速健康发展的良好势头,实现了“十一五”良好开局。

【经济实力显著增强】 全区国内生产总值达到134.9亿元,比2005年增长14.1%;全口径工业总产值实现25.5亿元,比2005年增长13.3%,规模以上工业企业产值实现18.5亿元,比2005年增长14.6%;民营经济增加值实现63亿元,比2005年增长25.6%;农业总收入实现16.2亿元,比2005年增长12%;全口径财政收入实现21.3亿元,比2005年增长28%;本级财政收入达到3.8亿元,比2005年增长32%。

【招商引资和项目建设】 通过创新招商方式,突出项目建设,落实责任机制,引进了德国本特勒汽车部件公司、台湾百脑汇科技资讯广场等亿元以上项目42个、五千万元以上项目46个。全年重点包装推介了45个、总投资140亿元的招商项目;在苏州召开了投资环境说明会,在长三角、珠三角等发达地区设立14个委托招商点,在上海建立招商办事处。全年引进市认定内资18.5亿元、外资3 300万美元。全区固定资产投资项目198个,完成投资62.7亿元,比2005年增长78.1%。

【工业经济快速增长】 长春朝阳经济开发区建设步伐加快,基础设施建设不断完善,基本实现“七通一平”。目前,开发区共有企业145户,其中汽车零部件加工企业81户,配套产品已达12大类、3 500余种。产值亿元以上企业14户。有12户企业与美国、法国、德国、瑞典、台湾等10个国家和地区的企业进行了合资和技术合作。启动了开发区二期10平方公里发展规划,全年收储土地50公顷,新开工项目12个,新增固定资产投资9亿元。全年实现产值23亿元,比2005年增长15%,实现税收1.95亿元,比2005年增长113.2%。

【商贸服务业提速升级】 立足优势特色,着力打造“四圈十街”(四圈指重庆商圈、红旗商圈、桂林商圈、欧亚卖场商圈,十街指西安大路商务街、同志街名品名店街、建设街和安达街餐饮、娱乐街、解放大路金融街、长春韩国商业街、开运街汽车配件装饰街、湖西路影视文化街、工农大路科技电子街、卫星路家居装饰街)商贸发展平台。万达星级电影城、沛客服饰广场、上海浦东发展银行等一批知名企业的进驻,新世纪鸿源购物广场、新润天国际等一批投资超亿元大项目的建设与落成,增强了商圈、特色街路的厚重与实力。在特色街路建设工作中,红旗商圈和欧亚卖场商圈启动了“假日经济”活动,有力地推动了商圈的建设。全年新增大型服务类企业10余家,增加营业面积近3万平方米,全区限额以上批发零售总额实现166亿元,占全市的45%,以商贸服务业为主体的第三产业增加值已占全区生产总值的68.1%。

【房地产和楼宇(总部)经济】 以商业地产、棚户区改造为重点,盛世城、宜家国际公寓、富苑华城、长影世纪村、大禹城邦、南郡水云天等24个项目相继建设。全年房地产投资达到30.3亿元,实现税收8 093万元,比2005年增长189%。以西安大路商务街建设为重点,全区大型商务楼宇已达36幢,总建筑面积103.4万平方米,入驻企业已达900余户(不含个体)。全年商务楼宇实现营业额46亿元,税收2.5亿元。

【民营经济】 全民创业工作扎实有效,全区共打造创业街路39条,新创办企业2 350户,全区个体私营企业已发展到14 500户,民营经济增加值实现63亿元。民营经济税收实现9.5亿元,同比增长14.9%。2006年5月,朝阳区在市中小企业局召开的民营经济会上和全民创业工作会上介绍了经验;10月在吉林省政府召开的全民创业工作会上介绍了经验。

【新农村建设】 结合农村工作实际,紧紧围绕"生产发展、生活宽裕、乡风文明、村容整洁、管理民主"目标,积极推进社会主义新农村建设。有效实施了"1155"工程,全区10个种植养殖示范区域、100个致富示范户、500名致富能手的示范带动作用更加突出,全年输出农村剩余劳动力5 000多人次。在遭受严重洪涝灾害的情况下,取得了较好的收成,全区农业总收入实现16.2亿元,农民人均收入实现4 950元;全年粮食总产量达到6.5万吨,投资200多万元创建的"三农"服务中心,已举办各种培训班258期,培训农民25 680人次,推广实用技术20多项,引进新品种40多个。累计投入7 000多万元,修建乡村沥青路、水泥路150公里,在全市率先实现了"村村通",并启动了"屯屯通"工程。打抗旱电机井70多眼,改造低压电网7 000延长米,农防林更新改造7.5公顷,建设城郊生态林15公顷。修建农村生态卫生厕所1 802座。累计投资291万元,为三镇特困户、受灾群众和老兵解决住房330栋;率先在全省实行了农村大病救助和农村低保,2006年发放低保金45万元。率先在全省建立了农村"阳光超市"。投资300万元,新建农村敬老院3 655平方米,全区农村敬老院总面积达到5 971平方米,床位达到280张。为新农村建设省级试点村投入50万元修建了水泥路、分离式厕所;市级试点镇永春镇2006年已打机井10眼,修筑排水渠5 000米,改造中低产田500公顷,举办农民培训班60期,培训农民5 000人次。

【城区面貌明显改观】 全年铺装方砖路面58万平方米,黑色油面完成12.5万平方米,全年工程量达到70.5万平方米,城区软硬覆盖率达到85%。全年新建"旱改水厕"36座,新建水厕12座,增设生态厕所21座,新建"城中村"内旱厕3座。新建保安街、繁荣路等3条街路,新建卫明街、卫光西街等22块绿地,改造南湖东街、前进大街东侧2条街路,补植辉南街、隆礼路等13条街路;对新民大街、人民广场等12处景点进行了彩化,摆放花卉10万盆;深入开展了"绿化进社区"活动,绿化居民区空地65处。全年共栽植乔木2 193株、灌木10万余株、模纹1.1万平方米,新增绿化面积6.8万平方米,人均绿化面积达20.15平方米,城区绿化覆盖率达到43.2%。着力打造新民大街、建设街、西安大路、同志街及红旗商圈、重庆商圈的夜景观亮化精品工程。实施"垃圾不落地"工程,推行"大小保一体化"改革。对29条主次干道实行了机械化清扫,面积达120.3万平方米。围绕"创城"攻坚战,重点开展了"食品卫生、农贸市场、市容环境、场外经营、庭院卫生、除四害及健康教育"等专项治理行动,完成了22条街路、3个区域市容标准化改造任务。全区55个社区全部达到了市级卫生社区标准,率先在全市实现了卫生城区目标。

【社区建设】 以"自治参与、为民服务、就业救助、道德传承、健康娱乐、党建工作"为平台的"六位一体"和谐社区建设取得突破性进展。在完成55个社区32 120平方米办公用房建设的基础上,开展了以"自治与服务"为主题的社区建设推进月活动。全年新增楼宇自治组织150个,楼栋320个。社区志愿者人数已达5万多人,社团组织发展到536个。社区公共服务体系日益完备,社区服务大厦与8个街道、55个社区形成了"阳光、月光、星光"三级服务网络;朝阳区社区服务大厦通过创建"亲情服务岗"、"社区教育频道"、"家政服务培训"等服务载体，为居民提供各类服务2 560余次；完善社区救助体系，5 937户困难居民纳入城市低保；阳光超市惠及13 543名低保对象，发放现金救助券45万元；1 200名进城务工人员得到及时救助；1 120名低保对象享受到八免七减医疗优惠。八免即在朝阳区所属指定医院就医免收挂号费、家庭病床往诊费、注射手续费、常规免疫费用、儿童保健费用、围产期保健费用、体检费（仅限于体检表上项目血常规、尿常规，肝功，三对半，胸透五项检查项目）和免费建立健康档案；七减即减收20%放射线检查费用、减收20%检验费用、减收20%电诊费用、减收20%观察床费、减收20%住院床位费、减收30%非常规免疫费用、药品按进价减收30%。

【劳动保障】 加大就业再就业岗位开发和安置工作，全区开发就业岗位12 548个，完成年度任务的139%；新增就业10 267人，完成年度任务的136%；"4050"人员安置2 471人，完成年度任务的145%。城镇登记失业率控制在4%以下，在全省率先实现了"零就业"家庭动态为零的目标。5月8日，长春市政府在朝阳区召开了"全市城市居民住院医疗保险启动仪式"，同时，朝阳区也出台了"贫困人口医疗救助实施方案"，城镇居民住院医疗保险试点工作顺利启动，全区共有3万人参保，其中6 775名低保对象全部参加了保险。就业和社会保障工作分别被省市评为先进单位。

【教育事业】 教育办学体制改革取得突破性进展，先后完成四十五中学与安民小学、六十七中学与六十八中学的并校、安达小学分拆工作。完成农村中小学危房改造工程，到2006年末，全区新建扩建和装饰改造面积达79 280余万平方米，投入资金累计达7 040万元。教育教学质量和办学水平不断提升，中考报名率、及格率和优秀率均居各城区之首。投资89万元，在全市率先推行农村免费义务教育，在全省率先实施了"无因贫辍学教育计划"，救助贫困学生1 286人。教育科研全面推进。完成了"十一五"期间国家、省、市级48个课题的立项工作，共有11名校长、11名教师被省市评为科研型名校长、名教师，连续两届被评为"吉林省教育科研示范基地"。

【卫生工作】 以健全卫生服务网络、完善服务功能、推进特色化建设、坚持集团化发展为宗旨，城区社区卫生服务网点增加到33个，社区卫生服务整体水平全面提高，8个社区卫生服务机构获得省级示范社区卫生服务机构荣誉称号。5月，副省长李斌视察了朝阳区工作，给予了较高的评价。重庆医院与吉林省益和大药房有限公司在全省率先开办了院店联办药房，并于5月18日举行了启动仪式。农村社区卫生服务体系建设进一步完善，全面推进"院站联办一体化"管理，规范了农村卫生服务体系建设。结核病控制工作稳步推进，2006年初，制订下发了《朝阳区结核病控制实施规划(2006年～2010年)》和《朝阳区结核病防治进社区工作实施方案》，公共卫生监督水平明显提升，完成了全国卫生监督稽查试点工作，4月18日，在全国稽查示范区总结会上，朝阳区的工作汇报，得到了卫生部监督中心肯定。

【计生工作】 深化计划生育综合改革，全面推进计划生育村（居）民自治管理模式，总结推广了花园小区居民自治的经验，有效推进了计划生育居民自治的深层次发展。全面完成人口和计划生育指标，2006年人口出生率为5.47‰，自然增长率为1.62‰，政策生育率为99.6%。在省业务线考核中，朝阳区排在城区第一名，给予免检一年的奖励，区政府被市政府评为全市人口和计划生育工作先进单位。

【民主法制建设】 区政府主动接受区人大及其常委会的监督，积极与区政协进行协商沟通，认真听取各民主党派、工商联和无党派人士的意见和建议。全年共办理区人大代表建议和意见116件，区政协委员提案85件，办复率达到100%，满意率达到99%。认真做好市长公开电话和区长公开电话85112345来件办理工作，全年共受理市民投诉11 517件，办复率100%，办结率98%。认真贯彻《行政许可法》，清理行政审批项目。积极推进政务公开、村务公开。认真开展"五五"普法宣传教育活动，依法治区工作有序推进；以"平安朝阳"建设活动为载体，积极开展社会治安综合治理工作，刑事案件发案率下降了3.8%；进一步加大信访工作力度，维护了全区的社会稳定，7月19日，国家信访局长王学军一行到朝阳区调研，对朝阳区近几年来的信访工作给予了充分肯定。

祝业精市长视察朝阳区85112345公开电话办公室

【服务环境进一步优化】 不断强化“三为(为经济、为市民、为农民)、三优(优先、优质、优惠)、三全(全天候、全方位、全过程)”的服务理念，全面开展建设“诚信服务型朝阳”系列活动，着力打造“诚信服务型朝阳”品牌。3月召开新闻发布会，就“为经济、为市民、为农民”所做的26件实事，向社会承诺和践诺。广泛开展诚信服务、“最佳单位、最佳窗口、最佳标兵”评选活动，充分调动全员服务经济、服务市民、服务农民的积极性，营造了“不懂经济不行，不服务经济不行”的浓厚氛围。成立了为企业服务办公室，完善了服务企业各项举措。实施重大项目由区级领导包保，做到跟踪服务；处级干部每人包保一个重点项目，做到定向服务；向企业选派中层后备干部，实行挂职服务；组织相关部门到企业现场服务；为政务大厅配备为企业服务车，进行登门服务；每名机关干部联系一户纳税企业，每个季度开展一次“为企业服务周”活动，实施“全覆盖”服务；开通24小时为企业服务热线，进行全天候服务。2006年，受理企业咨询800余次，对区内50强民营企业问讯服务3 587次，解决企业求助事项462件。采取各种有效方式，提高机关干部“三为”服务本领。组织187名处级干部到清华大学学习培训，选派57名后备干部赴上海、苏州进行考察学习。开展机关干部为企业服务相关知识培训。

（张国庆）

2006年朝阳区国民经济和社会发展主要指标完成情况

指标名称	单 位	实际完成	与2005年比增减%
国内生产总值	亿元	134.9	14.1
第二产业增加值	亿元	38.9	9.6
第三产业增加值	亿元	93.6	16.4
工业总产值(当年价)	亿元	25.5	13.3
地方预算内财政收入	亿元	21.3	28.1
地方预算内财政支出	亿元	6.0	35.6
固定资产投资	亿元	62.7	78.1
社会消费品零售额	亿元	167.5	15.5
新增外商投资企业	个	8	-27.3
新增实际使用外资额	万美元	3 030	10.6
个体私营企业	个	14 761	36.1
年末在岗职工人数	人	21 378	40.6
全部在岗职工人均工资	元	15 609	9

续表

指标名称	单　位	实际完成	与2005年比增减%
普通中学	所	15	0
小学	所	39	-4.8
教育经费总额	万元	17 602	23.1
科技三项经费	万元	560	21.5
卫生事业费	万元	7 616	19.9
人口出生率	‰	5.47	-2.8
计划生育率	%	99.6	0.1

南关区

【概况】　南关区是长春市的中心城区,位于市区东南部,是长春市的南大门。全区东起伊通河与二道区隔河相望,西至人民大街与朝阳区接壤,南起新立城镇、永春镇边界与长春净月潭旅游经济开发区、长春高新技术产业开发区为邻,北至新发路、上海路、光复路与宽城区相接,总面积80平方公里,辖11街道1乡,7个行政村,54个社区,总人口47.5万人。

【经济实力迈上新台阶】　2006年是实施"十一五"规划的起始年。一年来,全区上下深入实施"三产立区、城建强区、和谐兴区"战略,大力发展"六大经济",抢抓机遇,扎实工作,合力攻坚,全区经济和社会各项事业呈现出良好的发展态势。全区生产总值按在地口径完成75.7亿元,按可比口径比2005年增长19.7%。全口径财政收入完成10.7亿元,为年计划的120.3%,按可比口径比2005年增长26.6%,其中,区本级收入完成2.1亿元,为年计划的124.5%,按可比口径比2005年增长29.3%。固定资产投资实现31.6亿元,为年计划的118.7%。引进内资9.3亿元、外资2 220万美元,分别为年计划的103.4%和100.9%,共引进超千万元的项目60个。农民人均纯收入达到5 350元,为年计划的100.6%,比2005年增长8.5%。各项主要指标全部超额完成了全年任务。

【项目建设】　坚持把引进大项目作为经济工作的重中之重,不断加强载体建设和项目包装,依托区域资源,大力推进招商引资工作。实现固定资产投资项目79个,计划总投资143亿元。其中,投资超千万元的项目62个,超亿元项目27个。这些项目业态功能新、质量档次高、投资规模大、建设进度比较顺利,呈现出喜人态势。

1. 续建项目强势推进。全区投资超亿元的重点续建项目共有7个。其中,投资3亿元的自由大路花园小区已封顶,一期3.3万平方米的商业用房已全部竣工;投资1.2亿元的伟峰大厦已投入运营,144套商务单元已全部售出,预计可增加地方税收1 500万元;投资1.5亿元的金碧阁小区已全部竣工,太平洋保险公司吉林省分公司等大单位已经入驻;投资6亿元的鸿城西域商业项目,年内实现投资1亿元,临街2.4万平方米的商铺功能定位已经完成,商务高层进入招商,长春热力集团、省质量技术监督局等陆续入驻。

2. 新建项目优质高效。随着南部新城建设和棚户区改造进程的加快,一批优质大项目陆续落位,这些项目成长性好,后发优势明显。其中,由万豪地产投资5亿元建设的汇景新城项目,位于南部新城核心位置,紧邻市政府新址和雕塑公园,其商业可覆盖20平方公里,解决30万人口的生活需求,成为南部新城商贸服务的重要经济联谊平台。以大地保险、省保监会为代表的一批金融保险机构陆续入驻。

3."半截子工程"快速启动。停建13年的中安大厦重新启动,吴太集团规划改造建设成宾馆和写字楼,预计总投资1亿元,已开工建设;停建10余年的医药大厦由吉林信达地产公司整体收购,投资1亿元,建设19层的宝迪克公馆已基本竣工;建筑面积3.6万平方米的华兰德大厦也已进入启动的前期准备阶段。另外,重点争取的长春饭店地块建设项目等14个有望落位的项目,总投资30亿元以上。这些优质大项目全部完成后,将为全区增加200万平方米的商业面积，产生20亿元以上的销售额，2年~3年内将对全区财政作出重要贡献，对全区扩大经济总量、提升产业层次、增强经济发展后劲将起到强有力地拉动作用。

【商贸经济】 坚持大力推进产业结构调整，改变原来走外延拓展、全面铺开的发展道路，确立了内涵提升、集约发展之路。通过改造升级、优化整合，三产质量和层次明显提升，商贸经济活力显著增强。

1. 传统商贸业加速转型。中东集团投资6亿元，对原龙兴商贸园进行整体改造，建设东北规模最大的休闲与购物完美结合的超大型主题购物公园，项目建筑面积达20万平方米，单体规模为全市之最，直间接安置就业达1.5万人，其崭新的经营模式将给东北地区消费理念带来一次深刻地变革；吉林物华公司以1.2亿元整体收购永春批发，并投巨资改造建设大型灯饰、服装专营市场“永春商城”，项目的开业对重庆路东扩、再现老商业区繁荣，将起到巨大地拉动作用。

2. 以楼宇经济为代表的解放大路现代服务业蓬勃发展。通过加快中安大厦星级酒店项目的启动，加强对通钢国际大厦、21世纪商务总部等重点商务楼宇政策扶持，吸引以营销总部、研发中心、中介服务等为代表的企业总部入驻，进一步促进了解放大路商务楼宇带繁荣。重点填充了通钢大厦、亚泰富苑、伟峰大厦等10栋商务楼宇，全年引进各类企业150户，仅通钢国际大厦就有通钢总部、南航营销中心、吉林化工进出口公司、华基投资等知名企业入驻，进驻该大厦的企业总销售收入将超过200亿元，税收超过1亿元。

3. 体育文化产业成为经济发展新亮点。联合省市体育局等相关部门，共同策划，整合南岭体育文化资源，打造了集体育竞赛训练、市民建身休闲、体育产业经营于一体的开放式“体育休闲广场”。投资800余万元的体育休闲购物商城已完工，招商已完成80%，英派斯、耐克等知名品牌已入驻，这种多业态、多功能的开放式广场在全市尚属首家。

4. 南湖大路现代商贸业迅速集聚。针对东南湖大路一带高档小区多、省市机关多、高消费人群多，发展现代商贸业得天独厚的特点，加快了磐石路商业街建设，利用鸿城西域等商业资源吸引省内外大企业、大机关、大商家落户。东南阳光购物大厦已经开业，瑞阳广场、万达二期商业区招商顺利，南湖大路周边商业氛围日益浓厚。

5. 南部新城建设加快推进。成立了南关区拆迁和农民安置指挥部，全力配合市里做好南部新城征地拆迁工作，进行了幸福乡有史以来最大一次规模的征地拆迁。市政府新址周边区域约8.9万平方米的征地拆迁已经完成，为南部新城的大规模开发建设奠定了坚实基础。同时，充分利用省级都市经济开发区这一平台，大力探索发展“2.5产业”。成立了开发区管委会，园区各项基础设施建设陆续展开。

【城市改造】 坚持把加快城区开发建设，推进城市化和现代化作为落实科学发展观、构建和谐社会、推动经济社会发展的主引擎，作为一切工作的重中之重来认识、来对待，提出了城建经济思想，确立了城建强区发展战略。通过大拆迁、大整治和大建设，城区面貌有了明显改观，环境质量得到了明显提高，拉动了

21世纪国际商务总部

经济的快速发展。

1. 坚持大拆迁,棚户区改造取得突破性进展。牢固树立了拆迁就是建设、拆迁就是投入、拆迁就是招商、拆迁就是发展的理念,将棚户区拆迁列为改造的首要任务来抓。按照省市三年改造棚户区的目标,充分利用棚户区改造政策,集中人力物力财力,采取招商和土地收储两条腿走路的办法,全力破解中心区改造成本过高等难题,加快拆迁改造,共拆迁60万平方米,完成三年总拆迁量的一半。占地面积48.8万平方米的历史最久、情况最复杂、面积最大、问题最集中的桃源路棚户区顺利完成土地收储,创下了南关区乃至全市拆迁史上的奇迹。占地面积28.4万平方米的吉林柴油机厂地块被国际知名的香港和记黄埔房地开发公司成功拍得,成为棚户区改造的一大亮点。自由大路、南湖大路等棚户区地块,实现了当年主体封顶。

2. 实施大整治,创建国家卫生城取得阶段性成果。紧紧围绕创建卫生城区的目标,按照市委、市政府统一部署,精心组织,全面动员,全民参与,层层推进,扎实创建,组织了"百日会战"和"十三项专项整治",实施了净化、美化、绿化工程。进一步巩固提高了城区净化水平。投资4 800余万元,新增各类环卫车辆92台,新建一座中型中转站,建成各类厕所67座,马路干净整洁,市容市貌明显改观。绿化工作再上新台阶,针对市民活动场所缺少,休闲空间狭窄的问题,结合老商业区特点,着力实施了一批市民便于使用的小型公共空间、小型公共绿地,新增绿化面积7.3万平方米,绿化覆盖率达38.86%,为市民提供了舒适方便的休闲空间。进一步规范区内户外广告及店面牌匾,全面拆除违章建筑,有计划地美化亮化了主次干道临街建筑物,城区面貌的整体景观有了明显改变。全面开展了争创卫生先进社区、先进街道工作,全区54个社区有51个通过市先进社区验收,11个街道全都进入了市先进街道行列,大大提高了全区整体卫生水平。

3. 推进大建设,城建重点工程进展顺利。充分利用市里投资改造巷道的历史机遇,建立工作倒推机制,周密组织,精心安排,区内三环以内巷道全部完成改造,共改造巷道312条,面积29.44万平方米,完成年初计划的223%。牢固树立服务意识,全力支持市政府城建重点工程项目建设,紧密配合有关部门,超前服务,为繁荣路开通、东莱明沟和吉顺明沟改造、102国道建设和磐石路改造,共完成拆迁面积7.8万平方米,拆迁居民114户、企业14家,为市城建重点工程建设的加快推进做出应有的贡献。

【社会事业】 坚持以人为本,协调发展,社会各项事业全面进步。实施名校带动战略,打造市一类一级校18所,优质教育学校率达到43.9%,高于全市平均水平。加强教师队伍建设,全面推进素质教育,教育教学质量显著提高。加强基础校和薄弱校建设,加大困难学生帮扶救助力度,累计发放资助学金19.5万元,基础教育工作走在全市前列;从解决群众看病难、看病贵问题入手,在二级以上医院实行了"三免二十减"政策,加强社区卫生服务站建设,大力发展社区医疗卫生服务,初步构建起覆盖全区域的服务网络,基本实现小病不出社区;广泛开展广场文化、楼院文化等群众文化性活动,不断满足人民群众文化生活需求。加大监管力度,文化市场秩序得到有效规范。全面落实《全民健身纲要》,文化体育设施进一步改善,竞技体育水平不断提高,群众性文化体育活动蓬勃开展;计划生育工作进一步加强,人口增长已连续六年保持较低态势,顺利进入全国优质服务先进区行列;深入开展"科技促创业,创业带就业"系列活动,科技成果得到有效转化;圆满完成第五次全国人口普查和第一次全国经济普查任务,受到国家嘉奖表彰。

【和谐南关取得新成效】 坚持把和谐南关建设放在更加突出的位置来抓,着力解决关系人民群众切身利益的实际问题,和谐南关建设取得了显著成绩。千方百计扩大居民就业,全年累计开发就业岗位12 488个,实现就业11 207人,完成市年度目标的149%,城镇登记失业率始终控制在4.5%以下;加强弱势群体扶助工作,积极开展"送温暖、献爱心"活动,共筹集款项150万元用于帮扶救助。不断扩大低保覆盖面,困难群众最低生活费和临时救济金及时足额发放,基本实现了应保尽保,社会保障体系不断完善;妥善处理企业改制遗留问题,积极协调市政府相关部门将区属65户街办集体企业、4 572名职工纳入了市级统筹养老保险，维护了群众利益；重点加强和谐社区建设，累计投入462万元资金用于社区家政、卫生保健、养老托幼服务建设，社区计生、低保、警务、劳动就业、12319服务等公共职能日渐完善。加强特色社区的培育发展，涌现出了健康胡同、松竹梅等一批各具特色的国家、省、市先进社区和示范品牌社区；深入开展“三五”依法治区和“四五”普法教育，严厉打击各类违法犯罪活动，社会治安综合治理不断强化；重视群众来信来访，认真办理区长公开电话，积极预防、疏导和化解社会矛盾，社会稳定得到巩固；编制完成全区突发公共事件总体应急预案和各项分预案，处置突发公共事件的快速反应和协同应对能力全面提高。

（花红宇）

2006年南关区国民经济和社会发展主要指标完成情况

指标名称	单　位	年实际完成	与2005年比增减%
地区生产总值	亿元	75.7	19.7
第一产业增加值	亿元	0.6	-11.3
第二产业增加值	万元	21.2	16.3
第三产业增加值	亿元	53.9	21.6
全口径财政收入	亿元	10.7	26.6
区本级收入	亿元	2.1	29.3
固定资产投资额	亿元	31.6	60.4
社会商品零售额	亿元	5.1	25.0
新增外商投资企业	个	2	
新增实际使用外资额	万美元	2 220	10.0
个体私营企业	个	13 368	22.5
民营经济增加值	亿元	3.0	24.3
农民人均纯收入	元	5 350	8.5
普通中学数	个	11	
普通小学数	个	29	
各类医院	个	10	
科技三项经费	万元	414	-1.6
卫生事业费	万元	4 046	6.9
绿化覆盖率	%	38.5	0.5
人口出生率	‰	3.48	-0.65
计划生育率	%	99.46	0.78

宽城区

【概况】 2006年围绕区“十一五”发展规划和“改造大铁北、建设新宽城、打造长春北部现代中心区”的战略，按照“一年打基础，两年见成效，三年具规模，五年基本完成改造任务”的要求，团结和带领全区人民抢抓机遇，开拓创新，一心一意谋发展，聚精会神搞建设，超常规、快节奏、大举措开展工作，取得了显著成果，实现了首战之年的良好开局和强势起步，有效地推进了社会主义现代化新城区建设。

【经济增长实现新跨越】 2006年，宽城区各项经济指标大幅度增长，实现地区生产总值45.9亿元，全口径财政收入10亿元，固定资产投资45亿元，分别比2005年增长20.8%、76.3%、134.4%。可支配财力首次位居长春市城区之首。长江路经济开发区经过两次扩容后，面积达到45.2平方公里，发展空间进一步扩大，并理顺了开发区的管理体制，兰家镇被省里列为“十强镇”综合改革试点单位，政策平台优势进一步显现。全区民营经济增加值实现38亿元,同比增长22%;规模以上工业企业实现总产值10.7亿元,同比增长13.2%;第三产业增加值实现33亿元,同比增长25.3%。招商引资实际到位内资55.8亿元,同比增长205%;引进外资2 237万美元。全区新注册企业493户,其中总部经济61户;新注册个体工商业户3 020户。

【重点工作取得阶段性成果】 523台迁址顺利实施,一期工程已经结束并投入使用,二期工程的规划选址、规划建设用地许可证、初步设计方案已经形成,旧址周边区域开发建设正在加紧进行,行政中心区公园场地清理和湖面挖掘工程已经完成,七十二中学新建工程项目可研、方案设计、施工图设计、建设单位确定等前期准备工作正在抓紧推进。优质高中、社会福利院已完成选址工作。上海证大商住开发项目一期22公顷土地顺利摘牌。文化馆和图书馆建设正在同有关方面积极洽谈。东北亚物流园区引进签约项目20个,投资额56.1亿元,占地面积657万平方米;兰家工业园区引进签约项目19个,投资额7.15亿元,占地面积90万平方米;兰家农业生态园区完成了500公顷新菜田开发任务,并推进了蔬菜、君子兰、果品基地建设;环铁商贸园区建设涉及的无缝商圈、光复路旅游文化产业区、人民大街南北贯通等重点项目的论证、规划设计等工作正在抓紧进行。"北湖"建设工程有序运作,项目可行性研究报告、环境保护评价报告、用地指标协调等前期准备工作扎实推进。

【社会主义新农村建设开局良好】 有效进行农村产业结构调整,压缩普通玉米种植面积933公顷,强化科学管理,确保全区农业实现了丰产丰收。蔬菜商品量1.33亿公斤;肉类产量2.17万吨,农业总产值达4亿元,同比增长15%。加强科技培训和推广,提高农业生产效益,全年培训农民5 700人次。多渠道增加农民收入,转移农村剩余劳动力13 500人次,农民人均收入4 800元。全年投资2 550万元,新修乡村公路25.1公里。对全区水利工程险工、险段做了全面检查维修,完成农田水利基本建设综合土方量10万立方米,植树造林14.9公顷。兰家镇被确定为吉林省社会主义新农村建设试点镇,兴业街道上台子村、兰家镇广宁村、奋进乡隆西村被确定为长春市社会主义新农村试点村。

【城市建设和管理工作】 基础设施投入创历史新高。全年投入基础设施建设资金32亿元,是"十五"期间的6倍,铁北地区城市面貌和路网建设都发生了历史性的变化。争取市里投资5.5亿元,完成了长新路等"五路一桥两出口"的建设,并正在组织北人民大街(台北大街至长新街段)、北十条明沟改造拆迁工作;区里自筹资金建设了北四环路102国道以西2公里路段,完成了行政中心区周边北人民大街、九台路、一匡街、庆丰路、铁乙一路、丙十九路等"两纵四横"路网工程拆迁工作,进行地下管网铺设和道路基础部分施工。完成巷道改造任务297条,维修道路3.8万平方米。完成绿化投资210万元,新建绿地22块,新增绿地总面积7.3万平方米,上海路、东广场、东九条等8块绿地被市里评为精品工程。城市管理力度明显加强。以"创建国家文明卫生城"为契机,在建设工期结束前集中开展了城市建设"大会战",共硬化覆盖裸露地面31万平方米,拆除"三

长春市四环路北段开工典礼

小”违章建筑6.6万平方米，清除建筑残土2.3万立方米。对全区主要街路、繁华地段、商业区的市容市貌、牌匾广告、商亭占道的环境秩序进行了综合整顿；对群众反映强烈的道路修补、私搭乱建、油烟噪音扰民等问题进行了集中治理。清除野广告和墙体乱涂乱画19万多条，下发牌匾广告整顿通知书2 000多份，拆除不合格牌匾、广告3 069块，清理橱窗字4 561处，打造了华正商圈、黑水路商圈两个市容景观精品区域和人民大街等12条市容景观精品街路。积极开展爱国卫生运动，重点整治了背街小巷卫生死角，集贸市场脏乱环境和建筑工地野蛮施工等问题；争取市里投资5 000多万元，建设全自动垃圾中转站，更新环卫运输车辆，增加垃圾容器。翻建旱厕59座，新建水厕517座，自制100多个垃圾箱投放到四个“城中村”。清理占道生产加工、堆放、摆摊设点3 006处，收缴人力三轮车620台，取缔露天烧烤490处，清理取缔废旧物资收购站19家。农村、城乡结合部及居民区的卫生状况明显改善。对站前地区进行了全面改造，环境秩序和管理水平明显提高。深入开展整治违法排污企业保障群众健康环保专项活动，共清理整治违法排污企业24家。城市面貌大为改观。棚户区改造任务超额完成。宽城区列入市里棚户区改造计划的地块有23块(铁南5块，铁北18块；其中包括收储6块)。全区8个自主开发项目和4个土地收储项目共完成拆迁面积150万平方米，盘活土地5平方公里。

【社会事业全面推进】 认真贯彻《公民道德建设实施纲要》，大力倡导社会主义荣辱观，深入开展学习“小巷总理”谭竹青同志先进事迹活动。各类教育蓬勃发展。提高教育水平，完成了优质高中和重点高中的选址和论证，整合教育资源，对铁北学校的布局进行了重新调整规划，深入开展平安校园工程，改善农村办学条件，彻底结束了农村中学危房历史。成功召开教育工作科研工作会，进一步推动了全国教改实验区工作向纵深发展。中考成绩在全市名列前茅。在第四届全国特奥会上培智学校获得10枚金牌，17枚银牌的好成绩。在北京人民大会堂举行的“中国公关教育20年成果表彰大会”上，公关学校被授予“中国公共关系教育20年突出贡献奖”。大力开展群众性文体活动，丰富群众业余生活，组织开展迎接亚冬会等各类专场文艺演出30多场，在15届省运会上，以59枚金牌在全省57个县、市(区)代表团中，获得第二名的优异成绩。凯旋街道永盛社区荣获国家体育总局和中央文明办命名的“全国体育先进社区”荣誉称号。规范文化市场经营秩序，对黄河路、长江路等图书音像集散地进行清理整顿，共收缴违法书刊1 600余册，销毁盗版音像制品25 000余张。继续深化区属医疗卫生单位体制改革，加大食品卫生整顿和医药卫生市场治理力度，保证人民群众身体健康，在全区范围内深入开展打击非法行医活动，处罚医疗机构28家，停止不合格医务人员执业活动121人。推进卫生系统精神文明和行风建设，认真开展治理医药购销领域商业贿赂行为，建立了突发公共卫生事件防治长效机制，新型农村合作医疗得到广泛开展，提高了疾病预防能力。创建“长江科技创业园”，吸纳科技人才来宽城区创业，投入科技三项经费509万元，完成区列科技攻关计划5项、区列新产品开发计划5项。加强社区建设，强化社区管理，南广街道和群英街道被民政部评为“全国首批和谐社区建设自主创新先进单位”荣誉称号。加快村务公开信息化建设，进一步推动宽城区村务公开与民主管理工作上档次、上水平，奋进乡政府被民政部授予“全国村务公开民主管理工作示范单位”荣誉称号。全力以赴做好城市居民最低生活保障工作，纳入低保对象1 029人，救济农村特困户1 087人次，在兰家镇新建一所近3 000平方米的农村社会福利服务中心。进一步建立社会保险、社会救助、社会福利、慈善事业相衔接的覆盖城乡居民的社会保障体系，完善城镇职工基本养老、失业、医疗、工伤和生育保险。通过各种政策和措施，建立再就业援助制度，把城镇“零就业”家庭和困难群体就业作为援助重点，解决就业困难群体的就业问题。创造就业岗位13 607个，新增就业13 132人，下岗失业人员再就业10 096人。广泛发动教育培训资源，以培训拉动就业，推动劳动者职业技能转型。培训下岗失业人员2 653人次，统筹城乡劳动力资源，有序推进农村劳动力转移，组织劳务输出8 211人。深入开展“三结合、五关爱”活动，为育龄群众进行免费生殖健康检查2 000多人次,大力开展帮困扶贫,送技术、送信息、送温暖活动,全面推行计划生育村(居)民自治。宽城区先后被评为全国"科技进步先进区"、"教改先进试验区"、"特殊教育先进区"、"婚姻登记规范服务先进单位"、省"民营经济发展大县(市)区"、"精神文明建设先进区"、"再就业工作先进单位"、"人口和计划生育工作先进单位"、"体育工作突出贡献单位"、"双拥工作先进单位"。

【民主法制工作】 自觉接受区人大及其常委会的法律监督和区政协的民主监督,全年共办理人大议案54件、政协提案29件,办复率均达到了100%,代表和委员满意率均达到100%。组织了《行政许可法》等培训和考试,全区执法人员素质进一步加强。重点完成了全区行政许可实施主体的清理审核工作,对行政执法主体及行政执法项目进行登记和清理。健全宗教管理网络,整顿宗教活动秩序,对全区20处宗教活动场所进行了年检,较好地处理了乱建道教场所和百国兴隆寺乱建宗教用房问题,完成了万寿寺的审批工作;强化对违法犯罪活动的防范和惩治。高度重视安全生产工作,加强对重点行业、重点领域的监管,督促生产经营单位落实安全生产和消防安全责任,排查整改各类安全隐患。扎实推进"五五"普法和依法治区工作,积极实施法律援助,切实维护弱势群体合法权益,调节民间纠纷954起。进一步规范信访秩序,切实维护群众合法权益,全区集体访批次、人数明显下降,一大批疑难信访矛盾得以解决。进一步完善突发公共事件应急预案体系,提高了应急处置能力。

【机关建设】 认真贯彻《行政许可法》和依法行政实施纲要,依法行政水平不断提高。依托"创建学习型机关"活动,加快政府职能转变。在区直机关推行工作目标责任制,提高了机关的科学管理水平和工作效率。认真落实党风廉政建设责任制,建立完善各项管理和监督制度,建立了政府公开监督检查、公开办事、承诺、责任追究、举报投诉等六项制度,开展财政预算执行情况审计和领导干部经济责任审计,完成各类审计项目70项(户),查出违纪金额3 205万元。加强财政资金监管,严格实行政府采购和工程招投标制度,加大违法违纪案件的查处力度。健全科学民主决策制度,扎实推进政府全面建设,公务员队伍的思想、作风建设取得新进展。

(侯东莱)

2006年宽城区国民经济和社会发展主要指标完成情况

指标名称	单 位	实际完成	与2005年比增减%
国内生产总值	亿元	45.9	20.8
第二产业增加值	亿元	10.0	-3.3
第三产业增加值	亿元	33.3	25.3
规模以上工业总产值	亿元	10.7	13.2
全口径财政收入	亿元	10.1	76.3
财政支出	亿元	6.2	63.2
固定资产投资	亿元	45.6	134.4
社会消费品零售额	亿元	78.1	20.3
新增实际使用外资	万美元	2 237	12
民营经济增加值	亿元	38	22
农民人均纯收入	元	4 800	10.3
绿化覆盖率	%	24.5	0.25
普通中学	所	12	-1所
小学	所	35	-5所
教育经费总额	万元	10 123	29.6

续表

指标名称	单 位	实际完成	与2005年比增减%
科技三项费用	万元	2 418	548.3
人口出生率	‰	4.2	-0.8‰
计划生育率	%	99.66	-0.05

二道区

【概况】 二道区位于长春市区东部，是长春市的东大门。全区面积452.02平方公里，其中，建成区面积为25.28平方公里，乡村面积为426.74平方公里。全区共辖1个开发区，2个集中区，6街道、4乡（镇），共有55个社区、38个行政村。总人口376 876人，比2005年增长1.05%，人口密度为每平方公里810人。2006年，全区生产总值达到50.01亿元，比2002年（下同）增长91%，年均递增17.5%；全口径财政收入达到7.2亿元，增长98%，年均递增18.6%；本级财政收入达到1.6亿元，增长115%，年均递增21%；固定资产投资达到50.01亿元，增长413%，年均递增51%。累计引进内资1 3亿元、外资2 160万美元。三次产业结构调整到3:40:57。民营经济总量占全区经济总量的90%以上。

【园区建设】 规划建设了物流、工业、旅游三大园区，促进了产业集约化、规模化发展。物流园区引进项目34个，物流企业124户，年交易额达70亿元，完成了东北亚国际采购中心项目一期工程建设，君子兰花卉产业园得到市发改委的立项批复，香港德辉、山东鲁能集团投资99亿元，改造远达、八里堡281万平方米的棚户区，现已签订了框架协议，十里堡基础设施建设项目已经启动，开工修建的新开大街，已经完成了道路的施工图设计、地上物评估、拆迁补偿金的发放。东盛路口东北角（建东宾馆）项目拆迁、规划已经完成，已经开工建设；完成西北角（万盛商城）项目拆迁和前期规划工作。吉林大路昊源商城项目拆迁已完成60%。完成汇美写字楼项目主体建设。旅游园区引进项目7个，旅游年收入达亿元。二道经济开发区（工业集中区）被批准为省级开发区，英俊镇被命名为省级“十强镇”和社会主义新农村建设试点镇、和平村为省级试点村，都市农业产业规模不断壮大，新增无公害蔬菜基地400公顷，雾开河景观带规划正在设计中，东北黑土区水土流失综合防治莲花山项目区规划的编制已经完成，争取农业发展资金1 000多万元。工业集中区引进项目36个，投资总额达18亿元。完成了管委会建制，编制了集中区控详规划，启动了集中区基础设施建设，已经完成3条道路的设计及占地补偿工作。三大园区已成为二道区经济发展的重要载体。

【城乡建设】 完成了《长春市二道分区规划》等3个规划的编制，并通过了市政府审批。实施了旧城改造、道路建设、劳动公园改造和市容环境卫生综合整治等城建重点工程。累计改造棚户区面积400万平方米，新建居民小区30个、面积近500万平方米。建成区内棚户区全部完成招标出让道路建设全面铺开，洋浦大街的拆迁工作正在有序进行，征地款已经划拨到位。四通路、乐群街、东环城路的翻建改造已经完成。第一批21条段、10万平方米的巷道改造已经完成。新植绿地16块，实际新增绿地面积6.3万平方米，为年计划的105%；完成垂直绿化街路24条段，为年计划的136%。完成了吉林大路、长吉南线、东部中路等56条城乡道路的新建翻建任务，改造、新建硬化巷道445条段、乡村道路270公里。增加绿化面积52.1万平方米，绿化覆盖率达到37.14%。整治违法排污企业245户。完成植树造林987公顷。建设蓄水工程15处，新增蓄水量200万立方米。关停采石场25个。城乡环境质量明显提高。

【社会事业】 累计开发就业岗位45 600个，安置人员37 800人。发放最低生活保障金5 855万元，做到了应保尽保。农民人均收入达到4 900元，年均递增10%。基础教育保持领先水平，整合中小学校5所，新建改建校舍35 400平方米，完成了八十五中学、五十三中学教学楼建设，区教育信息网暨"班班工程已正式开通,职业教育中心即将挂牌成立。卫生系统完成了事业单位改革的前期调研和测算工作,二道卫生大厦改造建设,并投入使用,卫生资源得到有效整合,建设社区卫生服务站36个,覆盖率达到100%。群众性文化体育活动广泛开展,新增健身路径48处,竞技体育在省运会上获15枚金牌。人口出生率控制在5.99‰以内。社区建设实现历史性突破,社区服务用房总面积达28 517平方米。深化全民创业,全区已完成培训18 000人次,劳动力转移8 450人次,创业促就业成功项目60个。完成97户国有企业的改制任务,占应改制企业的95%,盘活资产4.7亿元,土地资源100万平方米。科技、人防、老龄、残联、人民武装、民族宗教等项工作也都取得了可喜成绩。

【民主法制】 自觉接受人大及其常委会法律监督和政协民主监督,累计办理人大代表建议和政协委员提案653件,办复率达到100%。深入开展依法治区、"四五普法"工作,干部群众法制意识普遍增强。大信访格局基本形成,接待群众来信来访1 826件、10 542人次。受理市民电话投诉17 984件次,办结率达到98%。无重特大安全生产、消防安全及重大森林火灾事故的发生,刑事案件发生率下降19.5%;强化了公共安全与突发事件应急机制建设,实施了街道社区管理体制改革、乡镇综合配套改革和区机关职能整合,完成了英俊、三道两镇合并以及39户区属企业的改制工作,建成开通了政府信息网站,推动了政府职能转变。

(朴海岩)

2006年二道区国民经济和社会发展主要指标完成情况

指标名称	单 位	实际完成	与2005年比增减%
国内生产总值	亿元	50.01	55
第一产业增加值	亿元	2.3	-11.8
第二产业增加值	亿元	20.29	83.1
第三产业增加值	亿元	27.42	45.1
工业总产值	亿元	47.7	43.29
地方财政预算内收入	亿元	1.7 853	32
地方财政预算内支出	亿元	4.1 769	15
固定资产投资	亿元	50.01	156
社会消费品零售额	亿元	60.199	50.5
个体私营企业	个	2 018	17
普通中学	所	14	0
小 学	所	48	0
人口出生率	‰	3.79	

绿园区

【概况】 绿园区位于市区西部,下辖普阳、春城、正阳、铁西、青年5个街道、38个社区,三个镇、24个行政村,一个省级开发区——长春绿园经济开发区及一个省级工业集中区——西新工业集中区。全区幅员216平方公里,总人口42万。2006年,是"十一五"规划的开局之年,也是区划调整后再次创业、振兴绿园的起始之年。面对区划调整后的诸多困难和加快发展的巨大压力,全力推进经济社会发展和各项工作落实,初步扭转了区划调整带来的不利局面,实现了"十一五"规划的良好开局。

【财政收入实现高速增长】 2006年,全区在地口径地区生产总值实现60.3亿元,全口径财政收入实现6.56亿元,同比增长70.2%。区本级财政留用收入实现1.32亿元,完成年预算的155.4%,同比增长

78.7%。税源结构发生明显变化,第三产业对财政贡献率达到56.5%,首次超过二产,区本级财政留用收入占全口径财政收入的比例达到20.1%。

【经济结构优化取得明显成效】 三次产业协调发展,结构不断优化。调整优化第一产业,做大做强第二产业,培育壮大第三产业,三次产业比重调整到3.6:50.4:46。2006年,全区第二产业增加值实现30.42亿元,同比增长24.4%,初步构筑了以先进制造、农产品深加工为主导的工业体系框架。第三产业增加值实现27.74亿元,同比增长17%。第一产业增加值实现2.14亿元,同比增长4.2%。

【招商引资和固定资产投资】 引进内资25亿元,同比增长56%;实际利用外资2 100万美元,同比增长50%。完成固定资产投资47.6亿元,同比增长80.6%。

【项目建设】 坚持把项目建设作为经济工作的重中之重,积极应对激烈的竞争形势,全力推进项目建设,实现了投资规模、项目质量和建设速度的齐头并进。全年引进落位千万元以上规模项目86个,总投资达53.5亿元,其中投资亿元以上项目22个,占总数的26%;工业项目69个,占总数的80%,开工项目44个,占总数的51%,世界500强企业英国翠丰集团,国内500强企业东方集团、华龙集团等一批实力型企业和知名品牌相继落位绿园区,实现了投资规模、项目质量和建设速度的齐头并进,取得了显著成果。

【体制改革】 扎实推进行政审批制度、人事分配制度和卫生医疗体制改革。民营经济进一步壮大。2006年,全区个体工商户和企业发展到9 100户,按可比口径比2005年净增2 600户。民营经济增加值实现35.6亿元,按可比口径比2005年增长48%,占区属口径地区生产总值的比重达到89%,成为推进全区经济快速发展的主导力量。

【城乡面貌明显改观】 列入全市改造计划的23块重点棚户区已全部落实建设主体,完成拆迁面积60万平方米,开工面积达到90万平方米。地产开发总面积达到200万平方米,创历史最高水平。天嘉水晶城、吉粮康郡等一批高档楼盘相继落位绿园区。新建改造巷道429条、65万平方米,改造量是前三年总和的3.6倍,三环以内所有巷道和裸露地面全部实现了硬覆盖。完成绿化投资2 700万元,城区新增绿地18.7公顷,在全市绿化综合评比中绿园区再创佳绩,圆满实现了"四连冠"。此外,雁鸣湖湿地改造的全面启动,天嘉公园的建成开园,都极大地改善了人居环境,全面落实"环境兴区"战略取得实实在在的成果。马路市场、露天烧烤等城市顽疾得到有效整治,新建市容标准化街路108条,创建国家卫生城工作得到扎实推进。工业园区基础设施建设取得重大突破,举全区之力推进"一区三园"基础设施建设。投资5亿元,新建园区道路33条、44公里,基本完成"七通一平"面积10平方公里。园区基础设施建设无论是规划标准、资金投入,还是建设速度、配套规模,力度之大在绿园区发展史上前所未有。

【精神文明与民主法制建设】 精神文明建设成果显著。坚持创建文明城区这一主线,群众性精神文明创建活动继续深化,全区文明程度和知名度显著提高,绿园区被评为市先进区,保持省标兵荣誉,首批进入全省文明城区行列。全区有3个单位进入国家级先进行列,19个单位被评为省级先进集体,市级先进集体达到73个,21个社区分别被评为"市级文明社区"、"十大文明魅力社区"、"文明卫生社区"。自觉接受区人大及其常委会的法律监督、工作监督和区政协的民主监督,人大代表议案、政协委员提案办结率均达到100%。"四五"普法和"三五"依法治区工作扎实推进,司法工作受到国家、省、市表彰。强化行政效能监察,全面推行政务公开,有效开展纠风专项治理,政府机关服务质量和办事效率明显提高,软环境建设被评为全市先进。

【新农村建设实现良好开局】 坚持把建设社会主义新农村作为农村工作主线,把发展农村生产力,增加农民收入,解决农民最关心、最实际的问题作为突破口,大力实施农业发展战略北移,全面推进产业结构调整,传统农业迅速向现代农业转化,分散经营加快向集约化生产发展。全区农业总产值实现7.2亿元,蔬菜、葡萄、花卉苗木、蓝霉树莓四大基地发展到4 600公顷、750

公顷、340公顷和200公顷,农产品加工企业达到36家,年产值达到15亿元,大成集团、皓月集团、超大集团等产业化龙头企业带动作用不断增强。完成农村造林150公顷,实施了强大毛排涝站等四项水利工程,农业基础设施建设进一步加强。确定了省、市、区、镇四级新农村建设试点,制订下发了绿园区新农村建设实施意见,社会主义新农村建设全面启动。

【科教文卫事业】 充分发挥科技服务经济建设的作用,在全市率先组建了生产力促进中心,为科技型中小企业搭建了融资平台。注重强化农村科普工作,有效发挥农民技术协会的辐射带动作用,为农民提供产供销全程服务。大力推进"名师一名校"工程,全区中考考入"四大校"的学生人数是过去十年总和,教育教学质量大幅提升;顺利完成客车厂四所子弟校的接收工作,新建了青阳小学教学楼,对全区各中小学校舍进行了维修和改造,全区办学条件明显改善。以开展群众性文体活动为重点,积极协调市体育局在绿园区投放了54条健身路径,大力推进"一街一品一特色"工作,成功举办了机关职工篮球赛等活动,组织参加了第十五届省运会,绿园区被市政府评为省运会贡献单位。以医疗体制改革为契机,大力推进社区卫生服务,创建了1个省级标准化社区服务示范中心,3个省级社区卫生服务标准化示范站;加大基础设施建设,区卫生大厦投入使用;突出特色打造,区、镇两级医院医疗工作达到全市同级医院一流水平,在全市卫生综合评比中获得第一名。

【平安建设扎实推进】 正确处理发展与稳定的关系,坚持把维护稳定作为第一责任,扎实推进"平安绿园"建设,积极构建治安防范体系,强化社会治安综合治理,正确调处矛盾纠纷,深入开展严打整治斗争,加大对不法分子的教育转化和打击力度,有效维护了全区的社会稳定。

【劳动就业和社会保障体系不断完善】 2006年,全区城市居民人均可支配收入达到10 355元,农民人均纯收入达到4 514元,比2005年增长9%和10%。积极拓宽就业渠道,区劳动和社会保障局不断加强对就业再就业工作的宏观调控和指导,努力促进各项优惠政策的落实,全年创造就业岗位1.7万个,新增就业1.4万人,得到省市劳动部门的高度评价。城镇登记失业率控制在4%以内,城镇和农村残疾人就业率分别达到83%和87%,就业再就业和残疾人就业工作被省市评为先进,残疾人康复工作被评为全国先进。社会救助保障体系不断完善,低保工作被评为全市先进,老龄工作被评为全省先进。

【各项社会事业取得明显进步】 人口和计划生育管理工作全面加强,被评为省"一类区",计划生育优质服务、婚育新风进万家和计划生育协会工作先后荣获全国先进。积极探索文化事业产业化发展新途径,深入实施"一街一品一特色"工程。加强公务员、专业技术人员及农村实用人才的培训、管理和考核,人事编制工作被评为全国先进。审计监督得到加强,在全省四年一次审计工作评比中,绿园区被评为全市城区唯一先进单位。民兵和预备役工作扎实推进,人武工作被省军区评为先进。此外,机关管理、价格监督、民族、侨务、外事、人防、地方志等项工作也都取得了较快发展。

(曹 阳)

2006年绿园区国民经济和社会发展主要指标完成情况

指标名称	单位	实际完成	与2005年比增减%
国内生产总值	亿元	60.3	20.1
第一产业增加值	亿元	2.14	4.2
第二产业增加值	亿元	30.42	24.4
第三产业增加值	亿元	27.74	17.0
工业总产值	亿元	106.35	26.4
农业总产值	亿元	3.79	3.2
全口径财政收入	亿元	6.56	70.4

续表

指标名称	单位	实际完成	与2005年比增减%
本级财政收入	亿元	1.32	78.7
固定资产投资额	亿元	47.6	80.6
社会商品零售额	亿元	36.4	11.2
新增外商投资企业	户	7	75
新增实际使用外资额	万美元	2 541.8	——
个体私营企业	个	10 410	14.0
民营经济增加值	亿元	35.5	42.6
年末在岗职工人数	人	14 127	2.2
全部在岗职工年人均工资	元	16 289	12.2
城市居民人均可支配收入	元	11 358	7.9
农民人均纯收入	元	4 642.5	13.1
普通中学数	所	8	-10
普通小学数	所	27	-10
各类医院	所	6	持平
教育经费总额	万元	8 447	12
科技三项经费	万元	436	——
卫生事业费	万元	1 948	——
绿化覆盖率	%	40.4	——
人口出生率	‰	5.04	-0.58
计划生育率	%	98.79	——

双阳区

【概况】 长春市双阳区位于长春市区东南部，地处东经125°26′~126°00′、北纬43°16′~43°56′，东濒饮马河与永吉县隔河相望，南与磐石市为邻，西与伊通县接壤，北与南关区、二道区相连，区人民政府所在地距市中心区37公里，长清、双蒋两条公路连接长春市中心城区，龙双公路连接长春龙嘉国际机场，即将建成的长双烟铁路是纵贯双阳南北、连接沈吉铁路和京哈铁路的重要干线。双阳区幅员1 677.42平方公里，占长春市区总面积的46.8%；全区辖1个乡、3个镇、4个街道，总人口383 233人，其中农业人口28万人。有满族、回族、朝鲜族、蒙古族、维吾尔族、布依族等20个少数民族，人口35 246人，占全区总人口的9.1%。全区有1个少数民族乡，17个少数民族村。全区已发现各类矿藏34种，矿床、矿点143处，有开采价值的矿产19种，其中，石灰石、油气、煤炭、矿泉水、膨润土等资源储量大、品质高，开采利用前景十分广阔。双阳区是长春市面积最大、环境最好、资源最丰富、发展潜力最大的城区，处半小时经济范围之内，是长春市新一轮“双心、两翼、多组团”城市规划空间格局的重要分团，是建设“大长春”紧密层圈的重要支点。2006年，全区认真落实科学发展观，围绕“富民强区”这一目标，坚持“双轮驱动、转型升级”战略，加快了城市化和工业化进程。全区上下形成了一心一意谋发展、齐心协力快发展的浓厚氛围，超额完成了年初确定的各项工作任务。

【经济实力有所增强】 2006年，全区地区生产总值完成59亿元，同比增长18%。人均生产总值达到15 470元，同比增长18.1%，按2006年底汇率折算，达到人均1 980美元的新水平。一、二、三产业增加值分别完成10.83亿元、21.10亿元和27.07亿元，同比分别增长5.9%、22.1%、20.2%。三次产业结构由2005年的20.2∶34.9∶44.9调整为18.3∶35.8∶45.9，二产、三产增加值占地区生产总值的比同比提高了0.9和1.0个百分点,一产下降了1.9个百分点。向"强二、兴三、优一"的经济结构布局迈出了重要一步。全口径财政收入实现2.3亿元,区本级财政收入达到7 284万元,同比分别增长21%和24.9%。

【项目建设】 继续强化了招商引资和项目建设,坚定不移地实施了"引进强区"、"投资拉动"战略,全社会固定资产投资完成35.6亿元,同比增长37.9%,完成了市政府下达的争取目标任务。开工项目达到163个,其中,续建项目17个,新建项目146个。从投资行业上看,工业项目65个,农业项目14个,三产项目35个,社会事业项目16个,基础设施项目33个。大项目投资拉动作用明显。计划投资5 000万元以上的施工项目29个,占全区项目总数的17.7%,年内共完成投资22.20亿元,占全区固定资产投资总额的62.4%,有效地发挥了大项目的支撑作用。全区民营经济固定资产投资为29.83亿元,占投资总额的83.7%,同比增长39%,成为主要资金投入来源。

【园区建设】 双阳区有两个省级开发区,即双阳经济开发区和长春文化印刷产业开发区。为了尽快发挥开发区在招商引资和项目建设中的平台作用,加大了两个开发区基础设施建设力度。2006年,双阳经济开发区投资1.5亿元,完成了北部1平方公里起步区内"五横一纵"道路工程以及给水、雨水、污水管网铺设工程,起步区实现了"五通一平",引进铝箔深加工等20个具有较大发展潜力的项目,其中有17个项目开工建设。长春文化印刷产业开发区完成投资1.1亿元,基础设施全面开工建设,有19户企业签订入驻合同,12个项目开工建设。齐家、山河工业集中区启动了部分道路等建设工程。云山工业集中区开展了总体规划编制工作。

【工业经济】 紧紧抓住工业化这条主线,以发展工业拉动产业发展、壮大全区经济实力、带动社会全面进步、取得了良好效果。全区工业总产值完成60.6亿元,同比增长24.3%。规模以上工业企业运行质量不断提高,实现产值5.8亿元,同比增长38.9%;全口径工业增加值实现15.71亿元,同比增长17.4%,工业增加值占地区生产总值的比重达到26.6%。工业对经济增长的贡献率达到26.5%,拉动全区经济增长4.8个百分点。工业经济效益明显提高,实现利润同比减亏39.7%;实现税金6 380万元,同比增长35.8%。完成了省、市政府下达的工业提速增效目标任务。

【第三产业】 双阳区旅游资源得天独厚,是国家级生态示范区和长春重要的旅游观光休闲地。全区森林覆盖率达到24.7%;境内共有中小河流17条,中小型水库41座;城区绿化覆盖率达到41.5%,人均绿地达到11.5平方米,全区大气质量常年保持在国家一级标准,有"天然氧吧"的美誉。境内有东北海拔最高、落差最大、面积最广的岩溶景观,以及长春市第一峰——海拔711米的老道洞山。特别是御龙温泉、东华庄园、嘉莱宝航空俱乐部、吊水壶国家级森林公园等4个超亿元旅游项目的开工建设,极大地增强了双阳"假日游"、"休闲游"的吸引力。2006年,全区共接待游人80万人次,旅游总收入达到1.6亿元。在新一轮消费结构升级和假日经济效应的带动下,市场日趋活跃,消费持续增长。2006年,全社会消费品零售总额实现16.28亿元,同比增长16.3%,剔除价格因素,实际增长14.9%。全民创业步伐加快,民营经济快速发展,全区民营经济总产值完成80亿元,同比增长19.9%。

【农村经济】 改变了"唱四季歌"的工作方式,推进了乡镇政府职能由管理型向服务型转变。2006年,全区农业总产值达到17.51亿元,同比增长8.6%。粮食作物播种面积66 279公顷,同比增长1.0%。粮食总产量556 423吨,同比增长7.9%,是双阳区历史上第二高的年份。粮食单产8 395公斤,同比增长6.8%。全区经济作物播种面积达到7 006公顷,同比增加21.7%。新发展各类牧业小区20个,规模养殖户发展到5 420户。全区农业总产值完成18.5亿元,同比增长14.8%。全年输出劳务人员82 092人次,实现劳务经济收入4.3亿元。加大了农田水利基础设施建设力度,投资1 820万元,完成了双阳水库灌区东营子拦河闸等农田水利建设项目。在羊圈村、卧龙村、幸福村、鹿乡村启动了新农村建设试点工作。

【梅花鹿产业】 双阳有300多

年养鹿历史，是全国唯一的“中国梅花鹿之乡”，鹿只存栏、鹿茸总量、鹿茸单产、鹿茸优质品率和出口创汇额一直稳居全国各县(区)首位。2006年，全区梅花鹿产业保持了良好的发展态势。

1. 鹿只总量稳步增长。全区鹿存栏达到了14.7万只，同比增长13.1%，已占全国的26.9%，占全省的43.4%。鹿业标准化小区发展到12个，养鹿户发展到12 000户，其中百只以上的养殖大户发展到150户。

2. 鹿业总产值稳步增长。2006年，全区鹿茸总产量达到了35吨，其他鹿副产品总产量达到680吨，实现总产值5.5亿元，出口创汇550万美元，同比分别提高了14.3%、25%、7.2%和4.5%。

3. 鹿产品市场交易活跃。2006年，各类鹿产品经销企业发展到185户。鹿乡镇和双阳城区两大鹿产品物流中心实现交易额4.8亿元，利润近1.2亿元，同比分别增长14%、20 %，全国最大的梅花鹿养殖基地和鹿产品集散地的地位进一步巩固。仅鹿乡镇的客流量就近百万人次，鹿茸吞吐量达到50吨，鹿副产品吞吐量达到1 000余吨，继续左右着全国鹿业市场行情。

4. 鹿产品深加工得到较大发展。以长双鹿业、吉林鹿业生物制品、修正药业为主的各类型鹿产品加工企业发展到50家，研制开发出梅花鹿基因营养液、鹿胎精华素等鹿保健产品八大系列60余种，远销东南亚各国及港澳台地区，深受消费者青睐。其中吉林生物鹿业制品有限责任公司于2006年7月取得了中国首家鹿产品、保健品的GMP认证。

5. 服务体系进一步健全。全区鹿业协会等各类合作组织发展到9个，鹿科兽医院24家，从事鹿业诊疗服务人员430余人，鹿业养殖熟练工3.8万人，综合服务能力进一步增强。2004年制定并出台了全国唯一的梅花鹿标准化养殖规范性文件－－《梅花鹿系列吉林省地方标准》，对全国梅花鹿标准化养殖等一系列技术提供了规范性指导。2006年，全国唯一的中国梅花鹿标准化示范区建设顺利通过国家验收。

【城市建设投入加大】 长双烟铁路全面开工建设。全区公路开工里程达到191.8公里，完成投资11 054.4万元，龙山公路双阳城区南绕越10.68公里二级油路工程、长清公路双阳南段37公里路面改善工程基本完工，长春经济圈环线双阳段征地拆迁准备工作结束，144.8公里村村通工程竣工。城区重点基础设施建设工程完成投资1.1亿元，山河路改造、长双公路亮化工程完工，东双阳大街延伸段、垃圾场续建工程完成年度建设任务，城区巷道改造工程完成118条。石溪河续建年度工程完工。城区新增绿地10万平方米，房地产开发面积24.9万平方米。投资610万元，完成了退耕还林、三北四期等绿化工程。

【社会事业协调发展】 全年引进推广科技成果22项，科技进步贡献率达到48.9%。教育投资1 518万元，改造危倒校舍4 950平方米，完成了一五二中学教学楼新建、晨宇希望中学扩建、一五〇中学教学楼扩建工程，初中升高中段学生入学比例提高到43%。广播电视投资215万元，完成了城区600户有线电视光缆改造和农村20公里有线电视光缆架设工程，全区有线电视入户率达到39%。医疗卫生投资1 200万元，完成了区医院传染病区改造、妇幼保健所办公楼维修等建设工程。社会保障体系进一步完善，城镇职工医疗保险参保人数达到26 700人，城镇登记失业率控制在3.4%以内，城镇低保覆盖率达到9.68%。投资1 230万元，新建社会福利服务中心7处。计划生育工作进一步强化，完成了区计划生育服务站建设工程，预计到年末，人口自然增长率控制在5‰以内。城镇居民人均可支配收入达到7 900元，同比增长17%，农村人均纯收入实现5 009元，同比增长11.3%。

【民主法制建设】 认真执行区人大及其常委会的决议决定，主动接受区人大的法律监督、工作监督和区政协的民主监督，人大代表建议、政协委员提案办复率达到100%。密切了同民主党派、无党派人士和人民团体的联系。“四五”普法和“三五”依法治区工作成效显著。有效化解了各类信访矛盾，没有发生一例到省进京集体越级访。公开电话办结率达到98%。严打整治战役深入开展，公安系统接访工作扎实有效。实行了区长办公例会制度，充分发挥招商委员会、国企改革领导小组等非常设机构作用，对重大问题、重大事项实行集体决策，行政决策效率和质量明显提高。坚持深入基层,深入开展调查研究,采取现场办公等方式解决实际问题。建立了岗位责任体系,严格考核评比,促进了政府各项工作的落实。

(聂 颖 杨洪波)

2006年双阳区国民经济和社会发展主要指标完成情况

指标名称	单位	实际完成	与2005年比增减%
地区生产总值	万元	590 000	18.0
第一产业增加值	万元	108 300	5.9
第二产业增加值	万元	211 000	22.1
第三产业增加值	万元	270 700	20.2
工业总产值	万元	606 357	24.3
农业总产值	万元	175 100	8.6
全口径财政收入	万元	23 494	21
本级财政收入	万元	7 284	24.9
固定资产投资额	万元	356 600	37.9
社会商品零售额	万元	162 800	16.3
新增实际使用外资额	万美元	3 600	32
个体私营企业	家	8 491	8.16
民营经济增加值	万元	255 000	19.2
年末在岗职工人数	人	19 360	
城市人民人均可支配收入	元	7 900	17
农民人均纯收入	元	5 009	11.3
普通中学数	所	30	
普通小学数	所	131	
各类医院	所	18	
教育经费总额	万元	14 322	20
科技三项经费	万元	16	-20
卫生事业费	万元	2 051	43
城区绿化覆盖率	%	39.5	
人口出生率	‰	5.83	
计划生育率	%	9.72	

人 物

人　物

全国优秀党务工作者

【谭竹青】 2005年12月3日，长春市二道区东站街道十委社区党委书记、居委会主任，谭竹青病逝。但她留下了全国劳动模范、全国优秀党务工作者、全国优秀居委会主任等170多项荣誉，留下了一位共产党员、基层党务工作者鞠躬尽瘁、无私奉献的宝贵精神财富，把一座永不褪色的丰碑留在百姓的心上。

一心扑在社区的发展建设上。“作为一名基层党员干部，虽然官不大，但是为官一任，就要造福一方，这是共产党员的本分和天职。”谭竹青的这句口头禅，对十委社区班子的伙伴们早已不再是一句话，而是他们每天都看得到的忙碌身影和经年累月用行动干出来的非凡业绩。

20世纪80年代初，十委社区班子为全国的改革热潮兴奋不已，但一想到“自家一亩三分地儿”的发展就犯愁。当时的十委社区还是“三条黑胡同，一条泥水路”，居委会穷得连办公用品都买不起，根本谈不上社区建设。“咱得先发展社区经济，为了社区的发展，为了群众能安居乐业，就不能怕困难，不然，要我们共产党员干什么。”谭竹青的话给伙伴们愁云笼罩的心头投下一道亮光。

社区经济就从第一个小吃部起步了。没钱买厨具，谭竹青带头把家里仅有的450元拿出来；没钱买砖和沙石，已年过半百的谭竹青带着退休职工和一些待业青年起早贪黑走街串巷，到拆房工地拣碎旧砖头、旧木料，到附近河里挖沙子，和大家一起光脚丫脱土坯。不到半月，一个十多平方米的社区小吃部红红火火开业了。第二年，谭竹青又打起了建服装厂的主意。听说市服装厂一位姓柴的师傅退休了，她连夜就上门请他帮忙。深受感动的柴师傅最终没拗过她。服装厂办起来了。

最初创业的汗水，使社区终于有了一些积蓄。谭竹青没有止步，立即又用这些钱聘请了一些退休的能人，相继办起了制鞋厂、印刷厂、汽车修配厂、装潢公司等17个委办企业。从那时起，十委的经济越来越壮大，再没向国家要一分钱，到2006年已有固定资产2 000万元，年创利税60多万元，累计向国家缴纳税金680万元。

把居民的事看得比天大。20世纪70年代，十委附近还没一家幼儿园，很多母亲要送孩子到很远的幼儿园，又要赶着上班，常因挤不上公共汽车急得直哭。幼儿园按原设计要拆掉谭竹青家的半间房，潭竹青舍己为公，同意拆幼儿园建成了，社区和附近的母亲们不用再为孩子的事发愁了，可谭竹青一家却仅剩下不足10平方米的土坯房，一住就是十多年。近十多年来，谭竹青带领大家陆续又花了10万元建起了社区益寿院、阅览室、健身房、录像厅、游艺部，用150万元为社区建成了1 780平方米的服务中心。

为了让居民早日圆上住楼房梦，改变“晴天一身土，雨天两腿泥”的棚户区。谭竹青为找开发商四处奔走。可是，一个个老板来看看就扭头走了，有的还说：“我送你200万元，你不让我在这儿投资建房就行。”她毫不灰心，依然昼夜不停地奔波，苦口婆心地协商，终于打动了一家房地产老板的心。从拆迁公告发布之日起，300多户居民的老房子竟然在42天内就全部拆完。“这速度也就是在十委，在谭老太太这儿能有。”开发商惊叹不已，逢人便说。当年底，五栋住宅楼拔地而起，547户低收入居民欢天喜地迁入新居。

2005年11月30日，谭竹青去世的前四天，十委最后一个回迁户住进了新楼房。至此，十委先后三批开发棚户区16万平方米，圆了近4 000户居民的住楼梦。

把党的温暖送到每个人的心坎儿里。“有难处，找谭竹青。”在十委社区，这是最通行的一句话。谭竹青是社区居民的主心骨，再难的事，她也要千方百计帮助解决；她是百姓的贴心人，再苦再累，她也要把温暖送到百姓心里。人们说她是“上管天，下管地，中间管着百姓的冷暖疾苦、柴米油盐”，亲切地称她“小巷总理”。

“谭姨是我致富路上的一盏明灯，有她心里就敞亮、暖和。”居民董学琴的话充满敬佩。1997 年，本来没有工作的董学琴，爱人也下岗了，全家的生活蒙上了阴影。谭竹青帮她在露天市场安排了摊位，还借给她 3 万元本钱。一年后，露天市场取缔了，困境中，谭竹青又帮她在新建的室内市场里租下几节柜台，办起了面食店。小两口牢记谭竹青以质量信誉立足的叮嘱，小店办得红红火火，月赢利 2 000多元，日子过得一天天好起来。

“作为党的基层干部，就是要上为国家分忧，下为百姓解难，把党的温暖送到每个人的心坎儿里。”几十年来，谭竹青心里装着党的宗旨、国家的期望，装着百姓的柴米油盐、冷暖疾苦，兢兢业业地履行着一个共产党员的信念和职责，“哪儿有难处，谭姨肯定就会出现在哪儿。”

“谭姨待我们比亲娘还亲哪，是她老人家救了我一家。”一说起谭竹青，46 岁的马小花就止不住眼泪。丈夫去世后，她寄居在妹妹家，娘俩靠打零工艰难度日，一度她自己也不想活了。谭竹青听说后急得睡不着觉，赶到她的住处暖语鼓励：“小花，过日子总会有困难，但你别怕，什么沟啊坎儿的咱都能迈过去。”随后，她就安排马小花在敬老院当服务员，娘俩免费吃住。

一次，号称“小霸王”的十委青年李刚打群架住进医院，家人声明和他断绝关系。可谭竹青提着一兜水果、糕点来看他了：“好好养病，想要啥，姨给你买。”第二天，谭竹青又买了一堆他爱吃的东西来，并耐心地给他讲做人的道理，摸着他的头说：“你从小没了娘，是个可怜孩子。你放心，今后你的一切姨都包下了。”一句话使这个刀扎到骨头上都不掉一滴眼泪的“拼命三郎”呜呜痛哭。后来，谭竹青为他在委办厂安排了工作，为他筹办了婚事。小李把对谭姨的感激全倾注到工作中，很快成了生产骨干，并加入共青团，后来还当上了维修队长。

多年来，谭竹青一有空就到敬老院看望老人们。特别是年节，她总要来和老人们一起包饺子、吃年夜饭，老人们见了“老妹子”也总有说不完的心里话。她心里装的是党和人民，想的是工作和奉献，就是没有自己。

在谭竹青的办公室里，摆着一张比小学生课桌稍大点的办公桌，在一篇《长期受教育，永葆先进性》的文章上面放着她的老花镜，旁边搁着她还在铮铮走动的老手表，墙上挂满了从中央到地方各级党和政府颁发的锦旗和奖状。

她为居民呕心沥血建了那么多楼房，可她硬是住在 10 平方米的土坯房里，直到当时社区的全部居民都搬上楼，她才在 1997 年迁进 84 平方米的楼房。

谭竹青为那么多下岗失业和待业人员安排了工作，可是自己孩子都是靠孩子们自己的专长和努力找工作的，临终前，她拉着儿子的手断断续续地说：“儿子，委屈你了。平时妈对你要求严，也没给你留下什么，你也没沾上光，反而受了很多苦。妈这也是为你好，你就别怪妈了。”儿子泣不成声。

50 年来，她为居民百姓办了成千上万件好事、实事，但她从不收受人们为感激她送来的礼物。曾得到过谭竹青多次帮助想送 200 元感谢而被拒绝的残疾人范喜香说：“谭姨可‘不近人情’了，只许她对我们好，连我们表达个心意都不许。”话虽这么说，但他和大家心里都满怀感激与敬佩。正是这“不近人情”，饱含着老主任对居民的无限深情。多年里，因为她的能力和业绩，曾有过四次招工提干的机会，但都被她一一推辞了。“作为基层党员，我能为这么多居民服务，已经很满足了。”

天不言自高，地无语自厚。谭竹青没走，她作为一个共产党员的高风亮节、公仆情怀永远留在人们的心上。

【刘鹏举】 长春市南关区民康街道健康胡同社区党总支书记、居委会主任。在社区里，刘鹏举这个名字可是家喻户晓，社区的居民都亲切地称他为“刘老抠”，可就是凭着这股“抠”劲，通过 3 年的不懈努力，他带领社区干部使社区面貌发生了翻天覆地的变化，接触过刘鹏举的人无不感言，他是一个痴情于群众，痴心于社区，痴迷于事业的好党员，在社区，刘鹏举的“抠”是出了名的，可在社区建设上他却很大方，几年来，他把各级政府颁发给他个人的奖金近万元，全都用于改建社区环境和开展居民活动上。

2003 年上任之初，小区脏、乱、差，是居民的“闹心事”，也是他的一块“心病”。小区先后由 5 家房地产开发公司开发建设，道路没人修，建筑垃圾没人清，居民群众怨声载道。刘鹏举带领社区党员干部，动员居民群众从捡砖头、拾废料做起，自发地筹钱买水泥、购沙子，一尺尺地修建巷道。两年来，自力更生改造了27条小区巷路，修建标准化柏油路600米，街路绿化美化面积达到6 000多平方米。

作为一名社区党总支的带头人和有着二十年党龄的老党员，刘鹏举始终把关爱党员、增强社区党组织凝聚力放在首位。53岁的下岗职工党员曲克家，老伴身体残疾，长年患病，孩子还在上大学，老伴每月300多元的退休金既要维持生活又要支付医药费，每月总是入不敷出，刘鹏举了解情况后，经常来看望他，帮助解决各种生活难题。最近，刘鹏举不仅为他办理了临时补助，还向驻社区单位推荐，帮他找了份工作。在刘鹏举的带领下，社区党总支还启动了"双扶"工程，建立了党务干事定点联系困难党员家庭责任制，帮助很多贫困、有病党员摆脱生活困境。

【崔　贵】　长春市绿园区西新镇双丰村党委书记、村委会主任。双丰集团公司董事长、西新镇党委委员、长春市人大常委会委员、长春市乡企协会会长。多年来，他先后被国家、省、市、区评为全国劳动模范、全国百名优秀乡土人才、优秀共产党员、优秀农民企业家、合格的村干部。2004年被评为全市优秀党务工作者标兵。

崔贵同志现年58岁，1990年任双丰村党总支书记，村民委员会主任以来，不断深化改革、务实创新、拼搏进取，经过十年孜孜不倦的艰苦奋斗，彻底改变了家乡贫穷落后的面貌；使过去一穷二白的双丰村，成为长春市第一个"小康建设示范村"。

崔贵上任十年来，一直把他自己制订的"稳农、重工、大力发展多种经营和第三产业"，作为全村工作的指导思想，积极抢抓机遇、乘势而上，开发村办企业，从1991年到现在，先后成立大中小型企业48家，其中有全国农村独家殡仪馆——长春市龙峰殡仪馆，该企业占地28公顷，建筑面积达4万平方米；2003年又相继投资3 000多万元，兴建了全省最大的辞灵宫，大大的缓解了长春市各大医院太平间紧张问题，同时为全市消除污染环保工作做出了贡献，在村办企业中有被国家农业部认可的，为一汽加长车配套的长春市双丰车架厂；有全市较大型的双丰综合农贸市场；有全省最大的公益事业——双丰老年公寓；有全省最大的汽车改装厂；还有全省最大的一汽污水处理场。

崔贵对第三产业的发展颇为重视，发展独特民营企业22家、服务行业，包括饭店、维修、服装裁剪、美容美发、商业、运输业和基建行业等300多家。双丰村从贫穷落后到富裕小康，经历的过程是艰难坎坷的，各项工作的发展，事业的振兴全靠有了崔贵这样的好当家人。

全国五一劳动奖章获得者

【邵玉国】　1951年出生，一汽铸造公司铸造一厂球造车间工人，他围绕设备上能力、质量上水平，开展了系列技术攻关，2004年被评为中国机械工业突出贡献技师。

他扎根铸造37年，凭着对企业的深厚感情和对事业的执著追求，从一名普通的生产工人成长为一汽的高级专家。他自行设计和制造了六套非标设备，组织实施了改进创新项目200多项，获得集团公司重大合理化建议和技术进步成果奖30余项，获吉林省职工技术科技进步成果奖1项，获国家专利3项，创造直接经济效益200多万元。

【高宝华】　1955年4月出生，农安宝华骨科医院院长，主任医师。他是一个致力于为贫困和残疾群众看病不收手术费的好医生。在农安县的医学界，他是一个受人尊敬的学者型医生。在他的身上，有知识分子的才智，有男人的刚毅，更有医者的仁心。"以诚相待，以德立业"是他行医和做人的原则。高宝华担任外科医生30年，仅各类残疾矫形和外伤后遗症手术8 000多例。因此，1992年被吉林省卫生厅聘请为吉林省儿麻矫治技术指导组顾问，1993年被国务院十部委评为全国残疾人三项康复工作先进个人。2003年，他创建了一所骨科专科医院，使数以万计的贫困百姓和残疾人在他那里得以救助。当地的老百姓把这所医院称作贫民医院。

由于高宝华待患如亲，收费合理，医院赢得了省内外患者的青睐，如今已成功接诊10万人次，出院患者5 000人次，共为社会弱势群体减免医疗费用60万元，占应收额度的10%。医院日门诊量150余人次，病床使用率在75%以上，宝华骨科医院已真正办成为了老百姓自己的医院。

【刘国江】　1965年出生。长春市二道区国家税务局工人。他悉心照顾孤寡老人，坚持在19年的时间里，拿出近乎一半的工资捐助社会弱势群体。每年中的100多个休息日，他基本上都是在长春市北八道街东站十委社区益寿院度过的。经他照顾的老人有百位之多。

刘国江扶贫济困的事迹赢得了组织和同事们的一致认同，他先后被长春市国税局党组织授予“长春市国税系统优秀共产党员”、“长春市国税系统十杰”等称号；“长春市慈善市民”称号，被长春市老龄委授予“孝亲敬老之星”称号，在长春市政府组织的代理妈妈活动中荣立三等功。

【李国荣】 女，长春市第二实验中学党总支书记兼校长。1978年毕业于东北师范大学历史系。享受国务院特殊津贴，曾荣获全国模范教师，吉林省高级专家，吉林省科研型名校长，吉林省首批科技创新拔尖人才，吉林省暨长春市有突出贡献的中青年专家，吉林省三八红旗手，长春市十佳女校长，长春市十二届人大代表。

担任长春市二实验中学校长以来，坚持科研兴校，提出"以学生发展为本，实施主体性教育"的办学理念，学校实现了跨越式的发展。2001年进入省级重点中学管理序列，2003年被评为省级示范性中学，先后被授予国家基础实验中心外语教育中心实验学校，全国教育科学"十五"规划重点课题研究基地校，全国加强未成年人思想道德建设标兵单位，吉林省教育科研基地校，教育科研先进单位，国际交流示范校，素质教育示范校，长春市“五一”劳动奖状，人民满意学校等荣誉。

【杜　煜】 长春市公安局朝阳区分局副局长。在从警的22年中，连续17年被评为先进工作者或优秀公务员，8次被市政府及上级公安机关评为先进个人，6次荣立个人三等功，被市政府记功1次，40次受到嘉奖，先后荣获治安民警标兵、破案能手、所长标兵、省人民满意民警、政法系统最佳民警等光荣称号，2003年被市政府授予"五一劳动奖章"。2004年9月被授予"吉林省劳动模范"荣誉称号、全国优秀人民警察光荣称号。杜煜同志多年来始终以事业为重，潜心钻研，兢兢业业，不辞劳苦，任劳任怨，以惊人的毅力克服种种艰难困苦，以独到的领导艺术创造性开展工作，用超凡的人格魅力影响和带领着身边的同志创造出一个又一个奇迹。曾三次临危受命，迅速扭转派出所落后面貌，跻身先进行列，并受到共青团中央、公安部、省委政法委、省公安厅、市委、市政府、省市共青团委员会、市公安局的表彰奖励20余次；在担任分局副局长以来，杜煜同志带领分局户籍系统紧紧抓住“基层基础建设年”的良好契机，以“创新、求实、廉洁、高效”八字方针为指导，以“三基”建设工程为平台，以实现群众满意为出发点和最终目标，不断加强队伍管理，夯实基础业务，落实保障措施，为分局“三基”工程建设取得辉煌成果做出了突出的贡献。

首届中国优秀母亲

【金惠茹】 53岁，汉族，中共党员，吉林大学和平校区后勤处职工。在家里，她悉心教育两个女儿，照顾身患残疾的公公，是女儿心中完美的“好妈妈”；在工作中，她真挚热诚的关爱着身边的同事，人们亲切的喊她“金妈妈”；在兵营，她用慈母般的爱心关怀照顾着离家的战士，是士兵最放不下的“兵妈妈”；在两个没有血缘关系的孩子心中，她是最可以依靠，最值得牵挂的“代理妈妈”，并荣立“长春市政府三等功”。1997年曾获首届全国“百名好军嫂”荣誉称号；1999年获得长春市优秀市民称号，2004年吉林省十大杰出母亲荣誉称号。其事迹先后被中央电视台、吉林日报、长春日报等多家新闻媒体报道。

金惠茹的爱人是一名军人，为了让爱人安心的工作，她一直独自承担家庭重担，悉心教育两个女儿，照顾身患残疾的公公。大女儿金峰通3岁时的一天，金惠茹忙完了白天工作和繁重的家务，又给残疾的公公换上浆洗好的衣裳。体力已经透支的她此时才想女儿已经感冒几天了，摸过女儿的滚烫的额头，她顾不得夜深雨急，用雨衣包好孩子，向几公里以外的儿童医院跑去。雨水湿透了衣服，迷住了双眼，视线迷糊不清，脚下的路泥泞不堪，而她依然在雨中疾行着。她告诉自己，坚持住，不能倒下去！当医生看到她泥人一样站在面前时都震惊了，孩子打上针后慢慢退烧了，她睁开眼睛时，看到了妈妈满脸的泪水。

金惠茹在物质上从未娇纵过孩子，在精神上却留下了一笔宝贵的精神财富，无时无刻不在前行的路上激励着孩子。现在身披军装英姿飒爽的一双女儿是金惠茹最大的骄傲，女儿永远也忘不了妈妈在自己成长路上留下许多美好的点点滴滴……女儿忘不了辛劳了一天的妈妈在灯下辅导她们功课；忘不了深夜里妈妈为她们赶制棉衣；忘不了在非典时期，坚守一线，妈妈给予的支持和鼓励；忘不了除夕值班时妈妈在电话中的细语安慰……

在工作岗位，她用真挚的热诚关爱着身边的同事，人们亲切的喊她“金妈妈”……

在金惠茹做第一毛纺厂工会主席期间，她就把职工的疾苦放在心中。单位一位姓丛的老工人，双腿截肢，爱人没有工作，家中有5个孩子。金惠茹了解情况后，立即组织了一个厂内帮助小组，去他家修房子，盖棚子，她又从家里带来新衣服，带动大家捐物。邻居看到金惠茹的热心都问丛师傅，她是你家里的什么直系亲戚！其实在金惠茹的生活中像这样的事情不胜枚举。

她在原解放军农牧大学中是一位大家熟知的兵妈妈金惠茹，逢年节总能看到她在部队为大家忙前忙后的身影。每年年三十新年钟声敲响之前他会同丈夫驱车几十公里来到部队农场，带上亲手包的饺子下到食堂和炊事员一起将饺子煮好，再逐个岗位把年饺送到值班人员面前。夫妻凌晨回到家中，再把孩子们叫醒，陪他们吃这顿迟到的年夜饭。初一的团圆饭同官兵一起吃，战士们把他当成大家的兵妈妈，跟她谈工作谈学习。新兵换了一茬又一茬，始终不变的是金惠茹的悉心关怀和“兵妈妈”这个在士兵中流传的称呼。

在两个没有血缘关系的孩子心中，她是最可以依靠，最值得牵挂的“代理妈妈”……1995年长春市妇联发起“代理妈妈”活动，金惠茹做了14岁孩子沈岩的“代理妈妈”。沈岩3岁时父母因煤烟中毒双双离开人世，与年迈多病的爷爷奶奶相依为命。为了给沈岩一份没有缺憾的母爱，金惠茹无微不至地照顾着他：冬天棉的夏天单的，从鞋垫袜子到内衣内裤，从学习用品到水果小食品，只要自己女儿有的沈岩也一定有。她常对沈岩说：“人的一生做人是最重要的，不论将来做什么工作，都要做一个正直、诚实的人！”10年过去了，大家欣喜地看到沈岩已经从一个内向瘦小的男孩成长为开朗、自信、眉眼俊朗的小伙子了。当他领到第一个月工资时，马上就给妈妈买了套裙，还订做了一面大镜子，上面写着：“慈祥的妈妈，真心的爱。”

2002年11月2日，她等了爱了一生的爱人因为高原症再也没有醒来。金惠茹的整个世界在顷刻间坍塌了，她连续高烧，眼睛视力急剧下降。这时来自学校、社会各方面的战友、同志、朋友送来贴心的关心和安慰，曾被她关心照顾的战士朋友也从四面八方涌来。大家用爱回报这位伟大的妈妈。儿子沈岩在最艰难的时刻守护在妈妈身边寸步不离，告别仪式上披麻戴孝泪流满面的沈岩手捧爸爸的骨灰，默默许下誓言：我长大了，您却匆匆地去了，我知道您最牵挂的就是妈妈，您老放心，我一定会照顾好妈妈，帮她带大弟弟…… 伴着这浓浓的亲情，金惠茹把对爱人的无限思念化为对身边人的关怀和对两个代理孩子的爱。就在金惠茹病痛的时候，她也没忘记自己还是万顺的“妈妈”托人给万顺送去过冬的棉裤。2003年万顺搬了新家，金惠茹送去新家具和新衣裤，万顺的生活因为妈妈的存在而充满阳光。

如今的金妈妈在照顾“小儿子”生活的同时，已经开始惦记着“大儿子”沈岩的婚事了。金惠茹是一个普通的女人，更是一个集温柔、贤惠、善良于一身的伟大母亲。

全国巾帼建功标兵

王淑珍　吉林省长春市朝阳区南湖街道办事处劳动保障事务所所长

郭立群　中国第一汽车集团公司技术中心商用车部主查

崔源玉　（朝鲜族）吉林长春文化旅行社有限公司总经理

王　波　中国建设银行吉林长春大经路支行银合分理处四级客户经理

于　萍　长春市公安局城市管理治安支队政秘科科长

王　晶　长春市商业银行凯旋支行青年路营业室主任

第二届全国优秀
中国特色社会主义事业建设者

【丛连彪】　回族，吉林省长春皓月清真肉业股份有限公司董事长。他所领导的皓月公司，是全国首批151家农业产业化重点龙头企业之一，被列入吉林省“十五期间”的“百亿工程”。现已成为位居全国首位的肉牛产品深加工企业、中国最大的优质牛肉出口基地。

1983年,他转业到地方,成为公司经理,1987年带领47名职工承包了面临倒闭的劳动服务公司,之后从连彪以1 700元钱起家,下海经商,办起了长春清真凯德宴乐园回族饭店。1993年,建立了一个大型肉牛良种繁育和育肥牛饲养基地,年出栏肉牛2 000多头。1995年,投资1 800万元,在长农、长哈、长伊、长郑四条公路出口处设立四个牛羊屠宰点,每年屠宰牛羊10万头;担负着长春市清真屠宰80%牛羊肉的供应,集团的产品还销售到外国十几个城市。

吉林省长春皓月清真肉业股份有限公司,建设一个农业产业化大项目——皓月20万头肉牛屠宰系列加工。实现年销售收入10.5亿元,利税1.75亿元,带动省内35个县(市)养牛业,年转化粮食25万吨,利用秸秆260万吨,吸纳3万农村富余劳动力就业,提供1 500个就业岗位,已建成东北乃至全国最大的综合性农畜产品交易中心。2003年,按高起点、高标准建设的皓月集团,已成为涵盖肉牛繁育饲养、饲(肥)料开发、屠宰分割、熟食生产、皮革加工、生物制品、市场流通、餐饮旅游等多个领域的国内最大、亚洲领先的现代大型清真屠宰深加工外向型企业。创造了巨大的社会效益和经济效益:2002年屠宰肉牛15万头、羊5万只,销售收入7亿元,出口创汇1 050万美元;带动全省5万农户、20万农村剩余劳动力从事养牛业,农民每年养牛增收2亿元;通过牛腹每年转化粮食秸秆300多万吨;皓月的发展,促进了区域经济的繁荣,加快了吉林省全面建设小康社会的步伐。

他先后被选为国家级优秀退伍转业军人、省政协委员和市人大常委会常委,被命名为“长春市十佳兴业领头人”和“长春市特等劳动模范”、“全国民族团结进步模范”、第三届“长春市十大杰出青年”、“振兴长春建功立业优秀人才”、“吉林省劳动模范”,成为吉林省有突出贡献的少数民族优秀企业家。

【王远征】 汉族,吉林大正建设集团有限公司董事长。吉林省政协委员、吉林省工商业联合会副会长、吉林省光彩事业促进会副会长。1964年5月出生。1986年5月,北上创业,来到吉林大地。最初他一连几个月揽不着活,带来的钱花光了,同来的伙伴失去信心,但王远征坚信,越过险关是坦途。经过一年的打拼,开始在长春建筑行业中赢得了一席之地,建立了自己的信誉。1987年,在长春羊草沟煤矿六层住宅楼和省工商银行住宅楼招标大会上,王远征夺标成功,并以最好的质量、最快的速度、最低的造价,如期交付使用,从而崭露头角。此后,王远征继续带领他的施工队转战各地,先后参加长春西中华路住宅小区、富锦小区、净月潭别墅区等建筑工程。一个个优质工程在他手中诞生。

1995年8月18日,“吉林大正建设工程有限责任(集团)公司”在吉林这块黑土地上诞生了。集团公司注册资金3 800万元,总资产1.6亿元。是一个以建筑房地产、装饰装潢、公共安全、轻钢结构及塑钢门窗、PVC护栏生产和安装于一体的集团型企业。集团公司下属5个分公司,8个施工队,年施工能力30万平方米,年营业总额3亿元以上。2001年,王远征进军长春经济开发区,投资1 000万元,修建了高档住宅楼奥华德公寓;投资2 800万元在长春市朝阳区永春镇开发建设了大正集团工业生态园。

1998年公司被长春市工商局、消费者协会授予“最佳信誉企业”。2001年承建的长春市公安局指挥中心办公楼获得长春市建筑行业最高奖项的“君子兰”杯奖励。2002年,被吉林省质量管理协会授予“吉林省用户满意企业”称号。

在事业上取得成功之后,没有忘记先富帮后富,身在企业,心系国家和人民群众。几年来,积极安排2 000多名下岗职工和3 000多名农村剩余劳动力在大正公司就业,努力为党和政府分忧解难,为保持社会稳定做出了自己的贡献。他积极投身光彩事业,投资、扶持、兼并、改造多个贫困地区的国有集体企业。他热心公益事业,积极捐助、兴办希望小学,几年来,王远征已累计捐款、捐物折合人民币70多万元。

2002年8月,他被长春市政府授予“优秀企业家”称号。并连续获得1999年至2001年度吉林省民营企业“就业明星企业”的荣誉称号。

第十一届中国杰出青年农民

【程继彦】 吉林省德惠市夏家店街道姜家崴子村

农民。34岁的他靠养猪致富，还带动周边250户农民走向市场。程继彦高中毕业就回乡务农，开始尝试养鸡、种菜，可都失败了。他在失败中没有丧失斗志，决定养猪。他想，这里有的是玉米，为什么不能搞养猪转化增值。1993年，他在亲友处借了2万元，办起了年出栏100头的猪场。创业是艰难的，1994年的春天，由于他对饲养技术掌握不精、管理经验不足等原因，刚刚进来的200头猪不到2个月的时间就死了150多头。为此，程继彦吃不好，睡不好，嘴上急起了泡。在朋友的帮助下，他借了6万元又买进300头猪。同时，他从吉林农业大学请来专家，指导养猪，终于渡过了这个难关。1998年生猪市场出现低谷，生猪价格直线下跌，降到每公斤3.6元，周围猪场纷纷关闭。程继彦的猪场也难逃厄运，2 000头猪净亏损70万元。在这危急的时刻，他到北京、广东考察，看到生猪市场在回升，于是，他心中重新燃起了希望之火，立刻给家里打电话，让妻子再借10万元，一定要把猪再养2个月。事实证明他的判断是正确的，没过不久，汕头的一个客户以每公斤7.2元的价格，将他的2 000头猪全部买走，他的猪场一下子打了个翻身仗。

程继彦在困境中抓住机遇，在机遇中完成了原始积累。他把所赚的钱又全部用于猪场的扩大生产上。截至目前，他的猪场累计投资997.6万元，占地面积达到9.3万平方米，雇用了50名员工。猪场逐渐形成了以原种猪培育饲养为主，兼饲料生产、饲养、屠宰、加工、冷藏的产业化生产格局。去年，程继彦成立了吉林阔源牧业有限公司，现在公司有原种公猪1 000头，母猪存栏1 650头，年产仔猪3万头。他除自养外，还与周边250多户农民签订代养合同，代养的农户每头猪可获纯利190余元。公司每年向代养户放养仔猪2万头，存栏生猪5 000头，年出栏生猪可达1.5万头，主要销往吉林、长春、哈尔滨、汕头等城市，250户农民年创总产值1 350万元、利润170万元。

全国优秀共产党员

【王树明】 “七一”前夕，被群众誉为“身边的张海迪”和“轮椅上的雷锋”的中国网通长春分公司维修班班长、全国优秀共产党员王树明再次进京，接受中组部的隆重表彰。

自获得全国自强模范、全国劳动模范两项殊荣，受到胡锦涛总书记亲切接见后，王树明，这位高位截瘫的优秀共产党员更是焕发了青春。已经50多岁的王树明，虽然身体状况不见好转，可总给人一种乐天派的感觉，身上总有那么一种不服输的劲头。长春网通为加强设备集中维护和管理，成立了设备维修班，负责31个市话分局和5个县(市)区的电缆充气设备及测量室总告警系统的维修工作。这个维修班技术含量高、工作量大，需要一名具有高度责任感的人来担纲。谁能挑起这副重担？公司研究时，大家一致认为王树明最合适。但考虑到王树明的身体状况，大家又不忍心让他挑这么重的担子。消息传到王树明耳朵里，他直接打电话找到总经理唐永华，来了个火线请缨。从此，王树明当上了设备维修班班长。他们全组普查后掌握了全市电缆充气设备基本状况，并对出现的问题进行了及时处理。

3月10日8点半，永长路分局测量室报告：“配线架总告警，系统出现问题。”王树明接到电话，带上工具就打了一辆出租车赶往现场。马上着手处理障碍，当障碍处理完、王树明一行乘坐出租车远去时，测量室的同志们得出了一致的“结论”：“别看王树明是个残疾人、身体那么瘦弱，但他确实是一条硬汉子！”6月1日，距市区20多公里的乐山镇的电缆充气设备，由于停电原因烧坏，造成停机。维修班的同志看到多天来为排除故障操劳而疲惫不堪的王树明，不忍心让他再出现场。但王树明不顾大家的劝阻，和班里的两名同事一道顶着烈日，驱车赶赴乐山镇处理故障。很快，查出是主控电源模块故障。为购买配件，王树明只身返回市区购买零件，又不辞辛苦带上轮椅，第二次去乐山镇修复了故障。

王树明常对大家说：“当今社会，通信技术发展这么快，不学习就会落伍。”2006年四五月间，王树明利用休息时间参加了省残疾人电脑培训班，成为全班年龄最大的学员，并以优异成绩通过了考试。在王树明引导下，只有4个人的维修班掀起了学习热潮，大家把王树明当老师，有的要跟他学修话机，有的向他学习电脑技术，维修班在他的带领下，成了对内、对外服务的和谐集体。

王树明的节假日也很忙碌，从3年前他被所在区残疾人选为长春市宽城区肢残协会主席后，又有一份责任压在肩头。面对全区2万多名残疾人，他下定决心要用劳模精神创办好协会。残疾人病了王树明会去探望,肢残人没有户口、低保户有困难他会派人去沟通。为了让残疾人住上廉租房,王树明还一次次摇着轮椅去找政府部门。3 年来,王树明带领残疾人健全了协会组织,在全省第一个办理了协会法人注册,在既无资金又无场地的情况下,第一个建起了设备齐全的活动中心。王树明自己掏钱,拿出自家的打印机和扫描仪,自费办起了内部《彩虹》专刊。6 月,王树明领导的协会被中国残联评为全国优秀肢残人协会,协会的工作经验还刊登在《人民日报》上。王树明以他的无私豁达和真诚团结了一大批积极向上、自强不息的残疾人,为和谐社会建设作出了新的贡献。

第十一届中国青年五四奖章获得者

长春市

李天明　一汽大众轿车厂焊装车间业务主管
朱海峰　华信大众有限公司董事长

吉林省五一劳动奖章获得者

杨富军　长春轨道客车股份有限公司
孙　弘(女)　吉林亚泰(集团)公司亚泰超市
张树国　长春市灯泡电线有限公司春原公司
孙永阁　榆树市医院心血管科
程秀华(女)　长春市双阳区南岗小学
王　侠(女)　长春市宽城区环卫处
杜向英(女)　长春市第九印刷有限公司
刘森杰　长春水务集团二次供水公司
刘志国　长春新华印刷厂机修组
关吉元　长春水务集团计划发展办
张银玲(女)　长春市农村信用合作社联合营业部
辛力刚　沈阳铁路局长春火车站售票车间
孙文波　长春市文波职业培训学校
高海燕(女)　长春市一〇三中学
崔国涛　长春汽车产业开发区第六中学
丁国君　长春市南关区西五小学
柳春秋　长春市朝阳区财政局
孙德荣(女)　长春市人民政府机关第二幼儿园
于　英(女)　长春市公安局
程传海　长春一汽启明信息技术股份有限公司

吉林省十佳女职工标兵

崔玉梅　长春皓月清真肉业股份有限公司屠宰车间
曹　然　长春长客进出口有限公司出口二部
关尚敏　吉林省第二实验学校党总支书记

第五届吉林女杰

【林学钰】　吉林大学水资源与环境研究所所长,中国科学院院士,中国著名、国际知名的水文地质和环境地质学家,享受国务院授予的政府特殊津贴。她长期工作在地质教学科研第一线,培养了近百名博士、硕士研究生。出版专著 15 部,发表论文 120 多篇。并完成国家、部(省)级科研生产项目 50 多项,获国家、部(省)级奖励 12 项,其中在地下水的寻找、地下水资源的评价与管理以及地下水污染模拟和控制等众多领域取得了创造性的研究成果。她本人曾荣获全国"先进工作者"、省特等劳动模范等荣誉称号。

【刘丽娟】　长影集团有限责任公司党委书记、董事、副总经理,长影影视科技股份有限公司总经理,长影世纪城有限公司董事长。1992 年～1997 年,她在任省体育彩票管理中心主任期间,成功发行 3 亿元彩票,使吉林省体育彩票发行量跃居全国第二。1998 年～2005 年,她为长影创收及节约资金达 4.66 亿元,使长影由濒临倒闭到焕发新生。在她的直接领导下,老厂区土地置换收益 3 亿元,土地面积增加 4 倍;房地产开发创收6 000万元。长影世纪城项目仅 17 个月就完成建设,创造了建筑奇迹。2005 年开园仅半年,利润达到1 700万元。她先后获得首批全国宣传文化系统经营管理人才等荣誉。

第三届吉林省优秀女企业家

【孙庚洁】 46岁，长春市红光实业有限责任公司董事长、经济师。公司于1999年3月成立，资产总额4 152万元。2004年利润236万元，纳税120万元；2005年利润312万元，纳税136万元。她不断在管理方式和市场营销模式上创新，对内实行"亲情化"管理，对外大力推行“伙伴”战略思想，以巩固强化与销售商和供应商的合作关系，讲诚信，树品牌，实行多赢共存的经营方针，使企业有了长足的发展，主要产品解放卡车传动轴，已被省政府命名为"吉林省名牌"产品。孙庚洁同志曾荣获中国“优秀企业家”、省“劳动模范”、省“创业先锋”、省“创业标兵”、长春市“劳动模范”等荣誉称号。曾当选省政协委员。

【郭万敏】 50岁，吉林省田野泉酿造有限公司总经理、会计师。公司创建于2004年2月，资产总额6 800万元。2004年纯利润306万元，纳税46万元；2005年纯利润489万元，纳税127万元。企业从过去生产单一产品，发展到生产系列产品，由国内市场销售，发展到国外市场销售，由自主经营，发展到带动周边市县连锁生产经营销售。“田野泉大豆酱”荣获“全国食品行业知名诚信产品”、“人民大会堂诚信论坛指定产品”、“吉林省名牌产品”、“绿色环保健康产品”等荣誉称号。在企业发展的同时还捐资助学10万余元。郭万敏同志曾荣获中国“杰出创业女性”、全国“双学双比”女能手、吉林省劳动模范、省“三八”红旗手等荣誉称号。

【卢　丽】 42岁，吉林省中东集团有限公司董事长兼首席执行官，高级经济师。企业创办于1983年5月，资产总额11.7亿多元。2004年纯利润3 571万元，纳税6 033万元；2005年纯利润729万元。纳税3 270万元。连续五年被评为吉林省纳税状元，连续三年名列民营企业“五十强”榜首，集团曾荣获“诚信守法民营企业”、“吉林省商贸销售优秀企业”荣誉称号。几年来安置几万人灵活就业，其中女工占70%以上。累计为灾区及孤儿捐款600万元、捐衣物12万件，2005年向长春市教育事业捐资100万元。卢丽同志曾荣获吉林省“诚信建设先进个人”、省“慈善事业先进个人”、长春市义务教育特等功臣荣誉称号。曾当选长春市人大代表。

“巾帼创业带头人”标兵

洪超英　长春市春城副食品经贸有限公司董事长。
孙亚鹃　长春荣发花卉绿化工程有限公司总经理。

吉林省见义勇为模范

【高宣文】 1969年出生，中共党员，长春市兴业监狱工作人员。2004年3月20日下午，高宣文听到有两个女孩掉入双阳河冰窟窿里，顾不得脱下棉衣就跳进冰河里，一把将要沉入水中的一个小女孩救起，转身又去救另一个小女孩。见另一个小女孩露两只小手在挣扎，高宣文趟着没腰深的冰水走了三四米，河水便到了其脖梗处，未破碎的冰层挡住去路，高宣文又用双肘猛砸冰层，向小女孩靠近，距小女孩不到3米，小女孩已沉入水底。高宣文二次扎进冰水里救人，没有摸到，又第三次扎入水中。潜游二三米，才抓到小女孩的衣服，将小女孩抱起，此时他们已经进入冰层底下，高宣文三次撞冰，才将冰面撞开，他一只手把着冰层侧壁，用头将小女孩顶出冰面，小女孩终于得救了。

【金　冶】 1979年出生，共青团员，长春市第十七中学学生。2003年11月9日中午，金冶同学正在家复习功课，听到3名儿童掉入小南湖水中，便迅速赶到岸边，来不及脱衣服，就跳入冰水中，一把抓住正在下沉的小女孩，把她抱到岸上。接着，又返身去救第二个孩子时，由于小孩乱动，费了很大力气才把他拖到岸边，救第三个孩子时，他的衣服好硬好重，但他还是奋力向第三个孩子游去，当他抓住第三个孩子往回游时，身体有些麻木，在岸上大学生的帮助下，第三个孩子也得救了。

【张　安】 1962年出生，农安县三盛玉镇个体业主。2005年12月25日下午，张安骑摩托车到镇里办事，途中听说敬老院失火，飞快骑车驶向敬老院。在火灾现场救出13位老人，又把敬老院会计室的财产和账本全部救出来,之后又上房救火,由于房顶有冰,不幸从房上掉下摔成重伤,经医院抢救治疗,伤势好转。

【金国庆】 1951年出生,中共党员,生前系武警吉林省森林警察总队农场退休干部(烈士)。2005年4月27日晚,金国庆听到有人喊"抓贼"!便随手从路边拾到一块木板,循着喊声方向冲了过去。嚣张的歹徒刺伤了另两位参与抓捕的群众,受伤的群众被送到医院,金国庆没有被吓退,继续与歹徒搏斗。他抡起木板朝歹徒的腿部砍去,当场将歹徒打倒在地。这时,从胡同里又窜出两名歹徒同伙,用刀对金国庆一阵猛刺。金国庆身重七刀,不幸壮烈牺牲。接到报警的民警立即组织侦破,将三名歹徒全部抓获。

【李发志】 1983年出生,生前系德惠市第八中学初中三年级学生(烈士)。2001年7月28日下午,李发志、董某、徐某、王某、姜某五人相约打篮球。因气温高,姜某等3人要去长沟子养鱼池洗澡,李发志和徐某2人不同意。姜等3人返回非让他俩陪着去不可,盛情难却,五人奔向长沟子养鱼池。姜、董、王下水洗澡,李、徐坐在岸上聊天。姜手里托着两个篮球,被风吹到鱼池里,姜追篮球追到深水处才意识到危险,喊:"救命啊!"李发志听到喊声后,冲着姜喊:"别害怕,我去救你!"李发志游到姜的身边,用胳膊驾着姜往岸边游,大约游了十多米,姜转过头双手抱住李发志,不多一会儿李发志就被姜拖入水中,李发志牺牲。

【王　段】 1962年出生,生前系吉林省人民医院保卫干事。2003年9月14日晚,王段返家途中,路过省中医院一胡同,发现一名梳着怪异发型,行迹非常可疑的人,立即上前盘查:"你是干什么的?检查一下你的身份证。"这个人趁王不备,向王腹部猛刺一刀,王段捂着腹部喊:"站住。"追了几步,便倒在血泊中,献出了年仅41岁的生命。案发后,经公安机关侦查,抓获了犯罪嫌疑人。犯罪嫌疑人交代了企图作案,杀害王段的犯罪事实。

【赵克柱】 1986年出生,生前系九台市城子镇城子街村三社村民,在长春市宇星网站做管理员工作。2005年7月22日晚,赵克柱听到有人喊有人在网吧抢夺手机逃跑,便追出300米后,将犯罪嫌疑人追上,并照其踹了一脚,犯罪嫌疑人被踹了一个趔趄,返身一刀刺中了赵克柱的右腿又逃,赵在右腿流血的情况下,继续追捕犯罪嫌疑人,并断喝:"站住!你跑不了......"又追出近百米,再次扑向犯罪嫌疑人,两人扭打在一起。这时犯罪嫌疑人挥起卡簧刀连刺赵克柱三刀,赵克柱倒在血泊中,但双手仍死死地拽着歹徒。随后,歹徒王信被赶到的众人制服。赵克柱同志经抢救无效英勇牺牲。

【魏喜波】 生前系长春市绿园区城西镇四间村农民。2004年12月30日晚,魏喜波和本村一农民途径四间水库林带时,发现一辆三轮车上放着4棵刚伐下的树木,魏说:"有人偷树,咱们报警吧!"并向林中喊了几声"谁砍的树?"无人应答,并向同村一农民说:"咱们得把树送到村里去!"说完就推起车往村委会方向走,推出200米左右时,盗树人追了上来,边追边说:"公家的闲事你别管,你找死啊!"在争执中,盗树人用刀锯砍向魏喜波的颈部,将颈动脉砍断,魏喜波牺牲。

吉林省十大杰出能工巧匠

于久清　一汽专用车厂高级技师
王　震　长春轨道客车服务有限公司高级技师

吉林省杰出青年卫士

许永光　长春市人民检察院公诉处主诉检察官
王雅萍　长春市国税局第一稽查局检查一科副科长
孙宇红　长春市工商局光复路工商所所长

第三届吉林省优秀青年卫士

关蔡洁　长春经济技术开发区海关
姜　波　长春海关驻邮局办事处、
姜君武　长春海关驻机场办事处

第四届感动吉林十大人物

【陈玉华】 （女），长春市吉盛小区居民，为照顾与自己毫不相干的盲邻居28年，盲邻居跟着她走进了她的婚姻，成了她的家人，成了她孩子的“姥姥”。她用最朴素的情感带给人们最深的震撼，提起她就会让人暖流涌上心头，这就是感动。

28年前，24岁的陈玉华出嫁了。婚礼那天，陈玉华身边有个不一样的伴娘——61岁双目失明的宋大娘，她带着她一起嫁到丈夫常大哥家。带着61岁的盲邻居出嫁在当地还真是个新鲜事，当时周围的邻居都在背后议论：“看她们能在一起多久？”到如今，整整28年过去了，现在大家都改口叫她“大孝子”。

结婚后由于丈夫在内蒙古从事地质工作，夫妻二人分居两地。在第二年时，本来有一个良机可以把家搬到内蒙古，可那就意味着要把老人扔下。又是一个抉择时刻，多少个夜晚陈玉华躺在床上睡不着觉。最后望着连走路都有些迟缓的宋大娘，陈玉华和善良的丈夫商量后，二人一狠心放弃了这个机会。“我太有福了，要不是玉华，我早就不在了！”宋大娘常对人说。

陈玉华的儿女们从小就管老人叫“姥姥”，父母的言传身教让两个孩子从小就懂得孝敬姥姥，有什么好吃的都先送到老人口中。老人愿意听小品，陈玉华的女儿就给她买了个收音机。“前几天上高二的儿子想吃鸡腿，可我炸好后，他先送到姥姥手里！”提起两个孩子，常大哥很骄傲。

“每次看她带着老人外出散步，我们都以为这位穿戴干净整齐的老太太是她的母亲呢。”小区的居民说，她们看起来像亲娘俩似的。陈玉华的女儿说，我妈妈太不容易了，心眼儿真好使。而望着淘气的女儿，陈玉华说，自己现在每天都是很快乐的。社区知道了她和宋大娘的真正关系后，已经为老人办了低保，现在她的愿望很简单，就是家人平安健康。

【王　皓】 国家乒乓球队运动员。长春籍。他是吉林实现奥运金牌零突破的重点运动员。2006年多哈亚运会上，他终于获得了其职业生涯中第一个国际大赛男子单打冠军。

在2004年雅典奥运会乒乓球男子单打决赛中，他败给韩国人柳承敏，屈居亚军。“国人对我的期待很高。我辜负了他们，对不起！”当年只有21岁的王皓这样总结他的失利。2005年十运会团体亚军、十运会男子单打亚军、2005年世界杯男子单打亚军、2006年世界杯男子单打亚军，因此，他有了一个自己很不喜欢的称谓——“千年老二”。

2006年12月7日，爆发终于来了，4比1战胜马琳，夺得亚运男单冠军，这是他的第一个世界大赛单打冠军。拨云见日，王皓解脱了。“我当然高兴了，终于赢了，赢了！”尽管王皓面对央视的电视镜头表现得平静如水，但在给妈妈的电话中，终于流露出胜利的喜悦。

球迷只能看到运动员光鲜的一面，可是背后的苦痛却无从得知。1999年王皓刚进国家队，在一次跳楼梯训练中，王皓的腿缝了四针。大夫的意思是需要静养，这意味着他将回到八一队。而倔强的王皓没向教练如实汇报伤情，硬是带伤在队内选拔赛中拿了冠军，顺利留在国家队。实际上，王皓之所以能够在亚运会上取得突破，教练看来是技术上的提高。随着年龄的增长，心理上肯定更成熟。在亚运会上王皓面对老对手马琳干净利落地以4比1拿下，特别值得一提的是首局，王皓一上来就以0比6落后，但是他没有兵败如山倒，最终以11比9逆转获胜。“吃了那么多次亏，我还不长点教训！”他这样总结亚运会的突破。2006年12月8日中国乒乓球队返回北京，而王皓却没有回来。他转机去奥地利参加俱乐部联赛，之后又风尘仆仆地赶到香港，参加了国际乒联职业巡回赛总决赛。“丢掉的金牌一定要在2008年夺回来！”他说，这句2004年在雅典说的话现在仍然有效。

【姜德志】 吉林省反贪局局长。参加检察工作26年，其中从事反贪侦查工作20年，直接查办和指挥查办大要案200余件，县处级以上要案73人，其中厅级30多人，千万元以上案件十余件，先后被中纪委、高检院、省检察院荣记四次一等功、一次二等功、两次三等功，先后被评为全国先进工作者、全国模范检察干部、全国检察业务专家。

他与三大贪官的较量。姜德志说：在刘金宝案中“与贪污贿赂犯罪作斗争，真正做到决策有道，指挥有术，侦查结果验证了你的判断时，不但会有惩治贪官的成就感，还可以享受到侦查指挥艺术的美感。”办了很多大案、要案，姜德志觉得刘金宝是个比较难缠的对手。"这个案子在我接手时,只有刘金宝涉嫌受贿几十万元的线索。刘金宝是国际金融界的知名专家,非常老到,在我第一次和他交锋时,他还摆出一副功臣的架势,向我表功。刘金宝说:'在黄金买卖方面有好几笔是惊人的交易,为国家做了巨大的贡献。'他的潜台词是说,你们查的是功臣不是腐败分子。我们没靠口供,而是靠事实和证据征服了刘金宝。刘金宝不是精于算账吗?我就跟他算政治账、经济账、量刑账,算来算去,最后把他给算服了。"不但查出刘金宝贪污公款1 400多万元、受贿140多万元、巨额财产来源不明1 400多万元,还挖出了以刘金宝为首的中银上海分行和中银(香港)有限公司两个贪污犯罪团伙共10人的系列犯罪案件。通过办理此案共追缴赃款6 900余万元,为国家挽回经济损失8 000余万元。

1999年12月,最高人民检察院成立"2001专案组",查办原全国人大常委会副委员长成克杰受贿案件,抽调姜德志任预审组组长,他和全组同志团结战斗,在成克杰时供时翻、认事不认罪等复杂情况下,克服重重困难,圆满完成任务。

2001年11月,姜德志被抽调担任沈阳慕绥新案件的调查组组长。他先后突破了慕绥新妻子以及向慕行贿的民营企业老板等人,获取了大量的确凿证据。经中央批准对慕绥新立案"双规"后,他带领办案人与慕绥新谈话。尽管慕进行了周密的反调查工作,并将大量赃款赃物转移,但由于谈话策略得当,很快突破了慕的心理防线,供述了受贿1 000余万元的事实,追回了全部赃款,并指导慕写出了《我的罪行与反思》的自我剖析文章。

姜德志说,做好反贪侦查工作需要大忠、大智和大勇。大忠,就是要忠于国家,忠于人民,忠于法律,忠于事实。大智,就是要用大智慧制服高智商的贪官。大勇,就是要有无所畏惧、无坚不摧、义无反顾的英雄气概,关键时刻要敢于"豁出去"。姜德志不仅有丰富的办案经验,还注意把这些经验升华为反贪侦查理论。他结合多年来反贪侦查指挥和办案实践,撰写了《反贪侦查指挥与协调》、《谈新形势下的反贪侦查工作》等多篇理论文章。

【王　东】 32岁,1993年从长春市公用局技工学校毕业,分配到长热集团管线公司工作。他先后做过巡线员、司机、调度员,2003年在管线公司干部新一轮竞聘中,被聘任为生产设备科科长。他十几年如一日,王东在岗位上甘当螺丝钉,默默无闻地奉献着,同时他以钉子般锲而不舍的精神,攻坚克难排除险情,一次又一次地圆满完成了抢修任务。2006年1月3日,在明德路供热管网抢险过程中,面对管网爆裂意外情况,他不顾个人安危,把生的希望让给别人,献出宝贵生命。事发后,王东被追认为共产党员。

【姜　岩】 79岁,吉林农业大学教授,1991年被聘为吉林省人民政府参事。1983年开始担任两届省政协常委,省科协委员,吉林省农学会副理事长,吉林省科普作协副理事长,吉林省土壤学会理事长等。1979年开始一直担任中国土壤学会理事,1983年至1988年任民盟长春市委副主委。他将前郭县碱巴拉村,"碱片白,沙土黄,旱地板,涝洼塘,干挨累,不打粮"的盐碱地变成了东北的小粮仓。

想起当年的情景,姜老说:"当时的村支部书记特别支持我,他也盼着能改变当地的环境。我们一起研究怎么把风沙治住,怎么改造盐碱地。我们重新规划造林方案,把农田规划成方田,再以草治碱、以稻治碱。"姜岩先后在碱巴拉的风口上栽了8万多延长米的防风林,人工种草700多公顷,并在草原上实行轮牧。终于用科学向农民证明了,盐碱地也能长出好庄稼,也能养出肥牛羊。

1998年,姜岩和他的学生们又开始了用化学试剂改土种稻的实验。孙小峰说:"他们在稻田里投入了硫酸铝,嗬!当年产量一公顷6 000公斤,真是奇迹。祖祖辈辈都认为这一文不值的地方,现在变良田了,成绿洲了。"碱巴拉村村民尝到了甜头,不能守着现状,还得加油,"现在碱巴拉新村规划得非常好,砖瓦结构的房子都成行成趟,人均的住房面积都达到24平方米以上。我们在1996年就用上了程控电话,1995年就用上防氟自来水。""现在碱巴拉的人享福啦!这福气哪来的,村里的人谁也不会忘,不敢忘啊!要是没有姜教授,咱这不还得是那不长庄稼的盐碱地,不还得受穷。"

姜老还曾获得原国家教委、农业部、林业部授予的"支农扶贫为农林生产服务"的奖励,中国科协和省科协优秀科技建设一等奖。现在他仍坚持每年下基层调查研究,并继续任吉林农业大学土壤改良培肥研究所所长职务,主持国家自然科学基金及省科研项目 8 项。1991 年以来，他先后受到近 20 次的表彰奖励。

第四届吉林省十大杰出青年

【王建立】 1971 年出生，博士。现为长春光机所光电对抗部副主任，中国青年科技工作者协会会员，是长春光机所最年轻的学术带头人。

他目前从事的研究领域有地基空间目标光电探测技术、光电精密跟踪控制技术、光电精密测量误差补偿技术、大口径望远镜总体技术、大型军用光电系统总体集成技术等。他首先提出并采用加速度滞后补偿方法，增大电视跟踪系统中、低频段带宽，提高了光电系统的跟踪精度；他从传统的速度、加速度品质因数和系统频率特性角度对加速度滞后补偿作用进行了理论分析并应用于实践，该技术已经成功使用在长春光机所新研制的军用大型光电经纬仪电视跟踪系统中，大大提高了光电经纬仪电视跟踪系统跟踪快速运动目标的能力，将国内靶场光电经纬仪电视跟踪能力提高到了一个新的高度，为国防事业做出了突出贡献，同时创造了巨大的经济效益；他还建立了光电跟踪系统仿真模型和传递函数参数测试方法，采用该方法将目前光电跟踪伺服系统的调试时间由几个月缩短为几天；他在国内首先采用红外成像探测、黑体模拟激光标定技术，实现了激光回波的定量测量。他在国内首先采用科学级 CCD 成像测量结合光谱滤波技术和低速稳定跟踪技术，白天探测能力在国内居领先水平。

王建立作为第一负责人承担了某基地 XX 回波测量系统项目，仅用一年时间就成功完成（是类似产品研制周期的 1/3），在国家高技术军事试验中发挥了巨大作用，其中的多项技术指标创造了国内和光机所第一，得到 863－XXX 领域专家的高度评价，该项目在技术、可靠性、周期等多方面创造了国内大型光电设备研制的记录。他负责的 XX 光电经纬仪伺服分系统，其跟踪能力达到国际先进水平，他负责研制的光电望远镜项目已经完成验收，在国家空间目标探测等方面成绩显著。他目前正在领导 4 米级大口径光电望远镜三期重大创新方案设计工作。

2003 年，王建立被评为长春光机所十大技术标兵；2004 年被评为军口 863 先进个人；2005 年被评为吉林省创新拔尖人才；2006 年被评为吉林省省直机关十大杰出青年和第六届“长白青年科技奖”特优奖。

【孙　军】 1969 年出生，现任吉林东北虎篮球俱乐部总经理。他从 6 岁开始接触篮球，到今天，从事篮球运动已超过 30 年。1980 年孙军进入吉林省篮球队，多年的拼搏与辉煌得到了球迷的充分认可，形象地被称为东北"虎王"，他曾在 CBA 联赛中获得“最有价值球员”、“得分王”、“三分王”等荣誉称号，在 2002－2003 赛季的 CBA 赛场上，作为吉林东北虎队绝对核心，他带领着一群年轻的小队员取得了联赛第三名的好成绩。这期间，他还多次入选国家队，并成为国家队的队长，他先后参加了 1992 年亚运会，1993、1995、1997 和 1999 年的亚锦赛，并取得了优异的成绩。

2003 年，孙军正式被吉林东北虎俱乐部任命为总经理。这些年，俱乐部的生存与发展一直受到严重的制约，在控股单位几乎是零投入的情况下，俱乐部一直依靠频繁地更换冠名赞助商维系生存，简陋的训练基地、艰苦的生存环境始终困扰着东北虎。在这种情况下，孙军一向都是想的比别人多，做的比别人先。他首先自掏腰包，付清了球队拖欠球员的工资；又多方联系，不懈努力，使这支老牌的篮球劲旅拥有了自己的办公室、球员宿舍和新训练馆，保证了球队的系统训练。

自接手俱乐部以来，孙军一直致力于梯队建设，近几年，他多次观摩全国青年比赛，拜访基层教练，亲自做球员家长的思想工作。通过他的不懈努力，现在，吉林东北虎篮球队的二线队伍已经基本成型。为了更好地培养年轻球员，孙军还建立了“长春市实验中学孙军篮球学校”，现在，孙军篮球学校的学生遍布全国各地，在这里培养的孩子不但有扎实的篮球基本功，而且有良好的文化底蕴，他们是中国篮球的未来。

2003 年，孙军当选为“长春十大新闻人物”，对自己能获此殊荣，孙军谦虚地表示：“因为篮球，我才获得了这个奖项，但篮球是个集体项目，这也是集体的一份荣誉。”2004 年 6 月 14 日是第一个世界献血日，孙军成为长春市第一任无偿献血爱心大使。2005 年 11 月 6 日，孙军还被聘为首批消防志愿者、吉林省首批消防明星志愿者。

【刘国江】 男,1966年出生,中共党员,长春市二道区国家税务局职工。自参加税收工作以来,他牢记党的宗旨,勤勉敬业,扎实工作,在认真做好发票运送、库房管理等本职工作的同时,还义务承担了局机关大量办公设施的日常维修工作,他任劳任怨,无私奉献,满腔热忱地为干部职工服务,在平凡的岗位上创造了优良的业绩。特别是刘国江同志在妻子下岗、租房居住、经济条件较为困难的情况下,20多年间赡养和照顾了100多位孤寡老人,他还救助失学儿童,帮助贫困家庭,捐助受灾群众,多次无偿献血,赢得了社会的广泛赞誉,充分体现了共产党员的先进性和当代青年的时代风采。刘国江同志先后被长春市国家税务局党组织评为"长春市国税系统优秀共产党员"、"长春市国税系统十杰",被长春市慈善协会授予"长春市慈善市民"、被长春市老龄委授予"孝亲敬老之星"等荣誉称号。

2006年6月,中共中央政治局常委李长春,中共中央政治局委员、中宣部部长刘云山等中央领导同志分别就宣传报道刘国江同志先进事迹做出重要批示。李长春同志在批示中写道"可作为道德建设的好典型加以宣传"。2006年7月,中共中央宣传部、吉林省委宣传部制订了刘国江同志先进事迹集中宣传报道方案,新华社、中央电视台、中央人民广播电台、人民日报、光明日报、经济日报、中国税务报等中央新闻媒体,吉林电视台、吉林人民广播电台、吉林日报、城市晚报等吉林省新闻媒体,集中宣传报道了刘国江同志的先进事迹。中央电视台在新闻联播节目中以"用爱心诠释快乐人生的刘国江"为题报道了刘国江的先进事迹,在广大群众中引起了很大反响。国家税务总局、中共长春市委、吉林省国家税务局、中共长春市二道区委等先后召开了刘国江同志先进事迹报告会,并相继制定下发了学习决定,深入开展向刘国江同志学习活动。

【吴　强】 1972年出生,研究生学历,现任吉林省公安厅反恐工作办公室副主任。他是吉林省首位国际维和警察。

2002年至2003年,他在联合国东帝汶任务区执行任务,并先后担任东帝汶警官大学教官、特警行动队队长、刑侦局法律顾问、国家调查部法制局局长。期间,他指挥了"1203"东帝汶大骚乱平暴行动,侦破了32起重特大刑事案件,指导和培训了1 156名当地警察,还参与制定了《东帝汶警察法》。在执行任务过程中,他多次与恐怖分子、武装暴徒殊死搏斗,数次顶着棍棒砍刀和枪林弹雨执行抓捕。由于出色的表现,他获得了联合国和平勋章、东帝汶政府杰出贡献奖、东帝汶政府特殊教学贡献奖,还被评为"感动吉林"十大人物和长春市十大新闻人物,并荣立个人一等功一次。2005年7月,公安部任命他为中国维和警察科索沃警队队长、党总支书记。期间,他还先后兼任了科索沃刑侦局重案组侦察员、反恐怖组组长、刑侦局副局长、国际刑警联络官、犯罪调查部部长等职务。

在科索沃期间他先后4次参加竞聘,每次都是以第一名的成绩获得成功,平均2个月升一次职。回国前,他的职务是犯罪调查部部长,位列4 000多名国际维和警察第六位,管辖6个警种,582名国际警察,786名当地警察和138名国际雇员。他指挥和参与侦破了5起影响巨大的国际恐怖案件,36起重、特大刑事案件,抓获恐怖分子19人,解救被绑架人质8人。他在案件侦办过程中多次受到恐怖威胁,2006年2月11日在抓捕恐怖分子时遭到袭击,腿部受重伤。

2006年,他再次荣获联合国和平勋章,同时,被公安部授予优秀侦察员、杰出反恐怖卫士等荣誉称号。特别值得一提的是,他还获得了任务区司法公正奖,是第一个获得该奖项的亚洲警察。

【聂永军】 1971年出生,中共党员,是长春公交集团西昌汽车公司119路驾驶员。在平凡的岗位上,他努力践行"三个代表"重要思想,充分发挥共产党员的先锋模范作用,用真诚、爱心、汗水和良好的职业道德,谱写了一曲新时代的雷锋颂歌。

1993年聂永军当上驾驶员以来,他从没因车辆故障欠过次,撂过趟,他跑正点,从不前撵后压,他始终坚持安全第一,保证了行车没有事故。随着公交改革不断深入,他和妻子共同承包了119路专线车。他根据季节的不同对车厢的服务设施和项目进行随时更换:夏季,他花费400多元购置了窗帘、小凉垫、小凉扇;冬季,他出资800多元缝制了棉坐垫和棉座套。他还根据乘客的不同需求,在车厢内备置了方便袋、交通图、医药箱、暖水壶等便利设施。为了更好地服务乘客,他和车组的同事自费买来了暖风机和30米长的胶皮管暖气片,利用发动机水箱里的热水,在座椅下安装了两组暖气片,使冬天的车厢温度比以往提高了5℃。他的这一发明获得了长春市创新创效优秀成果奖。他还自行设计研究制作了电子线路示意图，使乘客无论白天或晚上乘车时，对行车的方位和前方停车的站名一目了然。他在车内安装了饮水机、多功能电子表和绿色环保垃圾箱，许多乘客都说他的车越来越像一个家，一个流动的家，人们都亲切地称他的车为“春城第一车”。在公交集团创星级服务中，聂永军又带头勇闯英语关，率先进入五星级。

十几年来，聂永军志愿服务时间累计达3 500小时，先后被评为长春市十大杰出青年、市特等劳动模范、市优秀共产党员、吉林省劳动模范和团中央授予的中国青年志愿服务金奖。

吉林省优秀共产党员标兵

王树明　　中国网通吉林省通信公司长春市分公司长白营销中心南广场分局设备维护班

王志霞（女）　长春市汇通驾驶员培训学校

李国岩　　德惠市布海党员牧业生产合作社党支部书记、社长

李　骏　　中国第一汽车集团公司技术中心

吉林省优秀党务工作者标兵

刘鹏举　　长春市南关区民康街道健康胡同社区党总支书记、居委会主任

杨春哲　　农安县华家镇党委书记、镇长

崔　贵　　长春市绿园区西新镇双丰村党委书记、村委会主任，长春市双丰集团公司董事长

苏　强　　中国网通吉林省通信公司党组书记、总经理

吉林省优秀共产党员

长春市

陈接胜　　吉林大学无机合成与制备化学国家重点实验室副主任、教授

林　超　　长春市宽城区环卫处党支部书记、处长

聂永军　　长春公交集团西昌公司119路驾驶员

龚云学　　长春市宽城区兴业街道上台村党委书记

丁树达（回族）长春市朝阳区检察院处级检察员

赵万春（女）　榆树市土桥镇十四户中学教导主任

赵海涛　　农安县靠山镇东排木村党支部书记

宋　超　　德惠市同太乡党委书记、乡长

路亚兰（女）　长春市南关区长通街道龙兴社区党总支书记、居委会主任

王喜田　　长春煤炭集团羊草煤业股份有限公司二井掘进段快速掘进队队长

武连珍（女）　长春市双阳区鹿乡镇矿业联合党支部书记、石溪白灰厂厂长

刘兆义　　长春市二道区建设局局长、城市管理行政执法局局长

巴贻南　　长春市国土资源局净月经济开发区分局局长

王道纯　　长春市绿园区纪委副书记、监察局局长

周振华　　长春工业大学材料与科学工程学院焊接教研室主任、教授

田同德　　长春税务学院信息经济学院院长，长春文教锅炉集团公司党委书记、董事长

李　敏（女）　长春市第二医院内二科主任

姜　顺　　长春市汽车产业开发区锦程街道锦程社区流动党支部书记

许　光（女）　长春市中级法院审判监督庭庭长

长春市五一劳动奖章获得者

吴鑫波　王　宏　李尚宇　翟温广　李大勇

吴长海 王玉山 杨立生 姜洪权 宋长友
陈喜峰 冯　捷 郝晶祥 贾宝强 于　涵
孙凌学 南亚彬 徐淑清 杨晓红 丛方惠
张永利 王雁飞 李　明 李福顺 张琪武
王世超 姜峰华 王　玮 史明俊 蒋瑞滨
关国峰 王　敏 赵　鑫 于洪伟 藏家和
张金平 王长义 付义忠 田　力 谢仁启
尹景学 邹广田 尹爱青 李立新 藏德喜
门树廷 姜维公 窦安翔 相世和 陈明强
腾少锋 初传学 蔡维民 辛万香 吴显冲
部凤华 张翠兰 李维华 李兰凤 吴学生
田中森 麻秀娟 孙学国 曹　强 田月梅
孙亚娟 王晓丽 张　媛 武丽影 刘　发
王勇均 高景凤 计春雷 刘美泉 车　进
杨国斌 王文礼 张小东 沈生民 孙有清
王延明 陈孝思 邢数学 李凤良 朱录君
王书茂 李绍祥 倪晓东 卓春生 王湘林
张雅超 李晓佳 高　兵 姜海碧 王光辉
李再峰 张文惠 郝文革 张颖新 高　原
冯宇平 沈　鸣 刘丹玥 赵莉珠 霍启富
林崇学 陶玉平 张贵友 谢庆义 宣　澎

促进和谐、感动长春十大魅力女性

【于惠舫】　长春市欧亚集团股份有限公司副总经理、欧亚车百大楼总经理。首创全国“百货”+“家电”A字型经营模式，创建全国最大社区购物中心。她以振兴民族商企为己任，带领欧亚车百实现传统百货向现代百货的飞跃。仅2004年和2006年就先后安排1 800人就业，被称为中国商业名牌企业的领航人！颁奖辞：经商惠客，创业领航。她以全国商业名牌企业带头人的睿智，率领车百人打造了一艘商业旗舰，让老国企焕发了新生机！

【王春艳】　长春市宽城区奋进乡一间村三社农民，带着公婆再嫁的好媳妇。当家庭的顶梁柱轰然倒下并永远的离去……她毅然选择了带着不满8个月的孩子坚守，坚守着残疾公公和满街乱跑的婆婆，用柔弱的肩膀撑起公婆生命的天！当爱情再来时，她惊世骇俗地做出决定：带着公婆再嫁！颁奖辞：她的柔肩能抗山，她的爱心能成海！她的大爱和善举温暖了公婆、也感动了长春这座城市！她大写的女性美德，是维系家庭和谐的典范！

【关伟洲】　东北师范大学计算机学院教师，1999年2月她爱人病逝，2002年的夏天，她女儿患上了一种儿童型恶性肿瘤。为了不让女儿幼小的心灵受到伤害，不让年迈的母亲为她担忧，她始终以一张笑脸面对孩子和老人。她一边医治孩子，一边潜心钻研教学，教学水平受到师生的一致认可。她用一颗真诚的心去关心帮助学生，本来就不富裕的她还节省出有限资金去资助那些遭遇困难的学生。她先后被评为吉林省师德标兵，长春市师德标兵，荣获长春市“五一”劳动奖章。她坚韧的品格，彰显着一个普通职业女性的非凡与感动！颁奖辞：心在滴血，脸依然阳光灿烂！滴血是源于生活的坎坷；阳光灿烂是因为扛在肩上的责任和装在心里的爱！

【吴立格】　36岁，吉林省边防总队医院外科主治医师，少校警衔。她入伍11年来倾尽所学，认真钻研麻醉、疼痛、烧烫伤等外科医疗技术，出色地完成了各项工作任务。2004年参加中国首支维和警察防暴队出色完成工作任务，作为先遣队员赴海地执行维和任务，在同战斗队员一起外出执勤中多次冒着枪林弹雨，抢救当地受伤的伤员，受到联合国相关部门和当地人的高度赞扬。被联合国授予一枚和平勋章。在和平年代里，作为女军人，她亲历了战争；在异邦的土地上，她是首批维和警察防暴队员，她在国际大舞台上，为长春女性赢得了无尚荣光！颁奖辞：她以精湛的医术让不同肤色的人远离病痛，她用一枚闪亮的“联合国和平勋章”，让世界聚焦了长春女性的目光。公安部孟宏伟副部长又亲自授予她一枚和平荣誉章。2006年被评为长春市“十大杰出青年”。她彰显的是中国女军人的品格，她维护的是世界的和平与友好！

【宋博清】　57岁，长春市朝阳区人民医院院长，她在朝阳区医院院长的位置上工作的21年来，带领朝阳区医院的干部职工艰难创业、艰辛改革，完成医院7项较大改革和两项重大的环境改造工程，实现经济收入连续7年递增。凡成大事者，必有一颗对事业孜孜以求的心。使医院人均门诊量、床位使用率和人均创收三项主要业务指标及病人满意率均排在长春市属县、区级医院之首，实现了经济收入连续 7 年递增。在她的带领下，医院长年为亏损企业职工提供优惠服务，让利总额达 30 余万元。帮扶朝阳区乐山镇卫生院和榆树市土桥镇卫生院，使其在整体医疗技术有较大的提高。她还以她的胆识和魅力，使两个基层医院起死回生！颁奖辞：她以过人的胆识和魅力赢得了职工的信任与拥护，为长春市医疗事业、为医患和谐做出了突出的贡献！

【苗淑香】 46 岁，长春市二道区人民法院少年法庭庭长，在少年刑事审判领域她坚持感化、挽救并重，被省委政法委评为人民满意政法干警和全国“十佳少先队志愿辅导员”。她在多年的少年刑事审判领域积极探索，在审判中坚持以教育、感化、挽救并重，将审判台变成感化台，让那些曾经失足的少年能够早日成为对社会有用的人。她利用休息日，义务为二道区八道小学做法制辅导员，给同学们作法制报告、辅导模拟法庭、到校园公开宣判等，受到了时任团中央书记周强的高度评价。她先后被省、市委政法委评为人民满意政法干警和全国“十佳少先队志愿辅导员”。铁肩担道义，侠气有柔情。她是个威严的法官。颁奖辞：丹心献社会，法外有真情。她是良师益友，用一颗滚烫的心温暖着成千上万的孩子。她是法律的守护者，为孩子们塑造着健全的人格。

【金惠茹】 55 岁，吉林大学和平校区后勤处管理员，是两个没有血缘关系的孩子的"代理妈妈"，获得首届全国"百名好军嫂"、省"十大杰出母亲"等称号。作为女人，她悉心教育两个女儿，是女儿的“好妈妈”；作为军嫂，她关怀照顾离家的战士，是士兵心中的“兵妈妈”；作为普通市民，她无私关爱两个没有血缘关系的孩子，是他们的“代理妈妈”。虽然其间承受着失去爱人的伤痛，但从 1995 年开始金慧茹从来没有减少对两个自幼失去父母的孩子的照顾和付出，如今“大儿子”已经结婚。颁奖辞：当一个母亲并不难，难的是她把母爱分给了多个跟自己并没有血缘关系的孩子，她多年来一直在付出。

【赵万春】 榆树市土桥镇十四户中学教师，“她传道、授业、解惑”一个身患骨病女教师，加上过度劳累，直到站不起来，才走下站了 20 多年的讲台，术后 5 个月后，她拄着拐杖重进课堂。因为她始终没有忘记自己教书育人的责任，她感动师生和家长，同时也告诉人们什么是蜡烛精神。从 1987 年工作至今，她一直当着班主任，送走了一批又一批学生。她告诉记者：自己就像是乡村里的一把泥土，在培养出很多美丽花朵的同时，也留住了自己的芬芳。她爱她的学生，也用自己的行动感化着他们。她能使全校出名的双差生转变，最终考上了大学；还帮助家庭贫困而将辍学的孩子重返校园，成绩也渐渐赶了上班级的进度。20 年来，为了让家长放心，不负孩子们的一片真情，她从没放弃过任何一名学生。她所带的班级，每学期总体成绩都名列同学年组首位，流失生也一直是全校最少的。她本人也连续 13 年被评为榆树市岗位优秀教师，2004 年被评为全国模范教师，并受到胡锦涛总书记的亲切接见。颁奖辞：桃李不言，下自成蹊。即使她是病树，也给万木带来了无限春光。她从事的是太阳底下最光辉的事业！

【郭万敏】 吉林省田野泉酿造有限公司总经理，高级酿造技师、会计师，研究酱菜制作并生产东北大豆酱菜系列产品，产品销往美国、西班牙、东南亚地区及北京、上海、深圳等地。从一盘农家大酱受启发，发展到年产30 000缸、17 500吨大酱，她还凭着超人的胆识和自信带着大酱参加农博会，一下中外闻名，日本客商比喻她的大酱像牙膏一样，每天都离不开。2006 年，日本、韩国、美国和她签了约，并帮助她们扩建了温室大棚，产量更高。公司有 300 多名员工，解决周边村民剩余劳动力 200 多人，还带动长春市1 800多户农民种植黄豆、黄瓜、辣椒等项目致富。2003 年至今，郭万敏向各地敬老院、学校捐款就达 30 多万元。她先后获得长春市优秀企业家、省“三八”红旗手、全国农村妇女“双学双比”女能手、世界杰出人士等荣誉称号，当选为九台市人大党委会常委。颁奖辞：一个小的致富灵感，一个龙头产业项目发展壮大！发展新农村、富裕新农民的领航人，市场经济的弄潮女！

【路亚兰】 长春市南关区长通街道龙兴社区主任，帮助 200 多名下岗职工再就业，成为全区第一个全就业社区。从 1989 年她被推选为长通街道居民委主任开始，她就再也没有离开这个小得不能再小的"芝麻官儿"。几年来,社区发生了巨大的变化:居民委建成了社区,棚户区的居民住进了高楼,昔日的泥洼路变成了柏油路,下岗职工重新有了就业的奔头,贫困户办低保也不用愁。居民们亲眼看到了这些变化,也亲身经历着这些变化。这些变化传递着党和政府对人民群众的关心与关爱,也传递着路亚兰对党、对人民的一片炽热情怀。

她在社区工作18年,仅拿微薄的工资却默默无闻地投入到为居民服务排忧解难的生活中从调解家庭纠纷、预防家庭暴力,到安置居民就业……事无巨细,件件挂心,架起了党和人民群众的连心桥。成为社区老人的亲闺女、孩子们的好阿姨、班子成员的带头人。她是基层妇女干部促进社区和谐的榜样!颁奖辞:和谐社会的基石,百姓身边的亲人。她人在社区,温暖民心!小社区代表大政府;小干部,干出了大事业!

第七届长春市十大杰出青年

【许永光】 35岁,中共党员,长春市人民检察院公诉处主诉检察官。他自1995年起,一直从事审查起诉工作,他业务能力强,工作克尽职守,先后办理各类刑事、经济、危害国家安全案件717起,涉案927人,所办案件无一错漏,无一枉纵。由于他善于办理急、难、险、重案件,先后荣立一等功一次、二等功两次、三等功两次,被评为吉林省首届优秀公诉人、吉林省十佳公诉人、长春市十佳公诉人、长春市第二届十大优秀检察官等称号。

【苏立满】 38岁,无党派,吉林省阿满食品有限公司董事长。他于1998年创建吉林省省内首家肉食行业厂店直销,开设自营连锁专卖和品牌经营规模化的企业,他树立以诚载信、以质取胜的经营理念,成功地打造了一个深受春城消费者喜爱和信赖的品牌。目前,阿满食品拥有55家专卖店,产品八大系列60多个品种,员工近400人,先后被长春市人民政府和吉林省人民政府评为龙头企业、著名商标。同时他本人也被选为中国肉类协会理事、吉林省肉类协会常务理事、长春市人大代表,并获得了首届"创业青年长春贡献奖"等一系列荣誉称号。

【王　磊】 30岁,无党派,长春市五环体育舞蹈中等职业学校校长、吉林五环体育舞蹈国标舞俱乐部董事长。他从1999年便开始扎根舞海,在刻苦学习体育舞蹈知识的同时,积极帮助母亲管理舞蹈学校,经过7年的不懈努力,他使成绩平平的省体育舞蹈代表队在全国名声大噪,他所培养的体育舞蹈队在全国体育舞蹈锦标赛中获得了30余块金牌,并在东亚运动会、亚洲室内运动会和亚洲体育舞蹈锦标赛中夺得了一金两银的好成绩。并且在第三届全国体育大赛中为吉林省实现金牌零的突破,这也是在历届体育大会中吉林省获得的唯一一块金牌。他被选为长春市青年联合会常委,经常参加社会公益活动,曾经两次捐款万元抗击非典,参与营城煤矿的救助,是一位颇具爱心的优秀青年。

【刘　滨】 36岁,中共党员,长春市公安局绿园区分局城西派出所政治教导员。从警16年,忠于职守,不怕牺牲,参与破获多起重大案件。尤其是2005年,他在受领处置"4.28"挟持人质案时,与身绑炸药的劫匪进行了殊死较量,成功地解救了人质,被公安部授予一等功、打击拐卖人口先进个人,并被誉为黄继光式的英雄民警。他任政治教导员的半年中,采取有效措施,谋划防控工作,共抓获各类犯罪嫌疑人12名,打掉犯罪团伙2个,破获各类案件20余起,并打掉抢劫出租车司机团伙,荣立个人三等功一次。

【钟士军】 39岁,中共党员,长春市第十九中学校长。他重实践,懂管理,是一个年轻而极富开拓精神的校长,他使一个曾经的薄弱校获得了大发展。他重视科研兴校,鼓励教师进行教学研究,使学校的教学质量获长春市教育局测评一等奖。他立足建设"农民工子女成长的乐园",接受了100多名来长的农民工子女入学,并为特困的低分学生免除了择校费。不仅筹措资金110多万元,去改善学校的硬件设施,同时加强学生思想道德建设、平安校园综合治理等方面工作,给学校带来了美好的发展前景。

【于　畅】 33岁,无党派,长春市吉达牧业发展有限公司总经理。他独立创办了饲料公司,通过诚信经营,从只有几个员工的小厂,发展到现在拥有养殖业户1 000多户,安排就业人员1 000多人,拥有固定资产达1 000多万元的中型规模公司,并逐步实现饲料生产、销售、畜禽回收“一条龙”服务。他致富不忘服务社会，注入资金100多万元，扶持农民进行养殖创业，并出资万元，捐助灾区建设和抗击非典，被评为长春市“十大进城务工青年”、“全国农村青年创业致富带头人标兵”。

【吴立格】 女，36岁，中共党员，吉林省边防总队医院外科主治医师。从医10余年来，一心扑在工作上，克服了一家三口分居的困难，创立了医院的第一个疼痛专科，为部队和地方的患者解除病痛。她牺牲一切做奉献，因工作成绩突出，曾3次荣立三等功，多次受到嘉奖。2004年9月17日，她参加了中国首支维和警察防暴队，赴海地执行维和任务。她同战斗队员多次在执勤中，冒着枪林弹雨抢救当地伤员，受到联合国相关部门和当地群众的高度赞扬。2005年1月，吴立格被联合国授予一枚和平勋章，回国后，荣立集体一等功、个人二等功，公安部授予她和平荣誉章。

【孙洪波】 37岁，中共党员，吉林大学电子科学与工程学院院长。他是超精细激光加工领域研究，是世界知名的科学家之一，该领域的代表性符号“纳米牛”的作者，在国际一流杂志发表论文60余篇，被引用1 200余次，做国际特邀报告近30次。早期，在日本工作期间获得日本杰出青年基金，日本科学技术振兴机构为其建立以他姓氏命名的“孙”实验室，并获得日本光科学与技术振兴财团授予的显著贡献奖。2004年回国，在吉林大学工作。2005年成为国家杰出青年基金获得者，并受聘为教育部长江学者特聘教授。

【马东阁】 39岁，九三学社，中国科学院长春应用化学所研究员，博士生导师。他从事多年半导体光电子器件与器件物理的研究工作，是中国科学院长春应用化学所有机光电子学研究方向主要的研究者之一。曾参加了国家“863”项目、中科院"九五"重大项目、国家基金委“九五”重大项目等研究，并作为课题负责人，承担了国家杰出青年科学基金、国家自然科学基金重大研究计划面上项目等12个项目研究，在国内外核心期刊发表论文100余篇，申请中国发明专利7项。曾获国家杰出青年基金、“吉林省科技创新奖”等荣誉称号。

【杨国志】 26岁，一汽铸造公司特铸厂熔模工艺员。毕业于名牌大学的他始终坚持在最艰苦的生产一线上，他大胆质疑挑战传统工艺，具有迎难而上的工作精神和高超的工艺技术，一次次打破了传统铸造工艺，被称为"勇敢挑战传统工艺的现场工程师"，他的设计与改进技术每年能降成本百万元以上；他大胆探索钻研，善于应用新技术，5年的工作时间，先后开发了300余种产品，为企业发展做出了突出贡献，被一汽集团评为“青年岗位能手”、“岗位新星”称号。

第七届长春市十大杰出青年优秀奖

【于树忠】 30岁，无党派，长春康达中医院减肥中心主任。他是一个自强不息的残疾人，最初靠露天按摩和在火车站开三轮车艰难生存，后来潜心研究治疗肥胖症，获得了成功。2001年，他免费救治了“中国第一肥童”，创造了国内儿童减肥的先例；2002年，他又免费为“长春第一胖”郭春海减肥，一年减掉75.5公斤，创造了省内减肥记录。目前，他所负责的减肥科被长春市科委审批为“长春市肥胖研究所”，他用自己的努力创造了“康达减肥”品牌，填补了省内没有专业综合医疗减肥的空白。他也因此获得了“省残疾人自强创业标兵”称号。

【王旭东】 36岁，无党派，长春轨道客车股份有限公司城轨客车开发部高级工程师，厂级副主审专家、主任设计师。他曾任原国家计委科研项目"自主知识产权国产地铁列车"A型铝合金车体方案设计人员，独立完成了原国家计委科研项目"自主知识产权国产地铁列车"A型铝合金车体方案设计和技术设计，主持了中国第一列轻量化无涂装点焊结构的不锈钢车的设计，主持了重庆单轨车国产化设计，均填补了国内空白。多年来，他在技术上精益求精，撰写发表了《DK20北京地铁轻量化探讨》等多篇文章，成长为中国城市轨道交通车辆领域的知名专家。

【刘　静】 30岁，中共党员，长春银龙纺织集团细纱车间丙班挡车工。入厂10年来，她坚持出满勤、干满点，共纺纱173.5吨，超产40.97吨，创造价值

110.4万元。她苦练操作技术,单项接头规定42秒,可她只用34秒,在细纱车间的各项操作赛中始终名列第一名。她还坚持做好经验的推广,10年来带徒弟60多人。曾荣获长春市青年职工创新创效十佳标兵、吉林省青年职工创新创效标兵、全国大城市青年职工创新创效第7名,并获得长春市"五四"青年奖章、长春市劳动模范、吉林省劳动模范等称号。

【闫德丽】 女,24岁,中共党员,吉林农业大学园艺学院2003级园林专业学生。她是大学生自主创业的典范。2005年,她克服了重重困难,与另外两名同学注册了"吉林农业大学大学生'航舰'园林技术服务中心",并担任总设计师和业务部经理。成功承揽了预算52万元的"靖宇县检察院及其家属楼的绿化设计"工程、预算为170万元的榆树市"禾丰"米业有限公司绿化工程设计项目。目前,她所带领的创业团队正在参加吉林农业大学第二广场改造设计等多个项目的竞标。一个看似平凡无奇的女孩,用自己的智慧和勇敢编织了美丽的创业梦想。

【李　波】 36岁,中共党员,长春市邮政局朝阳邮政分局一名普通的投递员。他骑着单车,风雨里从事投递工作12年。他是岗位能手,善于承担艰难任务,投递质量高、业务发展好。他待用户胜亲人,先后将50位老人列入特殊服务档案,坚持8年照顾一位孤寡老人,被称为"活邮局",并被誉为雷锋式的党员投递员。先后荣获了第二届长春青年"五四"奖章、长春市"五一"劳动奖章和吉林省"五一"劳动奖章,被国家邮政局命名为全国百名模范投递员。

【李　强】 39岁,中共党员,长春公路主枢纽有限公司总经理。他积极发展以信息化为主导的现代物流业,组织建设了杨家店物流中心、绿新物流中心、长春市货运服务中心,建设了吉林省联合快运有限公司等五个物流分公司,并完善了以长春为中心,覆盖全省的物流信息服务网络。尤其是绿新保税仓库的建设,结束了本市没有公用型保税仓库的历史。他还先后参与了市黄河路客运站、市高速公路客运站的可行性研究及基本建设工作,并主持编写了《长春市三十年路网发展规划》、《长春市道路旅客运输发展规划》。

【李耀宇】 32岁,中共党员,长春市新生房地产有限责任公司总经理,长春市大众物流装配有限责任公司副总经理。他带领企业成立全市第一家汽车零配件物流公司,公司累计投资1.2亿元,实现年产值9 000万元,利税超千万元,解决就业600余人,承担一汽—大众公司年产轿车30万辆近3 000种国产化零配件物流仓储及配送业务和海尔集团在吉林省的物流业务,累计为一汽——大众公司节约费用4 000万余元,成为推动长春国产汽车零配件物流产业的领跑者。公司荣获市民营企业五十强、市突出贡献奖、市A级纳税企业等荣誉称号。他每年捐款近万元支持社会公益事业,2004年获得长春市年度慈善市民称号。并获得了"首届创业青年长春贡献奖"。

【郭丹彤】 女,38岁,民盟,东北师范大学世界古典文明史研究所教授。她是我国埃及学乃至世界史研究领域里最有发展前途的青年学者之一,是英国利物浦大学考古系访问学者。她在十几年的学习工作中,发表了近30篇学术价值很高的专业论文,承担了省部级以上科研项目4项。曾受英国皇家科学院王宽城基金会的资助,赴英国利物浦大学进行课题合作研究,被2005年度国家社会科学基金会立为青年项目。2005年出版专著《古代埃及对外关系研究》,是国内关于古代埃及对外关系研究的第一部专著。作为中国民主同盟吉林省委员会高教委员会副主任,她提交了多篇社情信息,积极参加参政议政工作。

【程继彦】 37岁,中共党员,吉林阔源牧业有限公司总经理。他自主创业,在亏本、低谷、濒临倒闭的逆境中站起,坚持推广科技养猪,通过采取三元杂交方式,繁育了新品种。2005年,他成立了熟食加工厂,对猪、鸡副产品进行深加工,创建了屠宰、加工、冷藏一条龙的生产线。目前,已拥有固定资产3 000多万元、建筑面积68 500平方米的厂房和38 000平方米的猪舍,安排下岗职工600多人,并创同行利税大户。他连续多年被评为省、市劳动模范,被吉林省畜牧局评为"全省养猪状元",并获"全国农村创业致富带头人标兵"称号。

【韩冬阳】 31岁,中共党员,亚泰房地产开发有限公司总经理。他先后主抓了亚泰杏花苑、亚泰富苑、亚泰豪苑、亚泰国际俱乐部等项目的工程技术管理工作,管理的项目达40万平方米。他主抓的多个项目获得工程质量管理奖,包括沈哈长三市样板工程和长春市君子兰杯工程,合格率100%,优良品率80%。由其倡导的建筑节能技术,在亚泰杏花苑小区等广泛应用,并被评为节能住宅小区示范工程;他倡导的智能化小区项目亚泰桃花苑小区,成为东北首个智能化小区。目前,他是吉林省规模最大的房地产公司最年轻的当家人,他正以锐意创新的精神主持亚泰花园和亚泰未来村建设。

长春市"师德标兵"

徐家宁	吉林大学　教授
王立新	吉林大学　教授
陈　珊(女)	东北师范大学　教授
王明珠(女)	长春大学　教授
李佳艺(女)	吉林建筑工程学院　教授
李晓莉(女)	长春师范学院　教授
张　文	长春工程学院　副教授
刘洪章	吉林农业大学　教授
赵　冰(女)	长春医学高等专科学校　讲师
陈立春	吉林交通职业技术学院　讲师
马朝阳	长春职业技术学院　讲师
谭本立	长春市实验中学　教师
张国霞(女)	长春市第二实验中学　教师
王洪艳(女)	长春市第一中学　教师
苏永春	长春市第二中学　教师
王凤英(女)	长春市第八中学　教师
王殿臣	长春十一高中　教师
康永利	长春市第十七中学　教师
姜莉丽(女)	长春市第二十九中学　教师
邓春红(女)	东北师范大学附属小学　教师
陈玉晶(女)	朝阳区实验小学　教师
田仲明	南关区东四小学　教师
郭　卉(女)	宽城区第四十七中学　教师
雷艳荣(女)	二道区第五十三中学　教师
陈艳玲(女)	绿园区民主小学　教师
韩占东	双阳区第一五三中学　教师
王友华(女)	榆树市第二实验小学　教师
丛景华(女)	德惠市天台镇中心小学　教师
孙景珍(女)	九台市第三中学　教师
赵志才	农安县第十中学　教师

长春市"医德标兵"

马忠森	吉林大学第二医院　教授
周建华	长春中医药大学附属医院　教授
岳宏云(女)	长春市妇产科医院　副主任医师
周高峰	长春市中医院　副主任医师
吴玉环(女)	吉林北方肝胆医院　副主任医师
郑晓华	长春市心理医院　主任医师
毕　涛(女)	长春市口腔医院　副主任医师
王　东	榆树市结核病防治所　主任医师
夏　明	九台市医院　主任医师
高　翔	农安县医院　副主任医师

长春市"艺德标兵"

金银花(女)	长春市朝鲜族群众艺术馆　舞蹈辅导员
程淑波(女)	长春话剧院　副团长
崔　岩	长春评剧院　副院长

长春市"体德标兵"

冯　凯	长春市冬季运动管理中心　教练员

(张晓光)

领导干部名单

领导干部名单

中共长春市委员会

书　　记　王儒林
副 书 记　祝业精　田　忠　刘元俊(5月逝)
　　　　　李树国
常　　委　崔　杰　安　莉(2月任)殷丽依(女)
　　　　　王承烈(2月免)
　　　　　姜治莹　郑文芝(女)　袁玉树
　　　　　高学章(2月免)　王金锡(2月任)
秘 书 长　姜治莹
副秘书长　李金山　刘　波　吕相林(8月任)
　　　　　刘福臣　钱万成　沙宪卿
　　　　　李长洪(8月免)

办公厅
　主　　任　钱万成
　副 主 任　沙宪卿　赵　明

组织部
　部　　长　郑文芝(女)
　副 部 长　孙恒笑(兼)　万芝兰(女,兼)
　　　　　　王占石　韩　栗　邱志方
　　　　　　张宝琦(2月任)

宣传部
　部　　长　殷丽依(女)
　副 部 长　吴鸿韬　吴　强(12月免)
　　　　　　孙国庆(10月免)
　　　　　　于　晶(12月任)
　　　　　　韩忠宝　张世杰

统战部
　部　　长　范新早(2月免)
　　　　　　安　莉(2月任)
　副 部 长　李　瑛(女)　王殿奎
　　　　　　张春林(9月任)

农村工作领导小组办公室
　主　　任　刘福臣
　副 主 任　辛晓梅

政法委员会
　书　　记　李树国(8月免)
　　　　　　吴　兰(8月任)
　副 书 记　陆庆华　王　吉　李继元
　　　　　　鲁树忠　程伟建(8月任)

市委老干部局
　局　　长　李万春
　副 局 长　刘玉霞(女)　曹晓辉(女)

市委、市政府政策研究室
　主　　任　刘　波
　副 主 任　朱成荣　崔迎和　张守刚
　　　　　　姜宝中

档案局(馆)
　局(馆)长　梁　伟
　副局(馆)长　王廷波　李红明　穆占一

市委党史研究室
　主　　任　邱志方(兼,9月免)
　　　　　　王　坤(女,9月任,10月免)
　　　　　　赵安武(12月任)
　副 主 任　王　贵　孙玉志

市委党校(行政学院)
　常务副校(院)长　肖振远
　副校(院)长　张长林　王广洲　陈吉顺
　　　　　　崔忠诚(8月任)
　　　　　　李晓华(4月任)

长春日报社
　总　　编　王　坤(女,9月免)
　　　　　　柳宝祥(9月任)
　副 总 编　张世杰(9月任)　陈卫东(12月任)
　　　　　　刘作礼(9月免)　董俊林
　　　　　　王　弋(女)　马世平(12月免)

长春出版社
　社　　长　杨德宏
　副 社 长　王占通　于　晶(女,12月免)
　　　　　　马世平(12月任)

长春社科院
　院　　长　姜殿军
　副 院 长　李树敏　常　新　孙学亮

党组书记　姜殿军

新闻出版局

局　　长　孙文杰

副 局 长　于显民　王柏秋(8 月任)

党组书记　孙文杰

中共长春市直属机关工作委员会

书　　记　姜治莹

副 书 记　傅铁实(常务,12 月免)

吴　强(常务,12 月任)

赵安武(12 月免)　刘　敏

王福成　张知众(8 月任)

中共长春市直属机关纪律检查工作委员会

书　　记　赵安武(12 月免)

机构编制委员会办公室

主　　任　孙万彤

副 主 任　孟凡友

市委台湾工作办公室(市政府台湾事务办公室)

主　　任　李　瑛(女,兼)

长春市人民代表大会常务委员会

主　　任　李　述

副 主 任　孟德喜　杜立哲　范新早(1 月任)

冯占祥　马驷良　闫成立(女,1 月任)

李发锁(1 月任)

秘 书 长　闫成立(女,1 月免)

李发锁(兼,1 月任)

副秘书长　刘庆海　王宝庆　闻　弘

办 公 厅

主　　任　闻　弘(兼)

副 主 任　王浩然

内务司法委员会

主 任 委 员　韩文有

副主任委员　张智勤

财政经济委员会

主 任 委 员　张海久

副主任委员　王大伟

农业与农村委员会

主 任 委 员　孙胜林

副主任委员　李怀生

城乡建设环境保护委员会

主 任 委 员　许国栋

副主任委员　周亚昆(4 月任)

教育科学文化卫生委员会

主 任 委 员　陈亚群(女)

副主任委员　朱慧民

民族侨务外事委员会

主 任 委 员　朱再新

副主任委员　齐世信

人事代表选举委员会

主 任 委 员　李文济

副主任委员　孟淑云(女)

法制委员会

主 任 委 员　周晓辉(女)

副主任委员　姜振春　刘　君

法制工作委员会

主 任 委 员　姜振春

副主任委员　刘　君

研 究 室

主　　任　王宝庆

副 主 任　徐　荣

机关党委

书　　记　闫成立(女,兼,1 月免)

李发锁(兼,1 月任)

副 书 记　徐永富

长春市人民政府

市　　长　祝业精

副 市 长　崔　杰　安　莉(女,2 月免)

李　伟　王学战　钱龙生　李龙熙

刘　实　高学章(2 月任)　李福春

秘 书 长　李发锁(1 月免)　阎玉华(1 月任)

副秘书长　罗远增　赵国华　管树森　刘玉新

徐毅夫　柳宝祥　阎玉华(1 月免)

杨俊良　张发文　桂广礼　魏亚军

贺兴国　李相国(6 月任)　王建华

卢福建　何泉秀　曲庆江　唐晓明

李志刚　张忠耀(1 月任)　孙英利

办 公 厅

主　　任　阎玉华(4 月免)　桂广礼(4 月任)

副 主 任　石　光　寇纯福

赵　显　程松彬(8 月免)

地方志编纂委员会
主　　任　祝业精(兼)
副 主 任　安　莉(女,兼)
李龙熙(兼,4月任)　郝广智
刘远和

法制办公室
主　任　林　平
副主任　赵玉洁　张铁力　曾国军

老龄工作委员会
主　　任　高学章(兼)
副 主 任　柳宝祥(兼)　王占石(兼)
李　旸(兼)　张毅强(兼)
办公室主任　李　旸(兼)
办公室副主任　王兵印

发展和改革委员会
主　　任　王　宁
副 主 任　杨瑞生　黄凤云(女)
林　姗(女)　杨　森(8月任)
董俊杰　韩　良　徐连东
党组书记　王　宁

经济委员会(中小企业局)
主　　任　李志保
副 主 任　宋学观　高继志　王喜山
王　才　赵　旭　薛文革
庞福祥
党组书记　李志保

科学技术局
局　　长　万载斌
副 局 长　翟述华(女)　薛春志
魏长平(女)
党组书记　万载斌

商　务　局
局　　长　刘亚群
副 局 长　王淑云(女)　曾庆祥　唐铁生
唐若迪　杨安娣(女)
党组书记　刘亚群

贸　促　会
会　　长　宋丽华(女)
副 会 长　谷霄光　林　野　张凤林

金融证券工作办公室
主　　任　李世杰

城乡建设委员会
主　　任　钟振明
副 主 任　沈启天　俞　生　刘大平
李延昇　韩志斌(10月免)
相红民
党委书记　钟振明
党委副书记　佟玉堂

城市管理行政执法局
局　　长　王世田
副 局 长　周亚昆(4月免)　韩志斌(10月任)
李玉祥(8月任)　常桂芝(女)
潘成军　王大和(4月任)

统 计 局
局　　长　张　威
副 局 长　穆华民　富志刚　郑永生

安全生产监督管理局
局　长　张中发
副局长　郑光宇　王学民

食品药品监督管理局
局　　长　李越春(女)
副 局 长　李云义　秦　宏　刘应齐
邱清扬(女)　华吉年
党组书记　李越春(女)

交 通 局
局　　长　管　锋
副 局 长　李金明　韩　征　邹德东
党委书记　管　锋
总工程师　张玉新

环境保护局
局　　长　张俊先
副 局 长　张　伟　于　春
叶春民(8月任)　叶蓬欣
党组书记　张俊先
纪检组长　金玉英

气 象 局
局　　长　李振声
副 局 长　尹文斌　杨志东
纪检组长　付林生

房地产管理局
局　　长　刘海山
副 局 长　刘东伟　陈济生　李晓曼
黄立新
党委书记　刘海山
党委副书记　李联合
纪检委书记　李联合

规划局
局　　长　王洪顺
副 局 长　刘天府　曲国辉　韩守庆
党委书记　王洪顺
党委副书记　曾宪智（女）
纪检书记　曾宪智（女）

国土资源局
局　　长　李洪珠
副 局 长　朱亚福　毕忠德　李成员
党委书记　李洪珠
党委副书记　李贵文

长春市农业委员会
主　　任　刘芝岐
副 主 任　王德贵　孙宝和　史长友
　　　　　杨立华　孙长占
党委书记　刘芝岐
纪检委书记　戴　才

水利局
局　　长　周凌成
副 局 长　贺国兴（10月免）　武振熬
　　　　　王宏声
党委书记　周凌成
党委副书记　李中华
纪检委书记　李中华
总工程师　赵宇琦

林业局
局　　长　丛洪深
副 局 长　张国华　王志芳
　　　　　李庆祥（8月任）
党组书记　丛洪深

粮食局
局　　长　李树华（女）
副 局 长　张景学　郝　君　武　凌
党组书记　李树华（女）

财政局
局　　长　卢友富
副 局 长　于落川　胡延生　吴德忱
　　　　　王慧力
党组书记　卢友富

国有资产监督管理委员会
主　　任　万芝兰（女）
副 主 任　王　才　高秀芳（女）　林立志
　　　　　祝永安　贾贵春
党委书记　万芝兰（女）
党委副书记　王　才　王　彦
纪检委书记　赵芳春（女）

工商行政管理局
局　　长　王铁酩
副 局 长　张德祥　张洱英　张意海
党委书记　王铁酩
纪检委书记　祁丽梅（女）

审计局
局　　长　李本喜
副 局 长　王福财（8月任）　李万成
　　　　　吴焕军　庞国忠　赵　旸
党组书记　李本喜
纪检组长　孔维进

国家税务局
局　　长　史铁军
副 局 长　王长生　刘子敬　钱立仁
　　　　　王铁勇　刘向群
总经济师　李　强
总会计师　潘　晶

地方税务局
局　　长　宋有才
副 局 长　裴德民　杨中凤　金光日
　　　　　文　明　司立新　李晓黎（女）

文化局
局　　长　龙　华（女）
副 局 长　于伟民　佟德军
党委书记　龙　华（女）
党委副书记　张雅芳（女）
纪检委书记　张雅芳（女，兼）

教育局
局　　长　王树彬
副 局 长　周国韬　梁国超　马　军
　　　　　朱彤顺
党委书记　王树彬
党委副书记　李　敏（女）
纪检委书记　李　敏（女）

卫生局
局　　长　谢华维
副 局 长　李志盛（6月免）　高舒民（8月免）
　　　　　马　平　齐国华　都书元（6月任）
党委书记　谢华维
党委副书记　杜金华（女）

纪检委书记　杜金华(女)

人口和计划生育委员会

主　　任　高松柏(女)

副 主 任　赵　蕾(女)　刘国瑞

体育局

局　　长　郭忠君

副 局 长　张政明　赵晓路

党委书记　郭忠君

党委副书记　尹维萍(女)

纪检委书记　尹维萍(女)

广播电视局

局　　长　刘树清(6月免)　崔永泉(6月任)

副 局 长　崔永泉(6月免)　张清秀
　　　　　庄　严(6月任)

党委书记　刘树清(兼,6月免)
　　　　　崔永泉(6月任)

党委副书记　张善萍(女)

纪检委书记　张善萍(女)

人事局

局　　长　孙恒笑

副 局 长　孙万彤　康铁英　钱士元
　　　　　孟凡友　蔡延斌

党组书记　孙恒笑

纪检组长　王忠厚(12月任)

劳动和社会保障局

局　　长　张毅强

副 局 长　赵家春　韩平山(8月任)
　　　　　崔英林　王　颖(女)

党组书记　张毅强

社会保险局

局　　长　张发文

副 局 长　张美源　杨丽华(女)　刚占朋

纪检组长　崔　伟

民族事务委员会(宗教事务局)

主　任(局长)　赵国民

副主任(副局长)咸荣日　杨　军(女)

党 组 书 记　赵国民

民政局

局　　长　李　旸

副 局 长　陈俊魁(6月免)　肖方忠
　　　　　杜荔哥(女)　王桂敏(8月免)
　　　　　蒋洪涛(8月任)

党委书记　李　旸

党委副书记　张文海

公安局

局　　长　高学章

副 局 长　曲万臣　郑伟民　张永会
　　　　　唐庆华　于　英(女)　王卫东
　　　　　韩东民

党委书记　高学章

党委副书记　曲万臣

政治部主任　于　英(女)

纪 检 组 长　侯连国

指挥部主任　张忠耀(10月免)

司法局

局　　长　李　林

副 局 长　郑司宽　刘汉兴　郎　林
　　　　　戈保权

党委书记　李　林

党委副书记　于桂兰(女)

纪检委书记　于桂兰(女,兼)

政治部主任　于桂兰(女,兼)

国家安全局

局　　长　姜开信

市委、市政府信访局

局　　长　于瑞敏

副 局 长　张家祥　赵林生
　　　　　李伟强(8月任)　马延政

质量技术监督局

局　　长　袁振宇

副 局 长　刘　敏(女)　李　纯(8月任)
　　　　　孔令起

党委书记　杨润民

人防办公室

主　　任　陈亚新

副 主 任　刘寿松　马英才　贾东来

地震局

局　　长　孙继海

副 局 长　唐祝林

外事(侨务)办公室

主　　任　王　宇

副 主 任　侯　铁　刘　利　薄中堂

信息产业局

局　　长　吕　凝

副 局 长　曾庆彬　韩　东
　　　　　刘向东

党组书记　吕　凝

园林绿化局

局　　长　杨凤祥

副 局 长　娄长兴　安保信

党委书记　杨凤祥

纪检书记　王国辉

高新技术产业开发区管理委员会

主　　任　苗若愚

副 主 任　孙　莉(女)　姚　刚　赵志民　刘成福　陈　多　冯兆印　石　威

党工委书记　刘泽臣

经济技术开发区管理委员会

主　　任　黄文华

副 主 任　王绍川　许铁志　陈德新　林崇哲　孙洪健

党工委书记　黄文华

党工委副书记　阚云忠

净月经济开发区管理委员会

主　　任　管树森

副 主 任　王金城　鞠　峻　王金玉　杨文俊

党工委书记　管树森

汽车产业开发区管理委员会

主　任　李相国

副主任　陈亚轩　吴相道　曹　伟　祖　国　李炜姝(女)　魏朝明

党工委书记　孙国武

党工委副书记　李相国　王　哲

长江路经济开发区管理委员会

主　　任　梁振亚(9 月任)

副 主 任　张绍君(9 月任)　王晓东(11 月任)

党工委书记　李瑞霞(女,9 月任)

牧业管理局

局　　长　杨泗祖

副 局 长　刘　峰　朱贵祥　李宪忠(8 月任)

党组书记　杨泗祖

供销合作社联合社

主　　任　于林忠

副 主 任　张君连　汪晓炜　黄劭琨

党委书记　于林忠

党委副书记　曲观奇

纪检委书记　曲观奇(兼)

旅 游 局

局　　长　郝丽萍(女)

副 局 长　王　金　于国廷

党组书记　郝丽萍(女)

市接待办公室

主　　任　宋长生

副 主 任　安绍余　田新建　陈　志

党委书记　宋长生

工业国有资产经营有限公司

董事长、总经理　柳宝祥(2 月免)　马福文(4 月任)

副　总　经　理　阮少华(2 月免)　郭清涛(2 月免)　马福文(2 月免)　于晓光(2 月免)　黎为群(2 月免)　杨凤祥(2 月免)　张晓山　马长山　甘小平(2 月免)

党　委　书　记　柳宝祥(2 月免)　马福文(4 月任)

党 委 副 书 记　李作伏(2 月免)

纪 检 委 书 记　李作伏(2 月免)

长春市商业国有资产经营公司

董 事 长　李春新

副总经理　牟长春　王淑云　杨录奇　于德臣　辛延明

党委书记　李春新

纪检委书记　梁继生

工 会 主 席　梁继生(兼)

监视会主席　梁继生(兼)

市直机关事务管理局

局　　长　魏亚军

副 局 长　柏建华　张兴聚　石铁钢

党 委 书 记　魏亚军

党委副书记　柏建华

中国人民政治协商会议长春市委员会

主　　席　张绪明

副 主 席　战月昌　毛连方　吴振昌
范新早(1 月免)　宛祝平
薛　康　赵吉光　宋　勇
孙丰月　崔玮德(朝鲜族,1 月任)

秘 书 长　崔玮德(朝鲜族,1 月免)
石　坚(满族,1 月任)

副秘书长　石　坚(满族,1 月免)
关晓峰(满族)　赵贵军
原建新　张国志

办 公 厅

主　　任　原建新(兼)
副 主 任　刘　宏

提案委员会

主　　任　樊玉桂(女)
副 主 任　(按姓氏笔划排列)
孙启明(兼)　孙秀娟(女,兼)
张毅强(兼)　李　伟
栾立明(兼)　彭向刚(兼)

文化教育卫生体育委员会

主　　任　张茹华(女)
副 主 任　(按姓氏笔划排列)
朱昱铭(兼)　金　硕(兼)
凌正凯　秦　和(女,满族,兼)
崔永泉(兼)　王守实(兼)
柳海民(兼)　赵福玉(满族,兼)

文史资料委员会

主　　任　徐春范
副 主 任　(按姓氏笔划排列)
王庆祥(兼)　许占志(兼)
张　立(女,兼)　姜鸿岩(兼)
高仁立(兼)

港澳台侨和外事委员会

主　　任　张东威
副 主 任　(按姓氏笔划排列)
于洪升(兼)　尹秀明(女,兼)
王　宇(兼)　刘作斌(兼)
李　瑛(女,兼)　魏　春(兼)

经济科技委员会

主　　任　崔启民
副 主 任　(按姓氏笔划排列)
丁文勇(兼)　付亚辰(兼)
刘　韧(兼)　张永贤(兼)
杨铁军(兼)　康秉智(兼)

社会法制民族宗教委员会

主　　任　王杰夫
副 主 任　(按姓氏笔划排列)
朴　燕(女,朝鲜族,兼)
李奎光(朝鲜族,兼)　陆庆华(兼)
赵连章(满族,兼)　赵国民(兼)
潘成军(满族,兼)

人口资源环境委员会

主　　任　赵　明(女,满族)
副 主 任　(按姓氏笔划排列)
王德利(兼)　张兴洲(兼)
杨德权(兼)　贺国兴(兼)
赵勇胜(兼)　遇凤年(兼)
窦　森(兼)

机关党委

书　　记　崔玮德
副 书 记　郑　伟

政 研 室

副 主 任　黄　强

中国共产党长春市纪律检查委员会

书　　记　刘元俊(5 月逝)
副 书 记　王振华　王　南　张　喆　李家祺
常　　委　刘凤桂　孙德明　王广江
王忠厚　尹维生　姜元生(12 月任)
秘 书 长　尹维生(兼)

办 公 厅

主　　任　田柏林

党风廉政建设室

主　　任　高国斌

执法监察室

主　　任　王德政

纪检监察三室

主　　任　邢铁溢

案件审理室

主　　任　王海燕

机关党委

书　　记　尹维生

监 察 局

局　　长　王　南

副 局 长　李家祺　刘凤桂　刘海玉
孙德明

民主党派

中国国民党革命委员会长春市委员会

主 任 委 员　宛祝平
副主任委员　徐秀强　郑立文(兼)
高仁立(兼)
陈　晶(女,兼,11 月免)
孙力南(女,兼,11 月免)
杜　剑(兼,11 月任)
鹿　云(女,兼,11 月任)

中国民主同盟长春市委员会

主 任 委 员　孙丰月
副主任委员　王志东　王犁犁(11 月免)
周米平(兼)
刘　琦(女,兼)
傅亚辰(兼)　苗　琦(兼)
李德山(兼,11 月任)
欧阳继红(女,满族,兼,11 月任)

中国民主建国会长春市委员会

主 任 委 员　钱龙生
副主任委员　丁绍伦(女)　王　禹(兼)
苗颖梅(女,兼)　刘润华(兼)
孙裕君(兼,11 月退)
贾晓东(兼,11 月免)
丁文勇(兼)
张少杰(兼,11 月任)

中国民主促进会长春市委员会

主 任 委 员　薛　康
副主任委员　王伯福(11 月免)
林　宇(11 月任)
何　平(兼,11 月免)
鲁宝凤(女,兼,11 月免)
周国韬(兼)　窦　森(兼)
董玉琦(兼,11 月任)
禹　平(女,兼,11 月任)

中国农工民主党长春市委员会

主 任 委 员　赵吉光(11 月免)
侯治富(11 月任)
副主任委员　秦　序(女,11 月免)
佟　金(11 月免)
王富春(兼,11 月免)
彭　飞(兼)
侯治富(兼,11 月免)
李守春(兼)
苗里宁(兼,11 月任)
赵宏岩(女,兼,11 月任)

九三学社长春市委员会

主 任 委 员　马驷良(11 月免)
张红星(11 月免)
副主任委员　王　进(11 月任)
陈济生(兼)
李振华(兼,11 月免)
张为远(11 月免)
黄　河(兼,11 月免)
张兴洲(兼)
宋玉祥(兼,11 月任)
王丽颖(女,兼,11 月任)

人民团体

市总工会

主　　席　冯占祥
副 主 席　董珊梅(女)　黄茂毅
王　涛　王胜君(8 月任)
张鸣雨
党 组 书 记　冯占祥
党组副书记　董珊梅(女)

中国共产主义青年团长春市委员会

书　　记　周　贺
副 书 记　周继峰　孙　弘(女)

市青年联合会

主　　席　吴　兰(女,兼)
孟宪新(4 月免)
周　贺(4 月任)
副　主　席　张洪彬(4 月免)
孙　弘(女,4 月任)

市妇女联合会

主　　席　贾丽娜(女)
副 主 席　甘　琳(女)　刘丽华(女)
欧路娜(女)　王丽秀(女,8 月任)

市工商业联合会

会　　长　宋　勇
副 会 长　王秋霞(女,驻会)
　　　　　曲　杰(驻会,12 月免)
　　　　　王永江(驻会,12 月免)
　　　　　李洪禹(12 月任)
　　　　　高学文(12 月任)　刘作斌(兼)
　　　　　曹和平(兼)　王　欣(兼)
　　　　　丛连彪(兼)　孙淑云(兼)
　　　　　邵春杰(兼)　陈兴海(兼)
　　　　　范日旭(兼)　梁振和(兼)
党组书记　王秋霞(女)

市社会科学界联合会

主　　席　田　忠(兼,8 月免)
　　　　　王振华(兼,8 月任)
副 主 席　姜殿军　李树敏　常　新
　　　　　孙学亮
党组书记　姜殿军

市文学艺术界联合会

主　　席　殷丽依(女,兼)
副 主 席　张守智　于笑然(4 月免)
　　　　　吴　强(兼,7 月任)
　　　　　龙　华(女,兼,7 月任)
　　　　　王　坤(女,兼,7 月任)
　　　　　崔永泉(兼,7 月任)
　　　　　韩志晨(兼,7 月任)
　　　　　王长元(6 月任)
　　　　　景喜猷(6 月任)
　　　　　邱志方(兼,7 月免)
　　　　　孙　超(兼,7 月免)
　　　　　夏英杰(兼,7 月免)
　　　　　孟宪忠(兼,7 月免)
　　　　　李前宽(兼,7 月免)
　　　　　王曼苓(女,兼,7 月免)
　　　　　韩春梅(女,兼,7 月免)
党组书记　孙国庆(6 月免)
　　　　　张守智(6 月任)

市科学技术协会

主　　席　辛雁荣(女,10 月免)
　　　　　孙国庆(10 月任)
副 主 席　郭启翔　邢　文　王　源
党组书记　辛雁荣(女,兼,10 月免)
　　　　　孙国庆(10 月任)

市归国华侨联合会

主　　席　黄文华(兼)
副 主 席　张尚诚(女)　刘勇兵(兼)
　　　　　陈　密(兼)　李勉东(兼)
　　　　　于洪升(兼)　王延强(兼)

市台湾同胞联谊会

会　　长　孔令智
副 会 长　魏　春　陶　川　于士利
　　　　　朱　杰(女)　白建英
　　　　　徐正考　高　歌　路景权
秘 书 长　魏　春(兼)

市红十字会

会　　长　安　莉(女,2 月免)
　　　　　李龙熙(2 月免)
常务副会长　刘　波(2 月免)
　　　　　贺兴国(2 月任)
副 会 长　李国仁　张宇舟　崔玮德
　　　　　彭祖尧　祝延存　朱再新
　　　　　苏　铁(驻会)

市残疾人联合会

执行理事会理事长　沈贵一
执行理事会副理事长　郑铁成(8 月任)
　　　　　张义新　裴振法
　　　　　王贵君(8 月任)

地方军事

长春警备区

司 令 员　王金锡
副司令员　苏立宝
政治委员　孙　超
副政治委员　刘宝文　殷国平
政治部主任　李国林
参 谋 长　郭华山
后勤部长　姜长宝

武警长春市支队

支 队 长　包洪建(3 月免)
　　　　　卢惠秋(3 月任)
第一政治委员　高学章(兼)
政治委员　高　峰
副支队长　温　福　段　吉　范昌吉
副政治委员　郭法金

市公安消防支队

支　队　长　赵　鹏(9月免)
宋洪峰(9月任)
政治委员　宋洪峰(9月免)
杨洪军(9月任)
副支队长　范书安　王　勇(9月免)
杨　林　宋君昌(9月免)
孙兴国(9月任)
副政治委员　李建国

市公安局交通警察支队
支　队　长　王卫东(兼)
政　　委　陈志耕

政　法

中级人民法院
院　　长　孙万胜
副　院　长　于海河　齐万信　冯猷强
刘德孝　潘晓军
金运珍(6月任)
党组书记　孙万胜
政治部主任　冯猷强(8月免)
蔡文凤(8月任)
执行局局长　刘德孝(兼)

人民检察院
检　察　长　穆立林
副检察长　关长福　胡菊亭(女)　隋光伟
马占山(4月任)
肖春光(4月任)
王　禹(6月任)
政治部主任　马占山(兼)
党组书记　穆立林(兼)
反贪局长　肖春光(兼)
纪检组长　宋　健

双重领导局级单位

中国人民银行长春中心支行
行　　长　周振海
副　行　长　付　裕　王　军(女)　李秋生
宋金山　王春生　于桂琴(女)
党委书记　周振海
纪委书记　武鹏云
工会主席　周嫒嫒(女)

中国工商银行吉林省分行营业部
总　经　理　黄庆惠
副总经理　于海岩(3月免)
高　航(6月免)　毕晓宏
朱　评(4月任)
姜　新(4月任)
党委书记　黄庆惠
纪检委书记　赵英昕
工会主席　杜希敏
总　稽　核　刘英杰

中国农业银行吉林省分行营业部
总　经　理　汪国良
副总经理　王振安　金莞钧
郝彦辉(5月免)　张志中
党委书记　汪国良
纪检委书记　蔡　华

商业银行
行　　长　程松彬(11月任)
董　事　长　刘健芝
副　行　长　孙福银　韩　英(女)　孙景阳
党委书记　张宝祥(8月免)
程松彬(11月任)
党委副书记　高希凡
监　事　长　高希凡

人民财产保险股份有限公司长春市分公司
总　经　理　屠静平
副总经理　牟福祥　董明德　张永哲
关艳丽(女)
党委书记　屠静平
工会主席　董明德

海　关
关　　长　李　录
副　关　长　梁　财　于　明　李文国
胡　薇(女)　孙玉宁
刘琦瑾(10月任)
党组书记　李　录
缉私局局长　李文国(10月免)
刘琦瑾(10月任)
纪检组长　胡　薇(女)

烟草专卖局
局　　长　杨贵生(11月免)

陈建新(11月任)

副局长　陈建新(11月免)　张　波　毛元国　张建华(11月任)　刘　君(11月任)　车大光　刘　炜

党组书记　杨贵生(兼,11月免)　陈建新(11月任)

纪检组长　张　波(兼)

长春供电公司

总经理　曹立逊

党委书记　辛国良

副总经理　赵洪伟　张　超　李喜彬　王　江　李德彬

纪检委书记　李东强

总工程师　林　涛

邮政局

局　长　袁志杰

党委书记　叶泽民(11月免)　尹维国(11月任)

副局长　叶泽民(11月免)　李永生　王　嵩　朱记茬(女,4月任)　唐守春(4月任)

纪检委书记　朱记茬(女,11月免)　李宏伟(11月任)

吉林省通信公司长春市分公司

经　理　唐永华

副经理　郭　彤　于百川　孙剑宇　朱　军　宁培林

党委书记　唐永华

党委副书记　宁培林

区　县(市)

[朝阳区]

中共朝阳区委

书　记　袁玉树

副书记　陈克信　王国维(8月免)　王德宇　李玉祥(8月免)

区人大常委会

主　任　王庭福

副主任　林相贵　陈　伟　王　欣　赵洪喜

区人民政府

区　长　陈克信

副区长　王长林(8月免)　葛建雄　谢志敏　蔡鹏飞(8月免)　葛丽萍(女,8月任)　宋　驰(8月任)　吴国权

区政协

主　席　孙宝和(11月免)　王国维(11月任)

副主席　胡　琪(女)　李和林(11月免)　孙　义　朱春花(11月任)

区纪律检查委员会

书　记　王国维(8月免)　王长林(8月任)

区法院

院　长　蔡文凤(女,8月免)　石成军(8月任)

区检察院

检察长　徐安怀

[南关区]

中共南关区委

书　记　张树明

副书记　吴　兰(女,8月免)　张宝祥(8月任)　韩平山(8月免)　牛志诚

区人大常委会

主　任　范传真

副主任　杨永庆　陈玉学　柳国栋　马跃峡

区人民政府

区　长　吴　兰(女,8月免)　张宝祥(8月任)

副区长　陈广墨　卢明刚　李伟强(8月免)　王贵君(8月免)　姜显续　袁继业(8月任)

区政协

主　席　邹宝华

副主席　郭成尧　李玉林　任　伟(11月任)

区纪律检查委员会

书　记　牛志诚(8月免)

孙　宏(女,8月任)

区法院

院　　长　程伟健(8月免)

胡　波(8月任)

区检察院

检察长　平玉玺

[宽城区]

中共宽城区委

书　　记　孙亚明

副书记　王福财(8月免)

李　纯(女,8月免)　严　涛

区人大常委会

主　　任　王文杰

副主任　李　华　陈　晶(女)

范亚威(11月免)　崔秀梅(女)

王志军(11月任)

区人民政府

区　　长　王福财(8月免)

崔国光(11月任)

副区长　梁振亚(8月免)

左　毅(8月任)

冯松江(8月免)

叶春民(8月免)

王小东(8月免)　田　武

郑广慧(8月任)

高贵生(12月免)

区政协

主　　席　薛秉新

副主席　鲁成业(11月免)

王晓君(11月任)

区纪律检查委员会

书　　记　严　涛(8月免)

殷淑琴(8月任)

区法院

院　　长　王德丰(8月免)

肖德魁(8月任)

区检察院

检察长　孙　飞

[二道区]

中共二道区委

书　　记　刘德生

副书记　杨云超　杜　福

邵玉春(女,11月免)

区人大常委会

主　　任　孔繁令(11月免)

邵玉春(女,11月任)

副主任　王治义　朱英龙　贾树凤(女)

刘　琦(11月任)

区人民政府

区　　长　杨云超

副区长　孟宪新(11月任)

吕　鑫(11月任)　田玉山

李子新　鲁　月(11月任)

区政协

主　　席　李柏林(11月免)

曾昭伟(11月任)

副主席　李　韧　王　杨

刘　琦(11月免)

李永利(11月任)

区纪律检查委员会

书　　记　曾昭伟(9月免)

孙慧颖(9月任)

区法院

院　　长　石成军(11月免)

吴树学(11月任)

区检察院

检察长　初连文

[绿园区]

中共绿园区委

书　　记　刘金生

副书记　王庭凯　胡书君　王　政

张春林(8月免)

胡云河(8月免)

区人大常委会

主　　任　顾可孜(11月免)

胡云河(11月任)

副主任　李　军　李国连　康庆武

段俊棉(女)　熊宝山(11月免)

区人民政府

区　　长　王庭凯

副区长　安　然　王胜君(8月免)

崔忠诚　马国成　王桂波

王万成　杜　剑

区政协

主　　席　赵国峰

副主席　刘宏泉　王树才(11月免)

邓志安　王雅华

区纪律检查委员会

书　　记　胡书君(8月免)

邵永全(8月任)

区法院

院　　长　马惠明

区检察院

检察长　张宏山

[双阳区]

中共双阳区委

书　　记　方曙光

副书记　李长明　王明德

赵　英(8月免)

区人大常委会

主　　任　李春才(11月免)

赵　英(11月任)

副主任　张玉春　夏曦华(11月免)

刘元天　徐云丽(11月任)

陈兴华

区人民政府

区　　长　李长明

副区长　李忠斌(8月免)

蒋志新(9月免)

段维智(8月免)

孙成军(8月免)

赵明瑞(8月任)　张立新

丁向晖(8月免)　庞　佳(女)

区政协

主　　席　胡玉荣(女)

副主席　迟连生(11月免)　兰凤霞

姜作相　朴连玉(11月任)

区纪律检查委员会

书　　记　王明德(8月免)

沈洪斌(8月任)

区法院

院　　长　吴树学(8月免)

李晓明(8月任)

区检察院

检察长　李　驳

[农安县]

中共农安县委

书　　记　吕相林(7月免)

张焕秋(7月任)

副书记　张焕秋(7月免)

王柏秋(8月免)　王　伟

蒋洪涛(8月免)

县人大常委会

主　　任　李明祥

副主任　胡公武(免)　孙志有

赵和森(11月免)　王永林

张淑梅(11月任)

县人民政府

县　　长　张焕秋(11月免)

李忠斌(11月任)

副县长　张广君　胡亚民　蔡　光

钟云琴　滕广涛

贾树飞(11月任)　贺东平

县政协

主　　席　席庆国

副主席　房　毅　赵贵军

贾树飞(11月免)

县纪律检查委员会

书　　记　王柏秋(8月免)

赫　哲(8月任)

县法院

院　　长　赵洪田

县检察院

检察长　刘志民

[榆树市]

中共榆树市委

书　　记　张晓华

副书记　李国强　陈立新(8月免)

董书勤(女,8月免)　李荣武

市人大常委会

主　　任　张晓华(8月免)

董书勤(女,8月任)

副主任　李跃武(8月免)

于占修　常景岩(8月免)

陈立新(8月任)

王文权(8月任)

王森林(8月任)

市人民政府

市　　长　李国强(1月任)

副 市 长　高凤桐(8月免)

王丽秀(女,8月免)

王文权(8月免)

刘文国(8月免)　张树国

谭景坤　孙中兴(8月任)

高　群　范树茂　王是非

市政协

主　　席　宋志学(8月免)

高凤桐(8月任)

副 主 席　李　仲　张兴文　王森林

市纪律检查委员会

书　　记　董书勤(女,8月免)

高中会(8月任)

市法院

院　　长　肖德馗(8月免)

张凤军(8月任)

市检察院

检 察 长　赵彦峰

[德惠市]

中共德惠市委

书　　记　闫　文

副 书 记　李庆祥(8月免)

李长洪(8月任)

杨显德(8月免)

李志斌(8月免)

李宪忠(8月免)

于树军(8月任)

市人大常委会

主　　任　杨大明 (11月免)

李志斌(11月任)

副 主 任　杨显德(11月任)　孙世娟(女)

佟景林(11月免)

李一飞(11月免)

曹志军(11月免)　晁振英

郭首华(11月任)

市人民政府

市　　长　李庆祥(8月免)

李长洪(11月任)

副 市 长　王立学　林英昌

刘长春(8月免)　张文华

李洪亮(8月免)

郭首华(8月免)　权　伟

唐　刚　王树民(8月任)

南振波　赵文波(8月任)

市政协

主　　席　赵文杰

副 主 席　梁继祥(11月免)

吴　财(11月免)　禹希军

李岱林　祁国有(11月任)

市纪律检查委员会

书　　记　杨显德(8月免)

宫立武(8月任)

市法院

院　　长　徐相国

市检察院

检 察 长　赵　军

[九台市]

中共九台市委

书　　记　高凤昌

副 书 记　孙向武　冯耀实(8月免)

林荣效(8月免)

朱金林(8月免)

宋荫卓(8月任)

市人大常委会

主　　任　韩国荣(11月免)

林荣效(11月任)

副 主 任　李文君　李树凯(11月免)

王云礼(11月免)

冯耀实(11月任)

李元君(11月任)　刘永茂

逯占元(8月免)

市人民政府

市　　长　孙向武

副 市 长　马晓峰(3月逝)

杨国奇(8月免)

李元君(8月免)

曹　义(8月免)

逯占元(8月任)

安秀芝(8月免)　贾士武

关　星(8月任)

张　进(8月任)

李洪慈(8月任)　徐天启

市政协

主　　席　李文波

副 主 席　朱金林(11月任)　聂德祥

马连吉　李德军

市纪律检查委员会

书　　记　林荣效(11月免)

岂振玲(女,11月任)

市法院

院　　长　胡　波(8月免)

李缃凡(8月代)

市检察院

检 察 长　林晓光

主题索引

主 题 索 引

说 明

1. 本索引采取主题抽取法，以主题词首字按拼音顺序排列为序，首字相同，以第二个字按拼音顺序排列为序，以此类推。

2. 索引的主题词后面的数字表示内容所在页码，数字后面的英文字母(a、b、c)表示该页自左至右的栏别，无英文字母的表示当页各栏都有该主题词。

3. 主题词按汉语拼音排列顺序排列。汉字之前如有英文或数字(包括双引号和引号)均不计。

A

B

C

E

F

G

K

L

M

N

P

Q

R

S